Ouvrages Concurrences

La version électronique de ces ouvrages est disponible sur le site concurrences.com.

Mélanges

Laurence Idot Liber Amicorum, Vol. I & II, *Christophe Lemaire, Francesco Martucci (eds.), 2022*

Eleanor M. Fox – Antitrust Ambassador to the World, *2022*

Frédéric Jenny – Standing Up for Convergence and Relevance in Antitrust, Vol. I & II

Herbert Hovenkamp – The Dean of American Antitrust Law, *2021*

Albert A. Foer – A Consumer Voice in the Antitrust Arena, *2020*

Richard Whish – Taking Competition Law Outside the Box, *2020*

Wang Xiaoye – The Pioneer of Competition Law in China, *Adrian Emch, Wendy Ng (eds.), 2019*

Douglas H. Ginsburg – An Antitrust Professor on the Bench, Vol. I & II, *2018 & 2021*

Ian S. Forrester – A Scot Without Borders, Vol. I & II, *Assimakis Komninos et al. (eds.), 2015*

William E. Kovacic: An Antitrust Tribute, Vol. I & II, *Nicolas Charbit et al. (eds.), 2013 & 2014*

Thèses

La soumission des banques au droit de la concurrence, *Antonin Pitras, 2022*

L'entreprise contrevenante en droit des pratiques anticoncurrentielles, *Etienne Thomas, 2021*

Droit de la commande publique et droit de l'Union européenne : Étude sur une dynamique commune, *Vincent Bridoux, 2021*

Competition and Regulation in Network Industries: Essays in Industrial Organization, *Jean-Marc Zogheib, 2021*

La faute lucrative en droit de la concurrence, *Godefroy de Moncuit de Boiscuillé, 2020*

The Role of Media Pluralism in the Enforcement of EU Competition Law, *Konstantina Bania, 2019*

Les accords de report d'entrée (Pay-for-delay), *Walid Chaiehloudj, 2019*

Buyer Power in EU Competition Law, *Ignacio Herrera Anchustegui, 2017*

Google, la presse et les journalistes, *Guillaume Sire, 2015*

L'Union européenne et le droit international des subventions, *Loïc Wagner, 2015*

Pratiques

Dictionnaire de droit de la concurrence, *Muriel Chagny, Emmanuel Combe (eds.), 2022*

Grands arrêts du droit de la concurrence – Pratiques anticoncurrentielles, Nouvelle édition, *Laurence Idot (ed.), 2022*

Grands arrêts du droit de la concurrence – Concentrations, Nouvelle édition, *Laurence Idot (ed.), 2022*

Grands arrêts du droit de la concurrence – Aides d'État, Nouvelle édition, *Laurence Idot (ed.), 2022*

Grands arrêts du droit de la concurrence – Régulations, *Francesco Martucci (ed.), 2019*

Grands arrêts du droit de la concurrence – Distribution & Pratiques commerciales déloyales, *Nicolas Ferrier & Frédéric Buy (ed.), 2019*

Les inspections de concurrence des autorités françaises, *Nathalie Jalabert-Doury, 2ème édition, 2021*

La réparation des préjudices causés par les pratiques anticoncurrentielles, *Rafael Amaro, Jean-François Laborde, 2ème édition, 2020*

Global Dictionary of Competition Law, *D. Healey, W. Kovacic, P. Trevisan, R. Whish (eds.), 2022*

Rulemaking Authority of the US Federal Trade Commission, *D. Crane (ed.), 022 Perspectives on Antitrust Compliance, A. Riley, A. Stephan, A. Tubbs (dir.) (2022)*

Antitrust in the Pharmaceutical Sector, *M. Cowie, G. Gordon M. Thill-Tayara, 2022*

Competition Law Treatment of Joint Ventures, *B Bleicher, N. Campbell, A. Hamilton, N. Hukkinen, P. Khan, (eds.), 2022*

State Aid & National Enforcement, *J. Derenne, D. Jouve, C. Lemaire, F. Martucci (eds.), 2022*

Information Exchange and Related Risks: A Practical Guide, *Z. Marosi & M. Soares (dir.), 2022 (in collaboration with the IBA)*

Competition Case Law Digest – 5th Edition, *F. Jenny, N. Charbit (dir.), 2022*

Competition Law, Climate Change & Environmental Sustainability, *Simon Holmes, Dirk Middelschulte, Martijn Snoep (eds.), 2021*

Merger Control in Latin America: A Jurisdictional Guide, *Paulo Burnier da Silveira & Pamela Sittenfeld (ed.), 2020*

Competition Inspections under EU Law – A Practitioner's Guide, *Nathalie Jalabert-Doury, 2020*

Gun Jumping in Merger Control, A Jurisdictional Guide, *Catriona Hatton, Yves Comtois, Andrea Hamilton (eds.), 2019*

Choice – A New Standard for Competition Analysis?, *Paul Nihoul et al., 2016*

Ouvrages Généraux

Chroniques (décalées) d'un économiste, *Emmanuel Combe, 2022*

Women & Antitrust – Voices from the Field, Vol. I & II, *Evelina Kurgonaite & Kristina Nordlander (eds.), 2020*

Petit manuel (irrévérencieux) d'économie, *Emmanuel Combe, 2018*

A quoi sert la concurrence ?, *Martine Behar-Touchais et al. (ed.), 2014*

Colloques

Antitrust in Emerging and Developing Countries, Vol I & II, *Eleanor Fox, Harry First (eds.), 2015 & 2016*

Global Antitrust Law – Current Issues in Antitrust Law and Economics, *Douglas Ginsburg, Joshua Wright (eds.), 2015*

Competition Law on the Global Stage: David Gerber's Global Competition Law in Perspective, *David Gerber, 2014*

LAURENCE IDOT

Liber Amicorum – Volume II

ISBN 979-10-94201-85-5

LAURENCE IDOT

Concurrence et Europe

Liber Amicorum – Volume II

Avant-propos de Bruno Lasserre

Préface de Christophe Lemaire
et Francesco Martucci

Sous la direction de

Christophe Lemaire
Francesco Martucci

Notice biographique

Laurence IDOT, née le 7 novembre 1952 à Versailles

Titres et diplômes universitaires

Licence en droit, mention droit privé (1973), Université Paris 10-Nanterre

DES de droit privé, mention droit des affaires (1974), Université Paris 10-Nanterre

DES de droit public, mention droit communautaire (1975), Université Paris 1 Panthéon-Sorbonne

Diplôme de l'Institut d'Études Politiques de Paris, section service public (1975)

Diplôme du Centre universitaire d'études des Communautés européennes (1976), Université Paris 1 Panthéon-Sorbonne

Doctorat d'État en droit (1981), Université Panthéon-Assas (Paris 2)

Carrière universitaire

Assistante à l'Université Paris 5-René Descartes et chargée de TD, responsable du droit commercial européen pour le CUECE, Université Paris 1 Panthéon-Sorbonne (1976-1982)

Agrégation de droit privé (1982)

Professeur détaché au titre de la coopération à l'Université Nationale de Côte d'Ivoire (1983-1988)

Professeur à l'Université Paris 5-René Descartes (1988-1993)

Professeur à l'Université Paris 1 Panthéon-Sorbonne (1993-2007)

Professeur à l'Université Panthéon-Assas (Paris 2) (2007-2018)

Fonctions nationales

– Membre du Collège de l'Autorité de la Concurrence (mars 2009 – mars 2019)

– Membre suppléante de la Commission des clauses abusives (1992-1996)

– Présidente d'honneur de *l'Association Française d'Étude de la Concurrence* (ant., présidente (2008-2014), vice-présidente (2000-2008), rapporteur général (1996-2000))

– Expert non gouvernemental (*NGA*), *International Competition Network* (2001-2006)

– Membre du comité de pilotage des ateliers de la concurrence, DGCCRF (1998-2010)

Responsabilités éditoriales

– Co-directrice de la revue *Europe* (Lexisnexis, Paris, novembre 1991-)

– Présidente du comité scientifique de la revue *Concurrences* (2004-)

– Membre de comités scientifiques de diverses revues (*Common Market Law Review, Revue de l'Arbitrage*)

Responsabilités administratives à l'Université

– *Université Paris 2 Panthéon-Assas*

Co-directrice du Master 2 de droit de l'Union (2008-2018)

Membre de la Commission de la recherche (2013-2018)

Vice-Présidente de l'Université, Conseil académique (2015-2018)

– *Université Paris 1 Panthéon-Sorbonne*

Co-directrice du DEA de droit communautaire (1995-2007)

Membre du Conseil de l'UFR 07 (2005-2007)

– *Université Paris 5-René Descartes,*

Présidente de la section de droit privé (1991-1993)

Vice-présidente du conseil scientifique (1991-1993)

Enseignements hors métropole et à l'étranger

International Law School (Université Panthéon-Assas), Singapour, Maurice (2012-)

Missions d'enseignement en droit de l'Union (Lisbonne, 2010 et 1998)

Missions d'enseignement en droit de l'Union à l'Université Antilles-Guyane (1989-2008) et à l'Université de Nouvelle Calédonie (1992, 2002, 2003), au Cameroun (1985 et 1991)

Senior Research Fellow, Oxford, Institute of European and Comparative Law (1998-2000)

Visiting Professor, Florida State University (1994)

Distinctions

– Chevalier de la Légion d'Honneur

– Officier de l'Ordre National du Mérite

– Chevalier des Palmes académiques

– Officier du Mérite de l'Éducation nationale, Côte d'Ivoire

Publications

Thèse

Le contrôle des pratiques restrictives de concurrence dans les échanges internationaux, thèse pour le doctorat d'État, Université de Paris 2, 1981, 2 vol.., dir. B. Goldman, prix de thèse de l'université Paris 2, prix de l'Institut de droit comparé, prix de la Chancellerie Georges Ripert et Maurice Picard.

Ouvrages, direction et co-direction d'ouvrages collectifs

– *Grands arrêts du droit de la concurrence, 2004-2014,* 2 vol. (I. Pratiques anticoncurrentielles ; II. Contrôle des concentrations et contrôle des aides d'État), juin 2016, *Concurrences.* 2e publication en cours (4 ouvrages à paraître, 2022).

– *International Antitrust Litigation. Conflicts of laws and Coordination*, (co-dir. avec S. Francq et J. Basedow), appel d'offres de la Commission européenne (dir. ESLJ, 2008-2010), Oxford, Hart Publishing, 2012.

– *Lamy Procédures Communautaires (*co-dir. avec D. Simon et G. Canivet*),* 2 vol. et 2 mises à jour par an, (2005-2009).

– *Droit communautaire de la concurrence – Le nouveau système communautaire de mise en œuvre des articles 81 et 82 CE*, Bruxelles, Bruylant, 2004.

– *Guide juridique de la Côte d'Ivoire*, 5 volumes, (dir.), Paris, Prat Europa, 1re éd., 1988, 2e éd. 1991.

Organisation et publication de colloques

° sous forme d'ouvrages

– *Economic Theory and Competition Law*, (co-dir. avec J. Drexl et J. Monéger), travaux de la session annuelle de l'ASCOLA (Paris, 2006), Londres, Edgar Elgar, 2009.

– *XXème anniversaire de l'ordonnance du 1er décembre 1986. Évolutions et perspectives,* (co-dir. avec G. Canivet*),* colloque AFEC, 2006, Paris, Litec, série colloques et débats, 2008.

– *Les entreprises face au nouveau droit des pratiques anticoncurrentielles : le règlement 1/2003 modifie-t-il les stratégies contentieuses* ? (co-dir., avec C. Prieto), travaux du colloque d'Aix en Provence, 2004, Bruxelles, Bruylant, 2006.

° sous forme de numéros spéciaux

– *Journées d'actualité de l'AFEC* ; « Actualité 2007 en droit de la concurrence », *LPA*, n° 133, 3 juill. 2008 ; « 2008 : une année charnière en droit de la concurrence ? », *LPA,* n° 251, 17 déc. 2009 ; « Droit de la concurrence : bilan de l'année 2009 », *LPA,* n° 210, 21 oct. 2010 ; « L'année 2010 en droit de la concurrence », *Contrats conc. cons.*, juin 2011 « L'année 2011 en droit de la concurrence », *Contrats conc. cons.*, juin 2012 ; « Rétrospectives 2012 et prospectives en droit des pratiques anticoncurrentielles », *Contrats conc. cons.,* mai 2013 ; « L'année 2013 en droit de la concurrence », *Contrats conc. cons.,* juin 2014.

– *Le Livre Blanc de la Commission sur les actions en dommages et intérêts pour violation des articles 81 et 82 CE*, 13 juin 2008, *Concurrences*, n° 2-2009.

– *Quel avenir pour le traitement des restrictions verticales ?* (co-dir., I. Lianos, UCL), 23 mai 2008, *Concurrences,* n° 4-2008.

– *La directive relative aux services dans le marché intérieur*, (co-dir., CDE Paris 1, Cour de cassation) Paris, 15 mars 2007, *Europe,* juin 2007.

– *Internormativité et réseaux d'autorités, Les nouvelles formes de relations juridiques entre l'ordre communautaire et les ordres nationaux (*co-dir., S. Poillot-Peruzzetto*), LPA,* n° 199 et 200, 5-6 octobre 2004 et CD Rom *droit in situ.*

Contributions à des ouvrages collectifs (encyclopédies et dictionnaires)

– V° AAI/API, in *Dictionnaire des MARC* (sous la dir. de L. Cadiet, V. Egea), 2022, en cours de publication.

– France, in *Commentary to Regulation 1/2003* (Dekeyser, Gauer, Laitenberger, Wahl, Wils, and Prete, eds.), en cours de publication.

– V° Arbitrage, in *Dictionnaire droit de la concurrence*, (sous la dir. de M. Chagny), Concurrences.com, 2021.

– « Réflexions sur le droit de la concurrence au XXe siècle », in *A quoi sert la concurrence* ? (sous la dir. de M. Behar-Touchais, N. Charbit, R. Amaro) 2014, IDC, p. 679-684.

– V° Arbitrage, (en collab. avec Ch. Jarrosson), *Encyclopédie Dalloz de droit communautaire,* 2010 (refonte 1re éd. 1992).

– Commentaire de l'article 16 de la Charte des droits fondamentaux, in *Traité établissant une Constitution pour l'Europe* (sous la dir. L. Burgogue-Larsen, A. Levade, F. Picod), Bruylant, 2007.

– *Lamy Procédures Communautaires (préc.),* rédaction des études :

- 105, Réalité de l'emprise du droit communautaire sur le droit national, 2004.
- 135, Bilan de la communautarisation directe, 2004.
- 138, Signification, conséquences et instruments de la communautarisation indirecte, 2004.
- 140, Introduction sur le principe de libre circulation (en coll. avec A. Rigaux), 2004, maj 2007.
- 150, Régime du principe de libre circulation : principe d'interdiction, 2004, maj 2007.
- 152, Régime du principe de libre circulation ; dérogations au principe, 2004, maj 2007.
- 293, Union européenne, arbitrage et ADR, 2005.
- 295, Arbitre et droit communautaire, 2005.

– V° Autorités de régulation, in *Dictionnaire de la Justice*, (sous la dir. de L. Cadiet), PUF, 2004.

– V° Concentrations, *Encyclopédie Dalloz de droit international*, 1998.

– V° Filiales communes, (en collab. avec Cl. Lucas de Leyssac), *Ency. Dalloz de droit communautaire,* 1994.

– « Procédures collectives dans les Communautés européennes : droit communautaire en gestation », (en collab. avec C. Saint Alary Houin) *fasc. 871, Juris-Classeur Europe,* octobre 1991,

– « Procédures collectives dans les Communautés européennes : droits internes, et droit international », (en collab. avec C. Saint Alary Houin), *fasc. 870, Juris-Classeur Europe,* octobre 1991,

– Fasc. « Côte d'Ivoire », *Juris-classeur droit comparé,* 1987, maj 1991.

– « Les aides d'État dans la CEE – Commentaire des articles 92 à 94 du Traité de Rome », in *Dictionnaire du Marché commun,* éd. Jupiter, Paris, 1980.

Chroniques de jurisprudence

– *Europe* (1991-) : mensuel, principalement, droit de la concurrence, droit international privé, focus.

– *Revue Trimestrielle de Droit européen* (1995-) : « Droit des pratiques anticoncurrentielles », chronique annuelle (en collab. avec J.B. Blaise jusqu'en 2014).

– *Revue science criminelle et droit pénal comparé*, 1997-2010, « Droit communautaire », chronique semestrielle, puis limitée à « Procédures quasi-répressives en droit de la concurrence », (2013-).

– *RDC*, trimestrielle, notes, (2003-).

– *Revue Justices* (1995-1999) : « Droit processuel économique », chronique annuelle, puis semestrielle.

Rapports à des colloques internationaux

– Rapport français, "The judicial application of Competition Law", FIDE, XXIVème congrès, Madrid, 2010, Publications de l'Université Complutense, p. 189-212.

– Rapport français, « La modernisation des règles communautaires antitrust. Premières expériences avec le règlement du Conseil n° 1/2003 », (en coll. avec Ch. Lemaire), FIDE, XXIIIème congrès, Linz, 2008, in *The Modernisation of European Competition Law,* vol. 2, Nomos, p. 79-103.

– Rapport français, « La réforme du règlement 1/2003 peut-elle prospérer ? » FIDE, XXIème congrès, Dublin, 2004, in *The Modernisation of Enforcement of EC Competition Law*, (D. Cahill, ed.), Cambridge University Press, p. 151-186.

– « France », Société de législation comparée, Brisbane, juill. 2002, in *Limits and Control of Competition with a View to International Harmonization*, (J. Basedow ed.), Kluwer Law International, 2002, p. 187-218 ; version française réactualisée - « Les limites et le contrôle de la concurrence dans la perspective d'une harmonisation internationale », *Rev. Int. Dr. Comp.*, 2002, n° 2, p. 371-399.

– Rapporteur international, « La théorie des « facilités essentielles », Ligue internationale du droit de la concurrence, synthèse des rapports nationaux, *RIC*, 1997, n° 2 et compte rendu des travaux de Copenhague, *RIC*, 1998, n° 2.

– Rapport de synthèse sur les ateliers sectoriels, Colloque de la CEDECE, Strasbourg, 1996, *Le service public : entre l'intérêt général et le marché* (sous la dir. de R. Kovar et D. Simon*)*, Paris, La Documentation française, vol. I, p. 499-514.

– Rapport de synthèse. « Arbitrage et concurrence », XIIème Congrès annuel de l'Institut de droit et des pratiques du commerce international, CCI, oct. 1990, in *Competition and Arbitration Law,* Publications de l'Institut, CCI, Paris, 480/3, *1993.*

Contributions à des « Mélanges »

– « Réflexions sur l'application internationale des articles L 442-1, 442-3 et 442-4 c. com. » in *Liber amicorum en l'honneur du Professeur Didier Ferrier*, Lexis-Nexis/Dalloz, 2021, p. 291-304.

– « Brèves réflexions sur l'alignement des articles 101 et 102 TFUE À propos de l'unité des infractions au droit des pratiques anticoncurrentielles », in *Mélanges en l'honneur du Professeur Gilbert Parléani*, IRJS, 2021, p. 219-230.

– « L'entreprise en difficulté face aux sanctions du droit de la concurrence », in *Un droit positif, un droit de progrès, Mélanges en l'honneur de Corinne Saint-Alary-Houin,* Lextenso, 2020, p. 254-266.

– « Variations sur la notion d'entreprise », *Mélanges en l'honneur du Professeur Bernard Teyssié*, Lexisnexis, 2019, p. 1195-1207.

– « La distinction « restriction de concurrence par objet/restriction de concurrence par effet » et l'article 101 TFUE : un sujet de *disputatio*", in *Mélanges en l'honneur de Claude Lucas de Leyssac*, Lexisnexis, 2018, p. 243-268.

– « Réflexions sur la notion d'infraction unique et continue en droit de la concurrence », in *Humanisme et justice, Mélanges en l'honneur de Geneviève Giudicelli-Delage,* 2016, Dalloz, p. 549-570.

– « Regards sur la modernisation du contrôle des aides d'État », in L'identité du droit de l'Union européenne. *Mélanges en l'honneur de Claude Blumann,* Bruylant, 2015, p. 640-660.

– « Réflexions sur les limites du modèle américain en droit de la concurrence : l'exemple du *private enforcement* », in *Les relations privées internationales, Mélanges en l'honneur en Bernard Audit*, Lextenso, 2014, p. 457-464.

– « Réflexions sur la convergence des droits de la concurrence», *Mélanges en l'honneur de Camille Jauffret-Spinosi. Liber amicorum*, Dalloz, 2013, p. 627-658.

– « L'autorité de la concurrence, régulateur des industries de réseaux ? », *Mélanges en l'honneur de Daniel Tricot,* Dalloz/Litec, 2011, p. 183-206.

– « Regards sur le règlement n° 1/2003 », *Études à la mémoire de de François-Charles Jeantet*, Lexisnexis, 2010, p. 205-218.

– « L'Union européenne lu à la lumière du droit de la concurrence », (en coll. avec Ch. Lemaire), *Mélanges en l'honneur de Philippe Manin,* Pedone, 2010, p. 413-434.

– « À propos de l'internationalisation du droit. L'exemple de la *soft law* en droit de la concurrence », mars 2007 in *Mélanges en l'honneur de Hélène Gaudemet-Tallon*, Dalloz, 2008, p. 85-118.

– « Pluralisme normatif et droit communautaire. L'exemple des pouvoirs d'investigation des autorités de concurrence », in *Mélanges en l'honneur de Bo Vesterdorf*, Bruylant, 2007, p. 377-404.

– « L'accès au dossier de la Commission dans la procédure de mise en œuvre des articles 81 et 82 CE. Questions en suspens », in *Le droit à la mesure de l'homme. Mélanges en l'honneur de Philippe* Léger, Pedone, 2006, p. 199-216.

– « Réflexions sur l'application de certains principes et notions du droit pénal en droit des pratiques anticoncurrentielles », in *Les droits et le droit. Mélanges dédiés à Bernard Bouloc*, Dalloz, 2006, p. 457-489.

– « Immeubles et droit communautaire », in *L'immeuble et le droit. Mélanges en l'honneur de Roger Saint-Alary,* Presses de l'Université des Sciences sociales de Toulouse, 2006.

– « Droit comparé et droit communautaire : l'inévitable rencontre », in *De tous horizons, Mélanges Xavier Blanc-Jouvan*, Sté de Législation comparée, 2005, p. 281-296.

– « Une question d'actualité en droit de la concurrence : internationalisation et programmes de clémence », in *Droit et actualité. Études offertes à Jacques Béguin*, Litec, 2005.

– « Variations sur le domaine spatial du droit communautaire », *Le droit international privé. Esprit et méthodes. Mélanges en l'honneur de Paul Lagarde*, Dalloz, 2005, p. 431-453.

– « Le règlement 1/2003 : Vers une fédéralisation, une communautarisation ou une renationalisation du droit de la concurrence ? », in *Les dynamiques du droit européen en début de siècle. Mélanges en l'honneur de Jean-Claude Gautron,* Pedone, 2004 p. 117-137.

– « La notion d'entreprise, révélateur de l'ordre concurrentiel », in *L'ordre concurrentiel. Mélanges en l'honneur d'Antoine Pirovano,* Frison-Roche, 2003.

– « Et si la loi Raffarin était contraire au droit communautaire ? », in *Propos impertinents de droit des affaires. Mélanges Charles Gavalda,* Dalloz, 2001, p. 161-172.

– « À propos des aides aux entreprises en difficulté », *Prospectives du droit économique. Dialogues avec Michel Jeantin,* Dalloz, 1999, p. 403-410.

– « La concurrence, condition d'adhésion à l'Union européenne : l'exemple des PECO », in *Le droit de l'entreprise dans ses relations externes à la fin du xxe siècle. Mélanges en honneur de Claude Champaud,* Dalloz, 1997, p. 361-381.

– « La plainte en droit de la concurrence. Opposition ou convergence du droit communautaire et du droit français » in *Mélanges en l'honneur de Louis Boyer,* Presses de l'Université des Sciences sociales de Toulouse, p. 255-281.

Articles issus de participations à des colloques et conférences

– « La localisation du dommage en cas d'atteinte à la concurrence », in *La localisation du dommage en droit international privé,* Paris Cité, mai 2022, à paraître, *Rev. dr. aff. int.*

– Propos introductifs, *Colloque sur le Digital Markets Act*, Nanterre, avril 2022, à paraître, *Concurrences,* n° 2022-3.

– « Les vingt ans de la loi NRE- Contrôle des concentrations », St Etienne, nov. 2021, *Rev. Lamy conc.*, févr. 2022, n° 113, p. 23.

– « Droit primaire », in *Existe-t-il un système international privé de droit de l'union européenne* ? Lyon, nov. 2021, en cours de publication (sous la dir. de C. Nourrissat et L. Pailler), Larcier.

– « Les contraintes organisationnelles du droit des pratiques anticoncurrentielles. Simples adaptations ou réelles évolutions », Toulouse, oct. 2021, « La distribution en réseau : contraintes et opportunités », *Cah. Dr. Ent.*, n° 3, mai-juin 2022.

– « L'intégration des considérations d'intérêt public en droit des ententes », IRJS, nov. 2020, in *L'intégration des considérations d'intérêt public en droit de la concurrence*, (sous la dir. de C. Prieto), *Concurrences*, n° 2-2021.

– Rapport conclusif in, *La systématique des contentieux concurrence en Europe*, Caen, nov. 2019, (sous la dir. de G. Godiveau), Bruylant, 2021, p. 345.

– « Vers un réseau européen en contrôle des concentrations – état du droit positif », IRJS, juin 2019, in *Vers un réseau européen du contrôle des concentrations*, (sous la dir. de C. Prieto), *Concurrences,* n° 3-2020.

– « Autonomie des contentieux et des procédures », introduction et présidence, table ronde, Cour de Cassation, nov. 2019, in *Le droit de la concurrence : un droit autonome, un droit de l'autonomie*, nov. 2019, *Contrats conc. cons.*, juin 2020.

– « La conciliation avec le droit de l'Union européenne », Nanterre avril 2019, in *La réécriture du titre IV du livre IV du code de commerce*, (sous la dir. d'A-S. Choné-Grimaldi), *Concurrences*, n° 3-2019.

– « Regards sur 60 ans de politique de concurrence », Toulouse nov. 2018, in *Les soixante ans du Traité de Rome*, (sous la dir. de D. Blanc), *Rev. Union européenne*, 2018.639.

– « L'année 2017 en droit de la concurrence. Rapport introductif », Journée de l'AFEC, mars 2018, *Contrats conc. cons.,* 2018, n° 8-9.

– "Transposition of the Directive in French Law ", Würsburg, mai 2017, introduction, thèmes 1 et 2, in *Private damages actions before and after the implementation of the Directive (Implementation of the EU Damages Directive into Member State law),* (sous la dir. de Fl. Bien), *Concurrences* n° 3-2017.

– « Les actions en responsabilité en droit de la concurrence », laboratoire de sociologie juridique (Paris 2), janv. 2017, in *Flexibles notions : la responsabilité civile,* (sous la dir. de D. Fenouillet), éd. Panthéon-Assas, 2020.

– « La preuve en droit de la concurrence », 30e anniversaire de l'ordonnance du 1er décembre 1986, Cour d'appel de Paris, 1er déc. 2016 in *Le droit français de la concurrence, trente ans après. L'ordonnance du 1er décembre 1986, rétrospectives et prospectives* (sous la dir. de C. Arens, M. Chagny, J-L. Fourgoux), Lextenso, 2017, et *Concurrences*, n° 4-2017, p. 45.

– Introduction, et conclusion, 1re table ronde, Nanterre, nov. 2016, *L'application du droit de la concurrence au secteur numérique* (sous la dir. de A-S. Choné-Grimaldi), *Concurrences,* n° 2-2017.

– "The international aspects of private enforcement after the Directive 2014/104/EU. Gaps in the EU System and competition between national laws?", Trevise, 2016, in *XII Antitrust between EC Law and National Law, VI Conference* (E. A. Raffaelli, ed.), Bruylant et *Concurrences*, n° 1-2017.

– « Les actions collectives en droit international privé européen », in *L'intensification de la réparation des dommages issus des pratiques anticoncurrentielles,* (sous la dir. de M. Behar-Touchais, D. Bosco, C. Prieto), IRJS/André Tunc, tome 70, 2016, et *Concurrences*, n° 1-2016.

– « La directive 2014/104/UE et l'arbitrage », (en coll. avec M. Celaya), in *L'intensification de la réparation des dommages issus des pratiques anticoncurrentielles* (sous la dir. de M. Behar-Touchais, D. Bosco, C. Prieto), IRJS/André Tunc, tome 70, 2016.

– « La reprise d'une entreprise en difficulté et le droit de la concurrence », Toulouse, *Rev. Proc. Coll.*, 2015, n° 6, étude 57.

– "Reform of Regulation 1/2003: Power to set enforcement priorities", GCLC, 2014, in *Ten Years of Regulation 1/2003*: *Challenges and Reform*, (M. Merola, N. Petit, J. Rivas, ed.), GCLC series, Bruylant, 2015, p. 29-45, et *Concurrences,* n° 3-2015, p. 51.

– « La distinction droit public/droit privé a-t-elle un sens en droit de la concurrence », Caen, oct. 2014, in *Les dimensions de la sphère publique en droit de la concurrence,* (sous la dir. de G. Godiveau), *Rev. jur. com.*, 2014-6 et *Concurrences,* n° 1-2015.

– « Interaction entre l'action publique et privée : Mise en oeuvre uniforme du droit de l'Union et du principe *ne bis in idem* », Luxembourg, juin 2014, in *10 ans d'application du règlement 1/2003 et de la loi luxembourgeoise relative à la concurrence, Concurrences,* n° 4-2014.

– « La dimension internationale des actions en réparation. Choisir sa loi et son juge : quelles possibilités ? », Paris, mai 2014, *La réparation des dommages concurrentiels en France et Europe : État des lieux et changements à venir*, *Concurrences,* n° 3-2014.

– Rapport introductif, « L'année 2013 en droit de la concurrence. Bilan et perspectives de la modernisation », AFEC, févr. 2014, *Contrats concurrence, consommation*, juin 2014, étude 11.

– « L'argument économique », Paris 2, 9 janv. 2014, in *L'argument sociologique. Singularité et pluralité* (sous la dir. de D. Fenouillet), Sirey.

– « Le réseau européen de concurrence. Une forme de justice économique ? », Toulouse, nov. 2013, in *La justice économique en Europe*, *Rev. Lamy dr. aff.*, mai 2015, n° 104, supp.

– Rapport de synthèse, Caen, oct. 2013, in *Le contrat de distribution à l'aune du règlement n° 330/2010*, (sous la dir. d'A-S. Choné-Grimaldi), *Concurrences* n° 1-2014.

– « Une régulation concurrentielle négociée : les engagements », Paris, sept. 2013, in *Corriger, Equilibrer, Orienter : une vision renouvelée de la régulation économique*, journée Conseil d'État/Autorité de la concurrence en l'honneur de M-D. Hagelsteen, *Concurrences* n° 1-2014.

– – "How has Regulation 1/2003 affected the role and work of national competition authorities? The French example", Mannheim, juin 2013, in *Ten Years of Regulation 1/2003*, (sous la dir. de H. Schweitzer), *NZart,* 2014-1, p. 12-17 et *Concurrences,* n° 1-2014.

– « Les nouvelles pratiques commerciales dans la vente en ligne », séminaire Ph. Nasse, Bercy, juill. 2013, *Concurrences,* n° 4-2013.

– « Autonomie et droit de la concurrence. Un couple impossible ? », Paris 2, avril 2013, in *Autonomie en droit européen. Stratégies des citoyens, des entreprises et des États,* (sous la dir. de C. Kessedjian), éd. Panthéon-Assas, p. 167.

– « *Private enforcement* 2013 : la vague viendra-t-elle de Bruxelles, Paris, ou d'ailleurs ? », NFA 2013, *Concurrences* n° 2-2013 et *New Frontiers of Antitrust 2013*, Bruxelles, Bruylant.

– « Entreprise sociale et droit de la concurrence », Toulouse, nov. 2012, *Concurrences*, n° 1-2013.

– "Arbitration, public order, EU competition Policy", Lisbonne, oct. 2012, *Revista Concorrencia e Regulaçao, 2013-1.*

– « Droit de la concurrence et protection de l'environnement. La relation doit-elle évoluer ? », Cour de cassation/Sces Po, avril 2012, *Concurrences,* n° 3-2012.

– « L'année 2011 en droit de la concurrence. Rapport introductif », AFEC, 8 mars 2012, *Contrats conc. consom.*, juin. 2012.

– « L'autonomie procédurale. Les leçons du droit international privé », NFA, fév. 2012, *Concurrences,* n° 2-2012, et *New Frontiers of Antitrust 2012*, Bruxelles, Bruylant.

– « L'état des lieux en droit des ententes », in *Propriété intellectuelle et droit de la concurrence. Pour une réconciliation ?* IRPI/AFEC 8 nov. 2011, Paris, Lexis, 2012, coll. IRPI, pp. 7-32.

– « L'arbitrage et le contrôle des engagements », CFA, 4 nov. 2011, *Arbitrage et droit de l'Union européenne* (sous la dir. de P. Mayer), Lexisnexis, coll. CREDIMI, vol. 38 et Tendances, *Le contrôle du respect des engagements, Concurrences,* n° 1-2012.

– « La responsabilité pénale des personnes morales. Les leçons du droit européen de la concurrence », ARJE/Collège de France, 20 oct. 2011, in *La responsabilité pénale des personnes morales : perspectives européennes et internationales* (sous la dir. de G. Giudicelli-Delage et S. Manacorda), Sté Lég. Comp., collection UMR de droit comparé de Paris, vol. 30, 2013, pp. 165-206.

– « Réflexions sur la convergence des droits de la concurrence », Chicago, oct. 2011, in *The Global Competition Law Conference*, (sous la dir. de D. Gerber), *Concurrences,* n° 1-2013.

– « Les normes privées et le droit de la concurrence », Aix en Provence, juin 2011, in « Les normes privées internationales », *Rev. Droit prospectif*, 2011, n° spécial, p. 2267-2288.

– "Due process and the Art of fining. The French experience", ICF, XVIII International Congress, St Gallen, avril 2011, *Concurrences,* n° 2-2011.

– « Le rôle des associations de consommateurs dans les procédures « concurrence » », NFA, févr. 2011, *Concurrences,* n° 2-2011, et *New Frontiers of Antitrust*, 2011, Bruylant, 2012, p. 105.

– « Le contrôle de la sentence au regard de l'ordre public », Bruxelles, déc. 2010, in *Arbitrage et droit européen* de *la concurrence*, Bruylant, coll. Cepani, vol. 13, p. 143.

– « La régulation de la concurrence », Nice, nov. 2010, in *Pluralisme juridique et effectivité du droit économique*, Larcier, 2011, p. 79.

– « L'application du droit de la concurrence au secteur de l'énergie », Paris 2, nov. 2010, in *Vers une politique européenne de l'énergie*, (sous la dir. de Cl. Blumann), Bruylant, 2012 et *Concurrences*, n° 2-2011, p. 66.

– « Pratiques contractuelles et droit de la concurrence », introduction, AFEC, oct. 2010, *Concurrences,* n° 1-2011.

– « Arbitrage et droit de la concurrence », Rapport destiné au Comité de politique de concurrence de l'OCDE, oct. 2010, *Concurrences,* n° 4-2010, version anglaise disponible, http://www.oecd.org/competition/abuse/49294392.pdf.

– « La sanction par les autorités de concurrence : prix et pratiques anticoncurrentielles prohibées », Fort de France, avril 2010, in *La fixation de ses prix : Quelle liberté pour l'entreprise ?* (sous la dir. de G. Virassamy), L'Harmattan, coll. CERJDA, 2011, vol.11, p. 177.

– "Access to Evidence and Files of Competition Authorities", 2010, in *International Antitrust and Coordination,* (préc.), Hart Publishing, 2012, chap. 12, p. 259.

– « La coordination des autorités de régulation », introduction à l'Atelier de la concurrence du 26 janv. 2010, disponible sur le site du Minefi.

– « Entrave et restriction de concurrence », in *L'entrave dans le droit du marché intérieur*, Paris 2, déc. 2009, (sous la dir. de L. Azoulai) Bruylant, 2011, p. 169.

– « Les procédures de clémence et le droit de la concurrence », Le Havre, nov. 2009, in *La clémence et le droit*, (sous la dir. de J.M. Jude), Economica, 2011, p. 105.

– « Distribution, Internet et réforme des restrictions verticales », introduction, AFEC, oct. 2009, *Concurrences,* n° 1-2010.

– « Regards sur les « mutations » du droit des aides d'État », La Rochelle, juin 2009, *Concurrences,* n° 1-2010, p. 79.

– "Modern industrial economics revisited – comments on D. Rubinfeld, M. Polo and O. Budzinski", Munich, Max Planck Institute, mars 2009, in *Competition Policy and the Economic Approach. Foundations and Limitations*, (J. Drexl, W. Kerber, R. Podszun, ed.), Edgar Elgar, 2011, p. 139.

– « L'action de groupe et le droit de la concurrence », Paris, déc. 2008, colloque ANDD, *L'action de groupe*, *Revue de l'ANDD, Droit & Economie*, n° 101, oct. 2009.

– « Le cas du droit de la concurrence », Toulouse, oct. 2008, in *La matière civile et commerciale, socle d'un droit international privé européen*, (sous la dir. de S. Peruzzetto), Dalloz, série Thèmes et commentaires, 2009, p. 171.

– « La loi LME et le traitement des pratiques restrictives », introduction coll. AFEC, *oct. 2008*, *Concurrences,* n° 3-2009.

– « Synthèse de clôture », Paris juin 2008, *Le contrôle des concentrations d'entreprises*, (sous la dir. du Conseil d'État), *Rev. Lamy conc.*, 18/2009.

– « L'exécution forcée des mesures en droit de la concurrence », Paris, déc. 2007, in *L'exécution du droit de l'Union : entre droit communautaire et droits nationaux,* Bruylant, 2009, p. 265.

– « Le droit des États membres de l'Union », Paris 1, nov. 2007, in *La sanction des pratiques anticoncurrentielles par le recours à l'article L 420-6 c. com., Concurrences,* n° 1-2008.

– « La place de la politique de concurrence dans le traité de Lisbonne », colloque Cedece, Paris, déc. 2007, *Annuaire de droit européen*, 2006, p. 203.

– « Commande publique et droit de la concurrence », Sté de Législation comparée, Freiburg, juin 2007, *Concurrences,* n° 1-2008, version allemande, « Offentliches Auftragswesen und Kartellrecht aus französicher Sicht » in *Der Staat als Nachfrager,* (U. Blaurock), Mohr Siebeck, 2008, p. 75.

– « Les produits », Paris, juin 2007, in *Régulation économique et conflits de lois. L'expérience du marché intérieur*, (sous la dir. de M. Audit, H. Muir-Watt, E. Pataut), LGDJ, 2008.

– Rapport de synthèse, « Mondialisation et droit de la concurrence », Dijon, juin 2007, in *Mondialisation et droit de la concurrence*, (sous la dir. de W. Abdelgawad), Litec, 2008, coll. Credimi, vol. 30, p. 505.

– "The Role of Arbitration in Competition Disputes ", Athènes, juin 2007, in *The Reform of EC Competition Law. New challenges,* (I. Lianos, I. Kokkoris, co.ed.), Kluwer, International Competition Law Series, vol. 41, 2010, p. 75, et version française, « La place de l'arbitrage dans le règlement des litiges en droit de la concurrence », *Dalloz*.2007.2681.

– « L'intérêt général : limite ou pierre angulaire du droit de la concurrence ? », Louvain, mai 2007, *JTDE,* nov. 2007.

– Rapport de synthèse, « Les sanctions judiciaires en droit des pratiques anticoncurrentielles. Compléments ou substituts ? », Le Mans, déc. 2006, *Concurrences*, n° 2-2007.

– Rapport de synthèse, 20e anniversaire de l'ordonnance du 1er décembre 1986, colloque Cour de Cassation, AFEC, 1er décembre 2006, *XXème anniversaire de l'ordonnance du 1er décembre 1986. Évolutions et perspectives,* Paris, Litec, série colloques et débats, 2008.

– « Transports et concurrence », Introduction de l'atelier de la concurrence du 7 juin 2006, *Rev. conc. cons.,* n° 150, spécial décembre 2006, p. 68-69.

– "Private Enforcement of Competition Law – Recommendations Flowing from the French Experience", Max Planck Institut, Hambourg, avril 2006, in *Private Enforcement of EC Competition Law* (J. Basedow, ed.), Kluwer, International Competition Law Series, 2007, vol. 25.

– « Les droits des tiers dans le contrôle des concentrations », Sté Légis. Comp., Paris 1, déc. 2005, *Rev. int. dr. comp.*, 2006, n° 3.

– « Rapport général », in *La réparation du préjudice causé par une pratique anticoncurrentielle en France et à l'étranger : Bilan et perspectives*, Cour de cassation, oct. 2005, site Internet de la Cour, CD Rom, *Droit in situ.*

– « Concurrence et services d'intérêt général. Bilan depuis le traité d'Amsterdam », in *Les services d'intérêt économique général,* (dir. J.V. Louis, et S. Rodrigues), Bruxelles, Bruylant, 2006.

– "Investigation powers when enforcing Competition Laws. Regulation 1/2003 and National Competition Laws", Lisbonne, nov. 2005, in *Competition Law and Economics* (A. Mateus et T. Moreira, ed.), Kluwer, International Competition Law Series, 2007, vol. 31, p. 85.

– « Droits exclusifs et abus de position dominante. À propos de quelques développements récents », Pékin, sept. 2005, Sté Legisl. Comp., *LPA*, 25 nov. 2005, n° 235, p. 5.

– « Environnement et droit de la concurrence. Bilan de la jurisprudence de la Cour de Justice en matière de libre circulation », Atelier de la concurrence, juill. 2005, *Rev. conc. cons.,* supp. janv.-févr. 2006, n° 144 et n° spécial, *LPA*, 15 juin 2006, n° 119, p. 24.

– « Autorités de régulation et réseaux », La Rochelle, juin 2005, in *La modernisation du droit des affaires*, (sous la dir. de G. Jazottes), Litec, 2007, p 119.

– Rapport introductif, commentaires sur l'intervention de Ch. Liebscher (« L'arbitrage est-il une alternative viable ?) et postface au 1er mai 2006, Aix, mai 2005, in *Les entreprises face au nouveau droit des pratiques anticoncurrentielles : le règlement 1/2003 modifie-t-il les stratégies contentieuses*, Bruylant, 2006.

– "Application of EC Competition rules by National Courts – A French perspective", Bruxelles, mars 2005, in *Antitrust Reform in Europe: A Year in Practice,* (Ph. Reynolds, M. Lowe, éd.), International Bar Association, 2005.

– « Les ventes liées après les décisions Microsoft et GE Honeywell. Réflexions de juriste », Bruxelles, ULB, 2005, *Concurrences*, n° 2-2005, p. 31.

– « Liberté de circulation et libre concurrence : quelles innovations ? », UAG, Fort de France, janv. 2005, in *Traité établissant une constitution pour l'Europe – changements et continuité*, publications du CRPLC, 2005, p. 109.

– « Les concentrations dans le secteur des médias : *business as usual* ? », Florence, nov. 2004, Colloque annuel de l'Ascola, RIDE, 2005 n° 1, version anglaise, "Mergers in the media sector. Business as usal" in *The Evolution of European Competition Law* (H. Ullrich, ed), Elgar ed., 2006.

– « Une facette de la modernisation du droit communautaire de la concurrence : les nouveaux règlements d'exemption », Paris, oct. 2004, Journée franco-chinoise, Sté Lég. Comp., *LPA,* n° 22, fév. 2005, p. 5.

– « L'exemption liée aux parts de marché », in Journée d'études sur *Le règlement n° 772/2004 relatif aux accords de transfert de technologie* (sous la dir. de J. Raynard), Litec, Bibl. droit de l'entreprise, 2005.

– « La prise en compte du droit des procédures collectives par le droit de la concurrence. L'articulation des procédures », atelier de la concurrence du 23 juin 2004, *Entreprises en difficulté et concurrence, Rev. conc. cons.* 2005.

– « La qualification de la restriction de concurrence », Cour de Cassation, avril 2004, in *La modernisation du droit de la concurrence,* (sous la dir. de G. Canivet), Paris, LGDJ, 2006, p. 86 et CD Rom *Droit in situ (coll. droit communautaire).*

– « Regards sur les droits étrangers » in *Les sanctions judiciaires des pratiques anticoncurrentielles*, avril 2004, *LPA*, n° 14, 20 janv. 2005, p. 46.

– « Les entreprises face à la suppression du système d'autorisation préalable », CCI/AFJE, nov. 2003, in *Le nouveau droit communautaire de la concurrence – Les droits de la défense face aux pouvoirs de la Commission européenne*, (sous la dir. d'A. Mourre), Bruylant/FEC, 2004, p. 131.

– « Droit de la concurrence », Paris, nov. 2003, in *Les conflits de lois et le système juridique communautaire* (sous la dir. d' A. Fuchs, H. Muir-Watt et E. Pataut), Dalloz, 2004, p. 255.

– Rapport de synthèse, *Internormativité et réseaux d'autorités, Les nouvelles formes de relations juridiques entre l'ordre communautaire et les ordres nationaux,* Toulouse, oct. 2003, *LPA* n° 199-200, 5-6 octobre 2004, p. 63 et CD Rom *droit in situ.*

– « La libre circulation des entreprises. À propos des arrêts *Überseering et Inspire Art* », Paris 2, oct. 2003, in *L'actualité de la pensée de B. Goldman*, éd. Panthéon-Assas, 2004, p. 59.

– « Divorce d'entreprises et effets anticoncurrentiels », Dijon, sept. 2003, in *Les séparations internationales d'entreprises*, (sous la dir. d'E. Loquin), Litec, CREDIMI, p. 291.

– « Le temps : une limite à l'action des autorités », atelier de la concurrence du 2 juillet 2003, Rev. conc. cons., janv.-fév., 2004.

– « Rapport introductif », Nanterre janv. 2003, in *La réception du droit communautaire en droit privé des États membres*, (sous la dir. de J.S. Bergé et M. L. Niboyet), Bruylant, 2003, p. 17.

– « L'actualité du droit français des pratiques anticoncurrentielles : premières vues sur l'année 2002 », AFEC, nov. 2002, *Rev. Lamy dr. Aff.*, février 2003, *et Rev. Lamy dr. éco.*, mars 2003.

– « Un espace de concurrence, quelle politique de concurrence ? », colloque de la CEDECE, Besançon, oct. 2002, *Les Communautés et l'Union européennes face aux défis de l'élargissement*, La Documentation française, coll. CEDECE, Paris et CD Rom *Droit in situ.*

– "Restraints of Competition as an Issue of International Trade Law. Concentration and Cooperation Cases", Frauenchemsiee, juin 2002, in *The Future of Transnational Antitrust – From Comparative to Common Competition Law*, (J. Drexl ed.), Staempfli, Berne 2003.

– "A Necessary Step Towards Common Procedural Standards of Implementation for Articles 81 & 82 EC Within the Network", Florence, avril 2002, *7th European Competition Law Annual. Constructing the Network of EU Authorities*, (C.Ehlermann & I. Atanasiu, ed.), Hart Publishing, 2004, p. 211.

– « L'influence du droit communautaire sur le droit international privé », Toulouse, mars 2002, *Le droit international privé communautaire. Emergences et incidences, LPA*, n° spécial 248/12 déc. 2002, p. 27.

– « Mondialisation, liberté et régulation de la concurrence : le contrôle des concentrations », Rennes, sept. 2001, in *Mondialisation et droit économique*, *Rev. Int. Dr. Eco.*, 2002, p. 175-205

– "Application of Articles 81 and 82 EC by the French Ordinary Courts. A Procedural Perspective", (en coll. avec Ch. Momège), Florence, Institut Robert Schuman, juin 2001, *6th European Competition Law Annual, Effective Private Enforcement of EC Antitrust Law*, (C. Ehlermann & I. Atanasiu, ed.), Hart Publishing, 2003, p. 232.

– "Arbitration and Reform of Regulation 17/62", Florence, Institut Robert Schuman, juin 2001, *6th European Competition Law Annual*, *Effective Private Enforcement of EC Antitrust Law*, Hart Publishing, 2003, p. 285 et p. 307.

– « La notion d'entreprise », Pau, mai 2001, in *L'entreprise sous l'influence réciproque du droit communautaire et des droits nationaux, Rev. soc.*, 2001.191.

– « La modernisation des règles de concurrence européennes », atelier de la concurrence, mai 2001, *Rev. conc. cons.*, n° 122, juillet-août 2001.

– « Les autorités de contrôle et de régulation », journée d'études en l'honneur de J.B. Blaise, mai 2001, *Concurrence et société de l'information*, Publ. Univ. Paris 2 Panthéon/Assas, 2002

– « Le rôle clef des engagements en matière de contrôle des concentrations : réflexions sur l'évolution de la pratique» (en collab. avec Ch. Momège), n° spécial, *Rev. Lamy dr. aff*, avril 2001.

– « L'actualité du droit français de la concurrence – nov. 1999-nov. 2000 », *Rev. Lamy dr. éco.*, mars 2001 *et Rev. Lamy dr.aff.*, mai 2001.

– « L'exemple d'une responsabilité quasi répressive : le droit de la concurrence », Rouen, janv. 2001, *La responsabilité des professionnels*, n° spécial, *LPA*, n° 137, 11 juill. 2001, p. 34.

– « L'efficacité des décisions dans l'espace », atelier du 7 juin 2000, DGCCRF, *Revue concurrence consommation, droits et marchés,* nov./déc. 2000 et *LPA,* n° 259, 28 déc. 2000, p. 29.

– "The White Paper: coherence. A French Point of View on the Radical Decentralisation of the Implementation of Article 81(1) and (3)", in *5 th European Competition Law Annual 2000: the Modernisation of EC Antitrust Policy* (C. Ehlermann & I. Atanasiu, ed.), Hart publishing, 2001, p. 335.

– « L'européanisation du droit des affaires », colloque Droit et commerce, Deauville, mai 2000, *Rev. jur. com., n° spécial, 2001.*

– « Livre Blanc. Le besoin de sécurité juridique », (en coll. avec B. Van de Walle de Ghelcke), Bruxelles, mai 2000, *Cah. dr. eur.*, 2001, p. 160.

– « L'impact du droit communautaire sur le droit économique », Strasbourg, mai 2000, *Le droit communautaire et les métamorphoses du droit* (sous la dir. de D. Simon), Presses universitaires de Strasbourg, 2003.

– « L'actualité du droit français de la concurrence », *Rev. Lamy dr. éco.*, mai 2000 et *Rev. Lamy dr. aff.*, janvier 2000, n° 23.

– « Le respect des droits de la défense », Montpellier, nov. 1999, in *Réalités et perspectives du droit communautaire des droits fondamentaux* (sous la dir. de F. Sudre et H. Labayle), Bruylant, 2000, p. 213.

– « L'internationalisation du droit de la concurrence », Lyon, oct. 1999, in *Droit de la concurrence et droit privé*, , *J.C.P. éd. E, Cah. dr. ent.*, 2000/n° 3.

– "EC Competition Law in World Trade", Bangkok, août 1999, in, *Asia-Europe on the Eve of the 21st Century,* Bangkok, p. 209.

– « Sport et concurrence », Ateliers de droit de la concurrence, juin 1999, *Revue conc. cons.*, 1999, nov./ déc., n° 111.

– « La liberté de concurrence en France », New-Delhi, 1998, Sté de Lég. Comp., *LPA*, n° 59, 23 mars 2000, p. 4.

– « Règles de concurrence et régulations sectorielles », in *La régulation des services publics en Europe*, (sous la dir. de J. Vandamme), TEPSA, éd. ASPE, 2000.

– « La transparence dans les procédures communautaires de concurrence », Nice, avril 1998, *La transparence dans l'Union européenne. Mythe ou principe juridique*, publications du Cedore, Paris, Montchrestien, 1999, p. 121.

– « Les engagements en droit de la concurrence – approche juridique », Ateliers de droit de la concurrence, 3 juin 1998, *Revue conc. cons.*, 1998, n° 106.

– « La libre circulation des personnes dans les accords conclus par la Communauté », Paris, oct. 1997, in *Trente ans de libre circulation des travailleurs*, Paris, La Documentation française, 1998.

– « La protection par le droit de la concurrence », in *Les clauses abusives entre professionnels*, Lille, mai 1997, Economica, 1998.

– « Subsidiarité et droit de la concurrence », Bordeaux, avril 1997, *Rev. aff. eur.*, 1998, 1/2.

– « Les bases communautaires d'un droit privé européen », Reims, janv. 1997, in *Le droit privé européen* (sous la dir. de P. de Vareilles-Sommières), Economica, 1998.

– « Contrats et droit communautaire » Toulouse, 1996, in *Vers une culture juridique européenne,* (sous la dir. de S. Peruzzetto), Travaux du CDA, Université des Sciences Sociales de Toulouse, Montchrestien, 1998, p. 47.

– « L'arbitrabilité des litiges : l'exemple français », Lille, 1996, *Rev. jur. comm.,* 1996.6.

– « La régulation communautaire des contrats de distribution », Lille, nov. 1995, *LPA,* n° 29, 6 mars 1996, p. 35.

– « La jurisprudence du Tribunal de première Instance en matière de concurrence », Bordeaux (en collab. avec J.B. Blaise), *Rev. marché unique et Union européenne*, 1995, p. 109.

– « Quelques observations sur la confidentialité en droit de la concurrence. À propos du secret professionnel et des secrets d'affaires », in *Aspects contemporains du droit de la distribution et de la concurrence,* Travaux du CDA, Université des Sciences Sociales de Toulouse, Montchrestien, 1996, p. 109.

– « Les orientations actuelles du droit communautaire de la concurrence », Montréal, 1995, in *L'accès au marché de l'Union européenne et le droit européen des affaires,* éd. Y. Blais, 1995, p. 137.

– « Entreprises en difficulté et concurrence : la position du droit communautaire », Rennes, 1994, *Rev. int. dr. eco.,* 1995, n° 2, p. 303.

– "Environnement et droit communautaire de la concurrence », in *La Communauté Européenne et l'environnement,* colloque de la CEDECE, 1994, La Documentation française, et *JCP éd. G, 1995.I.3852.*

– « Concurrence entre secteur public et secteur privé », séminaire d'économie industrielle, Bercy, juin 1994, *Rev. int. dr. eco.,* 1994, n° 3, p. 451.

– « Les conflits de lois en droit de la concurrence », AFEC, mars 1994, *Journal de droit international,* 1995, n° 2, p. 321.

– « L'harmonisation des législations en matière de droit commercial », Soc. Lég. Comp., Journées franco-hongroises, juin 1993, *Travaux de la Société de législation comparée,* 1993, p. 157.

– « L'exclusivité dans les contrats de distribution et d'approvisionnement », AFEC, juin 1993, *JCP éd. E, Cah. Dr. Ent.,* 1993, n° 6.

– « La France dans le marché unique : les implications en matière de concurrence », avril 1993, Université du Québec à Montréal, *LPA, 1993, n° 139* et in *Le Canada dans l'ALENA ; la France dans le marché unique.*

– « Les mesures intérimaires », Institut de droit et des pratiques du commerce international, CCI, mars 1993, in *Garanties procédurales et droit de la concurrence,* CCI, Publications de l'Institut, n° 480/6, 1994.

– « Le domaine spatial du droit communautaire des affaires », Comité français de droit international privé, nov. 1992, *Travaux du CFDIP, 1991-1993,* Pédone, *p. 145.*

– « Aspects internationaux du droit de la concurrence appliqué aux services de l'information », Institut de droit et des pratiques du commerce international, CCI, oct. 1992, in *Droit de la concurrence et services d'information*, CCI, Publications de l'Institut, n° 480/5, 1994.

– « Les restructurations financières face au contrôle préventif des concentrations en droit communautaire », Lille, déc. 1991, in *Restructurations financières et droit de la concurrence,* Litec, 1993, travaux du LERAP.

– « L'activité du Conseil de la concurrence en 1990 », AFEC, janv. 91, *Dalloz* 1991, chron. 289.

– « Perspectives communautaires du droit des faillites », Le Havre, nov 90, *Gaz. Pal.,* 1991, 7 et 8 juin.

– « Le contrôle de la sentence arbitrale », XIIème Congrès annuel de l'Institut de droit et des pratiques du commerce international,CCI, Paris, oct. 1990, in *Competition and Arbitration Law,* CCI, Publications de l'Institut, Paris, 480/3, 1993.

– « Commentaire du règlement communautaire sur le contrôle des concentrations », Toulouse, mai 1990, in « L'Europe juridique et financière » (sous la dir. de C. Saint-Alary-Houin), *JCP éd. E, Cah. Dr. Ent.,* 1991, n° 2.

– « L'étudiant européen », nov. 1990, in *Travaux de l'association française des femmes des carrières juridiques, Paris,* 1990.

– « L'insécurité dans le droit communautaire », XVIIème Entretiens de Nanterre, mars 1990, *JCP éd. E, Cah. Dr. Ent.,* 1990, n° 5.

– « Le deuxième rapport d'activité du Conseil de la concurrence » (en collab. avec M.C. Boutard-Labarde), AFEC, juin 1989, *LPA,* n° 87, 21 juill. 1989.

– « Le choix du GEIE comme technique de coopération inter-entreprises », journée d'études de la CRCI Midi-Pyrénées, *La Gazette des Tribunaux du Midi,* 15 juill. 1989.

– « Bilan de deux ans d'application du droit de la concurrence » (en collab. avec M.C. Boutard-Labarde), janv. 1989, AFEC, *n° spécial « Liberté des prix et concurrence », I.C.C.,* juin 1989.

– « L'interférence entre le droit communautaire et le nouveau droit français de la concurrence », Toulouse, 1988 in *Le libéralisme en matière de prix et de concurrence,* (sous la dir. de C. Saint-Alary-Houin), n° spécial, *LPA,* mars 1988, n° 39.

– Rapport de synthèse, « Le droit foncier rural en Côte d'Ivoire », Abidjan, 1987, *Études et documents du Centre ivoirien de recherches et d'études juridiques,* 1987, n° 1, p. 7, p. 117.

Articles de revues

– « Les évolutions du droit antitrust : plus d'administratif au service de plus de répressif », *Gaz.Pal.* 2022, n° 11, 5 avril 2022.

– “The future of the Regulation n° 1/2003: New relations between EU and national laws”, *JECLAP*, vol. 11, 2020, issue 8.

– “Arbitration and Competition Law: Have we entered a fourth phase in their relations?”, *Competition and Policy Debate*, 2017 n° 1.

– « Arbitrage et droit de l’Union européenne. Retour sur quelques développements récents », *Rev. arb.* 2016.471.

– « Contrôle des concentrations et contrôle des investissements étrangers », *Concurrences*, n° 2-2015 et *Rev. aff. eur.* 2014/4.

– « L’accès au dossier des autorités de concurrence dans les actions privées : état des lieux deux ans après l’arrêt Pfleiderer », (en coll. avec F. Zivy), *Concurrences* n° 3-2013, p. 64.

– « Vingt ans de politique européenne de concurrence », *Rev. aff. eur.*, 2012/2, p. 273.

– « La répression des pratiques anticoncurrentielles par les institutions de l’Union » 2010-2012 », *Rev. sc. crim.*, 2012-2, p. 313

– « La pratique de l’Autorité française concurrence en matière de relations verticales », *Revista Concorrencia e Regulaçao,* 2010-4, p. 139.

– « La coopération entre la Commission et les juges nationaux en droit de la concurrence », *Rev. aff. eur.,* 2009/2010, n° 1, p. 59.

– « Le nouveau visage de la régulation de la concurrence en France. L’Autorité de la concurrence entre deux Europe » (en coll. avec Ch. Lemaire), *JCP éd. G,* 2009, I.125.

– « Projet de réforme du droit français de la concurrence. À propos des aspects institutionnels et procéduraux », *Concurrences,* 2-2008, supplément électronique.

– « La mise en réseau des autorités de régulation », *RDP,* n° 3-2008, p. 787.

– « Les programmes de clémence. L’entrée dans la phase III », *RJEP*, mars 2007.

– « Concurrence et libre circulation. Regards sur les derniers développements », *Rev. aff. eur.,* 2005/3, p. 391.

– « Sanctions et droit communautaire », *Les sanctions*, coll. Justice & Cassation, ordre des avocats au Conseil, Dalloz, 2004, p. 54.

– « Le nouveau système communautaire de mise en œuvre des articles 81 et 82 CE (règlement 1/2003 et projets de textes d’application », *Cah. dr. eur.*, 2003, p. 283.

– « Information et droit de la concurrence », *Rev. Lamy dr. aff.*, mai 2003.

– « La rémunération des comptes à vue et le droit communautaire. À propos de la décision de la commission bancaire », *LPA, n° 212*, 23 oct. 2002.

– « La réforme du droit français des concentrations », *J.C.P. éd. E, Cah. Dr. Ent.,* 2001/n° 4.

– « Loi NRE/Concurrence : La deuxième partie de la loi NRE ou la réforme du droit français de la concurrence », *JCP. éd. G, 2001.I.343.*

– « Le futur règlement d’application des articles 81 et 82 CE : chronique d’une révolution annoncée », *Dalloz,* 2001.1370

– « Une innovation surprenante : l'introduction de l'arbitrage dans le contrôle communautaire des concentrations », *Rev. arb.,* 2000, n° 4, p. 591.

– « Un nouveau droit communautaire des procédures collectives : commentaire du règlement 1346/2000 », *JCP éd. E,* 2000, p. 1648.

– « À propos des engagements en droit de la concurrence : quelques réflexions sur la pratique communautaire et française », *Cah. dr. eur.*, 1999, 5/6, p. 569.

– « Les aides aux entreprises en difficulté et le droit communautaire », *RTDeur.*, 1998, p. 317.

– « Quelques réflexions sur l'application du droit communautaire de la concurrence aux ordres professionnels », *JTDE,* avril 1997.

– « Quelques réflexions sur l'avenir de l'ordonnance du 1er décembre 1986 dans la perspective communautaire», *Gaz. Pal.* 12 - 13 février 1997.

– « Arbitrage et droit communautaire », *Rev. aff. int.,* 1996, n° 5, p. 561.

– « L'affaire des barres glacées Mars. Une vague de froid sur les contrats d'exclusivité », (en collab., avec Ch. Momège), *JCP éd. E, Cah. Dr. Ent.,* 1995, n° 6.

– « La faillite et la Communauté. Enfin une convention internationale ? », *Droit et pratique du commerce international,* 1995, n° 1, p. 34.

– « L'ouverture des transports ferroviaires à la concurrence », *Cah. dr. eur.,* 1995, p. 263.

– « La loi ivoirienne sur l'arbitrage », *Rev. arb.,* 1994 n° 4.

– « Les mesures provisoires en droit de la concurrence ; un nouvel exemple de symbiose entre le droit français et le droit communautaire », *RTDeur.,* 1993, n° 4, p. 581.

– « L'application du principe de « subsidiarité » en droit de la concurrence », *Dalloz, 1993.* chron.137.

– « Quelques pistes pour la résolution des conflits de droits de la concurrence en matière de distribution », *Droit et Pratique du Commerce international,* 1993, n° 2, p. 216.

– « Chronique de jurisprudence : Côte d'Ivoire », *Journal de droit international,* 1991.1039.

– « Quelques remarques sur l'Acte Unique Européen et ses incidences sur le droit communautaire », *Revue juridique africaine,* 1991, n° 1, p. 139.

– « Eléments d'un droit international privé africain. L'exemple de la Côte d'Ivoire », *Revue juridique africaine,* 1990, n° 1.

– « Du GIE au GEIE et réciproquement. Commentaire de la loi du 13 juin 1989 » (en collab. avec C. Saint-Alary/Houin), *LPA, 4 oct. 1989, n° 119.*

– « Le rapprochement des législations en matière de propriété intellectuelle », *Droit et Pratique du Commerce International,* 1989, n° 3.

– « À propos du GEIE et de son introduction en droit français », (en collab. avec C. Saint-Alary/Houin), LPA, 22 mars 1989.

– « Le droit ivoirien de la famille : un exemple de droit mixte », *Études et documents du Centre ivoirien de recherches et d'études juridiques, 1987, n° 2, p. 7* et in *La formation du droit national dans les pays de droit mixte, Presses universitaires d'Aix Marseille, 1989, p. 191.*

– « À propos de la loi du 2 août 1983 sur le mariage : observations critiques sur quelques lacunes et contradictions du nouveau droit ivoirien des régimes matrimoniaux », *Revue ivoirienne de droit,* 1987, n° 2.

– « Chronique de jurisprudence : droit patrimonial de la famille », *Revue ivoirienne de droit,* 1987, n° 1, p. 187.

– « Le nouveau droit ivoirien des régimes matrimoniaux », *Études et documents du Centre ivoirien de recherches et d'études juridiques, 1987,* n° 1, p. 7, *et Revue camerounaise du droit.*

– « Concentration des entreprises et protection des travailleurs en droit communautaire », *Droit social,* 1975.561.

Études (Europe), contributions à Tendances (Concurrences) et Aperçus rapides (JCP)

– « L'application du principe *ne bis in idem* en droit de la régulation économique. À propos des arrêts de la Cour de Justice bpost et Nordzucker du 22 mars 2022 », *Europe,* juin 2022, étude 5.

– « Réflexions sur la dimension internationale de l'arrêt Sumal », in "Private enforcement in Europe after Sumal", *Concurrences*, n° 1-2022, p. 44.

– Introduction au dossier « La loi DDADUE, simple adaptation ou réforme du droit français de la concurrence », *Concurrences* n° 1-2021.

– « Politiques de concurrence et crise du covid 19 », aperçu rapide, *JCP éd. G*, 11 mai 2020, n° 580.

– « Covid 19 et droit de la concurrence. Quelles adaptations », *Europe,* avril 2020, étude 3.

– « Dix-huit mois d'application du droit de la concurrence », *Europe,* oct. 2018, étude 7.

– « Une lecture juridique de l'arrêt Intel », in On-Topic "Intel: The long awaited ECJ ruling", *Concurrences,* n° 1-2018, p. 15.

– « Match nul provisoire dans l'affaire Intel : la partie continue… », *Europe*, oct. 2017, étude 9.

– « Regards sur l'arrêt Intel : confirmation ou évolution », *Europe,* août-sept. 2014, étude 7.

– « Récidive ou réitération ? », in Tendances, « Ombres et lumières du traitement de la récidive par le droit des pratiques anticoncurrentielles », *Concurrences,* n° 4-2010, p. 26.

– « Le règlement n° 1049/2001 doit-il s'appliquer aux procédures concurrence ? », *Europe,* oct. 2010, étude 11.

– « Aperçu du nouveau régime des accords verticaux », *Europe*, juill. 2010, étude 8.

– « L'avant-projet d'ordonnance portant création de l'Autorité de la concurrence », (en coll. avec Ch. Lemaire), *JCP éd. G*, 2008, actualité rapide, 441.

– Table ronde avec B. Lasserre et Ch. Vilmart, « Loi de modernisation de l'économie », *Cah. Dr. Entr.*, n° 4, juillet-août 2008.

– « L'arrêt Microsoft : simple interprétation ou nouvelle adaptation de l'article 82 CE », *Europe,* déc., 2007, étude 22.

– « Ordre public et concurrence. État de la rencontre », Tendances, « Ordre public, concurrence et arbitrage », in *Concurrences,* n° 3-2006, p. 12

– « Premières vues sur l'arrêt General Electric c/Commission du 14 décembre 2005 », *Europe,* févr. 2006, étude 2.

– « Plaidoyer pour une réflexion sur l'articulation entre les procédures de clémence et les actions privées », Tendances, « Les politiques de clémence en Europe », *Concurrences*, n° 3-2005, p. 25.

– « La réforme du droit antitrust en Europe : un an de pratique », *Europe*, avril 2005, étude 4.

– « L'empiétement du droit de la concurrence sur le droit des contrats », débat, *RDC*, 2004, n° 3, p. 882.

– « L'entrée en vigueur du règlement 1/2003 : les dispositions procédurales du « paquet modernisation » », *Europe,* mai 2004, étude 6, et *Procédures*, juillet 2004.

– « Le nouveau règlement CE sur les concentrations », *Europe,* mars 2004, étude 3.

– « Nouvel épisode dans les affaires SEB/Moulinex et Total/Fina/Elf ou comment le Tribunal exerce son contrôle sur les décisions de renvoi et les décisions relatives aux engagements », *Europe*, juin 2003.

– « Premières vues sur le nouveau règlement d'application des articles 81 et 82 CE », *Europe,* févr. 2003, étude 7.

– « Le nouveau règlement de mise en œuvre des articles 81 et 82 CE », aperçu rapide, *JCP éd. G*, 2003, n° 1 *et JCP éd. E*, 2003, n° 4.

– « La réforme de la distribution automobile », *Europe*, oct. 2002, étude 11, et *JCP éd. E*, 2002.I

– « Avocats et droit de la concurrence : la rencontre a eu lieu », *Europe*, mai 2002, étude 6.

– « Droit social et droit de la concurrence. Confrontation ou cohabitation », *Europe*, nov. 1999, étude 11.

– « Le Tribunal et le contrôle des concentrations : à propos des arrêts Gencor et Generali de mars 1999 », *Europe,* mai 1999, étude 6.

– « La Jurisprudence du Tribunal en matière d'aides d'État septembre 1998 », *Europe,* nov. 1998, étude 9.

– « Le contrôle communautaire des concentrations – version 1998 », *Europe,* juill. 1997, étude 8, *et JCP* éd. *E,* 1997.1.686.

– « La réalisation de la pleine concurrence dans le secteur des télécommunications : la transposition en droit français de la directive 96/19 », *Europe*, oct. 1996, étude 9.

– « Nouvelle invasion ou confirmation du domaine d'application du droit de la concurrence. À propos de quelques développements récents », *Europe*, janv. 1996, étude 1.

– « L'application de la Convention de Bruxelles en matière de diffamation. Des précisions importantes sur l'interprétation de l'article 5 § 3 », *Europe*, juin 1995, étude 7.

– « Le nouveau mandat du conseiller-auditeur. Quelques progrès dans les procédures concurrence », *Europe,* févr. 1995, étude 2.

– « Le regroupement familial en droit communautaire à la lumière du décret du 11 mars 1994 », *Europe,* mai 1994, étude 4.

– « Le nouveau traitement des entreprises communes à caractère coopératif », *Europe,* sept. 1993, étude 8.

– « Epilogue dans l'affaire Pâte de bois. Les derniers apports de la Cour au droit communautaire de la concurrence », *Europe*, juin 1993, étude 6.

– « La situation des victimes de pratiques anticoncurrentielles après les arrêts Asia Motor et Automec *II », Europe,* déc. 1992.

– « Permanence ou évolution des problèmes en matière de distribution ; quelques interrogations après les affaires Vichy et Peugeot », (en collab. avec Ch. Momège), *Europe*, n° 5, mai 1992.

– « Les affaires de la Cinq : de nouvelles précisions sur l'octroi de mesures provisoires en droit communautaire et français de la concurrence », *Europe*, n° 3, mars 1992.

– « Faut-il réviser le règlement sur le contrôle des concentrations ? Brefs propos sur l'affaire de Havilland », (en collab. avec Ch. Momège), *Europe,* n° 1, janv. 1992.

– « Une nouvelle évolution de la notion d'entente en droit communautaire : l'affaire du polypropylène », *Europe*, n° 2, déc. 1991.

– « À propos de l'interruption volontaire de grossesse – Premier bilan de la jurisprudence de la Cour relative à la libre prestation de services en 1991 », *Europe*, n° 1, nov. 1991.

Notes de jurisprudence

– *La distinction entre la « matière contractuelle » et la « matière délictuelle » revisitée par les actions en droit de la concurrence*, (CJUE, gde ch, 24 nov. 2020, C-59/19, Wikingerhof/Booking.com), *Rev. crit. Dip*, 2021, n° 2, p. 440.

– *La « matière civile et commerciale » à l'épreuve de l'action du Ministre en droit de la consommation*, (CJUE, 16 juill. 2020, Movic, C-73/19), *Rev. crit. Dip.*, 2021 n° 2, p. 383.

– *Contentieux en réparation pour violation du droit de la concurrence : de nouvelles précisions sur le lieu de matérialisation du dommage,* (CJUE, 29 juill. 2019, Tibor-Trans, aC-451/18), *Rev. crit. Dip.*, 2020, n° 3, p. 549.

– *Repreneurs d'entreprises en difficulté : attention au contrôle des aides d'État,* Commentaire de l'arrêt Fortischem du Tribunal de l'Union, *Bull. Joly, Entreprises en difficulté,* 2020, n° 117, p. 59.

– *Le contentieux international des actions en réparation pour violation du droit de la concurrence : l'arrêt CDC revisité* (CJUE, 5 juill. 2018, fly-LAL, C-27/17, et CJUE, 24 oct. 2018, Apples Sales, C-595/17, *Rev. crit. Dip.*, 2019, n° 4, p. 786.

– Cass., civ. 1re, 11 oct. 2017, E-Biscuzz (La Cour de Justice appelée à préciser la portée d'une clause attributive de juridiction en cas d'invocation d'une violation du droit de la concurrence), *JCP éd. G 2017,* n° 49, 1279, p. 2204.

– Comm. UE, déc. 6 nov. 2015, Mory, *Actualité des procédures collectives,* mars 2016.

– Paris, 14 avril 2015, République hellénique c/Sté Bombardier, (contrat annulé pour violation du principe de libre circulation des marchandises), *Rev. arb.*, 2016, p. 556.

– Cass., 7 oct. 2015, E Biscuzz, (l'efficacité d'une clause attributive de juridiction remise en cause par la simple invocation du droit de la concurrence*), JCP éd. G. 2015*, n° 49, 30 nov. 2015, 1322, p. 2221

– CJCE, 26 oct. 2006, Mostaza Claro, C-168/05 (la Cour de Justice et le sort de la clause compromissoire dans un contrat de consommation), *Rev. arb.,* 2007, p. 109.

– CJCE, 27 janv. 2005, Denuit & Cordenier, C-125/04, (la Cour de Justice confirme qu'elle n'est pas compétente pour répondre aux questionx préjudicielles d'un tribunal arbitral), *Rev. arb.,* 2005, p. 765.

– Cass. civ. 1re, 14 nov. 2000, (exequatur d'un jugement selon la Convention de Bruxelles après renonciation à la clause d'arbitrage), *Rev. arb.,* 2001, p. 507.

– Conseil de la concurrence, Avis 2000-A-07, (applicabilité du contrôle français des concentrations à une opération britannique), *Rec. Lamy concurrence.*

– CJCE, 9 nov. 2000, Ingmar, C-381/98 (caractère de lois de police de la directive sur les agents commerciaux), *Rev. crit. Dip*, 2001, n° 1, p. 107.

– CJCE, 1er juin 1999, Ecoswiss, C-126/97 (l'arbitre et l'ordre public communautaire : prise de position de la Cour de Justice), *Rev. arb.,*1999, n° 3, p. 631.

– Paris, 16 juin 1998, (confirmation des solutions en matière d'arbitrabilité des litiges,) *Rev. arb.,* 1999, p. 333.

– Conseil de la concurrence, déc. 98-MC-06, (concurrence des contrôles sur une filiale commune), *Rec. Lamy concurrence.*

– Cass., civ. 1re, 19 déc. 1995, BAD c/BCCI, (interprétation judiciaire d'un traité), *Journal de droit international,* 1997, n° 4, p. 1009.

– Cass. Ass. Plén., 14 mars 1997, (imputabilité des infractions en droit de la concurrence), *JCP éd. G,* 1997, II. 22 915.

– Cass. Com., 12 déc.1995, Soc. du journal téléphoné, *CJEGF,* 1996.180.

– CJCE, 9 févr. 1995, Leclerc, C-412/93 (libre circulation des marchandises), 33 *C.M.L. Rev.,* 1996.113.

– Paris, 1re ch., 19 mai 1993, Soc. Labinal, (arbitrabilité des litiges et droit de la concurrence), *Journal de droit international,* 1993, n° 4, p. 957.

– Paris, 18 mars 1993 (sect. concurrence), Soc. du journal téléphoné, (applicabilité du droit de la concurrence à une direction de ministère), *CJEGF,* octobre 1993.

– Trib. Féd. Suisse, 28 avr. 1992, (l'obligation pour l'arbitre siégeant en Suisse d'examiner la compatibilité du contrat avec le droit communautaire de la concurrence), *Rev. arb.*, 1993, p. 124.

– Conseil de la concurrence, déc. 91 D. 52, (marché guadeloupéen de l'automobile, ententes et intervention des pouvoirs publics), *Rec. Lamy concurrence*, n° 471.

– Paris, 31 oct. 1991, (loi applicable au régime matrimonial), *Journal de droit international*, 1992, n° 2, p. 374.

– Cass. civ., 1re 19 nov. 1991, (l'appréciation de l'ordre public international aux fins d'exécution de la sentence), *Rev. arb.*, 1992, p. 76.

– Cass. civ., 1re, 5 févr. 1991, (les principes d'ordre public international du droit des procédures collectives), *Rev. arb.*, 1991, p. 625.

– Paris, 29 mars 1991, (l'arbitrabilité des litiges intéressant l'ordre public), *Rev. arb.*, 1991, p. 478.

– -Cass. civ., 2e, 20 févr. 1991, (l'étendue du contrôle en cas de recours en annulation fondé sur le grief de contrariété à l'ordre public), *Rev. arb.*, 1991, p. 447.

– Cass. civ. 1re, 15 mars 1988, Versailles 2 oct. 1989, Paris, 7 juill. 1989, (droit communautaire, arbitrage et ordre public), *Rev. arb.*, 1990, p. 115.

– Paris, 16 févr.1989, (arbitrage, international, ordre public et procédures collectives), *Rev. arb.*, 1989, p. 713.

– Ch. Réunies, Cour Suprême de Côte d'Ivoire, 4 avr. 1989, (la licéité et la mise en œuvre de l'arbitrage en droit ivoirien), *Rev. arb.*, 1989, p. 530.

– Paris, 2 arrêts, 28 avr. 1988 et 20 janv. 1989, (arbitrabilité et application du droit de la concurrence par l'arbitre), *Rev. arb.*, 1989, p. 280.

– CJCE, 25 sept. 1988, Pâte de Bois, (application extra-territoriale de l'article 81 CE), *RTDeur.*, 1989, n° 2.

– CE, 22 janv. 1982 (établissement des experts comptables), *RTDeur.*, 1982.346.

– « La Cour Suprême et la réglementation de l'arbitrage en Côte d'Ivoire : à propos de l'arrêt du 29 avril 1986 », *Revue ivoirienne de droit économique et comptable*, 1987, mars n° 5.

– Versailles, 11 déc. 1981 (refus de vente et droit communautaire), *Dalloz*, 1982.325.

Direction de tables rondes, introduction, conclusion de colloques

Concurrences (www.concurrences.com)

– *New Frontiers of Antitrust* et colloques annuels

2021 : "Vertical restrictions: VBER, everything changed?" ; 2020 (4 nov.) : "Improving the effectiveness and the agility of competition law enforcement"; 2019 (14 juin) : "Competition Authorities: Which judicial review?", *Concurrences* n° 3-2019 ; 2018 (11 juin) : « Urgence et concurrence : mesures provisoires, référé-suspension… Toujours trop tard ? », *Concurrences* n° 3-2018 ; 2017 (26 juin) : « Vers des autorités de concurrence plus indépendantes et plus fortes ?», *Concurrences* n° 3-2017 ; 2016 (13 juin) : "Is Territoriality still meaningful ?", *Concurrences* n° 3-2016, ; 2015 (15 juin) : "Why bother with economists ?", *Concurrences* n° 3-2015 ; 2014 (21 févr.) : « Détection des pratiques anticoncurrentielles : Faut-il réformer les outils existants ou introduire de nouveaux outils ? », *Concurrences* n° 2-2014 ; 2010 (15 févr.) : "Sanctions. Is more always better?", *Concurrences* n° 2-2010 ; 2008 (18 déc.) : « Remèdes et engagements dans le nouveau contrôle des concentrations », *Concurrences,* n° 2-2009 ; 2007 (8 nov.) : « La place du droit de la concurrence dans le traité modificatif », *Concurrences,* n° 1-2008 ; 2006 (30 nov.), « Banque, finance et concurrences », *Concurrences* n° 1-2007 ; 2005 (8 déc.) : « La réforme du droit des aides d'État », *Concurrences,* n° 1-2006.

– Les enquêtes de concurrence

  2022 (22 mars) : « Enquêtes de concurrence et protection des données personnelles » ; 2021 (5 mars) : « Enquêtes de concurrence et infractions successives ou continuées » ; 2019 (15 mai) : « Les droits des entreprises dans la phase d'enquête » ; 2017 (27 févr.) : « La loyauté dans les enquêtes » ; 2016 (12 mai) : « *Legal privilege*, secrets d'affaires, données personnelles».

– Antitrust in Asia: One size fits all?

  2018 (18 mai), Hong-Kong: "Extraterritoriality enforcement: a rising concern" ; 2017 (7 avril), Hong-Kong : "Bid-Rigging, Corruption And Competition" ; 2016 (25 avril), Singapore: "Leniency, Transparency and Procedural Rules in competition law enforcement in Asia: is there a Need for convergence ?" ; 2015 (24 avril): "Cross Border Merger Controls and Notifications in the Asean context", *Concurrences* n° 1-2016.

Autorité de la concurrence

– Rendez-vous de l'Autorité de la concurrence

  2018, « La procédure de transaction : quelle application en Europe », *Concurrences,* n° 2-2019 ; 2016, « La place des données dans l'animation de la concurrence » ; 2014, « Réfléchir à la clémence de demain : perspectives en France et en Europe »

– Journée franco-allemande, Conseil de la concurrence/Bundeskartellamt, 2004, *Rev. Lamy conc.*, 2005/3, p. 156.

Préfaces et avant-propos

– E. Thomas, *L'entreprise contrevenante en droit des pratiques anticoncurrentielles*, thèse, Paris 2, *Concurrences*, 2021.

– Avant-propos, G. de Moncuit, *La faute lucrative en droit de la concurrence*, thèse, *Concurrences,* 2020.

– Avant-propos, W. Chaiehloudj, *Les accords de report d'entrée en droit de la concurrence,* thèse, *Concurrences,* 2019.

– Avant-propos, N. Jalabert-Doury, *Les inspections françaises de concurrence*, *Concurrences,* 2019 et 2e éd., 2021.

– C. Verdure, V. Giaccopo, *Contentieux du droit européen de la concurrence. Questions d'actualité et perspectives*, Larcier, 2017.

– D. Reymond, *Action antidumping et politique de la concurrence dans l'Union européenne*, thèse, Paris 2, Bruylant, coll. droit de l'Union européenne, 2015.

– N. Petit, *Oligopoles, collusion tacite et droit communautaire de la concurrence*, Bruylant, 2008.

– L. Driguez, *Droit social et droit de la concurrence*, thèse Paris 1, Bruylant, série Concurrence, 2006.

– Ch. Lemaire, *Energie et concurrence. Recherches sur les mutations induites par la libéralisation du secteur de l'électricité et du gaz*, thèse Paris 1, PUAM, 2003.

– N. Charbit, *Le droit de la concurrence et le secteur public*, thèse Paris 1, L'Harmattan, 2002.

– D. Barthe, *La situation des victimes de pratiques anticoncurrentielles devant les autorités de concurrence communautaire et française*, thèse Paris 1, PUAM, 2000.

– N. Charbit, *Secteur public et droit de la concurrence*, LGDJ, coll. Pratique des affaires, 1998.

Contributeurs

Rafael Amaro
Université Caen Normandie

Joan Anfossi-Divol
Université Paris 1 Panthéon-Sorbonne

Linda Arcelin
Université de La Rochelle

Loïc Azoulai
Sciences Po (Paris)

Martine Behar-Touchais
Université Paris 1 Panthéon-Sorbonne

Jean-Sylvestre Bergé
Université Côte d'Azur

Frédérique Berrod
Sciences Po Strasbourg
Université de Strasbourg

Matthieu Blayney
Linklaters

Chahira Boutayeb
Université Paris 1 Panthéon-Sorbonne

Dominique Bureau
Université Paris 2 Panthéon-Assas

Jean-Yves Chérot
Aix-Marseille Université

Daniel Cohen
Université Paris 2 Panthéon-Assas

Philippe Delebecque
Université Paris 1 Panthéon-Sorbonne

Pierre Garenne
Linklaters

Lénaïc Godard
Magenta

Loïc Grard
Université de Bordeaux

Jeremy Heymann
Université Jean Moulin Lyon 3

Caroline Houin-Bressand
Université de Lorraine

Vincent Jaunet
Magenta

Gérard Jazottes
Université Toulouse 1 Capitole

Jean-Philippe Kovar
Université de Strasbourg

Jacques Larrieu
Université Toulouse 1 Capitole

Irène Luc
Autorité de la concurrence

Francine Macorig-Venier
Université Toulouse 1 Capitole

Corinne Mascala
Université Toulouse 1 Capitole

Michel Menjucq
Université Paris 1 Panthéon-Sorbonne

Aymeric de Moncuit
Mayer Brown

Marie-Hélène Monsèrié-Bon
Université Paris 2 Panthéon-Assas

Paul Nihoul
Tribunal de l'Union européenne
Université catholique de Louvain

Cyril Nourissat
Université Jean Moulin Lyon 3

Olivier d'Ormesson
Linklaters

Étienne Pataut
Université Paris 1
Panthéon-Sorbonne

Isabelle Pingel
Université Paris 1
Panthéon-Sorbonne

Valérie Pironon
Université de Nantes

Catherine Prieto
Université Paris 1
Panthéon-Sorbonne

Jacqueline Riffault-Silk
Cour de cassation

Sophie Robin-Olivier
Université Paris 1
Panthéon-Sorbonne

Stéphane Rodrigues Domingues
Université Paris 1
Panthéon-Sorbonne

Corinne Saint-Alary-Houin
Université Toulouse 1
Capitole

Etienne Thomas
Université Paris 2
Panthéon-Assas

Pierre Zelenko
Linklaters

Souscripteurs

ANCELIN Ombline, Simmons & Simmons

AUTET Nicolas, Gibson Dunn

BARON Mathieu, Gueguen Avocats

BERKANI Umberto, Ministère de la Transition écologique et de la Cohésion des territoires

BELLIS Jean-François, Van Bael & Bellis

BERG-MOUSSA Alexandra, August Debouzy

BIBLIOTHÈQUE CUJAS

BIEN Florian, Universität Würzburg

BLAISE Jean-Bernard, Université Paris 2 Panthéon-Assas

BLORET-DUPUIS Kelig, Essilor

BUHART Jacques, McDermott Will & Emery

BRUNEAU Mélanie, K&L Gates

CAMESASCA Peter, Covington & Burling

CAZAUX Caroline, Bignon Lebray

CDE (Centre de droit européen Panthéon-Assas), Université Paris 2 Panthéon-Assas

CEDCACE (Centre de Droit civil des affaires et du contentieux économique), Université Paris Nanterre

CEDRE-IODE (Centre de recherches européennes), Université de Rennes

CHAGNY Muriel, Université Paris-Saclay - UVSQ, DANTE et AFEC

CHAIEHLOUDJ Walid, Université de Perpignan et Autorité de la concurrence de la Nouvelle-Calédonie

CHRISTOL Renaud, August Debouzy

COUSIN Michaël, Addleshaw Goddard

CRDI (Centre de recherche du droit international privé et du commerce international), Université Paris 2 Panthéon-Assas

CRDP (Centre de Recherche Droits et Perspectives du Droit), Université de Lille

DAMELET Lise, FTPA Avocats

DAMON Mathilde, BDGS Associés

DANTE (Laboratoire de droit des nouvelles technologies), Université de Versailles Saint-Quentin-en-Yvelines (Paris-Saclay)

DEBROUX Michel, Rizom Legal et Université Paris 2 Panthéon-Assas

DERENNE Jacques, Sheppard, Mullin, Richter & Hampton et Université de Liège

DIENY Emmanuel, Prôreus Avocats

DIMITROV Dimitri, Gide Loyrette Nouel

FABRE Jérôme, BDGS Associés

FAJGENBAUM Fabienne, NFALAW

FASQUELLE Daniel, Université Littoral Côte d'Opale

FERLA Romain, Weil Gotshal & Manges

GLATZ Alexandre, Osborne Clarke

GODFROID Laurent, Gide Loyrette Nouel

GODIVEAU Grégory, Université Caen Normandie

GUÉRINEAU Matthieu, Servier

GUIBERT Philippe, De Pardieu Brocas Maffei

GYSELEN Luc, Arnold & Porter

HAUTBOURG Stéphane, Gide Loyrette Nouel

HEINTZ Dominique, hw&h Avocats & Rechtsanwälte

HEYMANN Jeremy, Université Jean Moulin Lyon 3

HUBERT Patrick, Orrick

JAULT-SESEKE Fabienne, Université Paris Saclay, UVSQ, DANTE, Institut Universitaire de France

DE JUVIGNY Olivier, Peltier Juvigny Marpeau & Associés

LABORDE Jean-François, Laborde Advisory

LACAZE Xavier, DS Avocats

DE LANZAC Pauline, Latournerie Wolfrom Avocats

LAPRÉVOTE François-Charles, Cleary Gottlieb Steen & Hamilton

LIBRAIRIE INTERPHILIV, Paris

LIBRAIRIE LGDJ, Paris

LORIOT Guillaume, Commission européenne, DG COMP

LUC Irène, Magistrat

MACORIG-VENIER Francine, Centre de Droit des Affaires Toulouse (CDA)

MASMI-DAZI Fayrouze, Frieh Avocats

MAULIN Romain, Maulin Avocats

MITCHELL Mary-Claude, WM LAW
NICOD Benoît, Huissier de Justice Honoraire
NINANE Florence, Allen & Overy
PAROCHE Eric, Hogan Lovells
PARTSCH Philippe-Emmanuel, Arendt & Medernach
PAULHAC Camille, Paul Hastings
RONZANO Alain, L'actu-concurrence
SARRAZIN Edouard, DLA Piper
STEENBERGEN Jacques, Autorité belge de la concurrence
TARDIF Natasha, Reed Smith
THÉOPHILE Didier, Darrois Villey Maillot Brochier
THILL-TAYARA Mélanie, Dechert
TRABUCCHI Maria, BDGS Associés
TRICOT Emmanuel, KPMG Avocats
UPEC, Faculté Paris-Est Créteil
UTZSCHNEIDER Yann, White & Case
VANNI Philippe, Fidal
VERDONCK Carmen, Altius
VIALA Faustine, Willkie Farr & Gallagher
VIGUIÉ SCHMIDT & ASSOCIÉS, Avocats à la Cour
VILLEY Hugues, BCTG Avocats
VOGEL Louis, Université Paris 2 Panthéon-Assas
VUCHOT Alexandre, Bird & Bird
WILHELM Pascal, Wilhelm & Associés
WINCKLER Antoine, Cleary Gottlieb Steen & Hamilton
YSEWYN Johan, Covington & Burling

Table des matières

Partie I : Concurrence

Partie II : Europe

Partie III : Droit international

Avant-propos

BRUNO LASSERRE*

Lorsque je l'ai rencontrée, Laurence Idot était déjà considérée, en France et en Europe, comme la « papesse » du droit de la concurrence, avec ce quelque chose de plus qui la rendait accessible et particulièrement ouverte à la discussion. Comme beaucoup d'autres, je me suis vite incliné devant la justesse de son jugement, sa vision acérée et sa parfaite intégrité, qui l'ont toujours conduite à penser hors des sentiers battus, à distance des modes et des idées toutes faites, sans concession ni compromis. J'ai également été impressionné par son rare talent pour rendre passionnante cette matière glissante et métissée qu'est le droit de la concurrence, en nourrissant ses réflexions de références aux autres branches du droit, à l'économie et aux exemples étrangers, fidèle à sa formation d'internationaliste, qui fit d'elle une comparatiste hors pair.

Il m'est ainsi vite apparu évident que le Conseil de la concurrence ne devait pas se passer plus longtemps d'une telle personnalité. Je confesse toutefois que cela n'a pas été simple de décider Laurence Idot à nous rejoindre. Plusieurs de mes propositions ont été poliment déclinées… mais j'ai tenu bon, et ma persévérance a payé puisqu'elle s'est finalement résolue à siéger au collège de l'Autorité – mais est-ce moi ou la réforme de 2008 qui l'en a convaincue ? Elle y a effectué deux mandats, de 2009 à 2019, et j'ai donc eu la chance de la côtoyer beaucoup plus souvent. Nous nous voyions aussi à l'Association française d'étude de la concurrence, dont elle assurait la présidence, lors de journées de travail et de conférences réunissant tous les acteurs du droit de la concurrence – juges, universitaires, avocats –, et où chacune et chacun pouvait s'exprimer librement, ainsi que lors des événements organisés par la revue *Concurrences*, dont elle préside le comité scientifique depuis 2004.

Nous nous sommes particulièrement bien entendus. J'ai aimé sa franchise, et j'ai eu le sentiment que plus nous discutions, plus j'apprenais, plus je progressais. Je lui sais gré de m'avoir régulièrement ouvert à de nouveaux horizons, et aidé à affiner mon point de vue sur de nombreuses questions juridiques ou relatives à l'action de l'Autorité. Je me souviens en particulier d'une fois où Laurence Idot

---

* Ancien vice-président du Conseil d'État.

m'avait piqué au vif en me confiant que, selon elle, la pratique décisionnelle de l'Autorité dans la prise en compte de la réitération pour le calcul de la sanction partait dans tous les sens, ce qui m'a déterminé à rédiger moi-même quelques paragraphes d'une décision afin de clarifier notre position.

Je me rappelle également le plaisir que j'ai eu à voyager avec Laurence Idot, qui m'a souvent accompagné à l'étranger dans le cadre des activités de l'Autorité, notamment au sein de l'International Competition Network. Nous partagions cette excitation de monter dans un avion et de partir, ailleurs, à la découverte de nouveaux lieux et de nouvelles personnes. De bourlinguer, comme Laurence Idot – qui va à Singapour comme d'autres vont à Versailles – n'a plus cessé de le faire depuis ses premiers pas de professeure, en Côte d'Ivoire. Elle évoquait parfois son amour du bateau, ses sorties à La Trinité et ses croisières aux quatre coins du globe, ainsi que sa pratique de l'aviation ; autant d'activités qui illustrent le courage, la mobilité, la liberté et l'énergie par lesquels Laurence Idot s'est distinguée tout au long de sa carrière si féconde. Le monde de la concurrence lui doit beaucoup.

Qu'elle trouve dans ces quelques mots l'expression de ma reconnaissance et des souvenirs émus que je garde du bout de chemin que nous avons parcouru ensemble.

Préface

CHRISTOPHE LEMAIRE ET FRANCESCO MARTUCCI
Ashurst | Université Paris 2 Panthéon-Assas

Ces Mélanges ont vocation à rendre hommage à une grande figure du droit et de l'Université dont il n'est guère aisé de retracer la carrière tant son parcours académique fut riche. Laurence Idot n'est assurément pas qu'une – la – spécialiste du droit de la concurrence, elle est avant tout une universitaire exceptionnelle dont l'œuvre est immense.

Après des études de droit privé à l'Université Paris 10-Nanterre, Laurence Idot a été diplômée de l'Institut d'Études Politiques de Paris (section service public) et a obtenu un DES de droit public, mention droit communautaire, à l'Université Paris 1 Panthéon-Sorbonne, complété par le diplôme du Centre universitaire d'études des Communautés européennes que Pierre-Henri Teitgen avait créé. Déjà, avec un sens inné de l'anticipation, la récipiendaire avait compris deux choses. D'une part, le droit se pense et se pratique au-delà de la *summa divisio* droit privé / droit public à laquelle Laurence Idot n'a jamais crue, même si nul ne contestera qu'elle est une éminente civiliste et internationaliste. D'autre part, le droit communautaire, devenu droit de l'Union, a très tôt était au cœur de ses centres d'intérêts. Il n'a cessé depuis d'occuper une place centrale dans ses enseignements et dans ses écrits. C'est naturellement sur un sujet novateur, à la croisée des champs disciplinaires qu'en 1981, à l'Université Panthéon-Assas Paris 2, Laurence Idot a soutenu sa thèse intitulée *Le contrôle des pratiques restrictives de concurrence dans les échanges internationaux* sous la direction du Professeur Berthold Goldman. Consacrée à un sujet pour le moins novateur, la thèse fut assurément pionnière, ouvrant la voie à la formation d'une discipline juridique dont Laurence Idot fait partie des figures les plus éminentes bien au-delà des frontières nationales et européenne.

Assistante à l'Université Paris 5 René Descartes et chargée de travaux dirigés à l'Université Paris 1 Panthéon-Sorbonne jusqu'à sa réussite au concours d'agrégation de droit privé en 1982, Laurence Idot a toujours eu le goût de l'enseignement et un sens inné de la pédagogie. Après avoir débuté en tant que Professeur détaché au titre de la coopération à l'Université Nationale de Côte d'Ivoire (1983-1988), elle a été cinq ans en poste à l'Université Paris 5 René Descartes avant de rejoindre l'Université Paris 1 Panthéon-Sorbonne en 1993, puis l'Université Panthéon-Assas (Paris 2) en 2007. Celles et ceux qui, comme nous, ont eu la chance de suivre ses cours magistraux et ses séminaires (avant d'avoir l'honneur d'enseigner à ses côtés) gardent un souvenir heureux et intact d'un enseignement d'une limpidité exemplaire alors que Laurence Idot n'a jamais rechigné à se saisir de la complexité des matières. Ils se rappellent aussi le degré d'exigence requis par une pédagogue soucieuse de transmettre une certaine idée de l'excellence scientifique. Toutes ces qualités se retrouvaient lors de l'encadrement des travaux de thèse. Ses doctorants savaient la chance qu'ils avaient de travailler sous sa direction, même s'ils redoutaient toujours de ne pas satisfaire son niveau d'exigence. La clarté, la précision et la rigueur de sa pensée les éclairaient dans leurs recherches. Aussi ne s'étonne-t-on que Laurence Idot ait co-dirigé le DEA de droit communautaire à l'Université Panthéon-Sorbonne, puis le Master 2 de droit de l'Université Panthéon-Assas et qu'elle ait toujours eu à cœur d'assumer des responsabilités administratives au sein des établissements.

Laurence Idot, c'est aussi et surtout une œuvre doctrinale colossale. À ses écrits et au nombre impressionnant de colloques ou conférences auxquels elle a pu contribuer s'ajoutent des responsabilités éditoriales. Membre de comités scientifiques de revues aussi prestigieuses que la *Common Market Law Review*, Laurence Idot a marqué l'édition juridique par deux contributions majeures. La première date de 1991 avec la codirection aux côtés du Professeur Denys Simon de la revue *Europe* chez LexisNexis qui est devenue la référence incontournable de tout Européaniste. La seconde a été le lancement de Concurrences dont elle assure toujours la présidence du comité scientifique, contribuant à faire de cette revue l'un des plus grands succès de l'édition juridique. L'une des clefs de cette réussite est l'intérêt porté par Laurence Idot à la pratique du droit. Dans ses domaines de prédilection, en particulier la concurrence, il serait vain d'étudier le droit sans s'intéresser à l'action des praticiens. Ainsi, Laurence Idot a occupé diverses fonctions dans l'Association Française d'Étude de la Concurrence ; surtout, pendant dix années, elle a été membre du Collège de l'Autorité de la concurrence. Sa nomination intervint en 2009, quand le Conseil de la concurrence devint, en grande partie sous l'influence du droit européen, l'Autorité de la concurrence. Ses fonctions au sein du Collège ont montré à quel point le regard de l'Universitaire est essentiel dans la pratique décisionnelle des autorités.

Toute la carrière de Laurence Idot a été marquée par trois traits saillants autour desquels ces Mélanges sont bâtis. Concurrence, d'abord. Quel aurait été le destin du droit de la concurrence en France sans Laurence Idot ? Le droit de la concurrence, dans toutes ses dimensions, faut-il ajouter ; tenant à mêler droit européen et droits nationaux, procédure et fond, Laurence Idot ne s'est pas limitée aux pratiques anticoncurrentielles, mais a toujours accordé la plus grande importance au contrôle des concentrations et aux aides d'État. Europe, ensuite. Présente dès ses études, la fibre européenne a marqué son enseignement et ses écrits.

Droit international, enfin. Grande voyageuse, Laurence Idot a donné une dimension internationale tant par ses enseignements à l'étranger que par ses écrits.

Ces quelques lignes ne sont qu'un résumé – trop court – de l'immense carrière et de la personnalité de Laurence Idot. Présentes aux grandes étapes de la construction européenne et de la mutation du droit de la concurrence, Laurence Idot n'a eu de cesse au cours de sa carrière de transmettre son savoir et de guider – en capitaine ou en pilote, pour faire écho à deux de ses passions – ses collègues, ses disciples et les praticiens. L'importance des contributions qui lui sont dédiées témoigne du rayonnement de son œuvre académique et de la reconnaissance que tous ont voulu lui témoigner.

PARTIE I
Concurrence

Les interventions des systèmes de garantie des dépôts face au droit des aides d'État : Réflexions sur les apports de la jurisprudence *Tercas* au droit européen de la concurrence et au droit de la régulation bancaire

Jean-Philippe Kovar*
Université de Strasbourg

Résumé

L'affaire du renflouement de la banque Tercas par le système italien de garantie des dépôts suscite l'intérêt à plus d'un titre. D'une part, cette affaire a donné l'occasion au juge de l'Union européenne de se prononcer, pour la première fois, sur l'application du droit des aides d'État aux interventions des systèmes de garantie des dépôts. D'autre part, elle illustre le rapprochement qui s'est opéré depuis la crise financière de 2008 entre le droit de la concurrence et le droit de la régulation bancaire. Surtout, les arrêts rendus par la Cour et le Tribunal ouvrent la voie à une alternative au renflouement interne par les actionnaires et les créanciers.

---

* Professeur de droit public à l'université de Strasbourg (IRCM – UR 3399).

En vertu de l'article 4, paragraphe 3, de la directive 2014/49/UE du 16 avril 2014 relative aux systèmes de garantie des dépôts, un établissement de crédit agréé dans l'Union européenne est tenu d'adhérer à un système de garantie des dépôts officiellement reconnu dans son État membre d'origine, sous peine de ne pouvoir recevoir de dépôts. Les systèmes de garantie des dépôts, institués par la loi ou créés par un contrat[1], ont pour mission première de protéger les déposants contre les conséquences de l'insolvabilité d'un établissement bancaire[2]. La directive 2014/49/UE prévoit ainsi le remboursement des dépôts devenus indisponibles en raison de l'incapacité d'une banque d'honorer ses obligations financières, dans la limite de 100 000 euros par déposant[3]. Les systèmes de garantie des dépôts doivent également contribuer à financer la résolution des défaillances des établissements bancaires[4], selon les modalités prévues à l'article 109 de la directive 2014/59/UE du 15 mai 2014 établissant un cadre pour le redressement et la résolution des établissements de crédit et des entreprises d'investissement[5]. Les fonds de garantie des dépôts peuvent ainsi être utilisés, en cas de renflouement interne (« *bail in* ») décidé par l'autorité de résolution, pour compenser l'absence de dépréciation du montant des dépôts protégés par le mécanisme d'assurance des dépôts afin d'absorber les pertes subies par l'établissement affilié[6]. Ils peuvent aussi être appelés à financer d'autres mesures de résolution à hauteur du coût évité par le système de garantie des dépôts en cas de faillite de l'établissement bancaire et d'indemnisation des déposants[7]. À ces interventions curatives s'ajoute la possibilité d'interventions préventives. L'article 11, paragraphe 3, de la directive 2014/49/UE indique, en effet, que les « *États membres peuvent autoriser un [système de garantie des dépôts] à utiliser les moyens financiers disponibles pour des mesures autres que la résolution afin de prévenir la défaillance d'un établissement de crédit* », sous réserve que certaines conditions soient remplies. Comme le précise le préambule de la directive 2014/49/UE, ces interventions de soutien doivent servir « *à éviter les coûts de remboursement des déposants ainsi que d'autres répercussions négatives* » et « *être conformes aux règles applicables en matière d'aides d'État* »[8]. Décidées en lien avec les autorités de résolution et de surveillance prudentielle, les interventions préventives sont censées permettre la restructuration d'une banque en difficulté avant sa défaillance.

---

1 Directive 2014/49/UE du Parlement européen et du Conseil du 16 avril 2014 relative aux systèmes de garantie des dépôts, *JOUE* n° L 173 du 12 juin 2014, p. 149.

2 *Ibid.*, cons. 14.

3 *Ibid.*, art. 6, § 1.

4 *Ibid.*, cons. 15 et art. 11, § 2.

5 Directive 2014/59/UE du Parlement européen et du Conseil du 15 mai 2014 établissant un cadre pour le redressement et la résolution des établissements de crédit et des entreprises d'investissement, *JOUE* n° L 173 du 12 juin 2014, p. 190.

6 *Ibid.*, art. 109, § 1, a).

7 *Ibid.*, art. 109, § 1, b).

8 Directive 2014/49/UE, préc., cons. 16.

Si la question de la soumission au droit des aides d'État des interventions de soutien des systèmes de garantie des dépôts est relativement ancienne[9], elle a été profondément renouvelée à la suite de l'arrêt rendu par le Tribunal, et confirmé par la Cour de justice, dans l'affaire *Tercas*. En 2012, la banque Tercas, qui était le premier groupe bancaire de la région des Abruzzes en Italie avec 165 succursales, 1 225 employés et 5 milliards d'euros d'actifs consolidés, a été placée sous administration extraordinaire par le ministre de l'Économie et des Finances, sur proposition de la Banque d'Italie, en raison d'irrégularités. La Banca Popolare di Bari SCpA (BPB) a exprimé son intérêt pour la souscription d'une augmentation de capital de Tercas, à condition notamment que le Fonds interbancaire de protection des dépôts (FITD) couvre entièrement le déficit de fonds propres de la banque Tercas. Constitué sous la forme d'un consortium de droit privé, le FITD est le système de garantie des dépôts, reconnu par les autorités italiennes, auquel les banques autres que des coopératives de crédit sont tenues d'adhérer au titre de l'assurance obligatoire des dépôts. Conformément à la loi italienne sur les banques et à ses statuts, le FITD peut accorder, sous certaines conditions, des aides en faveur des établissements affiliés placés sous le régime de l'administration extraordinaire. En 2014, le FITD a décidé, avec l'autorisation de la Banque d'Italie, de soutenir Tercas en lui accordant une contribution de 265 millions d'euros destinée à couvrir les fonds propres négatifs et des garanties à hauteur de 65 millions d'euros.

La Commission a pris connaissance de l'intervention du FITD en faveur de Tercas, qui ne lui avait pas été notifiée par les autorités italiennes, par la presse et au travers du site Internet de la banque. Estimant que cette intervention était susceptible de comporter des éléments d'aide d'État, l'institution a ouvert la procédure formelle d'examen prévue à l'article 108, paragraphe 2, TFUE. Par une décision du 23 décembre 2015, la Commission a constaté que l'intervention du FITD au soutien de Tercas constituait une aide d'État illégale et incompatible qui devait être récupérée auprès de son bénéficiaire[10]. Saisi par les autorités italiennes, BPB et le FITD, le Tribunal a annulé la décision de la Commission au motif que l'intervention du fonds de garantie ne pouvait être qualifiée d'aide d'État au sens de l'article 107, paragraphe 1, TFUE[11]. Le pourvoi formé par la Commission contre l'arrêt du Tribunal a été rejeté par la Cour de justice[12].

---

9 Comm. eur., déc. du 1er août 2011 dans l'affaire SA.33001 (2011/N) – *Danemark – Partie B – Modification du régime de liquidation des établissements de crédit* [C(2011) 5554 final] ; déc. du 30 mai 2012 dans l'affaire SA.34255 (2012/N) – *Espagne – Restructuration de CAM et de Banco CAM* [C(2012) 3540 final] ; déc. du 18 février 2014 dans l'affaire SA.37425 (2013/N) – *Pologne – Régime de liquidation ordonnée des coopératives de crédit* [C(2014) 1060 final].

10 Comm. eur., déc. (UE) 2016/1208 du 23 décembre 2015 concernant l'aide d'État SA.39451 (2015/C) (ex 2015/NN) mise à exécution par l'Italie en faveur de Banca Tercas, *JOUE* n° L 203 du 28 juillet 2016, p. 1.

11 Trib. UE, 19 mars 2019, Italie e.a. c/ Commission, aff. jtes T-98/16, T-196/16 et T-198/16, EU:T:2019:167 ; v. aussi B. Stromsky, « Ressources d'État : Le Tribunal de l'Union européenne annule une décision de la Commission européenne qui considérait comme une aide d'État l'intervention d'un fonds interbancaire en faveur d'une banque en difficulté, et estime que cette intervention n'est pas imputable à l'État, ni financée par des ressources d'État (Banca Populare di Bari) », 19 mars 2019, Concurrences n° 2-2019, art. n° 90450, pp. 137-139.

12 CJUE, gde ch., 2 mars 2021, *Commission c/ Italie e.a.*, aff. C-425/19 P, EU:C:2021:154 ; v. aussi B. Stromsky, « Ressources d'État : La Cour de justice de l'Union européenne confirme que l'intervention d'un fonds interbancaire en faveur d'une banque en difficulté n'est pas nécessairement imputable à l'État (*Banca Popolare di Bari*) », 2 mars 2021, *Concurrences* n° 2-2021, art. n° 100286, pp. 129-131.

L'affaire *Tercas* suscite l'intérêt en raison de son importance tant pour le droit européen de la concurrence que pour le droit de la régulation bancaire. Elle pose la question de savoir si l'imputabilité à l'État des mesures prises par une entité de droit privé, à l'instar d'un consortium bancaire, ainsi que leur financement au moyen de ressources d'État doivent être appréciés de la même manière au regard de l'article 107, paragraphe 1, TFUE qu'une aide accordée par une entreprise publique ou un organisme public. Cette affaire conduit aussi à s'interroger sur le rôle que peuvent jouer les systèmes de garantie des dépôts dans la prévention des défaillances bancaires, qui dépend notamment de l'assimilation ou non de leurs interventions de soutien à des mesures de renflouement externe (« *bail out* ») sous forme d'aides d'État. Plus fondamentalement, elle illustre la tension pouvant exister entre la protection de la concurrence et la préservation de la stabilité financière, ainsi que la difficulté à concilier ces deux objectifs. En constatant l'illégalité de la qualification d'aide d'État de l'intervention du FITD en faveur de la banque Tercas (I.), le juge de l'Union met en lumière le caractère inopportun de toute assimilation automatique d'une intervention d'un système de garantie des dépôts à une aide étatique (II.).

I. L'illégalité de la qualification d'aide d'État de l'intervention du système italien de garantie des dépôts en faveur de la banque Tercas

Aux termes de l'article 107, paragraphe 1, TFUE, la qualification d'aide d'État suppose la réunion de quatre conditions : il faut une intervention de l'État ou au moyen de ressources d'État, que cette intervention soit susceptible d'affecter les échanges entre les États membres, qu'elle accorde un avantage sélectif à son bénéficiaire et qu'elle fausse ou menace de fausser la concurrence. Selon une jurisprudence constante, la première condition relative à l'origine étatique de l'aide requiert l'octroi d'un avantage directement ou indirectement au moyen de ressources d'État et l'imputabilité de cette mesure à l'État[13]. Après avoir précisé le standard de preuve exigé afin d'établir l'origine étatique d'une aide accordée par une entité privée telle que le FITD (1.), le Tribunal a jugé que la Commission n'était pas parvenue à démontrer que cette condition était remplie dans l'affaire *Tercas* (2.).

1. L'indispensable démonstration de l'origine étatique de l'aide

Le Tribunal a annulé la décision de la Commission au motif que celle-ci n'avait pas établi que l'intervention du FITD au soutien de la banque Tercas était imputable aux autorités italiennes et que son financement avait été assuré au

13 Communication de la Commission relative à la notion d'« aide d'État » visée à l'article 107, paragraphe 1, TFUE, *JOUE* n° C 262 du 19 juillet 2016, p. 1, pt 38 ; v. aussi S. Rodrigues, « Aides d'État : La Commission européenne publie une communication relative à la notion d'aide d'État dans laquelle elle traite, au regard de l'article 107 TFUE, de l'intérêt public en général ainsi que des services d'intérêt (économique) général et des infrastructures, en particulier », 19 juillet 2016, *Concurrences* n° 4-2016, art. n° 82002, pp. 194-195.

moyen de ressources publiques. La Commission estimait pourtant avoir prouvé à suffisance de droit que les autorités italiennes avaient exercé un contrôle public sur les mesures prises par le consortium bancaire et sur les ressources utilisées par celui-ci pour les financer. Selon le Tribunal, la Commission s'est limitée à démontrer le caractère improbable de l'absence d'influence et de contrôle effectif des autorités publiques nationales sur le FITD, dont elle a déduit à la fois l'imputabilité à l'État des aides accordées à la banque Tercas et le caractère étatique des ressources utilisées pour leur financement. Il a ainsi déclaré qu'« *à la différence d'une situation dans laquelle une mesure prise par une entreprise publique est imputée à l'État, dans le cas d'une mesure prise par une entité privée, la Commission ne peut se limiter à établir [...] que l'absence d'influence et de contrôle effectif des autorités publiques sur cette entité privée serait improbable* »[14]. Le Tribunal a donc considéré que la Commission a commis une erreur de droit en fondant la qualification d'aide d'État sur une jurisprudence relative à l'imputabilité à l'État d'une mesure prise par une entreprise publique, qui ne pouvait être transposée à une aide accordée par une entité privée. En outre, le Tribunal a reproché à la Commission de ne pas avoir distingué l'imputabilité d'une aide à l'État de la question de savoir si cette aide avait été octroyée au moyen de ressources d'État, qui constituent pourtant deux conditions distinctes et cumulatives[15].

La jurisprudence communautaire sur l'imputabilité à l'État des mesures d'aide prises par les entreprises publiques a longtemps été marquée par des divergences, voire des contradictions. Dans certains arrêts, la Cour a recherché si les mesures adoptées par les entreprises publiques étaient le résultat d'une implication effective des autorités publiques nationales[16]. Dans d'autres arrêts, la Cour a simplement constaté que les entreprises publiques étaient sous le contrôle de l'État, sans démontrer une implication concrète des autorités publiques nationales dans l'adoption des mesures en cause[17]. Dans l'arrêt *Air France c/ Commission*, le Tribunal s'est également fondé sur l'appartenance de la Caisse des dépôts et consignations au secteur public pour imputer son comportement à l'État[18]. Cette lecture de la notion d'aide d'État, qui reposait sur le critère organique selon lequel les entreprises publiques sont placées sous le contrôle de l'État, aboutissait à imputer automatiquement à l'État les mesures prises par ces entreprises, sans considération pour leur autonomie juridique et économique. Il en résultait une forme de présomption irréfragable d'imputabilité de l'aide à l'État de nature à créer un risque de surinclusion dans la notion d'aide d'État.

---

14 Trib. UE, 19 mars 2019, *Italie e.a. c/ Commission*, aff. jtes T-98/16, T-196/16 et T-198/16, préc., pt 89.

15 *Ibid.*, pt 70.

16 CJCE, 30 janvier 1985, *Commission c/ France*, aff. 290/93, *Rec.* p. I-439 ; CJCE, 2 février 1988, *Kwekerij Gebroeders van der Kooy c/ Commission*, aff. jtes 67/85, 68/85 et 70/85, *Rec.* p. 219.

17 CJCE, 21 mars 1991, *Italie c/ Commission* (« *ENI-Lanerossi* »), aff. C-303/88, *Rec.* p. I-1433, pt 12 ; CJCE, 21 mars 1991, *Italie c/ Commission* (« *Alfa Romeo* »), aff. C-305/89, *Rec.* p. I-1603, pts 12 et 15.

18 TPICE, 12 décembre 1996, *Compagnie nationale Air France c/ Commission*, aff. T-358/94, *Rec.* p. II-2109, pt 59.

Cette interprétation a été finalement condamnée par la Cour de justice dans l'arrêt *Stardust Marine*[19]. La Cour a jugé que le simple fait qu'une mesure soit prise par une entreprise publique ne suffit pas pour la considérer comme imputable à l'État[20]. Il faut aussi que les autorités publiques nationales aient été impliquées effectivement dans l'adoption de cette mesure[21]. Dans l'arrêt *Tercas*, la Cour confirme[22] que l'imputabilité d'une mesure à l'État « *ne saurait être déduite de la seule circonstance que ladite mesure a été prise par une entreprise publique* ». Elle ajoute : « *même si l'État est en mesure de contrôler une entreprise publique et d'exercer une influence dominante sur les opérations de celle-ci, l'exercice effectif de ce contrôle dans un cas concret ne saurait être automatiquement présumé. Il est encore nécessaire d'examiner si les autorités publiques doivent être considérées comme ayant été impliquées, d'une manière ou d'une autre, dans l'adoption de la mesure en cause* »[23].

Si la Cour considère que le contrôle de l'État sur une entreprise publique ne permet pas de lui imputer automatiquement les mesures d'aide prises par cette entreprise, elle n'exige pas non plus de la Commission la preuve directe de ce que les autorités publiques nationales auraient incité concrètement l'entreprise publique à adopter de telles mesures. Le choix d'un standard de preuve moins élevé s'explique par deux considérations. Dans l'arrêt *Stardust Marine*, la Cour déclare ainsi : « *[I]l ne saurait être exigé qu'il soit démontré, sur le fondement d'une instruction précise, que les autorités publiques ont incité concrètement l'entreprise publique à prendre les mesures d'aide en cause. En effet, d'une part, eu égard au fait que les relations entre l'État et les entreprises publiques sont étroites, il existe un risque réel que des aides d'État soient octroyées par l'intermédiaire de celles-ci de façon peu transparente et en méconnaissance du régime des aides d'État prévu par le traité. D'autre part, en règle générale, il sera très difficile pour un tiers, précisément à cause des relations privilégiées existant entre l'État et une entreprise publique, de démontrer dans un cas concret que des mesures d'aide prises par une telle entreprise ont effectivement été adoptées sur instruction des autorités publiques*[24]. »

La preuve indirecte de l'implication effective des autorités publiques nationales dans l'adoption d'une mesure d'aide par une entreprise publique peut être rapportée à

---

19 CJCE, 16 mai 2002, *France c/ Commission* (« *Stardust Marine* »), aff. C-482/99, *Rec.* p. I-4397.

20 *Ibid.*, pt 51.

21 *Ibid.*, pt 52.

22 CJUE, 23 novembre 2017, *SACE et Sace BT c/ Commission*, aff. C-472/15 P, EU:C:2017:885, pt 34 ; CJUE, 10 décembre 2020, *Comune di Milano c/ Commission*, aff. C-160/19 P, EU:C:2020:1012, pt 46 ; v. aussi J. Derenne, C. Barbu-O'Connor, « Ressources d'État : La Cour de justice de l'Union européenne rejette un pourvoi en estimant que l'arrêt entrepris a, à bon droit, confirmé une décision de la Commission européenne déclarant illégales et incompatibles des aides résultant d'augmentations de capital d'une société d'assistance en escale effectuées par le gestionnaire d'un aéroport détenu par une entité publique (*Comune di Milano*) », 10 décembre 2020, *Concurrences* n° 1-2021, art. n° 98814, pp. 169-170.

23 CJUE, gde ch., 2 mars 2021, *Commission c/ Italie e.a.*, aff. C-425/19 P, préc., pts 59 et 65.

24 CJCE, 16 mai 2002, *France c/ Commission* (« *Stardust Marine* »), aff. C-482/99, préc., pts 53-54.

partir d'un faisceau d'indices. Dans plusieurs arrêts récents qui concernaient des mesures d'aide adoptées par des entreprises publiques, le Tribunal a même jugé que « *l'absence d'implication des autorités publiques dans l'adoption des mesures en cause [était] improbable* » et que « *la démonstration par la Commission d'une telle implication des autorités publiques dans l'octroi d'une aide n'exige[ait] pas l'établissement d'une preuve positive, mais [qu']il suffi[sai]t de démontrer l'improbabilité d'une absence d'implication dans l'adoption de la mesure* »[25]. Comme le souligne l'avocat général dans ses conclusions dans l'affaire *Tercas*, « *il semblerait donc que, dans le cas d'une mesure d'aide adoptée par une entreprise publique, il suffise d'établir la probabilité d'une implication des autorités publiques (ou l'improbabilité d'une absence d'implication de leur part), sans qu'il soit nécessaire de prouver leur implication effective* »[26].

Dans l'arrêt *Tercas*, le Tribunal a refusé d'étendre aux entités privées cette évolution ultime de la jurisprudence sur l'imputabilité à l'État des mesures d'aide prises par les entreprises publiques[27]. Il a estimé que l'autonomie décisionnelle de principe dont dispose une entité privée interdit à la Commission de se satisfaire d'une simple probabilité d'implication des autorités publiques nationales dans l'adoption des mesures en cause pour imputer celles-ci à l'État. Contrairement à ce que soutenait la Commission à l'appui de son pourvoi devant la Cour, le Tribunal n'a pas exigé un standard de preuve différent selon que la mesure d'aide a été prise par une entreprise publique ou une entité privée. La Cour considère que le Tribunal a simplement tiré les conséquences de la jurisprudence *Stardust Marine*, selon laquelle l'implication effective des autorités publiques nationales dans l'adoption d'une mesure d'aide par un organe distinct de l'État, qu'il s'agisse d'une entreprise publique ou d'une entité privée, peut être établie au moyen d'indices variant selon le contexte et les circonstances. Or, l'absence de liens capitalistiques entre les entités privées et l'État fait que ces entités et les entreprises publiques sont dans une situation objectivement différente[28] justifiant l'utilisation d'indices qui ne sont pas les mêmes afin d'établir l'imputabilité des mesures en cause à l'État. Si la Commission ne pouvait pas se fonder sur la simple probabilité, ou sur l'absence d'improbabilité, d'une implication des autorités italiennes dans l'intervention du FITD afin d'imputer à l'État les aides consenties à la banque Tercas, la Cour précise que l'institution n'avait pas à prouver que l'action des autorités publiques nationales avait eu une incidence concrète sur le contenu des mesures adoptées par le fonds de garantie[29].

---

25 Trib. UE, 25 juin 2015, *SACE et Sace BT c/ Commission*, aff. T-305/13, EU:T:2015:435 ; Trib. UE, 28 janvier 2016, *Slovénie c/ Commission*, aff. T-507/12, EU:T:2016:35 ; Trib. UE, 13 décembre 2018, *Comune di Milano c/ Commission*, aff. T-167/13, EU:T:2018:940.

26 Conclusions AG Tanchev, 29 octobre 2020, aff. C-425/19 P, EU:C:2020:878, pt 103.

27 V. égal. Trib. UE, 13 décembre 2018, Ryanair et Airport Marketing Services c/ Commission, aff. T-53/16, EU:T:2018:943, pt 132 ; v. aussi J. Derenne, M. Lagrue, « Imputabilité : Le Tribunal de l'Union européenne confirme, pour l'essentiel, les décisions de la Commission européenne selon lesquelles deux compagnies aériennes ont bénéficié d'aides d'État illégales et incompatibles résultant de contrats de services aéroportuaires et marketing (*Ryanair DAC ; Transavia Airlines CV*) », 13 décembre 2018, *Concurrences* n° 1-2019, art. n° 89052, pp. 159-160.

28 CJUE, gde ch., 2 mars 2021, *Commission c/ Italie e.a.*, aff. C-425/19 P, préc. pt 73.

29 *Ibid.*, pt 75.

2. L'insuffisante démonstration de l'origine étatique de l'aide

Dans l'arrêt *Tercas*, le Tribunal a donc jugé que la Commission ne peut s'appuyer sur l'improbabilité d'une absence d'influence et de contrôle effectif des autorités publiques nationales sur l'entité privée dispensant l'aide pour imputer celle-ci à l'État. La Commission est tenue d'exposer et d'étayer les éléments qui lui permettent de conclure qu'il existe des « *indices suffisants* » de nature à établir que la mesure d'aide en cause a été adoptée sous l'influence ou le contrôle effectif des autorités publiques nationales[30]. Après avoir analysé les indices avancés par la Commission, le Tribunal a déclaré que l'institution n'avait pas prouvé à suffisance de droit que les autorités italiennes étaient impliquées dans l'adoption des mesures prises par le FITD et, par conséquent, que ces mesures étaient imputables à l'État[31]. Les indices identifiés par la Commission portaient sur l'étendue du « *mandat public* » confié au système de garantie des dépôts et sur son autonomie décisionnelle à l'égard des pouvoirs publics.

En premier lieu, la Commission estimait que le FITD s'était vu confier par l'État, en tant que système de garantie des dépôts obligatoire, un « *mandat public* » relatif à la protection des déposants qu'il pouvait exercer au moyen du remboursement des dépôts ou d'autres formes d'intervention. La loi italienne sur les banques dispose, en effet, que les systèmes de garantie des dépôts peuvent « *prévoir d'autres cas et formes d'intervention* » en plus du remboursement des dépôts, ce qui inclut notamment les interventions de soutien. La Commission ajoutait que la législation italienne et le droit de l'Union conféraient à la Banque d'Italie l'autorité et les moyens pour garantir que toutes les interventions du FITD, en tant que système de garantie des dépôts, soient conformes à l'objectif d'intérêt public de protection des déposants.

Pour sa part, le Tribunal a estimé que le « *mandat public* » conféré au FITD par l'État consiste uniquement à rembourser les déposants, en tant que système de garantie des dépôts, lorsqu'une banque adhérente fait l'objet d'une liquidation administrative forcée et qu'en dehors de ce cadre le consortium n'agit pas en exécution d'un objectif d'intérêt public imposé par la loi[32]. Le Tribunal a rappelé que la possibilité pour le FITD d'intervenir au soutien d'une banque en difficulté ne résulte pas d'une obligation légale, mais uniquement d'une « *décision autonome* » des membres du consortium de prévoir une telle faculté dans les statuts du fonds[33]. Il a également observé que les conditions dans lesquelles une telle intervention de soutien peut être décidée ont été déterminées de manière autonome par les membres du consortium. Enfin, le Tribunal a considéré que

---

30 Trib. UE, 19 mars 2019, *Italie e.a. c/ Commission*, aff. jtes T-98/16, T-196/16 et T-198/16, préc., pt 90.

31 *Ibid.*, pt 132.

32 *Ibid.*, pt 101.

33 *Ibid.*, pt 104.

le fait que les statuts du fonds de garantie aient été approuvés par la Banque d'Italie, en application de la loi sur les banques, ne remettait pas en cause l'autonomie décisionnelle du fonds en ce qui concerne les interventions de soutien, dès lors que la banque centrale nationale est chargée d'approuver les statuts de l'ensemble des institutions bancaires italiennes dans le cadre de ses missions de contrôle prudentiel.

En second lieu, la Commission affirmait que les autorités italiennes avaient la possibilité d'influencer toutes les étapes de la mise en œuvre d'une intervention de soutien par le FITD. Elle soulignait que la loi sur les banques conférait à la Banque d'Italie le pouvoir d'autoriser toutes les interventions des systèmes de garantie des dépôts, du remboursement des déposants aux interventions de soutien, et de contrôler leur respect des objectifs de stabilité du système bancaire et de protection des dépôts. La Commission estimait, en outre, que les autorités publiques nationales avaient la faculté d'entamer la procédure conduisant à une intervention de soutien du fonds de garantie. Les statuts du consortium prévoient, en effet, que seules les banques placées sous administration extraordinaire peuvent bénéficier d'interventions de soutien de celui-ci. Or, le placement d'un établissement bancaire sous administration extraordinaire est décidé par le ministre de l'Économie et des Finances sur proposition de la Banque d'Italie. Par ailleurs, la demande d'intervention est adressée au FITD par le commissaire extraordinaire nommé par la Banque d'Italie et soumis à son contrôle. Selon la Commission, l'influence des autorités italiennes se trouvait encore accentuée par la présence de représentants de la Banque d'Italie à toutes les réunions décisionnelles.

Le Tribunal a toutefois considéré que ces éléments ne constituaient pas des indices d'une implication effective des autorités publiques nationales dans l'adoption des mesures prises par le fonds de garantie. Il a observé que la Banque d'Italie ne dispose d'aucun moyen d'imposer au FITD d'intervenir au soutien d'une banque, puisque les organes du consortium sont seuls compétents pour décider du principe et des modalités pratiques d'une telle intervention[34]. Les interventions des systèmes de garantie des dépôts sont autorisées par la Banque d'Italie à l'issue d'un contrôle de légalité, et non d'opportunité, exercé dans le cadre des missions de surveillance prudentielle. Le Tribunal a insisté, par ailleurs, sur le rôle purement passif des représentants de la Banque d'Italie qui assistent aux réunions des organes dirigeants du FITD en qualité d'observateurs, sans voix délibérative ni consultative[35]. Le Tribunal a encore estimé que le rôle joué par le commissaire extraordinaire, qui peut demander le soutien du FITD, ne remet pas en cause l'autonomie du consortium bancaire pour décider d'une telle intervention[36].

---

34 *Ibid.*, pt 117.

35 *Ibid.*, pt 122.

36 *Ibid.*, pt 128.

Le Tribunal a donc jugé que la Commission avait commis une erreur de droit en estimant avoir réuni un ensemble d'indices qui, pris conjointement, permettaient de démontrer l'imputabilité de l'intervention du FITD à l'État. Il a également considéré que la Commission n'avait pas établi à suffisance que les ressources utilisées par le fonds de garantie afin de financer son intervention étaient contrôlées par les autorités publiques nationales. Il est vrai que la Commission s'était fondée, pour l'essentiel, sur les mêmes indices pour prouver l'imputabilité des mesures en cause aux autorités italiennes et le caractère étatique des ressources employées. Elle avait simplement ajouté que les contributions des membres du FITD utilisées pour financer l'intervention en faveur de la banque Tercas avaient un caractère obligatoire dès lors, d'une part, que les banques italiennes étaient tenues d'adhérer au système de garantie des dépôts et, d'autre part, que celles-ci ne pouvaient pas opposer leur veto aux décisions du fonds de garantie ni se dissocier de l'intervention qu'il avait décidée.

Le Tribunal a observé cependant que l'obligation des membres du FITD de contribuer à l'intervention de soutien ne résultait pas d'une disposition législative ou réglementaire, mais d'une décision des établissements bancaires prise de manière autonome. Elle trouve son origine dans le choix fait par les banques italiennes d'adhérer au FITD plutôt que de créer un autre fonds de garantie qui pourrait être reconnu par la Banque d'Italie et de prévoir dans les statuts du consortium la possibilité pour ses organes dirigeants d'intervenir au soutien d'un adhérent[37]. Le Tribunal a d'ailleurs souligné que l'intervention du FITD en faveur de Tercas était conforme à l'intérêt de ses membres dans leur ensemble, dès lors que ceux-ci risquaient d'avoir à dépenser des sommes plus importantes que celles requises pour permettre à BPB de reprendre la banque en difficulté, en cas de mise en œuvre de la garantie légale des dépôts[38]. Les contributions des membres du FITD ne sont donc pas des ressources publiques au sens du droit des aides d'État mais des ressources privées employées par le fonds de garantie pour financer les interventions décidées par ses organes dirigeants, dans l'intérêt de ses adhérents et conformément à ses statuts.

II. L'inopportunité de la qualification d'aide d'État de l'intervention du système italien de garantie des dépôts en faveur de la banque Tercas

À l'appui de son pourvoi contre l'arrêt du Tribunal, la Commission soutenait que l'absence de qualification d'aides d'État des mesures prises par le FITD mettrait en péril les prémisses sur lesquelles se fondent les directives 2014/49/UE du 16 avril 2014 et 2014/59/UE du 15 mai 2014, à savoir que tout système

37 *Ibid.*, pt 159.

38 *Ibid.*, pt 156.

de garantie des dépôts est une aide d'État. Loin de constituer un contournement des règles en matière de résolution, la possibilité offerte aux interventions de soutien des systèmes de garantie des dépôts d'échapper à l'article 107, paragraphe 1, TFUE est, en vérité, cohérente avec la législation bancaire européenne (1.). Elle est aussi congruente à l'objectif de stabilité financière, compte tenu des conditions auxquelles est soumise l'autorisation d'une aide d'État au secteur financier (2.).

1. Une absence de qualification d'aide d'État cohérente avec la législation bancaire européenne

L'article 11, paragraphe 3, de la directive 2014/49/UE du 16 avril 2014 relative aux systèmes de garantie des dépôts énonce que les États membres peuvent autoriser un système de garantie des dépôts à utiliser les moyens financiers disponibles pour des mesures autres que la résolution afin de prévenir la défaillance d'un établissement de crédit, sous réserve que certaines conditions soient remplies. La première de ces conditions prévoit qu'un système de garantie des dépôts ne peut intervenir au soutien d'un établissement bancaire que si aucune mesure de résolution n'a été prise à son encontre. L'article 32, paragraphe 1, de la directive 2014/59/UE du 15 mai 2014 établissant un cadre pour le redressement et la résolution des établissements de crédit et des entreprises d'investissement soumet le déclenchement d'une procédure de résolution à trois conditions cumulatives : la défaillance de l'établissement de crédit doit être avérée ou prévisible[39] ; il doit être impossible d'empêcher cette défaillance par d'autres moyens et dans un délai raisonnable[40] ; l'adoption d'une mesure de résolution doit être nécessaire dans l'intérêt public[41]. L'article 32, paragraphe 4, mentionne l'octroi d'un soutien financier public exceptionnel, tel qu'une aide d'État au sens de l'article 107, paragraphe 1, TFUE[42], parmi les situations dans lesquelles la défaillance d'un établissement bancaire est réputée avérée ou prévisible.

L'ouverture d'une procédure de résolution peut donc être la conséquence de l'octroi d'une aide d'État à une banque en difficulté. Or en vertu de l'article 11, paragraphe 3, de la directive 2014/49/UE, un système de garantie des dépôts ne peut plus intervenir au soutien d'un établissement affilié en vue de prévenir la défaillance de celui-ci, lorsque l'autorité de résolution a pris une mesure de résolution. Dès lors, la thèse défendue par la Commission à l'appui de son pourvoi contre l'arrêt du Tribunal dans l'affaire *Tercas* selon laquelle toute mesure d'aide adoptée par un système de garantie des dépôts devrait être considérée comme une aide d'État interdirait, en pratique, à un système de garantie des dépôts

---

39 Directive 2014/59/UE, préc., art. 32, § 1, a).

40 *Ibid.*, art. 32, § 1, b).

41 *Ibid.*, art. 32, § 1, c).

42 *Ibid.*, art. 2, § 28.

d'utiliser les moyens financiers dont il dispose pour financer « *des mesures autres que la résolution* », puisque l'une des conditions prévues à l'article 11, paragraphe 3, de la directive 2014/49/UE ne serait pas remplie[43]. L'imputation à l'État de toute mesure d'aide adoptée par un système de garantie des dépôts en faveur d'une banque affiliée et la qualification d'aide d'État de cette mesure reviendraient ainsi à priver de toute substance l'article 11, paragraphe 3, qui autorise les systèmes de garantie des dépôts, lorsque le droit national le prévoit, à intervenir à titre préventif en soutenant des établissements bancaires en crise. La thèse de la Commission aboutirait, par ailleurs, à réduire la portée de la deuxième condition posée à l'article 32, paragraphe 1, de la directive 2014/59/UE au déclenchement d'une procédure de résolution tenant à l'impossibilité d'empêcher la défaillance de l'établissement bancaire par d'autres moyens que la résolution. Cette disposition prévoit, en effet, qu'une mesure de résolution ne peut être prise que si « *compte tenu des délais requis et d'autres circonstances pertinentes, il n'existe aucune perspective raisonnable qu'une autre mesure de nature privée [...] ou [une mesure] prudentielle [...] empêche la défaillance de l'établissement dans un délai raisonnable* »[44]. L'imputabilité aux États de toute intervention de soutien d'un système de garantie des dépôts interdirait de considérer cette intervention comme une « *mesure de nature privée* » au sens de l'article 32, paragraphe 1, susceptible de rendre inutile l'ouverture d'une procédure de résolution en remédiant aux difficultés rencontrées par l'établissement bancaire.

Une interprétation de la notion d'aide d'État cohérente avec la législation bancaire européenne exige donc que la Commission ne se limite pas à présumer l'imputabilité à l'État de l'intervention d'un système de garantie des dépôts, mais que l'institution démontre l'implication effective des autorités publiques nationales dans le processus décisionnel ayant conduit à l'adoption de cette mesure. Cette interprétation préserve l'effet utile de l'article 11, paragraphe 3, de la directive 2014/49/UE, qui prévoit la possibilité d'une intervention à titre préventif des systèmes de garantie des dépôts sans laisser craindre un risque de dévoiement de la législation sur la résolution bancaire. En réponse à l'argument développé par la Commission selon lequel la solution retenue par le Tribunal risquerait d'empêcher le déclenchement de la procédure de résolution en rendant pratiquement impossible la qualification d'aide d'État d'une intervention de soutien d'un système de garantie des dépôts, la Cour a ainsi jugé qu'une telle qualification reste possible, mais dépend des caractéristiques du système de garantie des dépôts et de la mesure en cause[45]. En effet, les règles de preuve rappelées par le Tribunal dans l'arrêt *Tercas* n'impliquent pas « *qu'une mesure prise par un système de garantie des dépôts ne puisse jamais être qualifiée d'aide d'État et, partant, ne soit*

---

43 Conclusions AG Tanchev, 29 octobre 2020, aff. C-425/19 P, préc., pt 126.

44 Directive 2014/59/UE, préc., art. 32, § 1, b).

45 CJUE, gde ch., 2 mars 2021, *Commission c/ Italie e.a.*, aff. C-425/19 P, préc., pt 78.

jamais susceptible de déclencher la procédure de résolution visée à l'article 32 de la directive 2014/59 ». Il incombe simplement à la Commission de rapporter la preuve de l'imputabilité de l'aide à l'État au moyen d'un ensemble d'indices étayés et suffisamment convaincants, ce qu'elle s'était abstenue de faire.

2. Une absence de qualification d'aide d'État congruente à l'objectif de stabilité financière

L'interdiction des aides d'État formulée à l'article 107, paragraphe 1, TFUE est assortie de nombreuses dérogations. Les interventions de soutien des systèmes nationaux de garantie des dépôts peuvent ainsi être autorisées sur le fondement de l'article 107, paragraphe 3, point b), TFUE, qui confère à la Commission le pouvoir de décider qu'une aide d'État est compatible avec le marché intérieur lorsqu'elle vise à « *remédier à une perturbation grave de l'économie d'un État membre* ». Peu utilisée jusqu'à la crise financière de 2008, cette base juridique a permis à la Commission d'approuver les soutiens massifs consentis par les États membres aux établissements financiers en difficulté en vue de préserver la stabilité du système financier. Les aides d'État au secteur financier ont pu être autorisées à des conditions plus souples que celles prévues par les lignes directrices sur les aides au sauvetage et à la restructuration des entreprises en difficulté[46] adoptées aux fins de l'application de l'article 107, paragraphe 3, point c), TFUE.

En vue de l'application de l'article 107, paragraphe 3, point b), TFUE aux aides d'État au secteur financier, la Commission a publié plusieurs communications depuis 2008, dont quatre sont toujours en vigueur : une communication du 5 décembre 2008 sur les restructurations[47], une communication du 25 février 2009 concernant les actifs dépréciés[48], une communication du 23 juillet 2009 concernant les mesures de recapitalisation[49] et une communication du 10 juillet 2013 concernant le secteur bancaire[50]. Ces trois dernières communications exposent les conditions auxquelles les aides d'État accordées au secteur financier doivent

---

46 Comm. eur., Lignes directrices concernant les aides d'État au sauvetage et à la restructuration d'entreprises en difficulté autres que les établissements financiers, *JOUE* n° C 249 du 31 juillet 2014, p. 1 ; v. aussi B. Stromsky, « Entreprises en difficulté : La Commission européenne adopte de nouvelles lignes directrices concernant les aides au sauvetage et à la restructuration », 31 juillet 2014, *Concurrences* n° 4-2014, art. n° 69970, pp. 179-180.

47 Communication de la Commission, « Recapitalisation des établissements financiers dans le contexte de la crise financière actuelle : limitation de l'aide au minimum nécessaire et garde-fous contre les distorsions indues de concurrence », *JOUE* n° C 10 du 15 janvier 2009, p. 2.

48 Communication de la Commission concernant le traitement des actifs dépréciés dans le secteur bancaire de la Communauté, *JOUE* n° C 72 du 26 mars 2009, p. 1.

49 Communication de la Commission sur le retour à la viabilité et l'appréciation des mesures de restructuration prises dans le secteur financier dans le contexte de la crise actuelle, conformément aux règles relatives aux aides d'État, *JOUE* n° C 195 du 19 août 2009, p. 9 ; v. aussi J. Derenne, « Plans de restructuration des banques : La Commission européenne publie une nouvelle communication relative à l'approbation des plans de restructuration des banques aidées dans le contexte de la crise financière », 19 août 2009, *Concurrences* n° 4-2009, art. n° 29375, pp. 139-140.

50 Communication de la Commission concernant l'application, à partir du 1er août 2013, des règles en matière d'aides d'État aux aides accordées aux banques dans le contexte de la crise financière, *JOUE* n° C 216 du 30 juillet 2013, p. 1.

satisfaire pour être déclarées compatibles avec le marché intérieur, tandis que la première communication détaille les caractéristiques qu'un plan de restructuration doit présenter[51]. Les principes directeurs qui structurent ces communications visent à préserver la stabilité financière érigée en objectif prioritaire et à prévenir les distorsions de concurrence indues. La communication concernant le secteur bancaire précise ainsi que « *l'objectif prioritaire poursuivi par la Commission consiste à garantir la stabilité financière, tout en veillant à limiter autant que possible les aides d'État et les distorsions de la concurrence entre les banques et entre les États membres* »[52].

Les communications sur les actifs dépréciés, les restructurations et le secteur bancaire reposent sur trois principes au respect desquels la Commission entend veiller dans l'exercice du large pouvoir d'appréciation dont elle dispose en vertu de l'article 107, paragraphe 3, point b), TFUE. Premièrement, les aides d'État doivent rétablir la viabilité à long terme des établissements bénéficiaires. La communication concernant le secteur bancaire requiert à la fois un plan de mobilisation de capitaux, destiné à assurer que toutes les sources possibles de capitaux privés soient sollicitées avant de demander une aide d'État, et, en cas de déficit de fonds propres résiduel rendant nécessaire une telle aide, un plan de restructuration, visant à démontrer que le rétablissement de la viabilité à long terme de l'établissement bancaire est possible. Deuxièmement, les aides d'État doivent être limitées au minimum nécessaire et être accordées « *selon des modalités prévoyant une répartition adéquate des coûts [de restructuration], de sorte que ces derniers soient également supportés par ceux qui ont investi dans la banque* » (principe de répartition des charges)[53]. Troisièmement, les aides d'État doivent être assorties de mesures destinées à limiter les distorsions de concurrence.

Dans l'affaire *Tercas*, la Commission a considéré que l'intervention de soutien du FITD – qualifiée d'aide d'État au sens de l'article 107, paragraphe 1, TFUE – n'était pas compatible avec le marché intérieur, car elle ne respectait pas les trois principes exposés dans la communication concernant le secteur bancaire et la communication sur les restructurations. L'institution a observé qu'elle n'avait reçu aucun plan de restructuration détaillé assurant le rétablissement de la viabilité à long terme de la banque en difficulté[54]. Elle a également déploré l'insuffisance des garanties offertes pour limiter les distorsions potentielles de concurrence compte tenu de l'absence de rémunération de l'intervention du fonds de garantie et de la « *réduction relativement modérée de l'activité économique* »

---

51 La validité de ces communications a été prolongée au-delà du 31 décembre 2012 sans limite de durée. V. Communication de la Commission concernant l'application, à partir du 1er janvier 2012, des règles en matière d'aides d'État aux aides accordées aux banques dans le contexte de la crise financière, *JOUE* n° C 356 du 6 décembre 2011, p. 7.

52 Communication de la Commission concernant l'application, à partir du 1er août 2013, des règles en matière d'aides d'État aux aides accordées aux banques dans le contexte de la crise financière, préc., pt 7.

53 *Ibid.*, préc., pt 15.

54 Comm. eur., déc. (UE) 2016/1208 du 23 décembre 2015 concernant l'aide d'État SA.39451 (2015/C) (ex 2015/NN) mise à exécution par l'Italie en faveur de Banca Tercas, préc., pt 194.

de Tercas[55]. La Commission a surtout constaté que l'aide n'était pas limitée au minimum nécessaire dans la mesure où l'intervention du FITD n'avait pas été réalisée conformément à l'exigence de juste répartition des charges[56].

Le principe de répartition des charges a été inscrit dans la communication concernant le secteur bancaire de 2013 afin de réduire l'aléa moral qui régnait avant la crise financière. En effet, la certitude d'un soutien public en cas de défaillance bancaire incite les banques à prendre des risques excessifs. Il convient donc de rendre les établissements bancaires comptables de leurs choix en faisant en sorte que leurs actionnaires et leurs créanciers contribuent au renflouement avant de faire appel aux contribuables. La communication concernant le secteur bancaire énonce ainsi : « *Les aides publiques peuvent engendrer un aléa moral et nuire à la discipline de marché. Pour réduire cet aléa moral, il convient de n'accorder les aides que selon des modalités prévoyant une juste répartition des charges associant les investisseurs existants*[57]. » En principe, « *[l]es aides d'État ne peuvent être octroyées qu'une fois que les fonds propres, les titres hybrides et les titres de créance subordonnés ont pleinement contribué à compenser les pertes éventuelles* »[58]. Cela implique que, après absorption des pertes par les fonds propres, les créanciers subordonnés soient également appelés à contribuer par la conversion de leurs créances en fonds propres ou par la réduction de la valeur de ces créances. La substitution du « *bail in* » (renflouement interne) au « *bail out* » (renflouement externe), qu'illustre la mise à contribution des actionnaires et des créanciers subordonnés[59] sur le fondement du droit des aides d'État, constitue désormais l'un des instruments à la disposition des autorités de résolution prévus par la directive 2014/59/UE du 15 mai 2014[60].

Dans l'arrêt *Kotnik* du 19 juillet 2016, la Cour de justice a reconnu la compatibilité avec les articles 107 et 109 TFUE des dispositions de la communication concernant le secteur bancaire qui prévoient une condition de répartition des charges associant les actionnaires et les créanciers subordonnés en vue de l'autorisation d'une aide d'État[61]. Elle a estimé que cette exigence était de nature à résoudre

---

55 Pt 224. Le point 34 de la communication sur les restructurations prévoit que la fixation d'une rémunération adéquate du capital public compte parmi les mesures les plus appropriées pour limiter les distorsions de concurrence, en ce qu'elle permet de limiter le montant de l'aide.

56 Comm. eur., déc. (UE) 2016/1208 du 23 décembre 2015 concernant l'aide d'État SA.39451 (2015/C) (ex 2015/NN) mise à exécution par l'Italie en faveur de Banca Tercas, préc., pt 211.

57 Communication de la Commission concernant l'application, à partir du 1er août 2013, des règles en matière d'aides d'État aux aides accordées aux banques dans le contexte de la crise financière, préc., pt 40.

58 *Ibid.*, pt 44.

59 S'agissant des créanciers subordonnés, le renflouement interne prend la forme d'une conversion des titres de dette en participations ou de la réduction de leur valeur.

60 Directive 2014/59/UE, préc., cons. 59 et art. 3, 43 et s.

61 CJUE, gde ch., 19 juillet 2016, *Kotnik*, aff. C-526/14, EU:C:2016:570 ; v. aussi F. Martucci, « Marchés financiers : La Cour de justice de l'Union européenne interprète la communication bancaire de la Commission européenne en tenant notamment compte de l'objectif de stabilité financière (*Kotnik*) », 19 juillet 2016, *Concurrences* n° 4-2016, art. n° 81995, pp. 190-193.

le problème de l'aléa moral[62] et à éviter des distorsions de concurrence indues qui rendraient les aides d'État incompatibles avec le marché intérieur[63] en empêchant le recours aux aides publiques « *en tant que simple instrument permettant de remédier aux difficultés financières des banques concernées* »[64] et en limitant leur importance[65]. La Cour a rappelé que la communication concernant le secteur bancaire n'est pas contraignante pour les États membres et que la circonstance qu'une mesure d'aide d'État satisfasse à l'exigence de répartition des charges « *constitue une condition, en principe, suffisante pour que la Commission la déclare compatible avec le marché intérieur, mais non strictement nécessaire à cette fin* »[66]. Elle a toutefois ajouté : « *Un État membre n'est donc pas tenu d'imposer aux banques en difficulté, préalablement à l'octroi de toute aide d'État, de convertir les titres subordonnés en fonds propres ou de procéder à une réduction de leur valeur ni de faire contribuer pleinement ces titres à l'absorption des pertes. En pareil cas, l'aide d'État envisagée ne pourra toutefois pas être regardée comme ayant été limitée au strict nécessaire, ainsi que l'exige le point 15 de la communication concernant le secteur bancaire. L'État membre ainsi que les banques bénéficiaires des aides d'État envisagées prennent le risque de se voir opposer une décision de la Commission les déclarant incompatibles avec le marché intérieur*[67]. »

Si les mesures de répartition des charges ont pour objet de rétablir la situation financière d'un établissement bancaire par la conversion de certains titres de dette en instruments de fonds propres de catégorie 1 ou par la réduction totale ou partielle de leur valeur, elles ne sont pas sans danger pour la stabilité financière. En imposant aux investisseurs (actionnaires et obligataires) de combler le déficit de fonds propres de la banque, l'application du principe de répartition des charges est susceptible d'engendrer un risque de contagion. Ce risque peut être direct lorsque les pertes encourues par les créanciers de l'établissement mènent à la défaillance ou à de graves problèmes de solvabilité de ceux-ci. Il peut aussi être indirect en raison, par exemple, de la perte de confiance de certains acteurs de marché, tels que les déposants, ou par des effets sur les prix des actifs. Dans l'affaire *Tercas*, les parties intéressées s'étaient d'ailleurs inquiétées devant la Commission de l'incidence négative d'un renflouement interne sur la confiance de la clientèle et sur la réputation et sur la stabilité du système bancaire[68]. La Commission n'ignore pas ce risque de contagion puisque la communication

62 *Ibid.*, pt 58.

63 *Ibid.*, pt 57. La Cour déclare ainsi : « *Une solution contraire risquerait de provoquer des distorsions de concurrence, dans la mesure où les banques, dont les actionnaires et les créanciers subordonnés n'auraient pas contribué à la diminution du déficit de fonds propres, recevraient une aide d'État plus élevée que celle qui aurait été suffisante pour combler le déficit résiduel de fonds propres.* »

64 *Ibid.*, pt 55.

65 *Ibid.*, pt 56.

66 *Ibid.*, pt 99.

67 *Ibid.*, pt 100.

68 Comm. eur., déc. (UE) 2016/1208 du 23 décembre 2015 concernant l'aide d'État SA.39451 (2015/C) (ex 2015/NN) mise à exécution par l'Italie en faveur de Banca Tercas, préc., pt 94.

concernant le secteur bancaire indique que la répartition de charges est exigée seulement en principe, et non lorsqu'elle mettrait en péril la stabilité financière[69].

En subordonnant la compatibilité des interventions de soutien des systèmes de garantie des dépôts à l'exigence de juste répartition des charges et aux autres conditions énoncées dans les communications de la Commission en vue de prévenir les distorsions de concurrence, la qualification d'aides d'État de ces mesures constitue donc une menace pour la stabilité financière. Elle incite les systèmes de garantie des dépôts à ne pas faire usage de leurs pouvoirs d'intervention préventive, alors même qu'une telle intervention pourrait rendre inutile l'ouverture d'une procédure de résolution ou la mise en jeu coûteuse de la garantie des dépôts, tout en risquant de produire un effet de propagation à l'ensemble du système financier de la crise de solvabilité traversée par l'établissement aidé. En écartant la qualification d'aides d'État des mesures prises par le FITD et en refusant que toute intervention de soutien d'un fonds de garantie soit assimilée à une aide étatique sans exclure, pour autant, que les aides distribuées par les États au moyen des systèmes de garantie des dépôts puissent relever de l'article 107, paragraphe 1, TFUE, la solution retenue par les juges de l'Union, fondée sur une interprétation stricte de cette disposition, contribue à faire prévaloir l'objectif prioritaire de la stabilité financière. Surtout, elle a le mérite d'ouvrir une troisième voie entre le « *bail in* » (le renflouement interne par les actionnaires et créanciers) et le « *bail out* » (le renflouement externe par les États) fondée sur les principes de solidarité et de responsabilité du système bancaire.

---

69 Communication de la Commission concernant l'application, à partir du 1er août 2013, des règles en matière d'aides d'État aux aides accordées aux banques dans le contexte de la crise financière, préc., pts 41-45. L'article 44, § 3, c) de directive 2014/59/UE, préc., prévoit la possibilité de soustraire certains engagements au pouvoir de conversion ou de dépréciation de l'autorité de résolution lorsque cette exclusion est « *absolument nécessaire et proportionnée pour éviter de provoquer une vaste contagion* ».

Réflexions sur les objectifs du contrôle des aides d'État : Au-delà d'une concurrence loyale, un instrument de politique industrielle à l'échelle européenne*

Olivier d'Ormesson**
Linklaters

Résumé

L'article 107 du traité protège les concurrents et non les consommateurs. Il a pour objectif de garantir une concurrence loyale entre les entreprises actives sur le marché intérieur, alors que les articles 101 et 102 du traité protègent avant tout les consommateurs européens. La notion de concurrence n'a donc pas le même sens dans le cadre de l'article 107 que dans celui des articles 101 et 102.

Les règles européennes sur les aides d'État ont fait l'objet de critiques, essentiellement parce que les concurrents non-européens, asiatiques ou américains, ne sont pas soumis à de telles règles. Celles-ci pourraient constituer un handicap dans la compétition internationale. Toutefois, des événements exogènes récents (le Brexit et la crise du Covid-19) ont démontré le bien-fondé des règles sur les aides d'État. La récente proposition par la Commission d'un projet de règlement sur les subventions étrangères a pour objectif d'éliminer la critique concernant la concurrence mondiale.

* Dernière mise à jour le 25 novembre 2021

** Avocat, Of Counsel Linklaters, enseignant en droit de la concurrence à SciencesPo, HEC et Paris 2 Panthéon-Assas.

Réflexions sur les objectifs du contrôle des aides d'État :
Au-delà d'une concurrence loyale, un instrument
de politique industrielle à l'échelle européenne

La Commission européenne ne dispose pas de pouvoirs directs en matière de politique industrielle. Cependant, la Commission a utilisé ses importants pouvoirs en matière d'aide d'État afin de promouvoir la mise en place d'une politique industrielle à l'échelle européenne. Certains s'en félicitent, d'autres considèrent qu'il s'agit d'un détournement de pouvoir. Un tel pilotage de l'économie grâce à l'instrument du contrôle des aides d'État est une pratique ancienne et constante de la Commission. Mais elle s'est clairement développée récemment par l'utilisation des règles d'aides d'État pour poursuivre des objectifs de politique industrielle dans les domaines énergétique, bancaire ou fiscal ou grâce à de nouveaux instruments juridiques comme les « projets importants d'intérêt européen commun » (PIIEC) et le « plan de relance » européen.

Les objectifs des règles sur les aides d'État ont reçu considérablement moins d'attention en doctrine que ceux poursuivis par les dispositions sur les ententes et abus de position dominante, qui ont fait l'objet de débats nourris des deux côtés de l'Atlantique[1]. De manière générale, la doctrine s'est beaucoup moins intéressée aux aides d'État (art. 107 et 108 du traité[2]) qu'aux ententes et abus de position dominante (art. 101 et 102 du traité)[3]. Ce déséquilibre peut paraître étonnant au regard des pouvoirs importants de la Commission européenne en matière d'aides d'État et de la jurisprudence foisonnante de la Cour de justice de l'Union européenne dans ce domaine.

Les articles 107 et 108 du traité ont donné des pouvoirs considérables à la Commission puisqu'en principe toute « aide d'État » est interdite sauf si elle est autorisée par celle-ci. Compte tenu de ces moyens importants conférés par le traité, force est de reconnaître qu'en plus de soixante ans, la Commission n'en a pas abusé. Elle a certes tenté d'étendre la notion d'aide d'État[4], mais les excès dans ce sens ont été largement limités par les Cours européennes[5].

La jurisprudence de la Cour de justice de l'Union européenne en matière d'aides d'État est, quant à elle, bien plus abondante que celle concernant les ententes et abus de position dominante. Sur les cinq dernières années, le Tribunal a prononcé près de deux fois plus d'arrêts en matière d'aides d'État qu'en matière de « concurrence »[6].

---

1 V. section I.1. ci-après et doctrine citée en notes de bas de page 12 et 13 ci-après.

2 Traité sur le fonctionnement de l'Union européenne (ci-après le « traité »).

3 Sur les dix dernières années (mai 2011 – mai 2021), la revue *Concurrences* a publié 9 articles sur les aides d'État et 124 articles sur les ententes et abus de position dominante et la procédure applicable, soit plus de 12 fois moins.

4 Notamment par sa Communication sur la « notion d'aide d'État », *JOUE* n° C 262 du 19 juillet 2016, p. 1.

5 V., parmi de multiples exemples : les décisions de la Commission annulées dans l'affaire *Stardust* (CJCE, 16 mai 2002, aff. C-482/99, EU:C:2002:294), et dans les affaires de la sélectivité des taxes progressives sur le chiffre d'affaires en Pologne et en Hongrie (CJUE, 16 mars 2021, aff. C-562/19 P, EU:C:2021:201 et aff. C-596/19 P, EU:C:2021:202). V. égal. les questions préjudicielles dans l'affaire *PreussenElektra* (CJCE, 13 mars 2001, aff. C-379/98, EU:C:2001:160) et dans l'affaire *Sloman Neptun* (CJCE, 17 mars 1993, aff. jtes C-72/91 et C-73/91, EU:C:1993:97), etc.

6 Nombre d'affaires clôturées par le Tribunal durant les cinq dernières années (2016-2020) : 256 affaires d'aide d'État et 138 affaires de « concurrence » (Rapport annuel 2020 de la Cour de justice, p. 363).

Compte tenu des pouvoirs de la Commission et de l'abondance de la jurisprudence de la Cour, il paraît donc utile de tenter de définir les objectifs des règles sur les aides d'État.

L'article 107 a pour but de protéger la concurrence, mais il s'agit plus d'une concurrence loyale entre compétiteurs, dans le marché unique, différente de la concurrence protégée par les articles 101 et 102, qui a pour objectif le « bien-être du consommateur » caractérisé, essentiellement, par des prix bas (I.).

Mais il apparaît également que la Commission a utilisé les pouvoirs considérables conférés par les articles 107 et 108 du traité, pour pallier son absence de compétence dans d'autres domaines et, singulièrement, dans le domaine de la politique industrielle. C'est ainsi que la Commission a utilisé, sinon détourné, ses pouvoirs en matière d'aides d'État pour poursuivre des objectifs étrangers à la « concurrence » et pour mettre en place les bases d'une politique industrielle paneuropéenne (II.)

I. L'objectif de concurrence poursuivi par les règles sur les aides d'État

1. La finalité des règles sur les aides d'État

L'article 107 vise à éviter les « distorsions de concurrence » favorisées par les États et complète les dispositions luttant contre les « restrictions de concurrence » commises par les entreprises dans le cadre des ententes et abus de position dominante[7].

Comme l'indique la Commission dans son « Rapport sur la politique de concurrence 2014 », « *les objectifs des activités de la Commission en matière de contrôle des aides d'État consistent à veiller à ce que l'aide favorise la croissance, soit efficace et effective, et mieux ciblée en période de contraintes budgétaires et, lorsque l'aide est accordée, qu'elle ne restreigne pas la concurrence mais remédie aux défaillances du marché dans l'intérêt de l'ensemble de la société* »[8].

Depuis son « Plan d'action » pour la réforme des aides d'État de 2005 et son « Plan de modernisation des aides d'État » de 2012, et conformément à sa volonté de recourir plus systématiquement aux critères de l'analyse économique, la Commission considère qu'un des objectifs des règles sur les aides d'État est de « *pallier les défaillances du marché* »[9].

Mais fondamentalement l'article 107 du traité a pour objectif de protéger les concurrents contre les distorsions de concurrence générées par l'intervention des

---

7 C. Prieto, « Les rescrits fiscaux sous l'emprise de la prohibition des aides d'État », Concurrences n° 2-2017, art. n° 84013.

8 Comm. eur., « Rapport sur la politique de concurrence 2014 », 2015, p. 31.

9 V. not. Comm. CE, « Plan d'action dans le domaine des aides d'État », COM(2005) 107 final, 7 juin 2005 ; K. Bacon, *European Union Law of State Aid*, 3e éd., Oxford University Press, 2017, § 1.09, p. 7 et § 1.13, p. 8.

États membres et de garantir ainsi le bon fonctionnement du marché intérieur[10]. Cet article vise à éviter tout favoritisme dans le cadre du marché unique. En luttant contre la concurrence déloyale des entreprises aidées, l'article 107 protège, avant tout, les « concurrents ».

L'article 107 du traité a essentiellement pour objectif de maintenir des conditions de concurrence non faussées (« level playing field ») dans le marché unique. Les dispositions du traité sur les aides d'État relèvent plus des principes régissant le marché intérieur (libre circulation) que des règles antitrust[11]. Les articles 107 et 108 s'adressent principalement aux États, tandis que les articles 101 et 102 visent les entreprises.

Les articles 101 et 102 protègent les « consommateurs » et ne protègent les concurrents que dans la mesure où ils représentent des alternatives pour les consommateurs.

Un mouvement puissant depuis les années 2000 consiste à réduire la finalité du droit de la concurrence à la recherche du « bien-être du consommateur » défini par référence au « surplus du consommateur », caractérisé essentiellement par des prix bas[12]. Cette tendance est depuis peu contestée[13], notamment aux États-Unis, mais elle reste dominante.

Les règles sur les aides d'État, en revanche, n'ont pas pour objectif de poursuivre le « bien-être du consommateur » mais celui des « concurrents »[14]. L'application de ces règles peut en effet être contraire, dans un premier temps, aux intérêts des consommateurs.

Les aides d'État permettent généralement aux entreprises subventionnées de proposer des prix artificiellement bas, et c'est précisément ce que les concurrents reprochent à ces entreprises aidées ! Donc l'interdiction des aides pourrait, à court terme, faire obstacle à la baisse des prix. En revanche, à long terme, la disparition des entreprises

---

10 V., entre autres, C. Micheau, *Droit des aides d'État et des subventions en fiscalité*, Bruxelles, Larcier, 2013, pp. 29 et 30 ; A. Biondi, « The Rationale of State Aid Control: A Return to Orthodoxy », *Cambridge Yearbook of European Legal Studies(CYELS)*, vol. 12, 2010, p. 38 ; P. Werner et V. Verouden (eds.), *EU State Aid Control*, Alphen-sur-le-Rhin, Wolters Kluwer, 2017, p. 14.

11 Buendia Sierra et Smulders "The limited role of the refined economic approach in achieving the Objectives of State Aid Control: time for some realism", *EC State Aid Law: Liber Amicorum Francisco Santaolalla Gadea, Kluwer Law International*, 2008; v.égal. A. Biondi prec. p.35 à 52

12 V. not. Communication de la Commission, Lignes directrices concernant l'application de l'article 81, paragraphe 3, *JOUE* n° C 101 du 27 avril 2004, p. 97, § 33 : « *Les règles communautaires de concurrence visent à protéger la concurrence sur le marché comme moyen d'accroître le bien-être du consommateur et à assurer une répartition efficace des ressources* » ; N. Mathey, « Les finalités du droit de la concurrence », *Contrats, conc., consom.* n° 12, décembre 2020, § 4 ; J.-C. Roda, « Réflexions sur les objectifs du droit français de la concurrence », *D.* 2018, p. 1504 ; M. Malaurie-Vignal, « Droit, économie et politique de concurrence – Réflexions à partir de la notion de bien-être du consommateur », *JCP E* 2018, p. 1187 ; BEUC, « The Role of Competition Policy in Protecting Consumers' Well-Being in the Digital Era », octobre 2019, pp. 12 et 13.

13 F. Jenny et J. Philippe, « Populisme et concurrence », *Concurrences* n° 3-2018, art. n° 87447 ; S. Sacher et J. Yun, « Some reactions to "reactionary antitrust" », *Concurrences* n° 4-2020, art. n° 96709 ; L. Khan, « The End of Antitrust History Revisited », *Harvard Law Review*, 10 mars 2020, vol. 133, p. 1655 ; du même auteur, « The New Brandeis Movement: America's Antimonopoly Debate », *Journal of European Law & Practice*, vol. 9, n° 3, 2018, p. 131 ; T. Wu, *The Curse of Bigness: Antitrust in the New Gilded Age*, New York, Columbia Global Reports, 2018.

14 V. Buendia Sierra et Smulders, prec. p. 7

non performantes et leur remplacement par de nouveaux entrants plus efficaces que l'entreprise aidée devraient être bénéfiques aux consommateurs. Ce paradoxe est illustré par les subventions à l'exportation de pays tiers (non européens) ; certains économistes ont souligné que ces subventions opèrent un transfert net de fonds publics du gouvernement exportateur (par exemple chinois) vers les consommateurs du pays importateur[15]. En quelque sorte, les consommateurs européens devraient remercier les contribuables chinois de subventionner leurs achats[16] !

Ainsi, il apparaît que l'interdiction des aides d'État protège les concurrents mais pas les consommateurs. On constate que la logique des règles d'aides d'État est bien différente de celle des autres branches du droit de la concurrence. Ce manque d'harmonie est-il problématique comme certains l'affirment ? Faut-il en déduire un « *désarroi conceptuel* » de la politique des aides d'État[17]...? Je ne le pense pas, les articles 107 et 108 pouvant poursuivre des buts différents de ceux poursuivis par les articles 101 et 102 et le contrôle des concentrations.

2. La critique des règles sur les aides d'État

Des critiques s'élèvent périodiquement, et surtout en France, contre les règles européennes sur les aides d'État. On souligne généralement qu'aucun autre pays ou ensemble supranational n'interdit les aides d'État et que cette interdiction crée un handicap pour les groupes européens[18]. Arnaud Montebourg, ancien ministre du Redressement productif, écrivait le 14 janvier 2014 au commissaire à la Concurrence, Joaquín Almunia, que « *les interprétations de la Commission européenne ont instauré en Europe le système le plus rigide et contrôlé du monde pendant que nos concurrents des continents asiatique et américain ont organisé sur une échelle inégalée des aides d'État massives et incontrôlées* »[19].

Ces règles constitueraient pour certains un handicap pour les groupes européens dans la compétition internationale. Selon eux, l'Europe serait « l'idiot du village mondial ». Il est vrai qu'à la suite de la crise bancaire de 2008, alors qu'en Europe, les concurrents des constructeurs automobiles français traquaient la moindre aide donnée par la France pour la dénoncer à la Commission européenne, l'État

---

15 E. Combe, P.-A. Hyppolite et A. Michon, *L'Europe face aux nationalismes économiques américain et chinois : défendre l'économie européenne par la politique commerciale*, partie III, Paris, Fondapol, novembre 2019, pp. 13 et 14.

16 En revanche, les importations subventionnées portent préjudice aux producteurs européens, leurs concurrents.

17 V. S. Martin et C. Strassel, « La politique communautaire des aides d'État est-elle une politique de concurrence ? », *Concurrences* n° 3-2005, art. n° 233, pp. 52-59. Dans cet article les auteurs déplorent que les objectifs des trois branches du droit de la concurrence (ententes, abus, concentrations), à savoir le « *surplus des consommateurs* », divergent des objectifs des aides d'État, qui cherchent à protéger les concurrents et le bon fonctionnement du marché intérieur.

18 V. entre autres R. Perez et J. Pillot, « L'Europe a besoin d'une nouvelle politique de concurrence », *Le Monde*, 20 avril 2018, p. 12 ; l'article suggère un assouplissement de la discipline des aides d'État dans les secteurs les plus exposés à la concurrence internationale ; V. aussi J. Hettne, Swedish Institute for European Policy Studies, SIEPS, n°1, janvier 2020, p. 2.

19 Lettre d'A. Montebourg, 14 janvier 2014, et de J. Almunia, 19 décembre 2013, précédemment sur le site du ministère de l'Économie.

américain soutenait sans contrainte General Motors à hauteur de 50 milliards de dollars ! De même, le *Wall Street Journal* affirmait en décembre 2019 que Huawei, en concurrence avec tous les fournisseurs télécoms européens, a bénéficié en Chine de quelque 75 milliards de dollars d'aides d'État sous forme d'allègements fiscaux, financements et autres ressources étatiques bon marché, ce qui lui a permis de devenir le premier équipementier mondial des télécoms[20].

En outre, les règles sur les aides d'État ne peuvent se prévaloir d'un socle de recherches économiques aussi solide que celui qui justifie les règles antitrust[21], ce qui fragilise la défense de la politique d'aides d'État, qui ne bénéficie pas d'un tel « corpus » doctrinal et économique[22].

3. Des événements exogènes récents ont démontré le bien-fondé des règles sur les aides d'État

Il est incontestable que la réglementation sur les aides d'État est plus vulnérable aux critiques que les règles antitrust.

Le fait que cette réglementation n'existe qu'en Europe peut s'expliquer par la « nature constitutionnelle » unique de l'Union européenne. En Chine, les aides sont données (ou coordonnées) au niveau du pouvoir central ; il en est de même pour les aides fédérales américaines. Dans ces pays, les arbitrages nécessaires se font généralement au niveau du pouvoir central. En Europe, les aides ne sont pas accordées « centralement » par l'Union européenne, mais par les États membres, d'où la nécessité d'une coordination et d'un contrôle pour préserver le bon fonctionnement du marché intérieur[23].

En revanche, lorsque les aides sont octroyées directement par l'Union européenne, elles ne sont pas qualifiées d'aides d'État au sens de l'article 107 du traité et ne sont donc pas contrôlables[24].

Cependant, des événements « exogènes », qu'on pourrait qualifier « d'expériences naturelles » dans le jargon économique, ont démontré le bien-fondé des règles européennes sur les aides d'État. Le Brexit a démontré les liens étroits entre marché intérieur et contrôle des aides d'État (A.), les aides Covid-19 ont souligné le risque de course aux subventions entre États membres (B.), et la proposition de la Commission sur les subventions étrangères est une réponse aux critiques susmentionnées concernant la concurrence internationale (C.)

---

20 V. B. Deffains, O. d'Ormesson et T. Perroud, « Politique de concurrence et Politique industrielle : pour une réforme du droit européen », Fondation Robert Schuman, janvier 2020, pp. 12 et 15 ; article du *Wall Street Journal* du 25 décembre 2019, repris dans *l'Opinion* du 26 décembre 2019, « Comment l'État chinois a financé l'essor mondial de Huawei ».

21 V. not. les études de l'École de Harvard (1950-1970) et celles de l'École de Chicago (1970-1990).

22 S. Martin et C. Strassel, préc.

23 V. Buendia Sierra et Smulders, prec. p. 8

24 V. Communication de la Commission sur la « notion d'aide d'État », préc., pt 60, et section II.3.E. ci-après.

A. *Le Brexit*

Le Brexit a été un bon révélateur de l'utilité des règles sur les aides d'État. Il est vite apparu que les Anglais ne pourraient avoir accès au marché intérieur s'ils n'acceptaient pas un contrôle des aides d'État s'inspirant de celui en vigueur au sein de l'Union. Le lien entre « discipline d'aide d'État » et « accès au marché intérieur » a paru évident... même aux détracteurs habituels de la politique européenne. Il s'agit du fameux « level playing field » souvent rappelé par Michel Barnier, lors de la négociation du Brexit[25]

L'Accord de commerce et de coopération entre le Royaume-Uni et l'Union européenne[26] prévoit que l'Angleterre devra confier à une autorité indépendante le rôle de contrôler toutes subventions étatiques[27].

La négociation imposant aux Anglais un régime de contrôle des aides d'État a été longtemps un point d'achoppement entre l'Union européenne et l'Angleterre, et il est apparu essentiel aux Européens de lier le bénéfice de l'accès au marché intérieur à l'acceptation d'un contrôle des aides d'État[28].

B. *Les aides Covid-19*

Il est aussi intéressant de relever que le gouverneur de la Banque de France a demandé en septembre 2020 à la Commission européenne de rétablir rapidement le contrôle sur les aides d'État pour éviter des distorsions de concurrence pouvant mener à une « *fragmentation* » du marché unique européen[29].

En effet, un « billet » de la Banque de France[30] s'inquiétait de montants très inégaux d'aides distribués par les États membres pour lutter contre les effets du Covid-19. Pendant la période du Covid, la Commission a assoupli temporairement son contrôle des aides d'État[31], et l'Allemagne représentait plus de la moitié du total des aides autorisées en Europe. Il y avait donc une prime pour les États les plus riches et un risque de course aux subventions provoquant des distorsions de concurrence au sein du marché intérieur.

---

25 V. not. Michel Barnier, "La grande illusion – Journal secret du Brexit", Gallimard, 2021

26 Accord de commerce et de coopération entre l'Union européenne et le Royaume-Uni du 24 décembre 2020, *JOUE* n° L 149 du 30 avril 2021, chapitre 3 « contrôle des subventions » (art. 363 à 375).

27 Le gouvernement anglais a présenté le 30 juin 2021 un Subsidy Control Bill censé transposer les dispositions de l'Accord de commerce et de coopération sur le « contrôle des subventions ».

28 Les négociations entre la Suisse et l'UE sur une refonte des accords de libre-échange ont, semble-t-il, échoué en raison, notamment, des exigences européennes en matière d'aides accordées par la Suisse (*Les Echos*, 26 mai 2021).

29 « Aides d'État : il faut "rapidement rétablir le contrôle" par Bruxelles », *Le Figaro*, 10 septembre 2020.

30 E. Hermet et D. de Franclieu, « Aides d'État et Covid-19 : un dilemme européen », *Bloc-notes Éco*, billet n° 181, 25 septembre 2020, <https://blocnotesdeleco.banque-france.fr/billet-de-blog/aides-detat-et-covid-19-un-dilemme-europeen>.

31 Jusqu'à octobre 2021, la Commission a adopté plus de 670 décisions approuvant plus de 3 100 milliards d'euros d'aides pour compenser la crise du Covid (discours de M. Vestager du 18 novembre 2021, speech/21/6115).

Il est rare de voir un haut fonctionnaire français demander à la Commission de renforcer son contrôle en matière d'aides d'État ! Le risque de distorsion due aux aides allemandes s'est éloigné après l'adoption du plan de relance européen, dont il sera question à la section II.3.E. ci-après.

C. *Le projet de règlement sur les subventions étrangères*

Compte tenu du handicap résultant de politiques divergentes en matière d'aides d'État sur le continent européen, d'une part, et sur les continents asiatique et américain, d'autre part (voir section I.2. ci-dessus) et compte tenu de la mondialisation des échanges, l'Europe avait le choix entre assouplir, voire abolir, sa politique d'aide d'État ou « imposer » cette politique aux États tiers. C'est cette dernière option qu'elle a choisie en proposant le 5 mai 2021 un nouveau règlement visant à « *s'attaquer aux distorsions causées par les subventions étrangères au sein du marché unique* »[32].

Nous n'allons pas décrire ce projet de règlement, ni le livre blanc[33] qui l'a précédé dans le cadre de cet article. Nous nous limiterons à observer que son objet est d'imposer une discipline d'aide d'État aux groupes non européens qui seraient actifs en Europe et qui auraient bénéficié de subventions ou de financements préférentiels de la part d'États tiers. Un tel règlement a paru nécessaire pour garantir des conditions de concurrence équitables au sein du marché unique et pour protéger les sociétés et groupes européens contre la concurrence déloyale de concurrents non européens subventionnés.

Il est intéressant de souligner que ce projet de règlement a été présenté concomitamment et comme un « élément clé » de la mise à jour de la stratégie industrielle de l'Union[34]. Ceci démontre bien les liens qui existent entre la politique des aides d'État et la stratégie industrielle de l'Union européenne.

II. La Commission utilise ses pouvoirs en matière d'aides d'État pour mener une politique industrielle à l'échelle européenne

1. Pouvoirs limités de la Commission en matière de politique industrielle

Le traité est bancal, car il donne des pouvoirs considérables à la Commission en matière de concurrence, mais peu de pouvoirs pour développer une politique

---

32 Comm. eur., communiqué IP/21/1982 du 5 mai 2021, « La Commission propose un nouveau règlement pour s'attaquer aux distorsions causées par les subventions étrangères au sein du marché unique », et proposition de règlement relatif aux subventions étrangères faussant le marché intérieur, COM(2021) 223 final, 2021/0114 (COD), 5 mai 2021 ; V. également Alain Alexis, « Foreign subsidy controls : The new European Commission proposal », *Concurrences* n°4-2021 art. n° 102822, p. 210 – 218.

33 Comm. eur., Livre blanc relatif à l'établissement de conditions de concurrence égales pour tous en ce qui concerne les subventions étrangères, COM(202) 253 final, 17 juin 2020.

34 Commission Staff Working Document, « Updating the 2020 New Industrial Strategy », COM(2021) 350, 5 mai 2021, et communiqué IP/21/1884 du 5 mai 2021, « Mise à jour de la stratégie industrielle de 2020 : construire un marché unique plus solide pour soutenir la reprise en Europe ».

industrielle. Ce n'est pas un hasard, car certains États membres ont toujours refusé de donner à la Commission des pouvoirs en matière de politique industrielle. Aux termes du traité, la politique industrielle est de la compétence des États membres[35] sauf en cas de « veto » de la Commission portant sur les aides d'État accompagnant cette politique. La Commission ne peut pas contraindre les États membres à accorder une aide ou prendre une mesure de politique industrielle, mais elle a un « pouvoir négatif » d'interdire une aide[36].

L'article 173 du traité, qui porte sur les politiques industrielles de l'Union, ne confère pas de pouvoirs directs à la Commission[37]. Dans ce domaine, l'Union européenne n'a qu'un pouvoir de coordination et de soutien des actions menées par les États membres. En outre, l'article 173 précise *in fine* que toute mesure de politique industrielle ne saurait « *entraîner des distorsions de concurrence* ». Il est donc clair, au vu de ces articles du traité, qu'une éventuelle politique industrielle européenne est subordonnée à la politique de concurrence.

On ne saurait donc reprocher à la Commission – comme on l'entend souvent – son manque de résultats en matière de politique industrielle, car ce sont les États membres qui ont refusé de lui transférer des pouvoirs suffisants en la matière. Toutefois, on peut constater que la Commission – pour répondre à une demande ou de sa propre initiative – a utilisé ses pouvoirs importants en matière d'aides d'État afin d'amorcer la mise en place d'une politique industrielle à l'échelle du continent européen.

2. Il s'agit d'une politique constante de la Commission

Un tel pilotage de l'économie européenne grâce au contrôle des aides d'État est une politique constante de la Commission[38]. Selon un auteur, les règles sur les aides d'État sont devenues « *an all-purpose tool to camouflage policy-making* »[39]. Un autre commentateur parle de « *politique industrielle européenne cachée* »[40].

Depuis longtemps, la direction de la Concurrence à Bruxelles oriente la politique industrielle de la Commission. Dès 1977, sur la base du traité CECA, la Commission a conduit la restructuration de l'industrie sidérurgique européenne avec le plan Davignon et a adopté en 1980 le premier « code des aides » s'appliquant au secteur de l'acier.

---

35 Art. 6 (b) du traité en liaison avec l'art. 2, § 5, du traité.

36 De plus, les États membres ont toujours exigé que les règles de concurrence ne puissent être entravées par des considérations de politique industrielle. V. B. Deffains, O. d'Ormesson et T. Perroud, préc., pp. 16 et 17 ; v. égal. P. Jansen, « The Interplay Between Industrial Policy and State Aid: Natural Combination or Strange Bedfellows? », *EStAL*, vol. 15, n° 4, 2016, p. 578.

37 V. not., J. Hettne, préc., p. 3.

38 V. not. P. Jansen, préc., pp. 587 et 588 ; H. Bardt, « New Tasks for Industrial Policy in Germany », *EStAL*, vol. 19, n° 4, 2020, p. 430 ; S. Martin et C. Strassel, préc., § 45 et s.

39 Les règles sur les aides d'État sont devenues « *une boîte à outils pour camoufler la mise en œuvre d'une politique* » (traduction libre), C. Koenig, « Where is State Aid Law heading to? », *EStAL*, vol. 13, n° 4, 2014, p. 611.

40 Soulignement ajouté, traduction libre de « concealed European industrial policy », J. Hettne, préc., p. 5-6)

De même, la Commission a joué un rôle central dans la restructuration de la construction navale en Europe. Le régime communautaire des aides à la construction navale des années 1990 prévoyait des aides à la fermeture, à la restructuration et à la R&D, ainsi que la suppression progressive des aides publiques.

La Commission a aussi utilisé des décisions conditionnelles en matière d'aides d'État pour accélérer le processus d'ouverture des marchés européens, en imposant dans ses décisions des modifications aux textes législatifs ou réglementaires applicables au secteur ferroviaire[41], énergétique[42] ou aérien[43].

De même, en approuvant les aides d'État accordées aux entreprises de l'Allemagne de l'Est, la Commission a joué un rôle central dans le cadre de la réunification allemande. Elle a favorisé le rattrapage industriel des länder de l'Est et approuvé des milliards d'euros d'aides[44].

3. Au cours des dernières années, la Commission a utilisé plus fréquemment ses pouvoirs en matière d'aides d'État pour poursuivre des objectifs de politique industrielle

La Commission n'a essentiellement qu'un pouvoir de proposition d'actes législatifs ou réglementaires qui sont adoptés par le Conseil et le Parlement européen. Elle ne dispose de pouvoirs directs qu'en matière de politique agricole commune, de politique commerciale commune et de politique de concurrence.

Ce « déséquilibre » dans les pouvoirs de la Commission a eu pour conséquence que les instruments du droit de la concurrence et, en particulier, les règles sur les aides d'État ont été utilisés pour mener des politiques paneuropéennes dans plusieurs secteurs, notamment dans le secteur énergétique (A.), bancaire (B.) et pour réaliser une certaine harmonisation fiscale en éliminant les « *tax rulings* » les plus agressifs (C.). Ils ont aussi été utilisés pour mettre en œuvre un début de politique industrielle européenne au travers des projets importants d'intérêt européen commun (D.) et du plan de relance européen (E.).

A. *Objectifs de politique énergétique*

Avant la crise du Covid-19, près de 60 % de toutes les aides d'État accordées en Europe à l'industrie et aux services étaient destinées à la protection de l'environnement, à l'efficacité énergétique et à la production d'énergie renouvelable (« l'électricité verte » essentiellement)[45]. En 2019, cette proportion a été réduite mais reste

---

41 V. p. ex. Comm. CE, déc. 2005/418/CE du 7 juillet 2004, *Alstom*, art. 1, § 4 a) à d).

42 V. p. ex. Comm. eur., déc. du 12 juin 2012 l'aide d'État SA.21918 (C 17/07) (ex NN 17/07) mise à exécution par la France, *Tarifs réglementés de l'électricité en France*, *JOUE* nº 398 du 22 décembre 2012, p. 10.

43 V. p. ex. Comm. CE, déc. 97/789/CE du 15 juillet 1997, *Alitalia*.

44 Le coût de la réunification allemande a été estimé entre 1 200 et 1 600 milliards d'euros.

45 P. Nicolaides, « Production of Green Electricity », State Aid Blog, 22 octobre 2019.

importante : 51 % des aides (hors aides à l'agriculture, à la pêche, et au transport ferroviaire) sont destinées à la « protection de l'environnement »[46]. Le pourcentage représenté par les aides à « l'environnement » a augmenté de façon spectaculaire depuis 2013, afin d'accompagner la transition énergétique en Europe (l'Allemagne verse d'ailleurs une portion importante de ces aides à la transition énergétique)[47]. Ces aides sont examinées et approuvées en fonction des critères fixés par la Commission, notamment dans ses lignes directrices[48]. Cela l'a amenée à adopter une « politique industrielle » paneuropéenne qui vise à favoriser les aides aux « bonnes » sources d'énergie (« verte ») et à dissuader le soutien aux énergies polluantes[49]. Le caractère directif des orientations paneuropéennes dans le secteur de l'énergie peut être illustré par les décisions de la Commission en matière de « mécanismes de capacité », instaurés par les autorités publiques pour garantir la sécurité de l'approvisionnement en électricité et s'assurer que la fourniture d'électricité réponde à tout moment à la demande à moyen et court terme. La Commission a imposé dans ce domaine sa propre vision aux États membres qui n'ont pas toujours partagé le point de vue de Bruxelles[50].

Le 7 février 2018, la Commission a simultanément autorisé six mécanismes de capacité dans le secteur de l'électricité pour garantir la sécurité d'approvisionnement en Allemagne, en Belgique, en France, en Grèce, en Italie et en Pologne[51]. Ces mécanismes de capacité négociés avec la Commission concernent six États représentant plus de la moitié de la population de l'Union. La Commission a demandé aux États membres de modifier leurs projets lorsque ces derniers ne répondaient pas aux critères qu'elle a fixés[52]. On observe ainsi que, dans ce domaine, comme en général dans le domaine de l'énergie renouvelable, la direction de la Concurrence de la Commission a joué un rôle de régulateur européen du secteur de l'énergie.

B. *Objectifs de politique bancaire*

Pendant la « crise bancaire » qui a éclaté en 2007-2008, le besoin s'est fait sentir d'un régulateur au niveau européen, qui n'existait pas à l'époque. La DG COMP a joué ce rôle en utilisant ses pouvoirs en matière d'aides d'État, car les États membres ont été amenés à intervenir pour sauver les banques dans le but de

---

46 Comm. eur., « State aid Scoreboard 2020 », 14 juin 2021.

47 H. Bardt, préc., p. 430 ; M. A. Cyndecka, « The 2019 'Fitness Check' of State Aid Modernisation Reform of 2012—an Opportunity to Redefine and Reintroduce Sustainability into the EU/EEA State Aid Rules? The Example of the Transport Sector », *Sustainability*, vol. 11, n° 22, 2019, p. 6328.

48 V. not. Communication de la Commission, Lignes directrices concernant les aides d'État à la protection de l'environnement et à l'énergie pour la période 2014-2020, *JOUE* n° C 200, 28 juin 2014, p. 1), en cours de révision.

49 V. not. P. Jansen, préc., pp. 596 et 597 ; C. Koenig, préc. p. 611 ; J. Hettne, préc., p. 6.

50 Encore récemment, en juin 2021, la Pologne a renoncé à un projet de « mécanismes de capacité » et a retiré ses projets d'aides notifiées dans ce contexte ; aff. SA.51502, *JOUE* n° C 226 du 14 juin 2021, p. 4.

51 V. déc. Comm. eur., déc. du 7 février 2018, communiqué IP/18/682 du 7 février 2018, « Aides d'État : la Commission autorise six mécanismes de capacité dans le secteur de l'électricité pour garantir la sécurité d'approvisionnement en Allemagne, en Belgique, en France, en Grèce, en Italie et en Pologne » et MEMO/18/681 du 7 février 2018.

52 Notamment, appels d'offres ouverts à tout type de fournisseurs de capacité, dispositions permettant aux fournisseurs de capacité d'autres États membres de participer, etc.

restaurer la confiance dans le système bancaire et éviter une crise systémique. Toutes les aides accordées par les États ont dû être approuvées par la Commission européenne dans le cadre de l'article 108 du traité relatif à la procédure en matière d'aides d'État. Pendant cette période 112 banques européennes ont reçu des aides d'État – soit 30 % du système bancaire européen (en actifs). Les aides en numéraire ont représenté 5,4 % du PIB de l'Union (671 milliards d'euros) et les aides en garanties 10,3 % du PIB (1 288 milliards d'euros)[53].

La Commission a examiné et autorisé toutes ces aides (peu d'aides ont été interdites, car les États membres ont accepté les conditions imposées par la Commission). On observe que les décisions de la Commission, qui a dû adapter ses règles à la situation des banques et établissements financiers en faillite, ont été prises très rapidement et parfois en quelques jours ; alors qu'avant la crise, les procédures impliquant d'importantes aides d'État s'étendaient en général sur plus d'un an.

De plus, des règles édictées dans cette période sont devenues applicables sur tout le territoire européen. C'est ainsi qu'entre 2008 et 2011, la Commission a publié sept communications ou lignes directrices sur l'application des règles d'aides d'État aux mesures prises par les États membres en faveur des établissements financiers dans le contexte de la crise financière mondiale.

La Commission a précisé les conditions des restructurations financières des banques et les modalités du rétablissement de leur viabilité, allant jusqu'à imposer des critères stricts concernant la rémunération des dirigeants des banques recevant des aides d'État[54]. On note ainsi que, pendant cette période, la Commission a joué – *de facto* – le rôle d'un régulateur bancaire paneuropéen, définissant les mesures de redressement acceptables, les critères de viabilité des banques, et même les rémunérations maximales pouvant être perçues par les dirigeants de banques aidées. La Commission a donc mis en place une politique industrielle applicable au secteur bancaire[55]. Par la suite, l'Union, sur la base des propositions de la Commission, a adopté un grand nombre de directives et règlements destinés à assainir le secteur bancaire et à éviter, autant que possible, une nouvelle crise financière (notamment la mise en place d'une « union bancaire »[56]).

C. *Objectifs de politique fiscale*

La Commission tente, depuis des décennies, d'harmoniser certains aspects de la fiscalité directe dans les États membres, pour éviter des phénomènes d'optimisation fiscale dont la presse se fait l'écho et qui scandalisent l'opinion publique dans les plus grands pays européens.

---

53 G. Adamczyk et B. Windisch, « State aid to European banks: returning to viability », *Competition State aid brief* n° 2015-1, février 2015.

54 Comm. eur., communiqué IP/13/672 du 10 juillet 2013, « Aides d'État : la Commission adapte les règles applicables aux banques dans le contexte de la crise ».

55 V. not. A. Winckler, « Politique industrielle ou les interstices du droit de la concurrence », in A. Perrot, et P.-A. Buigues (dir.), « Politique industrielle et politique de concurrence », *RLC*, 2012, vol. 32, 1er juillet 2012.

56 V. K. Bacon, *op. cit.*, §§ 1.10, 16.03, 16.06 et 16.07 ; F.-C. Laprévote et M. Paron, « The Commission's Decisional Practice on State Aid to Banks: An Update », *EStAL*, vol. 14, n° 1, 2015, p. 88.

Jusqu'à récemment, les tentatives d'harmonisation de la Commission ont été vouées à l'échec. En effet, aucun progrès n'est enregistré en matière d'harmonisation des règles de fiscalité directe parce que toute réforme en la matière doit être adoptée à l'unanimité et qu'il y a toujours un ou plusieurs États membres pour bloquer toute évolution[57].

Afin de contourner (en partie) cet obstacle, la Commission a imaginé d'utiliser les règles sur les aides d'État pour attaquer les « *tax rulings* »[58] les plus agressifs dans certains pays membres. C'est ainsi qu'elle a déjà adopté huit décisions condamnant des « *tax rulings* » et a imposé à de grands groupes de restituer les aides reçues au moyen de ces avantages fiscaux discriminatoires et créateurs de distorsions de concurrence au sein du marché européen. La décision la plus emblématique est celle, annulée depuis lors, qui a imposé au groupe Apple de rembourser 14,3 milliards d'euros (avec intérêts) à l'Irlande[59].

La Commission a ouvert douze procédures d'aide d'État[60] contre les avantages fiscaux reçus par cinq groupes au Luxembourg, trois groupes aux Pays-Bas, un groupe en Irlande (Apple) et contre les régimes belge, britannique et de Gibraltar en faveur des multinationales. En appel, devant le Tribunal de l'Union et la Cour, la Commission a déjà perdu trois fois (Starbucks, Apple et Amazon) et gagné également trois fois (régime belge, Fiat et Engie).

Le bilan de ces recours est plus que mitigé pour la Commission, mais celle-ci a essentiellement gagné son pari politique puisque l'Irlande, le Luxembourg et surtout les Pays-Bas[61] ont réformé leur législation fiscale pour abroger les dispositions qui avaient permis l'adoption des « *tax rulings* ». Ainsi elle a effectué, indirectement, une véritable harmonisation de la fiscalité directe en Europe, en obtenant la suppression des dispositions fiscales les plus agressives destinées à attirer l'installation des multinationales dans certains pays à la taxation clémente[62].

---

57 Les pays qui appliquent des taux de taxation directe souvent très intéressants pour les multinationales et qui ont intérêt à un *statu quo* sont entre autres l'Irlande, le Luxembourg et les Pays-Bas.

58 « Rescrits » en français. Il s'agit essentiellement d'accords des autorités nationales sur des schémas fiscaux présentés par des multinationales.

59 Comm. eur., déc. (UE) 2017/1283 du 30 août 2016 concernant l'aide d'État SA.38373 (2014/C) (ex 2014/NN) (ex 2014/CP) octroyée par l'Irlande en faveur d'Apple, *JOUE* n° L 187 du 19 juillet 2017, p. 1, annulée par Trib. UE, 15 juillet 2020, *Irlande e.a. c/ Commission*, aff. T-778/16 et T-892/16, EU:T:2020:338 ; v. aussi J. Derenne, C. Romagnuolo, « Rescrit fiscal : Le Tribunal de l'Union européenne annule une décision de la Commission européenne relative aux rescrits fiscaux irlandais pour défaut de preuve d'un avantage (*Apple*) », 15 juillet 2020, *Concurrences* n° 4-2020, art. n° 97316, pp. 184-189.

60 Neuf de ces procédures ont abouti à des décisions, trois sont en cours.

61 Les dispositions législatives ou réglementaires ayant permis les « *tax rulings* » Apple et Engie ont été abrogées par l'Irlande et le Luxembourg, respectivement (v. arrêt *Apple* du 15 juillet 2020, aff. T-778/16 et T-892/16, préc. et Trib. UE, 12 mai 2021, *Engie*, aff. T-516/18 et T-525/18, EU:T:2021:251). Les Pays-Bas pour leur part ont réformé substantiellement leur droit fiscal pour mieux taxer les bénéfices des groupes multinationaux qui pouvaient échapper à l'impôt (J.-P. Stroobants, « Les Pays-Bas prêts à durcir le traitement fiscal des multinationales », *Le Monde*, 14 octobre 2019 ; D. Burg, « Optimisation fiscale : le virage des Pays-Bas », *Les Echos*, 26 novembre 2018 ; lettre du ministre des Finances néerlandais du 27 novembre 2015, « Cabinet Response to the European Commission on Starbucks Manufacturing BV »).

62 Postérieurement, 140 pays de l'OCDE se sont accordés sur une taxation des multinationales comprenant un taux minimum d'imposition de 15 %.

Pour résumer, ce qu'elle n'a pas pu obtenir selon les règles du traité, qui imposent l'unanimité des États membres en matière de fiscalité directe, elle a pu l'obtenir (en partie seulement) au moyen de l'utilisation des règles d'aides d'État inscrites dans le chapitre « Les règles de concurrence » du traité.

D. *Les projets importants d'intérêt européen commun*

La Commission a exprimé le souhait d'utiliser ses pouvoirs en matière d'aides aux projets importants d'intérêt européen commun (« PIIEC ») pour mener une politique industrielle ambitieuse dans plusieurs domaines de haute technologie[63].

Le ministre de l'Économie allemand, Peter Altmaier, a salué l'adoption, le 9 décembre 2019, du PIIEC « Batteries » pour voitures électriques en le qualifiant de « *premier succès d'une ambitieuse politique industrielle européenne* »[64].

Jusqu'à présent, trois PIIEC industriels[65] ont été approuvés par la Commission européenne sur la base de l'article 107 (3)(b) du traité et de la communication du 20 juin 2014[66] détaillant comment les règles sur les aides d'État s'appliquent à ce type de projets : il s'agit du PIIEC « Microélectronique » de décembre 2018 et des deux PIIEC « Batteries » de décembre 2019 et janvier 2021[67].

Un des principaux avantages résultant de cette qualification de PIIEC est de déplafonner le montant des aides et de rendre éligibles aux subventions les coûts jusqu'au « premier déploiement industriel ». Ces coûts peuvent être importants et s'échelonner sur plusieurs années. La communication de la Commission sur les aides à la recherche et au développement (R&D) du 27 juin 2014[68] ne permet pas d'autoriser la couverture de tels coûts de « premier déploiement industriel » et l'intensité de l'aide (c'est-à-dire le taux de couverture des coûts éligibles) ne

---

63 V. not. Comm. eur., « Strengthening Strategic Value Chains for a future-ready EU Industry », Report of the Strategic Forum for Important Projects of Common European Interest, 5 novembre 2019, <www.earto.eu/wp-content/uploads/Strategic-Forum_Strengthening-Strategic-Value-Chains-for-a-future-ready-EU-Industry.pdf>.

64 Traduction libre, *Financial Times*, 10 décembre 2019.

65 Il y a également eu deux PIIEC dans le domaine des infrastructures (v. Comm. eur., communiqués IP/20/501 du 20 mars 2020, « Aides d'État : la Commission autorise le financement public, par le Danemark, de la liaison fixe rail-route du détroit de Fehmarn », et IP/14/1156 du 15 octobre 2014, « Aides d'État : la Commission autorise le financement public du projet d'infrastructure de liaison fixe rail-route de l'Øresund »).

66 Communication de la Commission, « Critères relatifs à l'analyse de la compatibilité avec le marché intérieur des aides d'État destinées à promouvoir la réalisation de projets importants d'intérêt européen commun », *JOUE* n° C 188 du 20 juin 2014, p. 4. Cette communication sera remplacée à compter du 1er janvier 2022 par la communication du 25 novembre 2021 (C-2021-8481 final)..

67 Plus d'informations sur ces trois PIIEC sont données dans le Tableau 1 ; v. égal. Comm. eur., communiqués IP/18/6862 du 18 décembre 2018, « La Commission autorise le projet de la France, de l'Allemagne, de l'Italie et du Royaume-Uni d'accorder un soutien public de 1,75 milliard d'euros à un projet conjoint de recherche et d'innovation dans le domaine de la microélectronique » ; IP/19/6705 du 9 décembre 2019, « Aides d'État : la Commission autorise une aide publique de 3,2 milliards € accordée par sept États membres pour un projet paneuropéen de recherche et d'innovation dans tous les segments de la chaîne de valeur des batteries » ; et IP/21/226 du 26 janvier 2021, « Aides d'État : la Commission autorise une aide publique de 2,9 milliards d'euros accordée par douze États membres pour un deuxième projet paneuropéen de recherche et d'innovation portant sur l'ensemble de la chaîne de valeur des batteries ».

68 Communication de la Commission, « Encadrement des aides d'État à la recherche, au développement et à l'innovation », *JOUE* n° C 198 du 27 juin 2014, p. 1.

peut être intégrale. C'est ainsi que les aides autorisées sous les PIIEC sont de montants largement supérieurs à ceux qui auraient pu être autorisés sous l'empire de la communication recherche et développement[69].

En contrepartie d'une souplesse particulière, permettant à la Commission d'autoriser des aides d'une ampleur exceptionnelle et presque inconnue jusqu'alors, la Commission impose, entre autres, les conditions suivantes relevant d'une « politique industrielle européenne » :

- seuls des projets concernant des « innovations de rupture » et irréalisables sans soutien public peuvent bénéficier du cadre PIIEC ;
- la Commission impose que le PIIEC ait une dimension véritablement européenne, elle requiert (i) qu'au moins quatre États membres financent le projet, (ii) que des sociétés de nombreux États membres participent au projet et (iii) que des PME soient associées au projet. Ainsi des projets de financement de produits innovants qui concernaient au départ un nombre limité d'États membres et de grandes entreprises finissent, sous la pression de la Commission, par englober de nombreux États et de très nombreuses entreprises grandes et petites. Le PIIEC va ainsi acquérir une véritable dimension européenne, mais sa création et son organisation en deviennent, par là même, beaucoup plus complexes ;
- les projets doivent contribuer aux objectifs ou stratégies de l'Union et éviter toutes incidences négatives sur l'environnement ;
- la Commission impose également que les résultats de la R&D subventionnée soient diffusés sur le territoire européen (« *spillover effect* ») et puissent ainsi bénéficier aux entreprises européennes (notamment par l'octroi de licences FRAND).

Le Tableau 1 résume les principales caractéristiques des trois premiers PIIEC industriels approuvés par la Commission.

***Tableau 1* : les trois PIIEC industriels**

Nom du PIIEC	Date d'autorisation de la Commission	Montant du soutien public autorisé (en milliards €)	Investissements privés supplémentaires (en milliards €)	Nombre d'États membres donateurs	Nombres de sociétés/ groupes participants
Micro-électronique	18 décembre 2018	1,75	6	4	29
Batteries 1	9 décembre 2019	3,2	5	7	17
Batteries 2	26 janvier 2021	2,9	9	12	42

69 V. les montants du soutien public dans le Tableau 1.

Compte tenu du succès initial des trois premiers PIIEC, la Commission travaille actuellement sur de nombreux autres PIIEC ; l'un, déjà bien avancé, concerne l'hydrogène et d'autres pourraient porter sur les secteurs du cloud, de la micro-électronique et de la santé.

E. *Le plan de relance européen*

Au cours des prochaines années, la politique industrielle en Europe va être structurée, en grande partie, par le plan de relance pour l'Europe de 750 milliards d'euros. Le but de ce plan est de « transformer » les économies des pays européens, en rendant « *l'Europe plus verte, plus numérique et plus résiliente* ».

La Commission européenne (et le Conseil) va jouer un rôle central dans le cadre de ce plan de relance. Ce plan de relance est composé pour l'essentiel d'une « *facilité pour la reprise et la résilience* » de 672,5 milliards d'euros (dont 312,5 milliards d'euros de subventions et 360 milliards d'euros de prêts[70]). Cette facilité pour la reprise et la résilience est régie, notamment, par le règlement du 12 février 2021[71].

Ce règlement prévoit que les plans nationaux pour la reprise et la résilience présentés par chacun des États membres devront consacrer au moins 37 % de leurs dépenses à la lutte contre le réchauffement climatique (objectifs en faveur du climat) et 20 % à la numérisation de l'économie (objectifs en faveur du numérique)[72]. De plus, ce règlement prévoit que les plans de chaque État membre devront être soumis à la Commission et évalués par cette dernière[73].

Une fois le plan national pour la reprise et la résilience validé par la Commission, celui-ci devra être approuvé par le Conseil, ce qui permettra le versement d'un préfinancement[74]. La Commission autorisera de nouveaux versements lorsque l'État membre atteindra de manière satisfaisante les jalons et les cibles définis dans la décision d'exécution du Conseil[75].

Les dispositions du règlement donnent donc déjà beaucoup de pouvoirs à la Commission européenne (et au Conseil) sur les plans de relance des États membres.

---

70 Le montant de 360 milliards d'euros de prêts pourrait être revu à la baisse compte tenu du fait que de nombreux pays européens ont préféré continuer à emprunter directement sur les marchés plutôt que passer par les prêts européens (v. F. Anselmi, « Le plan de relance européen ne fait pas le plein », *L'AGEFI*, 24 juin 2021).

71 Règlement (UE) 2021/241 du Parlement européen et du Conseil du 12 février 2021 établissant la facilité pour la reprise et la résilience, *JOUE* n° L 57 du 18 février 2021, p. 17 (ci-après le « règlement »).

72 Règlement, art. 16, § 2, b).

73 Règlement, art. 18 et 19.

74 Règlement, art. 20.

75 V. not. pour l'Espagne, communiqué IP/21/2987 du 16 juin 2021, « NextGenerationEU : la Commission approuve le plan pour la reprise et la résilience de l'Espagne, doté d'une enveloppe de 69,5 milliards d'euros » ; pour l'Italie, communiqué IP/21/3126 du 22 juin 2021, « NextGenerationEU : la Commission européenne approuve le plan pour la reprise et la résilience de l'Italie, doté d'une enveloppe de 191,5 milliards d'euros » ; pour l'Allemagne, communiqué IP/21/3133 du 22 juin 2021, « NextGenerationEU : la Commission européenne approuve le plan pour la reprise et la résilience de l'Allemagne » ; pour la France, communiqué IP/21/3153 du 23 juin 2021, « NextGenerationEU : la Commission européenne approuve le Plan de relance et de résilience de la France, doté d'une enveloppe de 39,4 milliards d'euros ».

Mais un contrôle supplémentaire de la Commission va découler des règles sur les aides d'État. En effet, la Commission précise dans ses lignes directrices sur les plans pour la reprise et la résilience que son approbation globale des plans nationaux au titre du règlement ne dispense pas les États membres de l'obligation de notifier les « aides d'État » au sens de l'article 107 du traité et d'attendre la décision de compatibilité de la Commission avant d'accorder de telles aides[76].

Cette qualification d'aide d'État peut étonner, car les fonds de la facilité pour la reprise et la résilience proviennent des ressources propres de l'Union et non des budgets nationaux. L'Union européenne a d'ailleurs émis un premier emprunt obligataire de 20 milliards d'euros le 14 juin 2021. Or, normalement, les ressources provenant de l'Union ne constituent pas des « ressources d'État » et ne peuvent donc pas être considérées comme des « aides d'État » au sens de l'article 107 du traité[77]. Toutefois, comme l'indique la Commission dans sa Communication sur la « notion d'aide d'État » : « *Les ressources provenant de l'Union [...] sont considérées comme des ressources d'État si les autorités nationales disposent d'un pouvoir d'appréciation quant à leur utilisation (notamment la sélection des bénéficiaires)*[78]. »

Tel est bien le cas pour les plans de « reprise et résilience » soumis par les États membres à la Commission et les « ressources » utilisées dans le cadre de ces plans doivent donc être qualifiées de « ressources d'État ». Cependant, cela ne signifie pas que toutes les dépenses envisagées dans les plans devront être notifiées comme « aides d'État » par les États membres et approuvées au titre des articles 107 et 108 du traité par la Commission.

En effet, comme le souligne la Commission[79], beaucoup des dépenses prévues dans les plans nationaux « pour la reprise et la résilience » :

- ne sont pas soumises au contrôle des aides d'État, car elles ne sont pas sélectives ou parce qu'elles ne concernent pas des activités économiques (p. ex. : éducation, politiques sociales) ;
- ou sont exemptées de l'obligation de notification, car elles sont susceptibles de relever du champ d'application du règlement général d'exemption par catégorie.

En ce qui concerne les mesures qui constituent effectivement des aides d'État et requièrent une autorisation individuelle, la Commission s'est engagée à les traiter

76 Commission Staff Working Document, « Guidance to Member States Recovery and Resilience Plans » (Part 1/2), SWD(2021) 12 final, 22 janvier 2021, p. 19 ; v. égal. le considérant 8 du règlement.

77 V. section I.3. ci-dessus : si l'aide est accordée « centralement » par l'Union, un contrôle des aides d'État ne se justifie pas ; v. égal. CJCE, 13 octobre 1982, *Norddeutsches Vieh- und Fleischkontor*, aff. jtes 213 à 215/81, EU:C:1982:351, pts 22 et 23 ; cité par M. Dony, *Aides d'État*, Bruxelles, Larcier, 2019, § 46, p. 39, et par K. Bacon, *op. cit.*, § 2.107, p. 66 ; v. égal. P. Jansen, préc., pp. 587 et 588.

78 Communication de la Commission sur la « notion d'aide d'État », préc., pt 60.

79 Comm. eur., communiqué IP/20/2494 du 21 décembre 2020, « Aides d'État : la Commission présente des initiatives visant à faciliter davantage encore la mise en œuvre des mesures de relance et de soutien dans le contexte de la pandémie de coronavirus ».

en priorité et dans un délai maximum de six semaines à compter de la réception d'une notification complète de la part de l'État membre[80].

Ces pouvoirs de contrôle de la Commission, d'une part sur les plans nationaux pour la reprise et la résilience, dans leur globalité, et, d'autre part sur les mesures nationales qui seraient qualifiées d'aides d'État et devraient être notifiées à la Commission à ce titre, donnent une occasion unique à la Commission de coordonner et orienter les dépenses de relance des États membres afin de faire converger leurs économies.

Cela « consacre » le rôle de la Commission en matière de politique industrielle européenne et lui permet de compenser son absence de pouvoirs directs sous l'article 173 du traité[81].

III. Conclusion

On reproche souvent à la Commission son « inaction » dans le cadre de l'harmonisation fiscale ou de la politique industrielle. Mais cela est essentiellement dû au fait que les États membres n'ont pas donné à la Commission de pouvoirs « directs » dans ces domaines. La Commission a tenté de pallier ce manque de compétence en utilisant ses pouvoirs en matière d'aides d'État résultant des articles 107 et 108 du traité.

Sur le plan des principes, on approuvera ou condamnera cette stratégie, selon que l'on considère ou non qu'une politique industrielle (et fiscale) doit être menée à l'échelle européenne.

Sur le plan juridique, on pourrait éventuellement reprocher à la Commission un « détournement de pouvoir ». Ce sujet a été abordé par le Tribunal de l'Union européenne dans l'arrêt *Engie* du 12 mai 2021[82]. Dans cette affaire, Engie reprochait à la Commission d'avoir détourné les pouvoirs que lui conféraient les articles 107 et 108 du traité pour procéder à une « *harmonisation fiscale* » déguisée sans obtenir la nécessaire unanimité des États membres. Le Tribunal rejette sèchement cet argument en soulignant que la Commission n'a pas excédé les pouvoirs découlant des articles 107 et 108 tels qu'interprétés par la jurisprudence[83].

Mais il convient de s'interroger sur la méthode de la Commission consistant à utiliser ses importants pouvoirs paneuropéens dans le domaine des aides d'État,

---

80 *Ibid.* ; dans les « lignes directrices » du 22 janvier 2021, la Commission précise que son approbation globale des plans nationaux de reprise et résilience ne peut être considérée comme une autorisation au titre des aides d'État (art. 107 et 108 du traité) ; pour une application récente, v. les décisions de la Commission autorisant des aides dans le cadre des plans de reprise et résilience allemand et espagnol : décision du 28 juin 2021 autorisant une aide allemande de 500 millions d'euros (C-2021-4802 final) et décision du 14 juin 2021 autorisant une aide espagnole de 200 millions d'euros (C-2021-4234 final).

81 V. section II.1. ci-dessus.

82 Aff. T-516/18 et T-525/18, préc.

83 *Ibid.*, pts 154 à 163.

afin de poursuivre des objectifs de politique industrielle. Cela pourrait être vu comme un pis-aller mais cela révèle surtout un dysfonctionnement destiné à remédier aux déficiences du processus décisionnel européen. Dans ces conditions et s'il existe (apparemment) un accord sur les objectifs – qui devraient être définis par le Conseil au niveau européen –, ne serait-il pas temps de donner à la Commission plus de compétences en matière industrielle[84] ? Ceci pourrait être réalisé par une modification de l'article 173 du traité, qui pourrait conférer des pouvoirs renforcés, et si possible « directs », à la Commission pour mener une politique industrielle paneuropéenne dont les objectifs seront déterminés par le Conseil et qui ne serait mise en œuvre que s'il est démontré qu'une telle action est plus efficace à l'échelle européenne qu'au niveau national.

Mais pour cela il faudra attendre compte tenu du peu d'appétit des États membres pour une révision du traité. L'utilisation des règles sur les aides d'État pour mener une politique industrielle à l'échelle européenne devrait donc perdurer.

84 V. J. Hettne, préc., p. 9.

Demain les aides d'État ?

Aymeric de Moncuit*
Mayer Brown

Résumé

Les aides d'État ont été, pendant longtemps, le « parent pauvre » du droit de la concurrence. Si la dernière décennie restera probablement celle des abus de position dominante avec les enquêtes de la Commission contre les géants du numériques, les années qui viennent marqueront vraisemblablement l'arrivée des aides d'État, au rang des préoccupations majeures à Bruxelles. Plusieurs raisons expliquent cela. De façon générale, dans une économie globalisée, l'équité dans la concurrence passe autant par la régulation de la concurrence entre les entreprises que par la régulation de la concurrence entre les États, de sorte à ce qu'aucun État ne favorise indûment ses champions nationaux. Or, cet objectif holistique d'instauration d'un « level playing field » entre États est au cœur du droit des aides. À cet aspect holistique, s'adjoint une dimension plus conjoncturelle. D'une part, une évolution de la politique de concurrence, le niveau d'aides accordées est amené à croître significativement avec le Green deal de la Commission européenne qui prévoit l'octroi de 1000 milliards d'euros d'aides jusqu'en 2050, ce à quoi s'ajoute, au niveau réglementaire, un élargissement du champ du droit des aides d'État (entendu au sens large) avec le règlement sur les subventions étrangères en préparation à la Commission. D'autre part, une évolution jurisprudentielle, tant au niveau des juridictions de l'Union que des juridictions nationales, tendant à assouplir les conditions pour introduire des recours contre les aides d'État indûment accordées à des concurrents et en faciliter l'indemnisation pour les concurrents lésés. Cette lame de fond avec Bruxelles et Luxembourg pour toile de fond conduit l'auteur à une conclusion « Demain les aides d'État ? ».

---

* Associé du cabinet Mayer Brown à Bruxelles, ancien référendaire à la Cour de justice de l'Union européenne (CJUE). Les propos tenus dans le présent article sont purement personnels et ne reflètent pas nécessairement la vision de la CJUE. L'article a été achevé le 16 décembre 2021.

Peu ou pas enseigné dans les universités, peu commenté dans la littérature juridique, méconnues des praticiens des barreaux nationaux et des entreprises, le droit des aides d'État a été, pendant longtemps, le « parent pauvre » du droit de la concurrence.

Il est vrai que les aides d'État revêtent une spécificité propre, difficile à appréhender d'un point de vue de juriste « concurrence », et un « coût d'entrée » certain. Contrairement aux pratiques anticoncurrentielles, elles visent non seulement la concurrence entre les entreprises, mais également la concurrence entre les États[1]. La partie principale est, ainsi, l'État dispensateur de l'aide ; le bénéficiaire n'est qu'une partie « intéressée » à la procédure qui jouit de droits restreints. Pourtant, le contentieux suscité par les aides d'État est vaste. Il concerne, bien entendu, devant les juridictions de l'Union, la question de la compatibilité de l'aide avec le droit de la concurrence, ce que l'on pourrait qualifier de question de fond et, au niveau national, la question de savoir si l'aide a bien été notifiée (légalité de l'aide), ainsi que la question cruciale, en pratique, de sa récupération par les autorités nationales. L'éventuel préjudice aux concurrents causé par l'attribution de l'aide est aussi une question qui relève de la compétence du juge national. Statistiquement, les aides d'État sont l'un des contentieux les plus fournis devant la Cour de justice de l'Union européenne avec une cinquantaine d'affaires par an[2] parmi plusieurs centaines traitées par la direction générale Concurrence de la Commission[3]. En France, chaque année, une bonne demi-dizaine de mesures d'aides fait l'objet d'une procédure d'examen approfondie devant la Commission (phase 2). Le secteur de l'énergie est souvent concerné par ces procédures, comme celui du transport[4].

Le nombre d'aides accordées par les États a atteint un niveau sans précédent avec la pandémie[5]. La Commission les a, en général, généreusement autorisées, compte tenu de l'intensité de la crise et de l'urgence à remédier à une perturbation grave de l'économie[6]. On peut penser que ce mouvement amorcé par la crise du COVID-19 va s'intensifier dans les années qui viennent, et ce, pour plusieurs raisons : tout d'abord, en raison du Green Deal (pacte vert) de la Commission, qui va jouer un rôle de catalyseur avec 1 000 milliards d'euros d'aides accordés

---

1 V. l'article de J. Webber, « State Aid and Sustainability », in S. Holmes, D. Middelschulte et M. Snoep (dir.), *Competition Law, Climate Change & Environmental Sustainability*, New York, Concurrences, 2021. Comme l'indique cet auteur, avant l'arrêt du 12 juillet 1973, *Commission c/ Allemagne* (aff. 70/72, EU:C:1973:87), aucune conséquence ne s'attachait pour l'entreprise au caractère illégal de l'aide.

2 Rapport annuel de la CJUE 2020, p. 361.

3 Évaluation réalisée sur la base des chiffres figurant sur la base de données de la Commission, <https://ec.europa.eu/competition/elojade/isef/index.cfm?fuseaction=dsp_result&policy_area_id=3>. En 2020, en raison de la pandémie, ce chiffre est monté à près d'un millier.

4 *Ibid.*

5 V. la note de bas de page n° 3.

6 V. Communication de la Commission, « Encadrement temporaire des mesures d'aide d'État visant à soutenir l'économie dans le contexte actuel de la flambée de COVID-19 », *JOUE* n° C 91I du 20 mars 2020, p. 1. V. égal. A. de Moncuit, « How might the Covid-19 crisis change the dynamics of competition law? », in « Competition law and health crisis », *Concurrences* n° 2-2020, art. n° 94262, .

jusqu'en 2050[7] ; ensuite, en raison de la mise en place, par la Commission, d'un nouvel instrument de contrôle de la concurrence entre États, le contrôle des subventions étrangères ; enfin, parce que les tribunaux vont progressivement faire sauter les freins qui s'opposaient au développement du contentieux des aides d'État, tant au niveau européen, s'agissant de la recevabilité des recours introduits à leur encontre, que national, s'agissant d'actions en dommages et intérêts liées à leur attribution.

I. Évolution de la politique de concurrence

1. Au niveau sectoriel : Le *Green Deal*

La Commission européenne devrait assouplir les conditions pour permettre aux États d'accorder des aides aux entreprises souhaitant s'engager dans une démarche plus environnementale. Ainsi, un projet de révision des « lignes directrices concernant les aides d'État à l'énergie et à l'environnement »[8] (« EEAG » en anglais) est en cours, et la mouture finale du nouveau texte devrait voir le jour à la fin de 2021. Ce texte donnera plus de souplesse aux États membres pour accorder des aides d'État et, ainsi, permettre au Green Deal de déployer sa pleine mesure. Afin de refléter l'importance accrue de la protection du climat, les lignes directrices révisées seront renommées les « lignes directrices concernant les aides d'État en faveur du climat, de l'énergie et de l'environnement » (« CEEAG » en anglais). Dans ce contexte, la Commission propose d'élargir le champ d'application des lignes directrices afin de soutenir de nouveaux domaines (comme la mobilité propre, l'efficacité énergétique des bâtiments, la circularité et la biodiversité) et toutes les technologies susceptibles de mettre en œuvre le Green Deal, y compris le soutien aux énergies renouvelables. Le règlement général d'exemption par catégorie est lui aussi en cours de modification[9], notamment, pour élargir les possibilités qu'ont les États membres de soutenir différents types de projets « verts ».

Est-ce à dire que toutes les aides d'État comportant une dimension environnementale seront exemptées ou autorisées sur la base de ces nouveaux textes ? La réponse est bien entendu négative. Le respect des normes environnementales et, le cas échéant, leur dépassement constitueront, dans les années qui viennent,

---

7 Communication de la Commission, « Plan d'investissement pour une Europe durable – Plan d'investissement du pacte vert pour l'Europe », COM(2020) 21 final, 14 janvier 2020.

8 V. Comm. eur., communiqué IP/21/2784 du 7 juin 2021, « Aides d'État : la Commission invite les parties intéressées à présenter leurs observations sur la proposition de projet de lignes directrices concernant les aides d'État en faveur du climat, de l'énergie et de l'environnement », <https://ec.europa.eu/commission/presscorner/detail/FR/ip_21_2784>. V. égal. Comm. eur., « Guidelines on State aid for climate, environmental protection and energy 2022 », <https://ec.europa.eu/competition-policy/system/files/2021-06/CEEAG_Draft_communication_EN.pdf>.

9 V. Comm. eur., communiqué IP/21/5027 du 6 octobre 2021, « Aides d'État : la Commission invite les parties intéressées à présenter leurs observations sur le projet de proposition visant à faciliter davantage la mise en œuvre de mesures d'aide favorisant la transition écologique et numérique », <https://ec.europa.eu/commission/presscorner/detail/fr/ip_21_5027>.

un paramètre important de la concurrence, dans la mesure où la demande des consommateurs se portera progressivement vers les produits et services les plus verts. Dès lors, les aides permettant à une entreprise de bénéficier d'un « avantage » sélectif par rapport à ses concurrents en termes de protection de l'environnement pourront toujours être considérées comme restrictives de concurrence. La récente amende infligée à Volkswagen, Daimler et BMW pour des pratiques qu'elles avaient mises en place pour éviter de se faire concurrence, en allant au-delà de ce qui était exigé par la législation en matière d'épuration des gaz d'échappement[10], l'illustre avec force.

Les secteurs concernés par les aides seront nombreux. Il s'agira, au premier chef, comme cela l'est depuis de nombreuses années, du secteur de l'énergie[11]. L'industrie sera également concernée, et en particulier les industries lourdes, comme l'acier et le ciment. Il s'agira de favoriser le recyclage des déchets toxiques créés par ces grandes entreprises et leur « décarbonation »[12]. Les aides concerneront aussi l'agriculture[13] ; il est d'ailleurs intéressant de constater qu'une grande partie du budget de l'Union précédemment affecté à la PAC sera réinjecté dans le Green Deal, dans le cadre du programme « Farm to Fork ». Les aides concerneront des domaines spécifiques comme la réduction de 50 % des pesticides et de 20 % des engrais[14]. Les produits chimiques, tels que les produits pharmaceutiques qui polluent l'environnement, seront aussi concernés[15]. Les aides viseront enfin la mobilité durable comme l'adoption de carburants durables et de substitution dans les transports routiers, maritimes et aériens, les systèmes intelligents de gestion du trafic, et les bornes de recharge pour les véhicules électriques[16]. Ce sont donc des pans entiers de l'industrie française et européenne qui feront l'objet de subventions pendant de nombreuses années.

2. Au niveau réglementaire : La proposition de règlement relatif aux subventions étrangères

Le centre de gravité du droit de la concurrence est appelé à se déplacer d'une logique européenne à une logique mondiale. En effet, la Commission a récemment publié une proposition de règlement relatif aux subventions étrangères faussant

---

10 V. Comm. eur., communiqué IP/21/3581 du 8 juillet 2021, « Pratiques anticoncurrentielles : la Commission inflige à des constructeurs automobiles une amende de 875 millions pour restriction de la concurrence concernant l'épuration des gaz d'échappement émis par les nouvelles voitures à moteur diesel », <https://ec.europa.eu/commission/presscorner/detail/fr/ip_21_3581>.

11 Communication de la Commission, « Le pacte vert pour l'Europe », COM(2019) 640 final, du 11 décembre 2019, section 2.1.2, <https://eur-lex.europa.eu/legal-content/FR/TXT/HTML/?uri=CELEX:52019DC0640&from=EN>.

12 *Ibid.*, section 2.1.3.

13 *Ibid.*, section 2.1.6

14 Communication de la Commission, « A Farm to Fork Strategy for a fair, healthy and environmentally-friendly food system », COM(2020), 381 final, 20 mai 2020.

15 *Ibid.*, section 2.1.8.

16 *Ibid.*, section 2.1.5.

le marché intérieur[17]. Il s'agit, comme pour les aides d'État, de contrôler la concurrence entre États mais, fait nouveau, entre États étrangers et États membres de l'Union et non plus entre les États membres de l'Union. On peut voir là une mesure teintée de protectionnisme en réaction aux critiques touchant la Commission, selon lesquelles plutôt que de « surréguler » les entreprises européennes, la Commission devrait s'occuper des entreprises battant pavillon étranger. L'échec de l'opération *Siemens/Alstom*[18], alors que des concurrents chinois existaient et faisaient visiblement peser une menace, à moyen terme, sur les parties notifiantes, n'est sans doute pas pour rien dans la mise en place de ce mécanisme, comme le Brexit ou enfin la menace représentée par la Chine.

La proposition de règlement est fondée sur la politique commerciale (art. 207 TFUE) et la politique du marché intérieur (art. 114 TFUE) et couvre trois situations dans lesquelles les subventions étrangères sont susceptibles de fausser le marché intérieur : (i) en subventionnant les activités d'une entreprise opérant dans l'Union[19] ; (ii) en subventionnant l'acquisition d'entreprises de l'Union[20] ; (iii) en subventionnant un soumissionnaire dans le cadre d'un marché public dans l'Union[21]. Il est intéressant de constater que la notion de « subventions étrangères » qui est reprise dans ce texte est la même que celle qui s'applique en matière d'aides d'État[22].

Le règlement propose l'introduction de trois outils :

- un outil général pour enquêter sur toutes les situations de marché, ainsi que sur les petites concentrations et les procédures de marchés publics, que la Commission peut lancer de sa propre initiative (*ex officio*)[23] ;
- un outil à base de notification pour enquêter sur les concentrations impliquant une contribution financière d'un gouvernement non européen, lorsque le chiffre d'affaires dans l'UE de la société à acquérir (ou d'au moins une des parties à la concentration) est égal ou supérieur à 500 millions d'euros et que la contribution financière étrangère est d'au moins 50 millions d'euros[24] ;

---

17 Proposition de règlement du Parlement européen et du Conseil relatif aux subventions étrangères faussant le marché intérieur, 2021/0114 (COD), COM(2021) 223 final, 5 mai 2021.

18 Comm. eur., déc. du 6 février 2019 déclarant une concentration incompatible avec le marché intérieur et avec le fonctionnement de l'accord EEE, *Siemens/Alstom*, aff. M.8677 [notifiée sous le numéro C(2019) 921] ; v. aussi J.-M. Cot, « Interdiction : La Commission européenne interdit un projet d'acquisition sur le marché des trains à très grande vitesse et des systèmes de signalisation ferroviaires (*Siemens / Alstom*) », 6 février 2019, *Concurrences* n° 4-2019, art. n° 92268, pp. 125-128.

19 Chap. 2 de la proposition de règlement.

20 Chap. 3 de la proposition de règlement.

21 Chap. 4 de la proposition de règlement.

22 Art. 2 de la proposition de règlement.

23 Chap. 2 de la proposition de règlement.

24 Art. 18 de la proposition de règlement.

- un outil également à base de notification pour enquêter sur les offres dans les marchés publics impliquant une contribution financière d'un gouvernement non européen, lorsque la valeur estimée du marché est égale ou supérieure à 250 millions d'euros[25].

Les subventions étrangères vont, dans un premier temps, innerver les procédures en matière de concentrations. Ce n'est plus seulement la structure de l'opération qu'il faudra contrôler et ses effets sur le marché en termes de concurrence, mais les aides qui l'ont rendue possible et, indirectement, la légitimité de l'objectif à la base de ces subventions, lequel aura souvent une dimension géopolitique. Il s'agira donc de se demander quel est l'intérêt qui sous-tend la subvention en cause pour acquérir une entreprise européenne ou participer à un appel d'offres sur le territoire européen, et si cet intérêt est légitime au regard des propres intérêts de l'Union. Le premier outil d'enquête générale et *ex officio*, en particulier, pourrait également s'avérer particulièrement puissant dans la mesure où il donnera à la Commission le pouvoir de contrôler des concentrations ou des marchés non notifiables mais qui peuvent revêtir un intérêt stratégique. Le procédé est le même que celui qui a présidé à la mise en place du mécanisme de renvoi de l'article 22 du règlement (CE) n° 139/2004[26] pour les concentrations en dessous des seuils – contrôler des opérations dont l'intérêt stratégique ne peut pas être appréhendé à travers des critères chiffrés. Le même débat que celui suscité par l'opération *Illumina/GRAIL*[27] pourrait ressurgir ainsi que les questions y afférentes de sécurité juridique.

II. Évolution de la jurisprudence

1. Sur la forme : Recevabilité des recours en matière d'aides d'État

La recevabilité des recours en annulation contre des aides individuelles accordées à des concurrents est l'un des sujets où la jurisprudence du Tribunal ne fait pas l'unanimité. Rappelons que deux types de recours peuvent être introduits par les concurrents à l'encontre d'une aide individuelle : d'une part, un recours fondé sur une violation des droits procéduraux, dirigé contre la décision de la Commission de ne pas ouvrir la procédure formelle d'examen prévue à l'article 108, paragraphe 2, TFUE (phase 1) et, d'autre part, un recours pour contester la légalité au fond de la décision de la Commission prise à l'issue de la phase préliminaire d'examen (décision constatant l'absence d'aide d'État ou décision de ne pas soulever d'objections) ou de la procédure formelle d'examen

25 Art. 27, § 2, de la proposition de règlement.

26 Règlement (CE) n° 139/2004 du Conseil du 20 janvier 2004 relatif au contrôle des concentrations entre entreprises, *JOUE* n° L 24 du 29 janvier 2004, p. 1.

27 V. Comm. eur., communiqué P/21/4322 du 20 août 2021, « Concentrations : la Commission ouvre une enquête sur une possible violation de l'obligation de suspension dans l'opération *Illumina/GRAIL* », <https://ec.europa.eu/commission/presscorner/detail/fr/IP_21_4322>.

(décision positive ou décision négative) (phase 2)[28]. En substance, en fonction de la phase procédurale où la décision est adoptée, les conditions de recevabilité varient.

Chacun de ces deux régimes a fait l'objet de critiques nourries de la part de l'auteur de ces lignes[29] mais également plus globalement de la doctrine[30] et d'avocats généraux[31]. Les critiques que nous avions formulées sur l'interprétation trop stricte de la notion d'« affectation substantielle » de la position concurrentielle dans le cadre des décisions adoptées à la suite de la procédure formelle d'examen ont été reprises par l'avocat général dans l'affaire *Deutsche Lufthansa*[32]. Nous soutenions, à l'instar d'une frange importante de la doctrine, que la preuve de l'affectation substantielle était devenue une *probatio diabolica*[33] qui ne pouvait que susciter des interrogations au regard du principe de protection juridictionnelle effective et proposions de revenir aux sources de la jurisprudence de la Cour, à savoir les arrêts *Cofaz*[34] et *British Aggregates*[35]. Nous entrevoyions toutefois la « *possibilité d'une île* » à la suite de l'arrêt *Montessori*, qui assouplissait de façon significative les conditions de recevabilité en matière de régimes d'aides, et anticipions une harmonisation avec les aides individuelles[36].

C'est bien ce chemin qu'a emprunté la Cour dans l'arrêt *Deutsche Bahn*, en considérant, de façon importante, à la suite des conclusions de l'avocat général, qui invitait à revenir à une approche plus souple de la jurisprudence[37], que « *l'atteinte substantielle à la position concurrentielle du requérant sur le marché en cause résulte non pas d'une analyse approfondie des différents rapports de concurrence sur ce marché, permettant d'établir avec précision l'étendue de l'atteinte à sa position concurrentielle, mais, en principe, d'un constat prima facie que l'octroi de la mesure visée par la décision de la Commission conduit à porter*

---

28 A. de Moncuit et V. Noël, « Recevabilité des recours introduits par les concurrents en matière d'aides d'État après l'arrêt *Montessori* – La possibilité d'une île », *Concurrences* n° 4-2019, art. n° 92113, pp. 222-230.

29 V. A. de Moncuit et J. I. Signes de Mesa, *Droit procédural des aides d'État*, 1re éd., Bruxelles, Bruylant, 2019, p. 162, et art. préc. à la note de bas de page n° 28.

30 V. S. Thomas, « Le rôle des concurrents dans les procédures judiciaires concernant des régimes d'aides d'État ou des aides individuelles. Montessori : le début d'une révolution ? », *Revue des affaires européennes*, 2019, n° 2, p. 264.

31 V. conclusions AG Jacobs, 24 février 2005, *Commission c/ Aktionsgemeinschaft Recht und Eigentum*, aff. C-78/03 P, EU:C:2005:106, pts 101 à 102 et 138 à 141 ; conclusions AG Bot, 6 mars 2008, *Allemagne e.a. c/ Kronofrance*, aff. jtes C-75/05 P et C-80/05 P, EU:C:2008:140, pts 68 à 76 ; conclusions AG Mengozzi, 17 juillet 2008, *British Aggregates c/ Commission*, aff. C-487/06 P, EU:C:2008:419, pts 54 à 88.

32 V. conclusions AG Szpunar, 27 octobre 2020, *Deutsche Lufthansa c/ Commission*, aff. C-453/19 P, EU:C:2020:862, faisant référence à notre ouvrage à la note de bas de page n° 20 référencée au pt 51.

33 *Ibid.*

34 CJCE, 28 janvier 1986, *Cofaz e.a. c/ Commission*, aff. 169/84, EU:C:1986:42, pts 24 et 25.

35 TPICE, 13 septembre 2006, *British Aggregates c/ Commission*, aff. T-210/02, EU:T:2006:253 ; v. aussi A. Alexis, « Sélectivité : Le TPICE juge qu'une écotaxe qui frappe l'extraction de granulats vierges et exonère les granulats de récupération est justifiée par la nature et l'économie de la taxe (*British Aggregates Association*) », 13 septembre 2006, *Concurrences* n° 4-2006, art. n° 12565, p. 107.

36 V. art. préc. à la note de bas de page n° 28.

37 Préc. à la note de bas de page n° 32.

substantiellement atteinte à cette position »[38], avant de conclure que « *cette condition peut être satisfaite dès lors que le requérant apporte des éléments permettant de démontrer que la mesure en cause est susceptible de porter substantiellement atteinte à sa position sur le marché concerné* »[39], parmi ces éléments figurant non seulement « *une dégradation des performances commerciales ou financières* » mais également « *une évolution moins favorable* »[40] que celle qui aurait été enregistrée en l'absence de l'aide. En l'espèce, la Cour censure donc le Tribunal pour avoir demandé des éléments de preuve qui n'étaient pas requis par la jurisprudence, tout en confirmant le constat d'irrecevabilité opéré par le Tribunal, faute pour le requérant d'avoir démontré un « préjudice » causé par l'aide et, notamment, « *la preuve des chevauchements allégués entre ses propres offres et celles de Ryanair* »[41] sur les liaisons aériennes en cause.

La même évolution se dessine en ce qui concerne la recevabilité des recours introduits par les requérants qui souhaitent contester une décision de la Commission de ne pas ouvrir de procédure formelle d'examen. Dans deux arrêts récents, le Tribunal, réuni en formation élargie, a considéré que la possibilité d'introduire de tels recours n'était pas limitée aux entreprises en situation de concurrence directe avec le bénéficiaire de l'aide. En particulier, dans l'arrêt *DEI/Commission*[42], le Tribunal a expressément indiqué que l'argument de la Commission selon lequel il convient d'exclure de la notion d'« intéressé » des personnes ne se trouvant pas dans une relation concurrentielle avec le bénéficiaire de l'aide en cause devait être rejeté. Le Tribunal a jugé que, au contraire, pour pouvoir être qualifiées de parties intéressées, il suffisait que des personnes fassent valoir que leurs intérêts pourraient être affectés par l'octroi de l'aide[43]. Toutefois, comme le Tribunal l'a rappelé dans l'arrêt dit des « pêcheurs bretons »[44], la notion de concurrence indirecte n'est pas extensible à l'infini. Ainsi, une coopérative d'artisans pêcheurs n'est pas recevable à contester une aide attribuée à des exploitants de parcs éoliens en mer au motif qu'ils seraient en concurrence avec les pêcheurs de ladite coopérative pour l'accès

---

38 CJUE, 15 juillet 2021, *Deutsche Lufthansa c/ Commission*, aff. C-453/19 P, EU:C:2021:608, pt 58 ; v. aussi B. Stromsky, « Recevabilité : La Cour de justice de l'Union européenne confirme l'irrecevabilité d'un recours en annulation contre une décision finale déposé par un requérant dont la position concurrentielle n'est pas substantiellement affectée (*Deutsche Lufthansa*) », 15 juillet 2021, *Concurrences* n° 4-2021, art. n° 103370, pp. 110-111.

39 *Ibid.*, pt 59.

40 *Ibid.*, pt 61.

41 *Ibid.*, pt 67.

42 Trib. UE, 22 septembre 2021, *DEI c/ Commission*, aff. jtes T-639/14 RENV, T-352/15 et T-740/17, EU:T:2021:604 ; v. aussi B. Stromsky, « Opérateur privé : Le Tribunal de l'Union européenne estime qu'une décision d'arbitrage sollicitée par les deux parties à un litige est assimilable au jugement d'une juridiction ordinaire et qu'elle est donc susceptible de constituer un acte d'octroi d'une aide d'État (*DEI*) », 22 septembre 2021, *Concurrences* n° 4-2021, art. n° 103427, pp. 134-136.

43 *Ibid.*, pts 82-83.

44 Trib. UE, 15 septembre 2021, *CAPA e.a. c/ Commission*, aff. T-777/19, EU:T:2021:588; v. aussi R. Vuitton, « Aide compatible : Le Tribunal de l'Union européenne rejette comme étant irrecevable le recours introduit par des pêcheurs français contre la décision de la Commission européenne déclarant compatibles avec le marché intérieur les aides d'État octroyées par la France à six parcs éoliens en mer (*CAPA*) », 15 septembre 2021, *Concurrences* n° 4-2021, art. n° 103423, pp. 131-133.

et l'usage de l'espace maritime, lequel constituerait une « matière première » commune aux activités en cause. Ceci dit, rien n'exclut un nouvel assouplissement de la notion de « concurrent » en matière d'aides, l'évolution allant vers une ouverture toujours plus grande du for européen.

2. Sur le fond : Bien-fondé des demandes d'indemnisation des actions en réparation du préjudice causé par l'octroi d'une aide d'État

À ce jour, seules quelques demandes de dommages et intérêts ont abouti à la suite de l'octroi d'une aide d'État incompatible[45], bien que de telles actions soient courantes dans d'autres domaines du droit de la concurrence[46]. Une étude publiée en 2019 par la Commission européenne[47] souligne que la charge de la preuve pour les demandeurs dans les actions en dommages et intérêts en matière d'aides d'État est « plutôt élevée » et que des orientations pratiques de la Commission sur les techniques économiques pourraient contribuer à faciliter l'introduction de ces demandes en réparation avec succès.

La pandémie de COVID-19 a entraîné une réaction sans précédent des gouvernements européens pour soutenir leurs économies et éviter une crise économique et financière profonde et prolongée. Cette réaction a été accompagnée, et dans une certaine mesure favorisée, par la réaction rapide et de grande envergure de la Commission européenne en termes de modifications des règles relatives aux aides d'État, telles que l'adoption du cadre temporaire[48]. Un certain nombre de décisions de la Commission européenne approuvant des mesures en tant qu'aides compatibles sont déjà contestées devant le Tribunal[49]. Après la crise financière de 2008 et la vague d'aides d'État qu'elle avait déclenchée dans toute l'Europe, le nombre d'affaires d'aides d'État portées devant les juridictions nationales avait considérablement augmenté (sans qu'un nombre correspondant de dommages et intérêts soit accordé) dans toute l'Europe au début des années 2010. Compte tenu de l'ampleur sans précédent des aides d'État fournies pour faire face à l'impact de la pandémie de COVID-19, on peut raisonnablement s'attendre à une augmentation du nombre de demandes d'indemnisation au titre des aides d'État dans les années à venir[50].

Les difficultés auxquelles sont confrontés les plaignants pour introduire des actions en réparation dans le domaine des aides d'État sont triples[51]. Tout d'abord,

---

45 Comm. eur., 2019, « Study on the enforcement of State aid rules and decisions by national courts: Final Study », p. 8, <https://ec.europa.eu/competition/publications/reports/kd0219428enn.pdf>.

46 J.-F. Laborde (2019), « Cartel damages action in Europe: How courts have assessed cartel overcharges (2019 ed.) », *Concurrences* n° 4-2019, art. n° 92228.

47 V. note de bas de page n° 45.

48 Communication de la Commission, « Encadrement temporaire des mesures d'aide d'État visant à soutenir l'économie dans le contexte actuel de la flambée de COVID-19 », préc.

49 V., p. ex., Trib. UE, 17 février 2021, *Ryanair c/ Commission*, aff. T-259/20, EU:T:2021:92.

50 V. J. Bell, E. Eilts, N. Robins et S. Yarak, « Are State aid damages claims around the corner? An economist's perspective », *Concurrences* n° 3-2021, art. n° 101311, .

51 *Ibid.*

les décisions en matière d'aides d'État ne mentionnent pas toujours de *theory of harm* claire et vérifiable. Il en va particulièrement ainsi lorsque l'objet de la décision est de déterminer l'existence d'une aide, d'où il est souvent présumé que celle-ci revêt des effets anticoncurrentiels. Ensuite, il peut être difficile, pour les demandeurs en réparation, de prouver un lien de causalité entre l'aide contestée et le préjudice allégué. Enfin, le requérant fait face à une nécessaire asymétrie d'information par rapport au bénéficiaire de l'aide. En particulier, le montant de l'aide n'est souvent pas clair, si bien que la demande en réparation peut être difficile à étayer.

Dans ce contexte, l'arrêt *Corsica Ferries* du tribunal administratif de Bastia du 23 février 2017[52] constitue un important tournant. Dans cet arrêt qui faisait suite à la censure par la Commission d'une aide accordée à la SNCM par l'État français, le tribunal administratif de Bastia, saisi d'une action en réparation du dommage causé par l'aide par Corsica Ferries, a, au terme d'une analyse économique d'une rare technicité, condamné la SNCM à indemniser Corsica Ferries à hauteur de 84 millions d'euros (plus les intérêts).

Ce jugement a fait l'objet d'un appel en 2017 par la collectivité de Corse devant la cour administrative d'appel (« CAA ») de Marseille. Dans son arrêt de 2018, la CAA a confirmé l'existence d'un lien de causalité entre l'aide et le préjudice subi sur la base des arguments avancés par Corsica Ferries et de son rapport d'expertise. Toutefois, la remise par la collectivité de Corse d'un rapport d'expertise économique contestant les hypothèses sous-tendant l'estimation des 84 millions d'euros de dommages a conduit la CAA à demander une expertise judiciaire pour déterminer le montant des dommages et intérêts à allouer. Le rapport de l'expert judiciaire a été rendu en février 2019 et la CAA a adopté son jugement le 22 février 2021[53]. L'arrêt étudie en détail des aspects tels que la capacité de Corsica Ferries à desservir les passagers de la SNCM en l'absence d'aide, l'estimation des revenus perdus par passager pour Corsica Ferries et les estimations des coûts variables que Corsica Ferries aurait supportés si elle avait dû desservir des passagers supplémentaires, pour finir par confirmer l'arrêt dans sa quasi-totalité.

III. Conclusion

Tout laisse à penser que cette deuxième décennie du XXIe siècle sera celle des aides d'État, tant au niveau politique (Green Deal), juridique (élargissement des conditions de recevabilité pour les recours, développement du contentieux de la réparation) que contextuel (grand nombre d'aides versées en raison de la crise sanitaire). Espérons que les juridictions et les parties seront à la hauteur du défi qui les attend, la compétitivité de l'économie européenne en dépend.

52 N° 1500375.

53 CAA Marseille, 22 février 2021, n° 17MA01582–17MA01583.

L'« *enforcement* » du droit de la concurrence : nouvelle doctrine européenne ?*

RAFAEL AMARO**
Université Caen Normandie

Résumé

L'emprunt du terme enforcement au vocabulaire juridique américain est relativement récent. Il émerge à la charnière du XXe siècle et du XXIe siècle, période d'intenses réflexions sur les évolutions du système procédural européen. Par la symétrie qu'il suggère entre les deux « enforcements », le public et le private, il invite assez naturellement à les concevoir de façon cohérente, ce qui n'avait guère préoccupé les Européens dans les quatre premières décennies d'application du droit de la concurrence. Nommer les deux « enforcements » en usant de la terminologie américaine révèle alors non seulement la fin d'un impensé européen mais aussi l'omniprésence du droit américain et de certaines idées nourries par le mouvement Law and Economics dans les débats de l'époque. Pourtant, comme sur tant d'autres sujets, le rapport des Européens au modèle américain est ambigu. Sans conduire à un rejet complet de ses enseignements, la méfiance des Européens aura abouti à une réception timide de certains de ses apports, sous la forme d'un utilitarisme que l'on pourrait qualifier « d'édulcoré ». Cette évolution n'en est pas moins importante, car elle participe à la promotion d'une intégration plus poussée des systèmes procéduraux nationaux. C'est, semble-t-il, cette alliance inédite entre utilitarisme et « intégrationnisme » qui pourrait caractériser la doctrine européenne de l'enforcement.

* Dernière mise à jour en décembre 2021.

** Professeur de droit privé à l'université Caen Normandie.

Public enforcement, *private enforcement* : prononcées avec l'accent d'Oxford ou de Chicago, avec la prosodie tonique de l'Europe méditerranéenne ou avec le très élégant « r » parisien de la dédicataire de ces mélanges[1], ces deux expressions sont devenues d'une telle banalité dans le vocabulaire des spécialistes de droit de la concurrence que l'on hésiterait à les définir ici.

Mais supposons que des civilistes, voire des non-juristes, posent leur regard pur sur ces quelques lignes, voici : le *public enforcement* désigne les procédures préventives et répressives de mise en œuvre du droit de la concurrence devant les autorités de concurrence quand le *private enforcement* désigne le contentieux de la réparation des préjudices causés aux victimes, voire celui de la nullité et des référés[2]. On notera déjà que cette seconde expression est mal ajustée au contentieux français. Les actions des victimes étant, en France, autant portées devant le juge judiciaire que le juge administratif, parler de « *private* » *enforcement* pour ce second cas de figure semble quelque peu hétérodoxe.

Quoi qu'il en soit, ce type de particularités nationales n'a pas empêché les expressions de *public* et de *private enforcement* de s'imposer dans le vocabulaire de la matière pour penser le système de mise en œuvre du droit de la concurrence. De toute évidence, le substantif *enforcement* appartenant au lexique commun de l'anglais juridique, il était déjà employé par la doctrine européenne anglophone. Mais il l'était sans les adjectifs *public* et *private*, dont l'usage semble être beaucoup plus récent. Cet usage est surtout concomitant de sa diffusion auprès de la doctrine européenne non anglophone, y compris francophone[3]. Nous daterions cette diffusion – mais il faudra y revenir – de la toute fin du XXe siècle, voire des premières années du XXIe siècle, et il fait assez peu de doute que son origine renvoie au système juridique états-unien.

Mimétisme, commodité de langage ou emprunt linguistique ? Comment expliquer alors que les Européens aient éprouvé le subit besoin d'importer une terminologie américaine pour évoquer leur système de mise en œuvre du droit de la concurrence ? Mimétisme américanophile ? Simple commodité de langage ? Sans doute un peu des deux mais pas seulement ; on a l'intuition qu'il y a aussi, dans l'usage du terme *enforcement*, et dans la symétrie très américaine entre le *public* et le *private enforcement* qu'il suggère, ce que les linguistes appellent un « emprunt linguistique », c'est-à-dire un emprunt motivé par la nécessité de désigner une réalité nouvelle dans la langue réceptrice. Mais laquelle ? Qu'est-ce que les Américains ont que les Européens

---

1 À laquelle l'auteur tient à exprimer sa plus profonde gratitude pour tout ce qu'il lui doit depuis ce jour de décembre où elle lui fit l'immense honneur de siéger comme rapporteure dans son jury de thèse.

2 L. Idot et C. Momège, « Application of Articles 81 & 82 EC by the French Ordinary Courts: A Procedural Perspective », in C.-D. Ehlermann et I. Atanasiu (dir.), *European Competition Law Annual 2001: Effective Private Enforcement of EC Antitrust Law*, Oxford, Hart Publishing, 2003, p. 233.

3 Face notamment à certaines expressions ou périphrases concurrentes à l'instar de « mise en œuvre du droit de la concurrence par la sphère publique / privée » en usage auprès des autorités européennes ou de la distinction « contentieux objectif / contentieux subjectif » utilisée par une partie de la doctrine française. La première a l'avantage sur la seconde de ne pas être erronée mais elle reste alambiquée et vague. La seconde pourrait être évitée, car elle relève, à notre sens, d'un emprunt abusif et intraduisible au vocabulaire du droit administratif français.

n'avaient pas ? L'étymologie du terme *enforcement*, dont on pressent qu'elle nous ramène vers les rives de la Normandie médiévale, *via* la conquête de Guillaume, apporte un premier élément de réponse.

Américanisme et paléologisme. En ancien et en moyen français, le mot *enforcement* est attesté et coexistait avec le synonyme *enforchement.* Il avait alors un sens littéral et un sens figuré. Le sens littéral est évident ; l'ajout du préfixe « en » (*in*) au mot « force » faisait d'*enforcement* le substantif pour désigner ce qui rend plus fort, ce qui accroît la force ou témoigne d'un usage de la force. Le dictionnaire de Frédéric Godefroy recense ainsi quasiment toutes les significations qui tournent autour de l'idée de force : « prendre de force », « alourdir », « soutenir », « fortifier », « augmenter », « violer »[4]. Sans parvenir à déterminer si l'apparition du substantif précède celle du verbe et de l'adjectif, Godefroy liste aussi les verbes : *enforcier*, *enforcer*, *enforcener*, *enforceiz*, *enforçat*... Au sens figuré, le mot *enforcement* désigne surtout ce qui nous intéresse ici au premier chef et donnera à l'anglais le mot qui nous manque aujourd'hui en français : « pouvoir », « puissance », « autorité en général ». Il y a donc un lien avec le pouvoir, l'autorité du souverain qui fera dériver le terme vers l'acception juridique qu'il a depuis l'anglais médiéval. L'*Oxford Dictionary* précise à cet égard que le sens premier d'*enforcement* doit être rapproché de « *strive* », « *impel by force* »[5].

Étymologiquement, le terme a donc une sémantique riche qui en fait un peu plus qu'un simple synonyme d'*application*.

Foucault[6] et Derrida[7] le disaient déjà. Le second voyait d'ailleurs dans « *l'enforceability* » une des « *expressions idiomatiques [...] précieuses* » de l'anglais[8] dont il se déclarait même « *amoureux* »[9].

Un révélateur de l'omniprésence du droit américain dans les discussions européennes. On ne saurait dire avec certitude si cette étonnante déclaration d'amour a un lien quelconque avec l'importation de la notion par les spécialistes de droit de la concurrence. C'est assez peu probable, car si quelques juristes s'intéressent parfois aux deux philosophes précités, c'est surtout une réflexion de droit comparé qui semble être à l'origine de cette importation. On pourra essayer de s'en convaincre

---

4 F. Godefroy, *Dictionnaire de l'ancienne langue française et de tous ses dialectes du IXe au XVe siècle*, Paris, F. Vieweg, 1881-1902, v. « enforcier ».

5 De façon paradoxale mais compréhensible, le terme *enforcement* prend un second sens antonymique en anglais médiéval comme en moyen français (XIVe-XVIe siècle) : il désigne aussi l'action d'enfreindre la loi. Ceci n'est pas étonnant vu son sens premier. Ce second sens antonymique peut être rapproché de la trajectoire sémantique du verbe « violer ». V. Dictionnaire en ligne du moyen français du laboratoire Analyse et traitement informatique de la langue française (CNRS/Université de Lorraine) : <http://zeus.atilf.fr>, v. « enforcement ».

6 M. Foucault, *Naissance de la biopolitique : cours au Collège de France, 1978-1979*, Paris, Gallimard/Seuil, 2004, p. 260.

7 J. Derrida, « Force de loi : le "fondement mystique de l'autorité" », *Cardozo L. Rev.*, vol. 11, 1990, p. 920, spéc. pp. 924 et 926.

8 *Ibid.*, p. 924.

9 *Ibid.*, p. 944.

en retraçant d'abord le contexte culturel et intellectuel américain dans lequel le terme *enforcement* semble avoir prospéré. On verra ensuite que le contexte européen de cette importation n'est pas neutre : il s'inscrit dans une réflexion d'ensemble sur les moyens de renforcer l'efficacité des règles de concurrence par une réforme profonde de sa mise en œuvre[10].

L'émergence du terme *enforcement* dans la littérature non anglophone et la systématisation de la distinction *private / public*, y compris dans la littérature anglophone, révèlent alors l'omniprésence du droit américain dans les réflexions européennes.

L'influence du droit américain : « flirt » sans lendemain ou ferment d'une nouvelle doctrine ? Cette omniprésence n'a toutefois rien de l'admiration béate. Comme sur tant d'autres sujets[11], le rapport des Européens au modèle américain est ambigu[12]. Entre aiguillon et boussole, voire « flirt »[13] sans lendemain et relation durable, la contribution du modèle américain aux mutations du système procédural européen reste à analyser.

C'est à cette analyse que s'attachera la présente contribution en éprouvant une intuition : si l'observation par les Européens de l'*enforcement* américain – illustrée notamment par l'emprunt linguistique évoqué plus haut – les a conduits à repenser leur système de mise en œuvre du droit de la concurrence, cette observation n'a pas abouti à une greffe pure et simple du droit américain. Elle n'a pas abouti non plus à un rejet hostile qui se serait traduit par l'émergence d'un contre-modèle européen mais plutôt à une acculturation. Un peu à la manière d'un métissage, le système de mise en œuvre du droit de la concurrence élaboré depuis vingt ans semble partiellement inspiré du droit américain tout en poursuivant des objectifs propres à la construction européenne.

Peut-on voir alors dans ces évolutions les ferments d'une nouvelle doctrine européenne de l'*enforcement* conçue pour les décennies à venir ? Ce n'est pas impossible et pour tenter d'approfondir l'analyse, les quelques pages qui suivent conduiront d'une rive à l'autre de l'Atlantique, du lac Michigan au plateau du Kirchberg, afin de méditer les origines américaines de cette doctrine de l'*enforcement* (I.) puis son acculturation européenne (II.).

---

10 V., pour une perspective historique : D. Gerard et P. Pérez Fernández, « Private Enforcement of EU Competition Law – a Genesis », in R. Amaro (dir.) *Private Enforcement of Competition Law in Europe: Directive 2014/104/EU and Beyond*, Bruxelles, Bruylant, 2021, p. 3.

11 L'exemple des discussions sur les recours collectifs a pu livrer un aperçu saisissant des crispations que faisait naître l'idée de s'inspirer du droit américain ; v., pour une critique documentée des réactions hostiles au modèle américain : B. Allard, « L'action de groupe : étude franco-américaine des actions collectives en défense des intérêts individuels d'autrui », thèse, Université Sorbonne Paris Cité, 2016.

12 H.-W. Micklitz, « Collective Private Enforcement in Antitrust Law: What is Going Wrong in the Debate? », in J. Basedow, J. P. Terhechte, L. Tichy (dir.), *Private Enforcement of Competition Law*, Baden-Baden, Nomos, 2011, p. 101.

13 W. P. J. Wils, « Private Enforcement of EU Antitrust Law and Its Relationship with Public Enforcement: Past, Present and Future », *World Comp.*, vol. 40, nº 1, 2017, p. 3, spéc. pp. 14 à 22 ; l'auteur qualifie l'influence du modèle américain sur le droit européen de « *brief flirtation* ».

I. Les origines américaines

Si le terme *enforcement* plonge ses racines dans le français et l'anglais du Moyen Âge, les années 1970 semblent lui avoir donné une coloration particulière sous la plume des spécialistes d'analyse économique du droit, notamment ceux de l'École de Chicago. Très rapidement, ces écrits ont été lus en Europe mais ils l'ont été plus par les philosophes et les économistes que par les juristes. On songe notamment aux quelques pages éclairantes que leur consacra Foucault dans *Naissance de la biopolitique*, son cours au Collège de France de l'année 1978-1979[14] (1.). Ce n'est que deux décennies plus tard que le terme traversera véritablement l'Atlantique pour s'imposer dans le vocabulaire des spécialistes de droit de la concurrence. Son usage révèlera alors l'intérêt nouveau des Européens pour le système procédural américain (2.).

1. *Law and Economics* et biopolitique

Une « théorie économique du crime ». Malgré son sens commun en anglais, le terme *enforcement* véhicule, dans le contexte intellectuel et culturel américain de la deuxième moitié du XXe siècle, un certain nombre de postulats de première importance. Ceux-ci sont à l'origine de ce que l'on a pu appeler, dans une synthèse précoce, une « *théorie économique du crime* »[15]. Sans vocation à l'exhaustivité, on listera quatre de ces postulats.

Une deuxième phase de la vie de la règle. D'abord, l'*enforcement* concerne une deuxième phase de la vie de la règle de droit, après l'*enactment*. Il est alors vu de façon neutre sur le plan axiologique – la loi a déjà été promulguée et il n'est plus question d'en discuter le bien-fondé – et ne renvoie qu'à la seule question de l'efficacité de la règle de droit, sa prise sur le réel. C'est surtout au droit de la responsabilité, civile et pénale, que s'intéressent les premiers auteurs de référence[16], même si très vite les champs les plus divers du droit sont évoqués. Sous cet abord, l'*enforcement* pourrait traduire l'idée de « bonne application de la règle » ou « d'effectivité de la règle ».

Quête de la sanction optimale et multiplication des instruments de lutte contre l'illégalité. Mais il y a plus : le « bon » *enforcement* n'est pas nécessairement celui qui mène à l'éradication de l'illégalité. C'est celui qui permet d'atteindre

---

14 Préc. ; celles de Derrida, cité ci-dessus, le sont moins dans le cadre de la présente contribution.

15 F. Jenny, « La théorie économique du crime : une revue de la littérature », in J.-J. Rosa et F. Aftalion, *L'économique retrouvée : vieilles critiques et nouvelles analyses*, Paris, Economica, 1977, p. 296.

16 G. Calabresi, « Some Thoughts on Risk Distribution and the Law of Torts », *Yale L. J.*, vol. 70, n° 4, 1961, p. 499 ; *The Costs of Accidents: A Legal and Economic Analysis*, New Haven, Yale University Press, 1970 ; G. J. Stigler, « The Optimum Enforcement of Laws », *J. Polit. Econ.*, vol. 78, n° 3, 1970, p. 526 ; J. Prather Brown, « Toward an Economic Theory of Liability », *J. Legal Stud.*, vol. 2, n° 2, 1973, p. 323 ; G. S. Becker, « Crime and Punishment: An Economic Approach », *J. Polit. Econ.*, vol. 76, n° 2, 1968, p. 169 ; I. Ehrlich, « The Deterrent Effect of Criminal Law Enforcement », *J. Legal Stud.*, vol. 1, n° 2, 1972, p. 259 ; I. Ehrlich et J. C. Gibbons, « On the Measurement of the Deterrent Effect of Capital Punishment and the Theory of Deterrence », *J. Legal Stud.*, vol. 6, n° 1, 1977, p. 35.

un optimum en ceci que les externalités négatives de l'*enforcement* (principalement les coûts de fonctionnement du système judiciaire) sont inférieures à celles de l'illégalité. Ce deuxième postulat a pu être ainsi résumé : « *La lutte contre la criminalité et la réduction des externalités qu'elle entraîne impliquent l'utilisation des ressources (sous forme par exemple du traitement des personnels de police et des magistrats, de l'entretien des prisons et des prisonniers, etc.) qui pourraient être investies dans des activités productives. Il faut remarquer que la rémunération alternative des sommes engagées dans la lutte contre les activités illégales constitue un coût pour la collectivité. Ainsi, une société qui investirait la quasi-totalité de ses ressources dans le maintien de l'ordre aurait un taux de crime vraisemblablement nul mais un produit très faible et une perte sociale, sous forme de manque à gagner, très importante. Le problème posé par le crime est alors au plan social analogue à celui posé par toute externalité négative ; il s'agit de minimiser la perte résultant de la commission et de la prévention des crimes. En d'autres termes, le problème de la collectivité appréhendé sous son aspect économique consiste, d'une part, à trouver le montant optimal de ressources à investir dans les activités de maintien de l'ordre ou, en d'autres termes, le montant optimal de crime et, d'autre part, les moyens les plus efficaces, pour un montant de dépenses donné, de réduire la perte sociale afférente à la commission des crimes*[17]. »

Plus trivialement, on peut dire que chaque dollar investi dans l'*enforcement* doit présenter un rapport coût/avantage positif pour la collectivité. Ce deuxième postulat a nourri un important courant de réflexions sur la sanction optimale[18] dont l'influence sera significative en droit de la concurrence[19]. La sanction n'est plus alors pensée comme une punition proportionnée au degré d'opprobre jeté sur les actes réprimés mais comme un élément de dissuasion de l'illégalité, destiné à influencer les choix rationnels des justiciables.

Ces réflexions seront aussi à l'origine de l'intérêt de la doctrine américaine pour une pluralité de mécanismes de mise en œuvre de la règle de droit et notamment pour le *private enforcement*. Becker et Stigler le soulignaient dans un article connu sur le sujet : le cumul du *private* et du *public enforcement* non seulement augmente la probabilité de détecter les actes illégaux en s'appuyant sur la vigilance des victimes, mais il accroît aussi le montant de la sanction – les dommages et intérêts s'ajoutant aux amendes[20]. Il participe donc d'un

17 F. Jenny, préc., pp. 298 et 299.

18 V. not. A. M. Polinsky et S. Shavell, « Enforcement Costs and the Optimal Magnitude and Probability of Fines », *J. L. & Econ.*, vol. 35, n° 1, 1992, p. 133.

19 V. p. ex. en français, et parmi une littérature dense : E. Combe, « À la recherche de la sanction optimale », in « L'efficacité des sanctions contre les cartels : Une perspective économique », *Concurrences* n° 4-2006, art. n° 2588, p. 12 ; « Quelles sanctions contre les cartels ? Une perspective économique », *RIDE* 2006/1, p. 11 ; A. Perrot, « L'efficacité des sanctions pécuniaires », in *L'efficacité de la politique de concurrence*, colloque tenu le 13 février 2002, *Gaz. Pal.*, 26-28 janvier 2003, n° 29, p. 123.

20 G. S. Becker et G. J. Stigler, « Law Enforcement, Malfeasance, and Compensation of Enforcers », *J. Legal Stud.*, vol. 3, n° 1, 1974, p. 1.

enforcement plus optimal. Le constat sera rapidement nourri par l'expérience américaine en matière d'antitrust[21]. Quelques années plus tard, Foucault en livrait un intéressant résumé, en commentant précisément certains écrits du mouvement *Law and Economics*. Il voyait alors l'« *enforcement of law* » comme : « *[L]'ensemble des instruments par lesquels on va donner à cette interdiction une "force" réelle. Cette idée d'une force de la loi, elle est traduite, vous le savez, par ce mot qu'on rencontre si souvent de* enforcement *et qu'on traduit souvent par le "renforcement" de la loi. C'est pas ça. L'*enforcement of law*, c'est plus que l'application de la loi, puisqu'il s'agit de toute une série d'instruments réels qu'on est obligé de mettre en œuvre pour appliquer la loi. Mais ce n'est pas le renforcement de la loi, c'est moins que le renforcement de la loi, dans la mesure où renforcement* voudrait dire *qu'elle est trop faible et qu'il faut rajouter un petit supplément ou la rendre plus sévère. L'*enforcement of law*, c'est l'ensemble des instruments mis en œuvre pour donner, à cet acte d'interdiction en quoi consiste la formulation de la loi, réalité sociale, réalité politique, etc.*[22]. » Il ajoutait, avec son tropisme de criminologue : « *L'enforcement de la loi, c'est l'ensemble des instruments d'action sur le marché du crime qui oppose à l'offre du crime une demande négative*[23]. »

Le justiciable vu comme un *homo economicus*. Le troisième postulat de cette théorie économique du crime[24] découle du précédent : l'*enforcement* prend appui sur une vision du justiciable particulière – et aujourd'hui remise en cause de façon très convaincante[25] – qui le considère comme un agent rationnel, le fameux *homo economicus*. L'*enforcement* optimal doit donc agir sur les calculs des justiciables, coupables comme victimes, pour dissuader la récidive des premiers et inviter les seconds à participer pleinement à la sanction de l'illégalité.

La substituabilité entre *public* et *private enforcement*. Enfin, et ce quatrième postulat est directement lié aux deux précédents, l'*enforcement* s'inscrit dans un contexte où le public et le privé sont tenus pour équivalents. Ce qui compte n'est pas la qualité de l'*enforcer* mais l'effectivité de l'*enforcement*. Peu importe que le *wrongdoer* paie une amende à l'État ou des dommages et intérêts à une victime tant que son profit illicite lui est confisqué et que la récidive est dissuadée[26]. Ce rapport de substituabilité entre sanction pénale et sanction civile est un marqueur assez net de la culture juridique américaine contemporaine. D'ailleurs, dans un autre article de référence, Landes et Posner évoquent à plusieurs reprises

---

21 K. W. Dam, « Class Actions: Efficiency, Compensation, Deterrence, and Conflict of Interest », *J. Legal Stud.*, vol. 4, n° 1, 1975, p. 47, spéc. p. 55.

22 M. Foucault, *op. cit.*, p. 259.

23 *Ibid.*, p. 260.

24 Bien exposé par Foucault, là encore : *ibid.*, pp. 257 et 258.

25 V. récemment D. Kahneman, O. Sibony et C. R. Sunstein, *Noise : pourquoi nous faisons des erreurs de jugement et comment les éviter*, Paris, Odile Jacob, 2021.

26 V. p. ex. R. H. Lande et J. P. Davis, « Comparative Deterrence from Private Enforcement and Criminal Enforcement of the U.S. Antitrust Laws », *Univ. of San Francisco Law Research Paper* n° 2010-17.

les *bounty hunters* (les chasseurs de primes) et les *antitrust class actions*, comme étant deux exemples de l'existence en droit américain de systèmes efficaces de *private enforcement* de la règle de droit[27].

Vus d'Europe, ces deux mécanismes paraissent bien exotiques. Néolibéraux même ? Peut-être. La référence foucaldienne à la biopolitique n'est pas neutre et a pu parfois jeter le discrédit sur l'idée de s'inspirer du droit américain. Si l'on avouera être quelque peu circonspect quant à la démarche consistant à apposer un qualificatif aussi polysémique que le terme *néolibéral* sur l'ensemble d'un système procédural[28], peu importe, en réalité, car la quête d'effectivité de l'*enforcement* américain semble pouvoir se couler dans la plupart des idéologies contemporaines. Que l'on soit néolibéral, ultralibéral, « juste » libéral, ou pas libéral du tout, l'effectivité de la règle de droit reste (ou devrait rester…) une préoccupation de tous les défenseurs de l'État de droit. Et c'est peut-être ce qui explique que le modèle américain d'*enforcement*, qui offre une approche globale de cette effectivité, ait pu intéresser les Européens, dont c'est peu dire que tous ne sont pas des « néolibéraux » convaincus.

2. La traversée de l'Atlantique

Diffusion de la terminologie américaine et fin d'un impensé européen. Quelques décennies plus tard, le terme d'*enforcement* a donc traversé l'Atlantique et, avec lui, une partie des idées du mouvement *Law and Economics*. On le retrouve employé alors par les spécialistes de droit de la concurrence, d'abord dans la littérature anglophone[29] puis dans la littérature francophone[30].

Mais c'est sans doute le contexte de cette importation qui est le plus instructif. Le terme commence à se diffuser à la charnière du XXe et du XXIe siècle, plus précisément à l'occasion des réflexions sur les évolutions du système procédural européen[31], qui aboutiront au règlement (CE) n° 1/2003 et à la directive 2014/104/UE,

---

27 W. M. Landes et R. Posner, « The Private Enforcement of Law », *J. Legal Stud.*, vol. 4, n° 1, 1975, p. 1.

28 V. toutefois : A. Garapon, *La raison du moindre État : le néolibéralisme et la justice*, Paris, Odile Jacob, 2010 et du même auteur : « ; « Michel Foucault, visionnaire du droit contemporain », *Raisons politiques*, vol. 52, n° 4, 2013, p. 39.

29 P. ex. C.-D. Ehlermann et I. Atanasiu (dir.), *op. cit.* ; W. P. J. Wils, *The Optimal Enforcement of EC Antitrust Law: Essays in Law & Economics*, The Hague, Kluwer Law International, 2002 ; C. A. Jones, *Private Enforcement of Antitrust Law in the EU, UK and USA*, Oxford, Oxford University Press, 1999 ; P. Hugues, « The Enforcement of Private Actions for Breaches of EC Competition Law: The Role of the Shareholder under English Law », *Comp. L. Rev.*, vol. 3, n° 1, 2006, p. 73.

30 C. Prieto, « Les enseignements de l'expérience américaine en matière de *private enforcement* », *Concurrences* n° 4-2008, art. n° 22088, p. 50.

31 Notons que cette discussion européenne inspirée par le mouvement *Law and Economics* est à peu près concomitante sur le plan chronologique d'une autre « discussion » sur ce même mouvement – plus française et nettement moins amicale – engendrée par les rapports « Doing Business » de la Banque mondiale. Parmi une littérature abondante et irritée, v. p. ex. A. Bernard, « Law and Economics, une science idiote ? », *D.* 2008, p. 2806. Il semble toutefois n'y avoir que peu de rapport, sinon aucun, entre ces deux discussions dans la mesure où la seconde tient surtout d'une critique des rapports « Doing business » et plus généralement de l'idée de mesurer l'efficacité économique des systèmes juridiques quand la première, qui nous intéresse ici, s'inscrit dans une réflexion sur les réformes du système procédural du droit de la concurrence inspirée par l'exemple américain.

dite « dommages »[32]. On l'a dit dans le propos introductif, il est alors principalement utilisé en anglais comme dans les autres langues européennes pour désigner la distinction entre *private enforcement* et *public enforcement*.

Or cet usage est révélateur. Par la symétrie qu'il induit entre les deux « *enforcements* », il traduit la nécessité de les concevoir de façon cohérente, ce qui n'avait guère préoccupé les Européens dans les quatre premières décennies d'application du droit de la concurrence. Celles-ci avaient été dominées par l'activité de la Commission européenne[33] et par une vision « allemande » du droit de la concurrence, inspirée sans doute de la *Schutznormtheorie* du *GWB*, qui destinait ses prescriptions à la régulation du marché plus qu'à la défense des intérêts individuels des victimes[34]. En l'absence d'un contentieux significatif devant les juridictions nationales, l'articulation entre le *private* et le *public enforcement* faisait alors figure d'impensé pour les Européens.

Nommer les deux « *enforcements* » en usant de la terminologie américaine révèle donc une prise de conscience, la fin de cet impensé. Logiquement, le phénomène s'accompagnera d'un intérêt nouveau des Européens pour ce « produit d'exportation américain »[35] qu'est le *private enforcement*. Et il est vrai que ses particularités ont de quoi piquer la curiosité.

L'intérêt des Européens pour le *private enforcement* américain. Dans le sillage du mouvement *Law and Economics*, le législateur et le juge américains ont conçu le *private enforcement* comme un moyen de combler les angles morts du *public enforcement* en sanctionnant les pratiques qui échappent aux autorités publiques par des dommages et intérêts punitifs[36]. La Cour suprême des États-Unis ira

---

32 Directive 2014/104/UE du Parlement européen et du Conseil du 26 novembre 2014 relative à certaines règles régissant les actions en dommages et intérêts en droit national pour les infractions aux dispositions du droit de la concurrence des États membres et de l'Union européenne, *JOUE* n° L 349 du 5 décembre 2014, p. 1. Parmi une abondante littérature, v. not. M. Behar-Touchais, D. Bosco et C. Prieto (dir.), *L'intensification de la réparation des dommages issus des pratiques anticoncurrentielles*, Paris, IRJS éditions, 2016 ; J. Derenne, E. Morgan de Rivery et N. Petit, *Antitrust damages in EU law and policy: GCLC Annual Conferences Series*, Bruxelles, Bruylant, 2014 ; A.-S. Choné-Grimaldi (dir.), « La transposition de la directive 2014/104 relative aux actions en dommages et intérêts pour violation du droit des pratiques anticoncurrentielles », *Concurrences* n° 2-2015, art. n° 72302, p. 11 ; R. Saint-Esteben, « L'impact de la future directive sur les actions en dommages et intérêts relatives aux pratiques anticoncurrentielles », *AJCA* 2014, p. 258.

33 C.-D. Ehlermann, « The Modernization of EC Antitrust Policy: a Legal and Cultural Revolution », *C. M. L. Rev.*, vol. 37, n° 3, 2000, p. 537, spéc. p. 540 – l'auteur y voit un héritage de l'influence politique de la France : « *[T]he dominant legal and administrative culture of the EC of the "Six" was still rather centralist. France was clearly the politically dominant Member State. French views heavily influenced EC legislation and administration. French preoccupations about "uniformity" (and not only "coherence" or "consistency") of the EC's legal order were pervasive.* »

34 H. L. Buxbaum, « German Legal Culture and the Globalization of Competition Law: A Historical Perspective on the Expansion of Private Antitrust Enforcement », *Berkeley J. Int'l L*, n° 23, 2005, p. 474, spéc. p. 484.

35 J. W. Cuneo, « Differing traditions », in A. A. Foer et J. W. Cuneo (dir.), *The International Handbook on Private Enforcement of Competition Law*, Cheltenham, Edward Elgar, 2010, p. 27, spéc. p. 32.

36 R. H. Lande, « Benefits of Private Enforcement: Empirical Background », in A. A. Foer et J. W. Cuneo (dir.), *op. cit.*, p. 3 ; R. H. Lande et J. P. Davis, préc. ; v. plus récemment le constat d'un membre du Department of Justice : B. Baer, « Public and Private Antitrust Enforcement in the United States », Bruxelles, février 2014, disp. en ligne <https://www.justice.gov/atr/file/517756/download>, qui rappelle que : « *Since the 19th Century, the United States has relied on a combination of federal, state and private enforcers to combat anticompetitive conduct. The idea has always been that these three enforcers should play different, yet complementary, roles.* »

jusqu'à qualifier les victimes de pratiques *antitrust* de *private attorney general* (« procureur privé »)[37]. « L'économie » même du contentieux de la réparation est structurée par une forme de pragmatisme utilitariste que l'on retrouve aussi dans le système pénal : les procédures devant les juridictions étatiques font planer des menaces suffisamment incitatives pour que les défendeurs préfèrent transiger. Cette habitude du « deal de justice », dépeinte ailleurs[38], favorise donc un règlement rapide des contentieux de concurrence qui incite professionnels du droit et tiers financeurs à « investir » dans les actions en réparation. Or cet investissement accroît plus encore leur efficacité et l'incitation des défendeurs à transiger. Les victimes s'y retrouvent-elles ? Les réponses auxquelles se hasardent certains commentateurs européens sont contradictoires et, qui plus est, souvent dictées par leurs convictions partisanes ou les intérêts de leurs clients. Sans prétendre vider le débat ici, observons simplement que les études empiriques américaines les plus récentes, aussi parcellaires soient-elles, prouvent que la répartition du fruit des transactions entre les demandeurs et leurs avocats est plutôt équilibrée[39].

Quoi qu'il en soit, ces doutes sur les bienfaits du système américain nourriront, à l'aube du XXIe siècle, d'intenses discussions en Europe[40] pour aboutir à la directive 2014/104/UE. Ce texte mais aussi son très long processus législatif dévoilent alors le rapport ambigu des Européens au modèle américain. Il en naîtra une forme d'acculturation du système européen de mise en œuvre du droit de la concurrence, partiellement inspiré de l'*enforcement* américain.

II. L'acculturation européenne

Sans conduire à un rejet complet des enseignements du modèle américain, la méfiance des Européens aboutira à une réception timide de certains de ses apports, sous la forme d'un d'utilitarisme que l'on qualifiera ici « d'édulcoré » (1.). Cette évolution n'en est pas moins importante, car elle participera à sa manière à

---

37 *Hawaii v. Standard Oil Co. of California*, 405 U.S. 251 (1972), p. 263.

38 A. Garapon et P. Servan-Schreiber, *Deals de justice : le marché américain de l'obéissance mondialisée*, Paris, PUF, 2013.

39 J. Davis et R. Kohles, « 2020 Antitrust Annual Report: Class Action Filings in Federal Court », août 2021, disponible à SSRN : <https://ssrn.com/abstract=3898782>. L'étude ne fait état que des transactions découlant de *class actions* portées devant les juridictions fédérales des États-Unis. Entre 2009 et 2013, les demandeurs ont obtenu chaque année et sur l'ensemble des transactions conclues, des sommes toujours proches du milliard de dollars. À partir de 2014, ce chiffre augmente significativement pour atteindre 2,8 milliards sur cette seule année et jusqu'à 5,3 milliards en 2018, avec un chiffre proche de 3 milliards les autres années (sauf en 2019). Sur ces sommes, l'étude révèle que les avocats ont obtenu entre 30 % et 14 % d'honoraires (*attorneys fees*) hors dépens (*expenses*) selon le montant de la transaction, et les victimes entre 67 % et 85 % de ces montants.

40 V. p. ex. A. P. Komninos, *EC Private Antitrust Enforcement: Decentralised Application of EC Competition Law by National Courts*, Oxford/Portland, Hart Publishing, 2008 ; J. Fuyuno, P. Kirch et K. C. McCann, « US antitrust class action procedures: What European competition lawyers need to know », in « Vers une action de groupe… à la française », *Concurrences* n° 2-2008, art. n° 16366, p. 39 , et plus tardivement : E. M. Fox et M. J. Trebilcock, *The Design of Competition Law Institutions: Global Norms, Local Choices*, Oxford, Oxford University Press, 2013.

la promotion d'une intégration plus poussée des systèmes procéduraux nationaux. C'est, semble-t-il, cette alliance inédite entre utilitarisme et « intégrationnisme » qui pourrait caractériser l'actuelle doctrine européenne de l'*enforcement* (2.).

1. Une version édulcorée de l'utilitarisme américain

L'arrêt *Courage* (2001). Au-delà de l'intérêt doctrinal pour le droit américain et de l'usage de la terminologie américaine relevés plus haut, les premières traces de l'influence du modèle d'*enforcement* américain en droit européen sont difficiles à déceler. Un commentateur allemand avait cru les discerner dans le livre blanc de 1999[41], préalable au règlement (CE) n° 1/2003[42]. Ce point de vue sera toutefois contesté[43] au motif que la Commission cherchait plutôt à promouvoir une application décentralisée du droit de la concurrence, inspirée par le principe de subsidiarité, qu'un modèle d'*enforcement* à l'américaine. D'ailleurs, Mario Monti, le commissaire européen à la concurrence de l'époque, qui succédait tout juste à Karel Van Miert, mentionnait bien le droit américain mais pour écarter l'idée que la réforme pût s'en inspirer[44].

En réalité, c'est plutôt à Luxembourg qu'à Bruxelles qu'il faut chercher, semble-t-il, les premiers signes d'une inspiration américaine en droit européen. On les trouve plus précisément dans les conclusions de l'avocat général Mischo rendues dans la célèbre affaire *Courage*[45].

Était en cause une déclinaison de l'adage *nemo auditur* en droit privé britannique qui interdisait au contractant, poursuivi pour inexécution, d'exciper de la nullité d'une clause violée en invoquant son caractère anticoncurrentiel. L'avocat général soutient alors le point de vue suivant :

> *« 57. [...] Nous partageons cependant la thèse du Royaume-Uni et de la Commission, selon laquelle la perspective de pouvoir réclamer*

41 Comm. CE, « Livre blanc sur la modernisation des règles d'application des articles 85 et 86 du traité CE – Corrigendum », *JOCE* n° C 132 du 15 mai 1999, p. 1.

42 W. Möschel, « Guest Editorial: Change of Policy in European Competition Law », *C. M. L. Rev.*, vol. 37, n° 3, 2000, p. 495 et « Europäische Wettbewerbspolitik auf Abwegen », *Wirtschaftsdienst*, vol. 79, n° 8, 1999, p. 504 (cité par C.-D. Ehlermann, v. la note suivante). Cet auteur tiendra aussi la plume pour exprimer la position de la Monopolkommission dans un rapport sur le livre blanc de 1999. Il y fera état la même méfiance à l'endroit du modèle américain : *Kartellpolitische Wende in der Europäischen Union?: zum Weissbuch der Kommission vom 28. April 1999, Sondergutachten der Monopolkommission gemäss_44 Abs. 1 Satz 4 GWB*, Baden-Baden, Nomos, 1999, spéc. n° 72.

43 C.-D. Ehlermann, préc., pp. 586 et 587 : « *Critics of the White Paper have observed that the Commission's reform suggestions seem to be inspired by concepts and methods of antitrust policy enforcement in the USA, in particular, the heavy reliance on private action before ordinary courts of law. [...] This can be seen as an application of the subsidiarity principle in its broadest sense, i.e., the retreat of the State and public authorities in favour of private initiatives. The authors of the White Paper may be surprised by this "fundamentalist" interpretation. It is more likely that they considered decentralization, as mentioned earlier, to be a tool.* »

44 M. Monti, « Effective Private Enforcement of EC Antitrust Law », in C.-D. Ehlermann et I. Atanasiu (dir.), *op. cit.*, 2003, p. 3.

45 CJCE, 20 septembre 2001, *Courage*, aff. C-453/99, *Rec.* p. I-6297 ; *Contrats, conc., consom.* 2002, comm. 14, obs. S. Poillot-Peruzzetto ; *Europe* 2001, comm. 330, note L. Idot ; *LPA* 24 octobre 2001, obs. P. Arhel ; *RDC* 2003. 71, note J.-S. Bergé.

des dommages et intérêts constituerait non seulement une incitation, pour les parties plus faibles, à dénoncer les accords violant l'article 81 CE, mais aussi, ce qui est peut-être plus important, un moyen efficace de dissuader la partie en position de force d'imposer un accord restrictif de la concurrence.

58. Précisons cependant qu'il ne s'agit pas, selon nous, d'infliger à l'autre partie, pour mieux assurer l'efficacité du droit communautaire, une espèce de sanction, analogue à l'amende que le règlement n° 17 du Conseil, du 6 février 1962, premier règlement d'application des articles 85 et 86 du traité, permet à la Commission d'imposer. Il s'agit simplement de tirer les conséquences de l'effet direct de l'article 81 CE[46]. »

Le propos ne fait pas de référence explicite à l'analyse économique du droit, ni même au droit américain, mais la logique qu'il défend en est très vraisemblablement inspirée : la perspective d'obtenir des dommages et intérêts inciterait les victimes à agir et dissuaderait la récidive. Deux des principaux postulats du *private enforcement* à l'américaine sont sous-jacents. D'une part, les victimes et les auteurs d'infractions sont tenus pour des agents rationnels (incitation et dissuasion), d'autre part, les dommages et intérêts et l'amende sont vus comme équivalents pour assurer « l'efficacité du droit ».

La Cour de justice fera sienne cette inspiration dans une formule maintes fois réitérée depuis :

« *26. La pleine efficacité de l'article 85 du traité et, en particulier, l'effet utile de l'interdiction énoncée à son paragraphe 1 seraient mis en cause si toute personne ne pouvait demander réparation du dommage que lui aurait causé un contrat ou un comportement susceptible de restreindre ou de fausser le jeu de la concurrence.*

27. Un tel droit renforce, en effet, le caractère opérationnel des règles communautaires de concurrence et est de nature à décourager les accords ou pratiques, souvent dissimulés, susceptibles de restreindre ou de fausser le jeu de la concurrence. Dans cette perspective, les actions en dommages-intérêts devant les juridictions nationales sont susceptibles de contribuer substantiellement au maintien d'une concurrence effective dans la Communauté[47]. »

L'inspiration américaine est palpable, là encore, quoique sous une forme plus atténuée. Nous sommes en 2001 et la « modernisation » du droit de la concurrence, bientôt incarnée par le règlement (CE) n° 1/2003, est dans tous les esprits. Cette concomitance entre une réforme du système procédural européen qui promeut

46 Conclusions AG Mischo, 22 mars 2001, *Courage*, aff. C-453/99, *Rec.* p. I-6297.

47 CJCE, 20 septembre 2001, *Courage*, aff. C-453/99, préc., pts 26 et 27.

une application décentralisée du droit de la concurrence et l'importation d'une idée venue d'outre-Atlantique est alors propice à une évolution d'envergure[48].

Livre vert de la Commission européenne sur les actions en réparation (2005). Emboîtant le pas à la Cour de justice, la Commission européenne publie, peu après l'entrée en vigueur du règlement (CE) n° 1/2003, un livre vert sur les actions en réparation[49]. Elle y constate leur sous-développement, déjà établi par le rapport Ashurst[50], et y explore les voies d'un renforcement de leur efficacité. Son parti pris philosophique est clair : « *Une application effective des règles de concurrence du traité CE repose [...] tant sur l'action de la sphère publique (Commission et autorités de concurrence des États membres) que sur celle de la sphère privée (victimes des comportements anticoncurrentiels). L'action des autorités de concurrence et les actions en dommages et intérêts à l'initiative des victimes sont complémentaires en ce qu'elles peuvent, a priori, dissuader des entreprises d'enfreindre les règles de concurrence et permettre de réparer, a posteriori, les dommages causés aux entreprises et aux consommateurs.* »

On retrouve le même rapport d'équivalence entre le *public* et le *private enforcement*[51], emblématique du droit américain. Mais ce sont surtout les innovations proposées pour soutenir l'efficacité des actions en réparation qui traduisent le mieux l'inspiration américaine : procédures de divulgation similaires à la *discovery* (option 3), dommages et intérêts extracompensatoires (options 15 et 16), recours collectifs (option 25), règle de type *one way cost* mettant à la charge du demandeur ses seuls frais de procès (jamais ceux du défendeur) et uniquement en cas de rejet de ses prétentions (option 27).

***Private enforcement* et « culture juridique européenne ».** Certes, la fonction d'un livre vert est d'ouvrir le champ des possibles en évoquant toutes les options envisageables, même celles jugées rétrospectivement les plus insolites. Mais le moins que l'on puisse dire, c'est que ce champ sera rapidement laissé en jachère. Deux ans et demi plus tard, il ne restera quasiment rien de cette inspiration première. La Commission publiera alors un livre blanc en avril 2008[52] proposant un modèle d'actions en réparation plus conforme à la « *culture et [aux]*

---

48 E. Wind, « Remedies and sanctions in Article 82 of the EC Treaty », *ECLR*, vol. 26, n° 12, 2005, p. 659, qui anticipait parfaitement les termes du débat à venir : « *With the adoption of the new Regulation the situation is changing and EC competition law enforcement is also in this respect getting US features, as decentralised application has been declared [...] The decentralised approach will definitely have a serious impact on the private enforcement, which is expected to grow to the more complete and mature system. However, the new private enforcement policy meets a lot of criticism in terms of its effectiveness and supremacy over the "old" public enforcement policy* (p. 664). »

49 Comm. CE, « Livre vert – Actions en dommages et intérêts pour infraction aux règles communautaires sur les ententes et les abus de position dominante », COM(2005) 672 final, 19 décembre 2005.

50 D. Waelbroeck, D. Slater et G. Even-Shoshan, « *Study on the conditions of claims for damages in case of infringement of EC competition rules* », août 2004, disponible en ligne sur le site de la Commission européenne.

51 V. aussi en doctrine A. P. Komninos, « Public and Private Antitrust Enforcement in Europe: Complement? Overlap? », *Comp. L. Rev.*, vol. 3, n° 1, 2006, p. 5.

52 Comm. CE, « Livre blanc sur les actions en dommages et intérêts pour infraction aux règles communautaires sur les ententes et les abus de position dominante », COM(2008) 165 final, 2 avril 2008 ; *Contrats, conc., consom.* n° 5, mai 2008, comm. 133, note D. Bosco.

traditions juridiques européennes ». Quel que soit le jugement que l'on peut porter sur cet argument « culturel »[53], le changement de philosophie est net[54]. Ce livre blanc puis la proposition de directive de 2013[55], publiée à l'occasion du « paquet » dit « *private enforcement* »[56], marqueront un parti pris très clair en faveur d'un modèle d'actions en réparation dominé par le principe de réparation intégrale et purgé de toute logique répressive[57]. Ce « paquet » contient d'ailleurs deux autres textes de la Commission qui traduisent aussi la volonté d'éviter un modèle « à l'américaine » : les recommandations en matière de recours collectifs[58], animées par une méfiance assumée pour tout ce qui fait la particularité des *class actions* outre-Atlantique, et une communication sur l'évaluation des préjudices[59] qui révèle, en creux, la centralité du principe de réparation intégrale. Le Parlement européen sera plus explicite encore dans son rejet du modèle américain. Dans son rapport sur le livre blanc, il s'appuiera, sans aucune justification, sur la fameuse « thèse » des abus du *private enforcement* américain pour motiver son refus d'une « américanisation » du système européen[60].

Sur cet état des débats, la directive « dommages » sera votée par le Parlement et le Conseil dans le courant de l'année 2014, le texte définitif étant adopté le 26 novembre 2014.

---

53 On a pu comparer la culture juridique à un « *énorme bouillon gris dans lequel on peut jeter tout et son contraire* ». Le propos est de John Allison, cité et traduit par M.-C. Ponthoreau, « L'argument fondé sur la comparaison dans le raisonnement juridique », in P. Legrand (dir.), *Comparer les droits, résolument*, Paris, PUF, 2000, p. 537, spéc. p. 544.

54 F. Rizzuto, « Does the European Community have legal competence to harmonise national procedural rules governing private actions for damages from infringements of European Community antitrust rules? », *GCLR*, vol. 2, n° 1, 2009, p. 29, spéc. p. 46.

55 Proposition de directive du Parlement européen et du Conseil relative à certaines règles régissant les actions en dommages et intérêts en droit interne pour les infractions aux dispositions du droit de la concurrence des États membres et de l'Union européenne, COM(2013) 404 final.

56 *Europe* 2013, comm. 366, note L. Idot.

57 W. P. J. Wils, « The Relationship between Public Antitrust Enforcement and Private Actions for Damages », *World Comp.*, vol. 32, n° 1, 2009, p. 3 : l'auteur soutient d'ailleurs la philosophie du livre blanc. Il affirme par exemple : « *[D]eterrence and punishment of antitrust infringements is indeed a task better left to public enforcement, whereas the proper function of private actions for damages is to compensate victims of antitrust violations for the loss they have suffered as a result of the infringement.* »

58 Recommandation de la Commission du 11 juin 2013 relative à des principes communs applicables aux mécanismes de recours collectif en cessation et en réparation dans les États membres en cas de violation de droits conférés par le droit de l'Union, *JOUE* n° L 201 du 26 juillet 2013, p. 60.

59 Communication de la commission relative à la quantification du préjudice dans les actions en dommages et intérêts fondées sur des infractions à l'article 101 ou 102 du traité sur le fonctionnement de l'Union européenne, *JOUE* n° C 167 du 13 juin 2013, p. 19.

60 Parlement européen, « Rapport sur le livre blanc sur les actions en dommages et intérêts pour infraction aux règles communautaires sur les ententes et les abus de position dominante » (2008/2154(INI)), 9 mars 2009, où il est affirmé que : « *I. considérant qu'il importe, quel que soit le mode de règlement du litige, de mettre en place des procédures et sauvegardes garantissant un traitement équitable pour toutes les parties tout en empêchant un usage abusif du système, comme cela a été observé dans d'autres systèmes juridiques, en particulier aux États-Unis* ». L'exposé des motifs est également instructif. On y lit que la position du rapporteur Klaus-Heiner Lehne a été décisive : « *Le rapporteur se félicite que, dans son livre blanc, la Commission ait pris de la distance par rapport à plusieurs propositions de son livre vert de 2005 qui se seraient traduites par une "américanisation" des règles d'application du droit privé.* »

Édulcoration de la logique utilitariste et primauté du *public enforcement*. Ce texte mérite que l'on s'y attarde, pas tant pour son contenu, à notre sens peu révolutionnaire, que pour son esprit. Sa *ratio legis*, exprimée dans ses considérants et dans la proposition de 2013, traduit deux impératifs principaux qui dévoilent une certaine idée de l'*enforcement* « à l'européenne ». Sans surprise, l'efficacité des actions en réparation est bien promue par le législateur européen comme l'un des objectifs du texte. Quelques règles aux apports modestes vont dans ce sens. Mais c'est surtout la bonne articulation entre le *public enforcement* et le *private enforcement* qui paraît être au cœur de la directive[61], ce que dévoilent ses considérants[62] et ses dispositions les plus visibles. Point de *punitive damages*, point de redoutables *opt-out class actions*, point de très efficaces et très coûteuses *discovery* mais plutôt des règles tatillonnes sur l'accès aux dossiers des autorités de concurrence[63] et une présomption irréfragable de faute civile lorsqu'une autorité a constaté la culpabilité d'une entreprise[64].

Un peu comme si l'idée des origines avait muté au contact des Européens, le rapport de substituabilité entre *public* et *private enforcement* du modèle américain a été supplanté par un rapport de complémentarité en droit européen. Ce rapport de complémentarité repose lui-même sur une distinction plus nette entre répression (*public*) et réparation (*private*) et par une primauté de la première sur la seconde[65]. La fonction prophylactique du *private enforcement* n'est certes pas niée par les concepteurs du texte mais elle est considérée comme incidente[66],

61 L. Idot, « Des premières suites de la directive 2014/104/UE sur les actions en dommages et intérêts », *Europe* n° 2, février 2015, alerte 6, qui rappelle en ces termes la position de la Commission : « *Le message est clair. S'il est souhaitable d'encourager les actions en réparation, le private enforcement ne doit en aucun cas remettre l'efficacité du public enforcement, qui repose principalement, pour les cartels, sur l'efficacité des procédures de clémence et de transaction.* »

62 P. ex. les cons. 6 et 26 : cons 6 : « *Pour garantir des actions de mise en œuvre effective sur l'initiative de la sphère privée en vertu du droit civil et une mise en œuvre effective par la sphère publique à travers les autorités de concurrence, il est nécessaire que ces deux outils interagissent afin d'assurer une efficacité maximale des règles de concurrence. Il est nécessaire de régler la coordination de ces deux formes de mise en œuvre de façon cohérente, par exemple en ce qui concerne les modalités d'accès aux documents en possession des autorités de* concurrence. *Cette coordination au niveau de l'Union permettra également d'éviter toute divergence entre les règles applicables, laquelle pourrait compromettre le bon fonctionnement du marché intérieur.* » Cons. 26 : « *Les programmes de clémence et les procédures de transaction sont des outils importants pour la mise en œuvre du droit de la concurrence de l'Union par la sphère publique, étant donné qu'ils permettent de détecter les infractions les plus graves au droit de la concurrence, de les poursuivre efficacement et de les sanctionner. En outre, étant donné que de nombreuses décisions des autorités de concurrence dans des affaires d'entente reposent sur des demandes de clémence, et que les actions en dommages et intérêts dans les affaires d'entente sont généralement des actions de suivi de ces décisions, les programmes de clémence sont également importants pour l'efficacité des actions en dommages et intérêts dans les affaires d'entente. Les entreprises pourraient être dissuadées de coopérer avec les autorités de concurrence dans le cadre de programmes de clémence et de procédures de transaction si des déclarations auto-incriminantes telles que des déclarations en vue d'obtenir la clémence et des propositions de transaction, produites aux seules fins de la coopération avec les autorités de concurrence, devaient être divulguées. […]* »

63 Art. 5 à 8.

64 Art. 9.

65 D. Wilsher, « Reconciling the public and private dimensions of competition litigation in the European Union », *GCLR*, vol. 4, n° 2, 2011, p. 89 ; « The Public Aspects of Private Enforcement in EC law: Some Constitutional and Administrative Challenges of a Damages Culture », *Comp. L. Rev.*, vol. 3, n° 1, 2006, p. 27.

66 V. en ce sens et pour une réflexion d'ensemble qui dépasse le seul droit de la concurrence : C. Hodges, « Public and Private Enforcement: The Practical Implications for Policy Architecture », in R. Brownsword, H.-W. Micklitz, L. Niglia et S. Weatherill (dir.), *The Foundations of European Private Law*, Oxford, Hart Publishing, 2011, p. 437.

ramenée à une sorte d'externalité positive secondaire. L'utilitarisme des origines paraît donc bien édulcoré et n'est plus guère d'une brûlante nouveauté[67].

Alors qu'y a-t-il de novateur dans cet *enforcement* des règles de concurrence ? On serait tenté de répondre : peu de choses, car l'*enforcement*, c'est d'abord – et pour reprendre Foucault – l'agrégation d'une variété de mécanismes de droit positif contribuant à l'effectivité de la règle de droit. Mais on l'a dit, c'est un peu plus que cela. L'*enforcement* traduit aussi l'idée que ces différents mécanismes forment un tout dans lequel ils doivent interagir pour parvenir à un équilibre optimal. Et, on vient de le dire aussi, la traversée de l'Atlantique a modifié les termes de cet équilibre.

Ce n'est toutefois pas la seule évolution par rapport au modèle américain. Il semble que la prise de conscience des interactions entre le *public* et le *private enforcement* ait conduit les autorités européennes à dégager une véritable doctrine de l'*enforcement* imprégnée d'un objectif typiquement européen que l'on qualifiera ici d'intégrationniste. Là réside peut-être cette nouvelle doctrine européenne de l'*enforcement*.

2. Le lien typiquement européen entre utilitarisme et intégrationnisme

Les trois « blocs de jurisprudence » de l'*enforcement*. Le phénomène est connu. Depuis deux décennies, la Cour de justice a adopté une sorte de credo consistant à penser les contentieux de concurrence à la lumière de leur contribution à l'efficacité des règles substantielles de la matière. Signe de l'influence de l'utilitarisme américain sous la forme édulcorée dépeinte ci-dessus ? C'est probable, car la chronologie coïncide[68], même si ce n'est sans doute pas la seule explication. Cette première tendance en contient une seconde, marquée par les exigences de la construction européenne : une tendance *intégrationniste* à l'uniformisation des règles de fond et de procédure.

La dédicataire de ses lignes a très largement mis en évidence le phénomène en commentant les évolutions jurisprudentielles des années 2000 pour le *public enforcement*[69]. Ce phénomène s'est poursuivi, lors de la décennie suivante, pour le

---

67 V. déjà pour la seule littérature française : J. Rivero, « Sur l'effet dissuasif de la sanction juridique », in *Mélanges offerts à Pierre Raynaud*, Paris, Dalloz-Sirey, 1985, p. 675, spéc. p. 683 ; P. Malaurie, « L'effet prophylactique du droit civil », in *Études de droit de la consommation : liber amicorum Jean Calais-Auloy*, Paris, Dalloz, 2004, p. 669, spéc. p. 685, n° 27 ; A. Bénabent, « La mise en jeu de la responsabilité civile », in *Les sanctions judiciaires des pratiques anticoncurrentielles*, colloque tenu à l'université Paris 1 le 29 avril 2004, *LPA*, 20 janvier 2005, n° 14, p. 31, spéc. p. 31 ; *adde* S. Carval, *La responsabilité civile dans sa fonction de peine privée*, Paris, LGDJ, 1995, *passim*.

68 Il est certain à tout le moins que le mouvement de modernisation promeut cette logique d'efficacité des règles substantielles par des réformes du cadre procédural, v. en ce sens : E. Barbier de La Serre, « Beyond effectiveness and uniformity: The Rise of consistency », in « TR II – Autonomie procédurale : Faut-il réinterpréter le principe pour assurer l'effectivité du droit de la concurrence ? (New Frontiers of Antitrust Conference – Paris, 10 février 2012) », *Concurrences* n° 2-2012, art. n° 45931, spéc. p. 29 et 30.

69 L. Idot, « Les leçons du droit international privé », in « TR II – Autonomie procédurale : Faut-il réinterpréter le principe pour assurer l'effectivité du droit de la concurrence ? (New Frontiers of Antitrust Conference – Paris, 10 février 2012) », préc., p. 41 ; *adde* B. Lasserre, « Dix ans après : Quel avenir pour le Réseau européen de concurrence ? », *Concurrences* n° 4-2014, art. n° 68904, p. 74 ; qui soutient cette évolution et plaide pour une plus grande harmonisation des procédures des ANC.

private enforcement. À l'analyse, ses manifestations peuvent être ramenées à trois types de schémas qui sont autant de « blocs de jurisprudence »[70]. Par-delà cette diversité de schémas, le point commun de ces blocs est de contribuer à gommer les disparités les plus flagrantes du « puzzle procédural »[71] des systèmes nationaux.

Principe d'effectivité et limites à l'autonomie procédurale. De la façon sans doute la plus visible, c'est d'abord en « rabotant »[72] le principe d'autonomie procédurale sous la pression du principe d'effectivité que la Cour a promu cette convergence[73]. L'arrêt *VEBIC* avait permis de prendre la mesure du phénomène. La Cour faisait explicitement le lien entre l'effectivité des articles 101 et 102 du traité sur le fonctionnement de l'Union européenne (TFUE) et la nécessité d'abandonner certaines particularités nationales, contraires aux « standards » européens. À propos de l'absence de faculté de l'autorité belge de concurrence de déposer des observations écrites lors des recours contre ses décisions, elle jugeait que :

> « *58. [...] le fait de ne pas accorder à l'autorité de concurrence nationale les droits en tant que partie au litige et, partant, de l'empêcher de défendre la décision qu'elle a adoptée dans l'intérêt général comporte le risque que la juridiction saisie soit entièrement « captive » des moyens et arguments développés par la ou les entreprises requérantes. Or, dans un domaine tel que celui de la constatation d'infractions aux règles de concurrence et d'imposition d'amendes, qui comporte des appréciations juridiques et économiques complexes, l'existence même d'un tel risque est susceptible de compromettre l'exercice de l'obligation particulière qui incombe aux autorités de concurrence nationales, en vertu du règlement, de garantir l'application effective des articles 101 TFUE et 102 TFUE.*
>
> *59. Il s'ensuit que l'obligation incombant à une autorité de concurrence nationale d'assurer l'application effective des articles 101 TFUE et 102 TFUE exige que celle-ci dispose de la faculté de participer, en tant que partie défenderesse, à une procédure devant une juridiction nationale dirigée contre la décision dont cette autorité est l'auteur*[74]. »

---

70 B. Bertrand, « Les blocs de jurisprudence », *RTD eur*. 2012, p. 741.

71 H. Don et S. O'Keeffe, « Procedural Puzzles and Convergence », in « TR II – Autonomie procédurale : Faut-il réinterpréter le principe pour assurer l'effectivité du droit de la concurrence ? (New Frontiers of Antitrust Conference – Paris, 10 février 2012) », préc., p. 35.

72 E. Claudel, « Les sources vives du droit de la concurrence », in *Mélanges en l'honneur du professeur Claude Lucas de Leyssac*, Paris, LexisNexis, 2018, p. 57, spéc. pp. 96 et 97.

73 B. Cheynel, « L'autonomie procédurale des juridictions nationales en train de se réduire comme peau de chagrin ? », *RLC* 2007/13, n° 907 ; E. Claudel, « Feu le principe d'autonomie procédurale ? », *Concurrences* n° 1-2015, art. n° 70953, p. 5.

74 CJUE, 7 décembre 2010, *VEBIC*, aff. C-439/08, EU:C:2010:739 ; *Concurrences* n° 1-2011, art. n° 34233, p. 179, note A. Maitrepierre ; *Europe* 2011, comm. 71, obs. L. Idot ; *JDI* 2011. 553, note C. Prieto ; *JDE* 2011. 133, note T. Hennen.

C'était donc l'application effective des prohibitions du TFUE qui justifiait un alignement des procédures devant les autorités nationales de concurrence. Le même raisonnement sera réitéré dans l'arrêt *Whiteland*[75], par exemple, et c'est finalement le législateur européen qui poursuivra l'œuvre unificatrice de la Cour avec la directive ECN +[76]. Cette logique sera étendue ensuite au *private enforcement*, plus marqué encore par les particularismes nationaux en raison de la place qu'y tiennent les droits privés internes. Un « bloc » d'arrêts remarqués conduira à un alignement progressif de certaines règles de procédures et de fond au nom du principe d'effectivité : types de préjudices réparables avec l'arrêt *Manfredi*[77] ; conditions d'accès au dossier des autorités de concurrence avec les arrêts *Pfleiderer*[78] et *Donau Chemie*[79], notion de causalité avec l'arrêt *Kone*[80], qualification de la faute en cas d'engagements avec l'arrêt *Gasorba*[81] ou encore prescription avec l'arrêt *Cogeco*[82].

Effet utile du droit primaire de l'Union. La Cour a aussi eu recours à un autre raisonnement, développé dans un deuxième bloc d'arrêts, consistant à tirer certaines règles procédurales ou substantielles de l'effet utile des traités. La différence avec le bloc précédent n'est pas anecdotique : la source de la règle n'est plus le droit interne, en application du principe d'autonomie procédurale et sous la réserve du principe d'effectivité, mais bien le droit primaire. Effet direct et primauté obligent, l'uniformisation est alors totale. L'arrêt *T-Mobile*, pour le *public enforcement*, en offre une illustration probante à propos de la présomption

75 CJUE, 21 janvier 2021, *Whiteland*, aff. C-308/19, EU:C:2021:47 ; *Concurrences* n° 2-2021, art. n° 98843, note A. Ronzano ; à propos des actes interruptifs de prescription.

76 Directive 2019/1 du Parlement européen et du Conseil du 11 décembre 2018 visant à doter les autorités de concurrence des États membres des moyens de mettre en œuvre plus efficacement les règles de concurrence et à garantir le bon fonctionnement du marché intérieur, *JOUE* n° L 11 du 12 janvier 2019.

77 CJCE, 13 juillet 2006, *Manfredi*, aff. jtes C-295/04 à C-298/04, *Rec.* p. I-6619 ; *Europe* 2006, comm. 291, note L. Idot ; *RLC* 2006/9. 67, note P. Iannuccelli. V. aussi F. Zivy, « Action en réparation : La CJCE évite la question de l'action en réparation d'un préjudice causé par une violation des règles communautaires de concurrence (*Manfredi*) », 13 juillet 2006, *Concurrences* n° 4-2006, art. n° 12494, p. 118.

78 CJUE, 14 juin 2011, *Pfleiderer*, aff. C-360/09, EU:C:2011:38 ; *Europe* 2011, comm. 308, obs. L. Idot ; *Contrats, conc., consom.* n° 8-9, août-septembre 2011, comm. 198, note G. Decocq ; *Concurrences* n° 3-2011, art. n° 38077, p. 177, note A. Lacresse.

79 CJUE, 6 juin 2013, *Donau Chemie*, aff. C-536/11, EU:C:2013:366 ; *Europe* 2013, comm. 360, note L. Idot ; *JCP G* 2013. 717, n° 25, obs. F. Picod ; *Contrats, conc., consom.* n° 10, octobre 2013, comm. 218, note G. Decocq. V. aussi A.Lacresse, « Actions en dommages et intérêts : La Cour de justice ouvre largement le droit d'accès des victimes de pratiques anticoncurrentielles aux éléments recueillis dans le cadre d'une procédure de clémence (*Donau Chemie*) », 6 juin 2013, *Concurrences* n° 3-2013, art. n° 53836, p. 140.

80 CJUE, 5 juin 2014, *Kone*, aff. C-557/12, EU:C:2014:1317 ; *Europe* 2014, comm. 336, note L. Idot ; *JCP E* 2014, 30, 35, note C. Maréchal ; *Contrats, conc., consom.* n° 8, août 2014, note G. Decocq. – *Adde* S. Carval, « La responsabilité civile des membres d'une entente peut être engagée du fait du dommage causé par un effet d'ombrelle sur les prix », *D.* 2014, p. 1525 – encore qu'il faille nuancer l'analyse pour cet arrêt, v. R. Amaro, « Actions privées en matière de pratiques anticoncurrentielles. Conditions et effets de la responsabilité civile », *JCl. Contrats – Concurrence*, fasc. n° 317-10, n° 23.

81 CJUE, 23 novembre 2017, *Gasorba*, aff. C-547/16, EU:C:2017:891 ; *Europe* 2018, comm. 18, note L. Idot ; *RDC* 2018. 92, note L. Idot ; *Contrats, conc., consom.* n° 1, janvier 2018, comm. 16, note D. Bosco ; *ibid.*, n° 2, février 2018, comm. 34, note G. Decocq ; *Concurrences* n° 2-2018, art. n° 86716, p. 228, note R. Amaro.

82 CJUE, 28 mars 2019, *Cogeco*, aff. C-637/17, EU:C:2019:263 ; *Europe* 2019, comm. 207, note L. Idot ; *JDE* 2019, n° 260, pp. 249-251, note P. De Bandt et C. Binet ; *RJC* 2019/3. 231, note G. Decocq ; *RLC* 2019/85. 41, note C. Nourissat ; *Concurrences* n° 3-2019, art. n° 91222, p. 232, note R. Amaro.

de causalité entre un échange d'informations et un parallélisme de comportements. La Cour considère que la règle découle de l'interprétation de l'article 101 du TFUE[83] quand son avocate générale soutenait qu'elle devait être soumise au droit interne en application du principe d'autonomie procédurale[84]. En matière de *private enforcement*, l'arrêt *Skanska*[85] procède du même raisonnement en énonçant que l'effet utile de l'article 101 requiert qu'une société absorbante supporte la charge du dommage causé par une société absorbée. *Idem* pour l'arrêt *Otis II*[86], qui énonce qu'une victime indirecte – une personne publique qui a accordé des prêts surévalués en raison du cartel à des entreprises de construction – doit pouvoir obtenir réparation quand bien même le droit civil interne en cause adopterait une conception stricte de la causalité aboutissant à une solution contraire. On pourrait encore citer le récent arrêt *Sumal*[87], qui a adopté une solution comparable à celle de l'arrêt *Skanska* en imputant à la filiale la charge du dommage causé par la société mère. Le raisonnement y est toutefois moins net et la clé de réparation entre effet utile et principe d'effectivité y manque d'intelligibilité.

L'influence des « considérations substantielles » du droit de la concurrence sur l'interprétation du droit dérivé. Un dernier bloc de jurisprudence participant de cette même logique utilitariste et intégrationniste paraît pouvoir être discerné. Plus composite peut-être, il traduit la même volonté de la Cour d'assurer l'efficacité des prohibitions du droit des pratiques anticoncurrentielles mais cette fois par l'interprétation du droit dérivé. Pour le *public enforcement*, on en a vu certaines manifestations dans l'interprétation du règlement (CE) n° 1/2003 à propos du secret de l'avocat interne, singulièrement limité par l'arrêt *Akzo*[88] pour les procédures engagées par la Commission ou à propos de la faculté de cette dernière, consacrée par l'arrêt *X BV*[89], de présenter d'office des observations écrites dans une procédure relative à la possibilité de déduire des bénéfices imposables le montant de ses amendes. Plus récemment, c'est l'interprétation du règlement Bruxelles I, dans sa version première et dans sa version refondue, qui a alimenté le phénomène pour le *private enforcement*. La tendance générale a consisté à consacrer un crypto *forum actoris*, destiné à favoriser l'efficacité des actions en

---

83 CJCE, 4 juin 2009, *T-Mobile*, aff. C-8/08, EU:C:2009:343 ; *Concurrences* n° 3-2009, p. 79, note M. Debroux ; *Europe* 2009, comm. 323, obs. L. Idot.

84 Conclusions AG Kokott, 19 février 2009, *T-Mobile*, aff. C-8/08, EU:C:2009:110, pts 78 et s., spéc. pt 94.

85 CJUE, 14 mars 2019, *Skanska*, aff. C-724/17, EU:C:2019:204 ; *Contrats, conc., consom.* 2019, comm. 88, note D. Bosco ; *Concurrences* n° 3-2019, art. n° 91222, p. 239, note R. Amaro.

86 CJUE, 12 décembre 2019, *Otis II*, aff. C-435/18, EU:C:2019:1069 ; *Europe* 2020, comm. 65, note L. Idot ; *Concurrences* n° 2-2020, art. n° 94891 p. 157, obs. P. Cardonnel ; *LEDICO* février 2020, n° 112u8, p. 5, obs. M. Celaya ; *RDC* 2020. 91, obs. C. Prieto ; *Contrats, conc., consom.* n° 2, février 2020, comm. 28, note D. Bosco.

87 CJUE, 6 octobre 2021, *Sumal c/ Mercedes Benz Trucks España*, aff. C-882/19, EU:C:2021:800 ; *Europe* 2021, comm. 450, note L. Idot ; *Contrats, conc., consom.* n° 12, décembre 2021, comm. 186, note M.-S. Garnier.

88 CJCE, 10 septembre 2009, *Akzo Nobel*, aff. C-97/08 P, *Rec.* p. I-8237, pts 115 à 119.

89 CJCE, 11 juin 2009, *X BV*, aff. C-429/07, *Rec.* p. I -4833 ; *Concurrences* n° 3-2009, art. n° 27378, p. 120, note A. Maitrepierre ; *Europe* 2009, comm. 322, obs. L. Idot.

réparation et à ainsi faire prévaloir les « *considérations substantielles* »[90] du droit de la concurrence sur l'esprit du système de Bruxelles. En matière de cartels, les arrêts *CDC*[91] et *Volvo*[92] sont particulièrement emblématiques de cette évolution en assimilant le lieu de matérialisation du dommage au lieu du siège social des victimes. L'arrêt *Tibor-Trans*[93] – pour les cartels toujours – et l'arrêt *flyLAL*[94] pour les abus de position dominante et les ententes verticales traduisent, dans une moindre mesure, le même parti pris « pro-demandeurs » en promouvant la compétence du lieu du marché affecté, qui bien souvent coïncide avec le siège social de la victime.

Conclusion. Cette philosophie utilitariste et intégrationniste de la Cour a le mérite d'être clairement exprimée. Qu'on la regrette ou qu'on l'approuve, les perspectives d'évolution qu'elle dessine sont nettes. Elle conduira à une européanisation plus aboutie encore des règles de procédure et à un renforcement de l'efficacité des contentieux de concurrence devant les juridictions et les autorités nationales.

Dernier avatar du *spill-over effect* ? C'est possible, mais on peut y voir aussi un changement lent et moins facilement perceptible des mentalités européennes, plus soucieuses aujourd'hui qu'hier de la contribution du système de mise en œuvre à l'efficacité des règles de droit substantiel de concurrence. Et, on l'aura compris, l'influence du modèle américain n'aura pas été indifférente. Elle a commencé par un emprunt linguistique avant de pénétrer durablement les consciences et de contribuer à l'émergence d'une véritable doctrine de mise en œuvre du droit de la concurrence. Simplement, la méfiance des Européens pour le modèle américain a conduit à faire dériver le système européen vers une articulation du *public* et du *private enforcement* qui n'est pas exactement celle des origines.

Cette articulation est-elle la bonne ? Cette nouvelle doctrine de l'*enforcement* parviendra-t-elle à atteindre les objectifs auxquels elle semble répondre ? On ne

---

90 Sur ce type d'approches v. J.-S. Bergé, D. Porcheron et G. Vieira da Costa Cerqueira, « Droit international privé et droit de l'Union européenne », *Rép. dr. eur.*, Dalloz, n° 2 et 94 et les références citées ; *adde* E. Farnoux, « Les considérations substantielles dans le règlement de la compétence internationale des juridictions : réflexion autour de la matière délictuelle », thèse, Université Paris 1 Panthéon-Sorbonne, 2017.

91 CJUE, 21 mai 2015, *Cartel Damage Claims (CDC) Hydrogen*, aff. C-352/13, EU:C:2015:335 ; *Europe* 2015, comm. 287, note L. Idot ; *Procédures* 2015, comm. 225, note C. Nourissat ; *RLC* 2015/44. 85, obs. C. Robin. V. aussi A. Lacresse, « Demande en réparation : La Cour de justice de l'Union européenne juge que la juridiction saisie d'une demande en réparation reste compétente même en cas de désistement à l'égard du seul auteur domicilié dans son ressort (*CDC Hydrogene Peroxide*) », 21 mai 2015, *Concurrences* n° 3-2015, art. n° 75100, pp. 145-146.

92 CJUE, 15 juillet 2021, *Volvo*, aff. C-30/20, EU:C:2021:604 ; *D.* 2021. 1432 ; *RTD com.* 2021. 679, obs. A. Marmisse-d'Abbadie d'Arrast ; *Europe* 2021, comm. 361, note L. Idot ; *D.* 2021. 1832, obs. S. Bollée ; *JCP G* 2021, doctr. 941, obs. C. Nourissat ; *Contrats, conc., consom.* n° 10, octobre 2021, comm. 153, note D. Bosco.

93 CJUE, 24 novembre 2020, *Wikingerhof c/ Booking*, aff. C-59/19, EU:C:2020:950 ; *Europe* 2021, comm. 39, obs. L. Idot ; *D.* 2020. 1064, note R. Amaro, F. Jault-Seseke ; *Dalloz IP/IT* 2021. 224, obs. A. Lecourt ; *JT* 2021, n° 238, p. 11, obs. X. Delpech ; *RTD com.* 2021. 229, obs. A. Marmisse-d'Abbadie d'Arrast ; *Contrats, conc., consom.* n° 1, janvier 2021, comm. 14, obs. D. Bosco ; *Concurrences* n° 1-2021, art. n° 98983, p. 181, obs. P. Cardonnel.

94 CJUE, 5 juillet 2018, *FlyLAL*, aff. C-27/17, EU:C:2018:533 ; *Europe* 2018, comm. 405, note L. Idot ; *D.* 2019. 1016, obs. S. Clavel et F. Jault-Seseke ; *D.* 2018. 1500 et 1934, obs. S. Bollée ; *Concurrences* n° 4-2018, art. n° 88226 p. 166, note A. Lacresse ; *ibid.*, art. n° 88140, p. 225, note R. Amaro ; *RDAI* 2019. 192, note R.-M. Sotomayor.

saurait l'affirmer avec trop de certitudes. L'exigence de réparation intégrale du *private enforcement* « à l'européenne » pose d'épineux défis aux juridictions nationales. Par ailleurs, certains signes d'un effet délétère de l'essor du *private enforcement* sur l'efficacité du *public enforcement* sont déjà perceptibles. Dans les années à venir, quelques affaires retentissantes, cartels des camions et affaires *Google* en tête, devraient donner aux Européens l'occasion de tester *in vivo* les atouts et les limites de leur modèle d'*enforcement*.

Il sera peut-être temps alors de s'interroger à nouveaux frais sur les enseignements du modèle américain…

Le rôle de la Cour de justice dans le développement des actions en réparation exercées à la suite de constats de pratiques anticoncurrentielles

IRÈNE LUC*
Autorité de la concurrence

Résumé

Dans son activité d'enseignement, ses travaux de recherche et ses publications, Laurence Idot a largement contribué au rayonnement de la jurisprudence de la Cour de justice de l'Union européenne. Chargée à sa demande d'un cours en master 2 sur le droit de la concurrence, à la faculté de Panthéon-Assas, j'ai essayé, pendant plusieurs années dans cette enceinte, à son exemple, de donner toujours aux arrêts de la Cour la place centrale qui leur revient. Cette contribution constitue le reflet de cette préoccupation dans le domaine très spécifique des actions privées. Elle sera centrée sur la consécration, par la haute juridiction, du droit à réparation. Elle se veut aussi et surtout un témoignage de reconnaissance pour la confiance donnée et un hommage admiratif pour une figure centrale du droit de la concurrence.

---

* Vice-présidente de l'Autorité de la concurrence.

Le rôle complémentaire des juridictions nationales et des autorités nationales ou européenne de concurrence a été maintes fois souligné dans l'application du droit de la concurrence. Les juridictions directement saisies ou saisies à la suite d'une autorité de concurrence nationale ou de la Commission peuvent constater une infraction au droit de la concurrence, puis allouer des dommages-intérêts ou prononcer la nullité d'un contrat ou d'une clause anticoncurrentiels. Ces actions, dites « privées », portées devant les juges nationaux, existent depuis les origines du droit de la concurrence. Tout particulier peut se prévaloir des articles 101 et 102 du traité sur le fonctionnement de l'Union européenne (TFUE) ou de leur pendant en droit national, les articles L. 420-1 et L. 420-2 du code de commerce, devant les juridictions nationales pour solliciter des dommages-intérêts à la suite de pratiques anticoncurrentielles dont il a été victime. La Cour a souligné, dès l'arrêt *Courage* du 20 septembre 2001[1], que les actions privées complétaient l'efficacité des actions publiques menées devant les autorités de concurrence[2].

Deux grandes étapes réglementaires sont venues donner une nouvelle vigueur à ces actions.

La première grande étape consiste dans l'adoption du règlement (CE) n° 1/2003[3], qui a renforcé le rôle des juridictions nationales dans l'application du droit de la concurrence, en rappelant l'obligation d'appliquer, même d'office, le droit de l'Union dans les affaires où seul est évoqué le droit national de la concurrence et en décentralisant, en matière d'ententes, l'application du droit de la concurrence européen, de la Commission vers les autorités et juridictions nationales.

Comme le souligne l'article 6 du règlement, au besoin d'office, « *[l]es juridictions nationales sont compétentes pour appliquer les articles 81 et 82 du traité* » (devenus les articles 101 et 102 TFUE). Plus spécifiquement, il est rappelé l'obligation, pour les juridictions et les autorités nationales, d'appliquer le droit de la concurrence de l'Union, lorsqu'elles sont saisies en droit national, dès lors que le commerce intracommunautaire est susceptible d'être affecté sensiblement.

Par ailleurs, le règlement a mis un terme aux notifications obligatoires des ententes à la Commission par les entreprises, au profit d'un système d'exception légale, laissant l'appréciation de leur régularité à l'autoévaluation des entreprises, puis, en cas de litiges, aux autorités et juridictions nationales, ces dernières s'étant vu, au surplus, conférer la compétence d'examiner les demandes d'exemption des entreprises, fondées sur le paragraphe 3 de l'article 101 TFUE[4].

---

1 CJCE, 20 septembre 2001, *Courage*, aff. C-453/99, EU:C:2001:465, pts 26 et 27.

2 « *Un tel droit renforce, en effet, le caractère opérationnel des règles communautaires de concurrence et est de nature à décourager les accords ou pratiques, souvent dissimulés, susceptibles de restreindre ou de fausser le jeu de la concurrence. Dans cette perspective, les actions en dommages-intérêts devant les juridictions nationales sont susceptibles de contribuer substantiellement au maintien d'une concurrence effective dans la Communauté* » (*ibid.*, pt 27).

3 Règlement (CE) n° 1/2003 du Conseil du 16 décembre 2002 relatif à la mise en œuvre des règles de concurrence prévues aux articles 81 et 82 du Traité, *JOCE* n° L 1 du 4 janvier 2003, p. 1.

4 Les juridictions n'ont donc plus à surseoir à statuer lorsqu'est invoqué le paragraphe 3 de l'article 101 TFUE.

L'article 15 du règlement fournit aux juridictions des outils de coopération avec la Commission européenne, dans le but de favoriser l'application uniforme et cohérente du droit européen ; la faculté de demander un avis à la Commission ou de recevoir des *amici curiae* de la Commission ou de l'autorité nationale de concurrence nationale figure au nombre de ces outils.

La communication de la Commission sur la coopération entre la Commission et les juridictions nationales[5], adoptée en même temps que d'autres communications relatives à l'application du règlement, rappelle également la faculté, pour les juridictions, de saisir la Cour de justice d'une question préjudicielle sur le fondement de l'article 267 TFUE. Cet instrument s'est révélé essentiel pour guider les juridictions dans la réparation des préjudices.

La seconde étape résulte de la directive du 26 novembre 2014 sur les actions en dommages-intérêts pour les pratiques anticoncurrentielles[6] (ci-après « directives dommages »). Cette directive a pour objet d'encourager les actions en réparation, à la suite de pratiques anticoncurrentielles, notamment en facilitant l'accès des victimes aux preuves, et en instaurant des présomptions, pour certaines irréfragables, sur le fond du droit[7]. L'ordonnance de transposition en droit français est survenue le 9 mars 2017[8].

On constate, depuis l'entrée en vigueur de cette directive, une nette augmentation des actions en réparation devant les juridictions nationales.

Parallèlement à l'effet conjugué de ces deux textes, la transposition en droit français[9] de la directive dite « ECN + »[10] a doté l'Autorité française de la concurrence du

---

5 Communication de la Commission sur la coopération entre la Commission et les juridictions nationales pour l'application des articles 81 et 82 du traité CE, *JOUE* n° C 101 du 27 avril 2004, p. 54.

6 Directive 2014/104/UE du Parlement européen et du Conseil du 26 novembre 2014 relative à certaines règles régissant les actions en dommages et intérêts en droit national pour les infractions aux dispositions du droit de la concurrence des États membres et de l'Union européenne, *JOUE* n° L 349 du 5 décembre 2014, p. 1.

7 Présomption irréfragable d'infraction en cas de décision définitive de l'autorité nationale de concurrence ou de la Commission européenne se prononçant sur la culpabilité d'une entreprise ; présomption de préjudice résultant d'un cartel ; présomption de non-répercussion des surcoûts de l'entreprise victime.

8 Ordonnance n° 2017-303 du 9 mars 2017 et décret n° 2017-305 relatifs aux actions en dommages et intérêts du fait des pratiques anticoncurrentielles, *JORF* n° 0059 du 10 mars 2017 ; v. aussi M. Chagny, « Directive sur les actions en dommages et intérêts du fait des pratiques anticoncurrentielles : Le gouvernement français publie l'ordonnance de transposition et le décret correspondant », 9 mars 2017, *Concurrences* n° 2-2017, art. n° 84095.

9 Ordonnance n° 2021-649 du 26 mai 2021 relative à la transposition de la directive (UE) 2019/1 du Parlement européen et du Conseil du 11 décembre 2018 visant à doter les autorités de concurrence des États membres des moyens de mettre en œuvre plus efficacement les règles de concurrence et à garantir le bon fonctionnement du marché intérieur (directive ECN +), *JORF* n° 0121 du 27 mai 2021 ; v aussi C. Lemaire, M. Florent, « Politique de concurrence : Le Gouvernement français transpose, avec quelques mois de retard, la Directive ECN+ », 26 mai 2021, *Concurrences* n° 3-2021, art. n° 101943, pp. 161-167.

10 Directive (UE) 2019/1 du Parlement européen et du Conseil du 11 décembre 2018 visant à doter les autorités de concurrence des États membres des moyens de mettre en œuvre plus efficacement les règles de concurrence et à garantir le bon fonctionnement du marché intérieur, *JOUE* n° L 11 du 14 janvier 2019, p. 3 ; v. aussi C. Lemaire, A. Lacresse, J. Bousin, « Politique de concurrence : Le Parlement européen et le Conseil adoptent la directive ECN+ et renforcent la convergence institutionnelle et procédurale au sein du réseau européen de concurrence (Directive 2019/1) », 11 décembre 2018, *Concurrences* n° 2-2019, art. n° 90462, pp. 144-148.

pouvoir d'opportunité des poursuites. En vertu de ce principe, l'Autorité pourra refuser d'instruire les plaintes lui paraissant dénuées d'intérêt, en cas de saisine des entreprises[11].

Le recours accru des victimes de pratiques anticoncurrentielles aux juridictions nationales est à prévoir, celles-ci étant les seules à même de juger les pratiques anticoncurrentielles dénoncées par les parties que l'Autorité n'aura pas voulu instruire.

Il est sur ce point intéressant de souligner que les juridictions de l'Union ont souvent validé les décisions de rejet de plainte *ab initio* de la Commission, en se fondant sur la faculté, pour les plaignants, de recourir au juge national, ainsi que le rappelle la Commission, dans sa communication relative au traitement des plaintes[12].

Compte tenu de tous ces éléments, de nature à accroître les saisines des juridictions nationales, l'aide de la Cour de justice s'avère bien souvent indispensable.

La Cour joue un rôle fondamental dans le cadre de sa coopération avec les juridictions nationales pour clarifier les règles applicables aux actions privées fondées sur les droits de la concurrence de l'Union et nationaux (I.). Elle a, dans une série d'arrêts récents rendus sur des questions préjudicielles, invité les juges nationaux à une application résolue, dans les actions en réparation, du principe d'effectivité du droit européen de la concurrence (II.).

I. Le rôle de la coopération de la Cour de justice avec les juridictions nationales

L'outil principal de cette coopération reste la question préjudicielle (1.). La Cour consacre et encourage le droit à réparation devant les juridictions nationales, par son interprétation des articles 101 et 102 TFUE et par l'application des principes d'effectivité et d'équivalence aux réglementations nationales (2.).

1. La question préjudicielle

L'outil de coopération essentiel pour les juridictions saisies d'actions privées en droit de la concurrence demeure la question préjudicielle devant la Cour de

11 Le deuxième alinéa de l'article L. 462-8 du code de commerce, dans sa version résultant du XII de l'article 2 de l'ordonnance n° 2021-649 du 26 mai 2021, laquelle transpose ladite directive en droit national, est désormais ainsi rédigé : « *Elle [l'Autorité] peut aussi rejeter la saisine par décision motivée lorsqu'elle estime que les faits invoqués ne sont pas appuyés d'éléments suffisamment probants ou, pour les saisines reçues en application du II et du IV de l'article L. 462-5, lorsqu'elle ne les considère pas comme une priorité.* »

12 Comm. eur., Projet de Communication de la Commission relative au traitement par la Commission des plaintes déposées au titre des articles 81 et 82 du traité CE, *JOUE* n° C 101 du 27 avril 2004, p. 65, § 44, al. 1 : « *La Commission est en droit de rejeter une plainte au motif que le plaignant peut introduire des actions pour faire valoir ses droits devant les juridictions nationales.* »

justice. Cette procédure est régie par l'article 267 TFUE[13]. Elle permet aux juridictions d'interroger la Cour sur l'interprétation du droit de l'Union. Dans ce cadre, le juge national apprécie librement la pertinence des questions posées à la Cour[14]. Celle-ci admet assez largement la recevabilité des questions préjudicielles qui lui sont adressées. L'avocate générale Kokott, dans ses conclusions sur l'affaire *Cogeco*[15], a ainsi pu parler, à la suite de la Cour, de « *présomption de pertinence* » des questions posées. En revanche, sont rejetées les questions qui n'ont aucun rapport avec la réalité ou l'objet du litige au principal, lorsque le problème est de nature hypothétique, ou encore en l'absence d'éléments de fait ou de droit nécessaires pour répondre de façon utile. Les questions portant sur le droit national de la concurrence sont également assez largement admises, dès lors que ces dispositions sont la reprise du droit de la concurrence de l'Union. Dans ce cas, « *il y a un intérêt communautaire certain à ce que les dispositions ou les notions reprises du droit communautaire reçoivent une interprétation uniforme* »[16].

2. La consécration du droit à réparation dans les arrêts fondateurs

La Cour a reconnu l'existence d'un droit, pour les victimes de pratiques anticoncurrentielles, d'en obtenir réparation[17], fondé directement sur les articles 101 et 102 TFUE.

En effet, les articles 101 et 102 produisant des effets directs dans les relations entre les particuliers et engendrant des droits dans le chef des justiciables que les juridictions doivent sauvegarder, il en résulte, selon la Cour, que « *toute personne est en droit de demander réparation du préjudice subi lorsqu'il existe un lien de causalité entre ledit préjudice et une entente ou une pratique interdite par l'article 81 CE* »[18].

---

13 L'article 267 TFUE (ex-art. 234 TCE) dispose ainsi : « *La Cour de justice de l'Union européenne est compétente pour statuer, à titre préjudiciel : a) sur l'interprétation des traités, b) sur la validité et l'interprétation des actes pris par les institutions, organes ou organismes de l'Union. Lorsqu'une telle question est soulevée devant une juridiction d'un des États membres, cette juridiction peut, si elle estime qu'une décision sur ce point est nécessaire pour rendre son jugement, demander à la Cour de statuer sur cette question. Lorsqu'une telle question est soulevée dans une affaire pendante devant une juridiction nationale dont les décisions ne sont pas susceptibles d'un recours juridictionnel de droit interne, cette juridiction est tenue de saisir la Cour. Si une telle question est soulevée dans une affaire pendante devant une juridiction nationale concernant une personne détenue, la Cour statue dans les plus brefs délais.* »

14 CJUE, 7 décembre 2010, *VEBIC*, aff. C-439/08, EU:C:2010:739, pt 41 : « Il est de jurisprudence constante que, dans le cadre de la coopération entre la Cour et les juridictions nationales, telle que prévue à l'article 267 TFUE, il appartient au seul juge national, qui est saisi du litige et qui doit assumer la responsabilité de la décision juridictionnelle à intervenir, d'apprécier, au regard des particularités de l'affaire pendante devant lui, tant la nécessité d'une décision préjudicielle pour être en mesure de rendre son jugement que la pertinence des questions qu'il pose à la Cour [...] » ; v. aussi A. Maitrepierre, « Recours juridictionnel contre une décision d'une ANC : La Cour de Justice admet la faculté pour une autorité de concurrence nationale d'agir en qualité de partie défenderesse (*VEBIC*) », 7 décembre 2010, *Concurrences* n° 1-2011, art. n° 34233, pp. 179-181.

15 Conclusions AG Kokott, 17 janvier 2019, *Cogeco*, aff. C-637/17, EU:C:2019:32, pt 34.

16 Conclusions AG Kokott, 19 février 2009, *T-Mobile*, aff. C-8/08, EU:C:2009:110, pt 26.

17 CJCE, 20 septembre 2001, *Courage*, aff. C-453/99, préc. ; CJCE, 13 juillet 2006, *Manfredi*, aff. jtes C-295/04 à C-298/04, EU:C:2006:461 ; v. aussi F. Zivy, « Action en réparation : La CJCE évite la question de l'action en réparation d'un préjudice causé par une violation des règles communautaires de concurrence (*Manfredi*) », 13 juillet 2006, *Concurrences* n° 4-2006, art. n° 12494, p. 118.

18 CJCE, 13 juillet 2006, *Manfredi*, aff. jtes C-295/04 à C-298/04, préc., pt 61.

Au-delà de la fonction strictement réparatrice et compensatoire, ces actions ont aussi pour effet de dissuader les entreprises de se livrer à de tels comportements : « *Un tel droit renforce, en effet, le caractère opérationnel des règles communautaires de concurrence et est de nature à décourager les accords ou pratiques, souvent dissimulés, susceptibles de restreindre ou de fausser le jeu de la concurrence. Dans cette perspective, les actions en dommages-intérêts devant les juridictions nationales sont susceptibles de contribuer substantiellement au maintien d'une concurrence effective dans la Communauté*[19] *[…]* »

L'importance de la dissuasion résultant des actions privées a été soulignée par l'avocat général Wahl dans ses conclusions relatives à l'affaire *Skanska*[20]. En effet, lorsque les victimes agissent, les chances de détection des pratiques anticoncurrentielles sont démultipliées, par rapport à la seule mise en œuvre de l'action publique.

Selon une jurisprudence constante, ce droit à réparation est fondé en droit de l'Union. En revanche, les modalités concrètes de mise en œuvre relèvent du droit national, en vertu du principe de l'autonomie procédurale. En l'absence de réglementation européenne, chaque État membre doit prévoir des règles qui garantissent ce droit, dans le respect des principes d'effectivité et d'équivalence.

Comme l'a souligné l'avocate générale Kokott dans l'affaire *Otis*[21], dans la suite des conclusions de l'avocat général Wahl dans l'affaire *Skanska* : « *[L]a différence entre un examen fondé sur les principes d'équivalence et d'effectivité, d'une part, et un examen directement fondé sur l'article 101 TFUE, d'autre part, est fondamentale pour déterminer la ligne de démarcation entre les questions régies par le droit de l'Union et celles régies par les systèmes juridiques nationaux des États membres.* »

L'examen de la Cour de justice diffère selon ces deux droits. En effet, la question est appréhendée en droit de l'Union ou sur le fondement des principes d'équivalence et d'effectivité, selon que les droits sont tirés directement des articles 101 et 102 TFUE, ou dans des domaines régis par le droit national[22].

A. *Les règles de fond relèvent du droit de l'Union*

Les conditions de mise en œuvre du droit à réparation relèvent du droit de l'Union. Ce sont les matières directement régies par les articles 101 et 102 TFUE, selon l'interprétation effectuée par la Cour elle-même de ces articles.

---

19 *Ibid.*, pt 91.

20 Conclusions AG Wahl, 6 février 2019, *Skanska*, aff. C-724/17, EU:C:2019:100, pt 46 et s.

21 Conclusions AG Kokott, 29 juillet 2019, *Otis*, aff. C-435/18, EU:C:2019:651, pt 38.

22 V. aussi les importants développements consacrés à cette question, conclusions AG Wahl, 6 février 2019, *Skanska*, aff. C-724/17, préc.

Au gré de ses arrêts, la Cour précise le contour des articles 101 et 102 et détermine les règles qui s'imposent aux juridictions nationales. Son interprétation lie les juridictions nationales.

S'agissant du fond du droit de la concurrence, la Cour expose que c'est non seulement les articles 101 et 102 qui s'imposent aux juridictions, mais leur interprétation résultant de sa jurisprudence.

S'agissant de l'article 101, par exemple, la Cour a, ainsi, dans l'arrêt *T-Mobile*, consacré une présomption d'atteinte au marché résultant d'échanges d'informations sensibles entre concurrents, dès lors que les entreprises restent actives sur le marché. La Cour expose que cette règle jurisprudentielle s'impose aux juridictions nationales : « *Partant, lors de l'application de l'article 81 CE, l'interprétation qui en est donnée par la Cour est contraignante pour l'ensemble des juridictions nationales des États membres*[23]. » Dans ces conditions, cette présomption fait partie intégrante du droit européen applicable.

S'agissant, plus spécifiquement, des actions en réparation, la Cour a ainsi rattaché au droit de l'Union :

- la détermination de l'entité responsable de l'infraction, également tenue à réparer le préjudice[24] ;
- le lien de causalité et le « lien suffisant » entre les pratiques et le dommage, au regard de l'objectif de protection de l'article 101[25] ;
- les victimes pouvant être dédommagées, aucune catégorie de victimes ne pouvant être *a priori* exclue[26] ;
- le type de dommages indemnisables.

Lorsqu'elles appliquent ces règles de concurrence européennes, les juridictions nationales sont liées par la jurisprudence des juridictions européennes, ainsi que par les règlements de la Commission. Le droit national de la concurrence ne devant pas conduire à des solutions différentes de celles relevant du droit de l'Union, en vertu de la primauté du droit de l'Union, ce sont toutes les règles de fond du droit de la concurrence, dans ses aspects public et privé, qui relèvent de la jurisprudence de la Cour.

---

23 CJCE, 4 juin 2009, *T-Mobile*, aff. C-8/08, EU:C:2009:343, pt 50 ; v. aussi D. Ferré, « Objet anticoncurrentiel : La CJCE se prononce sur les critères d'appréciation de l'objet anticoncurrentiel d'une pratique concertée et sur la preuve d'une telle pratique devant le juge national (*T-Mobile Netherlands*) », 4 juin 2009, *Concurrences* n° 3-2009, art. n° 29661.

24 CJCE, 14 mars 2009, *Skanska*, aff. C-724/17, EU:C:2019:204.

25 CJUE, 12 décembre 2019, *Otis*, aff. C-435/18, EU:C:2019:1069 ; v. aussi P. Cardonnel, « Actions privées : La Cour de justice de l'Union européenne déclare le droit à réparation d'un organisme public offrant des prêts subventionnés aux acheteurs des produits concernés par une entente (*Otis / Land Oberösterreich*) », 12 décembre 2019, *Concurrences* n° 2-2020, art. n° 94891, pp. 157-158.

26 CJUE, 5 juin 2014, *Kone*, aff. C-557/12, EU:C:2014:1317 ; CJUE, 12 décembre 2019, *Otis*, aff. C-435/18, préc.

B. *Les domaines régis par le droit national sont les règles de procédure ou de forme*

En revanche, s'agissant des modalités concrètes de mise en œuvre et d'application du droit de l'Union, qui relèvent du droit national, le contrôle de la Cour porte sur le respect, par la législation nationale, des principes généraux du droit européen. À cet égard, il est utile de rappeler la jurisprudence de la Cour de justice, selon laquelle les règles relatives aux procédures appliquées par les juridictions nationales pour faire respecter le droit communautaire : (i) ne doivent pas rendre son application excessivement difficile ou pratiquement impossible (principe d'efficacité) et (ii) ne doivent pas être moins favorables que les règles visant à faire respecter le droit national équivalent (principe d'équivalence). Les règles nationales qui rendent excessivement difficile l'application du droit de la concurrence et du droit à réparation doivent être écartées par le juge.

S'agissant de l'action publique, la qualité de parties des autorités nationales de concurrence devant les juridictions de contrôle et leur faculté d'interjeter des pourvois en cassation ont été reconnues dans l'arrêt *VEBIC*[27], au regard du principe d'effectivité.

S'agissant des actions privées, relèvent, par exemple, des modalités concrètes d'exercice des actions privées en droit de la concurrence, l'accès aux preuves[28], la prescription[29], l'organisation judiciaire mise en place pour traiter le contentieux, les modalités de constatation du lien de causalité (à savoir, par exemple, le type de preuves admissible).

La transposition de la directive du 26 novembre 2014 citée plus haut[30] a fait entrer de nouvelles dispositions dans le droit positif, tant sur le fond du droit que sur la procédure. Mais, compte tenu de l'application de celles-ci dans le temps, la Cour a été interrogée sur la question de savoir si certaines n'étaient pas immédiatement applicables à des pratiques antérieures à leur entrée en vigueur, pour assurer d'ores et déjà la réparation effective des préjudices résultant des infractions au droit de la concurrence.

Par ses réponses, la Cour a encouragé les juridictions à faire une application immédiate de certaines de ces dispositions nouvelles, les ayant estimées nécessaires pour garantir le droit des victimes à la réparation.

---

27 CJUE, 7 décembre 2010, *VEBIC*, aff. C-439/08, préc.

28 CJUE, 14 juin 2011, *Pfleiderer*, aff. C-360/09, EU:C:2011:389 ; CJUE, 6 juin 2013, *Donau Chemie*, aff. C-536/11, EU:C:2013:366 ; v. aussi A. Lacresse, « Actions en dommages et intérêts : La Cour de justice ouvre largement le droit d'accès des victimes de pratiques anticoncurrentielles aux éléments recueillis dans le cadre d'une procédure de clémence (*Donau Chemie*) », 6 juin 2013, *Concurrences* n° 3-2013, art. n° 53836, p. 140 .

29 CJUE, 28 mars 2019, *Cogeco*, aff. C-637/17, EU:C:2019:263 ; v. aussi L. Bernardeau, « Action privée : La Cour de justice de l'Union européenne apporte des précisions sur l'application dans le temps de la directive 2014/104/UE et sur la conformité au droit de l'Union européenne de dispositions de droit interne relatives à la prescription des actions en dommages et intérêts, antérieures à la transposition de ladite directive (*Cogeco / Sport TV Portugal*) », 28 mars 2019, *Concurrences* n° 2-2019, art. n° 90473, p. 152 .

30 V. note 6.

II. Les arrêts récents rendus par la Cour de justice dans le domaine des actions en réparation au regard du principe d'effectivité[31]

Les apports des principaux arrêts seront ici résumés, ainsi que, si nécessaire, ceux des conclusions des avocats généraux, très utiles, aussi bien pour expliquer les motivations de la Cour que pour disposer d'une recension complète et didactique des différentes problématiques en jeu. Ils seront classiquement organisés en deux parties, distinguant la procédure du fond du droit à réparation.

1. Les modalités concrètes d'exercice du droit à réparation

La Cour a notamment été interrogée sur les questions concernant :

- la spécialisation des juridictions ;
- les régimes de prescription des actions indemnitaires ;
- la question de l'accès des victimes aux pièces des dossiers de clémence ;
- la procédure d'*amicus curiae*.

A. *La spécialisation des juridictions*

L'organisation judiciaire des États membres relève de leur droit national, et, notamment, l'institution éventuelle de chambres ou juridictions spécialisées pour appliquer le droit de la concurrence. Cette organisation doit être évaluée au regard du principe d'effectivité et d'équivalence.

Une des questions qui étaient posées dans l'affaire *Manfredi*[32] était relative à l'application, en Italie, du principe d'équivalence au traitement des affaires en droit national et en droit européen de la concurrence, seul le premier relevant d'une cour d'appel exclusive, le second étant dévolu aux juridictions de droit commun. Il était avancé une différence défavorable au droit européen dans l'application des deux droits, notamment en termes de coûts et de délais.

Si cette question n'a pas reçu de réponses concrètes, la Cour en étant restée à une appréciation très générale, renvoyant à la juridiction le soin de se prononcer, l'avocat général Geelhoed[33] avait suggéré de vérifier si l'exercice des droits accordés par l'ordre juridique communautaire était ou non affecté, en appréciant le caractère manifestement disproportionné de la durée et des coûts y afférents (pt 23), seule une disproportion caractérisée pouvant permettre de conclure à la violation du principe d'équivalence.

---

31 Et ponctuellement d'équivalence.

32 CJCE, 13 juillet 2006, *Manfredi*, aff. jtes C-295/04 à C-298/04, préc.

33 Conclusions AG Geelhoed, 26 janvier 2006, *Manfredi*, aff. jtes C-295/04 à C-298/04, EU:C:2006:67, pt 51.

B. *La prescription*

Dès l'arrêt *Manfredi*, la Cour avait également été interrogée sur le point de savoir si les règles nationales de prescription en Italie ne rendaient pas les actions en réparation pratiquement impossibles, dès lors que la prescription commençait à courir à partir de la mise en œuvre de la pratique. La Cour a précisé qu'il incombait à la juridiction nationale de vérifier l'ensemble du régime de prescription et, notamment, si cette règle, combinée à un délai de prescription court, non susceptible d'être suspendu, rendait pratiquement impossible ou excessivement difficile l'exercice du droit de demander réparation du préjudice subi.

Dans l'arrêt *Cogeco*[34], la Cour a estimé que le régime de prescription portugais pour exercer des actions en réparation était excessivement restrictif au regard des spécificités des affaires de concurrence, impliquant « *la réalisation d'une analyse factuelle et économique complexe* » (pt 46) : « *[L]'article 102 TFUE et le principe d'effectivité doivent être interprétés en ce sens qu'ils s'opposent à une réglementation nationale, qui, d'une part, prévoit que le délai de prescription en ce qui concerne les actions en dommages et intérêts est de trois ans et commence à courir à compter de la date à laquelle la personne lésée a eu connaissance de son droit à réparation, même si le responsable de l'infraction n'est pas connu et, d'autre part, ne prévoit aucune possibilité de suspension ou d'interruption de ce délai au cours d'une procédure suivie devant l'autorité nationale de concurrence* » (pt 55).

De même, dans un arrêt *Consiliul Concurenţei*[35], la Cour a jugé que l'article 101 TFUE et le principe d'effectivité s'opposaient à une réglementation nationale qui ne prévoyait comme cause de suspension du délai de prescription devant l'autorité nationale de concurrence que la décision d'ouverture d'enquête. Cet arrêt était relatif à la prescription des sanctions de l'autorité nationale de concurrence et non à celle des actions en dommages-intérêts. Mais les principes sont les mêmes.

C. *L'accès aux pièces des dossiers de clémence*

Les victimes de pratiques anticoncurrentielles ont intérêt à pouvoir accéder au dossier de l'autorité de concurrence qui a sanctionné les pratiques, afin de se constituer un dossier devant le juge de la réparation.

La question de leur accès aux dossiers de clémence des autorités de concurrence a plus particulièrement été traitée dans l'arrêt *Pfleiderer*[36]. La Cour y a précisé que les États membres doivent veiller à ce que les règles qu'ils établissent ou appliquent ne portent pas atteinte à l'application effective des articles 101 et 102 TFUE, en rendant impossible ou excessivement difficile la mise en œuvre de ce droit de l'Union.

---

34 CJUE, 28 mars 2019, *Cogeco*, aff. C-637/17, EU:C:2019:263.

35 CJUE, 21 janvier 2021, *Consiliul Concurenţei*, aff. C-308/19, EU:C:2021:47.

36 CJUE, 14 juin 2011, *Pfleiderer*, aff. C-360/09, préc.

Il en résulte, selon elle, que les juridictions doivent mettre en balance le droit des victimes d'obtenir réparation, qui contribue à l'effectivité des règles de concurrence, avec la nécessité de préserver l'attractivité des programmes de clémence, qui constituent des outils utiles de détection des cartels et servent aussi l'objectif de l'application effective des articles 101 et 102 TFUE. Il faut donc veiller à ne pas leur porter une atteinte excessive. L'absence totale de communication nuirait au premier, tandis que la communication systématique du dossier aurait des effets dissuasifs sur les seconds. La Cour renvoie donc à une appréciation au cas par cas des juridictions : « *Il appartient toutefois aux juridictions des États membres, sur la base de leur droit national, de déterminer les conditions dans lesquelles un tel accès doit être autorisé ou refusé en mettant en balance les intérêts protégés par le droit de l'Union* » (pt 32).

Dans un arrêt *Donau Chemie*[37], la Cour a également estimé qu'une législation subordonnant l'accès des tiers au dossier de clémence de l'autorité nationale de concurrence à l'accord de toutes les parties portait atteinte à l'appréciation au cas par cas des juges, et donc au principe d'effectivité : « *[L]e droit de l'Union, en particulier le principe d'effectivité, s'oppose à une disposition du droit national en vertu de laquelle l'accès aux documents figurant dans le dossier afférent à une procédure nationale relative à l'application de l'article 101 TFUE, y compris aux documents communiqués dans le cadre d'un programme de clémence, de tiers n'étant pas parties à cette procédure et envisageant d'engager des recours en dommages et intérêts à l'encontre de participants à une entente est subordonné au seul consentement de toutes les parties à ladite procédure, sans qu'aucune possibilité d'effectuer une mise en balance des intérêts en présence soit laissée aux juridictions nationales* » (pt 29).

La directive dommages[38] a opté pour une approche plus radicale, puisque certaines pièces des dossiers de clémence ne peuvent jamais être communiquées. On peut d'ailleurs s'interroger sur le caractère systématique de ces interdictions, peu compatible avec l'appréciation au cas par cas souhaitée par la Cour.

D. *La procédure d'*amicus curiae *de la Commission devant les juridictions nationales*

La Cour a admis très largement la faculté, pour la Commission européenne, de soumettre d'office des observations écrites devant les juridictions, dès lors qu'est en jeu l'application cohérente des articles 101 et 102 TFUE.

---

37 CJUE, 6 juin 2013, *Donau Chemie*, aff. C-536/11, préc.

38 Mentionnée *supra* en note 6. Ces dispositions ont notamment été transposées à l'article L. 483-5 du code de commerce.

Dans un arrêt *Inspecteur van de Belastingdienst*[39], elle a ainsi estimé, pour ce motif d'application cohérente du droit de l'Union, que l'article 15, paragraphe 3, premier alinéa, troisième phrase, du règlement (CE) n° 1/2003 « *doit être interprété en ce sens qu'il autorise la Commission des Communautés européennes à soumettre d'office des observations écrites à une juridiction d'un État membre dans une procédure relative à la possibilité de déduire des bénéfices imposables le montant d'une amende ou une partie de celle-ci que la Commission a infligée pour la violation de l'article 81 CE ou 82 CE* ».

On peut d'ailleurs se demander si la Commission ne pourrait pas intervenir dans les actions en réparation sur ce même fondement, dès lors qu'est aussi en jeu l'application cohérente des articles 101 et 102 TFUE.

2. Les bases du droit à réparation

S'agissant des conditions de la responsabilité, la Cour s'est prononcée sur :

- la notion d'entreprise responsable du dommage ;
- la valeur probatoire des décisions des autorités de concurrence ;
- le lien de causalité entre la faute et le dommage ;
- les postes d'indemnisation.

A. *La notion d'entreprise*

Condamner une entreprise à réparer un préjudice résultant de son infraction au droit de la concurrence, c'est d'abord identifier la ou les personnes morales en cause. Or, le sujet du droit de la concurrence, c'est l'entreprise, entendue comme toute entité exerçant une activité économique, indépendamment du statut juridique de cette entité et de son mode de financement[40]. Cette notion est distincte de celle de personne morale.

Il en résulte que la société mère d'une filiale à 100 %, qui constitue avec celle-ci une seule entreprise au sens du droit de la concurrence, peut être sanctionnée solidairement avec celle-ci pour avoir commis une pratique anticoncurrentielle. De même, si l'entreprise est absorbée par une autre, c'est la société absorbante qui peut être sanctionnée pour les pratiques anticoncurrentielles commises par la société absorbée.

En cas d'actions en réparation à la suite de pratiques anticoncurrentielles, s'est posée la question de savoir si la société absorbante pouvait être condamnée à réparer le préjudice résultant d'une pratique anticoncurrentielle commise par

---

39 CJCE, 11 juin 2009, *Inspecteur van de Belastingdienst*, aff. C-429/07, EU:C:2009:359 ; v. aussi A. Maitrepierre, « Déductibilité fiscale : La CJCE admet la possibilité pour la Commission de soumettre d'office des observations écrites à une juridiction nationale dans un litige sur la déductibilité fiscale d'une amende infligée par elle (*Inspecteur van de Belastingdienst/X*) », 11 juin 2009, *Concurrences* n° 3-2009, art. n° 27378, pp. 120-122.

40 CJCE, 23 avril 1991, *Höfner*, aff. C-41/90, EU:C:1991:161.

la société qu'elle avait absorbée. Une réponse positive se heurtait au principe de la responsabilité personnelle de la personne morale[41], prévu dans la plupart des droits nationaux.

Précisons que les articles 1, 2, et 11 de la directive dommages ont réglé la question en énonçant que l'entreprise est débitrice de la créance de réparation due à la victime. L'article 2 relatif aux définitions énonce que l'auteur de l'infraction est « *l'entreprise ou l'association d'entreprises ayant commis une infraction au droit de la concurrence* »[42].

S'agissant de créances de réparation nées d'un fait générateur survenu antérieurement à leur entrée en vigueur, l'arrêt *Skanska*[43] est venu apporter une réponse. Une juridiction finlandaise avait estimé qu'il convenait, afin d'assurer l'effectivité de l'article 101 TFUE, d'appliquer le critère de la continuité économique à l'imputation de la responsabilité de l'indemnisation du préjudice, de la même manière qu'en ce qui concerne l'infliction d'amendes, et ce, avant même l'entrée en vigueur de la directive en droit national. Mais les juridictions de contrôle avaient jugé qu'on ne pouvait déroger au principe d'autonomie de la personne morale rappelé plus haut. Pour la Cour, suivant son avocat général Wahl, « *la question de la détermination de l'entité tenue de réparer le préjudice causé par une infraction à l'article 101 TFUE est directement régie par le droit de l'Union* »[44]. L'entreprise étant le sujet du droit de la concurrence, elle doit aussi être tenue, au nom de la responsabilité personnelle, de répondre des dommages causés par l'infraction qui lui a été imputée : « *[L]a notion d'"entreprise", au sens de l'article 101 TFUE, qui constitue une notion autonome du droit de l'Union, ne saurait avoir une portée différente dans le contexte de l'infliction, par la Commission, d'amendes au titre de l'article 23, paragraphe 2, du règlement n° 1/2003 et dans celui des actions en dommages et intérêts pour violation des règles de concurrence de l'Union*[45]. » Il en va de l'effectivité du droit de la concurrence.

En revanche, dans un arrêt du 6 octobre 2021[46], se fondant sur les mêmes principes, la Cour a estimé, concernant la faculté pour la victime d'une pratique anticoncurrentielle d'engager, dans le cadre d'une action en dommages et intérêts, la responsabilité d'une société filiale plutôt que celle de la société mère, seule

41 En droit national, en matière de responsabilité civile, une société mère n'est responsable des fautes de sa filiale que si elle s'est ingérée dans le fonctionnement de sa filiale, donnant à ses cocontractants l'apparence d'avoir contracté avec eux, en vertu d'une jurisprudence constante de la Cour de cassation. Dans la plupart des États membres, c'est la même chose, et notamment en droit finlandais. En Finlande, on ne peut déroger au principe d'autonomie de la personne morale que dans des cas très limités, lorsque les opérateurs concernés se sont servis de la structure du groupe, des liens entre les entreprises ou du contrôle de l'actionnaire, d'une manière répréhensible ou artificielle, qui a conduit à contourner la responsabilité légale.

42 Dans le même sens, en droit national, le nouvel article L. 481-1 du code de commerce, qui transpose ces dispositions, vient préciser que les personnes physiques ou morales formant une entreprise peuvent être sanctionnées et, le cas échéant, condamnées à payer des dommages et intérêts à la victime.

43 CJCE, 14 mars 2009, *Skanska*, aff. C-724/17, préc.

44 *Ibid.*, pt 28.

45 *Ibid.*, pt 47.

46 CJUE, 6 octobre 2021, *SumalSL*, aff. C-882/19, EU:C:2021:800.

sanctionnée au titre des pratiques anticoncurrentielles, que celle-ci « *ne saurait être automatiquement ouverte contre n'importe quelle société filiale de la société mère visée dans une décision de la Commission sanctionnant un comportement infractionnel* »[47]. Il appartient en effet dans ce cas au plaignant de démontrer que c'est bien « *l'unité économique dont relève la société filiale, ensemble avec sa société mère, qui constitue l'entreprise ayant effectivement commis l'infraction constatée préalablement par la Commission au titre de l'article 101, paragraphe 1, TFUE, conformément à la conception fonctionnelle de la notion d'"entreprise" retenue au point 46 du présent arrêt* »[48], ce qui nécessite de démontrer le lien concret entre l'activité économique de la filiale et l'objet de l'infraction dont la société mère a été tenue responsable.

B. *La valeur probatoire des décisions des autorités de concurrence*

La première tâche de la victime d'une pratique anticoncurrentielle consiste à démontrer la faute génératrice de préjudice.

i. La valeur probatoire d'une décision de sanction

L'article 9 de la directive a conféré désormais aux décisions de sanction des autorités de concurrence une valeur de présomption irréfragable de faute civile, alors que seules les décisions de la Commission européenne avaient jusqu'alors cette valeur[49].

Saisie d'une question préjudicielle sur le droit portugais qui ne prévoyait pas qu'une décision de l'autorité nationale de concurrence ait un quelconque effet sur l'action civile en dommages-intérêts, la Cour de justice l'a rejetée, au motif qu'elle ne présentait aucun rapport avec la réalité ou l'objet du litige.

Cependant, les conclusions de l'avocate générale Kokott[50] retiennent l'attention, car elle y développe un raisonnement intéressant. Elle constate tout d'abord que la directive n'était pas applicable *ratione temporis* aux faits de la cause, puis elle examine si la loi portugaise respecte le principe d'effectivité. Elle estime à cet égard qu'il faut octroyer aux décisions de sanction de l'autorité nationale de concurrence au moins une valeur de présomption simple, l'application du seul principe d'effectivité ne pouvant aller jusqu'à lui conférer une valeur de présomption irréfragable. Elle relève que la directive sur ce point ne constitue pas une simple codification de ce qui découlait auparavant, de manière implicite, de l'article 102 et du principe d'effectivité, mais va au-delà.

---

47 *Ibid.*, pt 46.

48 *Ibid.*, pt 52.

49 En droit national, l'article L. 481-2 attache une présomption irréfragable de faute civile à la pratique anticoncurrentielle sanctionnée dans une décision de sanctions ou de transaction de l'Autorité de la concurrence, confirmée par la voie de l'appel (voie de recours ordinaires), pour la partie relative au constat de l'infraction.

50 Conclusions AG Kokott, 17 janvier 2019, *Cogeco*, aff. C-637/17, préc.

ii. Valeur d'une décision d'engagement de la Commission

L'article 16 du règlement (CE) n° 1/2003 rappelle le principe de primauté du droit de l'Union, selon lequel une juridiction nationale ne saurait adopter une décision contraire à celle de la Commission : « *Lorsque les juridictions nationales statuent sur des accords, des décisions ou des pratiques relevant de l'article 81 ou 82 du traité qui font déjà l'objet d'une décision de la Commission, elles ne peuvent prendre de décisions qui iraient à l'encontre de la décision adoptée par la Commission.* » Il s'agit du rappel de la jurisprudence.

Se pose la question de la portée que les juridictions nationales doivent donner à une décision d'engagements de la Commission, prise sur le fondement de l'article 9 du règlement.

La Cour s'est prononcée dans un arrêt *Gasorba SL*[51]. Une décision d'engagements permet à la Commission, moyennant les engagements pris par la partie en cause, qui met fin à ses préoccupations de concurrence, de clore le dossier sans déclaration de culpabilité. La décision a une nature particulière, puisqu'elle ne statue pas sur le fond.

Saisie de demandes d'annulation de clauses de contrats anticoncurrentielles et de demandes de dommages-intérêts à la suite d'une décision d'acceptation d'engagements de la Commission, par laquelle la Commission avait mis un terme à ses préoccupations de concurrence relatives audit contrat, la juridiction de renvoi se demandait si elle pouvait annuler les contrats et allouer des dommages-intérêts, alors que la procédure était close devant la Commission.

La Cour a exposé que l'article 16 ne s'oppose pas à ce que les juridictions nationales aient une autre appréciation des pratiques que celle de la Commission, compte tenu de la nature de la décision d'acceptation d'engagements qui ne se prononce pas sur une culpabilité des entreprises. Elles peuvent donc déclarer les entreprises responsables de ces pratiques anticoncurrentielles et, dans cette hypothèse, annuler le contrat et octroyer des dommages-intérêts.

La Cour estime que les juridictions ne peuvent ignorer ce type de décision et doivent tenir compte des préoccupations de concurrence notifiées par la Commission comme indice ou commencement de preuve des pratiques et estimer que le comportement est anticoncurrentiel[52]. La Cour ne dit cependant pas expressément si les juridictions peuvent aller jusqu'à conclure à l'absence de toute pratique anticoncurrentielle[53].

---

51 CJUE, 23 novembre 2017, *Gasorba SL*, aff. C-547/16, EU:C:2017:891 ; v. aussi A. Lacresse, « Engagements : La Cour de justice de l'Union européenne confirme que les juridictions nationales peuvent se prononcer sur la légalité de comportements visés par des engagements rendus obligatoires par la Commission européenne (*Gasorba*) », 23 novembre 2017, *Concurrences* n° 1-2018, art. n° 86235, pp. 154-155.

52 *Ibid.*, pt 29.

53 Si la juridiction estime que le commencement de preuve n'est corroboré par aucun indice de nature à en faire une preuve.

C. *Le lien de causalité*

Une fois la faute démontrée, la victime doit établir un lien de causalité entre celle-ci et le préjudice allégué. Là encore, la directive facilite la tâche des victimes, en instaurant une présomption simple de causalité pour les cartels : ceux-ci sont présumés causer un dommage.

Mais, indépendamment de ce principe, le lien suffisant entre les pratiques et le dommage constitue une condition traditionnelle des actions en réparation. Dans l'affaire *Banks*, l'avocat général Van Gerven a ainsi rappelé la nécessité que le dommage découle de façon suffisamment directe du comportement illégal ou, autrement dit, que le demandeur apporte la preuve d'un lien immédiat de cause à effet entre la faute alléguée et le préjudice subi[54].

Dans deux arrêts, *Kone* et *Otis*[55], rendus dans le cartel des ascenseurs, la Cour s'est affranchie de cette définition étroite du lien de causalité, pour adopter une conception très large, étendant considérablement, ce faisant, le périmètre des victimes d'un cartel.

Il en résulte qu'aucune disposition du droit national ne saurait *a priori*, limiter les catégories de victimes d'un cartel, victimes directes ou indirectes. La Cour rappelle que la question du lien de causalité est régie par l'article 101 et qu'il lui appartient d'en délimiter les contours, par son interprétation, qui lie les juridictions nationales.

L'arrêt *Kone* consacre la réparation du préjudice indirect ou par ricochet, en l'espèce un préjudice dit « d'ombrelle ». Lorsque les membres d'un cartel s'entendent sur les prix et parviennent à maintenir un prix artificiellement élevé sur le marché, il ne peut être exclu qu'une entreprise extérieure au cartel choisisse de fixer ses prix à un niveau supérieur à celui qui aurait prévalu dans une situation concurrentielle. Cette situation est appelée « effet d'ombrelle ».

Selon la Cour, les victimes de ces prix d'ombrelle ne peuvent *a priori* être privées de leur action en dommages-intérêts et aucune réglementation nationale ne saurait exclure, de manière catégorique, le droit à réparation dans une telle situation. Le fait générateur du préjudice, dans cette hypothèse, est l'augmentation des prix par les entreprises extérieures au cartel, elle-même résultant du cartel. Par ailleurs, la victime peut ne pas être un acheteur ou un fournisseur, c'est-à-dire une victime directe, mais un tiers.

Dans l'affaire *Otis*, c'était le land de Haute-Autriche qui demandait réparation de son préjudice pour avoir subventionné les victimes de l'entente. Il alléguait que l'entente l'avait conduit à consentir à celles-ci davantage de prêts dans le cadre de l'aide à la construction, à des taux d'intérêt moins élevés que les taux du marché, ce qui l'avait empêché d'effectuer des investissements plus lucratifs.

---

54 Conclusions AG Van Gerven, 27 octobre 1993, *Banks*, aff. C-128/92, EU:C:1993:860, pt 52.

55 CJUE, 5 juin 2014, *Kone*, aff. C-557/12, préc. ; CJUE, 12 décembre 2019, *Otis*, aff. C-435/18, préc.

Pour la Cour, « *tout préjudice ayant un lien de causalité avec une infraction à l'article 101 TFUE doit être susceptible de donner lieu à réparation afin d'assurer l'application effective de l'article 101 TFUE et de préserver l'effet utile de cette disposition* » (pt 30). « *Par conséquent, des personnes qui n'opèrent pas comme fournisseur ni comme acheteur sur le marché concerné par l'entente doivent pouvoir demander la réparation du dommage résultant du fait que, en raison de cette entente, elles ont dû accorder des subventions plus importantes que si ladite entente n'avait pas existé et n'ont, par suite, pas pu placer ce différentiel dans des investissements plus lucratifs* » (pt 32). Toutefois, ce préjudice ne saurait être présumé et le lien de causalité doit être démontré par le land, entre l'entente et son manque à gagner.

Notons que l'avocate générale Kokott évoque aussi dans ses conclusions le préjudice causé à la collectivité par la mise en œuvre insuffisante de la politique d'aide à la construction, résultant du cartel, distinct de la perte d'intérêts du land et évoque un préjudice au moins immatériel infligé à la collectivité[56]. Reste que la question de l'évaluation de ce préjudice moral et de la personne habilitée à en demander l'indemnisation n'est pas évoquée.

D. *Les lois limitant l'indemnisation*

D'anciens arrêts ont admis que le droit national puisse exclure les actions en réparation des entreprises qui ont une responsabilité principale dans un accord vertical anticoncurrentiel.

Le principe *nemo auditur* n'est donc pas exclu *a priori*, ainsi que l'énonce l'arrêt *Courage*[57]. En vertu de ce principe, « *le droit communautaire ne s'oppose pas à une règle de droit national qui refuse à une partie à un contrat susceptible de restreindre ou de fausser le jeu de la concurrence de se fonder sur ses propres actions illicites aux fins d'obtenir des dommages et intérêts, dès lors qu'il est établi que cette partie a une responsabilité significative dans la distorsion de la concurrence* ».

Par contre, quand une partie s'est vu imposer des conditions anticoncurrentielles ou se trouve liée à des accords anticoncurrentiels par effets de réseau, elle ne peut se voir exclue de telles actions en dommages-intérêts. Cette solution, frappée au coin du bon sens, s'éloigne pourtant des conditions d'application de l'article 101. En effet, elle autorise des responsabilités civiles différenciées, alors qu'en théorie, les parties à un accord sont toutes susceptibles d'être sanctionnées, quel que soit leur rôle dans celui-ci. En pratique, toutefois, c'est souvent la partie la plus forte, comme le fournisseur tête de réseau, qui est sanctionnée et pas ses cocontractants distributeurs.

56 Conclusions AG Kokott, 29 juillet 2019, *Otis*, aff. C-435/18, préc., pt 127 et s.

57 V. note 1.

Par ailleurs, la Cour a jugé, dans l'arrêt *Manfredi* que la loi nationale ne peut, en raison du principe d'effectivité, restreindre certains postes d'indemnisation essentiels, tels les pertes subies, le manque à gagner et les intérêts : « *D'autre part, il résulte du principe d'effectivité et du droit du particulier de demander réparation du dommage causé par un contrat ou un comportement susceptible de restreindre ou de fausser le jeu de la concurrence que les personnes ayant subi un préjudice doivent pouvoir demander réparation non seulement du dommage réel (damnum emergens), mais également du manque à gagner (lucrum cessans) ainsi que le paiement d'intérêts*[58]. »

En revanche, la Cour a admis, dans le même arrêt, la faculté de prévoir en droit national des dommages-intérêts punitifs, sous réserve des principes d'effectivité, et d'égalité, dès lors que cela n'équivaut pas à un enrichissement sans cause : « *Dès lors, d'une part, conformément au principe de l'équivalence, si des dommages-intérêts particuliers, tels que des dommages-intérêts exemplaires ou punitifs, peuvent être alloués dans le cadre d'actions nationales semblables aux actions fondées sur les règles communautaires de concurrence, ils doivent également pouvoir l'être dans le cadre de ces dernières actions. Toutefois, le droit communautaire ne fait pas obstacle à ce que les juridictions nationales veillent à ce que la protection des droits garantis par l'ordre juridique communautaire n'entraîne pas un enrichissement sans cause des ayants droit*[59]. »

III. Conclusion

Ce panorama jurisprudentiel serait incomplet s'il ne mentionnait pas, pour mémoire, l'importance des arrêts de la Cour statuant sur la compétence internationale des juridictions. Le format de l'article ne se prêtait pas à leur étude.

La directive dommages a également donné lieu à beaucoup de questions sur son application dans le temps. Ce point mériterait aussi une étude spéciale.

Cette courte contribution a modestement cherché à démontrer que, nonobstant les questions d'application dans le temps de la directive et des lois nationales de transposition, la Cour de justice incitait fortement les juridictions nationales à garantir pleinement le droit des victimes de pratiques anticoncurrentielles à obtenir réparation, au besoin en s'écartant des règles nationales trop restrictives, en visant l'effectivité du droit européen de la concurrence. Gageons que ces encouragements ne resteront pas sans effets sur les actions à venir.

---

58 CJCE, 13 juillet 2006, *Manfredi*, aff. jtes C-295/04 à C-298/04, préc., pt 100.

59 *Ibid.*, pt 99.

Le préjudice moral résultant des pratiques anticoncurrentielles

Catherine Prieto*
Université Paris 1 Panthéon-Sorbonne

Résumé

Une jurisprudence très audacieuse relative à la réparation des dommages issus de la concurrence déloyale semble déjà influencer celle relative à la réparation due aux victimes d'ententes et d'abus de position dominante. C'est ainsi que le concept de préjudice moral pourrait non seulement s'imposer mais encore être renouvelé et aller au-delà de l'atteinte à la réputation ou encore de l'atteinte à l'image pour couvrir l'atteinte à l'esprit d'entreprise. A condition que cette jurisprudence ne remette pas en cause une compensation complète des dommages pécuniaires, une telle extension pourrait constituer une alternative, certes modeste, au très regrettable rejet des dommages punitifs dans la directive 2014/104/UE et dans la réforme du droit de la responsabilité en France. A des fins de dissuasion, on ne peut que déplorer l'absence de traitement des fautes lucratives tant la confiscation des profits illicites demeure difficile à atteindre.

---

* Professeure à l'École de droit de la Sorbonne, Université Paris 1 Panthéon-Sorbonne.

Il est quasi impossible de relever un aspect du droit de la concurrence de l'Union sur lequel Laurence Idot n'aurait pas posé un regard pénétrant. Le domaine de la réparation des préjudices issus des pratiques anticoncurrentielles n'a pas échappé à sa sagacité[1]. Néanmoins, le préjudice moral, visé par l'article L. 481-3 du code de commerce, ne semble pas avoir retenu son attention, du moins en profondeur dans des analyses par écrit. C'est sur ce point précis, introduit par l'ordonnance n° 2017-303 relative aux actions en dommages et intérêts du fait des pratiques anticoncurrentielles en vue de la transposition de la directive 2014/104/UE[2], que l'auteur de ses lignes propose de lui offrir en hommage de modestes réflexions.

L'adjectif « moral » n'est guère prisé en droit de la concurrence libre et non faussée, comme en témoigne l'opposition entre le statut de personnalité morale et la notion d'entreprise au sens des articles 101 et 102 du traité sur le fonctionnement de l'Union européenne (TFUE). Les montages juridiques artificiels de la filialisation ont cédé devant un droit économique qui a imposé la notion d'unité économique pour éclairer l'entreprise, notion autonome du droit de l'Union. Le principe de l'autonomie de la personne morale inhérent au droit des sociétés a ainsi été dépassé[3]. La mention du terme d'entreprise dans le traité, à la place de société, traduit la spécificité de ce droit économique[4]. Il en résulte que la responsabilité de la société mère est tout à la fois personnelle et dérivée, car elle trouve son origine dans le comportement infractionnel de la filiale[5]. De plus,

1 L. Idot, « Private damages actions before and after the implementation of the Directive » (France), « Disclosure of documents that lie in the control of the parties » (France), « Disclosure of evidence included in the file of a competition authority » (France), in « Private damages actions before and after the implementation of the Directive (Implementation of the EU Damages Directive into Member State law – Würzburg, May 5, 2017) », *Concurrences* n° 3-2017, art. n° 84668 ; The international aspects of private enforcement after the Directive 2014/104/EU: Gaps in the EU system and competition between national laws, *Concurrences* n° 2-2017, art. n° 83834 ; « Les actions collectives en droit de la concurrence : Aspects de droit international privé européen », *Concurrences* n° 1-2016, art. n° 77365, p. 61 ; « La dimension internationale des actions en réparation. Choisir sa loi et son juge : Quelles possibilités ? », *Concurrences* n° 3-2014, art. n° 67552, p. 43.

2 Ordonnance n° 2017-303 et décret n° 2017-305 du 9 mars 2017 relatifs aux actions en dommages et intérêts du fait des pratiques anticoncurrentielles, JORF n° 0059 du 10 mars 2017 ; circulaire du 23 mars 2017 de présentation des dispositions des textes précités (NOR : JUSC1708788C) ; R. Amaro, « Transposition de la directive Dommages en France : Regards sur le nouveau titre VIII du livre IV du Code de commerce », *Concurrences* n° 2-2017, art. n° 84026, pp. 70-81 ; S. Carval, « Les actions en dommages et intérêts des victimes de pratiques anticoncurrentielles. À propos de l'ordonnance et du décret du 9 mars 2017 », *JCP* 2017, p. 298 ; M. Chagny, « Transposition de la directive sur les actions en dommages et intérêts du fait des pratiques anticoncurrentielles », *Hebdo concurrence* n° 11/2017 du 13 mars 2017. Pour une vue d'ensemble à l'échelle européenne, voy. R. Amaro (dir.), *Private enforcement of Competition Law in Europe Directive 2014-104-EU and beyond*, Bruylant, Collection Competition Law, 2021.

3 CJCE, 14 juillet 1972, *Imperial Chemicals Industries (ICI)*, aff. 48/69, *Rec.* p. 619, pts 134 et 135 ; CJCE, 6 mars 1974, *Istituto Chemioterapico Italiano S.p.A. et Commercial Solvents Corporation*, aff. jtes 6 et 7-73, *Rec.* p. 223.

4 CJUE, 18 juillet 2013, *Schindler Holding*, aff. C-501/11 P, EU:C:2013:522, pt 102 ; CJUE, 10 avril 2014, *Areva*, aff. jtes C-247/11 P et C-253/11 P, EU:C:2014:257, pt 123 ; CJUE, 10 avril 2014, *Siemens*, aff. jtes C-231/11 P et C-232/11 P, EU:C:2014:256, pt 42. V. aussi M. Behar-Touchais, « Imputabilité : La Cour de justice de l'Union européenne se prononce sur l'imputabilité des pratiques anticoncurrentielles en cas de succession de sociétés mères et sur la solidarité des amendes en cas de succession de sociétés mères dans les restructurations d'entreprises (*Siemens, Areva, Alstom*) », 10 avril 2014, *Concurrences* n° 3-2014, art. n° 68023, pp. 69-74.

5 CJUE, 27 avril 2017, *Akzo Nobel*, aff. C-516/15 P, EU:C:2017:314, pts 61 et 62. V. aussi A. Lacresse, « Responsabilité entre société mère et filiale : La Cour de justice de l'Union européenne exclut d'étendre à la société mère le bénéfice de la prescription acquise par ses filiales (*Akzo Nobel*) », 27 avril 2017, *Concurrences* n° 3-2017, art. n° 84580, p. 132.

la notion d'entreprise ne saurait avoir une portée différente pour la mise en œuvre dans la sphère publique, sur l'imputabilité de l'amende à la société mère, et pour celle de la sphère privée, sur la réparation du préjudice causé par une pratique anticoncurrentielle[6]. En outre, ce qui vaut pour l'extension de la responsabilité à la société mère vaut aussi en sens inverse pour la filiale : la Cour de justice considère que la victime peut engager la responsabilité civile de la filiale plutôt que celle de la société mère même si la première n'a pas été citée dans la décision dès lors qu'elle constitue une unité économique avec la société mère[7]. C'est dire combien l'artifice de l'autonomie de la personnalité morale a pu être neutralisé.

Que penser alors du préjudice moral, qui est perçu lui aussi comme un artifice ? La notion est en effet très discutée en droit de la responsabilité civile. L'expression « battre monnaie de ses larmes » indique les réticences qui ont longtemps prévalu. Le prix de la souffrance ou *pretium doloris* au sens strict du terme s'est finalement fait admettre. Mais sa démultiplication en préjudice d'agrément, préjudice esthétique, préjudice d'affection, préjudice sexuel, préjudice d'établissement, préjudice d'angoisse, préjudice d'impréparation, préjudice d'avilissement expose la notion à une désintégration[8]. Ce danger paraît encore plus important lorsque le préjudice moral est détaché de la souffrance corporelle et assimilé au ressenti de déception ou de frustration dans le domaine du contentieux contractuel, comme en matière immobilière ou en matière de loteries trompeuses[9].

Passer ensuite au préjudice moral d'une personne morale revient à convoquer un double artifice et à procéder à une dénaturation grossière. Quel peut être le ressenti d'une personne morale ? Une « dérive anthropomorphique » a été dénoncée[10], tant le « préjudice d'état d'âme » ne saurait exister dans l'artifice juridique qu'est la personne morale[11]. Puis, une affaire de concurrence déloyale a mis le feu aux poudres. L'admission d'un préjudice moral résultant d'une concurrence déloyale a été perçue comme une forme de transgression et a déchaîné les passions. Un « jeu de mots » et même « une fraude des mots » ont été dénoncés[12]. Que l'on adhère à la thèse de la réalité des personnes morales ou à

---

6 CJUE, 14 mars 2019, *Skanska*, aff. C-724/17, EU:C:2019:204, pt 47. V. aussi E. Thomas, « Continuité économique : La Cour de justice de l'Union européenne étend aux actions en dommages et intérêts l'application du principe de la continuité économique et, ce faisant, sa définition fonctionnelle de l'entreprise (*Vantaan kaupunki*) », 14 mars 2019, *Concurrences* n° 2-2019, art. n° 90126, pp. 68-69.

7 CJUE, 6 octobre 2021, *Sumal c/ Mercedes Benz Trucks España*, aff. C-882/19, EU:C:2021:800, pt 51.

8 J. Knetsch, « La désintégration du préjudice moral », *D.* 2015, p. 443.

9 *Ibid.*

10 V. Wester-Ouisse, « Le préjudice moral des personnes morales », *JCP* 2003, I, 145 ; J.-S. Borghetti, « La réparation des atteintes à l'image de marque et à la réputation des collectivités locales. Réflexions à partir de l'affaire de l'Erika », *Rev. droit Assas*, n° 1, 2010, p. 53, spéc. p. 56 ; G. Loiseau, « Des droits humains pour personnes non humaines », *D.* 2011, p. 2558.

11 M. Houssin, « Critique de la reconnaissance du préjudice moral des personnes morales », *D.* 2018, p. 366.

12 V. Wester-Ouisse, « Préjudice moral des personnes morales : quand "la perversion de la cité commence par la fraude des mots" », *JCP G* 2012, p. 1725.

celle de la fiction, il paraît aberrant d'admettre que la personne morale ait des sentiments ou des affects surtout lorsqu'elle a pour objet de réaliser des profits. C'est pourquoi le préjudice moral d'une personne morale s'apparente plutôt à un préjudice économique diffus dont l'indemnisation sert à compenser les atteintes aux perspectives de profit des personnes morales lorsque la perte future semble impossible à chiffrer[13].

Était-ce donc opportun que le rédacteur de l'ordonnance ajoute le préjudice moral dans l'article L. 481-3 du code de commerce ? En effet, le préjudice moral n'est pas évoqué dans la directive 2014/104/UE relative à certaines règles régissant les actions en dommages et intérêts en droit national pour les infractions aux dispositions du droit de la concurrence des États membres et de l'UE. Son article 3, intitulé « Droit à réparation intégrale », ne mentionne que le « *dommage réel* », le « *manque à gagner* » et le « *paiement d'intérêts* ». Or l'article L. 481-3 explicite le dommage réel en précisant que la perte subie résulte du fait du surcoût payé par la victime ou de la minoration du prix payé par l'auteur de la pratique. Il explicite ensuite le gain manqué en indiquant qu'il résulte de la perte de volume des ventes du fait de la répercussion du surcoût sur les contractants de la victime ou bien encore de la prolongation des effets de la minoration des prix payés par l'auteur de la pratique anticoncurrentielle. On aurait pu s'attendre à ce que l'article L. 481-3 s'arrête là. Mais il ajoute, sans les préciser, la perte de chance et le préjudice moral. Avec les pertes et le manque à gagner, renforcés par la perte de chance, le préjudice économique semble bien cerné. Dès lors, on pourrait penser que le préjudice moral n'a pas été inséré pour un préjudice des sociétés commerciales mais pour les autres personnes morales telles que les associations à but non lucratif.

Cependant, le rédacteur de l'ordonnance n° 2017-303 pourrait avoir été influencé par l'article L. 615-7 du code de la propriété intellectuelle dans sa rédaction issue de la loi n° 2014-315 du 11 mars 2014. Ce texte, inséré dans la deuxième partie relative à la propriété industrielle, tend à indemniser des faits de contrefaçon et énonce différents types de préjudice : « *le manque à gagner et la perte subis par la partie lésée* », « *[l]e préjudice moral causé à cette dernière* » et « *les bénéfices réalisés par le contrefacteur* ». Cette énumération résulte directement de l'article 13 de la directive 2004/48/CE du 29 avril 2004 relative au respect des droits de la propriété intellectuelle. Par comparaison, la directive 2014/104/UE n'est pas aussi complète. On pourrait tirer argument du fait que, à la différence de l'autre directive, le préjudice ne soit pas mentionné. Cependant, la directive n'écarte pas non plus expressément le préjudice moral. Elle exprime au demeurant une position ouverte, car si elle « *réaffirme l'acquis communautaire en matière de droit à réparation du préjudice causé par les infractions au droit de*

13 V. Wester-Ouisse, « Préjudice moral des personnes morales : quand "la perversion de la cité commence par la fraude des mots" », préc. ; J.-F. Barbieri, « "Souffrance" des personnes morales et réparation du préjudice », *BJS* 2012, p. 536 ; J.-S. Borghetti, « La réparation intégrale du préjudice à l'épreuve du parasitisme », *D.* 2020, p. 1086.

la concurrence de l'Union […] tel qu'il a été affirmé dans la jurisprudence de la Cour de justice », elle ajoute qu'elle « *ne préjuge pas de son évolution future* »[14]. La Cour de justice, qui a manifesté de grandes audaces sur le terrain de la réparation des préjudices issus de pratiques anticoncurrentielles[15], pourrait donc nous surprendre encore.

Mais, en l'état du droit positif, la surprise vient du côté du rédacteur de l'ordonnance française. Que faire alors de cette mention du préjudice moral en droit français ? Est-il concevable d'en étendre la portée au-delà des personnes morales à but non lucratif ? À plusieurs égards, il est permis de s'interroger sur le bien-fondé de la notion de préjudice moral au sens de l'article L. 481-3 du code de commerce (I.), ce qui devrait avoir une incidence sur la mise en œuvre de cette introduction audacieuse (II.).

I. Le bien-fondé de l'audace

Pour apprivoiser l'idée d'un préjudice moral issu des pratiques anticoncurrentielles, il n'est pas inutile de rappeler la constance avec laquelle le juge affirme l'existence d'un préjudice moral résultant des actes de concurrence déloyale (1.). Le droit prétorien de la concurrence déloyale pourrait aider le droit de la libre concurrence à se familiariser avec le préjudice moral (2.).

1. Concurrence déloyale et préjudice moral

Qu'y a-t-il de commun entre le *pretium doloris* et l'atteinte à la concurrence déloyale ? N'y a-t-il pas une perversion à envisager dans un tel contexte une souffrance morale ? Certes, la prolifération des types de préjudices moraux peut inquiéter, notamment à l'égard du coût de l'assurance. Néanmoins, il convient de saluer le rôle de la jurisprudence dans la perception de la personne humaine dans toute son ampleur et même sa richesse. Elle l'a fait d'abord en établissant le lien entre la protection physique et la protection psychique de la personne humaine. Elle l'a fait ensuite en découvrant sa « personnalité sociale »[16] – en d'autres termes, son identité et ses aspirations collectives[17]. La réparation des atteintes aux droits de la personnalité s'est développée et s'est focalisée sur l'atteinte à la réputation ou à l'image. À partir de là, il est apparu naturel d'opérer un glissement au profit des personnes morales, lesquelles ne disposent pas d'un corps en chair, mais se voient attribuer un nom à protéger[18], de même qu'une

---

14 V. directive 2014/104/UE, cons. 12.

15 Liste des arrêts.

16 F. Givord, *La réparation du préjudice moral*, Grenoble, impr. de Boissy et Colomb, 1938.

17 H. Gali, *Le préjudice moral : étude de droit de la responsabilité civile*, Paris, Dalloz, 2021, pt 9.

18 Cass. com., 5 novembre 1985, n° 83-15.017, *Bull. civ.* IV, n° 261 à propos d'une confusion du nom commercial.

réputation[19] et une activité exprimée par un objet social qui traduit une aspiration collective. C'est ainsi que le préjudice moral s'est trouvé attaché à la défense d'intérêts collectifs altruistes. Les associations peuvent même agir, en dehors de toute habilitation législative et même statutaire, en cas d'atteinte à l'intérêt visé par leur objet social[20]. L'atteinte à la cause défendue dans cet objet social est alors constitutive d'un préjudice moral. Les fins altruistes facilitent l'adhésion à cette solution. Tel n'est pas le cas lorsque le préjudice moral est invoqué dans le contexte d'une activité à but lucratif.

Le préjudice moral des entreprises doit évidemment être distingué de celui des personnes physiques. Bien que très controversé, il est défendu en termes d'atteinte à la réputation ou l'image de l'entreprise[21]. Le sillon est encore plus profondément tracé avec la loi PACTE, qui a introduit la notion de « raison d'être » de la société dans l'article 1835 du code civil et dans le code de commerce pour les sociétés anonymes[22]. L'entreprise ne saurait désormais se résumer à la réalisation de profits tant elle doit assumer un rôle dans la société[23]. Le Conseil d'État l'explicite comme « *un dessein, une ambition, ou tout[e] autre considération générale tenant à l'affirmation de ses valeurs ou de ses préoccupations de long terme* »[24]. Alors qu'elle était ravalée à un vil appât du gain, l'entreprise se voit désormais possiblement élevée à une mission sociétale selon la volonté des associés.

À l'avant-garde de ces considérations sur le rôle sociétal des entreprises, c'est dans un contexte non dénué d'enjeu économique que l'expression « préjudice moral » a été inventée au début du XIXe siècle[25]. En l'espèce, des pharmaciens de Paris avaient agi ensemble pour dénoncer l'exercice illicite de la profession. Le procureur général Dupin déclara dans ses conclusions : « *[L]'action des pharmaciens, à part et avant l'intérêt pécuniaire, poursuit la réparation d'un préjudice tout moral, la conservation de l'honneur et l'exercice consciencieux de la profession.* » Paradoxalement, c'est donc à propos d'un fait générateur proche de la concurrence déloyale qu'a été dégagée la notion même de préjudice moral. Invoquer d'emblée l'existence d'un but lucratif pour s'opposer au préjudice moral de sociétés commerciales n'est donc pas convaincant.

---

19 Cass. com., 6 novembre 1979 ; *D.* 1980. 416, note C. Larroumet.

20 Cass. 1re civ. 18 septembre 2008, n° 06-22.038 ; *D.* 2009. 2448, obs. F.-G. Trébulle.

21 P. Stoffel-Munck, « Le préjudice moral des personnes morales », in *Libre droit : mélanges en l'honneur de Philippe Le Tourneau*, Paris, Dalloz, 2008, p. 959.

22 I. Urbain-Parleani, « L'article 1835 et la raison d'être », *Rev. sociétés* 2019, p. 575 ; « La raison d'être des sociétés dans le projet de loi PACTE du 19 juin 2018 », *Rev. sociétés* 2018, p. 623 ; D. Poracchia, « De l'intérêt social à la raison d'être des sociétés », *BJS* 2019, n° 6, p. 40.

23 B. Lemaire, Présentation du projet de loi relatif à la croissance et à la transformation des entreprises, Compte-rendu du Conseil des ministres du 18 juin 2018, gouvernement.fr

24 CE, Avis consultatif du 14 juin 2018, Projet de loi relatif à la croissance et la transformation des entreprises, n° 105. V. aussi J. Heinich, « Intérêt propre, intérêt supérieur, intérêt social », *Rev. sociétés* 2018, p. 568.

25 Cass. ch. réun., 15 juin 1833 ; *S.* 1833, I, 458, concl. Dupin.

Un siècle plus tard, c'est encore sous l'angle de la réputation et du travail consciencieux que la chambre criminelle de la Cour de cassation a admis un préjudice moral de la société, fabricant français de pianos, du fait des allégations d'un journaliste laissant entendre que ses pianos étaient de fabrication coréenne[26]. Dans le même registre, l'atteinte à la réputation est établie lorsqu'une agence financière déclare au public qu'une société « a du plomb dans l'aile » sur la base d'informations inexactes ou encore lorsqu'une base d'information légale sur serveur télématique indique qu'une société est déclarée en redressement judiciaire[27].

Ceci conduit un courant doctrinal à ancrer le préjudice moral des personnes morales dans des atteintes à des droits extrapatrimoniaux[28]. L'expression peut apparaître ambiguë en raison des suites de compensation monétaire. C'est pourquoi il est rappelé la proposition de « patrimoine moral » pour désigner tout ce qui fait une personnalité au sens sociologique du terme, c'est-à-dire une histoire, une culture, des valeurs comme une réputation de conformité ou de respect des normes, d'excellence ou encore de politique sociale, une image[29]. En outre, une personne morale est fondamentalement une collectivité humaine et, en cela, elle peut subir un traumatisme collectif. Ainsi, à propos de la destruction par incendie du fruit du travail d'un groupement agricole d'exploitation en commun, la Cour de cassation rejette le moyen par lequel était contesté qu'une personne morale puisse subir un préjudice moral et elle affirme un préjudice moral personnel, distinct du préjudice matériel[30].

À de nombreuses reprises, la chambre commerciale a reconnu la possibilité d'un préjudice moral issu d'une concurrence déloyale, sans soulever de commentaires hostiles. Tel est le cas pour une affaire de détournement de notoriété dans l'exploitation d'un fonds de commerce de pompes funèbres, à propos de laquelle la Cour de cassation a approuvé la cour d'appel en déclarant qu'il « *découlait nécessairement des actes déloyaux constatés par la cour d'appel l'existence d'un préjudice, fût-il moral* »[31]. Elle réitère ensuite la formule à propos de la violation d'une clause de non-concurrence par une société de coiffure[32]. Ces arrêts n'ont pas retenu l'attention des commentateurs, car la Cour de cassation ne les a pas mis en avant et l'on pouvait les considérer comme des arrêts d'espèce.

---

26 Cass. crim., 12 juin 1956 ; *Bull. crim.* n° 461.

27 CA Paris, 1re ch., 25 janvier 1989 et T. com. Romans, 14 février 1996, décisions citées par P. Stoffel-Munck, préc., n° 6.

28 P. Stoffel-Munck s'inscrit dans le droit fil de Gérard Cornu et Yves Chartier, préc., n° 4.

29 P. Stoffel-Munck, préc., n° 14.

30 Cass. crim., 9 janvier 2002, n° 01-82.471. V. aussi *mutatis mutandis* CEDH, 6 avril 2000, *Sté Comingersoll*, n° 35382/97, à propos du préjudice moral résultant pour une société commerciale de l'atteinte à son droit à un procès dans un délai raisonnable ; *AJDA* 2000. 526, chron. J.-F. Flauss.

31 Cass. com., 27 février 1996, n° 94-16.885.

32 Cass. com., 22 février 2000, n° 97-18.728. V. aussi Cass. com., 27 mai 2008, n° 17-14.442 ; Cass. com., 28 septembre 2010, n° 09-69.272.

En revanche, deux affaires ultérieures ont suscité les passions. La première a trait à une clause de non-concurrence insérée dans l'acte de cession des parts d'une société dénommée La Pizzeria[33]. Sous les visas des articles 1147 et 1382 du code civil, la Cour déclare : « l'*arrêt retient que s'agissant de sociétés[,] elles ne peuvent prétendre à un quelconque préjudice moral* ». La censure s'ensuit uniquement sur la mise à l'écart par principe du préjudice moral. La seconde affaire porte sur un acte de concurrence déloyale résultant de l'affirmation de taille de cristal « made in France », alors que cette taille était effectuée en Chine[34]. Dans sa censure de la cour d'appel qui avait refusé d'évaluer le préjudice, la Cour rappelle la formule « *fût-il moral* » appliquée au préjudice moral et se concentre ensuite sur l'évaluation du préjudice économique.

Il est donc désormais acquis que le préjudice moral est reconnu comme une forme minimale de dommage résultant d'un acte de concurrence déloyale ou de parasitisme. Ceci ne peut manquer d'interpeller dans la recherche d'une juste application de l'article L. 481-3 du code de commerce.

2. Libre concurrence et préjudice moral

La distinction entre le droit de la libre concurrence et le droit prétorien de la concurrence déloyale est traditionnellement mise en avant. La protection du marché est attribuée au droit de la libre concurrence, ce qui lui vaut l'appellation de « grand droit de la concurrence ». Par opposition, la sanction de la concurrence déloyale n'aurait vocation qu'à protéger les concurrents, indépendamment de tout effet sur le marché, ce qui explique l'appellation condescendante de « petit droit de la concurrence ». Les finalités semblent bien distinctes. En réalité, les cloisons ne sont peut-être plus aussi étanches qu'on le pressentait.

Le droit de la concurrence déloyale n'est pas si éloigné du droit de la libre concurrence. La défense du marché est désormais revendiquée comme une finalité complémentaire du droit de la concurrence déloyale[35]. Dans le droit prétorien de la concurrence déloyale, la captation de la clientèle d'autrui n'est pas contestée, car elle est de l'essence même de la concurrence. À l'instar du droit de la libre concurrence, il ne s'agit pas de protéger le concurrent faible. Le mérite a donc toute sa place. À l'instar encore du droit de la libre concurrence, il s'agit de

---

33 Cass. com., 15 mai 2012, n° 11-10.278 ; *D.* 2012. 1403, obs. X. Delpech ; *D.* 2012, B. Dondero, « La reconnaissance du préjudice moral des personnes morales », *D.* 2012, p. 1285 ; V. Wester-Ouisse, « Préjudice moral des personnes morales : quand "la perversion de la cité commence par la fraude des mots" », préc. ; *BJS* 2012. 536, note J.-F. Barbieri ; *JCP E* 2012. 1510, note R. Mortier ; *Gaz. Pal.* 10-11 août 2012, note A.-F Zattara-Gros ; *Contrats, conc., consom.* 2012, n° 205, note M. Malaurie-Vignal ; *Dr. sociétés* 2012, n° 137, note R. Mortier. V. aussi Cass. com., 11 janvier 2017, n° 15-18.669.

34 Cass. com., 12 février 2020, n° 17-31.614 ; J.-S. Borghetti, « La réparation intégrale du préjudice à l'épreuve du parasitisme », préc. ; S. Pellet, « Concurrence déloyale : d'importantes précisions sur le préjudice réparable », *RDC* 2020, p. 36 ; G. de Moncuit de Boiscuillé, « La Cour de cassation prend en compte la faute lucrative ! sans la sanctionner… », *RLC* 2020, n° 95 ; M. Malaurie-Vignal, « Appréciation de la situation de la victime pour évaluer le préjudice réparable au titre d'une pratique commerciale trompeuse », *Contrats, conc., consom.* n° 4, avril 2020, n° 62, p. 21.

35 Y. Picod, « Loyauté et liberté de la concurrence », *RLC*, novembre 2017, p. 11.

sanctionner les abus de la liberté d'être concurrent[36]. C'est non seulement à l'atteinte des concurrents, mais aussi à l'atteinte de la concurrence qu'il est fait référence[37]. L'intérêt protégé par l'action en concurrence déloyale semble largement excéder le seul intérêt individuel du concurrent pour concerner un intérêt résolument plus large[38]. La prise en considération des intérêts des consommateurs et du bon fonctionnement des marchés devient prégnante. En définitive, la concurrence déloyale apparaît de plus en plus sous un jour disciplinaire comme une arme de protection d'un intérêt général plutôt que d'intérêts particuliers, comme un instrument de police de marché[39]. Ainsi est-il déclaré que le droit de la concurrence déloyale a vocation à s'intégrer dans l'ensemble des techniques qui permettent de préserver une concurrence saine et efficace et qu'il mériterait son entrée dans le livre IV du code de commerce sous la forme d'un principe général du droit[40].

En sens inverse, le droit de la libre concurrence se rapproche du droit de la concurrence déloyale. Le manque de loyauté affleure de plus en plus dans l'application du droit de la libre concurrence. Il est acquis lorsqu'une intention de nuire est avérée. Certes l'intention de nuire n'est pas requise pour la qualification d'une restriction de concurrence, mais la Cour de justice considère qu'elle est un élément à prendre en considération pour la qualification d'abus[41], comme pour celle du degré suffisant de nocivité de la restriction par l'objet[42]. En tout état de cause, la déloyauté est latente face à un comportement délibéré ou négligent qui s'écarte des règles fondamentales du jeu dans l'économie de marché.

Dans l'application de l'article 101 TFUE, la qualification de restriction par l'objet s'appuie indubitablement sur une perception flagrante de déloyauté. Les ententes secrètes, considérées comme le cancer de l'économie[43], sont

---

36 *Ibid.*

37 P. Le Tourneau, « Agissements fautifs dans l'exercice des droits et concurrence déloyale », in P. Le Tourneau (dir.), *Droit de la responsabilité et des contrats*, 11e éd., Paris, Dalloz, 2017, n° 2214.33, p. 852.

38 Y. Serra, *Le droit français de la concurrence*, Paris, Dalloz, 1993, p. 31. V. égal. Y. Serra, « Rapport introductif », in Y. Serra (dir.), *La concurrence déloyale : permanence et devenir*, Paris, Dalloz, 2001, p. 7 ; C. Bloch, *La cessation de l'illicite : recherche sur une fonction méconnue de la responsabilité civile extracontractuelle*, Paris, Dalloz, 2008, n° 327, p. 431 ; J. Larrieu, « L'oxymore de la concurrence déloyale », *Propr. industr.* 2008, n° 9, comm. 71.

39 J. Larrieu, préc.

40 Y. Picod, « Concurrence déloyale et responsabilité civile », *AJCA* 2014, p. 152.

41 CJUE, 6 décembre 2012, *AstraZeneca*, aff. C-457/10 P, EU:C:2012:770. V. aussi A. Wachsmann, N. Zacharie, « Définition du marché pertinent – Utilisation abusive des procédures relatives aux certificats : La Cour de Justice sanctionne définitivement l'utilisation abusive de procédures réglementaires pour prévenir ou retarder l'arrivée des génériques sur le marché (*AstraZeneca*) », 6 décembre 2012, *Concurrences* n° 1-2013, art. n° 50454, pp. 78-81.

42 CJUE, 2 avril 2020, *Budapest Bank*, aff. C-228/18, pt 53, EU:C:2020:265. V. aussi M. Debroux, « Restriction par objet : La Cour de justice de l'Union européenne tente à nouveau de clarifier le concept de restriction de concurrence par objet (et n'y parvient pas totalement) et fournit une méthodologie pratique pour identifier un tel objet (et n'échoue pas entièrement) (*Gazdasági Versenyhivatal / Budapest Bank Nyrt*) », 2 avril 2020, *Concurrences* n° 3-2020, art. n° 95918, pp. 88-90.

43 M. Monti, « Why should we be concerned with cartels and collusive behaviour? », in *Fighting cartels: why and how?*, Third Nordic Competition Policy Conference, 11-12 September 2000, Göteborg, Konkurrensverket, 2001.

l'expression d'une tricherie radicale qui rejette l'économie de marché. Les documents secrets révèlent, à l'instar de cette fameuse vidéo enregistrée par le FBI, combien les acheteurs sont traités comme des ennemis et les concurrents comme des amis. Ainsi, afin de maintenir des prix élevés, Lundbeck paie ses concurrents pour qu'ils retardent la commercialisation de versions génériques d'un antidépresseur, avec des documents faisant état d'un « club » et d'une « pile de dollars » à se répartir en maintenant des prix élevés[44], tandis que la filiale néerlandaise de Johnson & Johnson propose à Sandoz, filiale néerlandaise de Novartis, de ne pas entrer avec un générique sur le marché du fentanyl en échange « d'une part du gâteau »[45]. Il en va de même pour un partage du monde où opérateurs européens et japonais adoptent une stratégie de chacun sur ses terres naturelles[46].

Quant à l'application de l'article 102 TFUE, la Cour de justice considère que l'éviction d'un concurrent n'est pas en soi fautive. Elle le devient lorsque, pour aller à la conquête de parts de marché, l'entreprise dominante agit « *en dehors des moyens d'une concurrence normale* », c'est-à-dire « *ceux qui relèvent d'une concurrence par les mérites et qu'il s'ensuit des risques d'effets négatifs pour les consommateurs en termes de prix, de qualité ou d'innovation* »[47]. À ce titre des manifestations de déloyauté flagrante ont été établies comme abus. Tel est le cas pour le dénigrement[48], la désorganisation d'un concurrent provoquant sa disparition[49]. Pour le refus de concéder des licences sur des brevets essentiels de normalisation technologique, la Commission et la Cour de justice s'appuient sur la déloyauté par rapport à des obligations contractuelles de négocier selon

---

44 Trib. UE, 8 septembre 2016, *Lundbeck, Pharmaceutical Industries*, aff. T-460/13, EU:T:2016:453, puis CJUE, 25 mars 2021, *Lundbeck*, aff. C-586/16 P, EU:C:2021:241. V. aussi M. Debroux, « Objet anticoncurrentiel : La Cour de justice de l'Union européenne confirme, dans le droit fil de son arrêt *Generics (UK)* et sans surprise – mais non sans laisser subsister quelques interrogations – les arrêts du Tribunal de l'Union européenne qui avaient confirmé les sanctions imposées à des accords de "pay-for-delay" (*Lundbeck*) », 25 mars 2021, *Concurrences* n° 3-2021, art. n° 101690, pp. 85-87.

45 Comm. eur., déc. C(2013) 8870 final du 10 décembre 2013, *Fentanyl*, aff. AT.39685.

46 CJUE, 20 janvier 2016, *Toshiba*, aff. C-373/14 P, EU:C:2016:26. V. aussi A.-S. Choné-Grimaldi, « Contexte économique et juridique de l'accord : La Cour de Justice de l'Union européenne explique, d'une part, que l'analyse du contexte économique et juridique peut se limiter à ce qui est strictement nécessaire pour caractériser l'objet anticoncurrentiel de l'accord et, d'autre part, qu'il est possible, pour déterminer le montant de base de l'amende, de prendre en compte les parts de marché détenues par les entreprises en cause sur un territoire plus large que le seul territoire concerné par l'entente (*Toshiba Corporation*) », 20 janvier 2016, *Concurrences* n° 2-2016, art. n° 79079, pp. 92-94.

47 CJCE, 2 avril 2009, *France Télécom*, aff. C-202/07 P, EU:C:2009:214 ; CJUE, 14 octobre 2010, *Deutsche Telekom*, aff. C-280/08, EU:C:2010:603, pt 176 ; CJUE, 17 février 2011, *TeliaSonera Sverige*, aff. C-52/09, EU:C:2011:83, pt 88 ; CJUE, 27 mars 2012, *Post Danmark*, aff. C-209/10, EU:C:2012:172, pt 21.

48 Aut. conc., déc. n° 13-D-21 du 18 décembre 2013 relative à des pratiques mises en œuvre sur le marché français de la buprénorphine haut dosage commercialisée en ville ; Aut. conc., déc. n° 13-D-11 du 14 mai 2013 relative à des pratiques mises en œuvre dans le secteur pharmaceutique ; Aut. conc., déc. n° 16-D-11 du 6 juin 2016 relative à des pratiques mises en œuvre dans le secteur de la diffusion de la télévision par voie hertzienne terrestre ; Aut. conc., déc. n° 20-D-11 du 9 septembre 2020 relative à des pratiques mises en œuvre dans le secteur du traitement de la dégénérescence maculaire liée à l'âge (DMLA).

49 Aut. conc., déc. n° 14-D-02 du 20 février 2014 relative à des pratiques mises en œuvre dans le secteur de la presse d'information sportive.

des conditions équitables, raisonnables ou non discriminatoires (FRAND)[50]. Enfin et de manière emblématique, c'est sous l'angle d'une déloyauté ruinant toute acception du mérite que les géants du numérique ont été appréhendés : l'autopréférence de Google par abus d'algorithme[51] ; le refus de négocier de bonne foi avec les éditeurs de presse en vue d'un partage de valeurs plus équitable selon la loi n° 2019-775 instituant un nouveau droit voisin[52].

La libre concurrence et la concurrence déloyale ont donc fait un pas l'une vers l'autre. Le rapprochement est indéniable et l'on peut même concevoir l'existence d'un chevauchement sur le plan des finalités, sans pour autant parler d'absorption. La vocation de police des marchés semble bien partagée et, partant, la dissuasion[53]. La responsabilité civile, pour l'une comme pour l'autre, a plus une fonction normative qu'une fonction indemnitaire.

Il n'est donc guère étonnant que les audaces de la jurisprudence sur le préjudice moral en matière de concurrence déloyale puissent amener à interroger au regard des dommages et intérêts en libre concurrence[54]. La proximité entre les deux suscite une invitation à aller d'audace en audace, notamment et précisément pour ce qui concerne le préjudice moral. Il serait difficilement acceptable de ne pas tenir pour la libre concurrence les raisonnements qui valent pour la concurrence déloyale. C'est indubitablement une base de référence pour l'appréhender au moins comme une atteinte à la réputation[55].

Dans les regards les plus avisés sur le préjudice moral, l'une comme l'autre nourrissent la catégorie des préjudices moraux objectifs, soumis à un régime juridique à vocation essentiellement normative, par opposition aux préjudices moraux subjectifs, essentiellement indemnitaire[56]. Dans cette catégorie des préjudices moraux objectifs, l'enjeu est le caractère dissuasif de la sanction de la violation de la norme. Cet éclairage sur le bien-fondé du préjudice moral doit orienter le régime du préjudice moral.

---

50 Comm. eur., déc. du 29 avril 2014, *Motorola – Respect des brevets essentiels pour la norme GPRS*, aff. AT.39985, *JOUE* n° C 344 du 2 octobre 2014, p. 6 ; CJUE, 16 juillet 2015, *Huawei Technologies*, aff. C-170/13, EU:C:2015:477. V. aussi A.-L. Sibony, « Brevets essentiels : La Cour de justice de l'Union européenne précise les conditions de l'action en contrefaçon d'un brevet essentiel (*Huawei Technologies, ZTE*) », 16 juillet 2015, *Concurrences* n° 4-2015, art. n° 76086, pp. 120-123.

51 Trib. UE, 10 novembre 2021, *Google Shopping*, aff. T-612/17, EU:T:2021:763.

52 Aut. conc., déc. n° 20-MC-01 du 9 avril 2020 relative à des demandes de mesures conservatoires présentées par le Syndicat des éditeurs de la presse magazine, l'Alliance de la presse d'information générale e.a. et l'Agence France-Presse, confirmation par CA Paris, 8 octobre 2020, RG 20/0085F ; pour le non-respect des mesures conservatoires, sanction de 500 millions d'euros et à une astreinte de 300 000 euros par journée de retard à l'expiration d'un délai de deux mois, Aut. conc., déc. n° 21-D-17 du 12 juillet 2021 relative au respect des injonctions prononcées à l'encontre de Google dans la décision n° 20-MC-01 du 9 avril 2020.

53 La Cour de justice lie le principe d'effet utile des articles 101 et 102 TFUE à la dissuasion tant en matière de *public enforcement* (CJCE, 7 juin 1983, *Musique diffusion*, aff. jtes 100 à 103/80, EU:C:1983:158) qu'en matière de *private enforcement* (CJCE, 20 septembre 2001, *Courage*, aff. C-453/99, EU:C:2001:465 ; en dernier lieu CJUE, 6 octobre 2021, *Sumal*, aff. C-882/19, préc.).

54 J.-C. Roda, « Pratiques commerciales trompeuses, concurrence déloyale et préjudice économique : la Cour de cassation entre dits et non-dits », *Gaz. Pal.* 21 avril 2020, p. 25.

55 E. Claudel, *RTD com.* 2017, p. 365.

56 H. Gali, *op. cit.*

II. Les effets de l'audace

Il ne suffit pas de poser le bien-fondé de l'applicabilité de la notion de préjudice moral aux victimes de pratiques anticoncurrentielles. Encore faut-il s'interroger sur les conditions de mise en œuvre de la responsabilité civile. Comme il s'agit le plus souvent d'actions consécutives à une décision établissant la violation des articles 101 ou 102 TFUE, la juridiction nationale saisie d'une action en réparation ne saurait refuser de tirer les conséquences civiles de la violation de dispositions d'ordre public. Si la décision émane de la Commission, elle est tenue par l'article 16 du règlement (CE) n° 1/2003 de ne pas aller à l'encontre de sa teneur. Si la décision émane d'une autorité nationale de concurrence, l'article 9 de la directive 2014/104/UE écarte toute hésitation : la faute est présumée de manière irréfragable ou *prima facie* si elle émane d'une autorité d'un autre État membre. Il ne reste donc plus qu'à s'interroger sur la preuve du préjudice moral à propos de laquelle la contraction de la faute et de l'existence du préjudice est admise (1.), tandis que l'évaluation du préjudice soulève des hésitations encore importantes (2.).

1. Dommage inféré de la violation d'un intérêt social protégé

Après l'annonce d'une présomption relative au manquement, une deuxième présomption est introduite par l'article 17 de la directive 2014/104/UE : l'existence d'un préjudice. Cette présomption est limitée. En effet, l'infraction constitutive d'un abus de position dominante n'est pas mentionnée. Il a même été souligné que seules les ententes secrètes sont concernées si l'on s'en tient à la version anglaise, qui emploie le terme « cartel »[57]. La transposition française dans l'article L. 481-7 du code de commerce n'utilise pas le terme « cartel », mais vise « les ententes entre concurrents » : « *Il est présumé jusqu'à preuve contraire qu'une entente entre concurrents cause un préjudice.* » Les restrictions verticales sont donc exclues du champ de la présomption, de même que les contrats de droits de propriété intellectuelle entre non-concurrents. Or, si l'on s'inspire de la jurisprudence relative à la concurrence déloyale, ces limitations pourraient être surmontées.

Cette jurisprudence est audacieuse, mais finalement empreinte d'un grand réalisme. Depuis plusieurs décennies, la Cour de cassation emploie une formule consacrée selon laquelle il « *s'infère nécessairement d'un acte de concurrence déloyale un trouble commercial constitutif d'un préjudice* »[58]. À propos d'une imitation de dénomination sociale, dans les *Pompes funèbres de l'Esterel*, elle a même précisé le trouble commercial minimal : « ... *fût-il seulement moral* »[59]. Elle l'a fait également au sujet de la violation d'une clause de non-concurrence

57 E. Claudel, préc., à propos du cons. 47.

58 Cass. com., 22 octobre 1985, n° 83-15.096 ; *D.* 1986. 339, obs. Y. Serra sur la commercialisation de pochettes de disques dénoncée par Universal Music France.

59 Cass. com., 27 février 1996, *Pompes funèbres de l'Esterel*, n° 94-16.885 ; *D.* 1997. 403, note S. Laulom, et 289, obs. P. Jourdain ; *RTD civ.* 1997. 632, obs. J. Hauser ; *JCP* 1997 I. 4025, obs. G. Viney, et II. 22805, note J. Ravanas.

d'un coiffeur[60], puis pour celle d'un courtier d'assurances[61]. Elle l'a fait ensuite pour la contrefaçon de parapluies[62] et à nouveau pour l'utilisation déloyale d'une dénomination sociale[63]. Elle l'a fait encore s'agissant de VTT vendus par Carrefour par une promotion trompeuse, alors qu'ils n'étaient pas de qualité équivalente à ceux vendus par Decathlon[64], et à propos de la perte d'image résultant d'une dénonciation indue de parasitisme dans l'affaire *Magic Cube*[65]. Mais c'est seulement l'arrêt sur la violation de non-concurrence dans l'exploitation d'une pizzeria qui a été remarqué et a déclenché les passions[66]. La formule a été à nouveau employée s'agissant de stratagèmes élaborés par un avocat pour détourner la clientèle d'un confrère[67], puis pour l'imitation de pochettes de disques[68]. Enfin, l'arrêt *Cristal* parachève la prise de conscience doctrinale à propos de l'appellation « made in France », alors que le cristal en cause était fabriqué en Chine. Par surcroît, il annonce clairement la raison de cette présomption de préjudice : « *Cette jurisprudence, qui énonce une présomption de préjudice [...] répond à la nécessité de permettre aux juges une moindre exigence probatoire, lorsque le préjudice est particulièrement difficile à [prouver]*[69]. »

Qu'il résulte de la concurrence déloyale *stricto sensu*, de la contrefaçon ou encore de la violation de clause de non-concurrence, le trouble commercial est tel qu'il emporte « *une sorte de contraction du dommage et de la faute* »[70]. On ne voit pas pour quelle raison un trouble commercial, « *fût-il moral* », ne résulterait pas également de la concurrence faussée par un abus de position dominante ou d'une entente, quelle qu'elle soit. Il semble difficile de refuser une telle présomption lorsque le processus concurrentiel est faussé.

La portée de présomption serait cependant plus étendue en termes de bénéficiaires. Par rapport à la concurrence déloyale, la spécificité des pratiques anticoncurrentielles tient à ce que le processus concurrentiel faussé engendre plusieurs catégories de victimes potentiellement touchées : au-delà des concurrents

60 Cass. com., 22 février 2000, n° 97-18.728 (coiffeur).

61 Cass. com., 27 mai 2008, *Sofraco c/ Ancea*, n° 07-14.442.

62 Cass. com., 25 avril 2001, n° 98-19.670 (parapluies).

63 Cass. com., 3 juin 2003, *Linge des Vosges*, n° 01-15.145.

64 Cass. com., 28 septembre 2010, *Decathlon c/ Carrefour*, n° 09-69.272. V. aussi R. Mesa, « Détournement de clientèle – Publicité trompeuse : La Cour de cassation considère que la diffusion d'une publicité trompeuse à destination des consommateurs est constitutive d'un acte de concurrence déloyale (*Décathlon/Carrefour*) », 28 septembre 2010, *Concurrences* n° 1-2011, art. n° 34172, pp. 141-143.

65 Cass. com., 11 janvier 2017, « *Magic Cube* », n° 15-18.669.

66 Cass. com., 15 mai 2012, n° 11-10.278, préc.

67 Cass. 1re civ., 21 mars 2018, *X c/ OO*, n° 17-14.582.

68 Cass. com., 10 avril 2019, *Universal Music France*, n° 18-13.612 ; B. Ménard, « Le dommage induit de l'acte de concurrence déloyale. Quelle explication ? Quelle application ? », *D.* 2019, p. 1549.

69 Cass. com., 12 février 2020, n° 17-31.614 ; *D.* 2020. 1086, note J.-S. Borghetti ; *RTD civ.* 2020. 401, obs. P. Jourdain.

70 B. Ménard, préc.

floués ou évincés, il faut mentionner les consommateurs intermédiaires et les consommateurs finals, pour lesquels l'existence d'un préjudice minimal, « *fût-il moral* », devrait être reconnue.

Cependant, une présomption de l'existence d'un préjudice ne règle pas tout, puisqu'il demeure la charge de son évaluation. La facilitation de la charge de la preuve s'avère finalement très relative.

2. Évaluation du dommage

L'affaire de La Pizzeria révèle qu'il ne suffit pas d'invoquer l'existence présumée du préjudice moral. Encore faut-il le prouver. Après l'arrêt de cassation, la cour de renvoi n'a pu que constater que le préjudice moral n'était pas étayé par une demande précise. Saisie d'un nouveau pourvoi, la Cour de cassation définit d'abord le préjudice moral d'une personne morale : « *[L]e préjudice moral est le dommage atteignant les intérêts extra-patrimoniaux et non économiques de la personne en lésant les droits [extrapatrimoniaux] et qu'il en est ainsi, pour une personne morale, en cas d'atteinte à sa réputation et/ ou à son image [...]* » Il n'en demeure pas moins que, après cet effort louable de définition, elle se résout à suivre les juges du fond. Elle retient que la victime a « *échoué à démontrer la dégradation concrète de [sa] réputation ou de [son] image [...] par la violation de la clause de non-concurrence* »[71].

Dans l'arrêt *Cristal*, la Cour de cassation circonscrit expressément la présomption : « *[C]ette jurisprudence, qui énonce une présomption de préjudice, sans pour autant dispenser le demandeur de démontrer l'étendue de celui-ci*[72] *[...]* » À cet égard, elle a soulevé l'étonnement et même la critique. En effet, il est paradoxal d'affirmer que la présomption répond « *à la nécessité de permettre aux juges une moindre exigence probatoire, lorsque le préjudice est [...] difficile à démontrer* ». Cette affirmation fait peser la charge de la preuve sur le juge, alors qu'elle incombe normalement au demandeur. Mais il incombe au juge d'évaluer le préjudice dont il a constaté l'existence et, au regard de la bonne administration de la justice, il est louable que la Cour de cassation se soucie du coût de la preuve[73]. La Cour de cassation n'est pas cependant si pragmatique, car la démonstration de l'étendue du préjudice n'a rien d'un cadeau[74].

Il est vrai que dans cette affaire Cristal, la Cour de cassation ouvre une voie spectaculaire à la reconnaissance de la faute lucrative : elle prend en compte le gain acquis par le fait de s'affranchir d'une réglementation relative au coût de la main-d'œuvre[75]. C'est une entorse au principe de la réparation intégrale,

71 Cass. com., 8 novembre 2016, n° 15-18.150.

72 Cass. com., 12 février 2020, n° 17-31.614, préc.

73 J.-S. Borghetti, « La réparation intégrale du préjudice à l'épreuve du parasitisme », préc., à propos de l'arrêt du 12 février 2020.

74 J.-S. Borghetti, *Ibid.*

75 G. de Moncuit de Boiscuillé, préc..

puisqu'il ne s'agit pas de replacer la victime dans la situation qu'elle aurait connue sans le comportement litigieux. Cette entorse est approuvée au motif que ce principe n'a pas en droit français une valeur absolue et que la loi lui apporte des exceptions, comme en contrefaçon[76]. Mais que penser alors de l'appréciation du préjudice minimal tenant au préjudice moral que la Cour de cassation continue d'énoncer dans ce même arrêt ? La critique est sévère : « *la notion est artificielle [...] il s'agit en réalité d'un préjudice économique trop diffus pour être mesuré* »[77].

Ces inquiétudes relatives à l'invocation d'un préjudice moral à défaut de pouvoir apprécier un préjudice économique devraient tomber s'agissant de l'indemnisation des victimes de pratiques anticoncurrentielles. L'article 17 de la directive 2014/104/UE relatif à la quantification précise que « *[l]es États membres veillent à ce que les juridictions nationales soient habilitées [...] à estimer le montant du [dommage]* ». Il est regrettable que le législateur n'ait pas repris le terme « estimer » dans la transposition[78], ne serait-ce que pour encourager le juge français à ne pas être frileux. Il n'en demeure pas moins que le juge est lié par le principe de l'interprétation conforme. À des fins d'encouragement, la Commission a publié un cadre d'analyse pour aider le juge dans son estimation du préjudice[79]. De plus, la cour d'appel de Paris a publié des fiches méthodologiques pour apprécier le dommage économique, notamment issu des pratiques anticoncurrentielles. Dans un tel contexte, faut-il craindre que le préjudice moral se substitue au préjudice économique[80] ? Nous ne le pensons pas tant les incitations et les encadrements sont donnés pour l'appréciation du préjudice économique[81]. Les avancées sont déjà significatives ainsi que l'établissent certains travaux[82] et la DG COMP de la Commission européenne[83].

---

76 J.-S. Borghetti, préc.

77 J.-S. Borghetti, *Ibid.* Cette critique est habituelle. Ainsi à propos de l'arrêt de 2012 concernant La Pizzeria, v. D. Dondero, préc.

78 S. Carval, « L'estimation du montant des préjudices anticoncurrentiels : Un possible apport de la directive n° 2014/104 au droit commun de la responsabilité civile », *D.* 2015, p. 1290.

79 Communication de la Commission relative à la quantification du préjudice dans les actions en dommages et intérêts fondées sur des infractions à l'article 101 ou 102 du traité sur le fonctionnement de l'Union européenne, *JOUE* n° C 167 du 13 juin 2013, p. 19. La cour d'appel de Paris a également publié des fiches méthodologiques sur l'appréciation du préjudice économique, dont deux concernent le préjudice issu des ententes et celui issu des abus de position dominante.

80 M. Cousin, « Réparation ou punition ? À propos de l'ordonnance sur les actions en dommages et intérêts du fait des pratiques anticoncurrentielles », *RLC* 2017/60, n° 3165.

81 E. Claudel, préc.

82 J.-F. Laborde, « Cartel damages actions in Europe: How courts have assessed cartel overcharges », *Concurrences* n°4-2019, art. n° 92227 ; R. Amaro et J.-F. Laborde, *La réparation des préjudices causés par les pratiques anticoncurrentielles : recueil de décisions commentées*, 2e éd., Paris, Concurrences, 2020 ; J.-F. Laborde et C. Prieto, « De "toute victime" à "tout" préjudice : une reconnaissance en expansion continue dans le domaine des pratiques anticoncurrentielles », in *Mélanges en l'honneur du professeur Suzanne Carval*, Paris, IRJS éditions, 2021.

83 Comm. eur., Commission Staff Working Document on the implementation of Directive 2014/104/EU of the European Parliament and of the Council of 26 November 2014 on certain rules governing actions for damages under national law for infringements of the competition law provisions of the Member States and of the European Union, SWD(2020) 338 final, 14 décembre 2020.

Plus le préjudice économique sera bien cerné, plus il sera aisé d'évaluer parallèlement un préjudice moral et de ne plus faire passer celui-ci comme une compensation, voire un pis-aller, d'une mauvaise évaluation du préjudice économique. L'arrêt rendu par la cour d'appel de Paris dans l'affaire du cartel sur les phosphates pour alimentation animale semble aller dans cette direction[84]. Dans une action consécutive à la décision de sanction émanant de la Commission, des producteurs d'aliments pour volailles ont saisi le tribunal de commerce de Rennes pour obtenir réparation du préjudice subi entre 1993 et 2003. Après avoir infirmé le rejet de leur demande, la cour d'appel de Paris a retenu l'existence d'un surcoût, mais a demandé une expertise judiciaire. Il résulte de celle-ci une distinction entre deux périodes. La preuve du surcoût dans la facturation n'est finalement rapportée que pour la seule période entre 2000 et 2003 et, à ce titre, la cour d'appel accorde 100 000 euros. Quant à la perte de chance de négocier des meilleurs prix, elle est écartée : ce serait « *une espérance purement éventuelle* ». Par contraste, le préjudice moral est accueilli et évalué pour un montant de 30 000 euros. Les commentateurs ont relevé que cette dernière appréciation avait été faite sans expertise et semble s'inscrire dans un mouvement de « forfaitisation » du préjudice moral. Certes, la nécessité d'une expertise est discutable pour un préjudice moral. Cependant, il est permis de regretter qu'aucun critère d'appréciation du préjudice moral n'ait été mentionné dans la motivation. À cela s'ajoute l'impression que le préjudice moral a été octroyé en compensation de la perte de chance de négocier des meilleurs prix. En effet, la cour d'appel le définit comme « *le fait de négocier pendant des années avec des fournisseurs qui font semblant de négocier* ». Mais il convient de saluer un effort tout à fait louable. La cour explique que l'entente est « *exclusive de la bonne foi contractuelle* ». À tout le moins, elle établit un « trouble commercial » spécifique aux pratiques anticoncurrentielles. L'intérêt de cette motivation est d'aller au-delà de l'atteinte à la réputation ou à l'image pour définir le préjudice moral.

Il permet de cerner une atteinte à l'esprit d'entreprise dans une économie de marché. Les règles de concurrence incitent les opérateurs à « *la vertu économique* » en ce qu'elles les incitent au juste prix par le jeu de l'offre et de la demande, à l'innovation, à l'investissement pour un bien-être général[85]. C'est une manière de décrire l'esprit d'entreprise découlant de la liberté d'entreprendre, en tant que liberté fondamentale bien comprise, c'est-à-dire au service de la société. Très éloigné des connotations négatives de l'esprit de lucre et du *dolus bonus* qui ont longtemps pesé sur la manière d'appréhender le commerce, l'esprit d'entreprise

---

84 CA Paris, pôle 5, ch. 4, 23 juin 2021, RG 17/04101 ; *Concurrences* n° 4-2021, art. n° 101772, , note M. Chagny ; S. Pietrini, « Nouvelle illustration des apports de l'expertise judiciaire dans la réparation du préjudice concurrentiel », *RLC* 2021/174.

85 B. Lasserre, L'entreprise, les règles de concurrence et les droits fondamentaux, *Nouveaux Cahiers du Conseil constitutionnel*, n°35, avril 2012. La Cour de justice insiste sur la raison d'être des règles de concurrence pour éclairer leur interprétation téléologique : « *ont [...] pour objectif d'éviter que la concurrence ne soit faussée au détriment de l'intérêt général, des entreprises [...] et des consommateurs, contribuant ainsi au bien-être dans l'Union* », CJUE, 17 février 2011, *TeliaSonera Sverige*, aff. C-52/09, préc., pt 22.

se voit ainsi conférer une valeur noble, car il est au service du bien commun[86]. Il est consubstantiel au jeu de la libre concurrence, selon lequel seuls les mérites des uns et des autres doivent déterminer leurs succès, à l'abri des ententes et des abus de position dominante. Dès lors que ces pratiques anticoncurrentielles ont été établies, ils sont en droit d'invoquer une atteinte à l'esprit d'entreprise.

Les ententes peuvent engendrer plusieurs formes de frustration au regard de l'esprit d'entreprise. En premier lieu, nous pouvons retenir une frustration radicale lorsque la victime est un concurrent évincé par un boycott. Mais il faut aussi relever la frustration de l'acheteur, qui ne doit pas être sous-estimée. L'illusion de négocier un prix selon les règles de concurrence peut être particulièrement caractérisée. Son identification semble plus pertinente que l'atteinte à l'image, qui a été pourtant retenue à propos d'une collectivité publique flouée dans un appel d'offres faussé par des offres de couverture[87]. Ainsi, le découragement créé est d'autant plus grave dans un contexte où l'appel d'offres est chronophage. L'organisation d'un appel d'offres révèle un attachement particulier au processus concurrentiel et la frustration est d'autant plus grande quand la tricherie est débusquée[88].

Dans le cartel des phosphates, un préjudice moral original a été retenu : l'appauvrissement d'une profession et sa dévalorisation. La Fédération régionale des syndicats d'exploitants agricoles de la région Bretagne a argumenté habilement que le cartel sur le marché du phosphate lui avait créé un préjudice moral en ce qu'il avait contribué à appauvrir la profession. Le tribunal a pris acte du préjudice engendré par le cartel des fournisseurs d'aliments pour bétail ayant « dévalué » le métier[89] : « *Moralement, l'Entente a renforcé la dégradation de la situation des agriculteurs qui n'ont pas profité de la hausse importante de leur production pour engranger des bénéfices plus importants et qui voient leur métier dévalué du fait qu'entre le fournisseur d'aliments et la grande distribution ils se trouvent dans une situation de paupérisation. […]. L'ensemble des circonstances décrites plus haut permettent ainsi de considérer que la FRSEA a, par les faits commis par C… subi un préjudice moral que le Tribunal estime à 10.000 €.* » L'évaluation est très décevante. Le tribunal l'explique ainsi : « *[L]a condamnation des sociétés CFPR/TIMAB à une importante amende de près de 60 millions d'euros donne la mesure de la gravité des infractions reprochées et constitue une forme de réparation morale à l'égard du monde agricole pris dans son ensemble, de sorte que la réparation à allouer à la fédération syndicale ne peut venir qu'en complément, sans encourir le reproche de la disproportion.* » En partant du

86 J. Tirole, *Économie du bien commun*, Paris, PUF, 2016.

87 CA Versailles, 9e ch. corr., 9 septembre 2011, RG 10/01728, *Conseil général des Hauts de Seine e.a.c/ Boulain et e.a.*

88 TGI Roche-sur-Yon, ch. corr., 18 janvier 2010, n° parquet 07000004318, *Conseil général de Vendée e.a. c/ Bareteau e.a.*

89 TGI Rennes, 2e ch. civ., 7 octobre 2019, *FRSEA Bretagne c/ Compagnie Financière et de Participation Roullier CFPR e.a.*, RG 13/00136.

montant de l'amende, il convenait au contraire de dégager un montant d'évaluation plus approprié du préjudice moral. Cela révèle une mauvaise compréhension ou une méconnaissance de la jurisprudence de la Cour de justice qui encourage les actions indemnitaires pour se rajouter à l'amende de l'action publique au titre de la dissuasion des pratiques anticoncurrentielles. Mais il faut convenir que, dans cette affaire, le problème essentiel en termes de réparation tient à l'absence de réparation du préjudice économique direct subi par les éleveurs. L'absence d'action de groupe pour le préjudice de masse des professionnels est tout à fait regrettable[90].

Les abus peuvent tout autant engendrer des frustrations au regard du processus concurrentiel. La jurisprudence de la Cour de justice éclaire une attente légitime : l'entreprise en position dominante ne doit pas recourir à « *des moyens autres que ceux qui relèvent d'une concurrence par les mérites* »[91]. La frustration de ses concurrents peut être réelle lorsqu'il est difficile de concevoir un degré si élevé dans la négation pure et simple de toute concurrence. Tel est le cas des « *restrictions non déguisées* », selon l'expression de la Cour de justice, lorsque l'entreprise entreprise rémunère ses acheteurs pour qu'ils ne s'approvisionnent pas chez ses concurrents[92]. Tel pourrait encore être le cas de la victime qui est confrontée à une manœuvre radicalement déloyale, comme un dénigrement ou toute forme de prédation caractérisée[93], ou encore toute entrave grossière par laquelle l'entreprise laisse croire à ses partenaires qu'ils bénéficient d'une prestation performante.

Des critères ont été proposés pour guider l'appréciation souveraine du préjudice moral par les juges du fond : l'importance de l'intérêt extrapatrimonial, l'intensité de la lésion[94]. Ils étaient destinés à apprécier l'atteinte à la réputation et à l'image. De fait, les pratiques anticoncurrentielles peuvent nuire à la crédibilité d'un produit ou d'un service offert par la victime et ces critères peuvent être repris. Mais, de manière générale, il semble préférable d'appréhender le préjudice moral issu des pratiques anticoncurrentielles sous l'angle plus large de l'atteinte à l'esprit d'entreprise. À cet égard, les efforts déployés pour atteindre le mérite entravé peuvent constituer un critère utile. De même, la croyance renforcée dans le respect du processus concurrentiel par l'entreprise en cause peut aussi être un critère

90 Bon nombre de PME sont dans la situation de faiblesse ou d'inertie des consommateurs. L'action de groupe dans notre droit français est inefficiente pour les consommateurs, contraints de passer par une association de consommateurs – associations qui sont restées inertes dans le domaine des préjudices issus des violations des pratiques. Elle l'est encore parce qu'elle ignore les préjudices de masse des professionnels.

91 CJUE, 14 octobre 2010, *Deutsche Telekom*, aff. C-280/08, préc., pt 177 ; CJUE, 17 février 2011, *TeliaSonera Sverige*, aff. C-52/09, préc., pt 88 ; CJUE, 27 mars 2012, *Post Danmark*, aff. C-209/10, préc., pt 25.

92 CJUE, 6 septembre 2017, *Intel*, aff. C-413/14 P, EU:C:2017:632 ; Comm. eur, déc. du 18 juillet 2019, *Qualcomm (prix d'éviction)*, aff. AT.39711, *JOUE* n° C 375 du 6 novembre 2011, p. 25 ; Comm. eur., déc. du 19 juillet 2018, *Google Android*, aff. AT.40099, *JOUE* n° C 402 du 28 novembre 2019, p. 19.

93 Au jour où les épreuves de article sont remises, il n'est plus temps de procéder à l'analyse de l'arrêt relatif à l'éviction pratiquée par le journal l'Equipe : CA Paris, pôle 5 ch4, 23 février 2022, RG 19/19239, Groupe Amaury c/ société 10 Medias. Le préjudice moral est ici évalué à 100 000 euros.

94 P. Stoffel-Munck, préc.

utile. Cette croyance pourrait être nourrie par les déclarations que le contrevenant aurait faites préalablement, notamment dans les programmes de conformité où il assure respecter les règles de concurrence.

Les critères de nature indemnitaire ne sont pas les seuls proposés pour l'appréciation du préjudice moral. La fonction prophylactique de la responsabilité civile est dûment invoquée[95]. Cette analyse est confortée par un effort de catégorisation du préjudice moral : les préjudices moraux subjectifs ont une vocation essentiellement indemnitaire, alors que les préjudices moraux objectifs ont une vocation essentiellement normative[96]. Dans le cadre de la concurrence déloyale ou de la libre concurrence faussée, le préjudice moral est donc une voie du renforcement de la fonction normative de la responsabilité civile. Au-delà de la réparation due aux victimes, sa prise en compte tend à défendre le bon fonctionnement du marché, et partant, le bien-être général[97]. Au regard de la dissuasion, posée par la Cour de justice comme finalité des dommages et intérêts[98], ce serait une piètre conception du préjudice moral si celui-ci devait seulement avoir pour conséquence des dommages et intérêts symboliques comme y invitent les travaux de réforme de la responsabilité civile.

III. Conclusion

Le droit prétorien de la concurrence déloyale et le droit des pratiques anticoncurrentielles donnent matière à une perception renouvelée du préjudice moral en droit de la responsabilité civile. Au-delà de l'atteinte à la réputation ou à l'image, l'atteinte à l'esprit d'entreprise élargit la palette des intérêts extrapatrimoniaux. Dans un contexte de réforme frileuse de la responsabilité délictuelle où les dommages punitifs sont abandonnés pour la réparation des fautes lucratives et où, au mieux, une simple amende civile serait envisagée, le droit des pratiques anticoncurrentielles apporte une pierre utile au débat. En effet, la mise en œuvre dans la sphère publique aboutit à une amende administrative souvent considérable. Néanmoins, la Cour de justice et la Commission européenne encouragent la réparation due aux victimes pour atteindre une réelle dissuasion. C'est dire combien il importe de tirer parti de toutes les facettes de la responsabilité et notamment d'une jurisprudence constante qui associe à la concurrence déloyale

---

95 *Ibid.* V. aussi A. Tunc, « Responsabilité civile et dissuasion des comportements antisociaux », in *Aspects nouveaux de la pensée juridique : recueil d'études en hommage à Marc Ancel*, Paris, Pedone 1975, t. 1, p. 407 ; S. Carval, La responsabilité civile dans sa fonction de peine privée, Paris, LGDJ, 1995.

96 H. Gali, *op. cit.*

97 La défense du marché est indiscutable pour le droit des pratiques anticoncurrentielles. Elle le devient pour le droit de la concurrence déloyale, cf. Picod, préc. V. aussi P. Le Tourneau, préc. L'auteur évoque un « dommage à la concurrence ». V. également Y. Serra, « Rapport introductif », in Y. Serra (dir.), *op. cit.* ; C. Bloch, *op. cit.*, n° 327, p. 431 ; J. Larrieu, préc. La concurrence déloyale est désormais perçue comme un instrument de police du marché, une arme protectrice d'un intérêt général.

98 CJCE, 20 septembre 2001, *Courage*, aff. C-453/99, préc. et, en dernier lieu, CJUE, 6 octobre 2021, *Sumal*, aff. C-882/19, préc.

l'existence d'un préjudice moral. À droit constant, la prise en compte du préjudice moral peut constituer un ressort intéressant. Il suffit que les victimes donnent les moyens au juge de le circonscrire au mieux pour que son appréciation souveraine intègre pleinement la finalité de la dissuasion.

Laurence Idot, qui n'a cessé de croiser le droit de la libre concurrence avec diverses branches du droit et qui a toujours eu une certaine nostalgie pour le droit civil, voudra bien accepter, en hommage à son immense apport doctrinal, ces quelques lignes sur un sujet conduisant concurrentialistes et civilistes à se retrouver sur le terrain commun de la dissuasion.

Procédures négociées, actions en réparation de dommages résultant de pratiques anticoncurrentielles : conflit(s), ou synergie(s) ?*

JACQUELINE RIFFAULT-SILK**
Cour de cassation

Résumé

Le règlement 1/2003, pierre angulaire d'une mise en oeuvre « déconcentrée » du droit européen de la concurrence, consacre « la fonction essentielle » remplie par les juridictions des États-membres lorsqu'elles statuent sur les actions en réparation de prejudices resultant de pratiques anticoncurrentielles. Pour autant une symétrie totale est-elle possible entre le public et le private enforcement? La difficile articulation des actions en réparation avec les procédures négociées (clémence, transactions, engagements), comme la hardiesse des réponses apportées par la Cour de Justice de l'Union Européenne à ces dilemnes, donnent la mesure de ces enjeux.

---

* Dernière mise à jour le 4 novembre 2021.

** Doyen honoraire de la chambre commerciale, Cour de cassation ; Président honoraire de l'Association des juges européens du droit de la concurrence (AECLJ).

I. Introduction

Ces mélanges en l'honneur de Laurence Idot sont, d'abord, l'occasion d'évoquer quelques souvenirs et, particulièrement, cette session de mars 2004 consacrée à la formation des juges judiciaires et consulaires à l'École nationale de la magistrature à Paris, à laquelle Laurence Idot a apporté son soutien avec sa générosité habituelle. C'était avant la mise en œuvre[1] de la spécialisation des juridictions décidée par la loi NRE de 2001[2]. Une centaine de juges – 50 consulaires, 50 judiciaires – étaient présents. Du côté des intervenants s'étaient joints des représentants des autorités publiques de concurrence, nationales et européenne. Il s'agissait en effet de se préparer à l'entrée en vigueur, le 1er mai suivant, du règlement (CE) n° 1/2003[3], pierre angulaire d'une nouvelle conception des missions de la Commission européenne dans l'application du droit européen de la concurrence, comme du rôle de la Commission vis-à-vis des autorités nationales de concurrence, avec pour corollaire la reconnaissance de la « *fonction essentielle* » remplie par les juridictions des États membres lorsqu'elles statuent sur les actions en réparation des dommages résultant de pratiques anticoncurrentielles – désormais avec une compétence pleine et entière pour appliquer les dispositions du droit européen de la concurrence dans leur entièreté.

Pourtant, la précision apportée par le considérant 7 du règlement (CE) n° 1/2003, selon laquelle « *le rôle des juridictions nationales est, à cet égard, complémentaire de celui des autorités de concurrence des États membres* », donnait, déjà, un aperçu de bien des interrogations à venir. Comment arbitrer les conflits possibles entre les enjeux de la régulation publique – *public enforcement* – et ceux de la sphère privée – *private enforcement* ? Quel équilibre trouver entre les uns et les autres ?

L'interaction des actions en réparation de préjudices concurrentiels avec les procédures négociées (clémence, transactions, engagements) fournit un exemple topique de ces difficultés.

Il est remarquable de constater que pour résoudre ces dilemmes, les réponses apportées par la Cour européenne de justice sont, à nouveau, essentielles… tout en ouvrant de nouveaux débats.

II. L'essor des procédures négociées au sein de l'Union européenne : Les conditions du succès

Les procédures négociées ont connu un développement spectaculaire en Europe. Il convient de citer, d'abord, les programmes de clémence institués

---

1 Décret n° 2005-1756 du 30 décembre 2005 fixant la liste et le ressort des juridictions spécialisées en matière de concurrence, de propriété industrielle et de difficultés des entreprises, *JORF* n° 04 du 31 décembre 2005, pris en application de l'article L. 420-7 du code de commerce.

2 Loi n° 2001-420 du 15 mai 2001 relative aux nouvelles régulations économiques, dite « NRE ».

3 Règlement (CE) no 1/2003 du Conseil du 16 décembre 2002 relatif à la mise en œuvre des règles de concurrence prévues aux articles 81 et 82 du traité JOCE no L 1 du 4 janvier 2003, p. 1.

en 1996 par la Commission européenne et progressivement adoptés par tous les États membres – en France, à l'occasion de la loi NRE en 2001[4] – puis harmonisés dans un programme modèle européen en 2006. Ils ont constitué un atout essentiel dans la détection des cartels et leur démantèlement par les services de la Commission européenne ainsi que par les autorités nationales de concurrence.

Il s'agit, ensuite, de la procédure de non-contestation de griefs également créée en France par la loi NRE[5] puis devenue transaction lors de la loi dite « Macron » de 2015[6] et, enfin, de la procédure d'engagements née en 2004[7] et calquée sur le modèle européen du règlement (CE) n° 1/2003.

Ces nouveaux instruments de régulation répondaient à des enjeux majeurs : gains de temps et de coûts, allègement des procédures, efficacité accrue. Comment inciter les entreprises à y recourir ?

Plus particulièrement, les immunités et réductions d'amendes promises aux demandeurs de clémence ne pouvaient les protéger, particulièrement dans des affaires de dimension internationale, du risque de se voir exposés à une procédure de « *discovery* » et contraints à verser de substantielles réparations à des victimes regroupées en *class actions*, comme ce fut le cas dans l'affaire du cartel des vitamines, où l'entreprise française dénonciatrice avait dû verser aux plaignants américains des sommes de l'ordre de 86 millions de dollars. Et l'Europe, en refusant d'adopter un système de dommages punitifs « au triple » (les « *trebble damages* » du droit de la concurrence nord-américain) et en limitant les réparations au strict montant des préjudices subis, s'était privée par là même de la possibilité de récompenser financièrement les demandeurs de clémence en les faisant bénéficier, à l'instar du droit nord-américain, d'une dérogation aux « *trebble damages* » en leur faveur. Certes, la directive dommages a « inventé » une compensation financière à l'intention des bénéficiaires d'un programme de clémence en prévoyant une exception au mécanisme de la solidarité civile à leur profit, ceux-ci n'étant solidairement tenus des réparations civiles que « *lorsqu'une réparation intégrale [n'a pu] être obtenue auprès des autres entreprises impliquées dans la même infraction au droit de la concurrence* »[8]. Était-ce suffisant pour convaincre les auteurs d'infractions au droit de la concurrence de l'intérêt d'une telle démarche ?

---

4 *Ibid.*

5 *Ibid.*

6 Loi n° 2015-990 du 6 août 2015 pour la croissance, l'activité et l'égalité des chances économiques, *JORF* n° 0181 du 7 août 2015.

7 Ordonnance n° 2004-1173 du 4 novembre 2004, portant adaptation de certaines dispositions du code de commerce au droit communautaire de la concurrence.

8 Directive 2014/104/UE du Parlement européen et du Conseil du 26 novembre 2014 relative à certaines règles régissant les actions en dommages et intérêts en droit national pour les infractions aux dispositions du droit de la concurrence des États membres et de l'Union européenne, *JOUE* n° L 349 du 5 décembre 2014, p. 1 (ci-après, « directive dommages »), art. 11, §§ 4 et 5.

Du côté de la procédure d'engagements, l'évolution sémantique a été significative. En 2004, lors de la création de la procédure d'engagements, on parlait encore d'infraction et des moyens d'y mettre fin. En 2008 apparaît l'expression « *préoccupation de concurrence* », toute référence à une infraction de concurrence – dans les termes des articles 101 et 102 TFUE, L. 420-1 et L. 420-2 du code de commerce – ayant disparu.

Deux moyens radicaux ont ainsi été mis en œuvre. D'un côté, les entreprises auteurs d'infractions ont reçu l'assurance que les pièces déposées auprès des autorités de concurrence concernant une demande de clémence ou une déclaration de non-contestation de griefs resteraient confidentielles, donc inaccessibles aux tiers. À titre d'exemple, on peut citer l'interdiction générale d'accès aux pièces prévue par l'article L. 463-1 du code de commerce français, qui interdit la communication par l'une des parties de toute information contenue dans le dossier de l'autorité de concurrence, sous peine des sanctions pénales visant la violation du secret professionnel[9].

On peut également citer l'article 39, paragraphe 2, de la loi autrichienne relative aux ententes[10], aux termes duquel « *les personnes qui ne sont pas parties à la procédure ne peuvent accéder au dossier du tribunal de la concurrence qu'avec l'accord des parties* »[11].

De l'autre, la dispense de reconnaissance de culpabilité dans les procédures de transaction et l'absence de constat d'infraction dans les procédures d'engagements constituaient à l'évidence un obstacle efficace à la constatation d'une faute génératrice de responsabilité civile.

Un tel dispositif ne pouvait que susciter la fronde des victimes de pratiques anticoncurrentielles, en ce qu'il entravait l'accès aux preuves, pourtant indispensable au succès d'une demande en réparation et, plus fondamentalement, en ce qu'il paraissait nier toute relation entre un comportement pourtant analysé au regard du droit de la concurrence et l'existence de préjudices pouvant y être liés.

La compatibilité d'un tel arsenal avec la protection des droits subjectifs détenus par les victimes de pratiques anticoncurrentielles n'allait pas tarder à être portée devant la Cour de justice de l'Union européenne (CJUE).

---

9 Art. 226-13 C. pén.

10 Kartellgesetz 2005.

11 V. *infra*, CJUE, 6 juin 2013, *Bundeswettbewerbsbehörde c/ Donau Chemie*, aff. C-536/11, EU:C:2013:366. V. aussi A. Lacresse, « Actions en dommages et intérêts : La Cour de justice ouvre largement le droit d'accès des victimes de pratiques anticoncurrentielles aux éléments recueillis dans le cadre d'une procédure de clémence (Donau Chemie) », 6 juin 2013, Concurrences N° 3-2013, Art. N° 53836, p. 140.

III. Les premières réponses de la Cour de justice en matière d'accès aux preuves détenues par les autorités de concurrence : La mise en balance impérative des intérêts publics et privés protégés par le droit de l'Union, par les juridictions nationales

Ultérieurement reprise dans la directive 2014/104 du 26 novembre 2014 relative aux actions en réparation, la jurisprudence de la CJUE a mis en perspective les intérêts publics et privés protégés par le droit de l'Union et précisé les conditions de leur conciliation notamment lors de l'examen des demandes d'accès aux documents relatifs aux procédures de clémence et de non-contestation de griefs.

L'affaire *Pfleiderer*[12] a été l'occasion pour la CJUE de se prononcer sur ce débat crucial, concernant l'accès des tiers aux preuves détenues par les autorités de concurrence. Le litige concernait une demande d'accès complet au dossier établi par le Bundeskartellamt, relatif à une procédure d'amende à la suite d'une entente dans le secteur des papiers décor. La société Pfleiderer, cliente des entreprises sanctionnées, sollicitait cet accès afin de préparer une action civile en dommages-intérêts. Sa demande portait notamment sur les documents relatifs à la procédure de clémence, volontairement communiqués à l'autorité de concurrence allemande par les candidats à la clémence dans cette affaire.

La Cour relève l'efficacité des programmes de clémence pour déceler et mettre fin à des violations des règles de concurrence et souligne qu'ils servent, ainsi, l'objectif de l'application effective des articles 101 et 102 TFUE[13]. Elle ajoute que l'efficacité de ces programmes pourrait toutefois être affectée par la communication des documents relatifs à une procédure de clémence, de tels échanges d'informations étant de nature à dissuader les personnes impliquées dans une violation du droit de la concurrence d'utiliser ces procédures[14].

Elle rappelle que, néanmoins, toute personne est en droit de demander réparation du préjudice que lui aurait causé un comportement susceptible de fausser la concurrence[15] et qu'un tel droit renforce le caractère opérationnel des règles de concurrence de l'Union, de telle sorte qu'il y a lieu de « *mettre en balance les intérêts justifiant la communication des informations et la protection de celles-ci fournies volontairement par le demandeur à la clémence* »[16].

---

12 CJUE, 14 juin 2011, *Pfleiderer c/ Bundeskartellamt*, aff. C-360/09, EU:C:2011:389. V. aussi A. Lacresse, « Clémence : La Cour de Justice renvoie aux juridictions nationales la décision d'accorder l'accès aux documents remis aux autorités nationales de concurrence dans le cadre des programmes de clémence (Pfleiderer) », 14 juin 2011, Concurrences N° 3-2011, Art. N° 38077, pp. 177-178.

13 *Ibid.*, pt 25.

14 *Ibid.*, pt 26.

15 L'arrêt cite les décisions du 20 septembre 2001, *Courage Crehan*, aff. C-453/99, EU:C:2001:465 et du 13 juillet 2006, *Manfredi*, aff. jtes C-295/04 à C-298/04, EU:C:2006:461.

16 Arrêt, *Pfleiderer*, préc., pt 30.

Elle précise enfin qu'il appartient aux juridictions des États membres, sur la base de leur droit national, et en veillant au respect des principes d'équivalence et d'effectivité, de déterminer les conditions dans lesquelles un tel droit doit être autorisé ou refusé en mettant en balance les intérêts protégés par le droit de l'Union[17].

Une nouvelle question préjudicielle, posée cette fois par le tribunal régional supérieur de Vienne siégeant comme tribunal de la concurrence dans l'affaire *Donau Chemie*[18] et cette fois pour l'interprétation des principes d'effectivité et d'équivalence, a permis à la Cour de justice de mettre elle-même en application le principe d'effectivité dans la mise en balance des intérêts publics et privés interdisant – ou justifiant – la communication sollicitée.

Il s'agissait de savoir si les dispositions du droit national – en l'espèce la législation autrichienne sur les ententes[19] –, interdisant tout accès au dossier pour les personnes non parties à la procédure, sauf accord de toutes les parties, et cela même si l'auteur de la demande pouvait faire valoir un intérêt juridique, étaient en contradiction avec ces deux principes.

La Cour relève que de telles dispositions s'opposent à la mise en balance, par le juge, des intérêts protégés par le droit de l'Union, les juridictions étant seulement habilitées à prendre acte de l'accord ou du refus exprimé par les parties à la procédure, lesquelles ne sont tenues de fournir aucune justification. Elle constate qu'ainsi, les juges ne peuvent intervenir en vue de la protection d'intérêts publics supérieurs ou d'intérêts légitimes supérieurs d'autres personnes, notamment en cas de refus opposé par une seule des parties, et conclut qu'une telle règle, susceptible de rendre excessivement difficile l'exercice du droit à réparation, est contraire au principe d'effectivité[20].

Elle ajoute, s'agissant des documents relatifs à une procédure de clémence, que si les programmes de clémence constituent un outil efficace pour lutter et mettre fin à des violations des règles de concurrence au sein de l'Union, ces considérations n'impliquent pas que l'accès à ces documents puisse être systématiquement refusé, toute demande d'accès devant faire l'objet d'une appréciation au cas par cas qui prenne en compte tous les éléments de l'affaire[21].

La directive dommages a pris acte de ces principes, en prévoyant que les déclarations en vue d'obtenir la clémence et les propositions de transaction, seules, sont exemptées de l'obligation de production des preuves[22]. Aux termes de l'article 5, paragraphe 6, de la directive, en effet, « *[l]es États membres veillent à ce que, pour les besoins d'une action*

---

17 *Ibid.*, pt 31.

18 CJUE, 6 juin 2013, *Bundeswettbewerbsbehörde c/ Donau Chemie*, aff. C-536/11, préc.

19 V. *supra*, note 9.

20 Pt 32.

21 Pt 34.

22 Directive dommages, cons. 24, 26, 27, et art. 5, § 6.

en dommages et intérêts, les juridictions nationales ne puissent à aucun moment enjoindre à une partie ou à un tiers de produire les preuves relevant des catégories suivantes :

a) les déclarations effectuées en vue d'obtenir la clémence ; et

b) les propositions de transactions ».

Sur le plan plus général du contrôle exercé par le juge chargé de la réparation sur les demandes d'injonctions de production de documents qui lui sont faites par les parties, il n'est pas sans intérêt de relever que la directive dommages innove en instaurant une exigence de proportionnalité dans l'examen, par le juge, des pièces dont la production est demandée par les parties dans le procès civil en réparation des dommages résultant de pratiques anticoncurrentielles, au regard précisément des intérêts protégés par le droit de l'Union[23].

La chambre commerciale de la Cour de cassation s'est fait l'écho de ces principes en rappelant récemment qu'un strict contrôle de proportionnalité doit en effet être exercé par les juges, qui sont tenus de décider du sort de chaque pièce ou catégorie de pièces, *en mettant en balance les intérêts en présence*, et en visant explicitement *la nécessité de protéger l'efficacité de la régulation publique de la concurrence* par les autorités compétentes. L'arrêt de principe rendu par la Cour de cassation le 8 juillet 2020, qui résume les contrôles exigés du juge et annonce un contrôle strict sur l'accomplissement de cette obligation, est très clair à cet égard[24].

IV. La caractérisation de la faute, condition de la responsabilité civile : Les développements récents de la jurisprudence à propos des procédures négociées

Il appartient aux juges civils de déterminer l'existence d'une faute génératrice de responsabilité civile.

La directive dommages[25] a étendu aux décisions de sanction prises par les autorités nationales de concurrence la présomption irréfragable instituée par le règlement (CE) n° 1/2003 pour les décisions prises par la Commission européenne[26]. Transposée en droit interne, en France, par l'ordonnance du 9 mars 2017[27], elle est applicable aux faits postérieurs à son entrée en vigueur.

Aux termes de ces textes, une *infraction* au droit de la concurrence *constatée* par une décision définitive d'une autorité nationale de concurrence ou par une instance de

---

23 *Ibid.*, cons. 23 et art. 6.

24 Cass. com., 8 juillet 2020, *Renault Trucks*, pourvoi n° 19-25.065.

25 Art. 9 de la directive.

26 Art. 16 du règlement (CE) n° 1/2003.

27 Ordonnance no 2017-303 du 9 mars 2017 relative aux actions en dommages et intérêts du fait des pratiques anticoncurrentielles, JORF no 0059 du 10 mars 2017.

recours est considérée comme établie de manière irréfragable aux fins d'une action en dommages-intérêts introduite devant les juridictions nationales du même État membre au titre de l'article 101 ou 102 TFUE ou du droit national de la concurrence.

De même, une décision définitive constatant une infraction au droit de la concurrence, prise par l'autorité de concurrence d'un autre État membre, peut, conformément au droit national, être présentée devant les juridictions d'un autre État membre en tant que preuve *prima facie* du fait qu'une telle infraction a été commise et, comme telle, examinée avec les autres éléments de preuve apportés par les parties.

On peut rappeler à cet égard l'évolution jurisprudentielle française. En 2016, encore, la cour d'appel de Paris affirmait qu'une décision de sanction prise par l'autorité nationale de concurrence, du fait de sa nature administrative, ne pouvait lier la cour, et ne pouvait donc constituer nécessairement la preuve d'une faute civile[28].

Le litige opposant la société Lectiel à l'opérateur de télécommunications Orange dans une affaire d'abus de domination par refus d'accès à une infrastructure essentielle – il s'agissait de la liste d'abonnés au téléphone détenue par Orange, indispensable pour l'exercice de l'activité de marketing direct pour laquelle Orange était en concurrence avec de nouveaux opérateurs, dont Lectiel –, et ciseau tarifaire[29], a été l'occasion pour la Cour de cassation de systématiser la portée des décisions administratives de sanction pour pratiques anticoncurrentielles, dans les litiges civils en réparation engagés par les victimes de ces pratiques.

La Cour énonce que la cour d'appel a retenu *à bon droit* que les pratiques anticoncurrentielles dénoncées auprès de l'autorité de concurrence et constatées par un arrêt dont elle relève le caractère irrévocable constituent des fautes civiles et ajoute qu'il incombe à la société Lectiel de démontrer le préjudice en résultant pour elle et le lien de causalité entre ces fautes et le préjudice[30]. On ne saurait être plus clair.

Mais qu'en est-il lorsque les décisions prises par ces autorités ne constatent ni infraction aux règles de concurrence ni reconnaissance de culpabilité de l'entreprise concernée ? Plus généralement, quelle peut en être la portée lorsqu'elles sont produites dans une action en dommages-intérêts ?

En ce qui concerne la procédure de transaction, le communiqué de procédure du 21 décembre 2018 de l'Autorité de la concurrence énonce sans ambiguïté que « *le fait de renoncer à contester les griefs ne constitue, en soi, ni un aveu, ni une reconnaissance de responsabilité de la part de l'intéressé* »[31]. Le Conseil de la concurrence avait lui-même précisé dans son rapport annuel pour 2005[32] que

---

28 CA Paris, 14 décembre 2016, *SNCF c/ Me Pellegrini*, RG 13/08975.

29 CA Paris, 27 mai 2015, *Lectiel c/ Orange*, RG 14/14758.

30 Cass. com., 13 septembre 2017, *Orange c/ Lectiel*, n° 15-22.320.

31 Communiqué de procédure relatif à la procédure de transaction, pt 16.

32 Rapport annuel 2005, p. 138.

« *devant les juridictions civiles, les entreprises victimes de pratiques ne pourraient se prévaloir de cette non-contestation de griefs* », ajoutant que « *seule la décision du Conseil statuant sur les griefs pourrait être utilisée pour obtenir des dommages-intérêts devant le juge civil* ».

Quant aux engagements, le communiqué de procédure du 2 mars 2009 de l'Autorité énonce que cette procédure, qui lui donne le pouvoir d'accepter des engagements de nature à mettre un terme à ses *préoccupations de concurrence* susceptibles de constituer des pratiques prohibées[33], permet à l'entreprise, entre autres, « *d'obtenir la clôture de l'affaire avant toute appréciation et toute qualification définitive des faits* »[34].

Des préjudices survenus à l'occasion de pratiques ayant fait l'objet de ces procédures, il n'est pas question.

Cette apparente étanchéité s'est trouvée profondément remise en question par plusieurs décisions de la Cour de justice auxquelles se sont ajoutées, en France, plusieurs décisions des juridictions civiles.

1. En matière de transaction : La portée de la non-contestation des griefs sur l'établissement de la faute

L'arrêt rendu le 14 décembre 2016 par la cour d'appel de Paris dans l'affaire *SNCF Mobilités*[35] définit la portée d'une transaction dans la caractérisation de la faute.

On se souvient que l'autorité de concurrence française avait, par une décision du 5 février 2009[36], sanctionné l'entreprise ferroviaire devenue SNCF Mobilités (la SNCF) et la société de droit américain Expedia pour avoir mis en œuvre une entente ayant pour objet et pour effet de favoriser leur filiale commune devenue l'Agence voyages-sncf.com (l'agence VSC) sur le marché des services de vente en ligne de voyages au détriment de leurs concurrents, parmi lesquels la société Switch, dont M. Pellegrini avait ultérieurement été nommé liquidateur.

Dans cette affaire, la société SNCF et ses filiales avaient décidé de ne pas contester les griefs et de proposer des engagements, comme le leur permet l'article L. 464-III du code de commerce.

Devant la cour d'appel de Paris, la SNCF demandait l'annulation du jugement en ce qu'il avait retenu une faute non contestée par la SNCF, faisant valoir que

---

33 Communiqué de procédure relatif aux engagements en matière de concurrence, pt 2.

34 *Ibid.*, pt 7.

35 CA Paris, 14 décembre 2016, RG 13/08975, préc. ; pourvoi rejeté par Cass. com., 29 janvier 2020, *Établissement SNCF Mobilités c/ M. Pellegrini liquidateur de la société Switch*, n° 17-15.156.

36 Cons. conc., déc. n° 09-D-06 du 5 février 2009 relative à des pratiques mises en œuvre par la SNCF et Expedia Inc. dans le secteur de la vente de voyages en ligne.

selon l'autorité de concurrence elle-même, la procédure de non-contestation de griefs n'est ni un aveu ni une reconnaissance de culpabilité.

La cour d'appel répond qu'en effet, l'acceptation de la procédure de non-contestation de griefs ne constitue ni un aveu ni une reconnaissance de culpabilité et observe qu'une condamnation par l'autorité de concurrence, qui constitue une décision administrative et ne lie pas le juge, n'établit pas nécessairement l'existence d'une faute civile.

Mais elle relève que les recours formés contre la décision de sanction de l'Autorité ont été rejetés par un arrêt de cette même cour, devenu définitif[37], et qu'ainsi il est définitivement jugé que le partenariat conclu entre la SNCF et la société Expedia, créant l'agence VSC, constituait une entente anticoncurrentielle prohibée.

Revenant sur ces pratiques, dont elle donne le détail, la cour d'appel conclut qu'il a donc été définitivement jugé que la pratique en cause constitue nécessairement une faute de nature à engager la responsabilité civile de la SNCF.

On peut penser qu'en se fondant sur les faits relevés par la décision de sanction dont elle relève le caractère définitif, le raisonnement suivi par la cour d'appel de Paris, bien que dans une affaire antérieure à l'entrée en vigueur des nouvelles présomptions posées par la directive, conserve toute son actualité.

2. En matière d'engagements : La portée de la décision rendant obligatoires les engagements sur la caractérisation de la faute

A. *L'arrêt préjudiciel rendu par la CJUE dans l'affaire* Gasorba

La question préjudicielle posée par la Cour suprême espagnole dans l'affaire *Gasorba* portait sur l'étendue des compétences d'une juridiction nationale lorsque la Commission a préalablement statué en clôturant une affaire après avoir accepté et rendu obligatoires pour l'avenir des engagements souscrits par une entreprise. Il s'agissait en l'espèce de contrats de fourniture à long terme de carburants à des stations-service, dont le pétrolier s'engageait à autoriser la résiliation moyennant le versement de certaines indemnités. La société Gasorba, locataire-gérant à l'enseigne du pétrolier, avait formé une action en annulation de son contrat ainsi qu'une demande de dommages-intérêts, rejetée l'une et l'autre par les juridictions de fond espagnoles. La Commission européenne avait pour sa part transmis au juge du fond un avis au titre de l'*amicus curiae*, estimant que les décisions d'engagements ont pour seul objectif de rendre obligatoires, pour les entreprises concernées, les engagements proposés par les parties pour remédier aux problèmes de concurrence constatés, mais sans se prononcer sur l'existence d'une infraction passée ou actuelle aux articles 101 ou 102 TFUE.

---

37 Paris, 23 février 2010. – RG 2009/05544.

La Cour de justice était ainsi conduite à se prononcer sur l'interprétation des articles 9 et 16 du règlement (CE) n° 1/2003, le premier relatif aux engagements, le second imposant aux juridictions nationales de ne pas prendre de décisions qui iraient à l'encontre d'une décision de la Commission.

La Cour[38] rappelle que l'application du droit de la concurrence de l'Union repose sur un système de compétences parallèles conférées à la Commission ainsi qu'aux autorités et juridictions nationales pour l'application des articles 101 et 102 TFUE. Elle observe que, si l'article 16 du règlement oblige les juridictions nationales à ne pas prendre de décisions qui iraient à l'encontre d'une décision adoptée par la Commission, il découle du libellé de l'article 9, lu à la lumière du considérant 13, que la Commission peut se livrer à une simple évaluation préliminaire et qu'une décision prise sur le fondement de cet article ne certifie pas la conformité de la pratique, qui faisait l'objet de préoccupations, à l'article 101 TFUE.

Elle en conclut qu'une décision prise sur le fondement de l'article 9 ne saurait créer de confiance légitime à l'égard des entreprises concernées, la décision sur les engagements ne pouvant « légaliser » le comportement de l'entreprise sur le marché, et encore moins rétroactivement, de sorte qu'une décision sur les engagements adoptée par la Commission concernant certains accords entre entreprises ne s'oppose pas à ce que les juridictions nationales examinent la conformité de ces accords avec les règles de concurrence et en constatent le cas échéant la nullité.

La Cour observe, aussi, que les actes pris par la Commission en application de l'article 9 du règlement ont cependant un caractère décisoire, de sorte que le principe de coopération loyale comme l'objectif d'une application efficace et uniforme du droit de la concurrence de l'Union imposent au juge national de tenir compte de l'évaluation préliminaire à laquelle a procédé la Commission et de la considérer comme un indice, voire comme un commencement de preuve du caractère anticoncurrentiel de l'accord en cause au regard de l'article 101 TFUE.

B. *Les affaires* DKT International *et* Betclic

Les affaires *DKT International* et *Betclic*, jugées par les juridictions françaises, portent sur des enjeux analogues, mais, cette fois, la décision acceptant les engagements émanait de l'autorité nationale de concurrence. En d'autres termes, l'effet liant attaché aux décisions prises par l'autorité de concurrence européenne par l'article 16 du règlement (CE) n° 1/2003 faisait ici défaut, *a fortiori* s'agissant de décisions concernant des faits antérieurs à l'entrée en vigueur de l'ordonnance de transposition de la directive dommages – qui étend aux autorités nationales la présomption irréfragable attachée aux décisions de la Commission.

Il n'en est que plus intéressant de relever que ces deux affaires ont fait l'objet de décisions inverses et que, dans l'une et l'autre, les juges ont analysé avec soin les circonstances de fait propres à chacune d'elles.

---

38 CJUE, 23 novembre 2017, *Gasorba c/ Repsol*, aff. C-547/16, EU:C:2017:891.

La société *DKT International* avait saisi l'Autorité de la concurrence d'une plainte concernant des pratiques d'éviction dont elle s'estimait victime sur le marché du négoce des déchets d'emballages plastiques de la part des sociétés Eco-Emballages et Valorplast. La procédure avait été clôturée par une décision du régulateur, rendant obligatoires les engagements pris par ces dernières, sans aucun constat d'infraction par conséquent[39]. L'action en paiement de dommages-intérêts alors formée par la société DKT International devant le tribunal de commerce de Paris, contre les deux sociétés, avait été accueillie par le tribunal, dont la décision relevait, sans plus de détail, que les deux sociétés avaient abusé de leur position dominante et s'étaient entendues pour évincer DKT, nouvel entrant sur ce marché, concluant que ces pratiques constituaient des pratiques anticoncurrentielles constitutives d'une faute au détriment de la société DKT[40].

La cour d'appel de Paris annule ce jugement par un arrêt du 20 décembre 2017, au terme d'une motivation particulièrement approfondie[41]. Elle relève, tout d'abord, qu'une décision d'acceptation d'engagements ni ne certifie la conformité au droit de la concurrence des pratiques faisant l'objet de préoccupations, ni n'atteste de leur caractère infractionnel audit droit, l'évaluation préliminaire qui la précède n'ayant pas pour objet de prouver la réalité et l'imputabilité d'infractions au droit de la concurrence mais d'identifier des « *préoccupations de concurrence* » susceptibles de constituer une pratique prohibée. Il appartient dès lors au plaignant qui se prétend victime de telles pratiques, et entend obtenir réparation de son préjudice, de démontrer que les trois conditions de la responsabilité sont réunies : une faute, un préjudice et un lien de causalité entre les deux.

Elle discute, ensuite, chacun des griefs énoncés par la société plaignante, notamment au vu des constatations mentionnées dans la décision de l'Autorité, et conclut qu'aucun d'entre eux n'est établi, de sorte que la société DKT échoue à rapporter la preuve de l'existence de pratiques anticoncurrentielles (entente et/ou abus de position dominante) ayant conduit à son éviction du marché et ne peut qu'être déboutée de ses demandes.

L'affaire *Betclic* concernait le litige opposant cette société au Gie Paris Mutuel Urbain (le PMU), opérateur historique de paris hippiques, auquel il était reproché d'avoir abusé de son monopole sur les jeux dans les points physiques de vente pour fausser la concurrence sur le marché connexe des jeux en ligne nouvellement ouvert à la concurrence. Par décision du 25 février 2014[42], l'Autorité de la concurrence avait accepté et rendu obligatoire l'engagement pris par le PMU de séparer sa masse unique d'enjeux entre ses activités « en dur » et « en ligne ».

---

39 Aut. conc., déc. n° 10-D-29 du 27 septembre 2010 relative à des pratiques mises en œuvre par les sociétés Eco-Emballages et Valorplast dans le secteur de la reprise et de la valorisation des déchets d'emballages ménagers plastiques.

40 T. com. Paris, 30 mars 2015, *DKT International c/ Eco-Emballages et Valorplast*, RG 2012000109.

41 CA Paris, 20 décembre 2017, *Valorplast c/ DKT International, ADLC*, RG 15/07266.

42 Aut. conc., déc. n° 14-D-04 du 25 février 2014 relative à des pratiques mises en œuvre dans le secteur des paris hippiques en ligne.

Le tribunal de grande instance de Paris[43], saisi par la société Betclic d'une action en réparation des préjudices qu'elle estimait avoir subis du fait de l'abus par le PMU de sa position dominante sur le marché des paris hippiques « en dur » comme sur celui des paris « en ligne », s'est attaché à préciser la portée d'une décision d'engagements sur la preuve de la faute, en se plaçant dans le droit fil de l'arrêt préjudiciel rendu quelques mois plus tôt par la CJUE dans l'affaire *Gasorba*[44].

Il relève, en particulier, qu'une décision d'engagements ne met pas l'entreprise à l'abri de poursuites judiciaires devant les juridictions de droit commun, dès lors que l'entreprise ayant souscrit des engagements demeure responsable du préjudice résultant des pratiques ayant donné lieu aux engagements s'il est avéré que ces pratiques étaient anticoncurrentielles.

Il ajoute que le juge de droit commun peut tenir compte des éléments contenus dans la décision et les considérer *comme un indice ou un commencement de preuve*, afin d'apprécier le caractère anticoncurrentiel des pratiques.

Le jugement relève encore que la décision ne saurait créer une confiance légitime à l'égard des entreprises concernées quant au fait que leur comportement serait conforme aux articles L. 420-2 du code de commerce et 102 TFUE, et ne peut avoir pour effet de légaliser rétroactivement le comportement de l'entreprise concernée sur le marché. C'est – presque – sans surprise que le pourvoi formé contre l'arrêt confirmatif rendu par la cour d'appel de Paris[45] sera rejeté[46].

C. *L'arrêt d'annulation rendu par la CJUE dans l'affaire* Canal Plus / Paramount : *La prise en compte de l'intérêt des tiers*

L'arrêt d'annulation rendu dans l'affaire *Paramount* par la CJUE[47], cette fois à propos de la licéité d'une décision de la Commission[48], confirmée par le Tribunal

---

43 TGI Paris, 22 février 2018, *Betclic c/ Gie PMU*, RG 15/09129 ; M. Chagny, « Preuve de la faute : Le Tribunal de grande instance de Paris fait droit à la demande en réparation du préjudice causé par des pratiques ayant antérieurement donné lieu à une décision d'engagements de l'Autorité de la concurrence (*Betclic / PMU*) », *Concurrences* n° 2-2018, art. n° 86645.

44 V. *supra*.

45 CA Paris, 4 octobre 2019, RG 19/13242.

46 Cass. com., 14 octobre 2020, *Betclic c/ Gie PMU*, pourvoi n° Z 18-24.221 ; A. Ronzano, « Faute civile : La Cour de cassation confirme l'existence d'une faute civile imputable à l'opérateur dominant qui n'a pas procédé à la séparation de ses masses d'enjeux en dur et en ligne (*Betclic / PMU*) », 14 octobre 2020, *Concurrences* n° 1-2021, art. n° 97533.

47 CJUE, 9 décembre 2020, *Paramount / Sky / Canal Plus*, aff. C-132/19 P, EU:C:2020:1007, statuant comme juge de cassation sur l'arrêt rendu par le Tribunal général de l'Union, prononçant l'annulation de cet arrêt et statuant définitivement sur le litige en application de l'article 61, premier alinéa, du statut de la Cour ; A. Ronzano, « Engagements : La Cour de justice de l'Union européenne considère que le Tribunal de l'Union européenne n'a pas tenu compte de manière appropriée des intérêts des tiers et a violé le principe de proportionnalité dans une affaire d'accès transfrontière à la télévision payante (*Canal+*) », *Concurrences* n° 1-2021, art. n° 98346.

48 Comm. eur., déc. C(2016) 4740 final du 26 juillet 2016, *Cross-border access to pay-TV*, aff. AT.40023.

de l'Union[49], ne peut que retenir l'attention quant à l'étendue des obligations, qu'il souligne, incombant à l'autorité de concurrence vis-à-vis des tiers, lorsqu'elle prend une décision acceptant les engagements offerts par une entreprise, en vue de mettre fin à ses préoccupations de concurrence.

Il se prononce, également, sur la marge d'appréciation dont disposent les juridictions nationales au regard de l'article 16 du règlement (CE) n° 1/2003 et du principe de proportionnalité, lorsqu'elles statuent dans des affaires ayant fait l'objet de décisions de la Commission prises en application de l'article 9 du règlement.

Dans cette affaire, les préoccupations de la Commission concernaient une entente verticale présumée visant à cloisonner le marché intérieur au moyen de clauses contractuelles garantissant à la multinationale (le studio Paramount) et à un télédiffuseur (Sky) une licence d'exclusivité territoriale absolue sur le marché du Royaume-Uni et de l'Irlande.

La Commission avait accepté et rendu obligatoires les engagements proposés par Paramount de ne plus honorer ces clauses, sans se préoccuper des atteintes aux droits contractuels des tiers cocontractants de Paramount qui pouvaient en résulter. La notification par Paramount de ces engagements à ses télédiffuseurs établis dans l'Espace économique européen avait conduit l'un d'entre eux, la société Canal Plus, à contester la licéité de la décision prise par la Commission devant le Tribunal de l'Union et, son recours ayant été rejeté, à former un pourvoi devant la Cour de justice. Canal Plus faisait grief à la Commission, en particulier, de n'avoir pas pris en compte le contexte économique et juridique français et l'objectif de promotion de la diversité culturelle dans lequel s'inséraient les clauses litigieuses.

La Cour admet que de telles clauses, en reconstituant les cloisonnements des marchés nationaux, sont contraires à l'objectif du traité visant à établir un marché unique et qu'elles pouvaient valablement susciter pour la Commission des préoccupations de concurrence concernant l'ensemble de cet espace géographique, quand bien même la Commission n'aurait pas analysé un par un les marchés nationaux concernés[50].

Elle précise, à cet égard, que la Commission étant dispensée de l'obligation de qualifier et de constater l'infraction (au regard de l'article 101, paragraphe 1, TFUE) lorsqu'elle adopte une décision en vertu de l'article 9 du règlement, elle ne saurait, dans le cadre d'une telle décision, être tenue d'apprécier si l'accord ou la pratique en cause remplit les conditions d'exemption prévues par l'article 101, paragraphe 3, TFUE.

Elle observe, toutefois, que les engagements de Paramount, rendus obligatoires par la décision litigieuse, ne portaient pas seulement sur les clauses d'exclusivité contenues dans les accords conclus avec Sky qui concernaient le territoire du

---

49 Trib. UE, 12 décembre 2018, *Groupe Canal Plus c/ Commission*, aff. T-873/16, EU:T:2018:904.

50 CJUE, 9 décembre 2020, *Paramount / Sky / Canal Plus*, préc., pts 81, 86.

Royaume-Uni et de l'Irlande, mais également sur les clauses similaires figurant dans les accords de licence que Paramount avait conclus ou était susceptible de conclure avec les autres télédiffuseurs établis dans l'Espace économique européen, alors que ces derniers n'avaient ni offert ni souscrit à ces engagements.

Et la Cour de justice relève que le Tribunal a commis une erreur de droit quant au caractère proportionné de la décision litigieuse en ce qui concerne l'atteinte aux intérêts des tiers en estimant que la déclaration de Paramount de ne plus honorer les clauses pertinentes ne portait en rien atteinte à la possibilité de ses cocontractants de saisir le juge national afin de faire respecter lesdites clauses, et que la juridiction nationale pourrait accueillir ce recours en décidant que les clauses pertinentes n'enfreignaient pas l'article 101 TFUE, cependant que les juridictions nationales ne peuvent pas adopter au regard des décisions concernées des décisions « négatives » constatant l'absence de violation des articles 101 et 102 TFUE dans les situations dans lesquelles la Commission peut encore rouvrir la procédure en application de l'article 9 du règlement et adopter une décision comportant la constatation formelle de l'infraction.

Elle rappelle, enfin, que dans l'exercice du contrôle de proportionnalité, la Commission doit prendre en considération les intérêts des tiers[51], et relève qu'en rendant obligatoires les engagements de Paramount de ne plus honorer certaines de ses obligations alors que celles-ci étaient susceptibles de constituer un élément essentiel de l'équilibre économique déterminé par les télédiffuseurs et Paramount dans l'exercice de leur liberté contractuelle, la Commission a vidé de leur substance les droits contractuels des tiers, dont ceux de Canal Plus, titulaire d'un contrat de licence exclusive pour le territoire français, et ainsi méconnu le principe de proportionnalité, de sorte que la décision de la Commission doit être annulée.

V. Une autre voie de négociation : Le recours à la transaction civile du droit commun

La directive dommages innove encore, en rappelant que les actions en dommages-intérêts ne sont qu'un élément parmi d'autres d'un système efficace de sanction des infractions au droit de la concurrence à l'initiative de la sphère privée, et en ajoutant que d'autres voies de recours s'y ajoutent, telles que le règlement consensuel des litiges et les décisions de mise en œuvre par la sphère publique qui encouragent les parties à assurer une réparation[52].

Cette invitation a été entendue par le législateur français lors de la transposition de la directive. Aux termes de l'article L. 464-2, I du code de commerce, en effet, l'Autorité de la concurrence peut décider de réduire le montant de la sanction

51 CJUE, 29 juin 2010, *Alrosa*, aff. C-441/07 P, EU:C:2010:377.

52 Directive dommages, cons. 5.

pécuniaire infligée à une entreprise ou à un organisme lorsque cette entreprise ou cet organisme a, en cours de procédure devant l'Autorité, versé à la victime de la ou des pratiques anticoncurrentielles sanctionnées une indemnité due en exécution d'une transaction au sens de l'article 2044 du code civil.

Une telle démarche ne pourrait-elle permettre une conciliation heureuse des intérêts publics et privés, parfois divergents, protégés par le traité ? Ces dispositions ne semblent pas, pour l'heure, avoir reçu application.

La « nouvelle donne » de l'Union européenne pour les consommateurs à l'aune du *public & private enforcement* : Vers un alignement sur le droit de la concurrence ?

Stéphane Rodrigues Domingues*
Université Paris 1 Panthéon-Sorbonne

Résumé

La « nouvelle donne » pour les consommateurs, prônée par la Commission européenne depuis 2018, insiste en particulier sur l'efficacité de la mise en œuvre des règles protectrices. L'approche retenue s'inspire de celle appliquée aux règles de concurrence visant à la fois à renforcer la coopération entre autorités nationales (public enforcement) et à encourager les actions collectives par les consommateurs lésés (private enforcement).

* Maître de conférences (HDR) en droit public à l'École de droit de la Sorbonne (Université Paris 1 Panthéon-Sorbonne), membre de l'Institut de recherche en droit international et européen de la Sorbonne (IREDIES).

La « *nouvelle donne* » de l'Union européenne
pour les consommateurs à l'aune du *public & private enforcement* :
Vers un alignement sur le droit de la concurrence ?

« *Les règles ne sont utiles que si elles permettent aux consommateurs d'obtenir facilement réparation en cas d'infraction et si elles sont appliquées par les autorités nationales. C'est la raison pour laquelle la "nouvelle donne pour les consommateurs" comporte des propositions visant à améliorer les possibilités de recours pour les consommateurs et à mieux appliquer les règles existantes en matière de protection des consommateurs.* » C'est ainsi que la Commission présentait en 2018 l'un des volets de sa « *nouvelle donne* » pour les consommateurs, à savoir l'amélioration des possibilités de recours pour les consommateurs, l'application effective des règles et la coopération renforcée des autorités publiques[1]. Une telle approche ne pouvait laisser indifférente le professeur Laurence Idot, tant elle présente de similitudes avec l'évolution du droit européen de la concurrence. Pas étonnant dès lors qu'elle ait pu évoquer un « *alignement* » du droit de la consommation sur le droit de la concurrence[2]. Il est vrai aussi que d'une certaine manière la satisfaction du consommateur est un objectif commun à ces deux branches du droit de l'Union européenne (UE)[3].

Complément de la protection de leurs intérêts économiques, la promotion du droit des consommateurs à s'organiser afin de les préserver est un des objectifs assignés à l'UE par l'article 169 du traité sur le fonctionnement de l'Union européenne (TFUE), dans le cadre de la compétence partagée qui lui est reconnue dans ce domaine par l'article 4, paragraphe 2, sous f), TFUE. Pour réaliser cet objectif, les législateurs de l'UE se sont engagés dans deux voies principales : la mobilisation des autorités publiques dans la défense du consommateur et la dévolution à ce dernier de pouvoirs contentieux, tout en facilitant les démarches extrajudiciaires[4].

De fait, la question des moyens de rendre la plus efficiente possible la politique de protection des consommateurs se pose en termes très proches pour la mise en œuvre effective des règles de concurrence (not. art. 101 et 102 TFUE) tant dans la sphère publique (« *public enforcement* ») que dans la sphère privée (« *private enforcement* »). C'est ainsi que l'on retrouve en droit européen de la consommation une inspiration puisée dans les deux grandes évolutions majeures

---

1 Communication de la Commission, « Une nouvelle donne pour les consommateurs », COM(2018) 183 final du 11 avril 2018, section 3, p. 7.

2 L. Idot, « Du droit de la concurrence au droit de la consommation. Une nouvelle affaire Booking », *Europe*, n° 2, février 2020, alerte 7.

3 Rappelons que, pour la Cour de justice des Communautés européennes (aujourd'hui de l'Union européenne), les règles de concurrence ont pour objectif « *d'éviter que la concurrence ne soit faussée au détriment de l'intérêt général, des entreprises individuelles et des consommateurs [...], contribuant ainsi à assurer le bien-être économique dans la Communauté [devenue Union]* » : v., en ce sens, arrêt du 22 octobre 2002, *Roquette Frères*, aff. C-94/00, EU:C:2002:603, pt 42.

4 Cet aspect n'étant pas développé dans le cadre de la présente contribution, il sera renvoyé notamment au règlement (UE) n° 524/2013 du Parlement européen et du Conseil du 21 mai 2013 relatif au règlement en ligne des litiges de consommation et modifiant le règlement (CE) n° 2006/2004 et la directive 2009/22/CE (règlement relatif au RLLC) et à la directive 2013/11/UE du Parlement européen et du Conseil du 21 mai 2013 relative au règlement extrajudiciaire des litiges de consommation et modifiant le règlement (CE) n° 2006/2004 et la directive 2009/22/CE (directive relative au RELC), *JOUE* n° L 165 du 18 juin 2013, respectivement pp. 1-12 et pp. 63-79. V. aussi le premier rapport d'application de ces deux instruments par la Commission, COM(2019) 425 final du 25 septembre 2019, qui souligne notamment que le dispositif est encore « *sous-utilisé* » et qu'il n'a « *pas encore atteint son plein potentiel* ».

de ces dernières années du droit de la concurrence : d'une part, l'incitation à la coopération des autorités nationales chargées de veiller à l'application de la législation (I.) et, d'autre part, l'encouragement des actions collectives de la part des victimes de la violation de cette législation (II.).

I. L'exigence renforcée de coopération entre les autorités nationales chargées de veiller à l'application de la législation en matière de protection des consommateurs

« *La logique du réseau pénètre décidément l'ensemble du droit communautaire [...]. Après le droit de la concurrence [...], c'est désormais le droit des consommateurs qui est atteint par ce mouvement.* » Le professeur Idot commentait ainsi aux lecteurs de la revue *Europe*[5] le règlement (CE) n° 2006/2004 du Parlement européen et du Conseil du 27 octobre 2004 relatif à la coopération entre les autorités nationales chargées de veiller à l'application de la législation en matière de protection des consommateurs[6].

En créant un réseau européen pour ces autorités (réseau CPC)[7], le règlement de 2004 s'est inspiré du réseau européen de la concurrence (REC) institué par le règlement (CE) n° 1/2003[8], en précisant des obligations d'assistance mutuelle et de coopération administrative entre les États membres et entre ces derniers et la Commission européenne et en imposant l'échange de toute information pertinente « *pour établir si une infraction intracommunautaire s'est produite ou s'il y a de bonnes raisons de soupçonner qu'une telle infraction est susceptible de se produire* »[9]. Mais la principale faiblesse de ce mécanisme réside dans ce que chaque autorité nationale n'applique que son droit, « *même s'il trouve son origine dans les directives* »[10].

---

5 L. Idot, « La coopération administrative intra-communautaire au secours de la défense du consommateur », *Europe*, n° 2, février 2005, comm. 61.

6 *JOUE* n° L 364 du 9 décembre 2004, pp. 1-11. V. aussi Comm. CE, déc. 2007/76/CE du 22 décembre 2006 portant application du règlement (CE) n° 2006/2004, *JOUE* n° L 32 du 6 février 2007, pp. 192-197, tel que modifiée par la déc. 2008/282/CE du 17 mars 2008, *JOUE* n° L 89 du 1er avril 2008, pp. 26-27 ; et le premier rapport d'application de la Commission : COM(2009) 336 final du 2 juillet 2009.

7 À ne pas confondre avec le réseau des centres européens de consommateurs, dit « réseau CEC », qui est un réseau de services gérés de manière indépendante et cofinancés par la Commission européenne.

8 Règlement (CE) n° 1/2003 du Conseil du 16 décembre 2002 relatif à la mise en œuvre des règles de concurrence prévues aux articles 81 et 82 du traité, *JOCE* n° L 1 du 4 janvier 2003, pp. 1-25. V. aussi la directive (UE) 2019/1 du Parlement européen et du Conseil du 11 décembre 2018 visant à doter les autorités de concurrence des États membres des moyens de mettre en œuvre plus efficacement les règles de concurrence et à garantir le bon fonctionnement du marché intérieur, dite « directive ECN + », *JOUE* n° L 11 du 14 janvier 2019, pp. 3-33.

9 V. aussi : recommandation 2011/136/UE de la Commission du 1er mars 2011 concernant les lignes directrices régissant l'application de règles relatives à la protection des données au système de coopération en matière de protection des consommateurs (SCPC), *JOUE* n° L 57 du 2 mars 2011, pp. 44-53.

10 Idot, « Du droit de la concurrence au droit de la consommation. Une nouvelle affaire Booking », préc.

Aussi la Commission a-t-elle souhaité réformer le règlement de 2004 en en profitant pour l'adapter aux défis de l'économie numérique et du développement du commerce de détail transfrontière dans l'UE[11]. Le règlement (UE) 2017/2394 du Parlement européen et du Conseil du 12 décembre 2017 est venu dès lors abroger le règlement (CE) n° 2006/2004 au 17 janvier 2020[12].

1. Renforcement des pouvoirs des autorités nationales et de l'assistance mutuelle

Le nouveau règlement renforce tout d'abord l'office des autorités compétentes, telles que désignées par chaque État membre (en sus d'un bureau de liaison unique), en précisant, de manière inédite (v. art. 9), les pouvoirs d'enquête (accès à l'information, inspections sur place, achats-tests...) et d'exécution (mesures provisoires, négociation d'engagements, injonctions en cessation/interdiction, sanctions « *effectives, proportionnées et dissuasives* » sous forme notamment d'amendes ou d'astreintes...) minimums qui doivent leur être confiés en cas d'infractions à l'un des vingt-six instruments de l'Union en matière de protection des consommateurs listés en annexe[13]. Ces autorités peuvent en outre engager de leur propre initiative des procédures et faire publier toute décision définitive ou tout engagement du professionnel concerné, y compris en rendant publique l'identité du responsable de l'infraction.

Le mécanisme d'assistance mutuelle entre les autorités nationales (v. art. 11 à 14) est ensuite renforcé, en fixant notamment à 30 jours le délai pour répondre aux demandes d'informations émanant d'une autorité requérante. Il reviendra à l'autorité requise de prendre les mesures d'exécution pour faire cesser ou interdire l'infraction, au plus tard six mois après avoir reçu la demande.

2. Action coordonnée à l'échelon de l'UE

Le règlement (UE) 2017/2394 innove également en réservant un traitement particulier aux infractions dites « *de grande ampleur à l'échelle de l'Union* », à savoir celles qui ont porté, portent ou sont susceptibles de porter atteinte aux intérêts collectifs des consommateurs « *dans au moins deux tiers des États membres représentant une population cumulée d'au moins deux tiers de la population de l'Union* ». Si la Commission a de bonnes raisons de soupçonner une telle infraction, elle en informe diligemment les autorités compétentes et les bureaux de liaison uniques concernés,

---

11 V. proposition de révision : COM(2016) 283 final du 25 mai 2016.

12 Règlement (UE) 2017/2394 du Parlement européen et du Conseil du 12 décembre 2017 sur la coopération entre les autorités nationales chargées de veiller à l'application de la législation en matière de protection des consommateurs et abrogeant le règlement (CE) n° 2006/2004, *JOUE* n° L 345 du 27 décembre 2017, pp. 1-26.

13 De la directive 93/13/CEE du Conseil, du 5 avril 1993, concernant les clauses abusives dans les contrats conclus avec les consommateurs (*JOCE* n° L 95 du 21 avril 1993, pp. 29-34) au règlement (UE) 2017/1128 du Parlement européen et du Conseil du 14 juin 2017 relatif à la portabilité transfrontalière des services de contenu en ligne dans le marché intérieur (*JOUE* n° L 168 du 30 juin 2017, pp. 1-11).

qui doivent alors procéder à une enquête. Si celle-ci aboutit à la conclusion qu'une infraction pourrait être commise, ces autorités devront (sauf refus motivé) alors entamer une action coordonnée sous l'égide de la Commission (v. art. 15 à 25).

Ce nouveau dispositif est complété par d'autres mécanismes à l'échelle de l'Union, en particulier un mécanisme d'alerte par lequel une autorité compétente doit pouvoir notifier rapidement à la Commission et à d'autres autorités compétentes susceptibles d'être concernées tout motif raisonnable de soupçonner l'existence d'une infraction commise sur leur territoire et susceptible d'affecter les intérêts des consommateurs d'autres États membres (v. art. 26). Ces mêmes autorités peuvent être elles-mêmes alertées par des organismes désignés, des centres européens des consommateurs, des organisations et associations de consommateurs et, le cas échéant, des associations de professionnels qui possèdent l'expertise nécessaire (v. art. 27). À cet égard, la Commission peut conférer ce pouvoir d'alerte externe à des entités au niveau de l'Union[14].

On signalera enfin la consécration des opérations dites « *coup de balai* », qui consistent, pour plusieurs autorités nationales compétentes, éventuellement en coordination avec la Commission, à mener des enquêtes de manière concertée et simultanée (v. art. 29). C'est ainsi qu'une action coordonnée entre la Commission, la Hongrie et les Pays-Bas a été menée en décembre 2019 contre les sites Booking.com et Expedia visant à obtenir un affichage plus précis de certaines informations. La Commission a alors obtenu des engagements de ces opérateurs qu'elle a actés et rendus publics un an après[15]. Dans son rapport annuel 2020 sur le contrôle de l'application du droit de l'UE, elle affirme en outre que le nouveau dispositif « *s'est révélé très efficace [...] lors de la pandémie de COVID-19, pour lutter contre les escroqueries en ligne* » en contribuant « *à la suppression ou au blocage de centaines de millions de publicités et d'annonces trompeuses liées au coronavirus sur 11 plateformes mondiales* », à l'instar d'Amazon, d'eBay, de Facebook ou de Google[16].

Il nous semble toutefois encore trop tôt pour tirer un premier bilan du règlement de 2017, ce que la Commission devra au demeurant faire à l'attention du Parlement européen et du Conseil, d'ici janvier 2023. Pour l'heure, le nouvel « agenda du consommateur » pour 2020-2025 visant « *à renforcer la résilience des consommateurs en vue d'une reprise durable* » présenté par la Commission en novembre 2020[17] réaffirme le plein soutien au réseau CPC et annonce qu'à

14 Elle a ainsi désigné à cette fin le Bureau européen des unions de consommateurs (BEUC), la Confédération des organisations familiales de l'Union européenne (COFACE) et la fédération européenne des coopératives (Euro Coop) : v. Comm. eur., déc. (UE) 2020/369 du 4 mars 2020, *JOUE* n° L 67 du 5 mars 2020, pp. 139-140.

15 Comm. eur., communiqué IP 20/2444 du 18 décembre 2020, « Une transparence accrue : à la suite des mesures prises par l'UE, Booking.com et Expedia alignent leurs pratiques sur la législation européenne en matière de protection des consommateurs ». V. aussi les échanges de correspondance sur le lien suivant : <https://ec.europa.eu/info/live-work-travel-eu/consumer-rights-and-complaints/enforcement-consumer-protection/scams-related-covid-19_fr>.

16 Document COM(2021) 432 final du 23 juillet 2021, p. 25.

17 Document COM(2020) 696 final du 13 novembre 2020.

partir de 2022, et tous les deux ans par la suite, elle présentera de manière conjointe les priorités communes du réseau en matière de contrôle afin de remédier aux problèmes de conformité recensés dans différents secteurs. Quoi qu'il en soit, l'approche qui a présidé à la réforme de 2017 ne peut que contribuer au renforcement du *public enforcement* du droit européen de la consommation, de manière complémentaire au mouvement offrant aux consommateurs de prendre en main leur propre défense.

II. Le nouveau régime des actions représentatives de défense des consommateurs

Le projet d'un instrument européen sur les recours collectifs a pu être présenté comme « *l'une des arlésiennes du droit de l'Union* »[18]. Le droit de la concurrence va en montrer la voie. Ainsi, en organisant entre 2005 et 2008 le débat sur les voies de recours de droit privé contre les violations du droit de la concurrence[19], la Commission allait préparer le terrain pour l'avènement de la directive 2014/104/UE du Parlement européen et du Conseil du 26 novembre 2014 relative à certaines règles régissant les actions en dommages et intérêts en droit national pour les infractions aux dispositions du droit de la concurrence des États membres et de l'Union européenne[20]. Ce faisant, elle ravivait en parallèle la réflexion pour une démarche similaire en matière d'infractions aux dispositions du droit de la consommation.

1. Un débat relativement ancien

La thématique n'était pas pour autant tout à fait nouvelle. Dès les années 1980, des instruments de droit dérivé relatifs à la publicité trompeuse[21] ou aux clauses abusives[22] ont prévu un recours possible à l'action collective[23]. Mais la Commission

---

18 En ce sens : A.-L. Sibony, « Les actions collectives en droit européen : cent fois remettre sur le métier… », *Revue européenne de droit de la consommation*, n° 2010/3-4, pp. 577-602, spéc. p. 577.

19 V. Livre vert et livre blanc sur les actions en dommages et intérêts pour infraction aux règles communautaires sur les ententes et les abus de position dominante : respectivement documents COM(2005) 672 final du 19 décembre 2005 et COM(2008) 165 final du 2 avril 2008.

20 *JOUE* n° L 349 du 5 décembre 2014, pp. 1-19. Sur cette directive, parmi de nombreuses publications : R. Amaro, *Private Enforcement of Competition Law in Europe: Directive 2014/104/EU and Beyond*, Bruxelles, Larcier, 2021, et R. Amaro et J.-F. Laborde, *La réparation des préjudices causés par les pratiques anticoncurrentielles. Recueil de décisions commentées*, 2e éd., Paris, Concurrences, 2020.

21 V. art. 5 de la directive 84/450/CEE du Conseil du 10 septembre 1984 relative au rapprochement des dispositions législatives, réglementaires et administratives des États membres en matière de publicité trompeuse, *JOCE* n° L 250 du 19 septembre 1984, pp. 17-20 ; abrogée et remplacée depuis lors par la directive 2006/114/CE du Parlement européen et du Conseil du 12 décembre 2006 en matière de publicité trompeuse et de publicité comparative (version codifiée), *JOUE* n° L 376 du 27 décembre 2006, pp. 21-27.

22 V. art. 7, § 3, de la directive 93/13/CEE, préc. ; modifiée depuis lors par la directive 2011/83/UE du Parlement européen et du Conseil du 25 octobre 2011 relative aux droits des consommateurs, *JOUE* n° L 304 du 22 novembre 2011, pp. 64-88.

23 Sans oublier qu'un tel mécanisme de défense collective des droits peut aussi être mis en place dans d'autres champs de l'action de l'UE. V. p. ex. l'art. 3 de la directive 2014/54/UE du Parlement européen et du Conseil du 16 avril 2014 relative à des mesures facilitant l'exercice des droits conférés aux travailleurs dans le contexte de la libre circulation des travailleurs, *JOUE* n° L 128 du 30 avril 2014, pp. 8-14.

va amorcer une réflexion plus générale et horizontale avec un premier livre vert de 2008 consacré aux recours collectifs pour les consommateurs[24]. Comme a pu le souligner le professeur Idot, le leitmotiv est alors identique à celui qui a prévalu en droit de la concurrence : « *il est hors de question d'introduire un "système à l'américaine", mais au contraire de proposer un modèle européen, ne serait-ce que pour éviter le forum shopping, qui commence à apparaître* »[25]. Dans la foulée, prenant appui sur l'ancien règlement (CE) n° 2006/2004, précité, dont l'article 16 imposait aux États membres d'élaborer, en coopération avec elle, un cadre commun pour le classement des réclamations des consommateurs, la Commission organisa en 2009 une consultation publique sur une méthode harmonisée de classification[26], qui devait aboutir en 2010 à l'adoption d'une première recommandation[27] introduisant une méthode harmonisée à utiliser par les organismes de traitement des réclamations dans l'Union pour classer les réclamations des consommateurs et communiquer les données y afférentes à la Commission.

Encouragée par les résultats d'une autre consultation publique lancée en février 2011 sur les recours collectifs pour les consommateurs et par une résolution du Parlement européen du 2 février 2012 intitulée « Vers une approche européenne cohérente en matière de recours collectif », la Commission va prendre parti pour « *un cadre horizontal européen pour les recours collectifs* »[28] et adopter la recommandation 2013/396/UE du 11 juin 2013 relative à des principes communs applicables aux mécanismes de recours collectif en cessation et en réparation dans les États membres en cas de violation de droits conférés par le droit de l'Union[29]. Dans un délai de deux ans, les États membres étaient invités à instituer un système, à la fois objectif, équitable, rapide et sans coût prohibitif, de recours collectif « *qui permette aux personnes privées, physiques ou morales, d'obtenir des ordonnances judiciaires visant à faire cesser les violations des droits que leur confère le droit de l'Union ("action en cessation") et de réclamer des dommages et intérêts en réparation du préjudice causé par ces violations ("action en réparation") dans les cas où un grand nombre de personnes ont été lésées par la même pratique illicite* »[30]. Il leur était par ailleurs recommandé d'appliquer le principe du consentement exprès (dit « *opt-in* ») selon lequel les parties demanderesses ne sont constituées que des personnes lésées qui auront expressément consenti à

---

24 V. document COM(2008) 794 final du 27 novembre 2008 ; précédé par un avis du Comité économique et social européen du 14 février 2008 sur la « Définition du rôle et du régime des actions de groupe dans le domaine du droit communautaire de la consommation », *JOUE* n° C 162 du 25 juin 2008, pp. 1-19.

25 L. Idot, « Entre "livre blanc" et "livre vert" : à propos des actions collectives et des droits des consommateurs », *Europe*, n° 4, avril 2009, alerte 12.

26 V. documents COM(2009) 346 final et SEC(2009) 949 du 7 juillet 2009.

27 Recommandation de la Commission du 12 mai 2010 relative à l'utilisation d'une méthode harmonisée pour classer les réclamations et demandes des consommateurs et communiquer les données y afférentes, *JOUE* n° L 136 du 2 juin 2010, pp. 1-31.

28 V. document COM(2013) 401 final du 11 juin 2013.

29 *JOUE* n° L 201 du 26 juillet 2013, pp. 60-65.

30 Comm. eur., communiqué IP/13/524 du 11 juin 2013, « La Commission recommande aux États membres de se doter de mécanismes de recours collectif pour garantir à leurs justiciables un accès effectif à la justice ».

participer à l'action collective. La Commission se réservait le droit de proposer d'autres « *mesures* » en vue de consolider l'approche horizontale décrite dans la recommandation.

Finalement près de cinq ans après sa recommandation, la Commission devait constater, dans un rapport de mise en œuvre[31], que son suivi a été « *plutôt limité* », cinq États membres seulement y ayant donné suite en tout ou partie[32]. Certains auteurs[33] laissent entendre que le besoin d'une intervention législative a pu être aussi influencé par l'arrêt de la Cour de justice du 25 janvier 2018 rendu dans l'affaire C-498/16, *Schrems c/ Facebook Ireland Ltd*[34], qui refusa au requérant d'engager un recours collectif au nom d'autres consommateurs concernés par le litige. L'avocat général Michal Bobek avait ainsi planté le décor : « *Je ne crois pas qu'il appartienne aux juridictions, y compris[,] la Cour de chercher à créer d'un trait de plume une action collective en matière de contrats conclus par les consommateurs dans un tel contexte. Il ne serait pas sage de procéder de cette façon et ce pour trois raisons. Premièrement, cela serait clairement contraire à la lettre et à la logique du règlement, et conduirait donc à le réécrire. Deuxièmement, cette question est trop délicate et complexe. Elle requiert une législation détaillée et non pas une intervention juridictionnelle isolée dans le cadre d'un instrument qui est apparenté mais quelque peu éloigné et n'est manifestement pas approprié à cet effet. En fin de compte, cela risquerait de poser plus de problèmes que cela n'apporterait de solutions. Troisièmement, bien qu'elles ne soient peut-être ni rapides ni faciles, des discussions et des délibérations législatives sont en cours au niveau de l'Union. Il ne faudrait pas qu'une décision de justice préempte le résultat de cette procédure législative ou la rende inutile*[35]. »

Toujours est-il que dans ce contexte et dans celui d'une « *nouvelle donne pour les consommateurs* », telle qu'annoncée dans son programme de travail pour 2018, la Commission proposa en avril 2018[36] ce qui allait devenir la directive (UE) 2020/1828 du Parlement européen et du Conseil du 25 novembre 2020 relative aux actions représentatives visant à protéger les intérêts collectifs des consommateurs[37].

---

31 V. document COM(2018) 40 final du 25 janvier 2018.

32 Notamment en France, avec la loi n° 2014-344 du 17 mars 2014 relative à la consommation, *JORF* n° 0065 du 18 mars 2014, introduisant l'action de groupe dans le code de la consommation (titre II du livre IV, art. L. 623-1) (dite « loi Hamon »).

33 V. en ce sens, p. ex. : M. Ilieva, *La protection des consommateurs et les droits fondamentaux dans l'Union européenne*, Bruxelles, Bruylant, 2021, n° 168, p. 129, et E. Poillot, « Droit de la consommation », *JDE*, 2018, pp. 284-292, spéc. p. 286.

34 EU:C:2018:37. Pour un panorama de la jurisprudence sur la représentation des intérêts collectifs des consommateurs : C. Warin, « Vers une "nouvelle donne pour les consommateurs" : le délicat rééquilibrage entre intérêts particuliers et intérêts collectifs », in E. Carpano et G. Marti (dir.), *Démocratie et marché dans l'Union européenne*, Bruxelles, Bruylant, 2020, pp. 403-414, spéc. pp. 410-412.

35 Conclusions AG Bobek, 14 novembre 2017, *Schrems c/ Facebook Ireland Ltd*, aff. C-498/16, EU:C:2018:863, pt 123.

36 V. document COM(2018) 184 final du 11 avril 2018.

37 *JOUE* n° L 409 du 4 décembre 2020, pp. 1-27. Les États membres sont invités à transposer la directive d'ici au 25 décembre 2022 pour une application à partir du 25 juin 2023.

2. Une amélioration substantielle du dispositif

Il convient de noter en premier lieu que l'option a été prise de partir de la directive 2009/22/CE du Parlement européen et du Conseil du 23 avril 2009 relative aux actions en cessation en matière de protection des intérêts des consommateurs[38] ; mais n'ayant visiblement « *pas donné pleine satisfaction* »[39], elle est abrogée. Pour autant, les colégislateurs n'ont pas renoncé au registre de l'harmonisation non exhaustive qui prévalait avec le dispositif de 2009 ; de manière telle que les États membres peuvent toujours adopter ou maintenir en vigueur des moyens procéduraux visant à protéger les intérêts collectifs des consommateurs au niveau national, à condition qu'« *au moins un mécanisme procédural permettant à des entités qualifiées d'intenter des actions représentatives visant à obtenir tant des mesures de cessation que des mesures de réparation soit conforme à la [...] directive* », la protection des consommateurs ne pouvant s'en trouver restreinte (v. art. 1er, § 2). Par la même occasion, le champ d'application est élargi pour couvrir toute violation d'un des soixante-six (et non plus treize) instruments du droit de l'Union protégeant actuellement le consommateur (v. la liste en annexe I à la directive)[40]. Il inclue ainsi désormais les réglementations en matière de protection des données personnelles, de services financiers et d'assurance, d'énergie, de télécommunications, etc.

Autre avancée par rapport au dispositif de 2002, la notion d'entités qualifiées est « *renouvelée et élargie* »[41]. Les États membres sont ainsi tenus de vérifier le respect de six critères : constitution régulière, intérêt légitime à veiller au respect du droit des consommateurs de l'UE, poursuite d'un but non lucratif, absence de procédure d'insolvabilité, indépendance et transparence des informations sur son financement notamment. Ce sont ces entités qualifiées, dont la liste doit être rendue publique par les États membres et la Commission, qui doivent donc pouvoir intenter, en tant que parties demanderesses pour le compte de consommateurs, devant les juridictions ou les autorités administratives nationales, une action dite « représentative », définie comme « *visant à protéger les intérêts collectifs des consommateurs [...] en vue de demander une mesure de cessation, une mesure de réparation, ou les deux* » (v. art. 3, sous 5). Il s'agit là d'une marque distinctive du régime américain de la *class action*, ouverte en général aux cabinets d'avocats.

---

38 *JOUE* n° L 110 du 1er mai 2009, pp. 30-36. Cette directive procédait elle-même à l'abrogation et à la refonte de la directive 98/27/CE du Parlement européen et du Conseil du 19 mai 1998 portant sur le même domaine (*JOCE* n° L 166 du 11 juin 1998, pp. 51-55).

39 En ce sens : E. Poillot, préc., p. 285.

40 De la directive 85/374/CEE du Conseil du 25 juillet 1985 relative au rapprochement des dispositions législatives, réglementaires et administratives des États membres en matière de responsabilité du fait des produits défectueux (*JOCE* n° L 210 du 7 août 1985, pp. 29-33) à la directive (UE) 2019/771 du Parlement européen et du Conseil du 20 mai 2019 relative à certains aspects concernant les contrats de vente de biens, modifiant le règlement (UE) 2017/2394 et la directive 2009/22/CE et abrogeant la directive 1999/44/CE (*JOUE* n° L 136 du 22 mai 2019, pp. 28-50).

41 En ce sens : C. Nourissat, « Directive européenne "actions représentatives" : *Ehh, What's Up Doc?* », *Procédures*, n° 3, mars 2021, repère 3. L'occasion aurait pu être saisie de changer la sémantique en retenant la notion d'organismes agréés, plus « parlante », du moins en français : v. A.-L. Sibony, préc., note 26, p. 585.

Certains auteurs s'interrogent sur le réalisme d'un tel système en faisant remarquer que « *[d]ans la plupart des États membres les administrations relevant de la catégorie des entités qualifiées manquent généralement de moyens* » et que « *[l]a situation des agents privés n'est guère plus enviable* »[42].

Quoi qu'il en soit, le but poursuivi est toujours de pouvoir obtenir une mesure de cessation de la pratique incriminée, à titre provisoire ou définitif, avec éventuellement l'obligation de la publier, étant précisé que pour qu'une entité qualifiée demande une telle mesure, les consommateurs individuels ne sont pas tenus d'exprimer leur volonté d'être représentés par elle et cette dernière n'est pas tenue de prouver une perte ou un préjudice réels subis par les consommateurs individuels lésés par l'infraction constatée, ni l'intention ou la négligence du professionnel (v. art. 8).

Mais, la nouvelle directive va plus loin : l'action représentative peut également viser à obtenir une mesure de réparation qui puisse ordonner au professionnel d'offrir aux consommateurs concernés des modes de dédommagement tels que « *l'indemnisation, la réparation, le remplacement, la réduction du prix, la résolution du contrat ou le remboursement du prix payé, selon le cas et selon ce que prévoit le droit de l'Union ou le droit national* » (v. art. 9, § 1). On a pu souligner, à juste titre, que c'était là sans doute « *l'apport [...] le plus important* » de la directive (UE) 2020/1828, certains États membres ne disposant actuellement d'aucun mécanisme procédural en ce sens[43]. Il revient par ailleurs aux États membres d'indiquer comment et à quel stade d'une action représentative visant à obtenir des mesures de réparation les consommateurs individuels concernés expriment explicitement ou tacitement, dans un délai approprié après l'introduction de l'action représentative, leur volonté d'être représentés ou non par l'entité qualifiée initiatrice et d'être liés ou non par l'issue de cette action. C'est donc finalement un système *opt-in* élargi au consentement implicite qui est retenu.

En complément, la voie d'un accord amiable concernant la réparation pour les consommateurs concernés doit pouvoir être proposée à l'initiative conjointe de l'entité qualifiée et du professionnel ou à l'invitation de la juridiction ou de l'autorité administrative saisie du litige (v. art. 11). Il reviendra à ces dernières de l'homologuer, dans le respect de l'équité, étant précisé que le droit national peut offrir au consommateur concerné la possibilité d'accepter ou de refuser d'être lié par un tel accord.

Plusieurs autres dispositions ont pour effet d'encourager le recours aux actions représentatives. On citera par exemple la disposition selon laquelle les juridictions et les autorités administratives doivent accepter la liste rendue publique des entités qualifiées comme « *preuve de la qualité pour agir de l'entité qualifiée en vue d'intenter une action représentative transfrontière* », c'est-à-dire intentée par une entité qualifiée dans un État membre autre que celui dans lequel l'entité

---

42 En ce sens : E. Poillot, préc., p. 286.

43 En ce sens : V. Rébier, « Recours collectifs pour les consommateurs : l'UE passe à la "class action" », *Dictionnaire permanent – Droit européen des affaires*, février 2021, pp. 9-11, spéc. p. 9.

qualifiée a été désignée (v. art. 6). Il en est de même du principe de la gratuité des frais de procédure pour le consommateur et de la règle du « perdant payeur » en vertu de laquelle la partie succombant est tenue de payer les frais de procédure supportés par la partie qui obtient gain de cause (v. art. 12). Dans le même esprit, le montant des frais de procédure liés aux actions représentatives ne doit pas être prohibitif, empêchant les entités qualifiées d'exercer leur office (v. art. 20, qui incite d'ailleurs au financement public de ces entités).

Dans un souci ensuite d'exemplarité et de publicité de son dispositif, la directive impose : d'une part, au professionnel d'informer les consommateurs concernés, à ses frais, des décisions finales auxquelles ont abouti les actions représentatives ou les accords homologués (v. art. 13) ; d'autre part, aux États membres de créer des bases de données électroniques nationales sur internet pour fournir des informations sur les entités qualifiées désignées à l'avance aux fins d'intenter des actions représentatives nationales et transfrontières ainsi que des informations générales sur les actions représentatives en cours et closes (v. art. 14)[44].

Ce sont enfin plusieurs dispositions qui sont prévues pour asseoir l'effectivité des actions représentatives. Ainsi, la décision définitive d'une juridiction ou d'une autorité administrative concernant l'existence d'une infraction doit pouvoir « *être utilisée par toutes les parties comme élément de preuve dans le cadre de toute autre action visant à obtenir des mesures de réparation intentée devant leurs juridictions ou autorités administratives nationales contre le même professionnel pour la même pratique, conformément au droit national en matière d'appréciation des preuves* » (v. art. 15). De même, une action représentative pendante visant à obtenir une mesure de cessation ou de réparation doit avoir pour effet de suspendre ou d'interrompre les délais de prescription applicables à l'égard des consommateurs concernés (v. art. 16). Quant aux sanctions que les États membres sont appelés, en application du principe d'autonomie procédurale, à établir pour assurer la mise en œuvre de la directive, il est précisé, de manière classique, qu'elles doivent être « *effectives, proportionnées et dissuasives* », étant précisé tout de même qu'elles doivent « *prendre, entre autres, la forme d'amendes* » (v. art. 19).

Au terme de ce rapide tour d'horizon de la nouvelle directive (UE) 2020/1828, on doit pouvoir se réjouir d'un modèle européen d'action collective qui, sans épouser pour autant le modèle de la *class action* américaine, devrait contribuer à renforcer la protection des consommateurs. Ainsi, même si, comme on a pu le souligner, la question demeure de savoir « *dans quelle mesure le souci d'efficacité que poursuivent certaines procédures contentieuses est toujours adapté à la garantie effective des droits fondamentaux des consommateurs* », l'action groupée non seulement renforce leur droit à l'accès à la justice notamment en baissant son coût, mais constitue également « *un instrument supplémentaire pour obtenir réparation des préjudices qu'ils ont subis* »[45].

---

44 Le Parlement européen proposait pour sa part la mise en place d'un « *registre national* ».

45 Ilieva, *op. cit.*, n° 170, p. 130.

III. Conclusion

Réseau de coopération des autorités compétentes, actions collectives en réparation… l'inspiration commune aux droits de la concurrence et de la consommation aboutira-t-elle pour autant aux mêmes résultats ? Si en Europe, le *public enforcement* des règles de concurrence semble primer sur le *private enforcement*[46], l'inverse pourrait se produire en droit de la consommation. Cette évolution met toutefois en évidence les risques d'une « *survalorisation des intérêts collectifs* », ce qui fait dire à certains auteurs qu'« *à trop privilégier la protection des intérêts collectifs des consommateurs, on risque de dissuader ceux-ci de défendre activement leurs intérêts individuels, affaiblissant ainsi un facteur clé de la mise en œuvre du droit de l'Union au sein du marché unique* »[47].

La démarche du législateur européen nous paraît toutefois plus équilibrée. L'adoption de la directive (UE) 2019/2161[48] témoigne ainsi d'un renforcement et d'un plus grand encadrement du dispositif des sanctions pour violation du droit européen de la consommation. De même, la Commission a annoncé dans le cadre de son nouvel agenda 2020-2025 pour la politique des consommateurs que d'ici 2023 elle évaluera l'application du règlement CPC, « *en vue, notamment, d'examiner l'efficacité des actions d'exécution face aux pratiques touchant l'ensemble de l'UE qui enfreignent la législation en matière de protection des consommateurs* »[49].

Reste à espérer qu'avec l'application dans le temps, l'équilibre subtil entre intérêts privés et publics se réalise en droit de la consommation comme il semble être de plus en plus recherché et souhaité en droit de la concurrence[50].

---

46 C. Prieto et D. Bosco, *Droit européen de la concurrence : ententes et abus de position dominante*, Bruxelles, Bruylant, 2013, spéc. n° 1403, p. 1061, qui parlent d'« *ascendant* » du *public enforcement* sur le *private enforcement* en Europe. Pour une invitation toutefois à « *contenir le* public enforcement » et à « *relancer le* private enforcement » en droit de la concurrence : D. Bosco, « L'avenir du droit de la concurrence », *Contrats, conc., consom.* 2020, dossier 15, pp. 1-7.

47 C. Warin, préc., p. 414.

48 Directive (UE) 2019/2161 du Parlement Européen et du Conseil du 27 novembre 2019 modifiant la directive 93/13/CEE du Conseil et les directives 98/6/CE, 2005/29/CE et 2011/83/UE du Parlement européen et du Conseil en ce qui concerne une meilleure application et une modernisation des règles de l'Union en matière de protection des consommateurs, *JOUE* n° L 328 du 18 décembre 2019, pp. 7-28 ; à transposer d'ici le 21 novembre 2021.

49 Communication de la Commission, « Nouvel agenda du consommateur visant à renforcer la résilience des consommateurs en vue d'une reprise durable », COM(2020) 696 final du 13 novembre 2020.

50 À l'instar de la professeure Idot dans son intervention intitulée « L'intégration des considérations d'intérêt public dans le droit des ententes : Approche juridique » lors du colloque du 26 novembre 2020 organisé par l'Institut de recherche juridique de la Sorbonne (IRJS, Université Paris 1 Panthéon-Sorbonne) sur le thème : « L'intégration des considérations d'intérêt public dans l'application des règles de concurrence » ; v. les actes du colloque in *Concurrences* n° 2-2021, art. n° 99790.

Heurs et malheurs de l'autonomie procédurale : L'européanisation du *private enforcement*

Pierre Zelenko*, Matthieu Blayney**
et Pierre Garenne***
Linklaters

Résumé

Parmi les nombreux enseignements du professeur Idot, l'importance du retour aux arrêts fondamentaux du droit européen de la concurrence est certainement l'un des plus précieux. Cette contribution vise à étudier l'évolution jurisprudentielle du private enforcement européen, depuis ses sources avec l'arrêt Courage, afin d'observer les interactions entre le principe de pleine efficacité du droit de la concurrence de l'Union et les régimes nationaux (parfois séculaires) de responsabilité civile. Ces frictions semblent devoir conduire à un recul inexorable de l'autonomie procédurale au profit de solutions harmonisées. Pourtant, une étude rigoureuse de la jurisprudence semble indiquer des interactions plus subtiles. Certes, la création d'un marché intérieur uniforme pour les entreprises justifie la pleine efficacité du droit de la concurrence de l'Union sur tout son territoire, et donc celle du droit à réparation pour les victimes de pratiques anticoncurrentielles. Ainsi, quand le droit à réparation est directement menacé dans son exercice, la Cour de justice n'hésite pas à établir des règles matérielles sur des points précis. Cependant, lorsqu'une question ne porte que sur les conditions de mise en œuvre du droit à réparation, la

* Avocat associé, Linklaters, Paris.

** Avocat, Linklaters, Paris.

*** Avocat, Linklaters, Paris.

Cour de justice renvoie plus aisément à l'autonomie procédurale et à ses limites négatives, les principes d'équivalence et d'effectivité. Dans ce cadre européen, les droits nationaux peuvent alors déployer toute leur force et leur singularité tant qu'elles ne se manifestent pas au détriment du droit à réparation. L'analyse développée dans cette contribution tend à confirmer qu'une lecture des arrêts au regard de l'incidence de leur solution sur la pleine efficacité du droit à réparation permet de mieux saisir l'approche, toujours pragmatique, suivie par la Cour de justice dans sa jurisprudence.

L'autonomie procédurale, principe ancien et structurant du droit de l'Union européenne, trouve un terrain d'expression particulier dans les actions en réparation des dommages causés par des pratiques anticoncurrentielles (ou *private enforcement*). Le *private enforcement* met en effet aux prises un droit à la réparation trouvant ses sources dans le droit primaire de l'Union européenne, avec des principes de mise en œuvre de la responsabilité hérités de traditions juridiques plusieurs fois centenaires des États membres. Commentant le renvoi par la Cour de justice (ci-après « la Cour ») aux « *droits nationaux* », en vertu du principe de l'autonomie procédurale dans l'affaire *Courage*[1], considéré comme l'arrêt fondateur du *private enforcement* au plan européen, le professeur Idot soulignait déjà en 2001 qu'il était insuffisant et annonçait que « *le jour viendra[it] où l'application du principe d'autonomie procédurale ne suffira[it] pas à résoudre les problèmes* »[2].

Définie par les arrêts fondateurs *Rewe* de 1976[3] et *Croisières du beurre* en 1981[4], l'autonomie procédurale est le principe bien connu selon lequel, en l'absence de règles de droit de l'Union, il revient à l'ordre juridique interne de chaque État membre de déterminer les modalités procédurales des recours destinés à sauvegarder les droits résultant du droit primaire et des actes de droit dérivé de l'Union européenne[5]. L'autonomie procédurale résulte donc directement de l'incomplétude de l'ordre juridique de l'Union européenne. Malgré sa formulation simple, l'application de ce principe est complexe dans sa mise en œuvre en raison des difficultés d'appréhension de son domaine d'application et de l'étendue incertaine de ses frontières.

Concernant l'applicabilité du principe, ainsi que l'avait relevé le professeur Idot, le domaine du principe d'autonomie procédurale est difficile à cerner dans

---

1 CJCE, 20 septembre 2001, *Courage et Crehan*, aff. C-453/99, EU:C:2001:465.

2 L. Idot, « Concurrence », *Europe* n° 11, novembre 2001, comm. 330.

3 CJCE, 16 décembre 1976, *Rewe-Zentralfinanz eG et Rewe-Zentral AG c/ Landwirtschaftskammer für das Saarland*, aff. 33/76, EU:C:1976:188.

4 CJCE, 7 juillet 1981, *Rewe-Handelsgesellschaft Nord mbH (Croisières du beurre)*, aff. 158/80, EU:C:1981:163.

5 « *[E]n l'absence de réglementation communautaire en la matière, il appartient à l'ordre juridique interne de chaque État membre de désigner les juridictions compétentes et de régler les modalités procédurales des recours en justice destinés à assurer la sauvegarde des droits que les justiciables tirent de l'effet direct du droit communautaire étant entendu que ces modalités ne peuvent être moins favorables que celles concernant des recours similaires de nature interne* » (CJCE, 16 décembre 1976, *Rewe-Zentralfinanz eG et Rewe-Zentral AG c/ Landwirtschaftskammer für das Saarland*, aff. 33/76, préc., pt 5).

la jurisprudence de la Cour[6]. S'il est admis de longue date que relèvent de l'autonomie procédurale les règles de procédure *stricto sensu* et les sanctions, d'autres domaines comme celui de la preuve, et en particulier des présomptions, ont également été en partie rattachés aux règles de fond par la Cour[7].

La finesse de la frontière entre procédure et fond a d'ailleurs conduit à des appréciations divergentes au sein des juridictions françaises. L'on se souviendra que, dans l'affaire *Pharma Lab*, la cour d'appel de Paris avait jugé que les critères d'appréciation des conditions d'octroi des mesures conservatoires par l'Autorité de la concurrence devaient être ceux du droit européen[8], alors que la Cour de cassation jugeait au contraire le droit français seul applicable au nom de l'autonomie procédurale[9].

Pour pallier ces difficultés, les avocats généraux Wahl et Kokott ont proposé une répartition plus convaincante des solutions adoptées par la Cour. Selon eux – soutenus en cela par le professeur Amaro –, le champ de l'autonomie procédurale en matière de *private enforcement* se structure autour de la distinction entre les conditions constitutives du droit à réparation et les modalités d'application de ce droit. Les premières relèveraient du droit de l'Union, tandis que, pour les secondes, les droits nationaux s'appliqueraient dans le cadre de l'autonomie procédurale[10]. Pour éclairante et utile qu'elle soit, cette seconde distinction ne règle pas toutes les questions.

D'une part, comme la *summa divisio* entre procédure et fond, elle soulève des problèmes de délimitation en raison de la porosité entre les deux concepts employés et des différences de conception parmi les traditions juridiques au sein de l'Union européenne[11]. D'autre part, en donnant l'impression que les modalités d'application du droit à réparation sont laissées à la discrétion des États membres, la distinction masque la disparité des solutions en matière d'autonomie procédurale.

---

6 L. Idot, « Les leçons du droit international privé », in « TR II – Autonomie procédurale : Faut-il réinterpréter le principe pour assurer l'effectivité du droit de la concurrence ? (New Frontiers of Antitrust Conference – Paris, 10 février 2012) », *Concurrences* n° 2-2012, art. n° 45931, et ouvrage *New Frontiers of Antitrust 2012*, Bruxelles, Bruylant, 2013, pt 7.

7 CJCE, 4 juin 2009, *T-Mobile*, aff. C-8/08, EU:C:2009:343, pt 52. Dans cette affaire, la juridiction de renvoi s'interrogeait notamment sur la question de savoir si la présomption selon laquelle des entreprises participant à une concertation, lorsqu'elles demeurent actives sur le marché, tiennent compte des informations échangées avec leurs concurrents doit être appliquée par le juge national mettant en œuvre les dispositions de l'article 101 TFUE. La Cour a répondu positivement en indiquant que cette présomption « *fait partie intégrante du droit communautaire applicable* ».

8 CA Paris, 26 juin 2002, RG 2002/08966 et 2002/09428.

9 Cass. com., 14 décembre 2004, n° 02-17.012.

10 V. p. ex. conclusions AG Wahl, 6 février 2019, *Skanska*, aff. C-724/17, EU:C:2019:100, pt 59, et conclusions AG Kokott, 29 juillet 2019, *Otis II*, aff. C-435/18, EU:C:2019:651. pts 47 à 62.

11 Ces difficultés sont illustrées par l'affaire *Otis II*, dans laquelle la juridiction de renvoi autrichienne considérait que la question du lien de causalité entre l'infraction et le dommage en cause dans cette affaire relevait des modalités d'application du droit à réparation du préjudice. Si tel était le cas, selon la dichotomie défendue par certains avocats généraux, le droit interne autrichien aurait dû s'appliquer. Or, en l'occurrence, la Cour, sans mentionner la distinction entre conditions constitutives et modalités d'application, a jugé que le droit de l'Union devait s'appliquer à la question du lien de causalité. V. CJUE, 12 décembre 2019, *Otis II*, aff. C-435/18, EU:C:2019:1069, pts 17 et 30.

Comme nous le verrons, l'application de ce principe ne garantit pas aux juridictions nationales une grande marge d'appréciation.

Cette difficulté à prévoir le champ d'application de l'autonomie procédurale donne de l'importance à la Cour. Interprète authentique du droit de l'Union par la voie des questions préjudicielles posées par les juridictions nationales, elle doit trancher sur la qualification de chaque nouvelle situation et donc sur le droit applicable.

À chaque fois qu'apparaît un doute sur le champ d'application du principe d'autonomie procédurale, donc en pratique chaque fois que la jurisprudence de la Cour n'est pas établie sur un point précis, une juridiction nationale de dernier ressort devrait en principe poser une question préjudicielle pour obtenir l'interprétation de la Cour.

Il en résulte le paradoxe de l'autonomie procédurale, dont l'étendue dépend de l'interprétation du droit de l'Union par une juridiction européenne selon des notions européennes. Il s'agit de la première cause de la fragilité de l'autonomie procédurale.

La seconde cause de fragilité se retrouve dans les modalités d'application de l'autonomie procédurale et en particulier ses limites imposées par la jurisprudence de la Cour : les principes d'équivalence et d'effectivité.

L'équivalence désigne la règle selon laquelle les procédures nationales ne doivent pas être moins favorables à l'application du droit de l'Union qu'à celle du droit national. Par ailleurs, le principe d'effectivité impose que ces modalités ne rendent pas « *pratiquement impossible ou excessivement difficile l'exercice des droits conférés par l'ordre juridique de l'Union* »[12]. Si l'application du principe d'équivalence n'a pas soulevé de problèmes majeurs, et ne fait plus l'objet de débats aujourd'hui, celle du principe d'effectivité interroge encore tant il s'agit d'un standard plus difficile à cerner. Cette difficulté interprétative nécessite là encore le concours de la Cour pour fixer, au cas par cas, les limites du principe[13].

Pour ces deux raisons, l'autonomie procédurale porte en germe l'européanisation des différents domaines dans lesquels elle s'applique.

---

12 CJUE, 5 juin 2014, *Kone*, aff. C-557/12, EU:C:2014:1317, pt 25. À noter que la formulation originelle de l'arrêt *Rewe* était plus restrictive en précisant que pour être écartée une règle procédurale nationale devait rendre « *en pratique impossible l'exercice de droits* ». V. aussi A. Lacresse, « Effet d'ombrelle : La Cour de justice de l'Union européenne considère que les entreprises membres d'un cartel assument également la responsabilité des dommages causés du fait qu'une entreprise non-membre du cartel a augmenté ses prix en raison de l'existence de l'entente (*Kone*) », 5 juin 2014, *Concurrences* n° 3-2014, art. n° 68373, pp. 161-162.

13 Comme illustré dans l'arrêt CJUE, 28 mars 2019, *Cogeco*, aff. C-637/17, EU:C:2019:263. V. aussi L. Bernardeau, « Action privée : La Cour de justice de l'Union européenne apporte des précisions sur l'application dans le temps de la directive 2014/104/UE et sur la conformité au droit de l'Union européenne de dispositions de droit interne relatives à la prescription des actions en dommages et intérêts, antérieures à la transposition de ladite directive (*Cogeco / Sport TV Portugal*) », 28 mars 2019, *Concurrences* n° 2-2019, art. n° 90473, p. 152.

Le *private enforcement* se trouve historiquement au cœur de ces questionnements en raison du rôle central du juge national dans ce domaine et de l'absence de texte européen en la matière jusqu'en 2014. Cet état du droit a rendu nécessaire le renvoi à l'autonomie procédurale pour donner effet aux articles 101 et 102 TFUE en matière d'actions en réparation du préjudice causé par des pratiques anticoncurrentielles.

Pour autant, l'adoption de la directive 2014/104/UE[14], qui harmonise certaines règles régissant les actions en dommages et intérêts en droit national pour les infractions au droit de la concurrence, est loin d'avoir diminué l'importance du principe d'autonomie procédurale en matière de *private enforcement*.

Tout d'abord, il ne s'agit pas d'une directive d'harmonisation complète puisqu'elle ne concerne que certaines règles relatives au *private enforcement*. Ensuite, la directive 2014/104/UE consacre l'autonomie procédurale des États membres en matière de *private enforcement* ainsi que ses limites et renvoie explicitement à celle-ci pour toutes les règles qui ne font pas l'objet d'une harmonisation positive[15]. Enfin, en raison du décalage entre les faits générateurs de responsabilité, leur condamnation par les autorités de concurrence et les actions en dommages et intérêts, les actions fondées sur les textes issus de l'harmonisation vont demeurer l'exception pour les années à venir. Cette exclusion *ratione temporis* des dispositions de la directive 2014/104/UE et le recours à l'autonomie procédurale dans l'affaire *Cogeco* par la Cour, encore en 2019, l'illustrent si besoin[16].

Par conséquent, ce n'est pas tant l'adoption d'un texte législatif qui sonne l'irrésistible réduction du champ de l'autonomie procédurale des États membres en matière de *private enforcement* que la mainmise de la Cour sur les conditions d'application de cette autonomie à la fois quant à son champ d'application et quant à ses limites.

Dès l'arrêt *Courage*, et comme cela a été confirmé par les arrêts ultérieurs, il apparaît que la pierre angulaire de toutes les interactions entre le droit de l'Union et les droits nationaux en matière de *private enforcement* est « *[l]a pleine efficacité de l'article [101] du traité* »[17]. L'autonomie des droits nationaux en matière de *private enforcement* n'a toujours été reconnue que pour autant qu'elle ne menaçait pas ce principe.

---

14 Directive n° 2014/104/UE du Parlement européen et du Conseil du 26 novembre 2014 relative à certaines règles régissant les actions en dommages et intérêts en droit national pour les infractions aux dispositions du droit de la concurrence des États membres et de l'Union européenne, *JOUE* n° L 349 du 5 décembre 2014, p. 1. Ce texte a été transposé en droit français par l'ordonnance n° 2017-303 du 9 mars 2017 relative aux actions en dommages et intérêts du fait des pratiques anticoncurrentielles, *JORF* n° 0059 du 10 mars 2017. V. aussi M. Chagny, « Directive sur les actions en dommages et intérêts du fait des pratiques anticoncurrentielles : Le gouvernement français publie l'ordonnance de transposition et le décret correspondant », 9 mars 2017, *Concurrences* n° 2-2017, art. n° 84095.

15 Directive 2014/104/UE, préc., art. 4. V. égal. son cons. 11 qui renvoie spécifiquement aux règles et procédures nationales des États membres dans les limites posées par les principes d'effectivité et d'équivalence.

16 CJUE, 28 mars 2019, *Cogeco*, aff. C-637/17, préc.

17 CJCE, 20 septembre 2001, *Courage et Crehan*, aff. C-453/99, préc., pt 26.

Reconnaître ce rôle central de l'objectif de préservation de la pleine efficacité du droit européen de la concurrence dans l'approche suivie par la Cour en matière de *private enforcement* ne permet pas d'organiser la jurisprudence selon des principes géométriques dignes d'un jardin à la française. En revanche, lire les arrêts au regard de l'incidence de leur solution sur la pleine efficacité du droit à réparation permet de mieux comprendre l'approche pragmatique suivie par la Cour pour le protéger.

L'étude des arrêts selon le prisme de la protection de l'effectivité du droit à réparation permet d'identifier des lignes de force dans la jurisprudence de la Cour. Quand le droit à réparation est directement et fortement menacé dans son exercice, à savoir lorsque des conditions essentielles d'engagement de la responsabilité civile sont en cause, la Cour n'hésite pas à établir des règles matérielles sur des points précis (approche positive). Elle procède ainsi à une harmonisation du droit européen du *private enforcement* très lente, et surtout très fragmentée.

À l'inverse, lorsqu'une affaire ne porte que sur les conditions de mise en œuvre du droit à réparation, la Cour renvoie plus aisément à l'autonomie procédurale et à ses limites négatives (approche négative). Par hypothèse, cette approche laisse plus de liberté aux droits nationaux que la fixation d'une règle positive d'harmonisation.

Cependant, le renvoi à l'autonomie procédurale ne signifie pas nécessairement que la marge de manœuvre laissée aux juridictions nationales soit importante. Il faut encore observer, d'une part, que les questions de mise en œuvre peuvent être centrales pour protéger l'effectivité du droit à réparation et, d'autre part, que les questions posées par les juridictions nationales peuvent parfois appeler des réponses précises, et donc difficiles à « traduire » en droit national[18]. Dans ces deux cas de figure, l'encadrement de l'autonomie procédurale sera fort.

Par le jeu mécanique de ces deux forces historiques, il existe une tendance indéniable vers un encadrement progressif des droits nationaux en matière d'actions privées. Ce mouvement pour le *private enforcement* se développe depuis l'arrêt *Courage* et la jurisprudence historique de la Cour laisse observer une convergence vers un régime européen commun.

Le rôle clé joué par la Cour dans l'encadrement de l'autonomie procédurale en *private enforcement* et la mort annoncée de l'autonomie procédurale défendue par certains auteurs[19] rendent utile une analyse historique des principes directeurs de la jurisprudence en cette matière.

---

18 C'est ainsi que le problème avait été formulé par le professeur Idot dès 2012 : L. Idot, « Les leçons du droit international privé », préc., pt 30 et s.

19 E. Claudel, « Feu le principe d'autonomie procédurale ? », *Concurrences* n° 1-2015, art. n° 70953, pp. 5-7. On peut noter également, dans le contexte des aides d'État cette fois-ci, le même champ lexical décliniste chez Benjamin Cheynel, « L'autonomie procédurale des juridictions nationales en train de se réduire comme peau de chagrin ? », *RLC* 2007/13, n° 907.

Ainsi, l'analyse de la jurisprudence en matière de *private enforcement* révèle d'un côté la mise en place progressive de règles matérielles sur des points précis concernant les conditions constitutives du droit à réparation, traçant l'ébauche d'un droit européen du *private enforcement* (I.), et, de l'autre, dans les domaines relevant de la mise en œuvre concrète du droit à réparation par les droits nationaux, la fixation de limites à l'autonomie procédurale d'autant plus précises que l'efficacité du droit européen de la concurrence est menacée (II.)

I. La construction en pointillé d'un régime européen du *private enforcement*

Par l'établissement progressif de règles matérielles, la création d'un régime européen du *private enforcement* qui définit les conditions essentielles de la responsabilité civile pour protéger l'efficacité du droit à réparation semble se dessiner (1.), ce qui est cependant loin d'être suffisant pour assurer l'uniformité de l'application de l'article 101 TFUE en matière d'actions privées (2.).

1. La protection de la pleine efficacité du droit à réparation par la définition des conditions essentielles de la responsabilité civile

Au cœur des actions privées se trouvent les conditions essentielles de la responsabilité civile : qui peut obtenir réparation, de quel dommage, et quelle entité peut être tenue responsable ? Par plusieurs arrêts, la Cour a procédé à leur définition sur le fondement du droit primaire. Ainsi, les questions fondamentales du titulaire de l'action en réparation (A.) et du préjudice réparable (B.), qui sont toutes deux liées à la question du lien de causalité, ainsi que celle de l'imputabilité de la responsabilité (C.), sont régies directement par le droit de l'Union, car elles sont jugées constitutives du droit à réparation, et donc centrales dans la protection de la pleine efficacité de ce droit.

A. *Le titulaire de l'action en réparation et le lien de causalité*

Il n'est pas surprenant que le premier arrêt de la Cour qui traite du *private enforcement* ait désigné clairement les titulaires de l'action en réparation du préjudice résultant d'une violation du droit européen des pratiques anticoncurrentielles.

M. Crehan, débitant de boissons, était locataire de son pub auprès de la société IEL, détenue en partie par un brasseur, la société Courage. M. Crehan était de plus lié à cette dernière par une obligation d'achat exclusif pour son approvisionnement en bière. Poursuivi par Courage pour factures impayées, M. Crehan soutient alors que l'obligation d'achat était en réalité contraire à l'article 101 TFUE et introduit une action en dommages et intérêts. En effet, Courage vendait sa bière à des prix plus bas aux tenanciers indépendants qu'aux débitants locataires d'IEL liés par la clause d'exclusivité.

La question posée à la Cour par la Court of Appeal portait sur la compatibilité avec le droit de l'Union du droit anglais qui ne permettait à une partie à un accord illicite ni de bénéficier de la protection juridictionnelle (« *relief* »), ni de réclamer des dommages et intérêts à l'autre partie.

La Cour répond clairement que, pour protéger l'effet utile et la pleine efficacité de la prohibition des pratiques anticoncurrentielles, la qualité de partie ne peut pas *a priori* faire obstacle à la réparation : « *La pleine efficacité de l'article 85 du traité et, en particulier, l'effet utile de l'interdiction énoncée à son paragraphe 1 seraient mis en cause si toute personne ne pouvait demander réparation du dommage que lui aurait causé un contrat ou un comportement susceptible de restreindre ou de fausser le jeu de la concurrence*[20]. » Comme nous le verrons, la Cour renvoie ensuite à l'autonomie procédurale pour déterminer les conditions d'application de ce principe matériel. Déjà dans l'arrêt fondateur, tous les éléments de l'encadrement européen du *private enforcement* sont présents.

L'épilogue de l'application de cette jurisprudence par les juridictions nationales peut sembler décevant. Le droit à réparation acquis, le débat a en réalité porté sur la violation ou non de l'article 101 TFUE[21] par le contrat d'achat exclusif. Si la décision de la Court of Appeal accordant des dommages et intérêts à M. Crehan était la première indemnisation d'une partie privée au Royaume-Uni pour violation du droit de la concurrence, celle-ci a finalement été annulée par la Chambre des lords et M. Crehan s'est vu refuser toute indemnisation[22].

Le principe posé par la Cour a eu un meilleur destin et a été réitéré quelques années plus tard dans l'arrêt *Manfredi*[23]. M. Manfredi avait formé des recours en indemnités contre des compagnies d'assurances pour obtenir la restitution de primes versées à la suite d'augmentations mises en œuvre dans le cadre d'une entente entre assureurs déclarée illicite. La question préjudicielle relative aux conditions constitutives du droit à réparation, posée par le Giudice di pace di Bitonto, portait sur l'indemnisation du préjudice de tout tiers dès lors qu'il existe un lien de causalité entre l'entente et le dommage.

Sans équivoque, la Cour répète le principe posé dans l'arrêt *Courage*[24]. Comme dans ce dernier arrêt, la Cour relève dans *Manfredi* que « *la pleine efficacité de*

---

20 CJCE, 20 septembre 2001, *Courage et Crehan*, aff. C-453/99, préc., pt 26.

21 England and Wales High Court, *Crehan v. Inntrepreneur Pub Company Limited* [2003] EWHC 1510 (Ch) ; Court of Appeal, *Crehan v. Inntrepreneur Pub Company Limited* [2004] EWCA Civ 637 ; House of Lords, *Crehan v. Inntrepreneur Pub Company Limited* [2006] UKHL 38.

22 Pour autant, les principes dégagés par la CJCE dans l'arrêt *Courage* sont toujours appliqués par les juridictions britanniques, ayant donc modifié durablement le droit anglais sur cet aspect du *private enforcement*.

23 CJCE, 13 juillet 2006, aff. jtes C-295/04 à C-298/04, EU:C:2006:461. V. aussi F. Zivy, « Action en réparation : La CJCE évite la question de l'action en réparation d'un préjudice causé par une violation des règles communautaires de concurrence (*Manfredi*) », 13 juillet 2006, *Concurrences* n° 4-2006, art. n° 12494, p. 118.

24 *Ibid.*, pt 61.

l'article 81 CE et, en particulier, l'effet utile de l'interdiction énoncée à son paragraphe 1 seraient mis en cause si toute personne ne pouvait demander réparation du dommage que lui aurait causé un contrat ou un comportement susceptible de restreindre ou de fausser le jeu de la concurrence »[25].

Plus récemment, l'arrêt *Otis II* a donné l'occasion à la Cour de préciser la nature des titulaires du droit à réparation[26]. Dans les suites du cartel des ascenseurs, le land de la Haute-Autriche ainsi que quatorze autres requérantes demandaient l'indemnisation de préjudices causés par l'entente. Mais le land de la Haute-Autriche n'avait pas connu de préjudice en tant qu'acheteur des produits. Il alléguait un préjudice en qualité d'organisme accordant des subventions. En effet, le land octroyait des prêts incitatifs pour aider à la construction de logements. Selon lui, l'entente avait augmenté le coût des ascenseurs et donc les coûts de construction subventionnés. Dès lors, des prêts plus importants avaient été accordés et avaient privé le land de l'opportunité de placer sur les marchés le différentiel. La Cour suprême autrichienne, l'Oberster Gerichtshof, interroge donc la Cour sur la possibilité pour une personne *Manfredi* de demander réparation à des membres d'une entente, quand bien même la personne n'est ni un fournisseur, ni un acheteur direct, mais qu'elle a accordé des subventions à des acheteurs.

Ici encore, la Cour ne va pas se prononcer sur l'autonomie procédurale, mais sur la garantie de la pleine efficacité et l'effet utile de l'article 101 TFUE[27]. Ainsi, ces garanties seraient compromises par la circonscription du droit à réparation aux simples fournisseurs et acheteurs des participants à une entente. Selon la Cour, au regard du droit de l'Union, toute personne qui n'opère pas comme fournisseur ou comme acheteur sur le marché concerné par une entente, mais qui a accordé des subventions, sous la forme de prêts incitatifs, à des acheteurs de produits offerts sur ce marché, a la possibilité de demander réparation du préjudice qu'elle a subi du fait que, le montant de ces subventions ayant été plus élevé qu'il ne l'aurait été en l'absence de ladite entente, elle n'a pas pu utiliser ce différentiel à d'autres fins plus lucratives[28].

Bien que la Cour n'ait pas repris la dichotomie entre conditions constitutives et modalités d'application détaillée par l'avocate générale Kokott dans ses conclusions[29], elle arrive bien à la même solution. Elle pose une règle de droit matérielle relative à une condition jugée constitutive du droit à réparation, à savoir la causalité qui permet de désigner le titulaire du droit à réparation[30].

---

25 *Ibid.*, pt 60.

26 CJUE, 12 décembre 2019, *Otis II*, aff. C-435/18, préc.

27 *Ibid.*, pt 30.

28 L. Idot, « Private enforcement et titulaires de l'action en réparation », *Europe* n° 2, février 2020, comm. 65.

29 Conclusions AG Kokott, 29 juillet 2019, aff. C-435/18, préc., pts 47-62.

30 C'est par exemple l'interprétation qui en est faite par les juridictions allemandes, notamment la Bundesgerichtshof pour qui, en application de la jurisprudence Otis, la notion de causalité génératrice de responsabilité est, en principe, déterminée par le droit de l'Union. Toutefois, en l'absence d'une définition plus détaillée de cette notion en droit de l'Union, toujours selon la Bundesgerichtshof, il incombe au droit national des États membres de réglementer les modalités d'exercice et d'exécution de la demande de dommages-intérêts fondée sur le droit de l'Union, y compris la notion de causalité (v. Bundesgerichtshof, 28 janvier 2020, KZR 24/17, pt 30).

L'arrêt pose donc un nouveau jalon dans le mouvement d'européanisation du *private enforcement*.

Pour l'avocate générale Kokott, l'examen de la causalité est inclus dans l'étendue de la protection conférée par l'article 101 TFUE et il n'était pas opportun de laisser cette question aux droits nationaux au regard des exigences d'application uniforme du droit de l'Union[31].

Ainsi, *Otis II* se situe dans la continuité des arrêts de la Cour sur le *private enforcement* en ce qu'il définit les règles matérielles permettant de désigner les personnes titulaires du droit à réparation directement au regard du droit de l'Union.

B. *Le préjudice réparable et le lien de causalité*

Une question centrale susceptible de se poser en *private enforcement* est celle du préjudice réparable et du lien de causalité entre la pratique anticoncurrentielle et ce préjudice.

L'arrêt *Manfredi* a amorcé l'harmonisation du *private enforcement* européen sur la question du préjudice réparable. À la question de savoir si l'article 101 TFUE impose aux juridictions nationales l'obligation d'octroyer des dommages et intérêts punitifs, la Cour renvoie à l'autonomie procédurale. Cependant, elle précise que les personnes ayant subi un préjudice doivent pouvoir demander « *réparation non seulement du dommage réel (damnum emergens), mais également du manque à gagner (lucrum cessans) ainsi que le paiement d'intérêts* »[32]. Il s'agit là clairement d'une règle matérielle. Pourtant, et cela montre bien la porosité des concepts autour de l'autonomie procédurale, la justification pour cette règle tient en partie à ce que l'exclusion du manque à gagner violerait le principe d'effectivité, un raisonnement normalement employé pour fixer des limites dans le cadre de l'autonomie procédurale[33]. La règle matérielle posée repose également sur le « *droit de toute personne de demander réparation* » donc directement sur le droit de l'Union[34].

D'autres questions plus complexes se sont également posées. Notamment, celle de savoir s'il existe un droit à réparation d'un préjudice collatéral. L'effet d'ombrelle, ou *umbrella pricing*, s'opère lorsqu'une entreprise ne participant pas à une entente augmente ses prix à un niveau supérieur à celui qui aurait été pratiqué en l'absence de l'entente. Dès lors qu'une victime de prix d'ombrelle n'était pas contractuellement liée aux membres de l'entente, son préjudice est-il réparable ?

---

31 Conclusions AG Kokott, 29 juillet 2019, aff. C-435/18, préc., v. pts 53 et 54.

32 CJCE, 13 juillet 2006, *Manfredi*, aff. jtes C-295/04 à C-298/04, préc., pt 95.

33 *Ibid.*, pt 96.

34 *Ibid.*, pt 95.

C'est la question qui était au cœur de l'arrêt *Kone* en 2014[35]. Un litige opposait des entreprises ayant participé au cartel dit « des ascenseurs » et la société ÖBB-Infrastruktur. Cette dernière demandait l'indemnisation d'un préjudice subi en raison de prix élevés appliqués par des entreprises n'ayant pas participé aux ententes. La question préjudicielle posée par l'Oberster Gerichtshof portait ainsi sur les conditions de mise en jeu de la responsabilité. Plus précisément, le sujet était de savoir si toute personne pouvait demander aux membres d'une entente la réparation du préjudice dû à l'augmentation de ses prix par un tiers. En effet, le droit autrichien applicable au litige excluait de façon catégorique une telle réparation dès lors que le lien de causalité entre l'entente et le préjudice était considéré comme rompu en l'absence de lien contractuel.

La Cour répond en premier lieu en réaffirmant le droit de toute personne de demander réparation de son préjudice, fondé sur l'efficacité et l'effet utile de l'article 101 TFUE[36]. La Cour rappelle également le lien direct entre le droit à réparation et « *le caractère opérationnel des règles de concurrence de l'Union* » dès lors qu'il est de nature à décourager les pratiques anticoncurrentielles[37]. Puis la Cour effectue un rappel du principe d'autonomie procédurale et de ses réserves applicables aux modalités d'exercice du *private enforcement*, notamment quant à l'application du lien de causalité[38].

Toutefois, la Cour tranche sur la contrariété au droit de l'Union des dispositions autrichiennes, non pas sur les limites au principe d'autonomie procédurale mais sur le droit primaire de l'Union. Ainsi, la Cour met en avant que l'exclusion catégorique de la réparation du préjudice subi en raison de l'absence de lien contractuel avec un membre de l'entente remettrait en cause le droit à réparation issu de l'article 101 TFUE[39].

La Cour ajoute toutefois deux conditions à la réparation du préjudice né d'un effet d'ombrelle : l'entente doit être susceptible d'avoir permis l'application de prix de protection en raison de circonstances propres à l'espèce et, par ailleurs, les membres de l'entente ne devaient pas pouvoir ignorer ces circonstances[40].

La Cour, si elle ne reprend pas de façon détaillée les conclusions de l'avocate générale Kokott[41], arrive néanmoins à la même solution. La lecture des conclusions de l'avocate générale éclaire la décision de la Cour. La responsabilité civile des membres d'une entente pour une augmentation des prix par effet

---

35 CJUE, 5 juin 2014, *Kone*, aff. C-557/12, préc.

36 *Ibid.*, pts 21 et 22.

37 *Ibid.*, pt 23.

38 *Ibid.*, pt 24.

39 *Ibid.*, pt 33.

40 *Ibid.*, pt 34.

41 Conclusions AG Kokott, 30 janvier 2014, *Kone*, aff. C-557/12, EU:C:2014:45.

d'ombrelle ne peut pas être laissée à l'appréciation des États membres puisqu'elle relève de l'existence même du droit à réparation. Il ne s'agit pas d'une simple condition d'application ou d'une modalité de mise en œuvre de la responsabilité neutre par rapport à la substance du droit à réparation. En ne reconnaissant pas le droit à réparation pour les préjudices causés par les effets d'ombrelle sur les prix, c'est bien la pleine effectivité de l'article 101 TFUE qui est remise en cause[42].

En se référant à l'effectivité de l'article 101 TFUE, la Cour écarte donc la soumission au droit national du lien de causalité en ce qui concerne la prise en compte de l'effet d'ombrelle[43].

C. *L'imputabilité de la réparation*

Dans l'arrêt *Skanska* en 2019[44], une autre condition essentielle de la responsabilité civile est en jeu : celle de savoir qui est tenu de réparer un préjudice. Plus précisément se pose la question de l'imputabilité à la société absorbante de la responsabilité de l'absorbée découlant de la faute de cette dernière.

Un litige opposait la ville de Vantaa en Finlande à plusieurs sociétés au sujet de la réparation du préjudice résultant d'une entente sur le marché de l'asphalte. Trois sociétés membres de l'entente dissoutes à la suite de procédures de liquidation volontaire ont vu leurs activités commerciales transférées à d'autres sociétés. La ville de Vantaa ayant introduit des recours s'est vu opposer les liquidations comme obstacle à son indemnisation. Le Korkein oikeus – la Cour suprême finlandaise – se tourne vers la Cour pour savoir si les sociétés ayant repris les activités commerciales peuvent être tenues responsables du préjudice causé par l'entente.

Pour la première fois, nous semble-t-il, la Cour prend la mesure de la distinction qui était détaillée par l'avocate générale Kokott dans *Kone* et reprise par l'avocat général Wahl dans ses conclusions dans *Skanska* : si les modalités concrètes d'exercice du droit à réparation relèvent du droit interne, encadré par les principes d'effectivité et d'équivalence, la détermination de l'entité responsable relève directement du droit de l'Union. Pour se prononcer sur l'entité responsable, la Cour s'appuie sur la notion d'entreprise. Ainsi, pour la Cour, les sociétés acquéreuses peuvent être tenues pour responsables de l'entente dans le cadre d'une action en responsabilité.

La Cour, sans reprendre explicitement la distinction, renvoie aux conclusions de l'avocat général Wahl. Pour ce dernier, la détermination des personnes tenues

---

42 CJUE, 5 juin 2014, *Kone*, aff. C-557/12, préc., pt 33.

43 Conclusions AG Wahl, 6 février 2019, aff. C-724/17, préc., v. pts 36 à 43 ; conclusions AG Kokott, 29 juillet 2019, aff. C-435/18, préc., v. pt 61.

44 CJUE, 14 mars 2019, *Skanska*, aff. C-724/17, EU:C:2019:204. V. aussi E. Thomas, « Continuité économique : La Cour de justice de l'Union européenne étend aux actions en dommages et intérêts l'application du principe de la continuité économique et, ce faisant, sa définition fonctionnelle de l'entreprise (*Vantaan kaupunki*) », 14 mars 2019, *Concurrences* n° 2-2019, art. n° 90126, pp. 68-69.

au paiement de dommages et intérêts est une condition constitutive de la responsabilité et non pas une simple modalité concrète de la demande. Dès lors, elle doit être soumise au droit de l'Union par l'établissement d'une règle matérielle[45].

Le Korkein oikeus a fidèlement appliqué la solution de la Cour en jugeant que la notion d'unité économique ne peut pas avoir deux acceptions différentes l'une en *public enforcement* et l'autre en *private enforcement*[46]. Par conséquent, lors d'une restructuration par laquelle des filiales infractionnelles sont dissoutes, les entreprises ayant acquis leurs activités commerciales pour les continuer peuvent être tenues responsables civilement du préjudice causé par les comportements anticoncurrentiels commis par ces filiales.

Pour le professeur Idot, la Cour donne ainsi un champ d'application le plus large possible au droit de l'Union en matière de *private enforcement*[47]. Pourtant cette solution n'est pas sans laisser de nombreuses questions ouvertes que les droits nationaux devront résoudre dans l'attente d'une réponse européenne concernant la charge de la preuve ou les destinataires des actes de procédure qui ne peuvent être adressés à un groupe de sociétés[48].

Cette européanisation pourrait se heurter aux divergences entre juridictions nationales sur la portée de l'arrêt *Skanska*. Dans *Skanska*, le problème soulevé devant la Cour portait sur une restructuration. Par conséquent, pour différentes juridictions nationales, la portée de l'arrêt *Skanska* semble devoir rester limitée aux cas de succession économique entre entreprises et ne doit pas nécessairement s'étendre plus généralement à la question du partage de responsabilité au sein d'un groupe de sociétés[49]. À l'inverse, d'autres juridictions nationales ont accepté d'appliquer pleinement la notion d'unité économique au *private enforcement*, avec ses conséquences quant à l'engagement de la responsabilité civile des sociétés membres d'un même groupe[50].

Malgré ces divergences au plan national, certains commentateurs ont d'ores et déjà parlé d'un arrêt « explosif » et de « l'européisation » du régime de l'action privée[51]. Pourtant, il s'agit bien d'une construction progressive, loin

---

45 *Ibid.*, pt 28, renvoyant aux conclusions AG Wahl, 6 février 2019, aff. C-724/17, préc., pts 60 à 62.

46 Korkein oikeus, 22 octobre 2019, *Vantaan kaupunki v. Skanska Industrial Solutions Oy*, FI:KKO:2019:90.

47 L. Idot, « Actions en réparation et notion d'entreprise », Europe n° 5, mai 2019, comm. 206.

48 Toujours selon L. Idot, « Actions en réparation et notion d'entreprise », préc.

49 V., p. ex., sur la question de la responsabilité des filiales pour leurs sociétés mères : England and Wales High Court (Chancery Division), *Media-Saturn Holding v. Toshiba / Panasonic* [2019] EWHC 1095 (Ch), pts 304 et 305. V. égal. Rechtbank Amsterdam, 25 novembre 2020, NL:RBAMS:2020:7133.

50 V., p. ex., pour une interprétation large de la portée de l'arrêt *Skanska*, Gerechtshof Arnhem-Leeuwarden, 26 novembre 2019, NL:GHARL:2019:10165 et Juzgado de lo Mercantil n° 3 de Madrid, 2 juillet 2019, *Generadores Insonorizados Paulino Alonso e Hijos S.A. v. Mercedes-Benz Trucks España SLU*, ES:JMM:2019:792.

51 D. Bosco, « Arrêt Skanska : un nouveau jalon pour le private enforcement », *Contrats, conc., consom.* n° 5, mai 2019, comm. 88.

d'être achevée, par la Cour et ses avocats généraux d'une disparition graduelle de l'autonomie procédurale, comme l'illustre un autre arrêt récemment rendu par la Cour.

Il s'agit d'une demande de décision préjudicielle présentée par l'Audiencia Provincial de Barcelona le 3 décembre 2019[52], dans le contexte du cartel des camions. La juridiction nationale se demandait si une action en dommages et intérêts pouvait être dirigée contre une filiale à la suite d'une décision de la Commission constatant des pratiques anticoncurrentielles de sa société mère. Dans une réponse qui fera encore couler beaucoup d'encre, la Cour juge que la victime d'une infraction au droit européen de la concurrence commise par une société mère peut demander à la filiale de cette dernière la réparation des dommages causés par cette infraction. Elle instaure donc une responsabilité descendante de la filiale[53].

Ce récent développement illustre que, même sur les thèmes ayant déjà fait l'objet d'un arrêt de la Cour, les questions sont encore nombreuses et les droits nationaux doivent y répondre avant toute chose, en l'absence de solution européenne.

2. Les limites de l'harmonisation au cas par cas du *private enforcement* européen

Si l'harmonisation matérielle du *private enforcement* par la Cour semble justifiée pour protéger les droits des entreprises et assurer la pleine efficacité du droit de la concurrence au sein du marché intérieur (A.), elle reste encore incomplète, ce qui peut favoriser l'insécurité juridique tant les domaines laissés à la divergence des droits nationaux restent nombreux (B.).

A. *Une harmonisation justifiée par l'objectif de création d'un espace concurrentiel uniforme*

Comme l'exprime clairement l'avocate générale Kokott dans ses conclusions sur l'arrêt *Otis II*, le besoin de développer des règles matérielles uniformes découle directement de l'objectif fondamental du droit européen de la concurrence, « *qui est de créer sur le marché intérieur un cadre aussi uniforme que possible pour toutes les entreprises qui opèrent sur celui-ci* (level playing field) »[54]. Elle ajoute que cet « *objectif serait compromis si les critères juridiques appliqués par les juridictions nationales pour apprécier la responsabilité civile des parties à une entente visée à l'article 101 TFUE pour des types précis de dommages et à l'égard de personnes précises différaient fondamentalement d'un État membre à l'autre* »[55].

---

52 CJUE, 6 octobre 2021, *Sumal, S.L. c/ Mercedes Benz Trucks España, S.L.*, aff. C-882/19, EU:C:2021:800.

53 *Ibid.*, pt 67.

54 Conclusions AG Kokott, 29 juillet 2019, aff. C-435/18, préc., pt 55.

55 *Ibid.*

En d'autres termes, selon cette vision téléologique du droit européen de la concurrence, les divergences des droits nationaux en matière de *private enforcement* sont des anomalies temporaires qui ont vocation à être progressivement corrigées en ce qui concerne les conditions fondamentales du droit à réparation tiré de l'article 101 TFUE. C'est bien cette vision qui préside à la jurisprudence de la Cour en matière de *private enforcement* et qui explique l'irrésistible européanisation de la matière.

Pour autant, il est clair que la fragmentation du *private enforcement* européen est encore loin d'être résolue et que, contrairement à la vision de certains auteurs, les droits nationaux ont encore un espace d'expression et de divergence.

B. *Une harmonisation matérielle incomplète pénalisant la sécurité juridique des entreprises*

Même si les différents arrêts précités traitent avec force de grandes questions de la responsabilité, la jurisprudence reste encore maigre et certaines questions majeures ne sont pas couvertes par le droit de l'Union.

C'est notoirement le cas de la question de la faute, qui est pourtant fondamentale dans les systèmes juridiques civilistes malgré le développement de systèmes de responsabilité sans faute. Comme cette question n'est pas non plus couverte par la directive 2014/104/UE, il s'agit là d'un pan entier du droit de la responsabilité civile qui est laissé aux droits nationaux, ce qui favoriserait, selon certains auteurs, les inégalités d'un État membre à l'autre en termes de *private enforcement*[56].

Même dans les domaines couverts par un arrêt, de nombreuses questions non résolues subsistent. Le droit de la responsabilité civile regorge de questions juridiques et factuelles diverses qui ne s'épuisent pas en quelques arrêts sur des questions de droit précises.

Par ailleurs, comme l'illustre la réception nationale de l'arrêt *Skanska*, l'interprétation des solutions matérielles de la Cour peut conduire à des règles très divergentes. Même dans les domaines couverts par la directive 2014/104/UE, les solutions restent divergentes et le constat de certains est que celle-ci laisse la plupart des questions importantes ouvertes et n'empêche pas le *forum shopping*[57]. *A fortiori*, dans les domaines qui n'ont fait l'objet que d'une question préjudicielle, le champ du droit national reste encore très vaste.

Pour favoriser une uniformisation progressive, il faudrait sans doute des actes législatifs européens plus complets qui permettraient de cesser de guetter indices et clarifications dans des décisions préjudicielles, et assureraient une sécurité

---

56 T. Balciunas et J. P. Sluijs, « The Case for Harmonising Fault in Private Enforcement of EU Competition Law », *Global Competition Litigation Review*, vol. 14, n° 1, 2021, pp. 1-11, spéc. pp. 3 et 4.

57 F. Marcos, « The Uneven and Unsure Playing Field for Competition Damages' Claims in the EU: Shortcomings and Failures of Directive 2014/104/EU and Its Implementation », *International Review of Intellectual Property and Competition Law*, vol. 52, n° 4, 2021, pp. 468-476.

juridique ainsi qu'une meilleure prévisibilité aux parties prenantes. Elle éviterait aussi que chaque question conduise à saisir la Cour pour obtenir ces clarifications, ce qui est coûteux pour les justiciables et allonge les procédures. En 2019, la durée moyenne de traitement des affaires préjudicielles par la Cour a été de 15,5 mois[58].

Pour autant, le droit de l'Union n'a pas vocation à régler toutes les questions qui ne relèvent pas des conditions constitutives du droit à réparation du préjudice causé par la violation du droit européen de la concurrence. Pour ce qui concerne les règles d'organisation et d'application concrète de ce droit à réparation, le système européen de *private enforcement* peut tolérer les divergences des ordres nationaux si elles sont sans conséquence sur l'exercice effectif de ce droit.

Dans ces cas-là, la jurisprudence renvoie sans équivoque à l'autonomie procédurale, mais ce principe, qui s'applique en creux des règles matérielles du *private enforcement* européen, est borné de limites négatives tracées progressivement par la Cour pour éviter que des modalités d'application défectueuses ne privent le droit substantiel à réparation de son plein effet.

II. Une liberté sous conditions : Les limites de l'autonomie procédurale en matière de *private enforcement*

Même concernant les conditions de mise en œuvre du droit à réparation, la nécessité du plein effet du droit européen de la concurrence n'est jamais loin. Le champ laissé à l'autonomie procédurale est toujours borné par les limites de ce principe, l'équivalence et surtout l'effectivité qui gardent les droits nationaux sous une forme de tutelle, sous le contrôle permanent de la Cour.

En effet, en matière d'autonomie procédurale, alors même qu'il n'est plus question des conditions constitutives du droit à réparation, la marge de manœuvre laissée aux droits nationaux et aux juridictions nationales varie tout de même en fonction de l'impact de la question de mise en œuvre sur la pleine efficacité du droit substantiel à réparation. Plus la question de mise en œuvre est susceptible d'avoir une influence directe sur l'exercice du droit à réparation, plus la Cour trace des limites précises au droit national pour protéger cet exercice.

Ainsi, dès les arrêts fondateurs, la Cour a su faire évoluer la marge de manœuvre laissée aux droits nationaux dans le cadre de l'autonomie procédurale en fonction de l'importance des enjeux au regard de la protection de l'exercice effectif du droit à réparation (1.). Dans les arrêts postérieurs, cette approche par domaine en fonction des enjeux de chaque question se poursuit, mais s'y ajoute une tendance des juridictions nationales à poser des questions toujours plus précises

58 CJUE, Rapport annuel 2019, Activité judiciaire, 2020, p. 159.

qui permettent à la Cour de fixer des limites toujours plus définies à l'autonomie procédurale sur les sujets fondamentaux, accélérant ainsi le mouvement d'émergence d'un *private enforcement* européen (2.).

1. Une marge de manœuvre variable des droits nationaux pour les questions soumises à l'autonomie procédurale

Deux arrêts fondateurs de la Cour posent les bases de la méthode consistant à établir des limites négatives à l'autonomie procédurale en laissant une certaine marge de manœuvre aux droits nationaux en deçà de ces limites : l'arrêt *Courage*[59] en 2001 et l'arrêt *Manfredi*[60] en 2006.

Ces deux arrêts ont pour point commun d'indiquer les limites négatives de l'autonomie des droits nationaux en matière de *private enforcement,* à savoir ce que ces droits nationaux ne peuvent pas prévoir. Ils illustrent aussi que, en fonction des domaines, la réponse de la Cour à des questions de même nature encadre plus ou moins la solution du juge national.

Une relecture attentive des arrêts *Courage* et *Manfredi* rappelle que, dès les arrêts fondateurs, en fonction des questions posées, et de leur impact potentiel sur l'exercice du droit à réparation, la Cour posait des limites précises (A.) ou renvoyait pleinement à l'autonomie procédurale (B.).

A. *La formulation de limites précises à l'autonomie procédurale dans les domaines touchant le plus à l'exercice du droit à réparation*

Comme rappelé *supra*, la question, simple mais essentielle dans l'arrêt *Courage*, était de savoir dans quelle mesure une partie à une entente pouvait demander réparation de son préjudice causé par cette même entente.

Le droit anglais ne permettait à une partie à un accord illicite ni de bénéficier de la protection juridictionnelle (« *relief* »), ni de réclamer des dommages et intérêts à l'autre partie. Le principe matériel posé par la Cour est clair : une partie à un contrat contraire à l'article 101 TFUE est en droit de se prévaloir de cette violation pour demander des dommages et intérêts[61].

Cependant, en l'absence de règle européenne, les ordres juridiques internes des États membres ont alors pour responsabilité de déterminer les conditions d'application exactes de l'octroi des dommages et intérêts à une partie à un contrat contraire à l'article 101 TFUE – cela relève de l'autonomie procédurale.

---

59 CJCE, 20 septembre 2001, *Courage et Crehan*, aff. C-453/99, préc.

60 CJCE, 13 juillet 2006, *Manfredi*, aff. jtes C-295/04 à C-298/04, préc.

61 CJCE, 20 septembre 2001, *Courage et Crehan*, aff. C-453/99, préc., pt 24.

Pour autant, l'on voit bien que les conditions d'application du droit à réparation, et en particulier les conditions dans lesquelles le droit national peut refuser des dommages et intérêts, sont susceptibles d'influencer très directement l'effectivité du droit à réparation lui-même.

Par conséquent, la Cour donne des indications précises sur les conditions dans lesquelles les dommages et intérêts peuvent être refusés sans porter atteinte à l'effectivité du droit à réparation. S'il est contraire à l'article 101 TFUE qu'une règle nationale interdise à une partie à un contrat susceptible de fausser la concurrence de demander des dommages et intérêts en réparation du préjudice causé par ce contrat, au seul motif que l'auteur de la demande est partie à ce contrat illicite, les droits nationaux peuvent en revanche refuser la réparation du préjudice lorsque l'auteur de la demande a une responsabilité significative dans la distorsion de concurrence[62]. La Cour s'appuie en cela sur la reconnaissance par sa jurisprudence de la notion d'enrichissement sans cause[63].

Par ailleurs, la Cour précise que parmi les éléments d'appréciation susceptibles d'être pris en compte par la juridiction nationale s'inscrivent le contexte juridique et économique des parties, leur pouvoir de négociation, et leurs comportements respectifs[64].

Ainsi, la Cour n'indique pas directement au juge national ce qu'il doit décider, comme cela est le cas avec la fixation des règles matérielles, mais elle encadre fortement sa décision pour assurer sa conformité avec le principe d'effectivité.

Cette logique se retrouve également dans l'arrêt *Manfredi*. Sur la question du délai de prescription et en particulier de la compatibilité avec l'article 101 TFUE d'une règle qui prévoit que ce délai court à compter du jour où la pratique interdite a cessé, la Cour indique clairement qu'il s'agit d'une question qui relève de l'autonomie procédurale.

En effet, il ne s'agit pas des conditions constitutives du droit à réparation, même interprétées largement. Pour autant, il est clair que la prescription est susceptible d'avoir une influence considérable sur l'exercice du droit à réparation puisqu'elle peut complètement priver les demandeurs de leur droit d'action si elle est acquise par le responsable du préjudice. Cela explique pourquoi, tout en renvoyant à l'appréciation de la juridiction nationale, la Cour donne des lignes directrices très précises en réponse à la question posée : « *Une règle nationale en vertu de laquelle le délai de prescription pour l'introduction d'un recours en indemnité court à compter du jour où l'entente ou la pratique concertée a été mise en œuvre pourrait rendre pratiquement impossible l'exercice du droit de demander réparation du*

62 *Ibid.*, pt 36.

63 *Ibid.*, pt 30.

64 *Ibid.*, pts 32 et 33.

dommage causé par cette entente ou pratique interdite, en particulier si cette règle nationale prévoit également un délai de prescription court et que ce délai ne puisse être suspendu[65]. »

Comme le commentait à l'époque le professeur Idot, l'affirmation des limites à l'autonomie procédurale, même précises, n'apporte qu'une contribution limitée à un régime commun de l'action en responsabilité applicable au droit de la concurrence[66].

Cependant, l'européanisation de ce pan du droit par l'approche négative est palpable à la lecture de l'arrêt du Giudice di Pace di Bitonto faisant suite aux réponses préjudicielles apportées par la Cour[67]. Si le juge italien applique à la lettre les principes dégagés par la Cour quant à l'effectivité, au droit à compensation ou encore au délai de prescription, il va au-delà sur l'ampleur de la réparation du préjudice. En effet, dans cette affaire, des dommages et intérêts punitifs ont finalement été accordés au requérant, M. Manfredi. L'indemnisation a donc été supérieure aux avantages obtenus par les membres de l'entente, et ce, afin de dissuader la conclusion d'ententes dans le futur. Si la Cour ouvrait cette possibilité au juge national, il est très intéressant de noter qu'en principe les dommages et intérêts punitifs ne sont pas autorisés en droit italien.

En dehors d'une harmonisation, le juge national renonce donc à ses règles de procédure (c.-à-d., l'interdiction des dommages et intérêts punitifs) afin de mieux défendre l'application du droit de la concurrence européen. Ainsi, même lorsqu'il y a un renvoi à l'autonomie procédurale, la Cour peut assez fermement encadrer les solutions nationales. À l'inverse, lorsque les questions en jeu ont moins de conséquences sur l'exercice même du droit à réparation, la Cour adopte une approche laissant plus de marge de manœuvre aux juridictions nationales.

B. *Le renvoi plus général à l'autonomie procédurale dans les domaines sans incidence directe sur l'exercice du droit à réparation*

L'approche plus souple adoptée par la Cour sur certaines questions est clairement illustrée au sein même de l'arrêt *Manfredi*. Sur la question cruciale de la prescription, la Cour donnait des directives précises à la juridiction italienne. En revanche, sur des questions plus organisationnelles comme celle de savoir si le fait de devoir introduire un recours en indemnité pour violation des règles de concurrence devant une juridiction différente de celle ordinairement compétente pour les recours en indemnité de même valeur est contraire au droit de l'Union,

65 CJCE, 13 juillet 2006, *Manfredi*, aff. jtes C-295/04 à C-298/04, préc., pt 78.

66 L. Idot, « Précisions sur le régime de l'action en réparation », *Europe* n° 10, octobre 2006, comm. 291.

67 Giudice di Pace of Bitonto, 21 mai 2007, *Manfredi c/ Lloyd Adriatico*, n° 172/2003.

la Cour se contente de renvoyer à l'autonomie procédurale en rappelant qu'il revient à la juridiction nationale de vérifier la compatibilité de la règle nationale avec les principes d'équivalence et d'effectivité[68].

Il semble par ailleurs ressortir des conclusions de l'avocat général Geelhoed qu'en pratique la disposition était parfaitement non problématique du point de vue des principes d'équivalence et d'effectivité, quelle que soit l'application qui en était faite[69].

Toujours dans l'arrêt *Manfredi*, la même logique préside au simple renvoi à l'autonomie procédurale sur la question de l'application de la notion de lien de causalité. Comme rappelé *supra*, la Cour a jugé nécessaire de poser une règle matérielle selon laquelle, dès qu'il existe un lien de causalité entre une pratique anticoncurrentielle et un préjudice, la victime de ce préjudice doit pouvoir demander réparation.

Dès lors que la question de principe était résolue par la création d'une règle matérielle, les modalités concrètes d'exercice de ce droit pouvaient être multiples sans porter atteinte à l'effectivité du droit à réparation. La Cour les laisse donc à l'appréciation du juge national[70].

La Cour ne laisse pleinement sa place à l'autonomie procédurale en matière de lien de causalité que lorsqu'il s'agit uniquement des modalités de constatation effective d'un lien de causalité entre le fait dommageable et le dommage dans un cas donné[71]. L'avocate générale Kokott donne différents exemples de ces modalités, parmi lesquelles « *la question du nombre et de la nature des avis d'experts ou du niveau de preuves scientifiques qui sont nécessaires pour établir que les souffrances de la victime d'un accident ou d'une maladie à la suite de certaines conditions de travail (telle que le fait d'être exposé à des substances dangereuses) doivent effectivement être attribuées à cet accident ou à ces conditions de travail, et non, par exemple, à des maladies préexistantes* » ou encore « *la question de la nature des preuves requises par un maître d'ouvrage qui souhaite démontrer qu'un dommage à un bâtiment est apparu effectivement en raison d'un vice de construction, et non pas en raison d'intempéries qui ne relèvent pas de la sphère d'influence de l'entreprise de construction* »[72]. Le point commun entre ces modalités est qu'elles sont indifférentes du point de vue de la pleine efficacité du droit européen de la concurrence.

De la même manière, plusieurs réponses indifférentes étaient envisageables dans l'affaire *Pfleiderer*, dans laquelle un litige opposait la société Pfleiderer AG à

---

68 CJCE, 13 juillet 2006, *Manfredi*, aff. jtes C-295/04 à C-298/04, préc., pts 71 et 72.

69 Conclusions AG Geelhoed, 26 janvier 2006, *Manfredi*, aff. jtes C-295/04 à C-298/04, pts 48-51.

70 CJCE, 13 juillet 2006, *Manfredi*, aff. jtes C-295/04 à C-298/04, préc., pt 64.

71 Conclusions AG Kokott, 29 juillet 2019, aff. C-435/18, préc., pt 57.

72 *Ibid.*

l'autorité fédérale de concurrence allemande (Bundeskartellamt)[73]. La société demandait les documents liés à une procédure de clémence, en vue de préparer une action civile contre les entreprises sanctionnées pour entente illicite. Le Bundeskartellamt avait limité l'accès au dossier à une version expurgée des secrets d'affaires, des documents internes, des preuves sous séquestre et enfin de tous les documents relatifs à la procédure de clémence. Pfleiderer avait déposé un recours contre la décision de rejet partiel de communication du dossier devant l'Amtsgericht Bonn. La juridiction s'est alors retournée vers la Cour et l'a interrogée sur la conformité au droit de l'Union du refus de communiquer à la victime d'une entente le dossier de la procédure de clémence.

La juridiction de renvoi demandait plus précisément si le droit européen en matière d'entente s'opposait à ce que les personnes lésées par une entente se voient octroyer l'accès aux demandes de clémence et aux informations et documents communiqués dans ce contexte par les candidats à la clémence devant une autorité nationale de concurrence[74].

En l'occurrence, quelle que soit la réponse, le plein effet de l'article 101 TFUE n'était pas menacé puisqu'il s'agissait de mettre en balance la protection des demandes de clémence et donc l'efficacité du *public enforcement*, et l'efficacité des demandes de réparation du préjudice causé par les pratiques couvertes par des demandes de clémence, donc l'efficacité du *private enforcement*. Par ailleurs, l'accès au dossier de clémence n'est pas toujours absolument nécessaire à l'exercice du droit à réparation, donc là encore la réponse à la question pouvait se décliner de plusieurs manières sans mettre fondamentalement en danger le droit à réparation.

Par conséquent, la réponse de la Cour se concentre sur l'exposé des enjeux de la question et renvoie au juge national pour y répondre en tenant compte des intérêts en balance pour chaque demande d'accès[75].

Ces deux exemples illustrent que le niveau de précision et l'importance des limites posées par la Cour au nom des principes d'effectivité et d'équivalence dépendent des enjeux. Le renvoi à l'autonomie procédurale a donc des conséquences différentes en fonction de la question juridique en cause et de son incidence sur l'exercice du droit à réparation, et par extension sur la pleine efficacité de l'article 101 TFUE.

Pour autant, ce n'est pas le seul élément qui détermine la précision de la réponse de la Cour et l'encadrement de l'autonomie procédurale. La formulation de la

73 CJUE, 14 juin 2011, *Pfleiderer*, aff. C-360/09, EU:C:2011:389. V. aussi A. Lacresse, « Clémence : La Cour de Justice renvoie aux juridictions nationales la décision d'accorder l'accès aux documents remis aux autorités nationales de concurrence dans le cadre des programmes de clémence (*Pfleiderer*) », 14 juin 2011, *Concurrences* n° 3-2011, art. n° 38077, pp. 177-178.

74 *Ibid.*, pt 18.

75 *Ibid.*, pt 32.

question posée joue bien évidemment un rôle prépondérant. Il semble à ce sujet possible d'observer une précision accrue dans les questions des juridictions nationales en matière de *private enforcement*.

2. La précision de l'encadrement du principe de l'autonomie procédurale au gré des questions des juridictions nationales en matière de *private enforcement*

Lapalissade s'il en est, la Cour répond aux questions qui lui sont posées. Ses réponses sont ainsi dépendantes de l'interrogation soulevée, et refléteront bien souvent le degré de précision de la question.

L'exemple comparé des deux arrêts *Pfleiderer* et *Donau*, traitant de l'accès au dossier contenant les documents fournis dans le cadre de demandes de clémence, illustre bien le dialogue entre les juges nationaux et la Cour qui conditionne la précision de ses solutions (A.), tandis que le récent arrêt *Cogeco* est le plus emblématique de la précision que peut atteindre la Cour dans son dispositif en raison de la précision de la question elle-même (B.), ce qui n'est pas ensuite sans soulever de difficultés au moment de la transposition de la solution en droit interne.

A. *Le débat sur l'accès au dossier : Deux types de questions appelant deux types de réponses*

La question de la compatibilité de dispositions relatives à l'accès au dossier des autorités nationales de concurrence s'est présentée à la suite du développement des actions *follow-on*, faisant suite à une condamnation en *public enforcement*.

Dans l'arrêt *Pfleiderer* concernant l'accès aux documents fournis dans le cadre d'une demande de clémence, comme expliqué *supra*, l'imprécision de la réponse devait être liée à la nature juridique de la question, qui n'appelait pas une réponse tranchée de la Cour. La forme de la question a également joué un rôle dans le type de réponse formulé par la Cour. Relevons d'abord que la question était posée négativement : il s'agissait de savoir si le droit de l'Union s'opposait à l'octroi de l'accès. Observons ensuite que la question était relativement vague puisqu'elle ne précisait pas les conditions dans lesquelles l'octroi serait refusé ; il n'y avait pas de qualification du refus possible[76].

En s'arrêtant juste à la question formulée par la juridiction nationale, la seule réponse possible pour la Cour semble être que le droit de l'Union ne s'oppose pas à l'octroi de l'accès aux documents fournis dans le cadre d'une demande de clémence en toutes circonstances. À partir de là, soit la Cour pose des principes généraux et renvoie au juge national pour en déterminer l'application au cas au

76 *Ibid.*, pt 18.

principal, c'est ce que la question demande, soit la Cour détaille les circonstances très précises dans lesquelles l'accès doit être octroyé, mais dans ce cas en outrepassant le champ de la question préjudicielle posée.

Surtout, comme indiqué plus haut, cette approche maximaliste n'était pas nécessaire pour protéger le plein effet du droit de l'Union, car le droit à réparation n'était pas fondamentalement menacé dans son exercice. Il s'agissait en effet plus de mettre en balance « *les intérêts justifiant la communication des informations et la protection de celles-ci fournies volontairement par le demandeur de clémence* »[77].

Par conséquent, il n'est pas surprenant que la Cour apporte une réponse nuancée, laissant un goût d'inachevé très justement noté à l'époque par le professeur Idot[78]. Elle renvoie les États membres au principe d'autonomie procédurale pour élaborer les règles nationales du droit d'accès aux documents de la clémence. La Cour invite les juridictions nationales à mettre en balance, d'une part, l'efficacité des programmes de clémence et donc de l'action publique, avec, d'autre part, le droit à réparation des justiciables[79].

Dans un second temps, et dès 2013, l'arrêt *Donau*[80] pose de nouveau la question de l'accès au dossier. Les faits sont très similaires à ceux ayant donné lieu à l'arrêt *Pfleiderer*. Une union d'entreprises demandait à accéder au dossier de la procédure engagée par l'autorité fédérale de la concurrence autrichienne contre Donau et autres pour leur participation à une entente. L'Oberlandesgericht Wien interroge alors la Cour sur la compatibilité d'une disposition nationale qui subordonne l'accès au dossier au consentement de toutes les parties à la procédure, et ne permettant donc pas la mise en balance, entre les intérêts du demandeur en réparation et ceux du demandeur de clémence, recommandée dans *Pfleiderer*[81]. La question est donc beaucoup plus précise que dans l'arrêt *Pfleiderer* puisqu'il s'agit de déterminer la compatibilité avec le droit de l'Union de la restriction de principe de l'accès au dossier de clémence pour les tiers n'étant pas parties à la procédure en excluant toute possibilité de mise en balance.

---

77 *Ibid.*, pt 30.

78 L. Idot, « Articulation entre le public et le private enforcement », *Europe* n° 8-9, août 2011, comm. 308.

79 En application de cette mise en balance des intérêts, l'Amtsgericht Bonn a finalement rejeté la demande d'accès au dossier, considérant que celle-ci aurait compromis l'objectif même de la procédure de clémence, instrument hautement efficace de la lutte contre les ententes. V. Amtsgericht Bonn, résolution du 18 janvier 2012, *Pfleiderer*, aff. 51 Gs 53/09. À noter en revanche que dans des affaires subséquentes, les juridictions allemandes ont pu adopter des solutions divergentes, en permettant par exemple à un tribunal civil d'inspecter le dossier de clémence (par opposition au tiers lésé qui prépare une action en *private enforcement*). V. Oberlandesgericht Hamm, 26 novembre 2013, *Aufzugs- und Fahrtreppenkartell*, aff. 1 VAs 116/13-120/13 et 122/13.

80 CJUE, 6 juin 2013, *Donau*, aff. C-536/11, EU:C:2013:366. V. aussi A. Lacresse, « Actions en dommages et intérêts : La Cour de justice ouvre largement le droit d'accès des victimes de pratiques anticoncurrentielles aux éléments recueillis dans le cadre d'une procédure de clémence (*Donau Chemie*) », 6 juin 2013, *Concurrences* n° 3-2013, art. n° 53836, p. 140.

81 *Ibid.*, pt 13.

Après un rappel habituel du principe d'autonomie procédurale et de ses limites, la Cour apporte des précisions sur la mise en balance dans une réponse qui ne surprend pas au vu du caractère très restrictif du régime national en cause. Ainsi, la Cour précise que le droit national ne doit pas exclure la possibilité d'effectuer une mise en balance au cas par cas entre les différents intérêts en présence. Par conséquent, la disposition autrichienne nationale, qui exclut une telle mise en balance, est déclarée contraire au droit de l'Union.

Ainsi, quand les questions se font précises, il est aisé pour la Cour de répondre de façon plus tranchée et spécifique, sans que cela dénote un mouvement vers une réduction générale de l'autonomie procédurale des États membres en raison d'une interprétation plus extensive des limites à ce principe.

Le récent arrêt *Cogeco*, qui a pu faire penser à une nouvelle réduction de l'autonomie procédurale par une interprétation large du principe d'effectivité, relève de cette même logique.

B. *L'exemple de l'arrêt* Cogeco *: Un niveau de précision difficilement transposable en droit national*

La précision que peuvent atteindre les réponses aux questions préjudicielles en matière de *private enforcement* s'est particulièrement illustrée dans l'arrêt *Cogeco* en 2019[82]. Cet arrêt sonne le retour du thème de la prescription des actions en réparation[83]. En effet, le sujet était déjà abordé dans l'arrêt *Manfredi*, mais par le biais d'une question qui n'impliquait pas les détails de tout un régime de prescription puisqu'il ne s'agissait que du point de départ de ce délai.

La question de la prescription est évidemment capitale pour l'exercice du droit à réparation et appelle une réponse claire[84]. La différence tient à ce que l'enjeu soumis à la Cour dans l'affaire *Cogeco* concerne le régime de prescription dans son ensemble. En l'occurrence, un litige opposait la société *Cogeco*, actionnaire d'un fournisseur de services de télévision payante au Portugal, à plusieurs chaînes de télévision sportives. *Cogeco* alléguait un préjudice à la suite d'un abus de position dominante de ces chaînes. Le débat portait essentiellement sur le fait de savoir si l'action de *Cogeco* était ou non prescrite. En effet, le droit portugais applicable au litige prévoyait un délai de prescription de trois ans. Ce délai avait pour point de départ le jour de la connaissance par le demandeur de sa qualité de victime, et ce, même si le responsable de l'infraction et l'étendue du préjudice n'étaient pas connus. Le délai était en outre préfix, sans suspension ni interruption par l'ouverture d'une procédure par une autorité nationale de concurrence.

---

82 CJUE, 28 mars 2019, *Cogeco*, aff. C-637/17, préc.

83 L. Idot, « Actions en réparation et prescription », *Europe* n° 5, mai 2019, comm. 207.

84 CJUE, 28 mars 2019, *Cogeco*, aff. C-637/17, préc., pt 47. La Cour précise au pt 47 que le risque d'un régime de prescription non adapté aux spécificités du droit de la concurrence serait de « *réduire à néant la pleine effectivité de l'article 102 TFUE* ».

Le Tribunal Judicial da Comarca de Lisboa interroge donc la Cour sur la conformité de ce délai au droit de l'Union en précisant l'ensemble des caractéristiques du régime dans la question elle-même.

Dans l'affaire, la directive 2014/104/UE était inapplicable *ratione temporis*. En l'absence de réglementation de l'Union applicable, il fallait donc se reporter à l'autonomie procédurale, car le délai de prescription est une modalité d'application du droit à réparation.

Néanmoins, sur le fondement du principe d'effectivité, la Cour déclare le régime portugais contraire au droit de l'Union. En effet, la Cour considère que le délai de prescription de trois ans est si court qu'il rend pratiquement impossible ou excessivement difficile l'exercice du droit à demander une réparation. De même, la Cour précise que la connaissance de l'identité du responsable est un prérequis pour introduire une action en réparation. Ainsi, au regard de l'ensemble des éléments constitutifs du régime portugais de prescription, le principe d'effectivité s'oppose à sa compatibilité avec le droit de l'Union.

Le dispositif de l'arrêt *Cogeco* est donc indéniablement plus spécifique que la solution de la Cour dans l'affaire *Manfredi*, mais, dans les deux affaires, la Cour se contente de répondre à la question posée. Dans *Manfredi* la question posée était de savoir si le fait que le délai de prescription court à compter du jour où la pratique anticoncurrentielle a été mise en œuvre était contraire au droit de l'Union. La Cour répond que cela pourrait être contraire au principe d'effectivité si le délai est trop court ou qu'il ne peut être suspendu. Dans *Cogeco* ces deux autres paramètres étaient précisés et la Cour a pu formuler une réponse qui en tient compte dans un dispositif plus précis.

Néanmoins, bien que l'origine de la spécificité de la réponse de la Cour se trouve dans la question, cela n'écarte pas les problèmes qu'une réponse si précise peut poser. La réponse de la Cour laisse en effet peu de marge de manœuvre au juge national pour assurer la compatibilité de son régime de prescription au droit de l'Union. En l'occurrence, le Tribunal da Relação de Lisboa, confirmant la position des juges de première instance, a jugé que l'action de *Cogeco* était bien prescrite[85].

Pour s'écarter de l'arrêt préjudiciel, le Tribunal da Relação a considéré que la position de la Cour n'était pertinente que dans le cadre d'une action *follow-on*. Or, ce n'était pas le cas en l'espèce, dès lors que la demande avait été introduite avant qu'une décision définitive sur l'infraction ne soit intervenue et qu'en outre, l'infraction à l'article 102 TFUE avait été rejetée en appel. Surtout, le Tribunal da Relação a estimé que l'interprétation de la Cour des règles de droit civil portugais était erronée. En effet, si l'interruption ou la suspension des délais de prescription n'était pas automatique, le demandeur disposait en revanche de la possibilité d'introduire une demande de dommages et intérêts pendant l'enquête,

---

85 Tribunal da Relação de Lisboa, 5 novembre 2020, aff. 5754/15.7 T8LSB.L1-8.

ayant pour conséquence une interruption/suspension du délai de prescription. Dès lors, pour le Tribunal da Relação, la position de la Cour sur l'incompatibilité avec le droit de l'Union du régime de prescription n'était pas pertinente pour le cas d'espèce.

Cet exemple montre que l'harmonisation négative par l'utilisation du principe d'effectivité trouve vite ses limites. De manière générale, les déclarations selon lesquelles le droit de l'Union s'oppose à une règle en particulier sont en pratique assez peu utiles en matière de *private enforcement* parce que cela laisse un doute conséquent pour les États membres quant aux mesures positives à adopter pour assurer la conformité avec le droit de l'Union dans des domaines aussi précis que la procédure[86].

En attendant une harmonisation législative suffisamment précise, les États membres et leurs juridictions nationales devront naviguer entre les quelques règles matérielles posées par la Cour et les limites découlant des principes d'équivalence et d'effectivité pour définir le cadre du *private enforcement* européen. L'épilogue du récit des heurs et malheurs de l'autonomie procédurale en matière de *private enforcement* est donc loin d'être écrit.

86 T. Balciunas et J. P. Sluijs, préc., p. 4.

Réflexions sur l'évolution de la preuve des pratiques restrictives de concurrence lors de l'action publique du ministre

Martine Behar-Touchais*
Université Paris 1 Panthéon-Sorbonne

Résumé

Le droit des preuves en matière de pratiques restrictives de concurrence est préoccupant, car les droits fondamentaux des entreprises sont peu respectés. C'est vrai lors de la collecte des preuves, puisque d'une part, la Chambre criminelle de la Cour de cassation considère que le secret professionnel comme la protection des libertés individuelles des entreprises ne peuvent être opposés aux enquêteurs et sanctionne dans le cas contraire une opposition à fonctions. Et d'autre part, l'entreprise poursuivie n'a pas non plus un accès à l'entier dossier du ministre, au mépris de ses droits de la défense. C'est vrai aussi lors de l'administration de la preuve devant le juge. D'une part, la charge de la preuve est souvent malmenée lors de l'action publique répressive du ministre, où ce dernier devrait avoir la charge de prouver contre la présomption d'innocence. D'autre part, le recul possible de la notion de preuve déloyale, et l'admission discutable de la preuve par procès verbaux anonymisés, peuvent une fois de plus nuire aux droits de la défense des entreprises poursuivies.

---

* Professeur à l'École de droit de la Sorbonne (Université Paris 1 Panthéon-Sorbonne), directrice du département des masters de droit privé, codirectrice du département Sorbonne-Affaires-Finance de l'Institut de recherche juridique de la Sorbonne (IRJS-André Tunc) et ancien membre du collège du Conseil de la concurrence.

Il y a quelques années, notre amie Laurence Idot, qui a tant apporté par ses articles et ses chroniques au droit de la concurrence, avait écrit une étude intitulée « Réflexions sur l'évolution de la preuve des pratiques anticoncurrentielles devant les autorités de concurrence »[1]. Pour lui rendre un sincère hommage, nous souhaiterions nous interroger, un peu de la même façon, sur l'évolution de la preuve des pratiques restrictives de concurrence, que Laurence préfère appeler les pratiques commerciales déloyales entre professionnels[2].

Dans un droit répressif, comme l'est le droit des pratiques restrictives de concurrence, l'autorité de poursuite doit en principe faire la preuve des comportements infractionnels. Pour ce faire, elle dispose souvent, au stade de l'enquête, de prérogatives exorbitantes qui lui permettent de réunir les preuves. Ensuite, elle essaie naturellement d'alléger le fardeau de sa preuve et d'élargir autant que faire se peut les modes de preuve auxquels elle peut recourir. Les agents de la Direction générale de la concurrence, de la consommation et de la répression des fraudes (ci-après DGCCRF) qui portent les actions du ministre de l'Économie devant les tribunaux ne font pas exception à la règle, loin de là.

D'ailleurs, le dernier stade de cette tentative d'échapper au fardeau de la preuve consiste même à se passer des juges et donc à ne pas avoir à présenter de preuve, au moins dans un premier temps. C'est pourquoi, dans la loi du 3 décembre 2020, dite « DDADUE », ils se sont fait conférer le pouvoir d'ordonner et de liquider une astreinte jusqu'à 1 % du chiffre d'affaires mondial de l'entreprise, pour obliger cette dernière à cesser les comportements qu'ils « jugent » illégitimes, sans pour autant avoir à les prouver à ce stade. Reste alors à l'entreprise à faire un recours devant le juge administratif, contre la décision liquidant l'astreinte, si elle la considère comme injustifiée.

Nous laisserons de côté cette hypothèse où le ministre se dispense de toute preuve, en espérant que nombreuses seront les entreprises qui résisteront à ces pouvoirs absolutistes. Nous ne nous intéresserons qu'aux hypothèses où le ministre saisit ou va saisir un tribunal. Déjà, dans ce cas, ses pouvoirs sont exorbitants, tant au niveau de l'enquête (I.) que devant le juge saisi de l'affaire (II.).

I. Le pouvoir de recueillir les preuves lors de l'enquête

Loin de nous l'idée de contester que, pour rechercher des infractions, une autorité de poursuite ait le pouvoir de faire une enquête simple, ou une enquête lourde en étant autorisée par le juge des libertés et de la détention (ci-après JLD) à faire des opérations de visite et saisies (ci-après OVS). La nécessité de la découverte et de la poursuite des comportements infractionnels l'impose.

---

1 *Concurrences* n° 4-2017, art. n° 84879, pp. 45-59.

2 C'est d'ailleurs l'intitulé nouvellement adopté du chapitre 2 du titre IV du livre IV du code de commerce, tel qu'issu de l'ordonnance du 24 avril 2019. Mais sa section I reprend aussitôt l'expression de « *pratiques restrictives de concurrence* ».

Cependant, au cours de ces enquêtes, qui permettent à l'autorité de poursuite de recueillir des preuves, les entreprises ont aussi des droits. En droit des pratiques anticoncurrentielles, même si l'on peut encore discuter de certaines pratiques dans une affaire déterminée, en général, les droits fondamentaux des entreprises sont respectés. En revanche, en droit des pratiques restrictives de concurrence, ces droits ne sont pas toujours respectés, qu'il s'agisse du droit de s'opposer à la production de certaines pièces quand un secret légitime ou les droits de la défense sont en jeu (1.), ou qu'il s'agisse du droit d'avoir accès au dossier de l'autorité de poursuite (2.).

1. Le recueil des preuves au mépris des droits de la défense et des secrets légitimes

En droit français, il existe un délit d'opposition à fonctions pour sanctionner les entreprises qui ne défèrent pas aux demandes des enquêteurs (A.). Cela ne serait pas problématique, si la chambre criminelle ne jugeait pas que ce délit est consommé même quand le refus repose sur la nécessaire protection des droits de la défense ou d'un secret légitime (B.).

A. *Le délit d'opposition à fonctions de l'article L. 450-8 du code de commerce*

L'article L. 450-8 du code de commerce permet de sanctionner les comportements visant à s'opposer de quelque façon que ce soit à l'exercice des fonctions des agents menant une enquête sur le fondement des articles L. 450-1 et s. Ces faits peuvent être punis d'un emprisonnement de deux ans et d'une amende de 300 000 euros depuis la loi du 17 mars 2014, qui a considérablement rehaussé le quantum de la peine encourue. Celui-ci s'élevait en effet auparavant à seulement six mois d'emprisonnement et 7 500 euros d'amende. En outre, en vertu de l'article 131-38 du code pénal, « *[l]e taux maximum de l'amende applicable aux personnes morales est égal au quintuple de celui prévu pour les personnes physiques par la loi qui réprime l'infraction* ». Pour elles, le plafond de l'amende serait donc égal à 1 500 000 euros.

Mais ce délit d'opposition à fonctions est cependant d'un maniement délicat, car il est subordonné à l'action du parquet. C'est pourquoi, en droit des pratiques anticoncurrentielles, il lui a été préféré la sanction de l'obstruction, calquée sur celle existant en droit européen, et qui peut être réprimée par l'Autorité de la concurrence (ci-après ADLC) elle-même. L'alinéa 1er de l'article L. 464-2 V du code de commerce permet à l'ADLC de prononcer une injonction « *lorsqu'une entreprise ou une association d'entreprises [...] ne défère pas à une convocation ou ne répond pas dans le délai prescrit à une demande de renseignements ou de communication de pièces* » formulée par un agent de l'ADLC. Cette injonction peut être assortie d'une astreinte dans la limite de 5 % du chiffre d'affaires journalier moyen, par jour de retard. Le second alinéa de cet article permet à l'Autorité de sanctionner l'entreprise faisant obstruction à l'investigation ou à l'instruction, en lui infligeant une amende dont le montant maximum « *ne peut excéder 1 % du montant du chiffre d'affaires mondial hors taxes le plus élevé réalisé au cours d'un des exercices clos depuis l'exercice précédant celui au cours duquel les pratiques ont été mises en œuvre* ». Aux termes de ces mêmes dispositions, l'obstruction est réalisée « *notamment en fournissant des renseignements incomplets ou inexacts, ou en communiquant des pièces incomplètes ou dénaturées* ».

Dans la fameuse affaire dite « des commodités chimiques », l'entreprise Brenntag aurait donné des informations incomplètes, imprécises et hors délais, puis refusé de communiquer les informations et éléments matériels (notamment factures et extraits de comptabilité) qui lui avaient été demandés à plusieurs reprises. L'Autorité s'est même vue contrainte d'adresser des demandes de renseignement à *Brenntag AG*, société mère de *Brenntag SA*. L'ADLC a donc relevé que la gravité des comportements constatés résulte du fait que « *l'ampleur des rétentions d'informations par Brenntag, qui apparaissent comme l'aboutissement de manœuvres dilatoires, a interdit aux services d'instruction d'appréhender le fonctionnement du marché ainsi que de pouvoir se livrer à toute évaluation de la teneur des allégations des saisissantes* »[3]. Elle a donc condamné l'entreprise à une sanction de 30 millions d'euros à ce titre.

On sait que, depuis lors, le Conseil constitutionnel a décidé que ce texte était inconstitutionnel, car il existait déjà le délit d'opposition à fonctions de l'article L. 450-8 du code de commerce[4], et qu'en réponse, dans l'ordonnance du 26 mai 2021, le gouvernement a modifié les textes, pour que l'opposition à fonctions ne puisse s'appliquer à l'obstruction devant l'ADLC[5].

Mais quand l'administration tente de recueillir des preuves pour établir une pratique restrictive de concurrence, seul le délit d'opposition à fonctions s'applique et non l'obstruction de l'article L. 464-2 V du code de commerce. Cela suppose donc un recours devant le juge pénal.

---

3 Aut. conc., déc. n° 17-D-27 du 21 décembre 2017 relative à des pratiques d'obstruction mises en œuvre par Brenntag, pt 241 ; v. aussi C. Lemaire, S. Chikh, « Obstruction à l'instruction : L'Autorité de la concurrence sanctionne pour la première fois une entreprise pour obstruction à l'instruction (*Brenntag*) », 21 décembre 2017, *Concurrences* n° 2-2018, art. n° 86969.

4 Cons. const., déc. n° 2021-892 QPC du 26 mars 2021, *Société Akka technologies et autres*, pt 24 : « *[L]a répression administrative prévue par les dispositions contestées et la répression pénale organisée par l'article L. 450-8 du code de commerce relèvent de corps de règles identiques protégeant les mêmes intérêts sociaux aux fins de sanctions de même nature. Les dispositions contestées méconnaissent donc le principe de nécessité et de proportionnalité des peines. Elles doivent donc être déclarées contraires à la Constitution.* » ; v. aussi C. Lemaire, M. Florent, « Sanctions : Le Conseil constitutionnel déclare inconstitutionnelles les dispositions du second alinéa du paragraphe V de l'article L. 464-2 C. com. sanctionnant des pratiques d'obstruction à l'investigation ou à l'instruction (*Brenntag, Akka Technologies*) », 26 mars 2021, *Concurrences* n° 2-2021, art. n° 100456, pp. 151-153.

5 Le texte de l'article L. 450-8 du code de commerce dispose à présent : « *II. – Lorsque l'opposition porte sur des actes des agents mentionnés au II de l'article L. 450-1 accomplis au titre de leur mise à disposition du rapporteur général de l'Autorité de la concurrence en application de l'article L. 450-6, et qu'elle est le fait d'une personne morale, les dispositions du I ne sont pas applicables et elle n'est passible que de la sanction pécuniaire prévue au deuxième alinéa du V de l'article L. 464-2.* » On peut cependant se demander si le texte de l'article L. 464-2 V, alinéa 2, déclaré inconstitutionnel, n'est pas de ce fait abrogé, et ne peut dès lors pas revivre à la suite de la modification de l'article L. 450-8 du code de commerce.

Il n'y a pas pour l'instant beaucoup d'exemples en droit des pratiques restrictives de concurrence, parce que les entreprises se soumettent à l'administration, par crainte d'une application de l'article L. 450-8, et d'une appréciation défavorable alors à leur égard des sanctions encourues (surtout quand la sanction est administrative). Déplaire à l'enquêteur, c'est déplaire à celui qui mettra la sanction administrative, si tel est le cas. Peu nombreux sont ceux qui s'aventurent dans cette voie.

Mais, on peut raisonner par analogie avec le droit de la consommation. Aux termes de l'article L. 512-4 du code de la consommation, « *[i]l est interdit de faire obstacle à l'exercice des fonctions des agents habilités* ». Pour être constituée, cette infraction exige que la personne ait fait obstacle à l'action des agents de la concurrence, de la consommation et de la répression des fraudes et des autres agents habilités (art. L. 511-3 et L. 511-21 du code de la consommation). Le texte d'incrimination n'exige plus depuis 2004 que les agents aient été « *dans l'impossibilité d'accomplir leur mission* », mais seulement qu'il ait été fait « *obstacle à l'exercice des fonctions* », ce qui permet d'étendre considérablement le champ de ce délit.

Cet élément matériel est caractérisé lorsque :

- l'administré refuse l'entrée[6] aux agents de la DGCCRF ;
- se prétend malade[7] ;
- ne permet pas de procéder à un prélèvement[8] ;
- autorise un prélèvement insuffisant[9] ;
- ou bien détruit volontairement l'échantillon[10].

Se rend également coupable du délit l'exploitante agricole qui s'oppose à l'inspection de son étable abritant des veaux élevés en batterie[11]. Il en va de même du président d'une cave coopérative refusant à un inspecteur des tickets d'apport des producteurs[12]. Sont aussi constitutives d'un obstacle à l'exercice des fonctions des agents de la DGCCRF la carence répétée à satisfaire à leurs demandes de même que la fourniture incomplète de pièces ne répondant qu'imparfaitement à celles-ci[13]. Un arrêt de la chambre criminelle de la Cour de cassation a également

---

6 Cass. crim., 1er juin 1934, *Bull. crim.*, n° 106.

7 CA Rennes, 8 février 1955 ; *Ann. falsifications et fraudes* 1956. 207.

8 Cass. crim., 3 novembre 1944 ; *D.* 1945, jur. 33.

9 Cass. crim., 20 juillet 1938 ; *Gaz. Pal.* 1938, 2, 627.

10 Cass. crim., 21 février 1946 ; *D.* 1946, jur. 215.

11 Cass. crim., 18 janvier 2000, n° 99-82.406 ; *Dr. pén.* 2000, comm. 76, obs. J.-H. Robert.

12 Cass. crim., 10 janvier 1983, n° 82-91.690.

13 Cass. crim., 16 janvier 2018, n° 17-80291 ; *Dr. pén.* 2018, comm. 53, obs. J.-H. Robert.

admis la condamnation d'un prévenu soumis à un contrôle d'un prix de référence, qui a refusé de fournir la copie des tickets de caisse[14]. Une abstention totale de communication sans aucun motif est une opposition à fonctions. L'entreprise en cause dans cette affaire a été condamnée à 7 000 euros d'amende, dont 2 000 avec sursis.

On peut enfin citer un arrêt de la chambre criminelle de la Cour de cassation du 29 janvier 2019[15] qui a admis qu'était coupable du délit d'obstacle aux fonctions des agents chargés du contrôle des pratiques commerciales et pratiques commerciales trompeuses le gérant d'une société qui n'avait pas communiqué les documents demandés par les agents de la concurrence et répression des fraudes en dépit de plusieurs relances. L'arrêt attaqué avait notamment relevé que la Direction départementale de la protection de la population (DDPP) avait fourni un accusé de réception du deuxième courrier demandant des documents et que la signature présentait des similarités évidentes avec celle apposée au bas du procès-verbal d'audition du prévenu, de sorte qu'il a été considéré qu'il a bien eu connaissance des demandes de cette administration. Les juges ont ajouté que le délai accordé pour répondre a été prolongé et que le fait que la période de prévention s'arrête un mois avant est indifférent dans la mesure où les documents sollicités n'ont pas été produits par le prévenu, ni par quiconque, avant le délai butoir ou après celui-ci, pas même à l'audience. La Cour de cassation a jugé cette décision justifiée dès lors que la cour d'appel n'a pas excédé sa saisine, en ce que le prévenu n'a été déclaré coupable que pour la période visée à la prévention, le constat de l'absence de réponse aux demandes, postérieurement à ladite période, n'étant pris en compte que dans l'administration de la preuve des seuls faits poursuivis.

En revanche, l'infraction ne peut être retenue si les enquêteurs procèdent à un contrôle illégal, comme, par exemple, en cas d'entrée dans un domicile privé sans autorisation du juge ou sans l'accord de l'intéressé[16].

Le délit requiert également une intention de la part de l'auteur du refus. Ainsi, ne commet pas le délit d'opposition à fonctions le directeur d'une cave coopérative qui n'a pas manifesté un comportement volontaire et une intention certaine de porter entrave à l'exercice des fonctions des agents de la concurrence et de la répression des fraudes et alors que ces derniers se sont contentés de solliciter une personne étrangère à l'entreprise, sans effectuer d'autres démarches au sein de la coopérative[17].

---

14 Cass. crim., 20 septembre 2011, n° 11-81.870 : « *Attendu que, pour déclarer le prévenu coupable d'opposition aux fonctions des agents de la DGCCRF ayant tenté de procéder au contrôle de cette opération, l'arrêt confirmatif attaqué retient, par motifs propres et adoptés, qu'il a été réclamé à M. X… copie des tickets de caisse pour la période considérée ; que celui-ci ne les a produits qu'après deux injonctions écrites, à une date à laquelle le contrôle des prix de référence, tant pour la vente privée que pour les soldes ultérieures, n'était plus possible ; que le seul motif de l'abstention de M. X… est son opposition à l'injonction qui lui était faite […]* »

15 Cass. crim., 29 janvier 2019, n° 18-80.898.

16 Cass. crim., 12 février 1953 ; *D.* 1953, jur. 69 ; CA Caen, 3 février 1992 ; *BID* 5/1992. 16.

17 CA Montpellier, 11 décembre 1995 ; *BID* 11/1997. 29.

B. *Le refus de la chambre criminelle de permettre la protection des droits de la défense et des secrets légitimes en cas d'opposition à fonctions*

Si l'on s'arrêtait là, il n'y aurait rien à redire. Demander des informations, sans que soit sanctionné le refus de les fournir, serait bien évidemment inefficace. Une sanction apparaît donc nécessaire.

Mais ce qui est préoccupant, c'est le refus de la chambre criminelle de la Cour de cassation de tenir compte des droits fondamentaux permettant de ne pas répondre, pour écarter l'opposition à fonctions (i.). Ceci va priver l'entreprise du droit de ne pas avouer sous la contrainte (ii.), sous réserve peut-être d'exercer un recours devant la Cour européenne des droits de l'homme (ci-après CEDH) (iii.).

i. Le refus de tenir compte des droits fondamentaux des entreprises

Alors qu'en droit des pratiques anticoncurrentielles, on peut invoquer, d'une part, ses droits de la défense pour ne pas être contraint à avouer (ce qu'on appelle un peu rapidement un droit au silence[18]), et d'autre part, le *legal privilege*, pour les courriers couverts par le secret professionnel, ceci est refusé à l'entreprise en cas d'opposition à fonctions !

La chambre criminelle de la Cour de cassation, dans un arrêt du 24 février 2009[19], juge « *que, pour le déclarer coupable, l'arrêt confirmatif énonce, par motifs propres et adoptés, que le secret professionnel comme la protection des libertés individuelles des clients ne peu[vent] être opposé[s] aux enquêteurs, qui sont soumis à un devoir de discrétion et qui tiennent de la loi le pouvoir d'exiger la communication de documents de toute nature propres à l'accomplissement de leur mission ; que les juges relèvent que le refus de communiquer les documents contractuels dans leur intégralité, qui a empêché les enquêteurs de vérifier l'application de la réglementation en matière de démarchage à domicile, constitue le délit poursuivi ; Attendu qu'en l'état de ces énonciations, qui caractérisent le délit prévu et réprimé par l'article L. 450-8 du code de commerce, lequel consiste en une obstruction, de quelque nature que ce soit, apportée aux demandes d'un fonctionnaire de contrôle tendant à l'empêcher de procéder aux enquêtes dont il est chargé, la cour d'appel a justifié sa décision, sans porter atteinte au droit au silence garanti par les dispositions conventionnelles visées au moyen* »[20]. La chambre criminelle rejette le pourvoi invoquant une violation des articles 7, 8, 6, paragraphe 1, et 6, paragraphe 2, de la Convention de sauvegarde des droits de l'homme et des libertés fondamentales, et de l'article 14 du Pacte international relatif aux droits civils et politiques.

---

18 Cf. notre article, « L'ambivalence du silence des opérateurs économiques en droit de la concurrence », in N. Martial-Braz et F. Terryn (dir.), *Le silence saisi par le droit privé*, Paris, IRJS éditions, 2014.

19 Pourvoi n° 08-84.410.

20 B. Bouloc, « Opposition aux fonctions des agents de la Direction de la concurrence, de la consommation et de la répression des fraudes », *RLC* 2011/26, n° 1744.

Notons cependant que dans l'affaire susvisée, le commerçant avait remis la copie de documents contractuels mais en occultant diverses mentions, comme les coordonnées personnelles et bancaires des clients, des démarcheurs ou des livreurs. Du fait de ce refus, l'intéressé a été poursuivi et la cour d'appel d'Aix-en-Provence, confirmant la décision des premiers juges, l'a condamné à une amende de 3 000 euros.

À suivre cette jurisprudence, le délit d'opposition à fonctions serait constitué nonobstant le secret professionnel ou la protection des libertés individuelles.

Sans doute, compte tenu du fait qu'il y a des oppositions à fonctions dans d'autres domaines, par exemple en matière douanière, la chambre criminelle a peur que, par exemple, des trafiquants de drogue se saisissent de toute brèche qu'elle accepterait de créer, pour échapper aux poursuites. On peut donc s'attendre à ce que la résistance dure, car le droit économique n'est pas seul en jeu.

Un auteur a vivement critiqué cette jurisprudence de la chambre criminelle, totalement en contradiction avec les normes supérieures[21]. Mais la chambre criminelle a déjà refusé de transmettre une QPC sur ce point, en droit de la consommation[22]. La QPC posait la question suivante : « "*L'article 217-10 du code de la consommation est[-il] conforme à l'article 34 de la Constitution et particulièrement aux principes de légalité des délits et des peines, de nécessité des peines, de clarté et de prévisibilité de la loi, de sécurité juridique, de droits de la défense et de droit de ne pas s'auto[-]incriminer ?*" »

On remarque que ce n'est pas l'article L. 450-8 qui était en cause, mais le texte du code de la consommation[23] qui punit l'opposition à fonctions[24]. Mais la chambre criminelle a émis un refus, aux motifs suivants : « *Mais attendu que la question posée, ne portant pas sur l'interprétation d'une disposition constitutionnelle dont le Conseil constitutionnel n'aurait pas encore eu l'occasion de faire application, n'est pas nouvelle ; Et attendu que cette question ne présente pas à l'évidence un caractère sérieux, dès lors que l'article L. 217-10 du code de la consommation, qui a pour objet de réprimer l'opposition aux fonctions des agents de la concurrence, de la consommation et de la répression des fraudes chargés de constater les infractions à la conformité des produits et services, sont suffisamment claires et précises pour que son interprétation, qui entre dans l'office du juge, puisse se faire sans risque d'arbitraire et sans méconnaître les principes constitutionnels précités [...]* »

À moins que la chambre criminelle veuille faire une différence entre l'opposition à fonctions des agents de la DGCCRF, selon qu'ils font un contrôle de droit de

---

21 B. Bouloc, « Les infractions d'opposition aux fonctions au regard des droits fondamentaux », *RLC* 2013/35, n° 2292.

22 Cass. crim., 21 janvier 2014, n° 13-90.035.

23 Anciennement numéroté.

24 Ce qui permet tout de même d'essayer de nouveau de demander une QPC.

la consommation ou qu'ils qui font un contrôle de droit des pratiques restrictives de concurrence, cela signifie que l'entreprise qui fait l'objet d'une enquête simple en matière de pratiques restrictives de concurrence ne pourra même pas en France invoquer son droit de se taire si ses droits de la défense sont en cause, c'est-à-dire si répondre l'obligerait à avouer.

ii. L'irrespect du droit de se taire même quand les droits de la défense sont en cause

En principe, en droit des pratiques anticoncurrentielles, l'entreprise n'a pas de droit au silence absolu mais elle n'a le droit de se taire que dans la mesure où ses droits de la défense sont en cause, ce qui serait le cas si répondre l'obligeait à avouer.

C'est ainsi que dans le fameux arrêt *Orkem*[25], la Cour de justice a relevé que « *[l]e règlement n° 17 ne reconnaît, par contre, à l'entreprise objet d'une mesure d'investigation aucun droit de se soustraire à l'exécution de cette mesure au motif que son résultat pourrait fournir la preuve d'une infraction aux règles de concurrence qu'elle a commise. Il lui impose, au contraire, une obligation de collaboration active, qui implique qu'elle tienne à la disposition de la Commission tous les éléments d'information relatifs à l'objet de l'enquête* » (pt 27). Elle en déduit « *l'absence d'un droit au silence expressément consacré par le règlement n° 17* » (pt 28). Mais, après une étude comparative du contenu des législations des États membres, la Cour va conclure que, « *pour préserver l'effet utile de l'article 11, paragraphes 2 et 5, du règlement n° 17, la Commission est en droit d'obliger l'entreprise à fournir tous les renseignements nécessaires portant sur des faits dont elle peut avoir connaissance et à lui communiquer, au besoin, les documents y afférents qui sont en sa possession, même si ceux-ci peuvent servir à établir, à son encontre ou à l'encontre d'une autre entreprise, l'existence d'un comportement anticoncurrentiel, elle ne saurait toutefois, par une décision de demande de renseignements, porter atteinte aux droits de la défense reconnus à l'entreprise. Ainsi, la Commission ne saurait imposer à l'entreprise l'obligation de fournir des réponses par lesquelles celle-ci serait amenée à admettre l'existence de l'infraction dont il appartient à la Commission d'établir la preuve* » (pts 34 et 35).

Cela signifie que tout dépend de la manière dont la question est posée.

Si l'autorité de contrôle demande par exemple à l'entreprise à quelle date ou avec qui ont été conclus les contrats de concession, elle doit répondre, car cela ne compromet en aucun cas son droit de prétendre plus tard qu'il n'y a pas d'entente dans ces contrats. Si elle avait eu un vrai droit au silence, elle aurait pu refuser de répondre.

---

25 CJCE, 18 octobre 1989, *Orkem c/ Commission des Communautés européennes*, aff. 374/87, *Rec.* 1989, p. 3283.

Au contraire, si l'autorité lui demande les procès-verbaux des réunions pendant lesquelles elle a échangé des informations sur les prix avec un concurrent, répondre à cette demande obligerait l'entreprise à avouer, ce qui serait contraire à ses droits de la défense. Elle est donc en droit de refuser.

Les arrêts postérieurs à l'arrêt *Orkem* n'ont pas remis en cause cette jurisprudence : c'est ainsi, par exemple, que le Tribunal de première instance, devenu Tribunal de l'Union européenne, a jugé contraires au principe de loyauté la demande de communication des « *modalités de tout système ou de toute méthode ayant permis d'attribuer des objectifs de vente ou des quotas aux participants* », ainsi que la demande invitant une entreprise à décrire l'objet des réunions présumées anticoncurrentielles auxquelles elle aurait participé et les décisions adoptées[26].

La CEDH statue dans le même sens. Ainsi, l'arrêt *Funke* du 25 février 1993 a considéré que « *les particularités du droit douanier*[27] *ne sauraient justifier une telle atteinte au droit, pour tout "accusé" au sens autonome que l'article 6 attribue à ce terme, de se taire et de ne point contribuer à sa propre incrimination* »[28].

La Cour a, depuis lors, maintenu la solution[29] en considérant que les droits de se taire et de ne pas contribuer à sa propre incrimination sont des normes internationales reconnues au cœur de la notion de procès équitable consacré par l'article 6 de la Convention européenne de sauvegarde des droits de l'homme (ci-après CESDH).

Donc, seuls les droits de la défense permettent le silence. Ce n'est pas un droit absolu au silence, mais c'est un droit de se taire quand les droits de la défense seraient compromis.

Les entreprises peuvent aussi invoquer le *legal privilege* pour s'opposer à la remise de correspondances entre elles et leur avocat. Là aussi, le secret de ces correspondances entre l'avocat et son client préserve les droits de la défense. En effet, pour être utilement conseillée, l'entreprise doit tout dire à son client. Si l'autorité de poursuite pouvait avoir accès à cette correspondance, elle y trouverait les aveux de l'entreprise. De la même façon, si un avocat déconseille à son client de commettre telle pratique et que son client la commet néanmoins, remettre cette correspondance à l'autorité de poursuite permettrait à cette dernière d'être plus sévère à l'égard de l'entreprise, sans que celle-ci puisse utilement se défendre.

Mais avec la jurisprudence de la chambre criminelle de la Cour de cassation ci-dessus relatée, l'entreprise risque d'être poursuivie pour opposition à fonctions,

---

26 TPICE, 20 février 2001, *Mannesmannröhren-Werke AG c/ Commission*, aff. T-112/98, EU:T:2001:61, pt 71.

27 Et donc par analogie du droit de la concurrence.

28 Req. n° 10588/83.

29 CEDH, 8 février 1996, *John Murray c/ Royaume-Uni*, n° 18731/91, *Rec. CEDH* 1996. I ; CEDH, 17 décembre 1996, *Sanders c/ Royaume-Uni*, n° 19187/91, *Rec. CEDH* 1996. IV ; comp. CEDH, 14 octobre 2010, *Brusco c/ France*, n° 1466/07; *D.* 2010. 2783, obs. J. Pradel.

même si elle est dans un cas où elle aurait le droit de se taire parce qu'il existe un secret légitime, et/ou que ses droits de la défense sont en cause.

Ce n'est pas admissible ! Surtout que l'entreprise n'a sans doute pas davantage de recours contre la demande de renseignements, par analogie avec la jurisprudence *Brenntag*[30] rendue en matière de pratiques anticoncurrentielles. Une cour d'appel peut en effet déclarer irrecevable un recours pour excès de pouvoir exercé contre un acte d'enquête qui ne constitue pas un acte contraignant faisant grief à l'entreprise, susceptible de porter atteinte au respect de son domicile et de sa correspondance, et qui peut faire l'objet d'autres recours assurant une protection juridictionnelle suffisante.

iii. L'éventualité d'un recours devant la CEDH

Sans doute faudra-t-il que les entreprises aillent jusque devant la CEDH pour faire valoir leurs droits. Cela est d'autant plus vrai que la CEDH a déjà eu à juger une affaire presque similaire.

La Cour européenne des droits de l'homme a en effet estimé, dans une affaire *Delta Pekárny*, que la mise en œuvre d'une inspection par l'autorité de la concurrence tchèque sans contrôle judiciaire préalable, ayant force obligatoire mais ne donnant à l'autorité aucun pouvoir de fouille ou saisie et ne permettant pas de passer outre une éventuelle opposition de l'entreprise, constituait une ingérence dans le droit au respect du domicile et que le seul recours ouvert *a posteriori* à l'entreprise joint au recours au fond ne lui avait pas garanti le droit à un recours effectif, en l'absence d'examen par le juge du déroulement des opérations[31].

Dans cette affaire, l'inspection avait donné lieu, dans les locaux de l'entreprise, à la prise de copies de messages professionnels, qui était contestée par l'entreprise aux motifs qu'ils comportaient des secrets, et la résistance de l'entreprise avait été réprimée par une sanction pécuniaire. Procédant comme toujours à un contrôle *in concreto*, la Cour a relevé que la décision d'inspection avait été prise par le président de l'autorité tchèque, que son objet était flou, et ne comportait pas de précisions sur les documents demandés.

Le commentateur de l'arrêt à la revue *Concurrences* considère que l'inspection tchèque n'est pas à rapprocher de l'enquête simple du droit français. Il écrit que « *même si la législation tchèque ne donnait pas aux agents de l'Autorité de concurrence un droit de fouille, l'inspection telle qu'elle s'est déroulée s'apparentait davantage à une inspection ou une opération de visites et de saisies qu'à une "simple" mesure de prise de copie de documents et de recueil de déclarations. Les agents ont ainsi pu, même si ce fût avec la permission des intéressés, procéder à la fouille*

---

30 Cass. com., 26 avril 2017, n° 15-25.699 et 15-25.701 ; v. aussi C. Lemaire, « Pouvoirs d'enquête : La Cour de cassation considère que les mesures d'enquête prises sur le fondement de l'article L. 450-3 C. com. ne doivent pas faire l'objet d'un recours juridictionnel autonome et refuse de transmettre des questions préjudicielles à cet égard (*Brenntag*), 26 avril 2017 », *Concurrences* n° 3-2017, art. n° 84590, pp. 135-137.

31 CEDH, 2 octobre 2014, n° 97/11 (définitif 2 janvier 2015).

de la correspondance électronique de certains salariés, ce que les agents visés à l'article L. 450-3 du code de commerce ne seraient pas autorisés à faire. La Cour elle-même rapproche l'inspection telle qu'elle s'est effectivement déroulée avec une mesure de "perquisition" »[32].

Il est permis de ne pas partager cette analyse. Il y a les enquêtes où les agents ont un pouvoir de coercition (OVS avec autorisation du juge) et celles où ils n'en ont pas (enquête simple). Le droit tchèque semblait davantage ressortir de cette seconde catégorie.

Donc, le fait de pouvoir subir une sanction en cas de refus de se soumettre doit nécessiter un recours contre les demandes faites lors de l'inspection, si l'inspection n'a pas été autorisée préalablement par un juge.

En tout cas, même si la CEDH emploie le mot « perquisition », mais aussi « inspection », les textes en question dans cette affaire (en vigueur à l'époque des faits) ressemblaient fort à nos articles L. 450-3 et L. 450-8 du code de commerce, et donc à l'enquête simple du droit français. La Cour relève en effet :

> « *34. L'article 21 § 4 disposait : "Dans les procédures menées par l'Autorité en vertu de cette loi, les acteurs économiques sont tenus de se soumettre à l'inspection de l'Autorité. L'Autorité est compétente pour solliciter, aux fins de l'inspection, (…) des documents et des informations dont elle a besoin pour sa mission, et pour vérifier leur complétude, véracité et exactitude. À cette fin, les employés de l'Autorité sont autorisés à entrer sur les terrains, dans tous les lieux, locaux et véhicules faisant l'objet de l'examen, à consulter les livres commerciaux et autres documents commerciaux, à en établir des relevés et à demander des explications orales sur place."*
>
> *35. L'article 21 § 5 disposait : "Les acteurs sont tenus de fournir à l'Autorité, à sa demande et dans le délai imparti, les documents et informations complets, exactes et véridiques et de rendre possible leur examen selon le paragraphe 4. (…)".*
>
> *36. L'article 21 § 6 disposait : "Lorsque l'Autorité sollicite les documents ou informations, elle informe l'acteur concerné du motif juridique et du but de l'inspection et l'avertit de la possibilité de lui infliger une amende selon l'article 22 en cas de défaut de les fournir ou de rendre possible leur examen."*

---

32 A. Lacresse, CEDH – Inspections : La Cour européenne des droits de l'homme exige qu'une inspection menée par une autorité de concurrence dans les locaux d'une entreprise puisse faire l'objet d'un contrôle ex post facto efficace à défaut d'avoir fait l'objet d'un contrôle judiciaire préalable (*Delta Pekárny/République tchèque*), *Concurrences* n° 1-2015, art. n° 71379, pp. 169-171 ; cet auteur ajoute d'ailleurs : « *[L]a Cour relève en effet que la décision par laquelle la requérante a été sanctionnée pour s'être opposée à la mesure d'inspection, même si elle a constitué une violation de son droit au respect de son domicile, a pu faire l'objet d'un recours et donc d'un contrôle répondant au test utilisé par la Cour pour apprécier la compatibilité d'une ingérence avec la Convention.* »

37. L'article 22 § 1 disposait : "L'Autorité peut décider d'infliger une amende :
a) jusqu'à 300 000 CZK à celui qui ne lui fournit pas dans le délai imparti les documents ou informations sollicités ou qui les fournit incomplets, non-véridiques ou inexacts, qui ne fournit pas les livres commerciaux demandés ou autres documents commerciaux ou ne rend pas possible leur examen selon l'article 21 § 4, ou qui refuse d'une autre manière de se soumettre à l'examen selon cette loi." »

La différence de vocabulaire entre perquisition (OVS) et enquête simple est assez française.

Donc, devant la CEDH, une entreprise pourrait tenter de prétendre qu'en l'absence d'autorisation préalable dans l'enquête simple, il doit y avoir une possibilité de faire un recours contre l'inspection, et que les garanties procédurales qui existent en droit français, en l'état de la jurisprudence de la chambre criminelle précitée, sont insuffisantes. En effet, la CEDH relève :

« *92. Il est vrai que l'inspection litigieuse s'est déroulée en présence de représentants de la société requérante (voir paragraphe 7 ci-dessus), que l'Autorité n'avait pas le droit de saisir des documents et s'est vu remettre seulement des copies (voir paragraphe 10 ci-dessus) et que ses agents étaient tenus par l'obligation de confidentialité (voir paragraphe 39 ci-dessus). Toutefois, la Cour considère qu'en l'absence d'une autorisation préalable d'un juge, d'un contrôle effectif a posteriori de la nécessité de la mesure contestée et d'une réglementation relative à une éventuelle destruction des copies obtenues (voir, a contrario, Bernh Larsen Holding AS et autres, précité, § 171), ces garanties procédurales n'étaient pas suffisantes pour prévenir le risque d'abus de pouvoir de la part de l'Autorité de la concurrence (voir, mutatis mutandis, Gutsanovi, précité, § 225).*

93. Ces éléments suffisent à la Cour pour conclure que, tel qu'effectué en l'espèce, le contrôle judiciaire ex post facto n'a pas offert à la société requérante suffisamment de garanties contre l'arbitraire, de sorte que l'ingérence dans ses droits ne peut pas être considérée comme étant étroitement proportionnée au but légitime recherché. »

Pour l'instant, beaucoup d'entreprises qui subissent une enquête simple en droit des pratiques restrictives de concurrence n'osent pas résister. D'une part, on l'a dit, elles craignent d'être lourdement sanctionnées quand l'administration prononcera les sanctions administratives, si l'on est dans ce domaine. D'autre part, elles craignent que la DGCCRF ne demande une enquête lourde avec perquisitions (OVS), ce qui perturbera nécessairement l'activité de l'entreprise, dont l'objectif est de faire des affaires et non du contentieux. C'est sans doute pour cela qu'elles ne font pas de recours. Mais l'augmentation des sanctions – et leur caractère plus expéditif (comme l'astreinte liquidée par le seul ministre) – conduira nécessairement les entreprises à refuser que leurs droits soient ainsi bafoués.

Celui qui fut jadis qualifié de « petit droit de la concurrence » est aujourd'hui plus contraignant que le grand droit de la concurrence. Il n'y a aucune raison que les droits fondamentaux des entreprises, respectés par le droit des pratiques anticoncurrentielles, soient bafoués en droit des pratiques restrictives de concurrence. Cela est d'autant plus vrai, que si l'administration économique a des pouvoirs d'enquête très importants, elle n'utilise ensuite que les pièces à charge, sans donner à l'entreprise l'accès à l'entier dossier.

2. L'absence d'accès au dossier au mépris des droits de la défense et de l'égalité des armes

La répression des pratiques restrictives de concurrence met en œuvre des pouvoirs d'enquête aussi invasifs que ceux utilisés en droit des pratiques anticoncurrentielles. Les enquêtes, visites et saisies sont d'ailleurs fondées sur les mêmes textes (art. L. 450-4 C. com.).

Les sanctions du droit des pratiques restrictives, dont le Conseil constitutionnel lui-même a reconnu le caractère répressif[33], sont susceptibles d'être très élevées.

Or, un accès au dossier[34] existe dans les procédures répressives (A.). Pourtant, les entreprises poursuivies n'ont pas un accès au plein et entier dossier d'enquête de la DGCCRF (B.).

A. *Le droit d'accès à l'entier dossier dans les autres procédures répressives*

Le caractère répressif de certaines procédures[35] qui n'ont pas lieu devant le juge pénal est admis, depuis notamment que la CEDH a dégagé dans l'arrêt *Engel* les critères de l'accusation en matière pénale de l'article 6, paragraphe 3, de la CESDH. Les critères alternatifs de l'arrêt *Engel* sont les suivants : la qualification juridique

---

33 Cons. const., déc. 2010-85 QPC du 13 janvier 2011, *Établissements Darty et Fils* ; *RLC* 2011/27, n° 1795, étude M. Behar-Touchais. ; v. aussi J.-L. Fourgoux, « Déséquilibre significatif : Le Conseil constitutionnel considère que le déséquilibre significatif des droits et obligations, prohibé par l'article L. 442-6-I 2° du Code de commerce, respecte le principe de légalité des délits et des peines (*Établissements Darty et Fils*) », 13 janvier 2011, *Concurrences* n° 1-2011, art. n° 34152, pp. 131-132 .

34 Nous avons déjà développé ce passage sur l'accès au dossier dans un article écrit pour *Liber amicorum en l'honneur du professeur Didier Ferrier* (Paris, LexisNexis et Dalloz, 2021), relatif à « Confier la sanction des pratiques restrictives de concurrence à une autorité administrative indépendante : serpent de mer ou nécessité dans une démocratie libérale ? ». Mais le thème du présent article imposait de traiter une fois encore de cette question de l'accès au dossier.

35 Plusieurs garanties sont directement empruntées à la procédure pénale. En effet, les articles 7, 8 et 9 de la Déclaration de 1789 « *ne concernent pas seulement les peines prononcées par les juridictions répressives mais s'étendent à toute sanction ayant le caractère d'une punition* » (Cons. const., déc. n° 88-248 DC du 17 janvier 1989, *Loi modifiant la loi n° 86-1067 du 30 septembre 1986 relative à la liberté de communication*, cons. 36 ; et égal. Cons. const., déc. n° 2012-266 QPC du 20 juillet 2012, *M. Georges R.*, cons. 4.). Sur ce fondement, les autorités investies d'un pouvoir de sanction sont tenues de respecter le principe de légalité des délits et des peines, de nécessité des peines, de non-rétroactivité de la loi pénale d'incrimination plus sévère et des droits

de la mesure litigieuse en droit national, la nature même de celle-ci, et la nature et le degré de sévérité de la sanction[36].

À ce titre, les amendes administratives de droit fiscal ou de droit de la concurrence peuvent constituer des sanctions pénales au sens de l'article 6, paragraphe 1, CESDH[37]. Cela a été jugé également pour les amendes administratives en matière financière[38]. Et le Conseil constitutionnel a décidé lui aussi que l'amende civile de l'ancien article L. 442-6 III du code de commerce était une sanction répressive[39].

Or, il s'avère que, dans les procédures répressives, l'accès à l'entier dossier (comprenant les pièces à charge et les pièces à décharge) est consacré, dès lors que les droits de la défense de « l'accusé » sont en jeu.

i. Dans les procédures de droit antitrust

C'est vrai d'abord dans les procédures de droit antitrust. Les entreprises mises en cause dans les affaires de concurrence n'avaient à l'origine accès qu'aux documents qui servaient de support à la communication des griefs, c'est-à-dire aux documents à charge. Ces entreprises étaient donc privées de documents en possession de la Commission, pouvant servir à leur défense.

Mais ceci a évolué. Outre le fait que, selon l'article 27, paragraphe 2, du règlement (CE) n° 1/2003 du 16 décembre 2002, les parties concernées « *ont le droit d'avoir accès au dossier de la Commission* », la pratique décisionnelle de la Commission et la jurisprudence en droit de l'Union ont évolué progressivement et ont consacré le droit d'accès à l'intégralité du dossier comme garantie procédurale nécessaire à la protection des droits de la défense et au principe de l'égalité des armes. La communication de la Commission du 22 décembre 2005 relative aux règles d'accès au dossier de la Commission dans les affaires relevant des articles 81 et 82 du traité CE, des articles 53, 54 et 57 de l'Accord EEE et du règlement (CE) n° 139/2004 du Conseil[40] commence ainsi par affirmer la nécessité d'un accès au dossier pour le respect des droits de la défense : « *L'accès au dossier est l'une des garanties procédurales qui doit permettre d'appliquer le principe de l'égalité des armes et de protéger les droits de la défense* » (pt 1).

---

de la défense (Cons. const., déc. n° 2012-280 QPC du 12 octobre 2012, *Société Groupe Canal Plus et autre*, cons. 19. V. aussi Cons. const., déc. n° 88-248 DC du 17 janvier 1989, préc., cons. 35 ; Cons. const., déc. n° 93-325 DC du 13 août 1993, *Loi relative à la maîtrise de l'immigration et aux conditions d'entrée, d'accueil et de séjour des étrangers en France*, cons. 47).

36 CEDH, Plénière, 8 juin 1976, *Engel c/ Pays-Bas*, n° 5370/72, pt 82 ; 23 novembre 2006, *Jussila c/ Finlande* [GC], n° 73053/01, pts 30 et 31, *Rec. CEDH* 2006. XIII ; et 31 juillet 2007, *Zaicevs c/ Lettonie*, n° 65022/01, pt 31, *Rec. CEDH* 2007. IX (extraits).

37 CJUE, 5 juin 2012, *Bonda*, aff. C-489/10, EU:C:2012:319, pt 37.

38 Sur l'arrêt de principe, CE, Ass., 3 décembre 1999, *Didier*, n° 207434, « *quand il est saisi d'agissements pouvant donner lieu aux sanctions […], le Conseil des marchés financiers doit être regardé comme décidant du bien-fondé d'accusations en matière pénale au sens [de l'article 6] de la Convention européenne de sauvegarde des droits de l'homme et des libertés fondamentales* ». Pour l'Autorité des marchés financiers, CE, 15 mai 2013, *Alternative Leaders France*, n° 356054. V. aussi CE, 2 novembre 2005, *Sté banque privée Fideuram Wargny*, n° 271202 ; CE, 27 octobre 2006, *Parent et a.*, n° 276069, n° 277198 et n° 277460.

39 Cons., const. déc. 2010-85 QPC du 13 janvier 2011, préc.

40 *JOUE* n° C 325 du 22 décembre 2005, p. 7.

Elle ne fait finalement que consacrer la jurisprudence qui avait petit à petit admis ce droit fondamental. En droit antitrust, l'arrêt *Hercules*[41] avait ouvert le chemin en insistant sur le fait que le droit d'accès au dossier s'entend de l'intégralité du dossier, c'est-à-dire des documents à charge et à décharge[42]. Mais cela résulte encore plus clairement de la jurisprudence rendue dans l'affaire *Solvay*. Dans cette affaire, la Commission avait segmenté le dossier entre les pièces qui relevaient de l'article 85 CE (devenu 101 TFUE) et celles qui relevaient de l'article 86 CE (devenu 102 TFUE), empêchant dès lors les entreprises poursuivies sur le fondement de l'article 85 de se défendre en excipant de la position dominante d'une d'entre elles. Certes, la Commission n'invoquait contre l'entreprise aucune pièce à laquelle elle n'avait pas accès. Mais la Commission ne lui donnait pas accès aux pièces qui auraient peut-être pu lui permettre de se défendre. Or, la Cour[43], suivant en cela le Tribunal[44], a décidé que : « *54 [...] le droit d'accès au dossier implique que la Commission donne à l'entreprise concernée la possibilité de procéder à un examen de la totalité des documents figurant au dossier d'instruction qui sont susceptibles d'être pertinents pour la défense de cette entreprise. Ceux-ci comprennent tant les pièces à charge que celles à décharge, sous réserve des secrets d'affaires d'autres entreprises, des documents internes de la Commission et d'autres informations confidentielles [...] 55 La violation du droit d'accès au dossier au cours de la procédure préalable à l'adoption d'une décision est susceptible, en principe, d'entraîner l'annulation de cette décision lorsqu'il a été porté atteinte aux droits de la défense (arrêt Limburgse Vinyl Maatschappij e.a./Commission, précité, point 317).* »

Et la Cour indique même que cette violation du droit d'accès au dossier ne peut pas être régularisée du simple fait que cet accès serait rendu possible au cours de la procédure juridictionnelle. En effet, « *la prise de connaissance tardive de certains documents du dossier ne replace pas l'entreprise, qui a introduit un recours à l'encontre d'une décision de la Commission, dans la situation qui aurait été la sienne si elle avait pu s'appuyer sur les mêmes documents pour présenter ses observations écrites et orales devant cette institution (voir arrêt Aalborg Portland e.a./Commission, précité, point 103 et jurisprudence citée)* » (pt 56).

La seule limite de cet accès à l'entier dossier (comprenant des pièces à charge et à décharge) pourrait être le secret des affaires d'autres entreprises[45]. Mais le

---

41 TPICE, 17 décembre 1991, aff. T-7/89, *Rec.* p. II-1711.

42 V. L. Idot, « L'accès au dossier de la Commission dans la procédure de mise en œuvre des articles 81 et 82 CE », in *Mélanges en l'honneur de Philippe Léger : le droit à la mesure de l'homme*, Paris, Pedone, 2006, p. 199 et s. ; CJCE, 8 juillet 1999, *Hercules Chemicals c/ Commission*, aff. C-51/92 P, *Rec.* p. I-4235.

43 CJUE, gde ch., 25 octobre 2011, *Solvay SA*, aff. C-109/10 P, EU:C:2011:686 ; CJUE, gde ch., 25 octobre 2011, *Solvay SA*, aff. C-110/10 P, EU:C:2011:687 ; *Europe* n° 12, décembre 2011, comm. 472, obs. L. Idot.

44 TPICE, 29 juin 1995, aff. T-30/91, *Rec.* 1995, p. II-1775.

45 V. aussi Trib. UE, 7 juillet 2015, *Axa Versicherung*, aff. T-677/13, EU:T:2015:473 ; *Europe* n° 8-9, août 2015, comm. 326, L. Idot : dans le cadre de l'accès à la table des matières d'un dossier, la Commission peut occulter les références à des données personnelles et à des informations commerciales sensibles, mais non les références à des documents de clémence.

respect de l'égalité des armes peut se concilier avec le respect de ce secret[46]. Le point 24 de la communication de la Commission relative aux règles d'accès au dossier[47] indique ainsi : « *Dans les procédures ouvertes en vertu des articles 81 et 82 du traité, la qualification d'un élément d'information comme confidentiel n'interdit pas sa divulgation si elle est nécessaire pour apporter la preuve d'une infraction alléguée ("document à charge") ou pourrait être nécessaire pour disculper une partie ("document à décharge"). Dans ce cas, la nécessité de préserver les droits de la défense des parties par l'accès le plus large possible au dossier de la Commission peut l'emporter sur le souci de protéger les informations confidentielles d'autres parties*[48]. »

Il en va de même devant l'Autorité de la concurrence. Aux termes de l'article L. 463-2 du code de commerce : « *[L]e rapporteur général [...] notifie les griefs aux intéressés ainsi qu'au commissaire du Gouvernement, qui peuvent consulter le dossier sous réserve des dispositions de l'article L. 463-4 et présenter leurs observations dans un délai de deux mois.* » Par ailleurs, l'article L. 463-4 du code de commerce dispose que : « *Sauf dans les cas où la communication ou la consultation de ces documents est nécessaire à l'exercice des droits de la défense d'une partie mise en cause, le rapporteur général de l'Autorité de la concurrence peut refuser à une partie la communication ou la consultation de pièces ou de certains éléments contenus dans ces pièces mettant en jeu le secret des affaires d'autres personnes. Dans ce cas, une version non confidentielle et un résumé des pièces ou éléments en cause lui sont accessibles.* » Le droit des entreprises à l'accès au dossier doit donc être mis en balance avec la protection des secrets d'affaires des autres entreprises, et cette mise en balance nécessite une appréciation au cas par cas, compte tenu de la situation concrète des parties, de la nature des informations concernées et de la nécessité pour la partie requérante d'y avoir accès pour se défendre, elle-même liée à la nature du grief notifié et au contexte du marché examiné[49]. Actuellement, le décret n° 2015-521 du 11 mai 2015 relatif aux décisions du rapporteur général de l'Autorité de la concurrence en matière de protection du secret des affaires crée un nouveau contentieux autonome des décisions de déconfidentialisation prises par le rapporteur général. Indépendamment de la

---

46 Cela peut se faire aussi en communiquant un résumé du document confidentiel : cf. communication de la Commission relative aux règles d'accès au dossier de la Commission dans les affaires relevant des articles 81 et 82 du traité CE, des articles 53, 54 et 57 de l'Accord EEE et du règlement (CE) n° 139/2004 du Conseil, préc., pt 1.

47 *Ibid.*

48 « *Il appartient [dans ce cas] à la Commission d'apprécier si ces circonstances sont réunies dans le cas d'espèce. Elle doit donc apprécier tous les éléments utiles, notamment :*
la pertinence des informations pour déterminer l'existence ou non d'une infraction, et leur force probante ;
leur caractère indispensable ;
leur niveau de sensibilité (si leur divulgation peut nuire aux intérêts de la personne ou entreprise considérée) ;
la conclusion provisoire sur la gravité de l'infraction alléguée. »

49 Aut. conc., déc. n° 10-D-32 du 16 novembre 2010 relative à des pratiques dans le secteur de la télévision payante ; *Contrats, conc., consom.* 2011 comm. 15, obs. G. Decocq et chron. 2, n° 1, obs. D. Bosco ; *RDLC* 2011. 10, obs. F. Marty ; v. aussi F. Marty, « Éviction anticoncurrentielle : L'Autorité de la concurrence demande un supplément d'instruction pour évaluer les risques de préemption du marché de la diffusion de contenus audiovisuels sur la fibre optique au moyen de clauses d'exclusivité (*Secteur de la télévision payante*) », 16 novembre 2010, *Concurrences* n° 1-2011, art. n° 34134, pp. 110-113.

faculté pour le rapporteur de demander le déclassement de pièces faisant l'objet d'une protection au titre du secret des affaires, s'il considère que ces pièces sont nécessaires à l'exercice des droits de la défense d'une ou plusieurs parties ou que celles-ci doivent en prendre connaissance pour les besoins du débat devant l'Autorité, seule une partie mise en cause peut demander la communication ou la consultation de la version confidentielle d'une pièce qu'elle estime nécessaire à l'exercice de ses droits[50].

Mais ce principe de l'entier accès au dossier n'est pas restreint aux seules procédures de concurrence. Il s'applique dans toutes les procédures répressives.

ii. Dans les procédures répressives fiscales et douanières

Dans une affaire *Bendenoun*[51], un contribuable demandait l'accès à l'entier dossier douanier, ce y compris les pièces sur lesquelles l'administration ne se fondait pas pour demander sa condamnation. La Cour a admis que, sous réserve que l'intéressé accompagne sa demande, ne fût-ce que sommairement, d'une motivation spécifique (ce qu'il n'avait pas fait en l'espèce), la notion de procès équitable comporte l'obligation, pour le fisc, de consentir à fournir au justiciable certaines pièces, ou même l'intégralité, de son dossier : « *Le grief se rapporte donc à des pièces absentes du dossier soumis aux juridictions administratives et sur lesquelles l'adversaire du requérant ne s'appuya pas [...] La Cour n'exclut pas que dans pareille situation la notion de procès équitable puisse quand même comporter l'obligation, pour le fisc, de consentir à fournir au justiciable certaines pièces, ou même l'intégralité, de son dossier. Encore faut-il, pour le moins, que l'intéressé ait accompagné sa demande, ne fût-ce que sommairement, d'une motivation spécifique*[52]. »

iii. Dans les procédures répressives de droit des marchés financiers

De même, en droit des marchés financiers, dans l'affaire *Messier*, la CEDH a rappelé le principe de l'accès à l'entier dossier[53] : « *52. Tout procès pénal, y compris ses aspects procéduraux, doit revêtir un caractère contradictoire et garantir l'égalité*

---

50 Cass. com., 19 janvier 2016, n° 14-21.670 et 14-21.671.

51 CEDH, 24 février 1994, *Bendenoun c/ France*, n° 12547/86; *Dr. fisc.* 1994, n° 21-22, comm. 989, étude J.-P. Le Gall et L. Gérard, « Le recours des contribuables sur le fondement de la Convention européenne de sauvegarde des droits de l'homme et des libertés fondamentales – à propos de l'arrêt *Bendenoun* », pp. 878 à 885 ; *JCP G* 1995, II, 22372, note S. N. Frommel ; *RJF* 4/1994, n° 503, chron. G. Goulard in *RJF* 6/1994. 383 ; *AJDA* 1994. 512, chron. J.-F. Flauss.

52 Cependant, M. Bendenoun, qui avait sollicité la communication intégrale d'un dossier assez volumineux, n'avait jamais avancé aucun argument précis à l'appui de sa thèse selon laquelle, nonobstant sa reconnaissance des infractions douanières et ses aveux pendant l'instruction pénale, il ne pouvait combattre l'accusation de fraude fiscale sans posséder une copie dudit dossier. En outre, la Cour a relevé que « *cette carence se révèle d'autant plus dirimante qu'il n'ignorait pas l'existence et la teneur de la plupart des documents et que lui-même et son conseil avaient eu accès au dossier complet, du moins durant l'instruction pénale (paragraphe 26 ci-dessus)* ». Finalement, la Cour a décidé que l'égalité des armes n'avait pas été compromise mais uniquement parce que M. Bendenoun n'avait jamais prétendu en quoi concrètement ses droits de la défense ne pouvaient être violés.

53 CEDH, 30 juin 2011, *Messier c/ France*, n° 25041/07 ; *Bull. Joly Bourse* 2011. 634, note N. Rontchevsky ; *Banque & Droit* 2011. 19, obs. H. de Vauplane, J.-J. Daigre, B. de Saint-Mars et J.-P. Bornet.

des armes entre l'accusation et la défense : c'est là un des aspects fondamentaux du droit à un procès équitable. Le droit à un procès pénal contradictoire implique, pour l'accusation comme pour la défense, la faculté de prendre connaissance des observations ou éléments de preuve produits par l'autre partie (Brandstetter c. Autriche, 28 août 1991, série A n° 211, §§ 66-67). De surcroît, l'article 6 § 1 exige que les autorités de poursuite communiquent à la défense toutes les preuves pertinentes en leur possession, à charge comme à décharge (Edwards précité, § 36) ».

En revanche, dans cette espèce, où tous les éléments collectés n'avaient pas été versés au dossier (celui-ci étant d'un volume exceptionnel, l'Autorité des marchés financiers (AMF) mentionnant « *des dizaines de milliers de pages* » composant le dossier), la Cour a constaté qu'il n'était pas établi que cela ait porté atteinte aux droits de la défense de Jean-Marie Messier. En effet, d'une part, ce dernier avait signé un procès-verbal de remise du contenu des messageries électroniques de l'entreprise, et attestant de la remise des disques sur lesquels leur contenu avait été copié. Or, il n'avait pas émis des réserves sur le fait que l'intégralité du contenu de ces disques n'avait pas été imprimée et versée au dossier. D'autre part, l'AMF avait fait remarquer que les supports en cause étaient des copies, que les requérants détenaient les originaux des courriels et des agendas ainsi que des supports informatiques. Elle avait indiqué également qu'elle répondrait positivement à toute demande, émanant notamment du requérant, tendant à la communication de ces supports. Enfin, la CEDH a relevé que « *le requérant n'indique pas en quoi des éléments qui n'auraient pas été versés au dossier auraient pu contribuer à sa défense* » (pt 61).

Donc, cet arrêt de la Cour européenne des droits de l'homme consacre lui aussi le droit d'accès à l'entier dossier, et notamment aux pièces à décharge, à condition de montrer que ces pièces auraient pu être utiles à l'exercice des droits de la défense de l'entreprise poursuivie.

iv. Dans les procédures répressives devant le juge pénal

En droit pénal devant le juge pénal, l'accès à l'entier dossier est garanti, au moins à partir de la mise en examen[54].

D'ailleurs, ce principe a été conforté par la directive 2012/13/UE du Parlement européen et du Conseil du 22 mai 2012 relative au droit à l'information dans le cadre des procédures pénales (cf. art. 7), transposée en droit français par la loi n° 2014-535 du 27 mai 2014 relative au droit à l'information dans le cadre des procédures pénales.

Issu de cette loi, l'article 388-4 du code de procédure pénale dispose qu'« *en cas de poursuites par citation prévue à l'article 390 ou convocation prévue à l'article 390-1, les avocats des parties peuvent consulter le dossier de la procédure au greffe du tribunal de grande instance [devenu tribunal judiciaire] dès la délivrance*

---

54 La question se pose également de l'accès audit dossier lors de la garde de vue.

de la citation ou au plus tard deux mois après la notification de la convocation. À leur demande, les parties ou leur avocat peuvent se faire délivrer copie des pièces du dossier. Si le dossier a fait l'objet d'une numérisation, cette copie est remise sous forme numérisée, le cas échéant par un moyen de télécommunication selon les modalités prévues à l'article 803-1. La délivrance de cette copie intervient dans le mois qui suit la demande. Toutefois, en cas de convocation en justice et si la demande est faite moins d'un mois après la notification de cette convocation, cette délivrance intervient au plus tard deux mois après cette notification. La délivrance de la première copie de chaque pièce du dossier est gratuite. »

Cet accès à toutes les pièces du dossier pour pouvoir exercer ses droits de la défense est soumis à des limites exceptionnelles. Ainsi le considérant 32 de la directive indique que : « *L'accès aux preuves matérielles, à charge ou à décharge du suspect ou de la personne poursuivie, qui sont détenues par les autorités compétentes, tel que prévu par la présente directive, peut être refusé, conformément au droit national, lorsque cet accès peut constituer une menace grave pour la vie ou les droits fondamentaux d'un tiers ou lorsque le refus d'accès est strictement nécessaire en vue de préserver un intérêt public important. Tout refus d'accès doit être apprécié au regard des droits de la défense du suspect ou de la personne poursuivie en tenant compte des différents stades de la procédure pénale. Les restrictions à cet accès devraient être interprétées de manière stricte et conformément au principe du droit à un procès équitable tel que prévu par la CEDH et interprété par la jurisprudence de la Cour européenne des droits de l'homme.* »

Il résulte de ce qui précède que, chaque fois qu'une entreprise poursuivie, un prévenu ou un accusé (quel que soit le nom qu'on lui donne) encourt une sanction répressive, il ou elle a en principe un accès plein et entier au dossier (ce y compris les pièces à charge et les pièces à décharge) et que ce droit d'accès ne subit que des limites appréciées strictement pour ne pas nuire aux droits de la défense de la personne poursuivie.

On ne peut dès lors que s'étonner qu'un tel droit fondamental soit nié en droit des pratiques restrictives de concurrence.

B. *Le constat d'une absence de droit d'accès au complet dossier en droit des pratiques restrictives de concurrence*

Dans l'affaire *Eurauchan* qui a donné lieu à l'arrêt de la chambre commerciale de la Cour de cassation du 3 mars 2015[55], la société Eurauchan prétendait qu'elle n'avait pu avoir accès au dossier d'enquête de la DGCCRF, y compris aux éléments qui lui étaient favorables, qui ne lui avaient pas été communiqués contradictoirement.

55 Cf. nos obs., « Premières décisions de la Cour de cassation sur le déséquilibre significatif », *RDC* 2015. 523.

La cour d'appel avait écarté cette argumentation en rappelant « *que le procès est la chose des parties qui apportent au soutien de leurs prétentions les éléments de preuve qu'elles choisissent et que le juge statue au vu des seuls éléments de preuve qui lui sont communiqués* ».

Pourtant, l'arrêt avait reconnu le caractère « *répressif* » de l'action du ministre (au demeurant consacré par le Conseil constitutionnel), ce qui excluait que le procès soit, exactement comme en matière « *civile* », la « *chose des parties* ». L'action du ministre est une action de protection du marché[56]. Nous ne sommes pas face à une procédure accusatoire de type classique, quand une des parties a des pouvoirs régaliens, que l'autre n'a pas. La difficulté de qualifier cette action exorbitante du ministre conduit à de telles erreurs. Pourtant, nous sommes face à une action publique.

Eurauchan invoquait donc une atteinte au principe d'égalité prévu par la Charte européenne des droits de l'homme.

La Cour de cassation a décidé que le moyen de cassation fondé sur l'absence d'accès à l'entier dossier devait être non admis, ce qui est le cas quand le moyen n'est pas sérieux ! Aucun motif de l'arrêt *Eurauchan* ne se prononce donc sur l'atteinte portée aux droits de la défense du fait de la conjonction, dans la procédure, des moyens d'enquête reconnus au ministre, et de l'absence de communication à la partie adverse des éléments de preuve recueillis.

Pourtant il est légitime de penser que les documents recueillis lors d'une enquête de concurrence destinée à établir des pratiques de déséquilibre significatif devraient eux aussi être communiqués intégralement à l'entreprise poursuivie, afin qu'elle apprécie si certains de ces documents ne sont pas utiles à sa défense, parce que l'amende civile encourue est incontestablement une sanction répressive, comme l'a décidé le Conseil constitutionnel[57].

Par exemple, parmi les témoignages recueillis par la DGCCRF auprès des fournisseurs d'un grand distributeur, le ministre va se servir des témoignages à charge, et il ne produira nullement les témoignages à décharge, qui seraient fort utiles à l'entreprise pour sa défense.

On constate donc que l'accès au complet dossier (sous les limites visées plus haut) s'est généralisé dans les procédures répressives, sauf en droit des pratiques restrictives. La DGCCRF a fait comprendre aux juges qu'elle respectait le principe du contradictoire, ce qui est vrai. Mais cela ne suffit pas à assurer

---

56 Cass. com., 8 juillet 2008, n° 07-16.761 et n° 07-13.350 ; v. aussi D. Fasquelle, L. Roberval, « Fausse coopération commerciale : La Cour de cassation vient au secours du Ministre de l'économie et consacre le caractère autonome de l'action prévue à l'article L. 442-6 III) C. com. (*ITM alimentaire c/ Ministre de l'économie*) », 8 juillet 2008, *Concurrences* n° 4-2008, art. n° 22308, pp. 95-96.

57 Cons. const., déc. n° 2010-85 QPC du 13 janvier 2011, *Établissements Darty et Fils* ; *RDC* 2011. 536 et nos obs. ; J. M. Augagneur, « De la jurisprudence constitutionnelle en matière de pratiques restrictives à la Directive sur les délais de paiement : deux conceptions de l'abus », *JCP E* 2011, étude 1555 ; A. Dadoun, « Faut-il avoir peur du "déséquilibre significatif" ? », *LPA* 13 avril 2011, pp. 17-22.

les droits de la défense des entreprises poursuivies. Devant le juge, le ministre produit des pièces en respectant ce principe du contradictoire, mais il ne produit que des pièces à charge, puisqu'il a choisi de poursuivre l'entreprise. Il peut avoir des pièces au dossier qui déchargent les entreprises, mais il ne les produira pas et les entreprises n'y auront donc pas accès.

En outre, quand il mettra en œuvre son nouveau pouvoir d'astreinte, aucun accès complet au dossier n'est *a fortiori* prévu.

Il est absolument nécessaire que la Cour de cassation accepte de changer sa jurisprudence, ou qu'il soit prévu *de lege ferenda* des règles d'accès au dossier s'imposant au ministre, ce qui est cependant peu probable, puisque ce sont les services du ministre qui rédigent les lois.

Mais une fois que le recueil des preuves est terminé, et si l'on excepte ici le cas où le ministre se passe du juge (au moins dans un premier temps) pour sanctionner l'entreprise, le ministre va devoir prouver ce qu'il avance devant le juge.

II. La preuve devant le juge

1. La charge de la preuve en droit des pratiques restrictives de concurrence

A. *De la nécessité de distinguer entre l'action publique et l'action privée*

Beaucoup de décisions[58] visent ici l'ancien article 1315 du code civil, devenu article 1353 du même code. Ce visa est très bienvenu quand il s'agit d'une action privée d'un opérateur contre un autre opérateur. Mais il n'a rien à faire quand l'action émane du ministre. Or, très nombreux sont les pourvois qui visent l'article 1315 ancien du code civil à propos de la charge de la preuve, lors d'une action du ministre[59].

Certes, le visa de l'article 1315 du code civil (devenu 1353) est le visa habituel, dès lors qu'on invoque un renversement de la charge de la preuve. Mais il serait préférable ici de viser l'article 6, paragraphe 2, de la CESDH sur la présomption d'innocence[60].

---

58 Parfois la décision ne vise pas l'article 1315 du code civil, mais c'est le pourvoi qui le vise, alors qu'il s'agit d'une action du ministre : v. p. ex. Cass. com., 16 décembre 2008, nº 08-13.162 et les moyens du pourvoi qui y sont annexés sur Légifrance ; *idem* Cass. com. 4 octobre 2016 nº 14-28013 et les moyens du pourvoi qui y sont annexés sur Légifrance ; V. aussi Cass. com., 3 mars 2015, *Eurauchan*, nº 13-27.525, et les moyens annexés, etc. ; certes, le visa de l'article 1315 du code civil (devenu 1353) est le visa à indiquer dès lors qu'on invoque un renversement de la charge de la preuve. Mais il serait préférable ici de viser les textes sur la présomption d'innocence.

59 V. p. ex. Cass. com., 16 décembre 2008, nº 08-13.162 et les moyens du pourvoi qui y sont annexés sur Légifrance ; *idem* Cass. com., 4 octobre 2016, nº 14-28.013 et les moyens du pourvoi qui y sont annexés sur Légifrance ; v. aussi Cass. com., 3 mars 2015, *Eurauchan*, nº 13-27.525, et les moyens annexés, etc.

60 « Toute personne accusée d'une infraction est présumée innocente jusqu'à ce que sa culpabilité ait été légalement établie. »

En effet, l'action du ministre est une action répressive, dans laquelle l'autorité de poursuite doit prouver les éléments constitutifs de l'infraction, par respect pour la présomption d'innocence. Il s'agit d'une action publique. Le ministre ne représente pas les entreprises, comme cela résulte des arrêts du 8 juillet 2008, qualifiant son action d'action propre de protection du marché[61].

La Cour de cassation a d'ailleurs admis que l'action du ministre est une action « *dont la connaissance est réservée aux juridictions étatiques au regard de sa nature et de son objet* »[62], ce qui s'explique par sa nature d'action publique répressive. De la même façon, la cour d'appel de Paris[63] a admis que « *l'action du Ministre étant, au regard de sa nature et de son objet, de celles dont la connaissance est réservée aux juridictions françaises, c'est vainement que les sociétés défenderesses soutiennent que seules sont compétentes les juridictions néerlandaises en vertu [...] du Règlement dit 'Bruxelles I'* ». La cour d'appel de Paris a même relevé dans l'arrêt *Expédia*[64] que « *l'action du ministre [...] [est] une action publique* » même si elle n'en a pas tiré toutes les conséquences.

Dès lors que le ministre exerce une action publique répressive, quand il invoque les articles L. 442-1 et s. du code de commerce, il doit comme toute autorité de poursuite prouver les éléments constitutifs de l'infraction, fût-elle une infraction dite « civile ». Il doit prouver contre la présomption d'innocence, dont l'entreprise poursuivie profite ici comme en droit pénal devant le juge pénal.

Il faudrait donc que les juges en reviennent aux principes fondamentaux du droit pénal, quand l'action émane du ministre, et que l'on est donc face à une action répressive. Dans ce cas, l'autorité de poursuite doit prouver les éléments constitutifs de l'infraction : donc la soumission (ou la tentative de soumission) et le déséquilibre (qui inclut de notre point de vue l'absence de rééquilibrage).

B. *La charge de la preuve lors de l'action du ministre*

La meilleure façon d'alléger le fardeau de la preuve est de transférer ce fardeau, ce qui serait un déséquilibre significatif si c'était le fait d'un opérateur. Or, en principe en matière répressive, le ministre ne devrait pas pouvoir alléger le fardeau de la preuve qui pèse sur lui, par respect pour la présomption d'innocence. Pourtant, tant la jurisprudence (i.) que la loi (ii.) perdent parfois cela de vue.

i. La présomption d'innocence malmenée par la jurisprudence

La dédicataire de ces lignes avait déjà observé l'intensification du recours à des présomptions pour alléger le fardeau de la preuve pesant sur les autorités

61 Cass. com., 8 juillet 2008, n° 07-16.761 et n° 07-13.350.

62 Cass. 1re civ., 6 juillet 2016, n° 15-21.811.

63 CA Paris, 15 septembre 2015, RG 15/07435.

64 CA Paris, 21 juin 2017, RG 15/18784.

de poursuite en droit des pratiques anticoncurrentielles[65]. On retrouve le même phénomène ici.

Chacun sait que, pendant des années, le ministre a fait admettre l'existence d'une présomption (qu'il aurait voulu irréfragable) de soumission des fournisseurs de la grande distribution, due à la structure du marché. Tout cela lui permettait de ne pas avoir à prouver la soumission des fournisseurs à l'enseigne poursuivie. En d'autres termes, il n'avait pas besoin de prouver un des deux éléments constitutifs de l'infraction, et à vrai dire, le plus important[66]. Ceci portait atteinte à la présomption d'innocence, puisqu'on présumait qu'un des deux éléments constitutifs était déjà rempli. Mais, ceci n'est plus le droit positif, grâce au courage des magistrats de la cour d'appel de Paris qui, dans l'arrêt *ITM* du 20 décembre 2017, ont débouté le ministre parce qu'il ne faisait pas la preuve de la soumission[67] à ITM des grands fournisseurs en cause dans l'espèce. La Cour de cassation a d'ailleurs suivi cette évolution[68].

Par ailleurs, il n'est pas rare que le ministre demande dans ses conclusions une inversion de la charge de la preuve, sans que les juges redressent le fardeau de la preuve.

Par exemple, dans une récente affaire *Carrefour*[69], le groupe Carrefour avait introduit auprès de ses fournisseurs une remise complémentaire de distribution (ci-après RDC)[70]. L'enseigne expliquait que les fournisseurs n'avaient plus à leur

---

65 L. Idot, « Réflexions sur l'évolution de la preuve des pratiques anticoncurrentielles devant les autorités de concurrence », préc., pt 27 : « *L'on pourrait également mettre en doute la légitimité d'un tel procédé, sachant que l'on est, en droit des pratiques anticoncurrentielles, dans une matière quasi répressive où le principe de la présomption d'innocence doit demeurer la règle.* »

66 Une évolution s'était toutefois fait jour : Cass. com., 4 octobre 2016, nº 14-28.013 ; et nos obs., « Le nouveau théorème d'Archimède : des partenaires qui sont réciproquement incontournables négocient librement, et échappent tous deux au déséquilibre significatif », *RDC* 2017. 81.

67 Dans les actions privées, le demandeur a aussi la charge de la preuve de la soumission, mais cela a été admis bien plus facilement : cf. CA Paris, 24 mars 2021, RG 19/13527 : « *[S]i les contrats d'adhésion ne permettent pas a priori de négociations entre les parties, il incombe néanmoins à la partie qui invoque l'existence d'un déséquilibre significatif de rapporter la preuve qu'elle a été soumise, du fait du rapport de force existant, à des obligations injustifiées et non réciproques.* »

68 Cass. com., 20 novembre 2019, nº 18-12.823 ; et nos obs. « Soumettre ou ne pas soumettre, telle est la question », *RDC* 2020. 39 ; v. aussi CA Paris, 4 novembre 2020, RG 19/09129, qui déboute le ministre, en ces termes très fermes : « *En raison du principe de la libre négociation du prix, le contrôle judiciaire du prix demeure exceptionnel en matière de pratiques restrictives de concurrence. Ce contrôle ne s'effectue pas en dehors d'un déséquilibre significatif, lorsque le prix n'a pas fait l'objet d'une libre négociation, ainsi que l'a rappelé le Conseil constitutionnel dans sa décision nº 2018-749 QPC (voir considérant nº 7) à la suite de l'arrêt de la Cour de cassation du 25 janvier 2017 (Cass. com. 25 janvier 2017, Nº 15-23547). Dès lors, les dispositions de l'article L. 442-6, I, 1° précité ne s'appliquent pas à la réduction de prix obtenue d'un partenaire commercial. Or, faute pour le ministre de l'[É]conomie et des [F]inances de caractériser en l'espèce la soumission et le déséquilibre significatif, le jugement entrepris doit être réformé s'agissant de la pratique relative à la remise de 2 %. Le ministre de l'[É]conomie sera débouté de ses demandes formées à ce titre.* »

69 Trib. com., Paris 22 février 2021, *Ministre de l'Économie c/ SAS Carrefour*, RG 2016071676 ; v. aussi S. Chaudouet, « Déséquilibre significatif : Le Tribunal de commerce de Paris condamne un groupe français du secteur de la grande distribution pour déséquilibre significatif (*Ministre de l'Économie / Interdis, Carrefour*) », 22 février 2021, *Concurrences* n° 2-2021, art. n° 100879.

70 Ce qui était répréhensible était le fait que l'acceptation de cette RDC semblait conditionner en quelque sorte les négociations annuelles. Si ce point était prouvé, il suffisait à entraîner la condamnation du grand distributeur.

charge certaines prestations logistiques, puisqu'ils envoyaient leurs produits à une centrale d'approvisionnement et non directement aux surfaces de vente, ce qui faisait supporter à l'enseigne des prestations logistiques additionnelles liées au commerce de proximité. Le ministre soutenait que cette RDC n'avait pas de contrepartie. Or, prouver l'absence de contrepartie permettait de prouver le déséquilibre. Cette preuve aurait dû peser sur le ministre. Mais, le tribunal, sans doute trompé par l'emploi du mot « rééquilibrage », va inverser la charge de la preuve, en écrivant « *qu'il est également constant que si la charge probatoire incombe à celui qui invoque la violation de la règle, c'est à Carrefour de démontrer que les mesures de contrepartie accordées permettaient un rééquilibrage et empêchaient le "déséquilibre significatif" invoqué par le Ministre* ».

Mais on ne rééquilibre que ce qui est initialement déséquilibré ! En faisant peser sur Carrefour la charge de la preuve de la contrepartie, donc en réalité la charge de la preuve de l'absence de déséquilibre initial, le tribunal réduit la preuve pesant sur le ministre à celle de l'existence de la remise ! En d'autres termes, c'est à l'enseigne de prouver qu'elle n'est pas coupable, ce qui viole la présomption d'innocence.

De la même façon, s'agissant de la soumission, on sait qu'elle se déduit d'un faisceau d'indices, et que dans ce faisceau, le fait que la clause n'ait jamais été négociée avec d'autres opérateurs est un indice du fait qu'elle n'était pas négociable. Ce faisceau d'indices doit être prouvé par l'autorité de poursuite, qui a la charge de prouver la soumission, élément constitutif de l'infraction de déséquilibre significatif. Or, les juges l'oublient parfois. Par exemple, l'arrêt *EMC* de la Cour de cassation du 29 septembre 2015[71] approuve un arrêt qui retient que « *la société EMC n'apporte pas la preuve que des exceptions à l'obligation que fait peser la clause de retour des invendus sur les fournisseurs ont pu être négociées par certains d'entre eux ; [...] qu'en cet état, la cour d'appel, qui n'a pas inversé la charge de la preuve, a, procédant à une appréciation concrète et globale des contrats en cause, caractérisé le déséquilibre significatif dans les droits et obligations des parties, résultant de la clause "retour des invendus"* ».

Une fois encore, pour le juge, c'est à l'enseigne de prouver qu'elle n'est pas coupable, ce qui viole la présomption d'innocence.

La charge de la preuve du rééquilibrage ne semble pas davantage être discutée. Selon une jurisprudence établie, elle pèse sur l'entreprise poursuivie. L'arrêt *Eurauchan* du 3 mars 2015 préc. par exemple relève que « *la société Eurauchan ne démontre pas qu'à l'issue de la négociation dont elle fait état, la modification des autres clauses ait néanmoins permis de rééquilibrer le contrat* ».

Mais là aussi, le raisonnement est biaisé. Le déséquilibre global est un élément constitutif de l'infraction. Et il n'y a de déséquilibre global que s'il n'y a pas eu

---

71 N° 13-25.043.

rééquilibrage. C'est au ministre de prouver le déséquilibre global. Cela ne devrait donc pas être à l'entreprise poursuivie de prouver le rééquilibrage ! C'est un peu comme si l'on exigeait en droit pénal que celui qui dans un magasin a pris dans sa main un objet qui ne lui appartenait pas, et qu'il n'a pas acheté, prouve qu'il l'a reposé, sans quoi le vol serait établi ! Imaginez combien de voleurs il y aurait dans les grands magasins où les clients se saisissent des objets, qu'ils n'achètent pas finalement, sans avoir la preuve qu'ils les ont reposés.

ii. La présomption d'innocence malmenée par les textes

Le comble de tout cela figurait dans l'article L. 442-6 III, alinéa 2, *in fine*, ancien du code de commerce. Ce texte posait une présomption : « *Dans tous les cas, il appartient au prestataire de services, au producteur, au commerçant, à l'industriel ou à la personne immatriculée au répertoire des métiers qui se prétend libéré de justifier du fait qui a produit l'extinction de son obligation.* » Donc, comme il était difficile de prouver qu'une opération de coopération commerciale facturée n'avait pas eu lieu, le gouvernement avait inversé la charge de la preuve.

Quand il s'agit d'une action privée[72], on l'a dit, l'article 1315 du code civil, devenu 1353, peut être invoqué. On peut toutefois se demander ici s'il s'agissait bien de prouver l'exécution de son obligation. En effet, la présomption de fictivité du service dont l'exécution n'est pas prouvée est invoquée dans la cadre d'une action en nullité. L'article 1315 (1353), alinéa 2, du code civil, qui concerne la charge de la preuve de l'exécution d'une obligation valable, est *a priori* étranger à l'action en nullité d'une opération de coopération commerciale fictive. Il s'agit plus de montrer qu'elle était voulue fictive dès le début. Un avantage sans aucune contrepartie avait été contracté, ce qui était prévu dès l'origine. Ce n'était donc pas un problème d'exécution de l'obligation.

Quoi qu'il en soit, de toute façon, ce texte ne doit pas pouvoir jouer lors d'une action du ministre. En mettant à la charge des entreprises poursuivies par le ministre la charge de la preuve que le service n'était pas fictif, le texte portait une fois de plus atteinte à la présomption d'innocence.

Cet article a disparu lors de la réforme de l'ordonnance du 24 avril 2019. La DGCCRF a peut-être pensé que ce texte risquait fort d'être condamné comme portant atteinte à la présomption d'innocence.

Il faut donc que les juges n'oublient pas, dans la rédaction de leur décision, que lors d'une action du ministre, aucune preuve ne devrait être mise à la charge de l'entreprise poursuivie. Dans le cas contraire, le dernier recours serait une fois

72 CA Paris, 30 mars 2021, RG 19/15655 ; Cass. com., 3 mars 2021, n° 19-13.533 et 19-16.344 : « *En l'état de ces constatations et appréciations souveraines des éléments de preuve versés aux débats, faisant ressortir que les sociétés EMC et Casino n'établissaient pas, comme il leur incombait, avoir effectivement accompli des services se distinguant des obligations devant être assumées dans le cadre des opérations d'achat et de vente, la cour d'appel, qui n'a pas méconnu la volonté des parties telle qu'elle avait été exprimée dans l'accord commercial litigieux, a pu statuer comme elle a fait.* »

de plus la Cour européenne des droits de l'homme, qui admettrait très probablement le caractère répressif de l'action du ministre, dès lors que ce caractère a été admis pour l'amende civile par le Conseil constitutionnel français.

Au-delà de la charge de la preuve, qui suscite quelques préoccupations, se pose la question des preuves qui peuvent être utilisées en droit des pratiques restrictives de concurrence. Certaines d'entre elles ne seraient-elles pas déloyales ?

2. La preuve déloyale

A. *La preuve par enregistrement sonore sans le consentement de l'auteur des propos*

On se souvient que l'Assemblée plénière, saisie dans un litige de droit des pratiques anticoncurrentielles, avait décidé qu'était irrecevable, car déloyale, la production, à titre de preuve d'une entente, d'un enregistrement sonore effectué sans le consentement de l'entreprise poursuivie[73]. Un arrêt du Tribunal de l'UE dans l'affaire des crevettes avait pourtant été moins exigeant[74], puisqu'il avait validé l'utilisation par la Commission d'enregistrements obtenus à l'insu de la personne enregistrée, et que la Commission avait trouvés à l'occasion d'une inspection dont la légalité n'avait pas été critiquée. Pour le Tribunal, ces pièces pouvaient être utilisées à la double condition que les droits de la défense des entreprises soient respectés, et que ces pièces ne soient qu'un indice corroboré par d'autres éléments de preuve.

La DGCCRF vient de profiter de l'ordonnance du 26 mai 2021, destinée à transposer la directive ECN +, pour glisser dans l'ordonnance un alinéa indiquant explicitement que les pratiques dont l'Autorité de la concurrence est saisie peuvent être établies « *par tout mode de preuve* ». Le but est de renverser la jurisprudence de l'Assemblée plénière, dans l'arrêt précité. Le but sera-t-il atteint ? La question reste entière, la Cour de cassation pouvant interpréter cette expression comme visant « tout moyen de preuve » loyal, l'enregistrement sonore en question n'en étant pas un. La balle est donc dans le camp des juges.

Au surplus, ce texte ne vise expressément que la preuve devant l'Autorité de la concurrence. Et comme tel, il ne devrait pas s'appliquer à la preuve en droit des pratiques restrictives de concurrence. Gageons toutefois que, dans un texte postérieur, la DGCCRF introduira un article semblable dans le titre IV du livre IV du code de commerce pour faciliter la preuve à apporter.

---

73 Cass. Ass. pl., 7 janvier 2011, n° 09-14.316. et 09-14.667 ; v. aussi C. Lemaire, S. Naudin, « Loyauté de la preuve : La Cour de cassation réaffirme l'illégalité des preuves recueillies par des enregistrements et met fin à la tentative de résistance de la Cour d'appel de Paris (*Philips France, Sony France*) », 7 janvier 2011, *Concurrences* n° 1-2011, art. n° 34327, p. 195.

74 Trib. UE, 8 septembre 2016, *Goldfish BV e.a. c/ Commission*, aff. T-54/14, EU:T:2016:455 ; *Europe* 2016, comm. 410 L. Idot ; *Concurrences* n° 4-2016. 161, obs. P. Cardonnel ; *Contrats, conc., consom.* 2016 comm. 240, obs. G. Decocq ; R. P. Amaro, « L'avenir incertain du principe de loyauté dans l'administration de la preuve dans le contentieux des pratiques anticoncurrentielles », *Concurrences* n° 1-2017, art. n° 82680, pp. 73-80.

B. *La preuve par procès-verbal anonymisé*

Au delà de la preuve par client mystère qui est bien entrée dans les mœurs, le ministre a obtenu de la cour d'appel de Paris qu'il puisse prouver par procès-verbal (ci-après PV) anonymisé dans l'affaire *General Electric*[75]. La DGCCRF considère la règle comme acquise et pourtant il n'en est rien.

- D'abord, la cour d'appel de Paris relève qu'elle n'était pas saisie d'une demande d'irrecevabilité de ces pièces, et qu'elle statue seulement sur leur valeur probante. Or, la loyauté d'une preuve s'apprécie au stade de sa recevabilité[76]. La question ne devrait donc pas être définitivement tranchée.
- Ensuite, la cour d'appel de Paris admet qu'il n'y a pas d'« *atteinte excessive aux droits de la défense [...] au regard des circonstances très particulières de l'espèce* ». L'arrêt ne serait-il donc pas un arrêt d'espèce ?
- En outre, ces témoignages anonymes « *sont confort[és] par d'autres éléments du dossier* ».
- Enfin, la cour relève « *qu'il n'est pas démontré que ces témoignages aient été obtenus déloyalement par les services de la DIRECCTE* ». Mais le recueil de ces preuves par des agents assermentés est indifférent, car est en cause, non la réalité du témoignage, mais la possibilité effective de se défendre.

Prenons l'exemple de la pièce n° 103-4, visée dans l'arrêt. Elle indique : « *[J]'ai dû signer [...] des conditions qui prévoient un escompte fixé [...] unilatéralement par GE [...] Je n'ai pas eu le choix si je souhaitais conserver les marchés [...]* » Comment General Electric pourrait-elle prouver la réalité de la négociation, si elle ne sait pas qui est ce partenaire ?

L'efficacité des poursuites doit être conciliée avec la protection des droits de la défense, pour que l'article 6, paragraphe 1, de la CESDH (absent du débat devant la cour d'appel) soit respecté.

Ainsi, par exemple, il a été jugé que la condamnation au pénal d'un trafiquant de stupéfiants ne peut être fondée « *uniquement, ni dans une mesure déterminante, sur des déclarations anonymes* », même si l'anonymat des témoins, interrogés par un juge, en présence de l'avocat du trafiquant, était justifié pour protéger leur vie[77]. De même, la condamnation fondée sur des déclarations de policiers anonymisées, recueillies par un juge, mais qui n'ont été entendues ni en public ni en présence des accusés, a été jugée contraire au droit au procès équitable[78].

---

75 CA Paris, 12 juin 2019, RG 18/20323 ; v. aussi S. Chaudouet, « Déséquilibre significatif : La Cour d'appel de Paris donne des précisions utiles en matière de preuve et de sanction d'un déséquilibre significatif (*GEEPF*) », 12 juin 2019, *Concurrences* n° 3-2019, art. n° 91847.

76 Comp. Cass. Ass. pl., 7 janvier 2011, n° 09-14316, et 09-14.667 préc.

77 CEDH, 26 mars 1996, *Doorson c/ Pays-Bas*, n° 20524/92.

78 CEDH, 23 avril 1997, *Van Mechelen c/ Pays-Bas*, n° 21363/93.

La question n'est donc pas si simple. Il serait souhaitable que la conformité de la preuve anonyme au procès équitable en droit des pratiques restrictives soit véritablement examinée, au moins au niveau de la Cour de cassation, voire à celui de la CEDH. Sans doute faut-il rechercher concrètement si la preuve anonyme présentée par le ministre permet ou non à l'entreprise poursuivie d'exercer ses droits de la défense.

En définitive, le droit des preuves en matière de pratiques restrictives de concurrence est préoccupant, car les droits fondamentaux des entreprises sont peu respectés. Or, on ne punit bien que celui qui a pu se défendre. C'est un pilier de notre système juridique et de notre démocratie. Il serait bon que les juges, parfois impressionnés par l'action du ministre, ne l'oublient pas.

Le droit français des pratiques restrictives de concurrence : Une opportunité pour l'Europe ?

VINCENT JAUNET* ET LÉNAÏC GODARD**
Magenta

Résumé

Laurence Idot a dédié une majeure partie de sa carrière universitaire aux interactions entre le droit de la concurrence et le droit européen. Aussi, au moment où l'Europe se dote de règles appréhendant les pratiques commerciales déloyales entre entreprises, une question se fait jour : le droit français des pratiques restrictives de concurrence constitue-t-il un exemple à suivre ? Il est permis d'en douter pour une série de raisons. Ce droit, à l'utilité incertaine et au domaine d'application tentaculaire, est (trop) fréquemment réformé. Sous couvert de la nécessité de réguler les relations économiques, le législateur français (i) bride la liberté des acteurs économiques en adoptant des règles rigides alors même que d'autres fondements tout aussi efficaces, sinon plus, pourraient être mobilisés et (ii) réduit progressivement le rôle du juge judiciaire, pourtant juge naturel des relations d'affaires.

Lors du colloque organisé à l'occasion du vingtième anniversaire de l'ordonnance du 1er décembre 1986 par le Comité des jeunes de l'Association française d'étude de la concurrence, Laurence Idot formulait un rêve : celui qu'un jour, en matière de droit des pratiques restrictives de concurrence, nous cessions « de raisonner en

---

* Avocat associé, Magenta.

** Avocat collaborateur, Magenta ; Docteur en droit et chercheur associé au laboratoire DANTE – Université Paris-Saclay, Versailles-Saint-Quentin-En-Yvelines.

termes purement hexagonaux »[1]*. Quoi de plus naturel, alors, au moment de rendre hommage à l'européaniste convaincue qu'est Laurence Idot, que de s'interroger près de quinze plus tard sur le point de savoir si ce pan du droit de la concurrence peut constituer un bon exemple pour l'Europe, et ce d'autant plus que plusieurs éléments invitent à une telle réflexion.*

D'abord, parce que le législateur français a fait le choix, dès l'ordonnance du 1er décembre 1986 relative à la liberté des prix et de la concurrence, d'associer au droit des pratiques anticoncurrentielles, au « vrai » droit de la concurrence, pour reprendre l'une de ses expressions[2], un corpus « *de règles quelque peu disparates* »[3], le droit des pratiques restrictives de concurrence. Cette conception du droit de la concurrence dénote en Europe. Par exemple, lorsque le règlement (CE) nº 1/2003 relatif à la mise en œuvre des règles de concurrence prévues aux articles 101 et 102 du traité sur le fonctionnement de l'Union européenne (« TFUE ») évoque les règles qui poursuivent une finalité distincte de celle poursuivie par le droit de la concurrence, il vise, sans le dire, le droit français des pratiques restrictives de concurrence. En effet, il mentionne les règles interdisant « *aux entreprises d'imposer à un partenaire commercial, d'obtenir ou de tenter d'obtenir de lui des conditions commerciales injustifiées, disproportionnées ou sans contrepartie* »[4]. Plus récemment, à l'occasion de l'adoption de la directive relative aux pratiques commerciales déloyales dans les relations interentreprises au sein de la chaîne agricole et alimentaire[5], la Commission européenne a rappelé qu'il fallait distinguer le droit de la concurrence des règles destinées à lutter contre les pratiques commerciales déloyales. Ces dernières ont « *pour l'essentiel un objectif différent de celui du droit à la concurrence car elles régissent les relations contractuelles entre les entreprises en définissant, par exemple, les conditions que les fournisseurs doivent proposer aux distributeurs, indépendamment des effets réels ou présumés sur la concurrence sur le marché* »[6].

---

1 L. Idot, « Rapport de synthèse », in G. Canivet et L. Idot (dir.), *Vingtième anniversaire de l'ordonnance du 1er décembre 1986 : évolutions et perspectives*, Paris, Litec, 2008, pp. 163-177, spéc. p. 169. Qu'il soit permis de profiter de cette note de bas de page pour remercier et saluer la forte implication de Laurence Idot dans l'organisation de ce colloque et, à travers ce dernier, sa volonté de pousser les jeunes (étudiants, avocats, juristes, magistrats, professeurs) à prendre une part la plus active possible aux travaux de l'AFEC, voire à occuper le devant de la scène *via* notamment la mise en place du Comité des jeunes de l'AFEC, aujourd'hui AFEC Jeunes.

2 L. Idot, « L'empiètement du droit de la concurrence sur le droit du contrat », *RDC* 2004, p. 882. Elle y explique que le qualificatif « vrai » droit est plus adapté que celui de « grand » pour le droit des pratiques anticoncurrentielles. En effet, contrairement à ce pan du droit de la concurrence, le titre IV du livre IV du code de commerce poursuit une logique « *totalement étrangère à la régulation des marchés* ».

3 C. Lucas de Leyssac et M. Chagny, « Concurrence et compétition : deux concepts à distinguer pour mieux organiser le droit de l'économie de marché », in E. Le Dolley (dir.), *Les concepts émergents en droit des affaires*, Paris, LGDJ-Lextenso, 2010, p. 93 et s., spéc. p. 93, § 3.

4 Règlement (CE) nº 1/2003 du Conseil du 16 décembre 2002 relatif à la mise en œuvre des règles de concurrence prévues aux articles 81 et 82 du Traité, *JOCE* nº L 1 du 4 janvier 2003, p. 1, cons. 9.

5 Directive (UE) 2019/633 du Parlement européen et du Conseil du 17 avril 2019 sur les pratiques commerciales déloyales dans les relations interentreprises au sein de la chaîne d'approvisionnement agricole et alimentaire, *JOUE* nº L 111 du 25 avril 2019, p. 59.

6 Comm. eur. Livre vert sur les pratiques commerciales déloyales dans la chaîne d'approvisionnement alimentaire et non-alimentaire interentreprises en Europe, COM(2013) 37 final, Commission européenne, 31 janvier 2013, p. 12.

Ensuite, parce que le droit français des pratiques restrictives de concurrence est, dans son contenu, inédit[7]. Historiquement, ce droit témoigne d'une défiance du politique français vis-à-vis des pratiques de la grande distribution[8]. Il est le reflet d'une « *forme atténuée, clandestine* » de dirigisme économique[9] tout en poursuivant des objectifs variés[10].

Enfin parce que, depuis la loi n° 2012-1270 relative à la régulation économique outre-mer et portant diverses dispositions relatives aux outre-mer du 20 novembre 2012, une situation paradoxale s'est faite jour. Cette réforme a amorcé un mouvement qualifié par Laurence Idot de « renationalisation » du droit des pratiques anticoncurrentielles[11]. Or, parallèlement, il est possible d'observer un mouvement d'européanisation pour le droit des pratiques restrictives de concurrence, tant au niveau de l'Union européenne que des États membres. Ainsi, la directive (UE) 2019/633 relative aux pratiques commerciales déloyales dans les relations interentreprises au sein de la chaîne agricole et alimentaire fait la part belle au déséquilibre significatif, expression utilisée dès le premier considérant et aujourd'hui incrimination centrale du droit français des pratiques restrictives de concurrence.

Faut-il y voir la volonté de l'Union européenne de reprendre à son compte le droit français des pratiques restrictives de concurrence et faut-il s'en réjouir ? Constitue-t-il une opportunité pour l'Europe à l'heure où l'Union européenne et les États membres se dotent d'outils pour appréhender les pratiques déloyales dans les relations commerciales entre les acteurs économiques ?

S'il est toujours flatteur de voir les instances européennes s'inspirer de nos règles de droit interne, il n'est pas sûr que ce mouvement soit pour autant à souhaiter ou, à tout le moins, pas sans prendre certaines précautions pour éviter certains écueils qui sont dénoncés par beaucoup – au premier rang, celle en l'honneur de laquelle cet article est écrit. En effet, le droit français des pratiques restrictives de concurrence est victime de plusieurs maux. Il est instable et liberticide (I.). Son domaine d'application est tentaculaire sans pour autant convaincre de sa nécessité (II.). Malgré tout, force est de reconnaître qu'il semble de plus en plus influencer l'adoption au niveau de l'Europe d'une réglementation sur les pratiques commerciales déloyales (III.).

---

7 L. Roberval, « Le droit des pratiques restrictives de concurrence et de la transparence tarifaire : une spécificité française ? », thèse Université du Littoral Côte d'Opale, 2010 ; D. Fasquelle, « Quel avenir pour les pratiques restrictives de concurrence ? », in G. Canivet et L. Idot (dir.), *op. cit.*, p. 111 et s.

8 G. Canivet, « L'histoire sans fin des lois éphémères (ou de la régulation des relations entre la production et la grande distribution) », in *Études sur le droit de la concurrence et quelques thèmes fondamentaux : mélanges en l'honneur d'Yves Serra*, Paris, Dalloz, 2006, pp. 69-89.

9 C. Lucas de Leyssac et G. Parleani, *Droit du marché*, Paris, PUF, 2002, p. 934.

10 D. Ferrier, « Les pratiques restrictives de concurrence. Pour quelle finalité ? », in *Études sur le droit de la concurrence et quelques thèmes fondamentaux : mélanges en l'honneur d'Yves Serra*, préc., p. 189 et s.

11 L. Idot, « Halte à la renationalisation rampante du droit des pratiques anti-concurrentielles ! », *Concurrences* n° 3-2017, art. n° 84384, pp. 1-3.

I. Un droit français des pratiques restrictives de concurrence instable et liberticide

Depuis l'ordonnance du 1er décembre 1986, le droit français des pratiques restrictives de concurrence a connu de profondes modifications, tant en ce qui concerne son volet « comportemental » que sa mise en œuvre. Ce droit, perpétuellement modifié (1.) restreint la liberté des acteurs économiques (2.).

1. Un droit français des pratiques restrictives de concurrence perpétuellement modifié

Depuis l'adoption de l'ordonnance du 1er décembre 1986, le droit des pratiques restrictives de concurrence a fait l'objet d'un nombre significatif de réformes. La loi visant à protéger la rémunération des agriculteurs[12], dite « loi Egalim 2 », récemment adoptée en est le dernier exemple en date alors que parallèlement le mouvement de simplification opéré par l'ordonnance du 24 avril 2019[13] laissait entrevoir une espérance de stabilité.

Ainsi, à l'opposé de la tendance visant à simplifier et à alléger les contraintes en droit des affaires, le droit français des pratiques restrictives de concurrence souffre, comme d'autres pans du droit, du phénomène d'inflation législative. La construction par à-coups de ce droit est vivement critiquée par la doctrine, qui regrette un droit manquant de cohérence. Ce droit est affublé de termes péjoratifs, tantôt qualifié de millefeuille[14] indigeste[15], tantôt dépeint comme étant marqué « *du signe de l'instabilité et de la précarité* »[16], « *agité de soubresauts législatifs* »[17].

L'ancien article L. 442-6 du code de commerce en était le parfait exemple. Qualifié de « *porte drapeau ou fleuron de [la] logorrhée législative* »[18], il fut « *le fruit d'une*

---

12 Loi n° 2021-1357 du 18 octobre 2021 visant à protéger la rémunération des agriculteurs, *JORF* n° 0244 du 19 octobre 2021.

13 Ordonnance n° 2019-359 du 24 avril 2019 portant refonte du titre IV du livre IV du code de commerce relatif à la transparence, aux pratiques restrictives de concurrence et aux autres pratiques prohibées, *JORF* n° 0097 du 25 avril 2019 ; v. aussi N. Éréséo, « Réforme : Le Gouvernement refond par ordonnance le titre IV du livre IV du C. com. relatif à la transparence et aux pratiques restrictives de concurrence (*Loi Egalim*) », 24 avril 2019, *Concurrences* n° 3-2019, art. n° 91042.

14 B. Lasserre, « Le Conseil de la concurrence : clé de voûte de l'ordonnance du 1er décembre 1986 », in G. Canivet et L. Idot (dir.), *op. cit.*, p. 15 et s., spéc. p. 22.

15 M. Chagny, « Quel droit français et européen de la distribution ? Approche prospective », *RLDA* 2013/83, suppl., n° 4661, § 4 ; *idem*, « Vers un droit unifié et réformé des pratiques commerciales déloyales », in M. Chagny (dir.), « Loyauté, droit de la concurrence et juge de droit commun : nouveaux développements, nouvelles perspectives », colloque, tribunal de commerce de Paris, 26 septembre 2017, *RLC* 2017/66, n° 3267.

16 J.-B. Blaise, *Droit des affaires : commerçants, concurrence, distribution*, 7e éd., Paris, LGDJ-Lextenso, 2013, p. 455, § 913.

17 M. Behar-Touchais, « Mutations du droit des pratiques restrictives de concurrence », *RLDA* 2010/46, n° 2730.

18 H. Delannoy, « Le droit des pratiques restrictives 30 ans après », in C. Arens, M. Chagny et J.-L. Fourgoux (dir.), *Le droit français de la concurrence, trente ans après : l'ordonnance du 1er décembre 1986, rétrospectives et perspectives*, Issy-les-Moulineaux, LGDJ, 2017, pp. 129-140, spéc. p. 130.

évolution chaotique »[19] en ayant fait l'objet de modifications à douze reprises par des ordonnances et lois. Le nombre de clauses et pratiques que ce texte appréhendait a culminé à dix-huit. Malgré un processus de modernisation entrepris par le législateur à l'occasion de l'adoption de la loi n° 2018-939 du 30 octobre 2018 pour l'équilibre des relations commerciales dans le secteur agricole et alimentaire et une alimentation saine, durable et accessible à tous[20], le vent de réforme n'a pas tardé à souffler. C'est ainsi qu'après la cure d'amincissement effectuée en avril 2019, quatre réformes ont, depuis décembre 2020, amendé ce pan du droit de la concurrence[21]. Plus encore, ces réformes ont réintroduit des dispositions abrogées par le législateur en avril 2019 en raison de leur très faible utilisation devant les juridictions[22]. Ces incessantes évolutions nuisent à la lisibilité et à l'intelligibilité du droit français des pratiques restrictives de concurrence. L'effort de compréhension et d'adaptabilité demandé aux acteurs économiques ne doit pas être négligé.

Ces réformes successives soulignent la volonté du législateur de coller au plus près des pratiques des acteurs de la grande distribution. Or, cette construction normative ne saurait aucunement coïncider avec le processus normatif européen. En effet, si des révisions périodiques, notamment s'agissant d'une matière en prise directe avec la vie économique, semblent parfaitement légitimes, il n'est pas concevable qu'une réglementation européenne fasse l'objet d'une réforme sur une base annuelle ou semestrielle – rythme affiché par le droit français des pratiques restrictives de concurrence au cours des dernières années. Le droit européen, s'il est un habitué des mécanismes de révision, envisage des périodes beaucoup plus longues de l'ordre d'une dizaine d'années, voire plus[23]. De surcroît, l'appétence pour les législateurs nationaux d'appréhender les relations entre les acteurs de la grande distribution n'est pas nécessairement la même tout comme les pratiques abusives peuvent différer d'un pays à l'autre.

2. Un droit des pratiques restrictives de concurrence restreignant la liberté des acteurs économiques

Le droit des pratiques restrictives de concurrence instaure un cadre particulièrement contraignant pour les acteurs économiques. En effet, les articles L. 441-3

---

19 C. Lucas de Leyssac et G. Parleani, *op. cit.*, p. 934.

20 Loi n° 2018-939 du 30 octobre 2018 pour l'équilibre des relations commerciales dans le secteur agricole et alimentaire et une alimentation saine, durable et accessible à tous, *JORF* n° 0253 du 1er novembre 2018 ; v. aussi J.-L. Fourgoux, « Réforme : Le gouvernement français établit le projet d'ordonnance modifiant le titre IV du livre IV C. com. simplifiant le droit des pratiques commerciales déloyales en France tout en conservant un encadrement étroit des relations contractuelles entre professionnels, lequel sera examiné par le Conseil d'État (*Loi n° 2018-938*) », 30 octobre 2018, *Concurrences* n° 2-2019, art. n° 90265, pp. 97-100.

21 Loi n° 2020-1508 du 3 décembre 2020 portant diverses dispositions d'adaptation au droit de l'Union européenne en matière économique et financière, *JORF* n° 0293 du 4 décembre 2020 ; loi n° 2020-1525 du 7 décembre 2020 d'accélération et de simplification de l'action publique, *JORF* n° 0296 du 8 décembre 2020 ; ordonnance n° 2021-859 du 30 juin 2021, relative aux pratiques commerciales déloyales dans les relations interentreprises au sein de la chaîne d'approvisionnement agricole et alimentaire, *JORF* n° 0151 du 1er juillet 2021 ; loi n° 2021-1357, préc.

22 Rapport au Président de la République relatif à l'ordonnance n° 2019-359 du 24 avril 2019 portant refonte du titre IV du livre IV du code de commerce relatif à la transparence, aux pratiques restrictives de concurrence et aux autres pratiques prohibées, *JORF* n° 0097 du 25 avril 2019.

23 V. p. ex. l'actuelle révision du règlement (UE) n° 330/2010 sur les restrictions verticales.

et suivants du code de commerce prévoient un cadre normatif destiné à encadrer le déroulement et la matérialisation de la négociation entre le fournisseur et un distributeur ou un prestataire de services. Les contraintes sont nombreuses. D'abord, les conditions générales de vente doivent être communiquées en temps utiles ou, dans le cadre de l'article L. 441-4 dudit code, pour les produits de grande consommation, au plus tard trois mois avant le 1er mars. Celles-ci constituent, en France, impérativement le socle de la négociation, tant et si bien qu'il n'est pas possible de partir des conditions générales d'achat ou de prévoir une clause excluant par principe les conditions générales de vente[24]. Ensuite, la durée des conventions est encadrée puisqu'elles ne peuvent dépasser les trois ans. Elles doivent, par ailleurs, prévoir les modalités de révision du prix lorsque leur durée dépasse une année. Enfin, le formalisme prévu dans le code de commerce impose de distinguer (i) les conditions de l'opération de vente, (ii) les services de coopération commerciale et (iii) les autres obligations. Le respect de ces règles est requis *ad validitatem*[25] mais expose les parties à une amende administrative en cas de non-respect ou de conclusion de la convention après le 1er mars.

Dans un contexte de marché unique européen et de développement de négociations multipays, une telle singularité n'est pas sans poser quelques difficultés aux opérateurs économiques et complexifie fortement les négociations d'accords paneuropéen, et ce d'autant plus que, selon les pouvoirs publics et juridictions français, le droit français des pratiques restrictives de concurrence a vocation à s'appliquer à des situations internationales. En effet, la Commission d'examen des pratiques commerciales a, à l'occasion de l'avis n° 19-7 du 18 avril 2019[26], considéré que si l'ancien article L. 441-7 du code de commerce ne relevait pas de la matière administrative au sens des règlements Rome I et Rome II, il constituait une loi de police ayant vocation à s'appliquer dans trois cas : lorsqu'un fournisseur français conclut une convention avec un distributeur étranger pour la distribution des produits en France ; lorsqu'un fournisseur étranger conclut une convention avec un distributeur français pour la vente des produits en France ; lorsqu'un fournisseur étranger conclut une convention avec un distributeur étranger pour la vente des produits en France. *In fine*, elle considère que l'application du droit français se justifie en raison du rattachement au territoire français, position réaffirmée par la suite[27].

---

24 V. p. ex. Cass. com., 27 mai 2015, n° 14-11.387 ; v. aussi M. Chagny, « Déséquilibre significatif : La Cour de cassation adopte une nouvelle décision apportant des précisions à la règle sur le déséquilibre significatif (*GALEC*) », 27 mai 2015, *Concurrences* n° 4-2015, art. n° 76122, pp. 138-139.

25 CA Paris, pôle 5, ch. 5, 12 décembre 2019, RG 17/04346 ; v. aussi A. Bories, « Contrat de référencement : La Cour d'appel de Paris condamne une centrale d'achat pour rupture anticipée (*Florendi / Arena*) », 12 décembre 2019, *Concurrences* n° 1-2020, art. n° 93586.

26 CEPC, avis n° 19-7 relatif à une demande d'avis d'un professionnel portant sur le champ d'application de l'article L. 441-7 du code de commerce dans un contexte international.

27 CEPC, avis n° 21-3 relatif à une demande d'avis d'un professionnel portant sur l'application des délais de paiement définis par le code de commerce dans des relations commerciales internationales ; CEPC, avis n° 21-9 relatif à une demande d'avis d'un cabinet d'avocats portant sur l'applicabilité des articles L. 441-9 et L. 441-10 au contrat de vente international de marchandises soumis à un droit étranger et à la CVIM conclu entre un fournisseur étranger et ses clients distributeurs situés en France.

L'impérativité imposée du droit des pratiques restrictives de concurrence restreint d'autant plus la liberté des acteurs économiques qu'il pourrait avoir vocation, à l'avenir, à s'émanciper du contrôle du juge judiciaire au profit du juge administratif et, en premier ressort, de l'administration. Pour reprendre les propos du professeur Idot, « *cela confirme une fois de plus qu'en matière économique, l'administratif répressif l'emporte largement sur le droit pénal* »[28] et, potentiellement, sur le recours au juge judiciaire[29]. Pourtant, ce dernier est le juge naturel des relations d'affaires. De surcroît, l'émiettement du contentieux pourrait se traduire par des décisions divergentes selon qu'elles sont rendues par les juridictions de l'ordre administratif ou judiciaire[30]. L'éviction du juge judiciaire de son domaine d'intervention au profit d'un dirigisme ne respectant pas des principes processuels tels que le droit à un procès équitable[31] ne saurait constituer un exemple à suivre pour l'Europe.

II. Un droit français des pratiques restrictives de concurrence tentaculaire à l'utilité incertaine

Les réformes successives transformant le droit des pratiques restrictives de concurrence n'ont jamais contenu son domaine d'application (1.). Ce constat fut récemment dressé par le professeur Idot[32] à la suite de l'intégration, dans ce droit, du règlement (UE) 2019/1150 promouvant l'équité et la transparence pour les entreprises utilisatrices de services d'intermédiation en ligne[33], dit « règlement P to B ». Or, l'utilité de ce droit n'est pas évidente (2.).

1. Un droit des pratiques restrictives de concurrence envahissant

Indubitablement, le droit des pratiques restrictives de concurrence peut revêtir les habits d'un « *envahisseur, d'un perturbateur* »[34]. Plusieurs éléments permettent d'arriver à une telle conclusion.

---

28 L. Idot, « Procédures quasi répressives en droit de la concurrence », *RSC* 2021, p. 177, § 34.

29 L. Idot, « Introduction », in « La loi DDADUE : Simple adaptation ou réforme du droit français de la concurrence ? », *Concurrences* n° 1-2021, art. n° 98839, p. 22 et s., § 6.

30 J.-L. Fourgoux, Y. Utzschneider et A. Clamens, « Le nouveau pouvoir de la DGCCRF de prononcer et de liquider des astreintes : Une révolution en forme de régression », in « La loi DDADUE : Simple adaptation ou réforme du droit français de la concurrence ? », préc., p. 49 s., § 28.

31 *Ibid.*, § 19 et s.

32 L. Idot, « La "matière civile et commerciale" à l'épreuve de l'intervention du Ministre de l'Économie en droit de la consommation », *Rev. crit. DIP* 2021, p. 383, § 25.

33 Règlement (UE) 2019/1150 du Parlement européen et du Conseil du 20 juin 2019 promouvant l'équité et la transparence pour les entreprises utilisatrices de services d'intermédiation en ligne, *JOUE* n° L 186 du 11 juillet 2019, p. 57.

34 Ces qualificatifs sont attribués par le professeur Idot au droit de la concurrence dans son ensemble, v. L. Idot, « L'empiètement du droit de la concurrence sur le droit du contrat », préc., p. 882, § 3.

En premier lieu, et ce, alors même que ce droit a été pensé en raison des relations entre les acteurs de la grande distribution, son domaine d'application n'a jamais été limité à celui-ci. Tout au plus, avant la réforme du 24 avril 2019, les règles relatives à la convention unique prévoyaient un régime spécifique pour les relations entre le fournisseur et le grossiste[35].

En deuxième lieu, l'adoption de l'ordonnance du 24 avril 2019[36] a élargi le domaine de la règle sanctionnant le déséquilibre significatif en abandonnant le recours à la notion de partenaire commercial. S'il est avéré que cette notion faisait l'objet d'une jurisprudence hésitante[37], son remplacement par la notion d'« autre partie » simplifie la mise en œuvre de ce texte et, par conséquent, élargit le domaine d'application de l'article L. 442-1, I, 2° du code de commerce tout comme il le rapproche de la règle prescrite à l'article 1171 du code civil.

En troisième lieu, la jurisprudence de la Cour de cassation a participé à cette extension. En effet, elle a admis que ce droit avait vocation à s'appliquer à toute entité, dès lors que celle-ci exerce une activité économique[38]. Il est vrai que l'article L. 442-1 du code de commerce permet une telle application puisqu'il vise les comportements mis en œuvre par « *toute personne exerçant des activités de production, de distribution ou de services* », tant à l'occasion de la négociation que de la conclusion ou de l'exécution d'un contrat. Cette position paraît d'autant plus légitime que le nouveau chapitre II au sein duquel se trouve l'article L. 442-1 du code de commerce est désormais intitulé « Des pratiques commerciales déloyales entre entreprises ». Enfin, l'article L. 410-1 du code de commerce, pleinement applicable, justifie que ce droit s'applique à des entités qui ne sont pas commerciales par leur forme[39].

Un effort de rationalisation du droit des pratiques restrictives de concurrence peut, toutefois, être entraperçu, révélant une possible (r)évolution dans la construction de ce droit. En effet, le législateur a pris soin, lors de la refonte du droit des pratiques restrictives de concurrence, de regrouper l'ensemble des règles relatives aux produits agricoles et alimentaires. Celles-ci se trouvent désormais

---

35 C. com., art. anc. L. 441-7-1.

36 Ordonnance n° 2019-359, préc. ; *JCP E* 2019, n° 304, M. Chagny ; *Contrats, conc., consom.* n° 7, juillet 2019, dossier 13, R. Renaudier.

37 L. Godard, *Droits des pratiques anticoncurrentielles et des pratiques restrictives de concurrence*, Bruxelles, Bruylant, 2021, § 283.

38 Tel est le cas lorsqu'elle censure un arrêt d'appel au double visa des articles L. 410-1 et L. 442-6 du code de commerce et qu'elle indique que « *le régime juridique des sociétés d'assurances mutuelles, comme le caractère non lucratif de leur activité, ne sont pas de nature à les exclure du champ d'application des dispositions relatives aux pratiques restrictives de concurrence dès lors qu'elles procèdent à une activité de service, la cour d'appel a violé les textes susvisés* » (Cass. com., 14 septembre 2010, n° 09-14.322, *Bull.* 2010, IV, n° 135 ; *Contrats, conc., consom.* n° 11, novembre 2010, comm. 249, N. Mathey ; *D.* 2010. 2150, obs. E. Chevrier ; *ibid.* pan. 2540, obs. N. Dorandeu ; *JCP E* 2010. 2013, note J.-J. Barbieri ; *RLC* 2011/27, n° 1797, obs. M. Behar-Touchais). Tel est encore le cas lorsqu'elle estime qu'une association peut être à l'origine d'une rupture brutale des relations commerciales établies (Cass. com., 25 janvier 2017, n° 15-13.013, *Bull.* à venir ; *Contrats, conc., consom.* n° 3, mars 2017, comm. 54, N. Mathey).

39 Depuis la transposition de la directive (UE) 2019/1, dite « directive ECN + », l'article L. 410-1 du code de commerce dispose que « *[l]es règles définies au présent livre s'appliquent aux entreprises entendues comme les entités, quelle que soit leur forme juridique et leur mode de financement qui exercent une activité de production, de distribution et de services, y compris celles qui sont le fait de personnes publiques, notamment dans le cadre de conventions de délégation de service public* ».

dans un chapitre intitulé « Dispositions spécifiques aux produits agricoles et aux denrées alimentaires ». De même, parallèlement au droit commun de la convention unique[40] se trouvent des règles spécifiques relatives aux produits de grande consommation[41] ou aux produits fabriqués à la demande de l'acheteur[42].

Il n'en demeure pas moins que ces règles sont marquées par une forte complexité, une forte instabilité et une efficacité très relative (ce qui explique d'ailleurs pour partie, les interventions répétées du législateur). Est-il souhaitable de reproduire un tel schéma au niveau européen ?

2. Un droit des pratiques restrictives de concurrence potentiellement superfétatoire

Le droit des pratiques restrictives de concurrence révèle un « *interventionnisme étatique dans des relations contractuelles* »[43] destiné à assurer une plus grande loyauté des transactions. L'objectif visé est louable et il est vrai que parallèlement, pour atteindre cette finalité, le droit de la concurrence n'est pas l'outil le plus efficace[44].

Néanmoins, le droit des contrats, avec lequel le droit des pratiques restrictives de concurrence entretient des liens étroits, pourrait tout autant appréhender de nombreux comportements délictuels actuellement ou naguère sanctionnés par le titre IV du livre IV du code de commerce[45]. Est-il utile de conserver des dispositions spéciales lorsque le code civil comporte des règles sanctionnant l'abus de l'état de dépendance[46] ou le déséquilibre significatif[47] ou érigeant la bonne foi en principe cardinal ayant vocation à s'appliquer lors de la négociation, de la formation et de l'exécution des conventions[48] ?

Faut-il, par ailleurs, conserver dans le code de commerce des dispositions qui sont susceptibles d'aboutir à des contradictions ? En effet, il ne faut pas oublier que, par exemple[49], les clauses de parité tarifaire sont sanctionnées *per se*, indépendamment

40 C. com., art. L. 441-3.

41 *Ibid.*, art. L. 441-4.

42 *Ibid.*, art. L. 441-5.

43 L. Idot, « L'empiètement du droit de la concurrence sur le droit du contrat », préc., p. 882, § 3.

44 L. Idot, « Chronique Droit européen de la concurrence : pratiques anticoncurrentielles – Entre crise de Covid-19 et grands projets en cours : la politique européenne de concurrence en effervescence », *RTD eur.* 2020, p. 967, § 5.

45 L. Idot, « L'empiètement du droit de la concurrence sur le droit du contrat », préc., p. 882 ; M. Chagny, *Droit de la concurrence et droit commun des obligations*, Paris, Dalloz, 2004 ; A.-S. Choné, *Les abus de domination : essai en droit des contrats et en droit de la concurrence*, Paris, Economica, 2010.

46 C. civ., art. 1143.

47 *Ibid.*, art. 1171.

48 *Ibid.*, art. 1104 et 1112, al. 1.

49 Une autre divergence existe quant à l'application des clauses attributives de juridiction. V. L. Idot, « Le contentieux international des actions en réparation pour violation du droit de la concurrence : l'arrêt *CDC* revisité », *Rev. crit. DIP* 2019, p. 786, § 31.

de leur effet sur le jeu de la concurrence, sur le fondement de l'article L. 442-3, a) du code de commerce[50], là où leur illicéité au regard du droit des pratiques anticoncurrentielles n'est pas systématique[51]. Une autre raison tient aux redondances qui peuvent exister entre le droit des pratiques anticoncurrentielles et celui des pratiques restrictives de concurrence à l'image de la prohibition des prix de revente imposés ou de l'abus de dépendance économique, dont les pratiques restrictives de concurrence ne seraient que des illustrations[52].

Finalement, avant d'adopter une réglementation destinée à appréhender des comportements abusifs, une analyse des règles de droit positif pouvant être utilisées serait certainement nécessaire pour, avant d'aller plus loin, rationaliser l'existant.

III. Un droit français des pratiques restrictives de concurrence influençant des évolutions européennes

Le droit français des pratiques restrictives de concurrence s'est, à différentes reprises, achoppé avec le droit, primaire ou dérivé, de l'Union européenne. Malgré tout, les États membres ont, progressivement, intégré dans leurs législations des dispositions semblables au droit français des pratiques restrictives de concurrence (1.). La directive (UE) 2019/633 et le « règlement P to B », récemment adoptés, constituent, dans cette dynamique, les premières pièces d'un droit européen des pratiques restrictives de concurrence (2.).

1. Entre hostilité de l'Union européenne et intérêt grandissant au sein des États membres

La rencontre entre le droit européen et le droit français des pratiques restrictives de concurrence fut marquée par une certaine hostilité. D'aucuns ont même cru que les juridictions européennes mettraient fin au droit français des pratiques restrictives en le disant contraire aux dispositions du traité et notamment celles relatives à la libre circulation.

---

50 V. p. ex. Cass. com., 8 juillet 2020, n° 17-31.536 ; *JT* 2020, n° 233, p. 11, obs. X. Delpech ; *D.* 2021. 718, obs. N. Ferrier ; *ibid.* 2021. 207, obs. J.-D. Bretzner ; *ibid.* 2020. 1970, obs. L. d'Avout ; *Rev. crit. DIP* 2020. 839, note D. Bureau ; *RTD civ.* 2020. 840, obs. L. Usunier ; v. aussi J.-L. Fourgoux, « Déséquilibre significatif : La Cour de cassation confirme la nullité des clauses de parité et de la dernière chambre disponible figurant dans les contrats de participation d'une propriété proposés par la plateforme aux hôteliers, comme contrevenant à l'interdiction des clauses prévoyant l'alignement automatique sur les conditions offertes aux concurrents mais refuse d'y voir un déséquilibre significatif (*Expedia*) », 8 juillet 2020, *Concurrences* n° 4-2020, art. n° 97436, pp. 152-153.

51 V. p. ex. Aut. conc., déc. n° 15-D-06 du 21 avril 2015 sur les pratiques mises en œuvre par les sociétés Booking.com B.V., Booking.com France SAS et Booking.com Customer Service France SAS dans le secteur de la réservation hôtelière en ligne ; v. aussi F. Marty, « Abus d'éviction : L'Autorité de la concurrence obtient des engagements d'une plateforme de réservation en ligne permettant de renforcer la concurrence entre plateformes et d'offrir aux hôtels des marges de manœuvres commerciales (*Booking*) », 21 avril 2015, *Concurrences* n° 3-2015, art. n° 75013, pp. 83-85.

52 R. Poésy, « Ordre concurrentiel et abus de dépendance économique », in *L'ordre concurrentiel : mélanges en l'honneur d'Antoine Pirovano*, Paris, Éditions Frison-Roche, 2003, p. 619 et s., spéc. p. 630.

Le célèbre arrêt *Keck et Mithouard*[53] est néanmoins venu affirmer la conformité au droit européen de l'interdiction française de revente à perte au motif de son caractère d'application générale[54].

Pour autant, des zones de frottement ont pu demeurer. La règle relative à la revente à perte en fait partie[55] sans pour autant être la seule. À titre d'exemple, en matière de rupture brutale, alors que la Cour de cassation a jugé que l'action indemnitaire fondée sur la rupture brutale des relations commerciales était de nature délictuelle[56], la Cour de justice de l'Union européenne a estimé, dans l'arrêt *Granarolo*, que cette action relevait de la nature contractuelle[57]. Il en résulte un double régime : si le litige est franco-français, il sera de nature délictuelle ; s'il oppose une société de droit français à une entreprise implantée dans un autre État membre de l'Union européenne, en application de la jurisprudence de la Cour de justice, il sera de nature contractuelle[58].

Dans le même ordre d'idée, la cour d'appel de Paris fut amenée, au travers de diverses décisions toutes rendues le 11 mai 2011[59], à articuler la coexistence entre les dispositions du règlement d'exemption (CE) n° 1400/2002 du 31 juillet 2002 propre au secteur automobile et celles du code de commerce sur la rupture brutale. Elle posa à cet égard un principe de complémentarité[60] tout en prenant soin de préciser que la règle de droit interne doit « *être interprété[e] et appliqué[e] en considération du droit communautaire dont les impératifs priment [sur] les règles générales et spéciales du droit français* »[61].

C'est, d'ailleurs, notamment pour limiter les risques de conflit ou de remise en cause des dispositions françaises appréhendant les pratiques restrictives qu'a été introduit un article 3, paragraphe 3, au sein du règlement (CE) n° 1/2003. Celui-ci

---

53 CJCE, 24 novembre 1993, *Procédure pénale c/ B. Keck et D. Mithouard*, aff. jtes C-267/91 et C-268/91, EU:C:1993:905.

54 Jurisprudence *Keck et Mithouard* à l'égard de laquelle Laurence Idot indiquait, dans un article de l'année 2003 : « *On peut encore espérer un abandon de la jurisprudence Keck… et une condamnation de l'article L. 442-2 du code de commerce sur l'interdiction de la revente à perte* » (L. Idot, « Chronique de droit communautaire de la concurrence », *RTD eur.* 2003, p. 287).

55 CJUE, 7 mars 2013, *Euronics Belgium CVBA c/ Kamera Express B.*, aff. C-343/12, EU:C:2013:154 ; CJUE, 19 octobre 2017, *Europamur Alimentación (SA)*, aff. C-295/16, EU:C:2017:782 ; v. en ce sens, L. Idot, « Vingt ans après : vers une interdiction de la revente à perte en France ? », *Europe* 2013, n° 5, alerte 23.

56 Cass. com., 24 octobre 2018, n° 17-25.672 ; v. aussi M.-C. Mitchell, « Non-cumul : La Cour de cassation juge qu'un même demandeur peut à la fois se prévaloir d'un manquement à une obligation contractuelle et de la rupture brutale d'une relation commerciale établie (*CRG / ADF*) », 24 octobre 2018, *Concurrences* n° 1-2019, art. n° 89424, pp. 112-113.

57 CJUE, 14 juillet 2016, *Granarolo SpA c/ Ambrosi Emmi France SA*, aff. C-196/15, EU:C:2016:559 ; v. aussi F. Buy, « Rupture brutale : La Cour de justice de l'Union européenne juge qu'une action indemnitaire fondée sur une rupture brutale de relations commerciales établies ne relève pas nécessairement de la matière délictuelle (*Granarolo / Ambrosi Emmi France*) », 14 juillet 2016, *Concurrences* n° 4-2016, art. n° 81928, pp. 121-122.

58 V. p. ex. Cass. com., 20 septembre 2017, n° 16-14.812.

59 CA Paris, 11 mai 2011, RG 10/03073, RG 10/03078, RG 10/03080, RG 10/03087 et RG 10/03093.

60 V. égal., en ce sens, M. Chagny, « Vers une unification du droit des restrictions verticales ? », *Contrats, conc., consom.* n° 6, juin 2014, dossier 15.

61 CA Paris, 11 mai 2011, RG 10/03073, RG 10/03078, RG 10/03080, RG 10/03087 et RG 10/03093.

précise que les dispositions du règlement « *n'interdisent pas l'application de dispositions du droit national qui visent à titre principal un objectif différent de celui visé par les articles 81 et 82 du Traité* ». Ces dispositions prennent tout leur sens lorsqu'elles sont lues en regard du considérant 9 du même règlement. Effectivement, le considérant 9 se réfère au fait d'« *imposer à un partenaire commercial, [d']obtenir ou [de] tenter d'obtenir de lui des conditions commerciales injustifiées, disproportionnées ou sans contrepartie* »[62].

Parallèlement et même si la notion de pratiques restrictives de concurrence[63] ne recouvre pas les mêmes réalités dans tous les pays[64], pouvant même renvoyer au droit des pratiques anticoncurrentielles[65], la Commission européenne a pu constater que les États membres nourrissaient un intérêt croissant pour leur encadrement.

Dans le rapport au Parlement européen et au Conseil du 29 janvier 2016 et relatif aux pratiques commerciales déloyales interentreprises dans la chaîne d'approvisionnement alimentaire[66], la Commission européenne observe en ce sens que :

- plusieurs États membres ont fait le choix d'étendre l'application de la législation européenne de protection des consommateurs aux situations interentreprises ;
- depuis 2010, plusieurs États ont adopté une réglementation en matière de pratiques commerciales déloyales ;
- à la date du rapport, plus d'une vingtaine d'entre eux disposaient d'une législation sur les pratiques commerciales déloyales.

Cet intérêt croissant des États membres a également fini par rejaillir au niveau des instances européennes[67].

---

62 V. en ce sens L. Idot, « Chronique de droit communautaire de la concurrence », préc., p. 287, §§ 32-33.

63 Initialement, l'ordonnance du 1er décembre 1986 utilisait l'expression « pratiques restrictives ». C'est à l'occasion de la recodification du code de commerce que l'intitulé a évolué pour devenir celui de « pratiques restrictives de concurrence ». V. en ce sens D. Brault, *Politique et pratique du droit de la concurrence en France*, Paris, LGDJ, 2004, p. 205, § 402 ; L. Idot, « L'empiètement du droit de la concurrence sur le droit du contrat », préc., p. 882, § 2.

64 V., p. ex., « Réflexions sur un droit mondial des pratiques restrictives », Entretien avec Jean-Bernard Blaise, *Bull. ILEC* n° 373, juillet-août 2006, p. 7.

65 Tel est le cas, par exemple, en Belgique. V. en ce sens, A. Fortunato, « Clauses et pratiques restrictives de concurrence », thèse, Université Lille 2, 2016, p. 42, § 22.

66 Comm. eur., « Rapport au Parlement européen et au Conseil sur les pratiques commerciales déloyales interentreprises dans la chaîne d'approvisionnement alimentaire », COM(2016) 32 final, 29 janvier 2016.

67 Sur ce point, il est intéressant de relever que la résolution 2015/2065 (INI) du 7 juin 2016 du Parlement, aux termes de laquelle ce dernier rappelait à la Commission européenne son souhait de voir mis en œuvre un mécanisme de sanctions à l'égard des pratiques déloyales des pratiques commerciales dans la chaîne de distribution alimentaire, indique que « *la lutte contre les pratiques commerciales déloyales contribuera à assurer le bon fonctionnement du marché intérieur et à développer le commerce transfrontalier au sein de l'Union et avec des pays tiers ; [et] souligne que la fragmentation des marchés et les disparités entre les législations nationales sur les pratiques commerciales déloyales exposent les opérateurs de la chaîne d'approvisionnement à des conditions de marché très diverses, ce qui peut déboucher sur des pratiques visant à rechercher la juridiction la plus favorable et, partant, sur une incertitude juridique* » (§ 26).

2. La directive (UE) 2019/633 et le « règlement P to B », premières pièces d'un droit européen des pratiques restrictives de concurrence

Si la Commission européenne a, depuis longtemps, lancé un certain nombre de travaux sur les pratiques restrictives de concurrence (pratiques déloyales selon la terminologie utilisée au niveau européen), c'est au cours des trois dernières années que les avancées les plus marquantes ont eu lieu, ce qui laisse à penser qu'un droit européen des pratiques restrictives de concurrence pourrait émerger[68].

Le premier texte à considérer est bien sûr la directive (UE) 2019/633 du 17 avril 2019 sur les pratiques commerciales déloyales dans les relations interentreprises au sein de la chaîne d'approvisionnement agricole et alimentaire. Sans revenir en détail sur les règles posées par ce texte, trois observations s'imposent.

D'abord, la directive a été adoptée pour tenir compte du déséquilibre de pouvoir de marché entre les différents niveaux de la chaîne alimentaire. L'un des objectifs est donc de contrer le pouvoir des grands distributeurs, ce qu'il n'était pas nécessairement possible de faire par le seul biais des règles applicables à l'échelon européen en matière d'abus de position dominante. On retrouve, ici, des préoccupations et motivations proches de celles ayant conduit le législateur français à créer le droit interne des pratiques restrictives de concurrence, à ceci près que les autorités européennes ont expressément prévu un champ d'application limité pour ces règles spéciales quand le législateur français a laissé la possibilité de l'appliquer à tout type de relation.

Ensuite, la directive vise des pratiques très précises à l'image de ce que pouvait être le droit français des pratiques restrictives de concurrence avant la simplification opérée par l'ordonnance d'avril 2019. On retrouve néanmoins un certain nombre de comportements connus du droit français qui pourraient aujourd'hui être notamment appréhendés sous l'angle du déséquilibre significatif ou de l'avantage sans contrepartie.

Enfin, bien que le droit français des pratiques restrictives de concurrence ait connu un certain nombre d'évolutions pour traiter les difficultés spécifiques des acteurs de la chaîne agroalimentaire (en particulier des agriculteurs), il n'en demeure pas moins que la directive introduit également des pratiques non encore connues ou traitées par le droit interne avant transposition, telles que l'interdiction d'annuler une commande à trop brève échéance, l'interdiction d'obtenir, d'utiliser ou de divulguer le secret des affaires et l'interdiction de refuser de confirmer par écrit les conditions d'un contrat[69].

---

68 Dès 2009, la Commission européenne a engagé les travaux qui ont conduit à l'adoption de la directive (UE) 2019/633, notamment au travers de la communication du 28 octobre 2009 relative à une chaîne d'approvisionnement alimentaire plus performante en Europe.

69 Ces points ont depuis été introduits en droit interne à l'occasion de l'ordonnance transposant la directive (ordonnance n° 2021-859, préc.).

Le « règlement P to B », déjà en application depuis plus d'un an, démontre l'évolution de la position des instances européennes à l'égard du droit des pratiques restrictives de concurrence.

Si la directive (UE) 2019/633 pose une série d'interdictions, point central du droit français des pratiques restrictives de concurrence (incidemment, alors que le droit français, sauf secteurs particuliers, tend désormais à reposer sur des grands principes d'interdiction – déséquilibre significatif, avantage sans contrepartie, rupture brutale –, laissant à la jurisprudence le soin de préciser le contour de ces notions, le droit européen fonctionne, à l'image de ce qu'il avait déjà pu prévoir dans le domaine du droit de la consommation, *via* un système de clauses interdites), le règlement porte davantage sur la seconde branche traditionnellement associée aux pratiques restrictives de concurrence – la transparence –, en poursuivant l'objectif de garantir des relations contractuelles respectant le principe de loyauté.

Ainsi, parmi les mesures phares de ce texte, le règlement impose aux plateformes en ligne (i) de motiver toute décision de suspension ou de fermeture d'un compte vendeur, (ii) de notifier au moins quinze jours à l'avance un éventuel changement des conditions générales, et (iii) d'indiquer les principaux paramètres utilisés pour le référencement des biens ou des services, les avantages accordés à leurs propres produits lorsque les plateformes agissent également en qualité de vendeurs ou encore l'information sur les données qu'elles collectent et l'utilisation qu'elles en font. Par ailleurs, le règlement oblige les plateformes à mettre en place un système interne de traitement des réclamations ainsi que des médiateurs spécialisés.

Si des textes européens émergent, force est néanmoins de constater que leur champ d'application est, pour l'heure, limité. Faut-il s'en satisfaire ou faut-il plaider pour une ambition plus large ? Étant donné l'adoption des textes précités, quelle(s) évolution(s) attendre désormais ? Faut-il se réjouir de ces nouveaux textes ? Faut-il inciter la Commission européenne à aller plus loin et si oui dans quelle direction ? Parallèlement, quelles répercussions faut-il espérer en droit interne ?

Indéniablement, la lutte contre les abus contractuels participe du bon développement de la concurrence et de la vie économique en général. Comme a pu l'écrire le professeur Chagny, « *la loyauté des pratiques [restrictives de concurrence] apparaît comme le complément de la liberté de concurrence* »[70].

C'est, finalement, plutôt sur la méthode à suivre que l'objectif à atteindre que le droit français des pratiques restrictives de concurrence comporte des lacunes. L'expérience montre en effet que les acteurs de la vie économique regorgent d'imagination et sont prompts à trouver des solutions pour contourner les règles ou en restreindre les effets tant et si bien que le modèle français n'est pas forcément gage d'efficacité.

---

70 M. Chagny, « Vers un droit européen des pratiques commerciales déloyales entre professionnels ? Quel(s) modèle(s) pour un droit européen des pratiques commerciales déloyales entre professionnels », in, E. Terryn et D. Voinot (dir.), *Droit européen des pratiques commerciales déloyales : évolution et perspectives*, Bruxelles, Larcier, 2012, p. 153, § 24.

Fort heureusement, le processus « législatif » européen devrait nous préserver d'évolutions trop fréquentes et d'une inflation incontrôlée des textes en la matière, soit pour prohiber de nouvelles pratiques, soit pour couvrir de nouveaux secteurs. En effet, le droit européen en général, et le droit de la concurrence en particulier, a fait montre de son efficacité en s'appuyant sur un certain nombre de grands principes dont il revenait ensuite aux juges nationaux de préciser les conditions concrètes d'application (voire de les adapter aux circonstances), le tout sous le contrôle de la Cour de justice de l'Union européenne pour assurer une application cohérente à l'échelle de l'Union.

Une organisation similaire paraît être la voie la plus pertinente tout comme elle permettrait de réduire les risques de *forum shopping*. Pour autant, le contrôle du législateur national reste délicat. Ainsi, malgré l'adoption de la directive (UE) 2019/633, le législateur français, au travers de la loi Egalim 2[71], a jugé nécessaire d'introduire en droit national des dispositions complémentaires dans le domaine agroalimentaire.

Aussi, et à l'heure où la France établit une nouvelle singularité en étendant les pouvoirs confiés à l'administration économique, pouvant constituer un frein plutôt qu'un atout pour faire de la France une terre d'accueil pour les investisseurs et de Paris une place de droit de référence, ne faudrait-il pas être plus ambitieux et plaider pour la mise en œuvre d'un droit européen des contrats, à tout le moins dans les relations entre entreprises ?

L'entreprise est certes complexe, ne serait-ce qu'en raison des règles de compétence organisant l'Union européenne et des traditions souvent séculaires des États membres[72], ou de la défiance grandissante pour la primauté du droit de l'Union européenne pour certains États membres[73]. Elle aurait toutefois le mérite de proposer une réflexion d'ensemble au carrefour de différentes disciplines juridiques et d'éviter que plusieurs textes coexistent pour une même problématique avec, à la clé, des questions d'articulation et de cohérence. Des travaux universitaires ont d'ores et déjà été entrepris[74] et ont été jusqu'à suggérer l'adoption d'un code civil européen[75]. Sans doute nous faudra-t-il encore rêver quelque temps avant qu'un tel projet n'aboutisse…

---

71 Loi nº 2021-1357, préc.

72 V. sur le sujet, p. ex., R. Mańko, « Compétence de l'Union européenne en droit privé – Cadre du droit privé européen établi par les traités et problèmes de cohérence », Service de recherche du Parlement européen, janvier 2015 – PE 545.711.

73 V. Polish Constitutional Tribunal, 7 octobre 2021, déc. nº K3/21, <https://trybunal.gov.pl/en/hearings/judgments/art/11662-ocena-zgodnosci-z-konstytucja-rp-wybranych-przepisow-traktatu-o-unii-europejskiej>.

74 À titre d'exemple, des principes contractuels communs ont été définis conjointement par l'association Henri Capitant des amis de la Culture juridique française et la Société de législation comparée, sous la direction de Bénédicte Fauvarque-Cosson et Denis Mazeaud.

75 H. Collins, « Why Europe Needs a Civil Code », *European Review of Private Law*, vol. 21, nº 4, 2013, pp. 907-922, spéc. pp. 909-910.

PARTIE II
Europe

La (re)conquête européenne de la mer

Linda Arcelin*
Université de La Rochelle

Résumé

L'histoire de la marine se découpe en quatre époques : l'âge de la rame, celui de la voile, celui de la vapeur et enfin, celui du porte-avions. Chacune de ces périodes a été marquée par une grande bataille : Lépante, Trafalgar, Le Jutland et Midway. Aujourd'hui, les batailles ne se font plus en pleine mer, navires contre navires, mais se livrent à coup de subventions. Le programme chinois de conquête des mers repose ainsi sur une politique commerciale et de concurrence très favorable aux entreprises nationales, ce qui fragilise le secteur européen. A cette stratégie offensive inclue dans la Nouvelle Route de la Soie ouverte par la Chine, que peut alors répondre l'Europe ?

* Professeur à l'université de La Rochelle, Directrice du CEJLR.

> « *Celui qui commande la mer commande le commerce ; celui qui commande le commerce commande la richesse du monde, et par conséquent le monde lui-même.* »
>
> Sir Walter Raleigh

Transport maritime. L'attrait des nouvelles technologies n'a eu de cesse ces dernières années d'alimenter les chroniques juridiques. Le numérique et son cortège de nouvelles problématiques appellent les juristes à repenser le droit et ses rapports à l'homme, à remettre sur le métier ce droit de la concurrence éprouvé depuis plus d'un demi-siècle en Europe. Mais il suffit qu'un grain de sable s'immisce dans les rouages du commerce international pour que l'on se souvienne que le numérique n'est pas tout et que, sauf à développer la téléportation, les marchandises achetées à l'autre bout du monde devront toujours être transportées physiquement et le plus souvent par voie maritime[1]. Telle est la leçon, en 2021, du porte-conteneurs panaméen affrété par le taiwanais Evergreen, l'*Ever Given*, qui comme la *Sartine* bouchant le port de Marseille, s'échoua un long moment sur les berges du canal de Suez, entraînant une perte financière non encore chiffrée mais estimée à plusieurs milliards de dollars.

Des marins et leur navire. À l'image de l'*Ever Given*, les porte-conteneurs, les porte-avions sans oublier les paquebots de croisière ne cessent de rivaliser en taille, rapidité, connectivité… Ces géants des mers fascinent, et certains restent gravés dans la mémoire collective – le *Titanic*, le *France*, le *Queen Mary* –, associés à leur commandant : Horatio Nelson et son *Victory* contre Villeneuve sur le *Bucentaure* pendant la bataille de Trafalgar, ou Lafayette sur l'*Hermione* à la conquête de l'Amérique… Les navires et leurs marins racontent l'histoire et notamment celle du commerce et de la concurrence. Il fut facile de choisir de lier ces deux mondes si chers à Laurence pour lui rendre hommage !

Marine marchande. « *La profonde influence du commerce par mer sur la richesse et la force d'un pays a été clairement reconnue, longtemps avant qu'on ait découvert les vrais principes qui servent de base au développement, à la prospérité du commerce.* » Rappelée en 1890 par le capitaine Mahan[2], l'idée n'a guère évolué au XXIe siècle. La richesse des nations passe par la mer. Il n'est pas surprenant que la Chine tente de rouvrir une route maritime de la soie, basée sur deux corridors de navigation dont le tracé principal s'étend au long de l'axe maritime Chine–Malacca–Suez et, depuis 2017, de celui de la route maritime du Nord ou route de la soie polaire[3]. Encerclée par la puissance maritime américaine et celle en devenir de l'Asie (Chine, Japon mais aussi Corée du Sud), la marine européenne semble bien dépassée sans pour autant être perdue.

---

1 « *[P]lus de 80 % du commerce international en volume est acheminé par la voie maritime, ce qui représente aujourd'hui plus de 10 milliards de tonnes transportées par la voie maritime contre 550 millions seulement en 1950* » (A. Frémont, « Le transport maritime depuis 1945 : facteur clé de la mondialisation », *Entreprise et Histoire*, avril 2019, n° 94, p. 16).

2 Et avant lui par Colbert, Choiseul…

3 V. M. Péron-Doise, « La Route maritime de la soie dans l'océan Indien : Une nouvelle conception de la puissance maritime par la Chine », *Études internationales*, vol. 49, n° 3, 2018, pp. 569-592.

De la puissance maritime… Dans son ouvrage de référence publié en 1890, le capitaine de la marine des États-Unis Mahan s'est évertué à démontrer *The influence of Sea Power upon History*, traduit sous l'intitulé suivant : *L'influence de la puissance maritime dans l'histoire*[4]. Parfois malheureusement traduit par « *maîtrise de la mer* »[5], « *sea power* » doit plutôt se rapprocher de l'idée de « puissance maritime », c'est-à-dire de « *la capacité dont se dote un pays pour être présent sur mer, sans pour autant revendiquer l'exclusivité de son usage à laquelle prétend la maîtrise de la mer* »[6]. La construction navale et les infrastructures portuaires sont deux facteurs essentiels de cette puissance maritime. Or, si l'Europe fut naguère une puissance navale, elle peine aujourd'hui à reconquérir sa place entre les États-Unis et l'Asie, qui pencherait bien, elle, vers une maîtrise des océans.

De l'Europe à l'Asie… Les dernières décennies ont vu une concentration croissante de la construction navale en Chine, en Corée et au Japon, qui livrent ensemble plus de 80 % des navires en termes de tonnage brut compensé (TBC). Plus récemment encore, la croissance des capacités navales chinoises saisit l'observateur, avec une nette montée en gamme et une acquisition rapide de technologies. Ainsi, en 1998, la Chine ne représentait que 4,1 % des navires produits dans le monde ; dix ans plus tard, elle construisait 32,3 % des navires de la planète ! Le pays a non seulement largement dépassé l'Europe (5,7 % en 2008) et le Japon (18,2 %), mais frôle son principal rival, la Corée du Sud (34,4 %). Le constructeur géant China State Shipbuilding Corporation (CSSC) est désormais second derrière les chantiers leaders sud-coréens.

Des cargos aux paquebots en passant par les porte-avions… Si l'Europe a perdu le marché des vraquiers, des pétroliers et des porte-conteneurs[7], elle conserve la première place sur le marché de la construction des navires de croisière[8]. Le rapport d'information au Sénat de Mme Prisma sur le rachat des Chantiers de l'Atlantique par Fincantieri confirme en 2020 que « *le centre de gravité de la construction navale mondiale s'est déplacé vers l'Asie* », mais que « *le secteur des grands paquebots est le dernier bastion de l'industrie européenne : ni la Chine, ni la Corée du Sud n'ont pour l'instant pénétré ce segment, qui reste la spécialité de Saint-Nazaire, de l'italien Fincantieri et de l'allemand Meyer Werft* »[9]. En effet, « [l]*a spécialisation de Saint-Nazaire dans les grands paquebots s'est renforcée au fil de son abandon forcé des marchés des méthaniers, des ferries ou du cargo, investis par*

---

4 A. T. Mahan, *Influence de la puissance maritime dans l'histoire : 1660-1783*, trad. E. Boisse, Paris, Société française d'éditions d'art, 1890.

5 A. Moireau, « La maîtrise de la mer : les théories du capitaine Mahan », *Revue des deux mondes*, 1902, p. 681.

6 F. Caron, « De la maîtrise de la mer », *Revue Stratégique* 1/2008, p. 102.

7 Déclin amorcé il y a bien longtemps. V. M. de Fourcauld, « Notre marine marchande », *Revue des deux mondes* 1936, p. 200.

8 K. Gourdon et C. Steidl, « Global value chains and the shipbuilding industry », Documents de travail de l'OCDE sur la science, la technologie et l'industrie, n° 2019/08, Éditions OCDE, Paris, <https://doi.org/10.1787/7e94709a-en>.

9 Rapport d'information fait au nom de la commission des affaires économiques sur le rachat des Chantiers de l'Atlantique par Fincantieri, 28 octobre 2020, p. 8.

*les nouvelles puissances maritimes asiatiques ; et d'une grande partie de ses activités navales militaires, désormais assumées en France par Naval Group et à l'export par ses concurrents. Malgré les difficultés économiques résultant de ces évolutions mondiales, et le caractère cyclique de la construction navale civile, le leadership des Chantiers se maintient dans le secteur des grands paquebots. En 2016, en 2018, puis en 2019, c'est à Saint-Nazaire qu'ont été successivement construits les plus grands paquebots du monde (*Harmony of the Seas, Symphony of the Seas, Wonder of the Seas*), et ce, malgré les changements successifs d'actionnariat intervenus dans l'intervalle* »[10]. Cependant, la Chine, avec ses alliances, pourrait bien remettre en cause ce classement.

La vision conquérante de la Chine. La croissance rapide de la Chine dans le secteur est le résultat d'une politique extrêmement volontariste, dopée par d'importantes aides publiques et un fort soutien à l'innovation. « *Sur la seule année 2013 par exemple,* lit-on dans le rapport d'information précité, *l'État chinois avait augmenté de 40 % le soutien versé par les banques publiques aux chantiers navals, pour un montant total de près de 3 milliards de dollars, afin de doper la construction de méthaniers. De telles subventions publiques, interdites en Europe, irriguent tout l'écosystème chinois de la construction navale – chantiers, sous-traitants, fournisseurs – ayant permis au secteur de survivre à plusieurs années de creux cyclique* »[11].

Comment le secteur européen peut-il rivaliser efficacement face à des concurrents dopés par leur État et reconquérir sa place d'antan ? Qu'il s'agisse de la construction navale ou des infrastructures portuaires, il semble essentiel d'associer politique de concurrence et politique industrielle et dans un mouvement réciproque, d'une part, de contrôler les subventions étrangères pouvant avoir une influence sur le territoire de l'Union européenne (I.) et, d'autre part, de mieux soutenir notre patrimoine industriel maritime (II).

I. Des subventions à réguler

Marine et aides d'État. Le secteur maritime est largement alimenté par des aides de l'État, qu'il s'agisse de la construction navale ou encore par exemple des ports[12]. Ces subventions étatiques représentent une arme commerciale pour les entreprises et les secteurs bénéficiaires mais parallèlement un outil faussant la concurrence

---

10 *Ibid.*, p. 16.

11 *Ibid.*, p. 48.

12 Qui exercent des activités économiques et sont donc soumis au droit des aides d'État de l'UE : Trib. UE, 30 avril 2019, *Union des ports – UPF c/ Commission*, aff. T-747/17, EU:T:2019:271 ; Trib. UE, 30 avril 2019, *Chambre de commerce et d'industrie métropolitaine Bretagne-Ouest (port de Brest) c/ Commission*, aff. T-754/17, EU:T:2019:270 ; v. aussi J. Derenne, « Compatibilité : Le Tribunal de l'Union européenne déclare recevables des recours contre des actes à portée générale mais confirme une décision de la Commission européenne déclarant incompatible une exonération de l'impôt des sociétés en faveur des activités des ports (*Port de Brest ; Union des ports de France*) », 30 avril 2019, *Concurrences* n° 3-2019, art. n° 91299, pp. 129-130.

avec les entreprises étrangères. Aussi, dans un souci d'équité commerciale, des règles ont été adoptées au plan européen en faveur de la construction du marché intérieur, ainsi qu'au plan international. Mais l'équilibre reste fragile ! Ainsi, le secteur maritime chinois alimenté par les subventions généreuses de l'État présente un avantage concurrentiel indéniable par rapport au secteur européen enfermé dans une réglementation plus stricte, et les normes internationales ne semblent guère efficaces.

1. Contrer la concurrence déloyale étatique

Rupture d'égalité. Les politiques étatiques de subventionnement des entreprises étrangères par leur État d'origine sont largement critiquées par les autorités françaises comme européennes. Le livre blanc relatif à l'établissement de conditions de concurrence égales pour tous en ce qui concerne les subventions étrangères de 2020[13] dénonce fermement la remise en cause de « [l]*'ouverture commerciale fondée sur l'égalité des conditions de concurrence [...], de même que l'objectif consistant à tenter d'établir des relations commerciales mutuellement bénéfiques* ». Mais il regrette « *les pratiques commerciales déloyales soutenues par les pouvoirs publics, qui ne tiennent pas compte des forces du marché et violent les règles internationales en vigueur, en vue d'asseoir une domination dans différents secteurs d'activité économique. Ces pratiques déloyales englobent généralement la protection des industries contre la concurrence au moyen d'une ouverture sélective des marchés, de l'octroi de licences et d'autres restrictions à l'investissement, ainsi que l'octroi de subventions qui nuisent à l'égalité des conditions de concurrence à des entreprises tant publiques que privées. Les effets de distorsion économiques de ces pratiques sont significatifs dans tous les secteurs qui en subissent les conséquences, qu'ils soient stratégiques ou non* »[14]. Le secteur maritime est directement concerné par ce problème même si toutes les activités n'y sont pas stratégiques.

Variété des soutiens. Les aides prennent des formes très variées et peuvent venir au soutien de différents objectifs. L'État peut décider d'aider à l'acquisition d'un actif. L'acquéreur subventionné peut ainsi payer un prix plus élevé pour acquérir l'actif que celui qu'il aurait payé en l'absence de subvention, ce qui peut fausser la valorisation des actifs de l'UE. Dès lors, « [l]*es subventions étrangères peuvent [...] conduire à des prix d'achat excessifs (surenchère) tout en empêchant les acquéreurs non subventionnés de réaliser des gains d'efficience ou d'accéder à des technologies essentielles* »[15]. Le soutien public peut encore intervenir dans le cadre de marchés publics de l'UE puisque les entreprises étrangères subventionnées peuvent être en mesure de soumettre des offres plus avantageuses, et ainsi décourager dès le départ les entreprises non subventionnées de participer, ou remporter

---

13 COM(2020) 253 final, 17 juin 2020.

14 Livre blanc, p. 5.

15 *Ibid.*, p. 9.

les marchés au détriment d'entreprises non subventionnées plus efficientes. Enfin, les États tiers peuvent alimenter financièrement leurs entreprises nationales de façon à les rendre très compétitives sur le marché mondial. En temps de crise, ces subventions peuvent conduire à un excédent de capacités de production qui se traduit par une intensification de l'exportation. Enfin, le soutien peut prendre la forme d'une préférence nationale, l'État commandant systématiquement de nouveaux navires auprès de ses chantiers navals, sur le modèle aux États-Unis du Jones Act de 1920.

Illusion des accords internationaux. Dans un esprit de mondialisation commerciale pacifiée, autrement dit de loyauté concurrentielle, ces subventions ont très tôt été réglementées. L'OMC comme l'OCDE tentent d'offrir un arsenal juridique permettant de réguler les aides d'État accordées aux entreprises nationales. Mais l'efficacité de ces normes internationales reste encore à prouver.

OMC. L'Accord sur les subventions et les mesures compensatoires (accord SMC) complète l'Accord relatif à l'interprétation et à l'application des articles VI, XVI et XXIII qui a été négocié lors du Tokyo Round. Les subventions[16] subordonnées aux résultats à l'exportation et celles subordonnées à l'utilisation de produits nationaux de préférence à des produits importés sont prohibées (art. 3). Toutefois, malgré les obligations de transparence et de notification des subventions, les informations sur le montant réel des aides étrangères octroyées sont limitées. Par ailleurs, les recours devant l'Organe de règlement des différends (ORD) restent très aléatoires du fait du blocage de certains États.

OCDE. De son côté, l'OCDE a été le cadre d'un accord plus spécifique conclu en décembre 1994 entre la Commission des Communautés européennes et les gouvernements de la République de Corée, des États-Unis, de la Finlande, du Japon, de la Norvège et de la Suède : l'Accord sur les conditions normales de concurrence dans l'industrie de la construction et de la réparation navales marchandes. Celui-ci devait entrer en vigueur le 1er janvier 1996, mais faute de ratification par les États-Unis, il a finalement été abandonné. Cet accord était à la fois ambitieux et limité. Il était ambitieux au regard de son objectif, à savoir

---

16 Selon ce texte, une subvention est « *une contribution financière des pouvoirs publics ou de tout organisme public du ressort territorial d'un Membre [...], c'est-à-dire dans les cas où :*
i) une pratique des pouvoirs publics comporte un transfert direct de fonds (par exemple, sous la forme de dons, prêts et participation au capital social) ou des transferts directs potentiels de fonds ou de passif (par exemple, des garanties de prêt) ;
ii) des recettes publiques normalement exigibles sont abandonnées ou ne sont pas perçues (par exemple, dans le cas des incitations fiscales telles que les crédits d'impôt) ;
iii) les pouvoirs publics fournissent des biens ou des services autres qu'une infrastructure générale, ou achètent des biens ;
iv) les pouvoirs publics font des versements à un mécanisme de financement, ou chargent un organisme privé d'exécuter une ou plusieurs fonctions des types énumérés aux alinéas i) à iii) qui sont normalement de leur ressort, ou lui ordonnent de le faire, la pratique suivie ne différant pas véritablement de la pratique normale des pouvoirs publics ; ou a) s'il y a une forme quelconque de soutien des revenus ou des prix au sens de l'article XVI du GATT de 1994 ; et b) si un avantage est ainsi conféré ». L'accord SMC introduit par ailleurs la notion de subvention « spécifique », qui est, en substance, une subvention dont l'octroi est limité à une entreprise ou à une branche de production ou à un groupe d'entreprises ou de branches de production relevant de la juridiction de l'autorité qui accorde la subvention. Seules les subventions spécifiques seraient assujetties aux disciplines énoncées dans l'accord.

rétablir et maintenir des conditions normales de concurrence (art. 1er). De façon très générale, il était prévu que :

> « *1. Les parties élimineront, conformément aux dispositions particulières figurant à l'annexe II, toutes les mesures ou les pratiques existantes incompatibles avec des conditions normales de concurrence dans l'industrie de la construction et de la réparation navales marchandes en vertu de l'annexe I (ci-après dénommées "mesures d'aide").*
>
> *2. Les parties ne prendront aucune mesure d'aide nouvelle.*
>
> *3. Les parties reconnaissent que la vente de navires de commerce à un prix inférieur à leur valeur normale est condamnable si elle cause, ou menace de causer, un préjudice important à une industrie de la construction et de la réparation navales établie sur le territoire d'une autre partie ou si elle retarde sensiblement la création d'une industrie nationale de construction et de réparation navales. Les dispositions de l'annexe III visent à remédier ou à empêcher ces pratiques préjudiciables en matière de prix.* »

L'accord était toutefois limité en ce qu'il ne concernait que les membres de l'OCDE et les signataires, à l'exclusion notamment du Brésil, de la Russie et de la Chine. Si en 1994, ces États, et en particulier la Chine, n'étaient pas de farouches concurrents sur les mers, l'avenir a montré qu'ils ont rapidement perçu les avantages des aides qu'ils pouvaient octroyer à leur industrie navale. Finalement, au regard de l'absence d'universalité de l'accord, ce n'est pas une si mauvaise chose qu'il ne soit pas entré en vigueur. Son application aurait davantage nui à l'Europe puisqu'il aurait en définitive favorisé les non-signataires et également les États-Unis, disposant d'un important territoire maritime intérieur et qui avaient négocié le maintien du Jones Act de 1920, lequel réserve le cabotage intérieur aux seuls navires battant pavillon américain et construits aux États-Unis. Le sujet est extrêmement sensible et les États peinent à trouver un accord viable. En septembre 2002, le Conseil de l'OCDE a donné mandat au groupe spécial de négociation (GSN) créé dans le but d'entreprendre des négociations poussées sur un nouvel accord. Toutes les économies non membres de l'OCDE ayant une industrie de construction navale significative ont été invitées à participer aux négociations sur un pied d'égalité avec les pays membres de l'OCDE. Finalement, le Brésil, la Chine, la Croatie, Malte, les Philippines, la Roumanie, la Fédération de Russie, le Taipei chinois et l'Ukraine ont participé aux négociations. Avec les pays membres de l'OCDE, elles représentaient environ 95 % de la capacité mondiale de la construction navale. Cependant, après une pause décidée en 2005, le Conseil de l'OCDE a mis fin aux négociations en décembre 2010.

Finalement, le soutien international semble bien fragile, appelant alors l'Europe à endiguer cette concurrence déloyale.

2. Vers une digue européenne ?

Maintien des règles à destination des États membres. Le cap d'un marché intérieur doit être maintenu, si bien que l'on ne saurait assouplir les règles d'octroi des aides d'État. Si l'on garde l'exemple du secteur de la construction navale, les aides au fonctionnement (aides à la production en faveur de contrats de construction et de transformation navales), supprimées à partir du 31 décembre 2000 en raison de leur insuffisance à encourager le secteur européen de la construction navale à améliorer sa compétitivité[17] (et par ailleurs contraires à l'accord SMC), ne sauraient être réintroduites sans pour autant que l'Union européenne ferme les yeux et sacrifie le secteur. Un certain réalisme est de rigueur. Ainsi, afin de répondre aux pratiques déloyales de la Corée, le Conseil européen, sur proposition de la Commission, a pu adopter par le passé un « *mécanisme de défense temporaire en faveur de la construction navale* » européenne[18]. Le règlement (CE) n° 1177/2002 du 27 juin 2002[19] prévoit ainsi que « *les aides directes en faveur de contrats de construction de navires porte-conteneurs, de transporteurs de produits pétroliers et de produits chimiques, ainsi que de transporteurs de GNL peuvent être considérées comme compatibles avec le marché commun lorsque le contrat a suscité la concurrence d'un chantier naval coréen offrant un prix moins élevé* » et « *à concurrence d'une intensité maximale de 6 % de la valeur contractuelle avant aide* » (art. 2, § 1 et § 3). La date d'expiration du règlement a été fixée au 31 mars 2005[20], avec toutefois la possibilité pour la Commission d'accorder une prorogation du délai ultime de trois ans, fixé pour la livraison. En effet, si le règlement n'est pas applicable à un navire livré plus de trois ans après la date de signature du contrat final, une prorogation de trois ans est possible « *lorsque cela se justifie en raison de la complexité technique du projet de construction navale concerné ou de retards résultant de perturbations inattendues, importantes et justifiables du plan de charge d'un chantier en raison de circonstances exceptionnelles, imprévisibles et extérieures à l'entreprise* » (art. 2, § 4). Ces conditions ont été scrupuleusement vérifiées par la Commission[21] afin d'assurer l'effet « temporaire » du cadre conformément à ses engagements au regard des règles internationales.

Aides compatibles. Les aides aux investissements pour l'innovation et les aides R&D, comme, par exemple, dans le domaine du développement de connectivité, restent privilégiées. Au sens du dernier encadrement des aides d'État à la

---

17 Règlement (CE) n° 1540/98 du 29 juin 1998 concernant les aides à la construction navale, *JOCE* n° L 202 du 18 juillet 1998, p. 1.

18 V. H. Kazzi, « Aides d'État et compétitivité des entreprises communautaires », *RIDE* 2007/4, p. 441.

19 Modifié par le règlement (CE) n° 502/2004 du 11 mars 2004, *JOUE* n° L 81 du 19 mars 2004, p. 6.

20 Initialement prévue au 31 mars 2004, l'expiration a été prolongée au 31 mars 2005 dans la mesure où la Corée n'avait toujours pas respecté ses engagements et que la procédure devant l'ORD était encore pendante.

21 V. Comm. CE, déc. du 21 octobre 2008 relative à l'aide d'État C 20/08 que l'Italie entend mettre à exécution en modifiant le régime N 59/04 relatif à un mécanisme de défense temporaire en faveur de la construction navale, *JOUE* n° L 17 du 22 janvier 2010, p. 50 ; Comm. eur., déc. du 27 octobre 2010 concernant l'aide d'État n° C 15/08 que l'Italie entend mettre à exécution en faveur de l'entreprise Cantiere Navale De Poli, *JOUE* n° L 119 du 30 avril 2013, p. 1.

construction navale de 2011[22], les aides à l'innovation doivent avoir un effet d'incitation, « *c'est-à-dire induire chez leur bénéficiaire un changement de comportement l'amenant à intensifier ses activités d'innovation* », en comparaison du « *comportement normal d'une entreprise du secteur en cause* ». À la suite de l'expiration, au 31 décembre 2013, de l'encadrement des aides d'État à la construction navale, les aides à la construction navale à finalité régionale sont désormais couvertes par les lignes directrices (générales) à finalité régionale.

Marine militaire et marine marchande. La marine militaire a toujours été perçue comme un soutien à la marine marchande, comme le résumait l'amiral Mahan en 1890 : « *La nécessité de la marine, dans le sens restreint de bâtiments de guerre, naît de l'existence de la marine marchande*[23]. » L'idée est reprise aujourd'hui dans la politique chinoise développée par l'amiral Liu Huaqing[24], considéré comme le disciple de son homologue américain. La route maritime de la soie (RMS) imaginée par la Chine avec d'autres parties prenantes lie étroitement sécurité nationale chinoise et développement économique du pays. Comme il est fait observer, la croissance chinoise repose pour une grande part sur « *l'accès à l'énergie et aux matières premières qui empruntent les principales voies maritimes parties prenantes de la Route maritime de la soie dont les détroits de Malacca, interface entre l'océan Indien et le Pacifique, Bab-el-Mandeb et Suez, portes d'accès à l'Europe* »[25], puis sur la possibilité de disposer de débouchés pour son industrie manufacturière. Préserver l'accès chinois à ces voies en garantissant une sécurité maritime (notamment au regard de la piraterie) explique alors la priorité accordée à la constitution d'une marine océanique conjuguée à la construction d'un réseau de ports clés (« connectivité maritime ») comme, par exemple, à Djibouti.

Si l'Europe doit s'appuyer tout autant sur son industrie maritime de défense pour soutenir la marine civile[26], ce n'est pas à n'importe quel prix non plus.

En effet, mis à part la stratégie sécuritaire, la marine de guerre pourrait aussi être utilisée comme manne financière pour son pendant commercial. La marine militaire européenne et en particulier française apparaissait fin 2016 au septième rang des principales marines de guerre en tonnage derrière les États-Unis, la Chine ou encore le Royaume-Uni. De nombreux chantiers navals, tels que ceux de Saint-Nazaire, cumulent constructions militaires et constructions civiles. Or, si les États membres peuvent financer librement leurs activités militaires, il faut prendre garde à ce qu'elles ne soient pas utilisées pour soutenir des activités

---

22 2011/C 364/06, *JOUE* n° C 364 du 14 décembre 2011, p. 9.

23 A. T. Mahan, *op. cit.*, p. 38.

24 Chef d'état-major de la marine de l'Armée populaire de libération de 1982 à 1987.

25 M. Péron-Doise, préc., p. 572.

26 V. en ce sens, CESE, avis « La stratégie LeaderSHIP 2020 : une vision du secteur des technologies maritimes pour une industrie maritime innovante, durable et compétitive en 2020 », CCMI/152, 1er juin 2017, pt 1.9.

commerciales. Rappelons ainsi que l'article 346 du TFUE dispose que « *tout État membre peut prendre les mesures qu'il estime nécessaires à la protection des intérêts essentiels de sa sécurité et qui se rapportent à la production ou au commerce d'armes, de munitions et de matériel de guerre ; ces mesures ne doivent pas altérer les conditions de la concurrence dans le marché intérieur en ce qui concerne les produits non destinés à des fins spécifiquement militaires* ». Maintenue en l'état à l'intérieur, la digue doit en revanche être renforcée de l'extérieur.

Renforcement des règles à destination des États tiers. Les règles de l'UE sur les aides d'État (art. 107 et s. TFUE) s'appliquent aux soutiens financiers accordés par des États membres de l'UE à des entreprises mais non à ceux octroyés par des autorités de pays tiers à des entreprises dans l'UE, que ce soit directement ou indirectement ou par l'intermédiaire de leurs sociétés mères établies en dehors de l'UE. Le livre blanc relatif à l'établissement de conditions de concurrence égales pour tous en ce qui concerne les subventions étrangères de 2020 dresse ce constat amer : « [L]*orsque les subventions étrangères prennent la forme de flux financiers facilitant l'acquisition d'entreprises de l'UE ou lorsqu'elles soutiennent l'activité d'une entreprise dans l'UE, il semble y avoir un vide réglementaire. Il en va de même lorsque les subventions étrangères faussent les procédures de passation de marchés publics ou procurent un avantage en matière d'accès au soutien financier de l'UE*[27]. » La proposition de règlement sur les subventions étrangères génératrices de distorsions au sein du marché intérieur du 5 mai 2021[28], qui prend appui sur le livre blanc, vient ainsi imaginer de nouveaux instruments visant à combler ce vide réglementaire et à garantir l'égalité des conditions de concurrence dans le marché intérieur.

Proposition de nouveaux outils. Le futur règlement propose l'introduction de trois outils, à savoir deux outils basés sur des notifications et un outil général d'enquête sur le marché :

- Le premier outil est basé sur des notifications et permet d'examiner des concentrations impliquant une contribution financière d'un pays tiers, lorsque le chiffre d'affaires dans l'UE de l'entreprise visée par l'acquisition (ou d'au moins une des parties à la concentration) est égal ou supérieur à 500 millions d'euros et que la contribution financière étrangère est d'au moins 50 millions d'euros (art. 17 et s.). La Commission pourra le cas échéant interdire l'acquisition subventionnée.
- Le second outil est lui aussi basé sur des notifications et permet d'examiner des offres soumises dans le cadre de marchés publics impliquant une contribution financière d'un pays tiers, lorsque la valeur estimée du marché public est égale ou supérieure à 250 millions d'euros (art. 26 et s.). L'autorité européenne pourra là encore interdire l'attribution du marché au soumissionnaire subventionné.

27 Livre blanc, préc., p. 11.

28 COM(2021) 223 final.

– Enfin, le dernier outil permet d'examiner toutes les autres situations de marché et les concentrations et marchés publics de plus faible valeur. La Commission peut lancer de tels examens de sa propre initiative (examen d'office) et demander des notifications *ad hoc* (art. 7 et s.). Lorsque la Commission, sur la base de l'examen préliminaire, considère qu'il y a suffisamment d'éléments indiquant qu'une entreprise a bénéficié d'une subvention étrangère qui fausse le marché intérieur, elle adopte une décision d'ouverture d'une enquête approfondie qui résume les points de fait et de droit pertinents et comprend l'évaluation préliminaire de l'existence d'une subvention étrangère et et de la distorsion réelle ou potentielle sur le marché intérieur. Elle doit en informer l'entreprise concernée et publier un avis au *JOUE* invitant les parties intéressées, les États membres et le pays tiers concerné à exprimer leur point de vue par écrit dans un certain délai. Dans ce cadre, la Commission peut procéder à des inspections sur le territoire d'un pays tiers, à condition que l'entreprise concernée ait donné son consentement et que le gouvernement du pays tiers ait été officiellement informé et ait accepté l'inspection (art. 13). Elle peut aussi infliger des amendes aux entreprises « récalcitrantes ».

La Commission peut imposer des mesures correctives ou accepter des engagements listés à l'article 6 :

a) offrir l'accès, dans des conditions équitables et non discriminatoires, à une infrastructure qui a été acquise ou soutenue par les subventions étrangères faussant la concurrence, à moins que cet accès équitable et non discriminatoire ne soit déjà prévu par la législation en vigueur dans l'Union ;

b) réduire la capacité ou la présence sur le marché ;

c) s'abstenir de certains investissements ;

d) l'octroi, à des conditions équitables, raisonnables et non discriminatoires, de licences sur des actifs acquis ou développés avec l'aide de subventions étrangères ;

e) la publication des résultats de la recherche et du développement ;

f) le désinvestissement de certains actifs ;

g) l'obligation pour les entreprises concernées de dissoudre la concentration ;

h) le remboursement de la subvention étrangère, y compris un taux d'intérêt approprié.

Insuffisance. La proposition est assez offensive et si certaines enquêtes nécessitent l'accord des pays tiers, d'autres mesures peuvent apparaître comme une ingérence dans les politiques commerciales étrangères. Le texte ne sera toutefois pas suffisant pour lutter contre tous les subventionnements. Il ne jouera pour les entreprises subventionnées ayant une activité dans l'Union européenne mais ne sera d'aucune utilité lorsqu'un État tiers aura apporté un soutien au fonctionnement d'un chantier naval. Ainsi, lorsque les banques publiques de Corée du Sud accordent massivement des aides aux chantiers navals du pays, l'Europe, sauf à saisir d'une plainte l'OMC comme l'a fait le Japon[29], ne pourra que s'en émouvoir sans intervenir à moins de renforcer la compétitivité du secteur européen.

II. Des acquisitions à surveiller

Fleurons européens. Il y a bien longtemps déjà que l'Europe n'est plus sur le podium des leaders dans la construction navale, laissant devant elle les États-Unis, la Chine ou encore la Corée du Sud. L'assemblage des grands paquebots à l'image du mythique *France*[30] représente peut-être encore l'un des derniers bastions réservés de l'industrie européenne. Fincantieri (Italie), Meyer Werft (Allemagne) et les Chantiers de l'Atlantique (France) n'ont pour le moment pas d'autres compétiteurs au monde, ayant tiré profit des savoir-faire uniques développés au cours des derniers siècles. Pourtant, même dans ce secteur privilégié, les chantiers navals européens apparaissent en ordre dispersé face à la concurrence américaine et asiatique. Nombreux sont ceux qui appellent alors à une plus vive concentration du secteur à même de créer des champions européens mais nécessitant une révision des règles de concurrence, jugées trop sclérosantes (1.). Politique de concurrence et politique industrielle ne s'opposent cependant pas, car en défendant la vision européenne, c'est l'innovation au cœur des stratégies maritimes qui est favorisée. En revanche, ce sont davantage les investissements étrangers dans les fleurons nationaux et européens dont il faut se méfier, les abordages facilitant les pillages (2.).

1. Favoriser les rapprochements ?

Concentration du secteur. Il existe en Europe des dizaines de chantiers navals opérant dans les secteurs civils ou militaires, dans les domaines allant de la plaisance au porte-avion. En revanche, il n'existe pas de champion européen de la construction navale, contrairement à la Chine, par exemple, dont le droit est beaucoup plus complaisant.

Droit chinois. La loi chinoise antitrust d'août 2008 contient des dispositions sur les concentrations économiques qui s'apparentent sur le papier aux dispositions européennes. Cependant, la mise en œuvre des règles diffère largement, les impératifs de concurrence s'effaçant parfois en Chine face à des objectifs politiques transcendants. Comme il a été relevé, « *les concentrations en Chine peuvent être scindées en deux types. Les premières faisant partie intégrale des programmes politiques visant à renforcer des pans de secteurs publics industriels, les autres, détachées de toute couleur politique et concernant principalement les opérateurs privés dont l'objectif*

29 Demande de consultation présentée par le Japon le 6 novembre 2018 ; demande de consultation présentée par le Japon le 31 janvier 2020.

30 F. Goliard, « Projet de paquebot France : une nouvelle légende française ? », *Juristourisme*, n° 226, 2020, p. 16.

est la maximisation du profit de l'actionnariat »[31]. Les premières « *constituent un moyen pour la politique industrielle, de renforcer la compétitivité des entreprises chinoises sur la scène nationale mais également internationale* »[32]. Cette souplesse a permis la fusion des deux conglomérats China State Shipbuilding Corporation (CSSC) et China Shipbuilding Industry Corporation (CSIC) en novembre 2019, constituant ainsi un leader mondial dominant près d'un cinquième du marché global. Les voisins asiatiques ne sont pas en reste puisque deux géants coréens (DSME et Korea Shipbuilding & Offshore Engineering – KSOE) se sont rapprochés et ont déjà reçu l'aval notamment de l'autorité chinoise de la concurrence[33] en attendant celui de l'Union européenne[34] et que les deux plus grands constructeurs japonais ont créé une nouvelle entité pour faire face à la concurrence[35].

Un droit européen à revoir ? Ces mouvements conduisent à s'interroger en Europe. À supposer que la constitution de « géants européens » représente la forme économique optimale pour les entreprises européennes face à la mondialisation, cet objectif serait freiné par la politique et le droit de la concurrence appliqués de façon trop stricte par l'Union européenne[36]. Le cas de la fusion entre Alstom et Siemens rejetée en 2019 est encore dans les mémoires et est régulièrement brandi en exemple du rigorisme de la Commission européenne, qui n'aurait pas tenu compte de la concurrence internationale, notamment chinoise avec CRRC, fruit d'une fusion en 2015 de deux groupes ferroviaires d'État. Aussi des voix s'élèvent-elles pour inviter à une modification des règles[37] telle que la suppression de la notion de marché pertinent[38], une plus grande réciprocité dans le contrôle des concentrations étrangères[39], ou l'introduction d'un droit d'opposition politique (droit d'évocation) aux décisions de la Commission européenne.

Rachat des Chantiers de l'Atlantique par Fincantieri. L'affaire liée au rachat des Chantiers de l'Atlantique par Fincantieri aurait pu alimenter la réflexion. Le 8 janvier 2019, la Commission européenne a décidé d'examiner l'opération au regard des règles du règlement (CE) n° 139/2004. Elle a estimé que le rachat

---

31 E. Marchand, « Le droit antitrust chinois sur le modèle du droit de l'Union européenne : entre petites incohérences et grandes difficultés », thèse La Rochelle, 2013, n° 188, p. 171.

32 *Ibid.*, p. 172.

33 T. Joly, « La Chine accepte la fusion des deux géants sud-coréens de la construction navale », *Le journal de la Marine marchande*, 28 décembre 2020.

34 Décision repoussée à plusieurs reprises. V. Comm. eur., communiqué IP/19/6792 du 17 décembre 2019, « Concentrations : la Commission ouvre une enquête approfondie sur le projet de rachat de DSME par HHIH ».

35 A. Descamps, « Japon : naissance d'un grand de la construction navale », *Le journal de la Marine marchande*, 7 janvier 2021.

36 P. Anato et C. Le Grip, Rapport d'information déposé par la commission des affaires européennes sur le droit européen de la concurrence face aux enjeux de la mondialisation, 27 novembre 2019.

37 H. Guillou, « Industrie navale militaire : l'impérieuse nécessité d'une consolidation européenne », Fondation Robert Schuman, *Entretien d'Europe* n° 99, 23 mars 2020.

38 P. Anato et C. Le Grip, préc., p. 59.

39 Selon une étude portant sur 2008-2013, seulement 15 % des concentrations notifiées en Chine concernent deux entreprises chinoises, alors que 45 % concernent deux entreprises non chinoises. De son côté, l'Union européenne examine pour 47 % des concentrations européennes, contre 16 % de rapprochements entre entreprises de marchés tiers (B. Deffains, O. d'Ormesson et T. Perroud, « Politique de concurrence et Politique industrielle : pour une réforme du droit européen », Fondation Robert Schuman, *Question d'Europe* n° 543, 20 janvier 2020).

pouvait affecter le marché de la construction des bateaux de croisière en créant un duopole au niveau mondial. La décision avait été repoussée en raison de la pandémie, mais en fin de compte, l'accord est tombé de lui-même, nous privant d'une décision européenne consacrant ou non un champion européen.

Risques. La concentration pouvait inquiéter les compagnies de croisière risquant une hausse des prix. Cependant, il ne faut pas négliger le poids des clients, qui exercent, surtout en période d'activité réduite ou de crise, une très forte pression sur les constructeurs afin d'obtenir le coût le plus bas possible pour leurs navires : « *Un seul grand paquebot de luxe peut aujourd'hui coûter jusqu'à 1,5 milliar[d] d'euros, mais ce coût peut être amorti en moins de cinq ans [...]. En choisissant les constructeurs qui décrocheront leurs commandes pourtant vite rentabilisées, les armateurs peuvent être les faiseurs de rois du secteur de la construction navale*[40]. » Le marché de la croisière connaît une croissance soutenue, certes atténuée par la crise sanitaire, mais qui devrait à nouveau repartir à la hausse grâce notamment aux (millions de) consommateurs asiatiques dont le niveau de vie a parallèlement augmenté. Il ne faut dès lors pas s'étonner de ce que la Chine ou la Corée du Sud cherchent à développer ce pan de la construction navale. Cependant, ce secteur n'appelle pas tant l'édification d'infrastructures gigantesques (domaine dans lequel les entreprises asiatiques excellent) que le développement de technologies innovantes (connectivité, transition énergétique...) et un savoir-faire dans l'assemblage, ce que les constructeurs asiatiques ne maîtrisent pas... encore.

2. Protéger les actifs européens

Alliances à haut risque. Le rachat des Chantiers de l'Atlantique par Fincantieri pouvait inquiéter en raison des liens unissant le constructeur italien à son homologue chinois, China State Shipbuilding Corporation (CSSC). En 2016, Fincantieri et CSSC ont signé un accord visant à créer une entreprise commune dédiée à la production de paquebots, conçus par Fincantieri et produits en Chine. Dans cet accord, le groupe italien conserve la main sur l'ingénierie, les équipements, composants et systèmes critiques, mesures de protection nécessaires afin d'éviter la captation de ces technologies par le partenaire chinois[41]. La même année, Fincantieri a signé un accord avec une entreprise chinoise pour la maintenance, la réparation et la refonte de navires à Shanghai. Suivant cette même stratégie, la Chine contrôle aujourd'hui plusieurs ports européens[42] de façon à étendre ses nouvelles routes de la soie[43].

---

40 Rapport d'information fait au nom de la commission des affaires économiques sur le rachat des Chantiers de l'Atlantique par Fincantieri, préc., p. 69.

41 *Ibid.*, p. 11. Les travaux du premier paquebot ont débuté fin 2020 à Shanghai. Fincantieri a accordé une *« licence technologique permettant d'exploiter les maquettes de la classe Vista et s'est engagé dans une assistance technique, notamment pour la gestion de projet et du réseau de sous-traitants »*. Voir : « Début des travaux en cale sèche pour le premier paquebot de construction chinoise », *Le journal de la Marine marchande*, 12 novembre 2020.

42 Le Pirée en Grèce, Trieste en Italie...

43 V. Les inquiétudes exprimées par M. Vaspart, Rapport d'information au Sénat relatif à la gouvernance et à la performance des ports maritimes, 1er juillet 2020 et M. Filleul et D. Mandelli, Rapport d'information au Sénat relatif à la stratégie nationale portuaire, 7 avr. 2021.

Ces accords ne sont pas sans risque, car ils peuvent conduire à phagocyter les cibles à plus ou moins long terme. L'Union européenne a à sa disposition deux outils pour contrer ces pratiques : le droit des concentrations économiques et le filtrage des investissements directs étrangers (IDE). Ces mécanismes sont bien distincts[44] : les délais d'examen sont différents comme les critères de contrôle. Mais ce sont surtout les règles de compétence qui diffèrent : le contrôle des concentrations économiques (européennes) appartient à la Commission européenne tandis que le filtrage des IDE appartient aux États membres. Si bien entendu, et comme nous le verrons, ce dernier point est très sensible, car il en appelle à la souveraineté des États, il est regrettable que ce contrôle des IDE ne s'inscrive pas davantage dans une véritable stratégie européenne[45], comme aurait pu d'ailleurs le laisser espérer la base juridique sur laquelle le règlement IDE a été adopté.

Droit des concentrations économiques. Le règlement (CE) n° 139/2004 peut être brandi pour empêcher des concentrations affectant la concurrence sur le marché européen. Si les opérations entre constructeurs tombent dans le champ d'application du règlement, d'autres accords peuvent y échapper faute d'atteindre les seuils requis. On peut penser par exemple, aux rachats d'entreprises d'assemblage ou de start-up dans la filière nautique (dans le domaine de la connectivité, de l'écologie…), qui ne remplissent pas les critères de chiffre d'affaires mais qui sont aujourd'hui essentiels à la construction navale. Les contraintes environnementales en particulier sont de plus en plus prégnantes dans les choix des armateurs. Des entreprises proposant des solutions à partir du gaz naturel, d'hydrogène ou du vent se développent et certaines peuvent apparaître comme des pépites fort attrayantes. Puisqu'elles ne franchissent pas la barre des seuils du règlement, leur rachat ne serait soumis à aucun contrôle.

Aussi, modifiant sa doctrine en la matière, la Commission européenne a annoncé le 11 septembre 2020 qu'elle accepterait, à partir de 2021, d'examiner les demandes de renvoi au titre de cet article présentées par les autorités nationales de concurrence, y compris lorsque les opérations de concentration en cause ne franchissent les seuils nationaux de notification d'aucun État membre, et ce, dès lors que les conditions fixées par cet article sont remplies. La Commission répond ainsi aux vœux de l'Autorité de la concurrence, qui préconisait une application de l'article 22, afin de mieux appréhender le phénomène des acquisitions prédatrices ou consolidantes « sous les seuils », que l'on constate en particulier dans l'économie numérique et dans certains secteurs industriels très concentrés. La Commission européenne a fait application de sa nouvelle doctrine le 20 avril 2021 en acceptant, à la suite de la demande de renvoi formulée par l'Autorité de la concurrence, la Belgique, la Grèce, l'Islande, les Pays-Bas et la Norvège, d'ouvrir une procédure d'examen de l'opération de rachat de Grail

---

44 V. J. Catala Marty, L. Doumoulakis et C. Sauer, « Investissements étrangers : un double contrôle aux finalités différentes », *Cah. dr. entr.* n° 5, septembre-octobre 2020, dossier 31.

45 V. en ce sens, M. Simen, « Le patriotisme européen à l'épreuve du droit de l'Union européenne », thèse La Rochelle, 2014.

par Illumina (secteur des biotechnologies médicales). La voie est ouverte et des opérations de moindre envergure dans le secteur naval pourraient ainsi tomber dans la sphère de compétence et de contrôle de la Commission.

Contrôle des investissements directs étrangers. Si le marché intérieur attire les investisseurs étrangers contribuant ainsi à la croissance économique de l'Union, la prudence reste de mise et l'Union européenne tend depuis quelques années à mieux protéger ses industries face aux politiques offensives de certaines entreprises et de leur État[46]. C'est ainsi que le règlement (UE) 2019/452 du 19 mars 2019 établissant un cadre pour le filtrage des investissements directs étrangers dans l'Union[47] a été adopté pour éviter les « acquisitions prédatrices » d'actifs européens stratégiques en particulier par les entreprises publiques ou entreprises privées largement dopées par des fonds publics étrangers. Le texte, entré en vigueur le 11 octobre 2020[48], ne réserve pas compétence de la Commission en ce domaine, même s'il a été adopté sur la base de l'article 207 du TFUE (politique commerciale commune). Laissant donc *a priori* une autonomie décisionnelle aux États membres, il a pour but d'encadrer les mécanismes nationaux de filtrage[49] qui viennent restreindre la libre circulation des capitaux[50] et institue un système d'échange d'informations et d'alerte entre États membres. Il ne leur impose pas, à première vue, de se doter d'un tel mécanisme. Cependant, ces derniers y seront fortement invités dans la mesure où ils ont l'obligation de produire un rapport annuel à la Commission retraçant l'ensemble des IDE sur leur territoire. Par ailleurs, les articles 6, paragraphe 9, et 7, paragraphe 7, exigent que l'État membre sur le territoire duquel doit avoir lieu l'accord tienne « *dûment compte des commentaires des autres États membres visés au paragraphe 2 et de l'avis de la Commission visé au paragraphe 3* ». Plus encore, si un accord est susceptible de porter atteinte à des projets ou programmes d'intérêt pour l'Union, alors l'État membre dans lequel l'investissement direct étranger est prévu ou a été réalisé tient « *le plus grand compte de l'avis de la Commission* » et, s'il ne suit pas cet avis, il fournit une explication à la

46 Préoccupation renouvelée en temps de crise de la Covid 19. V. S. Robert-Cuendet, « La crise de la Covid-19, comme révélateur du renforcement de la souveraineté économique des États : l'exemple des mécanismes de filtrage des investissements étrangers » : *JDI* 2021, doctr. 4.

47 L. Idot, « Vers un contrôle européen des investissements directs étrangers ? », *Europe* 2017, alerte 50 ; « Entrée en vigueur du cadre de filtrage des investissements directs étrangers en pleine crise sanitaire », *Europe* 2020, alerte 68 ; A. Hervé, « Chronique Action extérieure de l'UE – Mise en place d'un mécanisme de filtrage des investissements : quand l'Union européenne montre ses dents… de lait », *RTD eur*. 2019, p. 749 ; T. Destailleur, « Une occasion manquée pour l'Union de s'affirmer en tant qu'acteur international du droit des investissements étrangers. À propos du règlement (UE) 2019/452 établissant un cadre pour le filtrage des investissements directs étrangers », *RTD eur.* 2020, p. 89 ; F. Martucci, « Le cadre de filtrage des investissements directs étrangers : la quête d'un équilibre entre marché et intérêts stratégiques dans le système constitutionnellement intégré », *Europe* 2020, étude 2.

48 V. Communication de la Commission, « Orientations à l'intention des États membres concernant les investissements directs étrangers et la libre circulation des capitaux provenant de pays tiers ainsi que la protection des actifs stratégiques européens, dans la perspective de l'application du règlement (UE) 2019/452 (règlement sur le filtrage des IDE) », *JOUE* n° C 99I du 26 mars 2020, p. 1 ; C(2020) 1981 final.

49 Tous les États membres ne disposent pas d'un tel mécanisme. Seuls l'Allemagne, l'Autriche, le Danemark, l'Espagne, la Finlande, la France, la Hongrie, l'Italie, la Lettonie, la Lituanie, les Pays-Bas, la Pologne et le Portugal en sont dotés. Toutefois, leur portée est inégale. Par exemple, les seuils de prise de participation à partir desquels un contrôle est exercé varient de 5 à 50 %.

50 La liberté de circulation des capitaux (art. 63), seule liberté du TFUE à jouer entre États membres et entre États membres et pays tiers, et qui est donc plus concernée ici que la liberté d'établissement (art. 49), peut être restreinte pour des motifs de sécurité publique ou d'ordre public.

Commission (art. 8, § 2 c). Il est dans ces conditions fort probable que tout État membre sera amené à se doter d'un tel arsenal s'il ne l'a pas déjà fait. C'est ce qu'expose la Commission européenne dans sa Communication de mars 2020 relative aux IDE face à la crise sanitaire[51] : « *Il est important de garder à l'esprit que si un investissement étranger n'est pas soumis à un mécanisme de filtrage national, le règlement prévoit que les États membres et la Commission peuvent formuler des observations et émettre des avis dans un délai de quinze mois après la réalisation de l'investissement étranger. Cela peut amener l'État membre dans lequel l'investissement a eu lieu à adopter des mesures, notamment les mesures d'atténuation nécessaires.* » Enfin, si la Commission semble simplement arbitrer, laissant à chaque État membre « *la responsabilité exclusive […] pour ce qui est de sa sécurité nationale* » et de son droit « *de protéger les intérêts essentiels de sa sécurité* » (art. 1er, § 2), nul doute que ses « avis » s'inscriront dans sa stratégie industrielle déployée en mars 2020 et mise à jour le 5 mai 2021[52].

Sécurité ou ordre public. Le règlement établit un cadre pour le filtrage, par les États membres, des investissements directs étrangers dans l'Union « *pour des motifs de sécurité ou d'ordre public* » (art. 1er, § 1). Pour déterminer si un IDE est susceptible de porter atteinte à la sécurité ou à l'ordre public, les États membres et la Commission peuvent prendre en considération ses effets potentiels, dont l'article 4, paragraphe 1, du règlement donne quelques exemples, tels que les effets sur les infrastructures concernant les transports ou bien les technologies critiques. Certaines acquisitions dans le secteur maritime peuvent assurément avoir de tels effets. La construction navale mais aussi les ports entrent dans les infrastructures à protéger et la stratégie chinoise consistant à acheter des ports sur sa route de la soie[53] pourrait bien se heurter aux remparts européens. Napoléon voulait « *conquérir la mer par la puissance de la terre* » ; il est déroutant de voir que ce sont les Anglais avec leurs comptoirs lointains et aujourd'hui les ports francs[54], puis les Chinois qui ont suivi les enseignements de l'empereur français !

---

51 Préc.

52 Communication de la Commission, « Updating the 2020 New Industrial Strategy: Building a stronger Single Market for Europe's recovery », COM(2021) 350 final.

53 En 2016, l'armateur chinois COSCO Shipping Corporation, une entreprise publique détenue par la Chine, a acheté le port du Pirée en Grèce tandis que Hong Kong a investi dans les ports de Dunkerque, du Havre, de Nantes et de Marseille.

54 Si le temps des Horatio Nelson est loin et que la Grande-Bretagne n'est plus maître des mers, sa politique reste marquée par sa longue tradition des comptoirs, non plus si lointains mais cherchant aujourd'hui à accueillir un commerce européen libre des contraintes de l'UE. Le gouvernement britannique a ainsi dévoilé son projet de création de dix ports francs au Royaume-Uni soutenu par un fort dispositif d'aides publiques. L'objectif est d'attirer au moyen d'avantages concurrentiels des entreprises et investissements dans le secteur logistique et des transports mais également des entreprises de secteurs plus divers et les GAFA. Les ports francs sont des interfaces logistiques – des *hubs* – à l'extérieur du territoire douanier d'un État, par lesquelles les produits reçus de l'étranger sont stockés ou transformés avant leur réexpédition vers l'étranger. À ces fonctions classiques se joignent aussi des avantages fiscaux et/ou des allégements de charges sociales pesant sur les entreprises concernées. Ainsi, le projet anglais vise à « *créer un différentiel d'attractivité au profit des ports francs britanniques au moyen d'aides d'État, tout en passant des accords de libre-échange avec des États tiers et avec l'UE* », sans que le droit européen des aides d'État vienne s'immiscer conformément à l'accord de retrait adopté en décembre 2020 (P. Corruble, « Aux portes de l'Union européenne : les "freeports" britanniques », *Le droit maritime français* n° 831/2021, p. 57).

Bien utilement, l'article 4 du règlement permet de prendre en compte « *le fait que l'investisseur étranger soit contrôlé directement ou indirectement par le gouvernement, y compris des organismes publics ou les forces armées, d'un pays tiers, notamment à travers la structure de propriété ou un appui financier significatif* ». Sont ainsi visées les entreprises d'État mais aussi celles bénéficiant de subventions et de tout autre « *appui financier significatif* », notion beaucoup plus large qui gagnera à être définie, mais qui permet d'appréhender les constructeurs navals asiatiques. La proposition de règlement sur les subventions étrangères du 5 mai 2021 vient également apporter une once de régulation. Elle permet d'éviter les acquisitions d'actifs européens qui, si elles ne sont certes pas le fait directement de puissances étrangères (par le biais d'entreprises publiques), pourraient tout de même tomber sous leur contrôle du fait des subventions ayant permis l'investissement.

Contrôle des IDE en droit français. Revu par la loi Pacte du 22 mai 2019[55], le mécanisme de filtrage français a évolué à la suite de la publication du règlement européen et de l'appel à la vigilance de la Commission dans sa communication de mars 2016. Un décret n° 2019-1590 du 31 décembre 2019 puis un arrêté du 27 avril 2020 et enfin le décret n° 2020-892 du 22 juillet 2020 ont étendu le champ des activités protégées. C'est dans ce climat que le ministre de l'Économie a à plusieurs reprises manifesté son hostilité à l'acquisition d'actifs français par un investisseur étranger[56]. Si l'échec du rachat des Chantiers de l'Atlantique par l'italien Fincantieri n'est pas imputable à la réglementation sur les IDE, on peut supposer que l'alliance du groupe italien avec son concurrent chinois a pu laisser craindre, par la technique du cheval de Troie, un investissement « indirect » étranger.

Conclusion. « *Le moment est venu de regarder la situation en face. Les atermoiements ne sont plus possibles et la question se pose de la façon suivante : la France veut-elle ou non avoir une marine ? Dans l'affirmative, le programme qui vous est soumis est un minimum ; le réduire serait consacrer notre déchéance navale.* » Les propos sont tenus par l'amiral Boué de Lapeyrère, ministre de la Marine en 1910, exposant les motifs de son projet de loi[57], et ne concernaient que la marine militaire française à la veille de la Première Guerre mondiale. Les difficultés ne se posent bien sûr plus dans les mêmes termes aujourd'hui, mais l'enjeu reste identique : l'Europe veut-elle ou non avoir une marine ?

---

55 E. Farnoux, « Renouvellement en profondeur du dispositif de contrôle des investissements étrangers : "patriotisme économique" bien ordonné de Paris à Bruxelles ? », *JCP G* 2019, 1201.

56 P. ex. : projet de rachat par le groupe sidérurgique chinois Jingye du sidérurgiste British Steel en faillite, incluant l'usine française d'Hayange ; projet de rapprochement entre Carrefour et le groupe canadien Couche-Tard ; projet de rachat de Photonis par l'entreprise américaine Teledyne.

57 Cité par H. Le Masson, *Propos maritimes*, Paris, Éditions maritimes et d'outre-mer, 1970, p. 228.

« L'Europe qui protège » et la transformation du droit économique européen

Loïc Azoulai*
Sciences Po (Paris)

Résumé

L'Europe est la proie d'un discours envahissant sur « l'État qui protège » ou « l'Europe qui protège ». Nous nous demandons si ce discours a une réalité dans le droit économique européen. L'étude porte sur les transformations que subit le droit de l'Union compte tenu des nouvelles données de l'interdépendance économique mondiale. Elle discerne deux nouvelles directions dans ce droit : la tentation d'établir un cadre réglementaire mondial et la volonté de protéger les infrastructures européennes.

* Professeur à l'École de droit de Sciences Po.

Quiconque se préoccupe d'études juridiques européennes ne peut que constater que le rapport de l'Europe et de son droit à l'idée de protection et au thème du protectionnisme n'est ni nouveau ni fixe. Ce rapport s'institue dès les débuts de l'intégration européenne et il a subi des modifications tout au long du processus d'intégration. Dans le contexte pandémique ou postpandémique, il est en train de se modifier encore[1]. Pour essayer de poursuivre l'immense travail de Laurence Idot explorant inlassablement les techniques et les concepts du droit économique européen, je me propose d'analyser les transformations de l'idée de protection dans le droit de l'Union européenne.

Aux yeux des fondateurs du marché commun européen, la protection des économies nationales était une réalité ancrée et tangible, indissociable de l'existence même d'États souverains et de marchés nationaux. Mais ils l'envisagèrent également comme une réalité spectrale, pathologie susceptible de hanter la vie d'États ayant convenu d'organiser entre eux une union économique[2]. Les États nations européens étaient envisagés comme ayant une vocation naturelle et constante à protéger leurs marchés et leurs entreprises. De ce point de vue, le protectionnisme eut tout de suite l'aspect d'un mal qui persiste et ne cesse de revenir pour s'interposer entre la réalité de marchés nationaux cloisonnés et le projet d'une union économique effective. Le rapport Spaak présidant à la conception du marché commun européen est clair en ce sens. Il exige la « *suppression de toutes les protections qui font actuellement obstacle aux échanges et qui morcellent l'économie européenne* »[3].

Il est clair que les « protections » ainsi visées concernent les produits nationaux. Le rapport Spaak se place en effet dans la perspective d'une structure de l'économie européenne et internationale selon laquelle productions nationales et productions étrangères peuvent être clairement et nettement distinguées. Dans cette perspective, il est tentant et il est loisible aux autorités étatiques de discriminer ces dernières au profit des premières. Cependant, cette configuration ne correspond plus à la forme dominante des échanges économiques internationaux[4]. Ceux-ci reposent désormais sur la constitution de chaînes de valeur globales dans lesquelles les processus de production sont étroitement intriqués[5]. Toute une série d'acteurs, d'activités et de processus localisés en divers points

---

1 Sur l'idée d'une transformation des formes du protectionnisme, v. récemment A. Lang, « Protectionism's Many Faces », *The Yale Journal of International Law Online*, vol. 44, 2019 (en ligne).

2 Sur le motif spectral dans le contexte du droit économique européen, v. aussi E. Brosset, « Protectionnisme et motif de protection de la santé en droit de l'Union européenne », in S. Barbou des Places (dir.), *Protectionnisme et droit de l'Union européenne*, Paris, Pedone, 2014, p. 101.

3 Comité intergouvernemental créé par la conférence de Messine, « Rapport des chefs de délégation aux ministres des Affaires étrangères » (Bruxelles, 21 avril 1956), p. 15.

4 Sur ce point, v. I. Lianos, « Updating the EU Internal Market Concept », in F. Amtenbrink, G. Davies, D. Kochenov and J. Lindeboom (eds.), *The Internal Market and the Future of European Integration: Essays in Honour of Laurence W. Gormley*, Cambridge University Press, 2019, p. 495.

5 Sur cette question, v. K. B. Sobel-Read, « Global Value Chains: A Framework for Analysis », *Transnational Legal Theory*, vol. 5, n° 3, 2014, p. 364.

du monde sont imbriqués les uns dans les autres et concourent à la confection des produits mis sur les marchés nationaux et circulant dans l'Union européenne. À cela s'ajoute le fait qu'une bonne part des échanges et des pratiques de consommation ont pris une forme numérique qui n'est pas soumise aux effets de cloisonnement territorial. Dans ces conditions, il est bien plus difficile de concevoir des mesures protectionnistes effectives. Chose remarquable, cela n'a visiblement pas désactivé les discours à teneur protectionniste. Il est un fait que ceux-ci s'étendent en Europe.

C'est que la protection n'existe pas seulement sur le plan pratique ; elle a aussi une existence idéologique, au plan des représentations. Se prémunir contre les représentations persistantes qui favorisent les formes de repli national est sans doute aussi important qu'abattre des barrières réglementaires. L'État protecteur des besoins et des intérêts de sa population, l'État protecteur des ressources vitales situées sur le territoire national, l'État souverain et autosuffisant, ce sont là des représentations toujours puissantes dans l'imaginaire européen ; toutes sont potentiellement porteuses de protectionnisme. Dès l'origine de l'intégration européenne, l'enjeu était de désarmer les protections, qu'elles soient matérielles, réglementaires ou idéologiques. Or, ce travail de désarmement fut confié au droit. Le droit de l'Union fut chargé d'une double tâche : celle d'élaborer les techniques de lutte contre les protections étatiques et celle de produire les contre-représentations favorables à l'ouverture des marchés nationaux[6].

I. Protection *versus* protectionnisme en droit économique européen

Combattre une pratique aussi tentante et aussi courante que le protectionnisme économique n'est pas chose aisée. Il a fallu forcer les gouvernements des États membres à soumettre leurs politiques à une analyse de conformité aux règles européennes ayant pour objet de créer une interpénétration des économies nationales : ainsi des règles relatives aux libertés de circulation et à la libre concurrence – règles orientées vers « *la fusion des marchés nationaux dans un marché unique réalisant des conditions aussi proches que possible de celles d'un véritable marché intérieur* »[7]. La grande réussite de la Cour de justice de l'Union est d'être parvenue à faire accepter ce cadre d'analyse sans coaliser les gouvernements nationaux contre elle. On ne peut expliquer ce consentement tacite des gouvernements que par des facteurs extérieurs au droit. Il a fait l'objet d'explications politologiques et sociologiques.

6 Sur cette double fonction, v. L. Azoulai, « Le sens des libertés de circulation dans le droit de l'Union européenne », in J.-S. Bergé et G. C. Giorgini, *Le sens des libertés économiques de circulation*, Bruxelles, Bruylant, 2020, p. 103.

7 CJCE, 5 mai 1982, *Gaston Schul*, aff. 15/81, EU:C:1982:135, pt 33.

Sur le plan du droit, les motifs protectionnistes avancés au soutien de règles nationales sont considérés comme inadmissibles. La jurisprudence de la Cour de justice est constante en ce sens : les mesures étatiques entravant les échanges ne sauraient être justifiées par des motifs « *de nature purement économique* »[8]. Mais, comme le propre des mesures protectionnistes est de revenir sans cesse en se dissimulant, et comme par ailleurs les motifs de ces mesures sont susceptibles de relever d'intérêts légitimes reconnus par une Union européenne qui se considère comme pourvue d'objectifs qui ne sont pas uniquement économiques, la Cour de justice a mis au point une stratégie d'analyse plus subtile. Celle-ci consiste à convertir les motifs nationaux en intérêts publics susceptibles de justifier des entraves aux échanges. Le but de cette conversion est de soumettre les mesures nationales à une analyse de proportionnalité. Analyse qui a pour but de tester la cohérence et l'intégrité des règles nationales litigieuses, du point de vue de leurs effets pratiques et de leur mise en œuvre.

Quel genre de protection se loge dans cette manière de développer le droit européen ? La jurisprudence européenne a reconnu la légitimité de nombreux motifs non économiques : motifs liés aussi bien aux politiques sociales et culturelles des États membres, à la protection de l'ordre social et moral de ces États ainsi qu'à la préservation de leurs intérêts dits « stratégiques »[9]. Ces dernières années, la Cour de justice est particulièrement sensible aux motifs liés aux *« fonctions essentielles de l'État »*[10]. Ainsi distingue-t-elle dans son analyse les motifs liés à la préservation des capacités de soins des États membres, de leurs capacités d'approvisionnement énergétique ou encore de leurs systèmes éducatifs ou de protection sociale[11]. En somme, ce qui est légitime, c'est ce qui concourt à consolider la stabilité sociale au sein des États membres. Tel est le sens de la jurisprudence qui protège certains groupes sociaux vulnérables (comme les travailleurs ou les consommateurs) ou certaines structures sociales essentielles à la cohésion et à la stabilité des sociétés nationales en Europe (comme l'éducation, la santé, le pluralisme des médias ou l'ordre public). Cette jurisprudence s'inscrit dans l'idée d'un marché socialement encadré[12]. On a parlé, pour décrire le développement du système économique international d'après-guerre, de « libéralisme intégré » (« *embedded liberalism* »). John Ruggie, auteur de l'expression, écrit que « *l'essence du libéralisme intégré [...] est d'imaginer une forme de multilatéralisme qui soit compatible avec les exigences*

---

8 V. CJCE, 6 juin 2000, *Verkooijen*, aff. C-35/98, EU:C:2000:294, pt 48, et déjà CJCE, 7 février 1984, *Duphar*, aff. 238/82, EU:C:1984:45, pt 23. La jurisprudence est constante en ce sens.

9 V., plus en détail, V. Michel, « Le protectionnisme étatique licite vu au travers des exceptions au droit du marché intérieur », in S. Barbou des Places (dir.), *op. cit.*, p. 65.

10 V., sur cette notion, L. Azoulai, « La formule des compétences retenues des États membres devant la Cour de justice de l'Union européenne », in E. Neframi (dir.), *Objectifs et compétences dans l'Union européenne*, Bruxelles, Bruylant, 2013, p. 341.

11 Sur ce point, v. L. Azoulai, « The European Court of Justice and the duty to respect sensitive national interests », in M. Dawson, B. De Witte and E. Muir (eds.), *Judicial Activism at the European Court of Justice*, Cheltenham, Edward Elgar, 2013, p. 167.

12 Il existe un débat sur ce point. V. M. Höpner et A. Schäfer, « Embeddedness and Regional Integration: Waiting for Polanyi in a Hayekian Setting », *International Organization*, vol. 66, 2012, p. 429.

de la stabilité interne »[13]. Or, il n'est pas douteux que, dans le processus d'intégration européenne, une forte pression s'est exercée pour prendre en compte les exigences nationales de stabilité politique et sociale[14]. Tout l'enjeu fut donc d'inscrire la protection des facteurs de stabilité dans le cadre d'un marché européen intégré orienté, au contraire, vers la transformation des ordres socio-économiques nationaux, la modernisation des structures économiques et l'ouverture des marchés domestiques les uns aux autres.

La prégnance de cet enjeu peut être illustrée par un exemple récent. Il est tiré de l'affaire *AGET Iraklis*, jugée en décembre 2016[15]. Cette affaire s'est nouée sur fond de crise financière et économique. La grande crise de 2008-2010 fut à l'origine d'une vague de mesures protectionnistes en Europe[16]. Dans cette affaire était en cause une mesure grecque apparemment protectionniste. Pour protéger les emplois en Grèce, la loi soumettait les projets de licenciement collectif à l'approbation du ministre. Or, il était expressément permis au ministre de tenir compte de « *l'intérêt de l'économie nationale* ». En l'espèce, le groupe multinational français Lafarge avait adopté un plan de restructuration prévoyant l'arrêt définitif d'une usine de production de ciment et un licenciement collectif. Le ministre s'y oppose. Le Conseil d'État grec demande alors à la Cour de justice si une telle décision, bien qu'elle soit susceptible d'entraver les libertés économiques, ne doit pas être considérée comme étant justifiée, « *singulièrement en présence d'une crise économique aigüe accompagnée d'un taux de chômage inhabituellement élevé avoisinant [...] les 27 %* » (*AGET Iraklis*, pt 24).

La réponse de la Cour est classiquement ambivalente. D'un côté, elle considère que la réglementation grecque affecte l'accès au marché d'une entreprise siégeant dans un autre État membre, privant celle-ci de la jouissance d'une liberté fondamentale : liberté de contracter avec les travailleurs d'un autre État membre comme de mettre fin à l'activité de l'entreprise, sans que puisse lui être opposée une quelconque direction sur les affaires de l'entreprise, sur ses biens, ses actifs ou sur ses décisions. On ne saurait être plus libéral. D'un autre côté, cependant, la Cour de justice admet que la protection des travailleurs et de l'emploi constitue une raison impérieuse d'intérêt général susceptible de justifier une telle mesure. C'est la manière qu'a la Cour d'intégrer le social dans le marché intérieur[17]. Une fonction de protection ayant un objectif de cohésion sociale est intégrée au cadre juridique du marché. Fonction que la Cour de justice reconnaît comme relevant de l'État : « *[L]a liberté d'entreprise*

---

13 J. G. Ruggie, « International Regimes, Transactions, and Change: Embedded Liberalism in the Postwar Economic Order », *International Organization*, vol. 36, nº 2, 1982, p. 392 (traduction libre).

14 V. C. S. Maier, « The Two Postwar Eras and the Conditions for Stability in the Twentieth-Century Western Europe », *American Historical Review*, vol. 86, nº 2, 1981, p. 327.

15 CJUE, 21 décembre 2016, *AGET Iraklis*, aff. C-201/15, EU:C:2016:972 (ci-après « *AGET Iraklis* »).

16 V. S. Durusoy, E. Sica et Z. Beyhan, « Economic Crisis and Protectionism Policies: The Case of EU Countries », *International Journal of Humanities and Social Sciences*, vol. 5, nº 6(1), 2015. p. 57.

17 V., sur ce point, L. Azoulai, « Le sens du social dans le droit de l'Union européenne », in S. Barbou des Places, E. Pataut et P. Rodière (dir.), *Les frontières de l'Europe sociale*, Paris, Pedone, 2018, p. 265.

peut être soumise à un large éventail d'interventions de la puissance publique susceptibles d'établir, dans l'intérêt général, des limitations à l'exercice de l'activité économique[18] *[…]* » Les interventions de l'État ont toutefois des limites. Si le régime grec est accepté, c'est aussi parce qu'il n'exclut pas le licenciement collectif : il se contente d'« *encadrer une telle possibilité* ». La Cour le qualifie de « *régime national d'encadrement* ». Encore n'est-il pas sauvé pour autant : il reste à vérifier que ses modalités concrètes d'application répondent à un juste équilibre entre les intérêts de protection des travailleurs et ceux ayant trait à la liberté d'entreprendre. C'est là qu'opère l'analyse de proportionnalité. Or, aux yeux de la Cour, la réglementation grecque est clairement disproportionnée en ce sens qu'elle souffre d'une absence de précision dans la définition de ses critères de mise en œuvre.

Cet exemple permet de comprendre que le protectionnisme revêt, en droit de l'Union, une signification complexe. Il ne se réduit pas à l'adoption de mesures étatiques unilatérales consistant à protéger les productions ou les entreprises nationales au détriment des productions ou des entreprises étrangères. Est protectionniste au sens du droit économique européen la règle nationale qui, mise à l'épreuve de l'obligation de se justifier, est incapable de faire la démonstration qu'elle poursuit un objectif de stabilisation ou de cohésion sociale. Dans l'affaire *AGET Iraklis*, le protectionnisme se loge dans le pouvoir discrétionnaire octroyé au ministre grec. C'est qu'un tel pouvoir rend illusoires la protection et la distribution équitables des intérêts nationaux et des intérêts non nationaux en cause, au détriment des seconds. Ce pouvoir comporte à l'évidence un risque de déstabilisation de la structure des échanges en Europe plus grand que toute promesse de stabilité. Il fait entrevoir le risque d'un pur protectionnisme économique. Insistons cependant sur ce point : le droit de l'Union n'est pas hostile aux régimes d'encadrement. Il ne s'oppose pas à tout ce qui limite la liberté d'entreprendre et de circulation. Une règle qui restreint la liberté économique tout en préservant la règle du jeu du marché intérieur et l'équité des transactions transnationales sur ce marché peut parfaitement être défendue. Le droit de l'Union n'est pas exclusivement et toujours du côté du libre marché ; il lui arrive d'être du côté d'une « politique sociale de marché » élargie et adaptée au cadre du marché intérieur[19].

II. Les limites de la capacité protectrice du droit économique européen

Il est difficile d'ignorer que le droit de l'Union ainsi conçu fait à présent l'objet d'une vive contestation. Que ce droit ait été en mesure de désactiver certains réflexes protectionnistes en Europe, qu'il ait créé les conditions d'une plus grande interdépendance entre les économies et les sociétés européennes, que le marché

---

18 *AGET Iraklis*, pt 86.

19 Pour une conception plus critique, v. Q. Slobodian, *Globalists: The End of Empire and the Birth of Neoliberalism*, Harvard University Press, 2018, not. le chapitre 6 sur l'intégration européenne.

intérieur européen ait généré plus de bénéfices qu'il n'a créé de coûts pour l'ensemble de la population européenne, ces constats sont bien établis[20]. Cependant, ils ne suffisent plus à asseoir la légitimité de l'Union européenne et de son droit. Associé à l'ouverture des marchés et à une mondialisation économique dérégulée, le droit de l'Union est désormais perçu comme un facteur de dépolitisation, de désocialisation et de démoralisation des sociétés européennes[21]. Aux yeux de nombreux Européens, il apparaît bien plus comme déstructurant que comme un facteur de cohésion et de stabilité.

Mais il y a plus. L'arrivée de la pandémie de Covid-19 sur le sol européen a rendu sensible la fragilité du modèle européen d'intégration du marché et de la société. Au moment où le souci de la vie des habitants du territoire national est devenu la considération primordiale, il a fallu admettre des solutions clairement « attentatoires à la libre circulation des marchandises », telles les restrictions d'exportation d'équipements médicaux essentiels[22] ; il a fallu autoriser des aides d'État en principe interdites[23] ; il a fallu accepter des dépenses publiques largement « déséquilibrées », seul moyen pour maintenir un accès universel aux services hospitaliers[24]. La pandémie a eu pour résultat que, pour un temps du moins, le jeu classique de désactivation des mesures nationales protectionnistes a été rendu inopérant. Au point même que la pandémie a pu paraître préparer le terrain pour une vie sociale européenne en cours de « déséconomisation »[25].

Pour mesurer la réalité de cette transformation, il faut revenir un peu en arrière. Considérons seulement la manière dont la Cour de justice jugeait, en 2017, un cas d'approvisionnement en médicaments dérivés du plasma humain. C'est la matière de l'affaire *Medisanus*[26]. Celle-ci concernait les médicaments dérivés du plasma humain. En dehors de toute période prépandémique, ces médicaments sont couramment utilisés en médecine d'urgence et en soins intensifs. Or, en Slovénie, les hôpitaux étaient soumis à l'obligation de se fournir en médicaments produits à partir de plasma collecté en Slovénie. Cette obligation était justifiée par un

---

20 V. les résultats de l'étude de la fondation Bertelsmann, « Estimating economic benefits of the Single Market for European countries and regions », May 2019, disponible en ligne.

21 V., sur ce point, M. Höpner et S. K. Schmidt, « Can We Make the European Fundamental Freedoms Less Constraining? A Literature Review », *Cambridge Yearbook of European Legal Studies*, vol. 22, 2020, p. 182.

22 Règlement d'exécution (UE) 2020/402 de la Commission du 14 mars 2020 soumettant l'exportation de certains produits à la présentation d'une autorisation d'exportation, *JOUE* n° L 77I du 15 mars 2020, p. 1 ; règlement d'exécution (UE) 2021/111 de la Commission du 29 janvier 2021 subordonnant l'exportation de certains produits à la présentation d'une autorisation d'exportation, *JOUE* n° L 31I du 30 janvier 2021, p. 1.

23 Communication de la Commission, « Encadrement temporaire des mesures d'aide d'État visant à soutenir l'économie dans le contexte actuel de la flambée de COVID-19 », *JOUE* n° C 911 du 20 mars 2020, p. 1.

24 En particulier, Comm. eur., Communication on the activation of the general escape clause of the Stability and Growth Pact, COM(2020) 123 final, 20 mars 2020 ; Communication de la Commission, « Temporary Framework for State aid measures to support the economy in the current COVID-19 outbreak », *JOUE* n° C 91I du 20 mars 2020, p. 1 ; Conseil européen, « Report on the comprehensive economic policy response to the COVID-19 pandemic », 9 avril 2020.

25 B. Latour, « Êtes-vous prêts à vous déséconomiser ? », *AOC*, 2 juin 2020 (en ligne).

26 CJUE, 8 juin 2017, *Medisanus*, aff. C-296/15, EU:C:2017:431.

objectif d'autosuffisance nationale dans un domaine vital pour la nation : la santé. Obligation contestée par une entreprise slovène spécialisée dans la commercialisation de produits médicaux au motif qu'elle protégerait, en fait, la position économique de l'Office slovène de médecine transfusionnelle au détriment de la libre circulation des produits provenant d'autres États membres. Rappelons que l'Office disposait d'un monopole pour collecter le sang humain et le plasma sur le territoire slovène. Nous tenons là un cas typique de défense d'une « autonomie stratégique » pratiquée par un pays européen dans un contexte global de pénurie de ressources critiques pour lesquelles les pays qui peuvent payer le prix le plus élevé se trouvent privilégiés[27].

Comment un tel cas se résout-il selon le droit économique européen ? La Cour de justice établit aisément que la mesure slovène pose une exigence d'origine nationale « *intrinsèquement discriminatoire* » (pt 68) à l'égard des producteurs de médicaments situés dans les autres États membres. Elle constitue donc une entrave aux échanges. Cependant, une telle mesure est susceptible d'être justifiée par un motif de protection de la santé publique, motif élevé au rang de bien commun occupant « *le premier rang parmi les biens et intérêts protégés par le traité FUE* » (pt 82). Il s'ensuit que, « *en l'état actuel du droit de l'Union, l'autosuffisance de l'Union se concrétise à travers la poursuite par chaque État membre d'un objectif d'autosuffisance nationale* » (pt 89). Expression parfaite de l'État national envisagé comme « unité de survie », protégeant le système de soins de sa population[28]. Expression insuffisante cependant, car tel n'est pas le fin mot du jugement. La dialectique du droit européen ne s'arrête pas là. Il convient encore de démontrer que cet objectif est mieux satisfait par une mesure de nature protectionniste. Or, selon la Cour de justice, il y a lieu d'en douter. L'exigence d'origine nationale et le principe d'approvisionnement prioritaire en Slovénie sont en effet analysés comme des mesures clairement disproportionnées. La raison en est que, par l'application des règles du marché intérieur, les produits, y compris les médicaments, sont susceptibles de circuler librement. Dès lors, il n'est pas d'obstacle apparent à ce que les patients slovènes puissent bénéficier de la collecte de sang gratuite ayant lieu dans les autres États membres. Il en est d'autant plus ainsi que « *les médicaments sont fournis aux hôpitaux moyennant le paiement d'un prix correspondant aux seuls coûts liés à leur production* » (pt 99). En d'autres termes, dans la mesure où l'accès aux produits médicaux est fluide, la solidarité sanitaire en Europe n'est plus qu'une fonction de la règle de jeu équitable établie dans le cadre du marché intérieur. Il s'ensuit que l'idée de se fonder sur un « *un concept de solidarité purement national* » (pt 97) doit être rejetée.

Ce raisonnement peut n'être pas entièrement convaincant, ni du point de vue pratique ni d'un point de vue économique : sans doute sous-estime-t-il les coûts

---

27 *Ibid.*, pt 100.

28 Sur le concept d'« unité de survie », v. N. Elias, *La société des individus*, Paris, Fayard, 1991. Dans le contexte européen, v. M. Joly, *L'Europe de Jean Monnet*, Paris, CNRS Éditions, 2017.

d'importation et les effets de pénurie. Il reste qu'il est, sur le plan juridique, typique de la période prépandémique. Sa viabilité, même si elle n'est que théorique, repose sur une prémisse fondamentale : que les conditions d'accès aux ressources sont fluides et sécurisées. Or, c'est bien cette prémisse que la pandémie a rendue fragile. La pandémie a révélé la vulnérabilité des Européens à l'égard des conditions mêmes d'accès aux ressources dans le monde. La fragilité européenne correspond, en fait, à un état général du monde : état dans lequel l'interdépendance économique censée générer une agrégation des intérêts fonctionne mal ; monde souffrant d'une crise générale de l'accès aux ressources critiques. Dans un tel monde, on comprend que l'Europe ait un réflexe protecteur. Ce réflexe, les partenaires commerciaux de l'Union européenne caractérisent volontiers comme nouveau « protectionnisme européen »[29]. Seulement, il paraît difficile de l'analyser dans les termes classiques de la distinction entre protection et protectionnisme. Cette distinction convenait à un monde où le libre accès aux marchés était conçu comme un horizon possible et probable, auquel s'opposaient uniquement des volontés politiques que le droit était plus ou moins aisément en mesure de désarmer.

III. Les nouvelles données de l'interdépendance économique

La pandémie de Covid-19 n'a fait que révéler un état du monde dans lequel les données de l'interdépendance économique européenne ont structurellement changé. Ce qui caractérise le mieux la situation présente des Européens, ce n'est plus d'être mutuellement interdépendants ; c'est d'être globalement dépendants. L'accès aux ressources, aux équipements, aux technologies dont nous avons besoin s'est singulièrement dégradé. L'accès a perdu sa fluidité ; il est à présent beaucoup moins sûr. Assurément, l'Europe ne découvre pas le problème de l'accès et de la dépendance. Mais disons qu'un tel problème paraissait gérable tant que les besoins pouvaient être aisément anticipés et calculés, que les ressources convoitées étaient assez aisément disponibles, et que l'accès à ces ressources était stabilisé du fait d'un cadre institutionnel favorable aux échanges. Le problème de l'accès demeurait gérable tant que l'on vivait sous le régime de ce que l'on a appelé « l'ordre international libéral, ordre imposé par les Occidentaux et préservant largement leur position de domination économique et technologique. C'est ce régime que, en 1996, la Commission européenne continuait à célébrer en vantant les vertus du commerce international et de l'investissement. Elle plaçait alors la position de l'Europe au sein de cet ordre et sous le signe du libre accès aux marchés[30].

---

29 P. ex., dans le domaine du traitement des données personnelles, v. S. Yakovleva, « Privacy Protection(ism): The Latest Wave of Trade Constraints on Regulatory Autonomy », *University of Miami Law Review*, vol. 74, 2020, p. 416.

30 Communication de la Commission, « Le défi global du commerce international : une stratégie d'accès aux marchés pour l'Union européenne », COM(96) 53 final, 14 février 1996.

Une telle position ne paraît plus tenable en raison d'un changement dans les paramètres des échanges économiques internationaux. On peut dire que la transformation tient pour l'essentiel aux éléments suivants :

1. Désormais, la structure des échanges repose sur la constitution de chaînes d'approvisionnement et de chaînes de valeur mondiales. Or, celles-ci ont pour caractéristique de transformer le processus de production en une série de processus dispersés et fragmentés. Les secteurs de la haute technologie sont particulièrement exposés à cette structure d'échange[31]. Le résultat en est, d'un côté, une forme accrue d'interdépendance entre économies nationales mais aussi, de l'autre, la création de nouveaux phénomènes de dépendance[32]. Cela rend plus aigus les problèmes d'accès que rencontre l'économie européenne.

2. Le cadre institutionnel des échanges mondiaux s'est très largement décomposé ces dernières années. On cite volontiers, pour illustrer ce fait, l'état déliquescent de l'Organisation mondiale du commerce[33]. Bien d'autres signes vont dans le sens d'un environnement politique et institutionnel dégradé[34]. Dans ce contexte, il faut tenir compte en particulier du phénomène dit d'« interdépendance armée »[35]. On désigne ainsi le fait que l'interdépendance économique ne doit plus être pensée uniquement, comme on avait pris l'habitude de le faire dans la période de l'après-guerre, comme un phénomène vertueux, générant de l'intégration, l'agrégation des intérêts rivaux et une forme de pacification entre puissances ; l'interdépendance sert à présent de levier de pouvoir à certaines puissances qui l'utilisent soit pour occuper une position centrale dans les chaînes de valeur, créant des phénomènes de dépendance (c'est, par exemple, la Chine dans la production d'équipements médicaux[36]), soit pour exploiter des ressources issues de ces processus d'interdépendance pour se placer en position d'asymétrie de pouvoir (ce sont, par exemple, les États-Unis exploitant les données personnelles recueillies par les GAFAM). L'interdépendance économique devient ainsi une arme économique et politique. Ce n'est pas par hasard que les institutions

---

31 V., sur ce point, E. Combe et S. Guillou, « Souveraineté économique : entre ambitions et réalités », Fondation pour l'innovation politique, janvier 2021 (en ligne).

32 J. Kenner, « The Imperative to Diversify Value Chains Post-Covid-19 », Institut Montaigne, 23 juin 2020 (en ligne).

33 V. Annexe à la Communication de la Commission, « Trade Policy Review – An Open, Sustainable and Assertive Trade Policy », COM(2021) 66 final, 18 février 2021, intitulée « Reforming the WTO: Towards a Sustainable and Effective Multilateral Trading System ».

34 V. F. Montanaro et F. Violi, « The Remains of the Day: The International Economic Order in the Era of Disintegration », *Journal of International Economic Integration*, vol. 23, n° 2, 2020, p. 299.

35 H. Farrell et A. L. Newman, « Weaponized Interdependence: How Global Economic Networks Shape State Coercion », *International Security*, vol. 44, n° 1, 2019, p. 42.

36 V. ainsi R. Chiappini et S. Guillou, « Échanges commerciaux des produits et équipements de protection médicale. Quels enseignements de la pandémie de Covid-19 ? », *OFCE Policy Brief*, n° 77, 1er octobre 2020 (en ligne).

européennes désignent les puissances commerciales mondiales comme des « rivaux systémiques » pour l'Europe[37].

3. L'interdépendance a cessé d'être uniquement un processus de caractère strictement international, existant entre les mains des États et des institutions internationales. L'interdépendance économique s'est « inter-socialisée »[38] ; elle dépend tout autant des réactions des corps sociaux dans le monde que de stratégies d'État. Or, au sein des sociétés européennes, l'interdépendance dans les échanges économiques se présente sous la forme d'un rapport au monde essentiellement contradictoire. Il semble bien que nous, Européens, soyons jetés dans des contradictions sans fin. Par exemple, la transition écologique que nous appelons de nos vœux présuppose l'extraction de ressources rares situées sur des terres lointaines. Or, celle-ci se fait dans des conditions d'exploitation destructrices des sols ou de l'équilibre des groupes sociaux locaux. Dès lors, ce que nous présentons comme un objectif écologique vertueux, pour nous et pour le monde, est susceptible de se traduire par des pratiques contraires aux valeurs de dignité humaine au nom desquelles cet objectif est poursuivi[39]. De la même manière, l'interdépendance économique et l'accès aux marchés que promeut l'Union ont structurellement pour effet d'éloigner les lieux de production des lieux de consommation. Or, cet éloignement est vécu aujourd'hui comme étant contraire aux valeurs de proximité sociale, de soutenabilité écologique et de respect de la diversité culturelle – valeurs que les institutions européennes présentent volontiers comme des éléments essentiels du « mode de vie européen ». De telles contradictions appellent naturellement des contestations. Elles créent aussi le terreau de tentations autarciques au sein des corps sociaux[40].

Ce triple changement dans les données crée le terrain sur lequel se dégage une nouvelle représentation de la place de l'Europe dans le monde. On se représente le rôle de l'Union, selon une formule déjà ancienne, comme celui d'une « *Europe qui protège* »[41], formule ambiguë, essentiellement polysémique. Qu'entendre par cette expression ?

---

37 Qualifiant ainsi la Chine ; v. Commission européenne et Haut représentant de l'Union pour les affaires étrangères et la politique de sécurité, « *EU-China – A strategic outlook* », JOIN(2019) 5 final, 12 mars 2019. V. plus généralement S. Meunier et K. Nicolaïdis, « The Geopoliticization of European Trade and Investment Policy », *Journal of Common Market Studies*, vol. 57, n° S1, 2019, p. 103.

38 V., pour cette analyse, B. Badie, *Inter-socialités : le monde n'est plus géopolitique*, Paris, CNRS Éditions, 2020.

39 Notons que la contradiction n'est pas demeurée sans effet au plan institutionnel. Le règlement dit « minerais de conflit » est un excellent exemple des rets contradictoires dans lesquels est prise l'Union. Ce règlement concerne plus particulièrement l'importation de minerais depuis la République démocratique du Congo et ses zones de conflit : règlement (UE) 2017/821 du 17 mai 2017 fixant des obligations liées au devoir de diligence à l'égard de la chaîne d'approvisionnement pour les importateurs de l'Union qui importent de l'étain, du tantale et du tungstène, leurs minerais et l'or provenant de zones de conflit ou à haut risque, *JOUE* n° L 130 du 19 mai 2017, p. 1.

40 V., en général, E. Helleiner, « The Return of National Self-Sufficiency? Excavating Autarkic Thought in a De-Globalizing Era », *International Studies Review*, 2021, p. 1.

41 Sur cette formule, v. J. Rupnik, « "Europe sans barrières" et "Europe qui protège" », Institut Jacques-Delors, 2008 (en ligne) ; R. Dehousse, « Social Protection: Why the EU needs to deliver », *Les Cahiers européens*, n° 3/2008 (en ligne).

IV. « *Europe qui protège* »

Derrière la formule de l'« *Europe qui protège* » s'en cachent d'autres. Pour dire le besoin de protection, il y a inflation sémantique. Reconnaissons que la sémantique fait partie du mode d'intervention des institutions de l'Union. Mais, en ce cas, l'inflation trahit un malaise, le sentiment ou le fait d'une perte de contrôle. Sur une période de quelques années, la Commission européenne a prôné une « mondialisation maîtrisée » ou « régulée »[42], une « Europe résiliente »[43], une « autonomie stratégique » pour l'Europe[44], ou encore l'advenue d'une Europe « géopolitique »[45]. Toutes ces formules trouvent leur sens dans la transformation des données de l'interdépendance. Toutes tournent en fait autour d'une même question : comment recouvrer l'accès aux ressources dont nous avons besoin tout en nous protégeant des phénomènes de dépendance et en évitant d'apparaître comme une puissance isolationniste ou protectionniste ? Il n'est sans doute pas de meilleure illustration de ce casse-tête que la formule récente de la Commission européenne réclamant pour l'Europe, sous forme d'oxymore, une « *autonomie stratégique ouverte* »[46].

De telles formules signalent, en fait, un double changement : changement d'échelle et changement d'acteur. Sans doute le protectionnisme intra-européen n'a-t-il pas disparu. Mais l'enjeu essentiel aujourd'hui est bien celui des moyens de protéger l'Europe par rapport au reste du monde. La Cour de justice de l'Union n'est pas demeurée à l'écart de ce mouvement. Elle a jugé en faveur du titre des institutions politiques (Commission européenne, Conseil de l'Union et Parlement européen) à agir pour conclure des accords avec les partenaires commerciaux de l'Europe ; ce faisant, elle a admis la liaison entre protection du libre accès aux marchés et défense des intérêts de l'Union en matière de protection de l'environnement, de politique sociale, de protection des consommateurs ou de la santé, ou encore de protection de ses frontières extérieures[47]. Œuvre qui n'est pas négligeable. Cependant, l'essentiel de la prise en charge du désir de protection des Européens relève des institutions politiques.

Ces institutions disposent déjà d'instruments pour ouvrir les marchés des pays tiers et pour protéger les productions et industries européennes : accords

---

42 Comm. eur., « Document de réflexion sur la maîtrise de la mondialisation », COM(2017) 240 final, 10 mai 2017.

43 Comm. eur., « Shared Vision, Common Action: A Stronger Europe – A Global Strategy for the European Union's Foreign and Security Policy », juin 2016 (en ligne).

44 Communication de la Commission, « Une nouvelle stratégie industrielle pour l'Europe », COM(2020) 102 final, 10 mars 2020.

45 « *This is the geopolitical Commission that I have in mind, and that Europe urgently needs* » (discours de la présidente de la Commission européenne Ursula von der Leyen le 27 novembre 2019).

46 Communication de la Commission, « Trade Policy Review – An Open, Sustainable and Assertive Trade Policy », préc., p. 4 (traduction libre).

47 V., sur ce point, à titre d'illustration, CJUE, 16 mai 2017, *Accord de libre-échange entre l'Union européenne et la République de Singapour*, avis 2/15, EU:C:2017:376. Pour un commentaire, M. Cremona, « Shaping EU Trade Policy post-Lisbon: Opinion 2/15 of 16 May 2017 », *European Constitutional Law Review*, vol. 14, n° 1, 2018, p. 231.

commerciaux et instruments de défense commerciale[48]. Elles ne se privent d'ailleurs pas d'en faire usage[49]. Mais, à côté de ces instruments classiques, adaptés à un monde globalement façonné par l'ordre international libéral, de nouveaux instruments apparaissent. Ceux-ci sont destinés à répondre à la transformation des données de l'interdépendance. Ils sont de deux ordres : ils relèvent, d'une part, de l'élaboration d'un régime normatif d'encadrement des échanges économiques internationaux ; d'autre part, de la préservation des infrastructures essentielles.

V. « *Global rulebook* »

On l'a vu, la Cour de justice de l'Union a pris soin, dans sa jurisprudence, de distinguer entre protectionnisme et protection des capacités de régulation de l'État (ou de l'Union en tant que telle[50]). Tout en prohibant le premier, elle protégeait les secondes pour autant que celles-ci fussent mises en œuvre d'une manière conforme à l'objectif d'interpénétration des économies nationales. Le droit économique européen a développé l'idée d'un espace de régulation ayant en vue la protection d'intérêts publics légitimes. Or, premier mouvement, le changement dans les données de l'interdépendance a porté l'Union à étendre et à élargir considérablement cette vocation à la régulation, mais en la transformant. À présent, l'Union s'évertue à de créer un régime d'encadrement des activités économiques qui a pour objet non seulement l'économie des États membres et le commerce intra-européen mais le monde en tant que tel, le système-monde : c'est-à-dire, concrètement, les pays tiers, partenaires commerciaux de l'Europe, et les acteurs privés transnationaux qui opèrent en lien direct ou indirect avec le marché intérieur. Établir un « *global rulebook* », à savoir un cadre réglementaire mondial composé de normes impératives applicables dans certains secteurs-clefs, telle semble être la nouvelle ambition du droit européen[51].

Cette entreprise revêt diverses expressions. Trois séries d'instruments méritent d'être mentionnées :

1. L'adoption de normes réglementaires opposables aux acteurs transnationaux. Il s'agit de soumettre les acteurs privés entretenant un lien quelconque avec le marché intérieur à un régime spécial de responsabilité. Autrement dit, de les forcer à opérer sous des conditions conformes aux intérêts et aux valeurs de l'Union. Cela prend des formes variées.

48 V. A. Hervé, « Le protectionnisme et la politique commerciale commune de l'Union européenne », in S. Barbou des Places (dir.), *op. cit.*, p. 39 ; v. égal. B. Ikejiaku et C. Dayao, « Competition Law as an Instrument of Protectionist Policy: Comparative Analysis of the EU and the US », *Utrecht Journal of International and European Law*, vol. 36, n° 1, 2021, p. 75.

49 V. récemment, p. ex., Règlement d'exécution (UE) 2020/776 de la Commission du 12 juin 2020 instituant un droit compensateur définitif sur les importations de certains tissus en fibres de verre tissées et/ou cousues originaires de la République populaire de Chine et d'Égypte, *JOUE* n° L 189 du 15 juin 2020, p. 1.

50 V., classiquement, G. Majone, *La Communauté européenne : un État régulateur*, Paris, Montchrestien, 1996.

51 Cette ambition est clairement affichée dans un texte de la Commission européenne : « Document de réflexion sur la maîtrise de la mondialisation », préc.

Par exemple, la législation européenne crée des obligations pesant sur les exportateurs de données personnelles hors d'Europe[52]. Par ailleurs, elle cherche à enrichir les obligations incombant aux importateurs de ressources rares[53]. Ou encore, elle impose des obligations aux opérateurs dont les activités transitent par le territoire de l'Union européenne[54]. Dans tous ces cas, il s'agit moins d'exporter des normes que de pénétrer des circuits économiques ou des chaînes de valeur ayant une extension mondiale. Ces régimes d'obligations relèvent, juridiquement, d'une forme d'« extension territoriale »[55]. Anu Bradford en rend bien compte en forgeant le concept d'« *effet Bruxelles* » : elle désigne par là le fait que, soumises à ces obligations particulières sur le sol européen, les entreprises choisissent souvent de respecter les règles européennes sur les marchés extérieurs à l'Europe, pour des raisons stratégiques relevant de l'économie d'échelle ou de la recherche de respectabilité sociale[56]. Voilà assurément un concept qui ne peut que plaire aux institutions européennes. D'ailleurs, il vaut donc aussi bien aujourd'hui pour sa puissance explicative que pour sa portée idéologique.

2. Depuis quelques années, l'Union européenne a pris l'initiative de conclure avec ses partenaires des accords commerciaux qui intègrent ouvertement une dimension réglementaire. On les appelle « accords de nouvelle génération »[57]. Le but est de réguler les échanges économiques en cherchant à aligner le cadre réglementaire des pays tiers sur celui de l'Union européenne. Tel est par exemple le cas de l'accord économique et commercial global entre le Canada, d'une part, et l'Union européenne et ses États membres, d'autre part, dit « CETA ». Dans l'avis qu'elle a rendu sur la compatibilité de cet accord avec le droit de l'Union, la Cour de justice a considéré que la caractéristique essentielle de cet accord, condition de sa validité, est qu'il n'a pas vocation à remettre en cause « *le niveau de protection d'un intérêt public défini par l'Union à l'issue*

---

52 On songe d'abord au règlement (UE) 2016/679 du Parlement européen et du Conseil du 27 avril 2016 relatif à la protection des personnes physiques à l'égard du traitement des données à caractère personnel et à la libre circulation de ces données, *JOUE* n° L 119 du 4 mai 2016, p. 1 ; v. égal. la proposition de règlement relatif à un marché intérieur des services numériques, COM(2020) 825 final, 15 décembre 2020. V., pour un panorama récent de cette matière en mouvement, B. Bertrand, « Droit européen du numérique », Chronique, *RTD eur.* janvier-mars 2021, p. 129.

53 Instructive à cet égard est la récente proposition de règlement relatif aux batteries et aux déchets de batteries, COM(2020) 798 final, 10 décembre 2020.

54 V. ainsi, s'agissant de la portée de la directive 2008/101/CE du 19 novembre 2008 modifiant la directive 2003/87/CE afin d'intégrer les activités aériennes dans le système communautaire d'échange de quotas d'émission de gaz à effet de serre, CJUE, 21 décembre 2011, *Air Transport Association of America et autres c/ Secretary of State for Energy and Climate Change*, aff. C-366/10, EU:C:2011:864, pt 128.

55 Sur le concept d'extension territoriale, v. J. Scott, « Extraterritoriality and Territorial Extension in EU Law », *The American Journal of Comparative Law*, vol. 62, n° 1, 2014, p. 87.

56 Pour une introduction à cette analyse, v. A. Bradford, « Penser l'Union européenne dans la mondialisation : l'"effet Bruxelles" », *Revue européenne du droit*, n° 2, mars 2021, p. 76.

57 Sur certains de ces nouveaux accords, v. « Rapport de la Commission européenne sur la mise en œuvre des accords de libre-échange », COM (2017) 654 final, 9 novembre 2017.

d'un processus démocratique »[58]. D'après la Cour de justice, les règles de protection en matière environnementale, sociale ou sanitaire telles que définies en Europe font partie intégrante du « *cadre constitutionnel* » propre à l'Union européenne, cadre qu'aucune mesure ni aucune action étrangère ne saurait venir altérer. Cela revient à dire que ce cadre ne protège plus uniquement les compétences et les institutions de l'Union : telle était la conception classique développée par la jurisprudence de la Cour de justice dans le domaine des relations extérieures de l'Union[59] ; il protège également la capacité de l'Europe et de ses États membres à édicter, à opposer et à étendre ses règles communes.

3. Il découle des deux points précédents que la protection réglementaire à visée mondiale est principalement de nature non coercitive. Elle s'appuie sur les mécanismes du marché dans le premier cas, des accords internationaux dans le second. Cependant, face à l'agressivité de partenaires aussi puissants que la Chine, elle se colore en outre d'une dimension coercitive. Le meilleur exemple en est sans doute la proposition de nouveau règlement sur les subventions étrangères génératrices de distorsions de concurrence au sein du marché intérieur[60]. Son objet est d'étendre les règles européennes en matière de contrôle des aides d'État aux pouvoirs publics des pays tiers lorsque le comportement de ceux-ci est susceptible d'avoir des effets négatifs dans le marché intérieur. Manière de discipliner les pouvoirs publics agissant au plan multilatéral. Alors que le livre blanc de la Commission du 17 juin 2020 prévoyait que la Commission effectuerait une analyse des subventions étrangères faussant la concurrence en tenant compte de leurs éventuels effets positifs sur des « *intérêts d'ordre public reconnus par l'UE* »[61], accréditant l'idée d'une mesure par trop « eurocentrée », la proposition de règlement du 5 mai 2021 prévoit que la Commission se contentera de mettre en balance les effets négatifs et les effets positifs de la subvention étrangère « *sur le développement de l'activité économique concernée* » (art. 5, § 1), faisant apparaître une visée plus neutre de régulation des échanges économiques internationaux.

---

58 CJUE, 30 avril 2019, *CETA*, avis 1/17, EU:C:2019:341, pt 156.

59 CJCE, 18 avril 2002, *Projet d'accord portant création d'un espace aérien européen commun entre la Communauté européenne et des pays tiers*, avis 1/00, EU:C:2002:231, pt 20.

60 V. proposition de règlement relatif aux subventions étrangères faussant le marché intérieur, COM(2021) 223 final, 5 mai 2021. Dans le même sens, il conviendrait également de citer la proposition de règlement concernant l'accès des produits et services des pays tiers au marché intérieur des marchés publics de l'Union et établissant des procédures visant à faciliter les négociations relatives à l'accès des produits et services originaires de l'Union aux marchés publics des pays tiers, COM(2016) 34 final, 29 janvier 2016. Ce dernier instrument est revenu sur le devant de la scène institutionnelle européenne en 2019 dans le contexte d'un « géopolitisation » des relations extérieures de l'Union. Le but de cet instrument est d'imposer le respect de normes de transparence aux pays tiers.

61 Comm. eur., Livre blanc relatif à l'établissement de conditions de concurrence équitables en ce qui concerne les subventions étrangères, COM(2020) 253 final, 17 juin 2020. V., sur ce texte, Editorial comments, « Protecting the EU's internal market in times of pandemic and growing trade disputes: Some reflections about the challenges posed by foreign subsidies », *Common Market Law Review*, vol. 57, nº 5, 2020, p. 1365.

Si ces différents instruments sont l'expression d'un certain protectionnisme, assurément ce n'est pas le genre de protectionnisme dont il était d'usage, à juste titre, d'accuser l'Europe : une protection ciblée, touchant certains secteurs agricoles ou industriels ; une protection sous forme de compensations par les coûts imposés aux pays tiers ou les subventions données à ses ressortissants[62]. Ici se dégage une forme de protection qui vise moins à protéger des secteurs économiques ou des groupes sociaux particuliers qu'à rédiger une sorte de règle du jeu « équitable » pour les échanges économiques au niveau mondial. Cette forme de protection est parfois présentée comme la volonté d'établir un « *level playing field* »[63]. L'Union justifie cette idée par l'existence de réalités internationales adverses : les tentatives américaines en vue d'imposer des préférences au niveau mondial, l'action de la Chine cherchant à s'implanter en Europe et dans les régions du monde encore dominées par les intérêts économiques européens. Contre de telles réalités, il faut agir. Cette action peut en effet avoir pour résultat de protéger des intérêts concrets et localisés en Europe ; mais elle préfère se présenter sous la forme d'une doctrine pour le monde reposant sur la nature équilibrée et la capacité d'encadrement de la règle européenne.

VI. Europe infrastructurelle

Il y a cependant un autre mouvement à l'œuvre aujourd'hui. Une autre expression de la protection européenne. Elle tient dans la multiplication des initiatives visant à préserver l'existence d'infrastructures ou d'écosystèmes considérés comme essentiels à la stabilité des sociétés européennes. Les infrastructures sont les éléments de base d'une société sans lesquels la vie ou la vie en société est jugée impossible, indécente ou insoutenable et qui requièrent de constantes opérations de maintenance et d'adaptation[64]. Dans une directive de 2008, le droit européen donne un aperçu de ce dont il s'agit : « *"infrastructure critique" : un point, système ou partie de celui-ci, situé dans les États membres, qui est indispensable au maintien des fonctions vitales de la société, de la santé, de la sûreté, de la sécurité et du bien-être économique ou social des citoyens, et dont l'arrêt ou la destruction aurait un impact significatif dans un État membre du fait de la défaillance de ces fonctions* »[65]. Ces infrastructures, bien qu'elles

---

62 Sur ce point, v. l'étude classique de M. Kahler, « European Protectionism in Theory and Practice », *World Politics*, vol. 37, n° 4, 1985, p. 475.

63 V. M. Gillis, « Let's Play? An Examination of the 'Level Playing Field' in EU Free Trade Agreements », 2020 (en ligne).

64 Sur la notion d'infrastructure, v. P. N. Edwards, « Infrastructure and Modernity: Force, Time, and Social Organization in the History of Sociotechnical Systems », in T. J. Misa, P. Brey and A. Feenberg (eds.), *Modernity and Technology*, Cambridge, MIT Press, 2003, p. 185 ; P. N. Edwards, S. J. Jackson, M. K. Chalmers, G. C. Bowker, C. L. Borgman, D. Ribes, M. Burton et S. Calvert, « Knowledge Infrastructures: Intellectual Frameworks and Research Challenges », Ann Arbor: Deep Blue, 2013.

65 Article 2 de la directive 2008/114/CE du 8 décembre 2008 concernant le recensement et la désignation des infrastructures critiques européennes ainsi que l'évaluation de la nécessité d'améliorer leur protection, *JOUE* n° L 345 du 23 décembre 2008, p. 75.

soient largement communes aux sociétés européennes, ont longtemps été tenues pour des éléments propres à la vie des nations et de leurs États, soustraits dès lors à l'emprise et à la capacité d'action de l'Union. L'épisode pandémique semble avoir remis en cause cette préconception. Il a également mis en lumière l'interdépendance existant entre ces infrastructures au niveau européen. Durant cette période, l'Union s'est transformée : elle a pris en charge la préservation des écosystèmes et infrastructures européens. En témoigne, durant la crise, l'action de l'Union au soutien des infrastructures scientifiques et des systèmes de soins[66].

La question est de savoir si cette réorientation est transitoire ou si elle traduit une tendance plus structurelle. Il est vrai que certaines des menaces qui pèsent sur les infrastructures européennes sont ponctuelles, qu'elles soient terroristes ou pandémiques. D'autres cependant relèvent des risques inhérents à l'état du monde et des interdépendances qui le constituent. Ces risques appellent une protection. Elle s'organise sous trois formes différentes. D'abord, l'Union a entrepris de consolider les systèmes d'interconnexion qui forment la base des activités économiques et sociales en Europe. Cela concerne par exemple le système économique et financier européen, les systèmes d'information ou le système d'approvisionnement énergétique[67]. Ensuite, cette prise de conscience pousse l'Union vers le développement de nouvelles infrastructures de communication. C'est l'appel à renforcer « l'autonomie stratégique » de l'Europe. La Commission européenne a proposé, en ce sens, l'établissement d'une infrastructure de communication quantique essentielle ou encore l'établissement d'une chaîne de valeur numérique européenne comptant la création d'un cloud européen[68]. Enfin, cette protection des infrastructures passe par l'adoption d'instruments coercitifs. Un instrument anticoercitif ayant pour objet de s'opposer à la pression ou à l'emprise exercée par des puissances étrangères en Europe a été proposé[69]. En ce sens, l'établissement d'un nouveau cadre pour le filtrage des investissements directs étrangers dans l'Union s'analyse comme un mécanisme visant à protéger les infrastructures essentielles, les technologies critiques et les systèmes d'approvisionnement et de l'information en Europe[70]. En témoignent les orientations publiées par la Commission en mars 2020, dans le

66 V. L. Azoulai, « Infrastructural Europe: EU law and human life in times of the Covid-19 pandemic », *Revista de Derecho Comunitario Europeo*, n° 66, 2020, p. 343.

67 V. ainsi, p. ex., Communication de la Commission, « Système économique et financier européen : favoriser l'ouverture, la solidité et la résilience », COM(2021) 32 final, 19 janvier 2021 ; égal. directive (UE) 2016/1148 du 6 juillet 2016 concernant des mesures destinées à assurer un niveau élevé commun de sécurité des réseaux et des systèmes d'information dans l'Union, *JOUE* n° L 194 du 19 juillet 2016, p. 1. Sur la protection du système financier, v. déjà F. Martucci, « Le protectionnisme financier », in S. Barbou des Places (dir.), *op. cit.*, p. 155.

68 V. en ce sens Communication de la Commission, « Une nouvelle stratégie industrielle pour l'Europe », préc.

69 Comm. eur., communiqué de presse IP/21/1325 du 23 mars 2021, « Renforcer l'autonomie de l'UE – La ommission souhaite recueillir des contributions sur un nouvel instrument anticoercitif » (en ligne).

70 Règlement (UE) 2019/452 du 19 mars 2019 établissant un cadre pour le filtrage des investissements directs étrangers dans l'Union, *JOUE* n° L 79I du 21 mars 2019, p. 1.

contexte pandémique, qui invitent les États membres à faire pleinement usage des mécanismes de filtrage. Le but est de se protéger des risques d'intrusion dans les infrastructures critiques de soins de santé[71].

L'action infrastructurelle de l'Union a des allures de « survivalisme ». Elle correspond à une volonté de résistance face à l'effondrement des structures de base de l'Europe, dans un contexte de forte vulnérabilité aux menaces extérieures et dans un contexte de fortes dépendances.

VII. Le droit économique européen et l'idée de protection

La protection est classiquement, en droit européen, une fonction de l'intégration des marchés nationaux : elle permet d'aménager un espace protégé pour les groupes sociaux vulnérables ou des structures sociales qui conditionnent la stabilité des États européens et l'équilibre de leurs sociétés, tout en inscrivant ces groupes et ces structures dans le cadre du marché intérieur. À présent, une autre idée de la protection s'esquisse. Disons qu'elle se présente comme une fonction de l'interconnexion du monde ; elle vise à structurer des échanges économiques mondiaux en imposant à ceux-ci le respect de systèmes de normes impératives et la préservation d'infrastructures essentielles.

Nous avons maintenant pleinement conscience, mais tardivement, que la manière dont le droit économique européen a classiquement opéré a eu d'importants effets redistributifs dans les sociétés européennes[72]. Et nous savons que certains de ces effets sont ressentis comme injustes par une partie des Européens. N'attendons pas pour nous interroger sur les effets et les limites l'idée de protection à portée mondiale qui se loge dans le nouveau droit économique européen. On ne saurait nier qu'elle expose d'ores et déjà l'Union à des critiques en termes de visée hégémonique et de manipulation rhétorique[73]. Peut-être favorise-t-elle également, et paradoxalement, en partie du fait de sa rhétorique survivaliste, les effets d'adhésion aux idéologies de repli sur soi nationales[74]. La question est de savoir avec quelle idée de la protection et pour quels effets concrets l'Union européenne et son droit se présentent aux Européens et au monde.

---

71 Communication de la Commission, « Orientations à l'intention des États membres concernant les investissements directs étrangers et la libre circulation des capitaux provenant de pays tiers ainsi que la protection des actifs stratégiques européens, dans la perspective de l'application du règlement (UE) 2019/452 (règlement sur le filtrage des IDE) », *JOUE* n° C 99I du 26 mars 2020, p. 1.

72 V. Leticia Diez Sanchez, The Court of Justice of the EU as a distributive actor: Mapping the distributive conflicts in the process of integration through law (thèse de doctorat en droit de l'Institut universitaire européen, 2021), M. Unger, La justice sociale dans l'Union européenne. Citoyenneté et droits au-delà de l'État, à paraître 2022. V. aussi les premiers résultats recueillis et analysés en sociologues par C. Hugrée, E. Penissat et A. Spire, *Les classes sociales en Europe : tableau des nouvelles inégalités sur le vieux continent*, Marseille, Agone, 2017.

73 V., sur ce point, B. Melo Araujo, « Labour Provisions in EU and US Mega-Regional Trade Agreements: Rhetoric and Reality », *International & Comparative Law Quaterly*, vol. 67, n° 1, 2018, p. 233.

74 V. « Enquête sur la souveraineté européenne », Fondation Jean-Jaurès, 1er mars 2021 (en ligne).

L'avènement des espaces normatifs de flux : L'aventure européenne

JEAN-SYLVESTRE BERGÉ*
Université Côte d'Azur

Résumé

L'aventure européenne peut se lire à travers le prisme de ce que nous appelons « les espaces normatifs de flux ». Cette contribution propose d'en faire la démonstration en trois étapes : la définition de ces espaces, leur utilité en droit de l'Union européenne quand le flux est sous contrôle et leur utilité quand le flux est hors de contrôle.

* Professeur à l'université Côte d'Azur (CNRS GREDEG), IUF (jean-sylvestre.berge@univ-cotedazur.fr – blog : <www.universitates.eu>).

La chance m'a été donnée de rencontrer le professeur Laurence Idot pendant la dernière phase de préparation de ma thèse de doctorat. Comme européaniste privatiste, elle a toujours occupé une place importante dans mon cheminement professionnel. Même si je me suis assez vite éloigné de son champ d'excellence – le droit de la concurrence –, je crois pouvoir dire que je lui dois beaucoup. En son hommage, je voudrais livrer une réflexion tirée d'une recherche pluri-annuelle qui arrive à son terme et qui a porté notamment sur « La circulation totale au-delà du contrôle et le droit »[1]. Le thème que j'ai retenu ici est celui des espaces normatifs de flux tels que l'on peut essayer de les décliner à propos de l'aventure européenne, en l'occurrence celle de l'Union européenne (UE). Trois points seront distingués : l'avènement d'un espace normatif de flux, qu'est-ce que c'est ? (I.) ; l'utilité des espaces normatifs en droit de l'UE (1) : Les flux sous contrôle (II.) ; l'utilité des espaces normatifs en droit de l'UE (2) : Les flux hors de contrôle (III.)

I. L'avènement d'un espace normatif de flux, qu'est-ce que c'est ?

Pour comprendre ce qu'il faut entendre par « espace normatif de flux »[2], commençons par prendre deux exemples qui s'étendent au-delà du strict domaine du droit de l'UE, que nous retrouverons un peu plus loin.

Le premier exemple vise l'espace normatif formé par un plan local de circulation. À l'échelle d'une ville, l'espace urbain est dessiné autour d'un plan de circulation des personnes et des biens (il peut en aller de même à une échelle plus vaste, intercommunale, départementale, régionale, nationale, internationale). Ce travail est généralement conduit par des politiques publiques axées sur le thème de la mobilité. La volonté est ainsi exprimée d'améliorer les circulations de manière à favoriser la capacité de tout un chacun à se mouvoir. Ces politiques intéressent le droit d'assez près. Le droit administratif, notamment de l'urbanisme, livre des cadres juridiques indispensables à cette organisation de la circulation. Ce type de spatialisation ne concerne pas que le monde urbain ou les relations interurbaines. Il peut toucher également des zones rurales, parfois reculées. C'est le cas remarquable des remontées mécaniques installées à l'occasion de la création ou de l'extension de stations de sports d'hiver[3]. Dans ces hypothèses de travail, on peut dire que la circulation est juridiquement spatialisée. Elle est organisée autour d'un espace. Ce dernier est porteur d'une unité conceptuelle

---

1 Projet de recherche IFITIS (IUF – 2016-2021). Pour un aperçu d'ensemble du projet et de ses réalisations : <http://www.universitates.eu/jsberge/?p=25673>.

2 Pour une référence systématique à cette notion dans des environnements juridiques variés, de niveau interne, international ou européen, v. notre ouvrage : *Les situations en mouvement et le droit : essai d'une épistémologie pragmatique*, Montrouge, Dalloz, 2021.

3 Sur la spatialisation de la montagne, v. J.-F. Joye et P. Yolka (dir.), *Les remontées mécaniques et le droit : regards croisés*, Chambéry, Presses universitaires Savoie Mont Blanc, 2019.

et fonctionnelle. L'identification de l'espace permet à l'ensemble des règles juridiques potentiellement applicables de converger vers un même objet : la circulation au sein de cet espace.

Un autre exemple concerne l'espace normatif formé par un vol transatlantique. Prenons le cas de l'organisation d'un vol transatlantique entre Nice et New York. Imaginons qu'un juriste fasse un travail de recension de l'ensemble des règles juridiques déployées pour permettre à l'opération de se réaliser. Il peut s'agir de règles de source étatique, interétatique, régionale (européenne) ou même privée (transnationale). Il peut s'agir de règles de droit public comme de droit privé, de règles contraignantes ou de règles simplement supplétives, etc. Comment peut-on se représenter cet ensemble foisonnant et hétérogène de règles applicables à la circulation ? La réponse doit être recherchée dans ce que nous appelons une spatialisation juridique de la circulation. Le vol transatlantique donne naissance à un espace normatif formé par l'agrégation de toutes les règles qui régissent la situation en mouvement. Cet espace est hautement construit et il est totalement pensé et organisé autour d'un seul et même objet : la circulation de l'avion de Nice à New York.

D'ordinaire, on considère que la circulation a une dimension territoriale. Par essence, les personnes et les biens (*lato sensu*) circulent à travers les territoires.

Pour enrichir ce type d'approche classique, il peut être intéressant de chercher à promouvoir la notion d'espace. C'est justement ce que permet de faire « l'espace de flux »[4]. Avec cette expression, la circulation est saisie de manière unitaire et non pas, comme on le fait traditionnellement, au pluriel, par une distinction des différents territoires de la circulation.

Le phénomène de circulation, son homogénéité, sa stabilité peuvent ainsi conduire à observer l'avènement de nouveaux espaces de circulation que le droit peut essayer d'appréhender en tant que tels.

Parfois, c'est la réalité qui crée le modèle abstrait à partir duquel on va essayer d'imaginer les constructions du droit. Par exemple, il peut être intéressant de développer la notion de zone frontière pour essayer de penser juridiquement la vie autour de la frontière de manière unitaire. La « frontière zone », la « zone frontalière » ou encore les « zones frontière » forment bien souvent des espaces propres qui appellent un traitement juridique particulier. Qu'il s'agisse des rapports de bon voisinage (« le droit international ou européen du voisinage », qui s'inspire de l'institution de droit privé du même nom), de l'ensemble des mécanismes de coopération, de mutualisation et d'échanges, nombreux sont les exemples de techniques juridiques mises au service de ce vivre-ensemble transfrontalier. La frontière ne peut être seulement pensée comme une ligne séparatrice

4 Pour une conceptualisation de cet espace de flux (*space of flows*) par opposition aux espaces de lieux (*space of places*), v. le travail du sociologue Z. Bauman, *Liquid Modernity*, Cambridge, Polity, 2000.

qui pose uniquement des questions de franchissement. Elle est aussi le trait d'union de portions frontalières de territoires qui forment un tout, un espace[5].

Dans un autre scénario, la circulation est le pur produit de la règle juridique qui, poussée jusqu'à un certain degré de perfectionnement, peut créer les conditions d'homogénéité et de stabilité propices à l'avènement d'un nouvel espace normatif.

C'est à ce titre que l'Europe a donné naissance à deux grands espaces de circulation : le marché intérieur et l'espace de liberté, de sécurité et de justice (ELSJ). Au sein de ces espaces, la règle de droit postule l'avènement d'un espace juridique de circulation. Nous y reviendrons.

Ces approches de l'espace de flux rencontrent une multitude d'obstacles potentiels. L'unité propre à l'espace de flux n'est pas toujours de mise. La réalité connaît des soubresauts, des crises, des ruptures qui peuvent faire douter de la réalité d'un espace suffisamment homogène et stable. Le droit connaît également des situations de crises, des cas extrêmes qui peuvent faire douter de sa capacité à prescrire l'avènement d'un espace juridique.

L'espace de flux ne doit donc pas être compris comme un modèle purement postulé et désincarné. C'est un modèle de situations qui peut servir de matrice à des constructions juridiques. Si les situations le permettent, l'espace de flux peut devenir un véritable espace normatif.

II. L'utilité des espaces normatifs en droit de l'UE (1) : Les flux sous contrôle

Comme chacun sait, l'Union européenne (UE) a donné naissance à deux grands espaces : le marché intérieur et l'espace de liberté, de sécurité et de justice (ELSJ).

Les dimensions « marché intérieur » et « ELSJ » ont été très travaillées. C'est vrai du marché intérieur (le « marché commun » à l'origine), sur la base duquel a été construite la Communauté économique européenne (CEE). Ce marché a été théorisé sur le plan juridique et l'on peut dire que l'ensemble des constructions juridiques nouvelles qui y ont été déployées ont été travaillées de manière très approfondie[6]. Plus récemment, le droit européen de l'ELSJ a fait également l'objet d'une théorisation[7]. Le travail est particulièrement exigeant. C'est un droit hétérogène. Pour l'approcher, il faut combiner des spécialités juridiques

---

5 Sur ce phénomène de spatialisation des zones frontière en droit, v. not. Y. Lejeune, *Le droit des relations transfrontalières entre autorités régionales ou locales relevant d'États distincts*, Bruxelles, Bruylant, 2005 ; M. Goehrs, *Coopération transfrontalière et intégration européenne : contribution à l'étude du principe fédéraliste*, Bruxelles, Peter Lang, 2018.

6 Pour une analyse approfondie du droit marché intérieur, v. not., en langue française, M. Fallon, *Droit matériel général de l'Union européenne*, 2e éd., Bruxelles, Bruylant, 2002.

7 Pour un travail précurseur sur le droit de l'espace de liberté, de sécurité et de justice, v. not., en langue française, H. Labayle, « Un espace de liberté, de sécurité et de justice ? », *RTD eur.* 1997, p. 813.

quasi exclusives les unes des autres (droit public, privé, civil, pénal, interne, international).

Dans ces deux espaces, la circulation est omniprésente. Rappelons que pour le marché intérieur, elle est dotée de quatre composantes : marchandises, services, capitaux et personnes. Quant à l'ELSJ, son premier volet « liberté » a trait directement à la circulation des citoyens européens (hors agents économiques, qui relèvent du marché intérieur) et des ressortissants des États tiers. Les deux autres volets « sécurité » et « justice » comportent également des dispositifs propres de circulation sur des questions particulièrement exigeantes (échanges d'informations en matière de sécurité, circulation des décisions de justice, des éléments de preuve, etc.).

Ce panorama plutôt avantageux ne doit pas masquer une importante faiblesse.

D'un point de vue théorique, qu'entend-on juridiquement par « espace » du marché intérieur ou « espace » de liberté, de sécurité et de justice ? La notion d'espace se démarque de celle de territoire, qui désigne, dans le langage du droit de l'UE (notamment des deux traités institutifs : TUE et TFUE), les territoires des États membres. Dans la mesure où il est impropre de parler en droit de l'UE de l'existence d'un « territoire européen ou de l'Union » comme le fait parfois la Cour de justice[8], on peut penser que le recours à la notion « d'espace » joue une simple fonction de succédané. Mais cette justification par défaut n'est pas satisfaisante.

Le terme « espace » n'est pas seulement appliqué en surcouche des territoires des États membres. Il présente une signification propre, spécialement dans la perspective, très présente en droit européen, où il est associé à de vastes mouvements de circulation. Or force est de constater que la théorisation de cette expression n'a pas fait l'objet, à notre connaissance, de travaux de grande ampleur et qu'elle ne constitue pas à ce jour un marqueur significatif dans la jurisprudence européenne. L'essentiel du travail porte plutôt sur la singularité du système juridique européen par rapport au système international et à celui des États membres.

Pour contrarier cet état des choses, il est utile de revenir à la notion d'espace normatif de flux. Les espaces « marché intérieur » et « de sécurité, de liberté et de justice » ne forment véritablement des espaces normatifs de flux que dans l'hypothèse où la circulation des biens et des personnes (au sens large) s'affranchit des frontières internes de l'UE et se déploie dans un seul et unique espace juridique.

---

8 Pour l'usage de cette expression dans la jurisprudence de la Cour de justice depuis l'arrêt *Zambrano* (CJUE, 8 mars 2011, aff. C-34/09, EU:C:2011:124), v. l'analyse critique de V. Réveillère, *Le juge et le travail des concepts juridiques : le cas de la citoyenneté de l'Union européenne*, Bayonne, Institut universitaire Varenne, 2018, p. 445 et s. Pour une réflexion sur le récit judiciaire de la Cour justice entre « espace de flux », « déterritorialisation » et « coterritorialisation », v. N. Rubio, « Peut-on identifier un récit judiciaire de l'Europe territoriale ? », in A. Bailleux, E. Bernard et S. Jacquot, *Les récits judiciaires de l'Europe : concepts et typologie*, Bruxelles, Bruylant, 2019, p. 193.

Cette hypothèse d'une circulation qui fonctionne bien dans l'espace européen est inscrite dans les principes du droit de l'UE et l'on sait que ces principes ont un caractère fondamental. Mais pour autant, cette hypothèse ne se vérifie pas toujours en pratique. Chaque fois qu'une entrave ou un obstacle se dresse légitimement à la circulation, il faut considérer que la logique « espace de flux » est supplantée par la logique des « territoires » des États membres.

La notion d'espace dans la construction européenne est donc une notion à géométrie variable qui coexiste avec la référence concurrente aux territoires. Parfois, c'est la logique « espace » qui l'emporte, quand la circulation s'affranchit des frontières intérieures. Parfois, c'est la logique « territoires » qui domine, chaque fois que la circulation est tenue en échec pour un motif considéré comme légitime en droit de l'Union européenne[9].

Au-delà de ces solutions contingentes, c'est la question plus générale des rapports entre les deux notions « espace » et « territoires » qui doit être posée en droit de l'UE.

En droit, de manière générale, on peut observer que le recours à la notion d'espace se justifie chaque fois que la référence au territoire est proprement impossible. C'est ce que l'on peut essayer de dire en droit de l'UE avec les espaces « marché intérieur », « ELSJ », dès lors qu'il n'existe pas de « territoire de l'Union ».

En sociologie et géographie, l'espace est parfois présenté comme une notion qui surplombe le territoire : c'est l'espace qui définit le territoire à travers des structures de relations et, notamment pour ce qui concerne notre objet d'étude, des circulations.

Bien sûr le juriste n'est pas obligé de soumettre ses constructions à ces analyses non juridiques. Mais il peut être intéressant de se poser la question de savoir si ce type d'approche inversée peut nous aider, nous juristes, remettre en question utilement nos constructions[10].

À cet égard, la construction européenne offre un laboratoire d'analyse qui demeure tout à fait remarquable, si ce n'est unique en son genre.

Pour illustrer le propos du renouvellement permanent des rapports dialectiques entre l'espace et les territoires en droit de l'UE, on peut prendre l'exemple de la

9 On retrouvera cette hypothèse un peu plus loin, section III.

10 Pour une analyse contemporaine et francophone des réflexions pluridisciplinaires nourries par le croisement notamment du droit et de la géographie, v. L. Bony et M. Mellac (dir.), « Le droit : ses espaces et ses échelles », *Annales de géographie*, 2020/3-4, n° 733-734 avec notamment la contribution en théorie juridique de J.-L. Halpérin : « Une géographie comparée du droit sans ou avec les États ? », p. 67. V. égal., toujours en langue française, l'ouvrage de référence de P. Forest (dir.), *Géographie du droit : épistémologie, développement et perspectives*, Québec, Presses de l'Université Laval, 2009, avec notamment la contribution de A. M. Brighenti sur l'espace comme notion surplombante du territoire : « Pour une territoriologie du droit », p. 244. Pour une lecture critique de la référence au territoire et pour une préférence marquée en géographie pour les espaces et les lieux, v. D. Retaillé, « Contre la ritournelle du territoire devenue monolangue », Espacetemps.net, septembre 2015, <https://www.espacestemps.net>.

portabilité de contenus protégés par certains droits de propriété intellectuelle. Un règlement européen[11] a été adopté avec pour objectif précis de permettre à un abonné de service de contenu en ligne (musique, vidéo notamment) de continuer à avoir accès audit contenu quand il se déplace temporairement dans un État membre autre que celui de sa résidence habituelle.

Longtemps, le contenu en ligne n'était pas accessible. L'abonné qui, le temps d'un court séjour à l'étranger, souhaitait continuer à avoir accès à son abonnement se voyait empêché de le faire. La géolocalisation de sa connexion au réseau ne lui permettait pas d'y avoir accès depuis un autre État membre que celui dans lequel il avait contracté l'offre de service en ligne.

Pour remédier à cette situation, le règlement précité énonce en son article 4 que « *[l]a fourniture d'un service de contenu en ligne au titre du présent règlement à un abonné présent temporairement dans un État membre, ainsi que l'accès à celui-ci et son utilisation par l'abonné, sont réputés avoir lieu uniquement dans l'État membre de résidence de l'abonné* ». C'est ce que l'on appelle la portabilité des contenus. Le consommateur dispose du droit d'accéder au contenu où qu'il se trouve dans un État membre de l'UE. Le règlement porte l'accès au contenu par un rattachement du consommateur au territoire de sa résidence habituelle.

Il y a plusieurs manières de lire ce dispositif.

De façon assez classique, on peut considérer que le texte définit un nouveau critère de rattachement au territoire national de la résidence habituelle de l'abonné au contenu en ligne, là où traditionnellement c'est un rattachement au territoire du lieu d'accès au contenu en ligne qui est privilégié. La solution, qui n'est pas sans rappeler celle définie en matière de retransmission de contenu par satellite et par câble[12], a clairement pour objectif de soumettre l'accès à un contenu en ligne au seul régime juridique de la loi du pays de résidence habituelle de l'abonné, de manière à éviter que le changement du pays de connexion au service de contenu en ligne ne soit source d'obstacle réglementaire audit accès.

Mais il y a plus. En retenant ce rattachement, l'Union européenne s'efforce de traduire dans la règle de droit l'existence d'un nouvel espace de circulation.

Pour comprendre la révolution qui est ainsi à l'œuvre dans le règlement européen, il faut se représenter la situation, telle qu'elle existait jusqu'alors, et celle que s'efforce de dessiner le nouveau rattachement au territoire de la résidence habituelle de l'abonné au contenu en ligne. Dans la situation ancienne, le contenu

---

11 Règlement (UE) 2017/1128 du Parlement européen et du Conseil du 14 juin 2017 relatif à la portabilité transfrontalière des services de contenu en ligne dans le marché intérieur, *JOUE* n° L 168 du 30 juin 2017, p. 1.

12 Directive 93/83/CEE, du 27 septembre 1993, relative à la coordination de certaines règles du droit d'auteur et des droits voisins du droit d'auteur applicables à la radiodiffusion par satellite et à la retransmission par câble, *JOCE* n° L 248 du 6 octobre 1993, p. 15, telle que refondue et étendue par la directive (UE) 2019/789 du 17 avril 2019 établissant des règles sur l'exercice du droit d'auteur et des droits voisins applicables à certaines transmissions en ligne d'organismes de radiodiffusion et retransmissions de programmes de télévision et de radio, et modifiant la directive 93/83/CEE, *JOUE* n° L 130 du 17 mai 2019, p. 82.

en ligne était soumis, chaque fois qu'il était protégé par un droit de propriété intellectuelle (par exemple, un droit d'auteur ou un droit voisin), à un principe de territorialité absolue[13]. Ce principe commandait l'application pour chaque territoire de la loi nationale : l'accès à un contenu en ligne dans un pays A relève de la loi A et l'accès à un contenu en ligne dans un pays B relève de la loi B. Cette solution justifiait que le contenu accessible en ligne au pays A de connexion put ne pas l'être pour le pays B de connexion. Sauf à souscrire plusieurs abonnements, soumis chacun à une loi différente, le consommateur n'avait accès au contenu en ligne qu'au départ du pays de sa résidence habituelle.

Cette situation est radicalement modifiée par le règlement européen. Certes, le texte continue de rattacher l'opération, ici l'accès au contenu en ligne, à un territoire institutionnel classique : celui d'un État. Mais ce rattachement au lieu de la résidence habituelle de l'abonné est un véritable bouleversement. L'abandon d'un critère de stricte territorialité et son remplacement par un critère fondé sur la localisation stable de la personne de l'abonné confèrent à ce dernier le statut de siège d'un nouveau territoire d'accès à un contenu en ligne. Par une fiction juridique, le droit redessine un accès à un espace européen de circulation en abandonnant le lieu réel de connexion au réseau et en lui préférant un lieu permanent et abstrait, défini par référence à la résidence habituelle de l'abonné.

L'espace de circulation n'est plus fragmenté entre les multiples territoires d'accès au réseau. Il est unifié dans sa dimension européenne par un rattachement à un seul et unique territoire.

Certes, la solution n'a pas une portée universelle. Elle ne vaut que pour le territoire européen, faute de réglementation internationale équivalente. Mais elle traduit bien cette idée qu'il existe pour une opération déterminée – ici l'accès à un contenu en ligne auquel un consommateur s'est abonné dans l'espace européen – un espace normatif de circulation soumis à un seul régime juridique et qui est capable de primer sur la logique des territoires sans en faire totalement abstraction pour autant.

III. L'utilité des espaces normatifs en droit de l'UE (2) : Les flux hors de contrôle

La notion « d'espace normatif de flux » a également une autre utilité en droit de l'UE. Elle permet de caractériser l'organisation d'une perte de contrôle des flux au sein d'un espace juridique donné.

Pour asseoir cette assertion, qui peut surprendre au premier abord, il faut revenir aux origines de la construction européenne, c'est-à-dire à la notion de solidarité de fait.

---

13 Sur ce principe, v. avec les différentes références proposées, notre étude, « Principle of Territoriality and Intellectual Property / Principe de territorialité et propriété intellectuelle », in C. Nourissat et E. Treppoz (dir.), *Private International Law and Intellectual Property: A New Framework for New Strategies / Droit international privé et propriété intellectuelle : un nouveau cadre pour de nouvelles stratégies*, Rueil-Malmaison, Lamy, 2010, p. 50.

Dans sa célèbre déclaration prononcée le 9 mai 1950 au ministère français des Affaires étrangères (déclaration connue aussi sous le nom de « Discours de l'Horloge »), Robert Schuman a proclamé que l'« *Europe ne se fera pas d'un coup, ni dans une construction d'ensemble : elle se fera par des réalisations concrètes, créant d'abord une solidarité de fait* »[14]. Ce texte, de dimension politique, a donné, comme chacun sait, une impulsion considérée, aujourd'hui encore, comme déterminante de la construction juridique européenne. Le « droit communautaire » a eu pour ambition première la création de solidarités de fait entre les États membres. Il s'est agi, en libérant les marchés nationaux (charbon et acier pour commencer, puis ouverture progressive aux autres marchés), de rendre les économies nationales interdépendantes les unes des autres de manière à encourager les États à définir une « communauté de lois »[15]. Cela s'est traduit par la création d'institutions juridiques communes (notamment Cour de justice, Commission, Conseil, Parlement européens) ainsi que par l'énoncé de très nombreuses règles juridiques destinées à régir principalement les deux grands espaces européens de circulation que sont aujourd'hui l'espace du marché intérieur et l'ELSJ.

Cette solidarité de fait a été traduite sur le plan juridique par un principe de loyauté, compris comme une solidarité de droit entre l'Union européenne et les États membres, entre les institutions européennes et entre les États membres[16].

L'actualité récente montre que cette solidarité de droit peut être mise à rude épreuve. On songe notamment à la situation de certains États membres (Hongrie et Pologne) eu égard au standard européen de l'État de droit. On songe aux difficultés pour les pays européens à coordonner leurs actions sur des sujets difficiles, notamment en situation de crise, avec l'exemple tout à fait éloquent, et en lien avec notre sujet (mais ce n'est pas le seul), de l'immigration.

Mais il reste que cette solidarité de droit demeure un moteur essentiel de la construction juridique européenne et qu'elle puise sa source dans l'affirmation d'une solidarité de fait.

Si l'on s'efforce d'établir un lien entre la solidarité de fait, sa traduction juridique et l'idée d'une impuissance humaine à contrôler les flux dans un espace normatif donné, alors on peut dire qu'en encourageant les circulations entre les territoires des États, en limitant, parfois fortement, leur capacité à les maîtriser, l'Europe a placé les acteurs en situation de ne pas pouvoir contrôler les flux, ce qui a fait naître entre eux des solidarités de fait, puis de droit.

---

14 Pour une reproduction du discours *in extenso* : <https://europa.eu/european-union/about-eu/symbols/europe-day/schuman-declaration_fr> ; sur les grandes figures de la construction européenne et notamment celle de R. Schuman, v. P.-F. Smets (avec la coll. de M. Ryckewaert), *Les pères de l'Europe, 50 ans après : perspectives sur l'engagement européen*, Bruxelles, Bruylant, 2001.

15 Sur la signification de cette expression peu travaillée, car jugée sans doute trop galvaudée, v. notre analyse : « Le droit d'une "communauté de lois" : le front européen », in *Droit international privé, esprit et méthodes : mélanges en l'honneur de Paul Lagarde*, Paris, Dalloz, 2004, p. 113.

16 Sur le principe de loyauté en droit positif actuel (appelé aussi « principe de coopération loyale »), v., avec les références citées, M. Blanquet, *Droit général de l'Union européenne*, 11e éd., Paris, Sirey, 2018, spéc. n° 175 et s.

La circulation hors de contrôle a créé un état de porosité entre les territoires. Du fait de cet état, ces derniers deviennent interdépendants. Les territoires se solidarisent de fait autour d'un espace commun pétri de perte de contrôle.

L'espace normatif de flux échappant au contrôle devient alors le paradigme des analyses juridiques. Ce paradigme pose question. On peut essayer d'illustrer le propos à travers deux notions phares du droit de l'UE : la confiance mutuelle et la proportionnalité.

Dans le paysage juridique européen, la confiance mutuelle joue un rôle déterminant dans l'approche des circulations du marché intérieur et de l'ELSJ. Elle fonde notamment différents dispositifs de reconnaissance[17] mis en place pour faciliter les circulations des biens, des personnes, des actes, des jugements, etc.

Si l'on resserre l'analyse sur les décisions de justice civiles et pénales rendues dans les différents États membres et qui sont amenées à circuler par un mécanisme propre de reconnaissance des décisions étrangères, le prisme de l'espace normatif de flux échappant au contrôle peut être le moyen de dénoncer les limites théoriques d'un dispositif construit sur une confiance mutuelle largement postulée.

La critique tient à la confusion qui est souvent entretenue entre un mécanisme interne de reconnaissance des décisions de justice nationales et les mécanismes européens de reconnaissance mutuelle des décisions de justice des différents États membres. Dire que l'on peut, en matière de coopération judiciaire transfrontière, sublimer la confiance partagée par l'abolition pure et simple des frontières intérieures à un espace commun est tout simplement faux. Le modèle de confiance requis pour la reconnaissance des décisions de justice entre Nice et Turin n'est pas le même que celui dont nous avons besoin pour la reconnaissance des décisions de justice entre Nice et Lyon. Affirmer le contraire, c'est entretenir une vue de l'esprit.

Or la Cour de justice a été parfois tentée par ce type de vision. La jurisprudence *Meroni*[18]en est un bel exemple. Dans cet arrêt, le juge de Luxembourg a décidé que « *la reconnaissance et l'exécution d'une ordonnance rendue par une juridiction d'un État membre, qui a été prononcée sans qu'un tiers dont les droits sont susceptibles d'être affectés par cette ordonnance ait été entendu, ne sauraient être considérées comme étant manifestement contraires à l'ordre public de l'État membre requis et au droit à un procès équitable au sens de ces dispositions, dans la mesure où il lui est possible de faire valoir ses droits devant cette juridiction* » (pt 55).

---

17 Le thème fait l'objet d'une littérature considérable. On se contentera ici de mentionner deux monographies transversales relativement récentes : C. Janssens, *The Principle of Mutual Recognition in EU Law*, Oxford University Press, 2013 ; W. van Ballegooij, *The Nature of Mutual Recognition in European Law*, Cambridge, Intersentia, 2015.

18 CJUE, 25 mai 2016, aff. C-559/14, EU:C:2016:349. Sur les risques inhérents aux processus de reconnaissance dans l'espace européen, v. notre étude : « *La confiance mutuelle dans l'espace européen de coopération judiciaire : questionnement sur le sens de la libre circulation des décisions de justice* », *in* J. Tribolo-Ferrand (dir.), *Défiance, doute, incertitude : quelle place pour la notion de confiance dans les sociétés modernes ?*, Paris, L'Harmattan, 2019, p. 37.

Alors que rien dans le texte européen interprété[19] par cet arrêt ne permet d'imposer une telle solution, la Cour de justice fait de la concentration de l'ensemble des voies de recours dans le pays d'origine de la décision étrangère une caractéristique du dispositif européen de reconnaissance (ou d'exécution). Pour arriver à cette solution, le juge européen s'inspire manifestement d'un modèle de justice national qui veut que les recours soient concentrés dans le ressort territorial de la juridiction qui a statué. Or, qu'on le veuille ou non, ce modèle n'est pas celui de la justice européenne.

Pour alimenter la critique de ce type de jurisprudence, l'entrée par la perte de contrôle de la circulation dans un espace normatif donné semble pertinente.

En faisant de la concentration des voies de recours dans le pays d'origine la règle, le dispositif en cause crée les conditions d'une circulation ultérieure des décisions hors de contrôle avec toutes les conséquences que cela peut avoir, non seulement pour celui qui bénéficie du dispositif de reconnaissance, mais aussi pour celui qui le subit. On peut bien sûr approuver ce dispositif en pensant que la situation est sous le contrôle des procédures initiées dans le pays d'origine. On peut aussi utilement le critiquer sur le terrain de la perte de contrôle. Cette dernière permet de soulever des hypothèses où l'espace de flux n'est pas suffisamment homogène pour constituer un espace normatif. Un retour à la logique des territoires s'imposerait alors.

Un autre développement peut être nourri au départ du principe de proportionnalité.

Entre autres significations, le principe de proportionnalité permet, dans l'hypothèse d'un conflit entre un principe européen de libre circulation et une entrave nationale justifiée par une exigence impérieuse d'intérêt général, de faire la balance entre les deux. Autrement dit, l'espace européen de circulation est un espace sous contrôle où l'on admet que des limites à la circulation puissent être apportées. On trouve notamment ce type de dispositif dans le droit du marché intérieur[20].

Des difficultés font douter de ces analyses. L'espace de flux européen n'est pas aussi homogène qu'on veut bien le dire.

Une première difficulté tient à la dimension principielle des libertés de circulation, qui occulte par définition le risque d'une perte de contrôle. Par exemple, quand la jurisprudence européenne décide de considérer qu'une entrave aux échanges d'origine privée (par exemple, un blocus organisé par un mouvement

---

19 Règlement (CE) n° 44/2001 du Conseil du 22 décembre 2000 concernant la compétence judiciaire, la reconnaissance et l'exécution des décisions en matière civile et commerciale, *JOCE* n° L 12 du 16 janvier 2001, p. 1. Ce texte a été remplacé par le règlement (UE) n° 1215/2012 du Parlement européen et du Conseil du 12 décembre 2012 concernant la compétence judiciaire, la reconnaissance et l'exécution des décisions en matière civile et commerciale, *JOUE* n° L 351 du 20 décembre 2012, p. 1.

20 Pour un ensemble de réflexions actuelles sur les libertés de circulation dans l'espace européen du marché intérieur, v. L. Azoulai (dir.), *L'entrave dans le droit du marché intérieur*, Bruxelles, Bruylant, 2011 ; E. Dubout et A. Maitrot de la Motte (dir.), *L'unité des libertés de circulation : in varietate concordia*, Bruxelles, Bruylant, 2013.

social[21]) a le même effet condamnable de limitation des libertés de circulation qu'une entrave d'origine publique, elle étend considérablement le champ de la liberté de circulation. Ce faisant, elle accroît le risque d'une perte de contrôle des effets de ces libertés dans des rapports horizontaux entre particuliers qui n'entraient pas à l'origine dans la perspective européenne, essentiellement focalisée sur les rapports verticaux public-privé. Si l'existence d'un risque potentiel de perte de contrôle de la circulation avait été présente dans l'esprit des acteurs (en l'occurrence des juges) dès le début des raisonnements, il n'est pas certain que la même lecture extensive du domaine des libertés de circulation aurait été retenue. Or cela n'a pas été le cas dans la mesure où le droit de circuler est analysé non pas comme un risque de perte de contrôle, mais comme une liberté, qui plus est fondamentale.

Une autre difficulté tient à la mise en œuvre des raisonnements articulés autour de l'article 36 du TFUE. Cette mise en œuvre ne permet pas une mise en balance sur un strict pied d'égalité des mérites respectifs attribués aux libertés de circulation et à un objectif autre ayant pour effet de limiter la libre circulation. La nécessité et a proportionnalité de la justification aux entraves sont seules examinées. Jamais la nécessité et la proportionnalité de la liberté de circuler ne sont discutées d'emblée. Il s'ensuit que le risque d'une perte de contrôle des flux n'est pas appréhendé en tant que tel. Par principe, ça circule et c'est seulement à travers une analyse des motifs impérieux pouvant être avancés pour faire échec au principe de libre circulation que la question du contrôle de la circulation est envisagée[22].

On peut ici approuver ces dispositifs en pensant que la circulation demeure contenue par des principes directeurs clairs de nature à promouvoir l'existence d'un véritable espace normatif de flux. On peut également les critiquer sur le terrain de la perte de contrôle. Comme dans le cas précédent avec la confiance mutuelle postulée, la perte de contrôle des flux met à mal un dispositif normatif construit sur le modèle d'un espace homogène de flux et fait nécessairement ressurgir le spectre des territoires.

IV. Conclusion

Pour conclure, je dirais que l'espace normatif de flux est un excellent étalon de mesure de la construction européenne. Il permet de poser clairement la question du sens et des modalités des libertés de circuler, aussi bien en situation de contrôle que de perte de contrôle des flux. Dans ces temps, qui sont les nôtres, de pandémie et de Brexit, de restriction aux libertés de circuler, de désorganisation du commerce, ce n'est pas rien.

---

21 Sur l'effet horizontal des libertés de circulation du droit de l'Union européenne, v. A. Hartkamp, C. Sieburgh et W. Devroe (eds.), *Cases, Materials and Text on European Law and Private Law*, Oxford, Hart Publishing, 2017.

22 Pour une approche critique de la mise en balance des intérêts en droit européen du marché intérieur, v. A. Marzal Yetano, *La dynamique du principe de proportionnalité : essai dans le contexte des libertés de circulation du droit de l'Union européenne*, Bayonne, Institut universitaire Varenne, 2014.

Retour sur un tropisme : La solidarité dans le domaine de la cohésion économique, sociale et territoriale

CHAHIRA BOUTAYEB*
Université Paris 1 Panthéon-Sorbonne

Résumé

Les lignes qui suivent sont écrites en hommage au professeur Laurence Idot, en econnaissance de son exceptionnelle contribution à la conceptualisation du droit de l'Union européenne et à la construction de cette discipline, bien au-delà du champ du droit de la concurrence.

---

* Maître de conférences à l'Université Paris 1 Panthéon-Sorbonne.

Mettre en perspective la solidarité dans le cadre de la cohésion économique, sociale et territoriale peut s'apparenter à une certaine exigence scientifique dans un contexte de crise sanitaire, qui paraît indomptable, tant cette politique de l'Union est aujourd'hui un vecteur essentiel de l'aide actuellement apportée aux populations. À cet égard, la politique de cohésion est certainement le champ d'action qui met en lumière, plus que d'autres, les fondements et limites de la solidarité entre États membres.

En sa qualité de notion fédératrice des États au sein de l'Union autour de valeurs communes[1], de principes fondamentaux[2], d'objectifs[3] ou encore d'une communauté d'intérêts, pour ne citer que ceux-là, la solidarité apparaît, au départ, avant tout comme une préfiguration des Communautés européennes, ou inversement. Si la solidarité connaît son heure de gloire avec le traité de Lisbonne à l'échellewww de l'Union, elle s'était déjà déployée au sein du cadre politique et juridique au gré de la construction du projet européen. En effet, semblant acquise à l'aube de la naissance du projet d'intégration, elle s'est bâtie progressivement à travers certains instruments d'action de l'Union.

Pour autant, la compréhension du mécanisme de solidarité, qui passe par l'interrogation de ses fondements[4] ou de ses sources, ne relève pas de l'évidence. L'on observe que c'est la Cour qui en jettera les premiers fondements, conduisant à établir un lien entre la solidarité et ses instruments. Elle affirmera que la solidarité est « *à la base [...] de l'ensemble du système communautaire* »[5]. Puis, plus tard, ce même juge communautaire la considérera comme le « *fondement de la Communauté* »[6]. Entendue au sens de fondement structurel et institutionnel, la solidarité est alors considérée comme étant à la source des politiques de l'Union. De ce point de vue, elle est consubstantielle aux instruments qui constituent des éléments de la politique en cause.

En dépit d'une importante mention dans les traités actuels, la solidarité y est pourtant dépourvue de définition. Elle peut certes se définir ordinairement comme une dépendance mutuelle entre les individus, proche de la fraternité[7], qui les pousse à l'entraide ou à l'assistance ; sur le plan du droit, elle revêt un sens plus rigoureux : elle est l'engagement par lequel des personnes s'obligent les unes pour les autres, ce qui donnerait naissance à une responsabilité mutuelle.

---

1 Art. 2 TUE.

2 Art. 21 TUE.

3 Comme un objectif qu'elle s'est fixé dès l'entame du TUE, l'Union affiche la solidarité et sa volonté de l'approfondir dans le préambule : « *Désireux d'approfondir la solidarité entre leurs peuples dans le respect de leur histoire, de leur culture et de leurs traditions [...]* »

4 Il s'agit certes des fondements au sens juridique ; il peut également s'agir de fondements au sens d'éléments déclencheurs, de conception ou de réforme.

5 CJCE, 10 décembre 1969, *Commission c/ France*, aff. jtes 6 et 11/69, *Rec.* p. 523, pt 16.

6 CJCE, 29 juin 1978, *Benzine en Petroleum*, aff. 77/77, *Rec.* p. 1525, pt 15.

7 V. M. Borgetto, « Fraternité et solidarité : un couple indissociable ? », in M. Hecquard-Théron (dir.), *Solidarité(s) : perspectives juridiques*, Toulouse, Presses de l'Université des Sciences sociales de Toulouse, 2009, p. 11.

Cette lecture imbriquée de la solidarité ressort particulièrement dans le domaine de la cohésion économique, sociale et territoriale, et ce, de manière presque évidente. Un examen attentif des traités donne à penser que les rédacteurs apparentent, plus ou moins directement, la cohésion économique, sociale et territoriale à la solidarité. Ils imprègnent de la notion ce triple champ de sorte qu'il en ressort une forme de tropisme au sein de la politique de cohésion et une amplitude toute particulière.

Or, ce tropisme de la solidarité est un trait que nous retrouvons peu dans les autres politiques de l'Union, ou du moins très rarement. Il semble s'expliquer par l'objet propre de la politique de cohésion, qui est idéalement un réceptacle de la solidarité, permettant ainsi d'installer une telle centralité. Par la suite, ce processus d'affermissement de la solidarité au sein de la politique de cohésion s'est à l'évidence nourri de la nature particulière des instruments de mise en œuvre.

I. Un tropisme né de l'objet propre de la politique de cohésion

Sans doute l'émanation de l'esprit de solidarité dont l'ombre a précédé la mise en œuvre du projet européen, la politique de cohésion repose surtout sur un processus d'assimilation de la solidarité à l'interdépendance qui renvoie précisément à la cohésion. S'y ajoute un relais d'initiatives concrètes, notamment par une appréhension pratique sinon factuelle des problématiques, comme dans le cadre de la pandémie de Covid-19, ce qui, de nouveau, vient conforter le tropisme.

1. Une essence solidaire confortant l'assimilation à l'interdépendance

Même si cela n'est pas toujours apparent, la solidarité est liée, de manière plus ou moins explicite, à certaines politiques de l'Union[8]. Et, au rang de celles-ci, la politique de cohésion, intégrée au projet européen, se singularise dans la mesure où cette dernière est d'essence solidaire.

C'est principalement au sein des paragraphes 2 et 3 de l'article 174 TFUE qu'émanent l'esprit et l'idée solidaristes de la politique de cohésion, par cette attention particulière portée aux niveaux de développement des régions, au retard de celles les moins favorisées, aux zones rurales, ou aux régions qui souffrent de handicaps naturels ou démographiques. Mais, il faut bien l'avouer : les traités

---

8 V. S. de La Rosa, « La transversalité de la solidarité dans les politiques matérielles de l'Union », in C. Boutayeb (dir.), *La solidarité dans l'Union européenne : éléments constitutionnels et matériels*, Paris, Dalloz, 2011, p. 169.

ne feront pas mention de la solidarité dans les parties y afférentes, ni d'allusion à la notion, du moins pas de manière explicite.

Aussi les rapports entre la solidarité et la politique de cohésion sont-ils à rechercher ailleurs. En fait, la politique de cohésion se fonde spécifiquement sur un développement de la solidarité politique entre États membres, qui lui est consubstantielle. Il s'agit alors d'un champ d'intervention qui constitue un instrument de solidarité par son objet et sa finalité, ce qui fera naître, presque mécaniquement, le tropisme de la solidarité en son sein.

La solidarité politique est inhérente à la politique de cohésion par son objet et les trois matières qu'elle régit, ce qui nourrit cette forme d'évidence et de fluidité dans le lien les unissant. La solidarité évolue comme une assise essentielle dont dépend nécessairement la politique de cohésion. C'est tout le sens que prend la réaffirmation des États dans le protocole n° 28 annexé au traité lorsqu'il y est écrit que « *la promotion de la cohésion économique, sociale et territoriale est vitale pour le développement intégral et le succès durable de l'Union* ». Précisément, la cohésion renvoie à l'idée d'être rattaché à l'ensemble ou d'appartenir à un même groupe, ce qui implique inévitablement une solidarité et une volonté de vivre ensemble sur un territoire commun[9].

Si, de manière générale, la solidarité se révèle être une méthode de construction de l'Union[10], elle apparaît ici davantage comme un moyen de légitimation progressive de la politique de cohésion, souvent considérée comme un point d'ancrage dans l'étude des politiques publiques contemporaines[11], la solidarité ayant été substantiellement mobilisée pour la construire.

La stratégie de développement au titre de la politique de cohésion conduira alors à la mise en œuvre d'importants instruments solidaires de redistribution sur les territoires. Il s'agit en l'occurrence des fonds énumérés par l'article 175 TFUE (Fonds européen d'orientation et de garantie agricole, section « orientation » ; Fonds social européen ; Fonds européen de développement régional). Concernant particulièrement ce dernier fonds, le FEDER, l'article 176 TFUE vient en préciser la mission, notamment celle d'une correction des principaux déséquilibres régionaux au moyen d'un développement et d'un ajustement structurel des régions en retard de développement, et d'une reconversion des régions industrielles en déclin. C'est particulièrement à ce niveau que ressort le processus d'assimilation de la politique de cohésion à la construction d'un ensemble aux composantes solidaires et interdépendantes.

---

9 H. Oberdorff, « La cohésion économique, sociale et territoriale, instrument de la solidarité européenne », in C. Boutayeb (dir.), *op. cit.*, p. 283.

10 V., en ce sens, A.-M. Oliva, « Solidarité et construction européenne », in J.-C. Beguin, P. Charlot et Y. Laidié (dir.), *La solidarité en droit public*, Paris, L'Harmattan, 2005, pp. 65-96.

11 V., en ce sens, N. Rubio (dir.), *Le contrôle des fonds européens de cohésion : évolutions, enjeux et perspectives*, Bruxelles, Bruylant, 2013, p. 6.

2. Un relais d'initiatives concrètes favorisant une appropriation citoyenne

L'on peut observer qu'au regard des apports concrets et de résultats escomptés[12] à l'échelle des destinataires de cette politique, les réalisations de la politique de cohésion, qui sont au plus près des citoyens du fait de nouveau de son objet, apparaissent comme un moyen de jugement par les actes, ce qui, une fois de plus, viendra fortement accentuer le tropisme.

En effet, les destinataires des différentes actions menées dans le cadre de la politique de cohésion, particulièrement dans le contexte de crise actuelle et de ses effets, seront certes attentifs non seulement à ce qu'établissent les règles constituant le cadre de l'action, mais principalement, à ce qu'ils pensent que sont ou seront les résultats de celles-ci[13].

Pierre Rosanvallon est l'un de ceux qui ont mis en évidence ce mouvement d'adhésion des citoyens, généré par la légitimité démocratique et ses liens avec l'efficacité de l'action publique[14]. Il propose une définition large de la légitimité démocratique dans laquelle peuvent entrer les éléments intrinsèques à la politique de cohésion. Cette définition constitue une rupture avec l'hypothèse classique, c'est-à-dire celle fondée sur l'élection, et incarnée par l'administration dans la poursuite de l'intérêt général ; elle trouve un exemple pertinent dans des politiques de solidarité de l'Union, tout particulièrement la politique de cohésion, porteuse d'instruments qui traduisent une volonté, de la part des autorités de l'Union, d'une appropriation citoyenne.

Cette appropriation aurait pour but de faire adhérer les citoyens de l'Union aux projets européens d'intérêt général. Il s'agit alors ici d'une manière de les impliquer, non comme destinataires finaux, mais comme participants actifs et solidaires, particulièrement dans des contextes de crise de diverse nature (telle que la crise sanitaire que nous connaissons), et de résorber de la sorte le décalage entre les attentes et les réalités vis-à-vis de la défiance du citoyen, lorsqu'un besoin de rendre des comptes s'impose[15].

Cette lecture est au demeurant conforme à l'idée que la politique de cohésion est devenue, au gré du projet européen, une politique de solidarité censée faciliter le mieux l'intégration, s'agissant de renforcer l'unité des économies

---

12 Le septième rapport sur la politique de cohésion rend particulièrement témoignage des résultats les plus récents, notamment de ses instruments de solidarité. C'est ainsi qu'en 2014, les disparités en termes d'emploi ont commencé à se réduire, suivies par celles relatives au PIB par habitant en 2015. Entre 2000 et 2015, le PIB par habitant d'un grand nombre de régions moins développées s'est rapproché de la moyenne de l'Union. Comm. eur., *Ma région, mon Europe, notre futur*, Septième rapport sur la cohésion économique, sociale et territoriale, Luxembourg, OPUE, 2017 ; le huitième rapport est en cours d'adoption.

13 V., en ce sens, P. Duran, *Penser l'action publique*, Paris, LGDJ-Lextenso, 2010, p. 97.

14 P. Rosanvallon, *La légitimité démocratique : impartialité, réflexivité, proximité*, Paris, Seuil, 2008, p. 367.

15 M. Bovens, « Analysing and Assessing Accountability: A Conceptual Framework », *European Law Journal*, vol. 13, n° 4, juillet 2007, pp. 447-448.

par une réduction de l'écart entre les différentes régions et du retard de celles les moins favorisées[16]. Ses matières, à savoir les champs économique, social et territorial, jouissent, dans la construction de l'intégration, d'un statut qui est fondamentalement proche des principes généraux du droit, et des valeurs supérieures axiologiques comme le bien commun ou la justice, autant d'éléments qui inspirent le système européen dans son ensemble[17].

Chacune de ses matières est porteuse d'une forte légitimité auprès de ses destinataires en ce qu'elle constitue l'outil par définition de promotion de la solidarité entre États (art. 4, § 3, TUE), et qu'elle vise, notamment en ces temps de crise accrue, à réduire l'écart et le retard entre les niveaux de développement entre les régions (art. 174, § 2 TFUE), en atténuant les effets socio-économiques de l'épidémie ; ces matières sont également le moyen de dépasser les clivages traditionnels[18] ou de nouvelles formes de divergence[19], qui peuvent très vite constituer des entraves susceptibles de fragiliser les rapports entre les citoyens et les différentes régions que l'Union cherche à unir.

À cet égard, la réponse apportée à la crise sanitaire, notamment à la faveur des Fonds structurels et d'investissement, illustre une telle démarche centrée sur une appréhension factuelle des problématiques et un traitement qui se veut concret et visible[20]. En effet, la politique de cohésion est apparue non seulement comme l'instrument de solidarité européenne, permettant de contenir les difficultés poussées à leur paroxysme, mais en tant que cadre général dans lequel s'organise une réponse factuelle et collective à une crise précisément caractérisée par une forte dimension économique, sociale et territoriale. De ce point de vue, rapportée à cette situation pandémique, sa transversalité fait d'elle un levier de résilience.

Il est vrai que, dans un premier temps, les élans de solidarité européenne se sont manifestés davantage dans un cadre national qu'à l'échelle de l'Union[21] ; il s'agit ici d'une « *solidarité mécanique* »[22] ou émotionnelle et instinctive, dirons-nous,

---

16 V. préambule du TFUE.

17 V. F. Michéa, « La Cour de justice, garante de l'équilibre institutionnel ? », in N. Rubio (dir.), *op. cit.*, p. 65.

18 C. Blumann, « La cohésion dépasse les clivages traditionnels », in *Le droit de l'Union européenne en principes : Liber amicorum en l'honneur de Jean Raux*, Rennes, Éditions Apogée, 2006, p. 39.

19 À l'image de la position dissidente des États européens dits « frugaux » (Pays-Bas, Suède, Autriche, Danemark et Finlande) lors des négociations du plan de relance, pour faire prévaloir des solutions communes. Tous ont opposé une âpre résistance au plan de relance européen, rendant ainsi les négociations difficiles durant plusieurs jours, avant de s'y rallier *in fine*.

20 Pour ce faire, sur le plan de relance de 750 milliards d'euros, adopté en juillet 2020 par le Conseil européen, 390 milliards sont consacrés aux subventions destinées aux régions et secteurs les plus affectés par la crise ; de même, les cinq fonds structurels et d'investissement sont fortement mobilisés.

21 L'un des exemples est servi par l'Allemagne, qui, seule, a élaboré de manière anticipative sa stratégie vaccinale (dès la fin du premier semestre 2020), et qui n'a dès lors pas attendu la validation de la stratégie à l'échelle de l'Union par la Commission européenne, intervenue en juin 2020, v. en sens, Communication de la Commission, Stratégie de l'Union concernant les vaccins contre la COVID-19, COM/2020/245 final, 17 juin 2020.

22 V. E. Durkheim, *De la division du travail social*, Paris, PUF, 1930, pp. 33-34. Durkheim y distingue la « *solidarité mécanique* », fondée sur la similitude des comportements des individus et les valeurs d'une société donnée, et la « *solidarité organique* », fondée, elle, sur la complémentarité des activités et des fonctions des individus.

qui unit les individus d'un même territoire et conduit à une mobilisation rapide de l'État, doté des compétences nécessaires pour la mettre en œuvre, particulièrement en matière de protection sociale.

Au-delà de ces considérations mécaniques ou spontanées, nationales ou subjectives, la politique de cohésion se distingue comme un dispositif de « *solidarité organique* », envisagée pour réparer à l'échelle de l'Union, et atténuer les disparités engendrées par la Covid-19 que la pauvreté et l'exclusion sociale tendent principalement à incarner.

C'est ainsi qu'à la faveur de ses instruments financiers, dont le cadre stratégique a été simplifié, les moyens alloués à la politique de cohésion visent à rétablir le tissu économique, social et territorial de l'Union, dégradé par cette pandémie, s'agissant de la diminution de l'activité économique, de la hausse du taux de chômage, de la baisse des revenus, et d'un accroissement des disparités à la fois au sein des États membres et entre eux[23]. La recherche de réalisations concrètes se manifeste particulièrement par un budget destiné au soutien d'investissements publics dans les trois matières ainsi qu'une importante simplification des procédures.

Il va de soi que ce plan n'occulte ni ne remet en cause les dispositifs traditionnels de cohésion et de solidarité mais vient les compléter, voire les consolide. En effet, la Commission a substitué aux objectifs thématiques qui figurent dans la politique de cohésion pour la période 2014-2020 des objectifs stratégiques définis pour le FEDER, le FSE (Fonds social européen), le FC (Fonds de cohésion) et le FEAMP (Fonds européen pour les affaires maritimes et la pêche), parmi lesquels une expression concrète des droits sociaux et un soutien à l'emploi, à l'éducation, aux compétences, à l'inclusion sociale et à l'égalité d'accès aux soins de santé.

II. Un tropisme nourri par la nature particulière des instruments de mise en œuvre

Le tropisme de la solidarité sera largement conforté par la nature particulière des instruments de mise en œuvre, dotés de caractères propices précisément à la centralité. En effet, ces instruments présentent une forte dimension protectrice et/ou correctrice face à des situations de crise, ainsi qu'un caractère programmatique des actions engendrant une récurrence de la politique de cohésion. Ce sont ici autant d'éléments qui viendront consolider le tropisme de la solidarité au sein de la politique de cohésion.

---

23 Il convient également d'y ajouter l'adoption, le 17 décembre 2020, du nouveau cadre financier pluriannuel pour la période 2021-2027 consacrant un montant de 1 074,3 milliards d'euros. Conjuguée au plan de relance, cette enveloppe doit permettre à l'Union d'accorder des financements massifs dans différents domaines d'action des instruments de la politique de cohésion, à savoir le FEDER, le FSE et le FC.

1. La dimension protectrice et/ou correctrice des mécanismes de mise en œuvre

Les outils de solidarité dans le cadre de la politique de cohésion ont pour dénominateur commun d'être déclenchés face à une conjoncture, c'est-à-dire des crises à surmonter ou des défis à relever de manière unie et coordonnée par l'Union. La lecture de l'article 174 TFUE montre que la politique de cohésion s'inscrit dans une logique de constats et d'états des lieux qui requiert un rééquilibrage, sous forme de protection ou de correction, des actions de l'Union en matière économique, sociale et territoriale.

Ce sont en réalité les fondements, notamment politiques, de l'intégration européenne qui conduisent à ce qu'une telle solidarité européenne, comme principe général d'action[24], soit déclenchée en situation de besoin accru, à partir de dispositifs, plus ou moins sophistiqués, visant à protéger ou à corriger.

Cette forme de politique de cohésion, c'est-à-dire celle qui protège ou corrige, s'est en quelque sorte imposée du fait des conséquences des conflits mondiaux qui ont précédé de quelques années la naissance des Communautés européennes. Pour réduire les disparités – d'ordre social, territorial, démographique – qui en sont nées, et susceptibles d'entraver l'intégration qui s'amorçait, les traités proposeront, au fil du processus d'intégration, un mécanisme au travers de la politique de cohésion et ses divers instruments, qui seront des mécanismes d'interdépendance. Seront privilégiés des dispositifs de solidarité, les fonds structurels[25], en l'occurrence deux fonds, le FSE[26] et le FEOGA (Fonds européen d'orientation et de garantie agricole), suivis plus tard, en 1975, du volet régional avec la création du FEDER, puis du FC en 1994. À ceux-ci, s'ajouteront d'autres fonds, comme le Fonds de solidarité de l'Union européenne (FSUE)

---

24 M. Borgetto, préc., p. 11.

25 C'est le règlement (UE) n° 1303/2013 qui en organise et en délimite les contours. Il prévoit que les fonds intervenant au titre de la politique de cohésion se limitent au FEDER, au FSE et au FC, tandis que le Fonds européen agricole pour le développement rural (FEADER) et le Fonds européen pour les affaires maritimes et la pêche (FEAMP) relèvent de la politique agricole commune et de la politique commune de la pêche, et sont coordonnés avec les instruments de la politique de cohésion ; v. règlement (UE) n° 1303/2013 du Parlement européen et du Conseil du 17 décembre 2013 portant dispositions communes relatives au Fonds européen de développement régional, au Fonds social européen, au Fonds de cohésion, au Fonds européen agricole pour le développement rural et au Fonds européen pour les affaires maritimes et la pêche, et abrogeant le règlement (CE) n° 1083/2006 du Conseil, *JOUE* n° L 347 du 20 décembre 2013, p. 320. Sur les modifications et adaptations à la suite de la pandémie de Covid-19, v. le règlement (UE) n° 2020/460 concernant les investissements dans les systèmes de soins de santé des États membres et dans d'autres secteurs de leur économie, *JOUE* n° L 99 du 31 mars 2020, p. 5 ; le règlement (UE) n° 2020/558 en ce qui concerne des mesures spécifiques visant à offrir une flexibilité exceptionnelle pour l'utilisation des Fonds structurels et d'investissement, *JOUE* n° L 130 du 24 avril 2020, p. 1 ; et le règlement (UE) n° 2020/2221 en ce qui concerne des ressources supplémentaires et des modalités d'application afin de fournir un soutien pour favoriser la réparation des dommages à la suite de la crise engendrée par la pandémie de COVID-19 et de ses conséquences sociales et pour préparer une reprise écologique, numérique et résiliente de l'économie (REACT-EU) *JOUE* n° L 437 du 28 décembre 2020, p. 30.

26 L'article 162 TFUE en précise les missions, dont les éléments concourent largement à le désigner comme un instrument de solidarité placé au centre du système social européen. À ce titre, le rôle joué par cet instrument fait écho à la solidarité consacrée par le titre IV de la Charte des droits fondamentaux de l'Union. Le contexte sanitaire actuel fait de lui un des ressorts indéniables de la lutte contre la crise en matière d'inclusion sociale des citoyens de l'Union.

institué en 2002[27], et dont la dénomination est porteuse d'une signification certaine.

Puis, les disparités économiques, sociales et territoriales qui justifiaient le déploiement de ces instruments de cohésion s'étant accrues, il a été nécessaire de renforcer les actions, notamment dans le domaine de l'emploi sur l'ensemble de la Communauté. Ainsi, le FEDER, jadis essentiellement réduit à un instrument de redistribution, verra ses missions s'amplifier par l'article 176 TFUE : il sera destiné à contribuer à la correction des principaux déséquilibres régionaux dans l'Union par une participation au développement et à l'ajustement structurel des régions en retard de développement et à la reconversion des régions industrielles en déclin[28]. Sur ce point, le FEDER constitue assurément un outil symptomatique de solidarité et d'équilibre interrégional au sein de l'Union.

De même, toujours dans le cadre de la programmation de l'intervention structurelle, le FC (art. 177 TFUE), contribue financièrement à la réalisation de projets dans le domaine de l'environnement et dans celui des réseaux transeuropéens en matière d'infrastructure des transports[29].

Toute cette démarche de l'Union à la faveur de la construction d'un projet politique d'ensemble, l'intégration, obéit à l'esprit de l'article 174 TFUE, qui a fixé l'orientation en la matière, à savoir corriger le décalage entre le développement des régions et apporter des réponses collectives concrètes à des inégalités potentiellement dommageables à l'avancée du projet. Cette démarche requiert mécaniquement une appréhension concrète des problématiques et une forte adaptabilité aux changements économiques et sociaux qui s'imposent aux États de l'Union.

2. Le caractère programmatique des dispositions confortant une récurrence de la politique de cohésion

À la fois objectif et principe structurant[30] comme l'est au demeurant la solidarité[31], la cohésion a été construite et érigée au rang de politique de manière exclusivement pragmatique[32].

---

27 Règlement (CE) n° 2012/2002 du Conseil du 11 novembre 2002 instituant le Fonds de solidarité de l'Union européenne, *JOCE* n° L 311 du 14 novembre 2002, p. 3, et règlement (UE) n° 661/2014 du Parlement européen et du Conseil du 15 mai 2014 modifiant le règlement (CE) n° 2012/2002 du Conseil instituant le Fonds de solidarité de l'Union européenne, *JOUE* n° L 189 du 27 juin 2014, p. 143.

28 Règlement (UE) n° 1301/2013 du Parlement européen et du Conseil du 17 décembre 2013 relatif au Fonds européen de développement régional et aux dispositions particulières relatives à l'objectif « Investissement pour la croissance et l'emploi », et abrogeant le règlement (CE) n° 1080/2006, *JOUE* n° L 347 du 20 décembre 2013, p. 289.

29 Règlement (UE) n° 1300/2013 du Parlement européen et du Conseil du 17 décembre 2013 relatif au Fonds de cohésion et abrogeant le règlement (CE) n° 1084/2006 du Conseil, *JOUE* n° L 347 du 20 décembre 2013, p. 281.

30 CJCE, 23 novembre 1999, *Portugal c/ Conseil*, aff. C-149/96, *Rec.* p. I-8395.

31 Art. 21 TUE.

32 N. Rubio, « Politique de cohésion et contrôle », in N. Rubio (dir.), *op. cit.*, p. 6.

Pour la Cour, les dispositions de la politique de cohésion du traité CE présentent un caractère programmatique, de telle sorte que la mise en œuvre de l'objectif de cohésion économique et sociale doit être le résultat des politiques et des actions de la Communauté ainsi que des États membres. Il en ressort alors un faible degré de normativité[33], en plus du refus de la Cour de lui conférer le statut de principe général du droit de l'Union[34].

À notre sens, cette forte tendance programmatique de la politique de cohésion ne l'a pas en réalité desservie mais au contraire a procuré à cette dernière une densité et une récurrence qui conforteront de nouveau le tropisme de la solidarité.

Le pragmatisme, qui traduit une volonté d'insister sur la dimension opérationnelle des objectifs à atteindre dans la mise en œuvre de la politique de cohésion, ressort avec relief lorsqu'on considère l'article 175 TFUE. Globalement s'en dégagent trois tendances qui font naître une dimension programmatique, donnant une substantialité à la solidarité politique :

- la première appelle, « *afin d'atteindre les objectifs visés à l'article 174* », c'est-à-dire la promotion et le développement harmonieux de l'ensemble de l'Union, à la coordination des politiques économiques des États membres ;
- la deuxième, corollaire de la précédente, invite à prendre en compte les objectifs de la politique de cohésion et de participer à leur réalisation, dans la formulation, la mise en œuvre des politiques et actions de l'Union, et du marché intérieur ;
- la troisième enfin, complémentaire aux deux premières, appelle pour sa part au soutien de l'Union à la réalisation de cette action menée, notamment au travers des fonds à finalité structurelle.

Ces trois principaux éléments se veulent cohérents et jouent un rôle important dans le rapport à établir entre les objectifs et les moyens alloués, autrement dit dans la programmation des opérations des fonds dont la création a répondu à un besoin particulier. Ce contexte programmatique se manifeste par l'établissement d'objectifs thématiques considérés comme prioritaires par le législateur de l'Union, que sont notamment la convergence, et la coopération territoriale.

Le caractère programmatique de la politique de cohésion est particulièrement accentué par le développement de l'évaluation[35], qui occupe désormais une place

---

33 V. C. Blumann, « Historique de la politique communautaire de cohésion économique et sociale », in S. Leclerc (dir.), *L'Europe et les régions : quinze ans de cohésion économique et sociale*, Bruxelles, Bruylant, 2003, p. 25.

34 CJCE, 23 novembre 1999, *Portugal c/ Conseil*, aff. C-149-96, préc., pt 86.

35 V. not. Septième rapport sur la cohésion économique, sociale et territoriale, préc.

prépondérante, un lien étroit s'étant construit entre l'efficacité des Fonds européens et la bonne gouvernance économique[36].

Cette logique d'efficacité est notamment mise en avant par le cadre d'action[37], qui insiste sur les résultats comme la réduction des disparités au niveau régional, notamment en termes d'emploi ou en matière de PIB par habitant. Ce cadre s'appuie sur des mécanismes ou certains outils d'évaluation comme la concentration thématique, un cadre de performance avec des objectifs et des cibles bien définis, une conditionnalité *ex ante*, la réunion annuelle de bilan dans chaque État membre ou encore une revue de performance des programmes.

Toujours dans la même optique, celle de rechercher l'efficacité des actions programmatiques menées, d'autres outils permettent de combiner l'aide de différents fonds structurels et d'investissement et de les adapter aux besoins de chaque territoire, notamment par la création d'emplois qualifiés, et la conduite d'actions dans le domaine de l'inclusion sociale.

L'on peut légitimement s'étonner de l'emprise grandissante d'une logique d'efficacité dans une politique portée par un principe de solidarité qui, en dépit de son tropisme, n'aura pas été un rempart suffisant à cet égard même si la crise sanitaire et ses conséquences, notamment sur les disparités territoriales, introduisent une certaine flexibilité dans ce contrôle de l'efficacité.

Cette progression de l'efficacité est d'autant plus regrettable que la faible normativité de la politique de cohésion n'est pas sans incidence sur l'appréciation des actions, qui est rendue ici plus complexe. En effet, l'appréciation de l'efficacité d'une mesure renvoie à la qualité de la norme[38], qui, dans le cas présent, étant de nature programmatique, est plus difficile à saisir et à apprécier afin d'en évaluer les résultats.

***

Lire dans la politique de cohésion un tropisme de la solidarité n'est certes pas suffisant, car nous savons que les disparités en cause ont été au départ perçues comme des entraves à l'accomplissent du processus d'intégration et qu'il devenait essentiel de les résorber alors que la solidarité exige une démarche, par définition, désintéressée.

En cela, le rapport étroit entre la solidarité et la politique de cohésion peut, sur ce point d'origine, sembler ambivalent. En dépit de son objet noble, créer une cohésion, il y avait assurément une démarche première, motivée par l'intérêt de l'intégration, que nous avons pu soulever. Pour autant, cette motivation, moins louable, fut suffisante pour fonder cette solidarité, la faire prospérer et lui accorder une place prépondérante, au point d'en relever un tropisme, et d'en ôter l'ambivalence.

---

36 V. art. 23 du règlement (UE) n° 1303/2013 du 17 décembre 2013, préc.

37 V. en ce sens le règlement (UE) n° 1303/2013 du 17 décembre 2013, préc.

38 M. Fatin-Rouge Stéfanini, L. Gay et A. Vidal-Naquet, *L'efficacité de la norme juridique : nouveau vecteur de légitimité ?*, Bruxelles, Bruylant, 2012, p. 352.

Les crises de l'euro

Jean-Yves Chérot*
Aix-Marseille Université

Résumé

La crise de l'euro est aussi une crise de légitimité politique de l'Union, une crise politique et constitutionnelle et une crise du régime économique et financier international. Elle est aussi le révélateur d'une crise de la doctrine juridique de l'Union. Si la réalité sociale vient hanter la théorie constitutionnelle de l'Union comme une cause absente, n'est-ce pas le moment pour la doctrine de travailler sur ses méthodes ?

* Professeur émérite, Aix-Marseille Université

Dans l'histoire de l'Union, les crises ont souvent été regardées comme des opportunités, des moyens de l'intégration. Tel n'est pas le cas des nouvelles crises majeures que connaît l'Union. C'est la crise de l'euro dont il sera uniquement question ici. Nous ne chercherons donc pas à tirer des conclusions générales pour l'ensemble des crises. Mais remarquons que si la crise de l'Union économique et monétaire et la crise du mécanisme de Schengen paraissent très différentes, elles révèlent certainement les mêmes défis[1]. Pour la crise de Schengen, les « coûts » modestes de sortie d'une action commune ordonnée ont permis de masquer l'ampleur des défis lancés au droit et aux valeurs de l'Union. Dans le cas de la crise de l'euro, c'est l'ampleur des coûts qui auraient accompagné la sortie de l'union économique et financière qui a partiellement permis, parce qu'il fallait assurer la sauvegarde de l'euro, de masquer aussi l'ampleur des défis lancés au droit et à la politique de l'Union. Enfin, si l'Union a su se montrer unie face aux défis du Brexit, il est difficile de voir dans la sortie du Royaume-Uni de l'Union un succès de la dynamique de l'intégration.

La crise de l'euro n'est pas seulement une crise économique et financière. Elle est une crise de la construction institutionnelle de l'union économique et financière (I.). Elle est une crise de la légitimité politique de l'Union (II.), une crise politique et constitutionnelle (III.) et une crise du modèle ou du « régime » économique, l'épistémè, sur lequel est fondé l'euro (IV.).

I. Une crise de la construction institutionnelle de l'union économique et financière

La crise de l'euro est d'abord l'échec du pari fait, lors de sa création, du rapprochement des institutions économiques et sociales dans les États membres. La recherche d'un tel rapprochement était fondée sur une exigence théorique. Selon la théorie des zones monétaires optimales, les difficultés qui sont liées, dans une zone monétaire unique, à l'absence de flexibilité des taux de change et à la perte de toute possibilité pour les États de contrôler les taux d'inflation ne peuvent être contenues que si la zone monétaire démontre à un haut niveau posséder une ou plusieurs caractéristiques essentielles[2]. La théorie retient que l'homogénéité des éléments de la zone permettra d'abord que les chocs économiques puissent être mieux traités par le centre selon des politiques communes sans aggraver les écarts entre les économies de la zone. La convergence entre les économies de la zone euro devenait l'élément central de la construction de la monnaie unique dès lors que les autres éléments, pour que

---

1 Elles peuvent aussi être regardées comme partiellement intriquées, la crise économique et financière ayant sans doute participé à la crise de la politique de l'asile et de l'immigration.

2 Sur la théorie des zones monétaires optimales, v. R. A. Mundell, « A Theory of Optimum Currency Areas », *American Economic Review*, vol. 51, n° 4, 1961, pp. 657-665. Des économistes ont mis en garde sur le fait que la future zone euro pourrait ne pas être une zone monétaire optimale : B. Eichengreen, « Is Europe an Optimum Currency Area? », *Centre for Economic Policy Research Discussion Papers*, n° 478, 1990.

la zone euro puisse être reconnue comme une zone optimale, étaient et sont soit difficiles à atteindre (une grande mobilité des hommes), soit peu acceptables sur le plan politique par les États et leurs citoyens (l'acceptation d'une grande flexibilité dans les conditions sociales pour jouer, quand les conditions économiques favorables le permettent, le jeu de la dévaluation compétitive par des réformes structurelles, ou encore l'acceptation de l'augmentation des taxes et transferts au niveau de l'Union)[3].

Mais il est un autre argument aussi important que l'argument fondé sur la théorie économique : la convergence structurelle des institutions économiques et sociales était et reste essentielle pour fonder la légitimité même du fonctionnement d'un marché unifié. Elle est exigée par la théorie politique : il devient beaucoup plus difficile de maintenir la légitimité des décisions politiques pourtant prises formellement en commun quand les résultats du marché reflètent des différences structurelles ou encore l'absence d'un terrain où l'on joue sur un pied d'égalité[4].

Le pari de départ – au moins pour ceux, dont la France, qui avaient proposé de placer la création d'une monnaie unique à l'ordre du jour de l'intégration européenne –, c'est que les économies européennes devaient converger les unes vers les autres, les unes allant vers des standards économiques plus germaniques, moins d'inflation, plus d'épargne, moins de dépenses publiques ; les autres, dont l'Allemagne, acceptant plus de dépenses, plus d'inflation et des salaires plus hauts. L'Allemagne a refusé[5], au risque de ne pas pouvoir imposer son modèle aux autres économies. La difficulté est venue de ce que la réussite d'ensemble d'une politique d'ailleurs tardive d'inspiration monétariste en Allemagne sur l'impulsion de sa banque centrale ne pouvait pas être transposée avec la même réussite à l'ensemble formé par les

---

3 Pourtant de nombreux économistes ont attiré l'attention dès avant la création de l'euro sur la nécessité d'établir des mécanismes de compensation financière et de solidarité au sein de la zone pour faire face aux effets asymétriques que pourrait comporter l'union monétaire.

4 V. D. Rodrik, « The Future of European Democracy », in L. van Middelaar and P. Van Parijs (eds.), *After the Storm: How to Save Democracy in Europe*, Tielt, Lannoo Publishers, 2015. « *Je peux à contrecœur, écrit-il, accepter mon destin quand mes pertes sont le résultat du sens de l'économie et de l'effort de mes compétiteurs ou de leur ingéniosité, mais j'aurais tendance à penser que la faute réside dans le système lui-même quand ces pertes sont le résultat de plus faibles standards sur le marché du travail, de plus larges aides de la part des gouvernements ou d'une plus faible application des régulations dans les autres pays. De la même façon, je peux accepter de renflouer les autres quand ils sont les victimes des temps mauvais, mais non quand il semble qu'en intervenant je prends en charge leur irresponsabilité ou simplement le résultat de leur choix pour des systèmes économiques et sociaux différents des miens.* » (traduction libre). V. encore les observations de Waltraud Schelkle sur la faisabilité politique d'une union où la diversité des modèles économiques serait trop forte : « *[T]here are no limits as to how much economic diversity can be accommodated, but political limits do exist* » (W. Schelkle, *The Political Economy of Monetary Solidarity: Understanding the Euro Experiment*, Oxford University Press, 2017, p. 304).

5 « *Lors de la création de l'euro, les États, comme la France, l'Italie, l'Espagne et d'autres pays qui ont traditionnellement des monnaies plus faibles voyaient dans l'euro un instrument pour amener l'Allemagne à adopter un modèle plus proche de leur propre modèle économique, ce qui aurait permis de relâcher les contraintes et pressions compétitives sur leurs économies. Ils espéraient encourager l'Allemagne à accepter une structure européenne qui permettrait plus de dépenses nationales, des salaires plus élevés et plus d'inflation. Cela n'a pas fonctionné. Même Jacques Delors, qui est souvent considéré comme le père de l'euro, m'a dit peu de temps après que le traité de Maastricht a été négocié qu'il voyait la monnaie unique comme un échec parce qu'il avait été incapable de persuader les Allemands d'accepter un compromis* » (traduction libre) écrit A. Moravcsik, « Europe After the Crisis: How to Sustain a Common Currency », *Foreign Affairs*, vol. 91, n° 3, mai-juin 2012, p. 54 et s.

économies de la zone euro[6]. Certes, il pouvait être attendu qu'avec la monnaie unique et avec l'intégration plus forte des marchés des biens et des capitaux puisse s'ensuivre une convergence des prix, des salaires et du cycle des affaires. D'ailleurs, les massifs mouvements de capitaux internes à la zone euro qui ont fait suite à la création de la zone ont donné l'apparence d'une rapide convergence entre les économies du Nord et celles du Sud[7]. Mais de fait, une politique monétaire uniforme, réussissant à assurer de fait des taux d'intérêt nominaux proches dans l'ensemble des pays, ne garantissait pas pour autant la convergence des prix[8]. Les taux d'inflation différents ont persisté, de telle sorte que la politique commune a conduit à aggraver les divergences entre les économies de la zone.

Dans les pays avec un taux d'inflation inférieur à la moyenne, les taux d'intérêt réels devenaient trop élevés, tandis que, dans les pays connaissant un taux d'inflation au-dessus de la moyenne, les taux d'intérêt nominaux devenaient des taux d'intérêt réels attractifs. La conséquence en a été que la demande a été freinée dans les premiers (ce qui a d'ailleurs conduit au départ à une récession en Allemagne et à une réponse forte de ce pays en termes de réformes dites « structurelles ») et, au contraire, stimulée dans les seconds, avec à la clef des effets potentiellement dévastateurs. En Grèce, en Irlande, en Italie, au Portugal et en Espagne (ce qu'on désignera pendant la crise comme les GIIPS – Greece, Ireland, Italy, Portugal, Spain), la demande intérieure, financée par le crédit, a continué à augmenter, comme les importations, la croissance économique, l'emploi et les salaires. Ce résultat se retrouve dans le déséquilibre extérieur de ces pays, un toujours plus grand déficit de la balance des paiements, la surévaluation du taux de change réel pénalisant les exportations[9]. Fritz Scharpf résume cela en rappelant que « *la condition préalable cruciale du monétarisme – une adéquation précise entre l'offre de monnaie et la croissance potentielle d'une économie – ne pouvait pas exister dans une zone monétaire hétérogène* »[10].

---

6 La création de l'euro est bien le résultat d'un compromis, l'Allemagne acceptant ici l'initiative française tout en voulant préserver les éléments de la force du modèle économique qu'elle avait pu construire autour d'une politique néolibérale, sans se rendre compte que passer des impulsions d'une banque centrale indépendante dans un espace économique relativement unifié à des impulsions d'une banque centrale indépendante dans l'espace élargi de la zone euro produirait des effets complètement différents. On reviendra plus loin sur l'explication de ces effets pervers des décisions prises entre États membres qui résultent de compromis entre des préférences nationales divergentes et qui ne conduisent pas, au moins dans un premier temps, aux choix économiquement les meilleurs.

7 À la cinquième Central Banking Conference de la BCE, Andrew Rose a défendu que l'Union économique et monétaire « *has created a virtuous circle; by increasing trade and the synchronization of business cycles, EMU reduces the need for national monetary policy. That is, EMU seems along the path to becoming an optimum currency area* » (cité par F. W. Scharpf, « Political Legitimacy in a Non-Optimal Currency Area », in O. Cramme and S. B. Hobolt (eds.), *Democratic Politics in a European Union Under Stress*, Oxford University Press, 2014, pp. 22-23).

8 Comme le relève Fritz Scharpf, « *la prédiction que l'union monétaire accroîtrait les flux des échanges de biens et de capitaux et que le flux croissant des échanges dans le cadre d'une monnaie unique tendrait à égaliser les prix des biens et des services faisant l'objet de ces échanges* » n'était pas erronée. « *Mais, ajoute-t-il, il n'y avait aucune raison de penser que les prix des secteurs non affectés par les échanges seraient également égalisés. De telle sorte que les différences dans les taux d'inflation pouvaient persister* » (traduction libre) (F. W. Scharpf, « Monetary Union, Fiscal Crisis and the Pre-emption of Democracy », *Journal for Comparative Government and European Policy*, vol. 9, n° 2, 2011, p. 173).

9 Sur tous ces points, F. W. Scharpf, *ibid.* V. aussi F. W. Scharpf, « Political Legitimacy in a Non-Optimal Currency Area », préc., p. 21 et s., et P. De Grauwe, « The Governance of a Fragile Eurozone », *The Australian Economic Review*, vol. 45, n° 3, 2012, pp. 255-268.

10 F. W. Scharpf, « Monetary Union, Fiscal Crisis and the Pre-emption of Democracy », préc., p. 174.

Il n'a donc pas été surprenant que la crise financière, née des mauvaises pratiques bancaires, qui éclate aux États-Unis en septembre 2008 avec la chute de Lehman Brothers, se transforme en 2009 dans l'Union européenne en crise des dettes souveraines dans les économies de la zone euro les plus dépendantes des entrées de capitaux et avec de larges déficits dans leur balance des paiements. Ces économies devenaient les cibles premières des attaques spéculatives pouvant épuiser les capacités des budgets nationaux (l'Irlande et l'Espagne avaient pourtant parfaitement respecté les critères de Maastricht). Aux yeux des investisseurs, les États membres de la zone euro devenaient d'autant plus vulnérables qu'ils ne pouvaient pas, compte tenu des règles inscrites dans le traité sur le fonctionnement de l'Union, défendre leur solvabilité en imprimant de la monnaie et en comptant sur le soutien de la Banque centrale. Très vite, le constat est fait qu'il n'est pas possible, sans coûts majeurs pour tous les États membres de la zone[11], d'en faire sortir les économies en grande difficulté, pas même la Grèce seule.

Si l'on se souvient de l'analyse qui sous-tend la théorie des zones monétaires optimales, on voit bien aussi que les déséquilibres créés par les choix présentés comme vertueux dans la doctrine monétariste faits par certains des États (régression dans les règles du marché du travail, baisse des dépenses publiques) ont également participé aux déséquilibres dans une zone monétaire maintenant unifiée. Les balances des paiements négatives dans certains pays sont la contrepartie des balances des paiements positives dans d'autres pays de l'Union[12].

Comme on le voit, la cause majeure de la crise doit être recherchée dans une circulation sans contrôle du capital, la faible régulation du système bancaire, les politiques de prêt imprudentes de la part des banques et des fonds d'investissement. Les taux d'intérêt artificiellement bas dans certaines économies du Sud ont conduit à la création de bulles financières. La bulle immobilière en Espagne en a été, parmi bien d'autres, une parfaite illustration[13]. Et, dans une économie qui fonctionne sous le regard et dans le crédit qui lui est apporté par la finance, les dysfonctionnements financiers ne pouvaient pas être pris en compte pour faire participer le capital financier à la gestion de la crise des dettes souveraines. Au contraire, les dettes privées ont été transformées en dettes publiques, ce qui a créé ou aggravé la crise des dettes souveraines. Comme le souligne un observateur particulièrement bien placé, au cœur des évènements, « Depuis la chute de Lehman Brothers en 2008, « *un cercle vicieux s'était formé entre les banques en difficulté et les finances publiques faibles. Quand une banque faisait faillite, les contribuables payaient la facture et la dette publique du pays concerné s'aggravait en conséquence. Et quand au cours d'une*

---

11 Répondre à la crise grecque et aux crises des dettes souveraines dans les GIIPS correspondait à des intérêts majeurs pour les États créditeurs.

12 Écrivant en 2012, Andrew Moravcsik relève que : « *Germany's trade surplus, at $200 billion a year, is the world's largest, even greater than China. Forty percent of the surplus comes from Germany's trade within the eurozone—a total roughly equal to the combined deficits of the crisis countries* » (A. Moravcsik, « Europe After the Crisis », préc., p. 59).

13 Fritz Scharpf souligne encore que « *la Banque centrale européenne, pensant avoir assez fait son travail en facilitant la stabilité des prix à la consommation, n'a vu aucune nécessité d'intervenir contre ces bulles immobilières* », F.W. Scharpf, Monetary Union, Fiscal Crisis and the Preemption of Democracry, précité (traduction libre).

phase ultérieure, on mettait en doute la capacité du gouvernement à honorer cette dette, c'est l'ensemble du secteur bancaire national qui souffrait de la situation. L'Irlande a représenté l'exemple par excellence de ce cercle vicieux, mais, en ce printemps 2012, c'est l'Espagne qui y est la plus exposée »[14].

L'analyse des réponses et des remèdes à la crise est instructive d'une autre lecture et d'un autre « récit » de la crise, de la part des États créditeurs, qui y ont lu une crise de confiance des marchés financiers à l'égard des dettes souveraines de certains États membres, une crise de confiance directement liée à leur manque de respect des règles explicites ou implicites du pacte sur lequel est fondé selon eux l'euro[15]. Pourtant, les fortes réformes structurelles imposées comme condition aux soutiens financiers accordés aux États faisant face à une crise de leurs dettes souveraines ne pouvaient pas être tenues pour des réponses adaptées à leur situation économique au moment du cycle des affaires où ils se trouvaient[16]. Elles ne pouvaient que rendre la crise des dettes souveraines encore plus violente à brève échéance. Normalement les États doivent relancer de façon contracyclique en période de récession. Les contraintes structurelles imposées aux États en difficulté en période de crise sont d'autant plus critiquables (elles ne peuvent se comprendre que par un certain aveuglement idéologique, trouvant un appui théorique dans la préoccupation d'éviter un aléa moral[17]) que c'est précisément le passage à la monnaie unique et la perte consécutive de tout contrôle des États sur les réactions des marchés financiers (leur banque centrale ne peut plus venir défendre la valeur de leur monnaie en agissant sur le marché secondaire de la dette d'État) qui les empêchent de mener des politiques contracycliques, menacent les dettes souveraines et désarment les gouvernements et leurs banques centrales. Dans ces conditions, les baisses dans les dépenses publiques ne peuvent que produire un renforcement de la crise. Et les réformes dites « structurelles » sur le marché du travail n'ont pas plus de vertus : les entreprises ne recrutent pas plus de personnel et n'accroissent pas leur offre parce que des mesures de révision du

14 L. van Middelaar, *Quand l'Europe improvise : dix ans de crises politiques*, Paris, Gallimard, 2018, p. 91.

15 Le conflit des « récits » de la crise et la façon dont il a été résolu dans la pratique institutionnelle font partie aussi de la crise politique qui est derrière la crise de l'euro. La crise de l'euro ne peut pas être attribuée à l'irresponsabilité fiscale des États (ce qui est vrai en partie pour la Grèce, mais ce qui est clairement faux pour les autres États, dont certains comme l'Irlande et l'Espagne étaient de bons élèves du pacte de stabilité). Sur les récits de la crise, v. M. P. Maduro, « The Euro Crisis and Institutional Reform in the EU », in S. Champeau, C. Closa, D. Innerarity and M.P. Maduro (eds.), *The Future of Europe: Democracy, Legitimacy and Justice after the Euro Crisis*, London, Rowman & Littlefield International, 2015, p. 225 et s. Miguel Poiares Maduro tend à atténuer l'importance de cette divergence dans les récits, car selon lui les différents « récits » renverraient tous à une même cause, le « déficit démocratique » de l'Union, et devraient conduire à une solution politique identique, dans la démocratisation du fonctionnement de l'Union sur le modèle parlementariste avec une commission, gouvernement de l'Union, responsable devant un parlement aux pouvoirs renforcés. Nous ne sommes pas aussi optimistes, car certains récits cachent la crise du modèle sur lequel est fondé l'euro comme ils empêchent de mesurer la gravité de la crise politique et constitutionnelle.

16 Le FMI a reconnu dès 2013 au moins la disproportionnalité des mesures sévères d'austérité à l'encontre de la Grèce (IMF, « First and Second Reviews Under the Extended Arrangement Under the Extended Fund Facility », 18 janvier 2013). Sur une analyse comparée des différents plans de soutien mis en place au plus fort de la crise au profit de certains parmi les plus touchés, v. N. Hardiman, J. F. Araújo, M. MacCarthaigh et C. Spanou, « The Troika's variations on a trio: Why the loan programmes worked so differently in Greece, Ireland, and Portugal », *Geary Institute for Public Policy Discussion Paper* 2017/11.

17 V. P. De Grauwe, préc. : « *Too much of this new design has been influenced by the notion (based on moral hazard thinking) that, when a country experiences budget deficits and increasing debts, it should be punished by high interest rates and tough austerity programs.* »

droit du travail ont été prises lorsque ces entreprises sont contraintes du côté de la demande – une contrainte que le choix fait d'imposer en outre la baisse des salaires et des retraites ne pouvait qu'aggraver[18].

Il a fallu attendre, pour que la pression des marchés baisse, la rupture des règles de Maastricht, lorsque la BCE a accepté de se considérer comme un quasi-prêteur en dernier ressort, en se jugeant autorisée à franchir ce pas dès lors que les chefs d'État et de gouvernement avaient, enfin, après un compromis avec l'Allemagne, à la fois engagé un processus de surveillance européenne des banques (tout en décidant que cette surveillance reviendrait à la Banque centrale) et accepté que les fonds de sauvetage mis en place par l'Union puissent directement injecter des capitaux dans des banques en difficulté[19].

La crise s'étant un peu éloignée, après l'engagement de la BCE, un cadre plus général d'un nouveau pacte de stabilité profondément modifié a été mis en place. Il prolonge cette fois-ci sur le plan des institutions de l'Union, parfois en dehors même des traités, de façon plus ancrée, les mécanismes de surveillance. Les procédures ont été renforcées, détaillées, précisées, en donnant à la Commission une plus vaste palette de mesures disponibles et avec un affaiblissement des possibilités du Conseil de s'y opposer. C'est ce que fait principalement le « paquet » de cinq règlements et d'une directive (appelé le *six-pack*) adopté en 2011, complété par un pacte budgétaire compris dans le traité sur la stabilité, la coordination et la gouvernance au sein de l'Union économique et monétaire adopté et ratifié dans les États en 2012 et par deux nouveaux règlements de 2013 (le *two-pack*)[20].

Si ces réformes ont fait baisser fortement la tension sur les marchés financiers, elles n'assurent pas pour l'avenir l'assurance d'une stabilité de l'Union économique et monétaire.

---

18 V. D. Rodrik, préc. : « *Making it easier to fire labor or start new business has little effect on hiring when firms already have excess capacity. At worst, such reforms backfire: they add to the rolls of the unemployed. What is needed instead is some good old-fashioned Keynesianism: policies to boost eurozone-wide demand and stimulate greater spending in creditor countries, especially Germany.* »

19 « Euro Area Summit Statement », 29 juin 2012. C'est cet engagement au sein du sommet des chefs d'État et de gouvernement qui libère la Banque centrale européenne. V. ce qu'écrit sur ce point H. Van Rompuy, *L'Europe dans la tempête : leçons et défis*, Bruxelles, Racine, 2014. Lire le résumé qu'en fait L. van Middelaar, *op. cit.*, p. 93 : « *Quelques heures plus tard, ce même vendredi [29 juin 2012], Draghi pénètre dans le bureau de Van Rompuy. Depuis son entrée en fonction, l'Italien est soumis à de fortes pressions. Le monde entier attend que sa banque centrale se comporte avec diligence ; jusque-là, elle était toutefois prisonnière d'un carcan trop serré. À présent, il a l'air soulagé. "Herman, dit-il, prends-tu la mesure de ce que vous avez fait la nuit dernière ? C'est le déclic pour lancer le changement dont on a besoin". La décision des dirigeants européens en faveur d'une surveillance par la Banque centrale européenne va permettre à Draghi et à son établissement de jouer un plus grand rôle dans la maîtrise de la crise. Le 6 septembre depuis Francfort, la BCE promet une assistance "illimitée, mais soumise à conditions" aux pays mis sous pression par les marchés financiers.* »

20 Il comprend deux règlements, le règlement (UE) n° 472/2013 du Conseil et du Parlement européen du 21 mai 2013 relatif au renforcement de la surveillance économique et budgétaire des États membres de la zone euro connaissant ou risquant de connaître de sérieuses difficultés du point de vue de leur stabilité financière (*JOUE* n° L 140 du 27 mai 2013, p. 1) et le règlement (UE) n° 473/2013 du Conseil et du Parlement européen du 21 mai 2013 établissant des dispositions communes pour le suivi et l'évaluation des projets de plans budgétaires et pour la correction des déficits excessifs dans les États membres de la zone euro (*JOUE* n° L 140 du 27 mai 2013, p. 11).

Il ne peut s'agir ici de rendre compte de tous les facteurs qui ont conduit à cette situation. Mais, il en est un qui mérite d'être placé au premier rang, car il nous place aussi sur la voie de l'analyse de la crise de légitimité de l'Union : les gouvernements des États membres, tout en voulant sauvegarder l'euro et, au-delà, l'Union elle-même, avancent avec précaution, bloquant au nom de leurs préférences nationales les avancées logiquement nécessaires sur un plan théorique ou qui peuvent être légitimement défendues d'un point de vue normatif. C'est ce dont rend compte le modèle explicatif de l'intégration défendu par l'approche de l'intergouvernementalisme dit « libéral »[21]. Selon cette approche, les États ont construit le cadre communautaire pour garder le contrôle des décisions les plus saillantes sur le plan de la politique, mettant en balance, dans cette construction, les avantages qu'ils peuvent tirer, ensemble, de l'intégration et les risques que l'intégration leur enlève la maîtrise sur les questions politiques centrales, comme peuvent l'être les politiques budgétaires, fiscales et sociales.

II. Une crise de légitimité de l'Union

Le modèle intergouvernementaliste a encore l'avantage de permettre de poser, de la façon la plus réaliste, la question des bases de la légitimité de l'Union[22]. On peut défendre l'idée que, parce que la légitimité de l'Union s'appuie suffisamment fortement sur la légitimité démocratique des gouvernements de ses États membres, ce que l'on a appelé, pour viser l'absence d'une démocratie parlementaire dans le fonctionnement de l'Union, le « déficit démocratique » des Communautés puis de l'Union[23] n'avait pas d'importance et pouvait même être normativement « défendu »[24]. La légitimité propre de

---

21 L'intergouvernementalisme « libéral » considère les États comme des agents économiques rationnels. La théorie est développée avec des hypothèses sur les trois étapes de la théorie de l'intégration : la formation des préférences nationales défendues par les gouvernements ; les résultats des négociations intergouvernementales ; les choix institutionnels dans lesquels doivent être prises les décisions en commun. Son développement par Andrew Moravcsik est central dans la science politique de l'intégration européenne (v. not. A. Moravcsik, « Preferences and Power in the European Community: A Liberal Intergovernmentalist Approach », *Journal of Common Market Studies*, vol. 31, n° 4, 1993, pp. 473-524 ; A. Moravcsik, *The Choice for Europe: Social Purpose and State Power from Messina to Maastricht*, Ithaca, Cornell University Press, 1998). C'est une théorie de l'intégration européenne avec des hypothèses précises faites pour être testées et discutées dans le cadre d'une analyse empirique. Elle se distingue de l'approche classique de l'intergouvernementalisme qui était celle d'un Thomas Hoffmann (T. Hoffmann, « Obstinate or Obsolete? The Fate of the Nation-State and the Case of Western Europe », *Daedalus*, vol. 95, n° 3, 1966, pp. 862-915).

22 Bien d'autres théories de l'intégration ont prétendu offrir un cadre pour cette discussion. L'ancienne thèse fonctionnaliste a vu dans les progrès de l'intégration européenne un processus autoentretenu et apolitique. La thèse du *regulatory state* développée par G. Majone a vu dans l'Union un « État régulateur », engagé dans la seule définition et la mise en œuvre de règles promouvant l'efficience économique, à la recherche de solutions Pareto-efficaces ayant pour effet de promouvoir le bien-être, sans porter sur les clivages politiques saillants qui divisent fortement nos sociétés, un État régulateur qui non seulement n'a pas besoin d'une légitimité démocratique propre, mais qui doit être protégé contre des interventions politiques majoritaires (V. G. Majone, *Regulating Europe*, London, Routledge, 1996 ; G. Majone, *La Communauté européenne : un État régulateur*, Paris, Montchrestien, 1996).

23 Sur l'histoire de l'apparition de cette notion, v. A. Vauchez, *Démocratiser l'Europe*, Paris, Seuil, 2014, p. 18.

24 A. Moravcsik, « In Defence of the "Democratic Deficit": Reassessing Legitimacy in the European Union », *Journal of Common Market Studies*, vol. 40, n° 4, 2002, pp. 603-624.

l'Union se décline alors comme une seule légitimité de résultats, les mesures qui peuvent être prises dans le cadre de l'Union accroissant les biens souhaités par les citoyens[25].

Cependant, les nombreuses crises que connaît l'Union – et c'est spécialement le cas de la crise de l'euro – viennent révéler qu'il existe des circonstances dans lesquelles le processus d'intégration affecte la capacité des États membres de gérer les problèmes émergents de façon satisfaisante comme il affecte même parfois leur capacité au plan national de les gérer dans le respect de ce qu'exigeraient les normes démocratiques. De telle sorte que si le modèle intergouvernemental peut encore concourir à expliquer les décisions, il concourt à révéler les failles normatives d'une telle approche. Depuis longtemps, on fait observer que les États membres ne restent pas maîtres du processus qu'ils ont mis en place[26].

Le modèle intergouvernementaliste est, en effet, encore pertinent pour rendre compte de la façon dont les décisions sont prises dans les crises de l'intégration, car ce sont bien, comme on l'observe dans la crise de l'euro, les gouvernements des États membres qui prennent alors la main avec force, souvent en contournant s'il le faut les cadres institutionnels prévus par les traités qui fondent l'Union, y compris en déléguant aux instances techniques du gouvernement économique de l'euro et en dialogue avec la BCE. Les choix sont toujours faits par les gouvernements des États membres à l'unanimité (lorsque le Royaume-Uni et la Tchécoslovaquie refusent de réformer le traité sur le fonctionnement de l'Union, les autres États décident de sortir du cadre des traités qui fondent l'Union et adoptent le traité sur la stabilité, la coordination et la gouvernance au sein de l'Union économique et monétaire). Mais, pour le moins, ce modèle ne semble plus à lui seul tout aussi satisfaisant, à supposer qu'il l'ait été, sur le plan de la justification qu'il semblait apporter de la légitimité indirecte de l'Union. Si, longtemps, l'exercice de type technique, administratif, peu

---

25 Cette légitimité par les résultats renvoie au fait que les politiques adoptées par le « gouvernement » répondent aux besoins et aux problèmes rencontrés par les citoyens. Elle est assurée par le gouvernement « pour le peuple ». Elle peut être mise en balance avec la légitimité du gouvernement « par le peuple », qui fonctionne selon des modalités qui assurent que le gouvernement doit répondre aux préférences des citoyens, qui disposent d'un pouvoir sur ceux qui gouvernent. Ces deux dimensions de la légitimité restent toutes les deux des éléments indispensables.

26 Les thèses néo-fonctionnalistes qui mettent l'accent sur les contraintes que le caractère dynamique de l'intégration fait peser sur les États membres et sur la dépendance de leurs réponses en fonction des choix précédents se révèlent pertinentes pour participer à l'explication de la naissance des crises en tenant compte de l'interdépendance née de l'intégration. Sur ces théories v. not. Z. Lefkofridi et P. C. Schmitter, « Transcending or Descending? European Integration in Times of Crisis », *European Political Science Review*, vol. 7, n° 1, 2015, pp. 3-22. Certains auteurs proposent de combiner les théories, la théorie intergouvernementaliste restant pertinente pour décrire le processus de décision. Sur une telle hypothèse, v. F. Schimmelfennig, « Liberal Intergovernmentalism and the Crises of the European Union », *Journal of Common Market Studies*, vol. 56, n° 7, 2018, p. 1579. E. Jones, R. D. Kelemen et S. Meunier (« Failing Forward? The Euro Crisis and the Incomplete Nature of European Integration », *Comparative Political Studies*, vol. 49, n° 7, 2016, pp. 1010-1034) accordent, dans une approche historique, un plus grand rôle aux forces d'intégration que mettent en évidence les approches néo-fonctionnalistes. Le modèle intergouvernementaliste, qui peut être très bon pour expliquer le choix par les gouvernements des États membres de s'engager dans des institutions communes d'une union et comment ce cadre a été mis en place par eux, est moins bon pour donner toute sa place aux contraintes de l'intégration.

transparent, mené en dehors de tout ce que l'on connaît du jeu démocratique, des compétences de l'Union dans des domaines considérés par ailleurs comme peu saillants devant les électeurs a bien été saisi, analysé et légitimé dans le cadre de l'intergouvernementalisme, il fonctionne ici dans des conditions plus tumultueuses que par le passé[27].

Le jeu de l'unanimité donne lieu à des stratégies gagnantes dans des compromis négociés entre des États disposant d'atouts très différents, ces atouts dépendant naturellement des questions et des circonstances dans lesquelles elles se posent. Nous parlons bien ici des circonstances propres à la crise de l'euro, où règne un clivage majeur entre États débiteurs et États créditeurs. Des solutions plus adaptées et plus complètes pour venir gérer la crise sont bloquées ou repoussées par les États créditeurs, les plus puissants dans ce contexte, lorsque ces réformes sont vues comme contraires à leurs intérêts économiques et impopulaires sur le plan local. L'interdépendance n'a laissé aucune marge de manœuvre dans la crise de l'euro à une partie des gouvernements nationaux (toujours pour prendre l'exemple du traité sur la stabilité, la Grèce et les autres États dépendants des soutiens conditionnés à l'adhésion au traité n'ont eu d'autre choix que d'y adhérer). Des stratégies de « fuite vers l'abîme » se sont révélées efficaces pour répartir inégalement entre les États (et au sein même des États) le poids des coûts dus à la crise, dès lors que l'urgence de prendre une décision commune a dû faire céder les États les plus dépendants.

Devant ce qu'ils jugent être la nécessité d'accepter un résultat qui vient affecter fortement les équilibres économiques internes, il faut non seulement que les gouvernements négocient à l'écart des regards des groupes de pression nationaux, comme ils le font habituellement, et comme le célèbre la théorie intergouvernementaliste, mais il faut encore pour les gouvernements ou au moins pour certains d'entre eux affaiblir les mécanismes de leur démocratie nationale dans des domaines du champ politique qui, cette fois, « *par opposition avec le faible intérêt électoral que la théorie intergouvernementaliste assigne aux politiques de l'Union* », concernent des « *questions d'intégration européenne qui atteignent le sommet dans la liste des intérêts des citoyens et deviennent des questions dominantes dans l'agenda des politiques nationales* »[28]. On peut encore interroger la part qui revient réellement aux choix et politiques des chefs d'État et de gouvernement et aux ministres de l'Ecofin dès lors que c'est l'Eurogroupe qui a la main avec la puissance qui lui vient de sa maîtrise de la compréhension des normes, principes et finalités du monétarisme.

Les réponses apportées aux crises des dettes souveraines sont ainsi venues affecter les processus démocratiques dans de nombreux pays membres de

---

27 Les théories post-fonctionnalistes proposent de rendre compte de ce changement : v. L. Hooghe et G. Marks, « A Postfunctionalist Theory of European Integration: From Permissive Consensus to Constraining Dissensus », *British Journal of Political Science*, vol. 39, n° 1, 2009, pp. 1-23.

28 F. Schimmelfennig, préc. (traduction libre).

l'Union. La plupart des chefs de gouvernement ont vu leur responsabilité engagée devant leurs peuples à la suite de leur participation aux décisions prises dans le cadre de l'action commune au sein de l'Union et ont été renversés devant leurs parlements ou à la suite d'élections[29]. Mais ces mécanismes de responsabilité ne peuvent pas être tenus, à cette occasion, pour la preuve du bon fonctionnement des démocraties dans les États membres. Ce serait une erreur de croire que ces sanctions *a posteriori* ont suffi à assurer l'essentiel de ce qui fait un bon fonctionnement démocratique, c'est-à-dire la capacité des gouvernants d'exprimer et de relayer les volontés de leurs peuples[30]. Ces sanctions n'ont pas eu d'effets notables sur la révision des politiques des gouvernements et de l'Union[31]. De façon générale, c'est autant que cela leur a été possible, et sauf rares exceptions, la mise à l'écart des processus démocratiques qui a permis à certaines élites politiques de mener la politique de sauvetage de la zone euro[32].

Les révisions plus générales du pacte de stabilité à partir de 2011 ont encore affecté les principes de la *rule of law*, le jeu des mécanismes démocratiques dans les processus budgétaires devant les parlements nationaux, les droits économiques et sociaux[33], et installent de façon généralisée et plus profondément la crise démocratique dans l'Union qui avait été déjà engagée dans le gouvernement de la monnaie unique, un gouvernement à la fois étrangement « isolé », désencastré du reste des politiques de l'Union et prompt à enjamber les ponts pour se saisir de questions politiques majeures en matière de politique de l'emploi ou de politiques sociales[34].

La crise de l'euro est ainsi devenue une menace pour la confiance des peuples européens[35], même si l'on observe, qu'avec le temps et l'apaisement apporté à la crise, une confiance différenciée semble être revenue dans l'Union. Le coût de la crise et des réponses qui y ont été apportées vient affecter la légitimité de

---

29 Pour les rappels de ces sanctions politiques, v. L. van Middelaar, *op. cit.*, p. 75 et s.

30 V. A. Sen, « The Demands of Democracy in Europe », in L. van Middelaar and P. Van Parijs (eds.), *op. cit.*

31 La théorie intergouvernementaliste considère en général que la capacité des gouvernements d'isoler le processus politique dans le cadre de la politique commune vient renforcer leur légitimité politique domestique. La crise de l'euro restitue ainsi assez bien ce que prévoit la théorie, mais seulement pour partie, car dans ce cas, la mise à distance des pressions nationales a abouti à un affaiblissement de la légitimité des gouvernements au niveau national.

32 V. F. Schimmelfennig, préc. : « *In the early stages of the Euro crisis, eurozone governments were also able to shield their crisis management from domestic politicization by excluding skeptical parties from government coalitions, forming formal or informal oversize coalitions of mainstream parties on Euro issues and limiting the opportunities for and the impact of referendums.* »

33 Sur ces points, v. J.-Y. Chérot, « Dépasser l'épistocratie. Le cas de la gouvernance économique de la zone euro », in A. Viala, *Demain l'épistocratie*, Paris, Mare & Martin, 2021.

34 V. G. Sacriste et A. Vauchez, « L'euro-isation de l'Europe. Trajectoire historique d'une politique "hors les murs" et nouvelle question démocratique », *Revue de l'OFCE*, 164, 2019.

35 V. J. Preunkert, « Double Trust: Creditors' and People's Confidence in the Euro Crisis », in S. Champeau, C. Closa, D. Innerarity and M. P. Maduro (eds.), *op. cit.*, p. 157 et s. ; K. Armingeon et K. Guthmann, « Democracy in Crisis? The Declining Support for National Democracy in European Countries, 2007–2011 », *European Journal of Political Research*, vol. 53, n° 3, 2014, pp. 423-442.

l'Union comme celle d'une partie des gouvernements des États membres. Cela a conduit à mettre en cause le substrat de la thèse intergouvernementaliste, la thèse que la légitimité de l'Union pouvait s'appuyer sur la légitimité des gouvernements des États membres. La thèse d'une légitimité indirecte de l'Union à travers celle des gouvernements de ses États membres a pu ainsi être considérée comme un « euphémisme » qui cache un problème majeur[36].

III. Une crise constitutionnelle

L'approche intergouvernementaliste est en général associée dans les études européennes à une méthode qui veut répondre au modèle « positiviste » des sciences, visant à décrire la façon dont sont prises les décisions, d'une façon réaliste et ne s'encombrant pas ou peu de considérations sur le meilleur des mondes européens possibles. Elle n'en éclaire pas moins les analyses du projet politique et moral qu'est l'Union européenne. Ce que révèle l'analyse de science politique, c'est que le sens politique et moral du projet constitutionnel a été affecté par la crise de l'euro. On avait pu penser qu'avec le traité de Lisbonne, une stabilité institutionnelle s'était installée pour longtemps. Le gouvernement de la crise de l'euro a suscité une véritable révolution ou mutation constitutionnelle de l'Union[37].

La crise démocratique que révèle la crise de l'euro (à la fois crise de la démocratie dans les États membres et crise de légitimité politique de l'Union) est le révélateur d'une crise constitutionnelle dans l'espace politique de l'Union européenne. C'est le sens même d'un mouvement constitutionnel qui a été atteint par l'histoire de la crise de l'euro, par ce qu'elle a révélé des conditions politiques dans la nature même des réponses à la crise de l'euro. Ce qui a été fait relève, observe Neil Walker, d'une « dérive structurelle »[38], une dérive où pouvoir et charges de la crise ont été distribués très inégalement entre les États membres de l'Union (et au sein des États membres). La réalité des intérêts égoïstes fermés sur eux-mêmes agit comme un dissolvant à l'égard des engagements envers l'« entreprise constitutionnelle ».

Certes, la recherche de la légitimité politique et démocratique directe de l'Union ne fait pas partie de son histoire à l'origine. Comme l'a souligné Joseph Weiler, « *democracy was simply not part of the original DNA of European integration.*

---

36 « *'Indirect accountability' became a euphemism for protecting European law-making from democratic challenge* » (K. Nicolaïdis et R. Youngs, « Europe's democracy trilemma », *International Affairs*, vol. 90, n° 6, 2014, p. 1404).

37 V. M. A. Wilkinson, « The Spectre of Authoritarian Liberalism: Reflections on the Constitutional Crisis of the European Union », *German Law Journal*, vol. 14, n° 5, 2013, pp. 527-560 ; M. Dawson et F. de Witte, « From Balance to Conflict: A New Constitution for the EU », *European Law Journal*, vol. 22, n° 2, 2016, pp. 204-224 ; J. Habermas, *The Crisis of the European Union: A Response*, Cambridge, Polity, 2012 (Habermas décrit ici l'Union comme un « *post-democratic executive federalism* ») ; C. Joerges, « What is Left of the European Economic Constitution II? From Pyrrhic Victory to Cannae Defeat », in P. F. Kjaer and N. Olsen (eds.), *Critical Theories of Crisis in Europe: From Weimar to the Euro*, London, Rowman and Littlefield, 2016, p. 143 et s. (Christian Joerges souligne combien le nouveau gouvernement de l'euro est aux antipodes de l'ordolibéralisme).

38 N. Walker, « Constitutional Pluralism Revisited », *European Law Journal*, vol. 22, n° 3, 2016, pp. 333-355.

It still reads like a foreign transplant »[39]. Mais les dispositions du traité sur l'Union européenne prennent acte qu'avec le temps, c'est bien sur des « valeurs », au rang desquelles figure la démocratie, avec la dignité humaine, la liberté, l'égalité, l'État de droit et le respect des droits de l'homme, y compris des droits des personnes appartenant à des minorités, que l'Union a été fondée. Les « *dispositions relatives aux principes démocratiques* » (art. 9, 10, 11 et 12 du traité sur l'Union[40]) reconnaissent notamment une place centrale à la « *démocratie représentative* » comme un des éléments de la structure politique, non seulement au niveau des États membres, mais aussi au niveau de l'Union. Mais, dans les faits, avec la crise de l'euro, de telles dispositions se révèlent comme l'importation d'un vocabulaire et d'un discours dans un milieu hostile.

Le gouvernement de l'euro, et cela a pris une tournure éclatante et plus brutale dans la gestion de la crise et de l'après-crise, est en rupture avec le modèle politique des traités qui fondent l'Union. Il s'accompagne d'un très faible, lointain et décalé contrôle parlementaire, d'un recul de l'étendue du contrôle juridictionnel, d'une interprétation laxiste pour le moins du principe des compétences d'attribution, alors même que le gouvernement de l'euro s'étant emparé de politiques qui relèvent, formellement, d'autres régimes institutionnels avec lesquels il interfère[41].

Il faut ajouter, avec Neil Walker[42], que cette crise constitutionnelle venant après le cuisant échec du traité constitutionnel en 2005 s'exprime encore dans la relative faiblesse dans l'imaginaire constitutionnel que les acteurs mobilisent après la crise à l'appui de leurs propositions de réforme[43]. La crise constitutionnelle a ceci de grave qu'elle ne pourra être surmontée – c'est bien la seule voie que certains auteurs

---

39 J. Weiler, « Deciphering the Political and Legal DNA of European Integration: An Exploratory Essay », in J. Dickson and P. Eleftheriadis (eds.), *Philosophical Foundations of European Union Law*, Oxford University Press, 2012.

40 Pour une lecture dogmatique de ces dispositions du traité sur l'Union européenne, v. A. von Bogdandy, « The Lisbon Treaty as a Response to Transformation's Democratic Skepticism », in M. P. Maduro and M. Wind (eds.), *The Transformation of Europe: Twenty-Five Years On*, Cambridge University Press, p. 206 et s.

41 La crise constitutionnelle peut être aussi décrite sous l'angle d'un hiatus épistémique entre le « régime », fait de normes, de principes, de valeurs, qui sont ceux de la communauté épistémique (celle de l'Eurogroupe), qui gouverne l'euro et qui donne sens au sein de cette communauté à la discussion et à la décision et le « régime » qui est celui de la communauté épistémique de ce qui reste de la démocratie de l'État social dans les États membres et dans l'Union.

42 N. Walker, préc., p. 350.

43 La Commission doit ainsi prendre en considération dans ses propositions de réforme les réserves des chefs d'État et de gouvernement, réticents à engager la réforme des traités, et adhérer au principe de fonder ses projets de réforme sur les seules dispositions du traité de Lisbonne. C'est le cas dans la communication de la Commission intitulée « A blueprint for a deep and genuine economic and monetary Union: Launching a European Debate » (COM(2012) 777 final/2), pourtant importante sur le fond. Comme le rappelle Habermas dans le commentaire qu'il fait de cette communication, la révision du traité est renvoyée à la fin du processus, la démocratisation devient une « promesse », « comme une lumière à la fin du tunnel », ce qui est pour lui un mauvais choix parce que ce processus graduel d'unification est ainsi planifié pour le peuple et non par le peuple. « *Sans* feed-back *depuis la dynamique de la mobilisation de la sphère publique et de la société civile, le management politique manque d'impulsion et de force pour maîtriser et rediriger les investissements de capital vers des moyens socialement compatibles. La technocratie, sans les racines de la démocratie, n'aura pas la motivation pour accorder un poids suffisant aux demandes de l'électorat pour une juste distribution des revenus et de la propriété, pour des services publics et des biens collectifs, quand cela entrera en conflit avec des demandes pressantes pour la compétition et la croissance économique* » (J. Habermas, « Justice and legitimacy: Democracy, solidarity, and the European crisis », in L. van Middelaar and P. Van Parijs (eds.), *op. cit.*) (traduction libre).

acceptent de prendre au sérieux – qu'après que la gravité de la crise à venir – « *after the crash* », comme l'écrit Fritz Scharpf[44] – ne laisse pas d'autre option que de réformer profondément les traités, sans doute selon des modalités qui laisseront la plus grande marge de manœuvre aux gouvernements des États membres[45].

Du même coup, cette crise constitutionnelle se lit aussi comme une crise de la doctrine juridique, celle des grands juristes dont la pensée a accompagné la vie des Communautés, puis de l'Union. On découvre que l'imaginaire constitutionnel qui a prévalu dans la doctrine juridique dominante dans l'Union a fait l'impasse sur la politique économique et sur le droit de la politique économique[46]. Critiquant les discours sur le pluralisme constitutionnel comme schéma de compréhension de l'Union, Amnon Lev observe que la réalité sociale vient hanter la théorie et joue comme une « cause absente » dans les discours[47]. La crise de l'approche constitutionnelle est ainsi comprise comme une crise des études juridiques européennes[48].

IV. Une crise du modèle économique sur lequel est fondé l'euro

C'est le moment de revenir sur le récit de la crise de l'euro. Elle n'est pas fondamentalement et d'abord la crise du dysfonctionnement de certains États, mais une crise du « régime économique » transnational[49] fondé sur le libéralisme financier et le monétarisme dans lequel l'Union économique et monétaire s'est inscrite. On est ainsi venu, dans le cours des années 1970, construire un nouveau « régime » sur les ruines du régime économique international mis en place à Bretton Woods après la Deuxième Guerre mondiale et arrivé à un point de rupture avec l'accroissement toujours plus fort de la balance des paiements courants des États-Unis, la chute de la croissance, l'inflation et les déficits budgétaires.

---

44 F. W. Scharpf, « After the Crash: A Perspective on Multilevel European Democracy », *European Law Journal*, vol. 21, n° 3, 2015, pp. 384-405.

45 Pour une tout autre option et une proposition radicalement nouvelle sur la méthode de révision des traités, v. S. Hennette, T. Piketty, G. Sacriste et A. Vauchez (dir.), *Pour un traité de démocratisation de l'Europe*, Paris, Seuil, 2017.

46 J. Komárek, « European Constitutional Imaginaries: Utopias, Ideologies and the Other », Conference EU Constitutional Imagination: Between Utopia and Ideology, *iCourts Working Paper Series*, n° 172, 2019 ; J. Komárek, « Why Read the Transformation of Europe Today? On the limits of a Liberal Constitutional Imaginary », *iCourts Working Paper Series*, n° 213, 2020.

47 V. A. Lev, « The Imaginary and the Unconscious: Situating Constitutional Pluralism », *iCourts Working Paper Series*, n° 198, 2020.

48 V. F. Hoffmann, « Of Dreams, Nightmares, and a Little Bit of Hope », Contribution to the online symposium on Poul F. Kjaer (ed.), *The Law of political economy* (CUP, 2020), Verfassungsblog, 31 août 2020 ; L. Azoulay, « Solitude, désœuvrement et conscience critique. Les ressorts d'une recomposition des études juridiques européennes », *Politique européenne*, n° 50, 2015, pp. 83-98.

49 Nous ne voulons pas ici entrer dans la discussion critique menée par les défenseurs des « variétés » de capitalisme qui se différencieraient fortement en fonction notamment des nations, ni prendre parti dans cette discussion.

Les accords de Bretton Woods avaient installé ce que John G. Ruggie a appelé, en rapport avec le vocabulaire de Karl Polanyi, un « libéralisme encastré » (*embedded liberalism*)[50] fondé sur le compromis entre libéralisme et interventionnisme public. Et la démocratie de l'État social s'est profondément installée en Europe occidentale après la Deuxième Guerre mondiale dans ce cadre international qui lui était favorable[51].

Le « paradigme » du libéralisme financier est à son tour sous tension et l'on peut se demander s'il est encore opérationnel. Il est possible, comme on a essayé de le soutenir, que l'approche intergouvernementaliste puisse très bien expliquer ce phénomène de survie, après la crise financière, d'un modèle inadapté où la recherche d'une réponse se fait autour d'un équilibre qui ne rejoint pas la meilleure des solutions possibles[52]. La poursuite d'un modèle dépassé peut être ainsi comprise dans le contexte institutionnel de la prise de la décision politique dans l'Union tel qu'il est. On continue à présenter le retour vers plus d'interventions publiques, non comme une confiance renouvelée envers la puissance publique, mais sous l'angle d'une temporisation (un « achat de temps ») loin de la remise en question du modèle qui a pourtant montré ses limites.

Mais ce n'est peut-être que parce que le modèle du libéralisme financier « *ne pourrait être déclaré invalide que si un candidat alternatif est disposé à prendre sa place* »[53]. Cela explique que nombreux sont ceux qui scrutent les lignes ou les signes faibles de ce qui pourrait être le prochain paradigme. On retiendra ici l'annonce possible d'un « libéralisme intégratif » dans les inflexions que comporte la décision du 5 mai 2020 de la Cour constitutionnelle allemande dans l'affaire

---

50 « *Unlike the economic nationalism of the thirties, il would be multilateral in character; unlike the liberalism of the gold standard and free trade, its multilateralism was predicate upon domestic interventionism* » (J. G. Ruggie, « International regimes, transactions, and change: embedded liberalism in the postwar economic order », *International Organizations*, vol. 36, n° 2, 1982, pp. 379-415, ici p. 393. Voir aussi, J. G. Ruggie, « Globalization and the Embedded Liberalism Compromise: The End of an Era? », *MPIfG Working Paper* 97/1, janvier 1997.

51 C'est ce « régime économique » porté par les accords de Bretton Woods qui a permis l'affermissement de la démocratie sous la forme de la démocratie de l'État social dans les États de l'Europe occidentale. Il a aussi contribué à former un cadre pour les premiers pas de la construction européenne, mais aussi il a été une puissante inspiration pour la « reconstruction » par la République fédérale d'Allemagne à la fin de la guerre. Sur l'importance du compromis des accords de Bretton Woods pour la construction de l'État démocratique et social en Europe, v. communication de M. Dani et A. J. Menéndez, « The European Constitutional Experience as the Adaptation, Displacement and Revival of New Deal Constitutionalism? », University of Trento, 24-28 May 2021 Webinar, « The Legitimacy of European Constitutional Orders », à paraître. Sur le modèle sur lequel s'est fait la reconstruction des États après la Deuxième Guerre mondiale, P. F. Kjaer et N. Olsen, « European Crisis From Weimar until Today », in P. F. Kjaer and N. Olsen (eds.), *op. cit.*

52 V. aussi sur ce point E. Jones, R. D. Kelemen et S. Meunier, préc.

53 P. F. Kjaer : « What Comes after Neoliberalism? », Verfassungsblog, 31 août 2020 (traduction libre). Poul F. Kjaer défend l'idée que, comme dans le champ des sciences, dans le domaine de l'économie politique et du droit, il peut exister des « paradigmes » qui ne peuvent s'effacer que si un autre vient les remplacer. Comme aucun nouveau paradigme n'est encore venu s'imposer dans notre « régime économique », cela pourrait seul expliquer « l'étrange décès » du néolibéralisme « *dans la mesure où son épistémè a continué encore comme gouvernement intérimaire du monde pour une autre décade, après l'implosion de son intégrité fonctionnelle et normative durant la crise financière, parce qu'il manque un remplaçant* » (traduction libre).

Weiss[54] sur le programme d'assouplissement quantitatif (PSPP) de la BCE. Matthias Goldmann[55] fait observer que, tout en demandant aux autorités de l'Allemagne et notamment à la Bundesbank de ne pas appliquer la décision portant le programme PSPP tant que la Banque centrale européenne n'aura pas justifié à nouveaux frais sa décision[56], la Cour constitutionnelle allemande demande à la BCE de mettre en balance du point de vue de la proportionnalité de sa décision les objectifs de politique monétaire qui relèvent de sa compétence avec les effets négatifs en matière économique et sociale (notamment les effets sur l'endettement des États membres, l'épargne des particuliers, les régimes de pension de retraite, les prix de l'immobilier, le maintien artificiel en activité d'entreprises non viables (v. le pt 139 de la décision, repris au pt 6 b. des *headnotes* sur la décision)[57].

Comme John G. Ruggie le propose, il ne s'agit de rien d'autre aujourd'hui que de retrouver l'objectif qui était celui qui avait animé le compromis des accords de Bretton Woods et un nouveau « libéralisme encastré » qui, sans s'inscrire dans les mêmes institutions notamment celles de type néo-corporatiste qui avaient accompagné l'encastrement du libéralisme économique dans la société, aurait à répondre au même enjeu : trouver une politique nouvelle, car si la crise sociale produite par la globalisation n'est pas résolue, le multilatéralisme est susceptible d'être détruit par les politiques nationales sur la base des réactions de sociétés qui deviennent de plus en plus sceptiques et critiques devant l'accroissement de marchés globaux (monétaires et physiques) désencastrés de leurs besoins. Il s'agit de répondre à une nouvelle crise de légitimité sans pour autant, au contraire, renoncer au multilatéralisme de façon générale[58] et au projet d'intégration européenne en particulier.

---

54 Le jugement sur le PSPP est celui de la Cour constitutionnelle fédérale allemande du 5 mai 2020 (aff. n° 2 BvR 859).

55 M. Goldmann, « The European Economic Constitution after the *PSPP* Judgment: Towards Integrative Liberalism? », *German Law Review*, vol. 21, n° 5, 2020, pp. 1058-1077, spéc. pp. 1073-1075.

56 Cela malgré la reconnaissance de la validité de cette décision par la Cour de justice de l'Union européenne (CJUE, 11 décembre 2018, *Weiss*, aff. C-493/17, EU:C:2018:1000).

57 On aura cependant du mal à suivre Matthias Goldmann lorsqu'il voit dans cette décision de la Cour constitutionnelle allemande le signe d'une évolution vers le remplacement dans l'Union d'une constitution économique disciplinaire par une constitution économique plus flexible. Pour lui, la Cour constitutionnelle allemande « replaces the disciplinary function of the economic constitution with the flexibility and context-sensitivity of the proportionality test, representing a shift from discipline to welfare ». M. Goldmann restitue aussi le sens possible de l'avènement du libéralisme intégratif dans les mesures de l'Union qui sont destinées à répondre à la crise pandémique du Covid, notamment celles que l'on trouve dans le programme d'« assouplissement quantitatif » de la BCE adossé à des conditions beaucoup plus flexibles que celles prévues dans les précédents programmes (il s'agit ici du Pandemic Emergency Purchase Programme (PEPP) : déc. 2020/440 de la BCE du 24 mars 2020, BCE/2020/17, *JOUE* n° L 91 du 25 mars 2020, p. 1) et des propositions de la Commission, des décisions du Conseil européen, comme de l'Eurogroupe.

58 « *The core principle of embedded liberalism is the need to legitimize international markets by reconciling them to social values and shared institutional practices* » (R. Abdelal et J. G. Ruggie, « The Principles of Embedded Liberalism: Social Legitimacy and Global Capitalism », in D. Moss and J. Cisternino, *New Perspectives on Regulation*, Cambridge, The Tobin Project, 2009, pp. 151-162).

Passif pénal et transmission universelle de patrimoine : l'alignement des solutions française et communautaire

DANIEL COHEN*
Université Paris 2 Panthéon-Assas

Résumé

Les opérations financières de fusion, scission ou d'apport partiel soumis au régime des scissions, emportent en droit français transfert universel de patrimoine. Mais pendant longtemps, ce principe a connu une exception en matière de passif pénal, contrairement à la solution communautaire. Ce paradoxe, alors que le droit français des fusions est issu du droit communautaire, était peu compréhensible et non satisfaisant. Il a pourtant perduré jusqu'à une période récente. L'alignement des solutions française et communautaire en faveur de la transmission du passif pénal est aujourd'hui largement affirmé et doit être approuvé.

---

* Professeur à l'Université Paris 2 Panthéon-Assas

Peu d'auteurs auront à l'époque contemporaine sillonné, avec autant de talent que Laurence Idot, le droit communautaire des affaires et en particulier le droit de la concurrence et des concentrations. C'est dans cette mouvance du droit communautaire, mais sur une autre facette, dans ses aspects de droit des sociétés, qu'a été choisi le thème de l'hommage qui lui est ici rendu en toute amitié. Longtemps fracturée entre droit français et droit communautaire, la question de la transmission entre personnes morales, et plus particulièrement entre sociétés, de ce qu'il est convenu d'appeler le passif pénal s'est retrouvée depuis peu sous les feux de l'actualité.

Lancinante, la question s'est posée avec acuité lors des opérations financières – de concentration ou déconcentration d'entreprises –, sur le capital des sociétés entraînant transfert universel du patrimoine : fusion, scission ou encore apport partiel d'actifs soumis au régime des fusions. On sait que la fusion correspond à l'opération par laquelle deux ou plusieurs sociétés se réunissent pour n'en former qu'une seule, par voie soit d'absorption d'une société par une autre, soit de création d'une société nouvelle par une société existante. Opération inverse de la fusion, la scission constitue « *l'opération par laquelle une société disparaît en transmettant son patrimoine à deux autres sociétés, qualifiées de sociétés bénéficiaires, créées pour l'occasion ou existantes* » ; quant à l'apport partiel d'actif, c'est « *un apport en nature réalisé par une société dite apporteuse à une société dite bénéficiaire et qui porte sur une branche autonome d'activité* »[1].

De manière générale, ces opérations partagent, en droit français[2], un régime juridique commun. La fusion, la scission qui lui est assimilée par la loi, et l'apport partiel d'actif, qui lui est assimilé par la jurisprudence s'il est soumis par les parties au régime des fusions, entraînent le transfert universel (ou partiel dans le cas de l'apport partiel d'actif) du patrimoine de la société absorbée, scindée ou apporteuse à la société absorbante, bénéficiaire de la scission ou de l'apport partiel d'actif dans l'état où il se trouve à la date de réalisation définitive de l'opération.

La loi l'affirme en effet expressément pour la fusion (art. L. 236-3-1 C. com.). Par assimilation, la scission se trouve réglementée par référence à la fusion et entraîne le même effet : l'article L. 236-16 C. com. renvoie ainsi aux articles L. 236-9 et L. 236-10, complétés par des dispositions spécifiques – articles L. 236-17 à L. 236-21. Enfin, l'apport partiel d'actif, visé par référence à la scission – l'article L. 236-22 C. com. dispose que « *[l]a société qui apporte une partie de son actif à une autre société et la société qui bénéficie de cet apport peuvent décider d'un commun accord de soumettre*

---

1 M. Cozian, A. Viandier, F. Deboissy, *Droit des sociétés*, 33e éd., Paris, LexisNexis, 2020, pt 2162, p. 827 et pt 2147, p. 822.

2 Ces opérations sont connues à l'étranger mais ne font pas nécessairement l'objet de dispositions légales. Ainsi, au Royaume-Uni par exemple, où les opérations de *merger* (fusion), *demerger* (scission) ou *partial asset contribution* (apport partiel d'actif) sont régies par la pratique de manière contractuelle, par un *deed* (document formel constatant un contrat,) qui organise l'effet de transmission universelle (rappr. P. Derouin, « Acclimater la "fusion à l'anglaise" – Proposition d'un praticien », in *Mélanges en l'honneur de Jean-Jacques Daigre : autour du droit bancaire et financier et au-delà*, Issy-les-Moulineaux, Joly éditions, 2017, p. 151 et s.).

l'opération aux dispositions des articles L. 236-16 à L. 236-21 » –, consistant en l'apport d'une branche autonome d'activité, entraîne également, s'il est soumis au régime des scissions, un transfert universel de patrimoine, limité à cette branche, en faveur de la société bénéficiaire. La Cour de cassation a en effet poussé l'assimilation avec la scission en admettant que l'apport partiel d'actif soumis au régime des scissions emporte transmission universelle des droits et obligations, actifs et passifs, de la branche d'activité faisant l'objet dudit apport[3].

Qu'il s'agisse en définitive d'une réunion (fusion) ou d'une division (scission ou apport partiel d'actif) des activités ou des actifs de sociétés, ces opérations soulèvent toutes la question du périmètre et du contenu de cette transmission universelle (ou partielle) du patrimoine et spécialement la question de savoir si le passif dit « pénal » est également transmis. On sait en effet que les personnes morales, en dehors même de leurs dirigeants, sont en effet passibles d'encourir une responsabilité pénale et que celle-ci revêt aujourd'hui une importance grandissante en toutes matières (droit social, fiscal, de l'environnement, de la concurrence, des faillites, etc.). Dès lors, et alors que le principe de transmission vaut de manière générale pour toutes les dettes, toutes les créances, tous les biens, sauf exception légale, le passif qualifié de pénal est-il également transmissible avec les opérations de fusion, scission ou apport partiel d'actif soumis au régime des scissions ? En d'autres termes, les poursuites pénales engagées ou les sanctions pénales prononcées à l'encontre d'une société sont-elles transmises par voie de transfert universel de patrimoine à la société absorbante, la société bénéficiaire de la scission ou de l'apport partiel d'actif transférant la branche d'activité intéressée ?

Pendant longtemps, les solutions française – de non-transmission – et communautaire – de transmission – ont divergé alors même que le droit français des fusions est issu du droit communautaire. Un tel paradoxe, difficile à expliquer sur le plan théorique et peu satisfaisant sur le plan pratique, a perduré jusqu'à une période récente. Il se trouve aujourd'hui fort heureusement effacé. Dès lors, si l'alignement des solutions française et communautaire fait l'objet d'une large affirmation (I.), l'analyse appelle, au-delà du constat, à livrer sur ce nouvel ensemble une nécessaire appréciation (II.).

I. Affirmation

L'affirmation de l'alignement des solutions française et communautaire de la transmission du passif pénal en cas d'opérations emportant transfert universel de patrimoine est aujourd'hui manifeste : le rejet traditionnel français (1.) a fait place à une convergence actuelle avec la solution communautaire d'acceptation de la transmission du passif pénal (2).

---

3 V. not. J.-P. Le Gall, « Apport partiel d'actif et transmission universelle du patrimoine », in *Prospectives du droit économique : dialogues avec Michel Jeantin*, Paris, Dalloz, 1999, p. 259 et s. ; jurisprudence constante : v. not. Cass. com., 16 février 1988, n° 86-19.645 ; Cass. com., 15 mars 1994, n° 91-20.334.

1. Rejet traditionnel

Le rejet traditionnel français de la transmission du passif pénal a longtemps perduré. La Cour de cassation a affirmé à plusieurs reprises que le principe de transmission universelle de patrimoine, effet de la fusion, ne comprenait pas le passif pénal et que celui-ci, attaché à la personne de la société faisant l'objet de l'opération d'absorption, ne se transmettait pas à la société absorbante, société morale distincte. Cette solution a été édictée par la jurisprudence de manière ferme[4] au point de s'imposer comme une solution de principe parfaitement établie.

Synthétisant sa propre position classique, la Cour de cassation a de manière significative relevé elle-même que « *[s]elon la jurisprudence constante de la Cour de cassation, ce principe, dont l'interprétation doit respecter l'article 6 de la Convention européenne des droits de l'homme, s'oppose à ce qu'à la suite d'une opération de fusion-absorption, la société absorbante soit poursuivie et condamnée pour des faits commis antérieurement à ladite opération par la société absorbée, dissoute par l'effet de la fusion* »[5].

Jurisprudence et doctrine ont ainsi longtemps justifié et approuvé cette solution portant exception au principe de transmission universelle pour la matière pénale, en considération du principe de la personnalité des peines. Codifié à l'article 121-1 du code pénal, ce principe est exprimé de la manière suivante : « *Nul n'est responsable pénalement que de son propre fait.* » Et c'est en raison de ce principe spécifique à la matière pénale, dont il constitue un principe directeur, fondamental, que cette exception à la transmission universelle s'est pendant longtemps trouvée justifiée[6].

2. Convergence nouvelle

La convergence actuelle est remarquable et c'est par un complet revirement de jurisprudence que la Cour de cassation s'est alignée sur la position de la jurisprudence communautaire. Désormais, la Cour de cassation décide de la transmission du passif pénal.

Au rebours de la jurisprudence traditionnelle française, la Cour de justice des Communautés européennes a jugé, lors d'un contentieux relatif à une fusion de sociétés, que les amendes infligées à la société absorbée étaient transmises à

---

4 V. not. Cass. crim., 20 juin 2000, n° 99-86.742, *Bull. crim.* 2000, n° 237 ; Cass. crim., 14 octobre 2003, n° 02-86.376 ; *Rev. sociétés* 2004. 161, note B. Bouloc ; Cass. crim., 23 avril 2013, n° 12-83.244 ; *Dr. soc.* 2013, n° 147, obs. R. Salomon ; Cass. crim., 25 octobre 2016, n° 16-80.366 ; *BJS* 2017. 137, note D. Rebut ; *JCP E* 2017, 1087, n° 1, obs. F. Deboissy et G. Wicker.

5 Extrait de Cass. crim., 25 novembre 2020, n° 18-86.955, spéc. pt 16 ; *BJS* 2021. 41, note A. Couret ; *RTD civ.* 2021. 133, obs. H. Barbier ; A. Ancel, D. Benguigui, P.-B. Chipault et H. Marquetty, « Transfert de responsabilité pénale en cas de fusion-absorption : une volte-face contre-productive », *LPA* 15 février 2021, 159k6, p. 13 ; sur cet arrêt, v. *infra* Section I.2.

6 V. not. I. Barsan, « La personnalité des peines appliquée aux personnes morales en cas de fusion », *Rev. sociétés* 2018. 152.

la société absorbante par voie de transmission universelle de patrimoine. C'est ainsi que « *les dispositions de l'article 19, § 1, de la directive 78/855/CEE du Conseil du 9 octobre 1978 relative à la fusion des sociétés anonymes, codifiées à l'article 105, § 1, de la directive (UE) 2017/1132 du Parlement européen et du Conseil du 14 juin 2017 relative à certains aspects du droit des sociétés, doivent être interprétées en ce sens qu'une fusion par absorption entraîne la transmission à la société absorbante de l'obligation de payer une amende infligée après cette fusion pour des infractions au code du travail commises par la société absorbée avant la fusion* »[7].

La Cour européenne des droits de l'homme a également affirmé sa position en faveur de la transmission de la responsabilité pénale de la société absorbée à la société absorbante, en se fondant sur l'article 6 de la Convention européenne des droits de l'homme (CEDH) et sur la notion de « *continuité économique* » existant entre la société absorbée et la société absorbante en matière de fusion. Elle a ainsi relevé très clairement que « *la société absorbée n'est pas véritablement "autrui" à l'égard de la société absorbante* »[8]. Ainsi est non contraire à la CEDH, et spécialement au principe de personnalité des peines, la transmission, de la société absorbée à la société absorbante, d'une amende pour pratiques restrictives de concurrence.

Fin 2020, et alors qu'elle avait continué auparavant d'affirmer sa jurisprudence traditionnelle fondée sur le principe de personnalité des peines postérieurement à la solution contraire de la CJUE[9], la Cour de cassation a pris l'exact contre-pied par un revirement de jurisprudence. Par un arrêt remarqué, la haute juridiction a en effet décidé, après avoir longuement analysé la portée de l'arrêt de la CJUE du 5 mars 2015 admettant la transmission des amendes pénales (v. *supra*), qu'« *en l'état actuel du droit interne, l'interprétation de l'article 121-1 du code pénal autorisant le transfert de responsabilité pénale entre la société absorbée et la société absorbante est la seule voie permettant de sanctionner pécuniairement la société absorbante pour des faits commis avant la fusion par la société absorbée. […] Il se déduit de ce qui précède qu'en cas de fusion-absorption d'une société par une autre société entrant dans le champ de la directive précitée, la société absorbante peut être condamnée pénalement à une peine d'amende ou de confiscation pour des faits constitutifs d'une infraction commise par la société absorbée avant l'opération* ».

La Cour précise utilement que l'article 6 du code de procédure pénale « *ne prévoit pas expressément l'extinction de l'action publique lors de l'absorption d'une*

---

7 CJUE, 5 mars 2015, *Modelo Continente Hipermercados SA c/ Autoridade para as Condições de Trabalho*, aff. C-343/13, EU:C:2015:146 ; *BJS* 2016. 200, note A. Couret et 393, note H. Le Nabasque ; *JCP E* 2015. 1234, note F. Barrière ; *Rev. sociétés* 2015. 677, note B. Lecourt.

8 Cour EDH, 24 octobre 2019, *Sté Carrefour France*, n° 37858/14, pt 48 ; *BJS* 2019. 29, note A. Reygrobellet ; *Dr. soc.* février 2020, n° 20, obs. R. Mortier.

9 Cass. crim., 25 octobre 2016, n° 16-80.366, préc.

société », et que « *la personne morale absorbée étant continuée par la société absorbante, cette dernière, qui bénéficie des mêmes droits que la société absorbée, peut se prévaloir de tout moyen de défense que celle-ci aurait pu invoquer* ». Enfin, l'arrêt ajoute que « *cette interprétation nouvelle, qui constitue un revirement de jurisprudence, ne peut s'appliquer aux fusions antérieures à la présente décision sans porter atteinte au principe de prévisibilité juridique [...]. Elle ne s'appliquera, en conséquence, qu'aux opérations de fusion conclues postérieurement au prononcé du présent arrêt et sera donc sans effet dans la présente affaire* »[10].

L'alignement est remarquable, non seulement parce que la solution française rejoint la solution communautaire, mais surtout parce qu'elle s'en inspire très directement au point que la Cour de cassation se fonde sur les dispositions de la directive européenne sur les fusions et surtout cite abondamment l'arrêt de la CJUE et ses attendus. Cela démontre que la position communautaire constitue bien l'élément déclencheur de sa nouvelle position. La Cour de cassation rappelle sa « *jurisprudence constante* » antérieure, parle d'« *interprétation nouvelle* » de « *revirement de jurisprudence* » : l'alignement n'est pas implicite, il ne se fait pas en catimini, par la bande ; il est au contraire explicite, affiché, revendiqué. Reste désormais à l'apprécier.

II. Appréciation

L'appréciation de cet alignement des planètes jurisprudentielles française et communautaire, ou plus précisément de la jurisprudence française sur la jurisprudence communautaire, est désormais nécessaire : à notre sens, la solution nouvelle mérite l'approbation (1.) tant elle présente des avantages indéniables (2.).

1. Approbation

L'approbation de la solution de transmission du passif pénal en cas d'opérations emportant transfert universel du patrimoine n'est pas unanime chez les premiers commentateurs et a suscité des réactions diverses. S'il est vrai qu'elle peut susciter quelques légitimes interrogations, cette nouvelle jurisprudence mérite pourtant à notre sens l'approbation tant elle se trouve justifiée.

Certains reprochent ainsi à la Cour de cassation sa « *volte-face contre-productive* », « *son opportunité pour le moins discutable, tant sur le plan de la cohérence d'ensemble de notre système répressif qu'en termes de sécurité juridique* »[11]. Certes, l'arrêt rendu par la Cour de cassation n'est pas parfait mais il ne pouvait l'être compte tenu des éléments du débat portés à la connaissance des hauts magistrats.

---

10 Cass. crim., 25 novembre 2020, n° 18-86.955, préc., pts 26, 36, 38 et 39.

11 A. Ancel, D. Benguigui, P.-B. Chipault et H. Marquetty, préc.

Ainsi, si la lettre de l'arrêt ne vise au sens strict que les fusions et se fonde sur l'interprétation de « *la directive 78/855/CEE du Conseil du 9 octobre 1978 relative à la fusion des sociétés anonymes, codifié[e] à l'article 105, § 1, de la directive (UE) 2017/1132 du Parlement européen et du Conseil du 14 juin 2017 relative à certains aspects du droit des sociétés* » et de son article 105, paragraphe 1, relatif au principe de transmission universelle du patrimoine, son esprit semble permettre d'extrapoler la solution au-delà de ces seules références. Le principe visé vaut également pour les autres sociétés que les seules sociétés anonymes et également pour les autres opérations que les fusions, tels les scissions ou les apports partiels d'actifs soumis au régime des scissions. La solution retenue peut donc se trouver logiquement élargie dans son application.

Une question demeure : ces opérations, fréquentes en pratique, peuvent dans certains cas revêtir une dimension internationale. Se pose alors la question de la loi ou des lois applicables, question rendue encore plus complexe si les sociétés sont cotées, avec la nécessaire intervention à titre de loi de police de la loi de la Bourse du ou des lieux de la ou des places de cotation des sociétés concernées. *Quid* alors de l'application de cette solution ? Faudra-t-il la considérer comme une loi de police d'application immédiate, quelle que soit la loi applicable à la fusion, dès lors que l'ordre juridique français (ou communautaire) serait au premier chef intéressé ?

Si la solution de transmission est nouvelle, elle n'a pas pour autant l'inconvénient d'une quelconque rétroactivité attachée généralement aux revirements de jurisprudence, et cela est d'autant plus important pour la matière pénale. En effet, la solution ne vaut que pour l'avenir, comme le précise utilement l'arrêt de la Cour de cassation déjà cité : « *[C]ette interprétation nouvelle, qui constitue un revirement de jurisprudence, ne peut s'appliquer aux fusions antérieures à la présente décision sans porter atteinte au principe de prévisibilité juridique [...]. Elle ne s'appliquera, en conséquence, qu'aux opérations de fusion conclues postérieurement au prononcé du présent arrêt et sera donc sans effet dans la présente affaire*[12]. »

Surtout, la nouvelle solution de Cour de cassation se justifie par le principe même de la continuité des personnes morales concernées par la fusion : dissolution sans liquidation de la société absorbée et reprise de ses engagements actifs ou passifs, et plus généralement de son patrimoine par la société absorbante. À vrai dire, le principe même de personnalité des peines a été posé à l'origine pour les personnes physiques seules susceptibles pendant longtemps d'encourir une quelconque responsabilité pénale. Par la suite, il s'est trouvé étendu aux personnes morales dès lors que ces dernières se sont vu reconnaître la possibilité d'encourir une responsabilité pénale. Mais l'anthropomorphisme connaît des limites naturelles. Le principe a changé quelque peu de sens et ne repose pas autant sur la notion

---

12 Cass. crim., 25 novembre 2020, n° 18-86.955, préc., pts 38 et 39.

de conscience, de discernement et d'élément moral de l'infraction ; pour les sociétés, les sanctions pénales se limitent très généralement à des amendes ou sanctions pécuniaires et ne peuvent comprendre aucune peine d'emprisonnement ; surtout, il ne peut conduire à effacer la nature même des opérations emportant transmission universelle d'une société. Comme la jurisprudence l'a parfaitement mis en exergue, « *la société absorbée n'est pas véritablement "autrui" à l'égard de la société absorbante* »[13] et la personne morale absorbée est « *continuée par la société absorbante* » et « *la continuité économique et fonctionnelle de la personne morale conduit à ne pas considérer la société absorbante comme étant distincte de la société absorbée* »[14]. Il est donc parfaitement justifié et logique que le passif pénal, à l'instar des autres passifs, soit compris dans la transmission du patrimoine.

2. Avantages

Les avantages de cette solution sont indéniables : cette dernière permet en effet d'assurer non seulement une unité bienvenue, mais encore une efficacité certaine.

L'unité trouvée n'est pas le moindre des mérites de la nouvelle solution française. Certes, il peut déjà sembler nécessaire de conserver une divergence entre droit communautaire et droit français des fusions duquel il est issu par voie de directive précisément d'harmonisation. On rappellera, au besoin, que la directive prévoit le principe général de transmission du patrimoine, sans aucune distinction entre les actifs et les passifs, et à l'intérieur de ces derniers entre le passif pénal et les autres : « *La fusion entraîne* ipso jure *et simultanément les effets suivants : a) la transmission universelle, tant entre la société absorbée et la société absorbante qu'à l'égard des tiers, de l'ensemble du patrimoine actif et passif de la société absorbée à la société absorbante […]* » (art. 105, § 1, directive préc.). Ainsi, « *Ubi lex non distinguit, nec nos distinguere debemus.* »

Cette unité se trouve désormais aussi pour l'ensemble des sanctions de type pénal, quasi pénal ou administratif. La matière pénale constituait en effet une excroissance de solution différente dans l'ensemble général de sanctions. En effet, s'agissant des sanctions administratives liées à l'application du droit de la concurrence, la Cour de cassation en avait déjà accepté auparavant la transmission[15]. De manière similaire, le Conseil d'État avait également considéré que des pénalités de différentes natures sont, par application du principe de la transmission universelle du patrimoine, mises à la charge de la société bénéficiaire de la fusion à raison des manquements commis par la société fusionnée, absorbée

---

13 Cour EDH, 24 octobre 2019, *Sté Carrefour France*, n° 37858/14, préc.

14 Cass. crim., 25 novembre 2020, n° 18-86.955, préc., spéc. pt 25.

15 V. not. Cass. com., 21 janvier 2014, n° 12.29.166 ; *BJS* 2014. 180, note A. Couret ; v. aussi M. Chagny, « Amende civile : La Cour de cassation affirme qu'une amende civile peut être prononcée à l'encontre d'une société ayant absorbé par voie de fusion l'auteur de pratiques contraires à l'article L. 442-6-I du code de commerce (Carrefour) », 21 janvier 2014, *Concurrences* n° 2-2014, art. n° 65784, p. 122.

ou scindée, qu'il s'agisse de pénalités fiscales[16], de sanctions administratives boursières[17], ou encore de sanctions prononcées par l'AMF[18]. Par une décision importante, Le Conseil constitutionnel, saisi par voie de question préjudicielle de constitutionnalité, avait aussi déjà jugé la solution de transmission de telles sanctions conforme à la Constitution[19].

L'absence d'application du principe de personnalité des peines aux personnes morales est donc désormais générale et justifiée. Elle se double également sur un plan plus global des critiques à l'encontre de la non-transmission des engagements *intuitu personae* en matière de fusions de sociétés[20]. Comme cela a été récemment montré, loin de s'imposer et d'être valablement fondé, ce prétendu principe, s'il a l'avantage de l'apparente simplicité, est attaqué de toutes parts et relève plus du mythe juridique que de la réalité : la solution inverse s'impose tant par nécessité théorique que par avantages pratiques[21]. L'unité paraît ainsi très générale.

L'efficacité de la nouvelle solution française, alignée sur la position communautaire, constitue encore l'un de ses mérites. À l'évidence, la transmission du passif pénal conduit à la préservation et à la protection de l'intérêt général. Comment et pourquoi admettre que du seul effet d'une opération entre personnes privées, décidées par des associés ou actionnaires, l'infraction pénale disparaisse automatiquement, les poursuites deviennent impossibles et les sanctions pénales prononcées deviennent caduques ? Cela n'a aucun sens et cette solution française traditionnelle portait gravement atteinte au rôle prophylactique de l'interdit légal pénalement sanctionné, à l'efficacité de l'arsenal répressif et à l'intérêt général. Si cette solution avait perduré, un fort risque d'abus ou de fraude aurait continué à exister : le recours à la fusion d'une société – absorbée – ne se justifiant que par la volonté d'échapper à la sanction administrative ou pénale prononcée à son

---

16 CE, avis n° 329173 du 4 décembre 2009 ; *Dr. fisc.* 2010, n° 6, comm. 181, concl. E. Glaser, note J.-L. Pierre ; *JCP E* 2000. 1145, n° 3, obs. F. Deboissy et G. Wicker ; *adde*, des mêmes auteurs : « L'absence d'application du principe de personnalité des peines aux personnes morales en cas de transmission universelle du patrimoine », *Dr. fisc.* 2010, n° 3, 18.

17 CE, 22 novembre 2000,, *BJ bourse* 2001. 137, note N. Rontchevsky ; *RD banc. et fin.*, janv.-févr. 2001, p. 28, obs. M.-A. Frison-Roche et M. Germain.

18 CE, 6 juin 2008, *RJDA* 4/2009, p. 319 ; v. aussi B. du Marais, P. Houédanou, « Pouvoir disciplinaire des régulateurs : Le Conseil d'État retient, en matière de régulation financière, la responsabilité disciplinaire des personnes morales devant une autorité de régulation à raison des manquements de leurs préposés, en l'absence de démonstration de l'efficacité des mesures interne de prévention et de contrôle prises par celles-ci (*Tradition Securities et Futures*) », 6 juin 2008, *Concurrences* n° 3-2008, art. n° 20119, pp. 169-170.

19 Cons. const., déc. n° 2016-542 QPC du 18 mai 2016, Société ITM Alimentaire International *SAS* ; *Dr. sociétés.* 2016, n° 124, note R. Mortier ; *BJS* 2016. 611, note B. Dondero ; v. aussi J. Martinez, « Principe de personnalité des peines : Le Conseil constitutionnel déclare conforme à la Constitution l'interprétation d'une disposition de la Cour de cassation selon laquelle la sanction pour pratiques anticoncurrentielle infligée à une entreprise absorbée peut être appliquée, après fusion-absorption, à l'entreprise absorbante (*ITM Alimentaire International*) », 18 mai 2016, *Concurrences* n° 4-2016, art. n° 82007, pp. 200-201.

20 V. not. A. Viandier, « Les contrats conclus *intuitu personae* face à la fusion des sociétés », in *Mélanges Christian Mouly*, Paris, Litec, 1998, t. II, p. 193 et s. ; M. Dubertret, « L'*intuitus personae* dans les fusions », *Rev. sociétés* 2006. 721.

21 D. Cohen, « Fusions de sociétés et engagements *intuitu personae* : la fin du mythe », in *Mélanges P. Théry*, 2021.

encontre. Cela n'a d'ailleurs pas échappé à la Cour de cassation, rappelant dans sa décision de novembre 2020 que « *l'existence d'une fraude à la loi permet au juge de prononcer une sanction pénale à l'encontre de la société absorbante lorsque l'opération de fusion-absorption a eu pour objectif de faire échapper la société absorbée à sa responsabilité pénale* »[22], indépendamment de la directive précitée, solution qu'elle avait déjà logiquement énoncée[23]. La solution nouvelle verrouille encore davantage le système et doit être approuvée.

La solution de transmission du passif pénal permet encore d'assurer la protection des intérêts privés. En effet, comme le rappelle parfaitement la Cour de cassation, « *la personne morale absorbée étant continuée par la société absorbante, cette dernière, qui bénéficie des mêmes droits que la société absorbée, peut se prévaloir de tout moyen de défense que celle-ci aurait pu invoquer* »[24]. La société absorbante ou bénéficiaire de la scission ou de l'apport partiel d'actif n'est nullement en position de faiblesse ou démunie en étant privée de moyens de défense qui étaient propres à la société absorbée, scindée ou apporteuse : elle est dans l'exacte situation avec le même respect des droits de la défense et des moyens à faire valoir. Par ailleurs, la transmission du passif pénal oblige simplement à une déclaration nécessaire entre sociétés concernées, parfaitement réalisable par un audit, des *due diligence*, la constitution préalable d'une provision, voire une garantie ou une réduction de prix, tous éléments habituels à mettre en place en pratique et qui relèvent de l'exigence de bonne foi et de la nécessaire obligation d'information, sauf à risquer une condamnation en cas de violation, voire un contentieux fondé sur le dol.

En définitive, l'alignement de la jurisprudence française sur la jurisprudence communautaire assurant la transmission du passif pénal lors d'opérations de fusions, de scissions de sociétés, ou d'apports partiels d'actifs soumis au régime des scissions, apparaît une solution bien fondée en théorie et opportune en pratique. Cette solution nouvelle appelle aussi utilement opérateurs et conseils à prêter attention à un élément aujourd'hui impossible à négliger tant il paraît important et foisonnant.

---

22 Arrêt préc., spéc. pt 41.

23 V., pour des fusions viciées par la fraude consistant pour une société à se faire absorber dans le but d'échapper à ses engagements ou à des sanctions pénales ou administratives : Cass. com., 15 juin 1999, nº 97-16.439, *Bull. civ.* IV, nº 127 ; Cass. com., 10 janvier 2001; *BJS* 2002. 594, note N. Morelli ; Cass. com., 10 octobre 1995, *BJS* 1995. 1058, note M.-L. Coquelet.

24 Arrêt préc. spéc. pt 36.

La plaisance appartient-elle encore au droit maritime ?

PHILIPPE DELEBECQUE*
Université Paris 1 Panthéon-Sorbonne

Résumé

La plaisance est en plein essor, mais en même temps ne cesse de se diversifier, entre la petite, la grande et même la très grande plaisance. D'où la question de savoir si elle relève encore au droit maritime. La réponse reste positive, mais appelle de nombreuses nuances, eu égard à l'emprise constante du consumérisme.

* Professeur à l'Université de Paris 1 Panthéon-Sorbonne, membre de l'Académie de Marine.

La plaisance est en plein essor. Sans doute l'activité ne date-t-elle pas d'aujourd'hui[1]. Il reste que l'histoire ou même la littérature ne nous apprend, pour une fois, pas grand-chose, si l'on met à part Paul Morand, qui avait su faire l'éloge de la paresse, et Henry de Monfreid, le grand et élégant navigateur par excellence[2]. L'économie donne quant à elle des statistiques qui montrent l'importance des chiffres d'affaires et révèle combien la plaisance a su s'organiser, notamment au sein d'une fédération[3], drainer des emplois et permettre à de nombreuses entreprises de prospérer.

Les juristes, de leur côté, sont confrontés à de nouvelles questions : droit à un anneau dans un port, condition juridique des ports de plaisance, construction de navires de plaisance, location et/ou affrètement, assurance terrestre s'inspirant des modèles maritimes… En se tournant vers les auteurs – Rodière et Bonassies, principalement –, ils se rappelleront que la plaisance est traditionnellement présentée comme une branche du droit maritime[4]. Ne s'agit-il pas d'une activité que la mer détermine ? Est-ce pour autant justifié si l'on relève que l'assurance d'un navire de plaisance reste dans le giron du droit terrestre ? Au moment où la plaisance connaît une forte croissance, au moment où en même temps, la grande plaisance commence à se démarquer de la petite et de la moyenne plaisance, ne faudrait-il pas s'interroger sur sa place dans le droit maritime ? Laurence Idot, camarade de concours et grande plaisancière (ayant franchi le cap Horn !), a sans doute la réponse. On se permettra toutefois de réfléchir quelques instants, avec Laurence et dans la plus grande amitié, sur cette appartenance.

La difficulté vient de ce qu'aucune définition légale n'est prêtée à la plaisance, et ce, aussi bien dans le monde de la mer que dans celui des lacs et des fleuves ou encore celui de l'aéronautique. Les textes actuels du code de commerce énumèrent parmi les actes de commerce « *toutes [les] expéditions maritimes* », ce qui peut comprendre les voyages de plaisance. Le droit des assurances traite plus fondamentalement la plaisance comme une matière terrestre (C. ass., art. L. 171-5 visant les contrats ayant pour objet de garantir les risques relatifs à la navigation de plaisance). Les auteurs anciens ne l'évoquent pas ou pratiquement pas et ne lui consacrent en tout cas que très peu de développement[5]. Mais ils sont unanimes

---

1 *Littré* relève le terme en notant qu'il renvoie à « *ce qui sert au plaisir, à l'agrément* », en parlant d'embarcation et de yacht de plaisance. *Le Robert* va exactement dans le même sens en opposant la plaisance à ce qui est destiné à des fins utilitaires.

2 Il faut cependant préciser que si le yacht, terme issu du hollandais *Jaghts* ou néerlandais *jacht* ?, a, un temps, renvoyé au navire de guerre chargé de poursuivre les navires ennemis, il a pris dorénavant une dimension sportive (d'où le yachting). Si le très célèbre Yacht Club (de l'avenue Foch) a été créé par le ministère de la Marine en 1867, il comprend aujourd'hui plus de personnalités de la vie civile que de la Marine nationale.

3 La FIN (Fédération des Industries Nautiques). Autres structures publiques : Conseil supérieur de la navigation de plaisance et des sports nautiques, créé en 1967 ; le service des Douanes, habilité à délivrer un passeport si le navire bat pavillon étranger et si la résidence principale ou le siège du propriétaire est en France.

4 V. égal. R. Jambu-Merlin, « Le droit de la plaisance en 1985 », *DMF* 1985, p. 323 ; M. de Juglart, « La navigation de plaisance en mer », *DMF* 1981, p. 3 ; R. Rézenthel, « La navigation de plaisance : une conciliation de la liberté et de l'intérêt général », *DMF* 2007, p. 684.

5 V. G. Ripert, *Traité de droit maritime*, 4e éd., Paris, A. Rousseau, 1950, no 172 ; R. Rodière, *Traité général de droit maritime : introduction, armement, affrètements et transports, événements de mer*, Paris, Dalloz, 1970, no 185 ; P. Bonassies et C. Scapel, *Droit maritime*, 3e éd., Paris, LGDJ, 2016, no 109, no 118.

pour laisser la plaisance dans le giron du droit maritime. La question s'est toutefois renouvelée[6] avec l'apparition du consumérisme, dont le règlement « droit des passagers » (nº 1177/2010 du 24 novembre 2010) est l'une des expressions.

Compte tenu de cette nouvelle politique, compte tenu aussi des avancées de la prétendue civilisation des loisirs, compte tenu encore de la diversification de la plaisance, il est permis de se demander si l'activité marine et maritime qu'est la plaisance appartient encore, ne serait-ce qu'en partie, au droit maritime. Une récente thèse[7] s'est efforcée de plaider, avec certaines nuances, pour le rattachement au droit maritime. On doit certainement défendre le droit maritime et ne pas restreindre son domaine. Mais n'est-ce pas ici contreproductif et contraire aux réalités, ne serait-ce que sociologiques ? Les raisons de rattacher la plaisance au droit maritime ne manquent pas, mais les explications, autres que celles tenant aux activités que la mer détermine, ne sont pas toujours pertinentes. De même en est-il de la qualité de professionnel que n'aurait pas le plaisancier[8].

En analysant les institutions du droit maritime et en les transposant à la navigation de plaisance, on se persuade que la notion de risque permet d'expliquer pourquoi certaines branches du droit maritime ont été appliquées au plaisancier, tandis que d'autres relèvent du droit terrestre. Le péril de la mer façonne le droit maritime. La plaisance y est confrontée, ce qui explique son rattachement au droit maritime. Le droit maritime s'efforce de mutualiser ce risque singulier entre les navigants. Le droit de l'abordage, qui repose sur l'idée de faute, celui de la limitation de responsabilité de l'armateur, celui de l'assistance ou encore des avaries communes en sont les expressions les plus caractéristiques. Puisque les navires de plaisance affrontent comme les navires de commerce ou même de pêche les périls de la mer, il est alors naturel que ces institutions de droit maritime fondées sur le risque de la mer s'y appliquent. Il reste que si la justification du renvoi au droit maritime se comprend, il est permis de se demander si ce n'est pas au prix de certaines distinctions. Autrement dit, si la plaisance est toujours un chapitre du droit maritime, elle est devenue en même temps une section du droit de la consommation.

I. La plaisance : Un chapitre du droit maritime

Le droit maritime n'a pas de réponse à tout. Heureusement ! Ce n'est pas une discipline autonome. La plaisance, comme la plupart des branches du droit

---

6 V. déjà P. Lureau, « Faut-il une loi pour la navigation de plaisance ? », *DMF* 1970, p. 323.

7 Cf. M. Zerrouki, « L'adéquation des règles de droit maritime à la navigation de plaisance et de haute plaisance », thèse, Aix-Marseille Université, 2021. Pour d'autres contributions universitaires, v. J. Armengaud, *Responsabilité et navigation de plaisance* (thèse, Paris 2 Panthéon-Assas, 1976), Rueil-Malmaison, Éditions du Pen-Duick, 1979 ; A. Voisard, « Contribution à l'étude des aspects juridiques liés à l'utilisation des navires de plaisance », thèse, Université de Nantes, 1987.

8 Comp., en matière fluviale, art. R. 4000-1 C. transp., sur la définition du bateau de plaisance : bateau utilisé par une personne physique ou morale de droit privé, soit pour son usage personnel à des fins notamment de loisir ou de sport, soit pour la formation à la navigation de plaisance.

maritime, puise donc nombre de ses solutions dans le droit commun. C'est vrai pour toutes les questions juridiques que posent, par exemple, la plongée sous-marine, les écoles de voile[9] ou encore, sous réserve de l'abordage, l'organisation des régates[10]. Pour autant, la plaisance fait bien partie du droit maritime, même si son intégration dans la matière est venue progressivement et n'était pas donc pas acquise.

1. Hésitations

L'intégration de la plaisance au sein du droit maritime résulte des textes eux-mêmes, si éparpillés soient-ils[11]. Certains d'entre eux ont leur siège dans des lois particulières, sur la sécurité en mer[12], sur l'économie bleue[13] ou encore sur l'économie circulaire[14], sans parler des textes réglementaires sur les questions de sécurité relatives à la construction (art. R. 5113-5 et s.) ou encore du code du sport (art. L. 212-2 relatif aux activités nautiques)[15]. L'article L. 110-2 du code de commerce, qui n'a fait que reprendre l'ancien article 633 du même code vise les « *expéditions maritimes* » parmi les actes de commerce. La jurisprudence a assez rapidement admis que ces expéditions visaient les voyages de plaisance, en précisant cependant que les expéditions en cause avaient une nature civile[16] : belle application au demeurant de la théorie de l'accessoire civil[17]. De même, lorsqu'il s'est agi de savoir si les plaisanciers étaient justiciables du droit disciplinaire maritime, les réponses positives n'ont pas tardé[18].

Mais cette intégration n'est pas allée toujours de soi. Elle a suscité quelques hésitations, notamment lorsque l'on s'est interrogé sur la notion de navire : si une planche à voile reste un engin de plage[19], un zodiac est un « *engin capable d'affronter les périls de la mer* » et donc un navire. L'article L. 5000-2, I, 1° du code des transports, en qualifiant de navire « *[t]out engin flottant, construit et équipé pour la navigation maritime de commerce, de pêche ou de plaisance et affecté à celle-ci* »,

9 V. Cass. 1re civ., 9 mai 2019, n° 18-18.127, considérant qu'une école de voile est tenue d'une obligation de sécurité de moyens à l'égard de ses membres.

10 V. *DMF* 2016, HS 20, n° 39.

11 Comp. en droit italien, où l'on dispose d'un code de la navigation de plaisance (Codice della nautica da diporto).

12 Cf. décret n° 84-810 du 30 août 1984 relatif à la sauvegarde de la vie humaine en mer, à la prévention de la pollution, à la sûreté et à la certification sociale des navires, égal. *infra.*, seconde partie.

13 D. Clérin, « Les dispositions relatives à la navigation de plaisance de la loi sur l'économie bleue », *DMF* 2017, p. 629.

14 M. Le Bihan Guénolé, « Bateaux de plaisance et économie circulaire », *DMF* 2017, p. 643.

15 V. F. Mandin, in P. Chaumette (dir.), *Droits maritimes 2021-2022*, Paris, Dalloz, 2021, art. 371 et s.

16 Cass. com., 2 décembre 1965, *Bull. civ.* III, n° 622 ; *D.* 1966. 501, note R. Rodière ; v. égal. la proposition de texte de l'AFDM, année 1970, sur la compétence des tribunaux de commerce.

17 V. déjà, Cass. req. 23 janvier 1888 ; *DP* 1888, 1, 405, achat d'un navire de plaisance.

18 V. Cass. crim., 10 mars 1966, *DMF* 1966. 335, reconnaissant la compétence (pénale et disciplinaire) des anciens TMC (devenus les tribunaux maritimes) en matière de plaisance.

19 Comp. Cass. crim., 2 février 2016, n° 15-80.927.

a sans doute réglé définitivement la question. On a rencontré les mêmes hésitations lorsqu'il s'est agi de qualifier le moniteur de voile : marin ou moniteur de sport ? Il ne participe peut-être pas à l'« *exploitation [d'un] navire* », mais on peut l'admettre dans la catégorie des « gens de mer » ; en effet, cette catégorie comprend toutes les personnes, salariées ou non, qui « *exerc[ent] à bord d'un navire une activité professionnelle à quelque titre que ce soit* (cf. art. L. 5511-1, 3° et 4°). Il reste que la jurisprudence privilégie l'application du droit terrestre[20]. Quant au régatier, il relève, en tant que gardien du navire, du droit terrestre[21], et les assurances qu'il est appelé à souscrire sont les assurances sportives du droit terrestre.

Les questions de fiscalité attachées aux navires de plaisance ont également suscité bien des hésitations : que l'on pense aux exonérations des TIPP (taxe intérieure sur les produits pétroliers) des navires de plaisance, le Conseil d'État ayant, dans cette perspective, défini le « *bateau de plaisance privé* »[22] ; de son côté, la Cour de cassation a été appelée à donner son interprétation de l'article 1001-3 du CGI instituant une taxe spéciale sur les contrats d'assurance[23]. On relèvera aussi les jurisprudences sur la TVA[24] ou encore sur d'autres aspects techniques[25].

Enfin, de nombreuses discussions se sont engagées lorsqu'il s'est agi de savoir si telle ou telle convention internationale de portée maritime pouvait viser la navigation de plaisance. Ainsi la Convention SOLAS (sur la sauvegarde de la vie humaine en mer) ne s'applique pas aux yachts de plaisance qui ne se livrent pas au commerce. Le fameux code ISM (« International Safety Management » ; code international de gestion de sécurité) ne s'applique pas aux navires de plaisance, à moins qu'il ne s'agisse de navires de plus de douze passagers et ayant une finalité commerciale. Il n'en va pas de même du code ISPS (sûreté des navires et des installations portuaires), dont la portée est générale. La Convention STCW (sur les normes de formation des gens de mer, cf. « Standard of Training Certification and Watchkeeping ») n'est pas applicable aux navires de plaisance, sauf s'ils sont affectés à une navigation commerciale ; de même en est-il de la grande Convention sur le travail maritime de 2006, qui ne vise que les navires de commerce. Les dispositions sur le contrôle de l'État du port ont en revanche un champ d'application général, de même que le règlement

---

20 V. F. Mandin, « Le motif du recours au CDD des moniteurs de plongée », *ADMO* 2012, p. 257.

21 Cf. la fameuse jurisprudence de l'*Airel* ayant fini par reconnaître que le gardien du navire était son skipper, Cass. civ., 9 mai 1990 ; *DMF* 1992. 27, obs. Y. Tassel. Une autre question est de savoir si l'application de la responsabilité contractuelle ne serait pas davantage justifiée que celle de la responsabilité délictuelle, v. P. Bonassies et P. Delebecque, obs. sous Cass. com., 18 mars 2008, *DMF* 2008. 671.

22 CE, 4 juin 2008, n° 292102, *Syndicat national des professionnel des activités nautiques* : aux fins de la directive (« accises ») 2003/96/CE, « *on entend par "bateau de plaisance privé" tout bateau utilisé par son propriétaire ou par la personne physique ou morale qui peut l'utiliser à la suite d'une location ou à un autre titre, à des fins autres que commerciales et, en particulier, autres que le transport de passagers ou de marchandises ou la prestation de services à titre onéreux ou pour le besoin des autorités publiques* ».

23 Cass. com., 7 juin 2006, n° 04-10.921 : « *[P]ar navigation, il convient d'entendre toute action sur le navire de plaisance ou de sport, en relation directe et immédiate avec celle se rapportant à sa destination, à savoir se déplacer d'un point à un autre dans le milieu naturel pour lequel il a été conçu et que l'amarrage dans un port sous abri ou non, ou à un point d'ancrage quelconque constituent des actes directs et immédiats de navigation [...]* »

24 CAA Marseille, 25 mai 2021 *DMF* 2021. 601, obs. E. Ginter ; v. égal. *DMF* 2012, HS 16, n° 44.

25 V. *DMF* 2019, HS 23, n° 49 et 50 ; *DMF* 2021. 675.

international pour prévenir les abordages en mer (RIPAM) ou encore la Convention MARPOL (relative à la lutte contre la pollution marine), qui s'applique à tous les navires, quelle que soit leur condition d'exploitation.

2. Généralisation

Si les réglementations prises en matière maritime ont un champ d'application plus ou moins étendu selon les types de navires, et si les navires de plaisance peuvent, parfois, y échapper, il reste que, malgré ces réserves et ces exceptions, le principe est bien que la plaisance relève du droit maritime. Au demeurant, c'est ce que dit la législation de base, c'est-à-dire le code des transports lui-même : il vise, comme on l'a vu, la plaisance (cf. art. L. 5000-2) et celle-ci ne fait pas l'objet d'un traitement particulier, même si quelques dispositions spécifiques lui sont consacrées – art. L. 5234-1 (carte de circulation) ; art. L. 5271-1 et s. (titre de conduite en mer) ; art. L. 5273-3 (formation) ; art. L. 5314-4, 5331-2 (ports de plaisance) ; art. L. 5551-1, 5553-1, 5556-6 (gens de mer) ; art. L. 5611-2 (RIF). Autant de dispositions particulières qui ne justifient pas de raisonnement *a contrario* et ne permettent donc pas d'exclure l'application des autres textes du code des transports à la plaisance.

En outre, l'une des institutions les plus fondamentales du droit maritime, à savoir la limitation de responsabilité de l'armateur, reste au centre de la plaisance. La question, il est vrai, a été discutée et certaines jurisprudences étrangères retiennent une solution diamétralement opposée, mais l'arrêt de la Cour de cassation est dénué de toute ambiguïté : « *répondant au motif d'intérêt général de la préservation et du développement des activités nautiques de loisir, le législateur n'a pas porté une atteinte disproportionnée aux droits des titulaires de créances maritimes en limitant leur indemnisation, tout en leur permettant d'obtenir réparation intégrale de la personne responsable, s'il est prouvé que le dommage résulte d'une faute inexcusable* »[26]. Il en va de même des règles sur l'assistance, qui jouent certainement dans le monde de la plaisance, et de celles sur l'abordage[27].

Toutes ces solutions sont justifiées : la navigation de plaisance mérite, par principe et en principe, la protection exorbitante du droit commun qu'offre le droit maritime. La notion de risque de mer – la mer n'est pas un milieu naturel – permet non seulement d'expliquer le jeu de la plupart des institutions de droit maritime en matière de plaisance, mais aussi de dire pourquoi l'application du droit maritime à la plaisance trouve une limite. Puisque le plaisancier n'est pas un professionnel, il subit dans son activité des risques particuliers. Ainsi, dans les rapports contractuels qu'il peut entretenir avec tel ou tel opérateur, il peut être tenu comme étant une partie faible digne de protection. Il existe également un risque accru pour la personne même du plaisancier, qui comme les armateurs d'autrefois reste présent à bord de

26 Cass. com., 9 octobre 2014, n° 14-40.036 ; *D.* 2014. 2557 et la note ; S. Miribel, « Plaisance et limitation de responsabilité », *DMF* 2015. 164 ; comp. Trib. supremo esp. 6 mai 2015 ; *DMF* 2015. 867, obs. A. Mestre.

27 Avec toutefois la question de savoir en cas d'abordages de navires participant à une régate, si pour déterminer la faute de navire « responsable », il faut se référer aux règles de course ou au RIPAM.

son propre navire, voire participe lui-même activement à sa navigation. La notion de risque permet ainsi de comprendre pourquoi le droit de la plaisance est devenu ce qu'il est : un droit appartenant principalement à la matrice maritime, mais commençant à obéir à certaines disciplines parallèles, dont le droit de la consommation, sans pour autant devenir une matière autonome[28]. C'est cette tension, du reste, qui explique certaines des critiques faites à l'application du droit maritime à la plaisance et qui empêche une uniformisation internationale de la matière. On ne saurait nier en tout cas la montée du consumérisme dans les activités de plaisance.

II. La plaisance : Une section du droit de la consommation

Le décret n° 84-810 du 30 août 1984 relatif à la sauvegarde de la vie humaine en mer, à la prévention de la pollution, à la sûreté et à la certification sociale des navires amorce une distinction entre plusieurs types de navires de plaisance : il envisage en effet les navires de plaisance à usage personnel et les navires de plaisance à utilisation commerciale, lesquels sont soumis à des contrôles périodiques et doivent satisfaire à des exigences particulières (l'exploitant devant disposer d'un permis de navigation avec un équipage inscrit sur un rôle d'équipage et être titulaire des brevets de navigation requis par les textes). C'est déjà laisser entendre que le régime juridique des premiers et des seconds se sépare en tout cas sur certains aspects. Le décret n° 18-08 de 2020 est venu accentuer cette distinction en créant un nouveau statut : le navire de services côtiers ou d'activités côtières ou navire de charge d'une longueur inférieure à douze mètres, à usage professionnel, fournissant dans la zone côtière une prestation de services à l'exclusion des activités de pilotage, de remorquage ou de lamanage dans les ports de pêche et de commerce, telle que le transport de personnes (à l'exclusion de l'exploitation d'une ligne de transport régulière), le transport et la livraison de biens, la gestion et la surveillance du plan d'eau ou de l'environnement. Ainsi les textes suggèrent-ils déjà de distinguer entre la plaisance ordinaire pourrait-on dire et la plaisance commerciale (parfait oxymore). À cette première distinction devrait, malgré certains recoupements, s'ajouter une seconde, entre la petite et la grande plaisance, les logiques étant alors totalement différentes.

1. Plaisance à finalité personnelle et plaisance à finalité commerciale

De nombreux plaisanciers recourent aujourd'hui à la location. Ils y ont sans doute intérêt compte tenu du prix de navires de plaisance et du coût de leur entretien, sans parler du peu de places dans les ports. D'où la question de savoir si ce contrat relève de l'affrètement et donc du droit maritime ou de la simple

28 Comp. Y. Tassel, « Le développement du droit applicable à la plaisance », *DMF* 2009, n° 699.

location et ainsi du droit de la consommation[29]. La question a été récemment posée à la cour d'appel d'Aix-en-Provence[30], qui s'est prononcée en faveur du droit de la consommation : « *[L]es dispositions de l'article L 5423-1 du code des transports et du décret du 31 décembre 1966 sont applicables au contrat de mise à disposition d'un navire par un fréteur à un affréteur avec pour finalité l'exploitation commerciale d'un navire, alors que le présent litige est relatif au louage d'un bateau de plaisance, et non à l'exploitation d'un navire de commerce, de sorte que nous sommes en présence en l'espèce d'un contrat de location soumis au droit de la consommation.* »

Cette qualification consumériste vaut assurément lorsque le contrat de location porte sur le seul navire et qu'aucun chef de bord n'est mis à la disposition du locataire. Le locataire a l'entière disposition du navire, en ayant le droit de recruter ou non, à son choix, un équipage[31] et de décider librement de sa navigation[32]. S'il agit ainsi, une autre relation s'établira entre lui-même et le chef de bord, ce qui n'est pas neutre, en termes de droit du travail et de prestations sociales ou encore en termes d'assurance, les polices contenant généralement des exclusions de garantie si les titres et permis de navigation ne sont pas réguliers.

En revanche, lorsque le navire est loué avec un chef de bord, les données sont différentes. En effet, la navigation est alors considérée comme étant commerciale et l'exploitant doit justifier d'un permis de navigation (de type NUC, navire de services côtiers ou navire à passagers). La prestation dont l'objet est l'embarquement de passagers est de nature commerciale, ce qui commande une qualification particulière, celle de l'affrètement et spécialement de l'affrètement à temps[33]. Le droit maritime est alors applicable, alors même, semble-t-il, que le locataire est un simple particulier. On en déduira que le fréteur engage sa responsabilité en cas de faute du capitaine à l'origine de dommages subis par les personnes à bord[34]. Mais il est permis de se demander si dans ce type d'affrètement, la place reconnue à la liberté contractuelle doit être la même que celle qui est admise lorsque le navire est un navire de commerce. Ajoutons que lorsque le loueur d'un navire de plaisance

29 V. N. Marty, « Le contentieux de la location/colocation du navire de plaisance », Travaux de la Juris'Cup, Marseille, septembre 2021.

30 CA Aix-en-Provence, 13 juin 2018, RG 16/20753 ; *DMF* 2019, HS 23, n° 48.

31 Dans le cas où le locataire souhaiterait disposer d'un navire de plaisance mais n'aurait pas les compétences requises pour naviguer, il pourrait recruter lui-même un capitaine. Un tel recrutement cependant ne va pas de soi (contrat d'engagement à signer, déclaration préalable…). C'est pourquoi l'ordonnance n° 2021-77 du 27 janvier 2021 (modifiant les dispositions du code des transports relatives aux services privés de recrutement et de placement des gens de mer, *JORF* n° 0024 du 28 janvier 2021) a institué un dispositif pour simplifier les démarches d'embauche du skipper en recommandant au locataire de se rapprocher d'une entreprise de travail maritime.

32 D'où cette clause aujourd'hui usuelle : « *Le locataire désignera un chef de bord endossant la responsabilité de la conduite du navire. À défaut, le locataire recrutera un capitaine titulaire d'un brevet professionnel requis par la réglementation en vigueur. La prestation de chef de bord n'est pas incluse dans la location du navire. Le locataire dispose de toute liberté sur le recrutement de l'équipage et d'un chef de bord* » , cf. N. Marty, art. préc.

33 N. Marty, préc. Étant précisé que, dans l'affrètement à temps, la gestion nautique appartient au fréteur, tandis que la gestion non nautique (en l'occurrence) relève de l'affréteur.

34 CA Papeete, 12 avril 2012, n° 222/10 ; v. égal. N. Marty, préc.

avec skipper propose ses propres services, moyennant rémunération, ce dernier n'agit pas dans le cadre d'une simple co-navigation, commet une infraction de travail dissimulé et s'expose à de lourdes sanctions pénales[35].

Cette première distinction conduit à laisser la plaisance très largement dans le champ du droit maritime. Ce n'est qu'un contrat, celui de la location pure et simple d'un navire de plaisance, qui devrait relever du droit de la consommation. Toutefois, pour les autres questions juridiques que pose la plaisance, il semble que la distinction la plus pertinente soit celle de la petite et de la grande plaisance.

2. Petite et grande plaisance

Dans le langage des plaisanciers, il est aujourd'hui usuel de faire le départ entre la petite ou moyenne plaisance et la grande plaisance. On pourrait compléter la distinction en parlant aussi de la très grande plaisance, qui est celle du Vendée Globe, de la Route du Rhum et des autres belles compétitions nautiques. Les institutions du droit maritime lui sont applicables, dont au premier chef l'assistance ou le sauvetage. Mais, c'est avant tout le droit du sport qui est en cause[36].

La petite ou moyenne plaisance est dans une situation plus hybride qui conduit non pas à exclure le droit maritime, dont a vu qu'il avait une vocation naturelle à s'appliquer, mais à se demander si certaines nuances ne mériteraient pas d'être introduites relativement à certaines questions. Ainsi est-il permis de s'interroger sur le point de savoir s'il est bien logique, alors que la responsabilité du fait des choses a connu un extraordinaire développement (cf. C. civ., art. 1242, al. 1er), de soumettre les accidents survenus entre des jet-skis au droit de l'abordage[37], alors que le droit de l'abordage suppose l'implication au moins d'un navire et non d'un simple engin nautique. Ne faudrait-il pas par ailleurs permettre aux créanciers de recourir à d'autres sûretés que l'hypothèque maritime ? Une plus grande diversité dans la technique des garanties offertes aux créanciers ne serait pas inopportune. Mais si le droit commun pourrait, parfois, cohabiter davantage avec le droit maritime, c'est surtout dans le domaine des contrats que le droit de la consommation pourrait avoir son mot à dire : on pense ici aux contrats de construction, de réparation[38] ou encore de vente. La garantie des vices cachés leur est applicable[39], mais alors que les textes ne le prévoient que d'une manière supplétive (c. transp., art. L. 5113-4), ne faudrait-il pas, lorsque le plaisancier est un simple particulier, lui accorder la protection résultant de la réglementation des clauses abusives ? Une réponse positive permettrait de justifier, *a contrario*,

35 TGI Quimper, 26 février 2018, *DMF* 2018. 786, obs. P. Chaumette.

36 V. CA Paris, 3 octobre 2019, *DMF* 2020. 604, obs. F. Mandin.

37 Cass. com., 3 juillet 2012, 11-22.429 ; *DMF* 2012. 938, rapp. J.-P. Rémery, obs. S. Miribel.

38 cf. J.-P. Rémery, « La réparation navale : des rapprochements possibles, en jurisprudence, avec le droit de la consommation », *DMF* 2020. 3.

39 V. M. Voisard, « Le navire de plaisance, objet de contentieux : de la construction à la déconstruction », Travaux de la Juris'Cup, Marseille, septembre 2021.

le jeu de la liberté contractuelle relativement à la même garantie dans les contrats ayant pour objet des navires de grande plaisance.

La grande plaisance, précisément, devrait échapper au droit de la consommation et relever du seul droit maritime. Au demeurant, ce sont, le plus souvent, des personnes morales, des sociétés de surcroît étrangères, qui en sont propriétaires ou locataires. Il n'y a guère que le convoyage[40] ou le recrutement des membres de l'équipage qui met en cause des personnes physiques avec toutes les difficultés que l'on sait pour ce qui est de la détermination de la loi applicable et de la juridiction compétente[41]. Quant aux contrats dont les navires de grande plaisance sont l'objet, ils sont généralement soumis à une loi autre que française souvent lacunaire et difficile à comprendre. C'est dans ce domaine que le droit maritime français, soucieux d'équilibre et de rationalité, doit encore gagner quelques galons.

40 V. CA Poitiers, 11 mars 2021, *DMF* 2021. 579, obs. A. Bugada.

41 V. p. ex. *DMF* 2020, HS 24, n° 52 et 53.

Droit, luxe et libertés numériques : Recherche équilibre désespérément ![*]

Joan Anfossi-Divol[**]
Université Paris 1 Panthéon-Sorbonne

Résumé

Cet article s'interroge sur la place et le rôle du droit européen des affaires dans le monde du numérique pour protéger le secteur du luxe, dont la valeur dépend étroitement de sa capacité à contrôler son image à l'heure où il doit faire face à de nouveaux défis prenant la forme de luttes contre un libéralisme croissant. D'un côté, il y a les nouvelles libertés du Web qui priment de plus en plus sur le jeu du droit des marques ; de l'autre, la traditionnelle liberté de concurrence qui reprend le flambeau sur le continent du Web et l'emporte même sur toute forme de régulation effective des comportements des nouveaux acteurs sur le marché du luxe.

La première partie évoque la difficulté pour le luxe à se défendre avec l'arme du droit des marques, pourtant fatale dans le commerce physique. Quand bien même la marque serait de renommée et bénéficierait de solides prérogatives en théorie, la liberté s'impose dans la réalité du commerce en ligne : la concurrence avec les noms de domaine est rude et le combat contre le phénomène du cybersquattage des noms de domaine peu aisé. La lutte contre la liberté de référencement est quant à elle perdue ou fortement compromise, incitant les marques de luxe à subir la contrefaçon en ligne ou à s'allier avec les ennemies qu'ont pu représenter les grandes plateformes tierces du Net.

La seconde partie s'intéresse à un autre volet de la protection de l'image du luxe à travers le contrôle de la distribution en ligne de ses produits. Elle offre l'occasion de constater que le luxe peut encore, du reste pour l'instant en Europe, s'accrocher

---

[*] Dernière mise à jour le 1er janvier 2022.

[**] Maîtresse de conférences en droit à l'École de droit de la Sorbonne, Université Paris 1 Panthéon-Sorbonne.

à un dernier bastion que lui concède la Cour de justice dans le cadre de son réseau de distribution sélective. En dehors de tout réseau, il devient difficile pour le luxe de concurrencer les marchés indépendants, comme ceux de revente des produits de luxe de seconde main ou ceux portant sur des biens virtuels. Le droit de la concurrence semble inapte à réguler une guerre sans frontières opposant le luxe à des pure players de plus en plus nombreux et innovants. Le jeu du droit de la propriété intellectuelle, sans doute plus à même de limiter la liberté du numérique, doit encore s'affirmer et s'adapter aux conflits émergents.

« Ce n'est pas facile,
C'est si fragile,
La Liberté »
Jacques HENRI PREVOST, *Poèmes pour l'An 2000*

De l'ancien monde au nouveau monde : l'apparition du continent du Web. C'est bien de cela qu'il s'agit. Le numérique pose à l'Europe des défis à la hauteur de ceux rencontrés à l'aube du XVIe siècle, qui venait de connaître en moins de cinquante ans la révolution apportée par l'invention de l'imprimerie et la découverte de l'Amérique. Dans un laps de temps comparable, l'invention de l'ordinateur et la découverte d'Internet ont bouleversé notre ère. La diffusion du savoir et de l'information est devenue aussi phénoménale qu'instantanément globale. Le Web s'est créé un continent avec son langage : GAFAM, NFT, *meta tags*, *grabbing*, *fishing*, *marketplaces*, *pure players*, métavers… Ce vocabulaire a pénétré le droit en forçant la porte du Web, témoignant de la rapidité avec laquelle le nouveau monde opère sur l'ancien. L'urgence pour le droit des affaires à s'adapter aux évolutions peut-elle attendre que les États se réforment en réponse aux mutations contemporaines ?

Notre réflexion explore les défis posés par la révolution numérique au secteur du luxe sur le terrain juridique. Les problématiques en jeu sont abordées sous la forme de luttes auxquelles le luxe doit se prêter pour défendre sa place florissante[1] sur le marché du Net. Notre analyse tente d'évaluer la façon dont le droit européen permet au luxe de faire face aux différents enjeux du numérique. C'est ainsi que nous pourrons, à la recherche d'un nouvel équilibre, dresser un tableau du droit, du luxe et des libertés du Net.

Les transformations du luxe traditionnel : le luxe tire son parti du nouveau monde. Lorsqu'Internet apparaît au grand public dès 1994, les marques de luxe s'y montrent hostiles ; à l'exemple de Chanel ou d'Hermès, elles redoutent la perte du contrôle sur l'image de marque et une dilution de la valeur d'exclusivité, de tradition et de rareté attachée aux produits. Un quart de siècle plus tard, la pandémie actuelle

1 Selon une étude de McKinsey, en 2018, la valeur du luxe était de 330 milliards d'euros et elle devrait atteindre 430 milliards d'euros en 2025 grâce au marché du Net.

aidant, les marques de luxe européennes emboîtent le pas à la Chine en faisant d'Internet un canal prioritaire de vente et de communication avec la clientèle. Les investissements du luxe dans le numérique s'accélèrent pour répondre aux demandes de sa génération et concurrencer les nouveaux arrivants sur le marché du luxe (ils visent le même public que les marques de tradition, et à des prix comparables), dont la particularité est de se faire une renommée en un clic au moyen des médias sociaux et du recours aux célébrités influenceuses (sur les plateformes comme Snapchat et TikTok)[2]. C'est par l'entremise de la technologie que les marques traditionnelles de luxe sont tenues d'adapter leur stratégie marketing et de trouver de nouveaux leviers de croissance en tissant des liens avec la clientèle sur le Net, en organisant des défilés de mode sur la Toile, en offrant des expériences d'achat virtuelles[3], en racontant des histoires (*storytelling*)[4] et en personnalisant des produits pour les ajuster jusqu'aux besoins et aux goûts de chaque consommateur.

Les nouveaux types de marques : le droit européen s'est modernisé en acceptant de protéger de nouveaux signes distinctifs utilisés sur le Net. En se réformant, le droit européen des marques[5], en retard sur les besoins des marques du nouveau monde, a quelque peu accompagné l'évolution technologique. La suppression de l'exigence de représentation graphique permet de déposer en Europe les signes holographiques[6], multimédia[7] ou de mouvement[8] aux côtés des autres types de signes que sont les marques nominales, figuratives, mais aussi celles « sonores », de « forme », de « motifs », de « couleur » ou de « position ». En élargissant ainsi les modes de représentation des marques, le législateur a ainsi rapproché la conception européenne de l'objet appropriable de la conception américaine.

---

2 La marque Balmain et la célébrité Cara Delevingne, par exemple, collaborent jusqu'à la conception des collections. Off-White, I.AM.GIA ou Reformation, massivement suivis sur Instagram, vendent leurs produits en un temps record à des prix élevés, en partie grâce aux commentaires de célébrités.

3 Gucci offre une expérience virtuelle en proposant de visiter ses boutiques et d'essayer ses produits. La maison Dior propose quant à elle une expérience de réalité augmentée avec son maquillage virtuel (*virtual try-on*).

4 Cartier, par exemple, raconte aux consommateurs chinois l'histoire de la collection de montres Santos pour les transporter dans le Paris du XXe siècle. Pour lancer son parfum pour homme *Y*, Yves Saint-Laurent a utilisé des vidéos cliquables permettant de lier, sur un même écran, la puissance de son spot vidéo à un formulaire pour en obtenir des échantillons. Les grandes maisons s'attachent aussi à mettre en scène leurs coulisses, que ce soit lors des défilés ou en racontant, comme Vuitton, la fabrication d'une malle pour transporter le tableau *La Laitière* de Vermeer.

5 Comme les marques unitaires, les marques nationales pourront être représentées sur des fichiers audio, ou sous une autre forme au moyen d'une technologie disponible, à condition de pouvoir être objectivement et clairement représentées dans le registre, cf. art. 4 du règlement (UE) 2017/1001 du Parlement européen et du Conseil du 14 juin 2017 sur la marque de l'Union européenne, *JOUE* n° L 154 du 16 juin 2017, p. 1, ordonnance n° 2019/1169 du 13 novembre 2019 relative aux marques de produits ou de services, qui transpose la directive (UE) 2015/2436 du Parlement européen et du Conseil du 16 décembre 2015 rapprochant les législations des États membres sur les marques, *JOUE* n° L 336 du 23 décembre 2015, p. 1 (ci-après « directive Marques ») ; cf. art. R. 711-1 nouv. CPI ; art. 3 décret 2019/1316.

6 La fourniture d'un fichier vidéo ou une reproduction graphique ou photographique de la marque holographique, contenant les vues nécessaires pour l'identification suffisante de l'effet holographique complet, est sollicitée lors du dépôt. Une telle marque est composée d'éléments permettant d'obtenir un effet d'image tridimensionnelle à partir d'un support bidimensionnel.

7 Un fichier audiovisuel comprenant la combinaison de l'image et du son peut être déposé.

8 Un fichier vidéo peut être déposé, ou une série d'images fixes séquentielles montrant les mouvements ou les changements de position, qui peuvent être numérotés.

Ces nouveaux types de marques, représentables autrement que graphiquement, ne doivent pas être confondus avec les « marques digitales » appelées DNVB (*digitally native vertical brands*)[9], dont la particularité est de vendre en direct sur le modèle indépendant *pure players*, mais dans une maîtrise totale de l'art des réseaux sociaux et de la mise en scène.

La vente des produits de luxe en réseau et hors réseau : les canaux de vente se multiplient et s'additionnent (franchises, succursales, distribution sélective...). Plusieurs méthodes de commercialisation permettent de contrôler l'image des marques couvrant des produits luxueux. Parmi les différentes options traditionnelles, la franchise privilégie le transfert de savoir-faire. En dépit de la crainte des grandes maisons de déléguer leur activité à un tiers[10], la franchise reste un moyen stratégique pour assurer le développement du luxe en terre étrangère où l'implantation n'est pas aisée[11], pour répondre aux standards propres à chaque culture (le choix de Fauchon ou de Ladurée dans le domaine culinaire) ou encore pour accélérer le rythme des ouvertures de magasins physiques[12].

Dans cette industrie de tradition et de personnalisation où la qualité de l'expérience client est aussi importante que la qualité du produit lui-même, le luxe choisit par ailleurs de recourir à la succursale en propre, qu'elle soit physique (*brick and mortar*) et/ou en ligne (*pure players*). Cette dernière formule est rendue possible par la technologie et incontournable au vu des modes de communication, recréant à distance une atmosphère de proximité et d'intimité avec les clients du Net. Le choix de la méthode du *click and mortar* (clics et mortier), aussi appelé *bricks and clicks* (briques et clics), permet de réaliser la vente par l'intermédiaire de boutiques *online* et *offline* regroupant deux mondes, celui des *pure players* (les commerces en ligne captifs d'un public moderne ou étranger) et des *brick and mortar* (les commerces traditionnels, captifs d'un public plus classique attaché à la personnalisation physique).

Ces choix dispensent d'autant moins le luxe de recourir au système de distribution sélective (exclusif ou non) qu'il s'est rapidement adapté au contexte du numérique pour offrir une variété d'espaces de vente adaptés aux nouveaux modes de consommation[13].

---

9 Comme Made.com dans le mobilier ou Typology dans le cosmétique naturel.

10 Le luxe doit faire des entorses à sa culture de la rareté et de l'exception, traditionnellement opposée à celle de diffusion de masse et de standardisation : A. de Sainte Marie, *Luxe & marque : identité, stratégie, perspectives*, Paris, Dunod, 2015.

11 À Dubaï, par exemple, les grands noms du prêt-à-porter, de la maroquinerie, de l'art de la table ou de la beauté passent par les magnats du luxe au Moyen-Orient.

12 Roche Bobois compte 260 magasins dans le monde, dont une quarantaine de franchisés en France. C'est aussi, dans le domaine de la mode, le choix de Longchamp.

13 Ce système peut comprendre des détaillants multimarques indépendants (comme HBJO – Horlogerie Bijouterie Joaillerie Orfèvrerie), des points de vente d'une chaîne mondiale (comme Sephora pour les produits de parfumerie cosmétique et beauté), des *corners* dédiés dans les grands magasins, des boutiques d'aéroport ou de navire *duty-free* ou *duty-paid*, et des sites de distributeurs ou sites Internet multi-enseignes créés spécialement pour satisfaire les exigences des marques de prestige (comme Farfetch, Rent the Runway, Yoox, Vente-Privée.com...) : https://www.hbrfrance.fr/chroniques-experts/2018/03/19683-marques-de-luxe-doivent-preserver-distribution-selective

Deux univers de vente sur le continent du Web : l'univers du luxe doit aussi se mêler à celui des *marketplaces*. Le contrôle sur l'accès aux produits de prestige par des revendeurs en ligne non agréés constitue l'un des enjeux pour préserver la valeur du luxe, car les marques et les *marketplaces* ont par essence une approche de la vente en ligne opposée : les premières misent sur le discours et l'expérience pour immerger les clients dans leur univers ; les secondes imposent leur manière de faire, ne laissant aux marques aucun ou peu d'espace pour diffuser leurs propres messages.

Entre ces deux univers tenus de coexister sur le continent du Web, il existe de plus en plus de synergies commerciales novatrices jouant des principes sélectifs et qualitatifs de l'un et du positionnement premium de l'autre. Yves Saint Laurent est ainsi présent sur une marketplace Farfetch reliée aux stocks d'une boutique physique de la marque sélectionnée pour chaque pays. Les colis, préparés par le personnel de la maison de mode, assurent la qualité attendue. De guerre lasse d'avoir trouvé en droit des affaires les armes suffisantes, le luxe tendrait même à s'immiscer subrepticement dans le camp des géants du Net[14].

Les acteurs disruptifs du Net : des grandes plateformes de commerce aux *pure players*. D'abord marginale et artisanale, la contrefaçon apparue à la fin du XIXe siècle est devenue un fléau grandissant pour les grandes marques dès 1996, l'ouverture des frontières et des marchés, la création de l'Organisation mondiale du commerce (OMC) et le déploiement d'Internet. C'est toutefois l'arrivée des plateformes de commerce dès 2006, et la difficulté subséquente de poursuivre directement les contrefacteurs des marques, qui a créé pour le luxe les premiers conflits juridiques transatlantiques. Avec d'un côté du ring les maisons de luxe françaises (LVMH, Hermès, L'Oréal...) et de l'autre les grands sites de vente en ligne américains et leurs filiales européennes, les affaires emblématiques opposant le luxe contre eBay ont ouvert la boîte de Pandore autour de la responsabilité des plateformes du Net sur le terrain de la contrefaçon de marques[15], sur celui du commerce électronique[16], mais aussi sur celui du droit d'auteur (au sujet d'une autre lutte sans merci, celle contre le téléchargement illégal)[17].

Depuis, trois grandes catégories d'acteurs du Net jouent un rôle qui perturbe les efforts des grandes maisons de luxe pour préserver leur image sur le Web : les plateformes

---

14 Ainsi, Tom Ford et Savage X Fenty (marque de Rihanna) ont dévoilé leurs collections au travers de défilés diffusés exclusivement sur Prime Video ; la collection printemps-été 2021 de Burberry a été présentée en direct sur Twitch (plateforme de streaming appartenant à Amazon) ; un accord entre Vogue et Amazon aide les designers précarisés par la crise du Covid-19...

15 E. Sordet et G. Salord, « La responsabilité des plates-formes d'e-commerce : l'exemple d'eBay », *JCP E* 2009, p. 1991.

16 Directive 2000/31/CE du Parlement européen et du Conseil du 8 juin 2000 relative à certains aspects juridiques des services de la société de l'information, et notamment du commerce électronique, dans le marché intérieur, *JOCE* n° L 178, du 17 juillet 2000, p. 1.

17 La directive (UE) 2019/790 du Parlement européen et du Conseil du 17 avril 2019 sur le droit d'auteur et les droits voisins dans le marché unique numérique, *JOUE* n° L 130 du 17 mai 2019, p. 92, a modifié la directive de 2001 pour consacrer un nouveau régime de responsabilité (art. 17) pour les exploitants de plateformes d'hébergement en ligne des œuvres.

d'hébergement généralistes de sites et d'annonces, les annonceurs eux-mêmes et les sites de vente *pure players*. Il faut également différencier, parmi ces derniers concurrents, les sites vendeurs de produits physiques (comme, en matière de biens d'occasion de mode, The RealReal, StockX ou Rebag) et les *marketplaces* de produits virtuels telles que les plateformes de jeux (Roblox ou Fortnite) ou les places de marché NFT (pour *non-fungible token*)[18].

Une évolution du droit des marques de renommée favorable au luxe de l'ancien monde. Sous l'impulsion de l'ADPIC[19], l'OMC a d'emblée voulu offrir une protection spécifique aux signes distinctifs de renommée, poussant jusqu'au Congrès américain à se mettre au diapason[20]. En Europe[21], le signe de renommée a été défini par la Cour de justice de l'Union européenne (CJUE) comme celui connu « *d'une partie significative du public concerné par les produits ou services couverts* » par ce signe[22] au regard d'un ensemble d'éléments de preuve tels que la part de marché, l'intensité, l'étendue géographique et la durée de l'exploitation de la marque ou encore l'importance des investissements réalisés par son titulaire pour la promouvoir[23]. La qualification de renommée et la preuve du préjudice subi ne représentent pas un enjeu de taille[24] dès lors que le statut de prestige des produits est acquis[25].

Le privilège reconnu aux marques de renommée dans le commerce physique a enterré l'idée selon laquelle la marque a pour « fonction essentielle » de garantir l'origine des produits ou services aux consommateurs[26]. La marque occupe désormais d'autres fonctions, bien moins sociales[27], à savoir celles de récompenser

---

18 Comme OpenSea ou encore les écosystèmes comme Decentraland ou Sandbox.

19 L'Accord sur les aspects des droits de propriété intellectuelle qui touchent au commerce (ADPIC) est reproduit à l'Annexe 1 C de l'Accord de Marrakech instituant l'Organisation mondiale du commerce (OMC), signé en 1994.

20 L'article 16, paragraphe 3, de l'ADPIC a encouragé le Lanham Act (loi fédérale des marques) à consacrer une protection élargie aux marques de renommée, même non enregistrées. Le droit européen l'avait déjà réservée aux marques enregistrées sur le territoire des CEE sur le terrain de la responsabilité civile (et non de la contrefaçon).

21 Art. L. 713-5 CPI et 8, § 5, du règlement (UE) 2017/1001.

22 CJCE, 14 septembre 1999, *General Motors*, aff. C-375/97, EU:C:1999:408 ; CJCE, 6 octobre 2009, *Pago*, aff. C-301/07, EU:C:2009:611.

23 CJCE, 14 septembre 1999, *General Motors*, aff. C-375/97, préc.

24 Il est entendu que toutes les marques de luxe ne sont pas de renommée et que la faveur du droit des marques de renommée n'est donc pas systématique, cf. P. Selosse, « Le régime juridique du produit de luxe », thèse, Université Lille 2, 2017, spéc. p. 34.

25 CJCE, 23 avril 2009, *Copad c/ Christian Dior couture*, aff. C-59/08, EU:C:2009:260, pt 25 : « *[L]es produits de prestige constituant des articles haut de gamme, la sensation de luxe qui émane de ceux-ci est un élément essentiel pour qu'ils soient distingués, par les consommateurs, des autres produits semblables.* »

26 De manière symptomatique, la réforme a supprimé des textes de loi la référence aux fonctions de la marque. En avance sur son temps, le droit américain a d'emblée reconnu à la marque traditionnelle la double fonction essentielle de garantie de l'Origène et de récompense du *goodwill*, cf. J. Anfossi-Divol, *L'usage et l'enregistrement, éléments essentiels de l'harmonisation du droit des marques : une approche comparative des droits franco-communautaire et des États-Unis d'Amérique*, Strasbourg, Presses universitaires de Strasbourg, 2003, spéc. p. 53.

27 C'est le contentieux sur l'usage de mots-clés qui a conduit la Cour de justice à reconnaître l'existence de fonctions propres à la marque renommée, cf. P. Selosse, thèse préc., spéc. p. 399.

le propriétaire pour ses efforts d'avoir créé la renommée[28]. La reconnaissance par la Cour de justice des fonctions de « garantie de qualité », de « communication », « d'investissement » ou de « publicité » contribue, du reste dans le commerce physique, à la promotion du luxe et à la préservation de son statut en Europe[29].

Le droit des marques réformé et la protection du luxe dans le nouveau monde. La réforme la plus récente a renforcé le monopole spécial des marques de renommée (nationales et unitaires)[30]. Parmi les nouvelles prérogatives, il faut compter un droit d'opposition à l'enregistrement d'une marque identique ou similaire, mais au même titre désormais que les noms de domaine, qui se voient reconnaître ainsi un droit spécifique à l'échelle européenne. Dans cet élan, il a été décidé que la renommée peut être utilisée comme fondement pour demander la nullité d'une marque postérieure. Mais surtout l'Europe a reconnu à la renommée un droit d'agir en contrefaçon en sus d'un droit de douane sur les marchandises en transit[31]. Il reste à prouver un risque d'association (condition) et un risque de dilution (préjudice) de la capacité distinctive de la marque. On peut interroger la notion de renommée au regard de ses fonctions et même considérer bien fondée la nouvelle protection spécifique[32], mais la véritable question qui se pose au luxe est celle de savoir si ce droit prétendument « modernisé » peut aider le luxe à se défendre efficacement sur le continent du Web. Rien n'est moins certain à y regarder de plus près.

La sacro-sainte liberté de concurrence sur le Net : la question de la régulation des comportements sur le marché par le droit des ententes. La fonction du droit de la concurrence est tout autre que celle du droit des marques. Un pan de ce droit des affaires joue un rôle pourtant très important pour limiter l'exercice du monopole de propriété intellectuelle au nom de la libre concurrence ; il est en mesure de réguler les comportements des entreprises, que ce soit en cas d'ententes illicites (cela suppose néanmoins l'existence d'un accord, ce qui limite le champ d'application de la sanction) ou que ce soit, dans le cas moins probable dans le secteur du luxe, d'abus de position dominante (ce secteur économique est en effet partagé par plusieurs grands groupes[33]).

---

28 En ce sens, J.-N. Kapferer, *Ré-inventer les marques : la fin des marques telles que nous les connaissons*, Paris, Eyrolles (2016).

29 Ces fonctions peuvent être aussi qualifiées de « promotionnelles », cf. M. Gentil, « L'atteinte au droit de marques sur Internet », mémoire Université Paris-Saclay (Prix APRAM 2021)

30 La réforme a précisé que la marque de renommée n'est plus, comme la marque notoire, protégée selon les règles de la responsabilité civile. L'article L. 713-5 CPI a repris le dispositif prévu à l'article 10, paragraphe 2 c), de la nouvelle directive Marques, par ailleurs consacré dans le règlement (UE) 2017/1001.

31 Le droit français s'est, à cette occasion, aligné sur l'article 9 du règlement (UE) 2017/1001.

32 En ce sens, cf. A. Nahum, « La notion de marque renommée », thèse, Université Paris sciences et lettres, 2020.

33 La situation est en la matière plus préoccupante pour les géants américains du numérique que pour les grands groupes du luxe (Bruxelles a notamment infligé une amende au moteur de recherche Google pour avoir délibérément abusé de sa position dominante afin de favoriser son propre service de comparateur de prix).

Dans le contexte de la revente en ligne des produits de luxe, l'office classique de protection de la libre concurrence est-il apte à mettre un frein au « laissez passer » imposé par l'impératif supérieur de liberté du commerce en ligne ? Les stratégies de domination ou de captation de clientèle mises en œuvre par les géants du luxe peuvent-elles, au contraire, échapper à toute forme de sanctions ? Il semble que la question se pose actuellement sur le territoire américain avec plus de force que sur celui de l'Union européenne.

Quelle place pour le droit européen des affaires dans l'équation luxe et libertés ? Les mutations engendrées par le numérique mettent en péril la place du droit dans le nouveau monde non seulement pour relever les défis posés par les grandes libertés du Net, mais aussi, plus largement, pour réguler les comportements des entreprises afin d'assurer sur le continent du Web une concurrence libre, saine et loyale.

Le droit des marques offre un statut privilégié à la renommée, mais il convient d'en relativiser la portée à l'aune des conflits qui opposent le luxe aux nouvelles libertés du Net. L'analyse de la situation révèle, en effet, un net recul du droit des marques (I.). Le droit de la concurrence semble consacrer pour sa part un statut préférentiel aux produits de luxe en Europe. Or, force sera de constater que l'absence de régulation sur le marché en ligne fait perdre au secteur du luxe tout espoir de contrôler la distribution de ses produits sur le Web (II.).

I. Un luxe en conflit avec les libertés du Net : Le recul du droit des marques

L'inefficacité du droit des marques pour lutter contre les libertés du Net. Les avancées de la protection des marques de renommée sont, en dépit de la modernisation voulue par la réforme, à relativiser au prisme des conflits qui opposent les marques aux libertés de référencement et d'identification, qui s'épanouissent sur le continent du Web.

Le conflit ancien opposant les marques de renommée aux titulaires de noms de domaine se solde en faveur de la liberté d'identification sur le terrain du droit des marques (1.). Le conflit plus moderne concernant la liberté de référencement ne permet plus au luxe de lutter contre les formes de contrefaçons en ligne, que la marque soit ou non de renommée (2.).

1. La lutte contre les noms de domaine : Les avancées de la liberté d'identification

La libéralisation des moyens d'identification en ligne et la rivalité accrue des noms de domaine. Un nom de domaine est bien plus qu'une adresse Internet qui, permettant d'identifier une entreprise ou une activité commerciale (plusieurs noms pouvant donner accès à un seul site), est attribuée à la première personne qui le demande et qui remplit les critères d'attribution et d'extension. Même si son statut juridique n'est toujours pas défini, il représente une véritable catégorie de signes distinctifs électroniques[34] rivalisant avec les marques commerciales.

Le nom de domaine semble même avoir gagné du terrain : hormis les pratiques abusives des cyberpirates que le droit a tôt cherché à éliminer (A.), le droit des marques permet seulement de lutter contre les usurpations de noms de domaine enregistrés postérieurs (B.).

A. *L'élimination des pratiques abusives de cyberpiraterie*

Un système international de règlement extrajudiciaire des conflits. Les signes de renom ont été les cibles privilégiées des pratiques de dépôt abusif de noms de domaine dans le but d'empêcher l'exploitation commerciale des sites Web par les titulaires de marques correspondantes et d'en tirer un bénéfice lucratif. La lutte contre le *cybersquatting* a débuté il y a plus de vingt ans avec la mise en place d'un système de gestion des conflits de noms de domaine offrant une procédure de règlement gérée par l'Organisation mondiale de la propriété intellectuelle (OMPI) et des moyens pour, de manière extrajudiciaire (dans le cadre de la procédure Uniform Domain-Name Dispute-Resolution Policy), obtenir la suppression, la suspension ou le transfert des noms de domaine correspondants aux marques enregistrées[35].

Le titulaire d'un nom de domaine identique ou similaire à une marque suffisamment connue peut être considéré comme de mauvaise foi[36]. Les commissions chargées de l'application des principes UDRP tendent à considérer la détention passive du domaine comme une preuve suffisante d'un enregistrement malveillant.

Une réparation complémentaire en droit fédéral américain des marques. La loi américaine sur la protection des consommateurs contre le cybersquattage (Anticybersquatting Consumer Protection Act – ACPA) a été promulguée en 1999, en complément de la protection offerte aux marques de renom contre la dilution, afin d'empêcher les cybersquatteurs d'enregistrer des noms de domaine Internet dans le but de les revendre au propriétaire de la marque américaine. Intégré à la loi Lanham (la loi fédérale sur les marques aux États-Unis), l'ACPA a prévu une cause d'action civile assortie de réparations[37]. Le droit européen des marques n'a toujours pas consacré de fondement spécifique en matière de cyberpiraterie.

---

34 Les noms de domaine sont des « *enseignes électroniques qui constituent sans aucun doute une nouvelle catégorie de signes distinctifs* » pour A. Bertrand in *Le droit des marques, des signes distinctifs et des noms de domaine*, 2e éd., Paris, CEDAT, 2001.

35 A. Defossez, « Conflits entre noms de domaine et marques (renommées) : l'approche OMPI », *Revue internationale de droit économique*, 2006/2 (t. XX, 2). p. 194.

36 Décision de l'OMPI du 1er mai 2000, *Veuve Clicquot Ponsardin c/ The Polygenix Group Co.*, aff. n° D2000-0163 : au sujet de l'enregistrement du nom de domaine « veuveclicquot.org » par une personne n'ayant aucun lien avec le produit, qui suggère une « *mauvaise foi opportuniste* » selon l'OMPI.

37 Sur les premières affaires américaines, cf. J. Anfossi-Divol, *op. cit.*, spéc. p. 239.

L'absence de moyens de lutte contre le cybersquattage anticipé. La libéralisation de la politique d'attribution des noms de domaine (notamment par l'Internet Corporation for Assigned Names and Numbers), qui fixe les règles pour les noms à extension générique, c.-à-d. generic Top-Level Domain) a augmenté le nombre de conflits potentiels avec les marques. L'élimination des actes de cyberpiraterie n'a pas suffi à empêcher les utilisateurs de noms de domaine de détourner les marques (*brandjacking* ou *namejacking* des « .com » en Amérique du Nord et des « country code Top-Level Domain » dans les autres régions) ou le référencement abusif. Ni la loi Lanham ni les principes UDRP, conçus pour lutter contre les formes de piraterie anciennes, n'offrent les armes pour combattre le phénomène de thésaurisation des noms de domaine : les cybersquatteurs ne se contentent plus, en effet, d'enregistrer des noms de domaine identiques ou similaires aux noms de produits d'entreprises bien connues ; les pratiques modernes, impunissables, consistent à enregistrer des noms de domaine dans l'espoir que ces noms deviennent précieux et donc lucratifs avec le temps. D'autres pratiques peuvent néanmoins être sanctionnées sur le terrain du droit des marques.

B. *La lutte contre les noms de domaine postérieurs aux marques enregistrées*

Les conflits entre marques antérieures et noms de domaine correspondants. Le succès d'une action contre les multiples formes d'atteinte à la marque (*grabbing*[38], *phishing*[39], *sucking*[40], *typosquatting*[41]…) dépend principalement de deux facteurs : de la date de naissance du nom de domaine (i.) et du statut de la marque (ii.).

i. Date de naissance du nom de domaine

Le droit d'opposition du titulaire du nom de domaine antérieur : une victoire pour la liberté du référencement. En l'absence d'abus ou d'intention malveillante, le titulaire de la marque peut seulement se défendre à l'encontre de l'usurpation d'un nom de domaine postérieur. Depuis la réforme des marques dans l'Union européenne, il est acquis que le nom de domaine (à l'exception de l'adresse locale)[42] constitue une antériorité opposable ainsi qu'un motif relatif de nullité (pour indisponibilité de la marque enregistrée) dès lors qu'il est réservé et exploité

---

38 L'enregistrement pour revente au titulaire de la marque (l'intention malveillante est difficile à prouver quand le nom ne correspond pas à une marque notoire).

39 Le fait pour le nom de domaine de se faire passer pour une marque de renommée.

40 Le fait d'ajouter le terme péjoratif de « *sucks* » à une marque existante.

41 Le fait de changer ou d'ajouter une lettre ou un chiffre à la marque existante.

42 Avant la réforme issue de l'ordonnance de 2019, les noms de domaine n'étaient pas explicitement mentionnés par la liste non limitative de l'article L. 711-4 CPI. Toutefois, une jurisprudence constante considérait qu'en l'application du même article, une marque pouvait être annulée sur le fondement d'un nom de domaine antérieur. Le CPI énonce désormais qu'un nom de domaine peut être opposé à un dépôt de marque postérieure sous réserve que sa portée ne soit pas seulement locale. La loi reste silencieuse concernant les critères qui permettront d'apprécier la portée d'un tel nom de domaine (l'extension, le public, les territoires ciblés, les produits et services concernés…).

avant le dépôt de la marque concurrente. Le nom de domaine antérieur peut ainsi tenir en échec l'action en contrefaçon ou justifier l'annulation de l'enregistrement sans avoir à prouver l'intention malveillante[43].

Il ne faut pas se méprendre sur la portée de cette avancée pour la liberté de référencement. À la lumière de la jurisprudence antérieure, un nom de domaine ne semble pouvoir constituer un droit antérieur opposable à une marque qu'à une double condition. D'une part, il ne suffit pas de mettre en ligne le nom de domaine pour faire naître un droit d'opposition au profit de son titulaire : il faut que le domaine soit effectivement exploité dans la vie des affaires au moment de l'enregistrement de la marque. D'autre part, la marque doit créer un risque de confusion avec le nom de domaine : il faut donc qu'il s'agisse de produits ou services identiques ou similaires[44]. En tout état de cause, le nom de domaine ne bénéficie pas de la protection spécifique accordée à la marque de renommée.

ii. Statut de la marque

Le statut avantageux de la marque de renommée dans le conflit qui l'oppose au nom de domaine postérieur. Dans le cas où la marque est connue d'une partie significative du public concerné par les produits et services désignés dans l'enregistrement[45], elle acquiert le statut de marque de renommée. La situation est alors plus avantageuse pour son propriétaire, car il peut agir en contrefaçon[46], y compris si le nom de domaine est exploité dans une autre spécialité que celle de la marque[47]. Si les noms ne sont pas identiques, il convient de prouver le risque d'association, lequel peut résulter d'une assimilation dans l'esprit du public entre l'identifiant enregistré comme nom de domaine et la marque renommée du même nom. Quant au préjudice (le risque de dilution), qui doit être caractérisé, il peut par exemple être constitué par le ternissement de l'image résultant du renvoi opéré par le nom de domaine vers un site inactif.

L'absence de moyens de lutte contre les noms de domaine postérieurs non exploités. L'arme de la contrefaçon permet aux marques de renommée de lutter plus efficacement contre le nom de domaine postérieur, car il n'est pas nécessaire que la marque soit enregistrée dans la même spécialité que celle dans laquelle le nom de domaine est exploité. Qu'en est-il si le nom de domaine n'exploite aucun site

---

43 Il constitue désormais une antériorité au même titre que la marque de renommée enregistrée ou que la marque notoire non déposée (la différence entre les deux notions juridiques ne serait plus que sémantique).

44 Cette victoire semble mettre fin aux difficultés inhérentes aux anciens litiges qui, en droit français, ont porté sur le possible jeu de la responsabilité civile lorsque la marque n'était pas enregistrée en classe 38 (difficulté de preuve du risque de confusion).

45 CJCE, 14 septembre 2009, *General Motors*, aff. C-375/97, préc.; comp. art. 16, § 3 ADPIC.

46 L'action en interdiction provisoire permet de prendre des mesures urgentes, de prévenir une atteinte imminente aux droits ou d'empêcher la poursuite d'actes (art. L. 716-4-6 nouv. CPI).

47 Les juges français peuvent en outre condamner le fautif à des dommages-intérêts, lui interdire d'utiliser le nom de domaine litigieux et ordonner le transfert au propriétaire de la marque ; cf. art. L 45-2 et 45-6 du code des postes et des communications électroniques et arrêté du 20 septembre 2021 désignant l'office chargé d'attribuer et de gérer les noms au sein des domaines de premier niveau du système d'adressage correspondant au « .fr », *JORF* n° 0228 du 30 septembre 2021.

(il s'agit alors précisément de cybersquattage) ? Nul doute que le titulaire de la marque traditionnelle ne peut agir en contrefaçon, faute de prouver un risque de confusion qui suppose une comparaison des spécialités de la marque enregistrée et du nom de domaine tel qu'utilisé dans le commerce.

Qu'en est-il quand la marque est de renommée ? La condition de « l'usage dans la vie des affaires » peut-elle être remplie au travers de l'acte de simple réservation d'un nom de domaine ? La contrefaçon permet désormais d'agir à l'encontre de l'usage de noms commerciaux ou de dénominations sociales, mais aussi d'interdire des actes préparatoires[48]. Le législateur n'a cependant pas expressément prévu d'ouvrir l'action en contrefaçon pour lutter contre les actes de réservation de nom de domaine. La jurisprudence française a récemment refusé de qualifier de contrefaçon le simple dépôt d'une marque (pourtant jusqu'ici qualifié par les juges français d'acte préparatoire)[49]. Dans le silence de la loi, le simple enregistrement d'un nom de domaine ne semble donc pas pouvoir (par analogie) constituer un acte de contrefaçon, que la marque soit ou non renommée. En outre, la condition d'usage dans la vie des affaires semble faire défaut en l'absence d'exploitation du nom de domaine.

L'absence de régulation des libertés d'identification. Actuellement, le droit européen fait peser sur les titulaires de marques le devoir de procéder à la vérification de la disponibilité de leur signe en tenant compte des noms de domaine antérieurs portant sur la dénomination choisie. Le droit des marques ne s'est pas mobilisé, lors de sa réforme, pour démanteler l'obstacle croissant résultant de la pénurie de noms de domaine. Or, à la liberté de réservation et d'utilisation des noms de domaine s'ajoute la possibilité offerte aux utilisateurs de créer librement des noms d'utilisateur ou *usernames* sur les réseaux sociaux, tels que Facebook ou Twitter[50], ouvrant la voie à d'autres formes d'utilisations non autorisées de marques sur le Net. Là encore, l'action en contrefaçon de marque semble compromise en l'absence de tout usage des *usernames* dans la vie des affaires.

Ces pratiques non régulées constituent un risque que toutes les entreprises, quels que soient leur taille et leur secteur d'activité commerciale, se doivent d'intégrer

---

48 La réforme étend les agissements qualifiables de contrefaçon en ouvrant de nouveaux droits au titulaire d'une marque enregistrée. En droit français, l'article L. 713-3-1, 4° CPI prévoit, dans le prolongement de l'arrêt *Céline* (CJCE, 11 septembre 2007, aff. C-17/06, EU:C:2007:497), que l'usage du signe de la marque comme nom commercial ou dénomination sociale ou partie d'un nom commercial ou d'une dénomination sociale (art. L. 713-3-1, 4° CPI) est désormais expressément un acte de contrefaçon. En outre, il devient possible d'interdire des actes préparatoires à la contrefaçon, tels que l'usage de conditionnement, d'étiquettes, de marquage, de dispositifs de sécurité ou d'authentification ou de tout autre support sur lequel est apposée la marque (art. L. 713-3-3 CPI).

49 TGI Paris, 22 mars 2018, *Multiburo c/ OCP Finance*, n° 17/09611. Dans deux arrêts récents en rupture avec sa jurisprudence antérieure, la Cour de cassation a décidé que le seul dépôt d'une marque ne peut constituer un acte de contrefaçon : un dépôt n'est pas une utilisation dans la vie des affaires et ne porte pas atteinte à la fonction essentielle de la marque (Cass. com., 13 octobre 2021, n° 19-20.504 ; Cass. com., 13 octobre 2021, n° 19-20.959).

50 Il existe des procédures mises en place par les réseaux sociaux, mais elles sont laissées à leur libre arbitre : ainsi Twitter propose aux titulaires de marque de déposer une requête en vue d'obtenir la suppression d'un compte.

dans leur politique de protection des marques sur le continent du Web. Et faute de limites aux pratiques d'identification, les futurs entrants risquent d'être asphyxiés par la présence de concurrents bien établis sur le marché économique des domaines et des *usernames*. Le secteur du luxe a par ailleurs peu d'armes pour lutter contre le fléau de la contrefaçon numérique.

2. La lutte contre la contrefaçon en ligne : La victoire de la liberté de référencement

Les obstacles liés à l'usage des liens hypertextes. L'utilisation des liens hypertextes permet aux annonceurs de diffuser du contenu sur les plateformes en ligne, lequel contenu peut créer la confusion ou porter atteinte à l'image de la marque.

Le statut de marque de renommée ne permet pas, en pratique, d'établir un juste équilibre entre propriété intellectuelle et liberté de référencement. Le droit européen des marques ne permet pas de lutter contre les actes commis de manière invisible par les annonceurs (A.). Il n'a pas davantage cherché à punir les actes des prestataires de services de référencement sous couvert de leur « neutralité » commerciale (B.).

A. *L'invisibilité des liens de référencement : Un obstacle à l'action en contrefaçon contre les annonceurs*

Une action en contrefaçon possible en théorie. L'utilisation de marques comme mots-clés via des moteurs de recherche est libre qu'elle soit le fait du propriétaire de la marque ou d'un tiers. La seule pratique du positionnement payant par des annonceurs non autorisés ne porte pas atteinte à la fonction publicitaire de la marque bien que cet usage puisse avoir des répercussions préjudiciables sur l'emploi de la marque et sa stratégie commerciale[51]. Le moteur de recherche le plus populaire étant Google, on ne compte plus les litiges qui ont porté sur son service AdWords, faute de pouvoir agir avec succès à l'encontre des acheteurs de mots-clés.

Depuis les affaires Google c/ *Louis Vuitton Malletier* la notion d'« *usage de la marque dans la vie des affaires* » (posée dans l'art. 5, § 1, de l'ancienne directive 2008/95 du 22 octobre 2008 rapprochant les législations des États membres sur les marques) est devenue un marqueur important de l'action en contrefaçon pour les marques distinctives et de renommée en Europe. C'est en effet autour de cette condition que doivent être sanctionnées la reproduction et l'imitation de la marque antérieure. Depuis que la Cour de justice a reconnu que la sélection d'un mot-clé identique à la marque, utilisé comme lien promotionnel vers un site Internet, doit être considérée comme un

51 Si un tiers non autorisé peut réserver le mot-clé, le titulaire de la marque ne pourra pas afficher sa marque en tête de la liste des liens commerciaux.

usage commercial (et non privé) effectué par l'annonceur[52], l'annonceur qui utilise un service de référencement permettant de choisir un mot-clé correspondant à une marque peut commettre un acte de contrefaçon[53]. Un tel usage étant admis comme intervenant dans la vie des affaires, la protection spéciale des marques de renommée s'applique également aux cas où les spécialités en cause sont différentes.

Une action en contrefaçon compromise en pratique : l'obstacle de la preuve du lien hypertexte. La possibilité d'agir à l'encontre de l'annonceur est théorique, car il faut prouver un risque d'association, qu'il s'agisse de reprocher une contrefaçon dans la spécialité ou hors la spécialité (la preuve du risque d'association est toujours requise dès lors qu'il ne s'agit pas d'un acte de contrefaçon par reproduction). Or, ce risque d'association ne peut, dans le contexte de l'annonce en ligne, être caractérisé que si le lien entre le mot-clé (reproduction ou imitation de la marque) et le site (contenu) est bien visible aux yeux de l'internaute. C'est précisément là que le bât blesse. Dès lors qu'une plateforme d'e-commerce agit comme prestataire de services de référencement pour le compte de l'annonceur, le lien entre le mot-clé et la plateforme n'est pas toujours visible pour celui qui visite la page Web[54]. C'est ainsi que même si l'atteinte est portée aux fonctions de la marque, son titulaire perd sur le Net son pouvoir essentiel, à savoir celui d'interdire[55].

Les pratiques libres du *meta tag*. Lorsque le contenu est porté à la connaissance du consommateur par l'intermédiaire d'un lien hypertexte invisible (ce qui est le cas si l'annonce passe par un site de référencement d'accès gratuit pour l'internaute, comme celui de Google Ads), la preuve du risque d'association est délicate si le système de référencement est payant, et plus difficile encore s'il est gratuit[56]. Dans le cas d'un référencement sans intermédiaire qui permet de cacher les mots-clés utilisés (*meta tags*), il n'y a alors plus aucune manière de prouver le risque d'association, condition commune aux deux types d'actions en contrefaçon permises par le droit uniformisé par le « Paquet Marques »[57]. Cette situation est d'autant plus regrettable que cette pratique répandue permet d'avoir un meilleur référencement sur le Net.

---

52 Alors que l'avocat général concluait à une absence d'usage dans la vie des affaires de la marque par la réservation du mot-clé, la Cour de justice a condamné l'annonceur pour cette pratique illicite, dès lors qu'il existe un doute ou un risque de confusion sur l'origine des produits ou services offerts sur le site de l'annonceur, cf. CJUE, 23 mars 2010, aff. jtes C-236/08 à C-238/08, EU:C:2010:159.

53 Dans le cas d'un mot-clé similaire et non identique, la Cour rappelle dans son arrêt du 23 mars 2010 précité que le risque que le public puisse croire que les produits ou services proviennent de la même entreprise ou d'entreprises liées économiquement constitue un risque de confusion.

54 Le contenu invisible est, dans le domaine du référencement naturel, présent dans le codage de la page (essentiellement HTML) mais invisible pour l'internaute qui visite la page (il est pris en compte par les systèmes d'indexation des moteurs de recherche).

55 Sur ce point, cf. B. Gleize et A. Maffre Baugé, *La propriété intellectuelle renouvelée par le numérique*, Paris, Dalloz, 2020.

56 Sur ce point, cf. M. Gentil, préc.

57 Cf. note 5.

Le droit européen ne cherche pas à alléger la charge de la preuve qui pèse sur le titulaire de la marque[58]. Afin de préserver leur prestige ou leur renommée, les entreprises n'ont d'autres choix que d'entrer en concurrence avec les prestataires de référencement et exceller à leur tour dans l'art du référencement sur le Net.

Les pratiques numériques portent aux marques de luxe des atteintes qui ne peuvent être davantage combattues en s'en prenant directement aux prestataires de référencement.

B. *La « neutralité » des actes prestataires de référencement : L'argument du laisser-faire en droit européen*

La création d'une zone de sécurité pour les géants. L'arrêt opposant le leader de la Silicon Valley à l'iconique maison de luxe française a exonéré Google du chef de contrefaçon[59]. En ne remettant pas en cause cette position, le législateur européen a refusé, à l'occasion de la réforme, de prendre le parti de la défense des marques et du luxe. Les affaires *Google c/ Louis Vuitton Malletier* ont créé une zone d'impunité et de sécurité pour les géants du Net, considérant que si Google, l'intermédiaire hébergeur[60], opère bien dans la vie des affaires, il ne fait pas lui-même un « *usage dans la vie des affaires* » des signes protégés qu'il stocke sur sa plateforme pour que les annonceurs puissent les acheter[61]. Dans cette logique, sa « neutralité » ne permet pas de le poursuivre en responsabilité sur le fondement du droit des marques.

La notion centrale d'usage dans la vie des affaires. La CJUE a écarté la responsabilité d'autres plateformes du Web jugeant par exemple, dans L'Oréal c/ eBay, que les *marketplaces* ne font pas « *un usage dans la vie des affaires pour des offres de vente affichées sur sa place de marché en ligne faites par des vendeurs tiers* »[62]. Ainsi, par le truchement d'une interprétation forcée[63] de la notion d'« *usage de*

---

58 La réforme récente du droit américain de la contrefaçon (Trademark Act, 2020) n'est pas propre aux contrefaçons en ligne ni aux marques de renommée, mais elle cherche à réduire la charge de la preuve pesant sur les titulaires de marques en consacrant une « *présomption de préjudice irréparable* » (*presumption of irreparable harm*), cf. 15 U.S.C. § 116 (c).

59 Une jurisprudence française a pu opter, par le passé, pour la qualification de la contrefaçon de marque à l'encontre de ces intermédiaires en ligne, compte tenu de leur rôle proactif dans l'offre des mots-clés.

60 La Cour explique dans l'arrêt du 23 mars 2010 que, pour bénéficier du régime allégé prévu à l'article 14 de la directive 2000/31/CE, le prestataire ne doit pas avoir joué un rôle actif de nature à lui confier une connaissance ou un contrôle des données stockées. La différence entre un éditeur de contenu et un hébergeur, tous deux permettant la publication de contenu sur Internet, réside dans l'appréciation du caractère passif ou non de leur intervention.

61 La Cour a admis que le moteur de recherche Google opérait bien « *dans la vie des affaires* », dans la mesure où monnayer de tels signes à titre de mots-clés et afficher ces résultats visaient un avantage économique bien réel, mais elle a décidé qu'il n'en découlait pas un usage du signe en tant que tel (l'usage en tant que tel n'est constaté que si le moteur de recherche utilise le signe dans le cadre de sa propre communication).

62 CJUE, 12 juillet 2011, L'Oréal e.a. / eBay, aff. n°C-324/09, EU:C:2011:474. Cette interprétation a été reprise par le tribunal judiciaire de Paris le 10 janvier 2020, Lafuma Mobilier SAS c/ Alibaba, n°18/00171 (rejet des actes de contrefaçon à l'encontre du géant numérique chinois Alibaba)..

63 Si l'intermédiaire en ligne n'utilise pas – au sens commun de « tirer parti de quelque chose » – les marques d'autrui offertes à titre de mots-clés, il s'ensuit pour lui un bénéfice financier bien réel.

la marque dans la vie des affaires », la Cour a interdit aux États membres le jeu de l'action en contrefaçon dirigée contre les géants du Net pour lutter contre les atteintes à l'image de marque portées par la liberté de référencement[64].

Une interprétation prétorienne favorable à la liberté du référencement. Pour la Cour de justice, « faire usage » implique un comportement actif et une maîtrise, directe ou indirecte, de l'acte constituant l'usage. De la sorte, il n'est pas fait usage et il n'y a pas de contrefaçon si cet acte est effectué par un opérateur indépendant sans le consentement de l'annonceur. En ce sens, dans un arrêt récent du 2 juillet 2020, la Cour de justice a précisé la notion d'usage de marque pour dire qu'« *une personne qui opère dans la vie des affaires et qui a fait placer sur un site Internet une annonce portant atteinte à une marque d'autrui ne fait pas usage du signe identique à cette marque lorsque les exploitants d'autres sites Internet reprennent cette annonce en la mettant, de leur propre initiative et en leur propre nom, en ligne sur ces autres sites* »[65]. Cette notion prétorienne, qui n'a de cesse de s'affiner au profit des plateformes[66], pose une limite considérable à la protection des marques de renommée sur le Net, rendant toute-puissante la liberté du référencement, l'une des plus grosses menaces pour la défense du luxe.

Une même zone d'impunité aux États-Unis. Pour les défenseurs de la liberté du référencement aux États-Unis, l'intermédiaire technique est exempt de toute responsabilité dès lors qu'il n'a aucun contrôle direct sur les paramètres d'usage de la marque (les licences et concessions notamment). La jurisprudence américaine refuse pour cette raison d'élargir la protection du droit des marques aux actes de contrefaçon indirecte[67]. Ainsi, dans *Tiffany c/ eBay* (600 F.3d 93 (2nd Cir. 2010)), le juge a rejeté les trois demandes (de contrefaçon indirecte, de dilution de marque et de publicité mensongère) déposées par le joaillier de luxe dans une affaire qui l'a opposé pendant quatre ans au site marchand. Le juge américain a, au contraire, apprécié la réactivité d'eBay et salué la mise en place des mesures prises pour retirer des bijoux contrefaits de la vente : une plateforme n'est responsable des activités d'un tiers que si elle a intentionnellement incité cette partie à contrefaire ou si elle a continué à fournir ses services à une partie qu'elle avait des raisons de savoir qu'elle se livrait à une contrefaçon de marque.

En dépit d'une jurisprudence riche en matière de responsabilité indirecte dans le domaine du commerce physique, les juges fédéraux peinent à transposer leur

---

64 Cette position fut rapidement reprise par la Cour de cassation, censurant les arrêts d'appel qui avaient retenu des actes de contrefaçon à l'encontre des moteurs de recherche, lorsque ces derniers se bornaient à stocker des mots-clés et à afficher des annonces.

65 Eff. C-684/19, EU:C:2020:519

66 La responsabilité de l'entrepositaire ne peut être engagée qu'à la condition qu'il ait poursuivi lui-même la finalité d'offre de produits ou leur mise dans le commerce (CJUE, 16 juillet 2015, aff. C-379/14, EU:C:2015:497 ; CJUE, 2 avril 2020, *Coty Germany c/ Amazon*, aff. C-567/18, EU:C:2020:267). Le 2 avril 2020 (aff. *Coty Germany c/ Amazon*), la Cour a jugé que si l'entreposage est fait « *pour un tiers* » et « *sans […] connaissance de [l']atteinte* », il ne constitue pas un usage dans la vie des affaires. Autrement dit, il semble que la condition suppose la preuve que l'entrepositaire a eu la volonté de poursuivre la finalité d'offrir ces produits à la vente ou de les mettre dans le commerce.

67 Dans l'arrêt *Gucci America c/ Frontline Processing*, 721 F. Supp. 2d 228 (S.D.N.Y. 2010), la division américaine d'une société italienne de produits de luxe a poursuivi avec succès un commerçant et deux sociétés de traitement de cartes de crédit pour contrefaçon « indirecte » (*contributory infringement*) découlant de la vente de sacs Gucci contrefaits sur le site TheBagAddiction.com.

raisonnement pour faire valoir la propriété intellectuelle contre la liberté de référencement[68] et ils sanctionnent, tout comme le droit européen tend à le faire, l'absence de réactivité du fournisseur de services Internet ayant eu connaissance d'une infraction directe. La nouvelle loi Shop Safe Act de 2021 prévoit cependant un nouveau régime d'évaluation de la responsabilité contributive[69]. Sa vocation est d'atténuer quelque peu la portée du précédent *Tiffany c/ eBay* dans certaines circonstances[70].

Une présomption de neutralité au profit des géants du Net. De part et d'autre de l'Atlantique, les propriétaires des marques ne peuvent agir à l'encontre des places de marché qui auront pris des mesures pour assurer leur « neutralité » dans la vie commerciale générée sur le continent du Web. Le succès d'une action en contrefaçon ou en responsabilité engagée par les géants du luxe semble en effet se limiter aux cas épiques où un hébergeur de sites Web n'aura mis en œuvre aucun moyen de contrôler et de surveiller les serveurs, aura été mis au courant de l'existence d'activités de contrefaçon et n'aura pas réagi. Les sites peuvent utiliser d'ores et déjà la technologie pour limiter les cas de contrefaçon en ligne, améliorer leur réputation et rétablir la confiance avec clients et partenaires. La croissance du marché du luxe en Chine pousse les géants du Web et ceux du luxe, dont Gucci avec Alibaba, à établir de tels partenariats[71].

Le risque de dégénérescence du luxe. Un point d'équilibre n'a pas été trouvé entre la mise en application d'un régime spécial des marques favorable aux géants du luxe et le respect des libertés numériques. Étant donné l'attractivité des marques de luxe, certains intermédiaires seront tentés de tirer profit de la permission accordée par le droit d'offrir librement à la vente des mots-clés correspondant à des marques enregistrées, dénominations sociales et autres noms commerciaux. Le risque de dégénérescence est grand[72] face à l'essor de la publicité en ligne, des réseaux sociaux et de la cybercontrefaçon.

---

68 L'affaire *Louis Vuitton c/ Akanoc Solutions*, 658 F.3d 936 (9th Cir. 2011) en fournit une illustration. Dans ce conflit opposant un titulaire de droits intellectuels à un hébergeur stockant des contenus illicites déposés par des tiers sur ses serveurs, se posait la question de la responsabilité du site de vente aux enchères en ligne. La justice américaine refuse d'appliquer la théorie de la responsabilité indirecte à l'intermédiaire sur Internet par analogie au droit applicable aux *brick and mortar*, sauf dans le cas où l'intermédiaire omet de prendre les mesures appropriées.

69 Dans l'esprit de la réforme américaine, les deux projets présentés par la Commission européenne le 15 décembre 2020 (Digital Services Act et Digital Markets Act) visent à réviser la directive sur le commerce électronique de juin 2000 pour renforcer la lutte contre la vente des produits dangereux et impliquer davantage les plateformes dans la lutte contre la contrefaçon en les contraignant notamment à vérifier l'identité des vendeurs et à communiquer cette information aux consommateurs.

70 Le nouveau § 1114 (4) de l'U.S.C. prévoit expressément la responsabilité contributive des plateformes électroniques pour les ventes de produits contrefaits qui présentent un risque pour la santé et la sécurité des consommateurs, à moins que certaines bonnes pratiques ne soient suivies par la plateforme. En l'état, le régime de responsabilité aménagée, tel qu'imposé par l'Union européenne par la directive 2000/31/CE dispense les intermédiaires techniques de toute obligation générale de surveillance des contenus postés par leurs utilisateurs. Et l'exonération en cas de stockage d'un contenu illicite joue tant qu'il n'est pas prouvé que le prestataire a eu connaissance des données stockées : l'intermédiaire bénéficie de la qualité d'hébergeur non responsable, sauf à démontrer son inaction et sa connaissance de la violation des droits.

71 Kering (Gucci) a par ailleurs abandonné un procès de cinq ans contre Alibaba concernant des allégations de contrefaçon, cf. *Gucci c/ Alibaba* (S.D.N.Y. 2015).

72 Phénomène juridique par lequel une marque devient un nom commun servant à désigner le produit et ne peut donc plus voir son usage protégé en tant que marque distinctive. Aux États-Unis, même Google doit se battre pour sauver sa marque de la déchéance pour dégénérescence.

La liberté laissée aux acteurs du Net fait naître une dominance à peine voilée des géants sur la Toile en dépit de leur implication dans le désordre mondial causé par les contrefaçons de marchandises vendues sur les sites des détaillants en ligne[73]. Il reste que la perspective d'une régulation par le droit des marques adaptée aux enjeux du nouveau monde fait désespérément défaut.

Qu'en est-il du jeu du droit européen de la concurrence pour réguler le marché en ligne de la distribution des produits de luxe ?

II. Le luxe face à la libre concurrence sur le Net : La perte de contrôle sur la distribution des produits

Les contraintes de la distribution sélective. L'industrie du luxe peut choisir ses distributeurs en plus de ses boutiques en propre (comme Montblanc ou Cartier par exemple). La question s'est posée de savoir si la restriction faite à la revente sur Internet, pratiquée dans l'industrie de la cosmétique pour préserver l'image de ses produits de luxe, pouvait se justifier. Le contrôle sur la vente du luxe dans le réseau de distribution sélective est privilégié en Europe, même s'il convient de ne pas se méprendre sur la portée du contrôle réservé au luxe sur l'usage des *marketplaces* par le droit européen des ententes (1.).

Hors réseau, la revente en ligne des produits de luxe issus du marché de la seconde main se développe de manière croissante. Les récents conflits opposant les *pure players* américains (les revendeurs Internet qui fournissent le produit mais pas le service ni le cadre ou les codes inhérents au produit de luxe) et les grandes marques de maisons de mode, comme Chanel ou Hermès, permettent de souligner l'absence de régulation des comportements sur les néo-marchés dérivés de vente des produits de luxe virtuels ou de seconde main (2.).

1. Le contrôle sur l'usage des places de marché réservé aux têtes de réseau par le droit européen des ententes

La position de la Cour de justice. L'accord vertical est un choix contraignant à l'échelle européenne[74] qui permet cependant de maintenir des prix élevés et de limiter le nombre de points de vente sans tomber sous le coup de l'entente illicite visée à l'article 101, paragraphe 1, TFUE. La Cour de justice a adopté une position sur la distribution des produits de luxe sur Internet, qu'elle soit *mono*

---

73 Dans son rapport 2020 sur l'adéquation et l'efficacité de la protection des droits de propriété intellectuelle, l'Office of the United States Trade Representative liste, au nombre des marchés en ligne et physiques se livrant à des contrefaçons, les plateformes d'Amazon au Royaume-Uni, en Allemagne, en France, en Inde et au Canada : <https://ustr.gov/sites/default/files/2020_Special_301_Report.pdf>.

74 Le règlement (UE) n° 330/2010 de la Commission du 20 avril 2010 concernant l'application de l'article 101, paragraphe 3, du traité sur le fonctionnement de l'Union européenne à des catégories d'accords verticaux et de pratiques concertées (*JOUE* n° L 102 du 23 avril 2010, p. 1) expire en mai 2022 ; il est actuellement complété par les lignes directrices sur les restrictions verticales en date de mai 2010 (*JOUE* n° C 130, 19.5.2010, p. 1).

(Internet et applications mobiles), *multi* ou *cross* canalistique (tous les canaux sont utilisés). Les principaux secteurs européens de l'industrie du luxe pourront bénéficier de la faveur qui leur est accordée au travers du droit d'interdire, dans le contrat, le recours aux places de marché en ligne (A.). Ce traitement privilégié a cependant une portée limitée (B.).

A. *La faveur faite au luxe : L'interdiction contractuelle du recours aux* marketplaces

La faveur originelle accordée au luxe dans le commerce traditionnel. La faveur accordée au luxe est d'abord née dans le commerce traditionnel. Après la suppression en 1996 de l'interdiction du refus de vente (loi Galland), le droit des ententes est devenu l'outil de régulation de la concurrence intramarque permettant de ne pas restreindre sans justification la liberté des distributeurs.

En considérant que c'est la nature du produit qui justifie le recours au système de distribution sélective (*Metro I*, 1997), le droit européen s'est fait l'allié des grandes marques de luxe et de haute technicité[75] en offrant la possibilité de limiter contractuellement, par exemple, la quantité des produits vendus. La Cour de justice est par ailleurs devenue garante de non-discrimination arbitraire en vérifiant l'application, dans les accords passés entre les fournisseurs et les distributeurs, des critères de sélection qualitatifs propres à la préservation du prestige, de la qualité, de la rareté ou de la haute technicité du produit.

Le précédent *Pierre Fabre* concernant le commerce en ligne. Tout système de distribution sélective de produits de luxe peut échapper à la qualification d'accords anticoncurrentiels en vertu de l'article 101, paragraphe 3, du TFUE (exemption individuelle et par catégorie). En 2011, l'arrêt *Pierre Fabre*[76] a cependant décidé que l'accord ayant pour objet de restreindre les ventes passives à des utilisateurs finaux en ligne, en dehors de la zone du distributeur, exclut l'application de l'exemption par catégorie. Pour la Cour, ni la nature spécifique des produits ni le motif de préservation de l'image de prestige ne sont des conditions suffisantes pour ôter au consommateur le libre choix d'un nouveau mode d'acquisition des produits[77]. En jugeant que le luxe ne pouvait justifier l'interdiction de revente sur Internet au nom de la préservation de son image, la Cour lui ôtait en 2011 un privilège non négligeable.

La faveur accordée au luxe dans le commerce en ligne par *Coty Germany*. L'arrêt *Coty Germany*[78] a replacé en 2017 « *le commerce en ligne sous les feux de*

---

75 En ce sens: « *un système de distribution sélective est nécessaire, c'est-à-dire qu'un tel système doit constituer une exigence légitime eu égard à la nature du produit afin d'en préserver la qualité et d'en assurer le bon usage* » (pt 175), lignes directrices 2010, préc.

76 CJCE, 13 octobre 2011, *Pierre Fabre*, aff. C-439/09, EU:C:2011:649.

77 Cf. pt 42 de l'arrêt *Pierre Fabre* préc. Pour la Cour, imposer une interdiction générale et absolue de revente en ligne dans un accord de distribution sélectif constitue une restriction caractérisée par l'objet.

78 CJCE, 6 décembre 2017, *Coty Germany GmbH*, aff. C-230/16, EU:C:2017:941.

l'actualité »[79] à propos de la validité de l'interdiction faite aux membres du réseau de distribution sélective *Coty*, qui opèrent en tant que détaillants sur le marché, d'avoir recours pour leurs ventes sur Internet à des plateformes tierces de type Amazon ou eBay[80]. Pour la Cour de justice désormais, un revendeur agréé ne peut refuser de signer un contrat de distribution sélective interdisant la vente par Internet et l'intervention visible d'une plateforme tierce non agréée comme Amazon. En considérant qu'une telle restriction n'est pas une restriction par l'objet (c'est-à-dire une restriction de clientèle ou une vente passive), l'arrêt a souhaité redonner au luxe distribué en ligne la possibilité de contrôler son image de prestige sur le continent du Web. L'arrêt *Coty Germany* a produit en France son effet *erga omnes* dès 2018, permettant aux juridictions de valider les clauses excluant les *pure players* comme le recours aux plateformes en ligne[81] dans le domaine de la cosmétique.

B. *La portée limitée de la restriction contractuelle*

Les contraintes prétoriennes. Les maisons de luxe ont gagné de la latitude pour renforcer leur pouvoir de contrôle sur la distribution en ligne de leurs produits. Mais cette possibilité de limiter l'usage de plateformes de revente est limitée aux producteurs ou fournisseurs de produits de luxe qui utilisent un réseau sélectif de distributeurs agréés pour vendre leurs produits dans le respect des contraintes de *Metro I*, les autres entreprises ne pouvant interdire l'usage de plateforme Internet tierce à leurs revendeurs.

La licéité de la clause. En dehors du réseau de distribution sélective, la restriction contractuelle peut tomber sous le coup des ententes. Dans le réseau, le traitement de faveur réservé aux têtes de réseau reste conditionné par l'existence d'un intermédiaire et d'une clause contractuelle respectueuse des conditions posées dans l'arrêt *Metro I*. La Cour de justice reconnaît ainsi, pour l'avenir de la distribution en ligne, la licéité de toute clause fixée de manière uniforme, appliquée de manière non discriminatoire et proportionnée par rapport à l'objectif de préservation de l'image de prestige. L'arrêt *Coty* a précisé que la clause illicite peut toujours bénéficier de l'exemption par catégorie réservée aux fournisseurs détenant moins de 30 % des parts de marché.

La notion de luxe. La nature du produit permet seule de justifier le privilège *Coty*. La qualité de produits de luxe ne résulte pas uniquement de leurs caractéristiques matérielles (elle n'est ainsi pas limitée aux bijoux, parfums, produits high-tech…) ; elle résulte de l'allure et de l'image de prestige qui leur sont données (ainsi,

---

79 Cit. L. Idot, « Chronique Droit européen de la concurrence : pratiques anticoncurrentielles – Application de l'article 101, § 1, du TFUE aux ententes verticales : le commerce en ligne sous les feux de l'actualité », *RTD eur.* 2018, p. 808.

80 La question préjudicielle portait sur l'interprétation de l'article 101, paragraphe 1, TFUE ainsi que de l'article 4 sous b) et sous c) du règlement (UE) n° 330/2010 s'agissant des restrictions de concurrence pouvant naître des contrats de distribution sélective des produits de luxe et du pouvoir de restreindre la liberté de circulation en ligne dans le cadre des accords de distribution sélective.

81 CA Paris, 28 février 2018, RG 16/02263 (aff. *Coty c/ Showroomprivé)* ; en ce sens déjà, CA Paris, 2 février 2016, RG 15/01542 (aff. *Caudalie*).

des produits cosmétiques peuvent rencontrer cette condition). En ce sens, la Cour de justice a indiqué, dans l'arrêt *Coty*, que la qualité des marchandises de luxe résulte non pas uniquement de leurs caractéristiques matérielles, mais également de l'allure et de l'image de prestige qui leur confèrent une « sensation de luxe » qui les distingue, auprès des consommateurs, des autres produits semblables. Toutefois, la notion de luxe ne fait pas l'objet d'une définition précise[82]. Cette imprécision rend d'autant plus incertaine la portée de la protection que l'interdiction des plateformes tierces s'étend déjà, dans certains États membres, au-delà des produits high-tech ou de luxe[83].

Une restriction contractuelle non réservée au luxe en droit américain. Au considérant que la plupart des plateformes tierces ne sont pas dignes de confiance, toute entreprise peut trouver le même intérêt que le luxe à restreindre les ventes en ligne pour préserver l'image de ses produits et/ou pour garder le réseau hermétique. Le choix de conférer au luxe une faveur dans le cadre des accords de distribution, que le commerce se fasse physiquement ou en ligne, ne coule par ailleurs pas de source à l'aune du droit comparé. Ainsi, il n'existe pas de traitement différencié aux États-Unis : que la marque soit traditionnelle, haut de gamme ou grand public, il est permis de restreindre la capacité des distributeurs à utiliser des plateformes tierces sans enfreindre les lois sur la concurrence. Dans le commerce traditionnel, il est également possible d'interdire tout type de distribution inappropriée sans porter atteinte au droit fédéral de la concurrence dès lors qu'il est possible de le justifier et que la formulation dans le contrat n'est pas ambiguë[84].

En attendant de savoir si une marque atteint ou devrait atteindre un certain seuil d'aura ou de prestige pour bénéficier d'un traitement privilégié, le précédent *Coty* incite les marques européennes à revoir leurs modèles de distribution sélective en Europe en tenant compte de la position adoptée.

Qu'en est-il de la régulation de la revente en ligne et hors réseau des produits de luxe ?

2. L'absence de régulation des comportements sur les néo-marchés dérivés de vente de produits à la mode

La revente en ligne hors réseau et l'émergence des marchés de seconde main : le cas américain d'école de *Chanel c/ The RealReal*. Les entreprises de revente de produits de seconde main se sont multipliées sur le marché numérique.

---

82 Le TPICE a déjà indiqué, pour définir les produits de luxe, que *la notion de « propriétés » des cosmétiques de luxe, non limitée à leurs caractéristiques matérielles, comprend la perception qu'en ont les consommateurs, à savoir leur « aura de luxe » ; il s'agit donc de produits « d'une haute qualité intrinsèque » et qui, d'autre part, possèdent un « caractère de luxe qui relève de leur nature même »* : TPICE, 12 décembre 1996, *Yves Saint Laurent Parfums c/ Leclerc* aff. T-19/92 ; TPICE, 12 décembre 1996, *Leclerc c/ Yves Saint Laurent Parfums*, aff. T-19/92, EU:T:1996:190 ; TPICE, 12 décembre1996, *Leclerc c/ Givenchy*, aff. T-88/92, EU:T:1996:192.

83 Cour régionale de Hambourg, 22 mars 2018 (pour les compléments alimentaires) ; Aut. conc., déc. n° 18-D-23 du 24 octobre 2018 (pour les outils de jardinage).

84 G. C. Jimenez et B. Kolsun (dir.), *Fashion Law: A Guide for Designers, Fashion Executives, & Attorneys*, 2ᵉ éd., New York, Bloomsbury, 2014 : ainsi, par exemple, les « entrepôts » tels que Costco ne peuvent entrer dans la catégorie contractuelle des « points de vente au détail » (spéc. p. 128).

Des entreprises comme The RealReal (TRR), ThredUP, Poshmark, Farfetch et What Goes Around Comes Around constituent déjà un marché atteignant les 27 milliards de dollars[85] remodelant l'industrie de la mode en rendant le luxe plus accessible aux consommateurs. Un regard porté sur une affaire judiciaire engagée outre-Atlantique aide à comprendre que la lutte entreprise par le luxe contre les *marketplaces* vise moins à préserver son image qu'à bloquer le développement de marchés concurrents portant sur des produits physiques de seconde main, ou sur des produits virtuels commercialisés par des tiers dans l'univers émergent du métavers.

Or, la nature même des produits (produits authentiques d'occasion) en cause fait que le jeu du droit des marques ne semble pas offrir au luxe un quelconque monopole (A.). Par ailleurs, le recours au droit de la concurrence semble compromis pour permettre aux tenants du marché dérivé de sanctionner le comportement reproché aux maisons de luxe (B.). La question se pose du recours au monopole de la propriété intellectuelle pour secourir le luxe, dont se servent les concurrents pour créer de nouveaux marchés dérivés portant sur des produits de nature entièrement virtuelle (C.).

A. *Le jeu limité du droit des marques en faveur du luxe d'occasion*

La revendication d'un monopole sur l'authentification des produits de luxe. Dans le cadre de l'affaire américaine *Chanel c/ The RealReal*, la marque de luxe a déposé plainte contre TRR devant le tribunal fédéral de New York[86], alléguant la vente de produits Chanel contrefaits sur le fondement de l'article 32, paragraphe 1, du Lanham Act, mais aussi la tromperie des clients consistant à leur faire croire que Chanel est associée ou affiliée à ce commerce et, enfin, l'atteinte au monopole d'exclusivité en utilisant la marque Chanel à des fins de publicité et de marketing. La maison française revendique surtout, comme le souligne son opposant, un monopole sur la vérification de tous les sacs Chanel authentiques, peu importe qu'ils aient été achetés d'occasion par les consommateurs. Or, le droit des marques ne vise pas à conférer un pouvoir sur le contrôle de l'authenticité des produits déjà vendus aux consommateurs.

L'argument principal de la défense : l'épuisement des droits de marques. TRR a invoqué, sur le terrain du droit des marques américain, la doctrine de la première vente qui donne aux consommateurs le droit de disposer du bien après la première commercialisation et, en défense, mais sans succès, le jeu du précédent *Tiffany c/*

---

85 En 2023, il devrait atteindre 51 milliards de dollars et occuper 10 % du secteur de la vente au détail selon le ThredUP, « 2020 Resale Report, THREDUP (2020) : », <https://www.thredup.com/resale/#resale-growth> ; J. Verdon, "« The Rise of the Resale Market, », US cChamber of commerce" (Sept. Commerce (16, septembre 2019), <https://www.uschamber.com/co/good-company/launch-pad/retailers-fuel-resale-trend.>.

86 *Chanel c/ The RealReal* (S.D.N.Y. 2018) ; *Chanel c/ The RealReal* (S.D.N.Y. 2020).

eBay[87] (sur l'absence de responsabilité directe d'eBay pour avoir autorisé la vente aux enchères de bijoux contrefaits sur sa plateforme)[88].

En vertu de la règle de l'épuisement[89], dont on sait qu'elle a pour effet de cantonner l'exercice du monopole aux produits de la vente (et non de la revente), une marque n'a pas vocation à offrir un contrôle sur la distribution des articles de seconde main, sauf à pouvoir invoquer la contrefaçon (l'exception au jeu de la règle est la même en Europe sur ce point). Dès lors que la plateforme ne vend pas de faux (des sacs en l'espèce), il semble donc que le droit des marques joue plutôt en faveur de revendeurs d'objets authentiques couverts par des droits épuisés. L'affaire n'ayant pas été tranchée par la justice sur ce point, la question reste néanmoins ouverte quant au jeu de la théorie de la première vente au détriment de la maison de luxe.

B. *Le recours compromis au droit de la concurrence*

La loyauté des comportements du géant du luxe mise en cause par les *pure players*. Selon TRR, l'action en contrefaçon intentée par la maison Chanel ne cherche pas tant à lutter contre les copies serviles pour contrôler son image sur le marché en ligne qu'à bloquer l'émergence d'un marché dérivé de celui des ventes de produits neufs. À titre reconventionnel, TRR fait valoir à l'appui de ses allégations que la motivation du géant à intenter divers procès centrés sur la marque contre plusieurs de ses concurrents de la revente en ligne est anticoncurrentielle au regard de la doctrine des « mains sales », des sections 1 et 2 du Sherman/ Clayton Act (loi fédérale antitrust) et de la violation du Donnelly Act (loi antitrust de l'État de New York).

Sur la base de ces fondements, TRR avance d'abord que Chanel a manœuvré pour empêcher la poursuite de sa collaboration avec certains opérateurs sur le marché spécialisé de la revente en ligne des produits de luxe. Chanel aurait utilisé sa position d'influence sur le marché pour créer une entente illicite (*boycott* vertical de groupe) avec des annonceurs physiques et numériques dans l'objectif de le priver de toute publicité. TRR avance ensuite que le système mis en place pour priver les consommateurs d'un marché dérivé de la seconde main cause un préjudice important sous la forme d'une « *réduction de l'offre de sacs à main de qualité supérieure, d'une diminution des options pour les consommateurs quant au*

87 *Tiffany c/ eBay* (2e Cir. 2010), préc.

88 Le tribunal a rejeté la requête, car contrairement à eBay, TRR approuve chaque produit à lister, exerce un contrôle sur la tarification et la commercialisation du produit, et prend physiquement possession pour ce faire du stock vendu.

89 L'ADPIC a laissé (art. 6) les États membres libres de choisir leur régime de régulation des importations parallèles, mais l'on retrouve, de part et d'autre de l'Atlantique, une règle de l'épuisement similaire, avec une particularité européenne à l'endroit d'une exigence prétorienne du consentement particulièrement sévère (J. Anfossi-Divol, « La règle de l'épuisement du droit des marques : une illustration du mythe de l'adaptation du droit aux faits » in *Mélanges en l'honneur du professeur Gilbert Parleani*, Paris, IRJS éditions, 2021).

lieu et à la manière d'acheter des sacs à main de qualité supérieure et de valeur sûre, d'une limitation de l'innovation issue de l'arrivée de nouveaux concurrents, de prix très concurrentiels pour les consommateurs… et d'une domination accrue du marché par Chanel »[90].

En l'absence de situation de domination au sens économique du terme (la puissance de la seule détention d'un monopole de propriété intellectuelle ne suffit pas à l'établir) et de preuve d'une entente réelle (elle est difficile à rapporter sans enquête en l'absence de tout contrat), même l'abus restrictif de concurrence le plus caractérisé ne peut suffire à sanctionner le comportement de l'entreprise sur le terrain du droit des pratiques anticoncurrentielles, que ce soit en vertu du droit fédéral américain ou du droit européen. La maison française n'a d'ailleurs pas manqué de nier l'existence d'une entente et de soulever l'absence de sa domination sur le marché des sacs à main de luxe.

La législation américaine se révèle ici relativement peu efficace pour sanctionner le comportement des géants du luxe, ce qui rappelle le temps où les grands groupes industriels surent contourner cette légalisation américaine, et où les autorités elles-mêmes ne souhaitaient sans doute pas non plus entraver le dynamisme d'entreprises non seulement créatrices de richesses à dimension internationale, mais aussi particulièrement innovantes[91].

La régulation du marché par le droit américain des marques. Le Shop Safe Act (2021) est une réponse à l'affaire précitée[92]. Le droit fédéral des marques entend réguler le marché en exigeant plus de transparence de la part des plateformes de commerce électronique au travers de la prise de mesures complémentaires permettant de lutter plus efficacement contre les contrefaçons en ligne. Certaines de ces mesures concernent les attestations d'authenticité et l'identité des vendeurs tiers, dont l'anonymat n'est plus toléré. Cette réforme s'efforce de faciliter la preuve de la contrefaçon au détriment des plateformes de revente en ligne, tenues pour l'avenir de faire preuve de plus de diligence pour prévenir les ventes et reventes de produits contrefaits. À la recherche d'un nouvel équilibre entre responsabilité des plateformes tierces et protection des marques, le droit américain exige des *marketplaces* qu'elles prennent des mesures extraordinaires pour authentifier certains produits physiques, mais aussi que les fournisseurs en assurent préalablement l'authenticité. Le texte, qui n'accorde aucun privilège au luxe, vise surtout les produits dangereux qui peuvent avoir un impact sur la santé et la sécurité des consommateurs, que les marques soient petites ou grandes et que les produits soient de première ou de seconde main.

---

90 Notre traduction des allégations en justice en question.

91 Dans le cas de la Standard Oil, les lois antitrust ont conduit à la constitution des quatre majors Exxon, Mobil, Chevron et Esso. Pareillement en matière de luxe, le monopole au sens économique du terme est absent, mais l'hégémonie des grandes entreprises du secteur perdure encore.

92 La section 2 (a) modifie la section 32 de la loi Lanham sur les marques de commerce de 1946 (15 U.S.C. § 1114) pour y ajouter un nouveau paragraphe (§ 1114(4)) qui prévoit expressément la responsabilité contributive pour les produits électroniques.

C. *Le recours potentiel au droit de la propriété intellectuelle pour réguler le marché des produits virtuels du métavers*

Le marché de luxe des produits NFT : le conflit naissant du détenteur des MetaBirkins contre Hermès. Un *néo* monde libéral de la mode et de l'art en voie de construction n'est pas encore dans le viseur de potentielles réformes du droit des marques. Cet univers émergent, qui allie réalité et environnement virtuel en 3D, est pourtant de nature à faire naître de réels conflits juridiques opposant les marques de luxe (n'ayant pas encore investi le marché des produits virtuels) aux détenteurs des jetons non fongibles NFT (commercialisés en ligne). Ces derniers « empruntent » le nom et la forme de marques de prestige couvrant des produits physiques très célèbres pour les revendre au prix fort auprès de consommateurs avertis et coutumiers des nouvelles technologies. Ainsi, les ventes sur OpenSea de sacs virtuels MetaBirkins liés à des NFT[93] a fini par faire réagir Hermès sur les réseaux sociaux (par le biais d'une revendication publiée sur Instagram)[94].

La question du contrôle du marché des sacs à main virtuels : un recours sans garantie au droit de la propriété intellectuelle. Le détenteur des NFT sur les sacs MetaBirkins (M. Rothschild) revendique sa liberté de créer des œuvres d'art virtuelles inspirées de la réalité en vertu du premier amendement de la Constitution américaine (voire de la doctrine du *fair use*). La maison Hermès, pas encore présente dans le métavers (contrairement à ses consœurs Balenciaga, Gucci ou Louis Vuitton), demande le retrait en ligne des produits virtuels en vertu du droit d'auteur (pour copies des photographies des sacs litigieux), mais surtout sur le terrain du droit fédéral des marques. Nul doute que la possibilité d'étendre le monopole de propriété intellectuelle aux marchés du virtuel en dépend pour tout le secteur de la mode et du luxe.

En cas de judiciarisation de l'affaire, il appartiendra à la jurisprudence de décider de la possibilité pour Hermès d'invoquer la contrefaçon et/ou l'action en dilution (sur la base des fondements respectifs inscrits dans la loi Lanham). Cette issue peut paraître compromise en l'absence de toute exploitation de la marque de luxe dans le néo-monde. Sans préjuger de la solution que la justice pourrait donner dans un contexte aussi périlleux pour l'avenir du luxe de l'ancien monde, il semble *a priori* que, quel que soit le droit applicable (qu'il s'agisse du droit américain ou du droit européen des marques), la preuve d'un risque de confusion ou d'un risque d'association ou d'affiliation avec la maison Hermès soit délicate à rapporter au regard des degrés élevés de prudence et d'avertissement des utilisateurs des plateformes NFT ; leur responsabilité indirecte, du reste sur le terrain des marques, n'est, semble-t-il, plus même envisageable.

---

93 La vente dans le métavers par le biais des NFT s'opère à ce jour au prix extraordinaire de 40 000 dollars le sac MetaBirkins, ce qui correspond peu ou prou au prix des sacs Birkin « d'occasion » sur les sites de revente tels que TRR, StockX ou Rebag. Par comparaison, les sacs virtuels Gucci, non liés aux NFT, mais proposés aux utilisateurs de Roblox, se sont vendus au détail au modeste prix de 10 dollars au printemps dernier.

94 V. p. ex., à ce sujet surtout traité par la presse américaine du monde du droit de la mode, <https://www.thefashionlaw.com/from-baby-birkins-to-metabirkins-brands-are-being-plagued-in-the-metaverse>.

Conclusion. Les maisons de luxe utilisent la Toile comme un outil de développement de leur commerce en ligne tandis qu'elles s'enferrent dans un continent qui rappelle le Far West. Les libertés du Net s'affirment face à un droit des affaires inopérant et peu enclin à évoluer pour les défendre contre le cybersquattage des noms de domaine, contre les annonces tirant profit de la liberté de référencement pour échapper aux actions en contrefaçon, contre les intermédiaires du Net dans leur rôle de prestataires de référencement et contre l'ensemble des comportements adoptés par les nouveaux acteurs du Web, vendeurs hors réseau et *pure players* qui pullulent sur le marché du luxe.

Le « *mythe de l'adaptation du droit aux faits* »[95] et les efforts d'investissement requis en conséquence pour maintenir le luxe dans sa catégorie n'auront jamais été aussi forts. Pour compenser la faiblesse du droit et contrôler leur image de marque, les maisons de luxe se doivent de penser leur propre stratégie d'identification et de référencement. Elles se doivent d'établir une stratégie de distribution dans le respect de la mouvance des exigences européennes, aussi pertinentes soient-elles sur le terrain du droit des ententes. Faute de tout droit spécifique sur l'authentification des produits de luxe de seconde main, elles devront investir dans un site de revente en ligne dans l'espoir de capter une part de la nouvelle clientèle des marchés dérivés que ni le droit des marques ni le droit de la concurrence ne peuvent lui réserver avec certitude.

Comment devront-elles encore contrôler demain leur image sur le marché émergent des produits virtuels ? Les vêtements appelés *skin* (peau) habillent déjà des avatars. Balenciaga vient de dévoiler sa première collection de vêtements dans le jeu Fortnite. L'entreprise innovante The Fabricant travaille activement avec Puma et Tommy Hilfiger pour concevoir des vêtements en 3D… Dans le métavers de la mode, où les vêtements ne se portent plus dans la rue mais exclusivement sur les réseaux sociaux et dans les jeux vidéo et où le service de l'expérience va de pair avec l'arrivée des marques NFT, comment dompter le phénomène de « digitalisation » de la mode et du luxe qui, porté par les confinements liés à la crise pandémique, est en passe de bouleverser plus encore l'industrie du numérique ? Que faut-il pour inciter le législateur à adapter de toute urgence son droit des affaires à la révolution de l'espace culturel dictée par les nouvelles technologies ? Il serait sans doute dommage de ne pas lui confier ce qui peut avoir du sens pour nos sociétés, et de laisser au secteur du luxe, à ses consommateurs, ou pire aux géants du Web, le soin d'en décider.

95 J. Anfossi-Divol, « La règle de l'épuisement du droit des marques : une illustration du mythe de l'adaptation du droit aux faits », préc.

Régulation concurrentielle et marché unique du transport aérien : Une dialectique en renouvellement

Loïc Grard*
Université de Bordeaux

Résumé

Réellement en place depuis le 1er avril 1997, le Marché unique du transport aérien ne cesse de se transformer. La crise liée à la pandémie « Covid 19 » en apporte une démonstration supplémentaire, avec la promesse de tendances oligopolistiques accrues, à l'image des évolutions observables ailleurs dans le monde. Face à cette recomposition, possiblement accélérée par les circonstances, de l'industrie du transport aérien, le droit européen des concentrations d'entreprises est régulièrement sollicité. Le bilan des décisions rendues fait ressortir une claire doctrine semi-structuraliste, admettant les seuls regroupements authentiquement continentaux (I.) et déjouant ceux qui tendent à recréer les frontières (II.). La dialectique est ici : 1) "construire d'authentiques big players européens" et dynamiser l'offre plus que la libérer, comme thèse ; 2) toujours "pourfendre le repli national" et libérer l'offre comme antithèse ; 3) fonder un marché domestique européen, socle concurrentiel performant, pour conquérir les marchés mondiaux, comme synthèse.

* Professeur de droit public à l'université de Bordeaux. Président de l'Association Française des Études Européennes (AFEE)

Le marché européen du transport aérien emprunte-t-il une pente oligopolistique ? Avec et après la crise « Covid-19 », se définira-t-il comme un espace économique à l'intérieur duquel un nombre restreint d'entreprises offriront leur service à un grand nombre d'acheteurs ? La concurrence va-t-elle s'affaiblir du fait de la présence résiduelle d'un petit nombre d'opérateurs survivants ou vainqueurs d'une course plus ou moins subtile, plus ou moins imposée aux restructurations ? L'horizon suivant lequel l'offre de transport aérien en Europe se briderait, pour s'organiser dans un monde au sein duquel chacun tient compte de la réaction de chacun pour structurer son offre, devient-il fatalité ? Être ou ne pas être oligopolistique dans un climat d'insécurité économico-sanitaire ? Telle serait l'alternative. Ou plus exactement, telles sont les interrogations, car la tentation oligopolistique pourrait se révéler double entre une simplification de la carte *low cost* et possiblement celle du transport régulier traditionnel. Le dilemme des régulations concurrentielles d'aujourd'hui et demain est ici. Dans cette perspective, les autorités de concurrence agiront dans un contexte qui n'a rien d'une friche juridique. Des dizaines de décisions ont déjà été rendues en matière de concentrations. Il en ressort une doctrine assez affirmée dans le sens d'une concurrence efficace profitable aux consommateurs. Le regroupement de l'offre ne doit jamais avoir pour effet d'affaiblir la satisfaction de la demande. Le cap est là.

L'autre recomposition de l'offre sur le marché unique du transport aérien est donc en marche. Certes, depuis 1997 et l'ouverture complète à la concurrence, la montée en puissance du modèle dit « *low cost* » se réalise insensiblement au détriment des ex-compagnies publiques nationales, qui peuvent, avec prudence, être assimilées au concept d'opérateurs historiques. Mais en guise d'évolution dans l'évolution de l'offre de transport aérien, à partir de 2020-2021, un autre mouvement s'engage avec quatre modèles économiques qui coexistent, en fonction de la manière dont sont maîtrisés les coûts fixes. Mais pour combien de temps ? S'agit-il d'une phase transitoire ? La photo actuelle du marché correspond-elle à un modèle durable ? En tout état de cause, elle fait apparaître, aux côtés de l'ultra *low cost*, le « *middle cost pure player* » qui cohabite avec les grandes compagnies régulières et leurs filiales dites « *midle cost* ». Quatre segments affleurent. Mais avec le jeu des mariages et des divorces, rien n'exclut une tierce structuration[1].

En effet, le salut de l'industrie aérienne de l'Union européenne passera peut-être par des opérations de croissance externe et l'acquisition de créneaux horaires corrélative (v. *infra.*). Au regard du risque avéré de surcapacités durables, qui a pour corollaire de faire baisser les prix de vente des billets, avaler un transporteur existant peut devenir plus prometteur que la croissance interne. Cela engendre des gains en nouvelles compétences, en notoriété locale héritée de l'entreprise acquise, en termes de maillage du territoire et de *slots* dans les grands aéroports où ces derniers sont en déficit. Le temps de la croissance interne stimulée par la loi de l'offre et de la demande serait-il révolu ?

---

1 E. Combe, « Transport aérien en Europe : recomposition à venir ? » <https://www.emmanuelcombe.fr/transport-aerien-en-europe-recomposition-a-venir>.

Il est vrai qu'au regard des coûts fixes, l'aérien se situe dans le cercle des secteurs économiques les plus exposés à la crise des années 2020-2022. L'injection de soutiens publics a été rendue inévitable, autant que massive, concernant les plus grandes compagnies historiques. Mais ces dernières ne peuvent indéfiniment demeurer sous perfusion de moyens qui ne viennent pas du marché. En dernier recours, la fusion-acquisition n'est pas à exclure dans certains cas de figure. Ce faisant, les grands transporteurs connectés sur l'intercontinental ne pourront se livrer à des acquisitions. Les aides d'État accordées à Lufthansa ou encore à Air France-KLM sont conditionnées à l'interdiction de racheter des participations ou actifs, au-delà de 10 % du capital d'une société du même secteur…

De même, la fragilisation de certains *low cost* ne rend pas impensables les mariages. L'après-Covid pourrait se transformer en course à la taille critique, pour réaliser des économies d'échelles – ce d'autant plus si la reprise se révèle plus lente que prévu et s'accompagne de réduction des capacités. En somme, d'une manière ou d'une autre, le marché devrait se reconfigurer et le règlement (CE) n° 139/2004 du Conseil du 20 janvier 2004 relatif au contrôle des concentrations entre entreprises être activé[2].

Cette évolution pourrait aussi faire figure de rattrapage. La crise « Covid-19 » pourrait en effet catalyser un processus qui avait pour le moment tout du Godot de Samuel Beckett. La science économique pointe depuis longtemps un marché intra-européen fragmenté et de moindre rentabilité au regard de l'Amérique du Nord, alors qu'il est de taille équivalente en termes de capacité de sièges. La déréglementation américaine a fini par engendrer quatre grands acteurs, Delta Air Lines, Southwest Airlines, American Airlines et United Airlines, disposant de parts de marché assez importantes. La crise pourrait donc accélérer les mutations structurelles que connaît le secteur des vols intra-européens depuis vingt ans, et favoriser les rapprochements. « *Cette crise est la plus grosse opportunité d'expansion que j'ai vue depuis trente-cinq ans* », aurait lancé le patron de Ryanair, Michael O'Leary[3].

Cette conviction est confortée par ce qui se passe ailleurs dans le monde. Ici et là, les projets de regroupement essaiment. D'abord en Corée du Sud, avec la fusion annoncée de Korean Air et Asiana Airlines, pour laquelle, en décembre 2021, le régulateur sud-coréen de la concurrence a donné un feu vert provisoire en leur demandant d'abandonner certains créneaux de vols sur les lignes domestiques. Et il envisage d'accorder à des concurrentes des licences pour les liaisons internationales telles que Séoul–Los Angeles où elles se retrouveraient en position de monopole[4]. Il en va de même au Japon, où le

---

2 Règlement (CE) n° 139/2004 du Conseil du 20 janvier 2004 relatif au contrôle des concentrations entre entreprises (« le règlement CE sur les concentrations »), *JOUE* n° L 24, 29 janvier 2004, p. 1.

3 P. Escande, « La course à la consolidation est lancée dans l'aérien low cost », *Le Monde*, 21 septembre 2021.

4 F. Duclos, « Un pas de plus vers la fusion entre Korean Air et Asiana Airlines », <https://www.air-journal.fr/2021-12-30-un-pas-de-plus-vers-la-fusion-entre-korean-air-et-asiana-airlines-5232588.html>.

gouvernement réfléchit à la création d'une compagnie aérienne unique constituée d'ANA et JAL, estimant que le renflouement financier des deux transporteurs par l'État aurait pour conséquence logique une fusion. Le Canada n'échappe pas au mouvement, bien que le projet Air Canada-Air Transat semble avoir avorté (v. *infra*). Enfin, le gouvernement argentin a annoncé la prochaine fusion des compagnies aériennes Aerolíneas Argentinas et Austral Líneas Aéreas, toutes deux publiques. Cette issue est comprise comme unique chance de survie à la pandémie de Covid-19. L'absorption de la seconde par la première sauvera les deux, du fait d'une synergie vertueuse entre le régional et l'intercontinental. La fusion laisse entrevoir une disponibilité accrue de la flotte, et une réduction des coûts de maintenance à court terme, et permet d'envisager de diversifier l'offre en créant un secteur cargo[5]. Les bienfaits du regroupement convainquent aux quatre coins du monde.

Jusqu'à présent, la consolidation dans l'industrie aérienne avait pris la forme d'alliances, qui n'impliquent pas de changement de la structure de propriété. Ce modèle de croissance permet des partages de codes et une unification des programmes de fidélisation[6]. Il représentait à la fin des années 1990 le premier pas vers un rapprochement entre compagnies. Le bilan fait apparaître des synergies inabouties, du fait que chaque compagnie conserve sa propre flotte et sa propre maintenance, deux axes essentiels pour parvenir à une meilleure optimisation des coûts, en plus de la question délicate des charges salariales. Cela est vrai pour les alliances qui ont eu lieu au cours de la dernière décennie. Mais cela se vérifie aussi pour les concentrations de ces dernières années, à cette différence près qu'elles sont autorisées une fois pour toutes, alors que les alliances bénéficient généralement d'une immunité antitrust de six ans. De là à penser à un nouveau modèle de mariage laissant tomber la « séparation de biens » pour la « communauté », il n'y a qu'un pas, dont il est prématuré d'augurer qu'il sera franchi.

Certes, le ciel européen a vécu des rapprochements, desquels sont nés de grands groupes. Le mouvement s'est même accéléré au début des années 2010, avec la naissance d'IAG (International Airlines Group) issu de la fusion entre British Airways et l'espagnole Iberia. De son côté, Lufthansa, qui possédait déjà Eurowings, Swiss et Austrian Airlines, a racheté fin 2016 Brussels Airlines. Les groupes Air France et KLM avaient uni leurs forces dès 2004. Mais alors que les cinq premières compagnies américaines (American Airlines, Southwest, Delta, United et Alaska Airlines) détiennent 77 % du marché, la part de marché des cinq premières européennes est de 51 %. De surcroît, malgré l'effort entrepris

---

5 T. Blancmont, « Aerolineas Argentinas et Austral vont fusionner », <https://www.air-journal.fr/2020-05-08-aerolineas-argentinas-et-austral-vont-fusionner-5220059.html>.

6 Comm. eur., déc. C(2013) 2836 final du 23 mai 2013 relative à une procédure d'application de l'article 101 du traité sur le fonctionnement de l'Union européenne, *Continental/United/Lufthansa/Air Canada*, aff. AT.39595, *JOUE* n° C 201 du 13 juillet 2013, p. 8 ; Comm. eur., déc. C(2015) 3125 du 12 mai 2015 relative à une procédure d'application de l'article 101 du traité sur le fonctionnement de l'Union européenne, *Air France/KLM/Alitalia/Delta*, aff. AT.39964, *JOUE* n° C 212 du 27 juin 2015, p. 5.

de consolidation, les grands opérateurs européens « historiques » « *n'ont pas encore réussi à reproduire les économies d'échelle atteintes par les plus grandes compagnies américaines* »[7]. Or, moins le secteur restera concentré, moins il sera discipliné, ce qui peut conduire à des surcapacités, puis à une guerre des prix, puis à une baisse des marges et finalement à l'impossibilité de financer son avenir.

Le marché unique des transports aériens n'aurait donc pas franchi le cap de la maturité économique d'une économie de marché ouverte où la concurrence est non faussée. La crise « Covid-19 » des années 2020-2021 et probablement 2022 fera-t-elle office d'électrochoc économique d'une structuration plus conforme à ce qu'on attend d'un marché domestique ? Ce qui se prépare ne pouvant faire fi de ce qui s'est fait, l'approche juridique tend à démontrer que les futurs regroupements ne seront pas orthogonaux aux lois de l'offre et de la demande dans la mesure où ils sont habilement accompagnés de mesures correctrices (I.) et que les regroupements visant à former des prés carrés nationaux et donc à recréer des frontières n'ont toujours aucune chance de prospérer (II.)

I. Conditionner les concentrations au nom des vertus de l'offre et de la demande : Le « semi-structuralisme »

« *La Commission a toujours été favorable à la consolidation du secteur aérien, mais elle a aussi toujours insisté pour que celle-ci ne se fasse pas aux dépens des consommateurs. Cela est vrai pour les alliances qui ont eu lieu au cours de la dernière décennie, mais cela est encore plus vrai pour les concentrations, qui sont autorisées une fois pour toutes*[8] *[…]* » La concentration de l'offre est admise jusqu'à un certain seuil. Ce qui amène l'autorité de concurrence à prendre des décisions d'équilibriste, entre considérations d'efficience et de structure ; l'aérien se manifeste ainsi comme « terre » de semi-structuralisme…

Pour cette raison, de la surveillance de la restructuration de l'offre de transport aérien sur le marché unique, découle une politique de conditionnalité quasi systémique à même de contribuer significativement à la configuration du marché[9]. Les opérations sont pour la plupart admises, sans enquête approfondie, sur la base d'engagements proposés au moins par une des parties à la concentration. Ces derniers emportent adhésion, uniquement si la Commission est en mesure de conclure, avec certitude, qu'il sera possible de les mettre en œuvre et que les remèdes qui en résultent seront suffisamment viables et durables pour que la

---

7 Cabinet Oliver Wyman, <https://www.oliverwyman.com/our-expertise/insights/2020/aug/covid-19-will-challenge-airlines-for-years.html>. https://www.oliverwyman.com/our-expertise/insights/2020/aug/covid-19-will-challenge-airlines-for-years.html

8 <https://ec.europa.eu/competition/mergers/cases/decisions/m3280_448_4.pdf>. Comm. CE, communiqué IP/04/194 du 11 février 2004, « La Commission autorise, sous conditions, une concentration entre Air France et KLM

9 L. Grard, « La conditionnalité économique et financière dans le secteur des transports aériens », *Rev. UE* 2019, p. 153.

création ou le renforcement d'une position dominante ou les entraves à une concurrence effective, que les engagements ont pour finalité d'empêcher, ne soient pas susceptibles de se produire dans un avenir relativement proche[10].

1. Autorisations des regroupements entre « *big players* » : Au-delà du marché intérieur qui libère l'offre, le droit de la concurrence qui la dynamise

Le mariage Air France-KLM en 2004 restera dans les esprits comme la première manifestation d'importance majeure des effets de l'ouverture à la concurrence européenne sur la structuration de l'industrie du transport aérien. L'opération revenait à créer le plus gros groupe aérien en Europe. Les réseaux des deux compagnies étaient largement complémentaires. Air France est plus présente que KLM dans le sud de l'Europe et en Afrique. KLM exploite un nombre plus grand de liaisons vers l'Europe du Nord et l'Extrême-Orient. Les situations de concurrence directe étaient peu nombreuses : neuf liaisons courts/moyens courriers et cinq marchés intercontinentaux.

La Commission européenne a autorisé l'opération[11], en ce sens qu'elle va dans le sens inavoué, mais espéré, d'une simplification de l'offre sur le continent européen. Elle a d'abord souligné les retombées positives de l'opération. « *Du point de vue des consommateurs, l'union des deux compagnies permettra aux clients de KLM d'avoir accès à plus de 90 nouvelles destinations, alors que les clients d'Air France se verront proposer quarante nouvelles liaisons. Les économies que cette opération permettra de réaliser, ainsi que l'amélioration du service qui résultera de la réunion des réseaux, devraient également profiter aux consommateurs et à l'économie en général.* »[12] Les avantages priment les inconvénients. C'est acté. Mais les seconds appellent des mesures correctrices, au détour desquelles la Commission se met en position d'influencer la loi de l'offre et de la demande.

Par une conditionnalité impliquant des modifications structurelles autant que comportementales de l'offre aérienne, elle a ce faisant régulé le résultat de l'opération, en imposant au nouveau groupe des obligations, à même d'éviter que sur certaines liaisons la concurrence soit éliminée ou significativement réduite. Que le consommateur conserve le choix du professionnel qui assurera sa mobilité et puisse, de la sorte, bénéficier du prix le plus compétitif a été, à ce titre, mis en tête de gondole des exigences de l'autorité européenne de concurrence. À cet effet, sur les aéroports les plus fréquentés et en déficit de créneaux de décollage ou d'atterrissage, les « mariés » doivent laisser vacant un certain nombre de ceux

---

10 Trib. UE, 13 mai 2015, Niki Luftfahrt c/ Commission, aff. T-162/10, EU:T:2015:283, pt 29 ; v. aussi D. Tayar, K. Hristova, « Autorisation conditionnelle : Le Tribunal de l'Union européenne rejette le recours formé contre la décision de la Commission autorisant, sous réserve d'engagements, le rachat d'une compagnie aérienne (*Niki Luftfahrt*) », 13 mai 2015, *Concurrences* n° 4-2015, art. n° 76156, pp. 142-143.

11 Non-opposition à une concentration notifiée (Affaire COMP/M.3280 – *Air France/KLM*), *JOUE* n° C 60 du 9 mars 2004, p. 5.

12 Communiqué IP/04/194, préc.

qu'ils cumulent dans leur corbeille, de manière que la pénurie ne devienne pas un obstacle à la contestabilité des marchés qu'ils occupent[13]. « *Cela signifie, par exemple, qu'un concurrent pourrait démarrer six nouveaux vols aller-retour par jour, entre Paris et Amsterdam, et que ce même concurrent, ou un autre, pourrait également proposer un vol aller-retour par jour entre Amsterdam et New York, ce qui garantit aux passagers sur ces routes un choix de services et des prix compétitifs.* » Tout est dit. Cette préoccupation a postérieurement guidé de manière systématique les autorisations de regroupement, quelle que soit leur forme.

C'est une première. Dans ce dossier, en effet, la cession de créneaux est définitive. Concernant les alliances, elle est d'une durée de six ans. Ils retombent donc dans le droit commun. Ces derniers en effet doivent être retournés au coordonnateur de créneaux, s'ils sont mal utilisés ou sous-utilisés par le nouvel arrivant. Autrement dit, les compagnies aériennes partenaires ne bénéficient d'aucun retour. Pour encourager l'arrivée de nouveaux opérateurs, tout nouvel opérateur pourra également obtenir ce que l'on appelle des droits acquis sur les créneaux obtenus sur la liaison Paris–Amsterdam, après une période donnée, à condition qu'il propose un service sur cette liaison pendant au moins trois ans. En d'autres termes, le nouvel entrant est fondé à les utiliser pour d'autres destinations, par exemple une fois que la liaison ferroviaire à grande vitesse entre les deux capitales sera achevée ou que d'autres concurrents seront apparus. Outre que la conditionnalité évite la fermeture du marché en cause, elle est conçue pour encourager l'entrée sur ce dernier. Une forme de proactivité agit de la sorte. L'ouverture à la concurrence est dopée par l'attractivité donnée au marché. Au nom de cette dernière figure enfin le principe du gel des fréquences d'Air France-KLM sur les liaisons en cause. L'offre des opérateurs historiques est bridée, de manière à laisser les marges de manœuvre aux postulants et à faciliter la contestabilité du marché et leur installation crédible au profit du consommateur.

Dans le cadre des engagements ainsi pris, KLM et Air France ont également accepté de conclure ce que l'on appelle des accords intermodaux avec des sociétés de transports terrestres, par exemple pour accroître l'attractivité de la liaison ferroviaire Thalys entre Paris et Amsterdam (c'est ainsi qu'un passager d'affaires pourrait faire le voyage aller en train et le voyage retour par avion, afin de profiter du plus grand nombre de fréquences aériennes). Enfin, force est de souligner que la décision a été prise en 2004, au lendemain des décisions de la Cour de justice de novembre 2002 dans les affaires *open skies*[14], et qu'elle est contemporaine

---

13 « *"Cette affaire montre que la consolidation longtemps espérée du secteur aérien européen peut se faire dans le plein respect des règles de concurrence. La concentration entre KLM et Air France donnera aux passagers un plus grand choix de destinations et de services, sans qu'ils n'aient à payer un prix plus élevé sur les liaisons sur lesquelles ces compagnies ont une forte présence", a déclaré le commissaire chargé de la concurrence, Mario Monti.* » communiqué IP/04/194, préc.)

14 CJCE, 5 novembre 2002, *Commission c/ Royaume-Uni* (aff. C-476/98, EU:C:2002:631 et aff. C-466/98, EU:C:2002:624), *Commission c/ Danemark* (aff. C-467/98, EU:C:2002:625), *Commission c/ Suède* (aff. C-468/98, EU:C:2002:626), *Commission c/ Finlande* (aff. C-469/98, EU:C:2002:627), *Commission c/ Belgique* (aff. C-471/98, EU:C:2002:628), *Commission c/ Luxembourg* (aff. C-472/98, EU:C:2002:629), *Commission c/ Autriche* (aff. C-475/98, EU:C:2002:630) et *Commission c/ Allemagne* (aff. C-476/98, EU:C:2002:631).

du démarrage des négociations entre l'Union européenne et les États-Unis en vue de l'accord ciel ouvert finalement signé en 2007[15]. C'est pourquoi il n'y a rien de surprenant à constater que, parmi les mesures correctrices, figurent des engagements non des transporteurs, mais des gouvernements néerlandais et français. Ces derniers ont promis l'octroi de « *droits de trafic à d'autres compagnies souhaitant faire escale à Amsterdam ou Paris sur des liaisons vers les États-Unis ou autres destinations non communautaires. Ils se sont également engagés à ne pas réglementer les prix sur les liaisons long-courrier[s] sur lesquelles d'autres compagnies proposent des services indirects en concurrence avec Air France et KLM* ». (Communiqué IP/04/194, préc.) Y compris sur les marchés à l'exportation, le droit de la concurrence vient au concours de la libéralisation de l'offre et cela de manière anticipative.

La décision *Air France/KLM* a inauguré une politique d'accompagnement du marché intérieur. Les mêmes solutions ont été par la suite appliquées aux situations analogues à l'instar, entre autres exemples, le 14 juillet 2010, du projet de concentration entre la compagnie britannique British Airways et la compagnie espagnole Iberia[16], et de l'acquisition par IAG d'Aer Lingus en 2015[17]. Dans cette seconde affaire, cinq paires de créneaux horaires par jour devaient être libérées à l'aéroport de Londres-Gatwick, pour permettre à des compagnies concurrentes d'accéder plus facilement aux liaisons Londres–Dublin et Londres–Belfast. Cette première exigence était assortie d'autres mesures d'incitation, telles que le droit d'acquérir des droits d'antériorité, après un certain laps de temps – ce qui devrait faciliter l'entrée de compagnies aériennes concurrentes sur le marché[18]. Aer Lingus devait enfin continuer d'acheminer des passagers en correspondance vers les vols long-courriers des compagnies concurrentes à partir de Londres-Heathrow, Londres-Gatwick, Manchester, Amsterdam, Shannon et Dublin Ces exigences résultent, à l'instar de la pratique décisionnelle antérieure, d'une décision dite « article 6 », au titre de l'examen préliminaire, à propos duquel il découle d'une jurisprudence bien établie que la « *finalité spécifique des engagements pris au cours de la première phase de la procédure de contrôle des concentrations, lesquels, contrairement aux engagements pris au cours de la seconde phase de ladite procédure, n'ont pas pour objet d'empêcher la création ou le renforcement d'une position dominante, mais de dissiper tous doutes sérieux à ce sujet* »[19].

---

15 *JOUE* n° L 134 du 25 mai 2007 et déc. (UE) 2020/1110 du Conseil du 23 janvier 2018 concernant la conclusion, au nom de l'Union européenne, de l'accord de transport aérien entre la Communauté européenne et ses États membres, d'une part, et les États-Unis d'Amérique, d'autre part, *JOUE* n° L 244 du 29 juillet 2020, p. 6.

16 L'essentiel du raisonnement a porté sur le maintien d'une concurrence suffisante sur les segments sur lesquels les deux entités opèrent et principalement le transport de passagers. Il a été établi que les passagers disposeraient d'autres choix de vol appropriés sur les liaisons en cause à l'issue de cette concentration : liaisons court-courriers Barcelone–Londres–Madrid.

17 Non-opposition à une concentration notifiée (Affaire M.7541 – *IAG/Aer Lingus*), *JOUE* n° C 314 du 23 septembre 2015, p. 1.

18 V. *infra*.

19 Trib UE, 7 juin 2013, *Spar Österreichische Warenhandels AG c/ Commission*, aff. T-405/08, EU:T:2013:306, pt 188 ; v. aussi D. Tayar, M. de l'Estang, A. Guérin, « Contrôle exclusif : Le Tribunal de l'UE confirme le large pouvoir d'appréciation laissé à la Commission en matière de contrôle des concentrations (*SPAR Österreichische Warenhandels*) », 7 juin 2013, *Concurrences* n° 4-2013, art. n° 59292, p. 112.

Ce simple rappel confirme la thèse d'une approche non purement structuraliste et attentive à l'efficience de l'offre, indépendamment de sa configuration, moyennant quelques obligations comportementales.

Comme souvent dans ces situations où se fixe le socle d'une politique, les juges sont appelés à lisser les raisonnements juridiques ; ce qui les inscrit d'autant mieux dans la maîtrise du marché unique du transport aérien. C'est à cet exercice que concourt l'important arrêt du Tribunal de première instance (deuxième chambre) du 4 juillet 2006, *EasyJet Airline Co. Ltd c/ Commission des Communautés européennes*[20]. Il en ressort, en premier lieu, que cantonner l'analyse concurrentielle d'un projet de concentration aux marchés sur lesquels il existait des chevauchements directs et indirects entre les activités des parties à cette dernière est insuffisant. Le diable concurrentiel est donc aussi dans les détails et la régulation ne se limite pas à l'évidence économique. Autrement dit, lors de l'examen d'un projet de concentration aérienne, aucun marché impliqué ne doit être présumé exempt d'altération de la concurrence. L'évaluation se doit d'être précautionneuse et fondée sur une analyse contrefactuelle complète.

Mais le plus important est ailleurs. L'arrêt du 4 juillet 2006 met le doigt sur la manière par laquelle se définit la substituabilité de la demande sur les marchés aériens, qui dépend d'abord du facteur temps. « *[L]'élément déterminant pour apprécier la substituabilité géographique [de deux aéroports] n'est pas la distance qui existerait entre un point de départ principal et [chacun d'eux], mais le temps nécessaire pour accéder à ces derniers à partir de ce point.* » (pt 100) Mais ce dernier n'est pas exclusif ! Au-delà des passagers sensibles au facteur temps, d'autres ne le sont pas, ces derniers ayant des exigences différentes tout en étant plus flexibles. Et parmi ceux qui y sont sensibles, notamment les clients d'affaires, deux aéroports à éloignement temporel équivalent pourraient ne pas être substituables, étant donné que l'un d'eux offre moins de correspondances... L'exercice de compréhension des marchés est sans surprise, fort subtil et *ad hoc*. En la matière, le prêt-à-porter juridique n'existe pas.

Ce travail de consolidation de la doctrine guidant les mesures correctives de la Commission européenne s'est approfondi avec l'arrêt rendu neuf ans plus tard par le Tribunal de l'Union européenne, en relation avec le deuxième regroupement d'opérateurs européens historiques[21]. Au détour d'une demande

20 Aff. T-177/04, EU:T:2006:187 ; F. Zivy, « Contentieux aides d'État : Le TPICE applique des solutions jurisprudentielles établies (*EasyJet Airline*), *Concurrences* n° 4-2006, art. n° 12508, p. 126 ; L. Idot, « Concentration "autorisée" et voies d'action des tiers », *Europe* 2006, n° 285, pp. 20-21 ; C. Prieto, « Chronique de jurisprudence du Tribunal et de la Cour de justice des Communautés européennes. Concurrence », *JDI* 2007, pp. 664-668.

21 Trib. UE, 13 mai 2015, *Niki Luftfahrt c/ Commission*, aff. T-162/10, préc. ; L. Idot, « Restructuration d'une compagnie aérienne *Europe* 2015, comm. 270 ; D. Vougioukas, « Confirmation par le Tribunal de la décision de la Commission sur la compatibilité de la concentration Lufthansa/Austrian », *RLC* 2015/45, n° 2841, pp. 7-9 ; v. aussi R. Vuitton, « Aide à la restructuration : Le Tribunal de l'Union européenne confirme la validité de la décision de la Commission européenne déclarant compatible avec le marché intérieur l'aide à la restructuration accordée par l'Autriche à une compagnie aérienne (*Niki Luftfahrt*) », 13 mai 2015, *Concurrences* n° 3-2015, art. n° 75092, pp. 138-140.

d'annulation de la décision C (2009) 6690 final de la Commission du 28 août 2009 déclarant la concentration Lufthansa/Austrian Airlines compatible avec le marché commun et l'accord EEE[22], le Tribunal a été amené à envisager, outre les conditions dans lesquelles s'analysent les conséquences concurrentielles d'un regroupement de transporteurs aériens de dimension européenne, la question de l'ouverture des liaisons aériennes vers des destinations extérieures à l'Union[23].

Sur le premier point, en vue d'apprécier si une entreprise de navigation aérienne engagée dans des transports réguliers détient une position dominante sur le marché, le Tribunal rappelle qu'il convient de délimiter le marché des services de transport en cause, en considérant soit que le secteur des vols réguliers constitue un marché séparé, soit que les possibilités alternatives de transport, tel le transport par charter, par voie ferrée ou par route, ainsi que les vols réguliers sur d'autres lignes peuvent servir de substitut. En d'autres termes, le vol régulier sur une certaine ligne peut-il être individualisé, par rapport aux possibilités alternatives de transport, par ses caractéristiques particulières, qui ont pour résultat qu'il soit peu interchangeable avec elles et ne subisse leur concurrence que d'une manière peu sensible ? La pertinence du marché n'est donc pas une donnée prédéfinie, mais bien une donnée d'espèce.

Dès lors, l'approche « point d'origine/point de destination », dite « O & D », qui correspond à une approche par paires de villes, dans la mesure où elle reflète le point de vue de la demande selon lequel les consommateurs envisagent toutes les options possibles, ne souffre pas contestation. Même si une fois de plus, ici prévaut l'approche traditionnelle du marché pertinent, l'impression domine qu'une approche globale à l'occasion d'une autre affaire recueillerait l'assentiment du Tribunal, dans la mesure où bien évidemment elle se justifie (v. *infra* aff. *Air Berlin*). Par ailleurs, la Commission est tenue d'apprécier les effets concurrentiels de l'opération de concentration sur les marchés sur lesquels il existe un recoupement entre les activités des parties à une concentration. Il s'ensuit que, si l'une des parties se trouvait déjà en situation de monopole sur une liaison aérienne, c'est-à-dire un marché en cause, antérieurement à la concentration, cette situation échappe par définition à l'analyse des effets concurrentiels de la concentration. Sous couvert d'un contrôle, une position gagnée sur la base des mérites propres de l'entreprise ne saurait être détricotée.

Le second point a ceci d'intéressant qu'il interroge sur les conséquences d'une concentration quant à la concurrence sur des liaisons à destination ou en provenance d'États extérieurs à l'Union européenne qui, telle la Russie, n'ont pas signé avec l'Union européenne ou un de ses États membres d'accord bilatéral acceptant depuis un État membre de l'Union la désignation d'un transporteur européen

---

22 Aff. COMP/M.5440.

23 Sur les autres aspects V. L. Idot, « Restructuration d'une compagnie aérienne », préc.

ne battant pas pavillon de cet État. En d'autres termes, le regroupement Austrian/Lufthansa ne portera pas cette dernière à proposer des vols de Vienne à Moscou, marché qui sort par voie de conséquence de l'analyse de l'opération de concentration. « *[L]a raison pour laquelle ces concurrents ne pourraient pas entrer sur ces liaisons est l'indisponibilité des droits de trafic qui constitue une circonstance indépendante de la survenance ou non de la concentration* » (pt 283 de l'aff. T-162/10, préc.).

D'une jurisprudence fort épisodique, il faut enfin retenir les enseignements de l'arrêt du Tribunal de l'Union européenne (première chambre élargie) du 16 décembre 2020, *American Airlines, Inc. c/ Commission européenne*[24]. De manière simplifiée, l'affaire repose sur une décision de la Commission européenne qui autorise un projet de concentration entre deux *majors* américaines US Airways Group et American Airlines Inc., spécialisées dans les services aériens réguliers de passagers. L'opération engendrait un monopole sur la liaison Londres–Philadelphie, du fait que les deux partenaires devenaient les seuls transporteurs offrant des vols sans escale.

Suivant le schéma établi en 2004, la décision est subordonnée à la cession d'une paire de créneaux par jour à l'aéroport de Londres-Heathrow, ainsi qu'à d'autres engagements afin de favoriser l'entrée d'autres compagnies sur le marché de la liaison Londres–Philadelphie et même d'inciter un nouveau concurrent à s'y installer, avec la possibilité pour ce dernier d'acquérir des droits d'antériorité à l'issue d'une certaine période[25]. De plus, les parties, soutenues par leurs partenaires de l'entreprise commune Transatlantic Joint Business, se sont engagées à conclure des accords spéciaux concernant le transport de passagers en transit avec la compagnie aérienne susceptible d'entrer sur le marché.

La question du droit d'antériorité se retrouve au cœur d'un débat juridique. Cette idée introduite dans la pratique décisionnelle de la Commission européenne dans l'affaire *IAG/bmi*[26] avait été pour la première fois formalisée dans la décision du 30 mars 2012[27]. Elle infère qu'au terme d'une période d'utilisation de six des créneaux libérés par les parties à la concentration sur la liaison bilatérale soumise à la mesure correctrice, le nouvel entrant est en droit d'utiliser ces derniers, par exemple pour exploiter des services sur toute paire de villes européennes court-courrier ou sur les paires de villes long-courriers identifiées selon les dires

24 Aff. T-430/18, EU:T:2020:603 ; v. aussi O. Billard, Q. Colombier, « Engagements : Le Tribunal de l'Union européenne valide l'interprétation proposée par la Commission européenne des engagements de cession de créneaux horaires pour l'exploitation de la ligne London Heathrow – Philadelphia International Airport pris par une compagnie aérienne américaine (*American Airlines*) », 16 décembre 2020, *Concurrences* n° 2-2021, art. n° 100438, pp. 122-123.

25 Comm. eur., déc. C (2013) 5232 final du 5 août 2013, *US Airways/American Airlines*, aff. COMP/M.6607, *JOUE* n° C 279 du 27 septembre 2013, p. 6.

26 Aff. COMP/M.6447.

27 Ci-après l'« affaire *IAG/bmi* », ayant abouti à la déc. C(2012) 2320 de la Commission du 30 mars 2012, *JOUE* n° C 161 du 7 juin 2012, p. 2.

des engagements en annexe de la décision (« Droits d'antériorité »). L'antériorité est soumise à l'approbation de la Commission conseillée par le mandataire indépendant. Cette dernière est accordée dans la mesure où, durant la période d'utilisation, aucun usage abusif n'a été fait des *slots*. Dans l'affaire *US Airways/American Airlines* (M.6607) portée devant le Tribunal de l'Union européenne, le 30 avril 2018, la Commission a adopté la décision C (2018) 2788 final, accordant des droits d'antériorité à Delta Air Lines, par laquelle elle a constaté que l'intervenante avait fait un usage approprié des créneaux durant la période considérée et a approuvé l'octroi de droits d'antériorité à cette dernière en application de la clause pertinente des engagements finaux. Reste à définir ce qui doit être entendu par usage approprié : usage non abusif ou usage conforme à l'offre ? Le Tribunal a penché pour la première solution, de manière à faire en sorte que l'objectif d'attractivité du marché bilatéral pendant six ans ne soit pas privé d'effet utile par une interprétation trop stricte des obligations du nouvel entrant. L'idée d'attractivité pour favoriser la contestabilité est donc validée en jurisprudence.

2. La structuration de l'industrie du transport aérien au-delà des regroupements traditionnels : La doctrine « semi-structuraliste » se confirme

« *Une posture purement structuraliste aurait poussé la Commission à interdire un certain nombre de regroupements entre compagnies traditionnelles car cela génère de fortes positions dominantes sur les liaisons hub à hub. Elle a préféré réguler en incitant à l'entrée de concurrent en imposant le transfert de créneaux horaires*[28]. » Ce jeu d'équilibriste « semi-structuraliste » agit au-delà. Deux affaires récentes correspondant chacune à des mécanos aériens différents le démontrent, autant qu'elles le confirment.

A. *À la frontière des concentrations horizontales et non horizontales, le rachat d'actifs d'entreprises en cessation d'activité : Les enseignements de l'affaire* Air Berlin

Véritable affaire en noir et blanc, le dossier du rachat des actifs d'Air Berlin, deuxième transporteur allemand, par Lufthansa et EasyJet apporte une pierre de plus à la construction de la doctrine de la préservation de l'offre et de la demande sur le marché unique. Noir et blanc, car le projet de rachat par Lufthansa s'est finalement limité à la seule Luftfahrtgesellschaft Walter GmbH (« LGW »). Pour la partie Niki Luftfahrt GmbH (« NIKI »), elle a renoncé, considérant le niveau prévisible des mesures correctrices demandé par la Commission européenne trop élevé. Cette part des actifs de la défunte Air Berlin est revenue finalement

28 R. Papy, *L'aviation commerciale et le droit antitrust*, Aix-en-Provence, PUAM, 2013, p. 415.

à EasyJet[29]. Le premier enseignement est ici. La Commission, en différenciant les activités de l'entreprise à acquérir, a construit un noyau de concurrence additionnel sur Berlin du fait de l'appropriation de créneaux dont l'usage, loin de nuire à l'effectivité de la concurrence, sera porteur de cette dernière. L'affaire s'est donc engagée de manière structuraliste.

Pour la partie LGW, la Commission a examiné si le portefeuille de créneaux horaires qu'allait acquérir Lufthansa dans différents aéroports lui permettrait d'empêcher ses concurrents d'entrer sur les marchés du transport aérien de passagers en provenance et à destination de ces derniers et d'y renforcer leur présence. Selon la décision rendue le 21 décembre 2017[30], le portefeuille de créneaux horaires de Lufthansa à l'aéroport de Düsseldorf n'augmenterait que de 1 % par rapport à un scénario où l'opération n'aurait pas lieu. Cinquante pour cent des créneaux horaires à l'aéroport de Düsseldorf seront détenus par les concurrents de Lufthansa. Cela signifie que les effets de l'acquisition de LGW par Lufthansa seraient limités.

Cette affaire a ceci de nouveau que la Commission n'a pas défini les marchés pertinents par paires de villes, entre un point d'origine et un point de destination (« marchés O & D », v. *supra*). Elle s'est fondée sur la disparition préalable des activités portées par Air Berlin. Elle a considéré que les concentrations en cause portaient principalement sur le transfert de créneaux horaires et a constaté que ces derniers n'étaient affectés à aucun marché O & D particulier. En guise de marché pertinent, a donc été retenu l'ensemble des services de transport aérien de passagers au départ ou à destination de ces aéroports. L'enjeu du dossier n'était pas le verrouillage des lignes, mais celui des aéroports. C'est principalement en raison de cette méthode inédite que les deux décisions d'approbation ont fait l'objet d'un recours en annulation. Les arrêts ont été rendus par le Tribunal de l'Union le 20 octobre 2021 (dixième chambre élargie)[31]. Derrière le rejet des recours, quelques enseignements affleurent quant aux conditions de reprise des actifs en cas de faillite ; situation vouée à se répéter, si la crise sanitaire venait à perdurer…

Le Tribunal admet l'idée qu'à situation différente s'applique une méthode différente de détermination des marchés. Il juge que, à la différence des concentrations impliquant des compagnies aériennes encore en activité, il n'était pas certain, dans ce cas précis, que les concentrations en cause aient un quelconque effet sur la concurrence sur les marchés O & D, dans lesquels Air Berlin était présente avant la cessation de ses activités. Raisonner sur les « marchés O & D »

---

29 Non-opposition à une concentration notifiée (Affaire M.8672 – *easyJet/Certain Air Berlin assets*), *JOUE* n° C 27 du 25 janvier 2018, p. 1.

30 Non-opposition à une concentration notifiée (Affaire M.8633 – *Lufthansa/Certain Air Berlin Assets*), *JOUE* n° C 60 du 16 février 2018, p. 3.

31 *Polskie Linie Lotnicze "LOT" SA c/ Commission européenne*, aff. T-296/18, EU:T:2021:724 et T-240/18, EU:T:2021:723 ; L. Idot, *Europe* 2021, comm. 451.

est tout à fait pertinent, lorsque les deux parties à la concentration sont encore en activité, mais en l'espèce, Air Berlin, du fait de sa cessation d'activité, s'était retirée de l'ensemble de ces marchés.

Le marché ainsi défini, restaient les problèmes de concurrence et la méthode qui doit leur être appliquée. Sur cette question, l'arrêt du 20 octobre 2021, dans l'affaire T-240/18 (*EasyJet*), positionne clairement les enjeux de l'appropriation des créneaux horaires, qu'elle qualifie d'« *autorisations, accordées par un coordonnateur, d'utiliser toutes les infrastructures aéroportuaires qui étaient nécessaires pour la prestation d'un service aérien dans un aéroport coordonné, à une date et à une heure précises, aux fins de l'atterrissage et du décollage. [...] [L]es créneaux horaires constitu[ent] des intrants nécessaires pour permettre aux compagnies aériennes d'accéder aux services d'infrastructures aéroportuaires fournis par les aéroports et, par voie de conséquence, de fournir des services de transport aérien de passagers au départ ou à destination de ces aéroports. Par suite, dans la mesure où la concentration en cause visait, principalement, à transférer des créneaux horaires d'Air Berlin à l'intervenante, elle a considéré que cette concentration produirait des effets sur la demande dans les marchés de services d'infrastructures aéroportuaires et sur l'offre dans les marchés de services de transport aérien de passagers* » (pt 46). Une double logique horizontale et verticale est de la sorte mise en évidence, pour faire admettre que, même en l'absence de concurrence directe et chevauchante sur des liaisons aériennes, les *slots* sur un aéroport forment un marché qui relève d'une analyse fondée sur des lignes directrices relatives aux concentrations non horizontales[32] au seul motif que les concentrations verticales sont celles qui concernent des entreprises opérant à différents niveaux de la chaîne d'approvisionnement. Il en découle que ne pas dépasser les 30 % de possession des créneaux horaires par rachat des actifs d'un concurrent ayant cessé son activité constitue un pouvoir de marché, indiquant une entrave non significative de la concurrence effective sur les marchés de services de transport aérien de passagers au départ ou à destination des aéroports, auxquels ils étaient initialement rattachés (*ibid.*, pt 72).

Le Tribunal expédie assez rapidement la problématique des gains d'efficacité de l'opération de concentration au motif que, dans l'affaire *EasyJet*, l'entrave à l'effectivité de la concurrence n'est pas établie et, dans l'affaire Lufthansa, les engagements viennent en compensation des réserves exprimées. Ce faisant, le point 125 de l'arrêt rendu dans l'affaire T-296/18 (*Lufthansa*) s'autosuffit pour caractériser pourquoi une concentration de l'activité aérienne contribuant vertueusement aux intérêts des consommateurs passe la barrière de la stigmatisation de ses effets sur la concurrence : « *[L]a circonstance que les concurrents puissent être lésés du fait qu'une concentration génère des gains d'efficacité ne peut*

32 Communication de la Commission, Lignes directrices sur l'appréciation des concentrations non horizontales au regard du règlement du Conseil relatif au contrôle des concentrations entre entreprises, *JOUE* n° C 265 du 18 octobre 2008, p. 6.

pas, en soi, constituer une entrave à la concurrence. Or, la requérante n'explique pas en quoi l'utilisation plus efficace par l'intervenante de ses créneaux horaires ainsi que la mise en place de programmes de fidélité plus avantageux en faveur de ses clients ne refléteraient pas des gains d'efficacité qui, s'ils peuvent léser des concurrents, n'en constitueraient pas pour autant une entrave significative à une concurrence effective. » Au point 146, encore : « *[I]l convient de relever que, [...] les gains d'efficacité induits par la concentration doivent être de nature à favoriser la concurrence au profit des consommateurs. Le considérant 29 du règlement n° 139/2004, auquel se réfère la requérante, rappelle ainsi que de tels gains résultant d'une concentration peuvent contrebalancer les effets sur la concurrence, et notamment le préjudice potentiel pour les consommateurs, que cette concentration aurait sinon pu avoir et que, de ce fait, elle n'entrave pas de manière significative une concurrence effective dans le marché intérieur ou une partie substantielle de celui-ci.* »

B. *Face aux opérations complexes, des autorisations de plus en plus hypothétiques*

Le contrôle des opérations de concentrations aériennes sur le marché intérieur se mobilise aussi en réaction à des jeux successifs d'acquisitions. Le scénario de l'appropriation d'une compagnie aérienne par un consortium, *via* une prise de participation capitalistique, eu égard à la multitude de rapports juridiques qui s'établissent entre transporteurs, va se répéter dans les années qui viennent. Face à ces jeux de dominos, les analyses contrefactuelles vont devenir plus difficiles encore et les décisions se fonder sur des hypothèses toujours plus hypothétiques.

L'acquisition du contrôle en commun de Virgin Atlantic par Air France-KLM, Delta et le groupe Virgin du fait d'une prise de participation du groupe Air France-KLM de 31 % dans la première nommée est à cet égard symptomatique des sagas prévisibles des restructurations aériennes européennes. La Commission a été saisie et est parvenue à la conclusion que l'opération envisagée ne posait pas de problème de concurrence sur aucun des marchés en cause et l'a autorisée sans condition le 12 février 2019[33]. L'opération en projet a franchi sans difficulté le test de marché. Le 4 décembre de la même année, le projet est abandonné[34]...

Pourtant, cette structuration supposée de l'offre aérienne transatlantique a eu des conséquences sur l'acquisition de la compagnie aérienne britannique Flybe, par le consortium Connect Airways créé à cet effet au début de la même année[35]... La Commission a constaté que la compagnie Air France-KLM contrôlait

33 Non-opposition à une concentration notifiée (Affaire M.8964 – *Delta/Air France-KLM/Virgin Group/Virgin Atlantic*), *JOUE* n° C 15 du 14 janvier 2021, p. 1.

34 B. Trévidic, « Air France-KLM renonce à prendre une part dans Virgin Atlantic », *Les Echos*, 4 décembre 2019.

35 Non-opposition à une concentration notifiée (Affaire M.9287 – *Connect Airways/Flybe*), *JOUE* n° C 408 du 27 novembre 2020, p. 2.

indirectement Flybe, par l'intermédiaire du contrôle conjoint qu'elle avait vocation à exercer sur Virgin Atlantic au terme de la décision du 12 février 2019 (v. *supra*). Ainsi, des risques d'atteinte à la concurrence émergeaient, en raison de la création de quasi-monopoles sur certaines liaisons, notamment les axes entre l'aéroport de Birmingham vers les aéroports parisiens et amsterdamois. Pour y remédier, la Commission a imposé une prise d'engagements de la part de Connect Airways. Le 5 juillet 2019, la Commission européenne a donné un feu vert conditionnel au rachat de la compagnie aérienne Flybe par le consortium Connect Airways, formé par Virgin Atlantic, Stobart Group et Cyrus Capital Partners. Connect Airways a présenté une série d'engagements, afin de remédier aux problèmes de concurrence à Birmingham : elle s'engage à libérer cinq paires de créneaux horaires à l'aéroport Schiphol et trois paires de créneaux horaires à Roissy. Ces créneaux seront « *mis à la disposition de compagnies aériennes concurrentes souhaitant desservir* » les deux routes, sans que l'on sache s'il y a des candidates. Ces engagements « *remédient pleinement* » aux problèmes de concurrence recensés par la Commission en ce qui concerne l'acquisition de Flybe par Connect Airways ; elle est parvenue à la conclusion que l'opération envisagée, « *telle que modifiée par les engagements définitifs, ne poserait plus de problèmes de concurrence* »[36].

La cascade d'opérations conduit ainsi à une décision conditionnelle mais dénuée de cause puisque l'hypothèse de départ ne s'est pas concrétisée… Bel exemple de décision de protection du marché possiblement sans utilité[37]… Au mariage, les partenaires à la première opération ont préféré l'union libre pour exercer leur emprise commune sur les liaisons transatlantiques, par le truchement d'une « *co-entreprise élargie* ». Ce repli sur une *joint-venture* qui pèse 23 % de la capacité transatlantique totale pour un chiffre d'affaires estimé à 13 milliards alimenté par un nombre de vols conséquent (321 vols par jour) couvrant les 10 principales routes en service direct et une correspondance assurée vers 238 villes en Amérique du Nord, 98 en Europe et 16 au Royaume-Uni révèle combien les acteurs du marché restent hésitants quant aux choix à effectuer pour structurer collectivement leur offre.

La co-entreprise est présentée comme proconcurrentielle puisqu'elle vise à faire bénéficier aux clients « *d'horaires plus pratiques* », avec « *une expérience de vol fluide et homogène, quelle que soit la compagnie aérienne qu'ils empruntent* »[38]. Si le scénario est confirmé, la probabilité pour que le filtre du droit des pratiques anticoncurrentielles agisse est forte.

---

36 Comm. eur., communiqué IP/19/3790 du 5 juillet 2019, « Concentrations : la Commission autorise l'acquisition de Flybe par Connect Airways, sous certaines conditions ».

37 À propos de la survie des engagements de la décision M.9287, ces derniers restent par principe en vigueur. Les parties conservent la possibilité de demander, sous certaines conditions, une dérogation à ces derniers du fait du changement de circonstances sur lequel la Commission pourrait donc se prononcer si elle est en ce sens sollicitée.

38 Air France, communiqué du 3 février 2020, « Air France, KLM, Delta et Virgin Atlantic donnent le coup d'envoi à leur partenariat international d'envergure », <https://corporate.airfrance.com/fr/communique-de-presse/air-france-klm-delta-et-virgin-atlantic-donnent-le-coup-denvoi-leur-partenariat>.

II. Censurer les concentrations pour protéger la demande sur le marché intérieur : Le structuralisme demeure

Les ressorts des opérations de restructuration sont nombreux. Parmi ces derniers, figure bien entendu la course aux créneaux horaires. Pour opérer une ligne d'un point A à un point B, une compagnie doit disposer d'un créneau, c'est-à-dire d'une autorisation de décoller ou d'atterrir dans une plage horaire donnée, à une date donnée, sur une piste donnée. Si des *slots* sont disponibles dans les aéroports secondaires, c'est loin d'être le cas sur des sites comme Roissy–Charles-de-Gaulle, à Paris, ou Heathrow, à Londres. Le meilleur moyen de mettre la main dessus est donc de racheter une compagnie qui y est déjà implantée. Au-delà de cette problématique, les acteurs du marché recherchent les gains d'efficience, la limitation des coûts fixes et plus largement les économies d'échelle.

Si les conditions dans lesquelles l'offre de service aérien se formule deviennent ainsi plus favorables, bien souvent le revers de la médaille se situe dans une tendance au monopole jugée désavantageuse, car les prix des billets augmentent et le choix sur les multiples routes proposées par les compagnies aériennes baisse. Pour la demande, c'est la double peine. Afin de protéger les intérêts des consommateurs, la Commission européenne contrôle donc au préalable toute concentration à dimension européenne afin de vérifier si elle ne déstabilisera pas la concurrence, en empêchant de nouveaux acteurs d'entrer sur les marchés concernés.

Dans cette perspective et de manière systématique, l'autorité de concurrence vérifie si l'opération entraverait de manière significative l'exercice d'une concurrence effective dans le marché intérieur ou une partie substantielle de celui-ci, notamment en créant une position dominante sur les marchés. Elle effectue à cet effet des analyses contrefactuelles, afin de déterminer si une entrée sur le marché exerçant une pression concurrentielle suffisante sur les parties s'avère probable, si elle est susceptible d'intervenir en temps utile, si elle est suffisante pour rétablir les pressions concurrentielles que les parties continueraient d'exercer l'une sur l'autre en l'absence de concentration. Enfin, elle demande aux partenaires de démontrer que les gains d'efficacité avancés compensent les effets dommageables que la concentration produirait sur la concurrence. À cet effet, les parties doivent démontrer que les trois conditions cumulatives ci-après sont remplies : (i) les gains d'efficacité profiteront aux consommateurs ; (ii) ils sont propres à la concentration et (iii) ils sont vérifiables. Dans les situations de concurrence horizontale directe où les offres se chevauchent, satisfaire à cet ensemble d'exigences représente un exercice qui confine à la gageure ; c'est pourquoi dans les grandes affaires de regroupement entre transporteurs aux profils équivalents sur des marchés nationaux, les opérations ont été refusées (1.). Dans d'autres hypothèses, le prix à payer dans la mise en œuvre de mesures correctrices, au terme d'une enquête approfondie, est apparu tellement excessif que les projets se retirent d'eux-mêmes, avant le terme de la procédure (2.). Outre la censure explicite, agit une censure implicite…

1. Les restructurations d'entreprise en concurrence horizontale directe sur des marchés nationaux : La Commission européenne qui refuse

Protéger le consommateur justifie qu'une fusion-acquisition régulièrement notifiée sur la base du règlement n° 139/2004 ne soit pas autorisée. La concentration de l'offre peut conduire à une détérioration programmée de la satisfaction de la demande. Le marché intérieur libère. Le droit des concentrations agit de manière que l'usage de cette liberté ne reconstruise pas des obstacles. Limiter la concurrence sur les tarifs et provoquer de ce fait leur hausse, réduire le nuancier des possibilités offertes aux passagers pour effectuer leurs déplacements revient à nier les effets vertueux attendus de l'ouverture à la concurrence depuis le 1er janvier 1993.

Le double refus en 2007 et 2013 par la Commission européenne de l'acquisition d'Aer Lingus par Ryanair, autant que son opposition en 2011 au projet de concentration entre Aegean Airlines et Olympic Air, illustre parfaitement ce schéma. Les trois décisions d'interdiction ont été prises à l'encontre d'opérations impliquant deux compagnies aériennes, possédant des bases importantes dans le même aéroport « d'attache ». Ces affaires résument ce qui motive le rejet explicite de restructuration du paysage aérien, fondé sur la procédure découlant du règlement n° 139/2004. Elles sont riches d'enseignements, en tant qu'elles dessinent la ligne rouge à ne pas franchir pour les restructurations aériennes. L'affaire irlandaise a donné lieu à une jurisprudence précise dont les enseignements ne doivent aucunement être négligés dans la réalisation de futurs projets de regroupements aériens nationaux.

La fusion des deux compagnies correspondait à un scénario pour le moins mortifère pour la loi de l'offre et de la demande, du fait que les deux transporteurs étaient concurrents horizontaux directs. Autrement dit, ils évoluent sur les mêmes marchés. Le mariage est synonyme de monopole sur 46 liaisons aériennes. Face à un tel résultat, même des mesures correctives particulièrement importantes sont incapables de compenser l'entrave significative à la concurrence effective. Se confirme ici que, si les affaires intéressant des regroupements de compagnies opérant à partir de bases distinctes et éloignées passent le test de marché sans grande difficulté, il en va différemment des regroupements de champions nationaux d'un petit État ayant les mêmes aéroports d'attache ; situation qu'illustre avec relief l'affaire *Aer Lingus/ Ryanair*, à propos de laquelle des arrêts rendus par le Tribunal de l'Union le 6 juillet 2010 comprennent divers enseignements jurisprudentiels méritant attention[39].

---

39 Trib. UE, 6 juillet 2010, *Ryanair Holdings plc c/ Commission européenne* aff.T-342/07, EU:T:2010:280, et *Aer Lingus c/ Commission*, aff. T-411/07, EU:T:2010:281 ; L. Idot, « Transport aérien et concentration », *Europe* 2010, pp. 28-30 ; F. De Bure, « Ryanair devra se contenter d'être minoritaire », *RLC* 2010/25, pp. 11-12 ; I. Thanos, *Evropaion Politeia* 2010, pp. 635-638.

Le Tribunal a confirmé que la réunion des deux champions nationaux de l'aviation commerciale irlandaise crée une présomption quasi irréfragable de position dominante anticoncurrentielle. Face à des parts de marché de l'ensemble Ryanair-Aer Lingus atteignant 100 % ou quasiment 100 %, le consommateur perd totalement sa liberté de choisir. L'argument « contre-feu » de l'entrée possible de nouvelles compagnies sur le marché n'a pas convaincu. Pour qu'une arrivée potentielle d'un concurrent soit jugée comme une contrainte suffisante sur les acteurs du regroupement, elle doit être probable, intervenir en temps utile et être suffisante. Cette perspective n'est pas en l'espèce caractérisée. De plus, entrer en Irlande aurait nécessité des dépenses considérables afin d'établir une marque face à Ryanair et Aer Lingus. L'argument de la perméabilité d'un marché national, de la sorte, n'a nullement convaincu ni l'autorité de concurrence ni le juge[40].

Le Tribunal examine, ce faisant, le fond, pour faire valoir un argument de poids à conserver à l'esprit pour d'éventuelles nouvelles concentrations entre compagnies d'un même État : « *[À] la différence des concentrations antérieures dans le secteur du transport aérien de passagers (telles que celles qui étaient en cause dans les affaires Air France/KLM et Lufthansa/Swiss), la Commission ne pouvait se satisfaire en l'espèce de simples créneaux horaires pour garantir l'accès à une liaison. Il ne s'agit en effet pas d'une opération intéressant des opérateurs actifs qui disposent d'un aéroport d'attache dans des pays différents. Ryanair et Aer Lingus opèrent depuis le même aéroport, l'aéroport de Dublin, où elles disposent d'avantages significatifs que les concurrents ne peuvent pas répliquer facilement.* » (pt 522). Il aurait aussi fallu que « *Ryanair renonce à une partie de sa part de marché aux bénéfices des concurrents* » (pt 521). Les résultats des tests de marché ont en effet montré que les concurrents actuels et potentiels n'étaient pas prêts à concurrencer l'entité issue de la concentration sur l'ensemble des liaisons affectées par l'opération[41].

Tout reste affaire de perméabilité et de contestabilité des marchés. La décision du 26 janvier 2011 dans l'affaire *Aegean Airlines Olympic*[42] mesure en quoi les entrées sur le marché consécutives à la concentration sont susceptibles d'exercer une contrainte sur le comportement d'Olympic Air et d'Aegean sur les liaisons, sur lesquelles la concurrence entre les deux compagnies serait éliminée ou fortement réduite par l'opération. Elle reprend les acquis de la jurisprudence *Aer Lingus/Ryanair* et souligne que, pour que l'entrée d'un transporteur sur le marché soit considérée comme exerçant une pression concurrentielle suffisante sur les parties, elle doit s'avérer probable, intervenir en temps utile et être

---

40 Sur les autres aspects de l'affaire : v. A. Bonnet, « Les groupes et le contrôle européen des concentrations d'entreprises : essai sur la cohérence substantielle du contrôle européen des concentrations d'entreprises. », thèse, université de Pau et des pays de l'Adour (UPPA), 12 décembre 2020.

41 L. Grard, « Droit de la concurrence et regroupement national de compagnies aériennes : jurisprudence irlandaise en provenance du Trib. UE », *RD transp.* 2010, comm. 192.

42 Résumé de la décision de la Commission du 26 janvier 2011 déclarant une concentration incompatible avec le marché intérieur et l'accord EEE (Affaire COMP/M.5830 – *Olympic/Aegean Airlines*) [notifiée sous le numéro C(2011) 316 final], *JOUE* n° C 195 du 3 juillet 2012, p. 11.

suffisante pour rétablir les pressions concurrentielles que les parties continueraient d'exercer l'une sur l'autre en l'absence de concentration : « *[P]our pouvoir exercer une contrainte sur le comportement de l'entité issue de la concentration sur les liaisons intérieures grecques, un nouvel entrant devrait, selon la Commission, disposer d'une base à l'aéroport international d'Athènes et développer une marque dont la notoriété serait comparable à celle d'Aegean et d'Olympic Air. En outre, tout nouvel entrant devrait supporter des coûts irrécupérables, avoir accès au trafic de transit intérieur et international et créer un réseau de canaux de distribution en Grèce.* » (pt 48) Autrement dit, aucune mesure correctrice n'est en mesure de venir en compensation de cette somme d'obstacles. Abandonner des créneaux horaires n'a pas de sens, puisque les aéroports ne sont pas saturés. Ouvrir les programmes de fidélisation est insuffisamment attractif.

Dans ce scénario de concentration d'activités chevauchantes conduisant à des situations monopolistiques, la seule échappatoire réside dans la démonstration que les gains d'efficacité relevés compensent les effets dommageables que la concentration produirait sur la concurrence. Les parties doivent démontrer que les trois conditions cumulatives, ci-après, sont remplies : (i) les gains d'efficacité profiteront aux consommateurs ; (ii) ils sont propres à la concentration et (iii) ils sont vérifiables. Il faut donc apporter la preuve non équivoque d'une efficience maximale, pour contrebalancer la condamnation structuraliste de la situation créée par la concentration.

Sur un autre registre, dans la décision du 27 février 2013 dans l'affaire *Ryanair/Aer Lingus III*[43], la Commission européenne évalue un engagement des partenaires visant à construire parallèlement au regroupement une situation de concurrence, en favorisant l'arrivée d'un nouvel acteur sur les marchés. Se livrer à un exercice imposé de contestabilité : telle était l'idée du troisième épisode du feuilleton *Ryanair Aer/Lingus*. Affleure de ce fait, dans la décision rendue par la Commission, le concept d'« *acheteur approprié qui ferait de l'activité cédée une force concurrentielle active sur le marché* » (pt 69). Si l'oiseau rare existe, la mesure corrective serait de nature à sauver l'opération de restructuration. En l'espèce, la solution proposée n'a pas coché les cases voulues, notamment en termes de viabilité et compétitivité, de modèle économique, d'expérience sur le marché en cause, du volume de l'offre. Autrement dit, la décision ne ferme pas par principe la porte à un regroupement national, dans la mesure où il s'inscrirait dans une conditionnalité renforcée visant à créer un noyau de concurrence active. Mais quelle opération justifierait que ses porteurs soient prêts à payer ce prix ?

Pour résumer, lorsque la concentration implique un marché faiblement verrouillé, les mesures correctrices imposent que les obstacles à la concurrence soient levés ; lorsqu'il est moyennement verrouillé, les engagements doivent

---

43 Résumé de la décision de la Commission du 27 février 2013 déclarant une concentration incompatible avec le marché intérieur et l'accord EEE (Affaire COMP/M.6663 – *Ryanair/Aer Lingus III*) [notifiée sous le numéro C(2013) 1106 final], *JOUE* n° C 216 du 30 juillet 2013, p. 22.

créer une attractivité concurrentielle ; lorsque le marché risque de devenir fortement verrouillé, les partenaires doivent inventer et mettre en place une réponse concurrentielle compétitive et viable. En toute hypothèse, « *la Commission a considéré que les engagements finaux ne conduiraient vraisemblablement pas à l'entrée de nouveaux concurrents capables d'exercer une pression concurrentielle suffisante sur l'entité issue de la concentration* » (pt 83 de la décision).

2. Les restructurations conduisant à l'étanchéification des marchés : Des mesures correctrices possibles, mais coûteuses et donc dissuasives

De nouveaux scénarios de la restructuration du transport aérien européen se découvrent encore. Deux hypothèses inédites sont survenues ces dernières années et de surcroît dans un contexte de crise qui n'aide pas à leur traitement et qui explique probablement que chacun des deux projets soit pour le moment remisé. Le premier se situe en Espagne, avec un projet de simplification de la carte de l'offre de transport aérien ibérique par incorporation au groupe IAG de la compagnie Air Europe ; ce qui rapproche des scénarios de regroupement irlandais et grec, sans exactement présenter le même profil en raison de la connexion à l'Amérique du Sud... Le second se situe au Canada et vient interférer avec l'accord « ciel ouvert » conclu entre ce dernier État et l'Union européenne[44]... Dans les deux dossiers, les communiqués officiels de la Commissaire à la concurrence reprennent la même formule : « *Si l'épidémie de coronavirus a fortement touché le secteur aérien, la préservation des structures de marché concurrentielles est essentielle pour garantir une reprise rapide et forte.* » Ce qui laisse penser que le salut du marché intérieur en situation de crise passe par la préservation de la pluralité de l'offre et que les concentrations ne sont pas analysées comme des remèdes présumés adéquats pour redresser la situation : fidélité donc à une démarche structuraliste...

A. *La préservation de la connectivité du marché intérieur au reste du monde*

IAG, qui regroupe Iberia, Vueling, Level en Espagne et British Airways et Aer Lingus, troisième groupe de transport aérien en Europe, a résilié fin 2021 l'accord d'acquisition de la compagnie Air Europa du 4 novembre 2019 et amendé le 20 janvier 2021[45]. Le rachat par Iberia de 100 % du capital d'Air Europa estimé à un milliard d'euros

---

44 Accord sur le transport aérien entre le Canada et la Communauté européenne et ses États membres, *JOUE* n° L 207 du 6 août 2010, p. 32 ; déc. (UE) 2019/702 du Conseil du 15 avril 2019 concernant la conclusion, au nom de l'Union, de l'accord de transport aérien entre la Communauté européenne et ses États membres, d'une part, et le Canada, d'autre part, *JOUE* n° L 120 du 8 mai 2019, p. 1.

45 Avant la crise sanitaire, Air Europa desservait 69 destinations principalement en Europe et en Amérique du Sud, avec 66 avions. Sa flotte, menacée de saisies au début de l'année, compte aujourd'hui 45 ATR, Boeing 737 et 787 Dreamliner, et Embraer 195. Sa dette est estimée à 800 millions de dollars hors SEPI.

a été revu à la baisse pour se monter à 500 millions d'euros en janvier 2020, à cause des dégâts provoqués par la pandémie. En dépit de cette dernière, le bien-fondé du projet en tant qu'opportunité de croissance externe n'a pas été remis en cause. Il est ce faisant abandonné, de crainte d'un veto de la Commission européenne, qui a identifié une situation de concurrence horizontale et de marchés chevauchants en grand nombre nécessitant des mesures correctrices de haute intensité.

Une enquête approfondie a en effet été ouverte le 29 juin 2021[46], au regard du règlement sur les concentrations, afin d'évaluer le projet d'acquisition. La procédure a été engagée en raison d'une réduction de la concurrence substantielle sur les liaisons intérieures espagnoles et sur les liaisons internationales au départ et à destination de l'Espagne, susceptible d'entraîner une hausse des prix pour les passagers. Sur nombre de dessertes, IAG et Air Europa sont les deux seules présentes ; notamment entre Madrid les États-Unis et l'Amérique latine. La Commission s'est également montrée préoccupée par les effets de l'opération envisagée sur les itinéraires sur lesquels d'autres compagnies aériennes sont tributaires du réseau de vols intérieurs et court-courriers d'Air Europa, pour l'exercice de leurs propres activités à l'aéroport de Madrid et dans un certain nombre d'autres aéroports de l'UE. Sans le trafic d'apport d'Air Europa, certaines compagnies aériennes « *pourraient décider de cesser leurs vols vers les destinations internationales qui sont également desservies par IAG, réduisant ainsi le choix des passagers* »[47]. La Commission a constaté par ailleurs que la concurrence des autres compagnies aériennes, y compris les *low cost* européennes, « *n'exercerait probablement pas une pression suffisante sur l'entité issue de la concentration sur les liaisons où celle-ci détiendrait des parts de marché élevées* ». De même, la pression concurrentielle exercée par les compagnies aériennes européennes en réseau ou les compagnies aériennes latino-américaines « *semble insuffisante* ».

L'autre écueil vient de la connectivité. La Commissaire à la concurrence a pointé les partenaires de la restructuration comme prestataires de connectivité essentiels entre l'Espagne, le reste de l'Europe et l'Amérique latine. « *Nous évaluerons attentivement si l'opération envisagée est susceptible de nuire à la concurrence sur les liaisons intérieures, court-courriers et long-courriers au départ et à destination de l'Espagne, ce qui pourrait entraîner une hausse des prix et une baisse de la qualité pour les passagers.* » Et eu égard au contexte particulier des années 2020-2021, « *[i]l est important de veiller à ce que la reprise dans ce secteur se fasse dans un environnement concurrentiel garantissant le maintien d'un choix suffisant pour les passagers* ».

Le groupe en devenir a d'abord mis en avant un certain nombre de gains en termes d'efficacité, qui peuvent révéler une opération bien plus « proconcurrentielle » qu'anticoncurrentielle : « *[T]ransformer l'aéroport de Madrid en hub*

46 Ce qui atteste que la création ou le renforcement d'une position dominante est aux yeux de la Commission du domaine de l'évidence ; v. supra.

47 Comm. eur., communiqué IP/21/3328 du 29 juin 2021, « Concentrations : la Commission ouvre une enquête approfondie sur le projet d'acquisition d'Air Europa par IAG ».

"rival des Londres-Heathrow, Paris-CDG, Amsterdam-Schiphol et Francfort" ; ré-établir IAG comme leader sur "le marché attractif entre l'Europe, l'Amérique latine et les Caraïbes" ; "offrir de potentielles synergies significatives en termes de coûts et de revenus", tout en offrant aux passagers des "bénéfices significatifs" en termes de choix, de flexibilité des horaires et d'utilisation du programme de fidélité Avios. »[48] Tenant compte des enseignements de l'affaire *Aer Lingus/ Ryanair III*, les engagements du groupe devaient inclure un accord avec la *low cost* espagnole Volotea pour « l'achat » de plusieurs liaisons et créer de cette manière un noyau actif de concurrence.

Ce dossier est arrivé sur les bureaux de la Commission au pire des moments. La crise sanitaire a inévitablement une incidence sur les activités d'IAG, d'Air Europa et de leurs concurrents. Mais laquelle ? Se déterminer sur l'environnement concurrentiel à moyen et à long terme et poser des analyses contrefactuelles dans un tel climat d'incertitude relève quelque peu de *Mission impossible*. Comment déterminer si, à long terme, les entreprises continueront à se livrer concurrence sur chacune des liaisons où elles étaient en concurrence avant la crise ? La procédure a été formellement arrêtée le 16 décembre 2021.

B. *Préservation de la concurrence sur les marchés bilatéraux* « open skies » : *Le cas du Canada*

Air Canada et Transat ont conclu un accord d'acquisition en juin 2019, dont les modalités ont été modifiées en août 2019, puis révisées en octobre 2020, à la suite de la pandémie de Covid-19. La Commission européenne a été saisie de l'opération le 15 avril 2020. Au stade de l'enquête préliminaire, les partenaires n'ont pas notifié la moindre mesure correctrice aux retombées anticoncurrentielles de leur projet. Une enquête approfondie a été ouverte au simple motif qu'Air Canada et Transat sont historiquement en concurrence frontale pour les services de transport aérien de passagers entre l'Espace économique européen (EEE) et le Canada, qu'ils sont sur ce marché respectivement le premier et le deuxième fournisseur de services réguliers, que les modèles économiques sont proches avec consécutivement un risque de réduction significative de la concurrence sur 33 paires de villes d'origine et de destination entre l'EEE et le Canada, dont 29 villes d'origine et de destination pour lesquelles les deux compagnies proposent des services directs et quatre pour lesquelles l'une d'elles propose des vols directs et l'autre des vols indirects par l'intermédiaire de l'un de ses aéroports pivots. La compagnie canadienne WestJet a certes étendu son activité transatlantique aux pays de l'EEE, mais la Commission a estimé qu'il est peu probable qu'elle puisse exercer une pression concurrentielle suffisante sur l'entité issue de la concentration pour les paires de villes d'origine et de destination posant problème. La Commission n'est de surcroît pas en mesure de déterminer si, à long terme,

---

48 <https://www.air-journal.fr/2019-11-05-le-groupe-iag-veut-se-payer-air-europa-5216039.html>.

ces compagnies continueraient à se faire concurrence sur toutes les liaisons où elles étaient concurrentes avant la crise.

S'est ainsi proposé à l'appréciation de la Commission européenne un nouveau cas de concurrence horizontale directe et chevauchante d'envergure ; avec pour spécificité que les marchés concernés ne se situent pas à l'intérieur du marché unique. La porte n'a pas été fermée à la formulation de mesures correctrices, mais le coût de ces dernières est apparu excessif et a dissuadé les partenaires de maintenir le projet.

Mme Margrethe Vestager, vice-présidente exécutive chargée de la politique de concurrence, a déclaré à ce sujet : « *Air Canada et Transat sont les deux principales compagnies aériennes qui exploitent un vaste réseau de liaisons entre l'Europe et le Canada. Nous allons examiner soigneusement si l'opération envisagée est susceptible d'avoir une incidence négative sur la concurrence sur ces marchés, qui entraînerait une augmentation des tarifs, une détérioration de la qualité ou une réduction du choix pour les voyageurs qui traversent l'Atlantique. La période est difficile, en particulier sur les marchés fortement touchés par l'épidémie de coronavirus, mais le retour à des conditions normales et saines sur le marché passe par le maintien de la concurrence.* »[49] Le cap structuraliste guidera donc les futures analyses contrefactuelles des concentrations proposées à l'analyse de la Commission.

III. Avec et après crise « Covid-19 » : Quelles restructurations de l'offre au sein du marché intérieur ?

Finalement, accélératrice incertaine de mariages, la crise ne pourrait-elle pas se solder, à l'inverse, par des divorces ? Alors qu'un certain nombre de fiançailles ont fini par ne pas se confirmer en union, des tensions palpables sont apparues au sein de couples de transporteurs bien établis (ce qui est le cas du couple Air France-KLM depuis 2019). Le mouvement de consolidation de l'offre de transport peut buter aussi sur les autorités de concurrence, en cas d'émergence de positions dominantes sur certains aéroports ou certaines lignes, non enclines à modifier leur doctrine visant, par mesures correctrices interposées, à faire payer très cher le ticket d'entrée dans la concentration des activités. Reste enfin les protectionnismes et les nationalismes. Ces réflexes demeurent vifs dans l'aérien, empêchant ou compliquant les projets de fusions et acquisitions. La compagnie nationale reste liée à l'idée de souveraineté… En tout état de cause, dans le climat actuel de « patriotisme économique », les réticences politiques au passage sous tutelle étrangère des compagnies nationales risquent fort de l'emporter sur les théories économiques invitant à poursuivre la structuration de l'offre de transport aérien pour la formation d'un marché définitivement domestique.

49 Comm. eur., communiqué IP/20/934 du 25 mai 2020, « Concentrations : la Commission ouvre une enquête approfondie sur le projet d'acquisition de Transat par Air Canada ».

L’interconnexion des registres : État des lieux

CAROLINE HOUIN-BRESSAND*
Université de Lorraine

Résumé

L’efficacité de la publicité légale à l’échelle européenne est actuellement renforcée par la mise en place progressive d’une interconnexion des registres commerciaux. Ce dispositif pourrait également servir de modèle pour une meilleure coordination des registres civils nationaux, en particulier en matière de droit des sûretés.

* Professeur à l’Université de Lorraine ; Membre de l’Institut François Gény.

Quoi de plus naturel pour honorer un professeur « hyperconnecté » que d'évoquer l'interconnexion des registres de publicité. Au même titre qu'un bon réseau internet accompagné d'un bon ordinateur permet de travailler des quatre coins du monde, l'interconnexion des systèmes d'information favorise la mobilité et les échanges économiques transfrontaliers.

Le partage des informations à l'échelle européenne n'est pas une idée nouvelle et celle-ci dépasse largement le domaine de la publicité légale. À cette seule échelle, les premiers projets de coopération entre les registres nationaux de publicité remontent à l'entrée en vigueur de la première directive 68/151/CEE. Un Registre du commerce européen (European Business Register, EBR) a ensuite vu le jour en 1992[1]. Ce registre, qui fonctionne actuellement sous la forme d'un groupe européen d'intérêt économique (GEIE) composé de treize pays membres, dont la France, permet d'accéder à des informations sur les entreprises européennes moyennant la souscription d'un abonnement[2].

Le droit européen s'est, quant à lui, emparé du sujet avec l'adoption de la directive 2012/17/UE, qui prévoit l'interconnexion des registres nationaux du commerce et des sociétés[3]. Le dispositif repose sur la mise en place d'une plateforme centrale européenne reliant les registres des États membres les uns aux autres et d'un portail d'accès électronique unique permettant de consulter les données en ligne. Il s'agit du portail européen e-Justice[4].

Dans ses cinquième et sixième considérants la directive relève qu'un meilleur accès à des informations actualisées et fiables améliore la confiance dans le marché et que l'interconnexion des registres crée un environnement juridique et fiscal plus favorable aux entreprises, en garantissant une plus grande sécurité juridique. Elle souligne également qu'un instrument d'interconnexion ne contraint pas les États membres à modifier leur système interne de registres et vise seulement à faciliter l'accès à l'information depuis tous les territoires.

Le souhait d'encourager les opérations transfrontalières, couplé à l'essor du numérique et à l'explosion d'internet, invite à développer cet outil que représente l'interconnexion des registres. Pourtant, à ce jour, si ce système connaît une percée significative dans le domaine des registres commerciaux (I.), en revanche, il n'en est toujours qu'à ses balbutiements s'agissant des registres de nature civile (II.).

---

1 F. Pernazza, « Informatisation des entreprises et droit européen des sociétés », in *Un juriste pluriel : mélanges en l'honneur d'Alain Couret*, Paris, Éditions Francis Lefebvre et Dalloz, 2020, p. 467, spéc. p. 471. Cf. <https://www.ebr.lv/en>.

2 J. Clavel-Thoraval, « L'authentification problématique des actes quasi publics dans le cadre du commerce international », *RLDC* septembre 2016, p. 41, spéc. p. 45.

3 Directive 2012/17/UE du Parlement européen et du Conseil du 13 juin 2012 modifiant la directive 89/666/CEE du Conseil et les directives 2005/56/CE et 2009/101/CE du Parlement européen et du Conseil en ce qui concerne l'interconnexion des registres centraux, du commerce et des sociétés, *JOUE* n° L 156 du 16 juin 2012, p. 1.

4 https://e-justice.europa.eu>.

I. L'interconnexion des registres commerciaux

Le droit des affaires constitue sans nul doute le terrain le plus propice à l'adoption d'un système d'accès unique aux informations légales, tant la connaissance de la situation des entreprises est essentielle à l'ouverture des marchés et au bon fonctionnement de l'économie.

Conscient de ces enjeux, le législateur européen étend progressivement le champ des interconnexions entre les systèmes de publicité nationaux (1.), dont la mise en place effective est favorisée par le risque de sanction auquel s'exposent les États défaillants (2.).

1. Le champ de l'interconnexion

L'interconnexion des registres des entreprises de transport routier. L'un des tout premiers domaines à avoir été soumis à un système de publicité légale interconnecté est celui des entreprises de transport routier autorisées à exercer la profession. Avant même l'adoption de la directive 2012/17/UE, le règlement (CE) n° 1071/09 a imposé que chaque État établisse un registre national électronique contenant des informations sur le financement, le lieu d'établissement ainsi que les infractions commises par ces entreprises afin de mieux lutter contre la concurrence déloyale dans le secteur[5]. Et l'article 16, paragraphe 5, du règlement prévoit que les États membres doivent prendre toutes les mesures nécessaires pour que les registres nationaux soient interconnectés et accessibles dans toute la Communauté par l'intermédiaire des points de contact nationaux. Le treizième considérant souligne l'intérêt de systématiser l'interconnexion des registres pour améliorer la coopération administrative entre États dans la surveillance des entreprises et réduire les coûts des contrôles.

L'interconnexion des registres de commerce. Mais l'échange d'informations s'avère nécessaire pour tous les types d'entreprise exerçant des activités économiques internationales, qui sont par définition amenées à contracter avec des partenaires situés dans d'autres États de l'Union européenne et à installer des succursales ou entités dans ces mêmes États. Sont essentiellement concernées les sociétés de capitaux sur lesquelles le droit européen se concentre en cherchant à harmoniser les législations nationales[6]. Cette harmonisation est opérée par des directives de coordination qui intéressent tous les aspects du droit des sociétés, dont celui de la publicité légale des sociétés[7], que visait spécifiquement la directive 2012/17/UE en prévoyant la mise en place d'un système d'interconnexion des registres des entreprises de chaque État membre.

---

5 Cf. F. Picod (dir.), *Guide de droit européen des affaires, 2021-2020*, Paris, LexisNexis, 2021, n° 323.

6 L. Vogel, *Droit européen des affaires*, 2e éd., Paris, Dalloz, 2019, n° 261, p. 282.

7 En matière de publicité, la première directive adoptée a été la directive 68/151/CEE du 9 mars 1968, qui a été abrogée par la directive 2009/101/CE du Parlement européen et du Conseil du 16 septembre 2009, qui a elle-même été codifiée par la directive (UE) 2017/1132.

La réglementation est aujourd'hui codifiée au sein de la directive (UE) 2017/1132 du 14 juin 2017 relative à certains aspects du droit des sociétés[8]. L'article 14 de la directive énumère toutes les informations soumises à publicité (qui se rapportent aux statuts de la société, à l'identité des dirigeants, aux documents comptables, au transfert de siège social, etc.) et l'article 22 reprend les termes de la directive de 2012 en prévoyant l'interconnexion des registres nationaux. Ce système est présenté comme renforçant la compétitivité des entreprises européennes et participant à la construction d'un marché unique dématérialisé au sein de l'Union[9].

L'interconnexion des registres d'insolvabilité. Une connaissance précise de la situation des entreprises exerçant leur activité dans plusieurs pays européens implique également d'être informé des difficultés financières et économiques qu'elles sont susceptibles de rencontrer et de connaître le traitement dont elles font éventuellement l'objet. C'est ce à quoi s'est employé le règlement (UE) 2015/848[10], en imposant aux États membres de tenir un ou plusieurs registres reprenant les informations relatives aux personnes physiques ou morales soumises à une procédure d'insolvabilité (l'identité du débiteur, la date d'ouverture de la procédure, le type de procédure ouverte, le délai fixé pour la production des créances, la date de clôture, etc.)[11] et en prévoyant l'interconnexion des registres *via* un système accessible par le portail e-Justice[12]. L'article 27 précise que les informations doivent être disponibles gratuitement, au moyen d'un formulaire électronique uniformisé[13]. Le soixante-seizième considérant du règlement indique que le dispositif doit permettre d'améliorer la communication d'informations aux créanciers et juridictions concernés et d'éviter l'ouverture de procédures d'insolvabilité parallèles.

L'interconnexion des registres des bénéficiaires effectifs. Enfin, l'accès centralisé aux registres nationaux constitue aussi un facteur de transparence qui contribue à traquer les comportements frauduleux. Cette utilité explique son recours dans le cadre de la lutte contre le blanchiment de capitaux et le financement du terrorisme. La quatrième directive (UE) 2015/849 du 20 mai 2015 a imposé à chaque État membre de mettre en place un registre « *des bénéficiaires effectifs* » dont l'objet est de recenser les personnes physiques qui contrôlent directement

---

8 Directive (UE) 2017/1132 du Parlement européen et du Conseil du 14 juin 2017 relative à certains aspects du droit des sociétés, *JOUE* n° L 169 du 30 juin 2017, p. 46.

9 Cf. Infogreffe, communiqué, 21 juin 2017, *JCP E* 2017, act. 498.

10 Règlement (UE) 2015/848 du Parlement européen et du Conseil du 20 mai 2015 relatif aux procédures d'insolvabilité, *JOUE* n° L 141 du 5 juin 2015, p. 19.

11 *Ibid.*, art. 24.

12 *Ibid.*, art. 25. V. A.-C. Soulard, « L'interconnexion des registres d'insolvabilité », in F. Jault-Seseke et D. Robine (dir.), *Le nouveau règlement insolvabilité : quelles évolutions ?*, Issy-les-Moulineaux, Joly éditions-Lextenso éditions, 2015, p. 199.

13 Le modèle de formulaire de demande d'information est prévu en annexe du règlement d'exécution (UE) 2017/1105 de la Commission du 12 juin 2017 établissant les formulaires visés dans le règlement (UE) 2015/848, *JOUE* n° L 160 du 22 juin 2017, p. 1. V. J.-L. Vallens, « Mise en œuvre du règlement européen sur les procédures d'insolvabilité : publication des formulaires », *Rev. proc. coll.* 2017, n° 4, focus 30.

ou indirectement les sociétés et autres groupements[14]. Et la cinquième directive (UE) 2018/843 du 30 mai 2018 a prévu non seulement d'ouvrir au grand public l'accès au registre de ces bénéficiaires effectifs, mais aussi d'interconnecter les registres nationaux pour les rendre tous accessibles par le portail e-Justice de l'Union européenne[15]. Le vingt-sixième considérant souligne le rôle joué par l'interconnexion des registres dans l'accessibilité de l'information, ainsi que dans sa rationalisation, dans la mesure où elle réduit le risque d'enregistrement multiple des mêmes entités au sein de l'Union.

2. L'effectivité de l'interconnexion

Aussi louable soit-elle, l'intention du législateur ne suffit toutefois pas à rendre ce type de dispositif instantanément effectif. La réalisation concrète d'un système de consultation électronique et centralisé des registres de publicité nationaux requiert du temps. Elle suppose, d'une part, que la Commission européenne organise le système d'interconnexion et, d'autre part, que les États membres assurent la mise à disposition des données traitées dans leurs registres pour qu'elles soient consultables à partir de ce système d'interconnexion.

La mise en place des systèmes d'interconnexion. À ce jour, la Commission a défini les procédures des quatre interconnexions prévues dans la réglementation. Pour les registres des entreprises de transporteurs routiers, la Commission européenne a établi les spécifications techniques par le règlement (UE) n° 1213/2010 du 16 décembre 2010. L'interconnexion est assurée par un système de messagerie appelé « ERRU » (European Register of Road Transport Undertakings) qui est opérationnel depuis le 1er janvier 2013[16]. L'interconnexion des registres de commerce a, quant à elle, été établie par le règlement d'exécution (UE) 2015/884 de la Commission du 8 juin 2015[17]. Elle est réalisée au moyen du système BRIS (Business Registers Interconnection System), qui est opérationnel depuis le 8 juin 2017[18] et accessible par le portail e-Justice. Le système IRI (Insolvency

---

14 Directive (UE) 2015/849 du Parlement européen et du Conseil du 20 mai 2015 relative à la prévention de l'utilisation du système financier aux fins du blanchiment de capitaux ou du financement du terrorisme, modifiant le règlement (UE) n° 648/2012 du Parlement européen et du Conseil et abrogeant la directive 2005/60/CE du Parlement européen et du Conseil et la directive 2006/70/CE de la Commission, *JOUE* n° L 141 du 5 juin 2015, p. 73. V. R. Mortier et S. Bol, « Le registre des bénéficiaires effectifs », *Dr. sociétés* novembre 2017, étude 11.

15 Directive (UE) 2018/843 du Parlement européen et du Conseil du 30 mai 2018 modifiant la directive (UE) 2015/849 relative à la prévention de l'utilisation du système financier aux fins du blanchiment de capitaux ou du financement du terrorisme ainsi que les directives 2009/138/CE et 2013/36/UE, *JOUE* n° L 156 du 19 juin 2018, p. 43, art. 1er, § 42, V. *Dr. sociétés* octobre 2018, comm. 162, obs. R. Mortier.

16 Une nouvelle version du registre a depuis été mise en place, qui a conduit à l'abrogation du règlement de 2010 et à son remplacement par le règlement d'exécution (UE) 2016/480 de la Commission du 1er avril 2016 établissant des règles communes concernant l'interconnexion des registres électroniques nationaux relatifs aux entreprises de transport routier, *JOUE* n° L 87 du 2 avril 2016, p. 4.

17 Règlement d'exécution (UE) 2015/884 de la Commission du 8 juin 2015 établissant les spécifications techniques et les procédures nécessaires au système d'interconnexion des registres mis en place par la directive 2009/101/CE du Parlement européen et du Conseil, *JOUE* n° L 144 du 10 juin 2015, p. 1. Ce règlement a depuis été abrogé et remplacé par le règlement d'exécution (UE) 2020/2244.

18 Ce registre est consultable avec l'identifiant unique européen (EUID) que les États membres doivent remettre aux sociétés inscrites dans leur registre national (cf. art. 16, directive (UE) 2017/1132, préc.).

Registers Interconnection (IRI) for Europe) assure l'interconnexion entre les registres nationaux d'insolvabilité et le portail européen e-Justice, selon les mesures techniques et exigences posées par le règlement d'exécution (UE) 2019/917 de la Commission du 4 juin 2019[19]. Enfin, pour la quatrième interconnexion prévue entre les registres des bénéficiaires effectifs des sociétés, c'est le règlement d'exécution (UE) 2021/369 de la Commission du 1er mars 2021 qui crée le système BORIS (Beneficial Ownership Registers Interconnection System) pour connecter entre eux les registres centraux nationaux et le portail européen e-Justice, via la plateforme centrale européenne[20].

Le raccordement des registres nationaux. Une fois mis en place, l'effectivité de ces systèmes d'interconnexion dépend encore de la coopération des États membres pour adapter leurs registres nationaux aux spécifications juridiques et techniques imposées par les textes européens et pour permettre la consultation de ces registres via le portail e-Justice. Une interconnexion totale, qui permet de consulter les registres de tous les États membres, n'est pas une tâche aisée. Par exemple, à ce jour, la consultation du portail e-Justice fait apparaître que seuls les registres insolvabilité de treize pays sont interconnectés par le système IRI. Pour ce qui concerne la France, ce registre a été intégré dans le registre du commerce et des sociétés qui, pour ce faire, a été adapté aux exigences européennes par le décret nº 2018-452 du 5 juin 2018[21]. Et c'est Infogreffe qui constitue l'opérateur technique de l'interconnexion du RCS au portail e-Justice et qui alimente ce portail depuis le 1er septembre 2021[22].

Toutefois, la mission de surveillance reconnue à la Commission européenne et les sanctions auxquelles s'exposeraient des États membres inactifs sont de nature à renforcer l'efficacité des systèmes d'interconnexion dans la mesure où ils invitent ces derniers à faire preuve de diligence. Plusieurs actions engagées récemment démontrent l'attention portée par la Commission européenne au respect par les États membres de leurs engagements dans ce domaine. Le 14 mai 2020 la Commission a ainsi saisi le Cour de justice de l'Union européenne (CJUE) de recours contre Chypre, les Pays-Bas et le Portugal au motif que ces États membres n'ont pas adapté leur registre des entreprises de transport routier à la nouvelle version du système d'interconnexion ERRU. Dans son communiqué de presse, elle insiste sur le fait que cet outil d'échange d'informations est un instrument

---

19 Règlement d'exécution (UE) 2019/917 de la Commission du 4 juin 2019 établissant le cahier des charges, les mesures techniques et les autres exigences requises pour le système d'interconnexion des registres d'insolvabilité conformément à l'article 25 du règlement (UE) 2015/848 du Parlement européen et du Conseil, *JOUE* nº L 146 du 5 juin 2019, p. 100.

20 Règlement d'exécution (UE) 2021/369 de la Commission du 1er mars 2021 établissant les spécifications techniques et les procédures nécessaires au système d'interconnexion des registres centraux visé par la directive (UE) 2015/849 du Parlement européen et du Conseil, *JOUE* nº L 71 du 2 mars 2021, p. 11.

21 Le décret nº 2018-452 du 5 juin 2018 modifie l'article R. 621-8, C. com. Cf. « Le droit européen des procédures d'insolvabilité » in M. Menjucq, B. Saintourens et B. Soinne (dir.), *Traité des procédures collectives*, 3e éd., Paris, LexisNexis, 2021 nº 4423.

22 Cf. Infogreffe, actualité du 12 octobre 2021, <https://www.infogreffe.fr/verifier-la-solvabilite-d-une-entreprise-en-europe-grace-aux-greffiers-des-tribunaux-de-commerce.html>.

essentiel pour garantir le respect de la législation de l'Union et une concurrence équitable entre les opérateurs du secteur du transport routier[23]. Le 15 juillet 2021, c'est contre la Bulgarie qu'elle saisit d'un recours la CJUE pour n'avoir toujours pas connecté son registre national au système d'interconnexion des registres du commerce (BRIS) en violation de la directive (UE) 2017/1132. Elle relève qu'en raison de cette absence de connexion, il est difficile pour les citoyens, les entreprises et les professionnels de l'UE d'obtenir des informations pertinentes sur les sociétés bulgares et que, sans le BRIS, les registres du commerce ne peuvent pas coopérer dans le cas de concentrations transfrontalières auxquelles participent des sociétés bulgares ou de procédures liées à des succursales transfrontières de sociétés bulgares. On relèvera que des procédures d'infraction avaient également été ouvertes contre la France et l'Irlande, mais que la Commission a décidé de les clore après que ces deux pays eurent pris des mesures satisfaisantes.

Ce dernier contrôle opéré par la Commission témoigne de l'utilité de prévoir un cadre contraignant à l'interconnexion des registres de publicité. La réglementation européenne adoptée au sujet des registres commerciaux pourrait dès lors servir de modèle à la coordination des registres civils.

II. L'interconnexion des registres civils

Dans le domaine de la publicité légale intéressant les particuliers, le droit européen est encore peu présent. Chaque État membre réglemente ses services de publicité et l'interconnexion des registres nationaux reste limitée. Toutefois, des initiatives privées, soutenues par les institutions européennes, ont été prises en la matière (1.), qui pourraient amorcer un mouvement législatif européen vers une interconnexion plus structurée et contraignante des registres nationaux (2.).

1. Les expériences d'interconnexions

L'interconnexion des registres testamentaires. En matière successorale, c'est en 2002 qu'a été décidée la création d'un réseau européen des registres des testaments par la Conférence des notaires de l'Union européenne (CNUE). L'objectif était de contribuer à la création d'un espace juridique européen pour les citoyens et de promouvoir la reconnaissance mutuelle des dispositions de dernières volontés. Ce projet a donné naissance en 2005 à l'Association du Réseau européen des registres testamentaires (ARERT), qui est une association de droit belge sans but lucratif[24]. Dans le cadre du projet IRTE « Interconnecter les registres testamentaires européens », cette association a développé deux

---

23 Comm. eur., communiqué IP/20/867 du 14 mai 2020, « La Commission européenne saisit la Cour de recours contre Chypre, les Pays-Bas et le Portugal pour défaut de mise à niveau de leur registre du transport routier », <https://ec.europa.eu/commission/presscorner/detail/fr/IP_20_867>.

24 *JCl. Liquidations – Partages*, V° Successions internationales, fasc. 10, « Libéralités. Problèmes communs – Testaments », par G. A. L. Droz et M. Revillard, n° 109. Cf. le site de l'ARERT <http://www.arert.eu>.

applications entre 2010 et 2012 : le « RERT », qui permet l'interconnexion directe et automatisée des registres testamentaires informatisés, et le « RERT Light », qui permet d'interroger les registres non encore informatisés ou centralisés par l'intermédiaire d'un correspondant désigné. Pour ce projet, l'ARERT a bénéficié d'un cofinancement de la Commission européenne dans le cadre du programme « Justice civile 2007-2013 ». Il a par la suite été adapté pour prendre en compte le règlement européen (UE) n° 650/2012 sur les successions internationales, qui a institué le certificat successoral européen permettant de prouver sa qualité héréditaire et pouvant être utilisé dans un autre État membre[25]. Le Réseau européen des registres testamentaires (RERT) comprend actuellement quatorze registres nationaux de testaments et trois de CSE, dont celui de la France.

L'interconnexion des registres fonciers. En matière immobilière, un premier projet pilote soutenu par la Commission européenne a été lancé au début des années 2000 pour faciliter l'accès d'un pays européen aux registres fonciers des autres États membres par un renforcement de la coopération entre les propriétaires et les contrôleurs des registre. Il s'agit du projet EULIS (European Land Information Service), qui a abouti à la création en 2007 d'un portail de consultation des systèmes de publicité foncière nationaux. Toutefois, en 2016, seuls cinq États de l'Union européenne participaient au projet[26] et le portail a été fermé en 2017, en raison également du lancement parallèle d'un autre projet de coopération entre États par l'intermédiaire de l'Association européenne des registres fonciers, l'ELRA (European Land Registry Association). Cette association de droit belge, composée de 32 organismes représentant les registres fonciers de 22 États membres de l'UE, a pour principale mission le développement et la compréhension du rôle joué par l'enregistrement foncier pour les marchés immobiliers et de capitaux. En 2010, a été créé en son sein le réseau européen des registres fonciers, l'ELRN (European Land Registry Network), qui vise à faciliter la coopération mutuelle entre les membres de l'association. Toutefois, ce réseau est moins ambitieux que ne l'était le système EULIS puisqu'il vise surtout à expliquer le fonctionnement des registres fonciers de chaque pays de l'Union, pour accompagner et aider dans la consultation de ces registres, mais sans instaurer de système de connexion qui en permettrait la consultation directe à partir d'une nomenclature uniformisée. Ce système bénéficie toutefois du soutien des institutions européennes. En témoigne le fait qu'il soit consultable depuis le portail européen e-Justice comme les systèmes d'interconnexion des registres commerciaux et d'insolvabilité, alors qu'il repose sur une initiative privée. La France est représentée à l'ELRA mais elle n'a pas pour le moment adhéré au réseau ELRN.

---

25 Règlement (UE) n° 650/2012 du Parlement européen et du Conseil du 4 juillet 2012 relatif à la compétence, la loi applicable, la reconnaissance et l'exécution des décisions, et l'acceptation et l'exécution des actes authentiques en matière de successions et à la création d'un certificat successoral européen, *JOUE* n° L 201 du 27 juillet 2012, p. 107.

26 Ce projet n'a pas suscité l'intérêt de la Conférence des notariats de l'Union européenne, cf. *Mouvement Jeune Notariat* 2006-1, p. 30.

2. Les perspectives d'interconnexions

L'utilité des systèmes d'interconnexion. Sans doute l'intérêt de relier les registres de publicité légale est-il plus visible au niveau des entreprises que des particuliers dans la perspective de l'ouverture des marchés et du développement des opérations transfrontalières. Pourtant, la libre circulation des personnes et des capitaux devrait également encourager à une telle structuration des registres civils.

Déjà en 2005, dans son livre vert sur le crédit hypothécaire dans l'Union européenne, la Commission soulignait l'impact du crédit hypothécaire dans l'économie européenne qu'elle présentait comme un maillon essentiel de l'économie globale de tous les États membres de l'UE. Elle relevait que l'intégration des marchés européens du crédit hypothécaire, encore très individuels, présenterait l'avantage de réduire le coût du crédit par une meilleure mise en concurrence des établissements bancaires et rendrait ainsi le crédit immobilier accessible à un plus grand nombre d'emprunteurs[27]. Faciliter la connaissance de l'état hypothécaire des immeubles situés sur le territoire de l'Union européenne favoriserait également la comparaison des offres de crédit subordonnées à la fourniture d'une sûreté immobilière. De manière plus large, l'interconnexion des registres fonciers pourrait stimuler la conclusion des opérations immobilières transfrontalières.

Mais c'est certainement d'abord l'interconnexion des registres de publicité des sûretés mobilières qui présenterait le plus d'intérêt[28]. Principalement utilisées par les entreprises pour obtenir des financements, ces sûretés se situent au carrefour des matières civile et commerciale et leur connaissance s'avère particulièrement nécessaire lorsqu'une entreprise se retrouve confrontée à l'ouverture d'une procédure d'insolvabilité. La présence d'actifs mobiliers sur plusieurs territoires de l'Union européenne, sans compter le risque de déplacement des biens grevés des sûretés, rend d'autant plus nécessaire la mise en place d'un dispositif de publicité légale à l'échelle européenne. L'interconnexion des registres nationaux faciliterait la connaissance des créanciers titulaires de ces sûretés et compléterait à bon escient l'interconnexion des registres d'insolvabilité qui est déjà réglementée.

Les contraintes. Il ne faut toutefois pas occulter les difficultés juridiques et techniques soulevées par l'instauration d'un accès centralisé aux systèmes de publicité légale.

Au niveau juridique, le projet se heurte à la disparité des registres nationaux, qui reposent sur des réglementations très différentes d'un pays à l'autre. Plusieurs systèmes de publicité peuvent même coexister au sein d'un seul État comme

---

27 Comm. CE, Livre vert « Le crédit hypothécaire dans l'Union européenne », COM(2005) 327 final, 19 juillet 2005.

28 Sur la question, cf. A. Bernard-Roujou de Boubée, *Sûretés et droits européens*, Paris, Mare & Martin, 2020, spéc. n° 119 et s.

c'est le cas de la France pour la publicité foncière[29]. Toutefois, les systèmes d'interconnexion mis en place au niveau des registres commerciaux montrent qu'une harmonisation totale des réglementations n'est pas nécessaire et que chaque État peut conserver ses spécificités fortes. Ainsi, au même titre que l'immatriculation des sociétés produit des effets variables selon les systèmes nationaux, pouvant aller comme en France jusqu'à conférer sa personnalité morale à la structure, dans le cadre d'une interconnexion des registres fonciers, les États pourraient continuer d'attacher une portée variable à la publicité des hypothèques en lui faisant produire un effet déclaratif ou constitutif[30]. En outre, pour les sûretés mobilières, un certain consensus s'opère autour de l'idée que la sûreté doit faire l'objet d'une publicité dès lors qu'elle ne s'accompagne pas d'une dépossession du constituant, ce qui peut poser les fondations d'une harmonisation *a minima* du régime de ces sûretés au niveau européen[31]. C'est peut-être en termes de protection des données personnelles que l'interconnexion des registres civils pourrait soulever le plus de difficultés, l'objectif n'étant certainement pas, par exemple, qu'une telle mise en relation des registres permette de connaître tout le patrimoine détenu par un particulier sur le territoire européen. Toutefois, l'interconnexion des registres des bénéficiaires effectifs qui intéresse également les citoyens de l'Union européenne montre que l'obstacle doit être surmontable, d'autant plus que le système de transparence absolue mis en place dans ce domaine, qui repose sur l'accès des registres à tous[32], ne s'impose pas nécessairement en matière de sûretés, où l'accès aux registres fonciers notamment pourrait rester réservé aux professionnels du secteur.

Au niveau technique, les obstacles restent encore nombreux, une interconnexion des registres supposant que ces derniers soient informatisés, accessibles par voie électronique et que le recours au numérique ne remette pas en cause leur fiabilité. Dans le livre blanc sur l'intégration du marché européen du crédit hypothécaire du 18 décembre 2007, la Commission relevait notamment que les États membres devaient améliorer l'efficacité de leurs procédures d'enregistrement sur les registres fonciers et renforcer la transparence et la fiabilité de leurs registres[33]. Avant d'envisager de relier les registres les uns aux autres, le droit européen pourrait dès lors commencer par encadrer les systèmes de

29 La France connaît deux systèmes de publicité foncière : le système du droit commun, qui repose sur le fichier immobilier, et le système du droit local applicable dans les trois départements du Haut-Rhin, du Bas-Rhin et de la Moselle, qui repose sur le livre foncier.

30 Sur la question, cf. A. Bernard-Roujou de Boubée, *op. cit.*, n° 299.

31 En France, l'ordonnance n° 2021-1192 du 15 septembre 2021 portant réforme du droit des sûretés, *JORF* n° 0216 du 16 septembre 2021, prévoit l'organisation par décret avant le 1er janvier 2023 d'un registre unique des sûretés mobilières qui facilitera l'information des tiers et renforcera l'efficacité de ces garanties. Cette uniformisation est également propice à un meilleur accès à ces données au niveau européen.

32 Sur ce point, cf. R. Mortier, comm. préc. sous directive 2018/843/UE, « Fin de l'anonymat des associés (ouverture au grand public du registre des bénéficiaires effectifs) », *Dr. sociétés* octobre 2018, comm. 162.

33 Texte E 3754 – COM (2007) 807 final.

publicité légale pour imposer leur dématérialisation et fixer les règles nécessaires à la sécurité des systèmes. Là encore, la publicité des sûretés mobilières apparaît plus rapidement propice à l'uniformisation des techniques de diffusion de l'information que celle du foncier, qui repose encore parfois sur un cadastre non dématérialisé. Mais l'accélération des progrès techniques permet de nourrir de sérieux espoirs[34].

34 En France, la numérisation des services de publicité foncière a connu un tournant décisif avec la généralisation du dépôt des actes par le biais de l'application Télé@ctes, qui s'est poursuivi par la dématérialisation complète du flux entre les notaires, les services de publicité foncière et les services de paiement grâce à l'emploi d'un langage informatique commun standardisé sur une plateforme sécurisée. Cf. C. Pommier, A. Cazalet et V. Mameli, « Publicité foncière et numérique : état des lieux et perspectives – La publicité foncière digitalisée, de l'informatisation à la dématérialisation des flux », *JCP N* 2021, n° 26, 1240, p. 31.

De l'influence du droit européen sur les sûretés réelles dans le droit français des procédures collectives

Francine Macorig-Venier*
Université Toulouse 1 Capitole

Résumé

Le sort des sûretés réelles dans le droit français des entreprises en difficulté est soumis à l'influence croissante du droit européen de manière récente. Cette influence, perceptible dès l'adoption du Règlement CE (CE) n° 1346/2000 du 29 mai 2000, s'est sensiblement intensifiée avec la transposition de la directive UE) 2019/1023 du 20 juin 2019. Elle se traduit par une tendance à l'amélioration de la reconnaissance de l'existence des sûretés réelles dans les procédures collectives et surtout de leur efficacité dans ces procédures.

* Professeure à l'université Toulouse 1 Capitole, directrice du Centre de droit des affaires (EA 780).

À l'heure où l'européanisation du droit français des entreprises en difficulté prend une nouvelle dimension avec la transposition de la directive (UE) 2019/1023 du 20 juin 2019[1] opérée par l'ordonnance n° 2021-1193 du 15 septembre 2021 portant réforme du livre VI du code de commerce[2], il est permis de s'interroger sur l'influence du droit européen[3] sur les sûretés réelles dans le droit des entreprises en difficulté, en particulier sur leur reconnaissance et leur efficacité, dont on soutient qu'elles sont améliorées.

On ne peut manquer de souligner ici l'incroyable pénétration du droit européen dans des domaines dont il était traditionnellement exclu, le droit des entreprises en difficulté et le droit des sûretés réelles. Cette exclusion était justifiée par le caractère d'ordre public marqué du premier, lié historiquement à son caractère répressif. Elle s'expliquait également par la grande disparité des procédures d'insolvabilité ainsi que du régime des biens, des droits réels, sur lequel repose le droit des sûretés réelles, ce droit résultant de choix politiques tranchés[4] et demeurant empreint d'une certaine rigidité[5], non sans lien avec des considérations d'ordre public[6]. Cette avancée du droit européen dans des terres nouvelles ne peut sans doute manquer de réjouir l'européaniste convaincue qu'est le professeur Laurence Idot, dédicataire de ces quelques lignes. Cette pénétration est remarquable, car même si la transposition en droit français est, somme toute, relativement limitée, se traduisant pour l'essentiel par la consécration d'une nouvelle procédure de sauvegarde accélérée unifiée, elle n'en produit pas moins un certain « effet papillon » et s'observent des modifications sensibles des dispositions relatives à la liquidation judiciaire, concernant spécialement le sort des sûretés réelles. Ces modifications, en lien avec la directive, prennent également appui sur l'habilitation conférée au législateur par l'article 60, I, 14° de la loi

1 Directive (UE) 2019/1023 du Parlement européen et du Conseil du 20 juin 2019 relative aux cadres de restructuration préventive, à la remise de dettes et aux déchéances, et aux mesures à prendre pour augmenter l'efficacité des procédures en matière de restructuration, d'insolvabilité et de remise de dettes, et modifiant la directive (UE) 2017/1132, *JOUE* n° L 172 du 26 juin 2019, p. 18.

2 L'habilitation en ce sens a été donnée par l'article 196 de la loi n° 2019-486 du 22 mai 2019 relative à la croissance et la transformation des entreprises, dite « loi PACTE », *JORF* n° 0119 du 23 mai 2019.

3 Le droit européen en la matière repose aussi sur le règlement (UE) 2015/848 du Parlement européen et du Conseil du 20 mai 2015 relatif aux procédures d'insolvabilité, *JOUE* n° L 141 du 5 juin 2015, p. 19, règlement dont les effets positifs sur la situation des créanciers titulaires de sûretés réelles ont pu être exposés : M.-H. Monsèrié-Bon, « La situation des créanciers titulaires de sûretés réelles dans le règlement insolvabilité : un exemple de "droit positif" », in *Mélanges en l'honneur de Corinne Saint-Alary-Houin : un droit « positif », un droit de progrès*, Paris-La Défense, LGDJ, 2020, p. 409.

4 Du côté des sûretés réelles, l'harmonisation européenne est encore très limitée : sont à ce jour citées la directive du 6 juin 2002 concernant les contrats de garantie financière et la directive du 16 février 2011 concernant la lutte contre les retards de paiement dans les transactions commerciales et contenant des dispositions relatives à la réserve de propriété. cf. M. Bourassin et V. Brémond, *Droit des sûretés*, 7e éd., Paris, Sirey, 2020, n° 721.

5 En dépit de la progression du rôle de la volonté (cf., avant la réforme de 2006, P. Dupichot, *Le pouvoir des volontés individuelles en droit des sûretés*, Paris, Éd. Panthéon-Assas, 2005), l'existence d'un *numerus clausus* des sûretés réelles n'est pas démentie par la Cour de cassation, qui a refusé d'admettre la cession de créance en propriété à titre de garantie en dehors des hypothèses où la loi le permettait (Cass. com., 19 décembre 2006, no 05-16.395, *Bull. civ.* IV, n° 250 ; Cass. com., 26 mai 2010, no 09-13.388, *Bull. civ.* IV, n° 94), contraignant ainsi le législateur à intervenir (art. 11, ordonnance n° 2021-1192 du 15 septembre 2021 portant réforme du droit des sûretés, *JORF* n° 0216 du 16 septembre 2021, instituant une cession de créance à titre de garantie).

6 Sur la question, cf. not. N. Borga, L'ordre public et les sûretés conventionnelles : contribution à l'étude de la diversité des sûretés, Paris, Dalloz, 2009.

PACTE afin de mieux articuler le droit des sûretés et le droit des entreprises en difficulté[7].

L'amélioration supposée du sort des créanciers titulaires de sûretés réelles, insufflée par le droit européen, qu'il s'agisse du règlement européen révisé ou de la directive dite « Restructuration et insolvabilité », comporte néanmoins certaines limites. Ces créanciers subissent également en principe la discipline collective, spécialement la suspension des poursuites qui en constitue le pilier. Celle-ci est imposée assez largement dans les différents droits de l'insolvabilité en Europe[8]. Que la règle de l'arrêt des poursuites, qualifiée de principe d'ordre public non seulement interne, mais également international[9], ait été reprise par la directive du 20 juin 2019 (art. 6 et 7), où les préoccupations de sauvetage des entreprises, que favorise indéniablement l'application de ce principe, sont présentes, n'est pas surprenant.. Y ont même été consacrés de substantiels développements (liés, il est vrai, aux nombreuses et diverses possibilités d'adaptation offertes aux États membres). Son application aux titulaires de sûretés est au demeurant prévue en principe (art. 6, § 2) même si des exceptions peuvent y être apportées par les États membres en faveur d'un ou de plusieurs créanciers ou catégories de créanciers ou créances. Une levée de la mesure peut également être ordonnée, si le droit national le prévoit, notamment si un ou plusieurs créanciers ou une ou plusieurs classes subissaient un préjudice excessif du fait de la suspension (ce qui pourrait concerner plus particulièrement les titulaires de sûretés)[10].

Par ailleurs, la directive elle-même a ouvert la voie à la création d'un privilège, garantissant les financements « nouveaux » ou « intermédiaires »[11], c'est-à-dire consentis pendant la procédure de restructuration préventive ou pendant l'exécution du plan de restructuration adopté à l'issue de celle-ci[12]. Or, une telle garantie est susceptible de représenter une menace pour les créanciers antérieurs titulaires de sûretés. La mesure transposée par anticipation par l'ordonnance du 20 mai 2020 a été reprise par l'ordonnance du 15 septembre 2021, non sans avoir

---

7 Sur l'articulation réalisée par l'ordonnance n° 2021-1193 du 15 septembre 2021 portant réforme du livre VI du code de commerce, *JORF* n° 0216 du 16 septembre 2021 : F. Macorig-Venier, « Articulation du droit des entreprises en difficulté avec le droit des sûretés (Ordonnance n° 2021-1193, portant réforme du livre VI du Code de commerce) », Lexbase *Hebdo éd. affaires*, n° 691, 7 octobre 2021, N8991BYN ; P.-M. Le Corre (dir.), Dossier spécial « La réforme du droit des entreprises en difficulté par l'ordonnance du 15 septembre 2021 », Lexbase *Hebdo éd. affaires*, n° 693, 28 octobre 2021, N9239BYT ; D. Robine, « L'articulation du droit des sûretés avec le Livre VI du Code de commerce : un exercice d'équilibrisme », *RLDA* novembre 2021, n° 175, suppl., p. 52.

8 J.-L. Vallens, in M. Menjucq, B. Saintourens et B. Soinne (dir.), *Traité des procédures collectives*, 3e éd., Paris, LexisNexis, 2021, n° 4051 à 4267.

9 Cf. dernièrement Cass. com., 12 novembre 2020, n° 19-18-849, PB ; *Act. proc. coll.* 2021, alerte 5, note L. Fin-Langer ; *Rev. proc. coll.* 2021, comm. 119, M. Menjucq, et comm. 124, F. Macorig-Venier.

10 E. Fabries-Lecea, M. Laroche, C. Lisanti, T. Mastrullo et D. Robine, « L'impact de la directive Restructuration et insolvabilité sur les parties prenantes de l'entreprise en difficulté », *JCP E* 2020, p. 1077, n° 13.

11 Directive (UE) 2019/1023, préc., art. 2, § 1, 7° et 8°.

12 *Ibid.*, art. 17, § 4.

suscité des débats sur le sort de ce privilège et son classement, finalement sans grand danger pour ceux-ci[13].

S'agissant précisément du sort des sûretés réelles dans le droit français des entreprises en difficulté, il convient d'en tempérer l'approche négative. Bien que fort malmenées un temps, les sûretés réelles ont ensuite suscité l'attention constante du législateur. C'est la réforme de 1985 qui provoqua une altération sensible des prérogatives qu'elles confèrent en droit commun, avec une nette propension à l'« égalitarisation ». Cependant, un rééquilibrage en faveur des titulaires de sûretés réelles a été opéré dès 1994, s'accompagnant d'un certain retour à une égalité, non plus arithmétique, mais distributive[14]. Ce rééquilibrage procédait d'un souci de pragmatisme : il s'agissait de juguler les risques de tarissement du crédit que faisaient planer les établissements financiers sur les entreprises. Le mouvement ainsi amorcé s'est poursuivi par la suite. Mais il n'était sans doute pas allé assez loin[15]. Avec la mondialisation de l'économie, le sort des créanciers titulaires de sûretés dans les procédures collectives en France est apparu encore trop peu enviable au regard de la situation rencontrée dans d'autres pays, y compris dans l'espace européen, tout particulièrement en Angleterre ou en Allemagne, alors que s'exprimaient avec plus d'insistance les souhaits d'une harmonisation minimale. La loi de sauvegarde du 26 juillet 2005[16], sans délaisser l'objectif de sauvetage des entreprises, avait certes adopté des règles plus favorables aux créanciers en général et, pour certaines d'entre elles, aux créanciers titulaires de sûretés. S'il a fallu ensuite adapter ces règles à la réforme des sûretés opérée par l'ordonnance du 23 mars 2006, les grands équilibres n'avaient pas été sensiblement modifiés, en particulier la distinction du sort des sûretés en fonction des procédures, la sauvegarde et le redressement affectant davantage celui-ci que la liquidation judiciaire. La réforme récemment intervenue – sous l'influence allemande en ce qui concerne les créanciers[17] –, réforme articulée avec celle du droit des sûretés[18] concomitamment opérée, apporte à cet égard un changement notable.

---

13 N. Borga et J. Théron, « Ordonnance du 15 septembre 2021 réformant le droit des entreprises en difficulté, un tournant ? », *D.* 2021, p. 1773 et s., n° 32.

14 A. Aynès, « Les causes classiques de préférence : l'égalité respectée ? Le traitement différencié des créanciers titulaires de sûretés réelles », in « Que reste-t-il du principe d'égalité des créanciers dans les procédures collectives ? », *BJE* 2019, n° 6, 117j8, p. 52.

15 Ainsi N. Borga prône-t-il d'associer les propriétaires à l'effort collectif en considération de l'utilité du bien pour l'activité : « Le sort des propriétaires de biens », in « Que reste-t-il du principe d'égalité des créanciers dans les procédures collectives ? », *BJE* 2019, n° 6, 117 h 8, p. 57.

16 Loi n° 2005-845 du 26 juillet 2005 de sauvegarde des entreprises

17 Si l'inspiration de la directive est française s'agissant de la prévention, c'est l'influence allemande qui a dominé concernant le sort et le rôle des créanciers : T. Andrieu, « La future transposition de la directive européenne sur l'insolvabilité », *Rev. proc. coll.* 2019, n° 3, dossier 12 ; F. Pérochon, E. Delzant, M. Boché-Robinet et D. Caramalli, « Améliorer les restructurations d'entreprises : approche comparée des droits et meilleures pratiques en France et en Allemagne », *BJE* 2019, n° 4, 117c3, p. 55.

18 Sur la nécessité d'une telle articulation : R. Dammann et V. Rotaru, « Pour une réforme cohérente du droit des sûretés et de la loi de sauvegarde dans une approche d'harmonisation franco-allemande », *Rev. proc. coll.* 2018, n° 4, dossier 23, p. 91 ; R. Dammann et M. Guermonprez, « Pour une réforme du droit des sûretés en adéquation avec le droit des entreprises en difficulté », *D.* 2018, p. 1160.

Il apparaît que le droit européen, s'il prolonge une tendance déjà existante à l'amélioration du sort des sûretés réelles dans le droit des entreprises en difficulté, conduit à amorcer un nouveau virage. Au-delà d'une amélioration de la reconnaissance de l'existence de sûretés réelles (I.), l'influence européenne apparaît porteuse d'une amélioration de leur efficacité (II.).

I. L'amélioration de la reconnaissance de l'existence des sûretés réelles dans les procédures collectives sous l'influence européenne

L'actualité liée à l'adoption de la directive et à sa transposition met assurément en lumière l'avènement des classes de créanciers dont les vertus pour les créanciers titulaires de sûretés sont vantées. Il convient toutefois de ne pas oublier l'incidence qu'a eue le règlement européen sur leur sort, à l'occasion de l'adoption de la loi du 26 juillet 2005, en mettant un terme à la sanction de l'extinction des créances pour défaut de déclaration. L'influence du règlement européen sur les sûretés doit ainsi être rappelée (1.) avant que l'accent ne soit mis sur l'incidence de l'adoption des classes de créanciers (2.).

1. Le règlement européen et la suppression de l'extinction des créances pour défaut de déclaration

Particulièrement rigoureuses pour les créanciers, y compris pour les créanciers titulaires de sûretés, les règles du droit français en matière de déclaration des créances édictées par la loi du 25 janvier 1985[19] avaient néanmoins connu quelques assouplissements au fil des réformes, plus particulièrement au profit des créanciers titulaires de sûretés publiées : ainsi après avoir porté, pour tous les créanciers, le délai de déclaration de quinze jours à deux mois[20], le législateur, opérant en 1994 un « *printemps des sûretés réelles* »[21], choisit de faire bénéficier les créanciers titulaires de sûretés publiées d'un régime plus favorable en prévoyant qu'en cas de défaut d'avertissement de leur obligation d'avoir à déclarer leur créance par lettre recommandée avec accusé de réception la forclusion ne leur serait plus opposable. La jurisprudence avait, dans le prolongement de ce texte, jugé que le délai de déclaration ne courait qu'à compter de la réception de l'avertissement. Cette jurisprudence fut consacrée par la réforme du 26 juillet 2005[22], dont l'apport essentiel fut toutefois la suppression de la sanction de l'extinction de la créance en cas de défaut de déclaration, sanction instituée par la loi du 25 janvier 1985.

---

19 Loi n° 85-98 du 25 janvier 1985 relative au redressement et à la liquidation judiciaires des entreprises.

20 Décret n° 88-430 du 21 avril 1988 relatif au redressement et à la liquidation judiciaire des entreprises, *JORF* du 26 avril 1988.

21 M. Cabrillac et P. Pétel, « Juin 1994, le printemps des sûretés réelles ? », *D.* 1994, chron., p. 243.

22 F. Macorig-Venier et C. Saint-Alary-Houin, « La situation des créanciers dans la loi du 26 juillet 2005 de sauvegarde des entreprises », *RDBF* 2006/1, p. 60, spéc. n° 29.

L'extinction de la créance résultant du défaut de déclaration emportait disparition de ses accessoires, notamment des sûretés personnelles et réelles. Elle fit tout particulièrement le bonheur des cautions pendant les deux décennies d'application de la mesure. Pourtant, la suppression de cette sanction très décriée et propre au droit français avait paru s'imposer au regard du droit européen naissant de l'insolvabilité. L'extinction de la créance heurtait alors les dispositions de l'article 5 du règlement (CE) n° 1346/2000 du 29 mai 2000[23]. Selon celles-ci, l'ouverture de la procédure d'insolvabilité ne devait pas affecter le droit réel du créancier ou d'un tiers sur des biens se trouvant au moment de l'ouverture de la procédure sur le territoire d'un autre État membre. C'est ainsi l'anéantissement des sûretés réelles consécutif à l'extinction de la créance qui provoqua la remise en question de cette règle emblématique à laquelle fut substituée une simple inopposabilité de la créance non déclarée[24]. Les dispositions de l'article 5 ont ensuite été reprises à l'article 8 du règlement européen révisé, dont le paragraphe 1 énonce : « *L'ouverture de la procédure d'insolvabilité n'affecte pas le droit réel d'un créancier ou d'un tiers sur des biens corporels ou incorporels, meubles ou immeubles – à la fois des biens déterminés et des ensembles de biens indéterminés dont la composition est sujette à modification – appartenant au débiteur, et qui [sont situés], au moment de l'ouverture de la procédure, sur le territoire d'un autre État membre.* » L'article 8 est éclairé par le considérant 68, selon lequel « *[i]l est particulièrement nécessaire de prévoir pour les droits réels un rattachement particulier qui déroge à la loi de l'État d'ouverture [de la procédure], étant donné que ces droits revêtent une importance considérable pour l'octroi de crédits* »[25].

On observera que subsistait jusqu'à tout récemment en droit français un cas décrié d'extinction des créances lié aux règles relatives à déclaration et à la vérification des créances. Ce cas d'extinction résultait d'une jurisprudence de la Cour de cassation estimant qu'en cas de rejet de la créance en raison de l'irrégularité de la déclaration, la créance était éteinte[26]. Les vives critiques suscitées

---

23 X. de Roux, Rapport n° 2095 fait au nom de la commission des lois constitutionnelles, de la législation et de l'administration générale de la République sur le projet de loi (n° 1596) de sauvegarde des entreprises, 11 février 2005, p. 235.

24 La loi de 2005 n'avait pas expressément indiqué que la créance non déclarée était frappée d'inopposabilité. La doctrine avait prôné l'application de cette sanction, opinion qui fut consacrée par l'ordonnance du 18 décembre 2008. Cf. F. Macorig-Venier et C. Saint-Alary-Houin, « Les créanciers dans l'ordonnance n° 2008-1345 du 18 décembre 2008 portant réforme du droit des entreprises en difficulté », *Rev. proc. coll.* 2009, n° 1, dossier 9, p. 65, n° 23.

25 Cet article et ce considérant traduisent la volonté de réserver un sort favorable aux créanciers titulaires de sûretés réelles dans les procédures transfrontalières soumises au règlement, ce qui sans relever de notre propos, limité à l'influence du droit européen sur le droit français des sûretés, mérite néanmoins d'être souligné. Cf. M. Menjucq, « L'efficacité des sûretés à l'épreuve des procédures transfrontalières », *Rev. proc. coll.* 2009, n° 3, étude 12 ; L.-C. Henry, « L'approche des sûretés réelles dans le droit communautaire des entreprises en difficulté », in « Sûretés réelles et droit des entreprises en difficulté », *LPA* 11 février 2011, n° 30, p. 31. Ce sort favorable consiste à les faire échapper à la *lex fori concursus*. Encore faut-il qu'ils satisfassent aux exigences posées par l'article 8. Sur celles-ci, cf. M.-H. Monsèrié-Bon, préc.

26 Cass. com., 4 mai 2017, n° 15-24.854, PB ; *Act. proc. coll.* 2017, alerte 167, note Le Bars ; *Gaz. Pal.* 27 juin 2017, n° 297x3, p. 60, P.-M. Le Corre ; *Act. proc. coll.* 2018, alerte 140, obs. C. Saint-Alary-Houin, F. Macorig-Venier et J. Théron ; *D.* 2017. 2001, obs. P. Crocq ; *JCP E* 2017. 1460, n° 13, obs. Pétel ; *JCP E* 2017. 1434, obs. T. Stefania ; *RDBF* 2017, comm. 180, C. Houin-Bressand ; Cass. com., 22 janvier 2020, n° 18-19.526, PB ; *Rev. proc. coll.* 2018, comm. 100, note P. Cagnoli.

par cette solution ont conduit les rédacteurs de l'ordonnance n° 2021-1193 du 15 septembre 2021 à y mettre un terme, sans qu'ait été directement évoqué cette fois le droit européen.

Au-delà de la préservation de l'existence des sûretés en tant qu'accessoires de la créance garantie, c'est la prise en compte des intérêts distincts des créanciers titulaires de sûretés réelles à laquelle contribue assurément le droit européen.

2. La prise en compte des intérêts distincts des titulaires de sûretés réelles : La substitution de classes de créanciers aux comités de créanciers

Si le droit français reste marqué par une règle introduite en 1985 et demeurant encore en droit positif en dépit d'un domaine plus restreint[27], celle des délais uniformes de paiement imposés dans le plan de redressement, ou de sauvegarde depuis la loi de 2005, aux créanciers, quelle que soit la nature de leur créance, règle emblématique de la négation de l'existence des sûretés, les lignes ont pourtant bougé, et ce, relativement récemment, notamment *via* les comités de créanciers institués par la loi de 2005[28]. Leur remplacement par des classes de créanciers, dont le régime est largement fidèle à la directive[29], modifie sensiblement la donne, même si la portée de ce changement mérite d'être nuancée.

On notera tout d'abord l'existence de – faibles – précédents en droit français dans la prise en compte de l'existence des sûretés : ainsi avait-on imposé de désigner comme contrôleurs à la fois un créancier chirographaire et un créancier titulaire de sûretés en présence d'une pluralité de demandes. Par ailleurs, selon l'article L. 626-30-2 du code de commerce, en présence de comités de créanciers, dont l'institution à l'époque a constitué une « innovation remarquable »[30], le projet de plan pouvait prévoir un traitement différencié entre les créanciers si leur différence de situation le justifiait. Ce texte permettait en outre une modulation, par l'administrateur judiciaire faisant fonctionner les comités, des droits de vote des créanciers parties à une convention de vote ou de subordination ou bénéficiant d'une garantie de paiement par un tiers[31].

La directive du 20 juin 2019 a conduit à opérer un changement de paradigme en rendant plus « visible » et surtout opérationnelle l'existence de garanties. Tandis que

---

27 La règle est posée par l'article L. 626-18, al. 4, du code de commerce. V. *infra* II.1. pour son champ d'application.

28 Néanmoins le régime applicable aux comités de créanciers faisait l'objet de critiques : R. Dammann, « L'introduction des classes de créanciers dans l'optique d'une harmonisation franco-allemande des procédures d'insolvabilité », in *Mélanges en l'honneur du professeur Claude Witz*, Paris, LexisNexis, 2018, p. 223.

29 K. Lemercier et F. Mercier, « Réforme du droit des entreprises en difficulté : instauration des "classes de parties affectées" », *Dalloz actualité*, 20 septembre 2021.

30 R. Dammann, « L'introduction des classes de créanciers dans l'optique d'une harmonisation franco-allemande des procédures d'insolvabilité », préc.

31 Art. L. 626-30-2, al. 4, C. com. Sur ce point, cf. R. Dammann et A. Alle, « Directive "restructuration et insolvabilité" : l'introduction des classes de créanciers en droit français », *D.* 2019, p. 2047 (dénonçant l'insécurité juridique résultant de cette règle faute de critères objectifs pour moduler les droits de vote).

la constitution des comités imposée par la loi du 26 juillet 2005 reposait sur la catégorie d'appartenance des créanciers dont les intérêts pouvaient être divergents (établissements de crédit et assimilés, fournisseurs, obligataires), sans égard à la nature et aux caractères de la créance[32], les classes devaient, selon l'article 9 de la directive, être représentatives d'une communauté d'intérêt suffisante, sur la base de critères objectivement vérifiables définis par le droit national, et être en principe au moins au nombre de deux pour distinguer les créanciers garantis et non garantis[33]. La distinction des créanciers non garantis ou chirographaires et des créanciers garantis, traduction de l'idée d'égalité distributive, était ainsi promise à faire un retour en force[34]. Toutefois, la notion de garantie n'étant pas exactement définie, cela n'était pas sans induire un certain flou dans la composition précise de la classe des créanciers garantis[35].

Le législateur français dans l'ordonnance du 15 septembre 2021 transposant la directive impose, s'agissant de la répartition des créanciers en classes, au moins deux classes distinguant plus précisément les créanciers titulaires de sûretés réelles portant sur les biens du débiteur et les autres créanciers (art. L. 626-30, III, C. com.)[36]. On observera que le terme de « sûreté » a été préféré à celui, plus flou et plus large, de « garantie ». Toutefois, compte tenu de la souplesse des règles de composition des classes, cette différence ne devrait pas avoir d'incidence sensible. S'il impose au moins la constitution de deux classes de créanciers, le droit français permet en effet d'en constituer davantage. Selon les procédures concernées, le nombre et la composition des classes sont appelés à varier[37]. Il faut, mais il suffit, qu'il existe, selon des critères objectivement vérifiables, une communauté d'intérêt économique suffisante entre les créanciers d'une même classe.

Il pourrait ainsi y avoir plusieurs classes de créanciers titulaires de sûretés en fonction de la communauté d'intérêt existant entre eux, celle-ci pouvant dépendre du rang de la sûreté, mais pas seulement. Le rapport au président de la République évoque la possibilité, selon la structure du passif, de constituer une ou plusieurs classes de créanciers publics privilégiés. Les concernant, au-delà de leur rang,

---

32 F. Pérochon, E. Delzant, M. Boché-Robinet et D. Caramalli, préc. Par exception toutefois, et par faveur, les créanciers dont les créances étaient garanties par une fiducie-sûreté étaient exclus de comités. Il s'agissait de les faire échapper à la loi de la majorité.

33 Pour les PME, les États membres pouvaient toutefois choisir de faire voter le plan par une seule classe.

34 Sur l'articulation avec les sûretés : R. Dammann et V. Rotaru, « Pour une réforme cohérente du droit des sûretés et de la loi de sauvegarde dans une approche d'harmonisation franco-allemande », préc. ; R. Dammann et M. Guermonprez, préc. ; R. Dammann et V. Rotaru, « Plaidoyer pour une approche fonctionnelle du droit des sûretés », *RJSP* juin 2019, n° 17, p. 21.

35 Cf. J.-L. Vallens, « L'avènement des classes de créanciers, une révolution pour les sûretés réelles ? », *Rev. proc. coll.* 2018, n° 4, dossier 17, n° 4. L'auteur indiquait alors que « *les sûretés réelles pourront (ou devront) être subdivisées en sûretés mobilières et sûretés immobilières* » et que « *cette catégorie pourrait être étendue aux titulaires d'un droit de propriété (fournisseurs bénéficiant d'une réserve de propriété et crédit bailleurs)* », ajoutant que « *la situation des titulaires d'une sûreté fiduciaire est plus délicate à prendre en compte (dans la limite de la créance garantie)* ».

36 Parmi les seules règles contraignantes, il est également imposé de respecter les accords de subordination (art. L. 626-30, III, 2°) et de répartir les détenteurs de capital en une ou plusieurs classes (art. L. 626-30, III, 3°), dès lors qu'ils sont des parties affectées (ce qui suppose, selon l'article L. 626-30, I, 2°, que leur participation au capital, les statuts ou leurs droits soient modifiés par le projet de plan).

37 N. Borga et J. Théron, préc. n° 30.

l'intérêt général sur lequel les privilèges reposent pourrait permettre le regroupement des créances concernées dans une même classe[38]. Si le rang apparaît être un élément essentiel, pour autant, il ne sera pas nécessairement constitué une classe par rang et des créanciers titulaires de rangs différents pourraient appartenir à une même classe dès lors qu'existe entre eux une communauté d'intérêt suffisante[39].

Quant aux créanciers titulaires de sûretés sur des biens appartenant à des tiers, sûretés personnelles le plus souvent, ou sûretés réelles, soit ils composeront la classe des « autres créanciers », soit ils seront répartis dans une ou plusieurs autres classes.

Au-delà, des interrogations surgissent. Ainsi en est-il de la répartition éventuelle d'un créancier dans plusieurs classes pour la même créance, comme l'envisage le considérant 44 de la directive, indiquant que les États membres peuvent prévoir que « *les créances garanties peuvent être réparties en parties garanties et [en parties] non garanties sur la base d'une évaluation des sûretés* »[40]. La double appartenance d'un créancier à des classes distinctes est envisagée par certains, à l'instar de la solution admise en droit allemand[41], dans l'hypothèse où la valeur du bien grevé est inférieure au montant de la créance garantie, le créancier n'intégrant la classe des créanciers titulaires de sûretés que pour la partie de la créance couverte par la valeur du bien.

On observera que le droit français conduit à une situation hybride pour les créances qui ne sont que partiellement garanties par une fiducie-sûreté. Selon l'article L. 626-30, V, relatif aux modalités de répartition en classes et de calcul des voix pour le vote du plan, « *[p]our les parties affectées bénéficiaires d'une fiducie constituée à titre de garantie par le débiteur, sont seuls pris en compte les montants de leurs créances non assorties d'une telle sûreté* ». Le créancier bénéficiaire d'une fiducie-sûreté paraît connaître un sort particulier : partie affectée pour le montant non garanti de sa créance et partie non affectée pour le montant garanti, sans qu'aucune distinction ne soit effectuée selon qu'il y a ou non dépossession. Et en tant que partie non affectée, il échappe au plan tandis qu'il était jusqu'à présent soumis aux délais du plan.

S'agissant du créancier réservataire, il ne semble pas pouvoir être considéré comme une partie affectée, dès lors qu'il peut réaliser sa sûreté[42], ou plutôt, devrait-on considérer, dès lors que ses droits ne sont pas, en tant que réservataire, directement affectés par le plan.

---

38 En ce sens, Haut Comité juridique de la place financière de Paris, « Rapport sur les classes de créanciers pour la transposition de la directive du 20 juin 2019 relative aux cadres de restructuration préventive », 25 septembre 2020, section 2.2.1, https://www.banque-france.fr/sites/default/files/rapport_36_f.pdf

39 R. Dammann et T. Bos, « Le nouveau droit de la restructuration financière : les classes de parties affectées », *D.* 2021, p. 1931.

40 B. Ferrari, « Réforme du droit des entreprises en difficulté par l'ordonnance du 15 septembre 2021 : l'avènement des classes de parties affectées », Lexbase *Hebdo éd. affaires*, n° 693, 28 octobre 2021, art. N9165BY4, n° 22. Une telle éventualité concernant l'hypothèse où la valeur du sous-jacent est inférieure au montant de la créance garantie nous semble cependant à écarter.

41 R. Dammann et A. Alle, « À la recherche d'une cohérence entre sûretés réelles et droit des procédures collectives », in *Mélanges en l'honneur du professeur Michel Grimaldi*, Paris-La Défense, Defrénois, 2020, p. 259 et s., spéc. p. 267.

42 R. Dammann et T. Bos, préc.

Si éclatante paraît-elle, la reconnaissance des sûretés dans le système des classes souffre néanmoins d'une limite tout aussi évidente tenant au champ d'application restreint du système des classes de créanciers. Celles-ci ne concerneront en effet vraisemblablement qu'un très faible nombre de procédures, minimisant ainsi l'ampleur de la réforme opérée. Certes, toute sauvegarde accélérée, désormais ouverte sans exigence de seuils[43], donnera obligatoirement lieu à la constitution de classes[44]. En revanche, dans la sauvegarde ordinaire, tout comme dans la procédure de redressement judiciaire, l'obligation de constituer des classes suppose en principe le franchissement de seuils[45] qui sont des seuils élevés. Ils ont été fixés par le décret du 23 septembre 2021 à 250 salariés et 20 millions de chiffre d'affaires net ou à 40 millions de chiffre d'affaires net, ces seuils devant toutefois être appréciés pour l'ensemble des sociétés composant un groupe. En deçà de ces seuils, la constitution des classes est possible sur autorisation du juge-commissaire, sous réserve de la certification des comptes par un commissaire aux comptes ou de leur établissement par un expert-comptable, à la demande du débiteur exclusivement en sauvegarde, du débiteur ou de l'administrateur en redressement judiciaire. Faute de demande, aucune constitution de classes de créanciers n'aura lieu et le plan sera adopté selon les règles classiques de consultation des créanciers[46].

L'amélioration de la reconnaissance des sûretés par la constitution d'une ou plusieurs classes dédiées induit, comme on vient de le constater, la prise en compte de la différence de situation que ces sûretés confèrent à leur titulaire. Insensiblement, on glisse de l'existence de la sûreté à son efficacité. C'est sur ce terrain que l'influence positive européenne se manifeste davantage encore.

II. L'amélioration de l'efficacité des sûretés réelles dans les procédures collectives sous l'influence européenne

Loin des délais uniformes du plan imposés aux créanciers, quelle que soit la nature de leur créance, la directive du 20 juin 2019 a conduit le législateur français à opérer de significatives modifications du droit français de nature à renforcer l'efficacité des sûretés réelles dans les procédures de sauvegarde et de redressement en présence de classes de créanciers par l'adoption de différents mécanismes très originaux qu'elle introduit dans notre droit, tels que le meilleur intérêt des créanciers ou « *best interest*

43 La suppression des seuils, opérée déjà par l'ordonnance n° 2020-596 du 20 mai 2020 portant adaptation des règles relatives aux difficultés des entreprises et des exploitations agricoles aux conséquences de l'épidémie de covid-19, *JORF* n° 0124 du 21 mai 2020 (art. 3), et prolongée jusqu'au 31 décembre 2021 par la loi n° 2020-1525 du 7 décembre 2020 d'accélération et de simplification de l'action publique, *JORF* n° 0296 du 8 décembre 2020 (art. 124), a été pérennisée par l'ordonnance n° 2021-1193 du 15 septembre 2021, préc. (art. 38 modifiant l'article L. 628-1 du code de commerce).

44 Sous réserve toujours que les comptes soient certifiés par un commissaire aux comptes ou établis par un expert-comptable.

45 Art. L. 626-29 C. com.

46 L. Sautonie-Laguionie, « L'ordonnance n° 2021-1193 du 15 septembre 2021 : la réforme attendue du droit des entreprises en difficulté est déjà applicable ! », *JCP E* 2021, act. 672, n° 5.

test » et la règle de la priorité absolue ou « *absolute priority rule* » (1.). Ces mécanismes reposent sur une amélioration de la lisibilité du classement des sûretés dans la procédure de liquidation judiciaire, amélioration que s'efforce également de réaliser la réforme (2.)

1. Les mécanismes introduits en droit français par la directive destinés au renforcement de l'efficacité des sûretés réelles dans les procédures collectives

Peu prise en compte jusqu'à l'entrée en vigueur de l'ordonnance du 15 septembre 2021, l'existence des sûretés réelles devient un élément central pour l'adoption des plans de sauvegarde et même de redressement.

On observera avec intérêt que la logique à l'œuvre dans le plan de sauvegarde gagne assez largement le plan de redressement, alors que le redressement n'est pas une procédure de restructuration préventive, à laquelle seules les innovations de la directive en la matière auraient pu être limitées. Dès lors que des classes sont constituées, les mêmes règles en principe président à l'adoption des plans de redressement.

Des différences existent toutefois. Outre la possibilité pour une partie affectée de soumettre un projet de plan de redressement, on notera, en cas d'échec de l'adoption du plan, le retour possible à la consultation individuelle des créanciers et à l'application éventuelle des délais uniformes de paiement imposés par le tribunal aux créanciers récalcitrants[47], y compris titulaires de sûretés, lesquels, tout au plus, bénéficient d'un paiement anticipé en cas de réalisation du bien grevé[48]. L'article L. 626-18 du code de commerce édictant cette règle (délais uniformes imposés), exclu en présence de comités de créanciers, s'appliquait également en sauvegarde dans la même situation de non-adoption du plan. Désormais, y compris dans ce cas de figure, la règle ne s'applique plus en sauvegarde. N'a en effet pas été reproduit le contenu de l'ancien article L. 626-34 du code de commerce qui permettait, dans le droit antérieur à l'ordonnance du 15 septembre 2021, de reprendre la procédure et de procéder à une consultation individuelle des créanciers en vue de l'adoption du plan selon les modalités prévues, notamment par l'article L. 626-18, en cas de non-adoption du projet de plan par les comités dans le délai imparti ou lorsque le plan n'était pas arrêté par le tribunal malgré son adoption par les comités. Pour les procédures de sauvegarde ouvertes depuis le 1er octobre, il devra ainsi être mis fin à la procédure de sauvegarde, aucune conversion en redressement judiciaire n'étant prévue à ce seul motif.

---

47 En procédure de redressement judiciaire, l'article L. 631-19 issu de l'ordonnance du 15 septembre 2021 prévoit au contraire, en l'absence d'adoption du plan par les classes, l'élaboration d'un nouveau projet de plan dans les conditions prévues par le titre III.

48 Dans ce cas est opérée une réduction des dividendes en fonction du paiement anticipé. Interprétation finalement favorable aux créanciers : une simple réduction des dividendes que le créancier était appelé à percevoir en fonction du montant du paiement anticipé alors qu'une réduction proportionnelle était envisageable selon le texte.

Pour mieux mesurer les changements opérés par l'ordonnance transposant la directive, il convient de rappeler que le plan voté par les comités de créanciers s'affranchissait non seulement des règles de l'article L. 626-18 régissant les délais du plan, mais également de celles de l'article L. 626-12 imposant une durée maximale, et autorisait à recourir à un traitement différencié entre les créanciers si les différences de situation le justifiaient[49], tout en prescrivant au tribunal de s'assurer que les intérêts de tous les créanciers étaient suffisamment protégés[50].

L'ordonnance du 15 septembre 2021 permet, grâce aux classes, de mieux prendre en compte la situation des créanciers titulaires de sûretés, conformément à la directive[51]. Plusieurs instruments nouveaux issus de la directive, inspirés du droit anglo-saxon, tendent plus exactement à cet objectif : d'une part, le critère du *best interest test* ; d'autre part, la règle de l'*absolute priority rule*[52]. Le premier de ces mécanismes leur assure de ne pas être moins bien traités qu'ils ne le seraient en liquidation judiciaire, le second assure en quelque sorte le respect d'une hiérarchie, empêchant que les créanciers d'une classe soient indemnisés avant ceux d'une classe supérieure.

Si de manière générale, à l'instar de ce qui lui était imposé par le passé en présence de comités de créanciers, il appartient aujourd'hui au tribunal de veiller à ce que les intérêts de toutes les parties affectées sont suffisamment protégés[53] avant de statuer le plan arrêté par chacune des classes, il doit plus particulièrement vérifier la réunion de cinq conditions énoncées par l'article L. 626-31 du code de commerce, parmi lesquelles le *best interest test*[54]. Il s'agit de protéger les intérêts d'une partie affectée dissidente en veillant à ce que son sort ne soit pas moins favorable que celui qui serait le sien dans le cadre de la liquidation judiciaire, s'il était fait application du rang de priorité prévu en cas de répartition du prix des actifs ou du prix de cession de l'entreprise ou encore en cas de meilleure solution alternative si le plan n'était pas validé[55].

Par ailleurs, lorsque le plan, qui n'a pas été approuvé par toutes les classes, peut être imposé à une classe qui a voté contre celui-ci, à la demande du débiteur seul en sauvegarde, du débiteur ou de l'administrateur ou du débiteur en redressement, par l'application du mécanisme de l'application forcée interclasse (ou "*cross-class cram-down*"), c'est à des conditions de nature à préserver les droits de créanciers

---

49 Anc. art. L. 626-30-2, al. 2, C. com.

50 Anc. art. L. 626-31, al. 1er, C. com.

51 Au sein d'une même classe, une égalité de traitement doit être réservée aux parties partageant une communauté d'intérêt suffisante, ce qui peut s'entendre de créanciers de rangs différents regroupés dans la même classe selon R. Dammann et T. Bos, préc.

52 cf. J.-L. Vallens, « L'avènement des classes de créanciers, une révolution pour les sûretés réelles ? », préc.

53 Art. L. 626-31, al. 8, C. com.

54 Art. L. 626-31, 4°, C. com.

55 La formule est reprise de la directive. On peine à entrevoir de quelle hypothèse il s'agit très exactement.

titulaires de sûretés. Lorsque le plan a été approuvé par une majorité de classes, il ne pourra être imposé que si au moins une de ces classes est une classe de titulaires de sûretés ou ayant un rang supérieur à celui des créanciers chirographaires[56]. Si le plan n'a pas été voté par une majorité de classes, il pourra être imposé aux classes dissidentes à condition qu'il ait été approuvé par au moins une classe de parties affectées autorisée à voter, autre qu'une classe de détenteurs de capital ou toute autre classe dont on peut raisonnablement supposer, après détermination de la valeur de l'entreprise en activité, qu'elle n'aurait eu droit à aucun paiement en cas d'application de l'ordre de priorité prévu dans la liquidation judiciaire, cette appréciation s'effectuant après « *détermination de la valeur de l'entreprise en activité* » selon l'article L 626-32 I du code de commerce. Dans ces deux hypothèses, il est encore nécessaire pour permettre l'application forcée interclasse que « *[l]es créances des créanciers affectés d'une classe [ayant] voté contre le plan [soient] désintéressées par des moyens identiques ou équivalents lorsqu'une classe de rang inférieur a droit à un paiement ou conserve un intéressement dans le cadre du plan* »[57]. C'est là la règle de la priorité absolue. En dépit des difficultés d'interprétation qu'elle est assurément susceptible de susciter[58], et ce d'autant qu'il sera possible d'y déroger sur demande du débiteur (ou de l'administrateur avec l'accord du débiteur) en cas de nécessité pour atteindre les objectifs du plan et si aucune atteinte excessive n'est portée aux droits et intérêts des parties affectées, la règle exprime la nécessité énoncée par la Directive[59] de veiller à ce qu'une classe dissidente soit traitée de manière au moins équivalente à une autre classe de même rang et d'une manière plus favorable qu'une classe de rang inférieur.

À travers ces règles nouvelles régissant l'adoption du plan par les classes de créanciers et le contrôle qu'il appartient au tribunal d'exercer se vérifie l'importance désormais accordée par notre droit à la situation des créanciers titulaires de sûretés réelles sur les biens du débiteur. Leur mise en œuvre risque d'être délicate. Elles supposent, à défaut d'une expertise *ex ante* sur la valeur de l'entreprise, un délicat « *exercice prospectif de valorisation* »[60]. Il convient en effet d'anticiper l'application du critère du meilleur intérêt, même si son appréciation ne donne lieu à une évaluation qu'en cas de contestation de son respect par une partie dissidente[61]. Il en va de même de l'application forcée interclasse en cas d'adoption du plan par une majorité de classes de parties affectées comprenant au moins une classe de parties affectées titulaires de sûretés réelles ou ayant un rang supérieur à celui de la classe des créanciers chirographaires. En revanche, en l'absence de vote par une majorité de classes, l'application forcée interclasse suppose la détermination de la « *valeur du débiteur en tant qu'entreprise*

56 Art. L. 626-32 C. com.

57 Art. L. 626-32, I, 3°, C. com.

58 N. Borga et J. Théron, préc., n° 30.

59 Cons. 55.

60 B. Ferrari, « Réforme du droit des entreprises en difficulté par l'ordonnance du 15 septembre 2021 : l'avènement des classes de parties affectées », Lexbase *Hebdo éd. affaires*, n° 693, 28 octobre 2021, art. N9165BY4, n° 22.

61 Art. L. 626-33, I, C. com.

en activité ». Naturellement, la valeur de l'entreprise devra également être déterminée en cas de contestation, cette détermination devant être effectuée selon des modalités précisées par décret, soit, en définitive, par une expertise si le tribunal l'estime nécessaire[62].

La détermination de la valeur de l'entreprise en activité n'est au demeurant pas suffisante, celle de la valeur de l'entreprise en cas de plan de cession et celle de la valeur des actifs pris séparément paraissent s'imposer également dès lors qu'il s'agit d'apprécier si, dans le cadre du plan de sauvegarde ou de redressement, les créanciers concernés n'ont pas une situation moins bonne que celle qui serait la leur dans la liquidation judiciaire[63].

Encore faut-il pouvoir déterminer cette situation dans la liquidation judiciaire. C'est la raison pour laquelle les rédacteurs de l'ordonnance nº 2021-1193 du 15 septembre 2021 se sont efforcés d'améliorer la lisibilité du classement des créanciers titulaires de sûretés dans la liquidation judiciaire.

2. La lisibilité améliorée du classement des sûretés dans la liquidation judiciaire

Le classement des créanciers dans la liquidation judiciaire reposait jusqu'à très récemment sur l'article L. 641-13 du code de commerce, texte fondant le privilège de la procédure en faveur des créanciers dont la créance, née après le jugement d'ouverture de la procédure, est en principe « utile ». Cette disposition déterminait également le rang des créances élues, tant entre elles (hiérarchie interne) qu'à l'égard des créanciers antérieurs (hiérarchie externe), mais était loin d'englober l'ensemble des sûretés réelles préférentielles, si nombreuses et diverses dans notre droit.

Les rédacteurs de l'ordonnance nº 2021-1193 du 15 septembre 2021 ont fait le choix de consacrer une disposition spécifique au classement de la plupart des créances garanties par des sûretés réelles : il s'agit de l'article L. 643-8 du code de commerce, dont la rédaction est remaniée. Leur tâche a été facilitée par l'ordonnance du même jour réformant le droit des sûretés[64], qui a abrogé bon nombre de sûretés désuètes ou inutiles, des privilèges spécialement, mais également quelques sûretés mobilières conventionnelles spéciales dont le maintien ne se justifiait guère depuis la réforme du gage opérée en 2006, gage dont le régime est par ailleurs renforcé et clarifié. Pour autant, le classement établi par l'article L. 643-8 ne contient pas moins de quinze rangs.

---

62 Le décret nº 2021-1218 du 23 septembre 2021 est fort peu disert à cet égard : l'article R. 626-64, I, qui envisage le recours de la partie affectée ayant voté contre le projet de plan et conteste le respect du critère du meilleur intérêt ou celui de la priorité absolue, indique plus exactement que « *le tribunal détermine la valeur de l'entreprise en activité, au besoin en ordonnant une expertise* ».

63 K. Lemercier et F. Mercier, préc.

64 Ordonnance nº 2021-1192 portant réforme du droit des sûretés, préc.

Au-delà de la nécessité d'un classement plus englobant pour la mise en œuvre des mécanismes du *best interest test* et de la règle de la priorité absolue destinés à contribuer au renforcement de l'efficacité des sûretés dans les plans de redressement, l'amélioration de la lisibilité du classement pour les créanciers, et la prévisibilité en résultant, est un indéniable facteur d'attractivité du droit français des sûretés que la doctrine ne manque pas de louer en dépit des réserves que le texte peut susciter[65].

L'exercice comporte en effet des limites. L'article L. 643-8 du code de commerce lui-même en porte la marque puisqu'il dispose dans l'alinéa qui suit l'indication du quinzième rang occupé par les créances chirographaires, « *le tout sans préjudice des [...] droits de préférence* ». Toutes les créances garanties par des sûretés n'ont pas été intégrées dans ce classement, y compris des créances souvent présentes dans les procédures collectives, comme les créances de cotisations sociales. Par ailleurs, ainsi que l'article L. 643-8 le précise d'entrée, la répartition de l'actif distribuable selon l'ordre établi s'effectue « *sans préjudice du droit de propriété [et du droit] de rétention opposable à la procédure collective* ». Cette précision souligne à elle seule la complexité du droit français des sûretés malgré la nouvelle réforme.

On se plairait presque à rêver à un retour à l'égalité, qui plus est une égalité dilatée, ou à la suppression bien plus radicale des privilèges – comme celle opérée en Allemagne pour les privilèges fiscaux et sociaux[66] – ou encore à l'adoption d'une sûreté réelle unique[67].

L'article L. 643-8 laisse en tout état de cause entrevoir la marge de manœuvre qu'il reste encore pour simplifier véritablement notre droit. Le projet d'élaboration d'un code européen des affaires[68] pourrait y contribuer et l'influence européenne, gagner ainsi encore du terrain[69].

---

65 C. Favre-Rochex, « Une nouvelle réforme du livre VI du code de commerce », *BJE* 2021, n° 5, 200g9, p. 37, n° 14 ; M. Guastella, « Réforme du droit des entreprises en difficulté par l'ordonnance du 15 septembre 2021 : ordre des créanciers et répartitions », Lexbase *Hebdo éd. affaires* n° 693, 28 octobre 2021, art. N9249BY9. V. aussi, O. Buisine, « L'article L. 643-8 du code de commerce, nouvelle pierre angulaire du droit des entreprises en difficulté », *Rev. proc. coll.* 2021, n° 5, focus 19.

66 Cette suppression des privilèges fiscaux et sociaux a été proposée de longue date par Christian Mouly dans un article visionnaire : « Procédures collectives : assainir le régime des sûretés », in *Aspects actuels du droit commercial français : études dédiées à René Roblot*, Paris, LGDJ, 1984, pp. 529-564, n° 48.

67 Cf. D. Legeais, « Quelle réforme pour le droit des sûretés ? Rapport introductif », *RDBF* 2016/1, dossier 2 ; C. Juillet, « La sûreté hypothécaire unique en droit français », *RDBF* 2016/2, dossier 12 ; C. Houin-Bressand et F. Pérochon, « Quelle efficacité pour l'hypothèque unique dans le droit des procédures collectives ? », *ibid.*, dossier 16.

68 L'association Henri Capitant œuvre en ce sens (<https://www.henricapitant.org/travaux/legislatifs-europeens/avant-projets-code-europeen-affaires>). Elle participe aux travaux conduits par une Assemblée franco-allemande mise en place par un traité franco-allemand signé à Aix-la-Chapelle le 22 janvier 2019 visant au renforcement de l'intégration juridique franco-allemande en droit des affaires.

69 De manière plus limitée en droit des sûretés que dans d'autres domaines : P. Dupichot, « Un Code de droit des affaires pour l'Europe », in *Mélanges en l'honneur du professeur Michel Grimaldi*, préc., p. 373, n° 22.

La lutte contre la violence des supporters : De l'engagement de l'Union européenne à la nécessaire union européenne

CORINNE MASCALA*
Université Toulouse 1 Capitole

Résumé

Face à la montée en puissance du hooliganisme et de la violence des supporters, de multiples lois françaises et conventions européennes ont prévu des moyens de lutte pour éradiquer la violence, particulièrement dans le contexte du football, en chassant les hooligans et les supporters violents hors des stades et de leurs abords, partageant l'organisation de la sécurité entre puissance publique et acteurs privés.

Le dispositif est organisé sur deux axes : d'une part, la sécurisation du déroulement des évènements sportifs (présence de stadiers ; sectorisation des tribunes ; encastrement du mobilier ; système de vidéosurveillance). D'autre part, l'exclusion des hooligans et des supporters violents.

---

* Professeur de Droit privé et sciences criminelles à l'université Toulouse Capitole, Centre de droit des affaires ; ancienne Présidente de l'université.

Mettre en lumière l'existence de comportements violents des supporters n'est pas donner la plus belle image du sport. Cependant, cette violence est une réalité qui est devenue un phénomène majeur qui ne connaît pas de frontières, particulièrement dans le monde du football professionnel, et qui ne peut se combattre que collectivement tant au niveau national qu'au niveau européen. L'engagement normatif de l'Union européenne ne peut produire de résultats concrets que si l'ensemble des pays ont la volonté de s'unir pour lutter contre ces agissements qui impliquent souvent des ressortissants de plusieurs États. Ces derniers mois, chaque rencontre de football (ce sport a la quasi-exclusivité de ces comportements) sur notre territoire est l'occasion d'incidents en général assez violents qui conduisent à l'arrêt des matches, à des poursuites pénales[1] et à des sanctions disciplinaires à l'encontre des clubs. Loin de s'apaiser, ces incidents ont tendance à devenir systématiques.

Le phénomène est apparu au début des années 1960. Des groupes de supporters britanniques violents qui suivent assidûment les matches de football sont à l'origine de nombreux incidents dans les stades et à leurs abords. Ces actes de violence sont le fait d'individus qui sont malgré tout des supporters de différents clubs de football. Ces comportements gangrènent rapidement le monde du football dans toute l'Europe, et deviennent des pratiques récurrentes qui sont le fait de personnes très organisées qui préméditent les assauts contre d'autres supporters, contre les joueurs, voire contre les forces de police. Pour caractériser globalement ces individus apparaît un terme aujourd'hui devenu courant : les « hooligans ». Ce mot sera désormais l'étiquette stigmatisant des voyous au comportement violent et asocial.

La qualification de hooligans se généralise après le drame du stade du Heysel. Le 29 mai 1985, dans le stade de Bruxelles lors d'un match de football, une quarantaine de supporters du club de la Juventus de Turin sont écrasés contre les grilles à la suite d'un mouvement de foule provoqué par les assauts des supporters du club de Liverpool. Le drame se déroule en direct devant les caméras et le phénomène du hooliganisme est associé à l'image de barbares qui se déchaînent dans l'objectif prémédité et pour le seul plaisir de blesser, de casser, de détruire sans aucun rapport avec la rencontre sportive. Désormais, le lien qui existait à l'origine entre hooligans et vrais supporters, fussent-ils violents, est rompu. Le hooligan est un voyou qui cherche l'affrontement, qui extériorise sa violence dans diverses circonstances, particulièrement lors de matches de football, qui ne sont que le moyen de passer à l'acte. Le hooligan n'est plus un supporter et la violence des supporters – les vrais – constitue un phénomène parallèle qui ces derniers temps se développe fortement et prend le pas sur le hooliganisme. Les deux phénomènes ont un point commun : hooliganisme et violence des supporters constituent un problème de sécurité de premier ordre. Enjeu majeur pour l'Europe, des hordes de hooligans et des supporters violents se déplaçant au gré des matches, mais aussi enjeu majeur pour chaque pays sur le sol duquel se déroulent les faits de violence, et la France n'est pas épargnée.

---

1 Lors d'un match OM–Lyon en novembre 2021, une bouteille d'eau est lancée violemment contre un joueur : l'auteur repéré par les caméras de vidéosurveillance est condamné à six mois de prison avec sursis.

Ces manifestations de violence qui choquent l'opinion paraissent être inhérentes au monde moderne et à l'évolution sociale. Pourtant, la violence dans le sport n'est pas l'apanage des temps modernes ; l'histoire montre qu'un lien unit souvent la foule, le spectacle et la violence. Tacite relate, lors d'un combat de gladiateurs, la rixe de Pompéi en 59 après Jésus-Christ, qui se traduit par des coups, des jets de pierre et l'utilisation d'armes faisant de nombreux blessés et morts[2]. Le Moyen Âge connaît bien des affrontements et bagarres entre spectateurs d'évènements sportifs, au point que l'Église interdira nombre de jeux, car source de troubles à l'ordre public et social.

Mais la différence avec le hooliganisme tel que connu aujourd'hui est que ces violences étaient liées au sport, qui échauffait l'esprit des spectateurs. Elles étaient déclenchées par de mauvaises décisions d'arbitrage, par des erreurs de jeu, par la déception des supporters… Les hooligans se désintéressent du déroulement du jeu, car ce sont des casseurs dans l'âme, des professionnels de la violence, le sport n'étant qu'un prétexte à l'expression de leur agressivité. Les bandes de hooligans se rendent dans les stades avec un objectif unique : se défouler, dégrader, se battre dans l'enceinte sportive et à ses abords avant, pendant ou après la rencontre.

On pourrait rappeler les nombreux incidents de triste mémoire, mais la liste serait bien longue. Gardons simplement à l'esprit comme exemples récents des situations ayant entraîné la mort de supporters français : en novembre 2006, un supporter parisien est tué accidentellement par un policier, en riposte à une agression des forces de l'ordre lors du match opposant le Paris Saint-Germain (PSG) au club de Tel-Aviv. En 2009, Brice Taton, qui assiste à Belgrade au match entre le Toulouse Football Club et le Partizan de Belgrade, subit une violente attaque de hooligans serbes et succombe à ses blessures. En 2010, des affrontements opposent des supporters ultras du PSG dans les tribunes Boulogne et Auteuil : roué de coups, un supporter décède…

Ces situations révèlent aujourd'hui les diverses facettes du hooliganisme. Sous cette appellation générique apparaît un phénomène pluriel qui rassemble une diversité d'incidents et d'acteurs. Le hooliganisme est constitué de faits très différents tels que les insultes, les outrages aux forces de l'ordre, les bagarres, les agressions, les destructions, les dégradations, les jets de projectiles, mais aussi les banderoles provocantes, l'allumage de feux, le tout souvent sur fond d'alcool et de drogues. Ces violences sont en général – et c'est la marque du phénomène – préméditées. Les hooligans n'agissent pas spontanément ; leurs actes sont organisés, planifiés et collectifs. Le hooligan n'est pas seul ; l'effet de masse, de bande est essentiel, d'autant que le nombre des attaquants est important pour organiser la fuite et la soustraction aux forces de police lors des affrontements.

---

2 J.-P. Thuillier, *Le sport dans la Rome antique*, Paris, Éditions Errance, 1996. D. Bodin, L. Robène et S. Héas, « Le hooliganisme entre genèse et modernité », *Vingtième siècle, Revue d'histoire*, n° 85, janvier-mars 2005, pp. 61-83.

Il faut cependant dans ce contexte distinguer ce qui relève de la violence des supporters du véritable hooliganisme. Les deux situations sont proches, d'où une certaine confusion, d'autant que parfois les acteurs se mélangent[3]. Les supporters extrêmes qui sont qualifiés « d'ultras » sont réellement des supporters d'un club, qui s'investissent dans la vie du club, dans la vie du stade et dans l'économie de ce club avec l'achat de tout l'équipement du vrai partisan : tous les insignes, maillots, écharpes, bonnets, banderoles, drapeaux... Ces ultras sont souvent structurés en association et ils estiment, compte tenu de leur soutien actif, avoir le droit d'intervenir dans la gestion du club et de son avenir : qualité des recrutements, choix de l'entraîneur... Ces ultras commettent dans certaines circonstances des actes de violence. Mais ces manifestations de violence ne constituent pas des pratiques organisées, ce sont des moyens d'expression et d'action en réaction à une situation (par exemple : le saccage des équipements de l'Olympique de Marseille au vu des mauvais résultats du club...) ou en réponse à des attaques de supporters adverses (les ultras ne rechigneront pas à une bagarre dans les tribunes ou à la sortie des stades en défense de leur équipe). Ils peuvent donc être violents mais spontanément et accessoirement ; ils sont avant tout des supporters en général assez chauvins et sanguins. Les hooligans ne sont pas des supporters ; ils recherchent un lieu qui leur permettra une confrontation violente avec l'autre, quel qu'il soit : public, supporters, forces de l'ordre... et avec tous les symboles de l'autorité de l'État en général. Ils ont un objectif : affronter et être vus. Donc la médiatisation des incidents est importante pour eux. La distinction ultras/hooligans paraît claire, mais la difficulté réside dans le fait que parfois les deux groupes se mélangent ou s'allient pour des actions communes. Les groupes sont parfois poreux, certains individus jouant sur les deux tableaux.

Qui sont les hooligans ? Ce fut la seule question posée pendant longtemps. Aujourd'hui, eu égard à la transformation des actes de violence, il faut aussi se demander qui sont ces supporters qui deviennent de plus en plus violents et agressifs surtout envers les joueurs. Il n'est pas aisé d'en tracer un portait type, car ils sont très divers. Il ressort cependant des statistiques, à partir évidemment de ceux qui sont connus, qu'il s'agit en majorité d'hommes (surtout pour les hooligans, car il y a un nombre significatif de femmes chez les ultras), entre 16 et 35 ans (les plus âgés sont en général les organisateurs), issus de milieux sociaux très variés, allant des classes populaires aux classes supérieures très bien insérées qui se défoulent par ce biais.

Face à la montée en puissance du phénomène, tant du hooliganisme que de la violence des supporters, les pouvoirs publics ont cherché des moyens de lutte. Il est apparu que les politiques de lutte devaient s'articuler au plan européen et national pour davantage d'efficacité. Le phénomène n'étant pas uniforme, plusieurs

---

3 N. Hourcade, « Hooliganisme : un phénomène pluriel », *Revue internationale et stratégique* 2014/2, n° 94, pp. 127-134.

réponses ont été retenues par le législateur français ayant pour but d'éradiquer la violence, particulièrement dans le contexte du football en chassant les hooligans et les supporters violents hors des stades et de leurs abords[4]. Deux objectifs fondent la politique législative : d'une part, sécuriser le déroulement des événements sportifs pour prévenir le risque de hooliganisme et de violence (I.) ; d'autre part, stigmatiser et exclure les personnes violentes ou susceptibles de l'être de ces manifestations sportives (II.).

I. La sécurisation du déroulement des évènements sportifs

Plusieurs dispositions législatives ont eu pour objectif de mettre en œuvre des mesures pour prévenir les risques de violences dans les stades. À la suite du drame du Heysel, une convention est adoptée par le Conseil de l'Europe le 19 août 1985 ayant pour objet : la violence et les débordements de spectateurs lors de manifestations sportives. La loi du 23 décembre 1986 en reprendra les principales dispositions pour l'organisation des manifestations sportives[5]. Diverses recommandations européennes incitent par ailleurs les États membres de l'Union à renforcer leurs coopérations policière et judiciaire pour lutter efficacement contre les actes de hooliganisme. Ces recommandations sont reprises dans une nouvelle convention en date du 3 juillet 2016[6], ratifiée par la France le 6 février 2017, qui prévoit une coopération institutionnelle entre les parties impliquées dans l'organisation des manifestations sportives, en particulier le football.

De nouvelles dispositions apparaissent en France au début des années 1990 afin de prévoir des mesures spécifiques pour la sécurisation des enceintes sportives et compléter les incriminations existantes. Ce n'est pas un hasard, car ces années sont marquées par plusieurs matches du Paris Saint-Germain et de Marseille (OM–PSG au vélodrome en mai 1993 ; août 1993 PSG–Caen) qui donnent lieu à de violents affrontements entre hooligans, supporters, forces de l'ordre. L'idée force du système normatif repose sur le partage de l'organisation de la sécurité entre la puissance publique et les acteurs privés[7]. Les mesures regroupées essentiellement dans le code du sport consistent, d'une part, dans la réorganisation des enceintes sportives (1.), d'autre part, dans l'encadrement des comportements (2.).

---

4 N. Hourcade, « Principes et problèmes de la politique de lutte contre le hooliganisme en France », *Archives de politique criminelle* 2010/1, n° 32, pp. 123-139.

5 Loi n° 86-1299 du 23 décembre 1986 autorisant la ratification d'une convention européenne sur la violence et les débordements de spectateurs lors de manifestations sportives et notamment de matches de football.

6 Convention sur une approche intégrée de la sécurité, de la sûreté et des services lors des matches de football et autres manifestations sportives.

7 F. Buy, J.-M. Marmayou, D. Poracchia et F. Rizzo, *Droit du sport*, 5e éd., Issy-les-Moulineaux, LGDJ, 2018, n° 1075 et s.

1. La réorganisation des enceintes sportives

Dès la loi de 1986, la présence policière et les contrôles de sécurité à l'entrée des stades sont renforcés, notamment pour éviter que des personnes soient porteuses d'objets qui vont servir à la commission des actes de violence. Sont également mises en œuvre des mesures de séparation des supporters rivaux par une sectorisation des tribunes. Après l'agression, au mois d'août 1993, de CRS par des hooligans parisiens, est votée la loi du 6 décembre 1993, dite « loi Alliot-Marie », entrée en vigueur le 1er mars 1994[8]. Cette loi marque un tournant dans la sévérité contre les actes de violence commis lors d'évènements sportifs et elle est considérée en France comme l'acte fondateur de la lutte contre le hooliganisme[9]. Cette loi s'inscrit dans un contexte particulier, car la France était chargée d'organiser la Coupe du monde de football en 1998 et les craintes de débordements étaient extrêmement importantes. Cette coupe du monde constituait un défi dans la gestion des supporters et annonçait l'arrivée de probables vagues de hooligans susceptibles de déferler sur notre pays. L'objectif de la loi Alliot-Marie est de mettre en œuvre une politique de sécurité des manifestations sportives basée sur la gestion des risques en identifiant les situations les plus dangereuses pour les prévenir. Cette loi instaure un mode de fonctionnement nouveau reposant sur un partage de la sécurité des enceintes sportives entre la puissance publique et les acteurs privés que sont les clubs, qui doivent être responsabilisés pour devenir des acteurs essentiels du système.

L'État est responsable du maintien de l'ordre sur la voie publique à l'extérieur et aux abords des stades. L'intervention des forces de l'ordre reste possible à l'intérieur si les circonstances le nécessitent, mais en principe, la sécurité à l'intérieur des stades pèse sur les organisateurs et la loi prévoit la création d'une fonction nouvelle, celle de « stadier », qui est conçue comme un élément clé de la sécurité dans les enceintes sportives au plus près du déroulement de la rencontre.

Complétant la loi Alliot-Marie, la circulaire du 9 décembre 1994 du ministère de l'Intérieur consacrée à la sécurité lors des matches de football mobilise les organisateurs de manifestations sportives – et essentiellement le football –, les incitant à généraliser la fonction de stadier, à prévoir la présence d'un service d'ordre, à mettre en œuvre des mesures facilitant l'accueil du public, les déplacements et l'évacuation des tribunes à la fin des rencontres. De même, il est prévu la séparation des supporters par la sectorisation des tribunes pour éviter de fâcheuses rencontres ; l'encastrement du mobilier et la généralisation des places assises numérotées. À la lecture de toutes ces mesures nécessaires pour se protéger des actes de violence de prétendus supporters, les valeurs du sport paraissent bien loin, en tout cas dans le monde du football (jamais de tels débordements

---

8 Loi n° 93-1282 du 6 décembre 1993 relative à la sécurité des manifestations sportives.

9 L. Lestrelin, « Droit et radicalisation de la lutte contre le hooliganisme en France », in J. Guillaumé et N. Dermit-Richard (dir.), *Football et Droit*, Clermont-Ferrand, Fondation Varenne/Paris, LGDJ, 2012, p. 109 et s.

ne se produisent à l'occasion de matches de rugby, car les spectateurs sont de vrais supporters au sens premier du terme !).

La loi du 21 janvier 1995 d'orientation et de programmation relative à la sécurité[10], dite « loi Pasqua », n'est pas spécifique au football, mais elle met en œuvre une nouvelle mesure qui sera essentielle lors des matches dans les stades : la vidéo-surveillance. Tous les stades pourront – voire devront – être équipés, s'ils accueillent plus de 1 500 personnes, d'un système de télésurveillance permettant un contrôle des entrées, des mouvements dans les tribunes et la détection du moindre incident ou comportement anormal. Le système couvre également les abords du stade et les voies publiques entourant le stade. Les images devant être traitées en direct à partir d'un poste central de commandement qui permettra des interventions rapides pour faire cesser les troubles. Ce système est évidemment réglementé : demande d'autorisation préfectorale, déclaration à la CNIL, information du public, délai de conservation des images et données personnelles... Enfin, toujours dans la même perspective, la loi du 18 mars 2003[11] donnera un pouvoir supplémentaire aux stadiers, qui désormais pourront procéder aux palpations de sécurité à l'entrée des stades et aux inspections de sacs pour éviter que ne soient introduits des objets dangereux, cette possibilité étant réservée jusqu'alors aux représentants des forces de l'ordre. Cette nouvelle prérogative ne permet pas les fouilles corporelles, car elles sont assimilées à des perquisitions qui ne peuvent être réalisées que par un officier de police judiciaire. L'opposition à la palpation, de même que la découverte d'objets interdits peuvent légitimer un refus d'entrée dans le stade.

Malgré ce nouveau dispositif, les violences et le hooliganisme ne baissent pas en intensité, conduisant l'État à durcir le dispositif de lutte en prévoyant des interdictions pour prévenir la commission d'actes de violence.

2. L'encadrement des comportements

Tout au long des années 2000, divers textes compléteront les dispositions du code pénal, du code du sport et du code de la santé publique par des mesures spécifiques qui s'ajoutent aux dispositions générales en vigueur. Afin d'assurer la sécurité du public et des joueurs et essayer d'éviter les actes de violence, de multiples interdictions sont édictées par la loi, constituant autant d'infractions à défaut de leur respect.

Ainsi, pour garantir la tranquillité et la sécurité du déroulement de la manifestation sportive, le code du sport interdit et sanctionne l'introduction d'alcool dans les stades[12] ainsi que l'accès aux stades en état d'ivresse. Si une personne

---

10 Loi n° 95-73 du 21 janvier 1995 d'orientation et de programmation relative à la sécurité.

11 Loi n° 2003-239 du 18 mars 2003 pour la sécurité intérieure.

12 Le fait d'introduire ou de tenter d'introduire par la force ou la fraude dans une enceinte sportive des boissons alcooliques est puni d'un an d'emprisonnement et de 7 500 euros d'amende (art. L. 332-3 C. sport).

est auteur de violences dans un stade alors qu'elle est en état d'ivresse, cet état constitue une circonstance aggravante[13]. Il est également interdit d'introduire dans les stades des engins pyrotechniques et tout objet susceptible de constituer une arme afin d'éviter le jet de fusées et autres sur la pelouse ou sur d'autres supporters. L'entrée dans les stades est interdite aux porteurs de tels objets, d'où l'importance des stadiers et des palpations aux entrées des stades. L'interdiction est générale : le seul fait de détenir l'objet interdit suffit ; point n'est besoin d'en faire usage pour que l'infraction soit consommée. Les objets susceptibles de constituer une arme sont ceux visés à l'article 132-75 du code pénal, à savoir : tout objet conçu pour tuer ou blesser ; tout objet susceptible de constituer un danger pour les personnes dès lors qu'il est utilisé pour tuer ou blesser ou destiné à tuer ou blesser. Il ne s'agit pas ici d'armes par nature au sens du code pénal, mais de tout objet qui peut devenir une arme par destination en fonction de son utilisation. Cette définition permet une interprétation souple et souveraine par les juges du fond, qui apprécieront en fonction des circonstances si l'objet utilisé peut être qualifié d'arme. Quelques exemples peuvent être retenus en jurisprudence : une bouteille en verre ou en plastique (pleine) lancée avec force depuis les tribunes constitue une arme, une fusée de feu d'artifice, le piquet du drapeau de juge de touche... Le supporter qui frappe un tiers avec une batte de base-ball est considéré comme armé, mais pas celui qui frappe son voisin avec un parapluie, qui n'est pas en soi un objet d'une solidité telle que dangereux (mais on peut imaginer qu'une autre interprétation pourrait être retenue en fonction des circonstances, si la pointe du parapluie est utilisée pour blesser par exemple). Plus généralement est interdit le jet de tous projectiles présentant un danger pour la sécurité des personnes[14] ainsi que, pour éviter tout trouble, l'envahissement de l'aire de jeux[15].

Pour compléter l'arsenal juridique, il faut ajouter le délit d'outrage public aux symboles nationaux. Même si ce comportement n'est pas exclusivement le fait de hooligans ou de supporters violents, il marque souvent le début des hostilités dans les tribunes. L'article 433-5-1 du code pénal punit[16] le fait, au cours d'une manifestation organisée ou réglementée par les autorités publiques, d'outrager publiquement l'hymne national ou le drapeau tricolore. Cette infraction a été créée en 2003 à la suite de sifflets qui avaient couvert *La Marseillaise* jouée au début d'un match de football[17]. Cette disposition s'applique, le Conseil

13 Art. 332-5 C. sport : un an d'emprisonnement et 15 000 euros d'amende.

14 Art. 332-9 C. sport : trois ans d'emprisonnement et 15 000 euros d'amende.

15 Art. 332-10 C. sport : un an d'emprisonnement et 15 000 euros d'amende.

16 Sept mille cinq cents euros d'amende. Si le délit est commis en réunion s'ajoute une peine de six mois d'emprisonnement.

17 L'outrage s'entend comme toute expression offensante, injurieuse, une attitude de mépris, un manque de respect, selon la Cour de cassation. On pourra donc retenir le fait de déchirer un drapeau, de le brûler, de le maculer, mais aussi de siffler ou huer l'hymne national.

constitutionnel l'a précisé, à toutes les manifestations sportives, culturelles, récréatives se déroulant dans des enceintes soumises à des règles de sécurité en raison du nombre de personnes accueillies.

La sécurisation des stades est une première étape dans les moyens mis en œuvre pour lutter contre ces phénomènes de violence. Pour aller plus loin, il a été nécessaire que le législateur prévoie d'écarter certaines personnes des enceintes sportives.

II. L'exclusion des hooligans et des supporters violents

Conscient que les mesures prévues pour sécuriser le déroulement des évènements sportifs ne seront sans doute pas suffisantes, le législateur a prévu la possibilité d'écarter les hooligans et les supporters violents des stades et de leurs abords afin d'éviter tout risque lié à la présence de ces individus. Deux mesures sont prévues par la loi : d'une part, les interdictions de participer à une manifestation sportive sous différentes formes (1.) ; d'autre part, la dissolution de groupes identifiés (2.).

1. Une diversité d'interdictions

La première forme d'interdiction d'accès aux stades peut se manifester par le refus ou l'annulation de vente de billets. La loi Larrivé du 10 mai 2016[18], qui renforce la lutte contre le hooliganisme, donne aux clubs professionnels la possibilité de refuser ou d'annuler la vente de billets, privant d'accès aux stades certains spectateurs, sur le fondement de l'article 332-1 du code du sport, afin d'assurer la sécurité des manifestations. Ce refus pourra être opposé à tous ceux qui ont contrevenu aux conditions de vente des titres, notamment en organisant un marché noir de la vente de billets, à ceux qui n'ont pas respecté le règlement intérieur de l'enceinte sportive et *a fortiori* à ceux qui sont interdits de stade. La loi légitime ainsi un refus de vente pour un motif de sécurité publique et exclut toute poursuite sur ce fondement.

Cette loi permet également aux clubs de constituer un fichier « Hooligans », qui pourra être croisé avec le fichier national tenu par la division nationale de lutte contre le hooliganisme créée en 2009 auprès du ministère de l'Intérieur. Les données recueillies sont des données à caractère personnel dont le traitement devrait, en application de la loi du 6 janvier 1978, être réservé aux autorités publiques. Mais l'article 9 de cette loi permet au législateur de donner à d'autres personnes cette compétence, ce qui est le cas des organisateurs de manifestations

---

18 Loi n° 2016-564 du 10 mai 2016 renforçant le dialogue avec les supporters et la lutte contre le hooliganisme, *JORF* n° 0109 du 11 mai 2016.

sportives sur le fondement des dispositions du code du sport[19] modifiées par la loi Larrivé et déclarées conformes à la Constitution par le Conseil constitutionnel[20].

La seconde mesure consiste en une interdiction administrative de stade. Le préfet peut prononcer, par arrêté motivé sur la base d'un rapport de police, des interdictions administratives de stade, s'il estime que par son comportement d'ensemble à l'occasion de manifestations sportives ou par la commission d'actes graves à l'occasion d'une de ces manifestations, ou du fait de son appartenance à une association de supporters dissoute, la personne constitue une menace pour l'ordre public. Ces interdictions administratives peuvent avoir une durée de douze à trente-six mois, selon que les personnes visées sont déjà connues ou pas pour des actes de violence en lien avec des manifestations sportives. Ces interdictions ont pour but d'éviter des incidents en empêchant les personnes potentiellement violentes de venir au stade. Elles déterminent les manifestations sportives visées, et le périmètre de l'interdiction doit être proportionné au comportement de la personne concernée et aux risques potentiels créés.

Sur le fondement de la loi du 14 mars 2011[21], le préfet peut également interdire nominativement, à titre préventif, le déplacement individuel ou collectif des personnes se qualifiant de supporters d'une équipe ou se comportant comme tels, et dont la présence est susceptible de causer de graves troubles à l'ordre public. Cette limitation de déplacement concerne aussi bien les matches joués à domicile que ceux joués à l'extérieur dans la limite de ce qui est nécessaire à la protection de l'ordre public. Les situations sont diverses, car l'interdiction pourra affecter un individu connu dans son passé pour avoir été un fauteur de troubles ou étiqueté « hooligan ». Mais une personne peut aussi être frappée d'interdiction pour le seul fait d'être trouvée porteuse d'un fumigène à l'entrée du stade, sans pour autant être connue pour avoir commis un acte quelconque auparavant. La formule légale permettant au préfet de décider cette interdiction étant très vague, il appartiendra aux tribunaux administratifs de contrôler la qualification des faits ayant conduit le préfet à prononcer l'interdiction.

Pour décider de ces mesures, le préfet peut s'appuyer sur les informations fournies par la Division nationale de lutte contre le hooliganisme. Cette division est investie par la loi d'une triple mission : centraliser les renseignements sur les manifestations sportives afin d'évaluer les risques situationnels avant les matches importants ; conseiller les autorités locales ; assurer le suivi statistique des incidents et de leur traitement. Cette division qui relève de la Direction centrale de la sécurité publique s'appuie sur les correspondants hooliganisme locaux mis en place par les fédérations. L'ensemble est réuni dans le cadre du Point national d'information football. Les échanges de renseignements entre entités similaires de différents pays sont aussi essentiels dans le cadre de la lutte européenne contre

---

19 Art. 332-1, 332-15, 332-16 C. sport.

20 Cons. const., déc. n° 2017-637 QPC du 16 juin 2017, et CE, 6 avril 2018, n° 406664.

21 Art. 332-2 C. sport. issu de la loi du 14 mars 2011

ces individus perturbateurs. Le non-respect de ces interdictions constitue une infraction pénale passible d'emprisonnement et d'amende[22].

L'interdiction de stade peut également être une mesure judiciaire prononcée à titre de sanction. L'article L. 332-11 du code du sport prévoit que les personnes qui font l'objet de sanctions au titre d'une des infractions réprimées par ce même code peuvent encourir à titre de peine complémentaire l'interdiction de pénétrer dans un stade, d'assister à toute manifestation sportive ou de se rendre aux abords d'un lieu où se déroule une manifestation sportive. Cette peine complémentaire, comme toutes les peines de même nature, devra être spécialement prononcée par la juridiction répressive, qui en fixera la durée – cette interdiction ne pouvant excéder une durée de cinq ans. Au-delà des infractions spécifiques, cette peine d'interdiction judiciaire de stade est applicable à tous les condamnés pour violence, dégradation, rébellion lorsque les faits se sont produits dans une enceinte sportive ou à ses abords.

Pour s'assurer du respect de l'interdiction, il peut être prévu par le tribunal l'obligation pour le condamné de répondre, au moment des manifestations sportives qu'il pourrait vouloir suivre, à la convocation de toute autorité désignée à cet effet dans la décision judiciaire. Cette convocation peut être prévue notamment au moment où un match se déroule à l'étranger pour empêcher le condamné de s'y rendre. Si le condamné pour des faits commis sur le sol français est de nationalité étrangère et vit hors de France, ce qui est souvent le cas des hooligans, le tribunal peut, en outre, prononcer une interdiction de territoire français pour une durée maximale de deux ans pour renforcer l'effectivité de la mesure. De nouveau, la coopération entre États s'avère indispensable pour assurer une effectivité à ces interdictions. La soustraction à l'interdiction ou à la convocation est constitutive d'une infraction pénale[23].

Sur la base du Fichier national des interdits de stade créé en 2007, les informations relatives aux personnes interdites de stade par l'autorité judiciaire doivent être transmises par la préfecture (de police pour Paris et de département pour le reste du territoire) aux fédérations et, si cela paraît nécessaire, aux autorités des pays étrangers concernés par l'accueil d'une équipe française. Plus que jamais l'union européenne, voire internationale, est une condition de la réussite de la lutte.

2. La dissolution des groupes de supporters

Si les interdictions concernent à titre individuel des personnes, la loi du 5 juillet 2006[24] a également prévu une forme de sanction collective, ce qui est rare dans notre droit, sanction qui atteint un groupe. Il ne s'agit plus de

22 Un an d'emprisonnement et 3 750 euros d'amende pour le non-respect de l'interdiction de stade. Six mois d'emprisonnement et 30 000 euros d'amende pour le non-respect de l'interdiction de déplacement.

23 Deux ans d'emprisonnement et 30 000 euros d'amende.

24 Loi n° 2006-784 du 5 juillet 2006 relative à la prévention des violences lors de manifestations sportives ; art. 332-18 C. sport.

sanctionner celui qui a commis des actes répréhensibles, mais l'ensemble des supporters d'un club considéré comme étant un groupe à risque, car certains de ses éléments sont identifiés comme hooligans ou supporters violents ayant déjà commis un fait répréhensible. La commission d'un fait unique suffit depuis la loi du 2 mars 2010[25], la répétition de faits caractérisant une réitération d'actes violents n'étant plus exigée. Cette sanction collective est la dissolution de l'association des supporters, qui sera prononcée par décret signé par le Premier ministre après avis de la Commission nationale consultative de prévention des violences lors de manifestations sportives.

Cette possibilité de dissolution a été fortement contestée du point de vue de sa légalité au regard du droit à la liberté d'association. Saisie à la suite de la dissolution de deux associations de supporters du Paris Saint-Germain à la suite de jets de projectiles sur les forces de l'ordre et de violences ayant conduit au décès d'un supporter, et après le rejet de la demande d'annulation par le Conseil d'État, la Cour européenne des droits de l'homme (CEDH) a rappelé que si la dissolution administrative des associations de supporters s'analyse en une ingérence dans le droit à la liberté d'association, celle-ci est prévue par la loi et tend à la défense de l'ordre et à la prévention du crime. Par conséquent, cette dissolution administrative ne porte pas atteinte à l'article 11 de la Convention de sauvegarde des droits de l'homme et des libertés fondamentales, garantissant le droit à la liberté d'association, lorsqu'elle est proportionnée au but légitime poursuivi et que les motifs invoqués sont pertinents et suffisants[26]. En l'espèce, des échauffourées avaient lieu entre membres de deux associations de supporters et membres d'une autre association dissoute en 2008 et reconstituée depuis. Elles se terminèrent par la mort d'un supporter. Le but légitime et la proportionnalité de la dissolution ne faisaient aucun doute. Depuis la loi de 2010, une alternative à la dissolution est prévue, consistant en une suspension des activités de l'association pendant une durée maximale de douze mois, prononcée dans les mêmes conditions.

La radicalisation des hooligans et des supporters violents et l'aggravation des actes de violence constituent une menace sociale qui a conduit les législateurs français et européen à traiter le phénomène, comme l'est la criminalité organisée, par des mesures répressives de plus en plus sévères. L'action en réunion est systématiquement retenue comme une cause d'aggravation des sanctions, ce qui permet de durcir la répression. Les enceintes sportives et leurs abords ainsi sécurisés, les hooligans ont largement disparu des stades, laissant le champ libre aux supporters violents, qui ces derniers temps se déchaînent. Or, la lutte contre les agissements de ces supporters est encore plus difficile que celle menée contre les hooligans, car ils ne sont pas organisés et les violences sont sporadiques. Dans la mesure où les actions violentes des hooligans sont réfléchies et préparées, les forces

25 Loi 2010-201 du 2 mars 2010 renforçant la lutte contre les violences de groupes et la protection des personnes chargées d'une mission de service public, *JORF* n° 0052 du 3 mars 2010 ; art. 332-18 C. sport.

26 CEDH, 27 octobre 2016, *Les Authentiks et Supras Auteuil 91 c/ France*, n° 4696/11 et 4703/11.

de police ont la capacité de les prévoir et ainsi d'anticiper la mise en œuvre de moyens adaptés. Cela est plus difficile contre des actions inorganisées, donc moins prévisibles. Les hooligans n'ont pas pour autant disparu. Ils existent toujours, ils sont présents mais ils sont ailleurs que dans les enceintes sportives. On peut constater que les violences se déplacent dans l'espace à la recherche de lieux propices aux actes de violence, aux dégradations, aux pillages par des groupes cherchant l'affrontement systématique que l'on qualifiera désormais, hors du monde du football, de casseurs ou de blacks blocs et que l'on retrouve dans toutes les manifestations de rue.

Le droit de l'insolvabilité dans le tourbillon du droit européen

MARIE-HÉLÈNE MONSÈRIÉ-BON*
Université Paris 2 Panthéon-Assas

Résumé

Le droit de l'insolvabilité, après avoir longtemps opposé une résistance au droit européen, est désormais sous son influence qui s'est, récemment, accrue avec la volonté nouvelle de procéder à une harmonisation des droits des États membres. Ce mouvement ne pouvait pas se développer sans entraîner des changements dans le droit français des entreprises en difficulté en révélant d'une part, que certains mécanismes du livre VI du code de commerce heurtent le droit européen et d'autre part, en faisant évoluer les objectifs poursuivis par ce droit.

---

* Professeur, Université Paris 2 Panthéon-Assas, IRDA Paris

Rendre hommage au professeur Laurence Idot en s'aventurant sur les terres du droit européen qu'elle a explorées si brillamment est assurément une gageure, certainement un risque et sans doute une folie… Mais, les spécialistes de la restructuration doivent désormais cheminer sur les voies du droit européen, qui occupe une place grandissante en droit de l'insolvabilité.

Ainsi, c'est avec cet angle d'observation, certes bien réduit en droit européen, qu'il me plaît d'offrir à Laurence Idot ces quelques réflexions en signe de mon amitié sincère et de mon admiration pour le travail accompli dans cet univers parfois hostile, nous le rendant alors familier et compréhensible.

Mais, l'aspect académique se double d'un lien amical et j'ai encore le souvenir vivace de cette première rencontre, lors d'un déjeuner partagé sur la côte normande après un colloque de Droit et Commerce au cours duquel, doctorante, je côtoyais pour la première fois en chair et en os ceux que je lisais avec ferveur et qui, comme Laurence Idot, m'accueillaient avec bienveillance. Depuis, nous avons souvent échangé sur les croisements de nos terres de prédilection, insolvabilité et droit européen, ces deux espaces qui se sont longtemps ignorés amorçant désormais une alliance pour assurer la restructuration des entreprises en difficulté au-delà des frontières.

Le droit de l'insolvabilité a donc sauté le pas, il est désormais, comme l'essentiel des matières du droit des affaires, saisi par le droit européen après y avoir opposé une résistance hors norme dont les raisons sont bien connues[1]. C'est donc tardivement, en l'an 2000, un symbole, que la première avancée du droit européen a été concrétisée avec l'adoption du règlement (CE) n° 1346/2000 du 29 mai 2000 refondu en 2015[2]. Depuis, l'étape suivante a été de s'aventurer sur le terrain de l'harmonisation, dont la première pierre a été marquée par la directive du 20 juin 2019[3]. Ainsi, à rebours du processus à l'œuvre en droit des sociétés, le règlement a précédé la directive, et pas à pas, le législateur européen a tracé sa voie, celle de l'harmonisation étant maintenant lancée. Ainsi, deux logiques sont à l'œuvre dans le droit européen de l'insolvabilité. Les deux règlements qui se sont succédé ont pour fondement une démarche de droit international privé, afin de déterminer la juridiction compétente et la loi applicable pour traiter l'insolvabilité d'une entreprise dont l'activité est exercée ou dont le patrimoine est situé dans l'espace européen. S'il s'agit de l'ossature majeure du règlement conservée lors de sa révision en 2015, il comporte également quelques règles matérielles qui s'imposent aux États membres. Cette double logique rend le

1 J. Béguin, « Un îlot de résistance à l'internationalisation : le droit international des procédures collectives », in *L'internationalisation du droit : mélanges en l'honneur de Yvon Loussouarn*, Paris, Dalloz, 1994, p. 31.

2 D. Bureau, « La fin d'un îlot de résistance : le règlement du Conseil relatif aux procédures d'insolvabilité », *Rev. crit. DIP* 2002, p. 613.

3 Directive (UE) 2019/1023 du Parlement européen et du Conseil du 20 juin 2019 relative aux cadres de restructuration préventive, à la remise de dettes et aux déchéances, et aux mesures à prendre pour augmenter l'efficacité des procédures en matière de restructuration, d'insolvabilité et de remise de dettes, et modifiant la directive (UE) 2017/1132 (directive sur la restructuration et l'insolvabilité), *JOUE* n° L 172 du 26 juin 2019, p. 18.

règlement complexe à mettre en œuvre et cela d'autant plus que son domaine n'est pas parfaitement déterminé, l'élément d'extranéité qui fait passer du droit national au règlement soulevant des hésitations quant à sa localisation, exclusivement dans l'espace européen ou non.

L'influence tardive exercée sur le droit de l'insolvabilité, au regard de l'élaboration du droit européen des affaires, marque profondément cette matière, ses concepts, son architecture et sa logique. Cet hommage sera alors l'occasion de scruter les apports du droit européen au droit de l'insolvabilité en général et au droit français de l'insolvabilité en particulier, même si cette appellation n'a pas encore pénétré le livre VI du code de commerce. Par un jeu d'allers-retours, les deux ordres juridiques, européen et français, s'entrecroisent, s'alimentent, s'opposent pour faire ressortir les traits saillants de chacun et leur combinaison est une source d'enrichissements permanents.

La confrontation du droit français des entreprises en difficulté avec le droit européen, qu'il s'agisse des règlements ou de la directive, met en lumière la particularité de notre droit qui, bien qu'étant un droit précurseur sur la scène européenne, notamment en ce qui concerne le traitement anticipé des difficultés des entreprises, n'en reste pas moins très imprégné des idées, des combats qui traversent la matière. Idées, combats qui font du droit français un droit convoité par les chefs d'entreprise qui y décèlent des techniques particulièrement favorables au sauvetage des entreprises. Le droit européen va apporter sa touche en jouant d'abord un rôle de révélateur de mécanismes du droit français qui heurtent le droit européen puis en introduisant dans notre système des mécanismes qui atténuent les particularités du droit français pour opérer un rapprochement entre les États membres et renforcer une communauté d'objectifs entre les législations.

I. La révélation de mécanismes non « eurocompatibles »

Jusqu'aux années 2000, le droit français n'a pas été confronté aux assauts du droit européen de l'insolvabilité ; seules des règles de droit international privé régissaient les procédures internationales lorsqu'aucune convention ne posait de cadre pour organiser la faillite internationale mettant en concours les législations de deux États. Ainsi, le droit français n'était pas bousculé dans ses fondements, ses choix et les mécanismes retenus dans le droit des procédures collectives n'étaient pas contestés. L'arrivée du règlement (CE) n° 1346/2000, sans chambouler l'ordonnancement existant, a imprimé sa marque en défiant des mécanismes solidement ancrés en droit français comme l'extension de procédure ou l'extinction des créances non déclarées.

1. La neutralisation de l'extension de procédure

La construction du droit européen de l'insolvabilité issue du règlement insolvabilité repose sur la volonté première d'opérer une répartition des procédures au sein de l'espace européen en posant des règles qui unifient les critères de compétence des juridictions ou des autorités désignées dans chaque État membre. Ainsi, les critères retenus, celui du centre des intérêts principaux pour l'ouverture de la procédure principale ou celui de l'établissement pour l'ouverture de la procédure secondaire, doivent assurer une répartition des procédures et éviter les ouvertures multiples de procédures principales dans plusieurs États membres. L'efficacité passe alors par la reconnaissance de critères communs qui ne sont pas toujours ceux des États membres mais qui assurent un ordre sécurisant au sein de l'espace européen.

Dès lors, se pose la question du sort à réserver aux mécanismes nationaux qui interfèrent dans cette construction et peuvent réintroduire des incertitudes dans la régulation des procédures d'insolvabilité.

Ainsi, il n'est pas étonnant que la jurisprudence ait eu à statuer sur le mécanisme de l'extension de procédure consacré par l'article L. 621-2 du code de commerce. L'extension de procédure, dont toutes les subtilités ne sont pas parfaitement maîtrisées en droit interne, permet aux organes d'une procédure déjà ouverte, qu'il s'agisse d'une sauvegarde, d'un redressement ou d'une liquidation, de demander au tribunal d'en étendre les effets à une autre personne, physique ou morale, dès qu'est établie la fictivité, critère qui ne s'applique qu'aux personnes morales, ou la confusion des patrimoines, qui est un critère général. Si le tribunal fait droit à cette demande, il reste compétent pour cette procédure qui englobe le patrimoine de la personne initialement soumise à la procédure et celui de la personne frappée par l'extension. Ce mécanisme est donc particulièrement dérogatoire puisqu'il permet de soumettre à une procédure collective, *via* l'extension, des personnes qui n'en relèvent pas, qui ne remplissent pas les conditions traditionnelles d'ouverture mais seulement celles posées par le mécanisme, et ainsi de s'affranchir des règles de compétence. Cette extension de procédure, qui apparaît déjà comme une « curiosité »[4] en droit français, devait à un moment se confronter aux principes du règlement insolvabilité. L'affaire *Rastelli* a donné l'occasion à la Cour de justice de l'Union européenne (CJUE) de se prononcer dans un arrêt du 15 décembre 2011 sur ce mécanisme[5]. Il s'agissait pour la Cour de décider si une juridiction française pouvait être compétente pour étendre une liquidation judiciaire à une société italienne, soumise à cette procédure du fait d'une confusion des patrimoines. Les deux questions posées à la CJUE étaient très claires. La première portait sur la possibilité pour une juridiction d'appliquer une règle de son droit national qui lui donne compétence pour étendre la procédure à une société dont le siège statutaire est fixé dans un autre État membre et la seconde s'attachait à la notion de centre des intérêts principaux et à la possibilité de le caractériser par le seul constat de la confusion

4 F. Reille, « Le point sur l'impossible extension de procédure collective après adoption d'un plan de cession », *Rev. proc. coll.* 2021, n° 3, étude 11.

5 CJUE, 15 décembre 2011, aff. C-191/10, EU:C:2011:838 ; *D.* 2012. 403, note J.-L. Vallens et 406, note R. Dammann et F. Müller ; *Act. proc. coll.* 2012, n° 17, obs. J. Vallansan ; *Rev. crit. DIP* 2012. 435, note G. Khairallah. M. Menjucq, « L'arrêt *Rastelli* de la CJUE : un arrêt en trompe-l'œil sur l'extension de procédure », *Rev. proc. coll.* 2012, étude 2, p. 11.

des patrimoines. L'extension est-elle compatible avec les principes du règlement et notamment avec celui de la soumission de la procédure relevant du règlement à la *lex fori concursus* ? S'appuyant sur une solide argumentation qui repose sur la similarité de l'ouverture de la procédure et de l'extension, la CJUE, après avoir fait prévaloir le critère du centre des intérêts principaux, en déduit qu'une juridiction qui a ouvert une procédure en caractérisant ce centre des intérêts principaux d'une société sur son territoire ne peut pas étendre cette procédure à une autre société sans établir qu'elle a également le centre de ses intérêts principaux sur l'État membre d'ouverture, la confusion de patrimoine ne pouvant s'y substituer[6]. Ainsi, le mécanisme de l'extension, qui déjoue déjà en droit français les critères d'ouverture, aussi bien celui de la qualité du débiteur que celui des difficultés rencontrées par l'entreprise, se heurte de plein fouet au système du règlement insolvabilité, qui doit préserver les outils qui éviteront des ouvertures multiples de procédures, le *forum shopping*, au détriment d'une compétence juridictionnelle qui stabilise la mise en œuvre des procédures d'insolvabilité en Europe.

2. La disparition de l'extinction des créances non déclarées

Lors de l'élaboration du règlement (CE) nº 1346/2000, le souhait a été clairement exprimé de protéger les droits réels dont peuvent être titulaires les créanciers lorsque s'ouvre une procédure d'insolvabilité au sein de l'espace européen. Cette position a bien sûr pour finalité, comme l'énonce le considérant 25 du règlement, de préserver l'octroi du crédit. Ainsi, l'article 5 du règlement de 2000, devenu l'article 8 dans celui de 2015, a posé le principe que les droits réels dont sont titulaires les créanciers sur des biens du débiteur qui se situent dans un autre État membre que l'État d'ouverture ne sont pas affectés par l'ouverture de la procédure. Le créancier doit pouvoir continuer à exercer les droits conférés par le droit réel qui garantit sa créance. Cette disposition se heurtait en droit français au principe d'extinction des créances non déclarées lorsque le créancier n'a pas bénéficié d'un relevé de forclusion posé à l'alinéa 4 de l'article L. 621-46 dans sa rédaction antérieure à la loi nº 2005-845 de sauvegarde du 26 juillet 2005. Ainsi, lorsqu'un créancier omettait de déclarer sa créance dans les délais légaux et qu'il ne pouvait obtenir un relevé de forclusion, la sûreté réelle dont il pouvait bénéficier sur un bien situé dans un autre État membre était neutralisée du fait de l'extinction de sa créance.

Une fois encore, l'influence du droit européen a permis de faire évoluer le droit français, qui a, dans la loi de sauvegarde des entreprises du 26 juillet 2005, supprimé l'extinction des créances non déclarées, pour y substituer l'inopposabilité de ces

---

6 La Cour de cassation a ensuite retenu la solution de la CJUE (Cass. com., 10 mai 2012, nº 09-12.642 ; *D.* 2012. 1803, note F. Jault-Seseke ; *BJE* 2012, nº 4, p. 243, note L.-C. Henry) et l'a appliquée en décidant que l'extension de procédure était possible si la société visée avait son siège en France du fait du renversement de la présomption de lieu du siège social : Cass. com., 7 octobre 2020, nº 19-13.688 ; *BJE* 2021, nº 2, note E. Fabriès-Lecea.

créances. Ainsi, lorsqu'une procédure est ouverte en France sous le règlement insolvabilité, version 2000 ou 2015, le créancier titulaire d'une sûreté réelle se trouve dans une situation particulièrement confortable s'il remplit les conditions posées par l'ancien article 5 ou l'article 8 du règlement 2015, la procédure ouverte en France ne pouvant affecter son droit. Au regard du traitement relativement peu favorable réservé par le droit français aux créanciers antérieurs, titulaires de sûretés réelles, il s'agit donc d'une avancée remarquable.

Mais, il faut bien constater que les effets positifs de ce changement législatif peuvent également bénéficier à tous les créanciers, dont les créances seront donc simplement inopposables, même si les dispositions du livre VI du code de commerce leur laissent peu de chances de pouvoir faire valoir leur droit de créance maintenu. La majorité d'entre eux ignore que l'amélioration de la situation des créanciers non déclarants découle d'un règlement européen.

Ce principe consacré dans la loi de sauvegarde est désormais solidement ancré dans le droit français, comme en atteste une jurisprudence récente de la Cour de cassation qui a été très décriée, car elle faisait resurgir l'extinction des créances. La controverse a pris naissance à propos d'un arrêt de la chambre commerciale du 4 mai 2017 qui a admis que « *la décision par laquelle le juge-commissaire retient qu'une créance a été irrégulièrement déclarée et ne peut être admise au passif est, au sens du texte précité, une décision de rejet de la créance, qui entraîne, par voie de conséquence, l'extinction de la sûreté qui la garantissait* »[7].

La doctrine a vigoureusement critiqué cette solution, faisant remarquer que l'irrégularité de la déclaration de créance était plus rigoureusement sanctionnée que l'absence de déclaration, ce qui semble effectivement peu pertinent, et soulignant également que cette solution ne distinguait pas « *conformément aux canons de la procédure civile, selon que la décision de rejet statue sur le fond ou entérine une défense procédurale* »[8]. La position a évolué ensuite vers un cantonnement de cette solution[9] pour être définitivement abandonnée dans l'ordonnance du

---

7 Cass. com., 4 mai 2017, n° 15-24.854 ; *JCP E* 2017. 1460, n° 13, obs. P. Pétel ; *D.* 2017. 2001, obs. P. Crocq ; *JCP E* 2017. 1434, obs. T. Stefania ; *JCP G* 2017. 673, obs. J.-J. Ansault ; *Gaz. Pal.* 27 juin 2017, p. 60, obs. P.-M. Le Corre ; *RD bancaire et fin.* 2017, comm. 180, obs. C. Houin-Bressand ; *Act. proc. coll.* 2018, alerte 140, obs. C. Saint-Alary-Houin, F. Macorig-Venier et J. Théron ; *Rev. proc. coll.* 2018, comm. 100, obs. P. Cagnoli

8 P. Pétel, « Cantonnement bienvenu d'une solution contestable : l'effet extinctif de toute décision de rejet d'une créance déclarée », obs. sous Cass. com., 5 mai 2021, *Act. proc. coll.* juin 2021, n° 12, repère 146.

9 Cass. com., 10 mars 2021, n° 19-22.395, *Act. proc. coll.* 2021, alerte 104, obs. K. Salhi ; *RD bancaire et fin.* 2021, comm. 72, obs. C. Houin-Bressand ; *Procédures* 2021, comm. 142, obs. B. Rolland ; *Dr. sociétés* 2021, comm. 82, obs. J.-P. Legros ; *Rev. proc. coll.* 2021, comm. 55, note N. Borga : si le juge déclare irrecevable l'action reprise par le créancier, après avoir déclaré sa créance, pour obtenir une décision statuant sur la fixation du montant de cette créance (C. com., art. L. 622-22), il ne s'agit pas d'une décision de rejet rendue en application de l'article L. 624-2, de sorte qu'elle n'emporte pas extinction de la créance. Cass. com., 5 mai 2021, n° 19-17.736 ; *Act. proc. coll.* 2021, alerte 151, P. Pétel ; *BJE* juill. 2021, n° 200c8, p. 32, comm. C. Saint-Alary-Houin ; *RD bancaire et fin.* 2021, comm. 95, obs. D. Legeais et comm. 137, obs. C. Houin-Bressand ; *Procédures* 2021, comm. 198, note B. Rolland. La Cour de cassation décide que « *[l]e juge du fond, qui statue dans l'instance en paiement opposant le créancier à la caution du débiteur principal à l'égard duquel a été ouverte une procédure collective, ne fait pas application de l'article L. 624-2 du code de commerce* » et « *que la décision par laquelle le juge du cautionnement retient que la déclaration de la créance est irrégulière ne constitue pas une décision de rejet de cette créance, entraînant, dès lors, l'extinction de celle-ci* ».

15 septembre 2021[10], qui a modifié l'article L. 624-2 du code de commerce. La dernière ombre qui planait sur la disparition de l'extinction des créances non déclarées a été écartée, l'efficacité du droit européen a préservé les droits des créanciers soumis à une procédure du livre VI ouverte sur le fondement du règlement insolvabilité, qui ne verront plus leurs droits remis en cause.

II. La promotion d'objectifs communs aux procédures d'insolvabilité au sein de l'espace européen

Si les règlements (CE) n° 1346/2000 et (UE) 2015/848[11] ont assurément fait progresser le traitement des procédures d'insolvabilité au sein de l'espace européen, le principe d'application de la *lex fori concursus* conduit à soumettre très largement ces procédures aux droits nationaux et donc à une diversité de systèmes juridiques, même si des points de convergence peuvent être dégagés dans l'ensemble des États membres.

Un nouveau mouvement, aujourd'hui à l'œuvre au sein de l'Union européenne, tend désormais à harmoniser les droits nationaux, et dans un premier temps, au moins à les rapprocher. Dans sa première étape, le travail opéré au sein de l'Union européenne a permis de dégager deux axes majeurs, le premier étant d'offrir à tous les débiteurs en difficulté un cadre de restructuration préventive, le second s'attachant à assurer à ces mêmes débiteurs des mécanismes de rebond. Cette réflexion, mise en place depuis plusieurs années, principalement depuis la recommandation de la Commission européenne du 12 mars 2014[12], a abouti à l'adoption de la directive du 20 juin 2019[13], dont la transposition a été perturbée par la crise sanitaire, seuls quatre États membres, dont la France, s'étant pour le moment livrés à cet exercice.

L'ordonnance n° 2021-1193 du 15 septembre 2021 portant modification du livre VI du code de commerce opère donc une réécriture assez profonde de l'élaboration des plans de sauvegarde et de redressement lorsqu'ils comportent des classes de parties affectées, qui se substituent aux comités de créanciers. Cette adaptation du droit français a obligé le législateur à intégrer dans notre système juridique de nouveaux concepts qui ont pour finalité de protéger les droits des créanciers lors de l'adoption de ces plans, mais également à repenser la situation des détenteurs de capital.

---

10 Ordonnance n° 2021-1193 du 15 septembre 2021 portant modification du livre VI du code de commerce, *JORF* n° 0216 du 16 septembre 2021.

11 Règlement (UE) 2015/848 du Parlement européen et du Conseil du 20 mai 2015 relatif aux procédures d'insolvabilité, *JOUE* n° L 141 du 5 juin 2015, p. 19.

12 La recommandation 2014/135/UE de la Commission du 12 mars 2014 relative à une nouvelle approche en matière de défaillances et d'insolvabilité des entreprises a abouti à l'adoption de la directive.

13 Directive (UE) 2019/1023 du Parlement européen et du Conseil du 20 juin 2019, préc.

1. L'introduction de nouveaux mécanismes protecteurs des créanciers

La lecture de la directive du 20 juin 2019 laisse assez clairement apparaître que les États membres doivent mettre en œuvre des mécanismes correcteurs afin d'assurer la protection des créanciers, et à ce titre le test du meilleur intérêt et la priorité absolue font leur entrée dans le droit français. Ils doivent conduire les professionnels de l'insolvabilité qui sont en première ligne lors de la préparation des plans et les juridictions qui en assurent le contrôle à se référer à ces nouveaux outils.

Ainsi, lorsque des créanciers dissidents apparaîtront lors du vote du plan, il conviendra de s'assurer que l'adoption du plan qui résulterait d'un vote majoritaire au sein des classes de parties affectées ou d'une application forcée interclasses par le tribunal ne sacrifie pas les droits des créanciers. Certes, un tel contrôle était déjà mentionné sous une forme souple dans les dispositions relatives au plan adopté par les comités de créanciers, le tribunal devant s'assurer de la protection des intérêts de tous les créanciers, notamment de ceux des minoritaires[14]. Toutefois, la transposition de la directive fait franchir une étape au droit français, qui doit désormais s'appuyer sur des concepts peu familiers et dont l'utilisation est de nature à susciter des contestations et des batailles d'experts.

En premier lieu, le tribunal devra s'assurer, lors de la validation du plan[15] adopté par l'ensemble des classes de parties affectées mais en présence de parties affectées dissidentes, qu'« *aucune de ces parties affectées ne se trouve dans une situation moins favorable, du fait du plan, que celle qu'elle connaîtrait s'il était fait application soit de l'ordre de priorité pour la répartition des actifs en liquidation judiciaire ou du prix de cession de l'entreprise en application de l'article L. 642-1, soit d'une meilleure solution alternative si le plan n'était pas validé* ». Lorsque le tribunal procédera à une application forcée interclasses en vertu de l'article L. 626-32 du code de commerce, il devra également vérifier, lorsque le plan a été adopté par au moins une classe de parties affectées, qu'il ne s'agit pas d'une classe « *dont on peut raisonnablement supposer, après détermination de la valeur du débiteur en tant qu'entreprise en activité, qu'elle n'aurait droit à aucun paiement, si l'ordre de priorité des créanciers pour la répartition des actifs en liquidation judiciaire ou du prix de cession de l'entreprise en application de l'article L 642-1, était appliqué* »[16].

Si les mécanismes paraissent délicats à mettre en œuvre, ils ont le même objectif, protéger les créanciers, mais dans des hypothèses différentes. Dans la première, il s'agit de protéger les créanciers dissidents eux-mêmes, qui ne doivent pas

---

14 Anc. art. L. 626-31 C. com.

15 Art. L. 626-31 C. com.

16 Art. L. 626-32 C. com.

être plus mal traités dans le plan qu'ils le seraient lors d'une solution liquidative. Dans la seconde, il s'agit de ne pas imposer à l'ensemble des créanciers, *via* une application forcée interclasses, un plan voté seulement par une classe de parties affectées qui n'a rien à perdre, car même en retenant une valeur non pas liquidative mais une valeur d'entreprise en activité, elle ne toucherait aucun paiement. L'article L. 626-32 complète cette protection en retenant un autre mécanisme, celui de la priorité absolue, qui doit conduire le tribunal, pour imposer un plan qui n'a pas été voté par toutes les classes, à contrôler que « *[l]es créances des créanciers affectés d'une classe qui a voté contre le plan sont intégralement désintéressées par des moyens identiques ou équivalents lorsqu'une classe de rang inférieur a droit à un paiement ou conserve un intéressement dans le cadre du plan* ».

Ainsi, l'influence du droit européen oblige les tribunaux français qui statueront sur les plans de sauvegarde ou de redressement soumis à des classes de parties affectées à revaloriser les droits des créanciers et non pas à faire prévaloir l'intérêt de l'entreprise et la continuation de l'activité, comme cela pouvait se concevoir avant la transposition de la directive du 20 juin 2019. Cette remarque se vérifie tout particulièrement lorsqu'en procédure de sauvegarde, l'application forcée interclasses n'a pas pu être mise en œuvre, le tribunal ne pouvant alors imposer de revenir à une consultation individuelle, qui était prévue lorsque les comités de créanciers n'avaient pas adopté le plan proposé par le débiteur ou par un créancier. En revanche, le nouvel article L. 631-19 du code de commerce permet, lors d'une procédure de redressement judiciaire, si les articles L. 626-31 et L. 626-32 n'ont pas abouti à l'adoption du plan, de revenir à un mode d'élaboration classique *via* une consultation individuelle, le tribunal reprenant ainsi la main pour contraindre les créanciers récalcitrants. Cette dichotomie de solutions peut apparaître surprenante mais elle découle de la conception du plan de restructuration préventive dans la directive, qui s'impose en sauvegarde, mais pas lors du redressement judiciaire, qui n'est pas une procédure de restructuration préventive au sens de la directive, et offre une résurgence des mécanismes traditionnels du droit français. Ainsi, les efforts d'anticipation du débiteur ne seront pas toujours récompensés, ils pourront se heurter à une opposition insurmontable des créanciers. Alors, à défaut d'adoption du plan de sauvegarde, le risque que l'entreprise bascule en cessation de paiements se profile, ce qui conduira à l'ouverture d'un redressement ou d'une liquidation judiciaires, et dans le premier cas, la présentation d'un nouveau plan par le débiteur ou par des créanciers n'est pas exclue.

2. La place des détenteurs de capital dans le sauvetage des entreprises

Lorsque l'entreprise en difficulté est une société, le rôle des associés dans sa restructuration est une question épineuse – du moins en droit français – à laquelle le législateur, par petites touches, a apporté des solutions qui ébauchent un droit des sociétés en difficulté[17]. Le droit européen dans ses dernières évolutions marque la volonté d'impliquer les associés dans le retournement des sociétés ou du moins de les empêcher de nuire à cet objectif.

Si la directive du 20 juin 2019 repose sur la notion de partie affectée, elle accorde une attention particulière aux détenteurs de capital qui ne peuvent pas rester hors du champ du plan de restructuration préventive. En effet, la directive impose de neutraliser leur pouvoir de blocage en offrant une alternative aux États membres, soit constituer une ou plusieurs classes de détenteurs de capital qui voteront les mesures touchant leurs droits et intérêts, soit veiller « *par d'autres moyens à ce que ces détenteurs de capital ne puissent empêcher ou rendre difficiles, de façon déraisonnable, l'adoption et la validation d'un plan de restructuration. Les États membres veillent aussi à ce que les détenteurs de capital ne puissent empêcher ou faire entrave, de façon déraisonnable, à la mise en œuvre d'un plan de restructuration* ».

La transposition de la directive a donc conduit le législateur français à opérer un choix et à retenir l'option de la constitution de classes de détenteurs de capital pour l'adoption du plan. Les nouveaux textes de l'ordonnance du 15 septembre 2021 révèlent une évolution assez remarquable de prise en compte des intérêts des actionnaires et des associés lors de la préparation et de l'adoption du plan. Or, les interventions législatives antérieures ont démontré combien il était délicat d'instaurer des mécanismes contraignants pour les associés, comme l'illustre l'article L. 631-19-2 du code de commerce rédigé avec une grande prudence pour éviter la censure constitutionnelle. En outre, alors que les interventions du législateur se sont multipliées pour régir la situation des associés afin de préserver l'adoption d'un plan, notamment lorsqu'un tiers s'engage à l'exécuter, elles se sont toujours opérées en respectant les principes et les mécanismes du droit des sociétés. La directive du 20 juin 2019, au regard des principes communs qu'elle souhaite promouvoir, a clairement limité les possibilités de blocage émanant d'actionnaires ou d'associés lorsque la société peut présenter un plan de sauvegarde ou de redressement.

La transposition en droit français de la directive marque ainsi un changement notable dans le traitement des sociétés en difficulté lorsqu'elles préparent un plan avec constitution de classes de parties affectées. Alors que le droit antérieur avait toujours pris soin de conserver la souveraineté des assemblées d'associés pour les décisions collectives devant intervenir en exécution du plan, les nouveaux textes issus de l'ordonnance du 15 septembre 2021 rompent assez radicalement avec les pratiques antérieures. En effet, même si la rédaction de l'article L. 631-19-2 du code de commerce ouvrait une brèche en permettant de surmonter l'opposition des associés par un vote d'un mandataire ou par une cession forcée de leurs titres, les conditions très contraignantes d'application de ce texte ont freiné sa mise

17 P. Roussel Galle, « L'introuvable droit des sociétés en difficulté », in *Liber amicorum : mélanges en l'honneur de Philippe Merle*, Paris, Dalloz, 2012, p. 607 ; F.-X. Lucas, « L'ordonnance du 12 mars 2014 et le droit des sociétés », *BJS* 2014, n° 6, 112b3 p. 403 ; M.-H. Monsèrié-Bon, « La situation des associés après l'ordonnance du 12 mars 2014 », *BJE* 2014, n° 3, 111d3, p. 178.

en œuvre, qui demeure plus qu'exceptionnelle. En outre, comme en matière d'abus de minorité, le législateur avait prévu de faire exprimer le vote par un mandataire lors d'une assemblée générale.

Un vent nouveau venu de l'Union européenne soufflant donc sur les sociétés en difficulté pour leur permettre d'accroître les moyens d'assurer leur sauvetage, le droit français vient de se glisser dans ce sillage tout en encadrant les atteintes portées aux droits des associés lorsque le plan comportera des mesures touchant le capital social ou toute autre modification statutaire faisant des associés des parties affectées qui voteront le plan de sauvegarde ou de redressement. La nouveauté majeure issue de la réforme consiste à remplacer le vote en assemblée générale, jusque-là toujours préservé, par un vote au sein de la classe des détenteurs de capital. Les nouvelles dispositions issues de l'ordonnance du 15 septembre 2021 aménagent ainsi les règles de convocation et de vote au sein des classes de parties affectées en s'appuyant sur celles issues du droit des sociétés, procédant ainsi à une combinaison inédite[18], protectrice des droits des détenteurs de capital et compatible avec les impératifs de célérité pour l'adoption du plan. Il faut alors bien constater que les mécanismes du droit des sociétés cèdent du terrain.

Un constat identique s'impose, même s'il doit être tempéré, lorsque le plan fait l'objet d'une application forcée interclasses sur le fondement de l'article L. 626-32 du code de commerce. Si une ou plusieurs classes de détenteurs de capital ont voté contre le plan, le législateur encadre strictement la mise en œuvre de ce mécanisme qui peut conduire à outrepasser la décision des associés, sous réserve que le débiteur ait demandé cette application forcée interclasses ou soit d'accord pour que le tribunal la prononce[19]. Mais, une telle contrainte nécessite que des conditions particulières soient réunies, comme l'indique l'article L. 626-32, qui restreint le champ d'application de ce mécanisme en tenant compte de plusieurs critères. D'une part, ce mécanisme ne pourra s'appliquer que dans des sociétés d'une taille importante, les seuils de compétence des tribunaux de commerce spécialisés ayant été retenus[20]. Ainsi, les TPE et les PME familiales seront exclues de cette contrainte et les associés ne pourront se voir imposer des opérations sociétaires auxquelles ils n'ont pas consenti. La directive avait déjà suggéré d'exclure ces sociétés pour préserver l'actionnariat familial[21]. D'autre part, le texte

18 Art. L. 626-30-2 ; R. 626-62 C. com.

19 Art. L. 626-32, al. 1, C. com. pour le plan de sauvegarde seulement (l'art. L. 631-19, al. 5, exclut l'accord du débiteur en redressement judiciaire).

20 En combinant les articles L. 626-32 et R. 626-63 : les seuils fixés en application du a) du 5° de l'article L. 626-32 sont de 250 salariés et 20 millions d'euros de chiffre d'affaires net ou de 40 millions d'euros de chiffres d'affaires net et lorsque le débiteur est une société qui détient ou contrôle une autre société, au sens des articles L. 233-1 et L. 233-3, ces seuils sont appréciés au niveau de l'ensemble des sociétés concernées. Ces seuils sont appréciés à la date de la demande d'ouverture de la procédure.

21 Le considérant 57 de la directive précise que « *[l]es détenteurs de capital de PME qui ne sont pas de simples investisseurs, mais les propriétaires de l'entreprise et qui contribuent à cette dernière d'une autre manière, par exemple à travers leur expertise en matière de gestion, pourraient ne pas être incités à restructurer dans de telles conditions. Pour cette raison, l'application forcée interclasse devrait rester facultati[ve] pour les débiteurs qui sont des PME* ».

renforce les droits des associés pour éviter que cette application forcée interclasses produise des conséquences trop rigoureuses pour eux. Ainsi, il faudra s'assurer qu'ils n'auraient pas conservé un droit au paiement ou un intérêt dans une hypothèse liquidative, que le plan en cas d'augmentation de capital préserve leur droit préférentiel de souscription et ne conduit à pas une cession forcée de leurs titres. Si toutes ces conditions sont remplies, la décision du tribunal vaudra approbation des modifications statutaires prévues dans le plan. Même si elles sont de nature à empêcher le mécanisme de jouer à plein, lorsque ce sera le cas, le pouvoir donné au tribunal est « extraordinaire » puisque pour la première fois, il peut prendre une décision à la place des associés.

Ainsi, le législateur, sans négliger les droits et les intérêts des actionnaires ou des associés réunis en une ou plusieurs classes de parties affectées, a consacré une vision plus interventionniste qui favorise le soutien de l'associé lorsque sa société est en difficulté. Bien sûr, et c'est une évidence, cela suppose que les associés puissent contribuer au retournement de la société. Le droit s'inclinera, une fois encore, devant la réalité économique.

Au terme de cette incursion dans le droit européen de l'insolvabilité, il faut constater que son influence en droit français est significative et qu'elle sera renforcée par le mouvement d'harmonisation qu'a initié la directive du 20 juin 2019, qui n'est que la première pierre de la construction voulue par l'Union européenne. Certains le regretteront, y voyant une perte de cohérence dans les finalités du droit français des entreprises en difficulté, d'autres y verront une saine régénération porteuse d'une amélioration des procédures transfrontières au bénéfice des entreprises qui ont investi l'espace européen.

Il faut de toute façon se réjouir que le tracé du chemin de l'insolvabilité européenne qui serpente du nord au sud de l'Europe offre une belle promenade stimulante et enrichissante aux juristes !

Ce que fait le juge : À propos d'actions climatiques portées en justice dans divers États membres en Europe

Paul Nihoul*
Tribunal de l'Union européenne
Université catholique de Louvain

Résumé

L'article s'efforce d'identifier l'apport du juge à la définition des normes destinées à accompagner le changement climatique. À cet effet, les arrêts adoptés en Europe par trois juridictions suprêmes au sein de trois États membres (Pays-Bas, France, Allemagne) sont analysés. En substance, il apparaît de l'analyse que, en respectant le rôle du législateur et de l'exécutif, le juge estime pouvoir apporter une contribution propre qui soit fondée, d'une part, sur les engagements internationaux pris par les États concernés et, d'autre part, sur les éléments « faisant consensus » au sein de la « communauté scientifique ».

---

* Juge au Tribunal de l'Union européenne et professeur à l'Université catholique de Louvain (UCLouvain), Belgique.

Autant le reconnaître : le débat sur le rôle du juge enflamme les sociétés depuis plusieurs siècles – et sans doute davantage. On n'a pas oublié, au Royaume-Uni, les propos tenus au roi Jacques 1er par Lord Coke, alors juge en chef de la Cour des plaids communs : dans ces propos, ce dernier rappelait au premier que, s'il est au-dessus de tous en son royaume, le roi n'en reste pas moins soumis à Dieu, et au droit. Et en France, on se souvient de la querelle ayant opposé, au XVIIIe siècle, les rois Louis XV puis Louis XVI aux juges de Paris : cette querelle devait entraîner la convocation des États généraux puis, avec la mue de ces derniers en assemblée constituante, l'abolition de la monarchie…

Pour la plupart, nous avons appris, durant nos études, que le juge applique la loi et se distingue, en cela, du pouvoir législatif, qui adopte cette loi, et du pouvoir exécutif, qui la met en œuvre. Théorisée par Montesquieu, cette division des pouvoirs, parfois appelée séparation des fonctions, guide, en Europe, notre perception de l'équilibre institutionnel depuis les temps modernes. Cette perception, il est intéressant de l'examiner au regard de quelques arrêts adoptés récemment en matière climatique dans plusieurs États membres au sein de l'Union.

En l'occurrence, ces arrêts mettent en cause, chacun pour ce qui le concerne[1], l'action entreprise par les pouvoirs publics dans les pays dont relèvent ces juridictions. En les analysant attentivement, on peut voir, me semble-t-il, que, dans chacun de ces arrêts, le juge travaille sa matière pour apporter à la création normative une contribution propre qui, sans entraver l'exercice des pouvoirs par les autres participants de l'équilibre institutionnel, permet de compléter, par une dimension supplémentaire, la politique à définir. Trois approches peuvent ainsi être distinguées, dans trois arrêts adoptés au cours des trois dernières années par trois juridictions nationales au sein de l'Union.

I. Transformer le litige en problème juridique

La première approche, dans l'ordre chronologique, peut être trouvée dans un arrêt rendu en 2019 par le Hoge Raad des Pays-Bas[2] (ci-après « arrêt *Urgenda* », du nom de l'association ayant introduit l'affaire en justice). Aux Pays-Bas, cette juridiction occupe la plus haute place dans l'ordre judiciaire – principalement chargée des litiges présentant un caractère civil. Cet arrêt a été rendu sur pourvoi introduit par le gouvernement contre celui prononcé par la cour d'appel[3] de La Haye, capitale du pays, intervenant elle-même à la suite d'un jugement émanant d'un tribunal de première instance[4] situé dans la même ville.

1 En l'occurrence, les arrêts commentés émanent de juridictions suprêmes relevant d'ordres juridictionnels distincts : l'ordre judiciaire aux Pays-Bas, l'ordre administratif en France et l'ordre constitutionnel en Allemagne.

2 Hoge Raad, 20 décembre 2019, nº 19/00135, ECLI:NL:HR:2019:2006 https://uitspraken.rechtspraak.nl/inziendocument?id=ECLI:NL:HR:2019:2006&showbutton=true&keyword=urgenda

3 Cour d'appel de La Haye, division du droit civil, 9 octobre 2018, *État des Pays-Bas c/ Fondation Urgenda*, aff. nº 200.178.245/01.

4 Tribunal de La Haye, 24 juin 2015, aff. C/09/456689/HA ZA 13-1396.

Dans ces différentes décisions, les juges intervenus dans la cause ont indiqué successivement que, selon leur analyse, les règles adoptées par l'État néerlandais pour faire face au changement climatique ne respectaient pas les exigences découlant de la Convention européenne des droits de l'homme. Sur le plan juridique, le raisonnement suivi dans ces arrêts, particulièrement celui adopté par le Hoge Raad, est le suivant :

- en vertu du code civil applicable sur son territoire, l'État néerlandais est tenu de faire preuve de diligence dans les comportements qu'il adopte ;
- cette exigence doit être interprétée en tenant compte de la Convention européenne des droits de l'homme[5], laquelle est obligatoire en vertu de la Constitution nationale ;
- selon la jurisprudence développée par la Cour européenne des droits de l'homme[6], cette interprétation doit s'inspirer des connaissances scientifiques ayant acquis un certain statut de crédibilité au moment où sont prises les décisions[7] ;
- de ces connaissances scientifiques, il résulte que les Pays-Bas devaient procéder à une diminution des émissions de gaz carbonique à concurrence de minimum 25 % à l'horizon 2020 par rapport au niveau de 1990[8] ;
- les mesures prises et envisagées par l'État néerlandais ne permettent pas de considérer que cette trajectoire pourra être respectée[9] ;
- appelé à présenter une perspective plus crédible, le représentant de l'État n'a pas pu répondre aux attentes du juge mais a lui-même admis que les incertitudes étaient grandes pour l'effet des mesures envisagées[10] ;
- dans ces conditions, le Hoge Raad rejette le pourvoi et laisse intacte la conclusion selon laquelle l'État néerlandais ne s'est pas comporté de la manière requise par la diligence qui est exigée par le code civil dans les relations au sein de la société[11].

Devant le Hoge Raad, le gouvernement néerlandais avait indiqué que, selon lui, le juge n'est pas compétent pour traiter ce genre de problème. À cette objection, la juridiction répond en deux temps. Tout d'abord, elle signale être obligée de se

5 Particulièrement l'article 2 concernant le droit à la vie ; l'article 8 ayant trait au droit au respect de la vie privée et familiale ; et l'article 13 sur le droit à un recours effectif : voir not. le pt 5.1 de l'arrêt.

6 Not. les pts 5.3.3 ; 5.6.1 ; 7.3.3 et 8.2.1 de l'arrêt.

7 Principalement pts 5.4.3 et 6.3 de l'arrêt.

8 Pt 7.4.1 et s. de l'arrêt.

9 *Ibid.*

10 Pts 7.4.6 et 7.5.3 de l'arrêt.

11 V. pt 8.3.5 de l'arrêt, dans lequel le Hoge Raad conclut : « *Het hof kon […] tot het oordeel komen dat de Staat in elk geval tot genoemde reductie van minimaal 25% in 2020 gehouden is.* »

prononcer sur les litiges qui lui sont soumis. Ensuite, elle indique que, dans les réponses qu'elle donne aux litiges, elle doit appliquer le droit. Or, ce dernier, résultant en l'espèce d'une combinaison entre le droit civil néerlandais (devoir de diligence) et la Convention européenne des droits de l'homme (droit à la vie, droit au respect de la vie privée et familiale), la contraint, selon elle, à conclure à un manquement, dans le chef de l'État néerlandais, à une obligation déterminée : à l'horizon 2020, réduire de 25 % au moins, par comparaison au niveau observé en 1990, les émissions de gaz carbonique pouvant être comptabilisées sur le territoire national.

On le voit dans la succession des étapes suivies par lui pour parvenir au résultat fondant le dispositif de son jugement : pour le Hoge Raad, l'intervention du juge, dans le litige, ne présente pas un caractère politique. Certes, l'objet sur lequel il s'agit de se prononcer est, par nature, politique. Il concerne en effet, au sens large, l'organisation de la cité. Dans le litige, on pose la question de savoir comment la société doit être organisée pour faire face au changement climatique. Cette question doit permettre de déterminer si les mesures prises par le gouvernement sont adéquates pour réaliser les objectifs qui ont été fixés. Toutefois, le juge néerlandais modifie la configuration du problème en déterminant « au regard de quoi » doit être appréciée cette adéquation des mesures. Logiquement, l'adéquation, dans le monde politique, est mesurée au regard des volontés exprimées par l'opinion publique – laquelle opinion, même si elle est régulièrement évaluée par sondages, se trouve être officiellement quantifiée puis traduite en capacité de représentation lors des élections qui sont organisées en application des règles prévues dans la Constitution ou en vertu de cette dernière. Élus, les parlementaires font alors ce qu'ils ont à faire : tenter de réaliser leurs objectifs, c'est-à-dire transformer en politiques publiques les souhaits qui ont été exprimés par la partie de population les ayant portés au pouvoir.

Il en va différemment pour les circonstances dans lesquelles le juge est amené à intervenir et les modalités qu'il met en œuvre pour réaliser sa mission. Pour le Hoge Raad, le juge, lorsqu'il intervient, change, par le fait d'intervenir, le « cadre » dans lequel est abordé le problème. Par l'intervention du juge, le litige est « problématisé » en droit. Le travail à réaliser par le juge consiste à transformer le litige en « propositions juridiques » dont il s'agit, ensuite, d'examiner l'articulation pour produire, par leur mise en relation, un résultat opérationnel.

En définitive, la vision du monde qui est promue par le juge dans *Urgenda* est une vision où chacun fait son travail – ce travail étant distinct pour chacun. Au politique, l'expression de normes en fonction des rapports de force dépendant des expressions formalisées dans des votes. Au juge, la formation de propositions qui, mises en relation, produisent, indépendamment de toute intervention particulière, le dispositif à prononcer dans l'arrêt.

Dans *Urgenda*, le juge, selon sa compréhension, se limite à faire son travail : répondre à la demande qui lui est formulée et appliquer le droit à la situation qui est décrite par les parties, indépendamment du contenu ou de la portée politiques des règles, de ce qu'elles impliquent pour la société. Juridique, l'acte de juger est présenté comme une opération mécanique. « Je dois appliquer le droit. Ce dernier résulte du droit civil néerlandais. Celui-ci doit être interprété en combinaison avec la Convention européenne des droits de l'homme. Pour appliquer la Convention, il faut tenir compte des connaissances scientifiques. Celles-ci indiquent que, pour les Pays-Bas, la réduction doit s'élever à 25 % minimum à l'horizon 2020. L'État néerlandais doit donc procéder à cette réduction. »

Dans cette approche, nulle appréciation, nulle évaluation. Le juge n'apporte rien de personnel – en tout cas a-t-il manifestement ce sentiment. Dans la présentation qu'il donne de son action, il apparaît comme un figurant mettant en œuvre une machine en y insérant des facteurs de production : droit national, Convention européenne des droits de l'homme, connaissances scientifiques. Le résultat diffère des mesures envisagées par l'État néerlandais, qui doit adapter sa copie.

Ainsi, le droit s'impose à tous. Au-dessus du juge, et au-dessus de l'État, il y a la loi. Certes, cette dernière a été adoptée, durant une époque, révolue, par l'État lui-même. C'est ce dernier qui a promulgué le code civil, et signé/ratifié la Convention. Mais ce droit désormais lui échappe. L'ayant introduit, il en est devenu le serviteur. De cette manière, on pourrait dire qu'un quatrième pouvoir a été créé : celui du droit, planant au-dessus du législateur, de l'exécutif et du juge – et les obligeant, chacun pour ce qu'ils sont, à le respecter, lui qui désormais régit ou contraint leurs actes. La marge de manœuvre est limitée aux moyens à mettre en œuvre pour atteindre le résultat prescrit. Pour la détermination de ces moyens, c'est au législateur et à l'exécutif qu'il revient de se prononcer[12].

II. Assurer la cohérence entre des engagements distincts

La deuxième approche apparaît en 2020 dans un arrêt[13] rendu en France par le Conseil d'État (CE) – haute juridiction chargée de contrôler, dans ce pays, les actes adoptés par le pouvoir exécutif. Dans cet arrêt *Grande-Synthe*, rendu sur requête introduite notamment par la commune dont il porte le nom, la haute juridiction se fonde sur le raisonnement suivant :

- la France et l'Union européenne ont signé la convention-cadre des Nations unies sur les changements climatiques (not. pt 9 de l'arrêt) ;

---

12 Il n'est pas sûr toutefois que le débat soit clos pour autant. Dans cette approche, le dernier mot, comme on aime à dire aujourd'hui, revient au droit. Mais que dit le droit ? Pour le représentant de l'État néerlandais appelé à défendre sa cause devant le Hoge Raad, le droit ne disait pas ce que décide finalement le juge. Pour ce représentant, aucune charge normative ne pouvait être accordée aux connaissances scientifiques – et les engagements formulés par l'État néerlandais avaient le caractère de déclarations politiques sans contenir le moindre engagement juridique. Dans ce contexte, on voit bien que le juge ne se limite pas à dire un droit qui existerait en dehors et au-delà de lui. Il se situe, à la fois, en dessous du droit, comme organe soumis à lui, et « dans » le droit lui-même, comme instance amenée à identifier ce que dit vraiment le droit.

13 CE, 19 novembre 2020, *Commune de Grande-Synthe et autre*, n° 427301.

- cette convention a donné lieu à l'organisation de conférences, dont l'une a débouché sur l'accord de Paris, également signé par ces parties (*ibid.*) ;
- en application de ladite convention et dudit accord, divers actes ont été adoptés par les institutions de l'Union pour assigner à chaque État membre des objectifs pour la réduction de leurs émissions (pt 10) ;
- pour la mise en œuvre de ces mesures, des règles ont été insérées dans l'ordre interne au sein du code de l'énergie et du code de l'environnement (pt 11) ;
- dans l'interprétation de ces règles nationales, le juge doit prendre en compte les engagements internationaux indiqués ci-dessus dès lors que ces derniers s'y trouvent présentés comme constituant leur « cause » juridique même si lesdits engagements requièrent l'intervention d'actes complémentaires pour produire des effets à l'égard des particuliers et sont par suite dépourvus d'effets directs (pt 12) ;
- en l'occurrence, un décret a revu à la baisse l'objectif assigné à la période 2019-2023 d'une manière qui semble reporter après 2020 l'essentiel des efforts à effectuer, selon une trajectoire jamais atteinte jusqu'ici, alors que la communauté scientifique insistait sur la nécessité d'intensifier au contraire le degré de préparation et que la Commission européenne préparait des propositions en ce sens (pt 15) ;
- dans ces conditions, un supplément d'instruction doit être ordonné pour permettre au gouvernement de justifier comment il estime pouvoir tenir les engagements pris par la France (pt 17) ;
- si les justifications apportées par le gouvernement ne sont pas suffisantes, le Conseil d'État pourra annuler le refus de prendre des mesures supplémentaires permettant de respecter la trajectoire prévue pour atteindre l'objectif de – 40 % à l'horizon 2030[14].

Dans l'espèce qui lui était soumise, le Conseil d'État, sans doute conscient de la controverse existant sur le sujet, se montre particulièrement prudent lorsqu'il examine, au regard des relations que doit entretenir le juge avec le gouvernement, les demandes qui lui étaient présentées : c'est ainsi que, tout en acceptant celle qui le conduira à émettre des doutes sur le caractère approprié des mesures envisagées, il veille à rejeter, l'une après l'autre, en invoquant notamment les limites affectant l'office du juge, la plupart des demandes formulées par les parties dans les requêtes qui lui étaient soumises[15].

---

14 Sur ce dernier point, qui ne figure pas dans l'arrêt lui-même, v. le communiqué de presse publié par le Conseil d'État à l'adresse <https://www.conseil-etat.fr/Media/actualites/documents/2021/06-juin/cp_grande_synthe_def_web.pdf>, dernière phrase.

15 Est ainsi rejetée, car elle touche aux rapports entre les « *pouvoirs publics constitutionnels* », la demande visant le refus de prendre des dispositions à caractère législatif (pt 2). Dans le même sens, le Conseil d'État rejette des demandes qui l'amèneraient, en substance, à prendre position sur la politique à mettre en place en réponse au changement climatique. Ces demandes visaient respectivement le refus de prendre toute mesure d'initiative réglementaire tendant à rendre obligatoire la priorité climatique (pt 17) et le refus implicite de mettre en œuvre des mesures d'adaptation immédiatement au changement climatique (pt 18).

Par ailleurs, le Conseil d'État prend soin de manifester dans son arrêt que sa position est fondée non pas sur son autorité personnelle, mais plutôt sur la recherche d'une « cohérence logique interne » aux règles querellées. Le raisonnement tenu par la juridiction est sur ce point le suivant : « Nous sommes saisis d'une demande portant sur la légalité de règles adoptées par le gouvernement. Ces règles signalent être fondées sur des engagements internationaux assumés par la France. Certes, lesdits engagements sont dépourvus d'effet direct à l'égard des citoyens français et ne peuvent donc fonder une censure à eux seuls. Toutefois, des règles ne peuvent se révéler incompatibles avec celles qu'elles "*ont [...] pour objet de [...] mettre en œuvre*" (pt 12). Une telle incompatibilité pourrait être ici constatée dès lors que la règle examinée étend, pour une période déterminée, l'ampleur des émissions autorisées, à contrepied des analyses scientifiques et des projets préparés par la Commission. »

Avec un tel raisonnement, la décision prise par le juge ne se présente pas comme une parole autonome. Même si elle peut conduire à l'annulation de la parole officielle, c'est-à-dire de celle qui émane des pouvoirs publics, elle apparaît comme un soutien qui, de l'extérieur, rappelle à ces derniers la promesse qu'ils doivent garder à l'esprit pour atteindre les objectifs qu'ils se sont fixés. L'idée communiquée à travers l'arrêt est que le juge est un organe placé par l'État à côté ou au-dessus du gouvernement pour rappeler à ce dernier qu'il doit respecter les engagements auxquels il a souscrit. En ce sens, le juge prend la figure d'une « conscience » intervenant pour assurer la cohérence et, donc, la crédibilité de la parole officielle.

De manière encore plus précise, on peut considérer que la cohérence ici recherchée concerne la parole tenue par les pouvoirs publics dans deux sphères politiques et ordres juridiques différents : la scène internationale et la scène intérieure. Sur chaque scène, l'État a répondu aux attentes qui lui étaient présentées. Dans les conférences sur le changement climatique, il s'est engagé au regard des attentes qui étaient exprimées par les experts et les « pairs » que constituent pour lui les autres États. Sur la scène intérieure, il a répondu aux demandes formulées par les groupes bénéficiant d'une représentation auprès de lui. Dans l'arrêt, le juge, adoptant une perspective panoramique, confronte les deux « paroles ». Son intervention vise à faire « coïncider » ces dernières – à les regrouper pour qu'elles forment un ensemble cohérent. En l'espèce, sa décision revient à « privilégier » les engagements pris sur la scène internationale, c'est-à-dire à les considérer comme étant ceux qui fixent « le ton » pour la politique à suivre par l'État. Au gouvernement français, le juge demande de « s'aligner » sur ces engagements dans la détermination de la politique à mettre en œuvre sur la scène intérieure.

Les deux « paroles » n'étant pas tout à fait identiques, il n'était pas possible au juge de ne pas prendre position sur celle à privilégier. S'il n'avait pas exprimé de doutes à l'égard des engagements « intérieurs », le juge aurait accordé la priorité à ces derniers sur ceux exprimés sur la scène internationale. C'est l'inverse qu'il a décidé ici, en considérant que les engagements internationaux constituaient la référence à suivre pour la détermination de la politique intérieure.

III. Ajouter une perspective fondée sur le long terme

Quant à la troisième approche, elle transparaît dans un arrêt[16] adopté en 2021 par le Bundesverfassungsgericht, l'instance chargée de contrôler les normes, en ce compris les normes législatives, en Allemagne, au regard de la Constitution (ci-après le « Tribunal »). En l'espèce, le Tribunal était saisi de requêtes mettant en cause les règles adoptées par le législateur pour contenir le changement climatique. Au terme d'une analyse fouillée, il conclut que le législateur n'a pas respecté l'obligation, imposée par la Constitution, de protéger la nature d'une manière garantissant l'exercice de libertés fondamentales par les générations futures.

Dans son arrêt, le Tribunal se fonde sur plusieurs dispositions qui, se trouvant dans la Constitution allemande[17], figurent aussi dans la Convention européenne des droits de l'homme[18] :

- ces libertés doivent être garanties non seulement aujourd'hui, mais aussi à l'avenir, car elles doivent pouvoir être exercées par les générations futures comme le requiert l'article 20a de la Constitution allemande[19] ;
- conjuguée aux principes de proportionnalité et de précaution, cette obligation requiert que le législateur répartisse dans le temps les efforts à réaliser par la population pour réduire les émissions nocives[20] ;
- soulignant le caractère démocratique de la société, le Tribunal insiste sur l'exigence, pour le législateur, de s'acquitter de cette contrainte dans le cadre d'une procédure parlementaire[21] ;
- en l'espèce, cette obligation n'a pas été respectée pour la réduction d'émissions devant intervenir après 2030 : le recours, pendant cette

---

16 Bundesverfassungsgericht, 24 mars 2021, arrêt sur la protection des générations futures (ci-après « *Future Generations* »), aff. jtes 1 BvR 2656/18, 78/20, 96/20 et 288/20, ECLI:DE:BVerfG:2021:rs20210324.1bvr265618.

17 Ces dispositions figurent aux articles 2 et 8, qui concernent respectivement le droit à la vie et le droit à la protection de la propriété. En allemand, ces dispositions sont formulées, dans la Constitution allemande, de la façon suivante. Art. 2, § 2, 1 : « *Jeder hat das Recht auf Leben und körperliche Unversehrtheit.* » Art. 14, § 1 : « *Das Eigentum und das Erbrecht werden gewährleistet. Inhalt und Schranken werden durch die Gesetze bestimmt.* »

18 Figurant dans la Convention, ces dispositions sont ainsi formulées en langue allemande. Art. 2, § 1 : « *Das Recht jedes Menschen auf Leben wird gesetzlich geschützt.* » Art. 1 du Protocole additionnel : « *Jede natürliche oder juristische Person hat das Recht auf Achtung ihres Eigentums. Niemandem darf sein Eigentum entzogen werden, es sei denn, dass das öffentliche Interesse es verlangt, und nur unter den durch Gesetz und durch die allgemeinen Grundsätze des Völkerrechts vorgesehenen Bedingungen.* » Pour la Convention, seules les versions française et anglaise sont authentiques.

19 Pt 194 et s. de l'arrêt. La disposition est ainsi rédigée : « *Der Staat schützt auch in Verantwortung für die künftigen Generationen die natürlichen Lebensgrundlagen und die Tiere im Rahmen der verfassungsmäßigen Ordnung durch die Gesetzgebung und nach Maßgabe von Gesetz und Recht durch die vollziehende Gewalt und die Rechtsprechung.* »

20 Pt 243 et s. de l'arrêt.

21 Pt 256 et s. de l'arrêt.

> période à venir, à des ordonnances de régulation ne satisfait pas, selon le Tribunal, à cette contrainte procédurale, dès lors que les choix à réaliser impliqueront des efforts pouvant affecter l'exercice des libertés fondamentales identifiées ci-dessus[22].

Dans l'arrêt *Grande-Synthe*, le juge se présentait comme l'instance chargée de réaliser la synthèse ou la conciliation de paroles prononcées par les pouvoirs publics sur des scènes distinctes. L'attitude adoptée par le Tribunal, dans l'arrêt *Future Generations*, n'est pas foncièrement différente, même si elle se déploie dans le temps plutôt que le lieu ou l'espace. Dans cette affaire, le Tribunal n'hésite pas à intégrer, dans son raisonnement, un reproche parfois formulé à l'encontre du pouvoir politique, à savoir celui d'agir « en cycle court ». Pour le Tribunal, cette perspective est imposée au pouvoir parlementaire par les règles régissant sa désignation ou sa composition. Comme le relève le Tribunal, le pouvoir politique est soumis au « cycle des élections ». Or, la Constitution allemande impose l'adoption d'une perspective plus longue, à même de protéger les libertés fondamentales dont doivent pouvoir jouir les générations futures. Cette perspective, c'est au Tribunal, selon lui, qu'il revient de l'assumer. Pour quelle raison ? Le Tribunal ne dit mot sur le sujet. Mais on peut déduire, *a contrario*, de la référence aux élections en relation avec le pouvoir public, que cette faculté de se prononcer au regard du long terme provient des règles par lesquelles les juges sont nommés en son sein. En Allemagne, les juges constitutionnels sont nommés pour un mandat non renouvelable de douze années.

Dans cet arrêt *Future Generations*, le Tribunal se présente, ainsi que le faisait le Hoge Raad, comme le garant d'une parole située « ailleurs », sur l'échiquier institutionnel. Ce faisant, il assume un rôle qui, par la vertu des règles régissant l'organisation du pouvoir, lui permet d'assurer la continuité requise par la Constitution dans la protection des libertés fondamentales. Endossant cette fonction, le Tribunal, seul à même selon lui de se prononcer dans le long terme, s'exprime dans l'arrêt en son nom propre. Sur ce point, il se démarque du Conseil d'État (France) qui, s'insérant dans le raisonnement développé par l'exécutif, se limitait à rappeler à ce dernier l'importance de rester fidèle, dans les règles techniques qu'il adopte, aux normes sur lesquelles il se fonde pour les adopter.

IV. Construire une norme

Dans les arrêts examinés, le juge conclut, fondamentalement, à l'inadéquation entre, d'une part, les connaissances scientifiques disponibles et, d'autre part, les mesures envisagées par l'exécutif ou le législateur. C'est dire la force qu'exerce, dans les faits, l'ensemble que constituent lesdites connaissances scientifiques. En substance, les arrêts examinés peuvent être lus comme des productions

---

22 *Ibid.*

linguistiques ayant pour effet de transformer des constatations scientifiques en normes juridiques, au terme d'une procédure mettant aux prises des parties devant un tribunal.

Urgenda est sans doute l'arrêt dans lequel cette transformation est reconnue avec la plus grande lucidité. Dans l'arrêt, le Hoge Raad reconnaît « corriger » une norme qui avait été établie par le législateur. Ce dernier avait prévu, en accord avec le droit de l'Union, une réduction de 20 % des émissions nocives. Cette proportion est jugée insuffisante au regard de la production scientifique présentée devant lui – production selon laquelle, pour parvenir au résultat désiré (hausse maximale de température), une réduction de 25 à 40 % est nécessaire. Lorsqu'il intervient, le juge réalise qu'il donne à une proposition scientifique une valeur normative. Cette opération, il la légitime en se fondant sur une analyse qui, dans le milieu scientifique, est considérée, ainsi qu'il la présente, comme « consensuelle ». En se basant sur cette analyse, il estime fonder la norme juridique sur une proposition indiscutable. Comme elle recueille le consensus, cette proposition peut, sans être critiquable, accéder au statut de norme juridique.

Pour opérer cette transformation, le juge a toutefois besoin d'un appareil normatif. Dans cet appareil, il mobilise, en les reliant entre eux, deux types de normes : d'une part, le droit civil néerlandais, qui comporte une obligation de diligence dans les relations sociales ; d'autre part, la Convention européenne des droits de l'homme qui, rendue obligatoire en droit interne par la Constitution nationale, lui permet de recourir aux connaissances scientifiques pour déterminer le standard comportemental à appliquer aux autorités publiques dans le domaine climatique.

Au final, l'arrêt donne à penser que, de manière fondamentale, le raisonnement développé par le juge est fondé sur un concept : le concept de « diligence ». Dans l'esprit du juge, une autorité, si elle est diligente, ne peut ignorer que, à mesure inchangée, le résultat ne sera pas atteint. Pour être opérationnel, ce concept, apparaissant dans le code civil et, dès lors, compréhensible par tous puisqu'il s'applique à tous, est décliné en utilisant la Convention, les droits qu'elle comporte et l'autorisation qu'elle donne au juge de recourir à la production scientifique pour établir le standard comportemental à respecter par l'autorité.

Ce sont d'autres concepts qui dominent, semble-t-il, dans l'arrêt *Urgenda* : les concepts de « proportionnalité », « précaution » et « démocratie ». Pour le juge allemand, le législateur doit allouer dans le temps les actions requises pour produire, à chaque moment, le résultat recherché : pas plus que nécessaire, pas moins que requis (proportionnalité). La période à couvrir étant longue, il doit anticiper l'évolution de la situation (précaution) sans prendre dans ce cadre une attitude trop pessimiste ou exagérément optimiste (proportionnalité à nouveau). Dans tous les cas, les mesures à adopter doivent faire l'objet d'un débat de type parlementaire (« démocratie »)[23]. Comme dans l'affaire *Urgenda*, le juge allemand, pour parvenir à la solution opérationnelle, mobilise un certain appareil normatif à partir de ces trois concepts. En l'occurrence, cet appareil est constitué de droits formulés dans la Constitution allemande – principalement, dans une ligne proche de celle suivie par le Hoge Raad, celle concernant la protection de la vie et, nouveauté apparaissant ici, celle relative à la propriété.

Dans l'appareil mobilisé par ces juridictions, deux éléments ne peuvent manquer d'étonner. Tout d'abord : l'arrêt allemand ne se fonde pas, à l'inverse de l'arrêt néerlandais, sur la Convention européenne des droits de l'homme. Pourtant, il aurait pu y recourir dès lors que les dispositions invoquées sur la base de la Constitution allemande sont identiques à celles figurant dans cette Convention. Ensuite : alors que les mesures climatiques concernent les États membres, notamment par les effets qu'elles peuvent avoir sur le marché intérieur, les références au droit de l'Union occupent, dans les arrêts examinés, une part très limitée[24].

Dans l'arrêt *Grande-Synthe*, le Conseil d'État examine les différents niveaux normatifs constituant l'ordinaire des juristes aujourd'hui : engagements internationaux, mesures européennes, règles nationales. Pourtant, ce n'est pas au droit de l'Union que se réfère le juge français pour exprimer ses doutes sur la trajectoire proposée par l'État français. L'objectif cité est celui arrêté dans l'accord de Paris. Ainsi, l'impression résultant de l'arrêt est que le fondement de la position se trouve dans le droit adopté aux Nations unies – non celui négocié autour de la table au sein du Conseil et/ou du Parlement de l'Union.

Dans l'arrêt *Future Generations*, le sort réservé au droit de l'Union par le juge allemand n'est pas plus substantiel : il se limite à un paragraphe – à peine dix lignes dans lesquelles il est constaté, en substance, que, plus protecteur, le droit national retiendra l'attention sans que doive être analysé le droit de l'Union.

Dans l'arrêt *Urgenda*, le Hoge Raad se fonde, comme indiqué, sur la Convention européenne des droits de l'homme. Or, les dispositions provenant de cette Convention, et sur lesquelles il se fonde, sont identiques à celles se trouvant dans la Charte des droits fondamentaux – applicable dès lors que des mesures européennes ont été prises en matière climatique.

Dans un recours introduit à Luxembourg, des associations et des individus ont mis en cause, sur la base d'arguments similaires à ceux ici examinés, les mesures

---

23 Sur ce dernier point, on retrouve un trait caractérisant l'accent placé par la haute juridiction allemande dans de nombreux arrêts, dont certains concernent d'ailleurs les relations avec le droit européen, à savoir la nécessité de fonder les normes sur un débat transparent et contradictoire.

24 Ce dernier point mérite d'être approfondi. Comme il a été indiqué, l'Union européenne et les États membres ont, chacun pour ce qui le concerne, signé la convention-cadre et l'accord de Paris dont sont extraits les objectifs à respecter en termes de hausse maximale de température. Les dispositions sur la protection de l'environnement et celles sur le marché intérieur sont en effet impliquées dans les actions à entreprendre en matière climatique. Il faut protéger l'environnement d'une manière ne portant pas atteinte à la concurrence entre les économies nationales au sein de l'Union européenne. Au sein de l'Union, ces matières figurent dans la catégorie des compétences dites « partagées ». Ce caractère partagé indique toutefois combien les règles européennes sont relevantes en la matière.

adoptées par les organes de l'Union pour combattre le changement climatique. Le recours a toutefois été rejeté sans être examiné au fond, sur la base d'une jurisprudence limitant les recours directement formés par de tels requérants devant le juge de l'Union. Traditionnellement, il est expliqué que les limites affectant ces recours sont compensées, principalement, par la possibilité, ouverte à ces requérants, de saisir une juridiction nationale, lorsque les mesures en cause donnent lieu à une application dans les États membres, pour demander à la Cour de justice d'interpréter, ou d'apprécier la validité, à titre préjudiciel, des mesures européennes servant de mesure à ces actes d'applications. Ainsi, les juridictions ayant prononcé les arrêts ici examinés avaient la possibilité, et peut-être même l'obligation, de renvoyer le problème à Luxembourg, en vue d'obtenir, ce qui ferait sens, une prise de position valant pour l'ensemble de l'Union[25].

V. La lucidité, une vertu

Les contributions à un *liber amicorum* ont un côté magique : elles permettent de colorer, avec des nuances rappelant la personne honorée, les réflexions qui sont proposées. C'est ce que j'ai tenté de faire dans les observations formulées ci-dessus, à l'occasion de deux phénomènes marquant la période que nous vivons actuellement : d'une part, la nécessité, à laquelle sont confrontées nos sociétés, de modifier leur façon de fonctionner à la suite du changement climatique ; d'autre part, la production des normes qu'implique ce changement pour devenir opérationnel, avec, en particulier, la participation croissante du juge, par le contrôle juridictionnel, à leur élaboration.

En parlant de couleur, je voulais évoquer, chère Laurence, à votre propos, la lucidité. Souvent alliée à la franchise, cette caractéristique, une immense vertu pour un chercheur, conduit à voir clairement, même dans l'obscurité, sans craindre d'exposer ce qu'on a vu. Cette lucidité dans l'analyse est une qualité, chère Laurence, qui vous est chère – et elle est inspirante. Le message, pour nous, juristes, est limpide. Sans peur, il faut voir, et dire ce que l'on voit. Rien de ce qui se passe dans la société ne peut échapper à notre regard, car seule cette analyse lucide permet d'inventer et de construire une société consciente.

Cette lucidité, bien sûr, commence par soi-même. Les chercheurs doivent réfléchir sur l'objet de leur recherche mais aussi sur leur attitude dans la recherche – sans quoi l'objet risque d'être « teinté » par cette attitude. Le même impératif s'applique pour le spécialiste du droit de la concurrence, amené à éclairer de ses

25 Les juridictions dont les décisions ne sont pas susceptibles de recours doivent renvoyer l'affaire à Luxembourg en cas d'incertitude quant à l'interprétation à donner aux mesures adoptées par les organes de l'Union, ou si elles estiment qu'il existe des doutes sérieux sur la validité de ces mesures (art. 267 TFUE). Dans *Urgenda*, le Hoge Raad signale que les engagements pris au niveau de l'Union ont été revus à la baisse en raison de l'attitude adoptée par des pays tiers – pays qui avaient tendance à ne pas mettre en œuvre, aussi pleinement que souhaité, des engagements qu'ils avaient pris dans les enceintes internationales. De cette observation, il résulte que, aux yeux de la cour néerlandaise, les règles européennes, comme les règles nationales, n'étaient pas suffisantes pour se conformer aux exigences internationales.

analyses l'autorité de concurrence dans son pays, comme vous avez pu le faire pendant des années. Et il s'applique aussi au juge. Comme juge, il faut juger – et réfléchir à comment on juge sans cesser de se demander si l'attitude que nous adoptons en tant que juges est adéquate au regard des règles qui nous sont applicables, des attentes qui reposent sur nous dans la société qui est la nôtre.

Dans notre cas, la lucidité pousse à voir que, dans les trois arrêts examinés, les juridictions suprêmes sont intervenues d'une manière somme toute fort peu commune. Dans l'histoire, on a connu des juridictions faisant preuve d'une déférence plus marquée à l'égard des choix exprimés par le législateur ou même l'exécutif – l'idée étant que les choix effectués par les représentants de la nation ne peuvent être mis en question par des juges ne bénéficiant pas de la même légitimité.

Cette intervention reste prudente. Dans les arrêts analysés ici, l'intervention du juge peut être qualifiée de « différée ». Le juge n'indique pas que le législateur s'est trompé – il précise que le législateur se tromperait s'il ne réagissait pas pour assurer la réalisation, à l'avenir, des objectifs qui sont recherchés.

L'intervention peut aussi être considérée comme « empathique » – bien que le terme ne soit sans doute pas entièrement approprié. Le juge ne dit pas qu'il décide à la place du législateur ce qu'il convient de faire. Dans l'arrêt *Grande-Synthe*, il rappelle au gouvernement les objectifs qu'il a lui-même fixés. Dans l'arrêt *Urgenda*, il signale à l'État néerlandais l'existence de règles impliquant une politique climatique plus ambitieuse. Dans l'arrêt *Future Generations*, il invite le législateur à assumer pleinement son rôle sans déléguer ce dernier à une autorité exécutive.

Ainsi, la quête qui se trouve mise en scène dans les arrêts n'apparaît pas vraiment politique mais plutôt logique. De cette manière se manifeste la légitimité sur laquelle il se fonde pour intervenir. Cette légitimité, c'est celle qui provient de la recherche d'une certaine cohérence (*Grande-Synthe*), d'une analyse plus complète (*Urgenda*) ou d'une perspective élargie (*Future Generations*). La légitimité dont il se prévaut se distingue ainsi de celle du législateur, qui découle du vote. La première semble fondée sur la rationalité, celle qui relie un objectif aux mesures destinées à le mettre en œuvre. La seconde, sur l'adhésion de la nation, celle qui conduit celle-ci à désigner les représentants qui, en son nom, adopteront les règles.

Si elle est correcte, cette perception ne peut qu'inciter le juge à redoubler d'efforts pour assurer que, surtout lorsqu'ils mettent en cause des choix effectués par les représentants de la nation, ses jugements puissent emporter l'adhésion : celle des spécialistes, mais aussi celle de la nation, dont les choix, tels qu'exprimés par ses représentants, ont été corrigés, rectifiés, amendés. Cette adhésion, il n'y a qu'un moyen pour la construire. Écrire des jugements clairs : susceptibles d'être compris par un grand nombre de destinataires. Concis : on ne lit plus, aujourd'hui, des textes longs. Complets : la nécessité d'être courts ne dispense pas d'examiner tous les arguments présentés par les parties. Et convaincants : les arguments doivent soutenir, sans discussion possible, les conclusions qui s'y trouvent formulées.

À la recherche du lieu d'exécution du travail : Les travailleurs des transports entre droit international privé et droit de l'Union*

Étienne Pataut**
Université Paris 1 Panthéon-Sorbonne

Résumé

Le lieu d'exécution du travail étant le critère utilisé en droit international privé du travail, il est difficile de trouver loi applicable et tribunal compétent pour les travailleurs des transports, mobiles par nature. Cette difficulté traditionnelle est désormais en voie d'être résolue par un important travail interprétatif de la Cour de justice et l'intervention du législateur européen.

---

* Dernière mise à jour en novembre 2021.

** Professeur à l'École de droit de la Sorbonne (Université Paris 1 Panthéon-Sorbonne) – IRJS.

Les liens entre le droit des transports et le droit international privé ne sont plus à démontrer. Activité économique mobile par nature, les transports se jouent volontiers des frontières, conduisant à une réflexion et à une régulation naturellement internationales. Par essence, donc, les transports posent des questions de droit international privé qui justifient que la doctrine internationaliste scrute avec attention les évolutions de la matière[1]. Une part importante de ces réflexions concerne la question sociale et spécifiquement la situation des travailleurs des transports. Aussi ne faut-il pas être surpris que, historiquement, ceux-ci aient pu permettre ou accompagner des avancées décisives du droit international privé. C'est ainsi, tout particulièrement, que la règle de conflit de lois spécifique aux travailleurs a été, en France, élaborée notamment à l'occasion de contentieux concernant les transports aériens[2], avant d'être reprise dans la Convention de Rome de 1980 sur la loi applicable aux contrats internationaux, puis, désormais, dans le règlement Rome I[3].

Du côté du droit de l'Union européenne, le lien n'est pas moins évident. Consubstantiels à la liberté de circulation, les transports font l'objet d'une politique ancienne et forte de l'Union, ayant conduit à la création d'un ensemble touffu de réglementations[4]. Là encore, cette importance rejaillit sur les questions sociales. Comme tout secteur économique d'importance et utilisateur de main-d'œuvre, les transports soulèvent bien évidemment leur lot de questions délicates de droit du travail. Les exemples abondent. On se contera ici de citer celui, ô combien sensible en cette période de pandémie, de l'indemnisation des passagers aériens en cas de retard ou d'annulation. Le droit matériel de l'Union a, en la matière, posé des règles d'indemnisation strictes, qui suscitent un abondant contentieux[5]. Tout récemment confrontée à la question de la grève, la Cour de justice a pu affirmer à cette occasion qu'une grève légale ne constituait pas une circonstance extraordinaire, susceptible d'exonérer le transporteur de sa responsabilité[6]. Après la grande controverse suscitée par les arrêts *Laval* et *Viking*[7], il n'est pas anodin d'entendre la Cour affirmer de la façon la plus nette que « *le droit de mener une action collective, y compris la grève, constitue un droit fondamental prévu à l'article 28 de la charte des droits fondamentaux de l'Union européenne* » et que « *[b]ien qu'incarnant un moment conflictuel des*

---

1 En témoignent les très nombreux cours de l'Académie de droit international de La Haye consacrés aux transports. En dernier lieu, v. O. Cachard, « Le transport international aérien de passagers », *Rec. Cours*, vol. 373, 2015, p. 9.

2 V. part. Cass. soc., 31 mars 1978, *Royal Air Maroc*, n° 76-41.190, *Rev. crit. DIP* 1978. 701, note A. Lyon-Caen.

3 Règlement (CE) n° 593/2008 du 17 juin 2008 sur la loi applicable aux obligations contractuelles (Rome I), *JOUE* n° L 177 du 4 juillet 2008, p. 6.

4 Sur l'ensemble, v. R. Bieber et F. Maiani, *Droit européen des transports*, Zurich, Schulthess, 2020.

5 Règlement (CE) n° 261/2004 du 11 février 2004 établissant des règles communes en matière d'indemnisation et d'assistance des passagers en cas de refus d'embarquement et d'annulation ou de retard important d'un vol, *JOUE* n° L 46 du 17 février 2004, p. 1.

6 CJUE, 23 mars 2021, *Airhelp*, aff. C-28/20, EU:C:2021:226 ; *Europe* 2021. 165, obs. V. Michel ; *Dr. soc.* 2021. 534, note J.-P. Lhernould ; v. déjà CJUE, 17 avril 2018, *Krüsemann*, aff. C-195/17, EU:C:2018:258.

7 CJCE, 11 décembre 2007, *Viking*, aff. C-438/05, EU:C:2007:772, et CJCE, 18 décembre 2007, *Laval*, aff. C-341/05, EU:C:2007:809.

relations entre les travailleurs et l'employeur, dont elle vise à paralyser l'activité, la grève n'en demeure pas moins l'une des expressions possibles de la négociation sociale et, partant, doit être appréhendée comme un événement inhérent à l'exercice normal de l'activité de l'employeur concerné » (pts 27 et 28).

L'européanisation du droit international privé – dont Laurence Idot, à qui ces quelques lignes sont dédiées en très amical hommage, a été l'observatrice attentive – a rapproché ces questions. L'insertion d'une base de compétence dans le traité, suivie par l'adoption d'importants règlements de droit international privé, a en effet renouvelé en profondeur la réflexion sur le droit international privé, désormais branche du droit de l'Union.

Aussi ne faut-il guère s'étonner que les transports soient un point de rencontre fécond entre droit international privé et droit de l'Union européenne. En témoigne à nouveau le contentieux de l'indemnisation des passagers, duquel, sans surprise, les questions de droit international privé ne sont pas absentes. Le recours du passager contre une compagnie aérienne avec laquelle il n'a pas directement contracté pose ainsi la difficulté de la qualification délictuelle ou contractuelle de son action, laquelle a d'importantes conséquences tant sur la compétence que sur la loi applicable. En tranchant pour un critère touchant à la « *cause de l'action* » et non pas à « *l'identité des parties* », la Cour de justice a ainsi eu l'occasion de faire évoluer une solution aussi difficile que controversée[8], source d'importantes interrogations doctrinales[9].

En matière sociale, le changement d'échelle du droit international privé a conduit à une insertion progressive des travailleurs des transports dans le droit international privé européen. Ils ont donc peu à peu été saisis par un arsenal de règles européennes de droit international privé, au premier rang desquelles les règlements Bruxelles I bis[10] et Rome I.

Ces règlements prévoient chacun des dispositions spécifiques aux travailleurs. À très grands traits, on rappellera que le règlement Bruxelles I bis prévoit que le travailleur peut saisir le tribunal du domicile du défendeur ou celui du lieu d'exécution du travail (art. 21) et que le règlement Rome I dispose, pour sa part, que la loi choisie par les parties ne peut déroger à la loi du lieu d'exécution du travail qu'à condition d'être plus favorable au travailleur (art. 8)[11]. Le lieu d'exécution

---

8 CJUE, 7 mars 2018, *Flightright*, aff. C-274/16, EU:C:2018:160 ; *Europe* 2018. 213, obs. L Idot ; *D.* 2018. 1366, note P. Dupont et G. Poissonnier, 1934, obs. L. d'Avout et S. Bollée ; *D.* 2019. 1016, obs. S. Clavel et F. Jault-Seseke ; et CJUE, 26 mars 2020, *Primera Air Scandinavia*, aff. C-215/18, EU:C:2020:235 ; *Europe* 2020. 212, obs. L. Idot ; *D.* 2021. Pan. 931, obs. F. Jault-Seseke ; *RTD eur.* 2020. 341, obs. M.-E. Ancel ; *Clunet* 2021. 186, note C. Pellegrini.

9 Parmi une littérature pléthorique, v. récemment D. Sindres, « L'appréhension par le droit international privé de l'action en responsabilité d'un tiers fondée sur un manquement contractuel du défendeur », *Rev. crit. DIP* 2020. 711.

10 Règlement (UE) n° 1215/2012 du 12 décembre 2012 concernant la compétence judiciaire, la reconnaissance et l'exécution des décisions en matière civile et commerciale, *JOUE* n° L 351 du 20 décembre 2012, p. 1.

11 Les règles sont ici considérablement simplifiées ; pour le détail, v. p. ex. P. Rodière, *Droit social de l'Union européenne*, 2e éd., Paris, LGDJ-Lextenso, 2014, p. 567 et s.

du travail est donc, dans les deux cas, au cœur de la résolution de la question de droit international privé.

Dans une matière qui raisonne par critères de localisation, le défi posé par les travailleurs des transports, qui par nature sont mobiles et donc difficiles à localiser, est de taille ; comment, en effet, concilier un rattachement fixe, celui du lieu d'exécution du travail, avec un lieu de travail mouvant par définition ?

La question n'est pas nouvelle. Mais l'européanisation du droit international en a modifié la réponse. Pour résoudre cette difficulté en effet, le droit de l'Union et, tout particulièrement, la Cour de justice, ont procédé à une double évolution, de rapprochement progressif des règles particulières applicables aux travailleurs des transports et des règles générales, d'une part, et d'interprétation particulièrement souple de la notion de lieu d'exécution du travail, d'autre part. Cette évolution a conduit à gommer progressivement les spécificités de ces travailleurs particuliers et à les ramener dans le giron du droit commun ; elle peut être constatée, avec des nuances, pour les gens de mer (I.), les personnels de bord des aéronefs (II.) et les travailleurs des transports routiers (III.).

I. Les gens de mer : L'éviction progressive de la loi du pavillon

Les gens de mer sont, de très loin, les travailleurs des transports qui sont saisis par le plus grand nombre de textes, notamment internationaux, de droit matériel. Le droit maritime est aussi ancien que la navigation elle-même et son importance est déterminante dans l'histoire du droit tant la créativité en la matière a favorisé l'invention ou le développement d'institutions juridiques essentielles. La même créativité s'est développée dans le champ social et c'est ainsi qu'est progressivement apparu un droit du travail des gens de mer.

Les plus importants de ces textes sont les conventions et recommandations de l'Organisation internationale du travail. L'OIT a en effet fourni un énorme effort en la matière, permettant l'élaboration progressive d'un véritable droit international du travail maritime. Celui-ci est désormais, pour l'essentiel, codifié dans la Convention du travail maritime de 2006, amendée en 2016, qui est aujourd'hui le texte international le plus important en la matière[12]. Ce texte vise à garantir aux gens de mer l'application de normes minimales dans tous les aspects de la relation d'emploi, de l'engagement à la rupture, en passant par les conditions de travail ou la protection sociale. Bien évidemment, ces textes internationaux sont complétés, en droit interne, par d'importantes règles nationales, spécifiques aux gens de mer, adoptées par la plupart des États avec une activité maritime[13].

---

12 https://www.ilo.org/global/standards/maritime-labour-convention/text/WCMS_554773/lang--fr/index.htm> (dernière visite juin 2021).

13 Sur l'ensemble, v. not. J.-P. Beurier (dir.), *Droits maritimes*, 3e éd., Paris, Dalloz, 2014.

En ce qui concerne le droit international privé, le plus intéressant à observer est l'évolution progressive du rattachement de la règle de conflit de lois. Le point de départ, qui semblait incontestable, était celui du rattachement des gens de mer à la loi du pavillon ; ce rattachement est désormais écarté en Europe, qui lui préfère la règle générale du rattachement à la loi du lieu d'exécution du travail.

1. Le rattachement au pavillon

Le pavillon est le rattachement traditionnel en matière maritime en général[14] et les premiers textes internationaux l'ont transposé à la question sociale. Ainsi de la Convention de Genève sur la haute mer du 29 avril 1958, dont l'article 10, paragraphe 1 b), oblige les États à prendre « *à l'égard des navires arborant [le] pavillon les mesures nécessaires [...] notamment en ce qui concerne [...] les conditions de travail des équipages* »[15]. Ainsi, surtout, de la Convention 147 de l'OIT sur la marine marchande de 1976, qui prévoit en son article 2 que les États s'engagent « *à l'égard des navires immatriculés sur son territoire* » à édicter une législation relative notamment à la sécurité, à la durée du travail, aux effectifs ou encore à la sécurité sociale. Ces textes, pourtant, restent très prudents et ne contiennent pas de règle de conflit de lois à proprement parler : simplement des engagements de la part des États du pavillon à assurer la protection des marins.

Les solutions relevaient traditionnellement du droit international privé national. Les principales législations ayant édicté un véritable droit maritime du travail le rendaient applicable aux navires battant pavillon national. Ainsi de l'article 5 du code du travail maritime français (loi du 13 décembre 1926), de la Section 260 du Merchant Shipping Act britannique[16] ou du premier paragraphe de la loi allemande sur les gens de mer[17].

Ce rattachement était justifié par différentes raisons. Certaines – dont il ne sera pas question ici – sont propres à la délimitation de la compétence des États en matière de navigation en haute mer ; d'autres sont plus spécifiques au droit international privé traditionnel, l'argument étant que l'utilisation de la loi du pavillon était, en matière de droit maritime, un rattachement simple et pertinent. L'appliquer en matière de droit du travail permettait donc de soumettre l'ensemble des relations juridiques relatives à un navire, y compris, donc, les relations sociales,

14 V. ainsi l'affirmation classique de la Cour permanente de justice internationale de La Haye (CPJI) dans l'affaire du *Lotus*, selon laquelle « *les navires en haute mer ne sont soumis à d'autre autorité qu'à celle de l'État dont ils portent le pavillon* » : CPJI, *Lotus*, 7 septembre 1927, *Recueil d'arrêts*, Série A, n° 10, 1927, p. 25.

15 ONU, Convention sur la haute mer du 29 avril 1958, disponible à l'adresse <http://legal.un.org/ilc/texts/instruments/french/conventions/8_1_1958_high_seas.pdf>.

16 P. Bonassies, « La loi du pavillon et les conflits de droit maritime », *Rec. Cours*, vol. 128, 1969, p. 509 et s., spéc. p. 545 et, pour les accidents du travail, p. 552.

17 O. Deinert, *International Labour Law under the Rome Conventions*, C.H.Beck – Hart – Nomos, 2017, n° 155.

à la même loi[18]. Simple à déterminer, ce critère avait donc l'avantage de permettre une détermination aisée et convaincante de la loi applicable aux contrats de travail des marins, sans en passer par un introuvable lieu d'exécution du travail.

Le rattachement, pourtant, n'est pas sans défaut. Trois, en particulier, semblent rédhibitoires. Le premier est de ne laisser en apparence aucune place à l'autonomie de la volonté. Cette éviction radicale est difficile à comprendre dans un domaine économique fortement internationalisé, alors même que, progressivement, l'admission de l'autonomie de la volonté s'est imposée de la façon la plus générale dans les conflits de lois en matière de contrat, même en matière de contrat de travail. Le deuxième est de ne pas laisser plus de place aux intérêts du travailleur. La protection du travailleur fait partie des intérêts pris en charge par la règle de conflit de lois ; imposer un critère de rattachement rigide sans tenir compte de ces intérêts paraît, au moins, discutable. La solution est d'autant plus critiquable – et c'est le troisième défaut, peut-être le plus rédhibitoire – que le pavillon est très fréquemment un rattachement qui ne correspond plus à un lien réel entre le navire et l'État dont il arbore le drapeau. L'extension de la libre immatriculation des navires a conduit à une multiplication de ce qu'il est désormais convenu d'appeler les « *pavillons de complaisance* », entraînant un « *dépavillonnement massif* » selon les termes d'un auteur, et « *une nouvelle division internationale du travail, une expatriation d'officiers européens de la marine marchande sous pavillons étrangers* », auxquels « *les cadres sociaux des pays européens [n'ont] pas résisté* »[19]. Cette liberté offerte à l'armateur a conduit à une augmentation sans commune mesure avec leur taille économique de la part de certains États dans le trafic maritime ; elle illustre presque caricaturalement la concurrence législative et la course vers le bas que permet souvent la libéralisation des échanges.

Cette évolution a conduit à de vigoureuses contestations sociales[20] ; du point de vue du droit international privé, elle a aussi entraîné une contestation de l'application de la loi du pavillon. Rattacher des marins à des États avec lesquels ils n'entretiennent aucune relation, dont la loi n'est applicable qu'en raison d'un choix de l'armateur, apparaît fort peu convaincant et permet à l'employeur de choisir unilatéralement la loi applicable aux contrats de travail de ses employés. Aussi n'est-on pas surpris qu'ait progressivement émergé, par un parallèle frappant avec les discussions relatives aux sociétés, l'idée de pouvoir « *percer le voile du pavillon* »[21].

---

18 P. Bonassies, préc., p. 518.

19 P. Chaumette, « Le droit social des gens de mer », in J.-P. Beurier (dir.), *op. cit.*, § 41-04.

20 D. Fitzpatrick, « Transnational collective action: the FOC campaign case study », in F. Dorssemont, T. Jaspers and A. van Hoek (eds.), *Cross-Border Collective Actions in Europe: A Legal Challenge*, Antwerpen, Intersentia, 2007, p. 85.

21 P. Bonassies, préc., p. 522 ; cette solution semble avoir été suivie par des tribunaux allemands : v. U. Drobnig, « Billige Flaggen im internationalen Privatrecht », in U. Drobnig, J. Basedow and R. Wolfrum, *Recht der Flagge und 'Billige Flaggen' – Neuere Entwicklungen im Internationalen Privatrecht und Völkerrecht*, Berichte der Deutschen Gesellschaft für Völkerrecht, C.F. Müller Verlag, 1990, p. 33 et s.

Comme on le voit, le rattachement n'apparaît dès lors pertinent ni sous l'angle de la justice de droit international privé ni sous celui de la justice de droit matériel, d'autant que semblent insuffisants les correctifs habituels de l'ordre public ou de la fraude.

Cet ensemble de critiques, ici très brièvement ramassé, a conduit à une évolution progressive des rattachements en droit maritime, dans des directions différentes. La première, illustration frappante des effets sociaux de la mondialisation, a conduit à la création de droits maritimes particuliers, dits « registres internationaux », souvent rattachés à des possessions maritimes outre-mer, permettant de soumettre les marins à des obligations sociales moins lourdes que celles résultant du droit social national. Ainsi de l'Allemagne (loi du 23 mars 1989), de l'Espagne (loi du 24 novembre 1992) ou encore de la France (loi du 3 mai 2005)[22]. Ces lois permettent de maintenir un pavillon national rendant applicable un droit social moins contraignant ; elles utilisent par ailleurs parfois des rattachements subsidiaires, le domicile tout particulièrement, pour garantir des droits particuliers (droits syndicaux et applicabilité des conventions collectives, notamment). L'autre mouvement est inverse et, au contraire, vise à accompagner une tendance plus large de rapprochement entre droit du travail général et droit du travail maritime. Il a conduit à l'adoption progressive du rattachement à la loi du lieu d'exécution du travail.

2. Le rattachement à la loi du lieu d'exécution du travail

La spécificité du travail maritime n'apparaît en effet plus aujourd'hui suffisante pour justifier que, par principe, les solutions applicables en général ne lui soient pas transposées[23].

Appliquée au droit international privé, la solution a conduit dans plusieurs États à écarter la loi du pavillon et imposer que les contrats de travail des marins soient soumis aux règles générales en matière de contrat de travail ou, plus largement, aux règles de conflit de lois générales.

Aux États-Unis, tout particulièrement, a été écartée très tôt la loi du pavillon soit au profit de loi du port pour les dommages subis par les marins à bord, soit, plus généralement, au profit d'un rattachement personnel (nationalité ou domicile aux États-Unis) pour imposer l'égalité de traitement des marins[24]. La démarche unilatéraliste est propre au droit international privé des États-Unis ; elle n'en témoigne pas moins d'une réflexion sur le rattachement à la loi du pavillon qui, elle, est beaucoup plus générale[25].

---

22 P. Chaumette, préc., § 411.32 et s.

23 S. Carbone, « Conflits de lois en droit maritime », *Rec. Cours*, vol. 340, 2010, p. 73 et s., spéc. p. 164 et s.

24 *Ibid.*, p. 168 et s.

25 S. C. Symeonides, « Cruising in American Waters: Spector, Maritime Conflicts, and Choice of Law », *J. Mar. L. and Com.*, vol. 37, n° 4, 2006, pp. 491-520, spéc. pp. 503-504.

Le même mouvement, en effet, a eu lieu en Europe. En Allemagne, le Tribunal fédéral du travail a ainsi fait appel à la Convention de Rome pour appliquer la loi anglaise à une salariée d'un navire battant pavillon allemand[26]. En Italie, la Cour de cassation n'a pas hésité à qualifier de « résiduel » le recours à la loi du pavillon, pourtant imposé par la loi[27], de même qu'en France, avant même l'entrée en vigueur de la Convention, a été progressivement admise l'autonomie de la volonté, y compris contre les règles internes françaises[28]. La difficulté était alors plutôt de trouver un critère de rattachement alternatif, l'hésitation était en effet permise entre différents critères permettant de localiser le lien de droit unissant le marin et l'employeur, notamment le domicile à terre du marin ou le siège de l'entreprise.

Mais c'est finalement le lieu d'exécution du travail qui s'est imposé en Europe. Cette solution a été permise par un important travail interprétatif réalisé par la Cour de justice de la notion de lieu d'exécution. Au fil d'une jurisprudence qui s'est construite en matière de compétence juridictionnelle puis transposée au conflit de lois, la Cour de justice a en effet imposé une interprétation souple, factuelle et teintée de faveur au travailleur de ce rattachement[29].

Cet important travail interprétatif a rendu possible l'application pure et simple de la règle de conflit de lois du règlement Rome I aux marins.

Dans l'important arrêt *Voogsgeerd*, la Cour a ainsi très clairement indiqué qu'elle n'entendait pas s'arrêter à la loi du pavillon pour déterminer la loi applicable aux marins, mais a au contraire imposé une recherche concrète, factuelle et protectrice du lieu d'exécution[30]. Il en résulte que sera interprétée très largement la notion de lieu d'exécution du travail, en tenant compte des différents éléments concrets de la relation de travail (lieu à partir duquel le marin effectue ses missions, lieu où il reçoit ses instructions, lieu où il organise son travail...) et que, parallèlement, sera marginalisé le lieu d'embauche. La particularité de la situation du marin est donc gommée, et ce, il faut le noter, sans recours à l'utilisation de la clause d'exception. Les autres critères envisagés pour remplacer le rattachement au pavillon ne sont donc pas totalement évincés, ils sont simplement subsumés sous la notion, vaste, de lieu d'exécution du travail.

---

26 Bundesarbeitsgericht, 24 août 1989. Sur ce cas, v. particulièrement A. Junker, *Internationales Arbeitsrecht im Konzern*, Tübingen, JCB Mohr (Paul Siebeck), 1992, p. 150 ; compte rendu P. Lagarde, *Rev. crit. DIP* 1994. 240.

27 Corte Suprema di Cassazione, 18 octobre 1999, n° 10293, *Dir. mar.*, 1994, p. 785 et s., cité par S. Carbone, préc., p. 177.

28 En France, v. not. Cass. soc., 16 novembre 1993, n° 90-16.030 ; *Dr. mar. fr.*, 1994, p. 472, note P. Chaumette.

29 Sur l'appréciation extraordinairement souple du critère de rattachement au lieu d'exécution, v. E. Pataut, « L'office du juge communautaire dans le contentieux international du travail », in M. Keller (dir.), *Procès du travail, travail du procès*, Paris, LGDJ-Lextenso, 2008, p. 319.

30 CJUE, 15 décembre 2011, *Voogsgeerd*, aff. C-384/10, EU:C:2011:842 ; *Europe* 2012, n° 114, obs. L. Idot ; *Rev. crit. DIP* 2012. 648, note E. Pataut ; *RDT* 2012. 115, note F. Jault-Seseke ; *Dr. soc.* 2012. 315, obs. P. Chaumette.

C'est donc bien une interprétation à la fois très large et très juridique de la notion de lieu d'exécution du travail qui a prévalu. L'important n'est pas tant le lieu effectif où travaille le salarié considéré que l'ordre juridique dont il se rapproche le plus. En ce sens, cette analyse est bien cohérente avec les intérêts fondamentaux pris en charge par le rattachement au lieu d'exécution du travail. L'essentiel ici n'est pas tant un rattachement géographique qu'une volonté d'insérer un travailleur particulier dans une communauté économique et sociale.

Le même mouvement, peut-être de façon encore plus nette, peut être analysé en matière de transport aérien.

II. Le personnel navigant aérien : L'émergence de la base d'affectation

Comme le transport maritime, le transport aérien est l'objet de turbulences, notamment sociales, qui ont conduit à l'évolution et à l'affinement progressif des solutions en la matière. Si le critère de la base d'affectation l'a progressivement emporté (1.), les oppositions, venues notamment des compagnies *low cost*, n'en ont pas moins été farouches (2.).

1. La base d'affection

Le point de départ, en France tout au moins, est le rattachement progressif de la question de la loi applicable au contrat de travail du personnel navigant aux règles générales de conflit de lois en matière de contrat de travail. Il est même frappant, on l'a vu, que l'une des premières décisions françaises en la matière, celle qui a permis l'émergence d'un rattachement au lieu d'exécution du travail et d'une méthode spécifique au contrat de travail, ait été précisément une décision relative au personnel aérien[31].

Il restait toutefois à préciser les choses, le lieu d'exécution du travail étant, à nouveau, difficile à déterminer dans une hypothèse où le travail s'exécute en mouvement. En France, la difficulté a notamment été au cœur de l'interminable affaire *Air Afrique*, dont les multiples ramifications ont été déterminantes pour la construction des règles de conflit en matière de droit du travail[32]. L'affaire concernait le licenciement d'une très importante partie du personnel de la compagnie aérienne et a donné lieu à de nombreux litiges individuels ; s'agissant du personnel navigant,

---

31 Cass. soc., 31 mars 1978, *Sté Royal Air Maroc c/ Bertin*, n° 76-41.190 ; *Rev. crit. DIP* 1978. 701, note A. Lyon-Caen.

32 P. Rodière, « Le droit du travail international et le transport aérien (À propos d'*Air Afrique*) », *Dr. soc.* 1986. 709 ; l'affaire a notamment permis de préciser les rôles respectifs de l'autonomie de la volonté et des lois de police en matière de contrat de travail. On notera qu'après des années de litiges, la saga a été close par une condamnation de l'État français, dont les interventions malencontreuses en cours de procédure ont été jugées sévèrement par les juridictions administratives : CE, 29 décembre 2004, n° 262190, *JDI* 2006. 182, note M. A. Moreau.

l'hésitation était permise entre différentes possibilités : immatriculation des aéronefs, siège de l'employeur, domicile des salariés ou encore rattachement à un aéroport particulier. Les hésitations de la Cour de cassation, très critiquées[33], ont mis en lumière la nécessité de s'accorder sur un rattachement qui permettait à la fois de protéger le travailleur et de refléter la réalité de la prestation de travail.

Le rattachement qui s'est progressivement imposé est celui de l'aéroport de rattachement, ou base d'affectation[34], notamment en raison des critiques décisives opposées à l'État d'immatriculation[35]. Aussi, progressivement et non sans cahots, a pris corps l'idée du rattachement à une base d'exploitation, telle que désormais définie en France à l'article R. 330-2-1 du code de l'aviation civile[36], qui permet de rattacher le personnel navigant à l'endroit où, habituellement, celui-ci prend son service et retourne après sa mission. Ce critère a le mérite de correspondre effectivement à la réalité de la prestation de travail et se prête moins que d'autres à des manipulations unilatérales de la part de l'employeur ; c'est sans doute ce qui explique qu'il se soit progressivement imposé dans les différents pays d'Europe[37].

Une solution proche semble d'ailleurs être suivie en droit des États-Unis. Dans une décision récente *Ward v. United Airlines* la Cour suprême de Californie en a ainsi décidé à propos d'une action de groupe menée par du personnel navigant contre la compagnie United. Celle-ci, incorporée au Delaware et dont le siège réel est dans l'Illinois, s'opposait à l'application de la loi californienne, revendiquée par les travailleurs qui étaient résidents en Californie, où ils étaient payés. La Cour suprême a estimé que l'application de la disposition en cause de la loi californienne s'appliquait aux travailleurs dont le travail s'exécutait en Californie ainsi qu'aux « *employees who perform some work in California and are "based in California, meaning that California serves as the physical location where [they] present[] [themselves] to begin work"* »[38]. Malgré l'approche unilatéraliste ici

33 P. Lagarde, « Sur le contrat de travail international : analyse rétrospective d'une évolution mal maîtrisée », in *Les transformations du droit du travail : études offertes à Gérard Lyon-Caen*, Paris, Dalloz, 1989, p. 83.

34 Cass. soc., 11 avril 2012 n° 11-17.096 et 11-17.097, *Dr. soc.* 2012. 648, note P. Chaumette ; *RDT* 2012. 383, étude N. Nord et 388, note F. Jault-Seseke ; E. Lafuma et H. Nasom-Tissandier, « Droit applicable au navigant : retour sur 30 années de jurisprudence », in *À droit ouvert : mélanges en l'honneur d'Antoine Lyon-Caen*, Paris, Dalloz, 2018, p. 495.

35 V. sur ce point les critiques de l'avocat général Saugmandsgaard Øe dans ses conclusions dans l'affaire *Ryanair* : CJUE, 27 avril 2017, *S. Nogueira e.a. c/ Crewlink Ireland* et *M. J. Moreno Osacar c/ Ryanair Designated Activity Company*, aff. jtes C-168/16 et C-169/16, EU:C:2017:312 ; *Europe* 2017. 443, obs. L. Idot ; *D.* 2018. 107, note P. Dupont et G. Poissonnier ; *Rev. crit. DIP* 2018. 279, note F. Jault-Seseke ; *JDI* 2018. 585, note L. Pailler, spéc. n° 118 et s.

36 « *Une base d'exploitation est un ensemble de locaux ou d'infrastructures à partir desquels une entreprise exerce de façon stable, habituelle et continue une activité de transport aérien avec des salariés qui y ont le centre effectif de leur activité professionnelle. Au sens des dispositions qui précèdent, le centre de l'activité professionnelle d'un salarié est le lieu où, de façon habituelle, il travaille ou celui où il prend son service et retourne après l'accomplissement de sa mission.* »

37 O. Deinert, *op. cit.*, n° 152.

38 *Ward v. United Airlines, Inc.*, 466 P.3d 309, 310-11 (Cal. 2020), citée et analysée dans S. Symeonides, « Choice of Law in the American Courts in 2020: Thirty-fourth Annual Survey » (publication à venir : *American Journal of Comparative Law*, vol. 69, 2021). À l'inverse, lorsque les salariés ne sont pas « basés » en Californie, la loi californienne ne leur est pas applicable : *Oman v. Delta Air Lines, Inc.*, 466 P.3d 325 (Cal. 2020) cité par S. Symeonides, *ibid.*

suivie, la détermination du champ d'application dans l'espace de la loi californienne repose bien sur les mêmes critères de rattachement alternatifs qui restent, on le voit, fortement centrés sur le travail.

2. Contestations et résistances européennes

La solution a fait toutefois l'objet de vigoureuses contestations avec l'émergence des compagnies aériennes dites « *low cost* ». Le modèle économique de celles-ci repose en effet sur une réduction extrêmement importante des coûts d'exploitation. Sous l'angle du droit applicable, cette réduction des coûts se traduit par différentes tentatives visant à garantir la compétence d'un tribunal ou l'applicabilité d'une loi favorable aux intérêts de l'employeur en matière de droit du travail et surtout, même s'il n'en sera pas question ici, en matière de sécurité sociale. Aussi les compagnies aériennes, notamment européennes, ont-elles tenté par différents moyens d'écarter le rattachement à la base d'exploitation en contestant notamment que celle-ci soit identique à la notion de lieu d'exécution du travail.

En matière de compétence juridictionnelle, tout d'abord, la discussion a donné lieu à l'important arrêt *Ryanair* de la Cour de justice[39]. Dans cette affaire, la compagnie aérienne plaidait en faveur de la compétence des tribunaux irlandais, vers lesquels, disait-elle, penchait un faisceau d'indices important, notamment une clause attributive de juridiction dans le contrat de travail, une affiliation à la sécurité sociale irlandaise et la localisation du lieu d'embauche[40].

Soulignant le risque d'instrumentalisation de la notion de lieu d'exécution habituelle du travail, la Cour de justice a rejeté le raisonnement et, si elle n'a pas admis une équivalence stricte entre base d'affectation et lieu d'exécution du travail, elle n'en a pas moins considéré qu'il y avait là un « *indice significatif* » du lieu d'exécution. À nouveau, la volonté de se rapprocher de la réalité de la prestation de travail est évidente.

C'est la même chose en matière de conflit de lois[41]. En France, les compagnies *low cost* se sont opposées aux différentes tentatives visant à imposer l'application de la loi de la base principale d'exploitation, ou bien par le biais du choix de loi[42], ou bien en arguant en faveur de la loi du lieu d'embauche faute de lieu

39 CJUE, 14 septembre 2017, *S. Nogueira e.a. c/ Crewlink Ireland* et *M. J. Moreno Osacar c/ Ryanair Designated Activity Company* (ci-après « *Ryanair* »), aff. jtes C-168/16 et C-169/16, EU:C:2017:688 ; *Europe* 2017. 443, obs. L. Idot ; *Rev. crit. DIP* 2018. 279, note F. Jault-Seseke ; *JDI* 2018. 585, note L. Pailler. La solution a été immédiatement appliquée par la jurisprudence française : Cass. soc., 28 février 2018, n°s 16-12.754 et 16-17.505.

40 CJUE, 14 septembre 2017, *Ryanair*, aff. jtes C-168/16 et C-169/16, préc.

41 Sur l'ensemble, v. P. Morvan, « Y a-t-il du droit français dans l'avion ? Réflexions sur les salariés *low cost*, de *Air Afrique* à *EasyJet* », *Dr. soc.* 2007. 191 et L. Gamet, « Personnel des aéronefs et lois sociales françaises. Les compagnies *low cost* dans les turbulences du droit français », *Dr. soc.* 2012. 502.

42 Cass. soc., 26 mars 2013, n° 11-25.580 ; *D.* 2013, Pan. obs. F. Jault-Seseke ; *JDI* 2014. 148, obs. J. Burda ; *Dr. soc.* 2013. 457, obs. J. Mouly et 576, chron. S. Tournaux. Dans cet arrêt, la Cour de cassation s'est appuyée sur la convention 158 de l'OIT pour interdire une période d'essai d'un an, permise en droit irlandais, choisi par le contrat, mais non explicitement interdite par le droit français du lieu d'exécution du contrat.

d'exécution du travail, ou bien encore par le biais du recours à la qualification étrange et contestable de travailleur détaché.

Témoigne de cette volonté en particulier l'arrêt du Conseil d'État du 11 juillet 2007[43]. Les compagnies contestaient en l'espèce la légalité de certains articles du code de l'aviation civile et, tout particulièrement, de l'article R. 330-2-1, qui, outre qu'il pose la définition d'une base d'exploitation, renvoie, en son premier alinéa, à une disposition du code du travail interdisant de se prévaloir des règles applicables au détachement de travailleurs salariés en cas d'activité stable sur le territoire[44]. L'objectif est bien ici d'éviter les « faux détachements », soit la situation où un employeur, quoique réalisant une activité économique stable et permanente en France, se prévaudrait des dispositions de la directive « détachement » pour ne soumettre les contrats de travail de ses salariés que partiellement au droit français. Dans ces situations, affirme la disposition, le caractère stable de l'activité doit au contraire rendre applicable l'ensemble des dispositions du code du travail français.

Étendue au transport aérien par le code de l'aviation civile, cette disposition gênait les compagnies *low cost* en leur interdisant de se prévaloir du régime du détachement. Aussi ont-elles tenté d'en obtenir la nullité, en arguant que les dispositions du code de l'aviation civile seraient à la fois contraires aux libertés de circulation et à la Convention de Rome sur la loi applicable. C'est cette requête qui a été, à juste titre, rejetée par le Conseil d'État[45]. L'activité régulière d'un employeur sur le territoire français oblige en effet celui-ci à se soumettre aux dispositions du code du travail français ; il n'y a là nulle contradiction avec le droit de l'Union.

La disposition du code de l'aviation civile a permis de lutter relativement efficacement contre les montages artificiels organisés par les compagnies aériennes *low cost*. À partir du moment où existe une base d'affectation des salariés, ceux-ci seront couverts par la loi de l'État de cette base. Elle a l'avantage de relocaliser efficacement la relation de travail des travailleurs du transport aérien, sans avoir recours à des critères alternatifs peu convaincants, comme le lieu d'immatriculation ou le lieu d'embauche.

Il ne fait guère de doute que cette solution correspond à l'orientation générale de la jurisprudence de la Cour de justice, qui l'a consacrée en matière de compétence juridictionnelle, on l'a vu, et qui l'a utilisée dans des domaines proches.

---

43 CE, 11 juillet 2007, *EasyJet Airlines Company Ltd et Sté Ryanair Ltd*, n° 299787 ; *Dr. soc.* 2007. 1159, concl. E. Prada Bordenave.

44 L'article renvoie aux dispositions de l'article L. 342-4 du code du travail ; celui-ci est désormais abrogé et remplacé par l'article L. 1262-3 : « *Un employeur ne peut se prévaloir des dispositions applicables au détachement de salariés lorsqu'il exerce, dans l'État dans lequel il est établi, des activités relevant uniquement de la gestion interne ou administrative, ou lorsque son activité est réalisée sur le territoire national de façon habituelle, stable et continue. Il ne peut notamment se prévaloir de ces dispositions lorsque son activité comporte la recherche et la prospection d'une clientèle ou le recrutement de salariés sur ce territoire. Dans ces situations, l'employeur est assujetti aux dispositions du code du travail applicables aux entreprises établies sur le territoire national.* »

45 Pour une analyse d'ensemble, v. S. Guedes da Costa, « Mobilité internationale des salariés et loi applicable au contrat de travail », *RDT* 2007. 571.

Ainsi, en matière de transports ferroviaires, la Cour de justice s'est-elle appuyée sur les critères objectifs, notamment les points de départ et d'arrivée du personnel de bord, pour considérer que celui-ci ne peut être considéré comme détaché sur les territoires qu'il traverse[46].

C'est là le point essentiel : derrière la base d'affection, spécifique aux travailleurs aériens, se trouve cette conception extensive de la notion de lieu d'exécution du travail défendue par la Cour de justice en Europe. Plus largement, elle permet aussi de respecter les exigences fondamentales qui sont à l'œuvre dans ce rattachement : assurer l'application de la loi de l'État le plus impliqué et garantir un niveau de protection au salarié qui soit cohérent avec la réalité de son activité professionnelle. Cette volonté de réalisme permet aussi de lutter contre les faux détachements, lutte qui est au cœur de la détermination du statut discuté des transporteurs routiers.

III. Les transporteurs routiers : Lutter contre les faux détachements

Sous l'angle du droit international privé, la situation des travailleurs de la route se distingue de celle des gens de mer et du personnel navigant aérien. Si en effet la mise en œuvre du rattachement au lieu d'exécution du travail est là encore problématique, son principe, en revanche, ne semble faire aucun doute. Aucun concurrent ne semble à craindre et, tout particulièrement, l'application de la loi du pavillon ou de l'immatriculation ne semble jamais avoir été un concurrent sérieux en la matière.

La Cour de justice a ainsi consacré sa toute première décision sur la règle de conflit de lois en matière de contrat de travail à la question du transport routier : l'arrêt *Koelzsch*[47]. Cet important arrêt a imposé la transposition de la jurisprudence de la Cour en matière de compétence juridictionnelle à la question du conflit de lois, réaffirmant la nécessité d'une interprétation large et favorable de la notion de lieu d'exécution. Au passage, il souligne donc que le transport routier n'est qu'une application particulière de la règle de conflit traditionnelle, dont l'applicabilité n'a pas été discutée. Sa particularité semble être ailleurs, en tout cas en Europe.

Les articles 90 et suivants du traité sur le fonctionnement de l'Union européenne donnent en effet à l'Union une compétence en matière de transport. Il existe donc une politique sectorielle particulière en ce domaine, qu'il faut de ce fait coordonner avec les politiques générales de l'Union, en matière économique et sociale.

---

46 V. not., en matière de transport ferroviaire, CJUE, gde ch., 19 décembre 2019, *Dobersberger*, aff. C-16/18, EU:C:2019:1110.

47 CJUE, 15 mars 2011, *Koelzsch*, aff. C-29/10, EU:C:2011:151 ; *Europe* 2011. 205, obs. L. Idot ; *Rev. crit. DIP* 2011. 447, note F. Jault-Seseke, *JDI* 2012. 187, note C. Brière ; plus récemment, v. encore CJUE, 15 juillet 2021, *SC Gruber Logistics*, aff C-152/20, EU:C:2021:600 ; *Europe* 2021. 363, obs. L. Idot, *RDT*. 2021, note F. Jault-Seseke, *à paraître*.

En l'occurrence, les enjeux principaux semblent résulter des difficultés d'articulation entre libertés de circulation économiques, politique de concurrence et protection des travailleurs. La liberté d'établissement, tout particulièrement, permet à un employeur de s'installer dans n'importe quel pays de l'Union européenne et de diriger son activité vers n'importe quel autre pays de l'Union européenne, y compris en y envoyant de façon temporaire des travailleurs. Cette difficulté, au cœur du débat sur le détachement, est rendue encore plus délicate pour le transport routier, activité mobile et souple et, partant, difficile à localiser par essence.

Il est en effet possible et même aisé de faire travailler un chauffeur routier presque entièrement dans un État dans lequel il effectuera la majorité des opérations de chargement et de déchargement, mais à partir d'un autre État, où il sera réputé localisé et aux lois sociales duquel il sera soumis, éventuellement par le biais d'un choix explicite de loi[48]. La construction, typique de l'Union, est à la frontière de l'habileté et de la fraude et suscite régulièrement protestations et réactions et d'importantes difficultés en matière sociale[49].

Dans ce cadre, l'enjeu principal du droit international privé était celui de savoir si la directive « détachement » était ou non applicable aux transports routiers et, à supposer qu'elle le soit, à quelle condition. À la première question, la Cour et le législateur ont répondu positivement. La Cour l'a affirmé de la façon la plus nette dans une clarification d'autant mieux venue que la directive « détachement » d'origine, celle de 1996, restait muette sur le sujet[50]. Ce silence, toutefois, a désormais pris fin avec ce qu'il est convenu d'appeler le « paquet mobilité », soit trois textes, récemment adoptés, sur le statut des chauffeurs routiers : l'un sur le temps de travail[51], l'autre modifiant les différents textes organisant notamment les libertés de circulation de l'Union en matière de transport[52], le troisième établissant des règles spécifiques pour le détachement de conducteurs dans le secteur du transport routier[53]. Ce troisième texte affirme explicitement que les dispositions sur le détachement sont bien applicables en matière de transport

48 CJUE, 15 juillet 2021, *SC Gruber Logistics, précité.* Ne sera abordée ici que la mobilité du salarié, mais l'employeur lui-même, par des montages dont il ne sera pas question dans cet article, peut lui aussi jouer sur sa propre localisation. Sur ce point, v. not. CJUE, 16 juillet 2020, *AFMB*, aff. C-610/18, EU:C:2020:565.

49 Sur l'ensemble, v. J.-P. Lhernould et B. Palli, « Le statut social du chauffeur routier international à la lumière des dernières propositions législatives communautaires », *Dr. soc.* 2017. 1057.

50 CJUE, gde ch., 1er décembre 2020, *Federatie Nederlandse Vakbeweging (FNV) c/ Van den Bosch*, aff. C-815/18, EU:C:2020:976 ; *Europe* 2021. 64, obs. L. Driguez ; *RDT* 2021. 204, chron. K. Chatzilaou ; CJUE, 8 juillet 2021, *Rapidsped,* aff. C-428/19, EU:C:2021:548 ; *Europe* 2021. 347, obs. L. Driguez.

51 Règlement (UE) n° 2020/1054 du 15 juillet 2020 modifiant le règlement (CE) n° 561/2006 en ce qui concerne les exigences minimales relatives aux durées maximales de conduite journalière et hebdomadaire et à la durée minimale des pauses et des temps de repos journalier et hebdomadaire, et le règlement (UE) n° 165/2014 en ce qui concerne la localisation au moyen de tachygraphes, *JOUE* n° L 249 du 31 juillet 2020, p. 1.

52 Règlement (UE) n° 2020/1055 du 15 juillet 2020 modifiant les règlements (CE) n° 1071/2009, (CE) n° 1072/2009 et (UE) n° 1024/2012 en vue de les adapter aux évolutions du secteur du transport par route, *JOUE* n° L 249 du 31 juillet 2020, p. 17.

53 Directive (UE) 2020/1057 du 15 juillet 2020, établissant des règles spécifiques en ce qui concerne la directive 96/71/CE et la directive 2014/67/UE pour le détachement de conducteurs dans le secteur du transport routier et modifiant la directive 2006/22/CE quant aux exigences en matière de contrôle et le règlement (UE) n° 1024/2012, *JOUE* n° L 249 du 31 juillet 2020, p. 49.

routier[54]. Il ne fait donc désormais plus de doute qu'un chauffeur détaché dans un autre État membre que celui dans lequel il effectue normalement sa prestation de travail est soumis à un certain nombre de dispositions de droit du travail de l'État de détachement.

Il reste à savoir dans quel cas un détachement a effectivement eu lieu. La Cour ici avait déjà donné quelques indications à propos de travailleurs des transports ferroviaires en exigeant un « *lien suffisant* » avec l'État de détachement[55]. Des travailleurs qui exécutent une partie importante de leur travail et commencent et terminent leur travail dans un État dans lequel ils sont domiciliés (dans l'exemple, la Hongrie) et qui ne font que traverser l'autre État (l'Autriche) ne sont pas considérés comme détachés dans ce second État. La solution a encore été précisée par l'arrêt *FNV*, qui a établi une série d'indices permettant l'évaluation de ce lien entre l'État de travail et le travailleur[56]. La « *nature des activités* », l'« *intensité* » de ces activités ainsi que la « *part de ces activités dans l'ensemble de la prestation de services* » doivent ainsi être prises en compte pour déterminer si le travailleur doit ou non être considéré comme détaché. Le chauffeur en transit ou celui qui effectue simplement un transport frontalier, en revanche, ne seront pas considérés comme des travailleurs détachés. Le problème se pose surtout pour les activités dites de « cabotage », qui consistent à effectuer successivement des opérations de chargement et de déchargement dans plusieurs lieux différents au sein d'un même État. La Cour a considéré qu'il y avait bien là une situation de détachement[57].

La question est désormais réglée par la directive 2020/1057. Le très long article premier de ce texte définit en effet avec une grande précision ce qui constitue ou pas un détachement dans le cadre de l'opération de transport[58]. Très grossièrement, il en résulte qu'un simple transport international (y compris lorsqu'une opération de chargement ou de déchargement a lieu dans un autre État) ne suffit pas pour être considéré comme travailleur détaché, non plus qu'un simple transit. Le cabotage dans un État autre que celui d'établissement, en revanche, établit la situation de détachement. Ces précisions ne s'éloignent pas des solutions jurisprudentielles, d'ailleurs adoptées en contemplation du texte de la directive ; elles y apportent toutefois un peu de précision bienvenue, même si toutes les difficultés ne sont pas résolues[59].

À nouveau, donc, on voit que la situation particulière des travailleurs mobiles a consisté, pour l'essentiel, à ramener l'inconnu au connu, et le régime conflictuel

---

54 K. Chatzilaou, « Directive 2020/1057 du 15 juillet 2020 : quelle protection pour les chauffeurs routiers détachés ? », *Dr. ouvrier* 2021. 378.

55 Arrêt *Dobersberger*, préc.

56 Arrêt *FNV c/ Van den Bosch*, préc. ; *Europe* 2021. 64, obs. L. Driguez ; *RDT* 2021. 204, chron. K. Chatzilaou, n°s 46, 47 et 48.

57 *Arrêt FNV c/ Van den Bosch*, préc., pt 65.

58 Pour le détail de ce qui constitue ou pas un détachement, v. particulièrement E. Lafuma, « Directive 2020/1057 : les opérations de transport soustraites au droit dérogatoire du détachement », *Dr. ouvrier* 2021. 384.

59 Sur lesquelles v. K. Chatzilaou, art. préc., p. 380.

spécifique des travailleurs des transports à celui, général, de tous les travailleurs. La solution aura été atteinte progressivement, par un double travail : du côté du régime général, celui de l'extension et de l'assouplissement de la notion de lieu d'exécution du travail ; du côté du régime spécifique, par l'éviction progressive des critères concurrents et l'adaptation de la notion de lieu d'exécution à la particularité de chacun des modes de transport. L'évolution, qui apporte un peu de simplification à une matière qui n'y est guère habituée, est à saluer.

Dès lors, plutôt qu'entre les types de travailleurs, c'est bien, plus généralement, en fonction du type de travail qu'il convient de distinguer. L'opposition principale, à cet égard, n'est plus entre le travail mobile et le travail sédentaire, mais bien entre le travail sédentaire (ou réputé sédentaire) et le travail détaché.

En ramenant peu ou prou les travailleurs des transports dans le régime général, le droit de l'Union et la Cour de justice auront au moins permis de clarifier les termes d'un débat essentiel : celui de l'appartenance.

Tel est bien en effet le défi contemporain : trouver le lien de rattachement pertinent dans un monde où la mobilité n'est pas l'apanage des seuls travailleurs des transports, trouver à quelle collectivité sociale rattacher les travailleurs nomades. Aussi essentiel que difficile[60], ce débat reste encore, et sans doute pour longtemps, ouvert.

---

60 V. récemment M. Rocca et N. Mihman, « Controverse : Quelle approche juridique de la mobilité du travail en Europe ? », *RDT* 2021. 151.

Le présent et l'avenir de l'article 273 du traité sur le fonctionnement de l'Union européenne

Isabelle Pingel[*]
Université Paris 1 Panthéon-Sorbonne

Résumé

Disposition d'une remarquable stabilité, il n'a pas été modifié depuis son inscription dans le droit primaire en 1957, l'article 273 du TFUE confère compétence à la Cour de justice pour connaitre, sur la base d'un compromis, des différends entre États membres en connexité avec l'objet des traités. Appliqué pour la première fois dans un litige opposant l'Autriche à l'Allemagne, jugé en 2017, le recours à l'article 273 pourrait se développer à la faveur d'une multiplication, telle qu'elle s'observe actuellement, des conventions conclues par les États membres à la marge des traités.

[*] Professeur à l'École de droit de la Sorbonne, Université Paris 1 Panthéon-Sorbonne.

Rendre hommage à la collègue et amie qu'est Laurence Idot, depuis notre rencontre à l'Université Paris 1 Panthéon-Sorbonne, est un exercice délicat, tant l'empreinte sur les matières qu'elle a essentiellement embrassées – le droit de la concurrence et celui de l'arbitrage – est marquante. C'est donc un léger pas de côté que l'on fera ici en s'attachant à l'analyse d'un article présent dans le traité de Rome depuis sa signature, mais qui n'a que rarement l'honneur du premier plan.

Partie des dispositions relatives à la Cour de justice de l'Union européenne, l'article 273 du traité sur le fonctionnement de l'Union européenne (TFUE), puisque c'est de lui qu'il s'agit, confère compétence à la Cour pour connaître, sur la base d'un compromis, des différends entre États membres en connexité avec l'objet des traités. C'est donc de la dimension internationale de la haute juridiction qu'il sera question ici, préoccupation à la croisée des chemins, telle que Laurence Idot a toujours aimé à les étudier[1].

Si l'on excepte la référence qu'il opère désormais aux traités au pluriel, et non plus au singulier, l'article 273 du TFUE jouit d'une stabilité remarquable : il n'a pas été modifié depuis 1957 (il est alors l'article 182 CEE). La compétence qu'il instaure est conférée, selon ses termes mêmes, à la Cour de justice (au sens juridictionnel) et non à la Cour de justice de l'Union européenne (au sens institutionnel). Seule la première (et non le Tribunal) peut donc être saisie, sur ce fondement, d'un différend entre États membres. La question de la nature de cette compétence fait l'objet de discussions persistantes en doctrine.

Une partie des auteurs, au nombre desquels on compte Laurence Idot et Charles Jarrosson, affirme que la haute juridiction jouit ici d'une compétence de nature arbitrale. Comme ils le soulignent, l'arbitrage visé est « *un arbitrage de droit international public* » puisque les parties au différend sont des États, membres de l'Union. Ainsi qu'ils l'affirment également, « *[s]on domaine doit être restrictivement interprété, puisqu'il déroge au droit commun* »[2]. D'autres auteurs estiment qu'on peut discuter la nature arbitrale de la compétence ainsi reconnue à la Cour, au motif notamment que cette dernière rend, sur le fondement de l'article 273, non des sentences arbitrales mais des arrêts, et ne saurait déroger ni à son statut, ni à son règlement de procédure[3] ; d'autres encore avancent, ce qui n'est guère contestable, que la disposition n'est pas « *entièrement claire* » et l'analysent, prudemment, comme instituant une procédure hybride, entre arbitrage et simple prorogation de compétence[4]. On le voit, la question n'est pas réglée. Elle est

1 Parmi de nombreuses contributions, aux perspectives croisées, v. p. ex. L. Idot, « Arbitrage et droit de l'Union européenne. Retour sur les développements récents », *Rev. arb.* 2016, p. 471.

2 V. C. Jarrosson et L. Idot, « Arbitrage », *Répertoire de droit européen*, janv. 2010 (act. 2018), § 85.

3 V. S. Barbou des Places, « Où l'on redécouvre le rôle de la CJUE dans les différends entre États membres. Remarques sur le premier usage de l'article 273 TFUE », *Annuaire français de droit international* 2017, p. 448, spéc. p. 450 ; *adde* P. Mélinon, « L'arbitrage devant la Cour de justice de l'Union européenne », *Village de la justice*, 3 juillet 2014, <https://www.village-justice.com/articles/arbitrage-devant-Cour-Justice,16874.html>.

4 V., en ce sens, C. M. Schmitthoff, « Arbitration and EEC Law », *Common Market Law Rev.*, vol. 24, n° 2, 1987, p. 143, spéc. p. 156.

pourtant d'importance, car la procédure arbitrale se caractérise par la grande liberté laissée aux parties et aux arbitres pour régler le différend (du choix du lieu du siège à celui de la loi applicable), alors que la procédure (au sens large) en droit de l'Union est, à l'inverse, très contrainte : admettre que c'est une mission arbitrale que la Cour de justice exerce ici pourrait influer sur l'étendue des pouvoirs qui lui sont reconnus à ce titre. Sur ce point également, la doctrine est divisée[5]. De fait, si l'on pressent bien que l'article 273 confère à la Cour une compétence « originale », le caractère succinct de son libellé ne fournit, comme c'est souvent le cas des dispositions du traité, pas toutes les réponses aux interrogations qu'il soulève et rend son interprétation particulièrement délicate. Il en va d'autant plus ainsi que cette disposition, alors qu'elle est inscrite dans le droit primaire depuis l'origine, n'a conduit à une première saisine de la Cour qu'en 2015, aboutissant à une décision (unique à ce jour) en 2017[6]. Une pratique existait toutefois antérieurement en la matière, même si elle était limitée et indirecte. Plusieurs conventions entre États membres, de grande importance, font en effet expressément référence à l'article 273 TFUE.

Tel est le cas du traité sur la stabilité, la coordination et la gouvernance au sein de l'Union économique et monétaire (TSCG), signé à Bruxelles le 2 mars 2012 par 25 des (alors) 27 États membres. Par le renvoi qu'il opère, dans son article 8, à l'article 273 TFUE, le texte a pour objet de conférer compétence à la Cour de justice pour sanctionner les États parties qui ne respecteraient pas leurs engagements budgétaires[7]. Il est complété par un arrangement, destiné à mettre en œuvre l'obligation de saisine, annexé au procès-verbal de signature du traité. Sachant que la compétence de la Cour n'est ici pas automatique, puisque le TSCG est un traité intergouvernemental classique et non du droit de l'Union, la référence à l'article 273 TFUE a été jugée « *assez habile* »[8]. Outre, toutefois, la valeur juridique incertaine de l'arrangement annexé[9], le dispositif prévu sur ce point par le TSCG n'a, à ce jour, jamais été mis en œuvre, même si rien n'empêche évidemment d'imaginer qu'il le soit un jour.

Comme le TSCG, le mécanisme européen de stabilité (traité MES), conclu entre les (alors) 17 États de la zone euro et entré en vigueur le 27 septembre 2012, opère

---

5 Un auteur a pu ainsi aller jusqu'à affirmer que la Cour, saisie sur le fondement de l'article 273, pourrait se voir conférer compétence pour rendre des sentences purement déclaratoires (v. C. Calliess, « From Fiscal Compact to Fiscal Union? New Rules for the Eurozone », *Cambridge Yearbook of European Legal Studies*, vol. 14, 2012, p. 101, spéc. p. 112, note 33 et les réf. citées). La solution apparaît cependant très discutable, pour dire le moins, au regard notamment de l'avis 1/91 du 14 décembre 1991, *Projet d'accord entre la Communauté, d'une part, et les pays de l'Association européenne de libre-échange, d'autre part, portant sur la création de l'Espace économique européen*, EU:C:1991:490, qui souligne que la Cour de justice est « *une juridiction dont les arrêts sont contraignants* » (v. pt 61).

6 V. CJUE, gde ch., 12 septembre 2017 *Autriche c/ Allemagne*, aff. C-648/15, EU:C:2017:664.

7 Ainsi que le précise son § 3, l'art. 8 du TSCG constitue « *un compromis entre les parties contractantes au sens de l'article 273 du traité sur le fonctionnement de l'Union européenne* ».

8 Selon les termes de M. Wathelet, *Contentieux européen*, Bruxelles, Larcier, 2e éd., 2014, § 434.

9 Pour une position tranchée, déniant à l'arrangement toute « *valeur juridique contraignante* », v. M. Wathelet, *op. cit.*, § 434 *in fine*. Comp., sur la question, en général, de la valeur juridique des déclarations annexées aux traités, I. Pingel, « Article 311 », in I. Pingel (dir.), *De Rome à Lisbonne : commentaire article par article des traités UE et CE*, 2e éd., Bâle, Helbing Lichtenhahn, Dalloz, Bruylant, 2010, p. 1925, spéc. p. 1929, § 8 et les exemples et références cités.

une référence expresse à l'article 273 TFUE. Sa mise en œuvre a fourni à la Cour l'occasion d'interpréter cette disposition dans un arrêt, devenu presque immédiatement célèbre, du 27 novembre 2012, *T. Pringle c/ Irlande*[10]. Abondamment commentée, cette décision a été rendue en assemblée plénière, eu égard à son « *importance exceptionnelle* »[11]. L'enjeu était fondamental puisque les juges étaient interrogés, par la Cour suprême d'Irlande, sur la compatibilité, avec les traités, du mécanisme européen de stabilité (MES). L'une des questions soulevées avait trait au point de savoir si le traité MES n'enfreignait pas le droit de l'Union en transférant de nouvelles compétences aux institutions, dont la Cour de justice, l'article 37 dudit traité cristallisant le débat sur ce point.

Relatif à l'interprétation et au règlement des litiges, l'article 37 du traité MES prévoit en son paragraphe 2 que « *[l]e conseil des gouverneurs statue sur tout litige opposant le MES à l'un de ses membres, ou des membres du MES entre eux, lié à l'interprétation et l'application [de ce] traité* ». Il précise (dans son paragraphe 3) que « *si un membre du MES conteste la décision visée au paragraphe 2, le litige est soumis à la Cour de justice de l'Union européenne* »[12]. Le considérant n° 16 du même traité dispose quant à lui, et c'est en cela qu'il est ici central, que la compétence ainsi dévolue à la Cour s'exerce « *[c]onformément à l'article 273 du traité sur le fonctionnement de l'Union européenne* ». Cette dernière a donc dû examiner, au titre de la question préjudicielle qui lui était soumise, la conformité de l'article 37 du traité MES aux exigences de l'article 273 TFUE, se prononçant du même coup sur les deux dispositions. L'interprétation qu'elle en a retenue, dans sa décision de 2012, a été confirmée, dans un arrêt rendu en grande chambre, le 12 septembre 2017, *Autriche c/ Allemagne*[13]. En l'espèce, le litige concernait l'interprétation de la convention conclue entre ces deux États et tendant à prévenir la double imposition. Il a permis à la Cour, saisie par la république d'Autriche sur le fondement de l'article 273, de préciser les conditions de mise en œuvre de cette disposition, sans régler cependant toutes les difficultés qu'elle soulève.

I. Compétence de la Cour

Pour fonder la compétence de la Cour de justice, le jeu de l'article 273 suppose un différend entre États membres (1.), en connexité avec l'objet des traités (2.), soumis à la Cour en vertu d'un compromis (3.).

---

10 Aff. C-370/12, EU:C:2012:756 ; *Europe* 2013, comm. 8, obs. D. Simon.

11 Au sens de l'art. 16, § 5, du statut de la Cour. L'affaire a également été jugée suivant une procédure accélérée (v. les art. 23 bis du statut et 105, § 1, du règlement de procédure de la Cour). Le recours à cette procédure a permis aux juges de Luxembourg de répondre à la question préjudicielle en moins de quatre mois.

12 On relèvera ici la référence à la « *Cour de justice de l'Union européenne* » (italiques ajoutées). C'est en réalité la Cour de justice (*stricto sensu*) qui aurait dû être visée, puisqu'elle seule est compétente au titre de l'article 273 TFUE. Sur ce point, v. *supra*.

13 Arrêt préc. (note 6).

1. Un différend entre États membres

L'article 273 TFUE subordonne la compétence de la Cour à l'existence d'un différend « *entre États membres* ». Dans l'affaire *Autriche c/ Allemagne* de 2017, il ne fait, comme le souligne la Cour, « *pas de doute* » que la condition était remplie, les deux États revendiquant concurremment le droit exclusif d'imposer des revenus afférents à des exercices fiscaux au cours desquels ils étaient tous deux membres de l'Union[14]. La question pouvait, dans l'affaire *Pringle*, être davantage discutée ; en effet, l'article 37 du traité MES prévoit notamment que la Cour puisse être saisie d'un différend opposant un État membre du MES au MES lui-même en sa qualité d'organisation internationale[15]. La Cour écarte l'argument d'une simple phrase au motif, rationnel, que « *dans la mesure où le MES est composé exclusivement d'États membres, un différend auquel le MES est partie peut être considéré comme un différend entre États membres au sens de l'article 273 TFUE* »[16]. Elle en conclut que l'article 37 du traité MES satisfait aux conditions énoncées à l'article 273 TFUE et, plus généralement, que l'article 13 TUE, qui borne les compétences des institutions de l'Union, ne s'oppose pas à la conclusion d'un accord tel que le traité MES[17]. On relèvera ici la remarquable concision du raisonnement de la Cour, qui ne consacre que sept paragraphes de sa décision à l'examen de l'article 37 du traité MES et à l'extension de compétence qu'il engendre à son profit ; c'est peu comparé à la longueur du traitement réservé à une question pas si différente (mais avec un risque inverse de limitation de la compétence de la Cour) par exemple dans l'avis 2/13 du 18 décembre 2014, *Adhésion de l'Union à la CEDH*[18]...

2. La connexité avec l'objet des traités

L'article 273 TFUE exige, pour que compétence puisse être conférée à la Cour, que le différend porté devant elle, outre qu'il oppose des États membres, soit « *en connexité avec l'objet des traités* ». À défaut de définition dans le texte, c'est à la jurisprudence qu'il est revenu de trancher la question du sens à donner au terme « connexité ». Il s'entend, selon l'analyse retenue par la Cour dans l'affaire *Autriche c/ Allemagne* de 2017, « *d'un lien, et non d'un rapport d'identité* », dont la réalité doit être rapportée dans chaque cas[19].

a) L'affirmation, plus élégante qu'explicite, implique, négativement, que le recours à l'article 273 est exclu en vue de soumettre à la Cour un différend qui relèverait de sa compétence exclusive, au sens de l'article 344 TFUE[20] ; ainsi, il ne peut

---

14 *Id.*, pts 20 et 21.

15 Sur l'art. 37 du traité MES, v. égal. *supra*.

16 Arrêt préc. (note 10), pt 175.

17 *Id.*, pts 176-177.

18 EU:C:2014:2454.

19 Arrêt préc. (note 6), pt 23.

20 Aux termes de l'article 344 TFUE, « *[l]es États membres s'engagent à ne pas soumettre un différend relatif à l'interprétation ou à l'application des traités à un mode de règlement autre que ceux prévus par ceux-ci* ».

être fait usage de l'article 273 pour régler des litiges qui tomberaient sous le coup de l'article 259 TFUE (recours en manquement initié par un État membre contre un autre État membre). Les procédures, si elles sont complémentaires, sont en effet radicalement distinctes et la voie de l'article 259 ne saurait être contournée, quand elle existe. Il ne peut, en d'autres termes, être fait recours à l'article 273 que pour étendre la compétence de la Cour à des litiges qui ne relèvent pas strictement du droit de l'Union mais qui présentent un lien de connexité avec lui. Pour le dire autrement encore, et au contraire de l'article 259, l'article 273 « *ne concerne pas les litiges relatifs à l'interprétation des traités eux-mêmes* »[21].

Application classique du principe d'autonomie des voies de droit, la position ainsi adoptée tend à éviter de faire subir à l'article 273 ce qui a été justement nommé « *une déviation fonctionnelle* »[22], pour y faire entrer des situations relevant, en réalité, de la compétence exclusive de la Cour. Elle ne souffre, en son principe, aucune discussion : si les articles 259 et 273 font de la Cour de justice une juridiction de règlement des différends interétatiques, les deux voies de droit ne sont pas alternatives. Le choix de l'une ou de l'autre n'est pas à la discrétion des États : c'est « *l'intégrité du système* » qui se joue ici[23]. On regrettera, en revanche, le caractère particulièrement elliptique de l'arrêt sur ce point, qui suppose, pour être compris, d'être lu en regard des conclusions de l'avocat général[24]. On observera également qu'il ne règle pas toutes les difficultés d'articulation entre les articles 273 et 344 TFUE.

Ainsi, une lecture rigoureuse de l'article 273 a pu conduire à conclure qu'une fois un litige né, en connexité avec les traités, les États membres n'ont d'autre choix, par application de l'article 344, que de conclure un compromis, au sens de l'article 273, conférant compétence à la Cour de justice pour connaître dudit litige. En d'autres termes, l'article 273 ne serait absolument pas une disposition « *optionnelle* » (*optional provision*)[25]. L'analyse a l'avantage de la simplicité en ce qu'elle tend à soumettre à la Cour tout litige intéressant le droit de l'Union, garantissant une interprétation uniforme. D'autres positions, plus nuancées, ont toutefois été avancées, en doctrine[26], comme en jurisprudence[27] ; si la préférence

---

21 V. prise de position AG Kokott, 26 octobre 2012, aff. *Pringle* (préc. note 10), EU:C:2012:675, pt 186.

22 Selon les termes, d'Anne Rigaux, « Premier différend entre États membres soumis à la Cour en vertu d'un compromis », *Europe* 2017, comm. 400.

23 V. S. Barbou des Places, préc., p. 452. Il en résulte que la Cour ne saurait se reconnaître compétente pour connaître d'un litige, sur la base de l'article 273, au seul motif que les États en seraient convenus ainsi ; dans le même sens, v. G. Butler, « The Court of Justice as an inter-state court », *Yearbook of European Law*, vol. 36, n° 1, 2017, p. 179, spéc. p. 195.

24 Comp. les pts 23-24 de l'arrêt et les pts 41-42 des conclusions.

25 K. Lenaerts, I. Maselis et K. Gutman, *EU Procedural Law*, Oxford University Press, 2014, p. 699, § 19.27.

26 V. P. d'Argent, « Participation à l'Union européenne et règlement juridictionnel des différends entre États » *Cah. du CeDIE, Working Papers*, n° 2013/05, pp. 10-12, <www.uclouvain.be/cps/ucl/doc/ssh-cdie/documents/2013-05-PdArgent_.pdf>.

27 V. conclusions AG Poiares Maduro, 18 janvier 2006, *Commission c/ Irlande*, aff. C-459/03, EU:C:2006:42, pt 14, n. 9, qui estime qu'« ***il peut sembler préférable** de soumettre des litiges "hybrides" (portant à la fois sur des questions relevant de la compétence de la Cour et sur des questions n'en relevant pas) dans leur totalité à l'appréciation de la Cour* » au titre de l'article 239 CE (273 TFUE) (gras ajouté).

va toujours à une solution tendant à favoriser la compétence de la Cour, l'avocat général Kokott a soutenu quant à elle, dans sa prise de position dans l'affaire *Pringle*, jugée par la Cour le 27 novembre 2012, que l'article 273 « *n'a qu'un caractère facultatif pour les États membres* »[28]. Le débat n'est pas clos.

b) Dans sa dimension positive, l'exigence de connexité requiert, aux termes de l'arrêt *Autriche c/ Allemagne*, l'existence d'un lien (et non d'un rapport d'identité) entre le différend et l'objet des traités[29]. Concise jusqu'à l'ellipse, l'affirmation aurait mérité d'être plus amplement discutée. La définition retenue de la notion de connexité n'est en effet pas neutre : plus l'interprétation sera souple du lien requis, plus le prétoire sera largement ouvert aux États membres désireux de soumettre à la Cour leurs différends éventuels ; il en résultera, si les références à l'article 273 devaient être plus fréquentes, à la fois un renforcement de sa stature de juridiction internationale et une interprétation plus cohérente, avec le droit de l'Union, des conventions conclues en marge des traités. Le fait n'est pas sans intérêt dans une période où de telles conventions ont tendance à se multiplier. La Cour, pourtant, n'est guère diserte (une fois encore) sur le point considéré et l'arrêt ne saurait être compris sans lecture des conclusions qui l'accompagnent, dont on mesure une nouvelle fois toute l'importance en droit de l'Union.

Afin de déterminer le sens exact de l'exigence posée par l'article 273, l'avocat général Mengozzi recourt notamment à la classique méthode d'analyse comparée des différentes versions linguistiques des traités. Il expose ainsi que de nombreuses versions de cette disposition (à la différence des versions française ou italienne) « *se réfèrent simplement aux concepts de "lien" ou de "relation" avec l'objet des traités* » : tel est le cas des versions en langues anglaise (« *which relates to the subject matter of the Treaties* »), espagnole (« *relacionada con el objeto de los Tratados* ») ou encore portugaise (« *relacionado com o objeto dos Tratados* »). L'emploi de ce vocabulaire révèle, selon l'avocat général, « *l'idée d'un rapport qui pourrait être plus distendu, moins étroit, avec cet objet que ne le suscite le terme de "connexité"* » (qu'utilisent les versions française ou italienne)[30]. Opérant la synthèse, il estime que la condition posée doit être considérée comme remplie dès lors qu'il est établi que le différend qui est soumis à la Cour présente « *un lien suffisant et objectivement identifiable* » avec l'objet des traités[31]. En d'autres termes, si le critère de « connexité » ne doit pas être entendu « *de manière trop stricte* », il ne saurait davantage être utilisé « *pour régler des litiges interétatiques qui seraient étrangers ou excessivement éloignés de l'objet des traités* »[32]. L'arrêt reprend une formule voisine, sans être identique, puisqu'il exige simplement que le litige

---

28 Prise de position AG Kokott, 26 octobre 2012, préc. (note 21), pt 189.

29 Arrêt préc. (note 6), pt 25.

30 V. conclusions AG Mengozzi, 27 avril 2017, *Autriche c/ Allemagne*, aff. C-648/15, EU:C:2017:311, pt 43.

31 *Id.*, pt 45.

32 *Id.*, pts 43 et 44.

« *présente un lien objectivement identifiable avec l'objet des traités* » (sans préciser que ce lien doit être suffisant)[33]. Reste à examiner, une fois cette position de principe posée, si la condition est remplie au cas d'espèce, ce qu'il appartient au juge de vérifier.

Le point ne faisait guère de doute dans l'affaire *Pringle*. En effet, l'article 13 du traité MES, qui précise la procédure d'octroi d'un soutien à la stabilité, prévoit en particulier, dans son paragraphe 3, que le protocole d'accord négocié avec l'État demandeur (définissant les conditions dont est assortie la facilité d'assistance financière) « *doit être pleinement compatible avec les mesures de coordination des politiques économiques prévues par le TFUE* ». C'est dire, comme le souligne la Cour dans sa décision, que les conditions d'octroi d'un tel soutien « *seront [...], à tout le moins en partie, déterminées par le droit de l'Union* »[34]. Tout litige qui en relève peut donc être considéré comme remplissant l'exigence de connexité de l'article 273.

Dans l'affaire *Allemagne c/ Autriche*, la Cour estime que la connexité ne posait pas davantage question, eu égard, comme elle le relève, « *à l'effet bénéfique de l'atténuation des doubles impositions sur le fonctionnement du marché intérieur que l'Union a pour objectif d'établir conformément à l'article 3, paragraphe 3, TUE et à l'article 26 TFUE* »[35]. À l'appui de son analyse, la Cour invoque une communication de la Commission du 11 novembre 2011 sur « La double imposition au sein du marché unique » ; cette communication souligne que la conclusion d'une convention en la matière permet d'atténuer les conséquences de l'exercice non coordonné du pouvoir d'imposition des États, « *lequel est par nature susceptible de restreindre, de dissuader ou de rendre moins attrayant l'usage des libertés de circulation prévues par le traité FUE* »[36]. On observera qu'en statuant comme elle le fait, la Cour met une nouvelle fois en évidence l'importance du droit « hors nomenclature » dans l'Union européenne[37]. On notera également que si la connexité n'était pas douteuse en l'espèce, la solution retenue par la Cour témoigne néanmoins, au fond, d'une « *évolution remarquable* »[38], par rapport

---

33 V. pt 25 de l'arrêt préc. (note 6).

34 Arrêt préc. (note 10), pt 174. Sur les autres liens possibles de connexité en l'espèce, v. prise de position AG Kokott, 26 octobre 2012, préc. (note 21), pt 187.

35 Arrêt préc. (note 6), pt 26. La doctrine est également unanime sur ce point ; v. p. ex. A. Rigaux, préc. (note 22).

36 V. pt 26 de l'arrêt, renvoyant à la communication de la Commission européenne au Parlement européen, au Conseil et au Comité économique et social européen, « La double imposition au sein du marché unique », COM(2011) 712 final, 11 novembre 2011.

37 Sur l'ensemble de la question, v. p. ex. N. de Sadeleer, « Classification des actes de droit non contraignants de l'Union européenne », in I. Hachez, Y. Cartuyvels, H. Dumont, P. Gérard, F. Ost et M. van de Kerchove (dir.), *Les Sources du droit revisitées*, vol. 1, *Normes internationales et constitutionnelles*, Limal/Bruxelles, Anthémis/Presses de l'Université Saint-Louis, 2012, pp. 253-293.

38 Selon les termes de E. Traversa et B. Bodson, « Droit de l'Union européenne et conventions préventives de la double imposition : entre contradictions et complémentarités », *Cah. dr. eur*. 2018, p. 177, spéc. p. 202. Comp. A. Maitrot de la Motte, qui souligne que la motivation de la Cour laisse espérer qu'elle « *reviendra sur sa jurisprudence dont il ressort qu'une double imposition n'est pas constitutive d'une restriction fiscale aux libertés de circulation* », *RTD eur*. 2018, p. 478.

à la décision *Kerckhaert-Morres*, du 14 novembre 2006, qui n'avait nullement affirmé que la double imposition était susceptible de restreindre les libertés de circulation[39].

3. Un compromis entre États

Outre un différend en connexité avec les traités, l'article 273 TFUE requiert, pour conférer compétence à la Cour, l'existence d'un « compromis » entre États parties[40]. À la différence d'une clause compromissoire, un compromis est conclu une fois le litige né. La Cour estime toutefois, dans l'affaire *Autriche c/ Allemagne*, qu'« *eu égard à l'objectif poursuivi par l'article 273 TFUE* », rien ne s'oppose à ce qu'un accord sur le renvoi à la Cour « *soit acté entre les parties préalablement à la naissance d'un éventuel différend* »[41]. La solution est en tout point identique à celle retenue dans l'affaire *Pringle*, à laquelle la Cour renvoie expressément[42]. On relèvera l'emploi, pour la fonder, de la méthode téléologique, dont l'usage extensif trouve ici une nouvelle illustration[43]. Le résultat auquel elle aboutit n'est pas déraisonnable, dès lors que l'on considère que « *l'essentiel [est] de permettre une extension consensuelle de la compétence de la Cour* »[44]. Cela ne signifie pas qu'il soit neutre. En effet, et sur le fond, l'attribution par l'Allemagne et l'Autriche d'une compétence à la Cour pour interpréter une convention de double imposition, alors qu'elle ne peut en principe connaître d'un texte de cette nature, permet au juge d'entrer « *par la petite porte* » dans un domaine qui lui échappait jusqu'alors[45]. Ce choix n'est évidemment pas sans lien avec l'adoption de la directive (UE) 2017/1852 du Conseil du 10 octobre 2017 concernant les mécanismes de règlement des différends fiscaux dans l'Union européenne ; l'objectif de ce texte est, comme il le précise expressément, d'améliorer les mécanismes actuellement prévus par les traités bilatéraux en matière fiscale ou la convention relative à l'élimination des doubles impositions en cas de correction des bénéfices d'entreprises associées[46] dont le suivi « *a fait apparaître des lacunes importantes, notamment en ce qui concerne l'accès à la procédure, sa durée et sa*

39 Aff. C-513/04, EU:C:2006:713, pt 21.

40 Sur ce que l'existence d'un compromis serait une condition de recevabilité de l'action plutôt que de compétence de la Cour, v. L. Coutron, « Chronique contentieux de l'Union européenne – Première saisine de la Cour de justice pour trancher un différend entre États membres sur le fondement de l'article 273 TFUE », *RTD eur*. 2018, p. 351, spéc. p. 352.

41 Arrêt préc. (note 6), pt 29.

42 Aux termes de l'arrêt *Pringle* (préc. note 10), « *étant donné l'objectif poursuivi par [l'article 237]* », un accord peut être donné préalablement pour « *une catégorie de différends prédéfinis* », pt 172.

43 Sur l'ensemble de la question, v. classiquement, P. Pescatore « Les objectifs de la Communauté européenne comme principe d'interprétation dans la jurisprudence de la Cour de justice », *Mélanges Ganshof van der Meersch*, vol. 2, Bruxelles, Bruylant, 1972, p. 325 et s.

44 P. d'Argent, préc., p. 9.

45 V. L. Bernardeau, O. Peiffert et F. Schmied, « Jurisprudence de la CJUE : fiscalité directe (avr./juin 2017) », *Dr. fisc*. 2017, n° 29, chron. 402, spéc. n° 9.

46 Convention 90/436/CEE, *JOCE* n° L 225, du 20 août 1990, p. 10.

conclusion effective »[47]. Comme il a été justement souligné, et même si la directive n'accorde aucune compétence spécifique à la Cour, « *il n'est pas à exclure qu'indirectement, dans le contrôle de sa mise en œuvre par les États membres, la Cour ait davantage à connaître de règles instaurant des mécanismes de résolution de situations de double imposition* »[48].

II. Pouvoirs de la Cour et effets de l'arrêt

Si la jurisprudence est désormais fixée sur les conditions de déclenchement d'une action fondée sur l'article 273 du traité, elle n'est entièrement claire ni sur l'étendue des pouvoirs de la Cour à ce titre, ni sur les effets des arrêts qu'elle peut rendre.

Tout d'abord, la Cour ne s'est pas définitivement prononcée, dans l'affaire *Autriche c/ Allemagne*, sur le pouvoir d'injonction dont elle disposerait au titre de l'article 273. Saisie des demandes réciproques de l'Autriche et de l'Allemagne d'ordonner le remboursement des impôts perçus à tort, elle se contente d'estimer qu'il n'y a pas lieu d'y faire droit, au motif qu'elle ne dispose pas des éléments qui lui permettraient « *de prendre position à cet égard* » ; elle se contente donc de souligner qu'il revient à l'Autriche et à l'Allemagne de tirer les conséquences de l'arrêt qu'elle rend, en coopérant loyalement à cette fin[49]. L'interprétation de la position ainsi adoptée n'est pas aisée : outre qu'elle est distincte de celle de l'avocat général Mengozzi, dans ses conclusions[50], on en a déduit, en doctrine, soit que la Cour « *ne rejette pas par principe la possibilité de prononcer des injonctions lorsqu'elle statue sur le fondement de l'article 273 TFUE* »[51], soit au contraire que les pouvoirs que se reconnaît la Cour sur cette base « *ne semblent pas aisément s'étendre à la possibilité de prononcer des injonctions aux parties* »[52]. Une clarification serait bienvenue sur ce point, d'autant que l'ambiguïté que cultive ici la Cour pourrait lui revenir, comme on l'a justement souligné, « *en pleine figure* »[53] : à se réfugier derrière l'insuffisance des informations dont elle dispose, pour ne pas trancher la question qui lui est soumise, la Cour pourrait se retrouver « *noyée* », à l'occasion de prochaines affaires, sous un luxe de précisions visant à lui imposer de prendre position[54].

---

47 V. cons. 3 de la directive, *JOUE* n° L 265 du 14 octobre 2017, p. 1.

48 V. E. Traversa et B. Bodson, préc., p. 203.

49 Arrêt préc. (note 6), pts 56 et 57.

50 V. not. pt 60.

51 V. D. Dero-Bugny, Chronique, « Cour de justice et Tribunal de l'Union européenne », *JDI* 2018, p. 637, spéc. p. 640.

52 V. P. Bonneville, E. Broussy, H. Cassagnabère et C. Gänser, « Chronique de jurisprudence de la CJUE », *AJDA* 2017, p. 2299, spéc. p. 3000.

53 Selon les termes forts de L. Coutron, préc., p. 356.

54 *Ibid.*

Ensuite, la question n'est pas expressément réglée des effets dans le temps d'un arrêt rendu par la Cour sur le fondement de l'article 273 TFUE. On a pu estimer toutefois en doctrine, pour ne pas que soit réduite à néant la protection des justiciables, « *qu'il est indispensable [qu'un tel arrêt] produise un effet rétroactif* »[55]. En l'absence de toute indication en jurisprudence, le point ne pourra toutefois être expressément tranché qu'avec une nouvelle décision de justice. Aucune n'a été rendue au jour de l'impression de ces lignes. La tendance n'est peut-être pas définitive cependant. Il existe en effet un regain d'intérêt pour les conventions conclues entre États membres, en lien avec les traités[56]. Les références à l'article 273 pourraient, dans la même mesure, trouver à se multiplier. C'est une hypothèse que la Cour appelle de ses vœux, comme en témoigne un arrêt rendu en grande chambre le 31 janvier 2020, *Slovénie c/ Croatie*, concernant un différend frontalier entre les parties[57]. Tout en se déclarant incompétente pour examiner la question soulevée en l'espèce, de l'étendue et des limites des territoires respectifs des deux États, la Cour souligne l'obligation qui pèse sur eux d'œuvrer loyalement à la recherche d'une solution juridique définitive, conforme au droit international, propre à clore le litige qui les oppose. Ils devront user à cette fin, souligne-t-elle, de l'une ou l'autre voie de règlement, « *y inclus, le cas échéant, en soumettant ce différend à la Cour en vertu d'un compromis au titre de l'article 273 TFUE* »[58]. En en disposant ainsi, l'arrêt de 2020 s'inscrit dans le prolongement de celui de 2017, bien qu'il n'y fasse pas référence. Certes, l'hypothèse semble « *peu vraisemblable* » en l'espèce d'une saisine de la Cour ; elle impliquerait en effet que les parties négocient une clause compromissoire à cet effet, ce qui n'est guère probable en l'absence de toute disposition en ce sens dans la convention d'arbitrage qui les lie[59]. Il n'est pas tout à fait dit pourtant, fort des encouragements des juges de Luxembourg et du développement des conventions internationales liant les États membres, à la frange des traités, que le « *curieux petit article* » 273 (« *odd little Treaty article* »)[60] ait épuisé toutes ses potentialités.

---

55 *Id.*, p. 355.

56 Sur ce point, v. p. ex. G. Butler, préc. (note 23), p. 207.

57 Aff. C-457/18, EU:C:2020:65.

58 V. pt 109 de l'arrêt.

59 En ce sens, v. L. Guilloud-Colliat, « Le recours en manquement entre États membres : quand la Cour de justice se montre diplomate », *Revue de l'Union européenne* 2021 p. 72, spéc. p. 78.

60 Selon les termes de B. de Witte et T. Beukers, « The Court of Justice approves the creation of the European Stability Mechanism outside the EU legal order: *Pringle* », *Common Market Law Rev.*, vol. 50, n° 3, 2013, p. 805, spéc. p. 844.

Du marché intérieur au droit de l'immigration : Le long et aride chemin du principe de non-discrimination à raison de la nationalité

Sophie Robin-Olivier*
Université Paris 1 Panthéon-Sorbonne

Résumé

Cette contribution est consacrée au principe de non-discrimination à raison de la nationalité, qui figure à l'article 18 du TFUE. Elle décrit l'affaiblissement du principe, hors du champ du marché intérieur, lorsque celui-ci est invoqué par des citoyens de l'UE non actifs économiquement, et son effacement, en ce qui concerne les ressortissants de pays tiers. Alors que la jurisprudence de la Cour de justice reste hostile, comme le montrent ses plus récents développements, à une extension de la portée du principe général de non-discrimination à raison de la nationalité, la contribution défend l'idée que le droit de l'UE peut évoluer, par la voie législative, en se fondant sur l'article 18 TFUE.

---

* Professeure à l'école de droit de la Sorbonne.

On aurait tort de croire que le principe de non-discriminations à raison de la nationalité n'a plus de secrets pour les spécialistes de droit de l'Union. Présente dans le traité de Rome, pilier de la libre circulation, instrument de la réalisation du marché intérieur, dont le sens et la portée ont si souvent occupé la Cour de justice, l'exigence de non-discrimination aurait pu perdre, au fil du temps, l'essentiel de son mystère. Il n'en est rien. Les débats en doctrine se poursuivent[1] et les solutions retenues par la Cour de justice suscitent encore, pour certaines, quelque perplexité[2]. Pour ceux qui, comme la destinataire de ces lignes, se sont efforcés, depuis les premiers développements du droit du marché intérieur, d'éclairer le sens des grands principes du droit de l'Union, il y a peut-être là une source d'étonnement. Ou plutôt la confirmation de l'importance du travail de ceux qui se sont consacrés à l'étude du droit de l'Union, sur un sujet que les évolutions de l'intégration, loin de laisser inerte, ne cessent de faire évoluer.

Cette contribution, en l'honneur d'une des premières privatistes françaises à s'être intéressée au droit du marché intérieur, a pour origine une question relative à la portée de l'article 18 TFUE, consacré au principe de non-discrimination à raison de la nationalité : ce principe interdit-il les discriminations entre les citoyens de l'Union et les ressortissants d'États tiers ? Ces derniers, peuvent-ils, dans le champ du droit de l'Union, revendiquer le bénéfice de la non-discrimination fondée sur la nationalité ? La lettre de l'article 18 TFUE paraît l'admettre : « *Dans le domaine d'application des traités, et sans préjudice des dispositions particulières qu'ils prévoient, est interdite toute discrimination exercée en raison de la nationalité.* »

Pourtant, dans une décision du 2 septembre 2021[3], la Cour de justice a jugé, au contraire, que seuls les ressortissants de l'Union pouvaient se prévaloir de cette disposition du traité. Le principe de non-discrimination à raison de la nationalité, considéré comme un principe général du droit communautaire[4] bien avant que le droit européen de la non-discrimination prenne de l'ampleur, au début du XXIe siècle[5], n'a de force que lorsque lorsqu'il s'agit de combattre les discriminations entre les ressortissants des États de l'Union. Il ne s'agit donc pas d'un principe général comme les autres, ni d'un droit fondamental semblable à ceux que protègent les constitutions nationales.

---

1 Sur le point de savoir, en particulier, si le principe de non-discrimination à raison de la nationalité s'étend aux ressortissants d'États tiers, comp. C. Kilpatrick, « Article 21 EU Charter of Fundamental Rights: non-discrimination », in S. Peers, T. Hervey, J. Kenner et A. Ward (dir.), *The EU Charter of Fundamental Rights: A Commentary*, Oxford, Hart Publishing, 2014, et B. Friðriksdóttir, *What Happened to Equality? The Construction of the Right to Equal Treatment of Third-Country Nationals in European Union Law on Labour Migration*, Leyde, Brill Academic Publishers, 2017, chapitre 2.

2 Cf. récemment : CJUE, 2 septembre 2021, *État belge*, aff. C-930/19, EU:C:2021:657.

3 *Ibid.*

4 CJCE, 10 décembre 1991, *Merci Convenzionali Porto di Genova*, aff. C-179/90, EU:C:1991:464, § 11.

5 Avec l'adoption de la directive 2000/43/CE du Conseil du 29 juin 2000 relative à la mise en œuvre du principe de l'égalité de traitement entre les personnes sans distinction de race ou d'origine ethnique, *JOCE* n° L 180 du 19 juillet 2000, p. 22, et de la directive 2000/78/CE du Conseil du 27 novembre 2000 portant création d'un cadre général en faveur de l'égalité de traitement en matière d'emploi et de travail, *JOCE* n° L 303 du 2 décembre 2000, p. 16.

Dès que l'on s'écarte de la libre circulation et de la citoyenneté, l'interdiction des discriminations fondées sur la nationalité brille par son absence. Elle n'est pas mentionnée à l'article 19 TFUE, qui donne compétence à l'UE pour combattre les discriminations fondées sur un ensemble d'autres motifs. Comme elle ne figure pas dans la liste de l'article 19, la nationalité n'est pas non plus couverte par les instruments législatifs qui en découlent[6]. Nulle mention de la nationalité à l'article 10 TFUE, selon lequel « *[d]ans la définition et la mise en œuvre de ses politiques et actions, l'Union cherche à combattre toute discrimination fondée sur le sexe, la race ou l'origine ethnique, la religion ou les convictions, un handicap, l'âge ou l'orientation sexuelle* ». Le Socle européen des droits sociaux[7] a confirmé l'absence de la nationalité parmi les critères de distinction dont le droit de l'Union s'efforce de combattre l'usage[8]. Certes, l'interdiction de la discrimination fondée sur la nationalité figure désormais à l'article 21, paragraphe 2, de la Charte des droits fondamentaux de l'Union européenne[9], mais, on y reviendra, cela n'a entraîné aucun changement, jusqu'ici.

C'est à la singularité d'un « *principe majeur du droit communautaire* », d'un « *leitmotiv du traité CEE* »[10], dont l'éclat ternit, puis s'éteint, dès qu'il quitte les terres de sa naissance, que cette contribution est consacrée. Il s'agit moins d'une généalogie du principe que de l'observation d'une constellation dont le cœur très brillant masque d'importantes zones d'ombre et de vide. Hors du droit du marché intérieur, le rayonnement du principe de non-discrimination se propage, au profit des citoyens de l'Union, mais il perd une grande partie de son intensité (I.). Au-delà, dans le droit européen de l'immigration, en dépit de la multiplication des exigences, éparses, de non-discrimination, ce principe, apparemment si puissant, disparaît (II.).

I. Du marché à la citoyenneté de l'Union : L'affaiblissement du principe

Nul besoin d'insister longuement : l'importance singulière de la discrimination fondée sur la nationalité est, à l'origine, étroitement liée à son rôle dans le fonctionnement du marché intérieur, comme pivot des quatre libertés qui le constituent (libre circulation des personnes, des biens, des services et des capitaux). La réalisation

---

6 Directives 2000/43/CE et 2000/78/CE, citées *supra*.

7 Cf. le principe 3 du Socle, consacré à l'égalité des chances, qui ne mentionne pas la nationalité mais fait référence au sexe, à l'origine raciale ou ethnique, à la religion ou aux convictions, au handicap, à l'âge ou à l'orientation sexuelle.

8 M. Bell, « The Principle of Equal Treatment and the European Pillar of Social Rights », *Giornale di Diritto del Lavoro e di Relazioni Industriali*, vol. 40, n° 3, 2018, p. 787.

9 Sur l'incidence de l'article 21, paragraphe 2, v. E. Bribosia, I. Rorive et J. Hislaire, « Article 21. Non-discrimination », in F. Picod, C. Rizcallah et S. Van Drooghenbroeck, *Charte des droits fondamentaux de l'Union européenne : commentaire article par article*, 2e éd., Bruxelles, Bruylant, 2020, § 10, p. 581.

10 Conclusions AG Jacobs, 30 juin 1993, *Phil Collins*, aff. jtes C-92/92 et C-326/92, *Rec.* p. I-5160, § 9.

du marché intérieur nécessite l'éradication des règles et pratiques discriminatoires par lesquelles les producteurs et travailleurs nationaux sont mis à l'abri de la concurrence étrangère[11]. Mais cette fonction économique n'est pas la seule explication du caractère central de l'interdiction de la discrimination fondée sur la nationalité dans l'UE. Elle revêt également « *une grande importance symbolique, dans la mesure où elle démontre que la Communauté n'est pas [seulement] un [arrangement] commercial entre les gouvernements des États membres[,] mais [qu'elle est] une entreprise commune à laquelle tous les citoyens [européens peuvent] participer en tant qu'individus* »[12]. Depuis que la citoyenneté de l'UE a été consacrée par le TFUE[13], le rôle de la non-discrimination a été, plus nettement encore, lié à une dimension politique de l'intégration européenne : cela est apparu clairement dans la jurisprudence de la Cour de justice, qui a refusé de limiter l'égalité de traitement aux travailleurs, considérant qu'il s'agissait d'un droit accordé par le traité à tout citoyen de l'UE[14].

L'histoire de la non-discrimination fondée sur la nationalité, spécialement en ce qui concerne la circulation des personnes, a été si souvent racontée[15] qu'il ne semble pas nécessaire de retracer une nouvelle fois le chemin parcouru. Pourtant, ce qui pouvait être décrit comme une évolution linéaire, il y a une vingtaine d'années, a été, plus récemment, troublé par des tendances régressives, qui marquent l'affaiblissement de la non-discrimination fondée sur la nationalité. Les développements les plus actuels de la jurisprudence donnent à voir, à travers les résistances à la non-discrimination, les limites de la promesse d'égalisation du statut des citoyens de l'Union.

1. La plénitude du droit à la non-discrimination des travailleurs

En ce qui concerne les travailleurs migrants, bénéficiaires d'une liberté de circulation inscrite dans le droit du marché intérieur, l'évolution qui a conduit à leur assimilation aux nationaux peut être facilement résumée. Alors que le champ d'application de l'égalité de traitement était assez précisément défini dans le règlement (CEE) nº 1612/68[16], la jurisprudence de la Cour de justice a permis une extension considérable de son domaine : pour favoriser la libre circulation

---

11 *Ibid.*, § 10.

12 *Ibid.*, § 11.

13 Art. 20.

14 V. not. CJCE, 12 mai 1998, *Martinez Sala*, aff. C-85/96, EU:C:1998:217.

15 Sur l'égalité de traitement dans le domaine de la libre circulation des personnes, v. not. : J. Steiner, « The Right to Welfare: Equality and Equity under Community Law », *EL Rev.*, 1985, p. 21 ; K. Lenaerts, « L'égalité de traitement en droit communautaire : un principe unique aux apparences multiples », *Cah. dr. eur.* 1991, p. 9 ; N. Bernard, « Discrimination and Free Movement in EC Law », *Int. Comp. Law Q.*, 1996, p. 82 ; C. Hilson, « Discrimination in Community Free Movement Law », *EL Rev.*, vol. 24, nº 5, 1999, p. 445 ; S. Robin-Olivier, *Le principe d'égalité en droit communautaire : Étude à partir des libertés économiques*, Aix-en-Provence, PUAM, 1999 ; F. Fines, C. Gauthier et M. Gautier (dir.), « La non-discrimination entre les Européens », Paris, Pédone, 2012.

16 Le titre II du règlement (art. 7 à 9) limite le champ de l'égalité de traitement des travailleurs. Il mentionne notamment la rémunération, le licenciement, les avantages sociaux et fiscaux.

des travailleurs, un grand nombre de droits et d'avantages, non étroitement liés aux relations de travail, ont été accordés aux travailleurs migrants[17]. Ainsi, avant même que cette solution soit inscrite à l'article 24 de la directive 2004/38/CE, la portée de la non-discrimination en fonction de la nationalité avait dépassé les limites fixées par le règlement.

Dans le prolongement de cette évolution, on pouvait imaginer – espérer peut-être – que l'émergence de la citoyenneté européenne entraîne un alignement de la situation de tous les citoyens européens sur le statut des travailleurs migrants[18]. Cela ne s'est pas produit. Certes, la Cour de justice a insisté, dans un premier temps, sur le fait que « *le statut de citoyen de l'Union a vocation à être le statut fondamental des ressortissants des États membres permettant à ceux parmi ces derniers qui se trouvent dans la même situation d'obtenir, indépendamment de leur nationalité et sans préjudice des exceptions expressément prévues à cet égard, le même traitement juridique* »[19]. La discrimination, a ajouté la Cour, est contraire aux principes qui sous-tendent le statut de citoyen de l'Union, à savoir « *la garantie d'un même traitement juridique dans l'exercice de sa liberté de circuler* »[20]. Mais cette formule s'est révélée trompeuse, car les exceptions « *expressément prévues* » sont devenues de véritables obstacles à la pleine égalité, pour les citoyens sans activité économique.

2. Les méandres de la réduction du droit à la non-discrimination des citoyens de l'Union

Au cours des deux dernières décennies, il est devenu évident que les conditions pour bénéficier de la non-discrimination ne sont pas les mêmes pour tous les citoyens de l'Union. Guidée par les distinctions entre les catégories de citoyens de l'UE contenues dans la directive 2004/38/CE[21], la Cour de justice a fait varier la portée de la non-discrimination en raison de la nationalité en fonction de la catégorie de citoyens migrants concernée, en tenant compte de leur degré d'« intégration » dans la société de l'État d'accueil[22]. Une hiérarchie est apparue

---

17 Cf. not.: CJCE, 16 décembre 1976, *Inzirillo*, aff. 63/76, EU:C:1976:192 ; 14 janvier 1982, *Reina*, aff. 65/81, ECLI:EU:C:1982:6 ; 12 juillet 1984, *Castelli*, aff. 261/83, EU:C:1984:280 ; 9 juillet 1987, *Frascogna*, aff. 256/86, EU:C:1987:359 ; 26 février 1992, *Bernini*, aff. C-3/90, EU:C:1992:89 ; 27 mai 1993, *Schmid*, aff. C-310/91, EU:C:1993:221.

18 CJCE, 12 mai 1998, *Martinez Sala*, aff. C-85/96, préc.

19 CJCE, 20 septembre 2001, *Grzelczyk*, aff. C-184/99, EU:C:2001:458, § 31.

20 CJCE, 11 juillet 2002, *D'Hoop*, aff. C-224/98, EU:C:2002:432, § 35.

21 L'article 24, paragraphe 2, de la directive distingue les travailleurs des citoyens qui ne sont pas économiquement actifs, notamment les demandeurs d'emploi. V. égal. conclusions AG Trstenjak, 17 février 2011, *Dias*, aff. C-325/09, EU:C:2011:86, not. § 77 et s., qui mentionnent différents niveaux d'intégration correspondant à différentes catégories de citoyens de l'UE ayant des droits différents (le premier niveau correspond à ceux qui ont un droit de séjour allant jusqu'à trois mois ; le deuxième niveau, aux citoyens ayant un droit de séjour de plus de trois mois, qui s'applique principalement aux travailleurs et, par ailleurs, aux personnes autonomes ou à d'autres personnes devant leur être assimilées ; le troisième et plus haut niveau, aux citoyens ayant un droit de séjour permanent).

22 V. égal. conclusions AG Trstenjak, préc.

entre les travailleurs, bénéficiant d'une conception extensive de la non-discrimination, et les citoyens sans activité économique, incluant les demandeurs d'emploi[23], qui ne peuvent revendiquer qu'une partie de l'acquis des travailleurs[24].

Si la Cour de justice a accepté que les États membres puissent exiger de tous les citoyens de l'UE, y compris les travailleurs mobiles, la preuve d'un certain degré d'intégration pour avoir pleinement accès aux avantages sociaux[25], cette condition d'intégration n'a aucune incidence concrète sur les travailleurs, dont l'intégration se déduit de leur participation au marché du travail et à qui aucune autre condition (une période de résidence, par exemple) ne peut être imposée[26]. La situation est très différente pour les citoyens « économiquement inactifs ». Les étudiants, en particulier, n'ont le droit de résider sur le territoire d'un autre État membre que s'ils disposent de ressources suffisantes[27], et le droit de l'Union admet désormais que les États subordonnent l'accès aux prêts ou bourses pour étudiants à une (longue) période de résidence, pour éviter d'avoir à supporter « *une charge déraisonnable* »[28].

L'évolution la plus récente de la jurisprudence poursuit cette ligne régressive. Depuis la célèbre affaire *Dano*[29], la Cour de justice a fait prévaloir une interprétation littérale de la directive 2004/38/CE, privant les citoyens sans activité économique de l'égalité de traitement en matière d'assistance sociale[30] mais aussi, en dernier lieu, en ce qui concerne leur affiliation au système de sécurité sociale de l'État membre dans lequel ils résident[31], solution pourtant solidement assise sur le règlement de coordination des systèmes de sécurité sociale[32]. Les citoyens de l'UE qui ne remplissent pas les conditions pour bénéficier d'un droit de séjour en vertu de la directive 2004/38/CE ne peuvent donc ni bénéficier de l'assistance sociale ni être couverts par le système de protection sociale de l'État dans lequel

---

23 V. not. CJUE, 15 septembre 2015, *Alimanovic*, aff. C-67/14, EU:C:2015:597.

24 Sur ces catégories distinctes, v. not. S. Robin-Olivier, « Les droits sociaux des "étrangers communautaires" », in J. Iliopoulos-Strangas (dir.), *Die Zukunft des Sozialen Rechtsstaates in Europa*, Baden-Baden, Nomos, 2015, p. 217.

25 Sur cette évolution, v. not. S. Robin-Olivier, « Le citoyen de l'Union, entre intégration et mobilité », in V. Michel (dir.) « Vers un principe d'intégration sociale de la personne en droit de l'Union européenne », *RAE*, 2013, vol. 4, p. 667.

26 CJUE, 14 juin 2012, *Commission c/ Pays-Bas*, aff. C-542/09, EU:C:2012:346, §§ 65-66. Pour les travailleurs, estime la Cour, l'intégration résulte des impôts payés, par lesquels ils contribuent, en tant que nationaux, au financement des politiques sociales, et acquièrent le droit aux prestations sociales.

27 Directive 2004/38/CE, art. 7, § 1, c).

28 CJCE, 15 mars 2005, *Bidar*, aff. C-209/03, EU:C:2005:169, et 18 novembre 2008, *Förster*, aff. C-158/07, EU:C:2008:630 ; CJUE,18 juillet 2013, *Prinz*, aff. jtes C-523/11 et C-585/11, EU:C:2013:524. La possibilité d'exiger une période de résidence de cinq ans pour l'octroi d'une aide à l'entretien des études est désormais inscrite à l'article 24 de la directive 2004/38/CE.

29 CJUE, 11 novembre 2014, *Dano*, aff. C-333/13, EU:C:2014:2358.

30 V. not. CJUE, 15 septembre 2015, *Alimanovic*, aff. C-67/14, préc., et 25 février 2016, *García-Nieto*, aff. C-299/14, EU:C:2016:114.

31 CJUE, 15 juillet 2021, *A (soins de santé publics)*, aff. C-535/19, EU:C:2021:595.

32 Règlement (CE) n° 883/2004 du 29 avril 2004 portant sur la coordination des systèmes de sécurité sociale, *JOUE* n° L 166 du 30 avril 2004, p. 1.

ils résident, dans les mêmes conditions que les ressortissants nationaux. Pour la Cour, l'inégalité de traitement, en matière d'affiliation au système de sécurité sociale de l'État d'accueil, est la conséquence inévitable de la condition, prévue par la directive 2004/38/CE[33], selon laquelle les citoyens de l'Union qui n'ont pas d'activité économique doivent disposer d'une assurance maladie complète pour bénéficier du droit au séjour dans un autre État membre[34].

Le malaise que cette solution fait surgir, tant elle est difficile à concilier avec l'idée de non-discrimination entre les citoyens de l'Union, et avec les solutions du règlement de coordination, est tel que la Cour de justice est allée, comme rarement, jusqu'à indiquer les voies, très concrètes, par lesquelles un arrangement peut être trouvé : une assurance maladie privée, permettant le remboursement des dépenses de santé encourues par l'État de résidence, ou le paiement d'une contribution au système public d'assurance maladie de cet État membre[35], soumis, dans les deux cas, à un principe de proportionnalité afin qu'il ne soit pas « *excessivement difficile pour le même citoyen de respecter de telles conditions* »[36].

Ni le principe général d'égalité de l'article 18 du TFUE ni l'article 21, paragraphe 2, de la Charte des droits fondamentaux n'ont fait obstacle à une telle interprétation restrictive de l'exigence de non-discrimination à raison de la nationalité. À l'évidence, le principe de non-discrimination en raison de la nationalité ne place pas tous les citoyens de l'Union sur le même plan, ni ne permet de contester toutes les différences de traitement fondées sur la nationalité que les États ont maintenues, en ce qui concerne, notamment, l'octroi des droits sociaux. On comprend, à la lumière de ces solutions, que le droit à la non-discrimination à raison de la nationalité des ressortissants d'États tiers n'ait pas fait de grands bonds en avant. Mais la situation est différente, plus nuancée et plus complexe, en ce qui concerne les ressortissants de pays tiers ; le droit à la non-discrimination qui leur est reconnu n'est pas toujours plus étroitement conçu que celui des citoyens de l'Union mais il dépend d'instruments sélectifs et fragmentés : il ne tire pas sa source d'un principe général de non-discrimination à raison de la nationalité.

II. De la citoyenneté de l'Union à la protection des ressortissants des pays tiers : La disparition du principe

Le principe général de non-discrimination à raison de la nationalité ne bénéficie qu'aux citoyens de l'Union. Cela ne va pas sans conditions, pour une partie d'entre eux, mais ces conditions ne remettent pas en cause l'existence d'un principe de non-discrimination dont tous les citoyens de l'Union peuvent se

33 Art. 7, § 1, b).

34 CJUE, 15 juillet 2021, *A (soins de santé publics)*, aff. C-535/19, préc., § 62.

35 *Ibid.*, § 59

36 *Ibid.*

prévaloir. Ce champ restreint du principe ne signifie pas que les ressortissants de pays tiers ne disposent d'aucune protection contre les discriminations fondées sur la nationalité : le droit de l'Union leur assure, dans une certaine mesure, un droit à l'égalité. Mais ce droit résulte, pour ce qui les concerne, de dispositions dispersées dans des textes distincts, couvrant des catégories de personnes précisément définies, sans cohérence d'ensemble.

1. Un principe général de non-discrimination réservé aux ressortissants des États membres

Tel est le paradoxe de la non-discrimination en raison de la nationalité en droit de l'Union, qui en fait un principe singulier, incomparable aux dispositions des constitutions nationales interdisant les discriminations à raison de la nationalité : l'article 18 du TFUE, la clause d'égale protection contenue dans la charte constitutionnelle de l'Union[37], ne couvre pas tous les individus auxquels le droit de l'Union s'applique, mais seulement une partie d'entre eux. Cette solution n'est pas nouvelle[38]. Mais elle a récemment été réaffirmée avec force : « *[L]'article 18, premier alinéa, TFUE concerne les situations relevant du champ d'application du droit de l'Union dans lesquelles un ressortissant d'un État membre subit un traitement discriminatoire par rapport aux ressortissants nationaux d'un autre État membre sur le seul fondement de sa nationalité et n'a pas vocation à s'appliquer dans le cas d'une éventuelle différence de traitement entre les ressortissants des États membres et ceux des pays tiers*[39] *[…]* »

Dans la décision rendue le 2 septembre dernier, la validité de l'article 13, paragraphe 2, de la directive 2004/38/CE était contestée en raison des conditions auxquelles ce texte soumet le maintien du droit au séjour, après un divorce, du conjoint d'un ressortissant de l'Union victime de violence domestique commise par ce ressortissant, conditions ne s'imposant pas aux conjoints de ressortissants d'un pays tiers, bénéficiant des dispositions de la directive 2003/86/CE relative au regroupement familial[40]. Pour la Cour de justice, cependant, cette différence de traitement ne viole pas l'article 21, paragraphe 2, de la Charte des droits fondamentaux, qui doit s'appliquer, selon ses termes, conformément à l'article 18 TFUE.

Alors que le droit de l'Union, en matière de lutte contre les discriminations, s'est considérablement étoffé, exerçant une influence sensible dans les États membres

---

37 Selon la Cour de justice (23 avril 1986, *Parti écologiste "Les Verts" c/ Parlement européen*, aff. 294/83, EU:C:1986:166), le traité est la charte constitutionnelle de l'Union.

38 V. déjà : CJCE, 4 juin 2009, *Vatsouras*, aff. jtes C-22/08 et C-23/08, EU:C:2009:344, § 52. Sur cette limitation du principe de non-discrimination, v. not. : E. R. Brouwer et K. M. de Vries, « Third-Country Nationals and Discrimination on the Ground of Nationality: Article 18 TFEU in the context of Article 14 ECHR and EU Migration law: Time for a New Approach », in M. van den Brink et coll. (dir.), *Equality and Human Rights: Nothing but Trouble? Liber Amicorum Titia Loenen*, Utrecht, Netherlands Institute of Human Rights, 2015, p. 123.

39 CJUE, 2 septembre 2021, *État belge*, aff. C-930/19, préc., § 51.

40 Directive 2003/86/CE du Conseil du 22 septembre 2003 relative au droit au regroupement familial, *JOUE* n° L 251 du 3 octobre 2003, p. 12.

et même au-delà des frontières de l'Union, ce dont témoigne, notamment, la mise en œuvre des directives concernant l'interdiction des discriminations à raison du sexe[41], de la race ou de l'origine ethnique[42], de la religion, de l'orientation sexuelle, du handicap et de l'âge[43], la nationalité demeure donc jusqu'ici hors de son champ. Cela a pour première conséquence que la discrimination fondée sur la nationalité n'est pas interdite, de manière générale, dans les domaines que couvrent les directives consacrées à la lutte contre les discriminations : l'emploi, les conditions de travail, la protection sociale, l'éducation, le logement ou la fourniture de biens et de services. Ce vide explique que les victimes de discrimination en raison de la nationalité aient parfois tenté de faire valoir l'existence d'une discrimination fondée sur la race ou l'origine ethnique, condamnée par la directive 2000/43/CE[44].

La jurisprudence de la Cour de justice a fait entrer l'interdiction des discriminations fondées sur l'âge[45] ou la religion[46] dans la catégorie des principes généraux du droit de l'Union. Mais quant au principe général de non-discrimination à raison de la nationalité, pourtant inscrit dans le droit primaire et dans la Charte, elle a refusé d'en étendre le champ au-delà des limites qui étaient les siennes, dans le traité de Rome. La non-discrimination à raison de la nationalité ne tire donc aucun avantage de sa source et de son antériorité, dans le domaine de la lutte contre les discriminations.

On ne peut toutefois s'arrêter à ce constat. L'absence de principe général de non-discrimination couvrant les discriminations entre citoyens de l'Union et ressortissants d'États tiers ne signifie pas que ces discriminations ne sont jamais condamnées par le droit de l'Union : les fragments d'un droit à la non-discrimination des ressortissants d'États tiers existent, qui pourraient servir de prémices à une généralisation.

2. Les fragments d'un droit à non-discrimination des ressortissants d'États tiers

Des extensions du droit à la non-discrimination, permettant à des ressortissants de pays tiers de revendiquer ce droit, sont présentes dans le droit de l'Union, parfois de longue date : elles résultent, notamment, du droit au regroupement

41 Directive 2006/54/CE du Parlement européen et du Conseil du 5 juillet 2006 relative à la mise en œuvre du principe de l'égalité des chances et de l'égalité de traitement entre hommes et femmes en matière d'emploi et de travail (refonte), *JOUE* n° L 204 du 26 juillet 2006, p. 23 ; directive 2004/113/CE du Conseil du 13 décembre 2004 mettant en œuvre le principe de l'égalité de traitement entre les femmes et les hommes dans l'accès à des biens et services et la fourniture de biens et services, *JOUE* n° L 373 du 21 décembre 2004, p. 37.

42 Directive 2000/43/CE, préc.

43 Directive 2000/78/CE, préc.

44 CJUE, 6 avril 2017, *Jyske Finans*, aff. C-668/15, EU:C:2017:278.

45 CJCE, 22 novembre 2005, *Mangold*, aff. C-144/04, EU:C:2005:709.

46 CJUE, 11 septembre 2018, *IR*, aff. C-68/17, EU:C:2018:696.

familial des ressortissants de l'Union et, surtout, des dispositions relatives à l'égalité de traitement contenues dans les directives adoptées dans le cadre de la politique européenne de l'immigration. Dans l'un et l'autre cas, il est difficile de déterminer l'exacte portée du droit à la non-discrimination.

Pour commencer par les développements les plus anciens, il est un acquis de la libre circulation des travailleurs qui n'a pas été remis en cause, en dépit d'incertitudes persistantes sur sa portée exacte : le droit au regroupement familial dont jouissent les citoyens de l'UE qui résident dans un autre État membre s'accompagne d'un droit à l'égalité de traitement des membres de la famille qui ne sont pas ressortissants d'un État membre[47]. Pour n'être pas nouveaux, les droits des membres de la famille des citoyens mobiles sont pourtant restés très incertains, jusqu'à présent, et le flux de questions posées à la Cour de justice à ce sujet ne s'est pas tari. L'extension des droits des ressortissants de pays tiers, tiré du statut du membre de la famille, s'est heurtée à la résistance des États membres, dont les mesures plus restrictives, en matière d'immigration, se trouvent paralysées par le droit au regroupement familial tel que l'Union le conçoit : cette tension alimente le contentieux.

Cette situation est bien illustrée dans le cas des parents, citoyens de l'UE ou ressortissants de pays tiers, dont les enfants bénéficient du droit de poursuivre leurs études dans un État membre[48]. Étant donné qu'aucun droit de séjour n'est prévu par la législation européenne pour les parents qui ne travaillent plus dans l'État membre où l'enfant étudie, le droit de résider sur le territoire pour s'occuper de l'enfant a été tiré du droit de ce dernier à rester sur le territoire et du droit au respect de la vie familiale[49]. Les parents qui s'occupent de l'enfant poursuivant sa scolarité dans un État membre ont obtenu un droit de séjour dans ce même État membre, tant que l'enfant est scolarisé[50], et ce droit n'est pas subordonné à l'autosuffisance[51]. En outre, les parents peuvent bénéficier de l'égalité de traitement lorsqu'ils demandent à bénéficier de mesures d'aide sociale. Ce droit à l'égalité de traitement des parents n'a toutefois été reconnu qu'aux parents ressortissants d'un État membre[52] : rien ne permet de penser que cette solution, récente, peut être étendue aux parents

---

47 Règlement (CEE) n° 1612/68, désormais remplacé par le règlement (UE) n° 492/2011. La directive 2004/38/CE (art. 24) affirme également le droit à l'égalité de traitement des membres de la famille.

48 Selon l'article 12 du règlement (CEE) n° 1612/68 (devenu art. 10 du règlement (UE) n° 492/2011) : « *Les enfants d'un ressortissant d'un État membre qui [exerce ou a exercé une activité salariée] sur le territoire d'un autre État membre sont admis aux cours d'enseignement général, d'apprentissage et de formation professionnelle [de cet État] dans les mêmes conditions que les ressortissants de cet État, si ces enfants résident sur son territoire.* »

49 Cf. not. CJCE, 19 octobre 2004, *Zhu et Chen*, aff. C-200/02, EU:C:2004:639 ; 9 janvier 2007, *Jia*, aff. C-1/05, EU:C:2007:1 ; CJUE, 23 février 2010, *Ibrahim*, aff. C-310/08, EU:C:2010:80.

50 CJCE, 17 septembre 2002, *Baumbast et R*, aff. C-413/99, EU:C:2002:493 ; CJUE, 23 février 2010, *Teixeira*, aff. C-480/08, EU:C:2010:83 ; 6 septembre 2012, *Czop et Punakova*, aff. jtes C-147/11 et C-148/11, EU:C:2012:538 ; 8 mai 2013, *Alarape et Tijani*, aff. C-529/11, EU:C:2013:290.

51 CJUE, 23 février 2010, *Ibrahim*, aff. C-310/08, préc., § 50.

52 CJUE, 6 octobre 2020, *Jobcenter Krefeld*, aff. C-181/19, EU:C:2020:794 (accordant le droit à l'égalité de traitement aux ressortissants de l'UE).

ressortissants de pays tiers. Dans ses conclusions[53], l'avocat général Pitruzzella avait suggéré que le droit à la non-discrimination découle du droit de l'enfant à la poursuite de son éducation dans l'État membre concerné, argument qui aurait ouvert la voie à une extension de l'exigence de non-discrimination aux ressortissants de pays tiers. Mais la décision n'a pas suivi ce raisonnement et s'est fondée sur le principe d'égalité de traitement entre les ressortissants des États membres[54], laissant en suspens la situation des parents ressortissants de pays tiers.

Quant aux instruments relevant de la politique de l'immigration de l'Union, tous confèrent à leurs bénéficiaires un droit à la non-discrimination. Toutes les directives adoptées (concernant le regroupement familial, la situation des ressortissants de pays tiers qui sont des résidents de longue durée dans l'UE, et le statut particulier de différentes catégories d'immigrants de pays tiers[55]) exigent, bien que dans une mesure variable, la non-discrimination en matière de nationalité. En conséquence, la situation juridique des ressortissants de pays tiers s'est, dans une certaine mesure, rapprochée de celle des travailleurs de l'UE[56]. Mais la portée de la non-discrimination reste limitée aux catégories de migrants entrant dans le champ d'application des directives (restreint et fragmenté) et à certains domaines précisément mentionnés par celles-ci. En outre, le bénéfice de l'égalité est parfois soumis à une condition de résidence. Cette condition, qui figure notamment dans la directive 2011/98/UE concernant le permis unique, a fait l'objet d'une interprétation restrictive par la Cour de justice[57], mais elle n'en constitue pas moins la marque d'une conception étroite de ce qu'implique l'égalité.

---

53 Conclusions AG Pitruzzella, 14 mai 2020, *Jobcenter Krefeld*, aff. C-181/19, U:C:2020:377.

54 Art. 7, § 2, du règlement (UE) nº 492/2011.

55 L'acquis actuel consiste, tout d'abord, en un droit dérivé traitant de la situation juridique des ressortissants de pays tiers déjà établis dans l'UE : directive 2003/86/CE, préc. ; directive 2003/109/CE du Conseil du 25 novembre 2003 relative au statut des ressortissants de pays tiers résidents de longue durée, *JOUE* nº L 16 du 23 janvier 2004, p. 44. Deuxièmement, une série de directives sectorielles accordent le droit de premier accès à l'UE à certaines catégories de ressortissants de pays tiers et déterminent leur statut juridique dans les États membres après leur admission, en abordant, entre autres, l'égalité de traitement avec les ressortissants de l'État membre d'accueil ou la libre circulation intra-UE : directive 2009/50/CE du Conseil du 25 mai 2009 établissant les conditions d'entrée et de séjour des ressortissants de pays tiers aux fins d'un emploi hautement qualifié (carte bleue européenne), *JOUE* nº L 155 du 18 juin 2009, p. 17 ; directive 2014/36/UE du Parlement européen et du Conseil du 26 février 2014 établissant les conditions d'entrée et de séjour des ressortissants de pays tiers aux fins d'un emploi en tant que travailleurs saisonniers (travailleurs saisonniers), *JOUE* nº L 94 du 28 mars 2014, p. 375 ; directive 2014/66/UE du Parlement européen et du Conseil du 15 mai 2014 relative aux conditions d'entrée et de séjour des ressortissants de pays tiers dans le cadre d'un transfert intragroupe (transferts intragroupes), *JOUE* nº L 157 du 27 mai 2014, p. 1, et directive (UE) 2016/801 du Parlement européen et du Conseil du 11 mai 2016 relative aux conditions d'entrée et de séjour des ressortissants de pays tiers à des fins de recherche, d'études, de formation, de volontariat, de programmes d'échange d'élèves ou de projets éducatifs et de placement au pair, *JOUE* nº L 32 du 21 mai 2016, p. 21. Troisièmement, la directive 2011/98/UE du Parlement européen et du Conseil du 13 décembre 2011 établissant une procédure de demande unique en vue de la délivrance d'un permis unique autorisant les ressortissants de pays tiers à résider et à travailler sur le territoire d'un État membre et établissant un socle commun de droits pour les travailleurs issus de pays tiers qui résident légalement dans un État membre (permis unique), *JOUE* nº L 343 du 23 décembre 2011, p. 1, est d'application générale mais ne fixe pas de conditions de fond pour l'accès à l'UE.

56 Pour une analyse comparative des droits des travailleurs mobiles de l'UE et des ressortissants de pays tiers, v. F. Wollenschläger, A. P. van der Mei, S. Robin-Olivier, H. Verschueren, « Rapport analytique sur la situation juridique des travailleurs de pays tiers dans l'UE par rapport aux travailleurs mobiles de l'UE », Office des publications de l'Union européenne, 2018.

57 CJUE, 25 novembre 2020, *Istituto Nazionale della Previdenza Sociale*, aff. C-302/19, EU:C:2020:957.

Dans ses premiers développements, la politique d'immigration de l'UE a ainsi reproduit un schéma de sélection et de distinction bien connu : les droits des migrants dépendent de leur statut spécifique et l'approche fragmentée crée des distinctions, voire des discriminations, entre les ressortissants de pays tiers eux-mêmes[58]. Les résidents de longue durée, couverts par la directive 2003/109/CE[59], font ainsi figure de privilégiés : afin de favoriser leur intégration dans l'État membre d'accueil, la directive 2003/109/CE, adoptée sur la base des dispositions progressives du TFUE antérieures au traité de Lisbonne, comporte une longue liste de domaines dans lesquels l'égalité de traitement s'impose[60]. Pour cette catégorie de ressortissants d'États tiers, la Cour de justice retient que le droit à l'égalité de traitement est le principe[61] : lorsque des dérogations sont possibles[62], les États membres ne peuvent les invoquer que s'ils ont clairement indiqué leur intention de le faire[63]. Lorsqu'elle a eu à statuer sur la possibilité, pour les États, de limiter l'égalité de traitement en matière d'assistance sociale et de protection sociale aux « *prestations essentielles* »[64], prévue par la directive, la Cour de justice s'est efforcée de réduire le champ de cette restriction[65] en définissant la notion de prestations essentielles de manière extensive, incluant toutes celles « *qui contribuent à permettre à l'individu de faire face à ses besoins essentiels tels que l'alimentation, le logement et la santé* »[66]. Elle n'a pas hésité à prendre appui sur l'article 34 de la Charte des droits fondamentaux de l'UE, qui prévoit le droit à une aide sociale et à une aide au logement destinées à assurer une existence décente à tous ceux qui ne disposent pas de ressources suffisantes[67], pour juger que toutes les prestations qui répondent à l'objectif énoncé à l'article 34 de la Charte doivent être considérées comme des prestations essentielles, au sens de la directive 2003/109/CE. Plus récemment, la Cour s'est opposée à une

---

58 Sur ce point, v. J.-B. Farcy, « Equality in Immigration Law: An Impossible Quest? », Human Rights Law Review, 2020, vol. 20, 3-5.

59 Préc.

60 Cf. art. 11, § 1, de la directive 2003/109/CE, qui mentionne : l'accès à l'emploi et aux activités indépendantes, les conditions d'emploi et de travail, l'éducation et la formation professionnelle, y compris les bourses d'études, la reconnaissance des diplômes, certificats et autres qualifications professionnelles, les avantages fiscaux, l'accès aux biens et services et la fourniture de biens et services mis à la disposition du public, les procédures d'obtention d'un logement, la liberté d'association et l'affiliation et l'adhésion à une organisation représentant les travailleurs ou les employeurs ou à toute organisation dont les membres exercent une activité professionnelle déterminée.

61 CJUE, 24 avril 2012, *Kamberaj*, aff. C-571/10, EU:C:2012:233, § 86.

62 En particulier, les prestations sociales peuvent être subordonnées à une condition de résidence sur le territoire (art. 11, § 2) ; la preuve d'une compétence linguistique appropriée peut être exigée pour l'accès à l'éducation et à la formation, et l'accès à l'université peut être subordonné au respect de conditions d'études spécifiques (art. 11, § 3, b)).

63 CJUE, 24 avril 2012, *Kamberaj*, aff. C-571/10, préc.

64 Art. 11, § 4, de la directive 2003/109/CE. À cet égard, le considérant 13 de cette directive indique que « *en ce qui concerne l'assistance sociale, la possibilité de limiter les prestations pour les résidents de longue durée aux prestations de base doit être comprise en ce sens que cette notion couvre au moins le revenu minimum, l'assistance en cas de maladie, de grossesse, l'assistance parentale et les soins de longue durée* ».

65 CJUE, 24 avril 2012, *Kamberaj*, aff. C-571/10, préc.

66 *Ibid* §91.

67 *Ibid* § 92.

réglementation nationale faisant dépendre la détermination des droits à une prestation de sécurité sociale de la présence des membres de la famille du résident de longue durée sur le territoire, alors que cette condition ne s'applique pas aux ressortissants de cet État membre : pour que cette condition puisse s'imposer, il aurait fallu que l'État concerné exprime son intention de s'en prévaloir lors de la transposition de la directive[68].

Cette solution favorable à une conception extensive de la non-discrimination ne concerne toutefois qu'une petite partie des ressortissants d'États tiers qui se trouvent sur le territoire de l'Union. Peut-elle se propager dans l'interprétation des autres directives ? La jurisprudence récente penche dans ce sens[69]. Un État membre ne peut refuser ou réduire le bénéfice d'une prestation de sécurité sociale au titulaire d'un permis unique, relevant de la directive 2011/98/UE, au motif que certains membres de sa famille résident dans un pays tiers, alors qu'il accorde ce bénéfice à ses ressortissants, indépendamment du lieu de résidence des membres de leur famille. Pour parvenir à cette solution, la Cour a refusé de considérer, comme le soutenait le gouvernement italien, que les ressortissants de l'État membre d'accueil et les ressortissants d'États tiers se trouvent dans une situation différente, en raison de leurs liens respectifs avec l'État dans lequel ils résident. Dans cette même affaire, l'avocat général soulignait, quant à lui, l'objectif d'intégration poursuivi par la directive relative au permis unique[70].

Toutefois, cette interprétation extensive des dispositions des directives concernant les ressortissants d'État tiers ne signifie pas qu'un principe général de non-discrimination entre les ressortissants d'États tiers et les citoyens de l'Union se dégage. Au contraire, comme l'illustre l'arrêt *État belge*[71], les dispositions distinctes des directives 2004/38/CE et 2003/86/CE, qui peuvent aboutir à ce que les conjoints des citoyens de l'Union bénéficient d'un traitement moins favorable que celui des conjoints de ressortissants d'États tiers, ne peuvent être remises en cause sur le fondement d'un tel principe. Elles sont justifiées, selon la Cour de justice, par l'existence « *de domaines différents* » du droit de l'UE, « *dont les principes, les objets et les objectifs sont également différents* »[72]. Il n'en reste pas moins que la cohérence du droit de l'Union en sort écornée. Faute d'applicabilité du principe de non-discrimination à raison de la nationalité, le principe général d'égalité inscrit à l'article 20 de la Charte peut, certes, prendre le relais, comment l'arrêt le montre. Cette substitution n'est pas sans intérêt : le principe général d'égalité, selon lequel des situations comparables ne doivent pas être traitées de

---

68 CJUE, 25 novembre 2020, *Istituto Nazionale della Previdenza Sociale*, aff. C-302/19, préc.

69 *Ibid.*

70 Conclusions AG Tanchev, 11 juin 2020, *Istituto Nazionale della Previdenza Sociale*, aff. C-302/19, EU:C:2020:452, § 63.

71 Cité *supra*.

72 *Ibid.*, § 89.

manière différente, impose une justification de la différence des règles applicables[73]. L'argumentation déployée dans la décision, pour parvenir à justifier les différences, exige la clarification, le dévoilement, de ce qui, pour la Cour de justice, constitue « *l'objet et [le] but poursuivi par l'acte* »[74], en tenant compte « *des principes et des objectifs* » dont il relève. Mais le principe général d'égalité n'a pas la même force qu'un principe général de non-discrimination à raison de la nationalité, qui rendrait très difficilement justifiable une discrimination directement fondée sur ce critère[75].

III. Conclusion

Ces frontières du principe général d'interdiction des discriminations fondées sur la nationalité sont-elles immuables[76] ? Le développement des politiques de l'UE, et, en particulier, de la politique de l'immigration tend à affaiblir le strict clivage entre les citoyens de l'UE et les ressortissants de pays tiers, en ce qui concerne le bénéfice de la non-discrimination fondée sur la nationalité, en accordant le droit à l'égalité de traitement à certaines catégories de ressortissants de pays tiers[77]. Des fragments d'un droit à la non-discrimination fondée sur la nationalité étendu aux ressortissants d'États tiers, un principe général pourrait-il naître, qui, en banalisant le critère de la nationalité pour en faire un critère de distinction prohibé, au même titre que le sexe, la race ou la religion, assurerait le respect du droit fondamental à l'égalité et à la non-discrimination fondée sur ce critère, dans tout le champ d'application du droit de l'Union ? Cette évolution pourrait se fonder sur l'article 18 TFUE. S'il ne concerne que les citoyens de l'Union, selon la jurisprudence la plus récente de la Cour de justice, cela ne devrait pas l'empêcher de servir de base juridique pour l'adoption d'un instrument prohibant les discriminations à raison de la nationalité, couvrant les ressortissants d'États tiers[78]. C'est donc au législateur de l'Union, à qui une étude du Parlement européen vient de fournir des arguments, économiques et juridiques en ce sens[79], qu'il revient de donner au principe de non-discrimination à raison de la nationalité un nouvel élan.

---

73 *Ibid.*, § 58 et s.

74 *Ibid.*, § 58.

75 Sur la relation entre principe général de non-discrimination et principe général d'égalité, v. not. S. Robin-Olivier, *Manuel de droit européen du travail*, Bruxelles, Bruylant, 2016, p. 213 et s.

76 Sur cette question, v. en particulier E. Muir, « Enhancing the Protection of Third-Country Nationals against Discrimination: Putting EU Anti-Discrimination Law to the Test », *Maastricht Journal of European and Comparative Law*, 2011, accessible en ligne, < https://ssrn.com/abstract=3782512>.

77 Sur les instruments de la politique de l'immigration, v. *supra* II.

78 En ce sens, v. not. C. Hublet, « The Scope of Article 12 of the Treaty of the European Communities Vis-À-Vis Third Country Nationals: Evolution at Last? », *ELJ*, vol 15, n° 6, 2009, p. 757, et B. De Witte, « Nationals, EU Citizens and Foreigners: Discrimination on Grounds of Nationality in EU Law », *EUI*, janvier 2010.

79 C. Navarra et M. Fernandes, « Legal migration policy and law: European added value assessment », septembre 2021, <https://www.europarl.europa.eu/RegData/etudes/STUD/2021/694211/EPRS_STU(2021)694211_EN.pdf>.

La « seconde chance » de l'entrepreneur endetté : Vers une humanisation… modérée du droit européen de l'insolvabilité !

CORINNE SAINT-ALARY-HOUIN*
Université Toulouse 1 Capitole

Résumé

La directive 2019/1023 du 20 juin 2019, en harmonisant les techniques de sauvetage et de restructuration des entreprises en difficulté, mais aussi, ce qui est moins connu, en invitant les États à favoriser « le rebond » de l'entrepreneur, c'est-à-dire la reprise d'une activité professionnelle malgré l'ouverture d'une procédure d'insolvabilité marque une étape importante dans la construction d'un droit européen de l'insolvabilité. Le dispositif mis en place, bien qu'animé, à l'origine, de préoccupations économiques, humanise le droit européen en prenant en considération la personne du chef d'entreprise. L'objet de cet article est de retracer les leviers qu'offre la directive pour permettre cette réinstallation du débiteur, personne physique : allègement, voire effacement, de son passif et limitation des sanctions assorties d'une interdiction de gérer une entreprise, mais aussi, les freins qui peuvent s'opposer à ce rebond. Les larges options laissés aux États pour rapprocher leurs législations, comme les réticences d'ordre sociologique liées au caractère infamant de la défaillance, pourraient anéantir les efforts d'humanisation du droit de l'insolvabilité.

---

* Professeur émérite.

En invitant les États de l'Union à se doter de textes permettant à des débiteurs insolvables d'avoir accès à, au moins, une procédure permettant une remise totale de dettes, la directive du 20 juin 2019[1] marque une avancée majeure du droit européen auquel Laurence Idot est particulièrement attachée et qu'elle a largement contribué à forger. Pourtant, une telle avancée paraissait inenvisageable, il y a exactement trente ans, quand nous avons publié deux fascicules dans le « *JurisClasseur Europe* » sur les procédures collectives confrontées au droit communautaire[2], le premier sur les « droits internes et le droit international » et le second sur « le droit communautaire en gestation ». Il en ressortait, en effet, l'extrême disparité des législations dans ce domaine et la difficulté, voire l'impossibilité, d'une démarche unificatrice[3]. Si l'on pouvait identifier quelques éléments communs pour traiter de la défaillance économique telle que l'institution dans tous les pays européens de procédures organisées devant des autorités judiciaires ou administratives et de procédures de paiement ayant un caractère collectif, le constat essentiel avait été celui de la diversité du champ d'application et des finalités de ces procédures qui, selon les États, concernaient des commerçants ou des non-commerçants, avaient pour but premier soit de punir le débiteur considéré comme fautif, soit de régler les créanciers, et qui, surtout, faisaient ou non une place à des techniques de sauvetage des entreprises en difficulté.

Le droit communautaire de l'époque avait tiré les conséquences de cette disparité des législations sur « la faillite » et avait renoncé à suivre la même démarche qu'en droit des sociétés en recherchant une harmonisation des législations internes. Celle-ci apparaissait comme une entreprise « *exagérément ambitieuse* »[4], aussi les autorités communautaires avaient-elles limité leurs travaux aux seules « *faillites internationales* » afin de résoudre les conflits de lois et de juridictions qu'elles suscitaient. Mais, à cet égard aussi, la démarche s'est révélée semée d'embûches. Un projet de convention européenne, amorcé dès 1960, a été abandonné en 1980 et il faudra attendre l'adoption par le Conseil de l'Europe d'une convention, le 5 juin 1990, sur certains aspects internationaux de la faillite pour que l'effort de résolution des conflits aboutisse… et encore imparfaitement puisque cette convention n'a pas été ratifiée par un nombre suffisant d'États pour entrer en vigueur. Aussi, le projet de convention a-t-il

---

1 Directive (UE) 2019/1023 du Parlement européen et du Conseil du 20 juin 2019 relative aux cadres de restructuration préventive, à la remise de dettes et aux déchéances, et aux mesures à prendre pour augmenter l'efficacité des procédures en matière de restructuration, d'insolvabilité et de remise de dettes, et modifiant la directive (UE) 2017/1132 (directive sur la restructuration et l'insolvabilité), JOUE 26 juin 2019, L.172/18.

2 L. Idot et C. Saint-Alary-Houin, « Procédures collectives, Droits internes, droit international », *JCl. Europe*, fasc. 870 et « Procédures collectives, Droit communautaire en gestation », *JCl. Europe*, fasc. 871, 1991.

3 Les raisons en sont diverses : le droit des entreprises en difficulté croise de nombreuses autres branches du droit qui restent encore très nationales – sûretés, biens, procédure civile… – et qui sont concernées par toute réforme de l'insolvabilité. En outre, il a trait « *à des questions sensibles* » : telles que le maintien de l'emploi et la survie des entreprises, lesquelles intéressent les États (en ce sens, D. Fasquelle, « L'heure de la maturité pour le droit européen de l'insolvabilité ? », *Rev. proc. coll.* mai-juin 2019, dossier 11, p. 61).

4 Rapport introduisant le projet de convention relatif à la faillite, *Bull.* CE, suppl. 2/82, p. 48 ; v. aussi, J. Béguin, « Un îlot de résistance à l'internationalisation : le droit international des procédures collectives », in *L'internationalisation du droit : mélanges en l'honneur d'Yvon Loussouarn,* Paris, Dalloz, 1994, p. 31.

été repris, pour finalement, être adopté sous la forme du règlement européen n° 1346/2000 du 29 mai 2000 sur les procédures d'insolvabilité, lequel, à son tour, a connu des vicissitudes en générant un contentieux abondant qui a conduit à sa modification par le règlement (UE) 2015/ 848 du 20 mai 2015, entré en vigueur le 26 juin 2017. Désormais, l'essentiel est fait pour résoudre les conflits de lois et de juridictions : le tribunal compétent pour connaître d'une faillite internationale est celui dans le ressort duquel se trouve le centre des intérêts principaux du débiteur et ce tribunal applique sa propre loi. Règle de compétence internationale directe, doublée du principe de reconnaissance mutuelle des décisions, articulation de la procédure principale et des procédures secondaires, les matrices de la résolution des conflits de lois sont solidement posées[5].

Mais, il fallait franchir un pas supplémentaire. Les droits internes de l'insolvabilité étaient-ils vraiment réfractaires à toute harmonisation substantielle ? La réponse semblait négative puisque les premiers jalons avaient été posés avec l'adoption de dispositions communes au travers des deux directives sur l'assainissement et la liquidation des établissements de crédit[6], d'une part, et des entreprises d'assurance[7], d'autre part. Une amorce de droit harmonisé du travail était aussi apparue avec des directives sur la protection des travailleurs salariés en cas d'insolvabilité de leur employeur[8] mais, il ne s'agissait encore que de mesures sectorielles. Il faudra attendre la communication de la Commission européenne du 12 décembre 2012 et sa recommandation du 12 mars 2014 relative à une nouvelle approche en matière de défaillance et d'insolvabilité des entreprises[9] invitant les États à modifier leur législation sur la restructuration du passif et le mécanisme d'exonération des dettes[10] pour que se constate la volonté d'une évolution sensible vers un droit matériel commun des procédures de traitement de l'insolvabilité, en général. Ces mesures demeuraient cependant des techniques de « droit mou » sans caractère contraignant. Les institutions européennes ont, en effet, voulu sensibiliser les États membres à un rapprochement des droits de l'insolvabilité avant d'adopter la directive « restructuration

---

5 V. L. Idot, « Un nouveau droit communautaire des procédures collectives : Le règlement (CE) n° 1346/2000 du 29 mai 2000 » *JCP E* 2000, p. 1648.

6 Directive 2001/24/CE du Parlement européen et du Conseil du 4 avril 2001 concernant l'assainissement et la liquidation des établissements de crédit (*JOCE* n° L 125 du 5 mai 2001, p. 15), transposée par l'ordonnance n° 2004-1127 du 21 octobre 2004.

7 Directive 2001/17/CE du Parlement européen et du Conseil du 19 mars 2001 concernant l'assainissement et la liquidation des entreprises d'assurance, *JOCE* n° L 110 du 20 avril 2001, p. 28.

8 Directives 80/987/CEE du Conseil, du 20 octobre 1980 (*JOCE* n° L 283 du 28 octobre 1980, p. 23), et 2002/74/CE du Parlement européen et du Conseil du 23 septembre 2002 (*JOCE* n° L 270 du 8 octobre 2002, p. 10), refondues dans la directive 2008/94/CE du Parlement européen et du Conseil du 22 octobre 2008 relative à la protection des travailleurs salariés en cas d'insolvabilité de l'employeur, *JOUE* n° L 283 du 28 octobre 2008, p. 36.

9 Recommandation 2014/135/UE du 12 mars 2014, *JOUE* n° L 74/65 du 14 mars 2014.

10 La Commission a d'abord utilisé, pour inciter les États à l'harmonisation de leurs législations sur l'insolvabilité, des techniques « de droit souple » : communication, recommandation et un « Guide de bonnes pratiques et de principes concernant la restructuration, le dépôt de bilan et le redémarrage », en 2012.

préventive et insolvabilité » du 20 juin 2019[11], dont on a pu dire qu'elle marquait « *une nouvelle ère* »[12] dans la construction du droit européen.

Cette directive comporte trente-six articles mais son titre II, consacré aux « Cadres de restructuration préventive » a, pour l'essentiel, attiré la lumière[13], laissant dans l'ombre le titre III : « Remise de dettes et déchéances » relatif à l'entrepreneur[14] insolvable, c'est-à-dire surendetté, en état de liquidation judiciaire. Les commentateurs se sont particulièrement intéressés à la mise en place des plans de restructuration, des classes de créanciers, à la situation des associés, sans évoquer le rebond du débiteur[15], et les professionnels aux dispositions visant à améliorer le fonctionnement de l'institution judiciaire et la formation des mandataires[16].

Cependant, même si le titre III fait un peu figure de « parent pauvre »[17], au sein de la directive, il n'est pas dépourvu d'intérêt tant au regard de l'évolution du droit européen que de celui du droit des entreprises en difficulté. En hommage à une amie de longue date, nous voudrions montrer qu'au travers de dispositions assez arides à première vue – comme souvent dans les textes communautaires –, relatives aux « remises de dettes et déchéances », un vent (ou un zéphyr) d'humanisme souffle sur le droit européen de la défaillance économique. Alors que le règlement s'applique à des « *débiteurs insolvables* », la directive prend en considération « *l'entrepreneur* », en tant que personne physique susceptible de prendre un nouveau départ. Elle se propose de lui donner « *une seconde chance* » même si, à la différence de la proposition de directive, cet objectif n'apparaît plus dans son intitulé[18].

La directive est désireuse de permettre « *aux entrepreneurs insolvables mais honnêtes* » d'être libérés de leurs dettes pour reprendre une activité. Ce souci d'une harmonisation des textes européens relatifs à l'insolvabilité s'est d'abord expliqué par des considérations économiques s'inscrivant dans une démarche pragmatique conforme

---

11 D. Fasquelle, « L'émergence d'un droit européen de l'insolvabilité », *Rev. proc. coll.* novembre-décembre 2016, dossier 29, p. 85 ; E. Inacio et M. Mailly, « Quelles convergences dans le traitement des difficultés des entreprises », *LPA* 27 novembre 2009, n° 237, p. 49.

12 D. Fasquelle, « L'heure de la maturité pour le droit européen de l'insolvabilité ? », préc.

13 Le dossier consacré à la directive par la revue des procédures collectives en mai 2019 est significatif à cet égard. Aucun article n'est relatif au rebond du débiteur alors que plusieurs portent sur le sort des créanciers.

14 La directive vise celui qui exerce « *une activité commerciale, industrielle, artisanale ou libérale* » (art. 2-9). Elle a omis de traiter des activités agricoles.

15 R. Dammann et M. Boché-Robinet, « Transposition du projet de directive sur l'harmonisation des procédures de restructuration préventive en Europe », *D.* 2017, p. 1264; R. Dammann et V. Rotaru, « Premières réflexions sur la transposition de la future directive sur les restructurations préventives », *D.* 2018, p. 2195.

16 O. Buisine et V. Rousseau, « L'efficacité des procédures de restructuration, d'insolvabilité et de seconde chance : commentaire du titre IV de la directive Restructurations préventives », *Rev. proc. coll.* mars 2020, étude 10.

17 V. cependant, B. Freleteau, F. Macorig-Venier et L. Sautonie-Laguionie, « Le droit au rebond du débiteur après la directive du 20 juin 2019, quelles règles pour quelle réalité ? », *JCP E* 2020, p. 1078 ; M. Lamy, « La directive restructuration et insolvabilité : le rebond de l'entrepreneur défaillant », *RLDA* déc. 2019, p. 36.

18 La proposition était « *relative aux cadres de restructuration préventifs, à la seconde chance et aux mesures à prendre pour augmenter l'efficacité des procédures de restructuration, d'insolvabilité et d'apurement* ». La directive, avec le même titre, se dit simplement « *relative aux cadres de restructuration préventive, à la remise de dettes et aux déchéances* » supprimant l'allusion à « *la seconde chance* ».

à l'organisation d'un marché unique. Il s'agit de reconnaître la défaillance d'entreprises comme un « *élément naturel de l'économie* »[19], leur taux de disparition annuel moyen, au sein de l'UE, étant de 7 %, et de ne pas perdre le potentiel de croissance résultant d'une réinstallation[20]. Les chefs d'entreprise qui ont connu la faillite sont, peut-être, de futurs créateurs de richesses et les moteurs de l'économie européenne de demain. Mais, progressivement, cette première approche a été doublée de la volonté de ne pas stigmatiser les débiteurs insolvables. Leur échec n'est pas synonyme nécessairement de malhonnêteté, de fraude ou même d'incompétence. La seconde chance d'entreprendre qui leur est offerte s'appuie sur une perception plus humaine des procédures collectives qui commence à se propager dans l'Union européenne. À cet égard, l'influence des idées anglo-saxonnes, et particulièrement américaines, a été déterminante. Le « *fresh start* » doit être encouragé[21].

La directive détaille les leviers de cette seconde chance d'entreprendre[22], qui marquent un progrès très sensible de l'harmonisation du droit des affaires européen (I). À l'examen, de nombreux freins à la réinstallation demeurent cependant, faisant craindre que les États ne parviennent pas à se départir de leur ancienne tendance à une stigmatisation de la « faillite » (II).

I. Les leviers de la « seconde chance » d'entreprendre

Afin de favoriser le rebond de l'entrepreneur, le texte européen utilise deux techniques : la remise de dettes et la limitation des déchéances. La première, qui entraîne une libération totale ou partielle du passif, repose sur un mécanisme de droit des obligations (1). La seconde s'appuie sur le cantonnement des effets des sanctions civiles et, notamment, de l'interdiction de gérer une entreprise (2).

1. L'allègement du passif de l'entrepreneur insolvable

L'article 20 prévoit, d'abord, que « *[l]es États membres veillent à ce que les entrepreneurs insolvables aient accès à au moins une procédure pouvant conduire à une remise de dettes*[23] *totale* ». Celle-ci, définie à l'article 2[24], résulte soit de

---

19 E. Inacio et M. Mailly, préc. ; M. Curavic, « Le regard de la Commission européenne », *LPA* 27 novembre 2009, n° 237, p. 79.

20 Il faut éviter aussi, est-il écrit (cons. 72), que « *les [débiteurs] surendettés ou insolvables [ne déménagent] dans un État membre autre que celui où ils sont établis afin de bénéficier de délais de remise plus courts ou de conditions de remise de dettes plus attrayantes, ce qui [entraîne] une insécurité juridique et des coûts supplémentaires pour les créanciers lors du recouvrement de leurs créances* ». L'objectif est de limiter le *forum shopping* et de favoriser la recréation d'activités viables.

21 E. Stong, « Nouveau départ et traitement des difficultés des entreprises aux États-Unis », *LPA* 27 novembre 2009, n° 237, p. 84 ; C. Saint-Alary-Houin, « “Le rebond” du débiteur en liquidation : vrai ou faux départ ? », in *Professeur, avocat, juge au service du droit des affaires : mélanges en l'honneur de Daniel Tricot*, Paris, Litec-Dalloz, 2011, p. 579.

22 V., sur la question, en général : M.-E. Pancrazi, « Existe-t-il une seconde chance dans la vie des affaires ? Aspects de fond » Dossier « Réactivité et adaptation dans la vie des affaires », *Gaz. Pal.* 19 juin 2019, Hors-série n° 3, p. 59.

23 Pour une théorie générale, v. N. Picod, *La remise de dette en droit privé*, Paris, Dalloz 2013.

24 Art. 2, §1, 10°, directive du 20 juin 2019.

l'interdiction de procéder à l'exécution forcée des dettes échues, soit à « l'annulation » des dettes échues ou à échoir dans le cadre d'une procédure pouvant entraîner la réalisation des actifs ou d'un plan de remboursement[25] ou les deux. L'extinction du passif sans paiement est donc le premier facteur de rebond de l'entrepreneur, qui doit pouvoir être libéré de ses dettes et ne pas les traîner comme un boulet toute sa vie. Ce faisant, la directive n'hésite pas à malmener le principe du respect de la parole donnée et, indirectement, rapproche les différents droits des obligations des États membres en exigeant qu'ils comportent au moins une procédure d'effacement des dettes. Ce principe est, cependant, immédiatement relativisé dans la mesure où, d'une part, il peut être limité aux situations où l'activité professionnelle pour laquelle les dettes sont dues a cessé[26] et, d'autre part, peut être subordonné à un remboursement partiel des dettes de l'entrepreneur[27].

Cette libération du passif, lorsqu'elle n'est pas immédiate, doit survenir, au plus tard, dans un délai de trois ans, dont le point de départ est variable : si la procédure comporte un plan de remboursement – hypothèse inconnue du droit français –, ce délai court de la date de la décision validant le plan ou de la date du commencement de sa mise en œuvre. À défaut, le délai commence à la date de la décision de l'autorité judiciaire ou administrative d'ouvrir la procédure, ou de l'établissement de l'actif et du passif de l'entrepreneur.

La technique utilisée ne déroutera pas les juristes français puisque notre droit connaît, depuis la loi du 25 janvier 1985[28], sous certaines réserves, l'arrêt définitif des poursuites individuelles des créanciers en cas de clôture de la liquidation judiciaire pour insuffisance d'actif, ce qui se traduit par le non-paiement du passif[29]. Et, surtout, il prévoit une possibilité d'effacement des dettes, dans le cadre de la procédure de rétablissement professionnel[30], que la Cour de cassation analyse comme une mesure d'extinction des dettes n'équivalant pas à leur paiement[31]. La procédure de rétablissement professionnel, par cet « effacement »

---

25 Défini comme « *un programme de paiements de montants déterminés, effectués à des dates précises par un entrepreneur insolvable en faveur des créanciers, ou un versement périodique aux créanciers d'une certaine partie des revenus disponibles de l'entrepreneur pendant le délai de remise de dettes* » (*ibid.*, art. 2, § 1, 11°).

26 *Ibid.*, art. 20, § 1, al..

27 *Ibid.*, art. 20, § 2.

28 Art. 169, loi du 25 janvier 1985, devenu art. L. 643-11, C. com. Texte très mal accueilli lors de son adoption au motif qu'il consacrerait un droit de ne pas payer ses dettes (v. B. Dureuil et J. Mestre, « La "purge" des dettes par l'article 169 de la loi du 25 janvier 1985 », *Rev. proc. coll.* 1989, p. 389).

29 Plusieurs exceptions sont prévues par l'article 143-11 du code de commerce en raison de la nature des créances impayées ou du comportement du débiteur (v. C. Saint-Alary-Houin, *Droit des entreprises en difficulté*, avec le concours de M.-H. Monsèrié-Bon et de C. Houin-Bressand, 12e éd., Paris-La Défense, LGDJ, 2020, n° 1377 et s. ; M.-H. Monsèrié-Bon, « L'effacement des dettes dans le droit des entreprises en difficulté », *Dr. et patr.* 9/2009, p. 64).

30 C. com, art. L. 645-11: « *La clôture de la procédure de rétablissement professionnel entraîne effacement des dettes à l'égard des créanciers dont la créance est née antérieurement au jugement d'ouverture de la procédure […]* »

31 Cass. 2e civ., 27février 2014, n° 13-10.891.

des dettes, répond aux orientations de la directive, qui exige que les États membres se dotent d'au moins une procédure de remise totale du passif, mais son domaine est toutefois limité puisqu'elle ne bénéficie qu'à des entrepreneurs, personnes physiques, réalisant un faible chiffre d'affaires et dont l'actif est exclusivement mobilier et d'une valeur de moins de 15 000 euros[32]. En outre, l'article L. 642-12 du code de commerce, récemment modifié[33], prévoit qu'en cas de reprise d'un prêt obtenu par le débiteur pour financer un bien de l'entreprise et garanti par une sûreté assise sur ce bien, le cessionnaire doit payer les échéances à venir après le transfert et, dans ce cas, « *[l]e débiteur est libéré de ces échéances* ». Même si l'ordonnance du 15 septembre 2021 aurait pu être plus hardie pour permettre le rebond du débiteur en prévoyant par exemple une remise totale consécutive à un plan de remboursement[34], ces mesures favorisent, à l'évidence, un nouveau départ. Il en est de même du cantonnement des déchéances liées à l'ouverture de la procédure collective.

2. La limitation des interdictions de gérer

Le second procédé pour favoriser la « seconde chance » de l'entrepreneur insolvable de reprendre une activité professionnelle réside dans la limitation dans le temps des interdictions de gérer résultant de la procédure de traitement de l'insolvabilité. L'article 22 dispose, en ce sens, que les États membres veillent à ce que, lorsqu'un entrepreneur insolvable obtient une remise de dettes, « *toute déchéance du droit d'accéder à une activité commerciale, industrielle, artisanale ou libérale ou de l'exercer au seul motif que l'entrepreneur est insolvable prenne fin au plus tard à l'expiration du délai de remise de dettes* ». En d'autres termes, la durée de l'interdiction de recréer une entreprise ou de gérer une activité existante ne peut avoir une durée supérieure à trois ans, mais, semble-t-il, dans le cas où cette interdiction a pour seul motif l'insolvabilité du débiteur. C'est la déchéance liée automatiquement à la faillite qui paraît ici visée.

Afin que cette mesure soit efficace, il est prévu qu'elle se produit de plein droit. Les États ont, en effet, le devoir de veiller à ce que, à l'expiration du délai de remise de dettes, dans l'hypothèse où les entrepreneurs insolvables ont satisfait à leurs obligations, lorsque de telles obligations sont prévues par le droit national, les déchéances cessent de produire leurs effets sans qu'il soit nécessaire de saisir une autorité judiciaire ou administrative pour ouvrir une autre procédure que

32 L'ordonnance du 15 septembre 2021 a porté le chiffre d'affaires de 5 000 euros à 15 000 euros, ce qui rend un plus grand nombre d'entreprises éligibles au rétablissement professionnel. En outre, elle précise que les biens que la loi déclare insaisissables de droit – et, notamment la résidence principale du débiteur – ne sont pas pris en considération dans le calcul de ce seuil. Cependant, les conditions d'accès demeurent étroites, car l'entrepreneur ne doit pas être impliqué dans une instance prud'homale, ni avoir employé de salarié au cours des six derniers mois, ni avoir cessé son activité depuis plus d'un an (C. com., art. L. 645-1).

33 Ordonnance n° 2021-1193 du 15 septembre 2021 portant modification du livre VI du code de commerce, *JORF* n° 0216 du 16 septembre 2021, art. 57.

34 En ce sens, F. Macorig-Venier et B. Freleteau, « Les choix français pour favoriser le rebond du débiteur », *JCP E* 2021, n° 49 .

celle visant à obtenir la remise de dette[35]. Le relèvement est automatique. Il faut, en effet, réduire les coûts. Les préoccupations économiques sont ici évidentes.

À cet égard encore, le droit français a devancé le droit européen. Les déchéances ne sont plus liées au seul prononcé de la liquidation judiciaire. La condamnation à la faillite personnelle ou à l'interdiction de gérer suppose que le tribunal sanctionne le débiteur en raison de son comportement fautif ou malhonnête, dans des cas très précis[36], par un jugement distinct du jugement d'ouverture.

La directive, de ce point de vue, n'en est pas moins assez timide, car la difficulté d'une réinstallation ne se limite pas à l'automaticité de l'interdiction de gérer en cas d'ouverture de la procédure. D'une part, elle résulte aussi de la longueur de la liquidation judiciaire et du dessaisissement qui en résulte puisque le débiteur dessaisi ne peut exercer d'activité professionnelle indépendante tant qu'il est dessaisi. C'est pourquoi la durée de la liquidation judiciaire lorsqu'elle est simplifiée[37], et par voie de conséquence, celle du dessaisissement, est réduite, en droit français, à un an ou à six mois (pour les petites entreprises employant au plus un salarié et réalisant moins de 300 000 euros de chiffre d'affaires) et celle du rétablissement professionnel, à quatre mois[38]. En revanche, la liquidation judiciaire ordinaire s'étire souvent dans le temps, surtout s'il est nécessaire de vendre des immeubles, à tel point que la France a pu être condamnée par la Cour européenne des droits de l'homme (CEDH) pour avoir méconnu le droit à un procès équitable[39].

D'autre part, en cas de prononcé d'une sanction, des interdictions de gérer bien supérieures à trois ans peuvent être prononcées par les droits nationaux constituant un obstacle à tout rebond. À titre d'exemple, en droit français, elles ne peuvent dépasser une durée maximale, mais fixée à quinze ans[40]…, ce qui est déjà bien long. Il y a là un maintien évident d'obstacles à la seconde chance d'entreprendre.

II. Les freins à la « seconde chance » d'entreprendre

Le premier frein à la faculté de rebondir tient à la directive elle-même, ou plus exactement à la technique optionnelle qu'elle a utilisée. Afin de parvenir à un rapprochement des règles substantielles sur l'insolvabilité, le Parlement et le

35 V. directive du 21 mai 2019, art. 21, § 2, al. 1.

36 V. C. com., art. L. 653-3 à L. 653-6.

37 C. com., art. L. 644-5.

38 C. com., art, L. 645-4, al. 4.

39 CEDH, 21 mars 2017, *Poulain c/ France*, n° 16470/15; *RJ com.* 2017. 507, note P. Roussel Galle ; V. aussi, Cass. com., 14novembre 2019, n° 17-16.058 (action en réparation contre l'État).

40 C. Saint-Alary-Houin, « "Le rebond" du débiteur en liquidation : vrai ou faux départ ? », préc., spéc. n° 11 et s.

Conseil ont recherché un consensus minimal ouvrant la porte à de multiples dérogations qui, si elles étaient retenues par les États, ruineraient le principe de l'harmonisation des droits internes (1.). Le second frein est d'ordre sociologique. L'opinion publique et les médias relaient toujours une stigmatisation de l'échec commercial qui freine tout rebond et qui ne pourra s'atténuer qu'avec le temps (2.).

1. Une méthode législative optionnelle

Par l'allègement du passif et la possibilité de reprendre une activité rapidement, la directive semble lever les obstacles essentiels à une reprise d'activité. Mais, c'est largement un leurre, car tout en prônant une possibilité de remise de dettes totale, la directive l'assortit de dérogations tellement nombreuses que la doctrine a douté de la réalité d'une deuxième chance[41].

En premier lieu, en effet, il est possible d'envisager que la remise ne soit que partielle et qu'une contribution au passif soit demandée à l'entrepreneur. En pareil cas, l'article 20 de la directive exige le respect d'un principe de proportionnalité entre l'effort financier demandé au débiteur et ses ressources afin d'atténuer la mise en œuvre de cette faculté. Si un remboursement partiel est exigé, il faut que cette obligation de remboursement associée « *soit fixée en fonction de la situation individuelle de l'entrepreneur et, en particulier, soit proportionnée à ses revenus et actifs disponibles ou saisissables pendant le délai de remise et tienne compte de l'intérêt en équité des créanciers* ».

En second lieu, le texte prévoit que, par dérogation aux articles 21 et 22, les États peuvent restreindre l'accès à la remise de dettes, la révoquer ou l'assortir d'un délai plus long « *lorsque l'entrepreneur insolvable a agi de manière malhonnête ou de mauvaise foi, au titre du droit national, à l'égard des créanciers ou d'autres parties prenantes lorsqu'il s'est endetté, durant la procédure d'insolvabilité ou lors du remboursement des dettes* »[42]. Cette exception est, à l'évidence, justifiée et son bien-fondé ne saurait être critiqué. Tous les droits nationaux sanctionnent aussi la fraude, la mauvaise foi ou la malhonnêteté du débiteur insolvable.

Cependant, la directive autorise aussi des restrictions, de manière très générale, « *dans [des] circonstances bien définies et lorsque de telles dérogations sont dûment justifiées* »[43]. Suit une série de six exemples non limitative : violation substantielle des obligations prévues par un plan de remboursement ou de toute autre obligation légale visant à préserver les intérêts des créanciers, méconnaissance des obligations d'information ou de coopération, demandes de remise de dettes

---

41 V. B. Freleteau, F. Macorig-Venier et L. Sautonie-Laguionie, préc.

42 Art. 23, § 1, directive du 20 juin 2019.

43 Art. 23, § 2, directive du 20 juin 2019

abusives, nouvelle demande de remise de dettes au cours d'une certaine période suivant une précédente remise de dettes totale, coût de la procédure non réglé… Toutes ces hypothèses très diverses s'éloignent d'une volonté de frauder.

En outre, l'article 23, paragraphe 3, énonce que des délais de remise de dettes plus longs (supérieurs à trois ans) peuvent être prévus lorsque des mesures de protection judiciaire ou administrative ont été prises pour préserver la résidence principale de l'entrepreneur insolvable et, le cas échéant, de sa famille ou encore des actifs essentiels pour la poursuite d'une activité professionnelle. Il en est de même si la résidence principale de l'entrepreneur insolvable n'a pas encore été réalisée.

Mais, c'est surtout l'article 23, paragraphe 4, qui ouvre une brèche immense dans la limitation temporelle de l'interdiction de gérer dans la mesure où il énonce que les États membres peuvent « *exclure de la remise de dettes des classes spécifiques de créances, ou limiter la possibilité de remise de dettes ou encore prévoir un délai de remise plus long lorsque ces exclusions, limitations ou délais plus longs sont dûment justifiés* » en ce qui concerne certaines dettes. Sont visées, sans que ce soit limitatif, les dettes garanties, les dettes issues de sanctions pénales ou liées à de telles sanctions, les dettes issues d'une responsabilité délictuelle, les dettes alimentaires, les dettes postérieures à l'ouverture de la procédure ou nées de l'obligation de payer des frais de procédure…

Si l'on ajoute à cela que des dérogations supplémentaires pouvant aller jusqu'à un délai illimité de paiement des dettes lorsque l'entrepreneur insolvable est membre d'une profession, soit dans laquelle s'appliquent des règles déontologiques spécifiques, soit qui portent sur la gestion des biens d'autrui, la directive permet de limiter, voire de neutraliser toute possibilité de rebond. Il appartient aux États d'utiliser ces dérogations avec mesure à défaut de quoi les objectifs du dispositif de seconde chance ne seront pas atteints.

À ce propos, il a été reproché au législateur français d'avoir manqué d'ambition lors de la transposition de la directive par l'ordonnance du 15 septembre 2020 et d'être « *resté en deçà des perspectives offertes par la directive* »[44]. Notamment, est-il souligné, le sort de la caution, personne physique, qui a garanti le paiement de la dette de l'insolvable, n'est pas défini. Est-elle libérée comme le débiteur principal, ou doit-elle supporter, à défaut de recours contre celui-ci, le poids définitif de la dette d'autrui ? Faut-il considérer, par ailleurs, que les dettes délictuelles non professionnelles bénéficient aussi de la clémence du législateur ? C'est peu probable, avec pour conséquence que le débiteur demeurant tenu de les payer risque de ne pouvoir se réinstaller. Au-delà de ces questions demeurant sans réponse, l'ordonnance ne saisit pas la possibilité offerte par la directive de créer une procédure de remise de dettes totale à l'issue d'un plan de remboursement ou de faire bénéficier d'une telle remise les dirigeants ou associés qui n'ont pas

44 F. Macorig-Venier et B. Freleteau, préc.,

la qualité d'entrepreneurs[45]. Cette abstention est, certainement, volontaire…, car les droits européen et français font preuve d'une compassion très modérée pour le débiteur insolvable, ce qui n'est finalement que le reflet des réticences sociologiques.

2. Le maintien des réticences sociologiques

Dans le sens commun, la « faillite » demeure une faute et l'entrepreneur insolvable un entrepreneur qui a échoué[46]. Le Parlement européen et le Conseil en ont été bien conscients et ont prévu des mesures d'accompagnement, mais il faudrait aller bien au-delà pour changer les mentalités.

L'article 20, paragraphe 3, de la directive du 20 juin 2019 énonce, en effet, que « *[l]es États membres veillent à ce que les entrepreneurs qui ont été libérés de leurs dettes puissent bénéficier des cadres nationaux existants offrant un soutien professionnel aux entrepreneurs, y compris un accès à des informations utiles et actualisées au sujet de tels cadres* ». Sous cette formule assez sibylline d'accès « *à des cadres nationaux* », perce l'idée qu'il convient d'aider les débiteurs à rebondir en portant à leur connaissance les dispositifs existants dans l'État considéré. Or, si l'on en juge par la situation du droit français, qui n'en comporte pas vraiment[47], il est permis de se demander s'il ne s'agit pas là d'un « miroir aux alouettes », sauf à considérer que l'action des associations répond à cet objectif. C'est, en effet, dans un cadre associatif – associations 60 000 rebonds, RE-CRÉER, APESA, Second Souffle – que les entrepreneurs insolvables sont véritablement assistés dans leur démarche de création d'entreprise après avoir subi une liquidation judiciaire : le soutien est psychologique sous la forme d'un coaching, et économique, par l'appréciation de la solidité du *business plan* proposé par le débiteur. Cette vitalité du secteur associatif augure, peut-être, d'un changement de mentalités.

Par comparaison, le droit européen semble encore très influencé par la perception romano-germanique de la défaillance économique et surtout par la conception allemande, qui axe le droit des procédures collectives sur le paiement des créanciers et qui exige que le débiteur paye 35 % de son passif et ne soit libéré qu'au bout de six années[48]. La nécessité de faire des arbitrages entre cette tendance et celle du droit nord-américain, où la défaillance n'est pas vraiment un échec, mais une expérience qui peut conduire à la recréation d'une entreprise saine, explique l'extrême prudence de la directive. Il est vrai qu'une avancée

---

45 V sur tous ces points, *ibid.*

46 V. C. Magras Vergez, La constance des stigmates de la faillite : de l'Antiquité à nos jours, Paris-La Défense, 2019.

47 Sous réserve que le Plan d'action sur l'accompagnement des entreprises en sortie de crise, publié le 1er juin 2021 (et la circulaire du 19 août qui le détaille) se fixe comme objectif d'« *orienter les entreprises en situation de fragilité vers le meilleur dispositif* ».

48 T. Andrieu, « La future transposition de la directive européenne sur l'insolvabilité », *Rev. proc. coll.* mai-juin 2019, dossier 12, p. 63.

terminologique peut être signalée, tel l'abandon du terme de « faillite » pour celui d'« insolvabilité », moins associé à la commission d'une faute[49], ainsi qu'en droit français, la mise en place, au lendemain de la loi PACTE, de toute une série de mesures favorisant le rebond : maintien de la rémunération du dirigeant en redressement judiciaire (sauf décision contraire du juge-commissaire), recours systématique au rétablissement professionnel à tous les stades de la procédure, suppression de la mention du jugement de liquidation judiciaire en marge du casier judiciaire, par exemple.

Mais, il faudrait aller plus loin et mobiliser les médias ainsi que les réseaux sociaux pour faire évoluer les mentalités. Sauf malhonnêteté, fraude ou mauvaise foi du débiteur, la liquidation judiciaire doit être considérée comme un accident de parcours réparable et être débarrassée de son caractère infamant. Il y a urgence à intervenir. Le nombre de suicides des entrepreneurs et, particulièrement, des agriculteurs[50] qui ne supportent pas le regard des autres sur leurs échecs (qui entraîne souvent, de surcroît, une dislocation de leur famille) révèle la gravité de la situation. La doctrine[51] et les praticiens[52] commencent à s'en émouvoir et agissent pour venir en aide au chef d'entreprise en souffrance psychologique. En se préoccupant de l'entrepreneur insolvable, le droit européen est sur la bonne voie… reste à franchir le pas d'une humanisation moins modérée !

49 « Faillite » vient du latin *fallere*, signifiant « frauder », « tromper » (Dictionnaire Littré) et a été introduit dans la langue française au XVIe siècle pour signifier « faire défaut », « manquer à ».

50 Le nombre de suicides des agriculteurs (un par jour en France) est supérieur de 30 % à celui des autres professions. Il est certes dû à des causes variées telles l'isolement ou les aléas climatiques, mais les difficultés économiques et la réprobation du milieu social en cas de défaillance en constituent la raison majeure. Une réaction à ces drames s'organise : la MSA a mis en place en 2011 un plan de prévention du suicide dans le milieu agricole et Solidarité Paysans, tout un système d'accompagnement des agriculteurs en difficulté.

51 V. Martineau-Bourgninaud, « Les remèdes à la souffrance du chef d'entreprise en difficulté », *D.* 2016, p. 2529.

52 C. Delattre, « Les magistrats et les acteurs de l'insolvabilité agissent pour venir en aide au chef d'entreprise en souffrance psychologique », *Rev. proc. coll.* mars-avril 2020, étude n° 9, p. 19.

Le changement dans la continuité : variations sur Cass. crim., 25 novembre 2020*

Étienne Thomas**
Docteur en droit (Université Panthéon-Assas)

Résumé

En privilégiant en droit pénal une approche moins formaliste du principe de responsabilité personnelle, la chambre criminelle de la Cour de cassation semble emprunter le chemin tracé par le droit de la concurrence. Un détour par ce dernier demeure instructif, pour apprécier la valeur et la portée réelle de l'admission, en droit pénal, d'un transfert de responsabilité d'une société absorbée vers une société absorbante. Pour y parvenir, la Cour de cassation mobilise les deux fondements qui permettent, en droit de la concurrence, un transfert horizontal de responsabilité entre deux sociétés : la continuité juridique et la continuité économique. Ces fondements sont toutefois exclusifs l'un de l'autre. En ce sens, ils se doivent d'être clairement distingués, et non, à l'instar de la chambre criminelle de la Cour de cassation, opportunément combinés.

---

* Dernière mise à jour le 11 novembre 2021.

** Étienne Thomas est ancien référendaire au Tribunal de l'Union européenne. Il est actuellement auditeur de justice à l'Ecole nationale de la magistrature. L'auteur s'exprime à titre personnel.

I. Introduction

« *Tous délits sont personnels, et en crime, il n'y a point de garants* »[1], sauf pour les personnes morales ? À la lecture de l'arrêt prononcé le 25 novembre 2020 par la chambre criminelle de la Cour de cassation (ci-après l'« arrêt du 25 novembre 2020 »), Loysel n'aurait pas manqué de songer à actualiser son célèbre adage[2]. Car, en admettant la responsabilité pénale d'une société absorbante pour le comportement infractionnel d'une société absorbée, la chambre criminelle transige inhabituellement avec le principe de la responsabilité personnelle[3] et amorce, en prenant appui sur le droit de l'Union européenne et sur le droit issu de la Convention de sauvegarde des droits de l'homme et des libertés fondamentales (CEDH), un virage vers une approche moins formaliste de la responsabilité pénale des personnes morales[4]. Au-delà de l'hypothèse résiduelle de la fraude, se doit d'être désormais considérée celle du transfert automatique de la responsabilité d'une société absorbée vers une société absorbante[5].

Pour inattendue qu'elle soit en droit pénal, cette solution est des plus classiques en droit de la concurrence[6]. En ciblant l'entreprise, non la personne morale, les droits de la concurrence, interne et de l'Union, privilégient, tant dans sa dimension répressive que dans sa dimension indemnitaire, la souplesse d'une notion économique à la rigidité d'une notion juridique, aux fins d'imputer un comportement infractionnel. Face aux restructurations sociétaires, l'effectivité des règles de concurrence l'impose[7].

---

1 Sur cet adage, v. not. J.-M. Carbasse, *Histoire du droit pénal et de la justice criminelle*, 3e éd. refondue (avec la coll. de P. Vielfaure), Paris, PUF, 2014, p. 38, n° 143.

2 V. Cass. crim., 25 novembre 2020, n° 18-86.955. Sur cet arrêt, lequel a suscité des réactions contrastées, v. not. G. Beaussonie, *D.* 2021, p. 167 ; M. Fouquet, A.-L. Méano, A.-S. de Lamarzelle, C. Carbonaro et L. Ascensi, *D.* 2021, p. 379 ; D. Apelbaum et A. Battaglia, *AJ Pénal* 2020, p. 576 ; B. Bouloc, *Rev. sociétés* 2021, p. 79 ; H. Matsopoulou, *Rev. sociétés* 2021, p. 115 ; L. Saenko, *RTD com.* 2020, p. 961 ; M. Brenaut et A. Touzain, *Gaz. Pal.* 2021, n° 04, p. 21.

3 V., pour le principe selon lequel nul n'est responsable que de son propre fait, article 121-1 du code pénal et, pour ce qui est de la responsabilité pénale des personnes morales, article 121-2 du code pénal.

4 La Cour de cassation opère à cet endroit un revirement de jurisprudence : v., pour les arrêts antérieurs rejetant l'hypothèse d'un transfert de responsabilité d'une société absorbée à une société absorbante, Cass. crim., 20 juin 2000, n° 99-86.742, Cass. crim., 14 octobre 2003, n° 02-86.376 et Cass. crim., 28 octobre 2016, n° 16-80.366. Pour une synthèse de la jurisprudence, v., en particulier, avis de R. Salomon, avocat général près la chambre criminelle de la Cour de cassation, sous Cass. crim., 25 novembre 2020, n° 18-86.955, p. 6.

5 V. Cass. crim., 25 novembre 2020, n° 18-86.955, pts 37 à 41.

6 Aux fins des présentes lignes, le droit de la concurrence englobe le droit des pratiques anticoncurrentielles, tel que codifié, au niveau interne, aux articles L. 420-1 et L. 420-2 du code de commerce et, au niveau de l'Union, aux articles 101 et 102 TFUE, et le droit des pratiques restrictives de concurrence, tel que codifié aux articles L. 442-1 à L. 442-8 du code de commerce.

7 V., pour la place essentielle de la notion d'entreprise aux fins des actions en dommages et intérêts du fait d'une pratique anticoncurrentielle, CJUE, 14 mars 2019, *Skanska*, aff. C-724/17, EU:C:2019:204 ; v. aussi E. Thomas, « Continuité économique : La Cour de justice de l'Union européenne étend aux actions en dommages et intérêts l'application du principe de la continuité économique et, ce faisant, sa définition fonctionnelle de l'entreprise (*Vantaan kaupunki*) », 14 mars 2019, *Concurrences* n° 2-2019, art. n° 90126, pp. 68-69. Cette solution est également partagée en droit boursier, v. Cass. com., 15 juin 1999, n° 97-16.439,

Cette dialectique est bien connue de la dédicataire de ces lignes[8]. Son éclairage, à l'occasion d'une conférence au Collège de France en 2011, de la responsabilité pénale des personnes morales à l'aune des « *leçons du droit européen de la concurrence* » est à cet égard particulièrement saillant[9]. Guide indispensable à ses étudiants désireux de saisir toutes les subtilités de la notion d'entreprise, au sens du droit de la concurrence, cet article le fut assurément pour la thèse de doctorat soutenue, sur ce même sujet, sous sa stimulante, enrichissante et donc précieuse direction[10]. À l'heure où le droit pénal semble s'inscrire dans le sillon tracé par le droit de la concurrence, il ne pouvait ainsi que résonner de nouveau et représenter, pour ma part, à l'heure de l'élaboration de mélanges en son honneur, une source évidente d'inspiration.

Certes, la Cour de cassation a expressément limité, dans son arrêt du 25 novembre 2020, la portée de son revirement aux hypothèses de fusion-absorption, telles que régies par la directive (UE) 2017/1132 du Parlement européen et du Conseil du 14 juin 2017 (ci-après la « directive fusion »)[11]. Car c'est bien l'interprétation de cette directive par la Cour de justice, à l'occasion de l'affaire *Modelo Continente Hipermercados*, non, formellement, un alignement du droit pénal sur les solutions admises en droit de la concurrence, qui constitue le fondement du revirement opéré par la chambre criminelle de la Cour de cassation[12]. De prime abord, l'intérêt d'un détour par le droit de la concurrence pourrait ainsi s'avérer bien relatif.

Toutefois, les motifs sur lesquels repose l'arrêt du 25 novembre 2020 présentent une portée plus importante. D'une part, la Cour de cassation cite singulièrement l'arrêt prononcé par la Cour européenne des droits de l'homme dans l'affaire *Carrefour France* sur l'imputation, au titre de l'ancien article L. 446-2 du code de commerce, d'une amende « civile » à une société absorbante pour des actes

---

et en droit fiscal, v. CE, avis, 4 décembre 2009, n° 329173. Pour ce qui est de l'incidence de l'arrêt du 25 novembre 2020 en matière de fraude fiscale, v. E. Meier, M. Valeteau et A. Albert, « Opérations de fusions absorptions : l'absorbante contaminée par la fraude fiscale commise par l'absorbée », *Revue de droit fiscal*, 2021, n° 22, comm. 272.

8 V., en particulier, L. Idot, « Variations sur la notion d'entreprise en droit de la concurrence », in *Mélanges en l'honneur du professeur Bernard Teyssié*, Paris, LexisNexis, 2019, pp. 1195-1208, et, du même auteur, « La responsabilité pénale des personnes morales : les leçons du droit européen de la concurrence », in G. Giudicelli-Delage et S. Manacorda (dir.), *La responsabilité pénale des personnes morales : perspectives européennes et internationales*, Paris, Société de législation comparée, 2013, p. 165.

9 V. L. Idot, « La responsabilité pénale des personnes morales : les leçons du droit européen de la concurrence », *op. cit.*

10 E. Thomas, *L'entreprise contrevenante en droit des pratiques anticoncurrentielles – Variations autour de la distinction entre société et entreprise (Union européenne et France)*, Paris, Concurrences, 2021.

11 V. Cass. crim., 25 novembre 2020, n° 18-86.955, pts 37 à 39.

12 V. CJUE, 5 mars 2015, *Modelo Continente Hipermercados*, aff. C-343/13, EU:C:2015:146. Dans cet arrêt, la Cour de justice interprète l'article 19, paragraphe 1, de la troisième directive 78/855/CEE du Conseil, du 9 octobre 1978, fondée sur l'article 54 paragraphe 3 sous g) du traité et concernant les fusions des sociétés anonymes, *JOCE* n° L 295 du 20 octobre 1978, p. 36, telle que modifiée par la directive 2009/109/CE du Parlement européen et du Conseil du 16 septembre 2009, en ce qui concerne les obligations en matière de rapports et de documentation en cas de fusions ou de scissions, *JOUE* n° L 259 du 2 octobre 2009, p. 14. L'article 19, paragraphe 1, de la troisième directive 78/855/CEE est à ce jour codifié à l'article 105, paragraphe 1, de la directive (UE) 2017/1132 du Parlement européen et du Conseil du 14 juin 2017 relative à certains aspects du droit des sociétés, *JOUE* n° L 169 du 30 juin 2017, p. 46.

restrictifs de concurrence d'une société absorbée[13]. Par cet arrêt, la Cour européenne des droits de l'homme s'était, pour sa part, clairement inspirée de la jurisprudence du Tribunal de l'Union et de la Cour de justice en droit des pratiques anticoncurrentielles, en particulier de l'arrêt prononcé en 2009 dans l'affaire *Erste Group Bank*, premier, en cette matière, d'une longue série[14].

D'autre part, la Cour de cassation cultive une ambiguïté dont le droit de la concurrence, tant interne qu'européen, ne s'est toujours pas affranchi pour justifier le transfert de la responsabilité pénale d'une société absorbée à une société absorbante. Deux hypothèses se doivent d'être clairement distinguées : la continuité dite « juridique » et celle dite « économique ». Or, en justifiant le transfert de la responsabilité pénale de la société absorbée à la société absorbante par la transmission universelle du patrimoine de l'une à la seconde, tout en précisant tirer les conséquences de la continuité « *économique et fonctionnelle* » de la société absorbée, la chambre criminelle de la Cour de cassation entretient la confusion[15]. D'autant plus qu'elle importe implicitement, en droit pénal, l'opposition entre les notions de société et d'entreprise, caractéristique du droit de la concurrence. Le droit de la concurrence est une source évidente d'enseignements, mais non, toutefois, en tous points[16].

Au-delà de cette seule ambiguïté, le droit de la concurrence présente d'autant plus d'intérêt que, en cette matière, les fusions-absorptions ne sont pas les seules à être appréhendées. D'autres formes de restructurations, telles les fusions par constitution d'une nouvelle société, les scissions ou encore les apports partiels d'actifs sont au menu des autorités de concurrence. La recherche des successeurs juridiques et économiques permet en effet de faire échec à de (très) nombreuses restructurations sociétaires, même lorsque l'objectif poursuivi par les sociétés concernées n'est pas frauduleux. Si la chambre criminelle limite la portée de son arrêt aux seules fusions-absorptions, les motifs de son arrêt du 25 novembre 2020 pourraient augurer un élargissement du domaine du droit pénal.

En privilégiant une approche moins formaliste du principe de responsabilité personnelle, la chambre criminelle de la Cour de cassation semble emprunter le

---

13 V. Cour EDH, 5e sect., 24 octobre 2019, *Carrefour France c/ France*, n° 37858/14. Si cet arrêt concerne l'imputation à une société absorbante d'une amende dite « civile », cette dernière relève, ainsi que le souligne la Cour européenne des droits de l'homme, de la matière pénale, au sens de l'article 6 de la CEDH : v. *ibid.*, pt 42.

14 V. CJUE, 24 septembre 2009, *Erste Group Bank c/ Commission*, aff. jtes C-125/07 P, C-133/07 P, C-135/07 P et C-137/07 P, EU:C:2009:576 ; v. aussi C. Sarrazin, « Régime de l'imputabilité : La CJCE confirme l'arrêt du TPICE et se prononce sur le régime de l'imputabilité entre des sociétés mère et filiale (*Erste Group Bank ; Club Lombard*) », 24 septembre 2009, *Concurrences* n° 4-2009, art. n° 29224, pp. 94-95. V., pour les affaires postérieures à l'échelle européenne, *ex multis*, Trib. UE, 25 octobre 2011, *Uralita c/ Commission*, aff. T-349/08, EU:T:2011:622 ; CJUE, 5 décembre 2013, *SNIA c/ Commission*, aff. C-448/11 P, EU:C:2013:801, ou encore Trib. UE, 2 juin 2016, *MRT e.a. c/ Commission*, aff. jtes T-426/10 à T-429/10, T-438/12 à T-441/12, EU:T:2016:335.

15 V. Cass. crim., 25 novembre 2020, n° 18-86.955, pts 21 à 23 et 29.

16 Un détour par le droit des pratiques anticoncurrentielles en particulier se justifie d'autant plus, dans la mesure où, d'une part, du moins à l'échelle nationale, il appartient originellement au droit pénal. D'autre part, si le droit des pratiques anticoncurrentielles ne relève pas, *de lege lata*, du droit pénal, *stricto sensu*, il relève à tout le moins, par les amendes infligées, de la matière pénale, au sens de l'article 6 de la CEDH.

chemin tracé par le droit de la concurrence. Un détour par ce dernier demeure instructif, pour apprécier la valeur et la portée réelle de l'admission, en droit pénal, d'un transfert de responsabilité d'une société absorbée vers une société absorbante. Pour y parvenir, la Cour de cassation mobilise les deux fondements qui permettent, en droit de la concurrence, un transfert horizontal de responsabilité entre deux sociétés : la continuité juridique (II.) et la continuité économique (III.). Ces fondements sont toutefois exclusifs l'un de l'autre. En ce sens, ils se doivent d'être clairement distingués, et non, à l'instar de la chambre criminelle de la Cour de cassation, opportunément combinés.

II. La continuité juridique

La continuité juridique est le premier fondement auquel la chambre criminelle se réfère pour justifier le transfert de la responsabilité pénale d'une société absorbée à une société absorbante. Cette continuité procède classiquement de la transmission universelle du patrimoine de la société absorbée (1.). Toutefois, les opérations de fusions-absorptions ne sont pas les seules entraînant la transmission des droits et des obligations d'une société. Aussi, par l'arrêt du 25 novembre 2020, la chambre criminelle de la Cour de cassation pourrait-elle avoir, indirectement, étendu le domaine du droit pénal (2.).

1. La transmission du passif

Ainsi que le souligne la Cour de cassation, « *le patrimoine de la société absorbée est universellement transmis à la société absorbante et les actionnaires de la première deviennent actionnaires de la seconde* »[17]. Sur le terrain de la responsabilité, cette transmission emporte des conséquences qu'une société absorbante ne saurait négliger. Par l'acquisition du patrimoine de la société absorbée, la société absorbante devient en effet débitrice de l'ensemble des obligations de la première, en ce compris celles résultant d'une participation, antérieure à l'opération, à une infraction[18].

Les droits de la concurrence, interne et de l'Union, sont assurément familiers de cette dialectique, consacrée de longue date dans la jurisprudence des juridictions de contrôle des autorités de concurrence. Nombreuses sont en effet les affaires dans lesquelles une société absorbante a été tenue responsable des pratiques anticoncurrentielles de la société absorbée, en tant que successeur juridique[19].

---

17 Cass. crim., 25 novembre 2020, n° 18-86.955, pt 22.

18 *Ibid.*, pt 35.

19 V., en particulier, à l'échelle européenne, Trib. UE, 25 octobre 2011, Uralita c/ Commission, aff. T-349/08, préc., et, à l'échelle nationale, Cass. com., 21 janvier 2014, no 12-29.166 ; v. aussi M. Chagny, « Amende civile : La Cour de cassation affirme qu'une amende civile peut être prononcée à l'encontre d'une société ayant absorbé par voie de fusion l'auteur de pratiques contraires à l'article L. 442-6-I du code de commerce (Carrefour) », 21 janvier 2014, Concurrences n° 2-2014, art. n° 65784, p. 122 .

La résistance de la chambre criminelle de la Cour de cassation envers cette solution ne pouvait persister indéfiniment[20]. Deux raisons justifient cette évolution.

Premièrement, du point de vue de la nature du droit des pratiques anticoncurrentielles, dont la proximité, dans sa dimension répressive, avec la matière pénale ne saurait être discutée. La nature « administrative » des amendes infligées par les autorités de concurrence ou la matière dite « quasi pénale » du droit de la concurrence ou encore la nature « économique » ou « pécuniaire » de la responsabilité ne permettent nullement de justifier, contrairement à la position défendue par l'avocat général de la Cour de cassation, le particularisme de la jurisprudence antérieure de la chambre criminelle[21]. Une amende infligée pour une violation de règles pénales et une amende infligée par une autorité de concurrence pour une infraction aux règles de concurrence partagent un point commun : la dissuasion et la répression, au nom de l'intérêt général, de comportements condamnables[22].

Les chroniques de la dédicataire de ces lignes consacrées au droit de la concurrence, à la *Revue de science criminelle et de droit pénal comparé*, témoignent pleinement des liens qui unissent la matière pénale et le droit des pratiques anticoncurrentielles. Si l'amende infligée en cette matière n'a pas, *stricto sensu*, une nature pénale, elle relève toutefois de la matière pénale, au sens de l'article 6 de la CEDH[23]. De même, les principes directeurs du droit pénal, en particulier les principes de responsabilité personnelle et de personnalité des peines, gouvernent le droit des pratiques anticoncurrentielles[24]. L'alignement de la chambre criminelle sur les solutions admises en cette matière s'imposait, sauf à faire coexister deux solutions différentes en des matières voisines.

Cet alignement s'imposait, deuxièmement, à la lumière, non du droit des pratiques anticoncurrentielles, mais de l'interprétation préjudicielle de la Cour de justice dans l'affaire *Modelo Continente Hipermercados*, de la directive fusion. La Cour de justice avait dit pour droit qu'une fusion-absorption « *entraîne la transmission,*

---

20 V., pour ce qui est d'une critique de cette solution, laquelle « *risqu[ait] de voir l'action pénale manquer sa cible* », G. Giudicelli-Delage, « Repenser la responsabilité pénale des personnes morales », in *Droit répressif au pluriel : droit interne, droit international, droit européen, droits de l'homme. Liber amicorum en l'honneur de Renée Koering-Joulin*, Wavre, Anthemis, 2015, p. 256.

21 V. avis de R. Salomon, préc., p. 8.

22 Une seule distinction s'impose, selon la finalité de la règle en cause : la répression d'un comportement ou l'indemnisation d'un préjudice.

23 Eu égard à la nature des infractions en cause ainsi qu'à la nature et au degré de sévérité des sanctions qui s'y rattachent, celles-ci relèvent de la matière pénale au sens de l'article 6 de la CEDH, ainsi qu'il ressort notamment de l'arrêt de la Cour EDH, *A. Menarini Diagnostics c/ Italie* (27 septembre 2011, n° 43509/08, pts 39 à 44) : v. Trib. UE, 27 mars 2014, *Saint-Gobain Glass France e.a. c/ Commission*, aff. jtes T-56/09 et T-73/09, EU:T:2014:160, pt 78 et jurisprudence citée. Qui plus est, les principes généraux du droit à coloration pénale dans la jurisprudence du Tribunal et de la Cour de justice en droit des pratiques anticoncurrentielles occupent une place essentielle et renforcent indéniablement la coloration pénale des amendes en droit de la concurrence : v. L. Idot, « Réflexions sur l'application de certains principes et notions du droit pénal en droit des pratiques anticoncurrentielles », in *Les droits et le Droit : mélanges dédiés à Bernard Bouloc*, Paris, Dalloz, 2007, pp. 457 à 489, ainsi que L. Bernardeau et E. Thomas, « Principes généraux du droit et contrôle juridictionnel en droit de la concurrence : "M. Jourdain : juge pénal ?" », *Cahiers de droit européen*, 2016, vol. 52, n° 1, p. 365.

24 CJUE, 5 mars 2015, *Modelo Continente Hipermercados*, aff. C-343/13, préc., pt 35.

à la société absorbante, de l'obligation de payer une amende infligée [...] après cette fusion pour des infractions au [code] du travail commises par la société absorbée avant [la] fusion »[25]. Le fait que l'amende en cause dans cette affaire possédait un caractère pénal du fait de sa nature contraventionnelle ne faisait pas échec, selon la Cour de justice, au transfert de la responsabilité[26].

Il aura ainsi fallu plus de cinq ans à la chambre criminelle pour tirer les conséquences légales de cet arrêt. Certes, la tâche n'était pas aisée. La chambre criminelle avait, en 2016, écarté l'interprétation donnée par la Cour de justice de la directive fusion au motif que la fusion-absorption emportait, du fait de la dissolution de la société absorbée et de la perte corrélative de la personnalité juridique, l'extinction de l'action publique à son égard[27]. Toutefois, si la fusion-absorption emporte la disparition de la société absorbée, cette dernière se poursuit juridiquement au niveau de la société absorbante par l'effet de la transmission universelle du patrimoine. Nulle violation à cet endroit du principe de la responsabilité personnelle, sauf à assimiler artificiellement les personnes morale et physique[28].

La seule difficulté réside dans l'hypothèse, au cœur de l'affaire ayant donné lieu à l'arrêt du 25 novembre 2020, où, au jour de l'opération de fusion-absorption, la culpabilité de la société absorbée n'a pas encore été tranchée. Le transfert de la responsabilité ne se limite toutefois pas à l'hypothèse où, au moment de la fusion-absorption, l'amende est déjà infligée et inscrite au passif de la société absorbée. L'effectivité des règles de concurrence l'exige, en particulier en droit des pratiques anticoncurrentielles. Les enquêtes des autorités de concurrence s'inscrivent en effet dans la durée, le temps pour les sociétés d'être l'objet de multiples restructurations avant que ne soit adoptée une décision. Cette solution est également fondée en droit. Ainsi que le souligne, de manière imagée, l'avocat général Wathelet, dans ses conclusions prononcées dans l'affaire *Modelo Continente Hipermercados*, la « *société absorbante acquier[t] la société absorbée dans son intégralité, y [compris] son passé* »[29]. Ce raisonnement n'encourt nullement la critique, également en droit pénal. La société absorbée ne disparaît qu'en apparence et continue, en réalité, d'exister sous une forme juridique distincte : celle de la société absorbante.

2. L'extension du domaine du droit pénal

Cette solution pourrait-elle être étendue à d'autres opérations de restructurations sociétaires ? Cette question se pose avec acuité pour ce qui est du traitement pénal d'opérations entraînant, à l'égal de la fusion-absorption, la dissolution

---

25 V., sur ce point, conclusions AG Wathelet, 12 novembre 2014, *Modelo Continente Hipermercados*, aff. C-343/13, EU:C:2014:2366, pt 46.

26 V. Cass. crim., 28 octobre 2016, n° 16-80.366.

27 CJUE, 5 mars 2015, *Modelo Continente Hipermercados*, aff. C-343/13, préc., pt 35.

28 V. Cass. crim., 25 novembre 2020, n° 18-86.955, pts 19 à 21.

29 Conclusions AG Wathelet, préc., pt 61.

sans liquidation de l'auteur d'une infraction ; que l'on pense, notamment, aux fusions par constitution d'une nouvelle société ainsi qu'aux scissions[30].

Assurément, la Cour de cassation ne pouvait formellement étendre son revirement à d'autres hypothèses de restructurations sociétaires, au risque de prononcer un arrêt de règlement. Toutefois, sur un plan théorique, ces opérations entraînent chacune la dissolution sans liquidation de l'auteur d'une infraction. En ce sens, à la lumière des articles 109 et 151 de la directive fusion et des motifs de l'arrêt du 25 novembre 2020, rien ne semble s'opposer à ce qu'un même transfert de la responsabilité pénale soit envisageable[31].

Il est d'autant plus permis de l'envisager que, en droit des pratiques anticoncurrentielles, les exemples de tels transferts de responsabilité sont légion. Deux exemples tirés de la pratique de l'Autorité de la concurrence permettent de s'en convaincre. Ainsi, dans l'affaire des produits d'hygiène et d'entretien, une société née de la fusion entre l'auteur d'une infraction et une autre société avait été tenue responsable de l'infraction en tant qu'elle était son successeur juridique[32].

Pour ce qui est des opérations de scission, une même approche s'impose. Ainsi, dans l'affaire des appareils de chauffage, une société cessionnaire d'une branche d'activité détenue initialement par une société scindée avait été tenue responsable de l'infraction commise en lien avec ladite branche. La société cessionnaire était en effet devenue le successeur juridique de la société scindée[33]. Les hypothèses de scission soulèveront toutefois des difficultés supplémentaires pour ce qui est de l'infliction d'une amende, solidairement. Les autres sociétés bénéficiaires de la scission pourraient en effet, en application de l'article L. 236-20 du code de commerce, supporter également le poids de l'amende.

La continuité juridique demeure ainsi un fondement satisfaisant pour justifier le transfert de la responsabilité pénale d'une société à une autre en présence d'une opération de restructuration emportant la dissolution sans liquidation de l'auteur de l'infraction. Il ne saurait en aller de même du fondement tiré de la

---

30 V. articles 109 et s. ainsi que 135 et s. de la directive (UE) 2017/1132, préc.

31 Cette extension pourrait devoir s'imposer, à première vue, aux fins de respecter le principe d'égalité des personnes – également morales – devant la loi pénale déduit de l'article 6 de la Déclaration des droits de l'homme et du citoyen.

32 V. Aut. conc., déc. n° 14-D-19 du 18 décembre 2014 relative à des pratiques mises en œuvre dans le secteur des produits d'entretien et des insecticides et dans le secteur des produits d'hygiène et de soins pour le corps, cons. 1135 ; v. aussi M. Debroux, A. Moyrand, « Cartels : L'Autorité de la concurrence sanctionne lourdement deux cartels dans le domaine de l'approvisionnement de la grande distribution en produits d'entretiens et d'hygiène, décelés grâce au programme de clémence et considérés comme des ententes uniques, complexes et continues (*Produits d'entretien et d'hygiène*) », 18 décembre 2014, *Concurrences* n° 2-2015, art. n° 72747, pp. 88-90.

33 V. Cons. conc., déc. n° 06-D-03 bis du 9 mars 2006 relative à des pratiques mises en œuvre dans le secteur des appareils de chauffage, sanitaires, plomberie, climatisation, cons. 1385, v. aussi E. Claudel, « Entente sur les prix et les remises : Le Conseil de la concurrence apporte des précisions sur les conditions d'incrimination dans le cadre de réunions entre concurrents (*Appareils de chauffage, sanitaires, plomberie, climatisation*) », 9 mars 2006, *Concurrences* n° 2-2006, art. n° 693, pp. 81-82. V. égal. Comm. CE, déc. 89/515/CEE du 2 août 1989 relative à une procédure d'application de l'article 85 du traité CEE, *Treillis soudés*, aff. IV/31.553, *JOCE* n° L 260 du 6 septembre 1989, p. 1, cons. 195(g).

continuité « *économique et fonctionnelle* » de la société absorbée. Ce fondement demeure contestable en droit de la concurrence. Il l'est, à plus forte raison, en droit pénal.

III. La continuité économique

Pour renforcer l'assise juridique de son revirement, la chambre criminelle ne se sera pas contentée des seuls effets de la transmission universelle du patrimoine de la société absorbée. La Cour de cassation s'est également référée à la continuité « *économique et fonctionnelle* » en constatant que « *l'activité économique exercée dans le cadre de la société absorbée [...] se poursui[vai]t dans le cadre de la société qui a bénéficié de cette opération* »[34]. En d'autres termes, la poursuite, dans le chef de la société absorbante, de l'activité économique de la société absorbée justifiait que lui soit imputée la responsabilité issue de la participation de la seconde à l'infraction.

Il n'en demeure pas moins que la combinaison de la continuité juridique et de la continuité économique s'avère, premièrement, superflue (1.). Deuxièmement, le principe de la continuité économique constitue un fondement alternatif à celui de la responsabilité personnelle, à plus forte raison en droit pénal (2.). Troisièmement, pour mobiliser le principe de la continuité économique encore faut-il que le sujet des règles appliquées soit l'entreprise, non la société (3.).

1. Une combinaison superflue

Il importe d'emblée de relever que la combinaison des principes de la continuité juridique et de la continuité économique n'est pas propre à l'arrêt du 25 novembre 2020. La chambre criminelle ne fait que reproduire un raisonnement maintes fois éprouvé en droit de la concurrence.

En droit des pratiques anticoncurrentielles, la pratique européenne se réfère, de manière confuse, à ces deux principes. L'affaire des banques autrichiennes en témoigne à elle seule. Alors que la Commission européenne et le Tribunal de l'Union avaient entendu insister sur la continuité juridique[35], la Cour de justice s'était, sur pourvoi, singulièrement concentrée sur la continuité économique de la société absorbée[36]. La personne physique ou morale ayant commis l'infraction en tant qu'auteur direct importe peu, au contraire de l'entreprise par le biais de

---

34 Cass. crim., 25 novembre 2020, n° 18-86.955, pt 23.

35 V. Comm. CE, déc. 2004/138/CE, du 11 juin 2002, relative à une procédure d'application de l'article 81 du traité CE, *Banques autrichiennes – « club Lombard »*, aff. COMP/36.571/D-1, *JOCE* n° L 56 du 24 février 2004, p. 1, ainsi que TPICE, 14 décembre 2006, *Raiffeisen Zentralbank Österreich e.a. c/ Commission*, aff. jtes T-259/02 à T-264/02 et T-271/02, EU:T:2006:396. V., plus récemment, Comm. eur., déc. C(2012) 1959 final, du 28 mars 2012, relative à une procédure d'application de l'article 101 [TFUE] et de l'article 53 de l'accord EEE, *Transit*, aff. COMP/39462, cons. 790.

36 V. CJUE, 24 septembre 2009, *Erste Group Bank c/ Commission*, aff. jtes C-125/07 P, C-133/07 P, C-135/07 P et C-137/07 P, préc.

laquelle la personne physique ou morale a participé à l'infraction. Autrement dit, la Cour de justice s'intéresse davantage à la question de savoir si l'entreprise ayant été en lien avec l'infraction persiste, indépendamment du changement de direction juridique. Il serait à cet égard vain d'opposer le Tribunal de l'Union et la Cour de justice. L'un comme l'autre usent invariablement de la continuité juridique et de la continuité économique[37].

L'on ne saurait, heureusement, en dire autant de la pratique nationale, soucieuse, à raison, de dissocier clairement la continuité juridique et la continuité économique. Dès le rapport d'activité pour l'année 2001 du Conseil de la concurrence, l'accent a été mis, à juste titre, sur la continuité juridique jusqu'à ce que cette approche soit entérinée par la décision *Distribution des lunettes d'optique* : « *[L]a continuité économique et fonctionnelle d'une entreprise au travers des seuls éléments matériels et humains ayant concouru à l'infraction ne doit être recherchée que dans le cas où la personne morale, support juridique de l'entreprise ayant commis l'infraction, a disparu sans qu'une autre personne morale n'ait recueilli ses droits et obligations*[38] *[…]* »

Dès lors, dans une hypothèse de fusion-absorption emportant la transmission universelle du patrimoine de la société absorbée, nul besoin de mobiliser le principe de la continuité économique. C'est là le raisonnement en deux temps promu par l'Autorité de la concurrence et partagé par la chambre commerciale de la Cour de cassation : lorsque « *la personne morale responsable de l'exploitation de l'entreprise a juridiquement disparu, [il doit être] vérifi[é] que les pratiques peuvent être imputées à la personne morale à laquelle l'entreprise a juridiquement été transmise, et si aucune autre personne n'a reçu transmission de ses droits et obligations, à l'entreprise qui assure, en fait, sa continuité économique et fonctionnelle* »[39].

Cette clarté s'estompe toutefois en matière de pratiques restrictives de concurrence. Tout en soulignant que les dispositions de l'ancien article L. 442-6 du code de commerce « *s'appliquent à toute entreprise, indépendamment du statut juridique de celle-ci, et sans considération de la personne qui l'exploite* », la chambre commerciale de la Cour de cassation affirme que la responsabilité incombe à la société à laquelle l'« *entreprise a été juridiquement transmise* »[40].

---

37 Pour ce qui est du principe de la continuité juridique, v., en particulier, Trib. UE, 25 octobre 2011, *Uralita c/ Commission*, aff. T-349/08, préc., et, à l'échelle nationale, Cass. com., 21 janvier 2014, n° 12-29.166. Pour ce qui est du principe de la continuité économique, v., en particulier, CJUE, 24 septembre 2009, *Erste Group Bank c/ Commission*, aff. jtes C-125/07 P, C-133/07 P, C-135/07 P et C-137/07 P, préc.

38 V. rapport d'activité du Conseil de la concurrence pour l'année 2001 et Cons. conc., déc. n° 02-D-36 du 14 juin 2002 relative à des pratiques relevées dans le secteur de la distribution des lunettes d'optique sur le marché de l'agglomération lyonnaise.

39 V. Cons. conc., déc. n° 06-D-03 bis du 9 mars 2006 relative à des pratiques mises en œuvre dans le secteur des appareils de chauffage, sanitaires, plomberie, climatisation, cons. 1381. V. également, Cass. com., 23 juin 2004, n°s 01-17.896 et 02-10.066. Cette jurisprudence est constante ; v. Cass. com., 28 janvier 2003, n° 01-00.528 et Cass. com., 28 février 2006, n° 05-12.138.

40 V. Cass. com., 21 janvier 2014, n° 12-29.166. Sur cet arrêt, v. not. N. Mathey, « Principe de personnalité des peines et transmission de l'imputabilité en matière de pratiques restrictives », *Contrats, conc., consom.*, avril 2014, n° 4, comm. 91. V. égal. J.-D. Bretzner, « Les tribulations du principe de la personnalité des peines en cas de fusion-absorption », *RLDA* 2014/94, n° 5157, p. 40.

Ainsi, la Cour de cassation cultive une ambiguïté en se fondant, d'une part, sur l'entreprise et, d'autre part, sur sa transmission juridique. La décision du Conseil constitutionnel dans la même affaire, sur la conformité au principe de responsabilité personnelle de l'infliction d'une amende « civile » à la société absorbante pour le comportement de la société absorbée, n'y fait pas exception. Deux points sont en effet associés par les Sages de la rue de Montpensier : la poursuite de l'activité économique au sein de la société absorbante et la transmission universelle du patrimoine de la société absorbée[41].

2. Un fondement alternatif

Le constat de la poursuite de l'activité économique ne saurait toutefois être confondu avec celui de la transmission des droits et des obligations de la société absorbée. Cette dissociation est cruciale, bien que souvent occultée. Si le principe de la continuité juridique se concilie aisément avec celui de la responsabilité personnelle, nous ne saurions être aussi affirmatif pour ce qui est du principe de la continuité économique. Ce dernier constitue un fondement alternatif et concurrent à la responsabilité personnelle.

Le principe de la responsabilité personnelle ne se conçoit en effet qu'en présence d'un rattachement à la personne de l'auteur de l'infraction. Dans l'hypothèse de la continuité juridique, ce rattachement s'opère *via* le patrimoine de la société absorbée. En revanche, la continuité économique requiert la seule exploitation de l'activité cédée, non le constat de la transmission des droits et des obligations.

En droit des pratiques anticoncurrentielles, certains arrêts du Tribunal de l'Union ne manquent pourtant pas de le souligner et de juger que le principe de la continuité économique fait exception au principe de responsabilité personnelle : la recherche des éléments matériels et humains en lien avec l'infraction « *n'est requis[e] que dans le cas où est appliqué le critère de la continuité économique entre deux personnes et non [...] celui de la responsabilité personnelle, auquel se rattache étroitement le principe de la continuité juridique* »[42]. En ce sens, il constitue un fondement alternatif à celui de la responsabilité personnelle et d'une efficacité certaine, en ce qu'il permet d'élargir le champ des restructurations couvertes.

Les hypothèses sont nombreuses et source d'un abondant contentieux. Elles concernent majoritairement le transfert d'actifs entre sociétés d'un même groupe,

---

41 V. Cons. const., déc. n° 2016-542 QPC du 18 mai 2016, pts 5 à 10.

42 V. Trib. UE, 25 octobre 2011, *Uralita c/ Commission*, aff. T-349/08, préc., pt 68. V. égal., pour une affirmation, non dénuée d'ambiguïté, selon laquelle le principe de la continuité économique « ne se substitue pas » mais « complète » le principe de la responsabilité personnelle : Trib. UE, 6 décembre 2018, *Coveris c/ Commission*, aff. T-531/15, EU:T:2018:885, pt 50 ; v. aussi E. Thomas, « Continuité économique : Le Tribunal de l'Union européenne rejette le recours formé contre la décision de la Commission européenne sanctionnant une entente dans le secteur du conditionnement alimentaire destiné à la vente au détail en confirmant l'application restrictive du critère de la continuité économique (*Coveris Rigid France*) », 6 décembre 2018, *Concurrences* n° 1-2019, art. n° 88901, pp. 76-78.

sans que la société cédante disparaisse tant juridiquement qu'économiquement[43]. Sont également visés, de manière plus résiduelle et discutable, les transferts d'actifs entre sociétés appartenant à deux groupes distincts conduisant la société cessionnaire à disparaître, non juridiquement, mais économiquement[44]. Pour éviter que l'amende n'impacte « *une coquille vide* », selon l'avocat général Kokott, le Tribunal de l'Union et la Cour de justice autorisent la Commission à engager opportunément la responsabilité du successeur économique[45].

Une même approche semble difficilement transposable en droit pénal. Car, si le droit de la concurrence parvient, en apparence, à concilier le principe de la responsabilité personnelle et celui de la continuité économique en faisant habilement référence à l'entreprise, sujet *du* droit de la concurrence[46], non à la société qui l'exploite, le droit pénal régit toutefois encore, pour sa part, les seuls comportements de personnes physiques ou morales[47]. Sans référence à l'entreprise, en tant qu'auteur de l'infraction, toute conciliation du principe de la continuité économique avec celui de la responsabilité personnelle s'avère, en droit pénal, pour le moins complexe[48].

3. Le temps de l'entreprise

Pour autant, la mobilisation du principe de la continuité économique interpelle. En étendant la responsabilité pénale des sociétés absorbantes en insistant sur la continuité « *économique et fonctionnelle* » de la société absorbée, la chambre criminelle de la Cour de cassation pourrait avoir, indirectement, transplanté, en droit pénal, une logique propre à l'entreprise.

Le principe de la continuité économique est en effet indissociable de l'entreprise. L'arrêt prononcé le 24 octobre 2019 par la Cour européenne des droits de l'homme, dans l'affaire *Carrefour France* et sur lequel s'appuie la chambre criminelle de la Cour de cassation, l'illustre pour autant que de besoin[49]. Cette affaire portait sur

43 V., en particulier, CJCE, 7 janvier 2004, *Aalborg Portland e.a. c/ Commission*, aff. jtes C-204/00 P, C-205/00 P, C-211/00 P, C-213/00 P, C-217/00 P et C-219/00 P, EU:C:2004:6.

44 V., pour la responsabilité de principe de la société cédant les actifs en lien avec l'infraction, TPICE, 17 décembre 1991, *Enichem Anic c/ Commission*, aff. T-6/89, EU:T:1991:74 ; CJCE, 8 juillet 1999, *Commission c/ Anic Partecipazioni*, aff. C-49/92 P, EU:C:1999:356, et Trib. UE, 6 décembre 2018, *Coveris c/ Commission*, aff. T-531/15, préc., pts 42 à 29. V. égal. conclusions du juge Vesterdorf, faisant office d'avocat général, 11 juillet 1991, *Rhône-Poulenc c/ Commission*, aff. T-1/89, EU:T:1991:38, *Rec.* 1991, p. II-916. V., *contra*, pour la responsabilité de la société cessionnaire dans l'hypothèse où la société cédante se maintient juridiquement, non économiquement, CJUE, 11 décembre 2007, *ETI e.a.*, aff. C-280/06, EU:C:2007:775, pt 40, et Trib. UE, 6 décembre 2018, *Coveris c/ Commission*, aff. T-531/15, préc., pt 40. V., enfin, l'hypothèse résiduelle d'un transfert d'actifs frauduleux entre deux sociétés indépendantes, Trib. UE, 6 décembre 2018, *Coveris c/ Commission*, aff. T-531/15, préc., pts 50 à 52.

45 V. conclusions AG Kokott, 3 juillet 2007, *ETI e.a.*, aff. C-280/06, EU:C:2007:404, pt 79.

46 Sujet *du* droit de la concurrence, l'entreprise n'en est pas pour autant un sujet *de* droit.

47 V. avis de R. Salomon, préc., p. 9. V. égal., pour l'application du principe de la responsabilité personnelle à l'entreprise, au sens du droit de la concurrence, Trib. UE, 27 septembre 2012, *Koninklijke Volker Wessels Stevin c/ Commission*, aff. T-356/06, EU:T:2012:487, pt 39.

48 V., pour une affirmation récente selon laquelle l'entreprise est, en droit des pratiques anticoncurrentielles, l'auteur de l'infraction, CJUE, 25 novembre 2020, *Commission c/ GEA*, aff. C-823/18 P, EU:C:2020:955, pt 62.

49 V. Cour EDH, 5e sect., 24 octobre 2019, *Carrefour France c/ France*, n° 37858/14.

la conformité au principe de la responsabilité personnelle de l'infliction, sur le fondement de l'ancien article L. 446-2 du code de commerce, d'une amende « civile » à une société absorbante pour une pratique restrictive de concurrence dont s'était rendue coupable, avant l'opération de fusion-absorption, la société absorbée.

Pour rejeter toute violation des principes de la responsabilité personnelle et de la personnalité des peines, la Cour européenne des droits de l'homme insiste, notamment, sur la jurisprudence de la Cour de justice en droit des pratiques anticoncurrentielles relative à la « *continuité économique de l'entreprise* »[50].

Dans ce contexte, elle vérifie la possibilité de mobiliser, en droit des pratiques restrictives de concurrence, la notion d'entreprise[51]. Or, reprenant à son compte les motifs de l'arrêt du 21 janvier 2014 de la chambre commerciale de la Cour de cassation dans l'affaire du même nom, la Cour européenne des droits de l'homme relève que, « *en visant tout producteur, commerçant, industriel ou personne immatriculée au répertoire des métiers qui se rend responsable de pratiques restrictives de concurrence, [l'ancien article L. 446-2 du code de commerce] s'applique à toute "entreprise", indépendamment du statut juridique de celle-ci* »[52]. Dès lors, « *en cas de transmission d'une entreprise par une personne morale à une autre personne morale* », il ne pouvait être fait obstacle au prononcé de l'amende « civile » prévue par l'ancien article L. 442-6 du code de commerce « *à l'encontre de la seconde personne morale à raison de pratiques restrictives de concurrence commises par l'entreprise alors qu'elle appartenait à la première* »[53]. La mobilisation du principe de la continuité économique dépend ainsi d'un rattachement de l'infraction à l'entreprise, non à la société qui l'exploite.

Or, dans l'arrêt du 25 novembre 2020, la chambre criminelle adopte une approche singulière. Alors que son avocat général avait souligné que, en droit pénal, seule la notion de personne, physique ou morale, non celle d'entreprise, demeure, la Cour de cassation opte tout de même, certes aux côtés de la continuité juridique, pour la continuité économique de la société absorbée[54]. La référence à cette continuité participe d'une confusion des champs d'application « personnels » du droit de la concurrence et du droit pénal. La seule mobilisation du principe de la continuité juridique aurait assurément été plus heureuse.

Même en cherchant, selon les termes de la chambre criminelle de la Cour de cassation, à dépasser l'« *approche anthropomorphique* » de la personne morale,

50 *Ibid.*, pt 25. La Cour EDH renvoie aux affaires *Erste Group Bank* et *Skanska*, préc.

51 *Ibid.*, pts 47 à 49.

52 *Ibid.*, pts 45.

53 *Ibid.*

54 Si le droit pénal n'appréhende pas l'entreprise en tant que *sujet*, il tire toutefois occasionnellement les conséquences de l'appartenance de plusieurs sociétés à un même groupe ou à une même entité. Il peut notamment être évoqué la prise en compte de l'intérêt du groupe pour faire échec à un abus de biens sociaux (Cass. crim., 4 février 1985, n° 84-91.581) ou à la découverte de la notion d'unité économique et sociale par la chambre criminelle pour faire échec, en droit du travail, au morcèlement d'une entreprise aux fins d'éluder les règles relatives à la mise en place des institutions représentatives du personnel (Cass. crim., 23 avril 1970, n° 68-91.333).

la référence à la continuité « *économique et fonctionnelle* » de la société absorbée peine à convaincre[55]. Le principe de la continuité économique ne saurait avoir voix au chapitre en droit pénal, sauf à y introduire, implicitement et au mépris du principe de légalité, la notion fonctionnelle d'entreprise, chère au droit de la concurrence[56].

À supposer qu'il en soit ainsi, la question de la responsabilité pénale d'une société mère pour le comportement infractionnel d'une filiale se posera avec une grande acuité[57]. Discutant la seule question des restructurations sociétaires, les motifs de l'arrêt du 25 novembre 2020 invitent en effet à élargir la réflexion sur une telle hypothèse. Or, à l'heure où, dans l'affaire *Sumal*, se dessine, en droit de la concurrence, une responsabilité commune de l'ensemble des sociétés d'un groupe pour le comportement d'une seule d'entre elles, un détour par ce droit pourrait à nouveau s'avérer instructif[58].

Il faut en convenir, le droit de la concurrence exploite à merveille la souplesse de la notion d'entreprise, aux fins, en particulier, d'un régime inédit de responsabilité des sociétés mères pour le comportement infractionnel de leurs filiales. En se prononçant en faveur d'une approche plus économique de la responsabilité, la chambre criminelle de la Cour de cassation pourrait avoir levé certains obstacles théoriques à la reconnaissance, en droit pénal, d'un tel régime de responsabilité et posé une première pierre à cet édifice.

---

55 Cass. crim., 25 novembre 2020, n° 18-86.955, pt 21.

56 V. M. Brenaut et A. Touzain, *Gaz. Pal.* 2021, n° 04, p. 21.

57 V., pour ce qui est de la « *nécessité de dépasser [en droit pénal] le critère formaliste de la personnalité morale […], pour prendre en compte la réalité de l'"entreprise"* », G. Giudicelli-Delage, préc., p. 258. Cette question se pose avec d'autant plus d'acuité à la lumière de l'arrêt de la chambre criminelle de la Cour de cassation du 16 juin 2021, confirmant l'absence de violation de l'article 121-2 du code pénal en présence de l'engagement de la responsabilité pénale d'une société holding du fait de salariés de ses filiales. Du fait de l'organisation particulière du groupe de sociétés concerné, la Cour de cassation estime que ces derniers représentaient, en fait, la société holding, « *peu important l'absence de lien juridique et de délégation de pouvoirs à leur profit* » : v. Cass. crim., 16 juin 2021, n° 20-83.098, pts 13 et 14.

58 V., pour une synthèse utile de la jurisprudence à cet égard, conclusions AG Pitruzzella, 15 avril 2021, *Sumal*, aff. C-882/19, EU:C:2021:293, pts 23 à 47. V. égal., pour ce qui est de la reconnaissance d'une responsabilité d'une filiale pour le comportement infractionnel de sa société mère, conclusions AG Pitruzzella, préc., pts 48 à 59, et CJUE, 6 octobre 2021, *Sumal*, C-882/19, EU:C:2021:800, pts 50, 52 et 67.

Repenser la concurrence dans un monde post-COVID : Des nouveaux enjeux des rapports entre concurrence et marché intérieur dans le secteur des médicaments

Frédérique Berrod*
Sciences Po Strasbourg et Université de Strasbourg

Résumé

Cette analyse a pour objet de reposer la question des avantages de la concurrence pour le marché intérieur des médicaments après l'expérience de la pandémie pour savoir comment le médicament est aujourd'hui appréhendé dans un marché intérieur, plus particulièrement dans la stratégie pharmaceutique de l'UE de novembre 2020. Les institutions européennes ont fait le choix de garantir a « European pharmaceutical system patient-centred, future-proof and crisis-resistant ». En mettant le patient au cœur du marché intérieur du médicament, la stratégie pharmaceutique transforme le droit d'accès aux marchés traditionnellement promu par le recours à la concurrence en droit d'accès aux médicaments pour les patients. Mais elle suppose aussi de concevoir une concurrence planifiée, pour assurer la résilience du marché intérieur du médicament.

---

* Professeure à Sciences Po Strasbourg, Chaire Jean Monnet, vice-présidente de l'université de Strasbourg et membre du Centre d'excellence Jean Monnet franco-allemand et du Centre d'études internationales et européennes (CEIE), EA 7307, FRU 6703.

Il est de certains sujets comme des vins qui attendent patiemment avant d'être bus, au calme dans le fond d'une vieille cave voûtée ; ils recèlent des secrets, des arômes inattendus, des évolutions plus ou moins heureuses… Les rapports entre médicaments et marché intérieur sont de ceux-ci. Tout paraît écrit et il suffit d'un virus pour relancer l'histoire de leurs singulières interactions.

Le médicament est en effet une marchandise, mais une marchandise dangereuse et donc soumise à des conditions strictes de fabrication et de mise sur le marché, ainsi qu'à des prescriptions pour que sa dispensation soit assurée en toute sécurité pour le patient. La sécurisation de la chaîne de production et de vente est telle que le médicament est une marchandise hors du commun juridique. À tel point que certains avocats généraux ont pu même douter du fait même que cette marchandise appartienne à un véritable marché économique[1]. La Cour de justice de l'Union européenne (CJUE) est dans un premier temps restée sourde à ces doutes, pour faire fonctionner le médicament dans le marché intérieur, sans en faire un marché spécifique ou même une marchandise hors marché[2]. On peut observer depuis quelques années une tendance du Tribunal de l'Union européenne à valoriser néanmoins les spécificités du marché des médicaments, qu'elles portent sur les niveaux de remboursement ou sur la dimension de soin attachée aux médicaments pour définir le marché pertinent ou la nature de la restriction de concurrence[3].

La pandémie que le monde affronte depuis 2020 révèle crûment certains liens difficiles entre le marché intérieur et la concurrence, soulignant le fonctionnement partiel, voire déficient, du marché intérieur du médicament. En postulant l'appartenance du médicament au marché intérieur, les institutions européennes misent sur la libre circulation pour approvisionner les marchés nationaux. La crise sanitaire – particulièrement la première vague des contaminations – a illustré combien la libre circulation est essentielle à l'approvisionnement de tous les États membres. La décision d'acheter en commun des vaccins montre aussi à quel point un approvisionnement de tous dépend d'une logique d'union en Europe. Et pourtant. Les discussions actuelles sur l'Union européenne de la santé soulignent combien la libre circulation n'est pas évidente pour les États membres[4]. Elles sont aussi le symptôme d'une maladie plus préoccupante, d'un marché trop largement déconnecté des besoins du

---

1 On pense aux emblématiques conclusions de l'avocat général Jacobs, 28 octobre 2004, *Syfait*, aff. C-53/03, EU:C:2004:673.

2 Dans l'esprit de la théorie des communs. V. p. ex. B. Boidin, « La santé : approche par les biens publics mondiaux ou par les droits humains ? », *Mondes en développement*, vol. 131, n° 3, 2005, pp. 29-44.

3 P. ex. Trib. UE, 1er juillet 2010, *AstraZeneca*, aff. T-321/05, EU:T:2010:266, confirmé sur pourvoi dans l'aff. C-457/10 P, EU:C:2012:770 ; et Trib. UE, 12 décembre 2018, *Servier*, aff. T-691/14, EU:T:2018:922 (actuellement sous pourvoi) ; v. aussi N. Zacharie, A. Wachsmann, « Marché pertinent : Le Tribunal de l'Union européenne sanctionne la Commission européenne pour avoir commis une série d'erreurs dans l'analyse de la définition d'un marché pertinent dans le secteur pharmaceutique (*Servier*) », 12 décembre 2018, *Concurrences* n° 1-2019, art. n° 89016, pp. 84-87.

4 V. p. ex. l'appréciation critique de I. Marchais, « Une nouvelle agence européenne de santé pour quoi faire ? », *Notre Europe*, Décryptage, novembre 2020.

patient[5]. La crise impacte au fond l'idée que l'on se fait de la concurrence, si l'on considère par exemple l'alliance stratégique entre les start-up et les industries du médicament pour développer des vaccins à ARN messager en un temps record. Le marché serait-il dépassé pour garantir un haut niveau de protection de la santé publique, que le coronavirus a mis au sommet de la hiérarchie des intérêts généraux ?

La stratégie pharmaceutique proposée par la Commission européenne le 25 novembre 2020 refuse d'aller aussi loin, en rappelant que le marché, régi par la concurrence, reste une surface essentielle au développement de l'innovation pharmaceutique[6]. La libre circulation favorise aussi selon elle un approvisionnement régulier et diversifié de médicaments. Ce que la crise pandémique rend visible consiste en la prise de conscience par toutes et tous des fragilités de ces interconnexions des marchés. Cela révèle que la concurrence ne protège que partiellement le consommateur-patient. Comme on le connaît d'ailleurs dans le secteur de l'énergie, il ne suffit pas d'ouvrir les marchés pour garantir un approvisionnement sûr et de qualité. Il importe tout autant de mettre le patient en capacité d'influencer l'offre, pour que celle-ci soit dessinée à partir de ses besoins et non de ceux d'ingénieurs ou d'actionnaires.

Cette brève analyse ambitionne de relire le bréviaire des avantages de la concurrence à la lueur de la pandémie pour savoir comment le médicament éprouve aujourd'hui les règles de concurrence dans un marché intérieur que les institutions européennes veulent voir évoluer pour garantir a « *European pharmaceutical system patient-centred, future-proof and crisis-resistant* »[7]. En mettant le patient au cœur du marché intérieur du médicament, la stratégie pharmaceutique transforme le droit d'accès aux marchés traditionnellement promu par le recours à la concurrence en droit d'accès aux médicaments pour les patients (I.). Cette stratégie suppose également de concevoir une concurrence planifiée, au cœur d'un marché intérieur résilient (II.).

I. Remettre le patient au cœur du marché intérieur du médicament en transformant le droit d'accès au marché

La crise de la COVID-19 a souligné combien le marché intérieur n'a pas réussi à garantir l'interconnexion des marchés de médicaments en Europe. La Commission européenne a dû user de toute sa persuasion pour permettre de

---

5 Sur ces mutations de l'innovation pharmaceutique centrée sur le patient, v. le rapport Deloitte « Pharma and the connected patient: How digital technology is enabling patient centricity », 2017, et la présentation en français disponible sur <https://www2.deloitte.com/ch/fr/pages/life-sciences-and-healthcare/articles/pharma-and-the-connected-patient.html>.

6 Communication de la Commission, « Stratégie pharmaceutique pour l'Europe », COM(2020) 761 final, 25 novembre 2020.

7 La feuille de route des réformes du code européen des médicaments est en cours d'écriture et les évolutions peuvent être suivies sur <https://ec.europa.eu/info/law/better-regulation/have-your-say/initiatives/12963-Revision-de-la-legislation-generale-de-l%E2%80%99Union-relative-aux-produits-pharmaceutiques_fr>.

rouvrir des marchés fermés par des blocs de béton et de faire circuler des médicaments et des produits de santé qui étaient vitaux pour les malades les plus vulnérables au virus[8]. Les règles de libre circulation ne sont pas parvenues à décloisonner les marchés de médicaments ; les règles de concurrence révèlent la même difficulté à donner toute sa mesure au droit d'accès aux différents marchés des États membres, même si leur place dans l'intégration reste déterminante (1.).

La concurrence subit une autre mutation, peut-être plus déterminante à long terme, en faisant de l'accès un authentique droit d'accès du patient consommateur. Cette nouvelle acception trouve sa source dans la Charte des droits fondamentaux de l'Union européenne à l'article 35, en tant que droit pour « *[t]oute personne [...] d'accéder à la prévention en matière de santé et de bénéficier de soins médicaux dans les conditions établies par les législations et pratiques nationales* ». La stratégie pharmaceutique donne à ce droit d'accès un contenu opérationnel pour assurer une concurrence efficace (2.).

1. Une concurrence difficile mais nécessaire pour garantir le droit d'accès aux marchés

Les rapports entre médicaments et concurrence sont, depuis le début de l'intégration, source de tensions tant du point de vue matériel qu'entre les institutions de l'Union européenne (UE) et les industries pharmaceutiques. L'UE prône un minimum de concurrence pour garantir un approvisionnement en médicaments sûrs et de qualité par l'interconnexion des marchés nationaux. Les industriels ressentent ces orientations, depuis le début du marché commun des médicaments, comme des menaces pour la manne financière que représente la vente de médicaments dans l'Union, alors même qu'ils sont responsables de la recherche médicamenteuse, ce qui suppose, selon eux, un maximum de retours sur investissement.

La première bataille juridique, et largement idéologique, fut livrée autour de la protection des importations parallèles dans le marché intérieur, sorte de « minimum juridique » en termes d'accès aux marchés nationaux refermés par des barrières constituées par les brevets. La Commission comme la Cour de justice ont promu la nécessité des importations parallèles comme « traduction » tangible du marché intérieur : tout médicament légalement mis sur le marché d'un État membre doit ainsi pouvoir circuler librement sans que le producteur ne puisse plus opposer son droit de brevet, quitte à perturber – pour le moins les stratégies des industries visant à limiter ces mouvements de médicaments, au nom de la protection du montant des bénéfices qu'elles se disaient prêtes à réinvestir en recherche[9]. Ni le droit des brevets ni les limites à la libre circulation des marchandises invoquées

8 V. F. Berrod, « L'Union européenne et la COVID-19 ou le réarmement des frontières », *Europe* 2020, étude 9, p. 4. Et F. Berrod et B. Wassenberg, « La coopération transfrontalière, maillon vital de la politique de santé de l'UE », *Revue des affaires européennes* 2021/2, pp. 323-334.

9 Les médicaments en importation parallèle doivent néanmoins faire l'objet d'une autorisation de mise sur le marché pour assurer la sécurité du marché, v. en dernier lieu CJUE, 8 octobre 2020, *kohlpharma*, aff. C-602/19, EU:C:2020:804.

au titre de la protection des patients n'ont eu raison des importations parallèles[10]. La Cour, relayée par la Commission européenne, a néanmoins puissamment contribué à équilibrer ces différents intérêts[11]. La jurisprudence est venue conforter les stratégies défensives des industries, consistant à éviter de constituer des stocks trop importants de médicaments susceptibles de nourrir les flux d'importations parallèles au moyen de prix différenciés[12], voire de refus de vente[13].

Les importations parallèles ont survécu, malgré le renchérissement des coûts induits par la sécurisation des différentes parties prenantes à ce processus, et elles permettent un minimum d'ouverture de marchés nationaux. Dans une certaine mesure, la protection de la chaîne de distribution contre les médicaments falsifiés a encore compliqué le développement de cette forme de concurrence minimale entre les industries pharmaceutiques, en contraignant les importateurs parallèles à sécuriser les produits avec une efficacité équivalente à celle des producteurs, ce qui peut réduire à presque rien l'avantage concurrentiel nécessaire à tout courant d'importation parallèle. Il demeure pourtant une opposition des industries à ce phénomène, qualifié volontiers par elles de fléau[14]. La question qui reste posée consiste à savoir dans quelle mesure les importations parallèles doivent être protégées comme résultante de la libre circulation, alors que les courants d'importations résultent bien plus probablement des politiques sociales des États au travers des mécanismes de détermination des prix des médicaments. L'enquête sectorielle de 2009 a constaté que cette possibilité était loin d'être suffisante pour décloisonner les marchés et elle a donc tenté d'introduire la concurrence par un moyen différent, en protégeant l'accès aux marchés des génériques, impliquant de lutter contre une panoplie de mesures entravantes des industries fabricantes du médicament princeps[15].

La CJUE se fait l'écho de ces batailles que se livrent les producteurs de médicaments princeps et les « génériqueurs ». Récemment, dans les affaires *Generics*

---

10 B. Espesson-Vergeat, « Importations parallèles de médicaments à usage humain et clauses de quotas », *Revue générale de droit médical*, n° 37, 2010, p. 321.

11 Communication de la Commission, « Importations parallèles de spécialités pharmaceutiques dont la mise sur le marché a déjà été autorisée », COM(2003) 839, du 30 décembre 2003, pour sa dernière version. La Commission y rappelle que « *[l]a Commission reconnaît la légalité du commerce parallèle en vertu de la libre circulation des marchandises, à condition qu'il ne menace ni la santé publique ni la propriété industrielle et commerciale* ».

12 CJCE, 6 octobre 2009, *GlaxoSmithKline Services e.a. c/ Commission e.a.*, aff. jtes C-501/06 P, C-513/06 P, C-515/06 P et C-519/06 P, EU:C:2009:610, spéc. pts 97 à 106 et 112 à 121 ; v. aussi K. Biancone, « Exemption : La CJCE estime que pour déterminer si une restriction par l'objet contribue au progrès technique ou économique au sens de l'article 101, § 3 TFUE, les « pertes d'efficacité » doivent être mises en balance avec les « gains d'efficacité » (*GlaxoSmithKline*) », 6 octobre 2009, *Concurrences* n° 1-2010, art. n° 30617.

13 CJCE, 16 septembre 2008, *Sot. Lélos kai Sia EE e.a. c/ GlaxoSmithKline*, aff. jtes C-468/06 à C-478/06, EU:C:2008:504 ; v. aussi A. Wachsmann, N. Zacharie, « Importations parallèles : La CJCE se prononce en matière d'importations parallèles dans le secteur pharmaceutique par un arrêt satisfaisant l'ensemble des acteurs (*GlaxoSmithKline*) », 16 septembre 2008, *Concurrences* n° 4-2008, art. n° 22219, pp. 84-87.

14 V. p. ex. <https://www.leem.org/exportations-et-importations>.

15 « Application du droit de la concurrence dans le secteur pharmaceutique (2009-2017), Collaboration entre les autorités européennes de la concurrence en vue de favoriser l'accès à des médicaments abordables et innovants », COM(2019) 17 final, 28 janvier 2019.

(UK) et *Lundbeck*, elle a jugé particulièrement nocifs (constituant donc une restriction par objet au sens de l'article 101 du traité sur le fonctionnement de l'Union européenne (TFUE)) les accords dits de « *pay for delay* », par lesquels un princeps en situation de concurrence potentielle avec un génériqueur transige un litige relatif au brevet de telle sorte que le génériqueur s'engage à ne pas entrer sur le marché du médicament couvert par un brevet de procédé, en contrepartie de transferts de valeurs présentant un caractère « incitatif »[16]. Ces obstacles demeurent pourtant fort nombreux sur le marché, prouvant tout bonnement que la concurrence n'est pas bienvenue entre les industries pharmaceutiques[17]. La concurrence sert bien à l'ouverture des marchés de médicaments en Europe. Il demeure que ces marchés restent mécaniquement cloisonnés du fait de la protection de la santé induisant la nécessité de disposer d'une autorisation de mise sur le marché (AMM)[18].

La stratégie pharmaceutique de la Commission européenne de novembre 2020 cherche tout autant à stimuler cette concurrence sur le marché européen du médicament, au-delà même des possibilités offertes par les articles 101 et 102 TFUE. L'exemplarité de la commande publique est par exemple sollicitée pour servir d'aiguillon à des changements des comportements d'achat. L'idée est de permettre un meilleur fonctionnement des marchés publics, pour accélérer l'acquisition des innovations en santé, mieux formaliser les besoins pour adapter les procédures et favoriser aussi un accès en tout point du territoire européen. Les acheteurs publics devraient donc concevoir des procédures de passation de marchés « intelligentes et innovantes ». L'idée est d'évaluer certaines procédures pour diversifier au mieux les achats et éviter de n'avoir qu'un médicament pour une indication thérapeutique sur le marché.

Cette utilisation stratégique des marchés publics montre que le marché doit être stimulé pour développer la gamme des médicaments offerts pour une même indication pharmaceutique, tout en garantissant les économies nécessaires au maintien des systèmes sociaux des États. La crise sanitaire a servi de révélateurs de l'importance de ces deux éléments[19]. La concurrence doit ensuite jouer dans le même sens et assurer la diversification de l'offre pour servir un haut niveau de santé publique et pas uniquement une pluralité d'offres pour faire pression

---

16 CJUE, 25 mars 2021, *Lundbeck*, aff. C-591/16 P, EU:C:2021:243 ; CJUE, 30 janvier 2020, *Generics (UK) e.a.*, aff. C-307/18, EU:C:2020:52. V. aussi M. Debroux, « Objet anticoncurrentiel : La Cour de justice de l'Union européenne précise, à la suite d'une question préjudicielle du Competition Appeal Tribunal, les conditions dans lesquelles un accord de report d'entrée ("*pay-for-delay*") constitue une restriction de concurrence par l'objet (*Generics – UK, GlaxoSmithKline, Xellia Pharmaceuticals*...) », 30 janvier 2020, *Concurrences* n° 2-2020, art. n° 94721, pp. 72-74.

17 C. Jourdain-Fortier et I. Moine-Dupuis, *Les pratiques de l'industrie pharmaceutique au regard du droit de la concurrence*, Paris, LexisNexis-Litec, 2010.

18 La procédure de reconnaissance mutuelle des AMM reste perçue négativement par de nombreux professionnels, v. p. ex. la position de la revue *Prescrire*, <https://www.google.com/url?sa=t&rct=j&q=&esrc=s&source=web&cd=&ved=2ahUKEwjz4eeZx_zzAhXcBWMBHR95DMQQFnoECCAQAQ&url=https%3A%2F%2Fwww.prescrire.org%2Fdocus%2FreconMutuelle.pdf&usg=AOvVaw2W7VdItdBCU2xRtviScumC>.

19 V. la critique du fonctionnement de ces mécanismes dans la crise de la COVID par E. Brosset, « La pandémie du Covid-19 : quelles "révélations" sur le droit de l'Union européenne de la santé », *RDSS* 2020, p. 1001.

sur le prix des médicaments, ce qui était au fond le sens de la protection des importations parallèles comme des génériques sur le marché.

La concurrence est, en ce sens, un moyen pour assurer un marché fonctionnant au profit de la protection de la santé. Au-delà de ces stimulants de la concurrence, la crise sanitaire a catalysé les critiques sur le degré d'interconnexion du marché européen des médicaments dans un autre sens que le traditionnel décloisonnement des marchés promu par le traité et les institutions de l'UE. Elle a démontré les risques de la dépendance d'une chaîne mondiale de production de médicaments pour la santé des patients. Les considérations économiques ont en effet poussé à délocaliser les productions de substances actives comme de médicaments hors d'Europe. Ces mouvements ont conduit à des risques de pénuries de médicaments, dénoncés par exemple dans la résolution du 14 juillet 2020 du Parlement européen : 40 % des médicaments commercialisés dans l'UE proviennent de pays tiers ; 60 à 80 % des ingrédients pharmaceutiques actifs sont fabriqués en Inde ou en Chine ; l'Inde et la Chine produisent 60 % du paracétamol, 90 % de la pénicilline et 50 % de l'ibuprofène dans le monde.

Durant la première phase de la contamination en Europe, la Commission européenne avait misé sur la souplesse réglementaire pour garantir la production de médicaments dits « essentiels »[20] et le Réseau européen de la concurrence avait même promu l'idée de garantir un prix compétitif à ces médicaments[21]. Les règles de concurrence doivent donc être appliquées pour favoriser la production européenne. Penser le médicament dans sa chaîne de valeur est novateur du point de vue des règles de concurrence, parce que cela implique de ne plus penser le médicament en tant que tel, mais dans son environnement, depuis la recherche jusqu'à sa distribution. La concurrence est alors un moyen parmi d'autres pour garantir cette contextualisation du médicament dans son environnement technique, logistique et social.

Le droit d'accès au marché peut alors être réfléchi en commun pour renforcer cette approche contextualisée du médicament. À cette condition, la concurrence reste un aiguillon qui pousse à l'innovation, sans pourtant être suffisante à elle seule ; la stratégie pharmaceutique a pour autre objectif de placer au centre du marché des médicaments les besoins du patient, ce qui contribue à relire différemment les fonctions de la concurrence.

---

20 Communication de la Commission, « Orientations pour un approvisionnement optimal et rationnel en médicaments afin d'éviter toute pénurie au cours de la pandémie de COVID-19 », COM(2020) 2272 final, 8 avril 2020 ; v. aussi E. Thomas, « Coopération : La Commission européenne et le Réseau européen de concurrence apportent leur réponse à la pandémie du Coronavirus en assouplissant, temporairement et sous certaines conditions, les règles en matière d'ententes aux fins de ne pas freiner les velléités de coopérations d'entreprises concurrentes pour remédier aux pénuries de médicaments et d'équipements médicaux », 8 avril 2020, *Concurrences* n° 3-2020, art. n° 95919, pp. 90-91.

21 Message du REC relayé le 23 mars 2020 sur le site de l'Autorité française de concurrence, <https://www.autoritedelaconcurrence.fr/fr/article/message-du-reseau-europeen-de-concurrence-lattention-des-entreprises-concernant-lepidemie>.

2. La transformation induite par la promotion du droit d'accès du patient aux médicaments

La stratégie pharmaceutique de novembre 2021 marque une évolution de la notion d'accès. Elle a été promue dans le marché intérieur et par les règles de concurrence comme accès aux différents marchés des États membres, que la Cour de justice mentionne comme un des trois principes généraux du marché intérieur[22]. La stratégie appuie un accès non plus seulement au marché mais un droit d'accès des patients aux médicaments. En remettant le patient au cœur du marché intérieur, cela autorise à lire différemment les règles de concurrence d'abord et à les stimuler par un écosystème normatif ensuite. Les États ont traditionnellement pour ce faire limité la concurrence sur le marché par une politique de prix du médicament résultant de politiques sociales (fixation du prix, remboursements, financement par l'impôt…). Le droit d'accès permet de relire les règles de concurrence pour qu'elles servent à réguler des prix excessifs pour les médicaments innovants (particulièrement pour les anticancéreux ou certains médicaments psychiatriques).

L'interdiction des ententes et des abus de position dominante est une réponse partielle au constat du prix très élevé de certains médicaments, auxquels certains systèmes sociaux renoncent, quitte à priver les patients de solutions thérapeutiques. Il est certain que la stratégie d'attaque *via* l'article 102 TFUE mise en place par la commissaire Vestager dès la Commission Juncker porte ses premiers fruits. Le 15 mai 2017, la Commission européenne avait par exemple ouvert une procédure au titre de l'article 102 TFUE contre l'entreprise Aspen, accusée d'avoir fait augmenter ses prix jusqu'à un niveau tellement élevé qu'ils ne sont au fond plus en lien avec le marché. Elle a rendu les engagements offerts par Aspen juridiquement contraignants en vertu des règles de l'Union en matière de pratiques anticoncurrentielles le 10 février 2021, fermant ainsi la procédure. Aspen doit ainsi réduire en moyenne de 73 % les prix qu'elle pratique en Europe pour six médicaments anticancéreux essentiels. On mesure à ce chiffre l'ampleur du surprix supporté par les systèmes de santé nationaux. En outre, l'entreprise doit garantir pendant une longue période la continuité de l'approvisionnement en ces médicaments dont le brevet est arrivé à expiration[23]. Ces engagements témoignent de la pertinence de l'idée de prix trop élevés, tout comme de la nécessité de contraindre par les règles de concurrence un accès à des médicaments en l'espèce essentiels.

Il reste que les prix des médicaments ne peuvent pas être totalement régulés par les règles de concurrence, parce que le niveau des prix résulte essentiellement des politiques sociales des États et d'une politique de fixation au niveau mondial des entreprises. Ces pratiques aboutissent directement ou indirectement à mettre

22 CJUE, 2 décembre 2010, *Ker-Optika*, aff. C-108/09, EU:C:2010:725.

23 F. Berrod, « Concurrence et santé : La difficile lutte contre le prix excessif du médicament par l'Union européenne », in « Santé et droit de la concurrence », *Concurrences* n° 3-2019, art. n° 91074, pp. 29-31.

en concurrence les systèmes de santé, voire les finances publiques pour déterminer où le produit sera mis en vente au prix le plus haut. Cette politique porte en elle le risque d'être préjudiciable aux systèmes de santé européens, lesquels reposent sur le principe de solidarité. En ce sens, l'application des règles de concurrence peut même apparaître contre-productive, voire contre nature[24]. Il faut également rappeler que l'article 168, paragraphe 7, TFUE réserve à l'État la compétence de réguler les prix des médicaments, ce qui rend plus difficile l'intervention de l'Union en la matière. La question de l'accès aux médicaments implique pourtant d'assurer des prix accessibles aux patients et aux systèmes de santé, si l'on veut garantir un haut niveau de protection de la santé publique.

La stratégie pharmaceutique propose de résoudre ce dilemme en inversant la perspective de ce contrôle partiel et indirect permis par les règles de concurrence. Elle s'appuie sur cette dimension sociale du marché des médicaments pour avancer vers des politiques de tarification différenciée en fonction du niveau de vie des patients. À ce titre, une réflexion est proposée pour avancer sur ce thème en fonction des besoins du patient et pas exclusivement de ceux de la recherche-développement portés par les industries pharmaceutiques. Cette politique de tarification différenciée est l'une des traductions de l'ambition affichée par la Commission européenne, pour un système de santé efficace, accessible et résilient. C'est aussi l'un des objectifs du programme de financement EU4Health, investissement de 5,3 milliards d'euros en prix courants dans des actions présentant une valeur ajoutée européenne. Une tarification différenciée comprend aussi un profond bouleversement de conception des prix, qui suppose de valoriser bien plus le service pharmaceutique rendu pour le patient que le coût des matières premières et de la recherche. Cette mutation conduit *in fine* à reconsidérer la délimitation des marchés pertinents comme la notion de concurrence entre médicaments. Cette réflexion rejoint les réflexions de la Commission européenne sur le marché numérique et la démarche du Tribunal dans l'affaire *Servier*, tout particulièrement dans la prise en compte des spécificités tarifaires du secteur des médicaments[25].

Pour comprendre les effets réels d'un médicament sur le patient, il convient selon la Commission de développer les données dites « en vie réelle ». Le développement de telles données peut faciliter l'objectivisation du rapport bénéfice-risque. L'Union européenne développe sur ce thème une initiative spécifique : un espace européen des données de santé pour assurer la collecte et l'exploitation de données interopérables[26]. Les données ainsi centralisées pourront renforcer des analyses transfrontalières des menaces graves pour la santé. Si l'Union européenne a dans un premier temps échoué à proposer une application de traçage numérique européenne, elle est parvenue à partir de juin 2021 à susciter suffisamment de

---

24 V. les débats dans l'affaire *AOK*, CJCE, 16 mars 2004, aff. jtes C-264/01, C-306/01, C-354/01 et C-355/01, EU:C:2004:150.

25 Aux pts 1304 à 1592 de l'arrêt du 12 décembre 2018, *Servier*, préc.

26 V., pour les enseignements de la crise, l'initiative de partage des données sur le coronavirus, https://www.covid19dataportal.org/

coopération entre les États pour mettre en place un certificat vert de libre circulation assurant le passage des frontières européennes. Cette libre circulation sécurisée (au sens du Règlement général sur la protection des données personnelles et de la cybersécurité) donne corps à la notion d'Union de la santé résiliente[27].

Un accès paneuropéen aux médicaments suppose enfin des instruments juridiques pour contrer les politiques des industries de choix du marché sur lequel elles décident de réaliser la leur première commercialisation, jouant ensuite des compartimentages nationaux de marché et de leur pouvoir de marché pour donner accès ou non à un médicament. Dans la stratégie pharmaceutique, la Commission développe l'idée d'une meilleure compréhension théorique de ces stratégies mais aussi du développement d'incitatifs économiques. L'un d'eux est la conception d'une conditionnalité des aides financières données à la recherche médicamenteuse à une distribution sur l'ensemble du marché intérieur.

II. Un droit de la concurrence revisité pour faire place à des formes de planification pour un marché intérieur résilient

La stratégie pharmaceutique est intéressante parce qu'elle renforce la planification, longtemps perçue comme antinomique avec la libre concurrence. La crise de la COVID a agi comme révélateur de la vulnérabilité des chaînes de valeur du médicament au niveau mondial et l'Union européenne se place avec l'Union de la santé dans une logique de renforcement de la résilience du système pharmaceutique (1.). Il importe aussi, selon la Commission européenne dans sa stratégie, de favoriser de nouvelles formes de coopérations entre les administrations et les industries du médicament pour accélérer la mise sur le marché de médicaments innovants et favoriser des formes de planification *a priori* peu en phase avec le principe de la concurrence libre et non faussée (2.).

1. La promotion d'une concurrence planifiée pour renforcer la résilience du système pharmaceutique

Le besoin de concurrence dans le secteur pharmaceutique a été basé sur un marché de blockbusters, pour des médicaments reposant sur la chimie et fabriqués en gros volumes. Or, ce marché est en pleine mutation. Il est marqué par des innovations de plus en plus coûteuses, du fait des technologies incorporées, mais aussi du fait d'une innovation thérapeutique de plus en plus personnalisée[28]. C'est donc le patient qui devient central pour « formater » l'innovation.

---

27 Comme le confirme aussi la déclaration franco-allemande de Berlin du 31 mai 2021, pt 4, adoptée en application du traité d'Aix-la-Chapelle.

28 M. Kyle et A. Perrot, « Innovation pharmaceutique : comment combler le retard français ? », *Notes du conseil d'analyse économique*, vol. 62, n° 8, 2020, pp. 1-12.

L'activation du consommateur se retrouve dans d'autres secteurs, comme celui de l'énergie depuis 2015, mais il prend une teinte particulière dans l'Union de la santé.

Le patient ne peut pas en effet être le seul arbitre d'un marché qui demeure fortement marqué par les choix de politique sociale nationale[29]. La réglementation pharmaceutique fixe d'ailleurs comme objectif l'augmentation des dépenses de santé. Mais ce marché doit permettre de lui assurer un accès à des médicaments diversifiés et de qualité. L'affaire *Hoffmann-La Roche* du 23 janvier 2018[30] illustre cette protection de l'accès au marché de tous les produits qui présentent un certain degré de substituabilité thérapeutique. La Cour souligne qu'une entente entre deux entreprises commercialisant deux médicaments concurrents, consistant à diffuser auprès des autorités et professionnels de santé et du grand public, dans un contexte d'incertitude scientifique, des informations trompeuses sur les effets indésirables de l'utilisation hors AMM de l'un de ces médicaments aux fins de réduire la pression concurrentielle qu'il exerce sur l'autre, constitue une restriction de la concurrence « par objet »[31] ne pouvant pas bénéficier d'une exemption individuelle. On peut relever aussi dans cette affaire qu'un médicament prescrit hors AMM n'est pas pour autant illégal sur le marché, mais entraîne une responsabilité spécifique des médecins qui le prescrivent. Tout est donc fait dans le marché intérieur pour assurer un accès aussi large que possible à des médicaments différents mais qui permettent d'augmenter les possibilités de traitement d'une maladie. La crise de la COVID-19 a renforcé cette approche en concevant la santé publique comme un bien plus précieux que les courants d'échanges. Cette approche substitue les ententes stratégiques entre les entreprises à une concurrence organisée pour servir le patient.

Les besoins les plus « criants » du patient doivent ainsi guider le développement du marché pharmaceutique dans l'Europe post-COVID. La Commission propose de travailler sur les inégalités d'accès, comme sur la diversification des produits de santé proposés aux patients par le développement des génériques et des biosimilaires. Dans le même esprit, les institutions négocient depuis plusieurs années sur l'évaluation des technologies de santé. Pour les adapter aux besoins du patient, l'évaluation devra être centrée sur la valeur ajoutée thérapeutique et des évaluations cliniques conjointes. L'accord politique sur le caractère obligatoire ou non de ces dernières est encore lointain[32], mais le centrage sur les besoins du patient est patent.

Dans le même sens, la Commission européenne propose de travailler sur les brevets de médicaments. S'ils restent un des meilleurs outils juridiques

---

29 Relire les emblématiques conclusions de l'avocat général Jacobs, préc.

30 CJUE, aff. C-179/16, EU:C:2018:25.

31 Pour reprendre les termes du communiqué de presse.

32 <https://www.europarl.europa.eu/legislative-train/theme-deeper-and-fairer-internal-market-with-a-strengthened-industrial-base-products/file-health-technology-assessment>.

actuellement disponibles pour récompenser l'innovation, la stratégie pharmaceutique envisage d'exiger une efficacité accrue des investissements privés au service des besoins en médicaments, par le développement de la conditionnalité de mesures de soutien, en faveur d'un meilleur accès aux médicaments. Cela peut mener à un rééquilibrage entre les profits générés par le brevet et un accès raisonné aux médicaments.

Le développement de l'utilisation des données en vie réelle est un autre exemple de cette volonté d'informer la concurrence par l'intégration de l'impératif d'efficacité des médicaments et plus seulement de leur sécurité, compte tenu des spécificités de chaque patient[33]. En exploitant des données robustes, les entreprises peuvent innover dans le sens de la médecine personnalisée et les autorités sanitaires peuvent valoriser, y compris dans les politiques de tarifications, le suivi effectif des traitements. La réglementation sur les essais cliniques devrait aussi être adaptée à cette nouvelle logique pour coordonner et virtualiser certains essais en bénéficiant aussi des essais en vie réelle. Ces données pourraient permettre au fond une objectivisation du rapport bénéfice-risque au profit d'une meilleure prise en charge pharmaceutique du patient. Les données en vie réelle peuvent aussi assurer une plus grande libre circulation des dossiers médicaux, afin de garantir aux patients un soin adapté à ses besoins physiologiques[34]. Au-delà d'une meilleure utilisation technique de ces données, leur traitement pourrait renforcer le service pharmaceutique fait au patient, en calquant l'innovation sur la réalité de ses besoins. L'espace européen des données de santé peut constituer un instrument complémentaire de cette approche en assurant l'interopérabilité des données, dont la crise sanitaire a souligné l'absence[35].

La même crise a mis en lumière, on l'a dit, la dépendance de l'Union dans la production de médicaments dans des États tiers. La stratégie pharmaceutique mentionne la nécessité de bâtir une base industrielle européenne pour être en mesure de gérer une crise pandémique. Le renforcement de la résilience suppose une planification accrue pour que le marché intérieur soit apte à répondre à des besoins pharmaceutiques. Cela peut se faire par des obligations de stockage stratégique et d'informations centralisées par la Commission européenne. L'agence Health Emergency Response Agency, en cours de constitution comme

33 V. F. Berrod, « Les données en vie réelle : ce que le droit de l'UE peut dire d'une meilleure appréhension de la balance bénéfice/risque des médicaments », in N. de Grove-Valdeyron (dir.), *Innovation et analyse des risques dans le domaine de la santé et des produits de santé dans l'Union européenne : regards croisés*, Toulouse, Presses de l'Université Toulouse 1 Capitole, 2020, p. 293.

34 V. le rapport « Member State data on cross-border healthcare following Directive 2011/24/EU », publié par la Commission européenne en 2019, disponible sur <https://www.google.com/url?sa=t&rct=j&q=&esrc=s&source=web&cd=&cad=rja&uact=8&ved=2ahUKEwjGmpO9jJTxAhXPxoUKHc2sAa0QFjAEegQIDhAE&url=https%3A%2F%2Fec.europa.eu%2Fhealth%2Fsites%2Fhealth%2Ffiles%2Fcross_border_care%2Fdocs%2F2019_msdata_en.pdf&usg=AOvVaw0ONTMOFc3jmW0tvMb5Sh_a>, et l'analyse approfondie de A. Dubuis, *Les droits du patient en droit de l'Union européenne*, Bruxelles, Bruylant, 2017.

35 V., pour les enseignements de la crise, l'initiative de partage des données sur le coronavirus, <https://ec.europa.eu/france/news/20200421/plateforme_partage_donnees_coronavirus_fr>.

autorité de préparation et de réaction en cas d'urgence sanitaire[36], doit permettre de modéliser le développement d'une épidémie pour que la Commission puisse au besoin gérer une crise d'approvisionnement en médicaments.

La relocalisation de la production de médicaments est alors associée à la diversification des chaînes de production et d'approvisionnement pour parer tout risque de rupture des approvisionnements. L'idée n'est alors pas de couper court à la mondialisation mais bien plutôt de la réguler par des contrats d'approvisionnement qui devront être des contrats à long terme et avec plusieurs partenaires situés dans diverses aires géographiques pour renforcer la résilience globale du système européen d'approvisionnement en cas de nouvelle crise pandémique.

Une capacité de résilience suppose aussi une politique industrielle plus protectrice, pour garantir une production localisée en Europe de médicaments essentiels. C'est en ce sens que se développe une souveraineté médicamenteuse de l'Union, sans que cette politique soit encore clairement définie[37]. La Commission européenne souhaite d'abord recenser les dépendances et cibler ensuite les relocalisations en créant un dialogue renforcé entre toutes les parties prenantes. Il est clair que tous les médicaments n'ont pas vocation à voir leur production relocalisée, la question de l'échelle de la relocalisation (européenne ou nationale) n'étant en outre pas encore tranchée[38]. Ce qui est acquis est que cette politique de retour de productions médicamenteuses en Europe implique une planification, absolument nécessaire à la notion de protection des patients contre toute rupture d'approvisionnement. La concurrence s'en trouve par hypothèse impactée puisque les relocalisations ont un coût qu'il faudra estimer et doivent se faire dans le respect des politiques nationales de santé, ce qui suppose que tous les États membres ne recourent pas aux mêmes médicaments, y compris essentiels, en cas de crise sanitaire.

La stratégie pharmaceutique renforce une dernière logique déterminant largement une forme de planification de l'innovation pharmaceutique. La production médicamenteuse doit en effet être plus respectueuse de l'environnement. La santé environnementale devient aussi un élément central des politiques de santé. L'OCDE alerte par exemple dès 2019 sur le risque des résidus médicamenteux dans l'eau[39], ce qui implique d'appliquer en la matière les préceptes de l'économie circulaire. En systématisant les principes de la communication de 2019 sur la

---

36 L'ambition est de concurrencer les capacités opérationnelles de la BARDA américaine (Biomedical Advanced Research and Development Authority). V. sur le site de l'ambassade de France aux États-Unis, <https://france-science.com/la-recherche-scientifique-aux-etats-unis-sous-le-prisme-du-covid-19>.

37 V. N. de Grove-Valdeyron, « Promesses et faiblesses de la recherche stratégique de souveraineté européenne dans le domaine pharmaceutique », *Revue de l'Union européenne*, mai 2021, n° 648, pp. 291-298.

38 V. F. Berrod et L.-H. Pagnat, « Crise sanitaire et relocalisation des médicaments : les nouveaux enjeux de souveraineté européenne », *Revue générale de droit médical*, « Panorama de droit pharmaceutique – 2020 », n° 29, 2021, pp. 7-21.

39 V. le rapport en anglais, « Pharmaceutical Residues in Freshwater: Hazards and Policy Responses », 13 novembre 2019, <https://www.oecd-ilibrary.org/sites/c936f42d-en/index.html?itemId=/content/publication/c936f42d-en>.

lutte contre la pollution des eaux, la stratégie pharmaceutique, comme le Green Deal européen, bascule dans une manière nouvelle de penser la production pharmaceutique. Elle rappelle que l'innovation doit être fondée sur des recherches scientifiques impliquant le patient et l'ensemble des parties prenantes que sont aussi les autorités nationales compétentes, les industries du secteur pharmaceutique, les professionnels de santé mais aussi les agriculteurs et les industries de l'eau. Le Plan zéro pollution dans l'air, l'eau et le sol[40] oriente d'ailleurs aussi beaucoup plus fortement l'industrie pharmaceutique pour produire des médicaments plus respectueux de l'environnement.

Cette logique de développement durable vient redessiner l'offre sur le marché, agissant comme un déterminant essentiel de la concurrence qui devra ensuite s'exercer sur le marché. Les règles de concurrence opèrent ensuite, pour garantir le fonctionnement d'un marché formaté par l'impératif de développement durable. On peut également penser que le médicament vert pourra induire des logiques adaptées de concurrence pour conserver un avantage concurrentiel sur le marché à l'image de l'écosystème normatif nécessaire au plein développement de la responsabilité sociétale des entreprises.

2. La garantie de coopérations nécessaires à l'innovation médicamenteuse

La crise sanitaire a révélé combien trouver un vaccin contre la COVID-19 a requis de coopération, tant entre les autorités et les industries qu'entre ces dernières et des start-up. La recherche a pu faire l'objet d'un financement au travers de mécanismes d'achat en commun par l'UE de toute une série de vaccins, dès avant leur conception. Cette action novatrice de l'Union peut être mise en résonnance avec le développement de plateformes régionales d'achat de médicaments pour assurer un poids plus important des États dans la fixation des prix de médicaments innovants et montre que la coopération entre les entreprises et les autorités publiques est stratégique pour équilibrer le fonctionnement du marché intérieur.

La Commission plaide aussi dans sa stratégie pharmaceutique pour une autre forme de coopération, entre les autorités nationales de tarification et de remboursement et les organismes payeurs de soins de santé. Un groupe chargé de piloter cette coopération sera mis en place. Le Parlement européen avait lui aussi adopté dès le 17 septembre 2020 une résolution sur le risque de pénurie des médicaments en Europe pour favoriser la production intérieure de médicaments essentiels et renforcer la coordination entre les États dans le sens d'une pharmacie européenne d'urgence. Est également visée dans la stratégie pharmaceutique l'initiative Big Buyers for Climate and Environment. La coopération en cause est celle des

40 Communication de la Commission, « Cap sur une planète en bonne santé pour tous – Plan d'action de l'UE : "Vers une pollution zéro dans l'air, l'eau et les sols", COM(2021) 400 final, 12 mai 2021.

grands acheteurs publics, pour développer des instruments de marchés publics durables dans des secteurs comme la santé digitale par un meilleur fonctionnement des marchés publics basé sur une meilleure formalisation des besoins en innovations technologiques et favoriser leur accès en tout point du territoire européen. La Commission pousse aussi à une meilleure utilisation des procédures d'appel d'offres « partenariat d'innovation » existant depuis 2016 et qui permettent de combiner procédure d'achat et recherche de solutions innovantes[41].

La concurrence est donc toujours l'aiguillon de l'innovation et de la satisfaction du marché mais elle ne peut naître que d'une coordination accrue de l'offre soit entre les États – hypothèse de la pharmacie européenne d'urgence –, soit entre les entreprises et les États – hypothèse de concurrence en partenariat –, soit plus classiquement entre les entreprises concurrentes. La technique des exemptions a permis de tout temps dans l'Union de favoriser cette dernière coopération, pour faciliter la recherche par exemple, mais la crise de la COVID-19 a conduit la Commission européenne à renforcer encore ces possibilités pour garantir la recherche d'urgence. Sans craindre d'ailleurs de revenir sur des dogmes, la Commission a assoupli les règles de concurrence pour favoriser des coopérations entre entreprises aux fins de « *faciliter la mise en œuvre adéquate et rapide des mesures de coopération requises pour surmonter la crise* », tout en maintenant la protection que la concurrence assure aux consommateurs en prohibant toute exploitation de la coopération pour profiter d'une hausse de prix ou en faisant obstacle à des initiatives d'accroissement de la production visant à remédier à des pénuries d'approvisionnement[42]. Le cadre était certes temporaire, mais cette initiative souligne que le médicament est un produit de santé publique, qui suppose un cadre spécifique de développement sur le plan normatif avant d'autoriser le fonctionnement d'une concurrence pleinement équilibrée par des exigences d'intérêt général.

La stratégie pharmaceutique a également pour objectif de réformer le code européen du médicament, premier projet de réforme globale de ce texte. Les propositions reposent sur le triptyque « évaluation des options réglementaires, efficacité et célérité des procédures, financement de l'innovation ». La stratégie propose par exemple de clarifier les dispositions relatives à la conduite d'essais sur des produits brevetés afin de soutenir les demandes d'autorisation de mise sur le marché de produits génériques et biosimilaires (disposition dite « Bolar »), ou d'évaluer et revoir les procédures d'AMM pour développer le concept clé de la stratégie pharmaceutique, à savoir les besoins médicaux non satisfaits. Enfin, lors de la conception d'un dialogue que la Commission engage comme un dialogue « structuré », l'idée est d'allier les recherches universitaires avec les PME et les

41 Voir la communication de la Commission, « Orientations sur la passation de marchés de solutions innovantes », *JOUE* n° C 267 du 6 juillet 2021, p. 1.

42 Communication de la Commission, « Cadre temporaire pour l'appréciation des pratiques anticoncurrentielles dans les coopérations mises en place entre des entreprises pour réagir aux situations d'urgence découlant de la pandémie actuelle de COVID-19 », *JOUE* n° C 116I du 8 avril 2020, p. 7.

grandes industries. Le marché est donc dessiné par un ensemble de réglementations qui ont pour objectif d'instiller un esprit de concurrence plus que la concurrence en tant que telle. La production et la distribution du médicament est revue et corrigée pour renforcer l'efficacité et stimuler l'innovation par la concurrence en partenariat, concept hybride qui pourrait, à terme, caractériser l'innovation pharmaceutique.

La stratégie pharmaceutique a enfin pour objectif de concevoir la réglementation pharmaceutique comme englobant tout le parcours d'accès au marché, depuis la conception d'essais cliniques jusqu'à la production de preuves et l'évaluation menant à l'AMM. Cette approche holistique devrait favoriser le développement de médicaments comme les médicaments orphelins par exemple et leur garantir l'accès à tout le marché européen. Elle est nécessaire au niveau européen pour éviter le développement de procédures nationales accélérant la mise sur le marché de manière unilatérale. La France considère par exemple que les médicaments orphelins sont présumés innovants et peuvent bénéficier d'une procédure d'AMM nationale accélérée, dite « *fast-tracking* »[43], ce qui risque de cloisonner à nouveau le marché.

La stratégie pharmaceutique est une occasion de donner un contenu à la notion de marché intérieur résilient. Si la concurrence reste au service de cet objectif, elle mute aussi sous cette influence pour devenir une concurrence hybridée par un rôle plus actif du patient sur ce marché de la santé, laquelle reste le plus précieux des biens des citoyens européens.

43 HAS, Fiche, « Procédures d'évaluation anticipée "Fast-tracking" par la Commission de la Transparence », 15 janvier 2021, disponible sur <https://www.google.com/url?sa=t&rct=j&q=&esrc=s&source=web&cd=&ved=2ahUKEwj334nJzpHxAhWMx4UKHVeuCB0QFjAEegQIFBAE&url=https%3A%2F%2Fwww.has-sante.fr%2Fupload%2Fdocs%2Fapplication%2Fpdf%2F2019-07%2Ffast_track_22072019.pdf&usg=AOvVaw22Uc45FzEfcaoqonispvzi>.

À propos de la portée d'un certificat

Gérard Jazottes*
Université Toulouse 1 Capitole

Résumé

Le certificat A 1, instrument de la coordination des systèmes de sécurité sociale dans l'Union européenne lors du détachement d'un salarié, offre un exemple significatif de la portée d'un certificat européen dans les ordres juridiques nationaux. Ce certificat, qui instaure une présomption de régularité de l'affiliation du travailleur détaché au régime de sécurité sociale de l'État membre d'origine, restreint le pouvoir du juge national de l'État membre d'accueil confronté à un fraude et limite l'autorité de la chose jugée au pénal.

---

* Professeur des universités, université Toulouse 1 Capitole.

Si le profane peut être étonné de la portée reconnue à certains certificats en droit de l'Union, le juriste n'est pas à l'abri du doute face à certaines situations. Le certificat E 101, devenu A 1, émis en application des règlements fixant les règles de coordination des systèmes européens de sécurité sociale[1], est un exemple significatif de la portée d'un certificat en droit de l'Union et des interrogations qu'elle peut susciter.

Au-delà de l'actualité jurisprudentielle, européenne et nationale, traiter de la question de la portée de ces certificats est apparu comme offrant la meilleure façon de rendre hommage à la dédicataire de ces *Mélanges*. En effet, si l'auteur de ces lignes fut profane en droit de l'Union, plus exactement en droit communautaire, lorsqu'il aborda la rédaction de sa thèse, il conserve un vif souvenir de l'aide patiente mais exigeante qui lui fut apportée pour mieux comprendre la cohérence de l'ordre juridique européen. Il est des leçons qui, sans en avoir la forme, ne s'oublient pas.

Ces certificats E 101 ou A 1 sont un instrument de la coordination des systèmes de sécurité sociale dans l'hypothèse de salariés détachés. Délivrés par l'institution compétente de l'État membre où est établie l'entreprise qui emploie le salarié, ils créent une présomption de régularité de l'affiliation du travailleur concerné au régime de sécurité sociale de ce même État et s'imposent à l'institution compétente de l'État membre dans lequel ce travailleur effectue un travail[2]. Dans ce mécanisme sommairement présenté apparaissent des libertés ou principes fondamentaux du droit de l'Union : la libre circulation des travailleurs, la libre prestation des services, le principe de reconnaissance mutuelle, de coopération loyale… Mais ces libertés et principes peuvent être confrontés à la fraude en matière de détachement, fraude contre laquelle il convient de lutter afin d'assurer la protection des travailleurs, de maintenir une concurrence loyale entre entreprises, mais aussi de donner à chaque citoyen européen confiance dans la construction européenne.

L'affaire *Vueling Airlines* illustre cette nécessité et les difficultés pour y faire face. Cette compagnie exploitait un fonds de commerce de transport aérien au terminal 1 de l'aéroport Roissy–Charles-de-Gaulle dans des locaux permettant l'exercice de cette activité (exploitation et direction commerciales, salles de repos et de préparation des vols des personnels navigants, bureau de supervision du comptoir billetterie et enregistrement) et employait du personnel navigant et du personnel au sol. Les contrats de travail des premiers étaient soumis au droit espagnol, ceux des seconds au droit français. Le contrôle a permis de constater que seul le personnel au sol était déclaré auprès des organismes français de sécurité sociale, alors que le personnel navigant était titulaire de certificats E 101. Mais un contrôle de l'inspection du travail allait révéler des faits permettant de contester la réalité du détachement.

---

1 Le règlement (CEE) n° 1408/71 et son règlement d'application (CEE) n° 574/72 ont été abrogés et remplacés par le règlement (CE) n° 883/2004 du 29 avril 2004 portant sur la coordination des systèmes de sécurité sociale (JOUE n° L 166 du 30 avril 2004, p. 1) et son règlement d'application (CE) n° 987/2009 du 16 septembre 2009 (JOUE n° L 284 du 30 octobre 2009, p. 1) entrés en vigueur le 1er mai 2010.

2 CJCE, 30 mars 2000, *Banks e.a.*, aff. C-178/97, EU:C:2000:169, pt 40.

À la suite de ce constat, un contentieux pénal pour travail dissimulé a été engagé et a abouti à la condamnation de la compagnie Vueling en appel, condamnation confirmée par la chambre criminelle de la Cour de cassation le 11 mars 2014[3], sans qu'une question préjudicielle en interprétation ait été posée à la Cour de justice de l'Union européenne (ci-après CJUE). Deux actions au civil furent également intentées. La première fut engagée par la Caisse de retraite du personnel navigant professionnel de l'aéronautique civile (ci-après CRPNPAC) pour que soit réparé le préjudice subi du fait du défaut d'affiliation au régime de retraite complémentaire qu'elle gère ; la seconde par un salarié de la compagnie, copilote, devant le conseil des prud'hommes, pour demander la requalification de sa démission en prise d'acte de la rupture produisant les effets d'un licenciement sans cause réelle et sérieuse, le paiement d'une indemnité forfaitaire au titre du travail dissimulé et de dommages-intérêts en réparation du préjudice subi du fait de l'absence de cotisations versées à la sécurité sociale française.

Ces deux procédures ont justifié des questions préjudicielles en interprétation sur la portée des certificats E 101. La question de cette portée fut, tout d'abord, posée par la juridiction saisie par la caisse de retraite, lors de la reprise de la procédure après un sursis à statuer dans l'attente de la décision pénale. Elle fut aussi posée par la chambre sociale de la Cour de cassation saisie d'un pourvoi formé par la compagnie Vueling contre l'arrêt d'appel qui, se fondant sur l'arrêt de la chambre criminelle du 11 mars 2014, avait condamné la compagnie à verser au salarié une indemnité forfaitaire pour travail dissimulé. Ces questions allaient conduire la CJUE[4] à préciser la portée des certificats à l'égard du pouvoir du juge national confronté à une fraude, pour le restreindre (I.), mais aussi à l'égard de l'autorité de la chose jugée au pénal, pour la limiter (II.).

I. Les restrictions au pouvoir du juge national dans l'hypothèse d'une fraude

La Cour avait déjà eu l'occasion de se prononcer sur la portée du certificat E 101, plus précisément de la présomption de régularité de l'affiliation du travailleur au régime de sécurité sociale de l'État membre où est établie l'entreprise qui l'emploie. Tant qu'il n'est pas retiré ou déclaré invalide, le certificat s'impose à l'institution compétente de l'État membre dans lequel ce travailleur effectue un travail[5], mais aussi dans l'ordre juridique de ce même État, ce qui interdit à l'une de ses juridictions de vérifier la validité d'un certificat au regard des éléments

---

3 Cass. crim., 11 mars 2014, n° 12-81.461.

4 CJUE, 2 avril 2020, *Vueling Airlines*, aff. jtes C-370/17 et C-37/18, EU:C:2020:260 ; *Europe 2020*, comm. 191, obs. L. Driguez ; *RDT* 2020. 380, étude K. Chatzilaou ; H. Nasom-Tissandier, « Lutte contre le détachement frauduleux : la CJUE multiplie les obstacles », *JS Lamy*, n° 498, 18 mai 2020. Dans cette affaire, étaient applicables le règlement (CEE) n° 1408/71 et son règlement d'application (CEE) n° 574/72.

5 CJCE, 30 mars 2000, *Banks e.a.*, aff. C-178/97, préc., pt 40.

sur la base desquels il a été délivré[6]. Dans l'affaire *Vueling Airlines* la question posée était différente puisqu'il s'agissait de savoir si une juridiction nationale, saisie dans une procédure intentée contre un employeur de faits pouvant caractériser une obtention frauduleuse du certificat, avait le pouvoir d'écarter celui-ci pour sanctionner cet employeur sur la base du droit national. En réponse, la Cour restreint les pouvoirs du juge national en lui dictant l'attitude à adopter (1.), mais, quelques mois plus tard, précise le domaine de cette restriction (2.).

1. L'attitude requise du juge national

La question était d'autant plus pertinente qu'en vertu d'un principe général du droit de l'Union, « *les justiciables ne peuvent frauduleusement ou abusivement se prévaloir des normes de l'Union* », ce que rappelle la Cour[7]. Or, en l'espèce, au regard des conditions jurisprudentielles de la constatation d'une fraude, vérifiées par la Cour, celle-ci paraissait pouvoir être retenue, ce que la Cour admet en reconnaissant que les juridictions françaises compétentes « *ont raisonnablement pu être amenées à considérer qu'elles disposaient d'indices concrets* » d'une obtention frauduleuse des certificats.[8] Le respect du principe général précédemment rappelé aurait pu justifier la mise à l'écart des certificats, l'employeur ne pouvant pas se prévaloir frauduleusement des normes de l'Union. C'était oublier l'existence d'une procédure de contestation des certificats fondée sur le principe de coopération loyale.

En application de cette procédure, il appartient à l'institution compétente de l'État membre d'accueil de saisir l'institution émettrice des certificats de la suspicion de fraude. En cas de désaccord, une commission administrative prévue par les règlements applicables peut être saisie pour une conciliation des points de vue. La Cour ne voit que des avantages à cette procédure qui facilite la recherche de la preuve par la collaboration entre institutions, assure le respect du contradictoire et garantit le principe d'unicité de la législation nationale applicable, principe qui structure la coordination et évite un double paiement de cotisations. C'est pourquoi, pour la Cour, cette procédure est « *un préalable obligatoire aux fins de déterminer si les conditions de l'existence d'une fraude sont réunies* »[9]. Pour ces raisons, cette procédure s'impose également aux juridictions nationales saisies de faits pouvant révéler une obtention frauduleuse des certificats. À défaut, il serait porté atteinte à la primauté du droit de l'Union et au principe de coopération loyale.

Ce respect de la procédure dicte le comportement que doit adopter la juridiction nationale saisie de la question de la validité des certificats. Pour la Cour, elle est tenue de rechercher, au préalable, si la procédure a été mise en œuvre, en amont

---

6 CJCE, 26 janvier 2006, *Herbosch Kiere*, aff. C-2/05, EU:C:2006:69, pts 31 et 32.

7 CJUE, 2 avril 2020, *Vueling Airlines*, aff. jtes C-370/17 et C-37/18, préc., pt 50.

8 *Ibid.*, pt 60.

9 *Ibid.*, pt 71.

de sa saisine, par le biais d'une demande de réexamen et de retrait de ces certificats. À défaut, la juridiction doit « *mettre en œuvre tous les moyens de droit à sa disposition afin d'assurer que l'institution compétente de l'État membre d'accueil enclenche cette procédure* »[10] et surseoir à statuer. Elle ne pourra se prononcer de manière définitive sur l'existence de la fraude et écarter les certificats que si deux conditions sont remplies : la procédure a été enclenchée et l'institution émettrice des certificats s'est « *abstenue de procéder au réexamen de ces certificats et de prendre position, dans un délai raisonnable, sur les éléments présentés par l'institution compétente de l'État membre d'accueil, le cas échéant en annulant ou en retirant lesdits certificats* »[11]. Cette solution rendue en application de règlements aujourd'hui abrogés vaut sous l'empire des nouveaux textes, qui maintiennent le principe de cette procédure après l'avoir révisée[12]. La place accordée à cette procédure a été critiquée parce que longue et reposant sur la diligence des administrations concernées[13]. Mais si les pouvoirs du juge ont été incontestablement restreints, le domaine de cette restriction a été précisé.

2. Le domaine des restrictions au pouvoir du juge national

Quelques mois après l'arrêt *Vueling Airlines*, la CJUE a précisé la portée du certificat dans une affaire née à l'occasion de la construction d'un réacteur nucléaire, à Flamanville[14]. À la suite d'une sous-traitance en cascade pour réaliser ce marché et d'un conflit social, une enquête a révélé, notamment, que pour les salariés étrangers travaillant sur le chantier l'obligation de la déclaration nominative préalable à l'embauche de salariés n'avait pas été respectée, les circonstances excluant l'application de la législation relative au détachement. Cependant, ces salariés étaient titulaires des certificats E 101 et A 1. Les poursuites pénales du chef de travail dissimulé[15] allaient poser à nouveau la question de la portée de ces certificats. Plus précisément, la question posée à la CJUE portait sur l'incidence de ces certificats sur le non-respect de l'obligation de déclaration préalable et sur l'application aux travailleurs concernés de la législation de l'État membre d'accueil en matière de droit du travail.

Pour déterminer la portée des certificats, la CJUE se réfère à l'objet de la coordination à laquelle ils contribuent, à savoir les législations de sécurité sociale : « *si les certificats E 101 et A 1 produisent des effets contraignants, ceux-ci sont limités aux seules obligations imposées par les législations nationales en matière de sécurité*

---

10 *Ibid.*, pt 79.

11 *Ibid.*, pt 80.

12 V. les textes cités note 1.

13 En ce sens : K. Chatzilaou, préc., et les références citées notes 47 et 48.

14 CJUE, 14 mai 2020, *Bouygues travaux publics e.a.*, aff. C-17/19, EU:C:2020:379 ; *Europe* 2020, comm. 221, obs. L. Driguez ; *D.* 2020. 1523, point de vue J. Icard ; *JCP S* 2020. 2050, note R. Salomon.

15 Pour avoir omis de procéder non seulement aux déclarations relatives aux salaires et aux cotisations sociales auprès des organismes de recouvrement des contributions et cotisations sociales, mais aussi aux déclarations nominatives préalables à l'embauche de salariés.

sociale visées par la coordination »[16]. Il en résulte que ces certificats « *ne lient l'institution compétente et les juridictions de l'État membre d'accueil qu'en ce qu'ils attestent que le travailleur concerné est soumis, en matière de sécurité sociale* », à la législation de l'État membre d'origine pour l'octroi des prestations présentant un « *lien, direct et suffisamment pertinent* » avec l'une des branches et l'un des régimes énumérés dans les règlements de coordination[17]. Cette analyse, fondée sur l'objet de la coordination, conduit la Cour à exclure tout effet contraignant du certificat dans des matières autres que la sécurité sociale. Elle cite, pour exemple, les matières relatives à la relation de travail entre employeurs et travailleurs, en particulier, les conditions d'emploi et de travail de ces derniers[18].

Il restait à décider de quelle matière relève l'obligation de déclaration préalable à l'embauche : la sécurité sociale ou le droit du travail. Saisie d'une question préjudicielle en interprétation, la CJUE ne pouvait que renvoyer à la juridiction nationale pour procéder à ce rattachement à l'une ou l'autre des matières. Cependant, elle fournit le critère permettant de se prononcer[19] : « *si l'obligation de déclaration préalable à l'embauche prévue par le code du travail a pour unique objet d'assurer l'affiliation des travailleurs concernés à l'une ou à l'autre branche du régime de sécurité sociale* », et donc « *à assurer le seul respect de la législation en la matière* », les certificats feraient, en principe, obstacle à l'obligation de déclaration et à une condamnation du chef de travail dissimulé en cas de violation. En revanche, « *si cette obligation vise également, fût-ce en partie, à garantir l'efficacité des contrôles opérés par les autorités nationales compétentes afin d'assurer le respect des conditions d'emploi et de travail imposées par le droit du travail* », les certificats n'ont aucune incidence sur cette obligation.

La chambre criminelle de la Cour de cassation a fait application de ce critère dans son arrêt du 12 janvier 2021[20], en recherchant l'objectif de la déclaration préalable à l'embauche. Se référant aux travaux parlementaires, elle considère que cette obligation a pour objet la lutte contre le travail dissimulé. Mais celle-ci a « *plusieurs finalités qui ne la limitent pas au financement des différentes branches de la sécurité sociale* »[21]. Elle identifie, comme autres finalités, la lutte contre la fraude fiscale, le maintien d'une concurrence non faussée entre les entreprises, la présomption de l'existence d'un contrat de travail qui ouvre au salarié le bénéfice des droits et obligations prévus par le code du travail ainsi qu'un examen médical d'embauche. Elle peut ainsi conclure que « *la DPAE vise, au moins en*

16 CJUE, 14 mai 2020, *Bouygues travaux publics e.a.*, aff. C-17/19, préc., pt 44.

17 *Ibid.*, pts 46 et 47.

18 *Ibid.*, pt 48. La Cour avait déjà jugé que ces règles de coordination ne contiennent pas de règles de conflit concernant la législation applicable à la relation de travail (4 octobre 1991, *De Paep*, aff. C-196/90, EU:C:1991:38, pt 13).

19 *Ibid.*, pt 53.

20 Cass. crim., 12 janvier 2021, n° 17-82.553 ; *JCP S* 2021. 1075, obs. P. Coursier ; *AJ pénal* 2021. 202, note J. Icard.

21 *Ibid.*, pt 34.

partie, à garantir l'efficacité des contrôles opérés par les autorités nationales compétentes afin d'assurer le respect des conditions d'emploi et de travail imposées par le droit du travail »[22]. Le certificat ne s'oppose donc pas à une condamnation du chef de travail dissimulé pour non-respect de l'obligation de procéder à la déclaration préalable d'embauche. La marge de manœuvre du juge national confronté à une fraude au détachement, alors que les certificats E 101 ou A 1 ont été émis, dépend donc de la détermination de la finalité de l'obligation violée.

II. La limitation de la portée de l'autorité de la chose jugée au pénal

Saisie du pourvoi formé par la compagnie Vueling dans le contentieux l'opposant au salarié, la chambre sociale s'est notamment interrogée sur la portée, à l'égard de la juridiction civile tenue par l'autorité de la chose jugée au pénal, de la condamnation pénale contraire aux règles du droit de l'Union qui avait été infligée à la compagnie[23]. Pour répondre, la Cour mobilise le principe de l'autonomie procédurale des États membres et l'une de ces limites, le principe d'effectivité. Elle conclut à l'incompatibilité de l'autorité de la chose jugée au pénal avec le principe d'effectivité (1.). Mais s'appuyant sur l'arrêt *Bouygues*, la chambre sociale de la Cour de cassation circonscrit le domaine d'application de cette solution (2.).

1. Le principe posé par la CJUE

La Cour rappelle, tout d'abord, la manière dont le droit de l'Union accueille le principe de l'autorité de la chose jugée. L'importance de ce principe, justifiée par la stabilité du droit et des relations juridiques ainsi que par une bonne administration de la justice, est reconnue par le droit de l'Union, qui n'impose pas au juge national d'écarter l'application des règles de procédure internes conférant l'autorité de la chose jugée à une décision juridictionnelle, même dans l'hypothèse où cette exclusion permettrait de remédier à une situation nationale incompatible avec ce droit. Cependant, si la mise en œuvre de l'autorité de la chose jugée relève du principe de l'autonomie procédurale des États membres, elle ne doit pas, en application du principe d'effectivité, « *rendre en pratique impossible ou excessivement difficile l'exercice des droits conférés par l'ordre juridique de l'Union* » (pt 91), et ce, afin d'assurer la primauté du droit de l'Union.

Ce rappel permet à la Cour de préciser la question posée en confrontant l'autorité de la chose jugée au pénal au principe d'effectivité[24]. Or, à la différence des solutions rappelées par la Cour, il ne s'agit pas de savoir si une décision

22 *Ibid.*, pt 39.

23 Cass. crim., 11 mars 2014, n° 12-81.461, préc.

24 CJUE, 2 avril 2020, *Vueling Airlines*, aff. jtes C-370/17 et C-37/18, préc., pt 92.

juridictionnelle revêtue de l'autorité de la chose jugée peut être remise en cause parce qu'elle comporterait une violation du droit de l'Union, mais de se prononcer sur l'autorité positive de la chose jugée au pénal[25]. Cette autorité est dite « positive » dans la mesure où les énonciations de la décision pénale s'imposent au juge civil dès lors qu'elles sont nécessaires à la résolution du litige civil, à l'instar d'une action en responsabilité fondée sur une faute déjà pénalement établie[26]. Comme le relève la Cour, ce principe étend à « *une procédure juridictionnelle à caractère civil relative aux mêmes faits* » l'autorité de « *toute constatation portant sur un point fondamental commun contenue dans une décision juridictionnelle de nature pénale revêtue de l'autorité de la chose jugée* »[27]. En conséquence, si cette décision pénale contient une interprétation ou une application erronée du droit de l'Union, « *l'application incorrecte de ce droit se reproduirait dans chaque décision prise par des juridictions civiles portant sur les mêmes faits, sans qu'il soit possible de corriger ce constat et cette interprétation faits en méconnaissance dudit droit* »[28].

Appliquée aux faits de l'espèce, l'autorité de la chose jugée au pénal figerait le constat définitif de fraude et la condamnation de la compagnie Vueling pour fonder des demandes en dommages-intérêts formulées devant les juridictions civiles par les personnes victimes de la fraude constatée en violation du droit de l'Union. C'est pourquoi un tel effet – la reproduction d'une application incorrecte du droit de l'Union – constitue, pour la Cour, un obstacle à l'application effective des règles du droit de l'Union relatives à la procédure de dialogue et à l'effet contraignant du certificat E 101 que le principe de sécurité juridique ne saurait justifier. À l'issue de la mise en balance de ce principe et de celui de l'effectivité, celui-ci doit l'emporter.

2. Une limitation circonscrite par la Cour de cassation

Se saisissant de ces éléments d'interprétation, la chambre sociale de la Cour de cassation, dans l'arrêt en date du 31 mars 2021[29], rendu sur le pourvoi formé par la compagnie Vueling contre la décision la condamnant à l'égard de l'un de ses salariés, a précisé la portée de cette limite à l'autorité de la chose jugée au pénal. Pour ce faire, elle a recours à l'arrêt *Bouygues*[30].

---

25 La Cour avait déjà été confrontée à cette autorité positive de la chose jugée, en droit italien, mais entre les mêmes parties : CJUE, 3 septembre 2009, *Fallimento Olimpiclub*, aff. C-2/08, EU:C:2009:506.

26 Sur l'autorité positive de la chose jugée, v. C. Chainais, F. Ferrand, L. Mayer et S. Guinchard, *Procédure civile*, 35e éd., Paris, Dalloz, 2020, no 1223 et s.

27 CJUE, 2 avril 2020, *Vueling Airlines*, aff. jtes C-370/17 et C-37/18, préc., pt 94.

28 *Ibid.*, pt 95.

29 Cass. soc., 31 mars 2021, no 16-16.713 ; J. Icard, « Certificat de détachement et droit du travail : le mécano de la chambre sociale », *JCP S* 2021, no 1140 ; S. Robin-Olivier, « Mise en œuvre de l'arrêt *Vueling airlines* de la Cour de justice par la Cour de cassation : les certificats de détachement n'affectent pas l'applicabilité du droit du travail français », *Droit social* 2021, p. 737.

30 CJUE, 14 mai 2020, *Bouygues travaux publics e.a.*, aff. C-17/19, préc.

En réponse au pourvoi fondé sur la portée du certificat E 101, la Cour de cassation a donc dû déterminer ce qui, dans l'arrêt condamnant la compagnie Vueling, relevait du non-respect des obligations imposées par le droit français dans des matières autres que la sécurité sociale, notamment celles relatives à la relation de travail entre employeurs et travailleurs. Seules les condamnations fondées sur ces dernières obligations pouvaient échapper à la cassation, le moyen tiré de la portée du certificat E 101 étant inopérant en application de la jurisprudence de la CJUE. Ce critère est le seul qui permette, à la lecture de l'arrêt, de constater le partage effectué par la chambre sociale entre les deux domaines. En effet, la Cour de cassation ne livre pas la méthode suivie pour effectuer ce partage[31]. À cet égard, il a été proposé de retenir soit la nature de l'obligation violée, soit la finalité de la sanction applicable[32].

S'agissant de ce partage, la chambre sociale considère que la condamnation de la société Vueling à verser diverses sommes au titre de la régularisation des salaires en application du droit français (la soumission au droit espagnol reposant sur une fraude), des congés payés afférents et des dommages-intérêts pour compenser les congés payés n'était pas affectée par le certificat. Il s'agit donc d'une condamnation pour violation d'obligations régissant la relation de travail entre employeurs et travailleurs. Il a été relevé que le raisonnement de la chambre sociale suppose, au préalable, que le droit français soit applicable à la relation de travail en cause, dès lors que la présomption d'affiliation ne pouvait pas jouer[33]. Or la chambre sociale paraît considérer cette application comme acquise sans la motiver[34]. En revanche, la condamnation de la société Vueling à payer au salarié diverses sommes au titre de l'indemnité forfaitaire pour travail dissimulé (pour défaut de déclaration aux organismes de protection sociale) et de dommages-intérêts pour absence de cotisations sociales en France est contraire à la jurisprudence de la CJUE. La présomption de régularité de l'affiliation du travailleur concerné au régime de sécurité sociale espagnol s'oppose à ce que soient retenues de telles fautes liées au régime de sécurité sociale. Enfin, la cour d'appel avait jugé que la rupture du contrat de travail du salarié était imputable à la société Vueling et produisait les effets d'un licenciement sans cause réelle et sérieuse[35], pour la condamner à verser les sommes liées à cette qualification. Cette disposition de l'arrêt est également cassée en application de l'article 624 du code de procédure civile : la cassation s'étend

---

31 Sur la critique de cette absence de méthode au regard de celles qui auraient pu être retenues, v. J. Icard, « Certificat de détachement et droit du travail : le mécano de la chambre sociale », préc.

32 *Ibid.*

33 Celle-ci ne couvrant que les obligations liées au régime de sécurité sociale.

34 S. Robin-Olivier, préc. Pour cet auteur, la situation ne relevant pas du détachement, seules les règles du règlement Rome I déterminant la loi applicable aux contrats individuels de travail fondent l'application du droit français.

35 Après avoir démissionné, le salarié, invoquant l'illégalité de la situation à laquelle il avait été soumis, avait demandé la requalification de sa démission en prise d'acte de la rupture produisant les effets d'un licenciement sans cause réelle et sérieuse.

également à l'ensemble des dispositions du jugement cassé ayant un lien d'indivisibilité ou de dépendance nécessaire avec les dispositions de l'arrêt pour lesquelles la cassation a été prononcée.

Cette application nationale de la jurisprudence *Bouygues* et le délicat partage auquel elle doit conduire laissent persister des incertitudes quant à la portée de ces certificats, qu'il s'agisse des pouvoirs du juge saisi de faits constitutifs de fraude ou de l'autorité de la chose jugée au pénal. Pour la CJUE, la fraude ne corrompt pas tout et la procédure organisant la contestation des certificats frauduleusement obtenus doit l'emporter. Il reste donc à souhaiter un renforcement de la coopération entre institutions compétentes.

Du brevet sur la femme invisible au droit de la concurrence : Les conséquences d'une allégation de brevet imaginaire ou disparu

JACQUES LARRIEU*
Université Toulouse 1 Capitole

Résumé

Le Premier Consul avait voulu que les brevets d'invention, qui furent longtemps délivrés en France sans examen préalable, soient accompagnés de la mention « sans garantie du gouvernement », afin que personne ne soit trompé sur la valeur réelle du titre. Par la suite toute revendication de brevet non accompagnée de la mention « breveté S.G.D.G » ou toute allégation de brevet non fondée sur un titre réel fut réprimée par la loi. Curieusement, alors que dans les pays anglo-saxons, mais aussi au Japon ou en Chine, la revendication non justifiée d'un brevet fait toujours l'objet d'une attention particulière de la part du législateur et de la jurisprudence, le droit positif français n'attache pas des effets radicaux à l'absence de titre valide chez celui qui revendique un brevet fictif ou qui assigne en contrefaçon sur le fondement d'un brevet destiné à être annulé.

* Professeur émérite de l'université Toulouse 1 Capitole.

C'est par une colère de Bonaparte que tout a commencé. Lucien, son frère et ministre de l'Intérieur, lui présentait à la signature une demande de brevet d'invention concernant une femme invisible censée répondre aux questions du public. Le Premier consul, « *trouvant fort mauvais qu'on lui fît signer des billevesées* »[1], refusa d'avaliser « pareilles folies », jeta le papier et ordonna illico aux bureaux consultatifs des arts et du commerce réunis de rédiger un nouvel arrêté réglant notamment la question de savoir « *s'il n'y aurait pas un mode d'expédition de[s] brevet[s] qui préviendrait [...] l'abus que peuvent faire les brevetés de leur titre en le faisant considérer comme un certificat et une attestation favorable du gouvernement, et en induisant, de cette manière, en erreur les personnes qui ignorent que les brevets sont accordés sans examen préalable* ». La réponse fut apportée par l'arrêté du 5 vendémiaire an IX relatif au mode de délivrance des brevets d'invention[2], qui décréta que : « *Pour prévenir l'abus que les brevetés peuvent faire de leurs titres, il sera inséré, par annotation, au bas de chaque expédition, la déclaration suivante : "Le gouvernement, en accordant un brevet d'invention sans examen préalable, n'entend garantir en aucune manière, ni la priorité, ni le mérite, ni le succès d'une invention*[3]." » Le brevet SGDG – sans garantie du gouvernement – était né.

Cette réserve de Bonaparte ne doit pas être interprétée comme une marque de dédain à l'égard des chercheurs et des inventeurs. Bien au contraire, « le petit caporal » a manifesté le plus grand intérêt pour les sciences et les techniques modernes, notamment pour les expérimentations de Volta sur l'électricité, auxquelles il a tenu à assister le 16 brumaire an X[4], et ni Nicolas Appert, inventeur de la boîte de conserve[5], ni Benjamin Delessert, père de la méthode d'extraction du sucre de la betterave, n'eurent à se plaindre de la générosité de son gouvernement.

Le Premier consul se défiait des opérateurs qui seraient tentés de se prévaloir exagérément d'un titre délivré par l'État auprès d'un public trop crédule ou à l'égard d'une concurrence intimidée par le prestige d'une patente. La loi du 5 juillet 1844 complètera le dispositif en incriminant les charlatans qui prétendent faussement que leur produit est couvert par un brevet d'invention et usurpent le titre. Ainsi, curieusement, dès les premières années de mise en œuvre du droit nouveau de la propriété industrielle, le fait de se flatter publiquement de détenir un brevet d'invention est vu d'un mauvais œil.

L'allégation de brevet, fondée ou non sur un titre, est un moyen de conquête du marché, certes modeste, mais dont la pratique a perduré (I.). De nos jours encore, il n'est pas rare que la publicité fasse référence à la délivrance d'un brevet,

---

1 A.-C. Renouard, *Traité des brevets d'invention*, Paris, Chez Guillaumin, 1844, p. 135.

2 Arrêté du 27 septembre 1800, *Bulletin des lois de la République*, n° 46, 1800, n° 343.

3 Article 1-II, arrêté du 5 Vendémiaire an IX

4 P. Barbier, « Bonaparte et les savants – De la pile de Volta à la grande pile de l'École polytechnique (1800-1812) », *Bull. d'histoire de l'électricité* 1999, n° 34, p. 5 et s.

5 N. Appert, *L'art de conserver, pendant plusieurs années, toutes les substances animales et végétales*, Paris, Chez Patris, 1810.

souvent « international », pour vanter le caractère novateur, voire révolutionnaire, d'un produit, dans le domaine des cosmétiques ou des appareils ménagers en particulier. La propriété d'un brevet procure en effet un puissant avantage concurrentiel. Auréolé de l'obtention d'un brevet, le produit gagne en prestige et en attractivité. En le mentionnant dans sa communication l'entreprise envoie un double message : l'un aux consommateurs, le titre étant censé être perçu comme une garantie d'efficacité et de sécurité du produit, dont sont implicitement dépourvues les productions concurrentes ; l'autre à la concurrence, pour faire valoir une supériorité technologique et signifier une interdiction de s'aventurer sur un territoire désormais réservé.

La qualité des brevets français s'étant améliorée depuis que l'on est passé d'un système d'enregistrement SGDG[6] à un système à examen[7], le prestige du titre national a grandi, si bien que son invocation, légitime ou non, peut sérieusement troubler le jeu de la concurrence. Qu'il s'agisse de la fausse allégation de brevet par un agent économique (II.), de la mise en garde adressée aux concurrents par le titulaire d'un brevet, ou bien de l'action en contrefaçon au nom d'un brevet déclaré nul par la suite (III.), la revendication d'un brevet a des effets négatifs sur le jeu de la concurrence. Cette prétention est de nature à dissuader des entreprises concurrentes qui n'ont pas le temps ou les moyens de vérifier la véracité de l'assertion de tenter d'entrer sur le marché par crainte d'un risque de contrefaçon potentiel. Le droit français des brevets se désintéressant relativement du problème, contrairement à certaines législations étrangères, c'est comme souvent à la concurrence déloyale qu'il est fait appel pour faire cesser une atteinte à la loyauté de la rivalité commerciale.

I. Le signe du brevet

Le public est familiarisé avec les signes apposés sur les objets pour faire valoir un droit de propriété intellectuelle. Ces mentions de réserve signalent tantôt l'enregistrement d'une marque (symbole TM, « Marque déposée », « Registered »), tantôt un droit d'auteur (copyright, ©). S'agissant des brevets, on trouve les mentions « Breveté », « Patent Pending », « Patented »… En France, la mention

---

6 La loi du 7 janvier 1791 relative aux découvertes utiles et aux moyens d'en assurer la propriété aux auteurs a mis en place un système de délivrance sans examen (contrairement à la solution qui prévalait sous l'Ancien Régime : cf. L. Hilaire-Pérez, *L'invention technique au siècle des Lumières*, Paris, Albin Michel, 2017, p. 85 ; A. Beltran, S. Chauveau et G. Galvez-Behar, Des brevets et des marques : une histoire de la propriété industrielle, Paris, Fayard, 2001, p. 25) à l'image du système anglais du Statute of Monopolies (L. Hilaire-Pérez, *op. cit.*, pp. 162, 174, 184). La loi du 25 mai 1791 portant règlement sur la propriété des auteurs d'inventions et découvertes en tout genre d'industrie déclare dans son article 1er : « *[I]l sera délivré, sur une simple requête au Roi, et sans examen préalable, des* patentes nationales, *sous la dénomination de* brevets d'invention *[…], à toutes personnes qui voudront exécuter ou faire exécuter, dans le royaume, des objets d'industrie jusqu'alors inconnus.* »

7 Loi PACTE n° 2019-486 du 22 mai 2019 (J.-C. Galloux, « La réforme du droit français des brevets », *RTD com.* 2020, p. 31). Le contrôle de la brevetabilité des inventions repose désormais sur l'examen préalable auquel procède l'INPI (art. L. 612-12, 7° CPI), sur la procédure d'opposition qui a été introduite par la dernière réforme (ordonnance du 12 février 2020), et comme auparavant sur le juge quand la validité du brevet délivré est postérieurement contestée.

« Breveté S.G.D.G. » a été largement imprimée sur les produits industriels tout au long du XIXᵉ siècle et de la première moitié du XXᵉ. Ces mentions ont parfois été obligatoires et leur sincérité contrôlée par la loi.

1. En France

Une des premières difficultés auxquelles a été confronté le système des brevets d'invention concernait la publicité des titres[8]. Comment faire savoir au public que tel objet ou procédé technique est couvert par un droit exclusif et qu'il est interdit de le copier ?

Le législateur révolutionnaire s'est heurté à ce problème et cette lacune a été périodiquement dénoncée au cours de la première moitié du XIXᵉ siècle. Certes, chaque nouveau brevet était inscrit dans un répertoire au niveau du département et la loi de 1791 en déclara l'accès ouvert à tous : « *Il sera libre à tout citoyen d'aller consulter, au secrétariat de son département, le catalogue des inventions nouvelles ; il sera libre, de même, à tout citoyen domicilié de consulter, au dépôt général établi à cet effet, les* spécifications *des différentes patentes actuellement en exercice*[9] *[…]* » Les brevets étaient publiés dans les trois mois du dépôt au *Bulletin des lois*[10], et répertoriés dans des ouvrages volumineux, comme le *Répertoire général des inventions avec brevets* (1806) et le *Bulletin de la Société d'encouragement pour l'industrie nationale* (1812), mais, comme le notait un commentateur de l'époque, ces informations sont enfermées « *dans des ouvrages qui ont déjà vieilli, ou qui sont enfouis dans des dépôts qui ne peuvent être facilement consultés que par un petit nombre de personnes ; elles restent le plus souvent ignorées de cette classe d'hommes laborieux à qui le besoin de travailler sans cesse, et fréquemment le manque d'aisance, ne laissent ni le temps de fouiller dans nos riches bibliothèques, ni le moyens de se procurer des ouvrages coûteux* »[11].

Divers succédanés étaient utilisés pour pallier ces difficultés et assurer l'information du public. Ainsi la loi du 25 mai 1791 portant règlement sur la propriété des auteurs d'inventions et découvertes en tout genre d'industrie fut la première à exiger qu'une mention du brevet soit portée sur l'objet protégé (« *sur lequel sera appliqué un timbre ou cartel, avec les mots* brevet d'invention, *et le nom de*

---

8 K. Timby, « Nicéphore Niépce et le brevet d'invention », Centre de recherche sur les Arts et le Langage, CNRS/EHESS, UMR 8566, 2006, pp. 9-10, <www.archivesniepce.com>.

9 Loi du 7 janvier 1791, art. 11. La publication de la description détaillée de l'invention était repoussée à la date d'expiration du brevet (art. 15). Arrêté du Directoire exécutif du 17 vendémiaire an VII, concernant la publication des brevets d'invention.

10 P. ex. : certificat de demande de brevet pour « *un berceau ou traîneau propre à haler à terre ou sur un chemin de fer, les navires qui ont besoin de réparations* » délivré le 31 juillet 1834 aux sieurs Estève et Barrailley « *en attendant que […] ledit Brevet soit rendu définitif par une ordonnance de Sa Majesté, et proclamé par l'insertion de sa spécification au Bulletin des lois, ce qui aura lieu au commencement du trimestre prochain* ». Autre ex. : *Bulletin des lois* 1832, p. 266, nᵒ 4483, Ordonnance du Roi portant Proclamation des Brevets d'invention délivrés pendant le troisième trimestre de 1832.

11 J.-M. Blanc-Saint-Bonnet, *Code des brevets d'invention, de perfectionnement et d'importation*, Paris, Audin, 1823, « Avertissement », p. VII. Rapp. : A. Perpigna, *Manuel des inventeurs et des brevetés*, 3ᵉ éd., Paris, Chez l'auteur, 1839, p. 217.

l'auteur (ou des auteurs) »)[12]. Les premiers brevets délivrés portent l'ordre fait au titulaire d'apposer un avertissement sur les produits concernés et dans les locaux de son entreprise. Le brevet Leblanc de 1791 sur la soude extraite du sel marin ordonne que « *sur les barriques et tonneaux contenant la soude dont il s'agit ainsi que sur la porte principale des ateliers seront inscrits ces mots Brevet d'Invention et le nom dudit sieur Leblanc inventeur* ». Le certificat de délivrance du brevet Ollivier daté du 27 juillet 1791 accorde un monopole de quinze ans sur les « inventions » de la « *terre noire à l'imitation de celle des Anglais* », de la « *terre bambou, sur laquelle il applique des camées* », de la « *terre marbrée* », de « *poêles [...] imitant la porcelaine* », etc., objets « *sur lesquels il sera appliqué un timbre ou cartel portant ces mots,* brevet d'invention et le nom de l'auteur ».

Si la loi de 1844 améliora le système de publicité de la délivrance des brevets[13] et autorisa la publication des descriptions et dessins au bout de deux ans[14], elle n'imposa pas la prise de la qualité de breveté par une mention sur le produit. Cette indication était toutefois admise mais à la condition qu'elle fût accompagnée de la précision « *sans garantie du gouvernement* »[15]. La mention « Breveté S.G.D.G. » (mystérieuse sans doute pour le grand public) sur les produits manufacturés connut alors une application très large et fut reproduite dans les placards publicitaires. Ainsi, on pouvait découvrir dans le journal *L'Illustration* du 28 mars 1908 une publicité pour le Savon vert de l'Amiral, faisant « *maigrir la partie du corps savonnée* », accompagnée de l'indication « Breveté S.G.D.G. »... Aucune obligation de ce type ne se retrouve dans la législation moderne française sans doute parce que la publicité de la délivrance des brevets est désormais assurée de manière efficace par des publications et des bases de données accessibles en ligne[16].

2. À l'étranger

L'inscription d'une mention de brevet sur le produit est parfois envisagée par le législateur étranger moderne, contrairement au droit positif français, mais elle n'est généralement pas obligatoire. Ainsi la loi chinoise laisse le titulaire du titre libre d'apposer ou non une telle mention sur ses produits : « *The patentee has the right to affix a patent marking and to indicate the number of the patent on the patented product or on the packing of that product*[17]. » De même, le droit américain (35 USC § 287) prévoit la possibilité pour le breveté d'informer le public de

---

12 « Modèle de brevet d'invention », titre III, annexe 2.

13 Art. 14, loi 1844 : « *Une ordonnance royale, insérée au Bulletin des lois, proclamera, tous les trois mois, les brevets délivrés.* »

14 Art. 24, loi 1844 : « *Après le payement de la deuxième annuité, les descriptions et dessins seront publiés, soit textuellement, soit par extrait. Il sera en outre publié, au commencement de chaque année, un catalogue contenant les titres des brevets délivrés dans le courant de l'année précédente.* »

15 J. Bédarride, *Commentaire des lois sur les brevets d'invention, sur les noms des fabricants et des lieux de fabrication, sur les marques de fabrique et de commerce : droit commercial*, t. 1, Paris 1869, n° 473.

16 J. Passa, *Droit de la propriété industrielle*, t. 2, *Brevets d'invention, protections voisines*, Paris, LGDJ, 2013, n°s 335, 349.

17 Patent Law of the People's Republic of China, chap. I., art. 15.

l'existence de son titre par l'inscription sur ses productions ou emballages du mot « *patent* » ou « *pat.* » suivi du numéro du brevet[18]. Quant au droit japonais, il incite les titulaires de brevets à effectuer le marquage de leurs produits ou de leurs emballages, mais ne prévoit pas de sanction en cas d'omission[19].

Il arrive que ce marquage emporte des effets juridiques particulièrement importants. Ainsi, selon le droit des États-Unis, la mention de brevet (*patent marking*) joue le rôle d'une notification (*legal notice*) de ses droits exclusifs à l'égard d'un contrefacteur potentiel et permet d'obtenir des dommages-intérêts plus conséquents. À défaut d'une telle mention[20], le titulaire du brevet ne pourra obtenir réparation de l'atteinte à ses droits qu'après avoir adressé une notification au contrefacteur et prouvé que celui-ci a poursuivi ses actes illicites postérieurement à l'avertissement, étant précisé que les dommages-intérêts ne couvriront dans ce cas que le préjudice né après la notification[21].

Si la mention de brevet a été inscrite sur le produit, le droit australien prive la partie défenderesse dans un procès en contrefaçon de la protection que lui accorde le droit des brevets quand elle démontre qu'elle n'avait pas de raison de penser, au moment des faits, que l'objet était couvert par un droit de propriété intellectuelle[22]. La même disposition existe en droit britannique[23]. Ce dernier précise que c'est seulement quand le numéro du brevet est indiqué à côté de la mention « *patent* » ou « *patented* » que le défendeur est privé de l'argument de l'ignorance et de la bonne foi.

II. Le brevet imaginaire

La mention de brevet portée sur l'objet est parfois fictive. Cela peut être le fait d'un imposteur qui se prévaut d'un titre de propriété industrielle qu'il n'a jamais obtenu. Cela peut être dû au fait que le titre est expiré ou bien que l'objet importé, couvert par un brevet dans son pays d'origine, n'est pas breveté en France. Si le législateur moderne français accorde peu de place à cette question, il n'en va pas de même dans certains autres pays.

---

18 La nouvelle loi américaine (America Invents Act, 2011) autorise le « *virtual marking* » (Sect. 287) : voir *infra*, note 21.

19 Japan Patent Act, art. 187.

20 Sauf s'il s'agit d'une invention de procédé.

21 « *Section 287–Limitation on damages and other remedies; marking and notice (a) Patentees, and persons making, offering for sale, or selling within the United States any patented article for or under them, or importing any patented article into the United States, may give notice to the public that the same is patented, either by fixing thereon the word "patent" or the abbreviation "pat.", together with the number of the patent, or by fixing thereon the word "patent" or the abbreviation "pat." together with an address of a posting on the Internet, accessible to the public without charge for accessing the address, that associates the patented article with the number of the patent, or when, from the character of the article, this cannot be done, by fixing to it, or to the package wherein one or more of them is contained, a label containing a like notice. In the event of failure so to mark, no damages shall be recovered by the patentee in any action for infringement, except on proof that the infringer was notified of the infringement and continued to infringe thereafter, in which event damages may be recovered only for infringement occurring after such notice. Filing of an action for infringement shall constitute such notice.* »

22 Patents Act 1990, Subsection 123(1). Dans ce cas la cour refuse d'octroyer des dommages-intérêts à la victime.

23 Patents Act 1977, Sect. 62.

1. La loi ancienne

Une menace avait été inscrite dans la loi du 5 juillet 1844 à destination des usurpateurs qui se prévaudraient faussement d'un brevet[24]. L'article 33 proclamait : « *Quiconque, dans des enseignes, annonces, prospectus, affiches, marques ou estampilles, prendra la qualité de breveté sans posséder un brevet délivré conformément aux lois, ou après l'expiration d'un brevet antérieur, ou qui, étant breveté, mentionnera sa qualité de breveté ou son brevet sans y ajouter ces mots :* sans garantie du gouvernement, *sera puni d'une amende de cinquante francs à mille francs. En cas de récidive l'amende pourra être portée au double* », disposition qui a été maintenue par les lois modificatrices de 1856 et 1902. Le texte avait deux cibles : ceux qui affirmaient mensongèrement être titulaires d'un brevet et ceux qui voulaient faire croire que leur invention avait été contrôlée et était garantie par l'État[25]. La sanction était pénale et a été considérée comme opportunément sévère par certains commentateurs contemporains[26]. Une autre partie de la doctrine s'est montrée plus critique et certains auteurs se sont inquiétés de la pratique répandue chez les fabricants consistant à n'accorder qu'une place très discrète à la mention SGDG écrite en très petits caractères, pratique qu'une décision isolée avait qualifiée d'« *irrégulière et proscrite par la loi* »[27].

Le contentieux relatif à l'omission de la mention est resté rare. Dans ce contexte les condamnations lourdes du sieur Robert, fabricant de biberons, prononcées par les cours de Paris, Auxerre et Nancy (à deux reprises) sont d'autant plus remarquables. Il lui était reproché d'avoir fabriqué et mis en vente des biberons estampillés « breveté », sans la mention obligatoire « sans garantie de gouvernement ». Il se défendait en soutenant qu'il « *avait fait des efforts pour effacer le délit* » à la suite de sa condamnation par la cour de Paris en réclamant à ses distributeurs le renvoi des biberons portant l'estampille délictueuse. Mais, après avoir relevé que rien ne prouvait que tous les biberons avaient été renvoyés, la cour de Nancy jugeait que « *le délit naît [...] de la mise en vente du produit portant la simple mention "breveté" et ne cesse que par la cessation même de cette mise en vente* ». Toutefois l'arrêt nancéien fut cassé par la Cour de cassation, qui estima que les faits reprochés à Robert – l'apposition de la mention et non la commercialisation des biberons – étaient couverts par la prescription[28].

---

24 T. Homberg, *Guide de l'inventeur*, Paris, Chez Alphonse Delhomme, 1844, p. 79 : « *[Q]uand nous voyons des marchands ou fabricants étaler avec emphase, sur leurs enseignes ou dans leurs annonces, leur titre de* breveté, breveté du roi, *nous ne pouvons nous refuser à croire qu'ils veulent, par ce moyen, en imposer à la crédulité publique, et spéculer sur une opinion faussement répandue qui attache à ce titre une valeur qu'il n'a pas.* »

25 A.-C. Renouard, *op. cit.*, pp. 390-391 : « *Le nouveau législateur n'a pas cru que la connaissance de la loi et le bon sens public pussent suffire pour rendre notoire à tous, et l'absence d'examen préalable par le gouvernement, et surtout la non garantie, conséquence nécessaire de cette absence d'examen.* »

26 Loiseau et Vergé, *Loi sur les brevets d'invention promulguée le 5 juillet 1844*, Paris, Au bureau de la collection des lois nouvelles annotées, 1844, p. 146 : « *Cette disposition nouvelle a pour but de réprimer sévèrement l'abus que le charlatanisme pourrait faire de cette multitude de brevets, qui doit s'augmenter encore en raison du bas prix de la taxe et des facilités données pour son paiement.* ». *Contra* : A.-C. Renouard, *Examen du projet de loi relatif aux brevets d'invention*, Paris, Au bureau du Journal des économistes, Guillaumin, 1843, pp. 16-17.

27 Trib. corr. Nancy, *Gazette des tribunaux* du 9 octobre 1834, cité par J. Bédarride, *op. cit.*, p. 475.

28 Cass. crim., 16 mai 1884, *D.* 1884, I, 477.

2. La loi étrangère

Les législateurs étrangers ont adopté des textes qui viennent sanctionner la fausse allégation de brevet. Ainsi la loi britannique punit d'une amende celui qui prétend faussement être titulaire d'un brevet en inscrivant le mot « *patent* » sur un produit qui n'est pas en réalité couvert par un titre[29]. Selon la loi chinoise, quiconque fait passer un produit non breveté pour un produit breveté se verra enjoindre par l'autorité administrative de cesser immédiatement une telle pratique et devra payer une amende[30]. L'Australie aussi sanctionne par une amende le fait de prétendre faussement qu'un article est protégé par un brevet sur le territoire australien, en particulier en procédant à l'apposition des mots « *patent* », « *patented* », « *provisional patent* » sur l'objet[31].

Le droit américain, qui attache des effets particuliers à la mention de brevet (*notice of patent*), est spécialement attentif à la sincérité et à la véracité de cette allégation. L'article 35 USC § 292 menace d'une amende de 500 dollars d'abord ceux qui apposent une mention destinée à faire faussement croire que les produits marqués sont commercialisés sous licence du véritable titulaire du brevet, ensuite ceux qui inscrivent le mot « *patent* » sur un objet qui n'est pas en réalité couvert par un brevet, enfin ceux qui emploient les expressions « *patent applied for…* » ou « *patent pending* » alors qu'aucune demande de brevet n'a été déposée ou qu'aucun brevet n'est en cours de validité. Ici encore la sanction est pénale, et initialement une « *qui tam cause of action* » permettait à tout citoyen d'agir au nom de la collectivité, les dommages-intérêts obtenus étant partagés par moitié avec l'État. Des chasseurs de prime, les « *bounty hunters* » ou « *marking trolls* », se sont fait une spécialité de traquer les mentions irrégulières de « *patent* » pour menacer les entreprises responsables de poursuites judiciaires à défaut d'accord[32]. Pour mettre un terme à leurs activités débordantes, la loi a été réformée et seules les autorités publiques peuvent désormais réclamer cette sanction pécuniaire.

Quand le brevet arrive à expiration, il peut s'avérer très coûteux de supprimer la mention de brevet sur les produits qui continuent à être commercialisés : retirer du marché les produits antérieurement fabriqués et effacer les mentions déjà imprimées, modifier la chaîne de fabrication, les moules… Aussi le droit américain

---

29 Patents Act 1977, Sect. 110 : « *If a person falsely represents that anything disposed of by him for value is a patented product he shall, subject to the following provisions of this section, be liable on summary conviction to a fine […]* »

30 Patent Law of the People's Republic of China, chap. VII, art. 63, al. 2 : « *Where any person passes any unpatented product off as patented product or passes any unpatented process off as patented process, such person shall be ordered by the administrative authority for patent affairs to stop the passing off, correct it publicly, and pay a fine.* »

31 Subsection 178(2) of the Patents Act 1990 : « *[A] person is to be taken to represent that an article is patented in Australia if the word "patent" or "patented", the words "provisional patent", or any other word or words implying that a patent for the article has been obtained in Australia, are stamped, engraved or impressed on, or otherwise applied to, the article […]* » L'amende est de 12 600 dollars australiens.

32 Dans l'affaire *Pequignot v. Solo Cup*, le demandeur réclamait 500 dollars américains par article à Solo Cup, coupable d'avoir faussement marqué (brevet expiré) 21 milliards de verres en plastique (*Pequignot v. Solo Cup*, 608 F.3d 1356 (Fed. Cir. 2010)) !

et le droit britannique ont-ils admis récemment le « *virtual marking* », qui consiste à faire figurer la mention de brevet sur les pages d'un site en ligne, ce qui permet une mise à jour permanente.

La loi japonaise[33] interdit la fausse allégation de brevet, que celle-ci résulte d'une mention trompeuse imprimée sur un produit ou son emballage ou bien d'un message publicitaire mensonger. Cette infraction est punie de trois ans de prison et d'une forte amende[34], sans préjudice d'une action civile en concurrence déloyale. De la même façon, c'est désormais au droit de la concurrence déloyale que le législateur américain renvoie les entreprises qui se plaignent du comportement de l'auteur de la fausse allégation de brevet : « *A person who has suffered a competitive injury as a result of a violation of this section may file a civil action in a district court of the United States for recovery of damages adequate to compensate for the injury*[35]. »

3. La jurisprudence étrangère

Aux États-Unis, une cour fédérale a jugé en 2009, dans l'affaire *Bon Tool*, que l'amende civile de 500 dollars maximum – partagée entre le plaideur et l'État – s'appliquait à chaque article faussement marqué, contrairement à la jurisprudence antérieure, qui infligeait une amende de 500 dollars pour le tout[36]. Du coup, l'année suivante, plus de 600 actions furent introduites par des particuliers, les « *bounty hunters* » précités, contre une dizaine les années précédentes. Par la suite, la jurisprudence s'est montrée plus clémente pour les auteurs d'un faux marquage en jugeant que l'intention de tromper ne se déduisait pas automatiquement de celui-ci et en exigeant que le demandeur en fasse la preuve[37]. Depuis que la loi américaine a décidé en 2011 que le délit de faux marquage ne concernait plus les brevets expirés[38] et que l'acti on de la section 292 était réservée à l'État, il semble que le nombre d'affaires portées devant les tribunaux sur ce fondement ait beaucoup diminué.

En Australie, les tribunaux n'ont pas eu l'occasion d'appliquer le texte sanctionnant spécifiquement la fausse allégation de brevet. Néanmoins ce comportement a fait l'objet d'une condamnation sur le fondement de la Section 18

---

33 Art. 188, Japan Patent Act.

34 Art. 198, Japan Patent Act.

35 35 USC § 292, b). V. aussi la loi allemande (Patentgesetz, Sect. 146), qui prévoit seulement que l'auteur de la mention de brevet devra fournir des explications sur demande de toute personne y ayant un intérêt.

36 *The Forest Group, Inc. v. Bon Tool Co.*, US Court of Appeals, Dec. 28, 2009, n° 2009-1044 (« *These injuries occur each time an article is falsely marked. The more articles that are falsely marked the greater the chance that competitors will see the falsely marked article and be deterred from competing* »).

37 *Pequignot v. Solo Cup*, préc. ; *Simonian v. BP Lubricants USA, Inc.*, Misc. n° 960 (Fed. Cir. Mar. 15, 2011) ; *Artskills, Inc. v. Royal Consumer Prods., LLC*, n° 3:17-cv-1552, May 1, 2019, District of Connecticut.

38 35 USC § 292, c). Pour le droit britannique (Sect. 110(3) Patents Act 1977), la sanction pour allégation mensongère ne s'applique pas aux brevets expirés pendant une période raisonnablement suffisante laissée au titulaire pour faire disparaître la mention contestée.

de l'Australian Consumer Act, qui vise les pratiques commerciales trompeuses. L'application de ce texte ne requiert pas la preuve d'un comportement intentionnel. Dans l'affaire *Elconnex Pty v. Gerard Industries*[39], la Cour fédérale a jugé que l'inscription « *pat pend* » sur un produit non breveté était trompeuse et justifiait l'attribution de dommages-intérêts au concurrent[40].

4. Le droit positif national

Selon l'article L. 615-12 CPI, « *[q]uiconque se prévaut indûment de la qualité de propriétaire d'un brevet ou d'une demande de brevet est puni d'une amende de 7 500 euros* ». Une sanction pénale menace donc celui qui apposerait indûment une mention de brevet sur un produit non couvert par un brevet ou un ex-breveté qui continuerait à se prévaloir du titre expiré[41]. Toutefois, il ne semble pas que ce texte ait connu une grande application. De plus, il doit faire l'objet d'une interprétation très restrictive si l'on en croit la cour d'appel de Paris[42], qui a refusé de l'appliquer à l'auteur d'une mise en garde adressée à la clientèle contre le caractère prétendument contrefaisant d'appareils alors que ses droits sur un brevet n'étaient pas démontrés. Selon la cour, le texte tend seulement « *à interdire la prise injustifiée de la qualité de propriétaire* ». Aussi ne tombe pas sous le coup de l'interdiction la simple « *déclaration selon laquelle un appareil bénéficie de la protection des brevets dès lors qu'elle n'emporte pas l'affirmation claire de la propriété du brevet* ».

C'est donc plus souvent une sanction civile qui est recherchée à l'encontre de celui qui prétend faussement être titulaire d'un brevet. Son affirmation mensongère fausse la concurrence, car elle lui procure un avantage par rapport à ses concurrents. Son produit est paré de vertus qui sont usurpées, car les consommateurs peuvent attacher des qualités de modernité et de fiabilité à un produit consacré par le droit des brevets, les produits des concurrents pâtissant alors d'une image d'obsolescence. Par ailleurs, l'atout représenté par un produit breveté peut dissuader des concurrents potentiels d'entrer sur le marché. La concurrence déloyale est dans cette situation l'outil le mieux adapté pour régler le problème.

Dans une des rares affaires dont la justice a eu à connaître, la Cour de cassation a justifié la condamnation pour concurrence déloyale de l'auteur d'une fausse allégation de brevet. Il s'agissait d'une entreprise espagnole qui, au cours du

---

39 *Elconnex Pty Ltd v. Gerard Industries* (1991) 32 FCR 491, §§ 2-3 (<https://jade.io/article/212031>). Cf. <https://eagar.com.au/patent-marking-in-australia>.

40 « *The "pat pend" mark was "likely to produce the impression that it has made an invention, or acquired the benefit of an invention for which a patent will issue, or at least is expected to issue".* » D'autres articles du code de la consommation, notamment ceux incriminant la fausse présentation de la nature des produits, pourraient s'appliquer à cette situation et justifier une amende pouvant s'élever à 1,1 million de dollars australiens. Cf. <https://www.allens.com.au/insights-news/insights/2018/08/beware-the-perils-of-false-patent-marking>.

41 J. Schmidt-Szalewski et J.-L. Pierre, *Droit de la propriété industrielle*, 4e éd., Paris, LexisNexis, 2007, n° 221 ; E. Py, *JCl Brevets*, Fasc. 4495, n° 176.

42 CA Paris, 9 février 1989, *Improver Corporation, D.* 1989, IR, 82 (appliquant l'art. 60 de la loi de 1968).

salon de l'automobile, s'était prévalue d'un brevet d'invention sur un certain modèle de freins, alors qu'elle savait que le brevet français correspondant avait été annulé. La chambre commerciale a souligné le fait que cette société « *ne pouvait, sans légèreté coupable ou erreur grossière, ignorer la nullité du brevet dont elle faisait état* », avant de qualifier ses procédés de déloyaux[43].

La législation relative aux pratiques commerciales déloyales des articles L. 121-1 et suivants du code de la consommation devrait trouver ici un terrain d'application particulièrement favorable[44]. La mention mensongère de produit breveté apposée sur le produit (ou l'information erronée du message publicitaire) entre dans la définition de la pratique commerciale trompeuse qui, selon l'article L. 121-2, correspond à des « *allégations, indications ou présentations fausses* » portant entre autres sur « *la nature du bien ou du service* », « *les caractéristiques essentielles du bien ou du service* ». Sont, du reste, réputées trompeuses les pratiques consistant à « *afficher un certificat, un label de qualité ou un équivalent sans avoir obtenu l'autorisation nécessaire* » ou à affirmer « *qu'un produit ou service a été agréé, approuvé ou autorisé par un organisme public ou privé alors que ce n'est pas le cas* »[45]. Si la pratique commerciale trompeuse est frappée d'une sanction pénale, elle sert aussi communément de fondement à une action en concurrence déloyale.

III. Le brevet disparu

L'annulation d'un brevet a un effet absolu[46] et rétroactif. Elle « *entraîne son anéantissement au jour du dépôt de la demande de brevet* »[47]. C'est comme si le brevet n'avait jamais existé. Qu'advient-il alors des condamnations pour contrefaçon prononcées sur le fondement de ce titre antérieurement à son annulation ?

L'annulation, par son effet rétroactif, révèle qu'au moment où il a fait condamner un adversaire pour contrefaçon, le demandeur était dépourvu de titre[48]. Il n'avait pas plus de titre que l'auteur d'une fausse allégation de brevet, le charlatan qui se prétend titulaire d'un brevet alors qu'il n'en a jamais demandé ou obtenu un. La différence se situe sans doute dans l'intention, mais les conséquences économiques sont identiques. Dans les deux cas, l'allégation non fondée de brevet a bridé la concurrence.

---

43 Cass. com., 24 avril 1974, *Sté Frenos Iruna c/ Sté Telma*, n° 73-10.989 ; *Ann. propr. ind.* 1977, p. 134.

44 Directive 2005/29/CE du 11 mai 2005 relative aux pratiques commerciales déloyales des entreprises vis-à-vis des consommateurs dans le marché intérieur, *JOUE* n° L 149 du 11 juin 2005, p. 22, cons. 8 (modifiée par la directive (UE) 2019/2161 du 27 novembre 2019, *JOUE* n° L 328 du 18 décembre 2019, p. 7, art. 3 ; cf. *Europe*, février 2020, comm. 69, L. Idot).

45 Art. L. 121-4, 2° et 4°.

46 Art. L. 613-27 CPI.

47 Cass. com., 12 juin 2007, *Normalu*, n° 05-14.548 ; *Propr. industr.* 2008, comm. 1, P. Vigand ; *D.* 2008, p. 745, J. Raynard ; J. Passa, *op. cit.*, n° 416.

48 Cass. com., 3 mars 2009, n° 06-10.243.

Faut-il alors revenir sur tous les effets de la condamnation pour contrefaçon devenue définitive ? La question est épineuse. Apparaît un conflit entre l'autorité de la chose jugée et l'effet rétroactif et *erga omnes* de l'annulation.

Faisant prévaloir, dans un premier temps, la rétroactivité de la nullité, la Cour de cassation a posé le principe suivant dans l'affaire *Normalu*[49] : « *[I]l n'y a pas autorité de la chose jugée lorsqu'un fait ou un acte postérieur à la décision dont l'autorité est invoquée modifie la situation antérieurement reconnue en justice ; que, dès lors que l'annulation d'un brevet entraîne son anéantissement au jour du dépôt de la demande de brevet, c'est à bon droit que la cour d'appel a retenu que la procédure d'indemnisation du préjudice se trouvait privée de tout support juridique [...]* » La disparition du titre produit tous ses effets et la condamnation antérieure a perdu son fondement juridique. En l'occurrence, faut-il préciser, l'annulation de la décision antérieure n'entraînait le remboursement d'aucune somme puisque les dommages-intérêts n'avaient pas été versés, une procédure visant à en fixer le montant étant en cours.

Mais, plus récemment, l'Assemblée plénière a fait prévaloir le principe inverse et jugé « *qu'ayant relevé que M. X... avait été condamné comme contrefacteur par une décision irrévocable, la cour d'appel en a exactement déduit que l'anéantissement rétroactif et absolu du brevet dans la mesure de l'annulation des revendications prononcée par une décision postérieure n'était pas de nature à fonder la restitution des sommes payées en exécution de sa condamnation du chef de contrefaçon* »[50]. La doctrine se montre en général favorable à cette solution qui préserve la sécurité juridique et refuse la création subreptice d'une nouvelle voie de recours en dépit de l'irrévocabilité des décisions de justice[51]. Cette solution est du reste conforme à celle qu'a expressément choisie le législateur européen dans l'article 62, paragraphe 2, du règlement (UE) 2017/1001 sur la marque de l'Union européenne[52].

L'annulation du brevet ne permet pas non plus de faire condamner le faux breveté pour procédure abusive en contrefaçon. « *La jurisprudence rappelle de manière constante que le breveté qui agit sur la base de son titre ne commet pas d'abus du seul fait de l'annulation de celui-ci au cours de l'instance* », écrit Emmanuel Py[53]. Le titulaire, se fondant sur la présomption de validité de son titre, a pu commettre une erreur légitime sur la validité de son droit.

---

49 Cass. com., 12 juin 2007, *Normalu*, préc.

50 Cass. Ass. plén., 17 février 2012, n° 10-24.282 ; *Propr. industr.* 2012, rep. 4, C. Le Stanc ; *CCE* 2012, comm. 72, C. Caron.

51 E. Py, *Propr. industr.* 2012, comm. 29 ; J. Raynard, *JCP G* 2012, 444.

52 N. Binctin, *Droit de la propriété intellectuelle : droit d'auteur, brevet, droits voisins, marque, dessins et modèles*, 3e éd., Paris, LGDJ-Lextenso, 2014, n° 872. Même sens : art. 77 du Codice (italiano) della proprietà industriale.

53 *JCl Brevets*, Fasc. 4495, « Annulation du brevet », n° 174. P. ex. : CA Paris, 4e ch., 23 mai 2001 ; *PIBD* 2001, n° 729, III, p. 526. Il devrait en être de même pour le titulaire qui se trompe sur la portée de son brevet : CJUE, 6 juillet 2010, *Monsanto Technology*, aff. C-428/08, EU:C:2010:402 ; *Europe* oct. 2010, comm. 339, L. Idot.

Si l'annulation du brevet ne permet pas de revenir sur les sanctions pécuniaires d'une « contrefaçon » antérieure, il ne devrait pas en être de même de l'injonction de cessation des faits reprochés. Le concurrent devrait être laissé libre de reproduire l'objet du brevet annulé et de concurrencer son rival[54]. L'effet absolu de la décision d'annulation joue pour le futur[55]. Ainsi un jugement de Bordeaux, qui annule un brevet, précise « *que cette annulation entraîne ipso facto l'interdiction pour M. B. et les concessionnaires de se prévaloir auprès de leur clientèle de l'existence du brevet annulé* ». Cette interdiction doit être prise au sérieux puisqu'elle est assortie d'une astreinte de 500 francs par infraction constatée[56].

Est-ce le pressentiment des tribulations, décrites ci-dessus, auxquelles le titulaire d'un brevet est exposé du fait de la fragilité d'un titre risquant constamment une remise en question, qui a dissuadé Nicolas Appert d'accepter le brevet que lui offrait un ministre de Napoléon pour couvrir sa technique de conservation des aliments[57] ? Il opta pour un prix en argent, choix qui l'obligeait à renoncer à toute exclusivité sur son invention et même à en révéler tous les aspects. Eut-il tort, eut-il raison ? Certes il empocha immédiatement la coquette somme de 12 000 francs et fut grandement honoré pendant la période napoléonienne, mais il en subit aussi les avanies. Son usine fut détruite par les armées ennemies en 1816, des concurrents britanniques déposèrent des brevets sur sa technique, et il mourut oublié de tous, dans le plus profond dénuement, sous la monarchie de Juillet... La mention « breveté S.G.D.G. » – en dépit de ses faiblesses – apposée sur ses conserves en verre ou en fer-blanc, lui aurait sans doute assuré un meilleur retour sur investissement.

---

54 J.-P. Stenger, *JCl Brevets*, Fasc. 4641, « Action en contrefaçon », n°s 23-24 ; Avis AG Le Mesle, *JCP G* 2012, 277.

55 J. Raynard, *JCP G* 2012, préc.

56 TGI Bordeaux, 27 juin 1989; *PIBD* 1990-III-674 ; E. Py, *JCl Brevets*, Fasc. 4495, n° 175.

57 Proposition du 11 août 1809 du ministre Montalivet. Cf. J.-P. Barbier, « Appert et l'invention de la conserve », *Revue du Souvenir napoléonien*, HS2, décembre 2009.

PARTIE III

Droit international

Regards sur la règle de conflit européenne

DOMINIQUE BUREAU*
Université Paris 2 Panthéon-Assas

Résumé

Le droit international privé d'origine européenne est aujourd'hui en plein essor. A l'analyse des règlements européens, quel est alors la place aujourd'hui réservée à la règle de conflit ? C'est là ce que propose d'examiner la présente contribution, sous l'angle de sa présence même, de sa fonction ou de son régime. Il en ressort un bilan contrasté, où la pérennité de cet instrument de règlement des conflits de lois ne saurait masquer certaines des évolutions dont elle a été l'objet.

* Professeur à l'Université Paris 2 Panthéon-Assas.

En amical hommage à la dédicataire du présent ouvrage, c'est vers une contribution à la lisière du droit international privé et du droit de l'Union européenne[1] que l'on peut tout naturellement s'orienter, sans grande originalité il est vrai : *intuitu personae*, tant chacun sait que Laurence Idot a consacré une part importante de sa réflexion à ces deux disciplines et aux divers liens qu'elles sont susceptibles d'entretenir[2] ; *intuitu materiae*, de surcroît, tant l'étude de telles interactions peut sembler aujourd'hui quelque peu rebattue. C'est en effet devenu un lieu commun que de relever désormais le singulier bouleversement des sources qu'a connu le droit international privé depuis la fin du xxe siècle, précisément sous l'influence du droit de l'Union européenne. L'ampleur des règlements – se succédant parfois à eux-mêmes[3] – est même telle à présent qu'à l'aune du droit français, la source purement nationale de la discipline s'est vue réduire comme une peau de chagrin, pour ne plus guère englober que quelques aspects du droit de la famille, certaines questions ponctuelles non résolues par le dispositif européen, à l'image par exemple des conflits de lois en matière d'obligations non contractuelles découlant d'atteintes à la vie privée et aux droits de la personnalité[4] ou quelques autres encore au sein desquelles un projet de codification du droit international privé français entend faire son lit[5].

Pour le reste, une part majeure des situations sur lesquelles un conflit de lois est susceptible de venir se greffer relève aujourd'hui d'un droit international privé de source européenne : divorce, obligations alimentaires, régimes matrimoniaux, partenariats enregistrés, successions, obligations contractuelles ou non contractuelles, insolvabilité… suffisent amplement à en témoigner. Place essentielle donc, même si sous l'angle de la théorie générale, et dans l'attente d'un hypothétique règlement chargé d'en décliner les divers aspects dans une perspective européenne[6], le droit national conserve encore une partie de son empire. Celui-ci se voit cependant à son tour contesté, comme en attestent par exemple les lois de police, parfois définies et/ou utilisées par les règlements européens ; ou les conflits transitoires internationaux, parfois réglés au sein même de ces instruments ; dans le même temps, l'exception d'ordre public n'est plus quant à elle exclusivement nationale, tandis

1 Si l'on observe qu'à propos du régime de la règle de conflit européenne, la Cour de cassation s'est récemment prononcée dans une affaire ayant pour toile de fond le droit de la concurrence (v. *infra*, III), la thématique – en forme de triptyque – de ce recueil n'en sera que plus encore respectée. Sur cette interférence entre le droit international privé, le droit de l'Union européenne et le droit de la concurrence, v. encore récemment les belles notes de L. Idot sous les affaires *Movic* (*Rev. crit. DIP* 2021. 383) et *Booking* (*Rev. crit. DIP* 2021. 440).

2 V. entre autres, dès 2002, L. Idot, « L'incidence de l'ordre communautaire sur le droit international privé », *LPA* n° 248 du 12 décembre 2002, p. 27.

3 Bruxelles I, I *bis* ; Bruxelles II, II *bis*, II *ter*…

4 Exclues du règlement Rome II (art. 1, § 2 g).

5 Sur sa genèse, v. « Un Code de DIP, "pour le rayonnement de la France" – Entretien avec Thomas Andrieu, directeur des affaires civiles et du sceau au ministère de la Justice », *JCP N*, n° 19, 10 mai 2019, act. 460 ; pour la présentation de son esprit et de ses premières réalisations, v. *Trav. Com. fr. DIP*, 2018-2020, p. 347 et s.

6 Sous cet aspect, v. not. S. Bariatti et E. Pataut, « Codification et théorie générale du droit international privé », in M. Fallon, P. Lagarde et S. Poillot-Peruzzetto (dir.), *Quelle architecture pour un code européen de droit international privé ?*, Bruxelles, P.I.E. Peter Lang, 2011, p. 337 et s. *Adde*, plus récemment, les travaux du GEDIP : <https://gedip-egpil.eu/wp-content/uploads/2020/08/PV-v.5.01.21-FINAL.pdf>.

que l'application d'office de la règle de conflit fait depuis peu l'objet d'un régime particulier sur lequel on reviendra.

Là est le constat, donc, de l'édification de ce colosse aux pieds d'argile[7] que constitue l'européanisation des sources de la matière sous l'influence massive des règlements ayant pour objet le droit international privé. Constat que l'on pourrait d'ailleurs prolonger du côté de l'abondante jurisprudence de la Cour de justice de l'Union européenne, qui, dans sa mission d'interprétation, est censée venir éclairer les juges nationaux autant que les justiciables, alors même que le résultat de ses interventions peine parfois à convaincre du succès de l'entreprise… En témoigne notamment la très incertaine définition contemporaine de la matière contractuelle, spécialement lorsqu'elle est confrontée au droit de la concurrence et revisitée, à maintes reprises, par la Cour, sans que l'on soit parfaitement assuré d'en maîtriser toutes les subtiles nuances[8].

C'est ici à l'aune des règlements européens que sera cependant menée essentiellement l'étude ; celle de la jurisprudence conduit en effet vers d'autres chemins, plus encore balisés et bien souvent parcourus en termes herméneutiques[9], méthodologiques[10] ou conceptuels[11]. En outre, c'est sous le seul aspect des conflits de lois et à travers la seule règle de conflit que sera – brièvement – développé le propos. Naguère instrument exclusif de règlement des conflits de lois, qu'en reste-t-il une fois traversée la tempête européenne ? C'est là ce que l'on examinera sous l'angle de sa présence même (I.), de sa fonction (II.) ou de son régime (III.).

---

7 La compétence des institutions européennes en ce domaine ayant été très vivement contestée ; cf. not. : C. Kohler, « Interrogations sur les sources du droit international privé européen après le traité d'Amsterdam », *Rev. crit. DIP* 1999. 1 ; V. Heuzé, « D'Amsterdam à Lisbonne, l'État de droit à l'épreuve des compétences communautaires en matière de conflits de lois », *JCP G* 2008, I, 166 ; « Construction européenne, État de droit et droit international privé », in V. Heuzé et J. Huet (dir.), *Construction européenne et État de droit*, Paris, Université Panthéon-Assas, 2012, p. 129 et s. ; Y. Lequette, « De Bruxelles à La Haye (Acte II) », in *Mélanges en l'honneur de Hélène Gaudemet-Tallon*, Paris, Dalloz, 2008, p. 503 et s.

8 Cf. spéc. L. Idot, « La distinction entre la "matière contractuelle" et la "matière délictuelle" revisitée par les actions en droit de la concurrence », note sous CJUE, 24 novembre 2020, *Rev. crit. DIP* 2021. 440.

9 V. spéc. L. Coutron, « Style des arrêts de la Cour de justice et normativité de la jurisprudence communautaire », *RTD eur.* 2009. 643 ; B. Bertrand, « Les blocs de jurisprudence », *RTD eur.* 2012. 741 ; T. Azzi, « La Cour de justice et le droit international privé ou l'art de dire parfois tout et son contraire », in *Mélanges en l'honneur du professeur Bernard Audi*, Paris, LGDJ, 2014, p. 43 et s.

10 Cf. p. ex. : M. Minois, *Recherche sur la qualification en droit international privé des obligations*, Paris, LGDJ, 2020 préface T. Azzi. Et déjà, M. Audit, « L'interprétation autonome du droit international privé communautaire », *JDI* 2004. 789.

11 V. p. ex., en matière d'insolvabilité internationale et pour l'analyse d'une importante jurisprudence : C. Legros, « Les actions annexes », in *Le droit européen des procédures d'insolvabilité à la croisée des chemins*, Paris, Montchrestien, 2013, p. 115 et s. ; D. Robine, « Les actions connexes », in *Le nouveau règlement insolvabilité : quelles évolutions ?*, Issy-les-Moulineaux, Joly éditions, 2015, p. 61 et s. ; R. Dammann et M. Guermonprez, « Les actions annexes à une procédure d'insolvabilité au sens du règlement n° 2015/848 : les critères de compétence applicables », in *Mélanges AEDBF France VII*, Paris, RB édition 2018, p. 157 ; T. Mastrullo, « La notion d'action ou de décision "qui dérive directement de la procédure d'insolvabilité et s'y insère étroitement" : étude du domaine de la faillite en droit de l'Union européenne », in *Études en la mémoire de Philippe Neau-Leduc*, LGDJ, 2018, p. 701.

- I -

S'agissant de sa présence en droit international privé contemporain, comment ne pas être surpris d'emblée par le simple constat de la pérennité de la règle de conflit ? Au-delà des crises, des révolutions pour certains, que la méthode conflictuelle aura traversées, elle demeure toujours en bonne place, dans la plupart des règlements européens. On aurait pourtant pu la croire un instant dépassée par l'harmonisation des droits substantiels à l'échelle européenne[12], puis par l'émergence d'une règle de conflit cachée prenant racine au sein du droit primaire des libertés fondamentales[13]. Rien de tout cela n'est pourtant parvenu à l'effacer : la règle de conflit, pour européenne qu'elle soit, est toujours là, et bien apparente.

Les illustrations en sont si nombreuses que l'on pourrait presque se dispenser d'évoquer la moindre d'entre elles. Quelques exemples, piochés au hasard des règlements européens, y suffiront : « *Sauf dispositions contraires du présent règlement, la loi applicable à une obligation non contractuelle résultant d'un fait dommageable est celle du pays où le dommage survient, quel que soit le pays où le fait générateur du dommage se produit et quels que soient le ou les pays dans lesquels des conséquences indirectes de ce fait surviennent* »[14] ; « *À défaut de choix […] la loi applicable au contrat suivant est déterminée comme suit : a) le contrat de vente de biens est régi par la loi du pays dans lequel le vendeur a sa résidence habituelle* »[15] ; « *Sauf disposition contraire du présent règlement, la loi applicable à l'ensemble d'une succession est celle de l'État dans lequel le défunt avait sa résidence habituelle au moment de son décès* »[16] ; « *À défaut de convention sur le choix de la loi applicable conformément à l'article 22, la loi applicable aux effets patrimoniaux du partenariat enregistré est la loi de l'État selon la loi duquel le partenariat enregistré a été créé* »[17]… Autant de règles de conflit, de facture classique de surcroît.

Autant de règles de conflit ? Bien plus que naguère, même, aux temps que l'on pouvait décrire comme un « âge d'or » de la jurisprudence[18] : à parcourir par exemple *Les grands arrêts de la jurisprudence française de droit international privé*, comment ne pas être troublé par le constat qui en ressort ? Quatre-vingt-sept arrêts, traitant de l'essentiel du droit international privé classique, englobant la condition des étrangers, la nationalité, les conflits de juridictions et les conflits

12 Sur le constat aux termes duquel la construction communautaire n'élimine nullement les conflits de lois, v. déjà L. Idot, « L'incidence de l'ordre communautaire sur le droit international privé », préc.

13 Sur le mythe de la règle de conflit cachée et son démenti, v. spéc. M. Ho-Dac, *La loi du pays d'origine en droit de l'Union européenne : analyse sous l'angle du droit international privé*, Bruxelles, Bruylant, 2012, préface S. Sana-Chaillé de Néré.

14 Art. 4, § 1, règlement Rome II.

15 Art. 4, § 1 a), règlement Rome I.

16 Art. 21, § 1, règlement successions.

17 Art. 26, § 1, règlement partenariats enregistrés.

18 B. Ancel et Y. Lequette, *Les grands arrêts de la jurisprudence française de droit international privé*, 5e éd., Paris, Dalloz, 2006, avant-propos, p. VII.

de lois, l'exposé des solutions particulières et de la théorie générale. Mais, pour en rester aux conflits de lois et aux règles spéciales, c'est la modestie du nombre qui en ressort aujourd'hui. Pour les successions : *Stewart* (n° 3), *Forgo* (n° 7-8), *Château de Chambord* (n° 14), *de Marchi* (n° 16), *Labedan* (n° 18)[19] ; pour le contrat : *American Trading* (n° 11), *Messageries maritimes* (n° 22), *Société des Fourrures Renel* (n° 35) ; s'agissant du divorce : *Ferrari* (n° 12), *Rivière* (n° 26) ; pour les régimes matrimoniaux : *Zelcer* (n° 15), *Gouthertz* (n° 51) ; quant à la responsabilité délictuelle, *Lautour* (n° 19)... Sans doute faut-il bien mesurer la portée de l'exercice : nul ne saurait évidemment prétendre que tout le droit international privé était dans ces arrêts, loin s'en faut. Mais tout de même, quiconque en prenait connaissance sur les thèmes seuls ici retenus pouvait prétendre avoir une connaissance assez solide des principes essentiels régissant la matière. Tel n'est assurément plus le cas aujourd'hui[20].

Par comparaison : pour la responsabilité délictuelle, 40 considérants et 32 articles dans le règlement Rome II ; pour les contrats, 46 considérants et 29 articles dans le règlement Rome I ; pour le divorce, 30 considérants dans le règlement Rome III et 21 articles ; pour les successions, 83 considérants et 84 articles, dont 19, parfois très longs, sur la seule loi applicable dans le règlement européen – dépassant il est vrai le seul champ du conflit de lois... ; pour les régimes matrimoniaux, 73 considérants et 70 articles – parfois très longs –, dont16 consacrés à la seule loi applicable dans le règlement – dépassant lui aussi le seul règlement du conflit de lois.

La règle de conflit européenne – et une partie de son arsenal[21] – est donc plus que présente dans le paysage internationaliste contemporain.

Aurait-il pu en être autrement ? Les plus classiques des internationalistes n'hésiteraient sans doute pas à transposer à la méthode conflictuelle la formule prêtée à Winston Churchill affirmant, approximativement du moins[22], que la démocratie était le pire des systèmes à l'exclusion de tous les autres. En deçà même d'un tel exclusivisme, force est pourtant de reconnaître que, parmi les autres procédés composant aujourd'hui le pluralisme des méthodes, ni les règles matérielles ni – moins encore – les lois de police n'auraient évidemment pu s'y substituer pleinement, pour des raisons de compétence, de difficulté de la tâche, ou bien encore d'insuffisance technique. Pas davantage la

19 Et encore ne faut-il sans doute pas sous-estimer l'attrait naturel des deux auteurs pour la matière.

20 Au point de rendre peu probable une sixième édition des grands arrêts, selon l'un de ses auteurs : Y. Lequette, « Réflexions sur une préface et un compte rendu », in M*élanges en l'honneur du professeur Bertrand Ancel*, Paris, LGDJ/Madrid, Iprolex, 2018, p. 1121 et s.

21 Exception d'ordre public, renvoi...

22 La citation exacte, extraite d'un discours de W. Churchill prononcé le 11 novembre 1947 à la Chambre des Communes, est la suivante : « *Many forms of Government have been tried, and will be tried in this world of sin and woe. No one pretends that democracy is perfect or all-wise. Indeed, it has been said that democracy is the worst form of Government except all those other forms that have been tried from time to time; but there is the broad feeling in our country that the people should rule, continuously rule, and that public opinion, expressed by all constitutional means, should shape, guide, and control the actions of Ministers who are their servants and not their masters.* »

méthode de la reconnaissance ne s'est-elle encore affirmée dans les règlements européens, alors même que l'on en trouve quelques traces dans la jurisprudence de la CJUE. Mais là encore, son hégémonie semble peu probable[23].

Quant au contenu même de cette règle de conflit, son étude a déjà été entreprise dans sa singularité même[24]. Si l'on constate alors quelques changements quant aux solutions désormais en vigueur par rapport à celles qui précédaient le développement des règlements européens, ils sont d'ailleurs loin de faire nécessairement regretter la jurisprudence antérieure[25]. Corrélativement, s'agissant des évolutions méthodologiques que contiennent les règlements européens – règles de conflit en cascade, à coloration matérielle, spécialisées, développant la place de la volonté, laissant la place au mécanisme de la clause d'exception –, une règle de conflit purement française aurait-elle été radicalement différente ? À considérer les œuvres du législateur français[26] aussi bien que les réalisations des plus récentes entreprises ayant le droit international privé pour objet dans différents États depuis la fin du XXe siècle[27], on peut raisonnablement en douter.

Une règle de conflit, donc, ni tout à fait la même, ni tout à fait une autre, mais toujours là, et bien là.

- II -

Au regard de sa fonction, il fut un temps où l'on pouvait affirmer que la règle de conflit avait pour seul dessein – sans même que l'on puisse alors en envisager un autre – la désignation de la loi applicable à une situation juridique comportant des liens avec plusieurs pays. Sa neutralité[28] était alors considérée comme étant de l'essence même de cet instrument[29], en dépit des évolutions dont les fondements du droit international privé avaient pu faire l'objet au cours de l'histoire. Ainsi, alors qu'une fonction répartitrice de souverainetés était assignée au droit international privé, la neutralité de la règle de conflit était apparue particulièrement propice à la mise en

---

23 V. p. ex., sur ce point, P. Lagarde, « La méthode de la reconnaissance est-elle l'avenir du droit international privé ? », *RCADI*, 2015 (t. 371), où l'auteur distingue clairement entre la création des situations (devant relever de la méthode conflictuelle) et le stade postérieur à leur création (devant laisser place à la méthode de la reconnaissance). Comp., en termes « d'exception de reconnaissance », L. d'Avout, « La reconnaissance dans le champ des conflits de lois », *Trav. Com. fr. DIP*, 2014-2016, p. 215 et s.

24 Cf. not. C. Nourissat, « De quelques rattachements en droit international privé communautaire », in *Écrits rédigés en l'honneur de Jacques Foyer*, Paris, Economica, 2008, p. 731.

25 Sur la loi applicable au délit complexe, ou sur le morcellement de la loi applicable en matière successorale, par exemple.

26 En matière de filiation, par exemple.

27 Cf. p. ex. les codifications allemande, italienne, suisse ; et plus récemment, chinoise ou monégasque.

28 En dépit même de l'équivoque d'un tel concept et de la diversité des expressions de cette neutralité ; sur ce thème, v. spéc. Y. Loussouarn, « La règle de conflit est-elle une règle neutre ? », *Trav. com. fr. DIP*, 1980-1981, t. 2, p. 43 et s.

29 V. encore, sur l'affirmation contemporaine de cette « neutralité » : Cass. 1re civ., 4 mars 2020, *JCP* 2020. 818, note E. Fongaro ; *JDI* 2020. 955, note B. Ancel ; *Rev. crit. DIP* 2020. 369, note D. Bureau.

œuvre d'une conception purement objective, mécanique, des critères mis en œuvre pour départager les lois en conflit. Non sans surprise, cette même neutralité aurait su résister à la privatisation des fondements de la règle de conflit, censée par la suite trancher des conflits d'intérêts privés et non plus des conflits de souveraineté[30]. Parce qu'elle serait neutre, la règle de conflit demeurerait ainsi particulièrement adaptée à la satisfaction des exigences de proximité désormais privilégiées, en accentuant la qualité des liens entre la question litigieuse et la loi désignée sans autoriser pour autant une incursion dans la teneur matérielle de celle-ci. Neutre, la règle de conflit peut alors être considérée comme telle parce qu'elle n'a pas d'autre fonction que de conduire à la désignation de telle ou telle loi, indépendamment du contenu de celle-ci ; seule l'intensité du lien avec un État dicte le rattachement.

Sous cet aspect, la neutralité de la règle de conflit ne fait plus cependant aujourd'hui figure de dogme intangible. On sait en effet que certaines règles de conflit se sont résolument orientées vers la recherche d'un résultat substantiel déterminé. Autrement dit, des considérations d'ordre matériel sont désormais prises en compte dans la désignation de la loi applicable. C'est à ce sujet que l'on évoque le concept de règle de conflit à coloration matérielle, ou à finalité matérielle[31]. Permettant de parvenir à un résultat jugé souhaitable, ces règles ne sont donc pas neutres, dès lors qu'elles visent à réaliser une politique, notamment de faveur à la validité d'un acte ou aux intérêts bien compris d'une personne déterminée à l'avance. Ce mouvement de matérialisation de la règle de conflit est aujourd'hui bien connu : il révèle qu'en certaines hypothèses, la méthode conflictuelle ne craint pas – au stade même de la formulation de la règle[32] – de tenir compte de certains impératifs d'ordre matériel.

Du moins relèvera-t-on, à ce stade de l'analyse, que la matérialisation est alors fondée sur le lien entre la règle de droit international privé et un intérêt substantiel déterminé, justifié par la politique que l'on entend suivre sur telle ou telle question juridique : politique de faveur à l'égard de telle forme de filiation, politique de faveur à l'égard de la validité formelle des testaments… En deçà même d'une prise en considération aussi manifeste des objectifs du droit substantiel par le droit international privé, un lien demeure d'ailleurs le plus souvent tendu entre celui-ci et la matière à laquelle il se rattache. Ces liens entre le droit civil et le droit international privé n'ont évidemment pas disparu[33].

---

30 Sur l'ensemble, v. H. Muir Watt, « La fonction de la règle de conflit de lois », thèse, Université Paris 2, 1985.

31 Sur ce phénomène, aujourd'hui classique, v. spéc. : A. Bucher, « Sur les règles de rattachement à caractère substantiel », in *Liber amicorum Adolf F. Schnitzer*, Genève, Librairie de l'université, 1979, p. 37 ; P. M. Patocchi, *Règles de rattachement localisatrices et règles de rattachement à caractère substantiel : de quelques aspects récents de la diversification de la méthode conflictuelle en Europe*, Genève, Georg, 1985 ; F. Soirat, « Les règles de rattachement à caractère substantiel », thèse, Paris 1 Panthéon-Sorbonne, 1995.

32 Il serait d'ailleurs inexact de considérer qu'aucun effet substantiel n'est jamais recherché au sein même de la méthode conflictuelle classique, reposant sur la mise en œuvre d'une règle de conflit traditionnellement considérée comme « bilatérale et neutre ».

33 En deçà même des positions affirmées à ce sujet par E. Bartin, dans sa célèbre formule contenue dans la préface aux *Études de droit international privé*, Paris, A. Chevalier-Marescq, 1899 : « *[L]es règles de conflit sont des règles nationales, dans chaque pays, au même titre que les institutions de droit interne dont elles circonscrivent le domaine. Elles leur restent liées comme l'ombre au corps, parce qu'elles ne sont autre chose que la projection de ces institutions elles-mêmes sur le plan du droit international* » (p. II).

Sous l'influence notamment du droit de l'Union européenne, ce lien pourrait cependant se présenter désormais de manière encore différente : au point que la neutralité de la règle de conflit offrirait un visage quelque peu rénové[34].

Selon une analyse développée à titre d'hypothèse par Jürgen Basedow[35] en effet, le développement du droit de l'Union européenne pourrait entraîner une sorte de répartition des tâches en matière de droit privé, entre les autorités des États membres et celles de l'Union européenne : alors que la législation de droit privé matériel resterait essentiellement la tâche des États membres, la coordination de ces législations entre elles et avec les législations des États tiers incomberait à l'Union. C'est ainsi que cette dernière assumerait un rôle d'arbitre chargé de trancher de manière neutre entre les prétentions des États membres portant sur l'application de leur propre droit privé matériel.

On reviendrait ainsi à une conception désincarnée de la règle de conflit, reflétant sous cet aspect une parfaite indépendance du droit international privé vis-à-vis du droit matériel. Le droit des conflits de lois, « *droit au-dessus des droits* »[36], ne serait alors régi que par les considérations et valeurs propres à cette discipline, et distinctes des valeurs et considérations du droit matériel. Autrement dit, alors que les règles de droit international privé des États membres reflètent assez fréquemment des besoins matériels de la loi du for, alors qu'elles sont liées de façon multiple aux valeurs, institutions et catégories du droit privé national, il en irait différemment au sujet du droit de l'Union européenne. Cette différence proviendrait tout simplement du fait que l'Union européenne n'aurait pas de *lex fori* en matière de droit privé : le droit privé de l'Union consisterait essentiellement dans les droits privés des États membres. Or, l'Union ne saurait légitimement préférer l'intérêt national d'un État membre d'appliquer sa propre loi nationale à l'intérêt identique mais allant en sens contraire d'un autre État membre. Dans ce contexte, l'Union devrait prendre la position d'un arbitre impartial. Ainsi s'exprimerait cette nouvelle neutralité du droit international privé.

Force est cependant d'admettre que cette impartialité ne saurait empêcher cet arbitre d'être guidé par des considérations propres à l'ordre européen, sous une forme d'impartialité un peu particulière donc, puisqu'au service des intérêts de l'arbitre lui-même. Aisément perceptibles, ces considérations s'expriment d'ailleurs de diverses manières dans les textes du droit international privé de l'Union européenne.

À nouveau, les exemples ne manquent pas, comme en atteste la simple lecture de certaines formules contenues dans le préambule du règlement Rome III : « *Accroître la mobilité des citoyens requiert davantage de souplesse et une plus grande sécurité*

34 Dans certains cas – en matière contractuelle, par exemple, s'agissant des rapports impliquant une partie faible –, le bilatéralisme peut d'ailleurs dissimuler une forme de néo-statutisme, dès lors qu'il s'agit de faire produire effet à des lois impératives plutôt que de localiser un rapport de droit en fonction des liens qu'il est susceptible de présenter avec différents ordres juridiques (cf. D. Bureau et H. Muir Watt, *Droit international privé*, 5e éd. 2021, Paris, PUF, coll. « Thémis », t. 2, spéc. § 1168).

35 J. Basedow, « Spécificité et coordination du droit international privé communautaire », *Trav. Com. fr. DIP*, 2002-2004, p. 275 et s.

36 Selon l'expression de P.H. Neuhaus, *Die Grundbegriffe des internationalen Privatrechts*, 2e éd., Tübingen, Mohr, 1976, p. 2, cité par J. Basedow, préc., p. 278.

juridique. Pour répondre à cet objectif, le présent règlement devrait renforcer l'autonomie des parties en matière de divorce et de séparation de corps en leur laissant une possibilité limitée de choisir la loi applicable à leur divorce ou à leur séparation de corps » (considérant 15) ; il en va de même du règlement successions : « *Il y a lieu de faciliter le bon fonctionnement du marché intérieur en supprimant les entraves à la libre circulation de personnes confrontées aujourd'hui à des difficultés pour faire valoir leurs droits dans le contexte d'une succession ayant des incidences transfrontières. Dans l'espace européen de justice, les citoyens doivent être en mesure d'organiser à l'avance leur succession. Les droits des héritiers et légataires, des autres personnes proches du défunt ainsi que des créanciers de la succession doivent être garantis de manière effective* » (considérant 7) ; ou du règlement régimes matrimoniaux : « *Afin de permettre aux citoyens de profiter, en toute sécurité juridique, des avantages offerts par le marché intérieur, le présent règlement devrait permettre aux époux de connaître à l'avance la loi applicable à leur régime matrimonial. Des règles harmonisées de conflits de lois devraient dès lors être introduites pour éviter des résultats contradictoires. La règle principale devrait assurer que le régime matrimonial est régi par une loi prévisible, avec laquelle il présente des liens étroits. Pour des raisons de sécurité juridique, et afin d'éviter le morcellement du régime matrimonial, la loi qui s'y applique devrait régir le régime matrimonial dans son ensemble, c'est-à-dire l'intégralité du patrimoine couvert par ledit régime, quelle que soit la nature des biens et indépendamment du fait que ceux-ci sont situés dans un autre État membre ou dans un État tiers* » (considérant 43)[37].

Diverses leçons peuvent en être dégagées : l'objectif poursuivi par ces règles semble l'être essentiellement en termes de libre circulation des personnes ou de mobilité des citoyens. Il en ressort que le droit international privé porté par ces règlements, loin d'être désincarné, n'est au contraire qu'un instrument de réalisation des finalités du droit matériel de l'Union européenne en termes de mobilité[38].

On comprend alors que le droit international privé du divorce par exemple, serait détaché des objectifs traditionnels du droit international privé – en termes purement localisateurs – et du droit substantiel du divorce lui-même… pour servir d'autres intérêts. Surplombant la justice matérielle et la justice conflictuelle, cette justice Unioniste devrait ainsi l'emporter.

Se mesure ici l'originalité de la démarche, où le droit international privé est largement inspiré par des motifs qui lui sont extérieurs, et sont même extérieurs à la matière à laquelle ces règles sont censées s'appliquer. C'est bien pourtant à la règle de conflit qu'il appartient toujours de servir ces nouveaux desseins[39].

---

37 Et, en des termes très comparables, considérant 42 du règlement partenariats enregistrés.

38 Plus largement, on a pu faire observer que la règle de conflit européenne assumait « *une fonction répartitrice de compétences étatiques qui, associée à une répartition verticale des pouvoirs entre les États-membres et l'Union, exprime une certaine conception du fédéralisme. Dans cette perspective, elle est aussi : relais de la confiance mutuelle ; mécanisme de régulation de la concurrence inter-systémique ; instrument de promotion du marché intérieur des produits et des services ; dispositif de protection des droits fondamentaux individuels ; gardienne de la prévisibilité des citoyens mobiles* » (D. Bureau et H. Muir Watt, *op. cit.*, spéc. § 1170).

39 V. pourtant P. Gothot, « Le renouveau de la tendance unilatéraliste en droit international privé », *Rev. crit. DIP* 1971. 1, et spéc. p. 35 : « *Entre la fonction de la règle de droit international privé et sa structure existe évidemment un lien si étroit que l'on ne peut garder la structure si la fonction vient à changer.* »

Que l'on ne s'y trompe pas cependant : par répercussion, ce droit international privé au service de la mobilité des citoyens dessine inéluctablement une certaine conception du droit matériel, dont l'attractivité tend manifestement à guider de plus en plus ostensiblement la plume du législateur contemporain.

- III -

C'est essentiellement sur le terrain de l'office du juge que la question du régime de la règle de conflit sera enfin abordée dans ce rapide tour d'horizon[40]. Ainsi posée, la question n'est d'ailleurs pas nouvelle, naguère suggérée par un célèbre arrêt de la Cour de cassation ayant imposé aux juges du fond de procéder d'office à la recherche de la loi applicable dans les matières soumises à une convention internationale[41]. Le sort particulier réservé aux règles de conflit portées par une convention internationale avait alors été fermement critiqué : une fois en vigueur, les traités devraient être appliqués en effet comme n'importe quelle autre norme, leur supériorité ne concernant que des questions de hiérarchie, non pas de mise en œuvre[42]. Et ce qui vaut pour le droit conventionnel classique devait aussi bien valoir pour le droit de l'Union européenne[43]. Devant de telles critiques, cette solution avait été ultérieurement abandonnée, au profit d'un système de solution fondé sur le seul critère de la libre disposition des droits, et abandonnant dès lors tout particularisme lié à la présence d'une convention internationale.

C'est ainsi que la Cour de cassation estima tout d'abord que les juges n'étaient plus tenus d'appliquer d'office une règle de conflit issue d'une convention internationale dès lors que les droits des parties étaient disponibles[44] ; par un arrêt du même jour, elle réaffirma en outre qu'il « *incombe au juge français, pour les droits indisponibles, de mettre en application la règle de conflit de lois* »[45]. Et le système de solution se maintint, inchangé, pendant plus de vingt ans.

Il vient cependant de vaciller. Sous le visa de l'article 6 du règlement (CE) n° 864/2007 du Parlement européen et du Conseil du 11 juillet 2007 sur la loi applicable aux

---

40 Au-delà de la règle de conflit elle-même, la méthode conflictuelle ne sort pas indemne de l'européanisation de ses sources. Sur l'ensemble, v. spéc. T. Azzi et O. Boskovic (dir.), *Quel avenir pour la théorie générale des conflits de lois ? Droit européen, droit conventionnel, droit commun*, Bruxelles, Bruylant, 2015 ; comp. D. Bureau et H. Muir Watt, *op. cit.*, spéc. p. 710 et s., consacrées à l'émergence d'une théorie générale du droit spécial européen.

41 Cass. 1re civ., 4 décembre 1990, *Coveco*, *Rev. crit. DIP* 1991. 558, note M.-L. Niboyet-Hoegy ; *JDI* 1991. 371, note D. Bureau ; *GA*, n° 76.

42 Sur la discussion, v. spéc. M.-L. Niboyet-Hoegy, « La mise en œuvre du droit international privé conventionnel », in *Mélanges en l'honneur de Roger Perrot*, Paris, Dalloz, 1996, p. 313.

43 Où des difficultés particulières pouvaient de surcroît apparaître, en cas par exemple de règle de conflit issue d'une directive, mais transposée par une législation nationale (sur cet exemple, v. *JDI* 1991. 384-385).

44 Cass. 1re civ., 26 mai 1999, *Mutuelle du Mans*, *Rev. crit. DIP* 1999. 707, 1re esp., note H. Muir Watt ; *Gaz. Pal.*, 1er-2 mars. 2000, p. 39, obs. M.-L. Niboyet ; *GA*, n° 77. Et depuis, v. not. Cass. 1re civ 28 février 2006, *Droit & Patrimoine*, décembre 2006, p. 76, obs. M.-E. Ancel.

45 Cass. 1re civ., 26 mai 1999, *Belaid*, *Rev. crit. DIP* 1999. 707, 2e esp., note H. Muir Watt ; *JCP* 1999. II. 10192, note F. Mélin ; *Defrénois*, 1999. 1261, obs. J. Massip, *GA*, n° 78.

obligations non contractuelles (« Rome II ») de l'article 12 du code de procédure civile et des principes de primauté et d'effectivité du droit de l'Union européenne, il a en effet été estimé que « *si le juge n'a pas, sauf règles particulières, l'obligation de changer le fondement juridique des demandes, il est tenu, lorsque les faits dont il est saisi le justifient, de faire application des règles d'ordre public issues du droit de l'Union européenne, telle une règle de conflit de lois lorsqu'il est interdit d'y déroger, même si les parties ne les ont pas invoquées* »[46].

N'insistons pas sur la motivation de cette décision – plusieurs fois commentée –, qui même enrichie ne saurait convaincre[47] : ni le principe de primauté – qui ne concerne que la hiérarchie des normes – ni le principe d'effectivité – qui implique seulement que les plaideurs ne soient pas privés du droit de faire valoir en justice les droits qu'ils tiennent du droit européen, autrement dit que « *les lois de procédure nationale ne doivent pas rendre pratiquement impossible ou excessivement difficile l'exercice des droits conférés par l'ordre juridique de l'UE* »[48] – n'étaient réellement pertinents, alors même que d'autres principes plus justement appropriés à la situation – principe d'équivalence avec le droit national, principe d'effet utile du droit européen – n'imposaient pas même une telle solution[49]. Il est d'ailleurs loin d'être certain que la réponse puisse provenir du droit européen lui-même, relevant de l'autonomie procédurale des États membres[50].

Sous cet aspect, la réponse était d'ailleurs particulièrement mal assurée en l'espèce, en contemplation des travaux préparatoires du règlement Rome II au cœur même de l'arrêt : alors que le Parlement européen avait en effet proposé tout d'abord d'introduire des dispositions sur l'office du juge dans le texte du règlement, la Commission ne les avait pas reprises en effet, au nom sans doute de l'autonomie

---

46 Cass. 1re civ., 26 mai 2021, *JCP G* 2021. 733, note L. d'Avout ; *Rev. crit. DIP* 2021. 850 note H. Gaudemet-Tallon ; *D.* 2021. 1522, note J. Guillaumé ; JDI, 2021. 25, note O. Boskovic.

47 Entendons bien : si la motivation de cette décision et la solution qu'elle consacre au profit de la seule règle de conflit d'origine européenne nous semblent discutables, le principe même d'une application obligatoire d'office, de toute règle de conflit, nous satisferait en revanche. En sorte que si l'on y voyait là le premier signe vers une telle évolution, on serait prêt à en oublier les défauts originels.

48 C. Chainais, F. Ferrand, L. Mayer et S. Guinchard, *Procédure civile*, 35e éd., Paris, Précis Dalloz, 2020, spéc. n° 161.

49 Sur la discussion, v. spéc. les notes de L. d'Avout et H. Gaudemet-Tallon, ainsi que, cité par le premier : M.-L. Niboyet, G. de Geouffre de la Pradelle, *Droit international privé*, 7e éd., Paris, LGDJ, 2020, spéc. n° 704. Comp. S. Clavel, « Les mutations de l'office du juge à l'aune du développement des règles de droit international privé supranationales », in E. Pataut, S. Bollée, L. Cadiet et E. Jeuland (dir.), *Les nouvelles formes de coordination des justices étatiques*, Paris, IRJS éd., 2013, p. 57 et s. *Adde* , plus généralement. P. Girerd, « Les principes d'équivalence et d'effectivité : Encadrement ou désencadrement de l'autonomie procédurale des États membres ? », *RTD eur.* 2002. 75.

50 M.-L. Niboyet, G. de Geouffre de la Pradelle, *op. cit., loc. cit.* ; M.-L. Niboyet, « Office du juge et déclenchement du raisonnement conflictuel », in T. Azzi et O. Boskovic (dir.), *op. cit.*, p. 19. Comp. S. Bariatti et E. Pataut, « Codification et théorie générale du droit international privé », in M. Fallon, P. Lagarde, S. Poillot-Peruzzetto (dir.), préc., spéc. p. 343, où les auteurs estiment que la « *marge exacte à donner au principe d'autonomie procédurale, quant à la question de l'application d'office, est assez imprécise* ». Sur ce principe, v. not. : T. Debard, V° « Droit de l'Union européenne et procédure civile », *Répertoire de procédure civile, Encyclopédie Dalloz*, Paris, Dalloz, spéc. n° 21 et s. ; M. Roccati, « Quelle place pour l'autonomie procédurale des États membres ? », *RIDE* 2015/4, p. 429. Comp., estimant qu'en l'état, la jurisprudence de la CJUE ne permet pas de fonder l'application d'office de la règle de conflit : S. Corneloup, « L'application facultative de la loi étrangère dans les situations de disponibilité du droit et l'application uniforme des règles de conflit d'origine européenne », in *L'application du droit étranger*, Soc. législ. comp., coll. Colloques, vol. 36, 2018, p. 75 et s., et spéc. p. 83.

procédurale des États membres[51]. On voit mal ainsi de quelle manière les dispositions du règlement Rome II pourraient s'imposer au nom de considérations européennes, alors que le texte lui-même avait préféré laisser toute latitude aux États membres à ce sujet…

Pas davantage ne saurait convaincre – fût-ce par un recours en forme de résurrection à l'article 12 CPC[52] – la référence, au demeurant incertaine[53], au caractère d'ordre public de la règle de conflit, ici compris comme une simple interdiction d'y déroger, et directement issue d'une jurisprudence relative à la mise en œuvre du droit substantiel[54] ; transposée à la règle de conflit, cette faculté de dérogation ne devrait en effet concerner que le pouvoir des parties – à partir d'un choix de loi ou d'un accord procédural – et non pas l'office du juge[55]… Laissons donc tout cela, pour revenir à la question de principe : la règle de conflit de source européenne – indépendamment même de la possibilité offerte aux parties d'y déroger[56] – mérite-t-elle un sort particulier du point de vue de son application d'office ?

Certes, le sort actuellement réservé à la règle de conflit selon la jurisprudence française est sans doute loin d'être satisfaisant à l'échelle européenne. D'autant que, comme on l'a justement fait remarquer, selon le juge national saisi, l'issue du litige pourra être différente puisque les juges nationaux ne sont pas toujours obligés d'appliquer la règle de conflit européenne[57]. Mais c'est alors, plus radicalement, le régime français de l'application d'office qui devrait être remis en cause : s'il est effectivement assez paradoxal qu'un même litige ne soit pas tranché selon la même loi par un juge français et un juge allemand, alors que les deux disposent de la même règle de conflit, la situation n'est-elle pas plus choquante encore, si, dans un même contexte, un juge marseillais et un juge parisien adoptaient des solutions différentes quant à l'application d'office[58] ? Où l'on comprend que ce

---

51 Sur cela, v. S. Corneloup, préc., spéc. p. 77.

52 Sur les utilisations à éclipses de ce texte en la matière, v. spéc. H. Muir Watt, « Les péripéties internationales de l'article 12 NCPC ou la définition contemporaine du conflit de lois dans l'espace », in *Mélanges en l'honneur de Christian Gavalda*, Paris, Dalloz, 2001, p. 235.

53 Sur la difficulté de transposer un tel critère aux règles de conflit, v. not. S. Bariatti et E. Pataut, préc., spéc. p. 344 ; et déjà, D. Bureau, « L'accord procédural à l'épreuve », *Rev. crit. DIP* 1996. 587, et spéc. 598 et 604.

54 Les motifs de l'arrêt sont en effet directement transposés de Cass. ch. mixte, 7 juillet 2017, *D.* 2017. 1800, communiqué C. cass., note M. Bacache ; *RTD civ.* 2017. 829, obs. L. Usunier ; *ibid.* 872, obs. P. Jourdain ; *ibid.* 882, obs. P.-Y. Gautier.

55 Lire ou relire H. Motulsky : « L'office du juge et la loi étrangère », in *Mélanges offerts à Jacques Maury*, t. 1, Paris, Dalloz & Sirey, 1960, p. 337 et s. (et spéc. pp. 342-343) ; « L'évolution récente de la condition de la loi étrangère en France », in *Mélanges offerts à René Savatier*, Paris, Dalloz, 1965, p. 681 (et spéc. p. 686 : « *Une règle de droit peut être supplétive (interprétative, dispositive, d'intérêt privé) ou impérative (d'ordre public – interne –) : elle est toujours obligatoire pour le juge, ou elle n'est pas une règle de droit* »).

56 Pour un état des répercussions possibles de l'arrêt du 26 mai 2021 en contemplation du double critère supposé fonder la solution qu'il énonce, v. spéc. L. d'Avout, note préc., spéc. pp. 1290-1291.

57 S. Corneloup, « L'application facultative de la loi étrangère dans les situations de disponibilité du droit et l'application uniforme des règles de conflit d'origine européenne », préc., et spéc. p. 76.

58 *Ibid.* p. 76 : « *Grâce à l'harmonisation des règles de conflit, choisir entre un juge allemand et un juge français ne devrait pas avoir plus de conséquences sur le fond de l'affaire, qu'un choix entre le TGI de Nantes et le TGI de Dijon* »…

n'est donc pas la source européenne de la règle de conflit qui devrait justifier son statut, mais sa nature même, l'application d'office étant seule de nature à assurer l'égale vocation des lois en présence que sa bilatéralité impose[59].

Conclusion, quelque peu paradoxale sinon teintée d'ironie : alors que le droit international privé de l'Union européenne a parfois pu être décrit comme destructeur de la discipline, voici qu'il pourrait être à l'origine d'une revigorante influence à l'échelon national. Tel serait le cas en effet si, après l'évolution du régime de la règle de conflit européenne, une « *obligation générale d'application de la règle de conflit se dessin[ait] aujourd'hui* »[60]. Il n'est pas interdit d'espérer…

---

59 Cf. spéc. Y. Lequette, « L'abandon de la jurisprudence Bisbal (à propos des arrêts de la première chambre civile des 11 et 18 octobre 1988) », *Rev. crit. DIP* 1989. 277, et spéc. p. 299.

60 S. Bariatti et E. Pataut, préc., p. 345 ; en faveur d'un alignement des solutions, quelle que soit la source de la règle de conflit, S. Corneloup, préc., p. 85.

Du discours de la Cour de justice de l'Union européenne sur sa propre jurisprudence : Réflexions en matière de droit international privé*

Jeremy Heymann**

Université Jean Moulin Lyon 3

Résumé

La technique du renvoi à des considérants d'arrêts précédents, le plus souvent détachés de leur contexte, ne manque pas d'interpeller le juriste. Largement usitée, cette technique – également suivie par les juridictions nationales – manque pourtant de rationalité. La pertinence d'une motivation peut ainsi être fréquemment questionnée, de même que, plus globalement, l'autorité ou la persuasion d'une décision rendue par la Cour de justice.

À partir d'illustrations tirées du droit international privé de l'Union, la présente contribution s'interroge sur cette technique autant que sur sa nécessaire rationalisation, afin de mieux saisir le sens du discours de la Cour de justice sur sa propre jurisprudence.

---

* Dernière mise à jour le 21 décembre 2021.

** Agrégé des facultés de droit ; professeur à l'université Jean Moulin Lyon 3.

Si le nom de la dédicataire de ces lignes est aujourd'hui indissociable des études et travaux relatifs au droit de la concurrence et au droit de l'Union[1], il ne peut manquer d'être également associé au droit international privé. Chroniqueuse infatigable de la matière dans sa dimension européenne, Laurence Idot est une très grande arrêtiste. À la pointe de l'actualité du droit international privé de l'Union, ses analyses et observations mensuelles dans la revue *Europe* – qu'elle codirige depuis 1991 – constituent une source itérative de réflexion en la matière. Aussi est-ce en puisant à cette source que l'auteur a été conduit à s'interroger sur le recours par la Cour de justice à « *la technique du renvoi à des considérants d'arrêts précédents détachés de leur contexte* »[2].

Largement usitée, cette technique n'en interpelle pas moins le juriste – annotateur ou simple lecteur – lorsqu'il cherche à rationaliser l'emploi de cette méthode de renvoi en vue de comprendre et/ou d'interpréter une décision. Si l'on a déjà pu, par le passé, dénoncer les contradictions de la Cour de justice à l'aune de sa propre jurisprudence[3], il s'agit davantage ici de se concentrer sur le seul phénomène du renvoi à des considérants d'arrêts précédents – décontextualisés ou non – pour apprécier tout autant la valeur que la portée de cette forme de motivation. L'on observe d'ailleurs une tendance récente, dans la jurisprudence des cours nationales, à procéder de la sorte dans leurs décisions[4], si bien que la compréhension de cette technique semble aussi utile que nécessaire : le juge national, en tant que juge de droit commun du droit de l'Union[5], peut ainsi logiquement s'interroger sur la pertinence d'une motivation proposée à partir d'un renvoi à un considérant d'arrêt précédent, tout particulièrement lorsque celui-ci est détaché de son contexte. Au-delà de la correcte application du droit, c'est aussi et avant tout le système de renvoi préjudiciel en interprétation qui est concerné, car l'usage discutable ou incompris d'une technique de renvoi pour justifier d'une décision conduira presque obligatoirement le juge national à faire usage de ce mécanisme de coopération directe avec la Cour de justice en vue

1 Depuis sa thèse de doctorat sur « Le contrôle des pratiques restrictives de concurrence dans les échanges internationaux », dir. B. Goldman, Paris 2 Panthéon-Assas, 1981.

2 L. Idot, obs. sous CJUE, 18 novembre 2020, *DelayFix*, aff. C-519/19, EU:C:2020:933 ; *Europe* 2021, comm. 40.

3 C. Nourissat, « La Cour de justice face aux règlements de coopération judiciaire en matière civile et commerciale : quelques interrogations, dix ans après… », Comité français de droit international privé, *Droit international privé : années 2010-2012*, Paris, Pedone, 2013, p. 19 et s., spéc. p. 29 ; T. Azzi, « La Cour de justice et le droit international privé ou l'art de dire parfois tout et son contraire », in *Mélanges en l'honneur du professeur Bernard Audit : les relations privées internationales*, Paris, LGDJ, 2014, p. 43 et s.

4 Pour une illustration dans le domaine de l'arbitrage international, V. not. Cass. 1re civ., 30 septembre 2020, n° 18-19.241, spéc. pts 9 et 11 ; *JDI* 2020. 1307, note E. Gaillard ; *JCP G* 2020. 1311, note M. de Fontmichel ; *Dalloz Actualités* 19 octobre 2020, obs. J. Jourdan-Marques ; *Gaz. Pal.* 24 novembre 2020, n° 391e5, p. 27, note S. Bollée ; *RLDA*2020/165. 14, note J. Clavel-Thoraval ; *RTD civ.* 2020. 845, obs. L. Usunier ; *D.* 2020. 2484, obs. T. Clay, et 2501, note D. Mouralis ; *Contrats, conc., consom.* 2020, comm. 178, obs. S. Bernheim-Desvaux, et 2021, alerte 1, focus E. Fohrer-Dedeurwaerder ; *Comm. com. électr.* 2021, chron. 1, n° 12, obs. M.-E. Ancel ; *Procédures* 2021, étude 2, L. Weiller ; *Rev. crit. DIP* 2021. 202, note E. Loquin ; *RLDC* 2021/190. 24, note H. Guyader ; *RDC* 2021, n° 200c1, p. 113, note J. Heymann.

5 O. Dubos, *Les juridictions nationales, juge communautaire : contribution à l'étude des transformations de la fonction juridictionnelle dans les États membres de l'Union européenne*, Paris, Dalloz, 2001.

d'éprouver sa compréhension d'un point de droit[6]. Faut-il en effet rappeler que la procédure du renvoi préjudiciel constitue « *la clef de voûte du système juridictionnel [de l'Union], a[yant] pour but d'assurer l'unité d'interprétation du droit de l'Union [et] ainsi d'assurer sa cohérence, son plein effet et son autonomie ainsi que, en dernière instance, le caractère propre du droit institué par les traités* »[7] ?

Sans même prendre en compte les délais que l'usage de ce mécanisme préjudiciel ajoute au traitement de la procédure au principal, l'on ne peut manquer de relever un paradoxe : étant donné que le mécanisme préjudiciel « *vise à prévenir des divergences dans l'interprétation du droit de l'Union que les juridictions nationales ont à appliquer et tend à assurer cette application en ouvrant au juge national un moyen d'éliminer les difficultés que pourrait soulever l'exigence de donner au droit de l'Union son plein effet dans le cadre des systèmes juridictionnels des États membres* »[8], la décision en résultant et la motivation de celle-ci par la Cour de justice ne devraient pas conduire le juge national à devoir envisager un recours supplémentaire au même mécanisme en vue de lever une éventuelle ambiguïté, voire une contradiction dans le discours tenu par la Cour. Relever un tel paradoxe suffit à dévoiler le problème sous-jacent qu'il pose, à savoir celui de l'absence potentielle de persuasion ou d'autorité suffisante d'une décision – ou de sa motivation – par la Cour de justice[9]. Or, l'unité d'interprétation ne peut logiquement être assurée si la clef de voûte que constitue le mécanisme préjudiciel

---

6 Pour une illustration, V. not. Cass. 1re civ., 13 mai 2020, n° 18-24.850, publié au *Bull.* Confrontée à une difficulté sérieuse d'interprétation du droit de l'Union européenne (l'intérêt d'une bonne administration de la justice justifie-t-il que la juridiction compétente pour connaître de la demande tendant à la rectification de données et à la suppression de commentaires ait compétence exclusive pour connaître de la demande tendant à l'allocation de dommages-intérêts, qui présente avec la première un lien de dépendance nécessaire ?), la Cour de cassation a décidé de surseoir à statuer et de saisir, en application de l'article 267 TFUE, la Cour de justice aux fins d'interprétation de sa propre jurisprudence sur le fondement de l'actuel règlement (UE) n° 1215/2012. L'hésitation du juge français porte plus précisément sur le point de savoir s'il faut suivre la motivation retenue dans l'arrêt *eDate Advertising e.a.* (CJUE, 25 octobre 2011, aff. jtes C-509/09 et C-161/10, EU:C:2011:685, spéc. pts 51-52) ou bien plutôt celle retenue ultérieurement dans l'arrêt *Bolagsupplysningen et Ilsjan* (CJUE, gde ch., 17 octobre 2017, aff. C-194/16, EU:C:2017:766, spéc. pt 48). La Cour de justice n'a pas entendu suivre la Cour de cassation dans son argumentation, et dit pour droit que « qu'une personne qui, estimant qu'une atteinte a été portée à ses droits par la diffusion de propos dénigrants à son égard sur Internet, agit simultanément aux fins, d'une part, de rectification des données et de suppression des contenus mis en ligne la concernant et, d'autre part, de réparation du préjudice qui aurait résulté de cette mise en ligne peut demander, devant les juridictions de chaque État membre sur le territoire duquel ces propos sont ou étaient accessibles, la réparation du préjudice qui lui aurait été causé dans l'État membre de la juridiction saisie, bien que ces juridictions ne soient pas compétentes pour connaître de la demande de rectification et de suppression. » (CJUE, 21 décembre 2021, *Gtflix TV*, aff. C-251/20, EU:C:2021:1036, spéc pt 43).

7 CJUE, Ass. plén., 18 décembre 2014, avis 2/13 (*Adhésion de l'Union à la CEDH*), EU:C:2014:2454, spéc. pt 176.

8 CJUE, Ass. plén., 8 mars 2011, avis 1/09 (*Accord sur la création d'un système unifié de règlement des litiges en matière de brevets*), EU:C:2011:123, spéc. pt 83.

9 Soit un constat qui paraît aller directement à l'encontre des objectifs poursuivis par la méthode juridictionnelle et le style retenus par la Cour de justice dès la fin des années 1950 : « *En motivant longuement, la Cour a choisi [...] l'esprit de [...] la forme "dissertation" ; elle veut emporter l'adhésion, et convaincre [...]. [E]mporter l[a] conviction [des plaideurs] dans chaque cas d'espèce lui a paru plus sage que "dire le droit" par voie autoritaire, et donner à chaque litige une solution adéquate plus prudent qu'engager l'avenir par des énoncés de principe* » (J. Rivero, « Le problème de l'influence des droits internes sur la Cour de justice de la C.E.C.A. », *Ann. fr. dr. int.*, 1958, p. 295, spéc. nos 9 et 10, p. 300). Il a depuis lors été démontré que cette voie de la casuistique, empruntant à une logique de type inductif, aboutissait à une forme d'appauvrissement du discours juridictionnel et à un délitement du pouvoir normatif de la jurisprudence (L. Coutron, « Style des arrêts de la Cour de justice et normativité de la jurisprudence communautaire », *RTD eur.* 2009, p. 643 et s., spéc. p. 656 et s.).

ne peut remplir sa fonction primordiale, maintenir l'équilibre du système juridictionnel de l'Union dans son ensemble.

C'est dire que le recours par la Cour de justice à la technique du renvoi à des considérants d'arrêts précédents, spécialement lorsque ces derniers sont détachés de leur contexte, appelle à l'évidence une rationalisation (II.). Cela suppose au préalable une nécessaire identification du phénomène, que l'on illustrera uniquement dans le domaine du droit international privé de l'Union (I.).

I. Identification d'une technique

Il est aujourd'hui bien acquis qu'en prenant l'habitude de renvoyer à certains points de ses décisions antérieures, la Cour de justice a introduit dans le style de ses arrêts une pratique de l'« *auto-référence* »[10] qui, participant de la motivation de ces derniers, interroge régulièrement la distinction entre *ratio decidendi* et *obiter dicta*[11]. Certes, un ancien avocat général avait pu affirmer qu'il était « *d'une importance secondaire de rechercher dans les arrêts là où cessent les motifs déterminants et là où se trouvent éventuellement les mentions indiquées en passant* »[12], étant donné que, « *[e]n tout cas, toutes les opinions énoncées dans le texte de l'arrêt sont l'expression de la volonté de la Cour* »[13]. Pourtant, lorsque le renvoi effectué au considérant d'un arrêt antérieur vient éclairer ce dernier d'un jour nouveau, ou lorsque ledit renvoi vient employer une formulation différente de celle utilisée dans le considérant de référence, la portée même de la « *volonté de la Cour* » s'en trouve nécessairement relativisée, et l'autorité des décisions de cette dernière mécaniquement amoindrie[14]. Il n'est donc pas anodin de procéder ainsi, même si les significations possibles sont multiples (1.). Différentes illustrations permettront de le vérifier (2.).

1. Significations possibles

La technique du renvoi à des considérants d'arrêts précédents peut être assimilée à la pratique des *obiter dicta*, dès lors que l'on veut bien définir ces derniers

---

10 L. Coutron, préc., spéc. p. 656.

11 Sur cette distinction, v. not. C. Charrier, « L'*obiter dictum* dans la jurisprudence de la Cour de justice des Communautés européennes », *Cah. dr. eur.* 1998, p. 79 et s. *Adde* L. Coutron, préc., spéc. p. 648 et s. V. égal., du point de vue du droit anglais, J. Flauss-Diem, « Le Practice Statement de 1966 et la règle du précédent à la House of Lords », *Justices*, vol. 5, 1997, p. 356, spéc. p. 357.

12 Conclusions AG Roemer, 7 juin 1962, aff. 9-61 (*Pays-Bas c/ Haute Autorité de la C.E.C.A.*) et 11-61 (*Italie c/ Haute Autorité de la C.E.C.A.*), *Rec.* p. 459, spéc. p. 468.

13 *Ibid.*, pp. 468-469.

14 D'un point de vue technique, il reste cependant avéré que l'autorité d'un arrêt ne peut découler de l'ensemble des motifs développés par la Cour, étant donné que seuls ceux au soutien du dispositif participent effectivement de cette autorité (en ce sens, v. J.-P. Puissochet, « Des traités et des juges : la fonction de la jurisprudence dans l'élaboration du droit communautaire », in *Problèmes d'interprétation : à la mémoire de Constantinos N. Kakouris – Προβλήματα ερμηνείας στην μνήμη Κωνσταντίνου Ν. Κακούρη*, Athènes, Ant. N. Sakkoulas/ Bruxelles, Bruylant, 2004, p. 303 et s., spéc. p. 318). La difficulté demeure toutefois celle de pouvoir identifier avec certitude de tels motifs.

comme des « *motifs qui ne sont pas nécessaires à la solution soit par leur absence de lien direct avec le problème soulevé soit par leur caractère redondant, l'affirmation contenue ayant déjà été étayée par ailleurs* »[15]. Telle paraît bien être, dans ce second sens, la définition d'un renvoi à des considérants d'arrêts précédents. Envisagés en termes d'autorité et de normativité des arrêts de la Cour, ces *obiter dicta* ne sont alors pas sans rappeler la technique née en *common law* du *precedent*, ainsi et surtout que les difficultés à pouvoir identifier, dans chaque affaire, ce qui relèverait, pour un *precedent* identifié, du *holding* et du *dictum*, soit une distinction offrant au juge une marge d'appréciation et de relativisation des décisions passées, à partir d'une approche conçue en termes de motivation principale ou accessoire[16]. Il a d'ailleurs pu être soutenu que les *obiter dicta* de la Cour de justice, même lorsqu'ils ne participent pas de l'autorité de la *ratio decidendi*, « *ont une valeur certaine et peuvent s'avérer des précédents jurisprudentiels* »[17]. La particularité étant toutefois que cette valeur de « précédent » peut être immédiate, sans même avoir « *reçu l'onction normative que confère la reprise dans les motifs décisifs d'un arrêt postérieur* »[18].

En toute hypothèse, il a été démontré que les *obiter dicta*, dans le système juridictionnel de l'Union, poursuivaient trois fonctions distinctes : normative, exploratoire ou de justification[19]. S'il est vrai que l'une ou l'autre de ces fonctions peuvent souvent – pratiquement ou techniquement – se recouper[20], il reste que cette analyse fonctionnelle des *obiter dicta* est utile en vue de mieux saisir le sens d'un renvoi à des considérants d'arrêts antérieurs. Si la fonction normative est évidente et avérée en pareil cas, il reste que la fonction justificatrice est aussi utile, notamment en vue d'expliquer un cas de *distinguishing*[21].

Dans une perspective de taxinomie juridique, l'on peut considérer que la technique du renvoi à des considérants d'arrêts précédents – assimilable à la pratique des *obiter dicta* – poursuit essentiellement quatre objectifs. Le premier objectif – et le plus évident – est assurément celui de continuité jurisprudentielle, le renvoi opéré se faisant l'expression d'une jurisprudence constante. Le deuxième objectif, moins fréquent mais essentiel, est celui de caractéristique jurisprudentielle, le renvoi opéré ayant pour objet de faire ressortir la différence entre une affaire précédente et l'affaire pendante, en vue de justifier un *distinguishing*. Le troisième objectif est celui de politique jurisprudentielle, lequel peut exprimer un appui

15 C. Charrier, préc., spéc. p. 84.

16 Sur ce point, dans une perspective uniquement états-unienne, v. E. A. Farnsworth, *Introduction au système juridique des États-Unis* (trad. fr. B. Baron-Renault), Paris, LGDJ, 1986, p. 63 et s. Pour une version en langue anglaise, v. E. A. Farnsworth, *An Introduction to the Legal System of the United States*, 4e ed., Oxford, Oxford University Press, 2010, p. 59 et s.

17 C. Charrier, préc., spéc. p. 102.

18 L. Coutron, préc., p. 653.

19 *Ibid.*, p. 650.

20 *Ibid.*, pp. 651-652.

21 Comp. L. Coutron, préc., p. 654 et s. V. égal. les développements de l'auteur sur cette notion, p. 657 et s.

ex ante ou *ex post* (au moyen d'une réécriture de la jurisprudence passée) à une réforme législative, en vue soit de l'impulser, soit de la justifier *a posteriori*. Le quatrième et dernier objectif est enfin celui d'agilité jurisprudentielle, le renvoi opéré se faisant alors sélectif (choix d'un arrêt précédent plutôt qu'un autre), dans la perspective de justifier le plus souvent l'intégration d'une situation nouvelle dans une catégorie notionnelle préconstituée. Ces différents objectifs peuvent être identifiés dans la jurisprudence de la Cour de justice en matière de droit international privé, au moyen des illustrations qui vont suivre.

2. Illustrations

Plusieurs exemples d'emploi de la technique du renvoi à des considérants d'arrêts précédents peuvent d'abord être pris dans le domaine du droit des sociétés et de ce qu'il est convenu d'appeler leur « mobilité » au sein de l'Union européenne[22]. Dans la saga jurisprudentielle amorcée par l'arrêt *Daily Mail* sur le traitement juridique du transfert de siège social d'un État membre à un autre[23], le renvoi à des considérants de cet arrêt a été régulièrement effectué par la Cour dans ses décisions ultérieures, prioritairement à des fins de continuité jurisprudentielle. Dans trois arrêts[24], la Cour s'est ainsi référée à un ou deux considérants en particulier, dans le but de rappeler, en considération de l'état du droit positif de l'Union et en soutien à son analyse des cas soumis à son appréciation, deux constats. D'une part, le constat selon lequel, « *contrairement aux personnes physiques, les sociétés sont des entités créées en vertu d'un ordre juridique [...] national. Elles n'ont d'existence qu'à travers les différentes législations nationales qui en déterminent la constitution et le fonctionnement* »[25]. D'autre part, le constat qu'il existe des « *divergences entre les législations nationales en ce qui concerne tant le lien de rattachement au territoire national exigé en vue de la constitution d'une société que la possibilité, pour une société constituée conformément à une*

---

22 Sur ce point, v. l'ouvrage précurseur de M. Menjucq, *La mobilité des sociétés dans l'espace européen*, Paris, LGDJ, 1997. V. depuis T. Mastrullo, *Le droit international des sociétés dans l'espace régional européen*, Aix-en-Provence, PUAM, 2009.

23 CJCE, 27 septembre 1988, *The Queen c/ H. M. Treasury and Commissioners of Inland Revenue, ex parte Daily Mail and General Trust plc*, aff. 81/87, *Rec.* p. 5483 ; *RTD eur.* 1989. 260, obs. D. Berlin ; *JDI* 1989. 428, obs. M.-C. Boutard-Labarde. *Adde* Y. Loussouarn, « Le droit d'établissement des sociétés », *RTD eur*. 1990. 229 et s.

24 CJCE, 5 novembre 2002, *Überseering*, aff. C-208/00, EU:C:2002:632 (*Europe* 2003, comm. 19, obs. L. Idot ; *JCP G* 2003. II. 10032, note M. Menjucq ; *Rev. crit. DIP* 2003. 508, note P. Lagarde ; *Bull. Joly Sociétés* 2003. 464, note M. Luby ; *Rev. soc.* 2003. 315, note J.-P. Dom) ; CJCE, gde ch., 16 décembre 2008, *Cartesio*, aff. C-210/06, EU:C:2008:723 (*Europe* 2009, comm. 82, obs. L. Idot ; *JCP G* 2009. II. 10027, note M. Menjucq ; *JCP E* 2009. 1208, note F. Mélin ; *D.* 2009. 465, note R. Kovar, et 2384, obs. L. d'Avout ; *Gaz. Pal.* 22-24 mars 2009, p. 12, note T. Mastrullo ; *RTD com.* 2009. 227, obs. G. Jazottes ; *Rev. soc.* 2009. 147, note G. Parleani ; *JDI* 2009. 889, note T. Vignal ; *Rev. crit. DIP* 2009. 548, et la note) ; CJUE, 12 juillet 2012, *VALE Épitési kft*, aff. C-378/10, EU:C:2012:440 (*Europe* 2012, comm. 386, obs. L. Idot ; *JCP G* 2012, 1089, note M. Menjucq ; *JCP E* 2012. 1547, note T. Mastrullo ; *D.* 2012. 2331, obs. L. d'Avout, et 3009, note P.-H. Conac ; *Rev. soc.* 2012. 645, note G. Parleani ; *Rev. crit. DIP* 2013. 236, et la note).

25 CJCE, 27 septembre 1988, aff. 81/87, préc., spéc. pt 19. Rappelant ce même considérant dans son pt 67, l'arrêt *Überseering*, préc., énonce « *qu'une société créée en vertu d'un ordre juridique national n'a d'existence qu'à travers la législation nationale qui en détermine la constitution et le fonctionnement* », soit une formule synthétique ultérieurement reprise, en intégralité, par le pt 104 de l'arrêt *Cartesio*, préc., et les pts 27 et 51 de l'arrêt *VALE Épitési kft*, préc.

telle législation, de modifier ultérieurement ce lien de rattachement »[26]. À fonction essentiellement justificatrice, ces renvois aux considérants de l'arrêt *Daily Mail* poursuivent à l'évidence un objectif de continuité jurisprudentielle, et marquent l'expression d'une jurisprudence constante.

Dans certains arrêts, la référence se veut toutefois davantage « contextualisée », offrant ainsi à la Cour la possibilité d'éclairer les plaideurs sur la nécessaire distinction de leur affaire avec celle ayant donné lieu à l'arrêt *Daily Mail*[27]. Les renvois opérés poursuivent alors un objectif de caractéristique jurisprudentielle, en vue d'expliquer et de justifier tout à la fois un *distinguishing*[28].

Dans le dernier arrêt de la saga, rendu en grande chambre à l'occasion d'une affaire *Polbud*[29], l'on remarque néanmoins que la Cour a cette fois-ci utilisé la technique du renvoi à un considérant de l'arrêt *Daily Mail* sans réelle justification ni nécessité apparente (d'autres arrêts, plus récents, auraient en effet pu être mobilisés). Si le renvoi opéré semble poursuivre un simple but de continuité jurisprudentielle, un examen attentif du considérant cité révèle cependant rien de moins que sa réécriture[30] ! Le processus de référence est proprement fallacieux, car le problème de droit en cause n'était pas identique dans les deux arrêts :

---

26 CJCE, 5 novembre 2002, aff. C-208/00, préc., pt 68. La formule retenue initialement par le considérant 20 de l'arrêt *Daily Mail* était la suivante : « *Ainsi que la Commission l'a souligné, les législations des États membres diffèrent largement en ce qui concerne tant le lien de rattachement au territoire national exigé en vue de la constitution d'une société que la possibilité, pour une société constituée conformément à une telle législation, de modifier ultérieurement ce lien de rattachement. Certaines législations exigent que non seulement le siège statutaire mais également le siège réel, à savoir l'administration centrale de la société, soient situés sur leur territoire et le déplacement de l'administration centrale hors de ce territoire suppose donc la dissolution de la société avec toutes les conséquences qu'une telle dissolution entraîne sur le plan du droit des sociétés et du droit fiscal. D'autres législations reconnaissent aux sociétés le droit de transférer leur administration centrale à l'étranger, mais quelques-unes, tel le Royaume-Uni [sic], soumettent ce droit à certaines restrictions et les conséquences juridiques du transfert, notamment sur le plan fiscal, varient d'un État membre à l'autre.* » Cette formulation sera reprise quasi intégralement (à l'exception des références au droit fiscal et à la législation du Royaume-Uni) par le pt 105 de l'arrêt *Cartesio*, préc.

27 CJCE, 5 novembre 2002, aff. C-208/00, préc., spéc. pts 61 à 66 ; CJCE, 30 septembre 2003, *Inspire Art Ltd*, aff. C-167/01, EU:C:2003:512, spéc. pts 102-103 ; *Europe* 2003, comm. 361, obs. L. Idot ; *JCP G* 2004. II. 10002, note M. Luby ; *D.* 2004. 491, note E. Pataut ; *JCP E* 2004. 251, note V. Magnier ; *Rev. crit. DIP* 2004. 151, note H. Muir Watt ; *JDI* 2004. 917, note M. Menjucq. Sur cette distinction opérée par la Cour de justice, sous l'angle d'analyse d'un cas de conflit diagonal, l'on nous permettra de renvoyer à nos travaux sur *Le droit international privé à l'épreuve du fédéralisme européen*, Paris, Economica, 2010, spéc. n° 226 et s.

28 Sur lequel, v. not. L. Coutron, préc., spéc. p. 657 et s.

29 CJUE, gde ch., 25 octobre 2017, aff. C-106/16, EU:C:2017:804 ; *Europe* 2017, comm. 462, obs. D. Simon ; *D.* 2017. 2512, note L. d'Avout ; *JCP G* 2017. 1352, note M. Combet ; *JCP E* 2018. 1014, note M. Menjucq ; *BJS* 2018. 19, note T. Mastrullo ; *Rev. soc.* 2018. 47, note G. Parleani ; *JDI* 2018, chron. 4, p. 677, obs. C. Nourissat et chron. 9, obs. J.-S. Quéguiner ; *Dr. sociétés*, juin 2018, chron. 1, obs. E. Schlumberger ; *Rev. crit. DIP* 2019. 511, et la note.

30 Le pt 33 de l'arrêt *Polbud*, préc., énonce ainsi, sur le fondement de l'article 49, second alinéa, TFUE – lu en combinaison avec l'article 54 TFUE – que la liberté d'établissement pour les sociétés « *englobe [...] le droit pour une société constituée en conformité avec la législation d'un État membre de se transformer en une société relevant du droit d'un autre État membre* », et renvoie au « précédent » que constituerait l'affaire *Daily Mail*, tel que formulé au pt 17 de l'arrêt auquel celle-ci a donné lieu. Ce considérant énonce pourtant tout autre chose : « *[p]our une société, le droit d'établissement s'exerce, en règle générale, sous forme de création d'agences, de succursales ou de filiales telles que prévues expressément par la deuxième phrase de l'alinéa 1 de l'article 52 [TCEE]. C'est d'ailleurs à ce type d'établissement qu'en l'espèce la demanderesse a procédé en ouvrant un bureau de gestion d'investissement aux Pays-Bas. Une société peut également faire usage de son droit d'établissement en participant à la constitution d'une société dans un autre État membre et, à cet égard, l'article 221 du traité [CEE] lui assure le traitement national en ce qui concerne la participation financière au capital de cette nouvelle société.* »

constitution d'une société nouvelle par une société préexistante en vue d'une dissociation de ses sièges statutaire et réel (affaire *Daily Mail*), transfert de siège d'une société établie dans un État membre vers un autre État membre, avec continuité de la personnalité juridique (affaire *Polbud*). Le renvoi opéré poursuit ici, semble-t-il, un objectif de politique jurisprudentielle à fin de légitimation. Le discours juridictionnel évoque en effet une forme de « *"juris-lation" prétorienne* »[31] qui, bien que temporaire, paraît bien avoir eu vocation à fournir, sur le moyen terme, la philosophie générale d'une future législation européenne dans le domaine du droit des sociétés[32].

D'autres exemples peuvent ensuite être tirés de la jurisprudence de la Cour de justice relative aux clauses attributives de compétence, plus précisément en lien avec la circulation de ces dernières. Une seconde saga jurisprudentielle peut ici être identifiée, avec pour point de départ un arrêt *Tilly Russ*[33]. À nouveau, plusieurs arrêts ultérieurs n'ont pas manqué d'opérer des renvois à des considérants de cet arrêt[34], dans le but évident de témoigner d'une continuité jurisprudentielle[35]. Pourtant, après un arrêt charnière, rendu à l'occasion d'une affaire *Refcomp*[36], la référence systématique à cette jurisprudence va cesser, la Cour ayant pris le parti d'opérer un *distinguishing* – au demeurant bienvenu[37]. L'objectif

---

31 L. d'Avout in M. Karpenschif et C. Nourissat (dir.), *Les grands arrêts de la jurisprudence de l'Union européenne*, 4e éd., Paris, PUF, 2021, n° 59, p. 306.

32 *Ibid.*

33 CJCE, 19 juin 1984, *Tilly Russ*, aff. 71/83, EU:C:1984:217 ; *Rev. crit. DIP* 1985. 385, note H. Gaudemet-Tallon ; *JDI* 1985. 159, obs. J.-M. Bischoff.

34 CJCE, 16 mars 1999, *Castelletti*, aff. C-159/97, EU:C:1999:142 (*Europe* 1999, comm. 195, obs. L. Idot ; *Rev. crit. DIP* 1999. 559, note H. Gaudemet-Tallon ; *JDI* 2000. 528, obs. A. Huet) ; CJCE, 9 novembre 2000, *Coreck Maritime*, aff. C-387/98, EU:C:2000:606 (*Europe* 2001, comm. 31, obs. L. Idot ; *Rev. crit. DIP* 2001. 359, note F. Bernard-Fertier ; *DMF* 2001. 187, obs. P. Delebecque ; *JDI* 2001. 701, obs. J.-M. Bischoff).

35 Cf. le pt 41 de l'arrêt *Castelletti*, préc., rappelant que « *la Cour a jugé dans l'arrêt Tilly Russ [...], point 24, que, dans la mesure où la clause attributive de compétence insérée dans un connaissement est valide au sens de l'article 17 de la convention [de Bruxelles du 27 septembre 1968] dans le rapport entre le chargeur et le transporteur, elle peut être invoquée à l'égard du tiers porteur du connaissement, dès lors que, en vertu du droit national applicable, le porteur du connaissement succède aux droits et obligations du chargeur* ». Cette formule est reprise quasi à l'identique (la seule exception étant l'emploi de la formule « *clause attributive de juridiction* » plutôt que celle de « *clause attributive de compétence* ») au pt 23 de l'arrêt *Coreck Maritime*, préc., lequel renvoie aussi bien au pt 24 de l'arrêt *Tilly Russ* qu'au pt 41 de l'arrêt *Castelletti*.

36 CJUE, 7 février 2013, *Refcomp*, aff. C-543/10, EU:C:2013:62 ; *Europe* 2013, comm. 194, obs. L. Idot ; *Procédures* 2013, comm. 104, obs. C. Nourissat ; *RLDA* mars 2013, 4510, note M. Combet ; *LPA* 10 avril 2013, p. 6, note V. Legrand ; *D.* 2013. 1110, note S. Bollée ; *ibid.* 1503, obs. F. Jault-Seseke, et 2301, obs. L. d'Avout ; *JCP G* 2013. 516, note P. Guez ; *JCP E* 2013. 1332, note M. Attal ; *RTD civ.* 2013. 338, obs. P. Rémy-Corlay ; *RTD com.* 2013. 381, obs. A. Marmisse-d'Abbadie d'Arrast, et 384, obs. P. Delebecque ; *Rev. crit. DIP* 2013. 710, note D. Bureau ; *JDI* 2013. 1201, note S. Clavel.

37 Si la Cour se réfère dans son arrêt *Refcomp*, préc., aux considérants des arrêts précédemment cités (v. *supra*, note 34), c'est pour mieux énoncer que « *[l]a portée de cette jurisprudence doit [...] être appréciée en tenant compte du caractère très particulier du connaissement qui [...] est un instrument du commerce international destiné à régir une relation impliquant au moins trois personnes, à savoir le transporteur maritime, l'expéditeur des marchandises ou chargeur et le destinataire des marchandises. Dans la plupart des ordres juridiques des États membres, concordants à ce sujet, le connaissement constitue un titre négociable permettant au propriétaire de céder les marchandises, pendant leur acheminement, à un acquéreur qui devient le titulaire de tous les droits et [...] obligations du chargeur vis-à-vis du transporteur* » (CJUE, 7 février 2013, aff. C-543/10, préc., pt 35). La Cour poursuit en expliquant que « *[c]'est en considération de ce rapport de substitution entre le porteur du connaissement et le chargeur que la Cour a considéré que, par l'effet de l'acquisition du connaissement, le porteur se trouve lié par la prorogation de compétence (voir, en ce sens, [Tilly] Russ, point 25). Inversement, lorsque le droit national applicable ne prévoit pas un tel rapport de substitution, la juridiction saisie doit vérifier*

de caractéristique jurisprudentielle s'opposant frontalement avec celui de continuité jurisprudentielle, l'on observe dans ce cas de figure une nécessaire rupture de linéarité du processus d'« auto-référence » à l'arrêt source initial. Le *distinguishing* fait ainsi son œuvre, alors même que la Cour a, sur ce point, essentiellement procédé à une reformulation de sa jurisprudence passée en matière de contrats de transport maritime pour mieux la généraliser ou l'adapter à d'autres hypothèses[38]. La consultation des arrêts ultérieurs révèle ainsi la possibilité d'un recours par les juges du Kirchberg à une motivation similaire à celle déjà produite à l'occasion d'affaires plus anciennes, mais sans que le lien « généalogique » initial apparaisse. Si cette absence de mention ou de référence s'explique vraisemblablement par le fait que la Cour entend ainsi éviter toute confusion, il reste que le renvoi à des considérants d'arrêts antérieurs dans le but d'une caractéristique jurisprudentielle peut entraîner une forme de recyclage de motivations antérieures[39]. Ces précautions d'emploi que la Cour semble suivre après la mise en œuvre d'un *distinguishing* sont sans doute louables, mais elles ne la prémunissent nullement contre le risque d'opérer un choix malencontreux au stade ultérieur d'identification de l'arrêt supposément matriciel[40].

Un dernier exemple illustrera enfin la pratique du renvoi à des considérants d'arrêts précédents dans un but d'agilité jurisprudentielle. L'examen de la jurisprudence de la Cour en lien avec l'interprétation de la notion de « matière contractuelle » – dans le domaine de la compétence judiciaire en matière civile et commerciale[41] – révèle en effet que la Cour sait adapter sa pratique de l'« auto-référence » aux fins qu'elle entend poursuivre, notamment celle de faciliter la réception et l'interprétation d'une notion autonome par l'ensemble des États

---

la réalité du consentement de ce tiers à la clause attributive de juridiction (arrêt Coreck, précité, point 26) » (*ibid.*, pt 36). Un *distinguishing* s'impose donc à la Cour, car « *dans une chaîne de contrats translatifs de propriété [à l'origine de l'affaire Refcomp], le rapport de succession entre l'acquéreur initial et le sous-acquéreur ne s'analyse pas dans la transmission d'un contrat unique, ainsi que de l'intégralité des droits et obligations qu'il prévoit* » (*ibid.*, pt 37). En outre, il est considéré comme acquis que « *la concordance des ordres juridiques nationaux quant aux effets de la cession du connaissement à un tiers ne se retrouve pas dans le domaine des contrats translatifs de propriété, où il apparaît que les rapports entre fabricant et sous-acquéreur sont appréhendés de manière différente dans les États membres* » (*ibid.*, pt 38).

38 La justification du *distinguishing* à opérer entre connaissements maritimes et contrats translatifs de propriété se retrouve dans une affaire *Profit Investment SIM* (CJUE, 20 avril 2016, aff. C-366/13, EU:C:2016:282, spéc. pt 33), à propos de la transposition de cette jurisprudence à un cas d'« opposabilité », par l'émetteur de titres litigieux sur le marché primaire, de la clause attributive de juridiction – incluse dans un prospectus – au dernier souscripteur de ces titres, lequel les a acquis sur le marché secondaire par contrat conclu avec un intermédiaire financier.

39 CJUE, 21 mai 2015, *Cartel Damage Claims (CDC) Hydrogen Peroxide SA*, aff. C-352/13, EU:C:2015:335 ; *Europe* 2015, comm. 287, obs. L. Idot ; *Procédures* 2015, comm. 225, obs. C. Nourissat ; *D.* 2015. 2031, obs. L. d'Avout ; *RTD eur.* 2015. 807, chron. L. Idot ; *Contrats, conc., consom.* 2015, comm. 211, obs. G. Decocq ; *D.* 2016. 964, obs. D. Ferrier, et 1045, obs. F. Jault-Seseke. *Adde* A. Lacresse, « Demande en réparation : La Cour de justice de l'Union européenne juge que la juridiction saisie d'une demande en réparation reste compétente même en cas de désistement à l'égard du seul auteur domicilié dans son ressort (*CDC Hydrogene Peroxide*) », 21 mai 2015, *Concurrences* n° 3-2015, art. n° 75100, pp. 145-146.

40 CJUE, 18 novembre 2020, *DelayFix*, aff. C-519/19, EU:C:2020:933 ; *Europe* 2021, comm. 40, obs. L. Idot ; *D.* 2021. 412, note F. Jault-Seseke, et 1832, obs. E. Farnoux ; *Comm. com. électr.* 2021, étude 1, n° 10, obs. M.-E. Ancel ; *Procédures* 2021, comm. 70, obs. C. Nourissat ; *Rev. crit. DIP* 2021. 421, et la note.

41 Règlement (UE) n° 1215/2012 du Parlement européen et du Conseil du 12 décembre 2012 concernant la compétence judiciaire, la reconnaissance et l'exécution des décisions en matière civile et commerciale (refonte), *JOUE*, n° L 351 du 20 décembre 2012, p. 1.

membres. La première définition de la notion autonome de « matière contractuelle » fut ainsi donnée, comme on le sait, par un arrêt *Jakob Handte*[42], dans lequel la Cour a énoncé que cette notion, « *au sens de l'article 5, point 1, de la convention [de Bruxelles du 27 septembre 1968, devenue le règlement "Bruxelles I" refondu], ne saurait être comprise comme visant une situation dans laquelle il n'existe aucun engagement librement assumé d'une partie envers une autre* »[43]. Cette définition a été itérativement reprise depuis lors dans de nombreux arrêts[44]. Pourtant, et sans donner l'impression de vouloir remettre en cause cette définition, la Cour a pu recourir en parallèle à l'emploi d'une autre définition, formulée de façon légèrement différente. Instaurée par un arrêt *Engler*[45], cette formulation se focalise davantage sur « *l'application de la règle de compétence spéciale prévue en matière contractuelle* », laquelle « *présuppose la détermination d'une obligation juridique librement consentie par une personne à l'égard d'une autre et sur laquelle se fonde l'action du demandeur* »[46]. À nouveau, cette formulation légèrement différente (la « personne » se substituant à la « partie », et l'« obligation juridique » à l'« engagement ») de la notion de « matière contractuelle » au sens du « système Bruxelles » sera itérativement utilisée[47], sans que la première soit fondamentalement remise en question ou abandonnée[48]. Si les raisons de pareille différence de formulation sont justement discutées[49], il ressort de cette pratique

---

42 CJCE, 17 juin 1992, *Handte c/ TCMS*, aff. C-26/91, EU:C:1992:268 ; *Rev. crit. DIP* 1992. 730, note H. Gaudemet-Tallon ; *RTD eur.* 1992. 709, note P. de Vareilles-Sommières ; *JCP G* 1992. II. 21927, note C. Larroumet ; *JDI* 1993. 469, obs. J.-M. Bischoff.

43 *Ibid.*, spéc. pt 15.

44 V. p. ex. CJCE, 5 février 2004, *Frahuil*, aff. C-265/02, EU:C:2004:77, spéc. pt 24 ; CJUE, 14 mars 2013, *Česká spořitelna*, aff. C-419/11, EU:C:2013:165, spéc. pt 46 ; CJUE, 26 mars 2020, *Primera Air Scandinavia*, aff. C-215/18, EU:C:2020:235, spéc. pt 43.

45 CJCE, 20 janvier 2005, *Engler*, aff. C-27/02, EU:C:2005:33 ; *Europe* 2005, comm. 103, obs. L. Idot.

46 *Ibid.*, spéc. pt 51.

47 V. p. ex. CJUE, 14 mars 2013, aff. C-419/11, préc., spéc. pts 45 à 47 ; CJUE, 28 janvier 2015, *Kolassa*, aff. C-375/13, EU:C:2015:37, spéc. pts 37 et 39 ; CJUE, 15 juin 2017, *Kareda*, aff. C-249/16, EU:C:2017:472, spéc. pt 28 ; CJUE, 5 décembre 2019, *Ordre des avocats du barreau de Dinant*, aff. C-421/18, EU:C:2019:1053, spéc. pt 26 ; CJUE, 11 novembre 2020, *Ellmes Property Services Limited*, aff. C-433/19, EU:C:2020:900, spéc. pt 37.

48 V. p. ex. CJUE, 26 mars 2020, aff. C-215/18, préc., spéc. pts 43 à 45. Tout juste peut-on relever l'apparition, depuis un arrêt *Flightright* (CJUE, 7 mars 2018, aff. jtes C-274/16, C-447/16 et C-448/16, EU:C:2018:160 ; *Europe* 2018, comm. 213, obs. L. Idot ; *Procédures* 2018, comm. 146, obs. C. Nourissat ; *D.* 2018. 1366, note P. Dupont et G. Poissonnier ; *ibid.* 1934, obs. S. Bollée ; *RTD com.* 2018. 518, obs. A. Marmisse-d'Abbadie d'Arrast ; *RTD eur.* 2019. 165, obs. L. Grard ; *RDC* 2019. 85, obs. B. Haftel), d'un nouveau *leitmotiv*, énonçant que la règle de compétence spéciale en matière contractuelle, prévue aujourd'hui à l'article 7, point 1, sous a) du règlement (UE) n° 1215/2012, « *repose sur la cause de l'action et non pas sur l'identité des parties* » (CJUE, 7 mars 2018, aff. jtes C-274/16, C-447/16 et C-448/16, préc., spéc. pt 61, renvoyant à CJUE, 15 juin 2017, aff. C-249/16, préc., spéc. pts 31 et 33). Si l'énoncé normatif est formellement exprimé à partir de cet arrêt *Flightright*, il est permis d'y voir en réalité le résultat d'une sédimentation de la jurisprudence, dont le processus a été déclenché par les arrêts *Handte* et *Engler*, auxquels il convient d'ajouter l'arrêt intercalaire *Tacconi* (CJCE, 17 septembre 2002, aff. C-334/00, EU:C:2002:499 ; *Europe* 2002, comm. 391, obs. L. Idot ; *Procédures* 2002, comm. 228, obs. C. Nourissat ; *JDI* 2003. 668, obs. A. Huet ; *Rev. crit. DIP* 2003. 668, note P. Rémy-Corlay), venu énoncer pour la première fois qu'alors même que la règle de compétence spéciale « *n'exige pas la conclusion d'un contrat, l'identification d'une obligation est néanmoins indispensable à l'application de cette [règle], étant donné que la compétence de la juridiction nationale est fixée, en matière contractuelle, en fonction du lieu où l'obligation qui sert de base à la demande a été ou doit être exécutée* » (pt 22 de l'arrêt).

49 V. not. M.-E. Ancel, P. Deumier et M. Laazouzi, *Droit des contrats internationaux*, 2e éd., Paris, Sirey, 2020, spéc. n° 105 et s.

de la Cour une certaine agilité jurisprudentielle, destinée à lui permettre d'apprécier le plus souplement possible un nombre important de situations différentes[50]. La logique suivie est celle du plus petit dénominateur commun eu égard aux traditions juridiques des États membres, ce qui aboutit au constat suivant lequel « *la Cour adopte une conception assez minimaliste de la matière contractuelle* »[51]. Dans cette pratique, les renvois à des considérants d'arrêts précédents sont également effectués souplement, tantôt à l'arrêt matriciel[52], tantôt au dernier rendu avant celui qui opérera ledit renvoi[53]. L'objectif d'agilité le dispute ainsi en précellence à celui de continuité jurisprudentielle, mais avec pour contrepartie une atteinte récurrente à la prévisibilité et la sécurité juridiques… En toute hypothèse et à tous points de vue, la Cour gagnerait à rationaliser cette pratique.

II. Rationalisation d'une pratique

Les développements qui précèdent ont permis d'identifier les différentes manifestations d'ordre téléologique de la technique du renvoi à des considérants d'arrêts précédents utilisée par la Cour de justice en matière de droit international privé de l'Union, fournissant ainsi une clef de lecture et de mise en perspective de certains motifs – ou *obiter dicta* – dans les arrêts de la Cour de justice. Idéalement, ces motifs devraient pourtant être, à tout le moins pour le juge national ayant entrepris un renvoi préjudiciel en interprétation, immédiatement clairs et opératifs. Si l'effet « sclérosant » de la référence à des précédents a déjà pu être – à juste titre – dénoncé[54], l'on peut également déplorer un effet « confondant », l'interprète – praticien ou jurisconsulte – ne sachant pas toujours quelle autorité ou portée attribuer à de tels motifs, ce d'autant plus que se développe inéluctablement chez le lecteur assidu de la jurisprudence de la Cour de justice le sentiment d'avoir affaire à une jurisprudence davantage casuistique que principielle.

La pratique de l'« auto-référence » persistant, persiste également la nécessité – le devoir ? – d'imposer une certaine rationalisation à l'ensemble des acteurs concernés – à la Cour de justice, en priorité, mais également aux lecteurs et interprètes de ces arrêts. C'est dire qu'il existe aussi bien des fondements endogènes (2.) qu'exogènes (1.) pour étayer un processus de rationalisation.

---

50 V. p. ex. conclusions AG Kokott, 31 janvier 2019, *Kerr*, aff. C-25/18, EU:C:2019:86, spéc. pt 51 : « *[L]a Cour a aussi accepté le consentement libre requis dans les cas où l'obligation litigieuse trouvait sa base juridique dans les statuts ou dans les décisions des organes d'une association, dans l'exercice d'un mandat de gérant conformément au droit des sociétés, dans des dispositions du règlement relatif aux droits des passagers aériens ou dans une déclaration unilatérale. Ces affaires montrent que la Cour n'interprète pas strictement la condition d'application liée à la "matière contractuelle"* » (réf. omises).

51 M.-E. Ancel, P. Deumier et M. Laazouzi, *op. cit.*, spéc. n° 108, p. 96.

52 V. p. ex. CJCE, 5 février 2004, aff. C-265/02, préc., spéc. pt 24 (citant l'arrêt matriciel *Handte*), ou CJUE, gde ch., 24 novembre 2020, *Wikingerhof*, aff. C-59/19, EU:C:2020:950, spéc. pt 23 (citant l'arrêt *Engler*).

53 V. p. ex. CJUE, 11 novembre 2020, aff. C-433/19, préc., spéc. pt 37.

54 L. Coutron, préc., p. 672.

1. Fondements exogènes

La recherche d'une certaine forme de rationalisation a déjà pu être entreprise par la doctrine « européaniste ». À l'adresse de la Cour, l'on peut ici relayer l'appel invitant celle-ci à « *se doter d'une méthodologie de citation des arrêts* », aux fins « *de parvenir à instaurer une hiérarchisation de ses décisions* »[55]. Face à l'anarchie contemporaine de la pratique de l'« auto-référence », consistant à ne citer que le dernier arrêt rendu en date plutôt que l'arrêt de « principe » – favorisant ainsi une lecture hésitante et « décontextualisée » d'une motivation qui pourrait aisément en être détachée[56] –, il a été opportunément suggéré de développer une pratique consistant à citer « *systématiquement l'arrêt de principe, c'est-à-dire* l'arrêt le plus clair le plus ancien *sur le problème de droit qui est au centre de l'affaire* »[57]. Cette façon de procéder clarifierait fortement le discours de la Cour sur sa propre jurisprudence, et il est en outre envisageable d'adosser à cette référence celle du dernier arrêt en date, lorsqu'une continuité jurisprudentielle peut ou veut être établie[58].

À l'adresse des interprètes, une autre proposition peut être relayée. Il s'agit de celle consistant à proposer une lecture et une analyse des arrêts de la Cour de justice en « *blocs de jurisprudence* »[59]. Partant du constat que la jurisprudence de la Cour se présente désormais comme « *un ensemble mouvant de solutions qui doivent être lues à la lumière les unes des autres* »[60], une autrice a démontré que le recours au bloc de jurisprudence permettait de faire apparaître le « *continuum jurisprudentiel* » dans lequel la Cour souhaite inscrire ses décisions[61], tout en conduisant la doctrine à pouvoir ainsi « *saisir pleinement l'état de la jurisprudence* »[62], seule la logique de bloc pouvant révéler les évolutions, voire corrections, intervenues au fil d'une série d'arrêts, soit la « *progressivité de la jurisprudence* »[63]. À rebours de la logique des « grands arrêts », celle des blocs de jurisprudence se veut plus pragmatique et plus concrète, même si elle reste compatible avec la recherche d'arrêts matriciels. En matière de droit international privé de l'Union, le recours à de tels blocs de jurisprudence est assurément utile pour identifier tout à la fois des séries d'arrêts dans un domaine donné, et donner de la cohérence à une évolution que la technique de référence à des considérants d'arrêts antérieurs brouille quelque peu. Ainsi deux blocs de jurisprudence peuvent-ils être identifiés en matière de circulation des

---

55 *Ibid.*

56 Pour une illustration, V. not. les arrêts *Ellmes Property Services* et *DelayFix*, préc.

57 L. Coutron, préc., p. 673.

58 *Ibid.* Les mots soulignés le sont dans le texte.

59 B. Bertrand, « Les blocs de jurisprudence », *RTD eur.* 2012, p. 741.

60 *Ibid.*, p. 744.

61 *Ibid.*, p. 746.

62 *Ibid.*

63 *Ibid.*, p. 747.

clauses attributives de compétence, un premier bloc – originel – dans le domaine des contrats de transport maritime[64], un second bloc étant ouvert dans les chaînes de contrats translatifs de propriété avec l'arrêt *Refcomp*[65].

Conçue dans le temps long, la logique des blocs de jurisprudence peut à notre sens être utilement complétée par une logique conçue davantage dans le temps court. Il conviendrait en effet que la Cour de justice rationalise sa pratique du renvoi à des considérants d'arrêts antérieurs en contextualisant davantage cette « autoréférence » ou « autocitation ». L'exercice ne semble nullement insurmontable, étant donné que la Cour pratique déjà cette contextualisation lorsqu'elle enteprend un *distinguishing*[66]. Une logique de référence en termes de cas de figure (circulation des clauses attributives de compétence dans les contrats de transport maritime, ou à l'occasion d'une cession de créance, p. ex.) permettrait à la Cour d'identifier des sous-ensembles et de justifier de renvois à des arrêts antérieurs tout à la fois pertinents et « contextualisés ». Aidée dans cette tâche par les conclusions de ses avocats généraux, la Cour rendrait ainsi bien plus lisible sa jurisprudence, et l'identification de blocs de jurisprudence n'en serait que facilitée. Cette suggestion, complémentaire des deux précédentes, ne prive cependant en rien la Cour de justice d'envisager également, *ab intus*, une rationalisation de sa propre pratique.

2. Fondements endogènes

L'on se souvient que la dédicataire de ces lignes avait pu faire observer, à l'occasion du commentaire d'un arrêt, que la Cour donnait parfois « *l'impression de faire du droit international privé, comme M. Jourdain faisait de la prose, sans le savoir…* »[67]. Dans le contexte d'une réflexion sur la rationalisation de sa pratique de l'« autoréférence », cette remarque conduit tout naturellement à suggérer, après d'autres[68], que la Cour de justice devrait créer une chambre spécialisée dans le contentieux de droit international privé de l'Union ou, plus largement, dans celui propre à l'espace de liberté, de sécurité et de justice[69]. Certes, des obstacles structurels ne manqueront pas d'être opposés à cette suggestion, mais à l'heure de l'autoréforme de certaines cours nationales, le moment paraît propice à la relance de cette idée de réorganisation de la Cour.

L'on peut également suggérer que le processus de recrutement des juges et avocats généraux de la Cour de justice prenne davantage en compte cette spécialisation,

---

64 V. *supra*, Section I.2, et les réf. citées aux notes 33 à 35.

65 V. *supra*, Section I.2, et les réf. citées aux notes 36 et 37.

66 V. *supra*, Section I.2, et la réf. citée à la note 37.

67 L. Idot, obs. sous CJCE, 9 novembre 2000, *Ingmar*, aff. C-381/98, EU:C:2000:605 ; *Rev. crit. DIP* 2001. 107, spéc. 113.

68 V. not. C. Nourissat, « La Cour de justice face aux règlements de coopération judiciaire en matière civile et commerciale : quelques interrogations, dix ans après… », préc., p. 19 et s., spéc. p. 38.

69 TFUE, art. 67 et s.

en complément de celle, à l'évidence nécessaire, du droit de l'Union, institutionnel comme matériel[70,71].

Au terme de cette réflexion sur le discours de la Cour de justice sur sa propre jurisprudence, l'on peut être conduit à penser que les juges du Kirchberg, en soixante-dix ans de construction européenne, pourraient faire leur cette pensée de Pascal : « *Quand dans un discours, on trouve des mots répétés, et qu'essayant de les corriger, on les trouve si propres qu'on gâterait le discours, il faut les laisser* »[72]. Dans sa jurisprudence, progressive et évolutive, l'on peut en effet estimer que la reprise d'une formule identique, peut-être ciselée à la suite d'une série d'arrêts, vaut mieux que des reformulations ou de complètes réécritures (même en prenant en compte la difficulté tenant à la diversité des langues, officielles comme de travail, en usage à la Cour, et avec elle celle des multiples traductions). Il reste néanmoins que, pour ce qui concerne la seule pratique de l'« autoréférence », l'on « *ne peut se passer d'une méthode pour se mettre en quête de la vérité des choses* »[73].

---

70 Cette possibilité est expressément offerte par l'article 253 TFUE, dont les stipulations du premier alinéa prévoient que « *[l]es juges et les avocats généraux de la Cour de justice, choisis parmi des personnalités offrant toutes garanties d'indépendance et qui réunissent les conditions requises pour l'exercice, dans leurs pays respectifs, des plus hautes fonctions juridictionnelles, ou qui sont des jurisconsultes possédant des compétences notoires, sont nommés d'un commun accord pour six ans par les gouvernements des États membres, après consultation du comité prévu par l'article 255* ».

71 Sur cette proposition, v. déjà C. Nourissat, art. préc.

72 B. Pascal, *Pensées*, Paris, A. Pougin, 1835, t. I, 1re partie, art. X (« Pensées diverses de philosophie et de littérature »), spéc. XXI, p. 197.

73 R. Descartes, *Règles pour la direction de l'esprit*, Paris, Le Livre de poche, 2002, p. 88.

De quelques réflexions au sujet de l'arbitrage international confronté à l'ordre public international « faillitaire »

Michel Menjucq*
Université Paris 1 Panthéon-Sorbonne

Résumé

Quelques arrêts de la Cour de cassation, dont certains récents, ont nourri la réflexion sur la confrontation de l'arbitrage international avec le droit international des faillites au regard, notamment de l'ordre public international qui est très présent dans cette dernière matière. La réflexion porte sur la sanction à l'égard de laquelle la Cour de cassation accepte une certaine modulation selon les situations en cas de violation du principe de suspension des poursuites individuelles qui est incontestablement d'ordre public international. Elle porte aussi sur le périmètre de l'ordre public international, particulièrement au regard du principe de l'arrêt du cours des intérêts.

---

* Professeur à l'École de droit de la Sorbonne, Université Paris 1 Panthéon-Sorbonne.

Comme le droit de la concurrence, à l'égard duquel la dédicataire de ces *Mélanges* a une très haute expertise, le droit des procédures collectives, qui a conservé en droit international commun sa dénomination de droit des faillites internationales[1], est une matière qui, en raison de son fort caractère impératif, a toujours été très accueillante pour l'ordre public international. La Cour de cassation a, ainsi, à plusieurs reprises, eu l'occasion de brandir cette notion pour s'opposer à la mise en œuvre de sentences arbitrales internationales. Elle l'a fait, notamment, à l'égard du principe de la suspension des poursuites individuelles, ce principe étant la conséquence directe de l'effet réel de la procédure collective, qui peut être défini comme l'effet de saisie des biens du débiteur par la collectivité de ses créanciers représentée par le mandataire de justice[2]. Encore qu'un de ses arrêts récents a pu faire naître un doute sur la vigueur de la sanction en cas de violation de ce principe pourtant qualifié d'ordre public international, ce qui mérite réflexion (I.). Une autre réflexion mérite d'être menée sur le périmètre de l'ordre public international « faillitaire » et particulièrement à propos du principe du cours des intérêts qui est le corollaire de l'égalité des créanciers qui irrigue le droit des procédures collectives aussi bien interne, européen qu'international (II.).

I. La vigueur de la sanction en cas de violation du principe d'ordre public international de la suspension des poursuites individuelles par une sentence arbitrale

La première chambre civile de la Cour de cassation s'est prononcée à deux reprises sur le caractère d'ordre public international du principe de suspension (ou de l'arrêt) des poursuites individuelles. D'abord, par un arrêt du 6 mai 2009[3], puis, plus récemment, par un arrêt du 12 novembre 2020[4], elle a statué de manière complémentaire à propos de sentences arbitrales internationales.

Ainsi, dans l'arrêt du 6 mai 2009, la Cour de cassation affirme que « *le principe de suspension des poursuites individuelles en matière de faillite est à la fois d'ordre public interne et international* ». Dans l'arrêt du 12 novembre 2020, elle retient la même qualification en précisant que « *[l]'arrêt énonce que le principe de l'arrêt des poursuites individuelles des créanciers est à la fois d'ordre public interne et international [...] retient exactement que l'exequatur ne saurait, sans méconnaître le principe susvisé, rendre exécutoire une condamnation du débiteur à paiement de sommes d'argent* ».

---

1 Sur la terminologie conservatrice du droit des faillites internationales, cf. M. Menjucq, *Droit international et européen des sociétés*, 6e éd., Paris, LGDJ, 2021, n° 562.

2 Cf. M. Sénéchal, *L'effet réel de la procédure collective : essai sur la saisie collective du gage commun des créanciers*, Paris, Litec, 2002.

3 Cass. 1re civ., 6 mai 2009, n° 08-10.281 ; *Act. proc. coll.* 2009, comm. 182, note T. Mastrullo.

4 Cass. com., 12 novembre 2020, n° 19-18.849, F-P+B : JurisData n° 2020-018296 ; *Act. proc. coll.* 2021, alerte 5, note L. Fin-Langer ; *Rev. proc. coll.* 2021, comm. 119, obs. M. Menjucq.

Le caractère d'ordre public international du principe de la suspension des poursuites individuelles ne fait donc l'objet d'absolument aucun doute. En vertu de ce principe, une sentence arbitrale (ou toute décision d'une juridiction étatique) ne peut pas constituer le fondement de l'obligation pour le débiteur de payer, postérieurement à l'ouverture d'une procédure collective, une créance antérieure à cette procédure.

À cet égard, les deux arrêts précités sont parfaitement complémentaires mais ils méritent une analyse combinée, car s'ils affirment le même principe, c'est à l'occasion de deux situations distinctes. En effet, l'arrêt du 6 mai 2009 se rapporte à la situation d'une sentence rendue après l'ouverture de la procédure collective alors que celui du 12 novembre 2020 est relatif à une sentence arbitrale rendue avant l'ouverture de la procédure collective. Les conséquences ne peuvent, évidemment, être identiques mais elles n'en sont pas moins complémentaires et nullement contradictoires, l'arrêt du 12 novembre 2020 ne pouvant certainement pas être considéré comme constituant un revirement de la jurisprudence établie par l'arrêt du 6 mai 2009.

Ainsi, dans l'arrêt du 6 mai 2009, bien que la procédure d'arbitrage eût été initiée, dans l'espèce en cause, avant l'ouverture de la procédure de redressement judiciaire, la sentence condamnant le débiteur à payer un certain montant avait été rendue postérieurement à l'ouverture dudit redressement judiciaire. Il faut donc en déduire que, selon la Cour de cassation, est déterminante au regard de l'ouverture de la procédure collective, non la date à laquelle a débuté la procédure d'arbitrage, mais celle à laquelle est rendue la sentence arbitrale, ce qui est parfaitement logique.

Dans un tel cas, la sentence arbitrale ayant délibérément ignoré le principe d'ordre public international de suspension des poursuites individuelles alors que le tribunal arbitral était informé de l'ouverture de la procédure collective, la sanction devait être des plus sévères, de sorte que la Cour de cassation censure la cour d'appel qui avait accordé l'exequatur au motif que « *la reconnaissance ou l'exécution de la sentence doit y contrevenir de manière effective et concrète, ce qui n'est pas le cas d'une violation purement formelle de l'impossibilité de prononcer une condamnation à l'encontre d'une personne morale liquidée* ».

Pour la Cour de cassation, dans une telle situation, même si l'exequatur de la sentence ne viole pas de manière effective et concrète l'ordre public international, elle ne peut pas être accordée, la Cour de cassation énonçant de la manière la plus claire, au double visa de l'article 1502-5° du code de procédure civile et de l'ancien article L. 621-24 du code de commerce applicable en la cause, que l'arrêt accordant l'exequatur devait être cassé au motif « *[q]u'en se déterminant ainsi, alors que la sentence avait ordonné à la société Jean X... de payer diverses sommes à la société Income, en violation de la règle d'ordre public international de la suspension des poursuites individuelles dès lors que, une fois la créance déclarée et le liquidateur mis en cause, l'instance ne pouvait tendre qu'à la fixation de la créance* ».

Le commentateur de l'arrêt, le professeur Thomas Mastrullo, relève expressément la vigueur de la sanction de la Cour de cassation. Ainsi, remarque-t-il : « *Le caractère d'ordre public international de la règle de la suspension des poursuites individuelles est en outre affirmé avec une vigueur particulière : une jurisprudence établie postule en effet que l'exequatur n'est pas accordé en France à une sentence arbitrale qui viole l'ordre public international français, mais seulement si cette violation est "flagrante, effective et concrète" [...] ; or, contrairement à la cour d'appel, la première chambre civile se contente ici de constater la violation de l'ordre public international sans égard pour le caractère "flagrant, effectif et concret" de celle-ci, d'autant plus que la partie bénéficiaire de la sentence avait finalement renoncé à en demander l'exécution.* »

Ainsi, dans la situation où une sentence arbitrale condamnant le débiteur au paiement est rendue après l'ouverture de la procédure collective (même si la procédure d'arbitrage a débuté avant l'ouverture), cette sentence violant directement l'ordre public international, la Cour de cassation s'oppose vigoureusement à tout exequatur même si, pour certains, celui-ci ne viole pas de manière effective et concrète l'ordre public international.

En revanche, dans l'arrêt du 12 novembre 2020, une telle sévérité n'avait pas lieu d'être, dès lors que la sentence condamnant le débiteur à payer un certain montant avait été rendue antérieurement à l'ouverture de la procédure de sauvegarde, l'ouverture de cette procédure ayant d'ailleurs probablement été sollicitée pour éviter d'avoir à exécuter la sentence.

En effet, dans un tel cas, au jour où la sentence avait été rendue, aucune procédure collective n'étant ouverte, la sentence ne violait pas le principe d'ordre public international de l'arrêt des poursuites individuelles, en condamnant la partie qui succombait à payer une somme d'argent. À défaut de procédure collective ouverte, la sentence arbitrale ne pouvait en aucun cas se limiter à la fixation du montant de la créance sauf à méconnaître le principe selon lequel la sentence doit trancher entièrement le litige et permettre l'exécution de celle-ci.

Dans une telle situation, la violation du principe d'ordre public international de l'arrêt des poursuites individuelles ne résultait donc pas de la sentence elle-même, mais seulement de l'exequatur de cette sentence dans la mesure où l'exequatur avait été prononcé après l'ouverture de la procédure collective.

La situation était donc totalement différente de celle qui avait fait l'objet de l'arrêt du 6 mai 2009, dans laquelle c'était la sentence arbitrale, elle-même, qui violait directement le principe d'ordre public international. Au contraire, dans la situation ayant fait l'objet de l'arrêt du 12 novembre 2020, la sentence arbitrale en cause ne violait, au moment de son prononcé, aucun principe d'ordre public international puisque rendue à un moment où aucune procédure collective n'était ouverte. Dans un tel cas, seule l'ordonnance d'exequatur, rendue après l'ouverture de la procédure collective, était susceptible de faire produire à la sentence un effet contraire au principe d'ordre public international de l'arrêt des poursuites individuelles.

C'est la raison pour laquelle, dans l'arrêt du 12 novembre 2020, la Cour de cassation limite, « *en l'espèce* » comme elle le relève expressément, l'effet de l'exequatur à la simple reconnaissance du droit de créance, ce qui est conciliable avec le principe de l'arrêt des poursuites individuelles.

Les deux arrêts de la Cour de cassation ne sont donc absolument pas contradictoires, car traitant de situations tout à fait distinctes et, au contraire, se complètent parfaitement.

Il convient d'autant plus d'avoir à l'esprit la complémentarité de cette jurisprudence et non sa contradiction qu'il a pu être constaté dans la pratique arbitrale internationale l'existence de quelques sentences cherchant à s'abstraire de l'obstacle de l'ordre public international « faillitaire ». Ainsi, a pu être relevé l'existence de sentences qui, après l'ouverture en France d'une procédure collective dont les arbitres avaient été informés, avaient néanmoins prononcé la condamnation du débiteur à payer une créance, au motif que le créancier aurait, de la sorte, la possibilité d'obtenir l'exécution de la sentence dans un autre État que celui où avait été ouverte la procédure collective, contournant ainsi l'obstacle de la conception française l'ordre public international.

Or, de telles sentences d'exécution constituent non seulement une violation directe et manifeste du principe d'ordre public international de l'arrêt des poursuites individuelles, mais sont aussi une incitation directe au contournement du droit français, ce qui est assimilable à de la fraude.

Une telle incitation aurait, par ailleurs, des effets délétères sur les entreprises, soumises à une procédure collective de droit français, ayant des actifs sur le territoire de différents États. En effet, tout plan de continuation, voire tout plan de cession, risquerait d'être entravé par l'action intempestive de créanciers étrangers qui, agissant en vertu d'une sentence d'exécution telle que celle rendue en l'espèce, pourraient directement pratiquer des saisies sur des actifs du débiteur situés à l'étranger.

À l'égard de telles sentences, la sanction la plus sévère doit donc s'imposer et, en application de la solution affirmée par la Cour de cassation dans l'arrêt du 6 mai 2009, doit être prononcé le rejet pur et simple de l'exequatur, à l'exclusion de toute solution visant à limiter l'exequatur à une simple reconnaissance dépourvue de caractère exécutoire de la sentence.

II. Sur le caractère d'ordre public international du principe de l'arrêt du cours des intérêts

Si le principe de la suspension des poursuites individuelles a fait l'objet de plusieurs décisions, notamment de la Cour de cassation, au contraire, aucune décision de la Cour de cassation ou d'une cour d'appel n'a eu, à la connaissance de l'auteur de ces lignes, l'occasion de se prononcer sur le caractère d'ordre public international du principe de l'arrêt du cours des intérêts prévu par l'article L. 622-28 du code de commerce.

Pour autant, la doctrine est unanime pour admettre que le principe de l'arrêt du cours des intérêts est, à tout le moins, d'ordre public interne et constitue une règle complémentaire du principe de l'arrêt des poursuites individuelles, dont le caractère d'ordre public international est incontestable, comme examiné précédemment.

Le principe de l'arrêt du cours des intérêts est aussi le corollaire du principe de l'égalité des créanciers, qui profiteraient sinon plus ou moins de la longueur de la procédure selon le taux d'intérêt stipulé[5]. Or, le principe de l'égalité des créanciers irrigue non seulement le droit français interne et international des entreprises en difficulté, mais aussi le droit européen des procédures d'insolvabilité.

Ainsi, le principe de l'égalité des créanciers est constant en droit de la faillite internationale depuis un arrêt *Nebel* de 1913[6] qui a reconnu le droit pour les créanciers étrangers de produire à une faillite ouverte en France.

Quant au droit européen, de nombreuses dispositions aussi bien du règlement (CE) n° 1346/2000 du 29 mai 2000 sur les procédures d'insolvabilité que du règlement (UE) 2015/848 du 20 mai 2015 qui l'a remplacé assurent l'effectivité du principe d'égalité des créanciers.

Tel est le cas par exemple des articles 53, 55 et 54 du règlement (UE) 2015/848 respectivement sur la production des créances et sur l'information des créanciers, dont le but est d'assurer l'égalité entre les créanciers locaux et les créanciers étrangers, comme le précise encore le considérant 63 du règlement (UE) 2015/848 au sujet du produit de la réalisation qui doit être coordonné « *afin d'assurer l'égalité de traitement des créanciers* ».

Il ne fait donc aucun doute, selon le soussigné, que le principe d'égalité des créanciers est d'ordre public interne, européen et international.

Subséquemment, le principe de l'arrêt du cours des intérêts, qui soutient très directement le principe d'égalité des créanciers, doit aussi, par voie de conséquence, être qualifié d'ordre public interne et international en raison de son caractère essentiel au sein des dispositions du droit des entreprises en difficulté, qui sont très largement d'ordre public.

---

5 En ce sens, p. ex., F. Pérochon, *Entreprises en difficulté*, 10e éd., Paris, LGDJ, 2014, n° 648.

6 Cass. civ., 11 mars 1913 ; *DP* 1914, 1, 185, note P. Pic ; *JDI* 1913. 910, note J. Perroud. Dans le même sens, Cass. com., 19 janvier 1988; *D.* 1988. 565, note J.-P. Rémery ; Cass. com., 14 mai 1996; *BJS* 1996. 838, note A. Martin-Serf ; *Rev. crit. DIP* 1996. 475, note J.-P. Rémery.

Le juge français de l'annulation d'une sentence arbitrale internationale, juge de droit commun du droit de l'Union européenne

Cyril Nourissat[*]
Université Jean Moulin Lyon 3

Résumé

Cette contribution se propose d'examiner comment peut s'opérer l'articulation entre les exigences inhérentes à l'ordre juridique européen et les spécificités propres au recours en annulation des sentences arbitrales internationales prononcées sur le territoire français. Un potentiel conflit de logiques se profile ; logique d'effectivité de l'ordre juridique européen d'une part, logique d'efficacité des sentences arbitrales internationales d'autre part. D'où la recherche des possibles voies d'une conciliation tant il a toujours paru souhaitable de placer les relations entre l'arbitrage et l'ordre juridique européen sous la bannière de la complémentarité. L'exercice demeure cependant délicat. Ainsi, si la place du recours en annulation instauré par le code de procédure civile dans le paysage dessiné par l'ordre juridique européen peut être clairement établie, la question de l'intensité du contrôle opéré par le juge de l'annulation sur la sentence reste très incertaine, entre effectivité du droit de l'Union et principe d'interdiction de la révision au fond des sentences. En définitive, il y aurait meilleur compte à ouvrir le renvoi préjudiciel en interprétation aux tribunaux arbitraux dont le siège se situe sur le territoire d'un État membre de l'Union européenne.

[*] Agrégé des facultés de droit ; Professeur à l'université Jean Moulin Lyon 3.

L'ampleur de la production écrite du professeur Laurence Idot est connue de tous et toutes. Cette littérature est avant tout consacrée au droit de la concurrence, qu'il soit le « grand » comme le « petit » droit de la concurrence, qu'il soit le droit européen ou le droit interne de la concurrence (si tant est que l'on puisse encore véritablement distinguer l'un de l'autre depuis 2004). Une œuvre de « *pionnière du droit de la concurrence* »[1] ! Mais cette production ne se limite pas à cette branche du droit. Chacun aura alors à l'esprit, par exemple, les innombrables notes consacrées à la coopération judiciaire civile et commerciale, accueillies depuis une vingtaine d'années en particulier dans la revue mensuelle de référence qu'est *Europe*.

Les quelques lignes qui vont suivre s'attacheront à un thème précis auquel le professeur Laurence Idot a consacré plusieurs contributions d'importance : les relations entretenues par le droit de l'Union européenne – singulièrement le droit européen de la concurrence mais pas uniquement – avec l'arbitrage international – singulièrement l'arbitrage commercial international mais pas uniquement. Citons pêle-mêle le fascicule consacré à l'arbitrage dans l'*Encyclopédie Dalloz de droit européen*[2], les synthèses et articles publiés dans la revue *Concurrences* et la *Revue de l'arbitrage*[3] ou encore les communications réalisées dans le cadre de différents colloques[4].

Nul ne contestera que la rencontre entre l'ordre juridique européen et l'ordre juridique arbitral est placée sous le sceau d'une tension certaine. En dernier lieu, un avocat général à la Cour de justice (ci-après CJUE) n'a pas hésité à ouvrir des conclusions en soulignant « les relations houleuses » entre l'ordre juridique de l'Union européenne et l'arbitrage[5]. On l'a montré depuis quelques années, soulignant alors que plusieurs périodes se sont succédé sans que l'on puisse affirmer que l'on soit enfin arrivé à une maturité des rapports.

Pour illustrer le propos, l'observateur assidu de ces tensions permanentes ne peut que souligner – à l'heure où ces lignes sont écrites – que pas moins de quatre affaires complexes, intéressant les relations entre arbitrage et droit de l'Union, ont été traitées ou sont inscrites au rôle de la Cour de justice de l'Union européenne, mais aussi que le juge français en a été saisi, ces derniers mois, que ce soit à la faveur d'un important arrêt de la haute juridiction civile abondamment analysé ou à l'occasion d'une situation plutôt originale intéressant la responsabilité de l'arbitre.

---

1 Pour emprunter à « Laurence Idot : une pionnière du droit de la concurrence », *Revue de droit d'Assas*, n° 17, décembre 2018, pp. 6-12.

2 C. Jarrosson, L. Idot, V° « Arbitrage », in *Encyclopédie Dalloz, Droit européen*.

3 L. Idot, « Une innovation surprenante : l'introduction de l'arbitrage dans le contrôle communautaire des concentrations », *Rev. arb.* 2000, p. 591 ; « Ordre public, concurrence et arbitrage : État de la rencontre », in « Ordre public, concurrence et arbitrage », *Concurrences* n° 3-2006, art. n° 12028, pp. 12-15 ; « Arbitrage et droit de la concurrence », *Concurrences* n° 4-2010, art. n° 44194, ; « Arbitrage et droit de l'Union européenne – Retour sur quelques développements récents », *Rev. arb.* 2016, p. 471.

4 Cf. p. ex. L. Idot, « L'arbitrage et le contrôle des engagements en droit de la concurrence. Analyse du système », in P. Mayer (dir.), *Arbitrage et droit de l'Union européenne*, Paris, LexisNexis, 2012, p. 113 et s.

5 Cf., en ce sens, conclusions AG Szpunar, 1er juillet 2021, *Commission européenne c/ European Food SA e.a.*, aff. C-638/19 P, EU:C:2021:529, sur lesquelles, v. not. *JCP G* 2021, doctr. 941, spéc. n° 10, obs. C. Nourissat.

Mentionnons ainsi les affaires *Komstroy*, *PL Holdings* ou *Commission européenne c/ European Food e.a.*, qui intéressent l'arbitrage d'investissement[6] ; l'affaire *London Steam-Ship Owners' Mutual Insurance Association Limited*, qui concerne, elle, l'arbitrage commercial[7] ; l'arrêt *PWC* de la 1re chambre civile du 30 septembre 2020 ayant conduit à neutraliser une clause compromissoire stipulée dans un contrat de consommation transfrontière[8] ; enfin, le jugement du tribunal judiciaire de Paris en date du 31 mars 2021, depuis infirmé par un arrêt de la cour d'appel de Paris en date du 22 juin 2021[9] – affaire à l'occasion de laquelle, une nouvelle fois, la question de la portée de l'exclusion de l'arbitrage du champ matériel du règlement « Bruxelles I bis » sur la coopération judiciaire civile et commerciale est examinée à la faveur d'une action en responsabilité engagée contre un arbitre.

Le sujet retenu pour ces mélanges s'inscrit dans la ligne des interrogations ayant émergé il y a une quinzaine d'années[10] à propos de la portée du principe d'effectivité (combinaison des principes de primauté et d'effet direct) du droit de l'Union européenne quant à l'office du juge français lorsqu'il est amené à connaître d'une sentence arbitrale internationale. Ainsi, a-t-on tenté de montrer – dans un premier temps – que l'effectivité de l'ordre juridique européen est moins un sujet pour l'arbitre que pour le juge étatique, juge d'un État membre qui cristallise la rencontre de cet ordre juridique européen avec l'ordre juridique arbitral[11]. Puis – dans un deuxième temps – quelles conséquences pouvaient ou devaient en être tirées en termes de reconnaissance et d'exécution des sentences arbitrales sur le territoire des États membres[12]. Reste donc – dans ce troisième et dernier temps – à examiner le sort de l'annulation d'une sentence arbitrale internationale par le juge d'un État membre, au cas précis le juge français. À l'instar de ce que relevait en conclusion d'une de ses contributions le professeur Laurence Idot, il demeure possible d'affirmer à ce jour que le débat est loin d'être épuisé[13] ! Invitation, donc, à y revenir…

Deux rappels rapides s'imposent, qui permettent de bien sérier deux questions qui se posent et auxquelles il sera donc tenté de répondre dans les lignes qui vont suivre.

---

6 Respectivement : CJUE, 2 septembre 2021, *République de Moldavie c/ Komstroy LLC*, aff. C-741/19, EU:C:2021:655 ; *JCP G* 2021. 1066, note M. Barba et C. Nourissat. CJUE, 26 octobre 2021, *République de Pologne c/ PL Holdings*, aff. C-109/20, EU:C:2021:875. L'arrêt attendu dans l'aff. C-638/19 P, *Commission européenne c/ European Food SA e.a.*, sur laquelle, v. not. *JCP G* 2021, doctr. 941, spéc. n° 10, obs. C. Nourissat.

7 Aff. C-700/20, *JOUE* n° C 110 du 29 mars 2021, p. 18.

8 Cass. 1re civ., 30 septembre 2020, n° 18-19.241 ; *JDI* 2020. 1307, note E. Gaillard et les références citées.

9 Respectivement, TJ Paris, 31 mars 2021, n° 19/00795 ; *JCP G* 2021. 516, note I. Fadlallah, et CCIP-CA, 22 juin 2021, RG 21/07623 ; *JCP* E 2021. 1450, note D. Mainguy.

10 Le point de départ peut très clairement être fixé avec le célèbre arrêt *Thalès* de 2004 (CA Paris, 18 novembre 2004, *Thalès*, RG 02/19606 – sur lequel not. *Rev. arb.* 2005. 751 et 529 ; *JDI* 2005. 357, note A. Mourre ; *RTD com.* 2005. 263, obs. E. Loquin ; *Gaz. Pal.* 2005. 5, obs. C. Seraglini) puis, en second lieu, l'arrêt *SNF* de 2006 (CA Paris, 23 mars 2006, *SNF*, RG 04/19673-04/19710). Confirmation étant donnée par Cass. 1re civ., 4 juin 2008, n° 06-15.320, *Bull. civ.* I, n° 162 : « *le contrôle se limite au caractère flagrant, effectif et concret de la violation alléguée* ».

11 En ce sens, C. Nourissat, « Culture européenne et arbitrage international », in F. Osman et A. C. Yildrim (dir.), *Où va l'arbitrage international ? De la crise au renouveau : journées d'études méditerranéennes en l'honneur du professeur Ali Bencheneb*, Paris, LexisNexis, 2017, pp. 351-365.

12 En ce sens, C. Nourissat, « L'exécution des sentences arbitrales dans l'espace judiciaire européen : quelques observations », in *Droit sans frontières : mélanges en l'honneur d'Éric Loquin*, Paris, LexisNexis, 2018, pp. 269-284.

13 Cf. note 3.

Rappelons, tout d'abord, que le principe d'autonomie procédurale affirmé haut et clair par l'ordre juridique de l'Union est, de longue date, encadré si ce n'est sacrifié sur l'autel de l'effectivité de ce même ordre juridique. Sans développer cette question qui est, avant tout, l'occasion de se livrer à une analyse de la jurisprudence de la CJUE, quelques enseignements peuvent être retenus. Pour aller à l'essentiel, la jurisprudence de la CJUE renvoie, depuis l'arrêt *Peterbroeck*[14], à l'organisation juridictionnelle et aux règles procédurales des États membres le soin de faire bénéficier le justiciable des droits tirés de l'ordre juridique de l'Union européenne. L'enjeu est alors focalisé sur le relevé d'office. Il est alors possible de considérer que le relevé d'office du droit de l'Union par le juge national relève d'une autonomie procédurale encadrée, parce qu'elle ne vaut qu'en l'absence de règle de l'Union en matière de procédures et parce qu'elle est soumise au respect des deux grandes notions dégagées par la CJUE elle-même : l'équivalence dans le traitement procédural appliqué au droit interne par rapport à celui appliqué au droit de l'Union dans des situations analogues et surtout l'effectivité des procédures appliquées au droit de l'Union, qui ne peuvent rendre impossible ou excessivement difficile l'exercice en justice des droits que les juridictions nationales ont le devoir de sauvegarder. Concernant ce dernier principe, force est d'observer que, dans l'arrêt *Peterbroeck*, la Cour a par exemple déclaré que « *le droit communautaire s'oppose à l'application d'une règle de procédure nationale qui [...] interdit au juge national, saisi dans le cadre de sa compétence, d'apprécier d'office la compatibilité d'un acte de droit interne avec une disposition communautaire, lorsque cette dernière n'a pas été invoquée dans un certain délai par le justiciable* ». Pour autant, dans un arrêt prononcé le même jour, l'arrêt *Van Schijndel*[15], la Cour a apporté une réponse totalement différente en jugeant cette fois compatible avec le principe d'effectivité la règle néerlandaise exigeant que le juge s'en tienne à l'objet du litige tel que ressortant des écritures des parties, qui conduit à lui interdire de soulever d'office le droit de l'Union. L'enjeu, comme on le verra, s'est porté en particulier sur le fait que l'on considère généralement qu'un juge a le devoir de soulever d'office les règles d'ordre public. Or, la notion d'ordre public – bien délicate à définir en droit de l'Union européenne – n'a pas, semble-t-il, de réelle incidence sur la question, sauf dans certains domaines bien définis comme le droit des pratiques anticoncurrentielles de l'Union (ce dont témoigne l'arrêt *Manfredi*[16]) ou, précisément, le droit de l'arbitrage (ce qu'illustre le célébrissime arrêt *Eco Swiss China*[17]), comme on le verra dans la suite de ces développements.

---

14 CJCE, 14 décembre 1995, *Peterbroeck, Van Campenhout & Cie SCS*, aff. C-312/93, EU:C:1995:437.

15 CJCE, 14 décembre 1995, *Jeroen van Schijndel et Johannes Nicolaas Cornelis van Veen*, aff. jtes C-430/93 et C-431/93, EU:C:1995:441. Sur ces deux arrêts et leurs prédécesseurs comme leurs suites, cf. not. M. Karpenschif et C. Nourissat (dir.), *Les grands arrêts de la jurisprudence de l'Union européenne*, 4ᵉ éd., Paris, PUF, 2021, spéc. nᵒ 38, CJCE, 11 juillet 1991, *A. Verholen e.a. c/ Sociale Verzekeringsbank Amsterdam*, aff. jtes C-87/90 à C-89/90, EU:C:1991:314, comm. de B. Le Baut-Ferrarese.

16 CJCE, 13 juillet 2006, *Manfredi*, aff. jtes C-295/04 à C-298/04, EU:C:2006:461 ; Europe 2006, comm. 291, obs. L. Idot ; v. aussi F. Zivy, « Action en réparation : La CJCE évite la question de l'action en réparation d'un préjudice causé par une violation des règles communautaires de concurrence (*Manfredi*) », 13 juillet 2006, *Concurrences* N° 4-2006, Art. N° 12494, p. 118.

17 CJCE, 1ᵉʳ juin 1999, *Eco Swiss China*, aff. C-126/97, EU:C:1999:269 ; *RTD com.* 2000, 181, obs. S. Poillot-Peruzzetto ; *ibid.* 340, obs. E. Loquin ; *RTD eur.* 2000. 741, note L. Idot.

Rappelons, ensuite, que, selon le code de procédure civile, tel que modifié en dernier lieu il y a dix ans par la réforme d'importance née du décret du 13 janvier 2011[18], le recours en annulation est devenu la principale (même si ce n'est pas l'unique[19]) voie de recours contre la sentence internationale prononcée en France. Ce recours en annulation est porté devant la cour d'appel dans le ressort de laquelle la sentence a été rendue. Il doit être exercé au plus tard dans le mois de sa notification – en réalité et le plus souvent sa signification. Par ailleurs, selon l'article 1526 du code de procédure civile, le recours en annulation n'a pas d'effet suspensif, rompant en cela avec les solutions retenues antérieurement au décret de 2011 ; d'où un régime propre dont l'objet est de permettre l'aménagement et même l'arrêt de l'exécution provisoire faisant intervenir le premier président et dont le maître-mot tient à l'examen de la question de savoir si l'exécution « *est susceptible de léser gravement les droits de l'une des parties* ». Soulignons, ensuite, que si l'annulation est accueillie (sur le fondement de l'un ou l'autre des cinq cas limitativement énumérés par l'article 1520 CPC), la cour d'appel ne peut statuer au fond et mettre ainsi fin au litige, contrairement à ce qui prévaut en arbitrage interne, d'où la nécessité de constituer, la plupart du temps, un nouveau tribunal arbitral. Enfin, mentionnons brièvement à ce stade avant que d'y revenir plus en détail que désormais, comme en dispose l'article 1522 du code de procédure civile, « *[p]ar convention spéciale, les parties peuvent à tout moment renoncer expressément au recours en annulation* ».

Ces précisions apportées, il est alors possible d'examiner comment est susceptible de s'opérer l'articulation entre les exigences inhérentes à l'ordre juridique européen et les spécificités propres au recours en annulation des sentences arbitrales internationales prononcées sur le territoire français. Un potentiel conflit de logiques se profile ; logique d'effectivité de l'ordre juridique européen d'une part, logique d'efficacité des sentences arbitrales internationales d'autre part. D'où la recherche des possibles voies d'une conciliation tant il nous a toujours paru souhaitable de placer les relations entre l'arbitrage et l'ordre juridique européen sous la bannière de la complémentarité et non sous celle de l'adversité ainsi qu'en témoigne trop souvent – hélas – l'actualité jurisprudentielle...

Dès lors, rappeler le juge français de l'annulation d'une sentence arbitrale internationale à sa fonction de juge de droit commun du droit de l'Union européenne – pour reprendre la formule bien connue forgée par la Cour de justice

---

18 Sur ce décret, cf. not. T. Clay (dir.), *Le nouveau droit français de l'arbitrage*, Paris, Lextenso, 2011. On se reportera aussi aux principaux manuels et traités consacrés au droit de l'arbitrage.

19 Si l'appel n'est pas admis existe une voie de recours extraordinaire incarnée par le recours en révision tel que prévu par l'article 1502 CPC avec cependant une nuance par rapport au régime prévu pour la révision pour l'arbitrage interne : si le tribunal arbitral ne peut pas être réuni à nouveau, il conviendra d'en constituer un autre. Pour illustration de cette situation, cf. Cass. 1re civ., 30 juin 2016, no 15-13.755, 15-13.904 et 15-14.145 ; *Dalloz actualité*, 30 août 2016, obs. X. Delpech ; *D.* 2016. 2025, obs. L. d'Avout et S. Bollée ; *ibid.* 2589, obs. T. Clay ; *Rev. crit. DIP* 2017. 245, note J.-B. Racine ; *JCP* 2016. 954, note S. Bollée ; *Procédures* 2016, no 290, obs. L. Weiller ; *Rev. arb.* 2016. 1123, note P. Mayer ; *Cah. arb.* 2017. 339, note M. Henry.

dans son arrêt fondateur *Simmenthal*[20] – suppose tout à la fois d'examiner l'existence même de l'annulation et de la voie de recours qu'elle incarne à l'aune du droit de l'Union européenne (I.) et d'apprécier l'essence même de cette annulation, en particulier l'intensité du contrôle de la sentence arbitrale internationale à l'aune du droit de l'Union européenne (II.).

I. Existence de l'annulation et droit de l'Union européenne

Les lignes qui vont suivre n'ont d'autre objet que d'examiner la place du recours en annulation instauré par le code de procédure civile dans le paysage dessiné par l'ordre juridique européen. Plus précisément, se pose en filigrane la question de savoir si l'existence de ce recours en annulation des sentences arbitrales internationales peut ou non s'inscrire dans les exigences posées par l'article 19, paragraphe 1, alinéa 2, TUE, selon lequel « *[l]es États membres établissent les voies de recours nécessaires pour assurer une protection juridictionnelle effective dans les domaines couverts par le droit de l'Union* ».

Pourquoi s'interroger de la sorte ? La raison en est simple : parce que, malgré toutes les hésitations qui marquent l'étendue du contrôle du juge de l'annulation sur la sentence arbitrale internationale, hésitations qui seront abordées dans la seconde partie de cette contribution, il apparaît qu'en l'état (et faute d'évolution sur la faculté reconnue à un tribunal arbitral d'interroger à titre préjudiciel la Cour de justice), ce recours en annulation (et, dans une moindre mesure, le recours contre l'ordonnance d'*exequatur*) est la seule voie pour satisfaire les exigences de l'article 19, paragraphe 1, alinéa 2, TUE. C'est bien ainsi qu'il devient loisible de qualifier le juge français de l'annulation d'une sentence arbitrale internationale de juge de droit commun du droit de l'Union européenne.

Sans l'avoir jamais explicitement exprimé, tel est le sens de divers arrêts prononcés par la Cour de justice. En dernier lieu, mention doit être faite de l'arrêt *Komstroy* qui, bien que prononcé dans le contexte très particulier des arbitrages d'investissement, énonce dans une formule des plus larges un *obiter dictum* essentiel : « *[L]a fixation du siège de l'arbitrage sur le territoire d'un État membre, en l'occurrence la France, entraîne l'application, pour les besoins de la procédure ouverte sur le territoire de cet État membre, du droit de l'Union, dont la juridiction saisie a l'obligation d'assurer le respect, conformément à l'article 19 TUE* » (pt 34 de l'arrêt). S'il est manifeste que la Cour entend distinguer le sort de l'arbitrage d'investissement de celui de l'arbitrage commercial international au regard de l'ordre juridique de l'Union, le critère décisif qu'elle manie, à savoir l'autonomie de la volonté, s'efface précisément lorsqu'elle

20 CJCE, 9 mars 1978, *Simmenthal*, aff. 106/77, EU:C:1978:49. Sur cet arrêt, cf. not. M. Karpenschif et C. Nourissat (dir.), *op. cit.*, spéc. n° 19, comm. T. Debard.

décide « d'ajouter » au précédent que constitue l'arrêt *Achmea*[21] pour tenter de renforcer sa justification en s'aventurant sur le terrain du « siège » de l'arbitrage. En effet, ici, plus de précisions, plus de distinctions et une affirmation d'ordre général qui peut aisément laisser penser que la solution vaut aussi pour l'arbitrage commercial international. Or, comment ne pas souligner qu'au cas précis la cour d'appel de Paris pose sa question préjudicielle dans le cadre d'un recours en annulation formé contre la sentence prononcée à Paris !

Comme cela a été précédemment mentionné, la double spécificité du recours en annulation contre les sentences arbitrales en matière internationale tient au fait que, d'une part, il est « le » recours envisageable, d'autre part et comme en dispose l'article 1522 du code de procédure civile, « *[p]ar convention spéciale, les parties peuvent à tout moment renoncer expressément au recours en annulation* ». Cette dernière innovation née du décret de 2011 s'inscrit dans le mouvement plus général tendant à favoriser une déterritorialisation, une délocalisation plus poussée de l'arbitrage. Elle témoigne aussi, dans la ligne des célèbres jurisprudences *Hilmarton* et *Putrabali*[22], de la prévalence d'une conception française autonomiste de l'arbitrage, celui-ci n'étant en définitive pas rattaché à l'ordre juridique du siège.

Certes, la prudence a cependant commandé la rédaction de l'article 1522 du code de procédure civile. D'une part, il est nécessaire que les parties recourent à une « convention spéciale » de nature à caractériser une renonciation dont il est dit qu'elle doit être « expresse ». D'autre part, il est envisagé que cette renonciation puisse intervenir à tout moment. Au lendemain de la publication du décret, les observateurs se sont interrogés sur cette disposition et nombre d'entre eux en ont conclu qu'une formule standard indiquant que les parties renoncent à tout recours ne suffira pas et que, bien au contraire, il sera nécessaire de prévoir une stipulation particulière visant le recours en annulation. Dix ans après, il n'est pas certain que cette faculté offerte aux parties à un arbitrage international se déroulant en France soit fréquente. Outre qu'à notre connaissance aucun contentieux n'en fait (indirectement) état, il est surtout probable que les parties (et leurs conseils, qui ne sauraient leur recommander de renoncer à une voie de recours) souhaitent se réserver la voie de contestation par excellence de la sentence portée devant la cour d'appel.

C'est alors devoir examiner si, en réalité et dans une perspective d'effectivité de l'ordre juridique de l'Union européenne, une telle disposition n'est pas tout simplement susceptible d'être un jour considérée comme contraire à l'ordre juridique de l'Union. Tout bonnement, parce que, si elle était mise en œuvre par

---

21 CJUE, 6 mars 2018, Achmea, aff. C-284/16, EU:C:2018:158.

22 Respectivement, Cass. 1re civ., 23 mars 1994, n° 92-15.137, *Bull. civ.* I, n° 104 ; *Rev. crit. DIP* 1995. 356, note B. Oppetit ; *JDI* 1994. 701, note E. Gaillard ; *RTD com.* 1994. 702, note E. Loquin ; *Rev. arb.* 1994. 327, note C. Jarrosson ; et Cass. 1re civ., n° 05-18.053, 29 juin 2007 ; *Rev. crit. DIP* 2008. 109, note S. Bollée ; *Rev. arb.* 2007. 507, note E. Gaillard.

les parties à l'arbitrage, elle priverait en définitive la Cour de justice de toute possibilité de remplir son office, en particulier l'exclusivité de compétence dont elle bénéficie dans l'interprétation authentique du droit européen, le trait d'union – entre les juges nationaux et la Cour de justice – résidant alors dans le mécanisme préjudiciel, qui instaure ainsi un « dialogue de juge à juge », selon la formule bien connue, encore récemment rappelée par le juge du Kirchberg dans l'arrêt *Komstroy*.

La renonciation à la voie du recours en annulation pourrait logiquement être vue comme une manifestation de l'autonomie procédurale de l'État membre France. Et l'on sait que cette autonomie procédurale a pu être visée expressément par la Cour de justice précisément dans le cadre du recours en annulation à la faveur de l'arrêt *Eco Swiss China* déjà mentionné. Mais rien n'est moins certain. Et en particulier, parce que ce qui serait alors en cause tiendrait en dernière analyse en la mise à mal de l'effectivité de l'ordre juridique européen.

Très concrètement, c'est envisager l'hypothèse où nonobstant une renonciation au recours en annulation conforme à la lettre de l'article 1522 du code de procédure civile, une cour d'appel serait tout de même saisie d'un tel recours en annulation d'une sentence arbitrale prononcée en France en matière internationale. Le juge de l'annulation pourrait-il, devrait-il, écarter l'article 1522 du code de procédure civile en considérant qu'il y a là une exigence que commande « *l'application, pour les besoins de la procédure ouverte sur le territoire de cet État membre, du droit de l'Union, dont la juridiction saisie a l'obligation d'assurer le respect, conformément à l'article 19 TUE* », pour reprendre la formule de la Cour de justice ?

Deux arrêts récents peuvent le laisser penser. Le premier est un arrêt de la Cour de cassation prononcé dans un domaine proche de l'arbitrage international même si ce dernier en réfute pour partie les méthodes, à savoir celui des règles de conflit de lois[23]. Le second est un arrêt de la Cour de justice prononcé à nouveau dans le domaine de l'arbitrage d'investissement[24]. Dans la première affaire, de manière très nette, au double visa de l'article 6 du règlement « Rome II » et de l'article 12 du code de procédure civile ainsi que « *des principes de primauté et d'effectivité du droit de l'Union européenne* », la haute juridiction civile peut énoncer que, désormais, « *si le juge n'a pas, sauf règles particulières, l'obligation de changer le fondement juridique des demandes, il est tenu, lorsque les faits dont il est saisi le justifient, de faire application des règles d'ordre public issues du droit de l'Union européenne, telle une règle de conflit de lois lorsqu'il est interdit d'y déroger, même si les parties ne les ont pas invoquées* ». Dans la seconde affaire, s'agissant du recours à une clause compromissoire *ad hoc* venant se substituer à une clause prévue dans un accord international, la Cour de justice peut, notamment en interprétation de l'article 267 TFUE, énoncer

23 Cass. 1re civ., 26 mai 2021, n° 19-15.102 ; *JCP G* 2021. 733, note L. d'Avout ; *D.* 2021. 1522, note J. Guillaumé.

24 CJUE, 26 octobre 2021, *République de Pologne c/ PL Holdings*, aff. C-109/20, préc.

que cet article s'oppose à une législation nationale qui permet de recourir à la clause *ad hoc* en lieu et place de la clause figurant dans l'accord international et partant qu'« *il appartient au juge national de faire droit à une demande d'annulation d'une sentence arbitrale prise sur le fondement d'une convention d'arbitrage qui méconnaîtrait les articles 267 et 344 TFUE ainsi que les principes de confiance mutuelle, de coopération loyale et d'autonomie du droit de l'Union* » (pt 55 de l'arrêt).

Que l'on raisonne donc en termes d'obligation « *de faire application des règles d'ordre public issues du droit de l'Union européenne* » au nom « *des principes de primauté et d'effectivité du droit de l'Union européenne* » ou que l'on s'appuie sur l'article 267 TFUE, ensemble « *les principes de confiance mutuelle, de coopération loyale et d'autonomie du droit de l'Union* », il se vérifie que l'existence du recours en annulation est cardinale dans la perspective du droit de l'Union. Mais, en évoquant les « *règles d'ordre public issues du droit de l'Union européenne* », l'on perçoit alors un glissement de l'existence vers l'essence de ce recours, en particulier en ce qu'elles sont au cœur de l'examen de l'intensité du contrôle exercé par le juge de l'annulation sur la sentence.

II. Essence de l'annulation et droit de l'Union européenne

Les lignes qui vont suivre n'ont d'autre objet que d'aborder l'intensité du contrôle exercé par le juge de l'annulation sur la sentence dans la perspective de ne pas porter atteinte à l'ordre juridique de l'Union européenne, de garantir son effectivité.

En substance, la question qui reste toujours posée est celle de savoir s'il existe un devoir pour le juge de l'annulation d'examiner d'office la violation du droit de l'Union. Et ceci provient du fait que, dans le domaine de la protection du consommateur contre les clauses abusives, la Cour de justice a systématiquement décidé que le relevé d'office se présentait comme le moyen permettant d'aboutir aux exigences portées par la directive européenne 93/13/CEE du 5 avril 1993 prohibant les clauses abusives[25]. Ici, le juge est un acteur si ce n'est une autorité à part entière de l'État membre à même d'assurer le processus d'intégration, au cas précis de transposition des directives. Doit cependant être remarqué que l'infériorité économique ou juridique d'une partie à la procédure (le consommateur) paraît l'explication essentielle et qu'une telle situation ne se retrouve pas nécessairement dans le cadre d'un recours en annulation d'une sentence arbitrale.

---

25 CJCE, 27 juin 2000, *Océano Grupo Editorial et Salvat Editores*, aff. jtes C-240/98 à C-244/98, EU:C:2000:346. Cf. depuis, CJCE, 26 octobre 2006, *Mostaza Claro*, aff. C-168/05, EU:C:2006:675 ; *Rev. arb.* 2007. 109, note L. Idot ; *JDI* 2007. 581, note A. Mourre ; et CJCE, 6 octobre 2009, *Asturcom*, aff. C-40/08, EU:C:2009:615 ; Rev. arb. 2009. 813, note C. Jarrosson.

Par ailleurs, se pose immédiatement une autre question, qui tient à la combinaison de cet éventuel relevé d'office avec le principe cardinal de prohibition de la révision au fond des sentences arbitrales. On renverra aux meilleurs auteurs qui ont analysé la portée et la signification de cette prohibition de la révision au fond[26]. En substance, c'est signifier que la cour d'appel saisie d'un recours en annulation ne saurait porter la moindre appréciation sur le fond du litige, notamment sur le « jugement » des arbitres des faits et demandes dont ils ont été saisis. La formule a été utilisée et résume bien l'idée maîtresse : « *le recours en annulation est un procès fait à un acte : la sentence* »[27] ; et donc, à elle seule, serait-on tenté d'ajouter…

Le terrain sur lequel s'exprime ces deux logiques s'incarne avec l'article 1520-5° CPC, aux termes duquel, « *[l]e recours en annulation n'est ouvert que si […] [l]a reconnaissance ou l'exécution de la sentence est contraire à l'ordre public international* ». Soulignons ainsi que le droit européen – par la voix de la Cour de justice – depuis son arrêt *Eco Swiss China* s'est engagé en la matière non sans apporter plusieurs précisions. Ainsi, dans cet arrêt, la Cour avait pu considérer que le seul fait qu'un domaine particulier fasse partie des compétences, exclusives ou partagées, de l'Union conformément aux articles 3 et 4 TFUE suffit pour élever une disposition du droit de l'Union au rang de disposition d'ordre public. Et de conclure que « *l'article 81 CE constitue, conformément à l'article 3, sous g), du traité CE [devenu, après modification, article 3, paragraphe 1, sous g), CE], une disposition fondamentale indispensable pour l'accomplissement des missions confiées à la Communauté et, en particulier, pour le fonctionnement du marché intérieur. L'importance d'une telle disposition a amené les auteurs du traité à prévoir expressément au deuxième paragraphe de l'article 81 CE que les accords et décisions interdits en vertu de cet article sont nuls de plein droit* ». En adoptant ce raisonnement, la Cour de justice était amenée à retenir une définition extensive de l'ordre public européen susceptible d'être considérée comme incompatible avec la logique et l'esprit de l'ordre public international, tel qu'ils prévalent lorsqu'on les envisage dans le contexte de l'arbitrage. On l'a dit, Nul n'ignore qu'il s'agit là de la même logique que celle qui a présidé à l'arrêt *Mostaza Claro*. Prétendant s'inscrire dans la ligne du précédent arrêt, la Cour de justice avait pu alors retenir que « *dans la mesure où une juridiction nationale doit, selon ses règles de procédure internes, faire droit à une demande en annulation d'une sentence arbitrale fondée sur la méconnaissance des règles nationales d'ordre public, elle doit également faire droit à une telle demande fondée sur la méconnaissance des règles communautaires de ce type* » et décider qu'il en allait ainsi en présence de clauses abusives visées par la directive du même nom, « *[l]a nature et l'importance de l'intérêt public sur*

---

26 Outre les traités et manuels classiques consacrés à l'arbitrage, cf. not. V. Chantebout, « Le principe de non-révision au fond des sentences arbitrales », thèse Université Paris 2 Panthéon-Assas, 2007.

27 *JCl. Commercial*, fasc. 199 : « Arbitrage commercial. Droit international » par C. Jarrosson et J.-B. Racine, spéc. n° 80.

lequel repose la protection que la directive assure aux consommateurs justifient, en outre, que le juge national soit tenu d'apprécier d'office le caractère abusif d'une clause contractuelle et, ce faisant, de suppléer au déséquilibre qui existe entre le consommateur et le professionnel ».

Cette approche a été pour partie remise en cause – dans une formule imagée mais très parlante – par le premier avocat général Melchior Wathelet dans ses conclusions présentées le 17 mars 2016 sous l'arrêt *Genentech*[28]. Selon lui, l'approche qui conduirait à qualifier d'ordre public « *l'ensemble du droit de l'Union, de la charte des droits fondamentaux de l'Union européenne à une directive relative aux équipements sous pression* » doit être refusée. Et de poursuivre, en s'appuyant sur l'important arrêt *Kadi*[29], selon lequel par ordre public européen on ne devrait considérer que « *les "principes qui relèvent des fondements mêmes de l'ordre juridique [de l'Union]" au point de ne pouvoir "souffrir la méconnaissance parce qu'une telle méconnaissance serait inacceptable du point de vue d'un État de droit, libre et démocratique"* ». Autrement dit, les « *règle[s] impérative[s] tellement fondamentale[s] à l'ordre juridique [de l'Union] qu'elle[s] ne pourr[aient] souffrir aucune dérogation dans le contexte de l'affaire en cause* ». Et de conclure, au cas précis de l'affaire *Genentech*, que « *les articles 101 TFUE et 102 TFUE sont, en ce sens, des dispositions fondamentales et essentielles pour le fonctionnement du marché intérieur, sans lesquelles l'Union ne fonctionnerait pas et dont la méconnaissance, flagrante ou non, évidente ou non, serait inacceptable du point de vue de l'ordre juridique de l'Union* ». Ce « toilettage » opéré par ses soins est essentiel pour éclairer la question de l'intensité du contrôle opéré par le juge français de l'annulation. Observons cependant que, même s'agissant des pratiques anticoncurrentielles dont la nature d'ordre public international ne nous semble faire guère de doute, cette qualification n'est pas nécessairement partagée par tous les systèmes juridiques. Ainsi, en va-t-il par exemple du droit suisse. Dans une décision célèbre *Terra Armata*[30] qui a fait grand bruit en son temps, le Tribunal fédéral suisse a considéré que les dispositions concurrentielles ne font pas partie des valeurs essentielles et largement reconnues constitutives de tout ordre juridique. Dès lors, la violation du droit antitrust par une sentence ne saurait caractériser une violation de l'ordre public.

À supposer la qualification d'ordre public international retenue pour les seules « *règle[s] impérative[s] tellement fondamentale[s] à l'ordre juridique [de l'Union] qu'elle[s] ne pourr[aient] souffrir aucune dérogation* », demeure la

---

28 CJUE, 7 juillet 2016, *Genentech Inc.*, aff. C-567/14, EU:C:2016:526 ; *JCP G* 2016, doctr. 1020, spéc. n° 9, obs. C. Nourissat ; *Europe* 2016, comm. 354, obs. L. Idot ; v. aussi A. Lacresse, « Arbitrage : La Cour de justice de l'Union européenne accepte de recevoir la question soumise dans le cadre d'un recours contre une décision arbitrale (*Genentech*) », 7 juillet 2016, *Concurrences* n° 4-2016, art. n° 82114, pp. 158-159.

29 CJCE, 3 septembre 2008, *Kadi*, aff. jtes C-402/05 P et C-415/05 P, EU:C:2008:46.

30 Trib. fed. Suisse, 8 mars 2006 ; *Rev. arb.* 2006. 763, note L. Radicati di Brozolo.

question de l'intensité du contrôle opéré par le juge français de l'annulation de la sentence. Cette question renvoie à deux écoles qui s'opposent au sein de la communauté des arbitragistes : les minimalistes, d'une part, les maximalistes, d'autre part.

La jurisprudence actuelle bien connue de la haute juridiction civile retient qu'en matière d'annulation pour le motif tiré de la violation de l'ordre public international, « *le contrôle se limite au caractère flagrant, effectif et concret de la violation alléguée* ». Cette solution ne satisfait en réalité pas beaucoup d'observateurs ou d'acteurs du droit de l'arbitrage (comme, d'ailleurs, du droit de la concurrence…). Elle est donc très discutée et, faut-il le souligner, en particulier à partir du cas précis du droit des pratiques anticoncurrentielles. Force est de constater en effet que le contrôle du respect de l'ordre public substantiel a beaucoup évolué et, en l'état, demeure assez incertain. Au point, ainsi que l'avait relevé le professeur Laurence Idot il y a quelques années, que la question demeure de savoir où « *placer le curseur* »[31].

Ainsi, le contrôle peut apparaître approfondi et conforme à sa raison d'être dans certains cas. Telle est la situation, par exemple, en matière de corruption[32]. Force est cependant dans ce cas de devoir souligner que certains auteurs mettent alors en garde – à juste raison – contre le spectre d'un contrôle qui s'apparenterait en réalité à de la révision au fond[33]. Mais ce contrôle peut aussi paraître superficiel et nettement insuffisant dans d'autres cas, précisément par une crainte irraisonnée de méconnaître ce principe de non-révision au fond. Force est cependant dans ce cas d'espérer de la cour d'appel qu'elle daigne « *aller au-delà d'un contrôle en surface de la sentence* »[34]. L'une et l'autre situation apparaissent alors comme regrettables, si l'on veut bien retenir que l'enjeu est en réalité assez simple : éviter qu'une solution contraire à l'ordre public, ou dont les conséquences le seraient, ne produise d'effets sur le territoire français, plus généralement sur le territoire de l'Union[35].

C'est dès lors devoir replacer les données dans leur contexte, et notamment le fait que l'ordre public irrigue désormais l'arbitrage, selon une figure qui est celle du jeu des vases communicants. De longue date, la jurisprudence ne voit plus cette dimension d'ordre public international comme un frein à l'arbitrabilité de nombreuses matières qui en sont pétries et qui, toutes, ont à voir – certes à des degrés divers – avec l'intégration européenne. La responsabilité du respect de cet

---

31 L. Idot, « Ordre public, concurrence et arbitrage : État de la rencontre », préc.

32 Cf. p. ex. Cass. 1re civ., 24 juin 2015, n° 14-18.706 ; *Rev. arb.* 2015. 863 ; Cass. 1re civ., 13 septembre 2017, n° 16-25.657 et 16-26.445 ; *Procédures* 2017, comm. 268, obs. L. Weiller.

33 En ce sens, les analyses développées, toujours à propos de la corruption, sous CA Paris, 17 novembre 2020, RG 18/02568 ; *JDI* 2021, comm. 20, note I. Fadlallah.

34 Selon la formule relevée sous la plume d'A.-S. Courdier-Cuisinier, « Ordre public international et contrôle des sentences arbitrales », in F. Osman, N. Brahmi et V. Égéa (dir.), *La procédure civile dans les pays de l'Union pour la Méditerranée*, Bruxelles, Bruylant, 2020, p. 183 et s.

35 En ce sens, F.-X. Train, « L'effectivité du contrôle de la *jurisdictio* de l'arbitre », *Procédures* 2020, dossier 6.

ordre public international incombe soit aux arbitres, soit au juge étatique appelé en dernière analyse à en connaître au titre du recours en annulation contre la sentence. Et de deux choses l'une : ou cette donnée de l'ordre public européen (restrictivement conçu) est entrée dans la matière litigieuse portée par les parties devant l'arbitre, ou elle ne l'a pas été et se pose alors la question de son relevé d'office par les arbitres ou par le juge étatique.

Si l'on suit la position développée par certains selon laquelle les arbitres sont tenus de veiller à la compatibilité de leur sentence avec l'ordre public et donc de relever d'office toute atteinte à la règle d'ordre public européen, alors il est en effet possible de s'inscrire encore dans la ligne générale exprimée par l'actuelle ligne jurisprudentielle de la Cour de cassation ou encore incarnée *mutatis mutandis* par l'arrêt *Eco Swiss China*, encore récemment rappelée par l'arrêt *Achmea* : « *[L]es exigences tenant à l'efficacité de la procédure arbitrale justifient que le contrôle des sentences arbitrales exercé par les juridictions des États membres revête un caractère limité, pourvu que les dispositions fondamentales du droit de l'Union puissent être examinées dans le cadre de ce contrôle et, le cas échéant, faire l'objet d'un renvoi préjudiciel devant la Cour* »[36]. En revanche, si l'on suit la position développée par d'autres selon laquelle les arbitres ne sont pas tenus de relever d'office toute atteinte aux « *règle[s] impérative[s] tellement fondamentale[s] à l'ordre juridique [de l'Union] qu'elle[s] ne pourr[aient] souffrir aucune dérogation* » (c.-à-d. l'ordre public européen), alors il faut admettre que cette mission se déplace vers le « siège » du juge étatique du contrôle, ainsi que le laisse entendre la Cour de justice dans son arrêt *Komstroy* ; contrôle qui ne peut être que plus poussé, ne serait-ce qu'au nom de l'effectivité de cet ordre juridique de l'Union. C'est ce qu'a parfaitement résumé l'avocat général Wathelet dans ses conclusions sous l'affaire *Genentech* : « *[L]a mission des arbitres dans l'arbitrage commercial international est d'interpréter et d'appliquer correctement le contrat liant les parties. Dans l'exercice de cette mission, les arbitres peuvent naturellement être amenés à appliquer le droit de l'Union, si celui-ci fait partie du droit applicable au contrat (lex contractus) ou du droit applicable à l'arbitrage (lex arbitri)* ». Et d'ajouter alors que « *le contrôle du respect de normes d'ordre public européen pèse sur les juridictions des États membres et pas sur les arbitres, dans le cadre soit d'un recours en annulation, soit d'une procédure de reconnaissance et d'exécution* ». Où l'existence et l'essence se rejoignent à nouveau…

En définitive, il apparaît de manière très nette que la voie permettant de trouver la solution la plus satisfaisante dépend avant tout du fait de savoir si, oui ou non, la question intéressant une règle d'ordre public européen a été débattue ou non devant les arbitres. Les deux hypothèses ont notamment été étudiées par le professeur Laurence Idot dans une étude consacrée à la rencontre entre le droit de l'arbitrage et le droit des pratiques anticoncurrentielles, étude à laquelle nous

---

36 CJUE, 6 mars 2018, *Achmea*, aff. C-284/16, préc., pt 54.

renvoyons et dont nous partageons les principales conclusions[37]. Sauf à souligner une double réalité :

- en premier lieu, les sentences arbitrales internationales intéressant l'ordre juridique de l'Union européenne ayant donné lieu à un recours en annulation se caractérisaient *quasi* toutes par le fait que cette dimension européenne n'avait pas été évoquée devant l'arbitre ;
- en second lieu, face aux incertitudes sur le sens à donner à de nombreuses règles de l'Union européenne susceptibles d'être considérées comme « impératives » et « fondamentales », l'arbitre, aussi spécialisé soit-il, reste démuni en raison du refus persistant de la Cour de justice d'accueillir la ou les questions préjudicielles d'interprétation qu'il pourrait estimer utiles et dont la réponse permettrait d'espérer une « bonne application » de la règle européenne.

Comme nous l'avons souligné ailleurs à propos de l'arbitrage d'investissement (mais l'observation nous paraît aussi valoir ici), il est pour le moins étrange que la Cour de justice, qui se soucie tant de la bonne interprétation – et partant de la bonne application – du droit de l'Union par l'arbitre, ne lui permette pas de l'interroger à titre préjudiciel… À tout prendre, la Cour aurait donc meilleur compte d'ouvrir le « canal préjudiciel » aux tribunaux arbitraux dont le siège se situe sur le territoire d'un État membre de l'Union européenne plutôt que de marteler l'affirmation de l'effectivité de l'ordre juridique de l'Union au risque de maltraiter le principe de non-révision des sentences qui s'impose au juge étatique de l'annulation. Observons que cette idée a pu trouver des échos chez certains de ses avocats généraux dans le cadre de deux arrêts essentiels intéressant le droit de l'arbitrage d'investissement : chez l'avocat général Szpunar, comme il le mentionne dans ses conclusions sous l'affaire *Komstroy* tout en soulignant que c'était à l'époque où il était professeur (!) ; chez l'avocat général Wathelet, lorsqu'il concluait sous l'affaire *Achmea*. Sans méconnaître les arguments de technique juridique (les critères de la juridiction d'un État membre au sens de l'article 267 TFUE) non plus que de politique jurisprudentielle (la crainte d'une augmentation significative des renvois préjudiciels), il y a là une voie qui mériterait d'être sérieusement examinée. À défaut et en l'état, demeure celle du juge de l'annulation, juge de droit commun du droit de l'Union européenne, dont on aura montré que pour envisageable et souhaitable qu'elle soit, elle n'offre pas nécessairement encore toutes les garanties en termes d'effectivité de l'ordre juridique de l'Union.

---

37 En ce sens, « Arbitrage et droit de la concurrence », préc., spéc. pts 68 à 72.

Conflits de lois et concurrence déloyale : Le droit international privé européen en quête de maturité*

Valérie Pironon**
Université de Nantes

Résumé

La détermination de la loi applicable à la concurrence déloyale relève aujourd'hui des règlements européens régissant les conflits de lois, singulièrement de l'article 6 du règlement Rome II. À l'épreuve du contentieux, la mise en œuvre du dispositif européen s'expose toutefois à certaines difficultés d'interprétation. La multiplicité des situations de déloyauté commerciale conduit d'abord à s'interroger sur le classement de la question de droit posée parmi les différentes catégories de règles. Lorsque les parties au litige sont en relation contractuelle, il faut en effet se demander si la détermination de la loi applicable ne doit pas s'opérer en application du règlement Rome I plutôt que du règlement Rome II. Dans le cas où une qualification extracontractuelle l'emporte, il convient encore de déterminer si l'action en concurrence déloyale doit être traitée comme un délit spécial, relevant de la règle de conflit spéciale, ou comme un délit ordinaire, relevant de la règle de conflit générale. Quant au traitement des situations de déloyauté commerciale, il dépend ensuite, dans une large mesure, de la loi du marché qui est désignée en substance par l'article 6, paragraphe 1, du règlement Rome II lorsqu'elle ne s'impose pas en tant que loi de police. Relevant a priori de l'évidence, cette compétence n'a pas vocation à être reconnue lorsque les intérêts effectivement menacés sont purement individuels. Le droit positif traduit toutefois la difficulté d'isoler ce type d'hypothèse dans le dédale actuel des règles et des méthodes applicables à la concurrence déloyale.

---

* Dernière mise à jour le 1er décembre 2021.

** Professeur à l'université de Nantes, IRDP.

Conflits de lois et concurrence déloyale : la question était jadis résolue en application des règles de conflit d'origine interne. Conçues comme une projection au plan international des conceptions du droit interne[1], les règles de conflit de lois en étaient le miroir ou le reflet. Avec la construction de l'espace de liberté, de sécurité et de justice, les règles de conflit de lois ont été communautarisées. Ce faisant, elles ont perdu leur assise matérielle interne sans pour autant gagner une assise matérielle européenne, qui est incomplète lorsqu'elle ne fait pas défaut[2]. Il en va ainsi même dans le champ des rapports de concurrence, qui n'ont été que partiellement investis par le droit matériel de l'UE. Car si un corps de règles solide et homogène a été adopté pour préserver la liberté de la concurrence, les règles éparses traduisant l'exigence de loyauté peinent à offrir un socle ferme au traitement conflictuel des questions qui en relèvent. Bien mieux, le droit matériel de l'UE n'est préoccupé que par le marché européen alors que les règlements régissant les conflits de lois ont une prétention universelle. Autant de vices congénitaux affectant le traitement conflictuel de la déloyauté commerciale.

Avant d'entrer en matière, il nous faut circonscrire le champ de notre étude.

La concurrence déloyale tout d'abord.

Contraire à la morale comme à l'esprit de chevalerie[3], la concurrence déloyale englobe aujourd'hui au sens le plus large toutes les pratiques contraires à la diligence professionnelle. Peu importe le type de relation entre les parties : concurrents ou non-concurrents, contractants ou non-contractants, B2B ou B2C. Peu importe également que la déloyauté procède de la violation d'un standard de comportement laissé à l'appréciation du juge ou d'une norme impérative imposée par le législateur national ou européen. En bref, on ne saurait s'en tenir à la conception naturellement très française de Roubier, qui réservait la qualification de concurrence déloyale aux actes de confusion, de dénigrement et de désorganisation de l'entreprise rivale et du marché, dont les conséquences dommageables étaient appréciées sur le fondement du droit commun de la responsabilité civile en l'absence d'interdictions légales[4]. Aujourd'hui, la notion de concurrence déloyale – au moins dans un contexte international – a vocation à accueillir l'ensemble des pratiques commerciales déloyales[5]. Les deux expressions seront donc tenues ici pour synonymes. On exclura en revanche les pratiques anticoncurrentielles, dont la qualification – moins influencée par la

---

1 E. Bartin, *Études de droit international privé*, Paris, A. Chevalier-Marescq, 1899, préface, p. II. V. égal. H. Batiffol, *Aspects philosophiques du droit international privé*, Paris, Dalloz, 2002, n° 17, p. 40, montrant qu'il est bien difficile de construire un système de droit international privé sans aucune assise de droit matériel.

2 Sur cette « unification inversée » dans le champ du droit international privé de la famille, v. I. Barrière-Brousse, « Le droit international privé de la famille à l'heure européenne », in *Mélanges en l'honneur du professeur Jean-Michel Jacquet*, Paris, LexisNexis, 2013 p. 347, spéc. p. 349.

3 Pour cette comparaison, v. R. Bouniol, « Loyauté et concurrence », in F. Petit (dir.), *Droit et loyauté*, Paris, Dalloz, 2015, p. 85.

4 Sur le poids de cette tradition dans la conception française, v. J.-B. Blaise et R. Desgorces, *Droit des affaires*, 11e éd., Issy-les-Moulineaux, LGDJ, 2021, n° 623 et s., p. 343. Pour un exposé très englobant des actes de concurrence déloyale, incluant le manquement à la loi et aux usages, v. D. Mainguy, M. Depincé et M. Cayot, *Droit de la concurrence*, 3e éd., Paris, LexisNexis, 2019, n° 76 et s., p. 87. On peut citer comme exemple le non-respect du cadre réglementaire (ouverture d'un point de vente le dimanche, vente de boissons alcoolisées sans licence IV).

5 V. en ce sens Ligue internationale de droit de la concurrence, Résolution d'Amsterdam, 2006.

morale que par l'économie – ne dépend pas en tant que telle des moyens employés dans la compétition économique mais de l'objet ou de l'effet restrictif de concurrence des pratiques en cause sur le marché. Ces dernières suscitent des questionnements spécifiques de droit international privé magnifiquement explorés par la dédicataire de ces lignes qui en est, depuis sa thèse de doctorat, la spécialiste incontestée[6]. L'intérêt que Laurence Idot a porté plus récemment à l'application dans l'espace des règles gouvernant la déloyauté commerciale[7] nous incite de plus fort à resserrer l'analyse sur la concurrence déloyale.

Jusqu'à une époque récente, la déloyauté commerciale relevait principalement des droits nationaux. Certes, l'objectif de loyauté de la concurrence n'est pas absent de la construction européenne. Le traité de Rome y fait d'ailleurs référence dans ses considérants[8]. Mais les normes européennes adoptées en ce sens s'adressaient plus alors aux États, qui ne devaient pas fausser les conditions de concurrence sur le marché européen par l'adoption de règles ou de décisions favorisant les entreprises nationales. D'où le dispositif de surveillance des aides d'État. D'où encore les mesures d'harmonisation des législations portant sur les conditions – et partant les coûts – de production. L'objectif de loyauté de la concurrence progresse néanmoins aujourd'hui[9] mais sans relever de la politique de concurrence, qui s'accommode, tout au plus, de l'application de règles nationales[10]. À rebours, un rapprochement des législations nationales gouvernant les pratiques commerciales déloyales est à l'œuvre – par voie de directives générales[11] ou sectorielles[12], mais aussi par voie réglementaire sur les marchés

---

6 Parmi l'abondante littérature que l'on doit à L. Idot en ce domaine, on citera « The international aspects of private enforcement after the Directive 2014/104/EU: Gaps in the EU system and competition between national laws? », *Concurrences* n° 2-2017, art. n° 83833, <www.concurrences.com> ; « La dimension internationale des actions en réparation. Choisir sa loi et son juge : Quelles possibilités ? », *Concurrences* n° 3-2014, art. n° 67552, p. 43 ; « Le droit de la concurrence », *in A. Fuchs, H. Muir Watt et E. Pataut, Les conflits de lois et le système juridique communautaire*, Paris, Dalloz, 2004, p. 255 ; « Les conflits de lois en droit de la concurrence », *JDI* 1995, p. 321. V. égal. J. Basedow, S. Francq et L. Idot (dir.), *International Antitrust Litigation: Conflict of Laws and Coordination*, Oxford, Hart Publishing, 2012.

7 V. en particulier L. Idot, « Réflexions sur l'application internationale des articles L. 442-1, L. 442-3 et L. 442-4 du code de commerce », in *Mélanges en l'honneur du professeur Didier Ferrier*, à paraître aux éd. Dalloz.

8 « *Reconnaissant que l'élimination des obstacles existants appelle une action concertée en vue de garantir la stabilité dans l'expansion, l'équilibre dans les échanges et la loyauté dans la concurrence.* »

9 L. Idot, « Les deux axes de la politique de concurrence de la prochaine décennie », *Europe*, n° 10, octobre 2020, alerte 55.

10 Règlement (CE) n° 1/2003 du Conseil du 16 décembre 2002 relatif à la mise en œuvre des règles de concurrence prévues aux articles 81 et 82 du traité, *JOCE* n° L 1 du 4 janvier 2003, p. 1, art. 3, § 3.

11 Dans les rapports B2C, on songe à la directive 2005/29/CE du 11 mai 2005 relative aux pratiques commerciales déloyales des entreprises vis-à-vis des consommateurs (*JOUE* n° L 149 du 11 juin 2005, p. 22). Dans les rapports B2C, on peut citer la directive 2006/114/CE du 12 décembre 2006 en matière de publicité trompeuse et comparative (*JOUE* n° L 376 du 27 décembre 2006, p. 21) ainsi que la directive 2011/7/UE du 16 février 2011 concernant la lutte contre les retards de paiement dans les transactions commerciales (*JOUE* n° L 48 du 23 février 2011, p. 1).

12 Directive (UE) 2019/633 du 17 avril 2019 sur les pratiques commerciales déloyales dans les relations interentreprises au sein de la chaîne d'approvisionnement agricole et alimentaire, *JOUE* n° L 111 du 25 avril 2019, p. 59 ; v. aussi J.-L. Fourgoux, « Clauses noires : Le Parlement européen et le Conseil publient la directive établissant une liste de clauses noires et grises dans la chaîne alimentaire (*Chaîne agro-alimentaire*) », 17 avril 2019, *Concurrences* n° 3-2019, art. n° 91224, p. 101. L'ordonnance n° 2021-859 du 30 juin 2021 procède à sa transposition partielle en droit français.

du numérique[13] – pour la réalisation du marché intérieur. Or cette européanisation de l'interdiction de la déloyauté commerciale en modifie assurément le sens, la valeur et partant la portée dans les relations privées internationales.

Les conflits de lois ensuite.

Les actions en concurrence déloyale dans lesquelles une partie des faits est localisée à l'étranger posent en effet deux types de questions : celle du juge compétent et celle du droit applicable[14]. Seule cette dernière question sera envisagée ici. Si les litiges de concurrence sont souvent l'occasion de discuter des chefs de compétence juridictionnelle, notamment sur les marchés électroniques, la question ne fait l'objet d'aucune règle de compétence juridictionnelle spéciale, ce qui peut au demeurant être questionné. Lorsque l'action est portée devant les juridictions du domicile européen de l'un au moins des défendeurs, cette compétence ne fait guère de difficulté en principe. Reste alors la question de la loi applicable. Pour l'affronter, une règle de conflit spéciale applicable à la « *[c]oncurrence déloyale et [aux] actes restreignant la libre concurrence* » a été introduite dans le règlement Rome II[15]. C'est l'article 6 qui nous préoccupera ici à titre principal.

Aux paragraphes 1 et 2, l'article 6 du règlement Rome II dispose : « *1. La loi applicable à une obligation non contractuelle résultant d'un acte de concurrence déloyale est celle du pays sur le territoire duquel les relations de concurrence ou les intérêts collectifs des consommateurs sont affectés ou susceptibles de l'être. 2. Lorsqu'un acte de concurrence déloyale affecte exclusivement les intérêts d'un concurrent déterminé, l'article 4 est applicable*[16]*.* » Les difficultés d'interprétation suscitées par ce texte sont nombreuses. Quelles sont les pratiques comprises dans son champ d'application ? Peuvent-elles s'inscrire dans le cadre de relations contractuelles entre les parties ? Dans quels cas un comportement déloyal peut-il être considéré sans incidence sur le marché ? Comment appliquer ce texte lorsque le comportement déloyal produit des effets sur plusieurs marchés, voire sur le marché mondial ? Ces difficultés et tant d'autres, qui avaient été pressenties au moment de l'adoption du règlement[17], se déploient aujourd'hui à l'occasion de contentieux soumis aux juridictions françaises. L'occasion se présente ainsi de faire un point d'étape sur sa mise en œuvre.

---

13 Règlement (UE) nº 2019/1150 du 20 juin 2019 promouvant l'équité et la transparence pour les entreprises utilisatrices de services d'intermédiation en ligne, *JOUE* nº L 186 du 11 juillet 2019, p. 57. En vertu de l'article L442-1 III du code de commerce dans sa version actuelle, la violation des obligations issues de ce règlement relève du dispositif régissant les pratiques restrictives de concurrence.

14 Pour un panorama, v. *Le Lamy droit économique*, éd. 2021, Paris, Wolters Kluwer France, 2021, ch. 137.

15 Règlement (CE) nº 864/2007 du 11 juillet 2007 sur la loi applicable aux obligations non contractuelles, *JOUE* nº L 199 du 31 juillet 2007, p. 40.

16 Le § 3 est consacré à la localisation des actes restreignant la libre concurrence, qui ont été exclus de cette étude. On ne l'abordera *infra* qu'en guise de comparaison. Quant au § 4, il interdit toute dérogation conventionnelle à la loi désignée en vertu de cet article.

17 V. Pironon, « L'entrée du droit de la concurrence dans le règlement "Rome II" : bonne mauvaise idée ? », *Europe*, nº 2, février 2008, étude nº 2 ; A.-M. Luciani, « Regards critiques sur l'article 6 du règlement Rome II relatif à la loi applicable à la concurrence déloyale et aux actes restreignant la libre concurrence », *JCP E* 2008. 2428.

Instrument de droit international privé européen, l'article 6 fait l'objet d'une interprétation autonome, à ce titre détachée des conceptions nationales mais nécessairement imprégnée ou du moins influencée par le droit matériel de l'UE. Or celui-ci est, comme on l'a vu, loin d'être arrivé à maturité en matière de déloyauté commerciale. Préoccupé par le seul marché européen, l'article 6 donne à la loi du marché une compétence géographique qui peut excéder le champ de compétence matérielle que se reconnaissent les lois de police du marché applicables en ce domaine. Par ailleurs, la règle n'a pas été pensée au regard des spécificités du contentieux du commerce électronique – notamment en ce qu'il implique l'activité des plateformes –, dont l'importance est croissante. Ces prémisses contribuent à conférer à l'article 6 les atours d'une improvisation dont l'interprétation est incertaine et l'application insatisfaisante, en dépit de la compétence *a priori* consensuelle conférée à la loi du marché affecté. Certaines de ces difficultés sont propres à l'action en concurrence déloyale tandis que d'autres sont communes à toutes les actions en cessation ou en réparation du dommage concurrentiel. Elles affectent d'abord la qualification des actes de concurrence déloyale, que l'on peine, aujourd'hui encore, à classer avec certitude au sein des règlements européens régissant les conflits de lois (I.). Mais ce n'est pas tout. La mise en œuvre des règles de droit international privé aboutit à des résultats qui trahissent les insuffisances des règles adoptées (II.).

I. Le classement des situations de déloyauté commerciale

La multiplicité des situations de déloyauté commerciale conduit à s'interroger sur le classement de la question de droit posée au sein des règlements européens régissant les conflits de lois. Lorsque les parties au litige sont en relation contractuelle, il faut d'abord se demander si la détermination de la loi applicable ne doit pas s'opérer en application du règlement Rome I[18] plutôt que du règlement Rome II (1.). Dans le cas où une qualification extracontractuelle l'emporte, il faut ensuite déterminer si l'action fondée sur la commission d'une pratique commerciale déloyale doit être traitée comme un délit spécial, relevant de la règle de conflit spéciale, ou comme un délit ordinaire, relevant de la règle de conflit générale (2.).

1. Contrat ou délit ?

Probablement sous-estimée au moment de l'adoption du règlement Rome II, la qualification contractuelle ou extracontractuelle de l'action en concurrence déloyale fait aujourd'hui l'objet d'âpres débats. Lorsque le demandeur fonde

18 Règlement (CE) n° 593/2008 du 17 juin 2008 sur la loi applicable aux obligations contractuelles, *JOUE* n° L 177 du 4 juillet 2008, p. 6.

son action sur une « *obligation librement consentie* »[19], c'est en effet le règlement Rome I qui s'applique ; à défaut seulement c'est le règlement Rome II. À l'épreuve de la pratique, le classement n'est pas si simple à opérer cependant.

Lorsque l'action est exercée par un tiers à tout contrat sur le fondement d'une loi spéciale, la qualification extracontractuelle de l'action ne fait guère de doute. C'est le cas lorsqu'une action en cessation est intentée par une association de consommateurs. C'est l'hypothèse de l'affaire *Amazon*, dans laquelle le VKI autrichien demandait à la célèbre plateforme de revente en ligne la suppression de clauses abusives insérées dans ses conditions générales[20]. Dans son arrêt, la CJUE établit une distinction intéressante : si l'action en responsabilité relève bien du règlement Rome II, la licéité des clauses litigieuses dépend de la loi désignée en application du règlement Rome I (pt 42). Le même raisonnement pourrait s'appliquer à des actions destinées à protéger les intérêts collectifs de professionnels dans la mesure admise par la loi de procédure applicable. À l'occasion de la récente affaire *Expedia*[21], la question s'est également posée de savoir si le même raisonnement devait être tenu en cas d'action exercée par le ministre de l'Économie sur le fondement de l'ex-article L. 442-6 III du code de commerce (aujourd'hui L442-4). Ayant retenu l'applicabilité du droit français en tant que loi de police, la Cour de cassation n'estime pas nécessaire de trancher la question[22].

Lorsque le litige oppose à l'inverse deux parties contractantes – singulièrement dans les rapports de coopération horizontale ou verticale –, la qualification contractuelle ou extracontractuelle de l'action est plus épineuse. Révélé pour la mise en œuvre des règles de compétence juridictionnelle européenne, ce conflit de catégories qui irradie l'ensemble du contentieux de la concurrence n'est pas stabilisé à ce jour. Dans l'arrêt *Brogsitter*, la CJUE a d'abord privilégié une qualification contractuelle fondée sur la relation spécifique unissant les parties[23]. Pour déterminer si la situation relève ou non de la matière contractuelle, elle préconise de

---

19 Dans l'arrêt CJCE, 17 juin 1992, *Jakob Handte*, aff. C-26/91, EU:C:1992:268, il devait s'agir d'un « *engagement librement assumé d'une partie envers une autre* ». La CJUE a ultérieurement élargi la formule et partant le domaine du « contractuel ». V. parmi les arrêts récents CJUE, 4 octobre 2018, *Feniks*, aff. C-337/17, EU:C:2018:805, retenant que l'action paulienne relève de la matière contractuelle. Retenue pour l'interprétation des règles européennes de conflit de juridictions, cette interprétation vaut en principe pour l'interprétation des règlements régissant les conflits de lois.

20 CJUE, 28 juillet 2016, aff. C-191/15, EU:C:2016:612 ; *Rev. crit. DIP* 2017. 112, note S. Corneloup ; *D.* 2016. 2315, note F. Jault-Seseke ; *D.* 2017, Pan. 2068, obs. L. d'Avout.

21 Cass. com., 8 juillet 2020, n° 17-31.536 ; *Rev. crit. DIP* 2020. 839, note D. Bureau ; *D.* 2020. 1970, obs. L. d'Avout ; *JCP E* 2020. 1375, note M. Behar-Touchais ; *RTD civ.* 2021. 840, note L. Usunier ; *RDC* 2021. 86, note S. Bollée ; *JDI* 2021. 1328, note V. Pironon ; v. aussi F. Buy, « Déséquilibre significatif : La Cour de cassation affirme pour la première fois que les dispositions de l'ancien article L. 442-6 C. com. constituent des lois de police (*Expedia*) », 8 juillet 2020, *Concurrences* n° 4-2020, art. n° 97435, pp. 151-152.

22 Comp. Cass. com., 7 mai 2019, n° 17-15.340.

23 CJUE, 13 mars 2014, aff. C-548/12, EU:C:2014:148. Il s'agissait en l'espèce d'une action en concurrence déloyale fondée sur le droit allemand exercée contre un maître horloger par un revendeur de montres de luxe. Ce dernier reprochait à son fournisseur la violation d'un engagement d'exclusivité interdisant au maître horloger d'utiliser pour son compte des mouvements d'horlogerie créés avec le concours financier du revendeur et destinés à être commercialisés en série pour le compte exclusif de ce dernier.

rechercher si le comportement litigieux « *peut être considéré comme un manquement aux obligations contractuelles, telles qu'elles peuvent être déterminées compte tenu de l'objet du contrat* », ajoutant que « *[t]el sera a priori le cas si l'interprétation du contrat qui lie le défendeur au demandeur apparaît indispensable pour établir le caractère licite ou, au contraire, illicite du comportement reproché au premier par le second* » (pts 24 et 25).

À l'occasion d'une affaire récente, la CJUE a toutefois limité la portée de cette jurisprudence. Il s'agit de l'arrêt *Wikingerhof*, rendu le 24 novembre 2020[24]. En l'espèce, il s'agissait d'une action intentée devant les juridictions allemandes contre Booking.com par un hôtelier allemand qui reprochait à la plateforme d'avoir abusé de sa position dominante en imposant aux hôteliers utilisateurs de ses services des conditions générales et des clauses tarifaires inéquitables. Pour faire prévaloir la qualification délictuelle, la CJUE retient en substance qu'il faut s'attacher au fondement légal ou contractuel de la demande ; ainsi lorsque l'interprétation du contrat est nécessaire pour en déduire la violation de l'obligation de loyauté, l'action est contractuelle ; en revanche lorsqu'elle s'appuie suffisamment sur les termes de la loi, l'action est délictuelle (pts 32 et 33).

Cet arrêt a été vivement critiqué, notamment sous la plume avisée et aiguisée de la dédicataire de ces lignes[25]. Sans remettre en cause ces critiques parfaitement convaincantes, il nous apparaît que les affaires *Brogsitter* et *Wikingerhof* concernent – au-delà même du fait que la première intéresse le champ de la déloyauté commerciale et la seconde celui des pratiques anticoncurrentielles – des hypothèses relativement différentes. Dans le premier cas en effet, il est reproché au défendeur un comportement déloyal dans l'exécution du contrat. Dans ce type d'hypothèse, la qualification contractuelle peut être aisément admise dès lors que le contrat implique une obligation générale ou particulière de loyauté, sans préjudice des réserves qui peuvent être émises lorsque le contrat est « tacite », ainsi que l'a admis l'arrêt *Granarolo*[26]. Dans le second, ce sont les conditions inéquitables imposées lors de la formation du contrat qui sont fustigées. La déloyauté s'exerce donc en amont de la conclusion du contrat même si elle s'exprime au sein de ce dernier. On peut alors se demander s'il ne conviendrait pas, même dans les rapports entre les parties contractantes, de raisonner en deux temps comme dans l'affaire *Amazon*. En d'autres termes, l'action en tant qu'elle est fondée sur la violation d'une

---

24 Aff. C-59/19, EU:C:2020:950 ; *Rev. crit. DIP* 2021. 440, note L. Idot ; *D.* 2021. 1064, note R. Amaro et F. Jault-Seseke ; *RDC* 2021. 90, note B. Haftel ; v. aussi P. Cardonnel, « Actions en dommages et intérêts : La Cour de justice de l'Union européenne précise les critères permettant à la victime d'un abus de position dominante de poursuivre son cocontractant devant la juridiction du lieu du fait dommageable plutôt que celle du domicile du défendeur (*Wikingerhof / Booking.com*) », 24 novembre 2020, *Concurrences* n° 1-2021, art. n° 98983, pp. 181-182.

25 V. les réf. citées à la note préc.

26 CJUE, 14 juillet 2016, aff. C-196/15, EU:C:2016:559 ; *RTD civ.* 2016. 814, note L. Usunier ; *Europe* 2016, comm. 375, p. 39, obs. L. Idot ; *JDI* 2016. 1219, note J. Heymann ; *AJ Contrat* 2016. 442, obs. I. Luc ; *Rev. crit. DIP* 2016. 703, note F.-X. Licari ; v. aussi F. Buy, « Rupture brutale : La Cour de justice de l'Union européenne juge qu'une action indemnitaire fondée sur une rupture brutale de relations commerciales établies ne relève pas nécessairement de la matière délictuelle (*Granarolo / Ambrosi Emmi France*) », 14 juillet 2016, *Concurrences* n° 4-2016, art. n° 81928, pp. 121-122.

obligation légale serait extracontractuelle au sens du règlement Rome II, mais la licéité des clauses générales et particulières serait appréciée en application du règlement Rome I. Un tel raisonnement peut toutefois paraître compliqué au regard de l'enjeu, qui pourra être limité[27]. Sauf à faire éclater le contentieux, il ne serait pas transposable par ailleurs pour la détermination du juge compétent.

2. Délit spécial ou délit ordinaire ?

Lorsque la commission d'un acte déloyal donne naissance à une obligation extracontractuelle, le règlement Rome II s'applique sans conteste. C'est l'hypothèse que les rédacteurs du règlement ont eue à l'esprit. Encore faut-il déterminer s'il s'agit d'un délit spécial relevant de l'article 6, paragraphe 1, ou d'un délit ordinaire relevant de l'article 4 en raison du renvoi opéré par l'article 6, paragraphe 2.

Les enjeux de cette qualification, qui ont éclaté à l'occasion de contentieux récents, peuvent être rappelés liminairement.

Lorsque la situation relève de l'article 6, paragraphe 1, la loi applicable est celle du pays où les relations de concurrence ou les intérêts collectifs des consommateurs sont affectés ou susceptibles de l'être. Bien que l'expression n'ait pas été retenue, ce critère correspond en substance à la loi du marché affecté ou susceptible de l'être. Le choix de ce critère de rattachement montre que, pour les rédacteurs du règlement Rome II, la déloyauté commerciale porte non seulement atteinte à des intérêts individuels mais également à des intérêts collectifs. Dans de nombreux cas en effet, elle fausse la concurrence, car elle modifie le comportement des acteurs du marché. Par exemple, la clientèle – des professionnels ou des consommateurs – se détourne de l'offre qui a été dénigrée ou se rue sur celle qui a fait l'objet d'une publicité trompeuse. Autre exemple, l'opérateur discriminé ne peut maintenir son offre sur le marché au profit d'un autre opérateur avantagé sans raison objective[28]. La compétence alors donnée à la loi du marché affecté permet d'appliquer la même loi à la liberté et à la loyauté de la concurrence, sans avoir à trancher au préalable sur le point de savoir si les règles sanctionnant la déloyauté commerciale sur le marché affecté sont – en tout ou en partie – des règles d'organisation du marché, qualifiables de lois de police, ou des règles de moralisation des rapports contractuels bilatéraux, dont l'application devrait dépendre exclusivement de la règle de conflit de lois. Bien mieux, l'article 6, paragraphe 4 – qui écarte toute possibilité

---

27 Lorsque le règlement Rome I s'applique, l'obligation relève en principe de la loi choisie par les parties (art. 3) et à défaut de choix, de la loi désignée objectivement (art. 4). La *lex causae* ne peut contredire les lois de police du for, qui s'appliquent de façon immédiate (art. 9, § 2). Le juge peut en outre donner effet aux lois de police « *du pays dans lequel les obligations découlant du contrat doivent être ou ont été exécutées, dans la mesure où lesdites lois de police rendent l'exécution du contrat illégale* » (art. 9, § 3). En apparence moins libéral, le règlement Rome II confère une compétence de principe à la loi du lieu du dommage (art. 4, § 1) qui est subi sur le marché en cas de délit concurrentiel (art. 6, § 1 et § 3). Par exception, les parties conservent toutefois la possibilité de choisir la loi applicable lorsqu'elles sont en relations d'affaires (art. 14), sauf lorsque cette faculté leur est refusée (art. 6, § 4). Seules les lois de police du for peuvent s'imposer à l'exclusion des lois de police étrangères (art. 16).

28 Cette situation peut également être justiciable de l'interdiction des pratiques anticoncurrentielles.

de choix de la loi applicable en ce domaine – préserve le lien ainsi fait entre liberté et loyauté de la concurrence contre toute manifestation de volonté en sens contraire.

L'article 6, paragraphe 2, limite toutefois l'application de ce scénario aux hypothèses dans lesquelles l'acte déloyal ne porte pas atteinte aux intérêts exclusifs d'un concurrent déterminé. Lorsque la déloyauté commerciale a un « effet relatif », la détermination de la loi applicable dépend en effet de la règle générale issue de l'article 4. En vertu de l'article 4, paragraphe 1, c'est la loi du lieu du dommage qui s'applique. Mais le dommage, individuel, n'est pas forcément localisé sur le marché. C'est l'hypothèse par exemple dans laquelle une entreprise procède à la désorganisation de l'entreprise rivale par le débauchage de ses salariés ou le détournement de ses secrets d'affaires[29]. C'est le cas également dans les hypothèses de parasitisme économique, où le parasite profite des investissements effectués par le parasité pour en tirer un avantage sans bourse délier. Dans ces hypothèses, seuls les intérêts de la victime sont atteints par les actes déloyaux, qui procurent dans le même temps un enrichissement injustifié à son auteur[30]. En cas de parasitisme économique par exemple, la faute lucrative du parasite ne porte pas atteinte aux intérêts de la clientèle du parasité. Elle n'en demeure pas moins condamnable. Mais le lieu de réalisation du dommage est moins le marché affecté que le siège ou le centre des intérêts de la victime[31]. Plus généralement, quelle que soit la loi du lieu du dommage au sens de l'article 4, paragraphe 1, des critères de proximité peuvent – en l'absence d'atteinte à des intérêts collectifs – déclencher le jeu d'exceptions à la compétence de la loi du lieu du dommage : loi nationale commune des parties (art. 4, § 2), voire loi qui présente des liens plus étroits avec la situation (art. 4, § 3).

À l'épreuve de la pratique, le classement des situations de déloyauté commerciale au sein du règlement Rome II n'est pourtant pas si facile à opérer. Certes, en retenant une conception large de la concurrence déloyale[32], on peut considérer que l'article 6 s'applique d'emblée à toutes les actions en cessation et en réparation des conséquences dommageables d'un acte déloyal. Il reste alors à répartir les affaires entre l'article 6, paragraphe 1, et l'article 6, paragraphe 2, renvoyant à l'article 4. Les récentes affaires *Mariage Frères* et *Fauré Le Page*[33] ont montré les difficultés de l'exercice.

---

29 Exemples donnés par la Commission dans les travaux préparatoires du règlement Rome II.

30 Sur la théorie du parasitisme développée par Saint-Gal et sa traduction en droit positif, v. not. J.-B. Blaise et R. Desgorces, *op. cit.*, n° 639 et s., p. 353.

31 Sur les difficultés de localisation du dommage patrimonial, v. O. Boskovic, « Réflexions sur le dommage en tant que facteur de rattachement en droit international privé », in *Le droit à l'épreuve des siècles et des frontières : mélanges en l'honneur du professeur Bertrand Ancel*, Paris/Madrid, LGDJ/Iprolex, 2018 p. 263.

32 Dans les travaux préparatoires, la Commission évoque une « *conception tridimensionnelle* » de la matière, qui embrasse la protection des concurrents, des consommateurs et du public en général.

33 Cass. com., 8 novembre 2017, n° 16-10.850 ; *D.* 2018. 966, obs. S. Clavel ; *ibid.* 1939, obs. L. d'Avout ; *Rev. crit. DIP* 2019. 547, note V. Pironon ; Cass. com., 15 janvier 2020, n° 17-22.295 ; *RLC* 2020/95, n° 3832, note K. Querleux et S. Beaumont ; *Rev. crit. DIP* 2020. 814, note V. Pironon.

Dans les deux affaires, des sociétés françaises avaient formé devant les juridictions françaises une action en concurrence déloyale pour des faits intervenus sur le marché asiatique. Dans l'affaire *Mariage Frères*, l'action était dirigée contre un ancien salarié et un ancien prestataire français de la célèbre maison française du thé ainsi que deux sociétés de Singapour fondées à l'initiative du premier et désormais en relations commerciales avec le second, pour des faits de concurrence déloyale et parasitaire par imitation des éléments caractéristiques de leur identité visuelle, débauchage de salariés et utilisation d'informations privilégiées. En clair, il était reproché aux défendeurs d'avoir parasité par différents moyens l'art français du thé développé par Mariage Frères pour l'exploiter dans des points de vente physiques en Asie et par l'intermédiaire d'un site internet. Dans l'affaire *Fauré Le Page*, le litige opposait deux groupes français actifs dans le secteur de la maroquinerie de luxe disposant d'un espace de vente dans un grand magasin d'Osaka au Japon. Initialement installé à l'étage des produits de luxe, le comptoir de Fauré Le Page avait été déplacé au rez-de-chaussée, ce que la société imputait à des manœuvres déloyales de Goyard (dénigrement, menaces de rupture) envers le gérant du comptoir.

Dans les deux cas, la chambre commerciale de la Cour de cassation retient en substance que, si les faits litigieux affectent ou sont susceptibles d'affecter les relations de concurrence ou les intérêts collectifs des consommateurs sur le marché étranger concerné, l'article 6, paragraphe 1, doit s'appliquer à la détermination de la loi applicable à l'exclusion de l'article 6, paragraphe 2. Dans les deux cas, cela conduit à donner une compétence exclusive à la loi étrangère du marché singapourien ou japonais concerné en l'absence d'affectation corrélative des rapports de concurrence sur le marché français. Cette priorité donnée à l'article 6, paragraphe 1, confère ainsi une force d'attraction importante à la loi du marché étranger dans des litiges opposant des entreprises contrôlées par des intérêts français, au point de se demander dans quels cas l'article 6, paragraphe 2, pourra encore s'appliquer. Plus intuitif que démonstratif, le raisonnement conduisant à l'application exclusive de l'article 6, paragraphe 1, pourrait à notre avis être précisé. D'abord, sur le terrain probatoire, on peut se demander si le raisonnement suivi ne conduit pas à présumer l'atteinte à des intérêts collectifs dès lors que celle-ci est simplement alléguée par le défendeur. Au fond ensuite, la question de savoir si les relations de concurrence ou les intérêts collectifs des consommateurs sont affectés directement par les pratiques litigieuses ou en constituent un effet indirect n'est pas posée. Enfin, lorsque plusieurs actes de concurrence déloyale sont invoqués, ne faut-il pas les considérer séparément, quitte à en soumettre les conséquences dommageables à des lois différentes en fonction de leur incidence ou absence d'incidence sur le marché ?

Ces questions n'ont pas été tranchées par la Cour de cassation. On ne lui en fera naturellement pas le reproche puisqu'elles ne lui ont pas été posées. On se permettra toutefois d'en déduire que la répartition des affaires entre l'article 6, paragraphe 1, et l'article 6, paragraphe 2, est loin d'être stabilisée en droit positif. Et comme toujours, tant que la Cour de justice ne se sera pas prononcée, il sera bien difficile d'avoir des certitudes. La même observation peut assurément être faite lorsque l'on s'intéresse non plus au classement des situations de déloyauté commerciale mais à leur traitement dans les contentieux privés internationaux.

II. Le traitement des situations de déloyauté commerciale

Le traitement des situations de déloyauté commerciale en droit international privé européen renvoie aux modalités de désignation des règles applicables. De façon classique, la loi nationale applicable est désignée au moyen d'une règle de conflit de lois. En matière délictuelle, il s'agit de l'article 6 du règlement Rome II, dont les caractéristiques ont précédemment été brossées à grands traits et dont la Cour de cassation a récemment retenu l'applicabilité d'office[34]. Certaines règles matérielles issues du droit européen ou même du droit national et régissant la déloyauté commerciale peuvent également revendiquer leur application immédiate en tant que lois de police. Or ni le traitement conflictuel (1.) ni le traitement matériel (2.) de ces situations ne paraissent arrivés au stade de la maturité.

1. Le traitement conflictuel

La compétence de principe donnée à la loi du marché pour les actes de concurrence déloyale qui causent un dommage collectif en plus du dommage individuel relève *a priori* de l'évidence. Dès avant l'adoption du règlement Rome II, ce critère était d'ailleurs déjà consacré par plusieurs lois de droit international privé étrangères[35] et soutenu par la doctrine[36]. À l'épreuve de la pratique, la compétence donnée à la loi du marché présente néanmoins des inconvénients qui appellent des ajustements.

La première difficulté, illustrée en filigrane par les affaires *Mariage Frères* et *Fauré Le Page*[37], est que les standards de loyauté promus par la loi étrangère du pays où les relations de concurrence ou les intérêts collectifs des consommateurs sont affectés ou susceptibles de l'être peuvent être indigents. On peut prendre comme exemple une législation étrangère qui tolérerait la concurrence parasitaire. Lorsqu'une ou plusieurs entreprises françaises sont impliquées dans un tel litige, comme demandeur et/ou comme défendeur, faut-il abandonner totalement la solution du litige à la loi du marché étranger ? Nous ne le pensons pas forcément. Plus précisément, deux voies peuvent être explorées pour faire remonter le standard de loyauté à un niveau plus conforme aux standards du droit français, sans préjudice de l'application de la loi locale à ses conséquences civiles.

---

34 Cass. 1re civ., 26 mai 2021, n° 19-15.102 ; *JCP G* 2021. 733, note L. d'Avout.

35 Les lois de droit international privé suisse et autrichien notamment.

36 À commencer par W. Wengler, « Laws Concerning Unfair Competition and the Conflict of Laws », *Am. J. of Comp. Law*, vol. 4, n° 2, 1955, p. 167.

37 Préc.

Premièrement, on peut songer à mobiliser l'article 17, aux termes duquel : « *Pour évaluer le comportement de la personne dont la responsabilité est invoquée, il est tenu compte, en tant qu'élément de fait et pour autant que de besoin des règles de sécurité et de comportement en vigueur au lieu et au jour de la survenance du fait qui a entraîné la responsabilité.* » D'après le considérant 34, ce texte permet de prendre en considération les « *règles de sécurité et de comportement en vigueur dans le pays où l'acte dommageable a été commis, même lorsque l'obligation non contractuelle est régie par la loi d'un autre pays* ». À notre avis, ce texte autorise la prise en considération – en tant que règle de comportement – des standards de loyauté qui s'imposent au défendeur dans son pays d'origine. Destinée à « *assurer un équilibre raisonnable entre les parties* », cette faculté est laissée à la libre appréciation du juge. C'est heureux. Il serait en effet préjudiciable que ce texte impose aux entreprises françaises des standards de loyauté plus élevés que ceux qui s'imposent à leurs concurrents étrangers sur les marchés étrangers. Il consacrerait alors une sorte de discrimination à rebours au détriment des entreprises françaises. Mais lorsque le conflit oppose des entreprises françaises parties à la conquête des marchés internationaux, en d'autres termes des entreprises concurrentes à l'exportation, il n'apparaît pas déraisonnable d'attendre d'elles – dans leurs rapports mutuels – le respect de certains standards de loyauté dans leur pays d'origine.

Deuxièmement, il n'est pas exclu de faire jouer l'exception d'ordre public international, dont l'application est préservée par l'article 26 du règlement Rome II. Bien que l'interdiction des comportements déloyaux ne s'élève pas nécessairement au rang de loi de police[38], il n'est pas interdit de penser qu'elle peut se trouver attirée dans l'orbite des valeurs fondamentales du droit français et partant de sa conception de l'ordre public international. La loi Royer d'orientation du commerce et de l'artisanat ne prévoit-elle pas dans son article premier que « *[l]a liberté et la volonté d'entreprendre [...] s'exercent dans le cadre d'une concurrence claire et loyale* » ? On peut également prendre comme exemple le dénigrement de l'entreprise rivale, qui ne fait pas en droit français l'objet d'une interdiction spéciale mais s'analyse comme une faute au sens de l'article 1240 du code civil. À supposer que la loi étrangère applicable en vertu de l'article 6, paragraphe 1, tolère un tel dénigrement et refuse en conséquence d'en réparer les conséquences dommageables, ne pourrait-on pas considérer qu'il s'agit d'une atteinte à l'intégrité et à la dignité de l'entreprise contraire à l'ordre public international français, ce d'autant plus lorsque c'est une entreprise française qui en est victime ? Cette analyse peut au demeurant s'inscrire dans la continuité de la jurisprudence de la CJUE qui a adapté les règles de désignation du for du délit en cas d'atteinte en ligne à la réputation du défendeur[39].

---

38 Sur ce questionnement, v. *infra* II.2.

39 CJUE, 25 octobre 2011, *eDate Advertising e.a.* et *Martinez*, aff. jtes C-509/09 et C-161/10, EU:C:2011:685 ; *D.* 2012. 1279, note T. Azzi ; CJUE, 17 octobre 2017, *Bolagsupplysningen et Ilsjan*, aff. C-194/16, EU:C:2017:766 ; *CCE* 2018, étude 8, note M.-E. Ancel et B. Darmois ; *JDI* 2018. 602, note C. Latil. V. égal. Cass. 1re civ., 13 mai 2020, n° 18-24.850.

La seconde difficulté tient à la pluralité de marchés affectés. Loin des affaires *Mariage Frères* et *Fauré Le Page*, on pense ici davantage à des actes de concurrence déloyale commis en ligne par exemple via un site internet ou une plateforme de téléchargement. Dans ce type d'hypothèse, l'acte déloyal dématérialisé est de nature à causer un dommage dans tous les pays où le site ou la plateforme sont accessibles[40].

Cet éclatement du délit entre plusieurs marchés est loin d'être une hypothèse d'école. L'article 6, paragraphe 1, l'ignore cependant pour les actes de concurrence déloyale. Il en résulte que lorsque les relations de concurrence ou les intérêts collectifs des consommateurs sont affectés ou susceptibles de l'être dans plusieurs pays, la loi de chacun de ces pays doit être appliquée distributivement aux différentes « *parcelles d'activités extracontractuelles* »[41]. La règle est la même en cas d'action en réparation du dommage résultant d'une pratique anticoncurrentielle. Mais dans ce cas, l'article 6, paragraphe 3 b), permet au « *demandeur en réparation qui intente l'action devant [les] juridiction[s] du domicile du défendeur [de] choisir de fonder sa demande sur la loi de la juridiction saisie, pourvu que le marché de cet État membre compte parmi ceux qui sont affectés de manière directe et substantielle par la restriction du jeu de la concurrence dont résulte l'obligation non contractuelle sur laquelle la demande est fondée* ». En dépit des critiques qui lui ont été adressées à juste titre, ce texte a au moins le mérite d'affronter un problème qui est purement et simplement nié en cas d'action en concurrence déloyale.

Cette situation est loin d'être satisfaisante. D'un point de vue théorique, il n'est guère cohérent de prévoir un palliatif à la plurilocalisation du délit pour certains comportements délictuels de marché et pas pour les autres. En présence d'une action qui serait fondée à la fois sur le comportement déloyal et anticoncurrentiel du défendeur, le traitement conflictuel du litige pourrait d'ailleurs s'avérer ubuesque. Mais c'est surtout en pratique que l'application distributive des lois en présence pose d'insurmontables problèmes aux parties et au juge. Concrètement, il faudra en effet que le demandeur établisse, au besoin avec le concours du juge, le contenu de chaque loi pour tirer les conséquences civiles de l'acte litigieux sur chaque marché affecté. Le coût du litige en sera sérieusement augmenté pour les parties, qui pourront être incitées à limiter leur demande au dommage subi dans un seul pays alors que celui-ci est bien plus important. Plus fondamentalement, une telle exigence n'a guère de sens. Comment y remédier ?

Par un raisonnement analogique, une première possibilité serait de permettre au demandeur de fonder sa demande sur la loi du for, autrement dit d'interpréter de façon constructive l'article 6, paragraphe 1, à la lumière de l'article 6, paragraphe 3. Le processus législatif ayant conduit à l'adoption de l'article 6 montre en effet que

---

40 On omettra ici le débat sur la focalisation qui s'est principalement développé sur le terrain de la compétence juridictionnelle.

41 Expression dont la paternité nous paraît revenir à P. Bourel dans sa thèse consacrée aux *Conflits de lois en matière d'obligations extracontractuelles*, Paris, Librairie générale de droit et de jurisprudence, 1961, puis dans son cours de La Haye, « Du rattachement de quelques délits spéciaux », in *Collected Courses of The Hague Academy of International Law*, vol. 214.

cet article n'a pas été pensé de façon globale. Les actes restreignant la libre concurrence ont été ajoutés à l'article 6, initialement consacré à la seule concurrence déloyale, sans souci de cohérence d'ensemble. Cela ne signifie donc pas que les rédacteurs du règlement ont souhaité maintenir pour la concurrence déloyale un éclatement au plan juridique du délit, tandis qu'ils acceptaient de lui apporter une exception pour les actes restreignant la libre concurrence.

Par un raisonnement plus pragmatique, on pourrait considérer que la localisation du délit partout dans le monde – ce qui est favorisé par la dimension électronique des marchés – marque l'échec de la règle de conflit de lois. Pour y remédier, une première piste serait de donner compétence à la loi du marché qui présente les liens les plus étroits avec le litige. Bien avant l'avènement des marchés électroniques, c'est la solution retenue en substance par l'Institut de droit international[42]. Alternativement, il serait envisageable de localiser fictivement le dommage dans un lieu unique, par exemple le centre des intérêts de la victime, ce que la CJUE a pu admettre pour la détermination du for du délit en cas d'atteinte en ligne à la réputation personnelle ou commerciale (dénigrement) du défendeur[43]. Une autre piste enfin serait de considérer que l'échec du rattachement commande l'application subsidiaire de la loi du for. Cette solution avait été préconisée par Bischoff bien avant l'adoption du règlement Rome II[44]. On peut toutefois se demander si ce mécanisme est « eurocompatible ».

Les difficultés ici mises en avant sont de nature à donner rétrospectivement raison au Parlement européen qui, pendant tout le processus législatif, s'était opposé à l'adoption d'une règle de conflit spéciale dont les contours lui paraissaient flous. La Commission a tenu bon, persuadée qu'il s'agissait du meilleur moyen pour donner compétence à la loi du marché sans avoir à articuler la règle de conflit de lois avec les lois de police, qui semblent progresser aujourd'hui dans le champ de la déloyauté commerciale.

2. Le traitement matériel

Pendant longtemps, les règles nationales gouvernant la déloyauté commerciale ont eu une portée territoriale limitée. En d'autres termes, bien qu'elles soient impératives dans l'ordre interne, elles ne disposaient pas de l'impérativité internationale caractéristique des lois de police. Leur but, disait-on, était de protéger les concurrents et non la concurrence. Le législateur européen ne s'en souciait guère d'ailleurs. Elles se distinguaient à ce double titre de l'interdiction des pratiques anticoncurrentielles, dont la qualification de loi de police n'a jamais été contestée. Cette opposition radicale est aujourd'hui en train de se fissurer.

---

42 V. la résolution de l'IDI, session de Cambridge (août-septembre 1983), Les conflits de lois en matière de concurrence déloyale, note sous article II c) et article III.

43 CJUE, 25 octobre 2011, *eDate Advertising e.a.* et *Martinez* aff. jtes C-509/09 et C-161/10, préc., et CJUE, 17 octobre 2017, *Bolagsupplysningen et Ilsjan*, aff. C-194/16, préc.

44 J.-M. Bischoff, « La concurrence déloyale en droit international privé », *TCFDIP* 1972, p. 53, spéc. p. 64 et s.

D'une part, certaines dispositions adoptées au niveau national pour lutter contre la déloyauté commerciale se voient reconnaître la qualification de lois de police. Certes la question, qui a retenu l'attention de la dédicataire de ces lignes, est très débattue[45]. Elle ne concerne par ailleurs que les pratiques commerciales déloyales qui se déploient dans les relations verticales déséquilibrées. On songe en particulier aux dispositions du titre IV du livre IV du code de commerce en ce qu'elles interdisent notamment les pratiques dites restrictives de concurrence. Dans son arrêt *Expedia*[46], la chambre commerciale de la Cour de cassation en a admis l'application en tant que loi de police. Certes, l'action était en l'espèce exercée par le ministre de l'Économie. Tout en estimant qu'elle relève de l'application des règlements européens, la chambre commerciale n'en néglige pas moins de mettre en œuvre la règle de conflit pertinente aux motifs que le droit français s'applique en tant que loi de police. Là encore, cet arrêt ne met pas fin à tout débat. Bien au contraire, il ouvre la voie à de nombreux questionnements relatifs à sa portée. En particulier le même raisonnement vaut-il lorsque l'action est exercée par la victime de la déloyauté commerciale ? Pour Laurence Idot, « *il est […] exclu de donner une qualification différente à la règle suivant la qualité de l'auteur de l'action* »[47]. Cela rend la solution de l'arrêt *Expedia* encore plus critiquable pour l'éminente spécialiste. La question ne se posait pas en l'espèce, mais soyons patients, elle se posera sans doute prochainement !

D'autre part, le droit de l'UE investit de plus en plus le champ de la déloyauté commerciale dans des instruments de droit dérivé d'effet direct ou indirect. Des directives d'harmonisation tout d'abord ont imposé aux professionnels des obligations particulières de loyauté. On songe naturellement à la directive 2005/29/CE sur les pratiques commerciales déloyales des entreprises envers les consommateurs ainsi que, plus récemment, à la directive (UE) 2019/633 sur les pratiques commerciales déloyales dans les relations interentreprises au sein de la chaîne d'approvisionnement agricole et alimentaire. Une fois transposées, ces directives s'analysent-elles comme des lois de police ? On peut le penser. En effet, « *toutes les directives communautaires de rapprochement des législations sont susceptibles d'être érigées en lois de police puisqu'elles visent toutes, à tout le moins indirectement, à diminuer les distorsions de concurrence qui résultent des divergences des législations nationales* »[48]. Les textes sectoriels les plus récents affirment d'ailleurs clairement leur impérativité internationale et en définissent l'étendue. Il en va ainsi de la directive (UE) 2019/633, qui se reconnaît la valeur de disposition impérative dérogatoire (art. 3, § 4), qui s'impose quelle que soit la loi applicable au contrat dès lors que le fournisseur ou l'acheteur sont établis

---

45 L. Idot, « Réflexions sur l'application internationale des articles L. 442-1, L. 442-3 et L. 442-4 du code de commerce », préc.

46 Cass. com., 8 juillet 2020, préc.

47 L. Idot, « Réflexions sur l'application internationale des articles L. 442-1, L. 442-3 et L. 442-4 du code de commerce », préc.

48 L. Idot, note sous l'arrêt *Ingmar*, CJUE, 9 novembre 2000, aff. C-381/98, EU:C:2000:605 ; *Rev. crit. DIP* 2001. 107.

dans l'UE (cons. 12 et art. 1er, §2)[49]. Le règlement (UE) 2019/1150 récemment adopté pour moraliser l'activité des plateformes se reconnaît également un champ d'application dans l'espace étendu dans son article premier, paragraphe 2 (éclairé par le cons. 9), puisqu'il s'applique à tous les services d'intermédiation en ligne et aux moteurs de recherche en ligne proposés à des utilisateurs établis dans l'UE qui proposent des biens ou des services à des consommateurs situés dans l'UE, quel que soit le pays d'établissement de la plateforme et la loi applicable au contrat[50].

Lorsque le champ d'application de ces textes correspond au marché affecté par les pratiques déloyales, cela permet, comme l'avait souhaité la Commission européenne, de faire coïncider le critère de rattachement de l'article 6 du règlement Rome II avec les velléités d'application des lois de police du marché. Mais contrairement à ce que la Commission avait pensé, cela ne suffit pas à résoudre l'ensemble des difficultés. Dans le champ des pratiques anticoncurrentielles, Laurence Idot a montré mieux que quiconque les imperfections du dispositif actuel figurant à l'article 6, paragraphe 3, du règlement Rome II[51]. Espérons que ces quelques lignes suffiront à convaincre que le traitement de la déloyauté commerciale est également perfectible.

49 Pour une présentation de la directive, v. A.-S. Choné-Grimaldi, « Pratiques commerciales déloyales dans la chaîne alimentaire : une incursion européenne dans le droit des contrats entre professionnels », *Europe*, nº 11, novembre 2019, étude nº 8. La directive a été partiellement transposée en droit français par l'ordonnance nº 2021-859 du 30 juin 2021 qui n'aborde pas la question de son application dans l'espace. Sur l'apport de la directive à la détermination des modalités d'application dans l'espace des règles gouvernant les pratiques commerciales déloyales dans les relations inter-entreprises, v. C. Nourissat, « L'application dans l'espace de la directive « PCD inter-entreprises » : Quelle(s) influence(s) pour les PCD du droit commun français ? », *Concurrences* n°4-2021 art. n° 102872.

50 Règlement (UE) nº 2019/1150, préc. Lorsque la situation entre dans le champ d'application d'un règlement, le recours à la théorie des lois de police est superfétatoire en raison de la primauté du droit de l'UE.

51 V. les réf. citées *supra* note 6.

INSTITUTE of Competition Law
Antitrust databases and resources

Institut de droit de la concurrence

L'Institut de droit de la concurrence est un groupe de réflexion créé en 2004 dédié au droit de la concurrence et de la régulation économique. L'objectif de l'Institut est de promouvoir la recherche en droit de la concurrence et de la régulation. L'Institut édite à cette fin des revues et bases de données en langues française et anglaise et organise des conférences en Europe et aux Etats Unis. Afin d'assurer indépendance, rigueur et objectivité, chacune de ces publications et conférences est placée sous la supervision d'un comité scientifique et/ou d'un comité éditorial. Grâce à ses travaux, l'Institut est devenu en quelques années un groupe de réflexion et un centre de recherches de référence en droit de la concurrence et de la régulation.

Domaines d'action

Droit de la concurrence, droit de la régulation économique, et, économie industrielle.

Comités scientifiques et éditoriaux

Eleanor Fox, Laurence Idot, Frédéric Jenny, Bill Kovacic, Bruno Lasserre, Mario Monti, Damien Neven, Wouter Wils, Richard Whish…

Contributeurs

3 800 contributeurs dans 85 pays.

Partenaires

- Universités : IEJE Liège, King's College London, Paris Panthéon Assas/Sorbonne, Queen Mary College, University College London…
- Cabinets d'avocats : Baker McKenzie, Cleary Gottlieb, Jones Day, Shearman Arps, Van Bael & Bellis, White & Case …

Séminaires

Plus de 450 évènements depuis 2004 à Paris, Bruxelles, Londres, New York, Washington et Hong Kong.

www.ingramcontent.com/pod-product-compliance
Ingram Content Group UK Ltd.
Pitfield, Milton Keynes, MK11 3LW, UK
UKHW022119051026
15623UKWH00007B/1134/J

9 791094 2018